连续两届荣获全国年鉴编纂质量特等奖

山东金融年鉴

SHANDONG JINRONG NIANJIAN

2012

（总第13卷）

山东金融年鉴编纂委员会

图书在版编目（CIP）数据

山东金融年鉴．2012年卷/中国人民银行济南分行编．

北京：中国财政经济出版社，2012.11

ISBN 978-7-5095-1523-5

I.①山…II.①中…III.①地方金融事业-山东省-2012-年鉴

IV.①F832.752-54

中国版本图书馆CIP数据核字（2012）第259247号

责任编辑：金　宇　孙文娜

封面设计：马丽君

版式设计：宋文胜

中国财政经济出版社 出版

URL：http：//www.cfeph.com

E-mail:cfeph@cfeph.cn

社址：北京市海淀区阜成路甲28号　邮政编码：100142

营销中心电话：010-88190406　北京财经书店电话：010-64033436

济南黄氏印务有限公司印刷（0531-88711234）　各地新华书店经销

889*1194毫米　16开　52.75印张　2000千字

2012年12月第1版　2012年12月第1次印刷

印数：1-4200册　定价：260.00元

ISBN 978-7-5095-1523-5

（图书出现印装问题，本社负责调换）

本社质量投诉电话：010-88190744

《山东金融年鉴》编委会

《山东金融年鉴》编辑部

本卷特邀编委

各市地工作站站长

济南	董　昕		潍坊	杨金柱		滨州	王　伟
青岛	张朝晖		济宁	廉　龙		德州	王安国
淄博	王玉华		泰安	刘延军		聊城	王银光
枣庄	於永利		威海	邵明志		临沂	吕大军
东营	刘春华		日照	厉平福		菏泽	王志华
烟台	李信见		莱芜	张勤清			

本卷金融统计资料供稿人员

郭忠军　潘海艳　任代滨　郑　蕾　胡小然

本卷编校、排版、彩页设计人员

马丽君　刘　茜　王　娜　马千雯

一、本卷优秀稿件获奖名单

（一）人民银行系统

一等奖：济宁、聊城、菏泽、淄博、泰安、青岛、临沂、德州
二等奖：日照、潍坊、滨州、营业管理部、烟台、威海
三等奖：枣庄、莱芜、东营

（二）监管局、政策性银行及商业银行

一等奖：中国银行业监督管理委员会山东监管局、中国银行业监督管理委员会青岛监管局、交通银行股份有限公司青岛分行、中国农业发展银行山东省分行、中国邮政储蓄银行青岛分行、中国证券监督管理委员会山东监管局、中国保险监督管理委员会青岛监管局、中国银行股份有限公司山东省分行、恒丰银行股份有限公司、上海浦东发展银行青岛分行、深圳发展银行青岛分行、中国保险监督管理委员会山东监管局、中国光大银行股份有限公司烟台分行、华夏银行股份有限公司青岛分行、中国工商银行股份有限公司山东省分行、中国农业银行股份有限公司青岛市分行、交通银行股份有限公司山东省分行、上海浦东发展银行济南分行、深圳发展银行济南分行、渤海银行股份有限公司济南分行、北京银行济南分行、中国邮政储蓄银行山东省分行、中国建设银行股份有限公司山东省分行

二等奖：中国光大银行股份有限公司济南分行、华夏银行股份有限公司济南分行、兴业银行股份有限公司青岛分行、中国证券监督管理委员会青岛监管局、中国光大银行股份有限公司青岛分行、国家开发银行山东省分行、中信银行股份有限公司济南分行、中国农业银行股份有限公司山东省分行、中国工商银行股份有限公司青岛市分行、兴业银行股份有限公司济南分行、中国民生银行济南分行、山东省农村信用社联合社、国家开发银行青岛市分行、天津银行股份有限公司济南分行、招商银行股份有限公司济南分行

三等奖：中信银行股份有限公司青岛分行、招商银行股份有限公司青岛分行、中国进出口银行青岛分行、浙商银行股份有限公司济南分行、中国建设银行股份有限公司青岛市分行、中国民生银行青岛分行

（三）保险、资产管理公司及信托等机构

一等奖：泰山财产保险股份有限公司、中国东方资产管理公司青岛办事处、中国长城资产管理公司济南办事处、山东省国际信托有限公司、中国信达资产管理股份有限公司山东省分公司

二等奖：中国人民财产保险股份有限公司山东省分公司、华泰人寿保险股份有限公司山东分公司、中国平安财产保险股份有限公司青岛分公司

三等奖：中国华融资产管理公司济南办事处、中国平安人寿保险股份有限公司青岛分公司、中国人寿保险股份有限公司山东省分公司

（四）其他参编机构（中小金融机构及金融院校）

一等奖：中国银联股份有限公司山东分公司、中国重汽财务有限公司、汇丰银行（中国）有限公司济南分行、瑞穗实业银行（中国）有限公司青岛分行、日本山口银行股份有限公司青岛分行、中国石化财务有限责任公司山东分公司、南山集团财务有限公司、韩亚银行（中国）有限公司烟台分行、汇丰银行（中国）有限公司青岛分行、渣打银行（中国）有限公司青岛分行

二等奖：海尔集团财务有限责任公司、海信集团财务有限公司、山东轻工业学院财政与金融学院、中国银联股份有限公司青岛分公司、企业银行（中国）有限公司青岛分行

三等奖：南洋商业银行（中国）有限公司青岛分行、新韩银行（中国）有限公司青岛分行、东亚银行（中国）有限公司青岛分行

二、《山东金融年鉴》(2011年卷)综合考评获奖名单

（仅限考核人民银行系统）

一等奖：临沂、东营、聊城、日照、滨州、烟台、淄博、青岛、潍坊、德州、泰安、菏泽
二等奖：营业管理部、济宁、威海、莱芜、枣庄
三等奖：（空缺）

编辑说明

一、《山东金融年鉴》是反映山东省金融事业改革和发展历程的大型历史性、资料性工具书，是系统了解山东省经济金融运行状况较为理想的媒介。它通过登载各种经济、金融数据和史实资料，全面系统地反映山东省金融改革和发展的全貌，为贯彻实施货币政策、加强金融监管，防范和化解金融风险，推动金融改革和发展提供系统资料和基础数据。

二、山东省金融系统的年鉴编撰工作，开启于2000年，当时的名称为《中国人民银行济南分行金融年鉴》，内容反映了辖内山东、河南两省的金融运行态势及状况，该《年鉴》自2000年卷开始至2004年卷，连续出版了五卷。

《山东金融年鉴》自2005年卷启始，上承《中国人民银行济南分行金融年鉴》，本卷为第十三卷。今后仍将每年出版一卷。按年度系统地反映山东省金融事业的运行和发展状况。

三、本卷的内容，主要反映2011年山东省金融运行的状况及金融改革和发展的历程。在具体组稿、筛选和编纂工作中力求体现科学性、资料性、全面性和连续性。对山东省金融事业有影响的大事、情况，以及反映全省各金融机构业务发展的相关数据、文字和图片资料，我们均尽力收录并进行了精心编辑加工。

四、本卷年鉴采用条目式整体编排，适当考虑金融业务部门的单元组成。各金融机构的排列顺序，力求按一般惯例，不含名次高低之意。

五、本卷年鉴中，国民经济统计资料以统计局的口径为准；有关金融方面的数据资料，主要是根据各金融机构"全科目"上报系统数据加工整理，由中国人民银行济南分行提供；各金融机构文稿中的统计数据，由该机构自行提供；在使用时请注意统计口径的差别和适用范围。

六、为更好地发挥《年鉴》存史、教化、启智、咨政、创新作用，从2009年卷起开辟了经济金融数据研发部分——金融地图，以期通过对相关数据资料的研发制作，达到更加全面、形象、深刻、准确地反映金融运行态势的目的。

七、《山东金融年鉴》的编纂工作是在中国人民银行济南分行党委和山东省各金融业监管部门、政策性银行、商业银行、保险、证券、信托公司等省级管辖行和公司负责人共同组成的编委会的组织领导下进行的。工作中得到了山东省金融系统各单位的大力支持。各组稿、编纂人员为本书的出版付出了辛勤的劳动；广大摄影爱好者提供了大量的图片资料。在此表示衷心的感谢。

《山东金融年鉴》编辑部

2012年7月27日

中国人民银行 济南分行

THE PEOPLE'S BANK OF CHINA JINAN BRANCH

党委书记、行长

杨子强

党委委员、副行长

于华民

（正厅级）

党委委员、郑州中支行长

计承江

（正厅级）

党委委员、副行长

李建文

党委委员、副行长

刘克俭

党委委员、副行长

肖龙沧

党委委员、纪委书记

辛树人

党委委员、营管部主任

陈好孟

2011年1月7日，中国人民银行总行周小川行长为济南分行杨子强行长颁发“创新金融服务 支持经济发展”业务竞赛活动“优秀组织奖”

2011年11月4日，人民银行总行刘士余副行长在济南分行杨子强行长的陪同下到日照市中支视察

2011年7月14日—15日，人民银行总行杜金富副行长在济南分行于华民副行长的陪同下到寿光市调研

2011年11月15日，人民银行总行胡晓炼副行长在济南分行刘克俭副行长的陪同下到山东某企业调研

2011年5月1日，人民银行总行行长助理李东荣在济南分行杨子强行长的陪同下到青岛视察

2011年5月25日，人民银行济南分行党委书记、行长杨子强深入枣庄市薛城区潘龙河水利工程现场实地调研

2011年7月5日，人民银行济南分行党委书记、行长杨子强出席青岛市韩元挂牌交易试点启动仪式

2011年1月18日，人民银行济南分行举办“山东省企业重点技术改造导向计划项目推介会”

2011年3月3日，人民银行济南分行召开外商直接投资人民币结算试点工作座谈会

2011年4月23日，人民银行济南分行机关举办第十届登泰山活动

2011年5月15日，人民银行济南分行参加“打击防范经济犯罪·共建和谐美好生活”宣传活动

2011年5月20日，“金融知识进万家巡回展——走进东营”开幕

2011年5月24日，人民银行济南分行参加阳光政务热线活动

2011年7月6日，《银行间市场助推山东经济发展合作备忘录》签署仪式在济南举行

2011年7月11日，人民银行济南分行与山东省公安厅联合召开银行卡安全管理暨联合整治银行卡违法犯罪联席会议

中国银行业监督管理委员会山东监管局

廖平之

党委书记、局长

解晓非

党委副书记、副局长（正局级）

王朝弟

党委委员、副局长

刘悦芹

党委委员、副局长

王忠坦

党委委员、副局长

张孟军

党委委员 纪委书记

郭宝珍

监管巡视员

葛彬

监管副巡视员

山东银监局召开2011年工作会议

山东银监局召开地方政府融资平台贷款监管工作（电视电话）会议

山东银监局召开股份制商业银行内控建设及运营情况座谈会

山东银监局组织召开“监管信息系统应用竞赛暨实施数据质量管理良好标准”动员（电视电话）会议

山东银监局召开2011年第三季度监管分析例会

山东银监局召开2011年银行业金融机构案件防控和安全保卫工作会议

山东银监局召开2011年贷款大户现场检查进点座谈会

山东银监局开展“党旗团旗迎风舞，创先争优当先锋”主题拓展活动

中国银行业监督管理委员会青岛监管局

陈育林
局　长

罗　中
纪委书记

徐　强
副局长

韩　冰
副局长

刘志勇
监管副巡视员

1月25日，青岛银监局召开2011年工作会议及总结表彰会议。

1月25日，青岛银监局召开2011年辖区银行业监管工作会议。

3月1日，由青岛银监局、共青团青岛市委主办的青岛市银行业青年“关爱新市民子女志愿服务行动”启动仪式在开平路小学举行。

3月29日，青岛银监局召开全辖银行机构公众教育服务日活动总结表彰会议。

4月1日至4月2日，银监会周慕冰副主席在青岛对辖区大型银行和农村中小金融机构工作开展情况进行调研。

6月9日至6月10日，银监会王华庆纪委书记在青岛进行调研并与银监局副处级以上干部进行座谈。

10月15日，由青岛银监局主办的青岛市银行业职工运动会在青岛国信体育场隆重举行。

12月12日，青岛银监局召开了2011年工作总结汇报会。

中国证券监督管理委员会 山东监管局
China Securities Regulatory Commission Shandong Bureau

党委书记、局长

徐 铁

党委委员、纪委书记、副局长

陈家琰

党委委员、副局长

陈 飞

党委委员、副局长

赵洪军

山东证监局在德州举办山东辖区上市公司董事长高级研修班

山东证监局在济南举办山东辖区保荐机构、财务顾问监管工作座谈会

山东证监局在济南举办山东辖区期货经营机构高级管理人员培训会

山东证监局在济南组织召开山东辖区上市银行配合稽查执法工作座谈会

山东证监局组织干部职工开展拓展训练

山东证监局第四支部党日活动

中国保险监督管理委员会 山东监管局

China Insurance Regulatory Commission Shandong Bureau

任建国

党委书记、局长

巩庆军

党委委员、纪委书记、巡视员兼副局长

鲁青

党委委员、副局长、工会主席

姚飞

党委委员、局长助理

2011年1月18日，泰山财产保险股份有限公司揭牌仪式在济南举行。省委书记、省人大常委会主任姜异康（中），省委副书记、省长姜大明（右），中国保监会副主席周延礼（左）出席仪式并为泰山财险公司揭牌。

2011年1月20日，山东省保险业情况通报会在济南召开，山东省委常委、常务副省长王仁元出席会议并发表重要讲话。

2011年3月8日，山东保监局局长任建国同志参加十一届全国人大四次会议。期间，参加中国保险报社组织的保险业内全国人大代表、政协委员座谈会并发言。

2011年5月9日，山东保监局局长任建国一行到烟台市协会指导工作，并视察了设在市协会的联合打击保险诈骗办公室。

2011年6月21日，魏迎宁副主席（中）在济南出席中国精算师协会有关会议，期间视察山东保监局。

2011年8月11日，吴定富主席与山东省委书记、省人大常委会主任姜异康亲切会见。

2011年8月11日，中国保监会党委书记、主席吴定富（左）与山东省委常委、常务副省长王仁元（右）亲切会谈。

2011年8月11日，中国保监会党委书记、主席吴定富到山东省调研，省政府召开座谈会，组织有关部门、协会和保险公司汇报我省经济社会和保险业改革发展情况，省委常委、常务副省长王仁元出席会议并讲话。

2011年11月7日，山东保监局局长任建国（右）接受中国保险报社董事长赵健（左）采访。随后《中国保险报》对山东保险业转变发展方式进行了5期系列报道。

宋志华

山东保监局巡视员、青岛保监局党委书记、局长

曹光中

党委委员、纪委书记、副巡员、副局长

吉立群

党委委员、副局长

6月1日，青岛市召开和谐保险建设工作启动大会，标志着青岛“和谐保险”的建设工作全面拉开序幕。时任中国保监会副主席杨明生与时任青岛市委副书记、市长夏耕共同为青岛和谐保险建设活动揭幕。

12月19日，青岛保险业召开2011“和谐保险”建设总结暨“和谐号服务示范岗”表彰大会。全市保险业中16个先进集体和20名先进个人分别被授予“和谐号服务示范岗”荣誉称号。中共青岛市委常委、常务副市长王书坚，市人大常委会副主任吴淑玲及政府有关部门的领导出席会议。王书坚副市长代表市委市政府发表重要讲话。

7月12日，青岛保监局、青岛市金融办联合举办保险业服务蓝色经济研讨会，青岛市委常委、副市长秦敏出席会议并作重要讲话。与会单位就蓝色经济相关产业的发展方向和风险需求，以及保险行业如何更好的为蓝色经济发展提供及时、有效、全面的风险管理服务进行了深入研讨和交流。此次研讨会的召开将进一步推动青岛保险业拓宽服务领域、提升服务能力，为蓝色经济区建设发挥更加积极的作用。

3月31日，青岛市委市政府在机关会议中心召开全市促进金融业发展大会。会上，青岛保监局被授予“青岛市金融业发展特别贡献单位”荣誉称号。人保财险青岛市分公司等十家保险公司被评为“青岛市金融业发展先进单位”。

4月28日上午，由青岛保监局主办、青岛市保险行业协会承办的青岛保险业“和谐保险林”揭牌启动仪式在李沧区石梅庵公园隆重举行。青岛市政府副秘书长刘承林、青岛市金融办副主任柳兴刚、青岛保监局局长宋志华、青岛市保险行业协会会长和各市级分支公司代表500余人出席仪式。

6月29日，为庆祝中国共产党建党90周年，青岛保监局、青岛市金融办联合举办青岛保险行业千人环保健步行公益活动，市政府副秘书长刘承林出席活动。此次活动以庆祝中国共产党九十华诞为主题，通过沿海健步行、捡拾海岸线周边垃圾践行公益环保，展现在党领导下青岛保险业的良好风貌，宣传青岛保险业和谐发展、诚信经营，为地方经济社会服务的保险理念。

EVERGROWING BANK

恒丰银行于2003年经中国人民银行批准，经过整体股份制改造，成为一家全国性股份制商业银行，全称为恒丰银行股份有限公司，英文简称为Evergrowing Bank Co, ltd.，总部设在中国烟台。已在烟台、青岛、济南、南京、杭州、成都、重庆、福州、昆明、西安等地设有118个分支机构。

截至2011年末，全行资产规模4372.89亿元，各项存款2026.86亿元，各项贷款1446.55亿元，不良资产率仅为0.59%。根据中国银监会统计资料显示，恒丰银行主要监管指标中的资产利润率、资本利润率、成本收入比、贷款损失准备充足率、存贷比等5项指标在全国性股份制银行中排名第一，其他监管指标均名列前茅。

先后获得“中国优秀企业”、“中国维护消费者权益诚信服务满意单位”、“全国青年文明号”、“全国巾帼文明岗”、“中国金融企业慈善榜·银行业突出贡献奖”、“山东省文明单位”、“山东省服务业先进单位”、“山东省诚信纳税企业”等共计近100项地市级以上荣誉称号。

重庆分行

烟台分行

福州分行

昆明分行

西安分行

国家开发银行 山东省分行

China Development Bank

国家开发银行山东省分行（以下简称国开行山东分行）自成立以来致力于促进山东经济社会发展和富民强省战略的实施。

坚持规划先行，编制完成了《黄河三角洲高效生态经济区系统性融资规划》和《山东半岛蓝色经济区系统性融资规划》，不断加大信贷投入。截至2011年末，国开行山东分行在黄三角地区贷款余额达313亿元，在蓝色经济区贷款余额872亿元。

国开行山东分行与省水利厅签订合作协议。

国开行山东分行贯彻国家宏观经济政策，加大对实体经济的融资支持。2011年发放人民币贷款388亿元，新增发放煤电油运、农林水、公共基础设施等中长期贷款308亿元。在2011年资金面不断趋紧、基本建设领域融资困难的情况下，国开行山东分行对全省“两基一支”领域的支持力度不断加大，使很多中长期项目避免了资金链断裂风险，充分体现了国开行在中长期投融资领域的独特作用。

《山东半岛蓝色经济区系统性融资规划》获得全国专家论证会审议通过。

分行按照总行统一部署，把在“两基一支”领域的经验拓展到基层民生领域。2011年发放中小企业贷款41.55亿元。新增发放保障性安居工程建设项目贷款15亿元；向全省15.7万名家庭经济困难学生发放生源地信用助学贷款8.92亿元；向全省新农村建设及龙头企业发放贷款13.5亿元，向全省水利建设项目新增贷款发放4.7亿元。

同时，按照总行部署，配合国家走出去战略的实施，国开行山东分行稳步推进了一批国际合作项目，积极为企业搭建良好的信息和融资平台，支持山东企业“走出去”开拓国外市场。截至2011年末，国开行山东分行外汇贷款余额达到165亿美元，位列山东省银行业首位。

国开行山东分行建立了全面风险管理体系，有效防范各类风险，取得并保持了良好的市场业绩。到2011年底，国开行山东分行表内资产3093亿元，不良贷款率0.27%。

山东省生源地信用助学贷款2011年新闻发布会。

力诺集团西藏日喀则一期10MW太阳能光伏并网电站工程建设项目。

海洋核电项目一号核岛CV底封头吊装。

国家开发银行

CHINA DEVELOPMENT BANK

青岛市分行

QINGDAO BRANCH

国家开发银行青岛市分行党委书记、行长　白桦

▲ 2011年8月，白桦行长陪同国家开发银行姚中民监事长视察董家口港区等重点项目建设情况。董家口港区位于青岛市胶南市，码头总岸线长度约35.7公里，泊位数112个，设计总吞吐能力达3.7亿吨。港区基础设施建设项目总投资约180亿元，申请国家开发银行青岛市分行贷款125.1亿元。

▼ 2012年2月，山东省委常委、青岛市委书记李群，国家开发银行李吉平副行长出席开发性金融支持蓝色经济区核心区重点项目签约仪式。国家开发银行青岛分行与本市港投集团、城投集团等5家单位签署合作协议。

▲ 2011年5月，胶州市九龙镇向国家开发银行青岛市分行赠送锦旗，以感谢该行抗旱救灾应急贷款。该行大力支持岛城民生业务，在保障性住房、中小企业、水利、台资及助学贷款等民生业务项目累计发放资金300多亿元。

▼ 青岛胶州湾海底隧道项目是青岛市横跨胶州湾通道中的重要组成部分，大大缩短了青岛至黄岛的营运里程，截至目前，国家开发银行青岛市分行已累计发放13亿元贷款给予该项目资金支持。

ICBC 中国工商银行 山东省分行

中国工商银行山东省分行成立于1985年1月1日，是总行授权经营的一级分行。近年来，该行以建设国际一流现代金融企业为目标，加大改革创新，加强风险管理，加快经营转型，积极服务客户、回报股东、成就员工、奉献社会，经营规模不断壮大，综合实力持续增强。中国工商银行山东省分行拥有优质的客户基础，强大的服务能力，多元的业务结构，强劲的创新能力和卓越的品牌价值，是省内最大的批发银行、零售银行、结算银行和按揭银行，并在年金、电子银行、信用卡、投资银行等多项业务领域拥有领先的市场地位。

2011年5月13日，谷澍行长到日照港集团进行工作调研。

2011年12月，工行山东省分行与山东省工商业联合会签署全面战略合作协议，全力支持民营企业、中小企业做大做强。

2011年，中国工商银行山东省分行认真贯彻宏观经济金融政策，全面落实省委省政府决策部署和金融监管要求，充分履行大型商业银行社会责任，全面改进和加强金融服务工作，保持了持续健康发展的良好势头。全年本外币表内外各项融资较年初增加824亿元，其中各项贷款较年初增加565亿元，增量省内同业最多。新增贷款在保证省内大企业融资需求的同时，重点向小企业、个人贷款进行倾斜。全年小企业贷款增加165亿元，个人贷款增加155亿元，省内同业第一。与此同时，资产质量持续改善，不良贷款余额和比例继续保持“双下降”。服务工作不断改进和加强，业务流程进一步优化，服务质量和效率有了新的提升。一年来，先后被山东省主流新闻媒体授予“山东十大社会责任品牌”、“山东最佳网络金融银行品牌”等荣誉称号。在中国银行业协会组织的评选活动中，济南大观园支行营业室被评为“中国银行业文明规范服务百佳示范网点”，是全省银行业4家入选单位之一。

针对小微企业客户贷款“短、频、急”的需求，工行山东省分行深化高效流程建设，精简操作环节，提高工作效率。图为该行省市两级行有关部门到淄博临淄支行对小企业贷款流程进行调研。

工行山东省分行持续改进服务工作，创新服务手段，优化业务流程，服务质量和效率不断提升。图为2011年8月15日，经济日报、金融时报、新华社、大众日报等主流媒体记者走进山东济南大观园支行进行采访报道。

中国农业银行

AGRICULTURAL BANK OF CHINA

山东省分行

中国农业银行股份有限公司董事长蒋超良在山东寿光市北岭村三农服务站视察

农行山东省分行是中国农业银行股份有限公司的一级分行，辖属16个二级分行，1411个网点，员工2.7万余人。近年来，在省委、省政府和农总行的正确领导下，紧紧围绕“同业争排头、系统创一流”的战略目标，以支持山东经济发展为己任，紧跟山东“蓝、黄”两大经济区战略规划，拼搏进取拓市场、审慎经营控风险、精细管理增效益、昂扬奋进促发展，全行各项工作取得明显成效。截至2011年末，各项存款余额达到5192.6亿元，比年初增加494.9亿元；各项贷款余额3683.5亿元，增加463.1亿元；实现中间业务收入46.6亿元，同比增长60.1%；实现拨备后利润133.1亿元，同比增长26.5%。先后被中国金融工会授予“金融服务先进集体”，被省政府授予“山东省金融发展贡献奖”等荣誉称号。

与山东广电网络公司签订全面业务战略合作协议

支持农业产业化企业　带动农民共同致富

加大农村用卡环境建设，建立3000多个“三农金融服务站”服务三农

中国银行 山东省分行

BANK OF CHINA SHANDONG BRANCH

党委书记、行长 何兴祥

中国银行山东省分行成立于 1913 年，是山东省历史最悠久的银行，也是四大国有商业银行中唯一一家本部设在青岛的省级分行，辖各类机构 594 家，其中二级分行 16 家、直属支行 25 家。在近百年的发展历程中，该行凭借卓越的国际信誉、齐全的业务品种、领先的科技系统、高效的运营机制，铸就了独特的比较优势和竞争优势，为支持山东经济建设和民生福祉发展提供了专业化、多元化、海内外一体化的金融服务，已成为山东省跨境金融服务首选银行。

该行以建设系统内一流银行和山东最具竞争力银行为目标，植根齐鲁，服务大众，加快创新发展、转型发展、跨境发展步伐，在服务山东省经济社会事业发展的同时，自身经营业绩连年实现新跨越。截至 2011 年末，资产总量达到 4681.98 亿元，较年初增长 10.48%；负债总量达到 4610.39 亿元，较年初增长 11.16%；实现营业利润 93.31 亿元，同比增长 20.28%。

2011 年，该行荣膺青岛企业 100 强第 6 位、青岛服务业企业 50 强首位，荣获山东省“诚信 3·15 优秀服务金融品牌”，青岛市“2011 公商务活动最信赖的商业银行”、“岛城金融机构口碑第一”、“2011 年微尘公益之星企业”等荣誉称号。

中国银行山东省分行与山东大学签署全面战略合作协议

中国银行总行肖钢董事长、丁向群总裁以及省金融办李永健主任在山东省分行何兴祥行长陪同下视察村镇银行

中国银行山东省分行举行“中银·好客山东旅游卡”发卡突破200万张新闻发布会

中国银行山东省分行举办“乘势而上 续写辉煌”2011迎新春文艺晚会

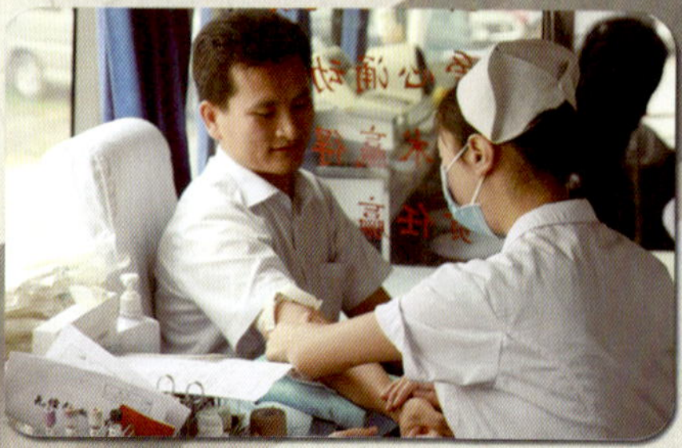

“中华大爱 百年永恒”中国银行山东省分行积极组织员工参加义务献血

中国银行山东省分行隆重举行“迎百年华诞 奔锦绣明天”第五届全辖职工运动会

中国建设银行
China Construction Bank

山东省分行

建行山东省分行是中国建设银行股份有限公司辖属的一级分行，下辖各类机构771个、员工2万余人。近年来，分行认真贯彻执行国家宏观经济金融政策和省委省政府各项决策部署，积极支持地方经济平稳较快发展，紧跟“黄蓝”两区建设，支持保障和改善民生，充分发挥金融在促进资源合理配置和经济增长方面的重要作用，实现了各项工作的全面进步，主要经营指标再创历史新高。截至2011年末，各项存款余额4153亿元，各项贷款余额2919亿元，实现拨备前利润92亿元，实现中间业务净收入41亿元，不良贷款余额28.79亿元。

4月29日，建总行与山东能源集团有限公司签订银企战略合作协议。

6月23日下午，建行山东省分行举办“创先争优迎党建，青春建功添光彩”服务风采大赛总决赛。

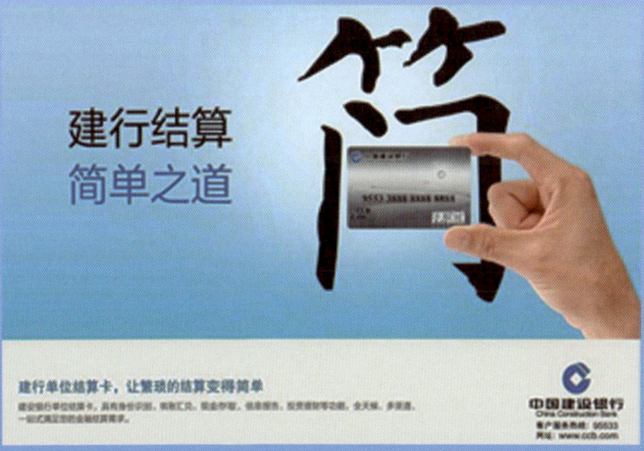

交通银行 BANK OF COMMUNICATIONS 山东省分行 SHANDONG BRANCH

交通银行始建于1908年，是中国历史最悠久的银行之一，也是近代中国发钞行之一。1986年重新组建以来，交通银行完成了财务重组，引进外资，香港和上海上市等一系列重大改革举措，确立了“走国际化、综合化道路，建设以财富管理为特色的一流公众持股银行集团”的发展战略。目前是国内金融牌照最齐全的银行集团，也是国内第五大国有商业银行，资产总额超过4.6万亿元，已连续三年跻身世界500强和全球银行50强行列。交通银行秉承“走国际化、综合化道路，建设以财富管理为特色的一流公众持股银行集团”的发展战略，正成为中国最具成长性的大型国有商业银行。

交通银行山东省分行1989年重新组建，1995年4月改为总行直属分行，1997年被省政府列为省级金融机构，2004年10月份成为省级管理分行。目前，下辖淄博、潍坊、烟台、威海、济宁、泰安、东营、日照、滨州、聊城、临沂11家省辖行，正在筹建德州、菏泽、枣庄三家分行。多年来，交通银行山东省分行在总行统一领导下，认真贯彻落实国家宏观调控政策和山东省政府经济金融工作意见，主动融入山东省经济发展战略，以支持、服务地方经济建设为己任，勇于开拓创新，各项业务稳步发展。

支持中小企业发展与省工商联签署战略合作协议

举办沃德财富高峰论坛邀请国内知名经济学家来鲁讲学

参加城市生活展为市民宣讲银行卡知识

加快机构布局东营分行顺利开业

积极履行社会责任举办让爱起航助学公益活动

中国邮政储蓄银行 POSTAL SAVINGS BANK OF CHINA | 山东省分行 SHANDONG BRANCH

行长　韩广岳

2007年12月28日，中国邮政储蓄银行山东省分行在济南隆重成立。截至2011年底，该行下辖16家二级分行，108家一级支行、1190家二级支行和1312处邮政代理网点，拥有从业人员1.08万人。

组建四年来，邮储银行山东省分行坚持以服务经济社会发展为己任，大力践行服务城乡大众、服务社区、支持“三农”的零售银行定位，加快实施“特色办行、人才立行、科技强行、依规治行、文化兴行”科学发展战略，在改革中推进发展，在发展中坚持创新，在凝聚中激发奋进，整体工作走在了全国邮储银行系统前列，迈出了向全功能商业银行转型的实一步。

在新的发展征程上，邮储银行山东省分行将进一步致力于建设内控严密、营运安全、竞争力强的现代商业银行，为促进山东经济社会发展和社会主义新农村建设，为构建社会主义和谐社会做出积极的奉献！

真诚服务到“海上”

开展服务礼仪大赛

召开全行思想政治工作座谈会

业务宣传到农户

举办“邮储银行杯”山东省青年创业大赛

中国邮政储蓄银行 POSTAL SAVINGS BANK OF CHINA
青岛分行 QINGDAO BRANCH

中国邮政储蓄银行青岛分行行长　银青志

中国邮政储蓄银行青岛分行成立于2008年1月28日，是直属中国邮政储蓄银行总行的一级分行。分行辖11家一级支行，拥有营业网点255个，其中205个网点分布在县及县以下农村地区，占总网点数的80%，为服务“三农”做出了突出贡献，赢得了政府和监管部门的充分肯定和社会各界的一致好评。

邮储银行青岛分行紧紧围绕“服务城乡大众，支持‘三农’”的市场定位，依托网络资源和品牌优势，不断创新服务方式，拓宽服务渠道，倾情服务民生，积极融入地方经济，用实际行动践行“普之城乡，惠之于民”的金融服务理念。五年来，邮储银行青岛分行持续创新进取，不断推出新业务、新产品，让越来越多的市民享受到邮政储蓄银行高效、便捷、优质的金融服务，形成了品种日益丰富的金融产品系列，产品涵盖资产、负债和中间业务三大领域，从传统的储蓄、汇款业务发展到零售负债业务、信贷业务、理财业务、国际业务、公司业务、批发类资产业务六大金融业务板块、数十项核心产品，创立了社会知名、百姓信赖的业务品牌。

邮储银行青岛分行充分发挥邮储银行资金资源优势，加速推进银团贷款、个人贷款等资产类业务的开发和推广，分行累计发放银团贷款（含同业存款）100余亿元，有力地支持了地方经济建设。个人贷款累计发放67亿元，其中小额贷款累计发放5.8万笔，金额34亿元，惠及6万余户农户和小微企业主，有效缓解了全市小微企业生产经营资金短缺的难题。其中，县级以下区域贷款份额占比85%以上，成为岛城服务“三农”和县域小微企业发展的重要力量。

2010—2012年，我行持续开展送金融知识下乡宣传活动，义务为广大农民普及金融知识。

2012年9月6日，我行启动创富大赛活动，旨在为创业青年和小微企业提供融资渠道。

现代化的邮储银行网点为客户提供周到的金融服务

浦发银行 SPD BANK

济南分行 JINAN BRANCH

浦发银行济南分行成立于2001年9月。开业以来，在各级党委政府和监管部门的关心指导下，该行秉承“笃守诚信、创造卓越”的经营理念，坚持发展与管理并举，不断加强市场开拓和业务创新，实现了从无到有、从小到大、各项业务位居济南同业前列的业绩。至2011年末，一般性存款余558.92亿元，较年初增加114.31亿元，增长25.71%；贷款余额435.13亿元，较年初增84.63亿元，增长24.15%；实现账面利润12.53亿元，同比增加5.68亿元，增长83.03%；不良贷款额和不良贷款率实现双降。已在济南、淄博、潍坊、临沂、济宁、东营开设了21家营业网点。

在取得良好经济效益的同时，该行努力饯行社会责任，不断回馈社会、奉献社会，大力弘扬以诚信为核心的企业文化，树立了良好的社会形象，得到了社会各界的认可和充分肯定。荣获山东省政府“金融发展贡献奖”，两次荣获山东省政府“金融创新奖”，五次获评山东银监局“良好银行”，并荣获“服务山东功勋品牌”、“全国文明规范服务示范单位”、“百姓口碑最佳荣誉单位”等诸多荣誉。

浦发银行济南分行行长　耿光新

浦发银行济南分行荣获金融创新奖

浦发银行济南分行志愿者与山区孩子参观山东科技馆。

中国农业发展银行 山东省分行

AGRICULTURAL DEVELOPMENT BANK OF CHINA SHANDONG BRANCH

中国农业发展银行山东省分行行长 杨杰

中国农业发展银行山东省分行成立于1995年1月23日，是国有政策性金融机构。成立以来，全面贯彻落实国家粮棉购销政策和有关经济、金融政策，为政府实施宏观调控、确保粮食安全、保护农民利益、促进农业农村经济发展发挥了重要作用。近年来该行信贷支持的粮棉收购量，分别占到山东省粮棉社会收购总量的70%和50%。

目前主要贷款业务范围是：粮棉油购销储贷款，化肥、肉类、食糖、烟叶、羊毛等国家专项储备贷款，产业化龙头企业贷款，农村基础设施建设贷款，县域城镇建设贷款，水利建设贷款，新农村建设贷款，农业综合开发贷款，农村生产资料贷款，农业科技贷款等。至2012年10月，中国农业发展银行山东省分行各项贷款余额1224.7亿元。分支机构：省级分行1个、市级分行17个、县级支行107个，全系统人员为3400人。

行长杨杰携全体员工，秉承“至诚服务、有效发展、以人为本、构建和谐”的企业文化核心理念，竭诚为广大客户服务。

中国农业发展银行，建设新农村的银行！

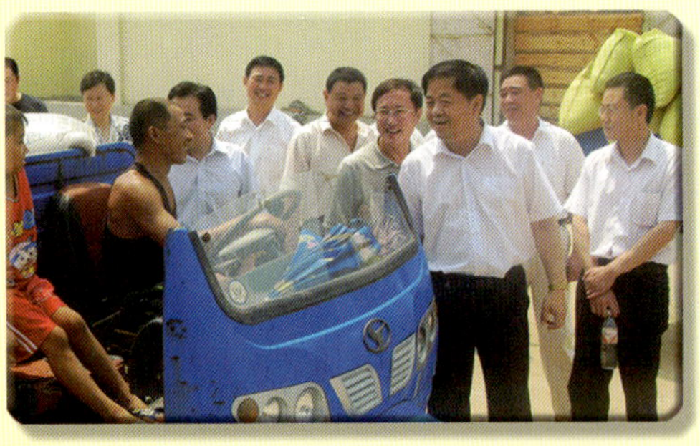

行长杨杰同售粮农民亲切交谈

↑孙伟副省长来行视察

加强农业科技贷款业务合作

中国光大银行 CHINA EVERBRIGHT BANK

中国光大银行青岛分行

中国光大银行青岛分行召开2012年度工作会议

中国光大银行青岛分行行长　范建华

2012年7月17日，光大银行青岛分行崂山支行开业

2012年8月8日，光大银行青岛分行东营二级分行开业

中国光大银行青岛分行成立于1994年11月28日，18年来，秉承“立足岛城，服务全省”的宗旨，锐意进取，开拓创新，各项业务健康发展。目前青岛分行已经辖有包括分行营业部在内的15家同城支行、3家县域支行和1家东营二级分行，在编人员600余人。2010年，青岛分行新一届领导班子提出了“一年奋力起飞，两年改变面貌，三年力争规模、效益翻番”，坚持“以客户为中心，以市场为导向”的经营理念，坚持稳健经营和可持续发展的原则，立足中端市场，积极发展对公业务，大力发展对私业务，加快中间业务，建立风险防控的长效机制，进一步夯实长远发展的基础，实现了分行规模、结构、质量和效益的均衡协调发展。

2012年，中国光大银行青岛分行在总行的正确领导下，认真贯彻落实各项工作部署，积极开展创先争优活动，推动分行实现“更有内涵的发展”；不断强化全面风险管理，加强内部建设；全行上下克服困难，奋力拼搏，经营基础不断夯实，各项业务稳步发展。

举行光大银行20周年行庆暨“金阳光俱乐部”高尔夫邀请赛

光大银行青岛分行举行表彰先进暨迎新春联欢晚会

招商银行
CHINA MERCHANTS BANK

招商银行济南分行

招商银行济南分行行长　周伟林

招商银行济南分行于2000年10月19日成立。目前，该行正式员工1360人，派遣员工207人；员工平均年龄不到30岁，其中大学本科以上学历的员工占到77%。辖管烟台、潍坊、临沂、东营、滨州5家二级分行，34家支行，56家自助银行，还在龙口、莱州、寿光、诸城四个百强县设立了县域支行。截止9月末，该行资产总额622亿元，全折自营存款余额579亿元，自营贷款549亿元，市场份额在当地股份制银行中始终位居前列。前三季度该行经营效益保持了稳步增长势头，累计实现税前利润17.2亿元，同比增幅17%；实现考核利润11.4亿元，同比增幅12%。不良贷款余额3.05亿元，不良贷款率0.56%，同比实现“双降”。

在总行“二次转型”指导思想的指引下，济南分行加快了经营模式由外延扩张型向内涵集约型转变，产品定价水平、资本使用效率、费用效率、员工效能以及价值客户等都有了明显提升。总体来看，该行的发展主要呈现以下四个特点：**一是发展快。**分行开业三年，就实现了存款过100亿、贷款过100亿、利润超亿元的“三个一”目标；到第五个年头，存贷款、利润等经营指标比前两年翻了一番，超过了200亿元；到2011年末，自营存、贷款均顺利突破500亿元大关，创造了招商银行系统内及当地同业中发展的佳话，被马蔚华行长誉为“济南速度”、“济南现象”。**二是实力强。**不管是在系统内，还是在当地同业中，济南分行都已经成长为了一个具有较强综合实力的大行。存贷款总量规模始终排在全国系统内前10位，在当地股份制银行中也名列前茅。同时，覆盖地域广阔的机构网点，能力素质较高的员工队伍，成熟完善的管理体系，奠定了持续发展的良好基础。**三是贡献大。**近12年来，济南分行为总行累计贡献利润近80亿元。累计向山东省投放贷款近4000亿元，上缴各项税收超过30亿元，不仅为招商银行的事业发展发挥了重要作用，也为当地社会经济发展做出了突出贡献。**四是品牌响。**现在，“金葵花”已经成为当地银行业的一面旗帜，该行的优质服务一度成为当地银行业的标杆。用广大客户的话说，选择招商银行，就是选择最好的银行服务。该行的信用卡刷卡量一直占据着当地所有商业银行总量份额的40%以上。良好的品牌形象为该行带来了诸多殊荣，曾经八次被总行评为全国优秀分行，连续六次被当地监管机构评为“山东省良好银行”，还获得了“中国银行业文明规范服务百佳示范单位”、“山东省金融创新奖”、“山东最佳网络金融银行品牌”等荣誉称号。

与省政府签订战略合作协议

私人银行中心盛大开业

服务热线：95555　网址：www.cmbchina.com　微博：@招商银行

平安银行
PING AN BANK

平安银行股份有限公司青岛分行

2012年10月26日，总行孙建一董事长、吴鹏副行长莅临青岛分行召开调研座谈会

党委书记、副行长 陈昊序(主持工作)

2012年5月28日，总行吴鹏副行长出席“辉煌发展十周年 铸就平安新明天”青岛分行成立十周年大型庆典并与十年员工合影

2012年3月20日，深圳发展银行青岛即墨支行隆重开业（现平安银行青岛即墨支行）

平安银行
PING AN BANK

2012年7月27日，深圳发展银行更名为平安银行。
不变，只因承诺是金。
客户持有的原深发展和原平安银行的卡、单、折等继续有效，账号保持不变，已签署的合同继续有效。
改变，只为超越期待。
作为中国平安大家庭的重要一员，平安银行将依托集团优势，为你带来更专业的一站式综合金融服务。
依然深知你心，依然在你身边，但我们将以更专注的目光，关注你的现在和未来。
变与不变之间，让我们共同开启新的美好篇章。
原深圳发展银行青岛分行及下设支行更名为平安银行青岛分行及相关支行后，地址及联系方式均保持不变，业务印章、凭证单据和门楣招牌等将陆续进行更新和统一。
欢迎致电平安银行全国统一服务热线 95511-3 或浏览平安银行网站 www.bank.pingan.com

山东省国际信托有限公司

山东省国际信托有限公司是1987年3月经中国人民银行批准设立的非银行金融机构。自成立以来，山东信托稳健经营，规范运作，现已发展成为以经营管理资金信托、财产信托、融资租赁、证券投资基金和资产管理为支柱业务，拥有丰富投资理财和融资服务经验的综合性金融公司。

山东省国际信托有限公司总经理　相开进

山东信托荣获第五届中国资产管理“金贝奖”2011—2012年度最具发展潜力信托公司荣誉称号

公司召开2011年度股东会、董事会、监事会

富国基金管理有限公司董事长、总经理到访公司，与公司领导举行座谈。

秉承“山东信托　可信可托”的理念，山东信托一直致力于运用信托平台服务经济社会发展；投资领域涉及证券、产业、城市基础设施、房地产、服务业等；投资方式包括贷款、股权投资、资产证券化、收益权证券化、融资租赁等多种形式。2011年底，山东信托新增信托规模和年末信托资产余额双双超过1100亿元，信托报酬收入连续第三年实现翻倍增长，各项指标的增速在行业中均名列前茅。截至2012年9月30日，山东信托管理的资产规模达1581.79亿元。

2011年度，公司荣获“山东财经风云榜最具成长性金融类机构奖”、“山东省金融创新奖”、“最受公众喜爱的信托公司奖”、“中国阳光私募最佳服务信托公司金樽奖”；2012年度，公司获得第五届中国资产管理“金贝奖”2011—2012年度最具发展潜力信托公司。

公司举办高端客户答谢会

山东省农村信用社联合社
SHANDONG RURAL CREDIT UNION

山东省农村信用社联合社现辖办事处14家、市级联社3家，县级联社101家，农村合作银行16家，农村商业银行15家，共有营业网点5080个，在岗人员6.75万人，是全省营业网点和从业人员最多、覆盖面最广的地方性金融机构。

省联社理事长宋文瑄（左）陪同银监会主席尚福林（右）等领导在全国农村信用社六十周年发展历程暨金融服务产品博览会上参观山东展位。

2011年，全省农村信用社在省委、省政府的坚强领导下，在人民银行、银监会的指导监管下，求真务实，开拓创新，改革发展取得 明显成效，较好地发挥了农村金融主力军作用。年末，全省农村信用社各项存款余额8000.2亿 元，较年初增加1151.5亿元，增长16.8%，是省内首家存款超8000亿元的金融机构。各项贷款余额5823.1 亿元，较年初增加705.9亿元，增长13.8%，存贷款余额、增加额均居全省金融机构首位。全年实现账面利润107亿元，经营利润257亿元，分别比上年增长58.8%和41.9%。年末全省统算资本充足率9.51%，拨备覆盖率达78.98%，分别比年初提高1.56和26.98个百分点。经营发展基础进一步夯实，风险抵御能力不断增强。全年缴纳各项税金49.2亿元，比上年增长46.2%，对全省经济社会发展的贡献进一步扩大。

3月30日，省联社主任张建民（左）为山东张店农村商业银行股份有限公司揭牌。

2012年，全省农村信用社将坚持稳中求进，以防范风险、精细管理、提高质量、促进发展为重点，努力实现又好又快发展，为全省经济社会发展和新农村建设做出更大的贡献。

6月9日，“颂歌献给党”——山东省农村信用社庆祝建党90周年文艺晚会在山东会堂隆重举行。

7月26日，省联社在济南举行“泰山·福农卡”首发新闻发布会。

2011年，山东出现了百年不遇的春旱，全省农村信用社迅速行动起来，大力支持抗旱保丰收。图为昌乐联社的抗旱打井突击队在作业。

全省农村信用社大力扶持小微企业的发展。图为淄博金环线业有限公司在当地信用社的支持下，克服多种不利因素成功实现产品升级换代。

中国银联 China UnionPay

中国银联山东分公司

公司总经理　李金良

中国银联山东分公司是中国银联在山东省的分支机构，主要负责中国银联在山东省（青岛市除外）的银行卡网络运营，业务规范及技术标准的推动落实，银行卡跨行通用及业务的联合发展，银行卡受理市场发展和完善，银联标准卡的推广普及，银联品牌维护等。

2011年，中国银联山东分公司按照加快转型，全面提升银联市场竞争能力的要求，坚持科学发展观，积极构建山东省银行卡和谐发展环境，与银行卡产业各方通力合作，密切配合，攻坚克难，知难而进，携手拓展受理市场，组织联合营销宣传，推动银联标准卡发行，加快新业务研发推广，推动我省银行卡事业又好又快发展。

山东分公司庆祝成立九周年登山活动合影

截止2011年12月底，全辖区入网特约商户达到活动商户15.87万家，比年初新增5.9万家，活动POS终端24.4万台，比年初新增8.8万台，受理环境得到根本改善，银行卡产业向更广更深层次发展。ATM成功交易笔数2.2亿笔，交易金额798.7亿元，分别同比增长32.98%、41.0%；POS成功交易笔数3.08亿笔，交易金额6042亿元，分别同比增长41.3%、36.31%。银联标准借记卡累计发行1.05亿张，2011年新增2647万张，银联标准信用卡累计发行1258万张，2011年新增370万张。银联借记卡活动卡占到总活动卡的90.45%，信用卡活动卡占比达到54.36%。跨行交易系统运行稳定，系统转接中断时间为零，主机可用率和网络可用率均为100%，卡表加载成功率100%，交易受理成功率为99.978%，跨行交易承兑率为92.90%。

同业年会颁奖现场

2011年一季度银行卡工作会

畅刷银联卡共享好生活

银联杯山东省餐饮行业第二届服务技能竞赛

炫爆圣诞银联之夜

24小时全国统一客户服务电话
40060-77777

公司概况

泰山财产保险股份有限公司是经中国保险监督管理委员会批准成立的首家注册地在山东的全国性保险法人机构,由中国重汽集团、山东高速集团等16家省管国有企业发起设立,注册资本20.3亿元。2010年12月29日获准开业,2010年12月31日正式成立。

泰山保险秉承“规范治理、稳健发展、创新经营、诚信服务”的经营理念,奉行“忠诚、责任、专业、共赢”的核心价值观,立足山东,服务全国,致力把公司建设成为资本雄厚,内控严密,创新能力强,品牌优势明显,市场竞争力强,经济效益与社会效益良好的一流财险公司。

01. 2011年1月18日，泰山财产保险股份有限公司揭牌仪式在济南举行。省委书记、省人大常委会主任姜异康，省委副书记、省长姜大明，中国保监会副主席周延礼出席仪式并为泰山保险揭牌。

02. 泰山保险与山东高速集团签署战略合作协议

03. 泰山保险与兖矿集团签署战略合作协议

04. 泰山保险参与承保巴基斯坦IR通讯卫星。

05. 泰山保险承保青岛胶州湾跨海大桥

诚信重如泰山

Haier

一个世界一个家

海尔财务公司
Haier Finance

协同企业
驱动产业
引领行业

海尔集团财务有限责任公司总经理　李占国

海尔集团财务有限责任公司（以下简称“海尔财务公司”）承接海尔集团“打造人单合一双赢模式下互联网时代的世界品牌”发展战略，为集团由制造业向服务业转型提供全流程金融解决方案，成为集团美好住居生活解决方案供应商的专业金融服务商，确定了“聚焦产业链金融创新，以金融资源换取客户/用户资源，成为驱动产业型财务公司”的发展战略。

2011年，海尔财务公司不断创新金融服务模式，在有效驱动、引领集团产业发展的同时实现了金融业务的快速发展。截至2011年末，海尔财务公司总资产规模达到了380亿，同比增长11%，利润总额12.6亿，同比增长79.2%，盈利能力稳居全国财务公司行业前六强，是中国银行业监督管理委员会树立的财务公司标杆单位。

财务公司取得的若干突出业绩：

■获2011年度第三届“金龙奖”之“年度最佳财务公司”奖；

■首发财务公司电子银行承兑汇票，获央行“业务拓展奖”；

■3A级金融债发行企业集团财务公司；

■第一家集团全球外汇资金集中管理财务公司；

■集团资金集中率100%，位居全国行业第一；

■海尔基因成就财务公司全员金融创业创新，2011年度员工获海尔集团“CEO特别大奖”；

渤海银行 济南分行
CHINA BOHAI BANK JINAN BRANCH

↑渤海银行济南分行党委书记、行长 王仁宝

渤海银行济南分行是渤海银行在山东的省级管辖行，2008年10月27日正式开业，截至2011年底，下辖分行营业部、解放路支行、市中支行三家同城网点，以及渤海银行全国首家二级分行——渤海银行烟台分行。开业以来，全行上下团结一心、开拓进取，锐意创新，致力于为客户提供卓越体验，各项业务稳健发展，2010至2011年连续两年被山东省政府授予“金融创新奖”。

自开业以来，该行坚持以服务地方经济为己任，加大信贷支持力度，调整优化信贷结构，助推山东经济结构和产业结构转型。在信贷投向上，该行坚持以科学发展观为统领，严格遵循国家宏观调控政策，根据国家产业结构政策导向和山东区域经济特点，“有保有控”，加大对重大基础设施项目、民生项目、支柱产业以及节能减排、循环经济等领域的信贷支持，有力支持了地方经济发展。

在业务规模快速增长的同时，该行牢固树立合规意识和风险防范意识，严格防控风险，信贷资产质量整体状况良好，无案件和重大差错发生，实现了业务增长速度和质量、效益的同步提升。

该行一直高度重视社会公益事业，致力于打造有社会责任感的银行。从汶川地震到南方冰灾，从南方旱灾、水灾到青海玉树地震，员工纷纷捐款捐物，献出一份自己的爱心。2011年6月，该行举办了“走进西柏坡　捐建小学图书馆”公益活动，以热心公益、捐款助学的实际行动，向建党90周年献礼。2010年和2011年连续两年取消行庆庆典，改办公益活动：2010年11月，举办“低碳环保　快乐骑行”大型公益活动，向社会各界共计赠送1500辆自行车，以此宣传倡导“低碳环保”理念；2011年10月，为感谢环卫工人为城市环境建设付出的劳动，呼吁社会各界尊重环卫工人劳动，自觉爱护城市环境，邀请120多位环卫工人免费观看了专场曲艺演出。

今后，该行将深入落实渤海银行的社会责任观，为客户提供精致服务，保障关爱员工并助力员工成长，积极承担社会责任、奉献爱心，以开放坦诚的态度努力实现与合作者的互利共赢，为当地经济发展贡献更大的力量。

↑2011年7月，渤海银行首家二级分行——烟台分行开业，烟台市长王良（中）、总行行长赵世刚（右）、济南分行行长王仁宝（左）出席开业仪式。

↑王仁宝行长带队调研中小企业。

↑2011年6月，“走进西柏坡　捐建小学图书馆”公益活动上，平山县政府领导向王仁宝行长赠送锦旗。

↑2011年10月，举办环卫工人专场曲艺演出。

↑渤海银行济南分行获得的部分荣誉。

北京银行
BANK OF BEIJING
济　南　分　行

真诚 所以信赖

股票代码：601169

北京银行济南分行成立于2010年9月12日，是北京银行设在山东的省级管辖行。目前拥有营业部、大明湖支行、千佛山支行3家营业网点，员工284人。

登陆齐鲁大地两年来，北京银行济南分行切实将服务好山东社会经济发展作为义不容辞的责任，坚持“服务中小企业、服务城镇居民”的市场定位，不断创新产品与服务，各项业务齐头并进、协调发展，在与地方经济发展的真诚互动中，实现了自身业绩的持续增长。2011年，北京银行济南分行公司类贷款投放额高居所有驻济银行同业首位，为支持山东经济建设发展写下了浓墨重彩的一笔。截至2012年8月末，济南分行各项存款余额达到104.54亿元，比年初增长61.72亿元，增长144.13%；各项贷款余额109.46亿元，比年初增加40.45亿元，增长58.60%。

北京银行济南分行坚持走与当地市场相结合之路，在致力推广“财富1+1”、“短贷宝”、“小巨人”等京行成熟品牌的同时,快速反应，整合资源，集全行之力创造竞争先机。相继筹划成立了山东省首支中小企业集合信托，通过创造性地整合各类金融资源，有效弥补了单个中小企业融资能力差的不足，得到了省委、省政府的高度赞扬；根据客户付款特点，创新设计了“1+N”的代付盈模式，被北京银行总行作为模板在全系统内推广复制；自主设计研发的“精彩”系列理财产品，仅2012年上半年即连发7只，通过与省财政厅的合作，在全省首推中小企业“政府采购贷”；济南分行还推出了山东省内第一支绿色中小企业集合票据，通过创新担保方式推出了“区域集优贷款”，为省内中小企业融资提供了新的模式，打造了京行创新型银行的良好口碑。

北京银行济南分行在山东的经营活动得到了山东社会各界的广泛认可。2012年初，省委、省政府致函北京银行总行，对分行在开展金融创新、支持重点区域带动战略等方面所做的工作给予充分肯定；济南市委、市政府联合授予济南分行“济南市文明单位”荣誉称号，济南市人民政府授予济南分行“金融业支持实体经济发展贡献奖”，中国人民银行济南分行营管部授予济南分行“绿色信贷工作先进单位”称号。

2011年9月26日，北京银行董事长闫冰竹与现任山东省副省长、时任济南市委副书记、市长张建国分别代表北京银行和济南市人民政府签署战略合作协议。

2011年9月1日，北京银行济南分行行长王淑梅作为银行业的唯一代表出席山东省合同能源管理合作交流会，与山东省节约能源办公室签署《节能减排战略合作协议》，在山东绿色节能领域引起较大反响，在业界打响了北京银行“节能贷”品牌。

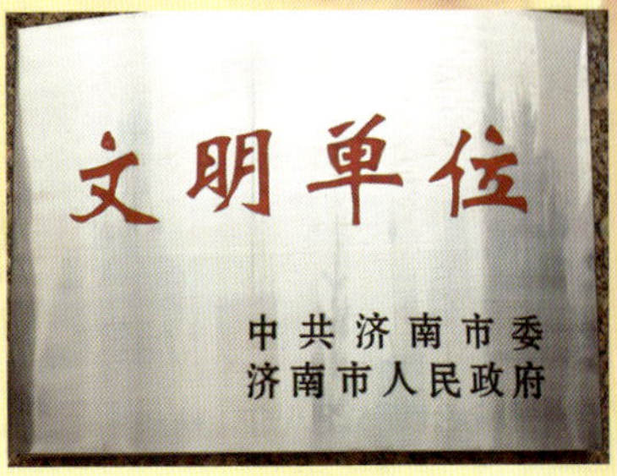

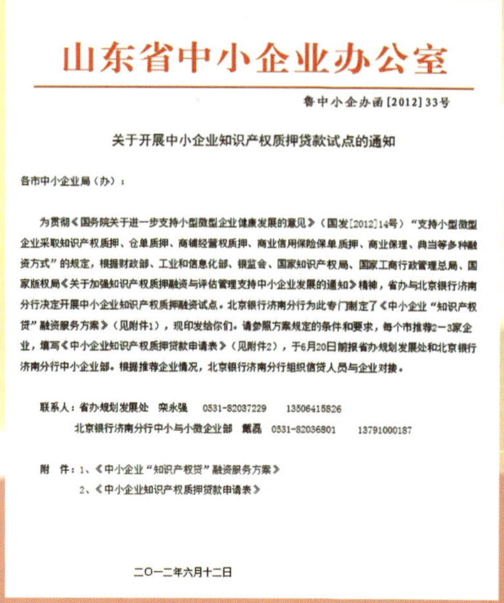

山东省中小企业办公室

鲁中小企办函[2012]33号

关于开展中小企业知识产权质押贷款试点的通知

各市中小企业局（办）：

为贯彻《国务院关于进一步支持小型微型企业健康发展的意见》（国发[2012]14号）“支持小型微型企业采取知识产权质押、仓单质押、商铺经营权质押、商业信用保险保单质押、商业保理、典当等多种融资方式”的规定，根据财政部、工业和信息化部、银监会、国家知识产权局、国家工商行政管理总局、国家版权局《关于加强知识产权质押融资与评估管理支持中小企业发展的通知》精神，省办与北京银行济南分行决定开展中小企业知识产权质押融资试点。北京银行济南分行为此专门制定了《中小企业“知识产权贷”融资服务方案》（见附件1），现印发给你们。请参照方案规定的条件和要求，每个市推荐2－3家企业，填写《中小企业知识产权质押贷款申请表》（见附件2），于6月20日前报省办规划发展处和北京银行济南分行中小企业部。根据推荐企业情况，北京银行济南分行组织信贷人员与企业对接。

联系人：省办规划发展处　栾永强　0531-82037229　13506415826

北京银行济南分行中小与小微企业部　戴磊　0531-82036801　13791000187

附　件：1、《中小企业“知识产权贷”融资服务方案》

2、《中小企业知识产权质押贷款申请表》

二〇一二年六月十二日

北京银行济南分行被山东省中小企业办公室批准为省中小企业产权质押融资试点行。

泰安市商业银行

TAIAN CITY COMMERCIAL BANK

泰安市商业银行党委书记、董事长展鹏

泰安市商业银行被中国社科院评为“全国十佳品牌管理创新奖”

泰山乐积分

泰安市商业银行成立于2007年8月16日，是经国家银监会批准成立的金融机构，注册股本8亿股，截至2012年9月，在职职工808人,26家支行、1个营业部，机关14个部室,11个中心。

成立以来，泰安市商业银行始终坚持服务地方、服务市民、服务中小的市场定位，坚持诚信、责任、发展、共赢的经营理念，稳健经营，合规发展，逐步成长为泰安地区一支重要的金融生力军。截至2012年9月末，资产总额为245.06亿元，较上年末增加39.16亿元，增幅15.98%，负债总额为231.07亿元，较上年末增加36.99亿元，增幅16%。各项存款余额179.45亿元，信贷规模102.34亿元，其中一般性贷款86.93亿元，票据贴现15.41亿元。

凭借良好的经营业绩，泰安市商业银行先后被评为“中国服务中小企业特色品牌银行”、“全国支持中小企业发展十佳金融机构”、“泰安市文明单位”、“泰安市先进基层党组织”等；2011年获得《金融时报》年度最具创新力中小银行称号，在全省金融企业绩效评价中被评为AAA级优秀金融企业。

在今后的发展中，泰安市商业银行将立足于泰安的金融市场，以差异化的社区银行为目标，形成完善的法人架构和适度的风控体系，以市场化的产品与服务为核心，逐步完善良好的人力资源管理体系，建设具有较好竞争力和赢利能力、有较快发展速度、有良好社会责任和企业文化的区域性中小型金融企业。

泰安市商业银行营业网点焕然一新

2012年迎新春文艺晚会

PICC 中国人民财产保险股份有限公司 Property and Casualty Company Limited 山东省分公司

中国人民财产保险股份有限公司（PICC P&C，简称“中国人保财险”）是经国务院同意、中国保监会批准，于2003年7月由中国人民保险集团公司发起设立的、目前中国内地最大的非寿险公司，注册资本111.418亿元。其前身是1949年10月20日经政务院批准成立的中国人民保险公司。凭借综合实力，公司相继成为北京2008年奥运会、2010年上海世博会、2010年广州亚运会合作伙伴，为北京奥运会、上海世博会、广州亚运会提供全面的保险保障服务。山东省分公司隶属于中国人保财险，公司实力雄厚，人才荟萃，在全省16个市（不含青岛）设有246个分支机构，员工队伍近9000人，是全省规模较大的财产保险公司。

人保财险山东省分公司办公大楼

在近六十三年的卓越历程里，人保财险山东省分公司以“人民保险、服务人民”为使命，秉承“以人为本、诚信服务、价值至上、永续经营”的经营理念，弘扬“求实、诚信、拼搏、创新”的企业精神，充分发挥品牌、人才、产品、技术和服务等优势，为促进改革、保障经济、稳定社会、造福人民提供强大的保险保障。公司目前主要经营企业财产保险、机动车辆保险及第三者责任保险、船舶保险、货物运输保险、建筑安装工程保险、石油保险、政策性农业保险和各种信用保险，以及人身意外伤害保险、短期健康险等。2011年，公司实现保费收入93.67亿元，承担风险责任198.07万亿元；全年处理各类赔案84.3万件，支付各类赔款49.32亿元；上缴营业税金5.45亿元，服务经济社会全局的能力进一步增强；市场份额为33.16%。

公司与山东省人民政府签署战略合作协议

近年来，人保财险山东省分公司先后荣获“全国守合同重信用企业”、“山东企业100强”、“百姓口碑最佳荣誉单位”、“十大鲁商诚信单位”、“改革开放三十年山东省优秀企业”、“山东省管理创新优秀企业”、“60年服务山东功勋品牌”、“山东省金融创新奖”等一系列荣誉称号。站在新的历史起点，人保财险山东省分公司将以科学发展观为指引，以锐意进取的改革精神和求真务实的科学态度，与时俱进，整合创新，实现公司新的创业和跨越式发展，为全面建设小康社会和构建社会主义和谐社会提供更加优质的保险保障服务。

人保财险山东省分公司集中运营管理中心

人保财险组织开展特色客户服务活动

PICC

人保财险员工诚信签名

农家现场办公宣传保险知识

天津银行 BANK OF TIANJIN 济南分行 JINAN BRANCH

天津银行济南分行党委书记、行长　姚志坚

天津银行济南分行于2010年5月28日正式开业，在社会各界的支持帮助下，不断健全业务经营和组织架构建设，狠抓内控合规、案件防控和各项规章制度的落实；在做好基础金融服务的同时，加快零售信贷业务发展，加大对“中小企业”信贷投放，致力于在齐鲁大地倾力打造有业务特色的“全能银行”，以实际行动支持了当地经济与社会发展。经过两年多的努力，天津银行济南分行的公司、个人、国际业务健康快速有效发展，经营效益不断提升，发展有了良好的开端。分行营业部2012年被济南市金融办评为“金融系统微笑服务窗口”、被天津银行总行评为星级服务网点。

天津银行济南历城支行隆重开业

天津银行济南分行与长城资产管理公司济南办事处开展合作

天津银行济南分行与国家开发银行济南分行开展战略合作

组织员工开展“天行印记　行者无疆”活动

天津银行2012年联动监管会在济南召开

2011年6月8日，齐鲁白金卡正式发行。

2011年11月30日，齐鲁银行发起成立的章丘齐鲁村镇银行正式开业。

齐鲁银行参展2011中国(济南)国际金融博览会。

丰富多彩的职工文体生活。

客服中心用真诚创造感动，用心成就卓越。

齐鲁银行
QILU BANK
客服热线 400609658
www.qlbchina.com

齐鲁银行官方微博
weibo.com/qlyh

日照市农村信用社
RURAL CREDIT COOPERATIVE OF RIZHAO

日照市农村信用社现有四家区县联社，营业网点 135 个，在岗员工 2011 名，是日照市资产规模较大、网点和从业人员最多、服务范围和科技网络覆盖面最广，现代化、多功能的金融机构。

2011 年以来，日照市农村信用社在省联社正确领导下，积极深化改革，加快发展步伐，以“争创一流金融机构”为目标，坚持面向“三农”、面向社区、面向中小企业、面向县域经济的服务定位，不断拓展服务领域，完善服务手段，全力推进发展模式转变和服务机制创新，步入历史上业务发展速度最快、效益最好、质量最高、风险最低、服务最佳和员工精神面貌最好的全新时期，为日照市经济社会发展和建设社会主义新农村做出了积极贡献。截至 2011 年末，日照市农村信用社各项存款余额 241 亿元，较年初增加 42.4 亿元；各项贷款余额 175 亿元，较年初增加 22 亿元。

在持续通过“齐鲁惠农一本通”做好惠农补贴资金发放，确保国家各项强农惠农政策的快捷到位的同时，不断畅通结算服务渠道，提升农村地区支付结算水平。自 2010 年以来，日照农村信用社在全市金融服务覆盖率低的乡镇安装农民自助服务终端 584 台，使农民“足不出村”即可享受到高效、便捷、安全的金融服务，打造了农民家门口的“便民银行”和金融服务“便利店”。切实将“手握手的承诺，心贴心的服务”送到了千千万万农户的家门口。近年来，山东省农村信用社联合社日照办事处和 4 家区县联社分别被授予全国群众体育先进单位、省级文明单位、省级青年文明号、巾帼文明岗、富民兴鲁劳动奖状和支持地方经济发展贡献金奖等荣誉称号。

站在改革发展的新起点上，日照市农村信用社将在省联社“稳健经营，稳步发展”的双稳经营理念的指导下，努力将自身建设成为规范化的现代化金融机构，为推进社会主义新农村建设以及加快实施国家海洋经济发展战略和日照建设山东半岛特色海洋城市做出新的更大的贡献！

为樱桃种植户讲解如何辨别人民币真伪

组织开展送“福”进万家千企活动

农户通过金融自助服务终端在家门口
就能办理存取款业务

信贷支持农户种植高效经济作物

中信银行 济南分行

CHINA CITIC BANK JINAN BRANCH

中信银行信福年华卡山东省首发仪式成功举行

中信银行济南分行成立于1994年5月，目前下辖淄博、济宁、东营三家异地二级分行和13家同城分支机构。截至2011年末，中信银行济南分行本外币资产总额突破600亿元，本外币各项存款余额近600亿元，各项贷款余额达350亿元，各项主要经营指标位居当地股份制银行前列。

中信银行济南分行举办“中信银财通”合作论坛

2011年，中信银行济南分行被山东省政府授予“山东省金融创新奖”，被人行济南分行、山东省商务厅评为“山东省跨境人民币结算先进单位”、被省财政厅评为“全省政府非税收入代理收缴服务创新银行”，荣获得山东财经风云榜“最具成长性金融机构”等荣誉称号。

中信银行济南分行举办主题为“学党史、知党情、强党性、促发展”的党史知识竞赛

中信银行鼎力支持地方经济建设，更以优质的金融产品和完善服务支持社会财富进程，已成为地方经济发展、企业成长壮大、居民财富增长的支持力量。中信银行济南分行将坚持“和谐发展、共同成长、精细合规、良性循环”的核心发展理念，继续坚持以客户需求为导向、以现代科技为手段、以高质量服务为基础的发展模式，力求以更新的观念、更高的品位、更强的功能，真诚地服务于国内外客户，一如既往地为广大客户提供良好的金融服务，在社会经济建设中写下更加灿烂辉煌的篇章。

中信银行首个总行级“信福年华爱心之家”在孟良崮成立

中信银行 青岛分行
CHINA CITIC BANK QINGDAO BRANCH

中信银行青岛分行贵宾理财中心盛大开业

中信银行青岛分行跻身2011年度青岛市纳税50强

中信银行青岛分行举行“服务推新中国创业成就青岛”青岛市服务业发展论坛

中信银行青岛分行小企业未来之星俱乐部成立

中信银行青岛分行荣膺“2012青岛蓝色经济突出贡献单位”

“新挑战，新机遇，助理蓝色经济”中信银行外汇业务战略客户高层论坛举行

兰山农村合作银行

省联社宋文瑄理事长在临沂办事处孔祥波主任陪同下到兰山合行进行调研现场

山东临沂兰山农村合作银行（以下简称兰山合行）成立于2005年10月29日，是经中国银行业监督管理委员会批准成立的，由辖内农民、农村工商户、企业法人及其他经济组织自愿入股，以“面向‘三农’、面向社区、面向中小企业、面向区域经济”为市场定位，以服务农民、农业和农村经济发展为宗旨和经营方向的股份合作制银行。现辖1个营业部、31家支行、60个分理处，共有干部职工1200余人。

2011年，面对复杂的金融环境和激烈的市场竞争，兰山合行在省联社和临沂办事处的正确领导下，在人民银行、银监部门的科学监管指导下，在全体员工的共同努力下，以科学发展观为指导，继续坚持“审慎、稳健、科学、创新、长效”的经营理念，以“防风险、保增长、强服务、促发展、增效益”为主线，紧紧围绕“一个转变”、“二个优化”、“三项工程”，深化改革创新，严格精细管理，各项业务继续保持健康快速发展的良好态势。截至2011年末，各项存款余额141.98亿元，各项贷款余额113.21亿元，交纳税款1.52亿元，经营利润继续居全省农信系统第一位，实现了良好的经济效益和社会效益。

兰山合行在自身蓬勃发展的同时，为当地经济建设做出了积极的贡献。先后获得“全国模范劳动关系和谐企业”、“全国工人先锋号”、“全国模范职工之家”、“全国文明规范服务示范单位”、“全国三八红旗集体”、“全国青年文明号”、“省级文明单位”、“省级先进基层党组织”、“山东省富民兴鲁劳动奖状”、“良好银行”、“山东省服务名牌”等荣誉称号。

整齐划一的文明规范服务

兰山合行举办第七届职工运动会

青岛金融押运有限责任公司

QINDAOJINRONGYAYUNYOUXIANZERENGONGSI

科学发展，持续发展，创新发展是当今时代的主题，是企业活跃在社会经济大舞台，不断提升竞争力，立于不败之地的主旋律。2011年，青岛金融押运有限责任公司高层管理集体在总结前十年发展经验的基础上，提出了认清新形势，确立新定位，担当新使命，立足新起点，实现公司新的跨越式发展的宏伟目标。

这一年，公司将青岛地域内所有银行网点纳入了业务服务范围，完成了传统押运业务的拓展，服务银行客户达37家，服务银行网点1378个，为今后拓展新的经营领域，发展新的业务种类奠定了基础；在继续拓展银行自助设备服务业务的基础上，该公司积极了解银行客户的业务需求，开展了现金清分和票据传递业务。年内，配合华夏银行青岛分行历时3个多月完成了170余台离行式自助设备的系统升级；在较短时间内，协助中国银行山东省分行进行了3.1亿元现金的清分；协助农业银行青岛市分行完成了金库搬迁工作；协助青岛市博物馆对珍贵文物进行了大规模搬迁，受到了银行客户和社会各界的一直好评。

公司百日安全竞赛动员誓师大会

这一年，公司加大科技投入，研发并启用了业务交接中的身份识别及客户服务评价系统，对员工服务客户质量进行有效监督，受到了银行客户的广泛欢迎。

公司开展“四有五好”道德修养教育

这一年，公司结合自身实际，组织开展了以安全管理、优质服务、创建文明为主题的“百日安全竞赛”活动；以文明行车、争做好市民为主题的“文明示范车”评比活动。在员工中全面深入的开展了业务知识培训，组织进行了《客户经理工作规定》、《押运车组一日工作流程》的学习，系统的规范了客户经理队伍建设工作和押运车组业务安全运行操作程序，有效的规避了运行风险，确保了各项业务的安全稳健运行。

这一年，该公司全体干部员工以“三个共同”为统领，紧紧把守“安全、服务、形象”三条生命线，狠抓内部管理、夯实基础建设、强化服务意识，完善服务措施，拓展业务范围，锐意改革创新，在二次创业的道路上迈出了漂亮的一大步。公司被山东省公安厅、山东省安全生产监督管理局联合授予“省级优秀交通安全单位”；杨玉文总经理获“山东省优秀管理专家”荣誉称号。

ATM场景

年底，该公司经上级主管部门批准，注册成立了全资子公司“青岛华鼎金融押运有限公司”，取得了山东省公安厅颁发的保安服务许可证和青岛市工商局颁发的企业法人营业执照。将业务范围拓展到了涉及门卫、押运、巡逻、守护、安全技术防范等9各方面，为今后不断拓展经营领域，更好的抢占保安服务市场，提供了广阔的发展空间。

运钞车队

员工训练

兖矿集团财务有限公司

Yankuang Group Finance co.,Ltd

兖矿集团财务有限公司（英文名称：Yankuang Group Finance co., Ltd），是经中国银监会批准成立的非银行金融机构。2010年11月12日正式挂牌开业，现有员工33名，注册地为山东省邹城市凫山南路329号，注册资本金5亿元，由兖矿集团有限公司、兖州煤业股份有限公司、中诚信托有限责任公司按70%、25%和5%比例共同出资设立。

公司围绕“加强集团资金集中管理，提高集团资金使用效率”功能定位，秉承“依托集团、服务集团、合规经营、稳健发展”的经营宗旨，遵循“安全性、流动性、效益性”原则，在集团内部实现相互的资金融通，优化资源配置，提高资金使用效率，降低财务成本，提高集团资金管理水平，较好地发挥了金融服务功能。在支持集团发展的同时，公司自身也取得了良好的经营业绩，截至2012年10月，资产总额75亿元，负债67.4亿元，所有者权益7.6亿元。吸收成员单位存款余额67亿元，发放贷款余额24亿元。自成立以来，累计实现营业收入4.94亿元，实现利润4.22亿元。

“十二五”期间，公司将继续依托集团优势，完善公司治理结构，提高内部控制和风险管理水平，丰富业务品种，完善金融功能，努力打造成为集团的资金结算中心、资金管理中心、融资中心和资金监控中心，为股东创造最大价值，支持兖矿集团科学发展。

2010年11月12日，兖矿集团财务有限公司开业仪式。

2010年11月12日，兖矿集团财务有限公司开业仪式。

2011年5月10日，兖矿集团财务有限公司召开2010年度股东会。

2011年11月11日，兖矿集团财务有限公司召开第一届董事会第七次会议。

Hisense 海信集团财务有限公司

海信集团财务有限公司于2008年6月经中国银行业监督管理委员会批准成立。

2011年，公司在加强资金集中管理，保障集团经营性资金需求，降低集团整体资金成本的前提下，合理配置运用资金，提高资金效益，为促进集团产业发展提供有力支持。

公司围绕“加强资金集中管理，提高资金使用效率，降低融资成本”的核心职能，积极推动海信电票业务等金融创新业务的发展，努力建立起“海信”品牌在金融市场的信用，增强了企业对外支付的能力。同时通过各种利率和汇率等金融工具的专业化运作，为集团成员单位提供高效、低成本的融资支持，使集团各产业健康快速发展得到了有力保障。

今后公司将进一步加强资金效率管理，努力提高资金收益，为集团发展壮大提供更多、更好的支撑。

2011年4月，财务公司协会韩华秘书长（右三）一行莅临海信，参观了海信集团新产品展厅，了解海信集团的发展历程，对海信集团“技术立企、稳健经营”的经营战略给予了高度评价；同时，韩秘书长也对海信财务公司的工作给予了肯定，并对公司发展提出了积极的建议。公司总经理黄金萍（右四）全程陪同。

为丰富员工活动，增强企业凝聚力，“三八”妇女节来临之际，组织员工游毛公山，感受红色文化。

河东农村合作银行

RURAL COOPERATIVE BANK OF HEDONG

↑客户恳谈会

河东农村合作银行自2007年6月29日挂牌开业以来，以“争创一流金融机构”为奋斗目标，以服务地方经济发展为己任，坚持“稳健经营，稳步发展”的经营理念，各项工作实现了又好又快的发展。该行制定网点改造升级规划，打造环境优美、服务一流的营业环境；加快业务创新，推出“易贷宝”系列贷款项目，设立“中小企业金融服务特色支行”，实行贷款限时承诺制度，金融服务水平日益提升；深入推进信用工程建设，建立支农营销网络，开展“评级授信村村到”活动，评定信用市场、信用村，成立商户信用联盟，开辟信贷服务通道；加强企业文化建设，实施人才库管理工程，培育大学生客户经理队伍，打造一流团队，已发展成为资金实力雄厚、机构遍布城乡、办公手段先进、基础设施优美、服务质量优良的综合性银行，受到社会各界的一致好评，存贷款总量、贷款累计投放量、纳税金额均居辖区各金融机构首位。近年来，该行先后荣获“中国农合行十大影响力品牌”、“中国骄傲•第8届中国时代十大诚信示范单位”、“中国农合行最具竞争力十强”、“2012中国最佳中小企业金融服务奖”荣誉称号；被山东省农村信用社联合社授予“四好”领导班子，被共青团山东省委授予“百千万农村青年创业先进单位”，被山东省精神文明建设委员会授予“文明单位”，被省妇联授予“幸福进家”先进单位，被省消协授予“山东省第九届消费者满意单位”；被省联社临沂办事处授予“先进单位”、“创先争优活动先进单位”、“宣传报道先进单位”、“审计工作先进单位”等；被市委、市政府等授予“振兴沂蒙劳动奖状”、“服务民营经济先进单位”、“全市服务中小企业先进单位”、“临沂市消费者满意单位”、“银行业文明服务单位”、“创建劳动关系和谐企业”、“平安临沂建设先进单位”、“影响临沂发展的行业典范”、“巾帼建功”竞赛活动先进单位、“创建全国文明城市、开展文明优质服务调查评比活动群众满意单位”等荣誉称号。

↑合规竞赛

↑商户信用联盟

↑文艺汇演

↑反假宣传

↑扶贫献爱心，真诚回报社会

↑红歌演唱

信用成就财富

合作共创未来

↑业务技术比赛

兴业银行股份有限公司日照支行

兴业银行成立于1988年8月，是经国务院、中国人民银行批准成立的首批股份制商业银行之一，总行设在福建省福州市，2007年2月5日正式在上海证券交易所挂牌上市（股票代码：601166），注册资本107.86亿元。目前，兴业银行已在全国主要城市设立了79家分行、662家分支机构；在上海、北京设有资金营运中心、信用卡中心、零售银行管理总部、私人银行部、银行合作服务中心、资产管理部、可持续金融部等总行经营性机构；与全球1000多家银行建立了代理行关系；建立了网上银行“在线兴业”（www.cib.com.cn）、电话银行“95561”和手机银行“无线兴业”（wap.cib.com.cn）。

兴业银行日照支行开业仪式

开业二十多年来，兴业银行始终坚持“真诚服务，相伴成长”的经营理念，致力于为客户提供全面、优质、高效的金融服务。截至2012年一季度末，兴业银行资产总额达到26293.98亿元，股东权益1239.57亿元，不良贷款比率为0.40%，一季度累计实现净利润82.88亿元。根据英国《银行家》杂志2011年发布的全球银行1000强排名，兴业银行按总资产排名列第75位，按一级资本排名第83位。

日照支行是青岛分行设立的首家异地支行，于2011年1月18日正式开业。先后获得“日照市银行业文明规范服务先进单位”、“日照市金融创新奖”、“日照市金融贡献奖”、“2012年度百姓金口碑评选最满意金融企业”等荣誉称号。截至2012年10月，各项存款达45亿元，各项贷款达21.27亿元。有力的支持了本地临港工业，贸易融资和供应链金融业务。

反假币宣传进社区

所获荣誉

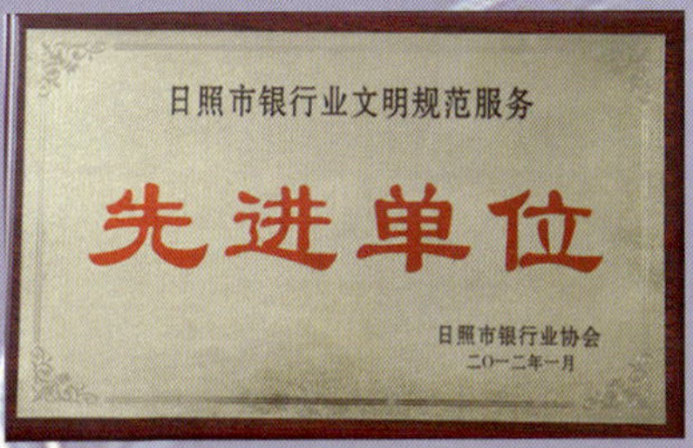

日照支行在九仙山进行拓展训练

中国建设银行
China Construction Bank

莱芜分行

建行莱芜分行历史可追溯到1958年中国人民建设银行莱芜办事处的成立，后经历次变革，伴随着莱芜由县级市升为地级市，1992年12月，建行莱芜市分行成立。伴随着地方经济改革发展的大潮，莱芜建行逐步由小变大、由弱变强。截至2012年10月，内设科室8个，下设12个支行（含营业部），共有在职员工280人。

近年来，建行莱芜分行在市委市政府的领导支持下，在人民银行和银监局的指导帮助下，牢固树立科学发展的理念，以客户为中心，积极转方式、调结构，为客户提供全方位金融服务，发展基础日益牢固，服务水平和能力不断提高。截至10月末，全口径存款余额58.16亿元，各项贷款余额37.4亿元，实现利润7870万元。

今年以来，在新一届市委市政府领导下，莱芜建行以科学发展为主题，以转变作风、增强执行力为抓手，以做大做强市场份额为着力点，以提高市场竞争力和经营效益为目标，以控制风险为前提，围绕年度工作重点，强化与相关部门的联系沟通，大力推行工商E线通业务，积极拓展国际业务，深入开展“转作风、提效率、优环境、保增长、促发展”活动，积极配合全市大发展要求，为大招商、大项目提供优质服务。特别是新一届领导班子成立后，继续深化落实“以客户为中心”的服务经营理念，建立实施了“三会”制，加强工作调度与督导，重新梳理业务流程，强化渠道建设，优化网点布局，大力推动电子银行渠道推广应用，不断丰富金融产品，根据客户特点提供个性化服务方案，针对客户需求积极为全市大中小客户提供了全方位的金融服务。针对小企业融资难的特点，积极探索适合小企业特点的融资方式，大力推动助保金信贷业务，目前，累计发放小企业发放贷款7.61亿元，有力支持了地方经济的发展。

省分行薛峰行长与市委书记刘士合进行交流

深入企业考察

团结奋进的领导班子

支持当地经济发展

所获荣誉

罗庄区农村信用合作联社

LUOZHUANG RURAL CREDIT COOPERATIVES UNION

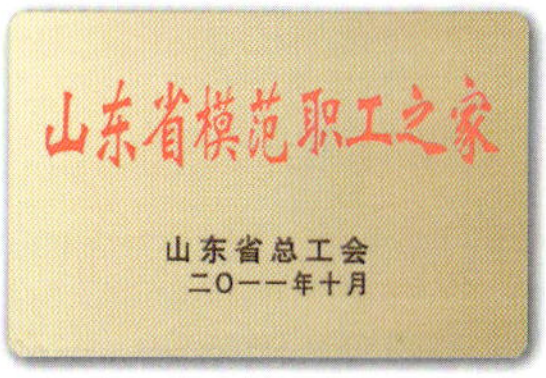

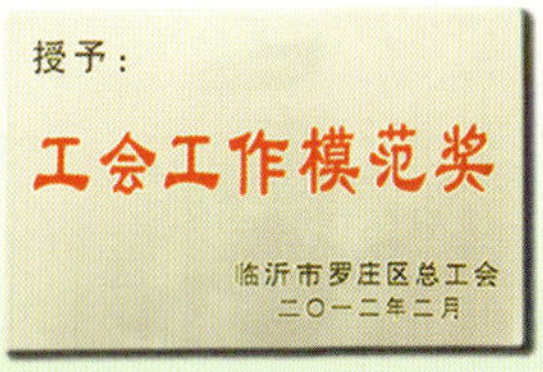

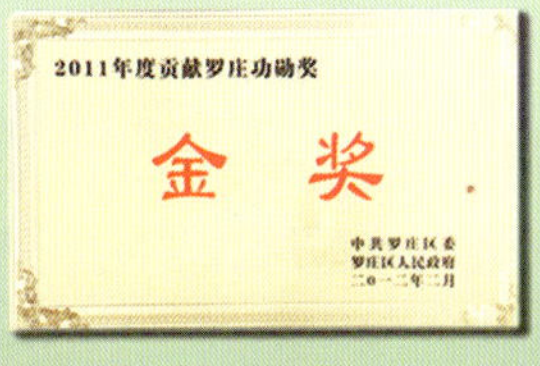

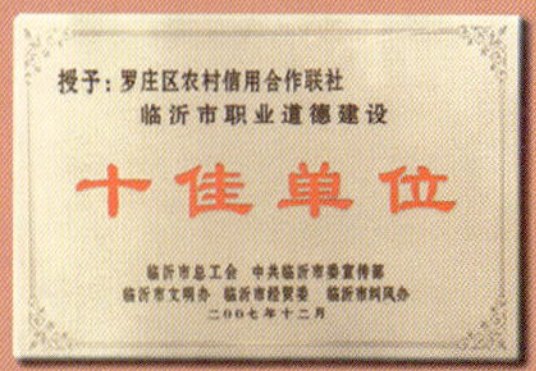

信用为本 合作共赢

莒县金谷银行

金谷银行办公大楼

莒县金谷银行是由呼和浩特金谷农村合作银行在莒县发起设立的股份制金融机构，主要为城乡居民、中小企业、农村经济发展提供金融服务，于2010年12月8日正式挂牌营业，目前下辖营业部、城阳支行和城北支行三个营业机构，总行内部设有综合部、业务发展部和财务科技部，现有干部职工52人。莒县金谷银行主要经营范围：吸收公众存款；发放短期、中期、长期贷款；办理国内结算；办理票据承兑与贴现；从事同业拆借；从事银行卡业务；代理发行、代理兑付、承销政府债券；代理收付款项及保险业务；经银行业监督管理委员会批准的其它业务。截至2012年10月底，全行资产总额5亿元，各项存款4.6亿元，各项贷款3.1亿元，各项经营指标良好，实现健康稳健发展。

深入企业调研

莒县金谷银行坚持“立足地方、服务城乡居民、服务中小企业、服务三农”的市场定位和资金取之于当地、用之于当地的原则，秉承“合规、高效、创新、超越”的经营理念，突出便民、利民、惠民的特色，努力在畅通城乡资金流通渠道、促进城乡金融协调发展、扩大基础金融覆盖面方面发挥积极作用，从而满足地方经济发展的有效金融需求，更好地支持地方经济建设。

服务融通城乡，诚信铸就未来！莒县金谷银行致力打造服务一流、管理一流、效益一流、形象一流的品牌银行，与您携手成长、贴心相系！

开展业务宣传

营业厅

莱芜市农村信用联社

LAI WU RURAL CREDIT COOPERATIVES

莱芜农村信用社成立于上世纪50年代初，具有60年的光荣历史。2005年7月，莱芜市农村信用社紧紧把握改革试点这一历史性机遇，率先在全省实行地市级统一法人联社改革，成立了全省唯一一家地市级一级法人联社——莱芜市农村信用联社。

党委书记、理事长 于富海

2011年12月31日，市政府杨宜新市长带领相关部门领导到市联社视察指导工作，看望一线员工。

2012年2月17日，市联社召开动员大会，对深入开展“转作风、提效率、优服务、树形象、促发展”活动进行安排部署。

2011年6月21日，市联社荣获“心中的歌献给党”莱芜市庆祝建党90周年红歌演唱金奖。

莱芜市农村信用联社现有在岗职工974人，辖1家营业部，26家信用社和61家分社，主要为城乡居民、企事业单位办理存贷款、结算、票据承兑与贴现、代收代付、银行卡等金融业务，是莱芜市营业网点和从业人员最多、服务范围最广、资金实力雄厚的金融机构。

莱芜市农村信用联社成立以来，在省联社、市委市政府的正确领导及监管部门的监管指导下，秉承“面向三农，面向社区、面向中小企业、面向县域经济”的市场定位，坚持“稳健经营、稳步发展”的经营理念，以服务客户为中心，不断提升服务水平和层次，打造了一批功能齐全、服务优质、环境一流的精品网点；以支持农民创收、扶持高效农业、农业产业化和中小企业发展为重点，大力推行农村信用工程建设和企业评级授信工作，推广农户联保贷款、大联保体贷款、信用共同体贷款、抵质押贷款等支农品牌，不断完善个体工商户贷款、中小企业贷款、消费贷款等贷款新品种，主动发放农村青年创业贷款、妇女小额创业贷款、“一助一”创业贷款、公务员消费贷款，积极开展签发承兑汇票、票据贴现、代收代付、代理保险等业务，满足客户多元化资金需求，在支持全市经济发展、特别是在社会主义新农村建设和城乡一体化发展中，发挥了积极的推动作用。

市联社党委被评为全省农信系统“四好”领导班子；市联社被评为全省农信系统先进单位，并先后荣获省级文明单位、山东省重点服务业企业先进单位、山东省消费者满意单位、山东省思想政治工作优秀企业及全市工作实绩考评先进单位、甲级劳动关系和谐企业等荣誉称号。

临商银行

LINSHANG BANK

党委书记、董事长、行长　钱进

临商银行全称“临商银行股份有限公司”，前身临沂市商业银行成立于1998年2月18日，2008年11月22日，经中国银监会批准正式更名为临商银行。

近年来，临商银行在上级党委、政府的正确领导和社会各界的关心支持下，围绕全市经济金融工作总体规划，以科学发展观为统领，牢牢把握“服务地方经济、服务中小企业、服务城镇居民”的市场定位，加快战略转型，大力实施小企业贷款和建设特色支行的发展战略，全行特色化经营取得良好成效，业务发展速度进一步加快，风险控制水平持续提高，经营效益和社会效益稳步提升。截至2012年9月末，全行资产余额达446亿元，较年初增加72亿元；各项存款余额370亿元，较年初增加42亿元，各项贷款余额262亿元，较年初增加34亿元；上半年缴纳税收在全市金融系统中排名第一，在全市前百名纳税企业中排名第十位。多年来，临商银行在支持地方经济、扶持中小企业发展方面的经验做法得到了各级领导和社会各界的高度评价和充分认可，先后被授予“全国支持中小企业发展十佳商业银行”、“全国小企业金融服务先进单位”等几百个荣誉称号。临商银行支持物流产业、小微企业的经验数次被国家有关部门推广交流、被中央电视台等主要媒体报道，临商银行的产品“惠商贷”、“惠农贷”等深受用户青睐，并连获全国大奖。

↑临沂市政协视察组一行视察临商银行

↑钱进董事长为水上摩托艇大赛冠军选手颁奖

目前，临商银行正紧扣当地经济脉搏，以客户需求和质效发展为核心，确立效益立行和资产强行战略，大力推进业务转型，启动系列基础管理工程，独创实施的“531”信贷管理工程已申请国家专利，实施“百家小企业成长计划”，推出社区特色支行“幸福家园”工程，加快四大体系的纵深推进步伐，推动全行经营迈向质效发展的快轨道。

←央视多频道对临商银行支持小微企业做法进行报道

↑全国城商行中首家创新实施了“影子柜员-整体移位检查项目”

↑开展职工运动会

←临商银行“送金融知识进校园”公益实践活动

客户经理考察营销

2012

经济金融数据研发

——金融地图

2011年全国各地区人均地区生产总值

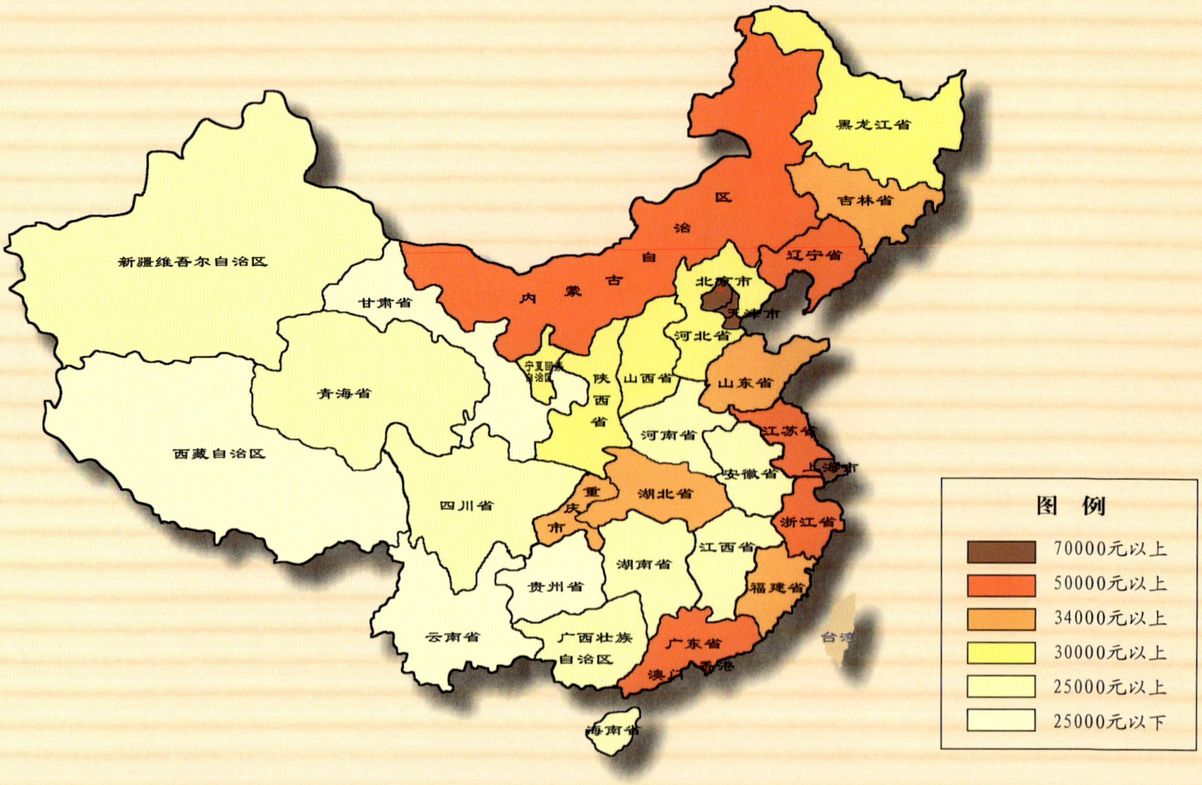

2011年全国各地区生产总值

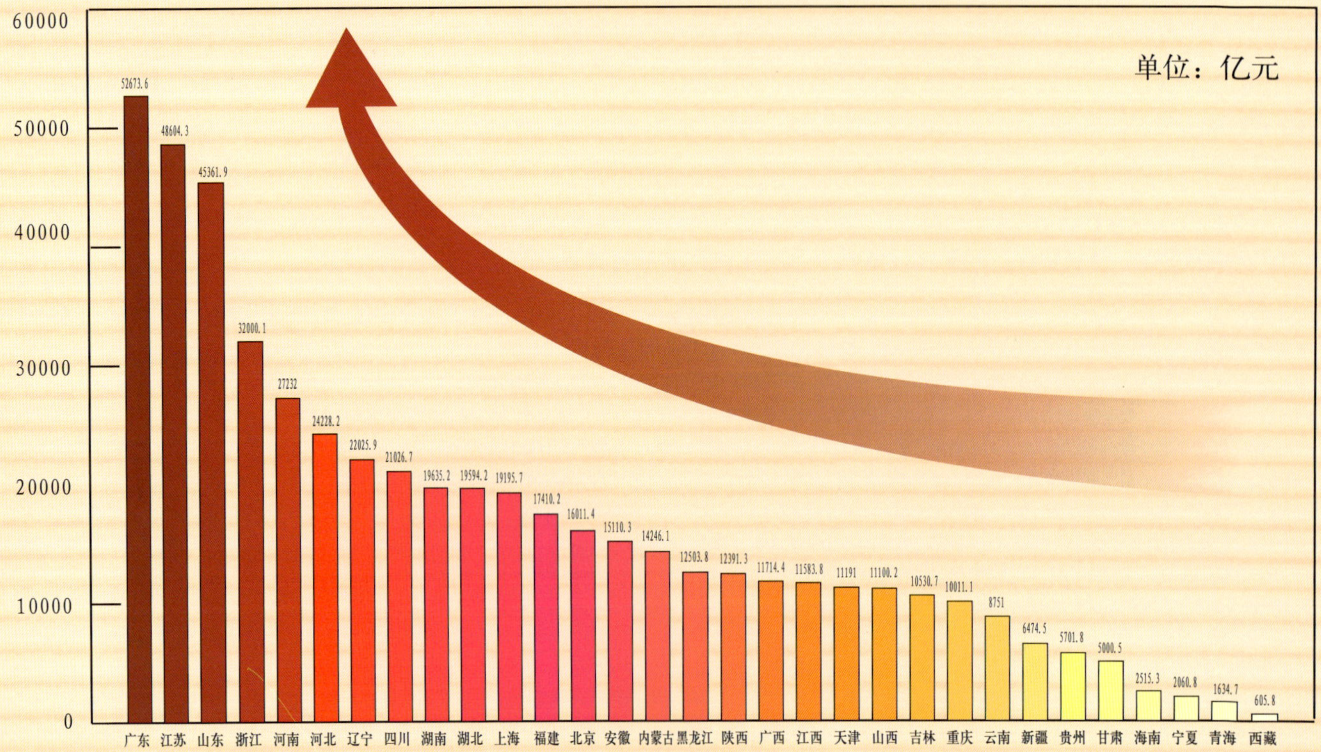

2001年全国各地区人均地区生产总值

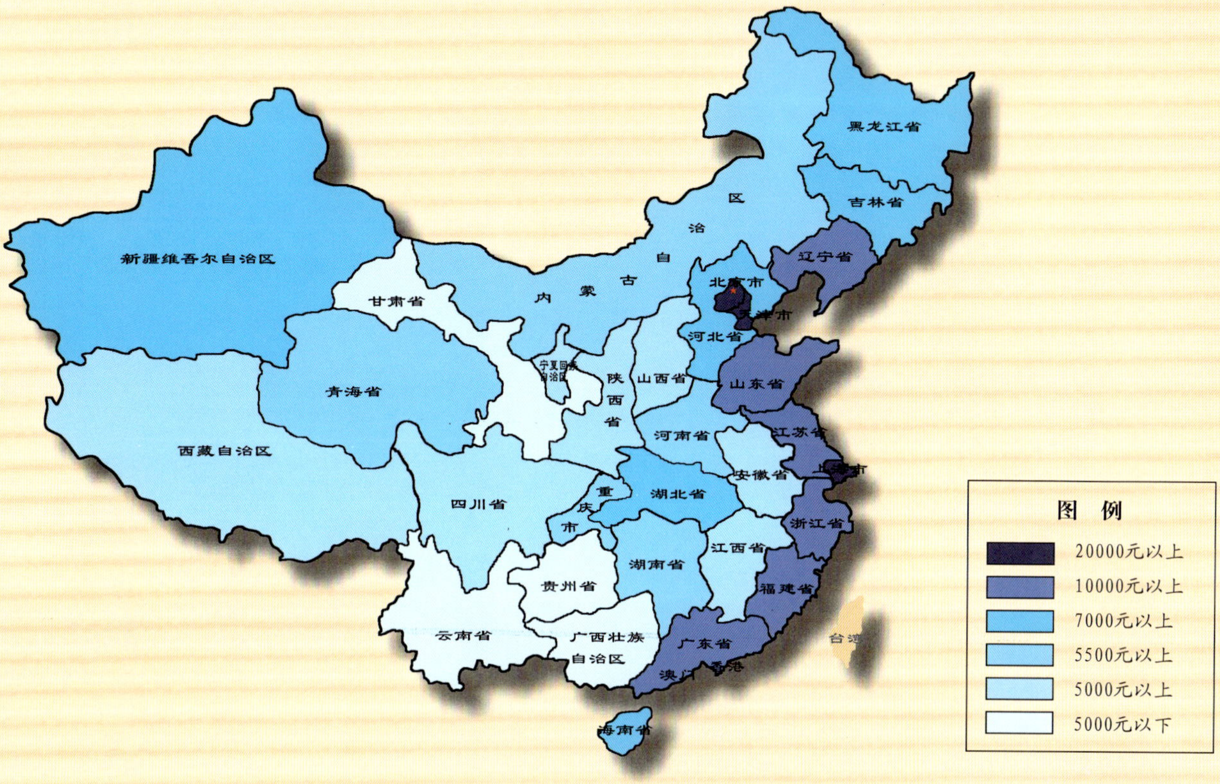

2001年全国各地区生产总值

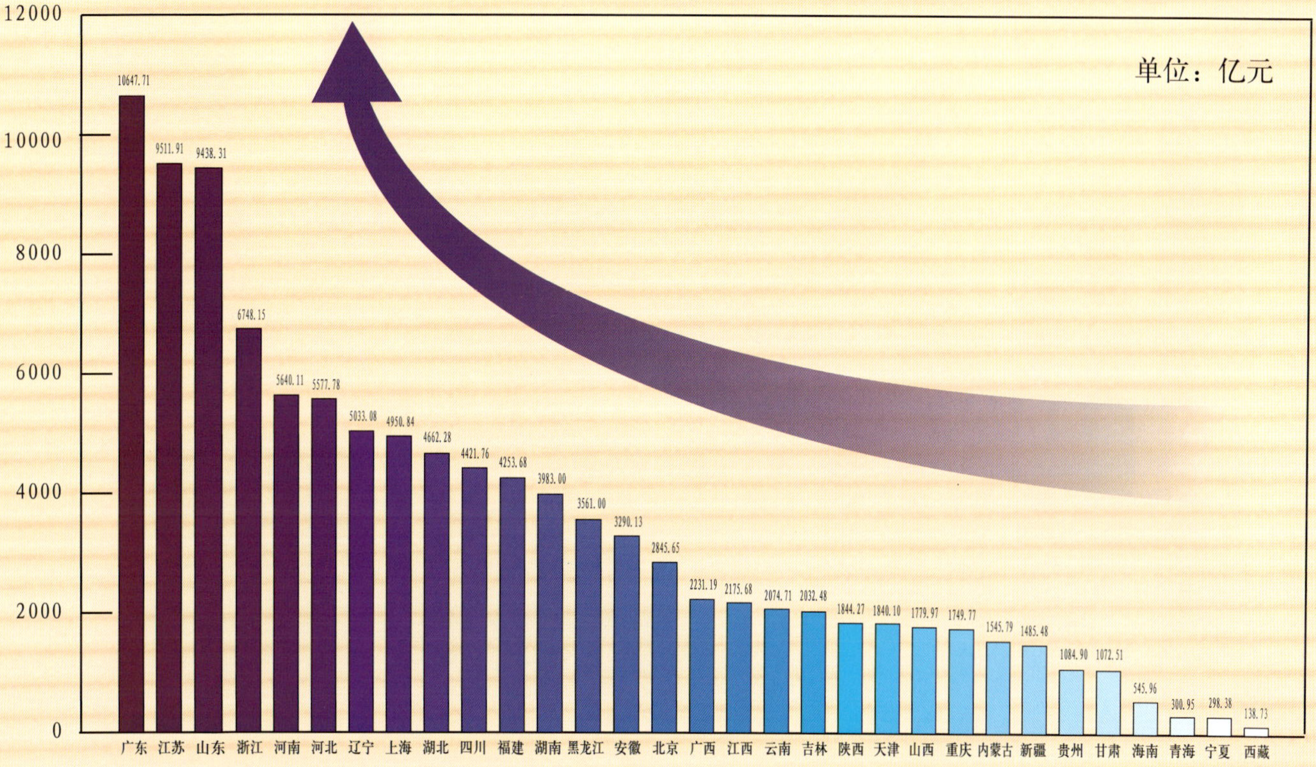

2011年山东省各市地人均地区生产总值

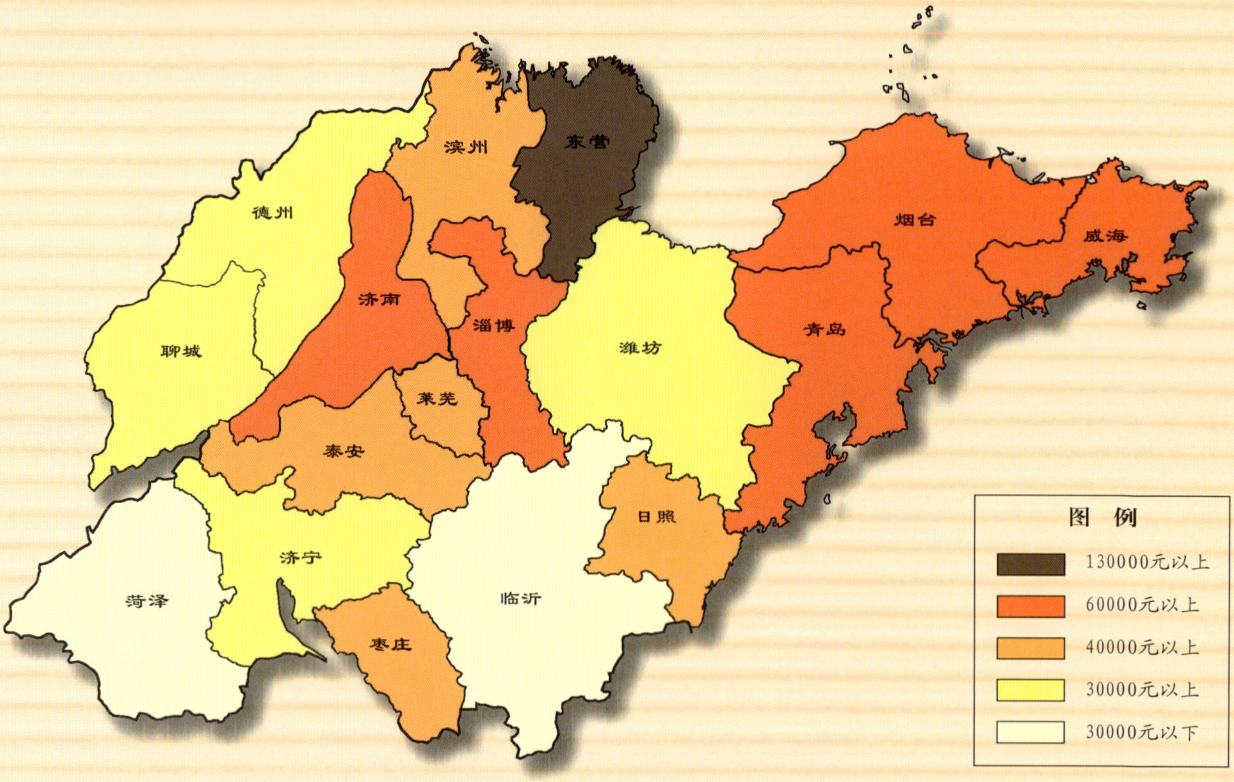

2011年山东省各市地地区生产总值

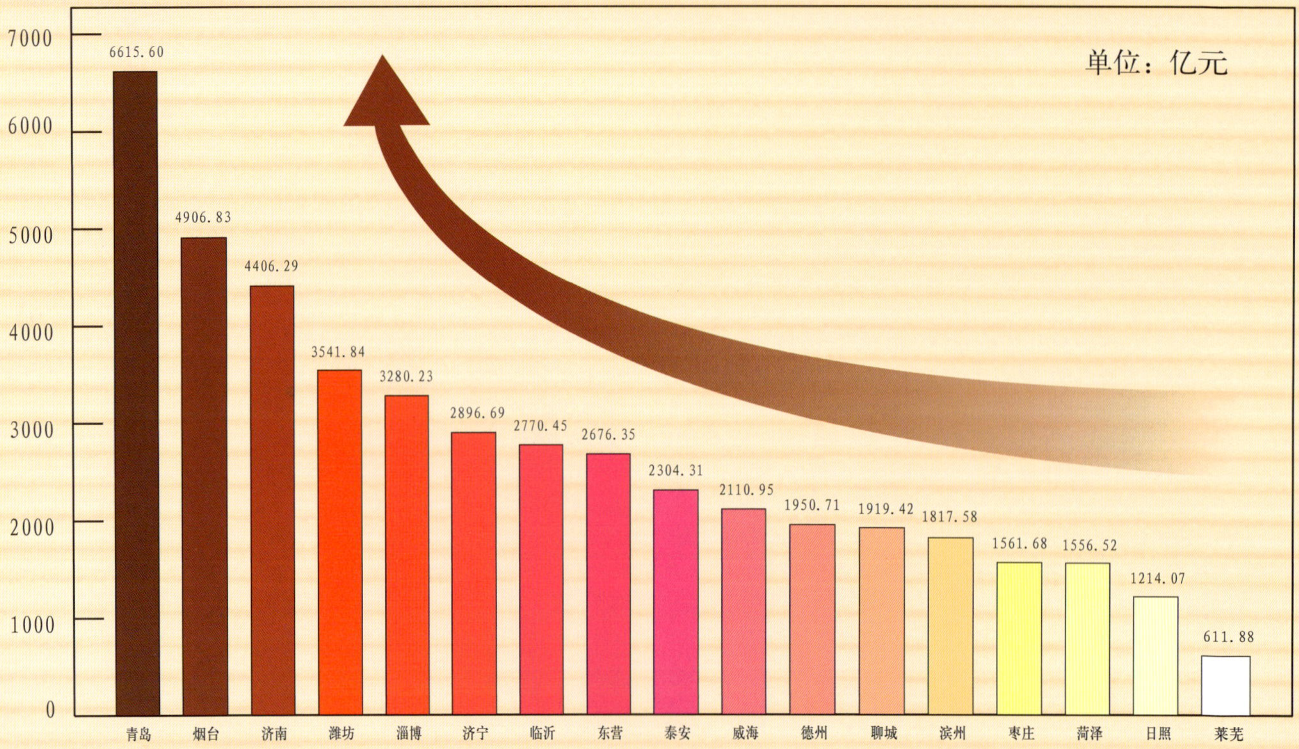

2001年山东省各市地人均地区生产总值

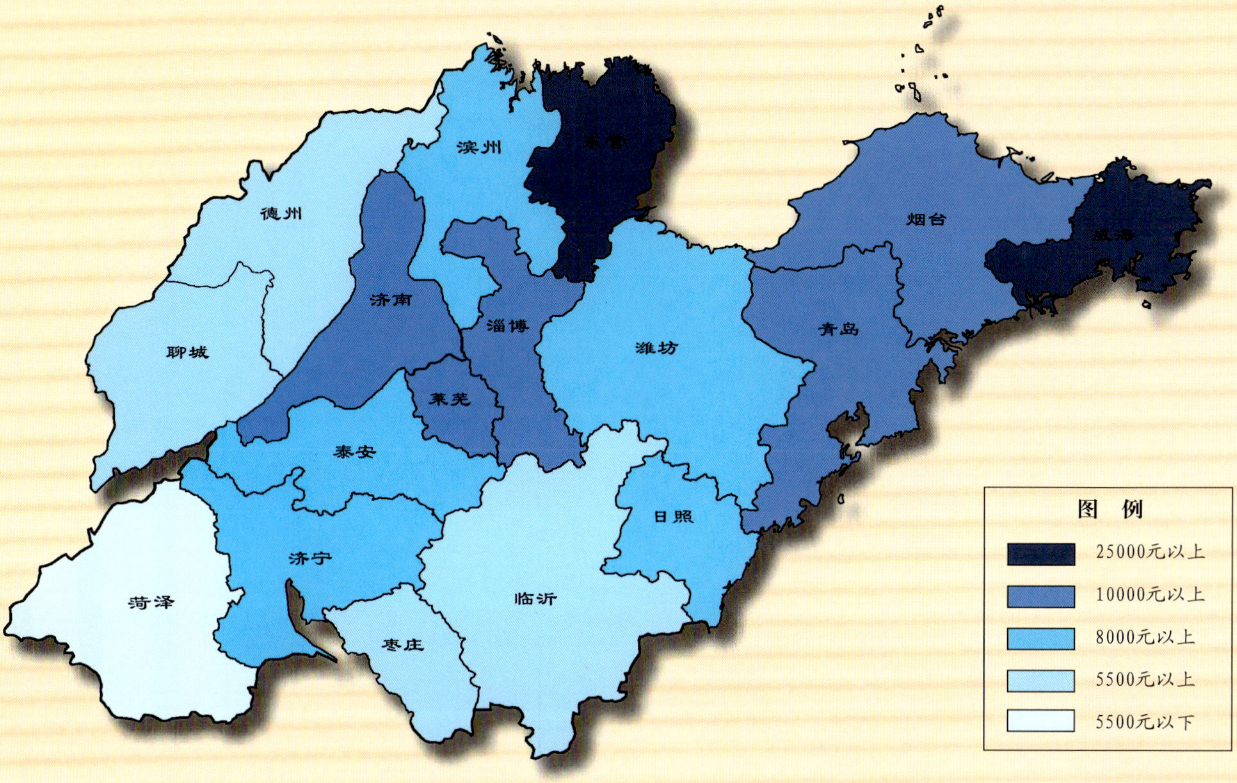

2001年山东省各市地地区生产总值

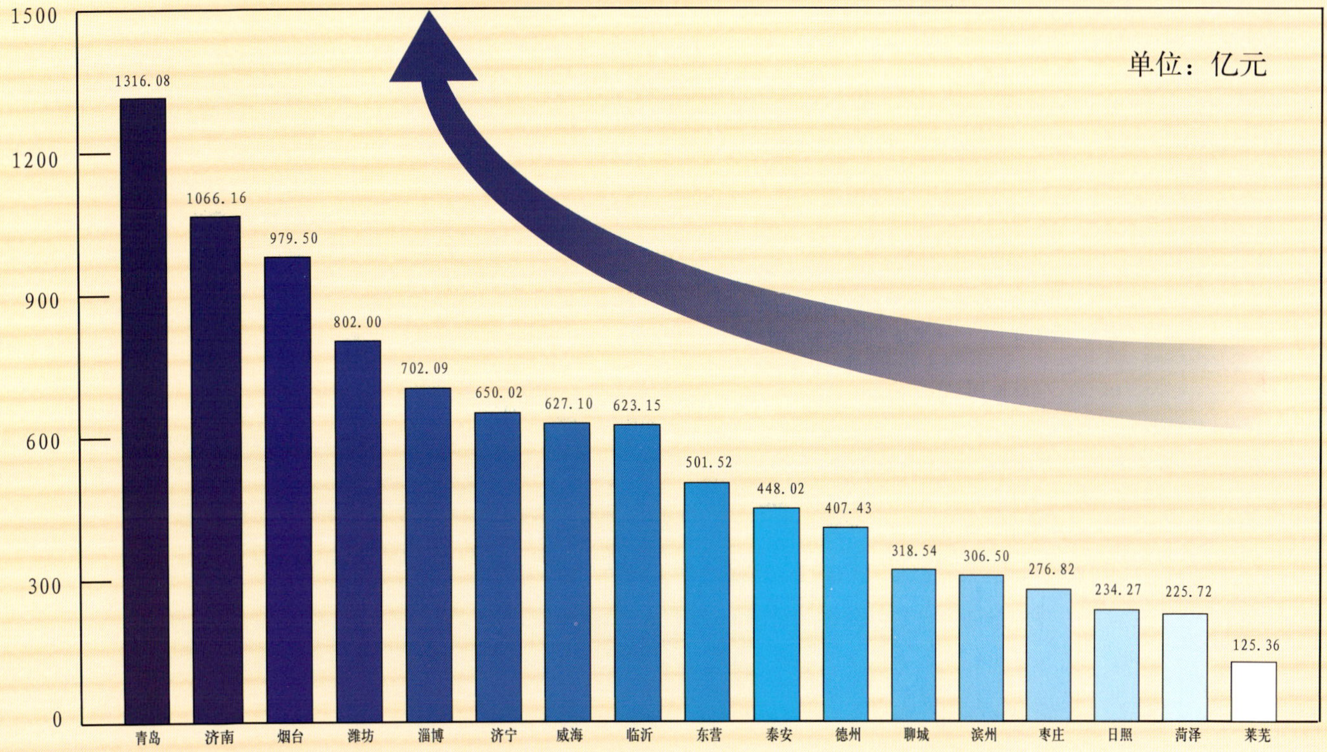

2011年全国各地区人均存款

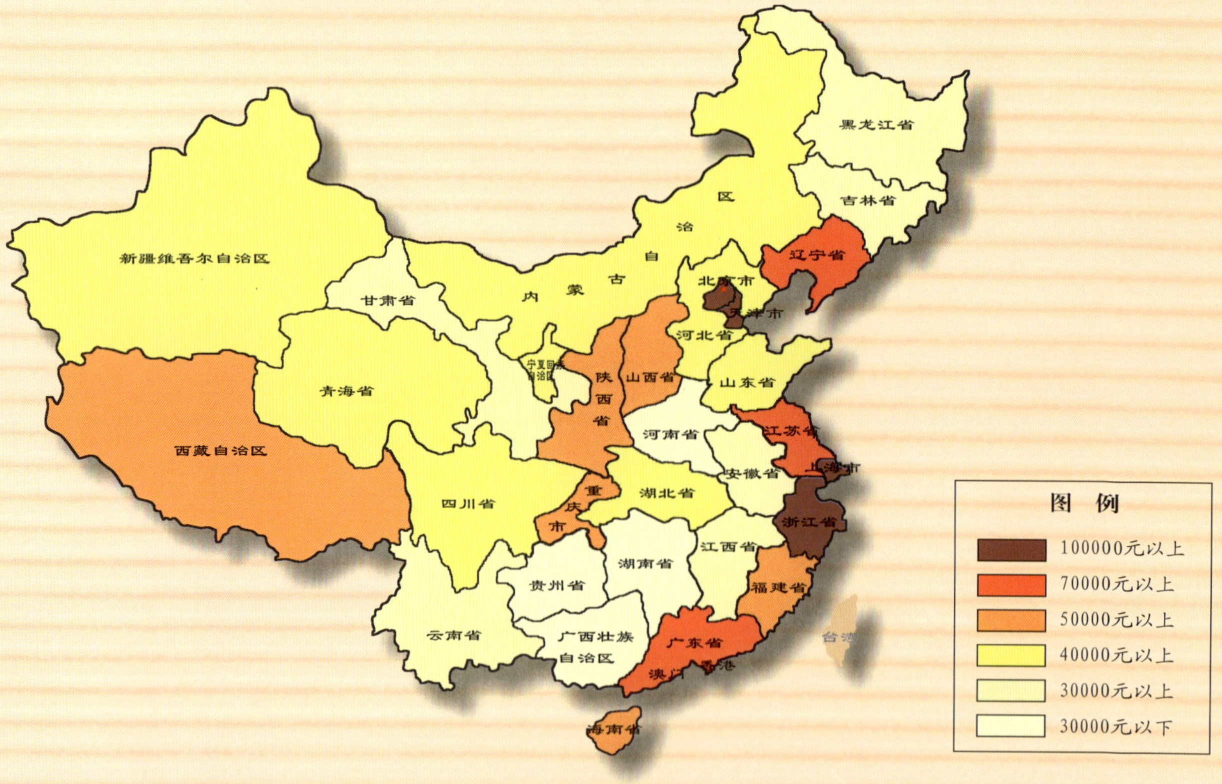

2011年全国各地区各项存款

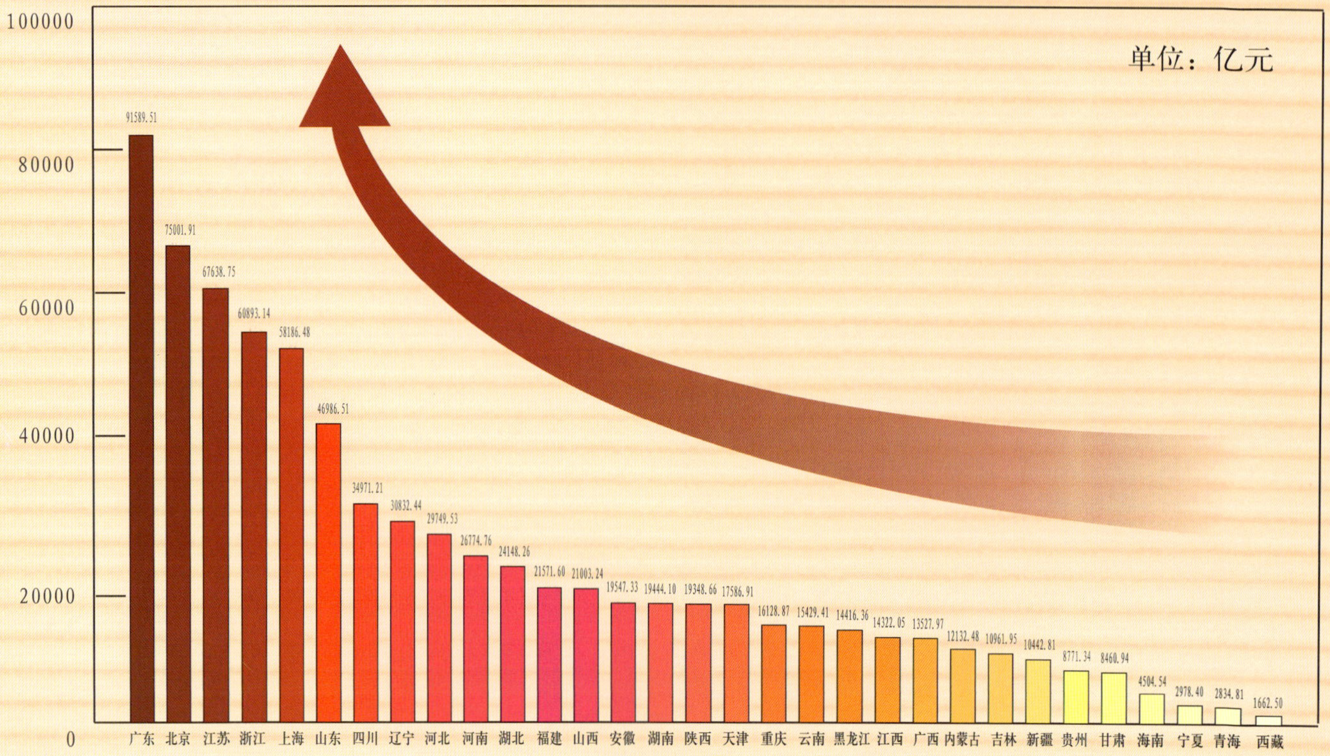

2001年全国各地区人均存款

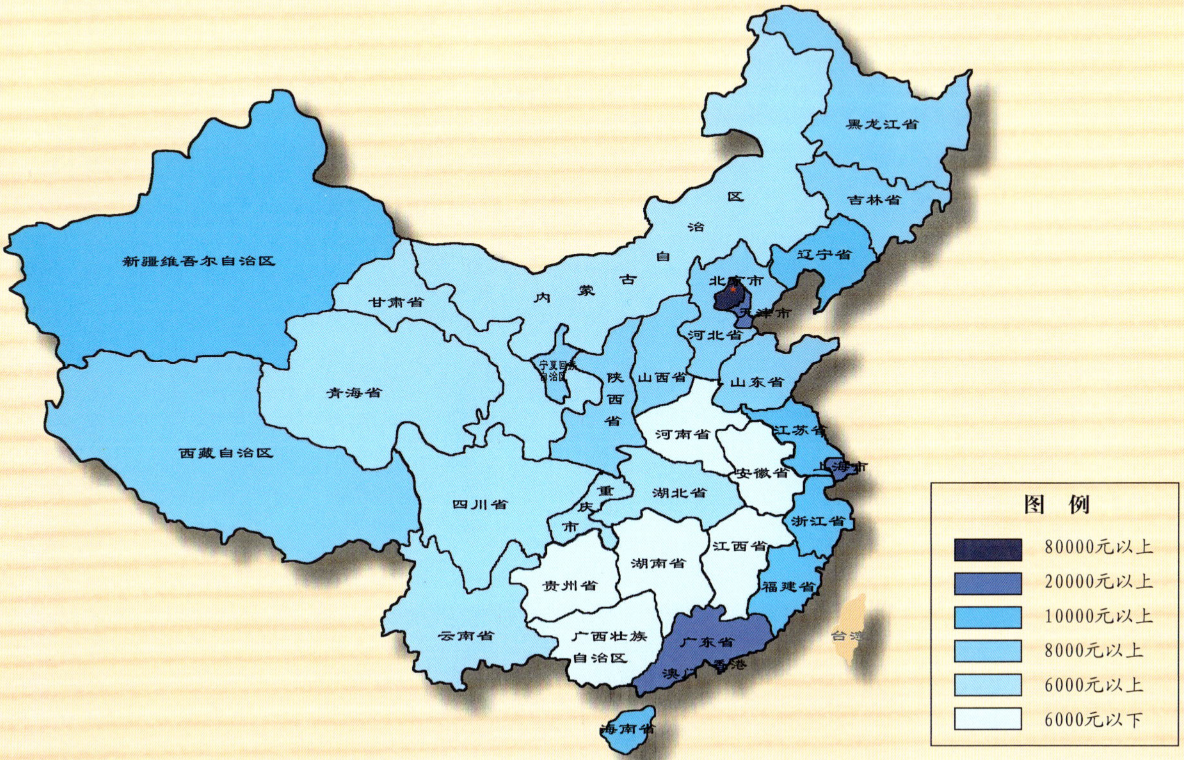

2001年全国各地区各项存款

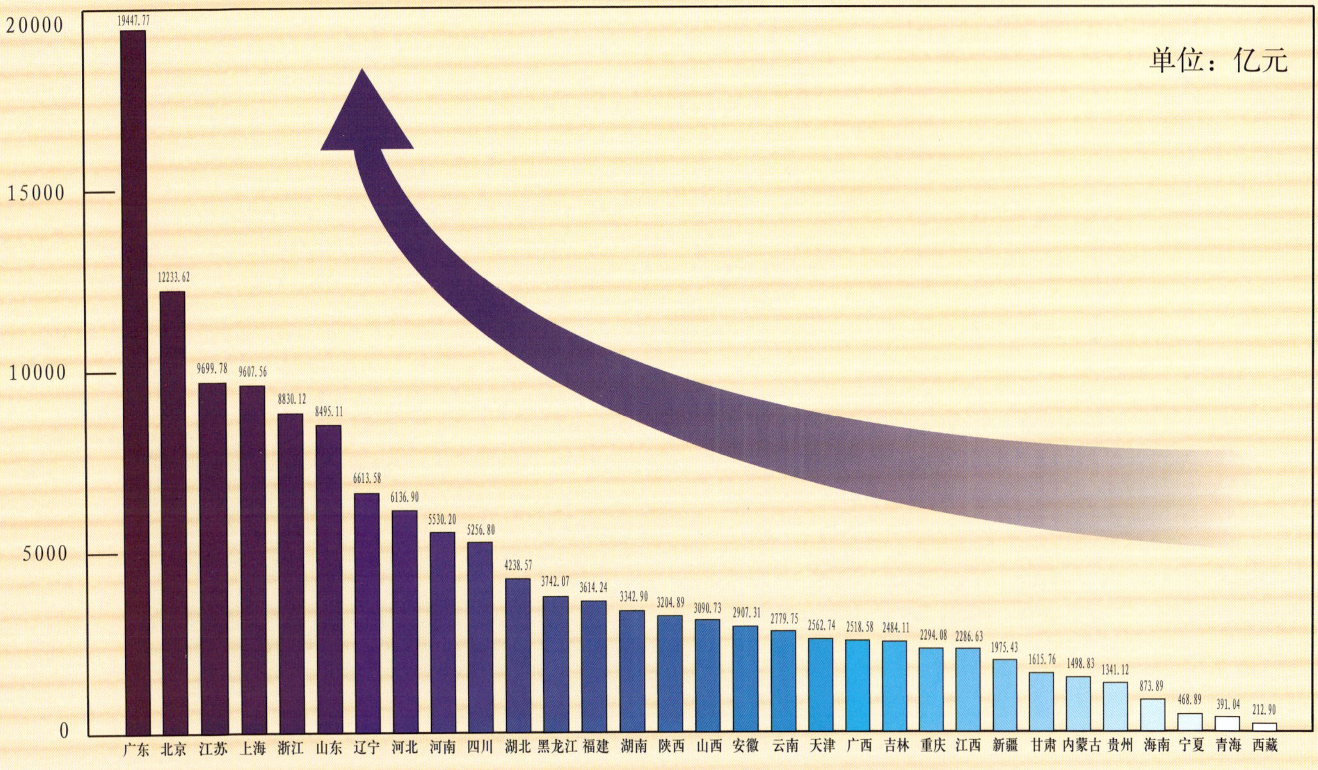

2011年山东省各市地人均存款

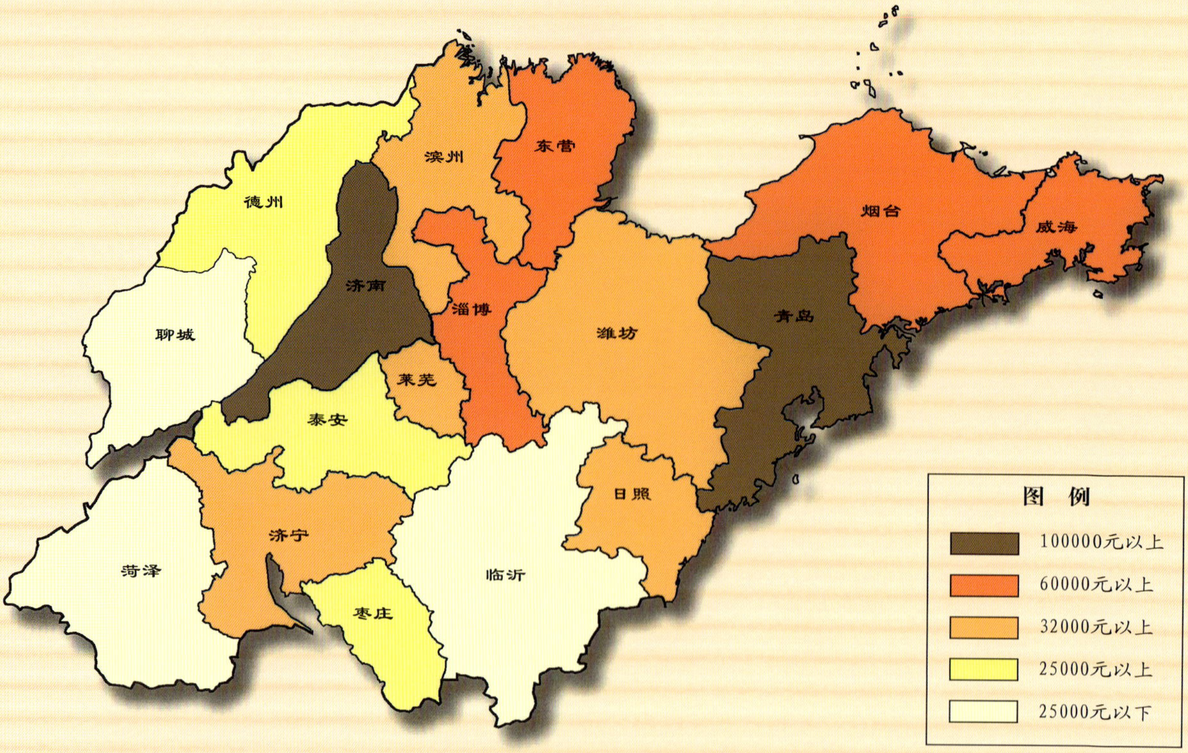

2011年山东省各市地各项存款

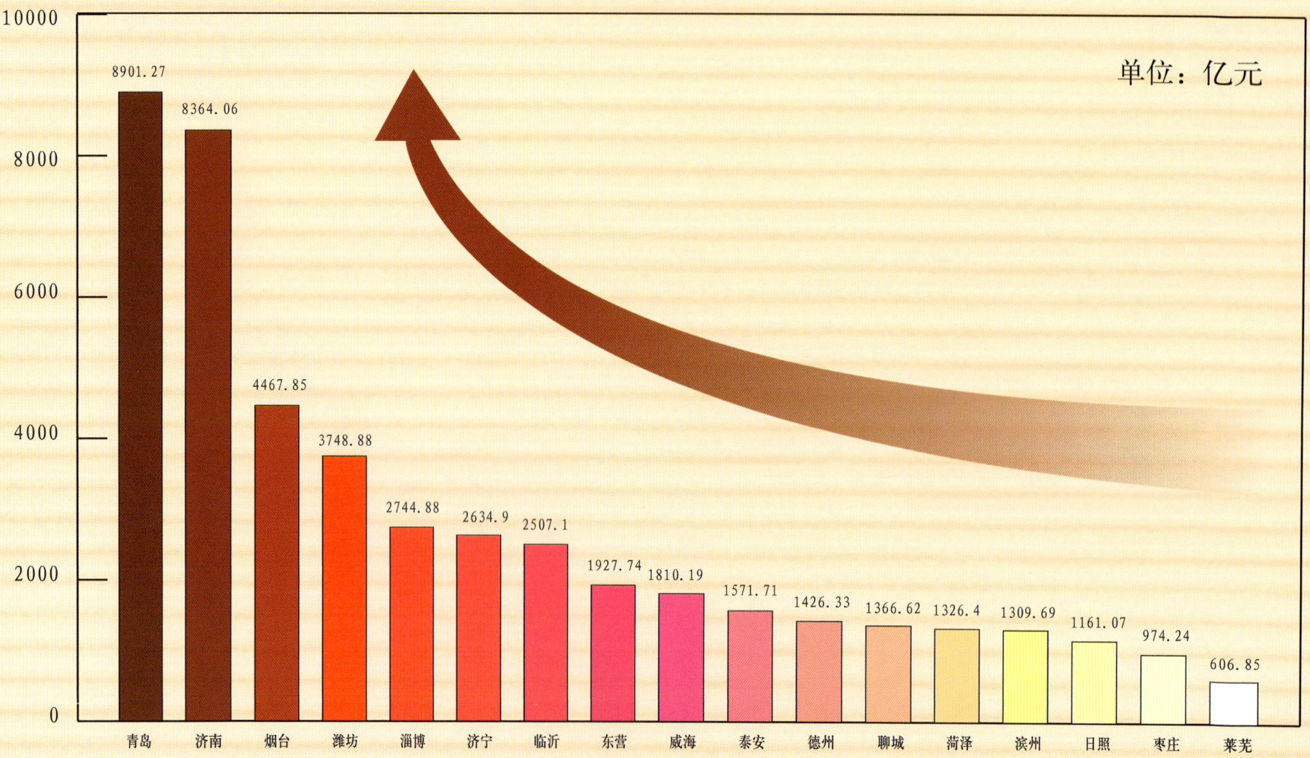

2001年山东省各市地人均存款

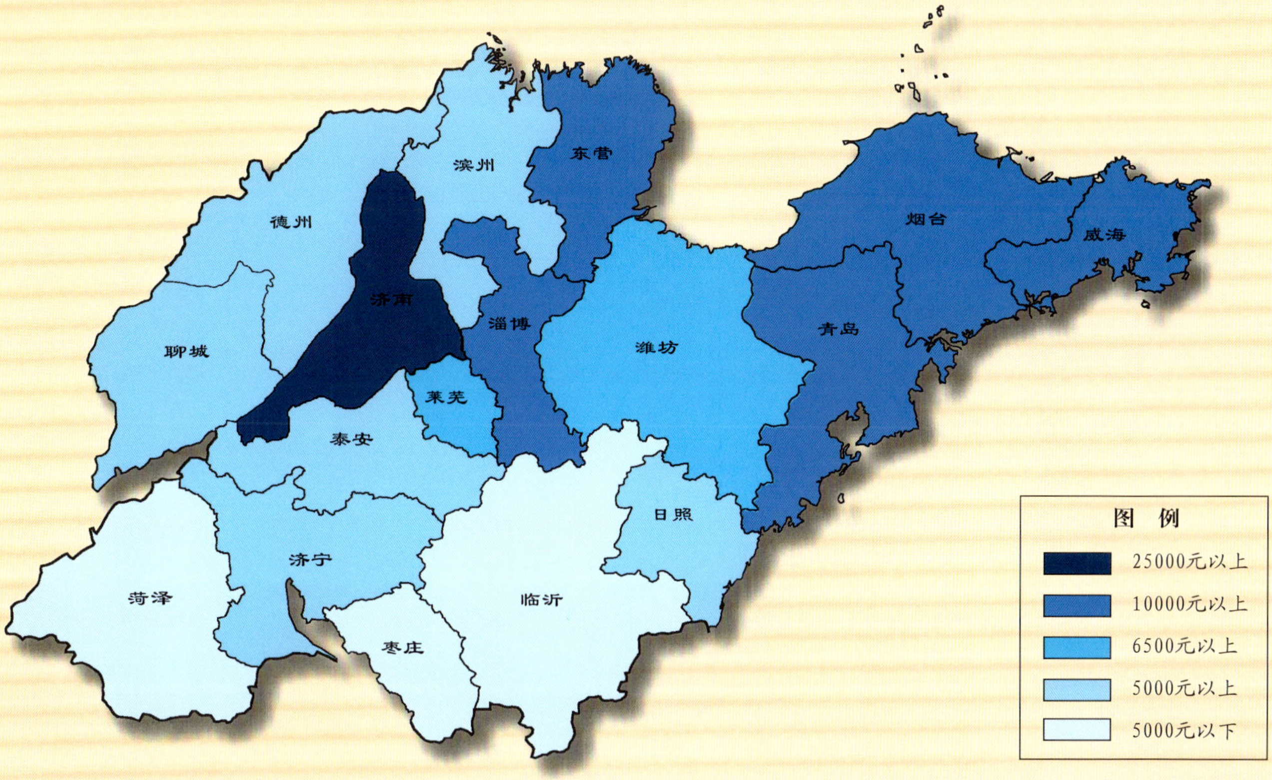

2001年山东省各市地各项存款

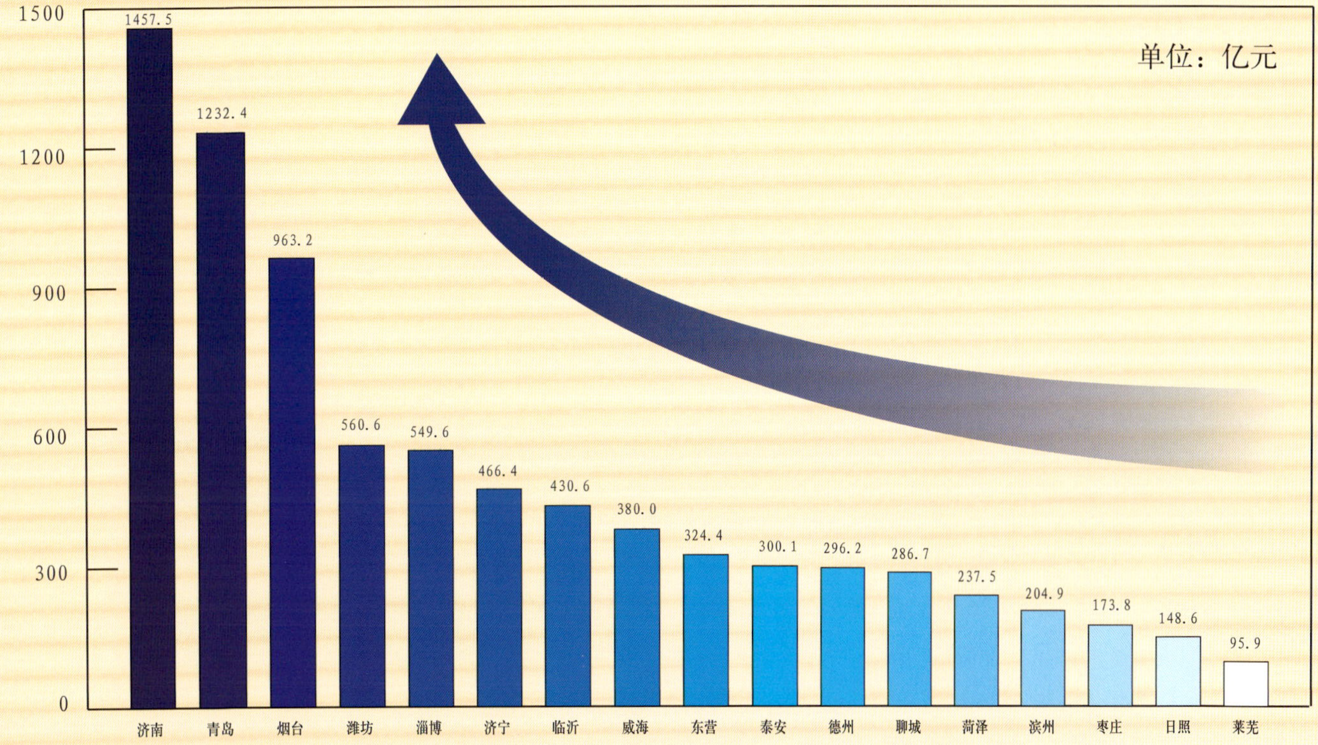

2011年全国各地区人均储蓄存款

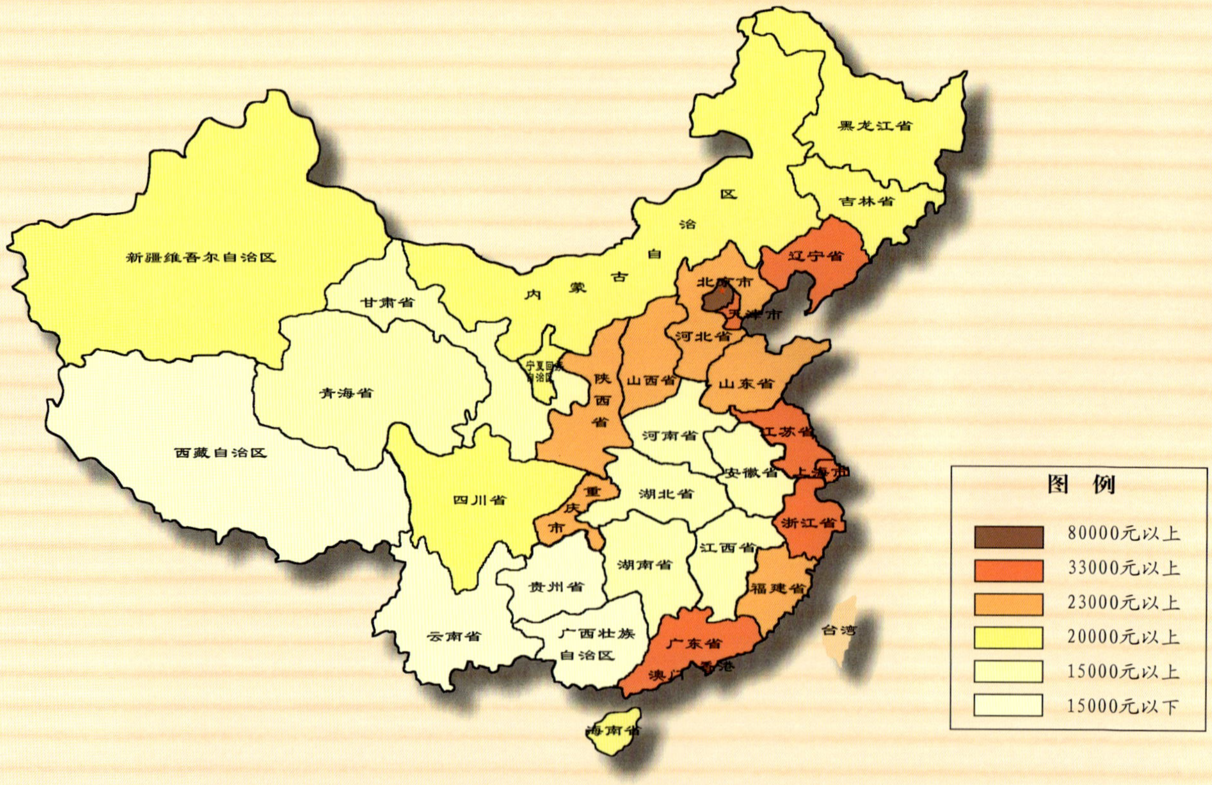

2011年全国各地区储蓄存款

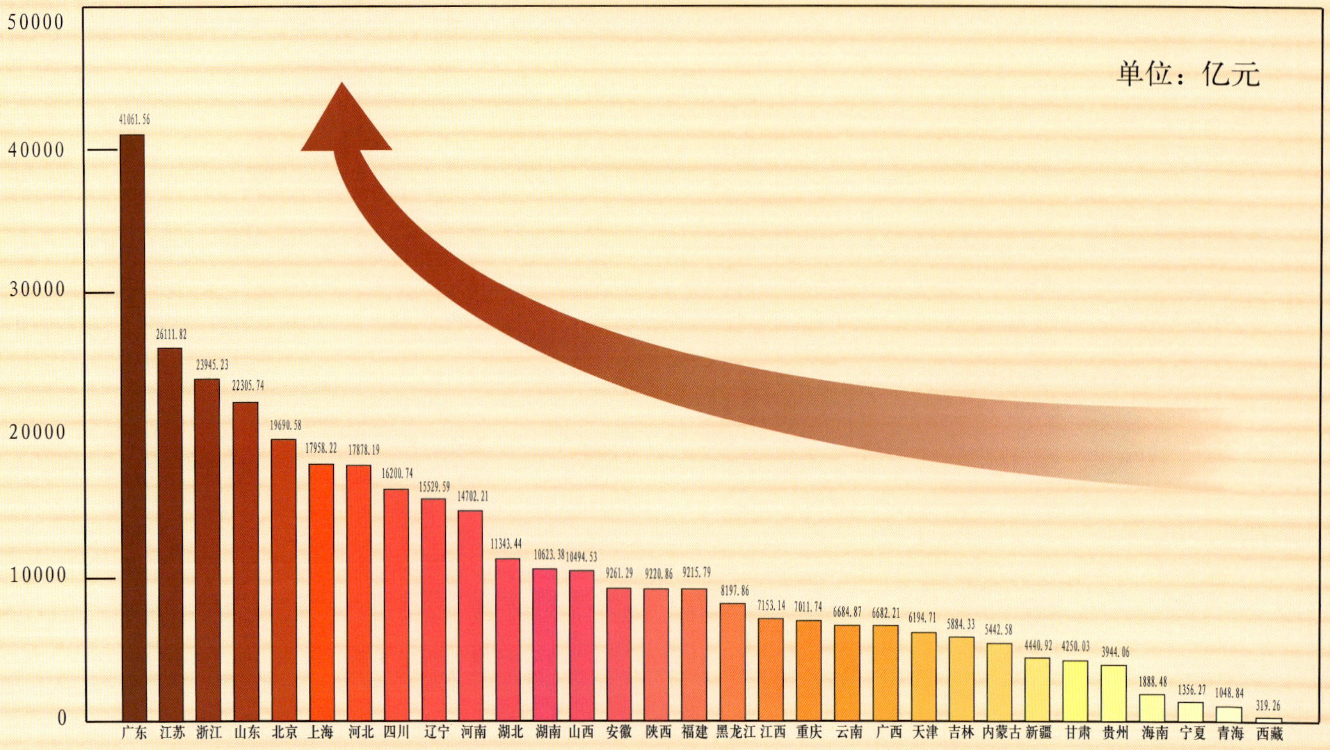

2001年全国各地区人均储蓄存款

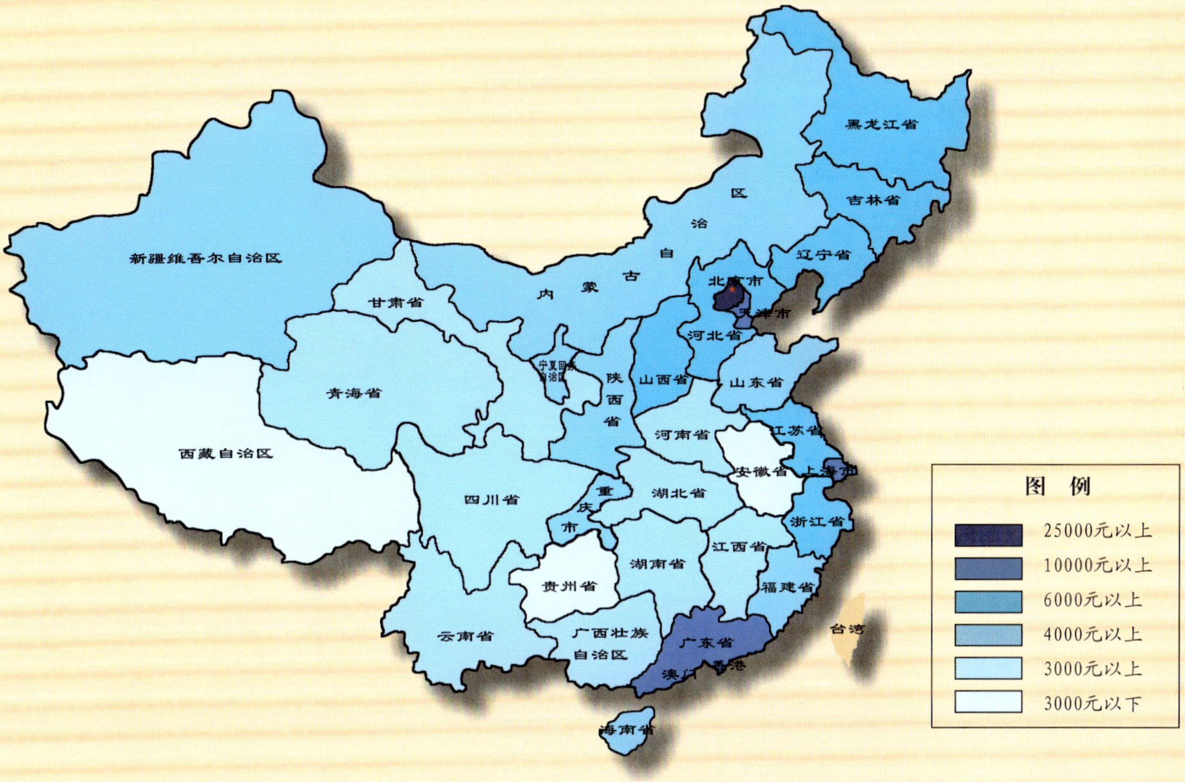

2001年全国各地区储蓄存款

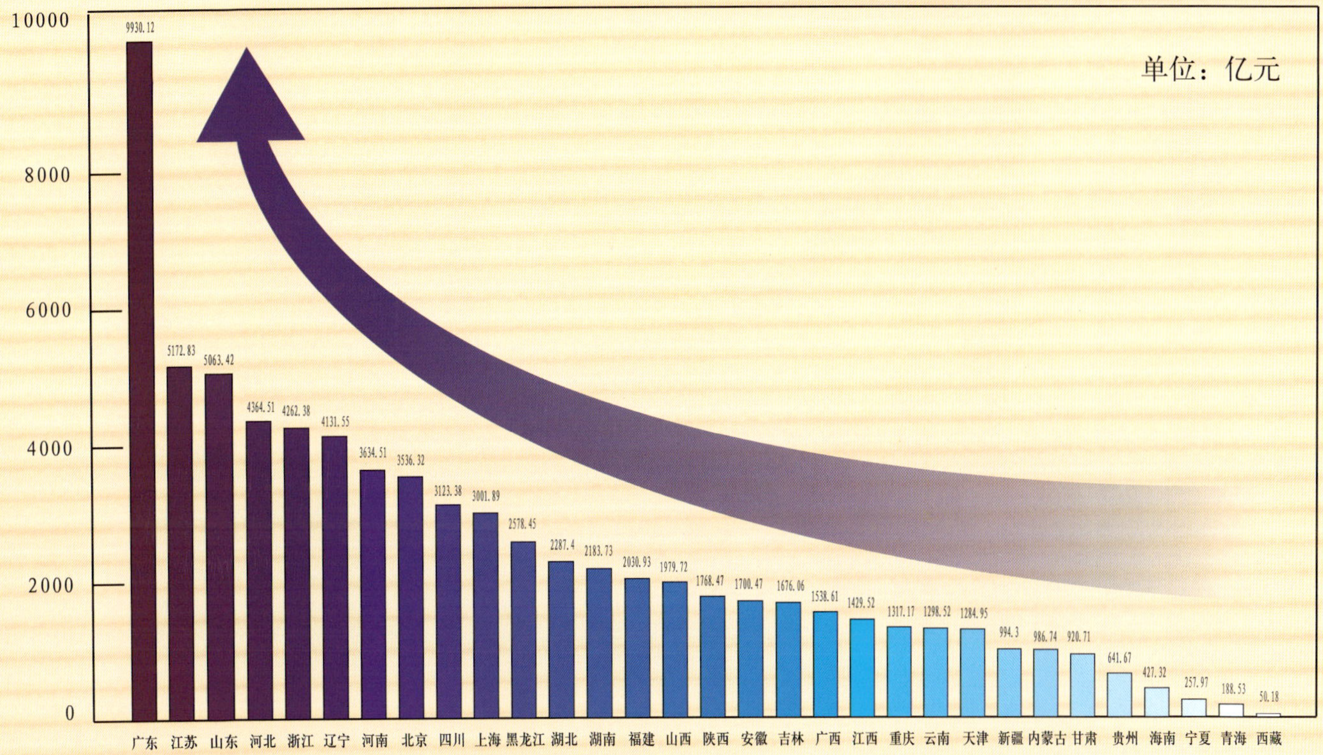

2011年山东省各市地人均储蓄存款

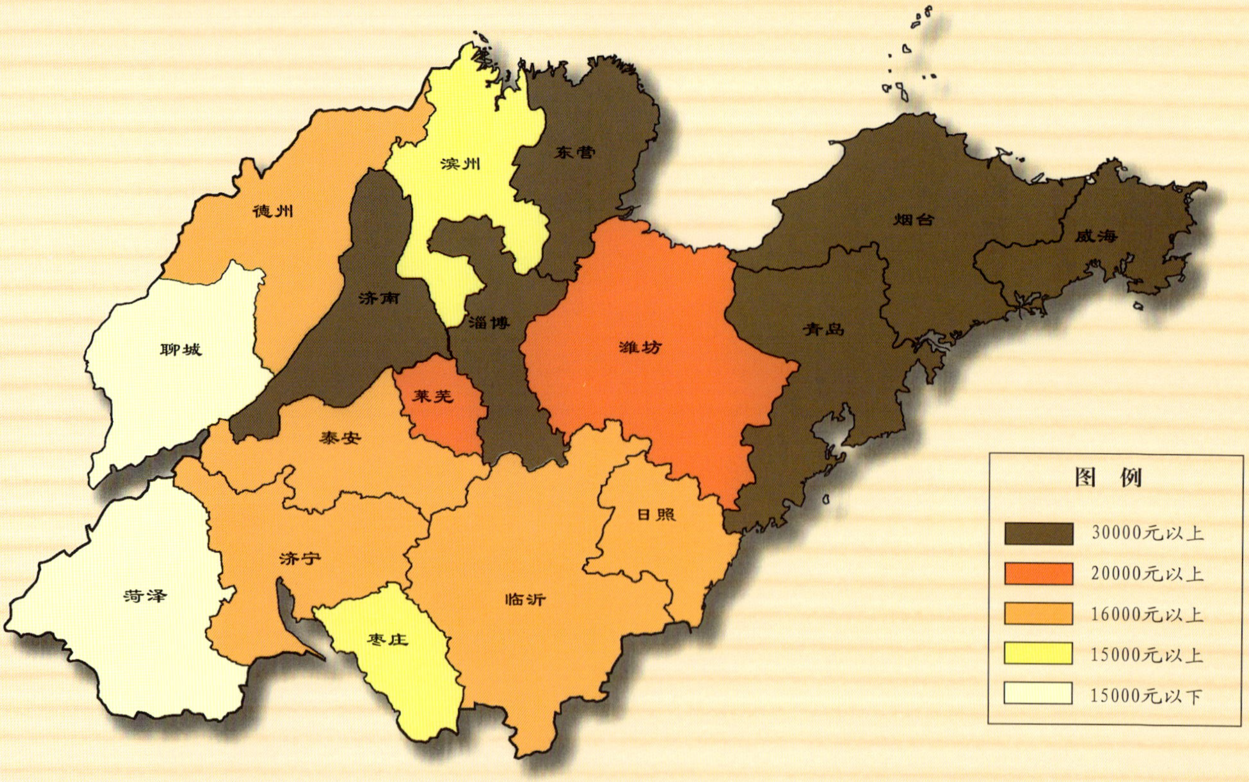

2011年山东省各市地储蓄存款

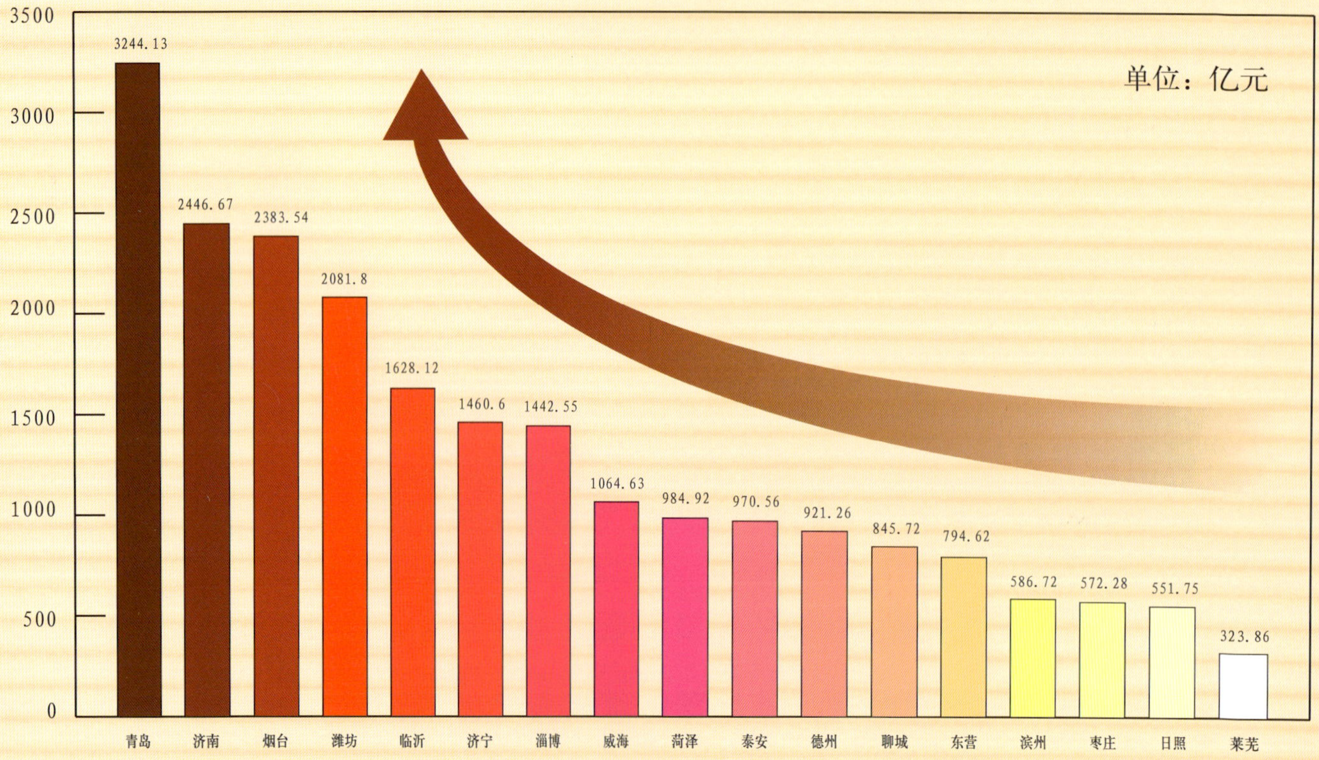

2001年山东省各市地人均储蓄存款

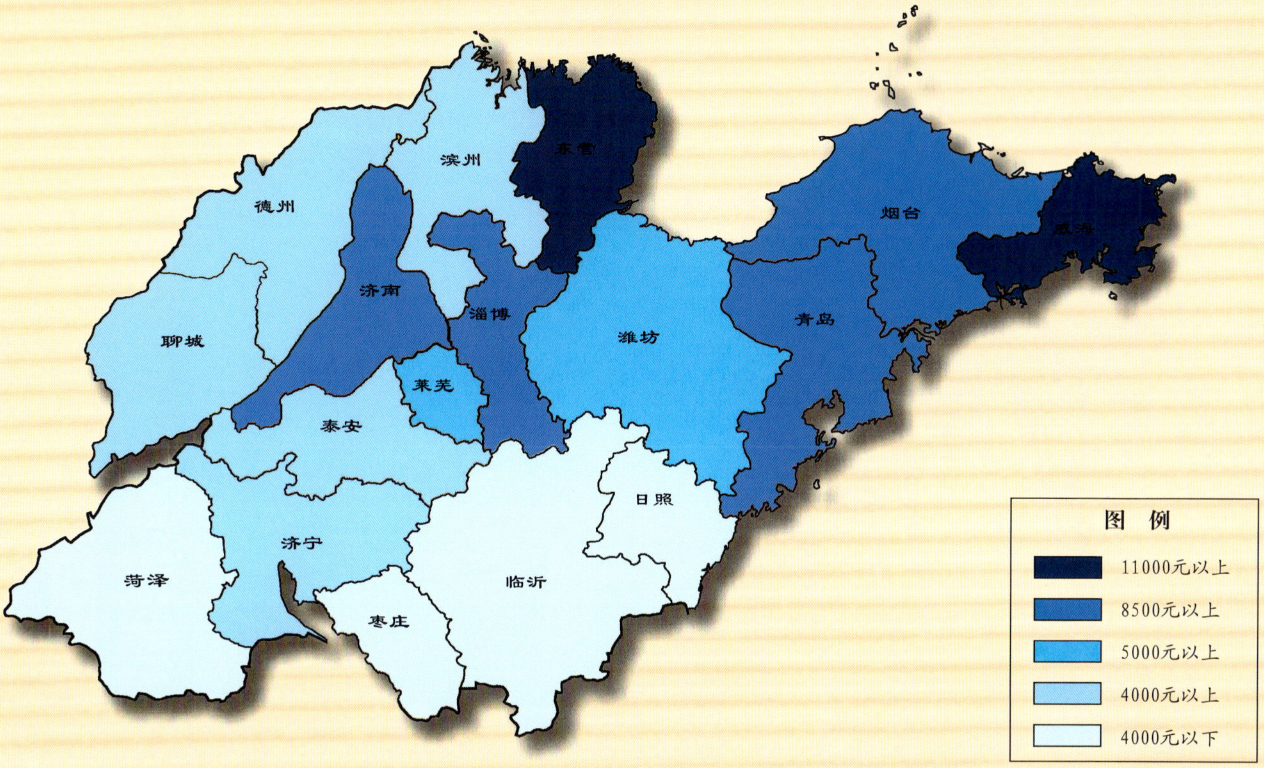

2001年山东省各市地储蓄存款

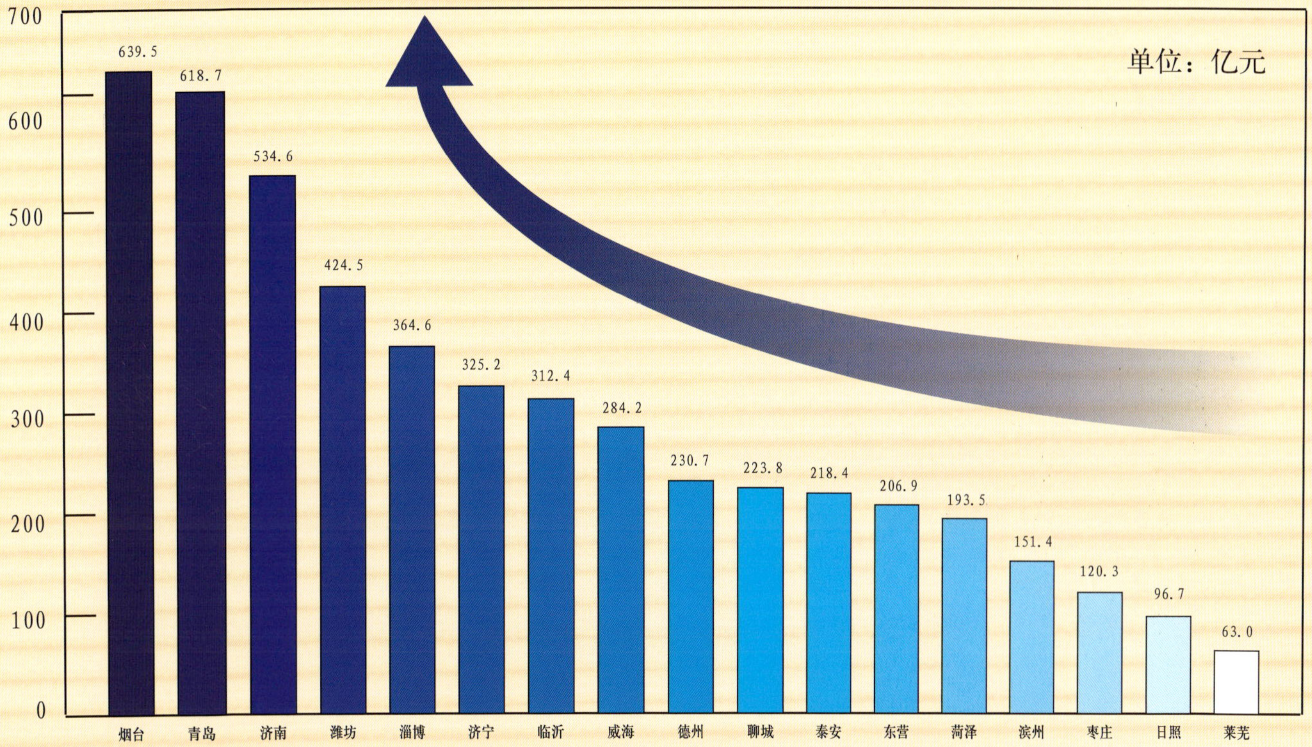

2011年全国各地区人均贷款

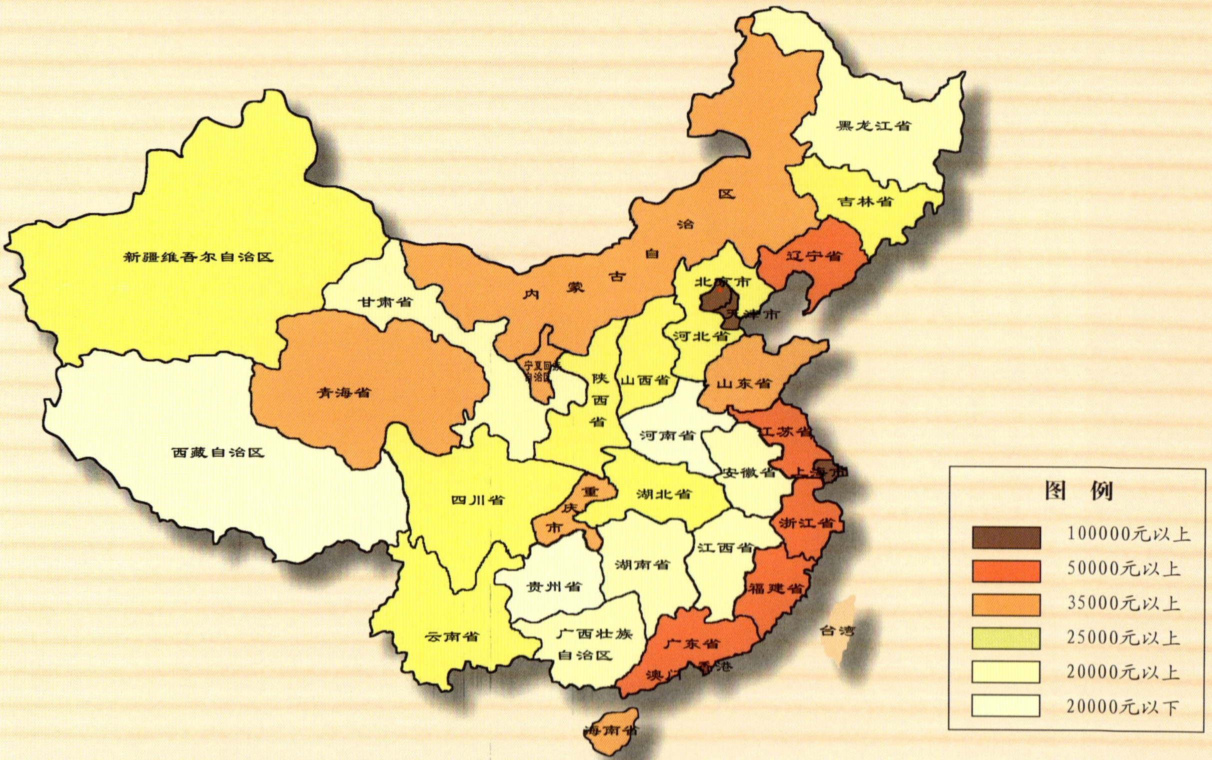

2011年全国各地区各项贷款

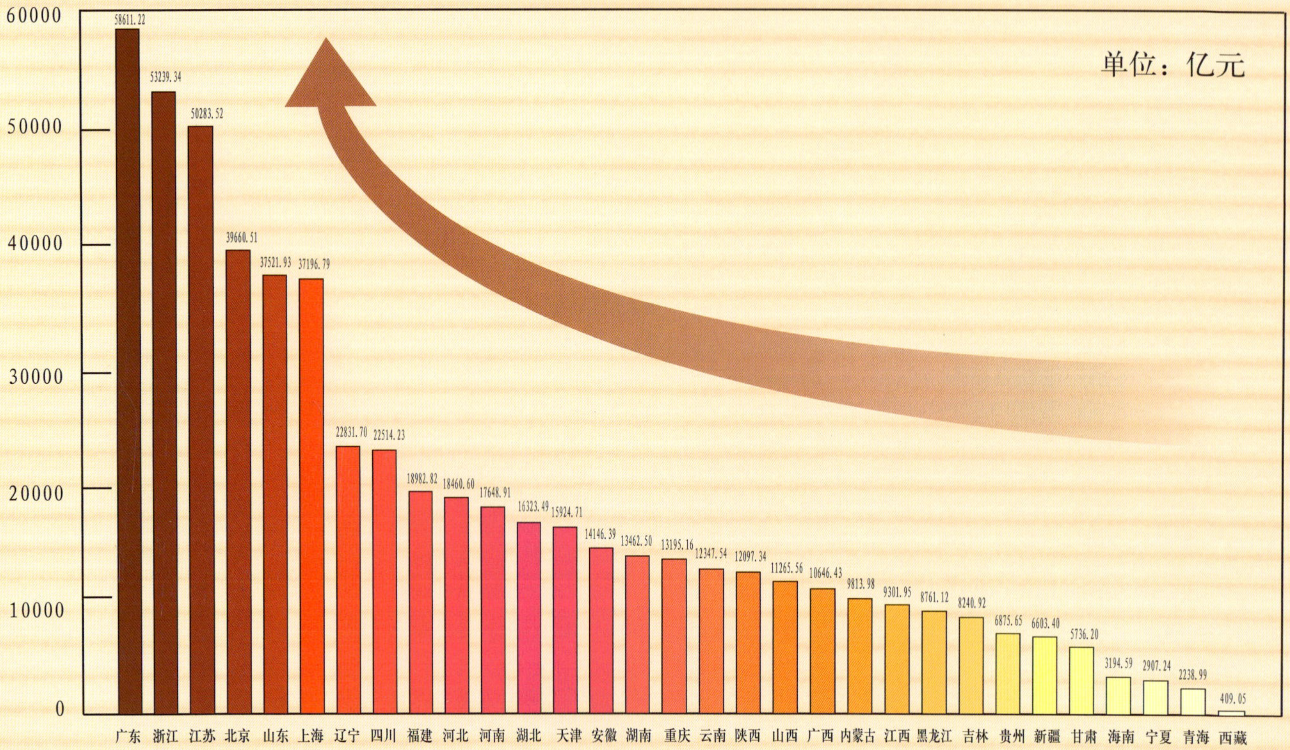

2001年全国各地区人均贷款

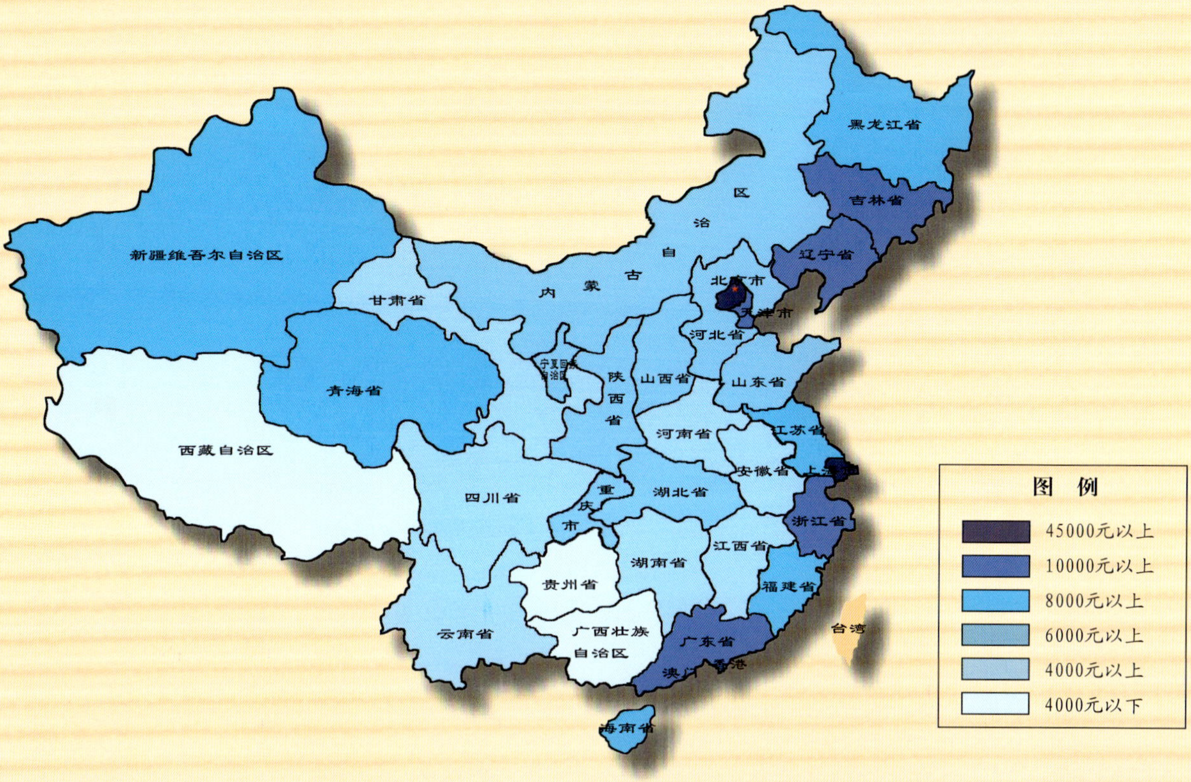

2001年全国各地区各项贷款

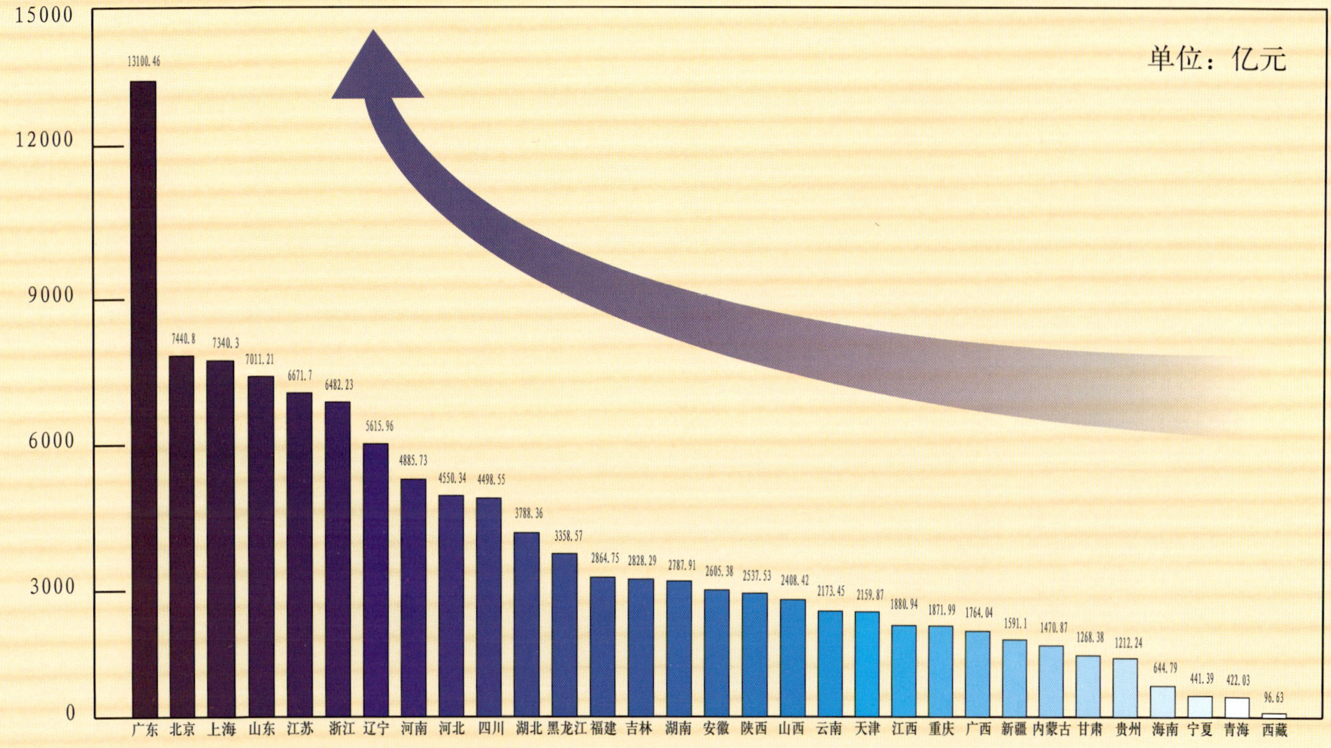

2011年山东省各市地人均贷款

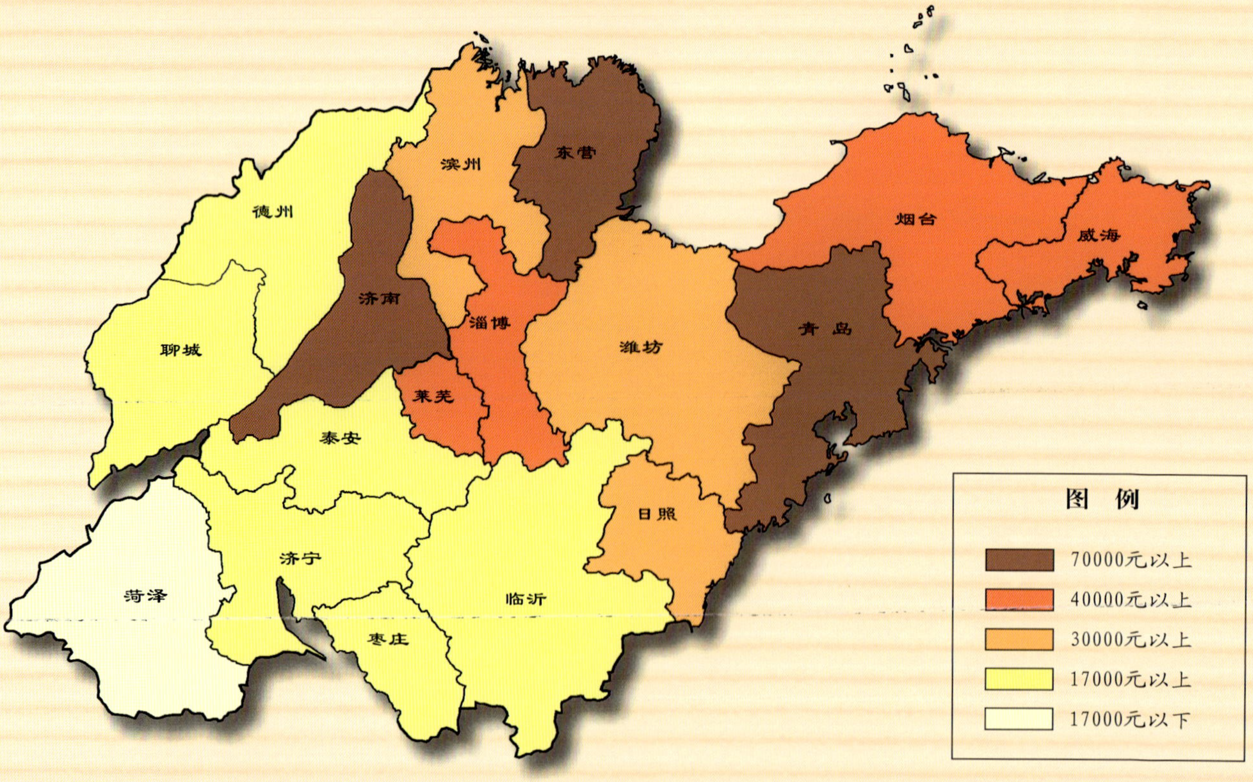

2011年山东省各市地各项贷款

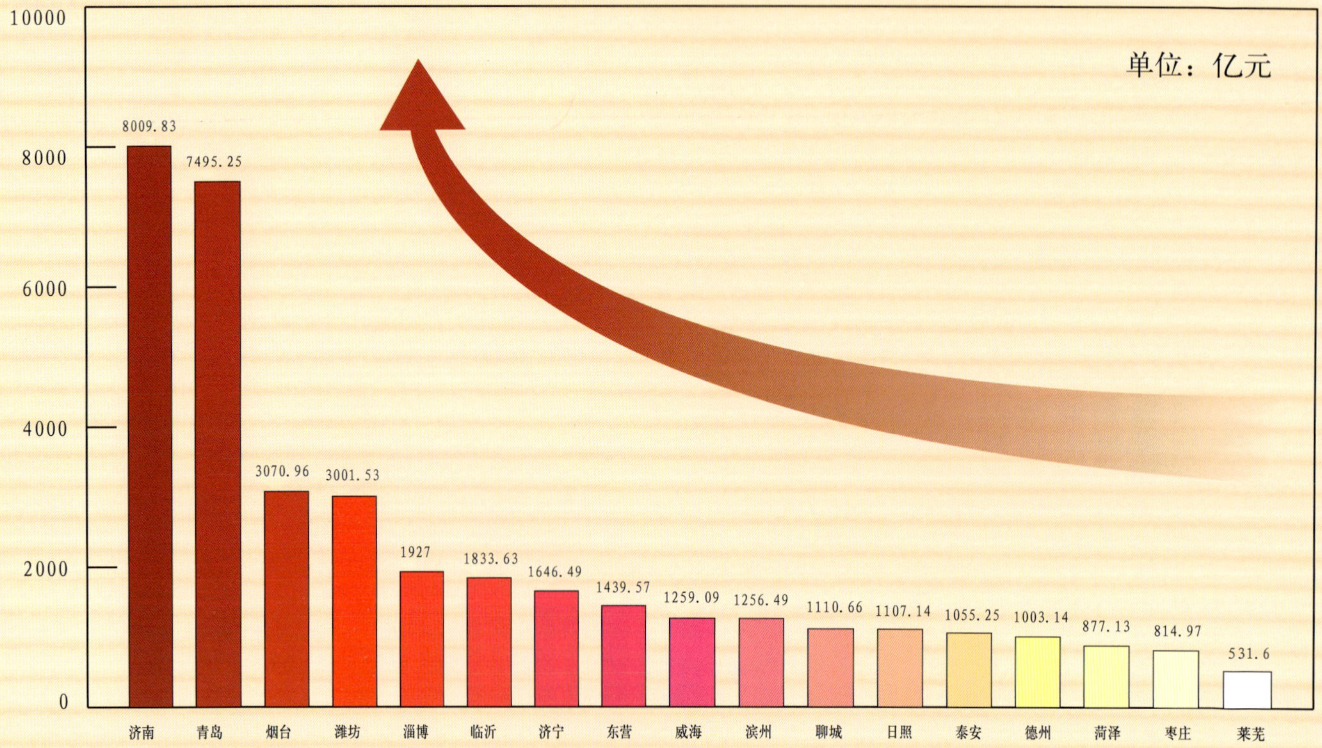

2001年山东省各市地人均贷款

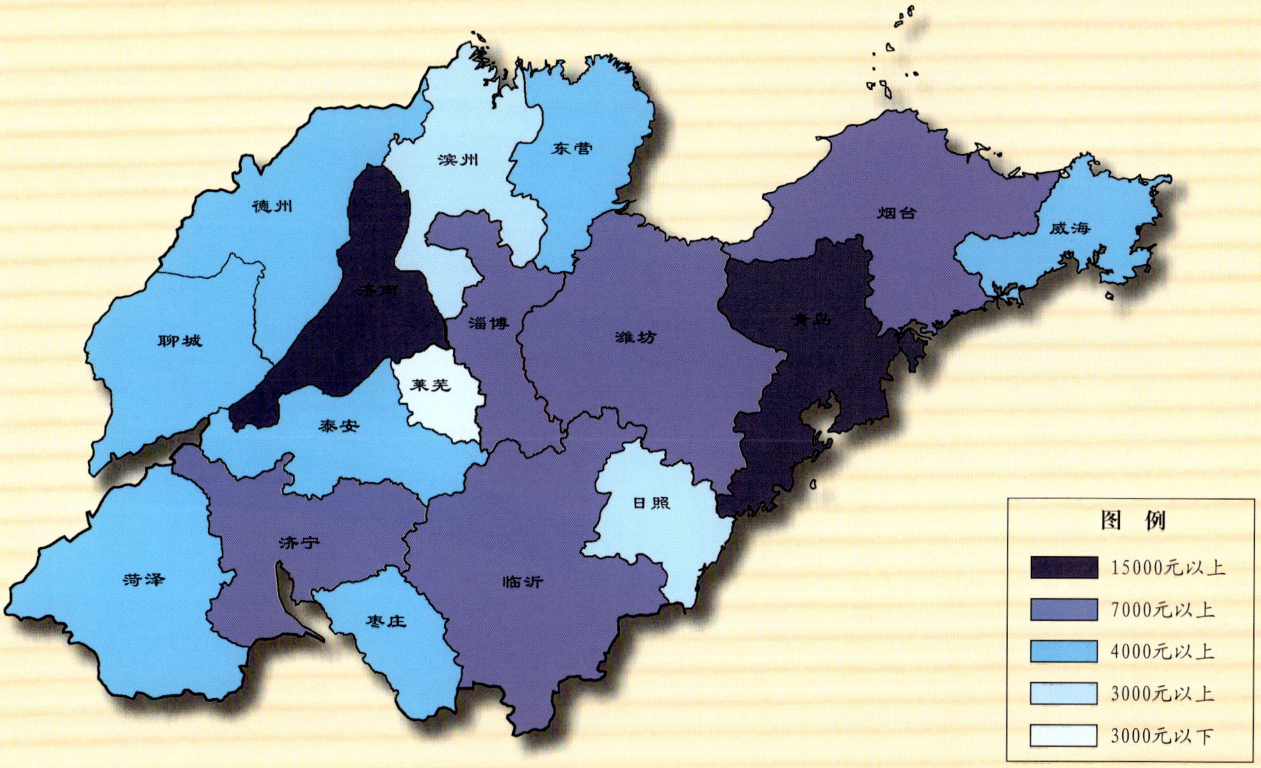

2001年山东省各市地各项贷款

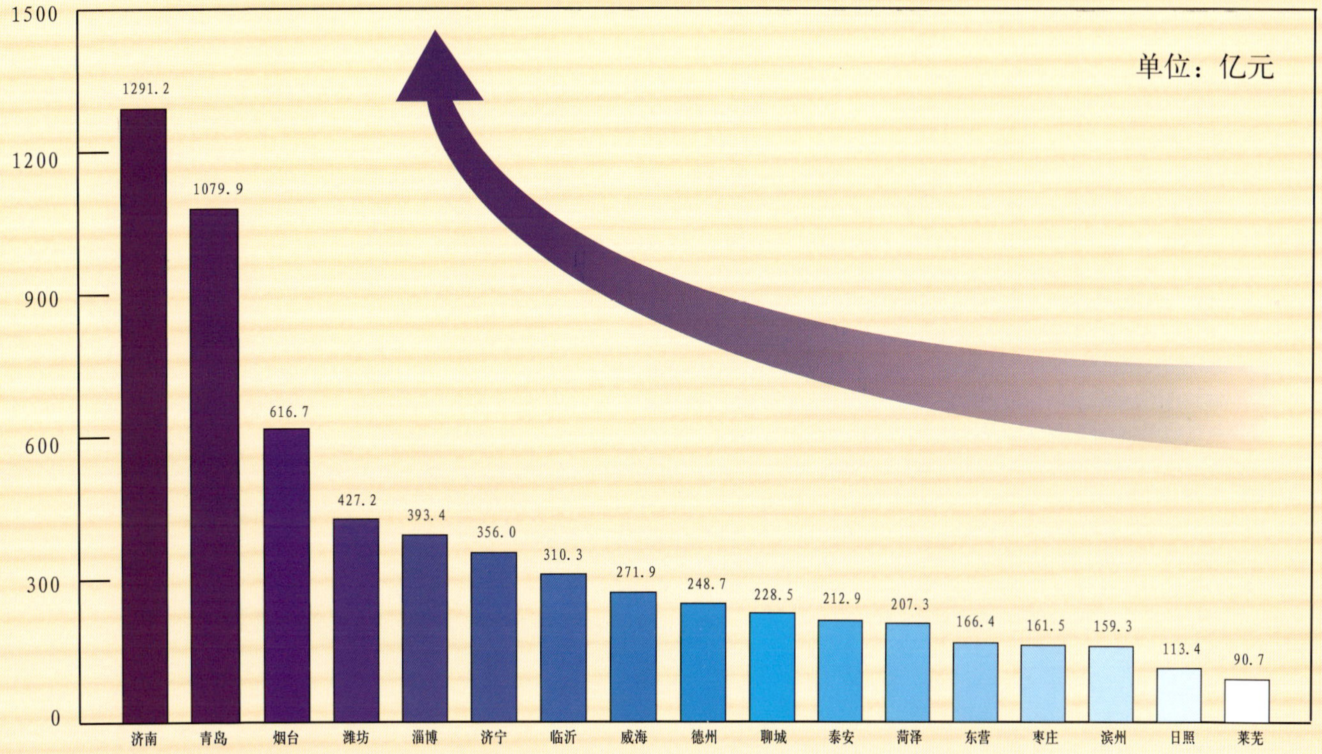

目 录

1 第一部分

2 第二部分

3 第三部分

4 第四部分

6
第六部分

8 第八部分

10 第十部分

11 第十一部分

13 第十三部分

13

14 第十四部分

15 第十五部分

第一部分

山东省金融运行报告

山东省金融运行报告

【综述】 2011年，山东省深入贯彻落实科学发展观，加快转变经济增长方式，经济总体保持平稳较快发展。结构调整进展明显，经济发展效益不断提高，重点区域带动战略成效显著，保障和改善民生力度加大，物价涨幅得到有效控制，实现了"十二五"时期的良好开局。金融运行平稳健康，社会融资规模合理增长，贷款投放适度、均衡，较好满足了实体经济发展需求；证券融资步伐加快，保险保障功能有效发挥，金融市场功能增强，金融生态环境持续优化，金融、经济呈现良性互动、协调发展的态势。

【金融运行情况】 2011年，山东省金融业继续保持平稳较快发展态势，综合实力有效提升，金融机构体系建设日臻完善，市场融资能力逐步增强，金融生态环境持续优化，金融运行总体稳健。

一、银行业健康发展，信贷资金配置效率提升。2011年，山东省银行业金融机构贷款总量稳步增加，投放节奏均衡，信贷结构优化，表外融资持续扩大，利率水平总体上升。经营效益明显提高，金融改革向纵深推进，人民币跨境结算业务迅速拓展。

(一)规模效益同步提升，抗风险能力明显增强。2011年，山东省银行业金融机构资产规模同比增长16.2%，不良贷款继续"双降"，利润同比多增182.2亿元。银行业金融机构整体拨备覆盖率同比上升44.9个百分点，法人金融机构资本充足率显著提高。金融开放步伐加快，新设外资银行2家，人民币业务加速拓展。

2011年银行类金融机构情况

机构类别	营业网点			法人机构(个)
	机构个数(个)	从业人数(人)	资产总额(亿元)	
一、大型商业银行	4286	95877	24767	0
二、国家开发银行和政策性银行	128	3773	5167	0
三、股份制商业银行	407	14364	8266	1
四、城市商业银行	618	15844	5609	14
五、农村合作机构	5189	67251	10093	136
六、财务公司	7	325	731	6
七、邮政储蓄	2865	6845	2679	0
八、外资银行	29	854	283	0
九、新型农村金融机构	36	856	117	31
合计	13565	205989	57712	188

注：营业网点不包括总部。

数据来源：山东银监局。

(二)存款增速放缓，结构差异显著。2011年，山东省本外币各项存款同比少增1196亿元，增速同比回落5.8个百分点。单位存款同比大幅少增，储蓄存款平稳增加，定期储蓄存款新增占比同比提高14.7个百分点。受保证金存款纳入存款准备金缴存范围影响，保证金存款9-12月份合计净下降415.5亿元。四季度出现的人民币贬值预期导致企业和居民持汇意愿上升，外汇存款同比多增3.7亿美元。

金融机构人民币存款增长变化

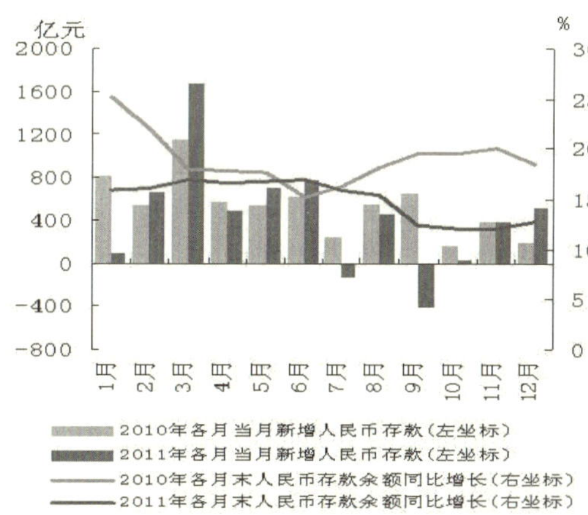

数据来源：中国人民银行济南分行。

(三)贷款结构持续优化，契合实体经济发展需求。2011年，山东省本外币贷款增加5029亿元，与上年基本持平。信贷投放节奏更趋均衡，新增贷款季度占比分别为26%、28%、21%和25%。短期贷款新增占比66.8%，同比提高19.8个百分点。受新开工项目进度放缓、清理融资平台、加强房地产市场调控等影响，中长期贷款增速逐月回落，年末降至21个月以来最低点。外币贷款同比多增33.8亿美元，但受外需下降、人民币升值预期减弱等因素影响，企业外币贷款需求趋弱，年内外币贷款增速逐月回落。宏观审慎管理框架逐步建立，差别准备金动态调控效果显著，地方法人金融机构贷款增量为上年的94.3%。再贷款、再贴现同比多放132.5亿元，民品贷款发放量和贴息额居全国前列。

"有扶有控"的信贷政策有效落实。"黄、蓝"战略发展区域信贷投放快速增长，新增贷款占比达60.9%。信贷资源向经济社会薄弱领域倾斜，涉农、县域贷款增速分别高于全部贷款7.4和3.1个百分点，民生领域贷款新增量是去年的1.5倍。小微企业贷款覆盖面扩大，支持方式多样化，增量占各项贷款的四分之一。个人住房贷款发放笔数、金额"双降"，房地产开发贷款增速同比下降 6.6 个百分点。 两高一剩领域信贷退出加快，同比多退出 341 家企业。十大高耗能行业贷款同比少增 381.2 亿元。

金融机构人民币贷款增长变化

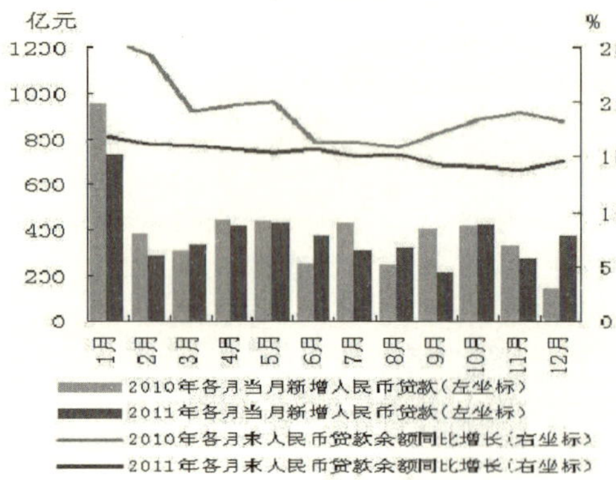

数据来源:中国人民银行济南分行。

金融机构本外币存、贷款增速变化

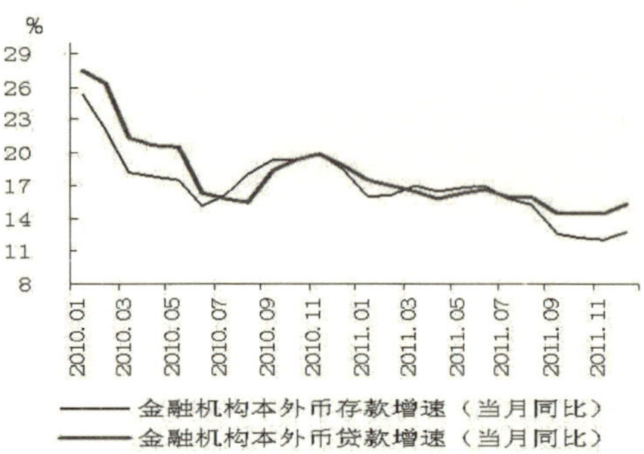

数据来源:中国人民银行济南分行。

（四）表外融资持续增长，有效拓展信用供给渠道。2011 年，金融机构加快业务发展模式多元化，通过委托贷款、信托贷款、银行承兑汇票等方式，加大对实体经济的支持。全年累计开办表外融资业务 17219.4 亿元，同比多增 5487.5 亿元。理财业务增长较快，募集资金量同比增长 40.2%。

（五）利率水平总体上升，市场化程度增强。贷款加权平均利率较年初上升 1.2 个百分点，上浮利率贷款占比 72.2%，同比提高 18.4 个百分点。金融机构利率定价能力提升，浮动利率贷款占比同比提高 7.7 个百分点，Shibor 运用的广度和深度增强。住房贷款利率逐步走高，首套房贷利率普遍上浮，20–30 年长期房贷利率升幅达 40.2%。美元贷款加权平均利率同比升高 150 个基点，期限趋于短期化。

民间借贷量价齐升，利率水平整体较高。受资金需求旺盛、企业融资渠道相对单一等因素影响，2011 年山东省民间借贷样本监测点发生额同比增长 1.7 倍，加权平均利率同比上升 40.4%。中小企业仍是民间借贷的主体，但占比下降；农户加权平均利率同比上升 78.6%。

2011 年各利率浮动区间贷款占比表

		合计	国有商业银行	股份制商业银行	区域性商业银行	城乡信用社
	合计	100	100	100	100	100
	[0.9-1.0)	3.8	5.0	2.9	0.8	0.9
	1.0	24.0	35.2	18.9	14.7	4.5
上浮水平	小计	72.2	59.8	78.3	84.5	94.6
	(1.0-1.1]	23.1	33.0	38.4	14.4	4.7
	(1.1-1.3]	22.4	23.6	35.8	25.4	15.3
	(1.3-1.5]	9.0	2.8	3.8	18.4	20.2
	(1.5-2.0]	13.3	0.4	0.3	23.6	41.1
	2.0以上	4.5	0.1	0.0	2.7	13.4

数据来源:中国人民银行济南分行。

金融机构外币存款余额及外币存款利率

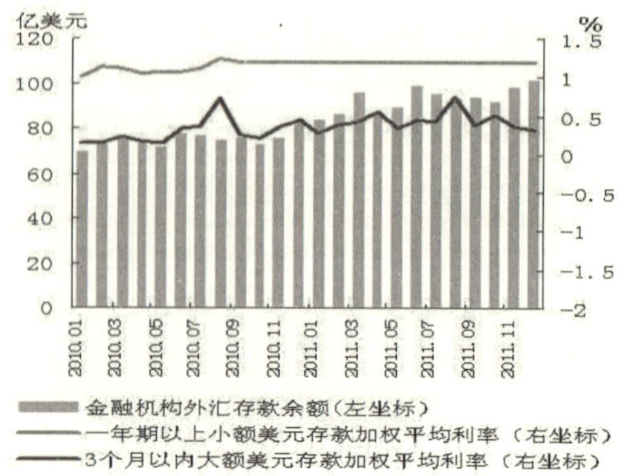

数据来源:中国人民银行济南分行。

（六）银行业改革进一步深化，多层次农村金融体系加快构建。国有商业银行现代金融企业制度建设不断完善，开发银行中长期投融资优势得到巩固，进出口银行和出口信用保险公司改革稳步推进。涉农机构支农力度增强，农业发展银行贷款总量突破千亿，农业银行三农金融事业部涉农贷款余额 1708.9 亿元，占全行贷款余额的 46.4%，同比增长 39.9%。农村新型金融组织发展速度加快，新增村镇银行 18 家，业务规模增长 2 倍以上，审批设立小额贷款公司 109 家,农村资金互助社 2 家，8 家农商行挂牌，农村信用社银行化改革进度和效果位居全国前列。

（七）跨境人民币业务全面发展，覆盖面和影响力持续扩大。2011 年山东省跨境人民币业务结算额 1987.3 亿元，人民币成为山东省国际结算第二大币种。共有 35 家银行的 454 家分支机构办理跨境人民币结算，涉及 77 个国家（地区）的 1560 家企业。配套业务发展加快，便捷化程度不断提高。11 市开立非居民机构人民币账户，同比增长2.8倍。境外人民币项目实际贷款金额突破200亿元人民币。6月30日，韩元挂牌交易试点正式启动，在全国率先开展韩元现汇对公经常项下业务。跨境人民币投融资活动日趋活跃，资本项下人民币结算484.5亿元，对外直接投资占全省境外投资总额的41%。出口协议融资和海外代付等贸易融资品种快速发展，贸易融资项下的资金融入额超过200亿元。

二、证券业发展平稳，上市融资取得积极进展。2011年，山东省证券市场资源配置功能继续完善，证券期货机构经营规模快速扩张，综合服务能力显著增强。

（一）市场主体经营实力大幅提升。新增证券营业部29家，基金分公司1家，2家法人券商资质升级为A类AA级。投资者资金户和保证金余额分别增长14.5%和21.9%，总交易额3万亿元。期货公司运营实力增强，总资产、净资本和利润总额同比增长18%、15.5%和5.6%。鲁证期货实现增资扩股1.2亿元，成为业内唯一达到信息技术最高级别的期货公司。

（二）证券市场融资功能有效发挥。年内21家企业IPO，15家上市公司实现再融资，融资额创历史新高。上市资源培育取得积极进展，600多家企业进入后备库，18家企业通过证监会审核，过会率85.7%，高于全国平均水平8.9个百分点。7家绩差公司并购重组注入资产75亿元，山钢集团实现整体上市。

2011年证券业基本情况表

项　目	数量
总部设在辖内的证券公司数(家)	2
总部设在辖内的基金公司数(家)	0
总部设在辖内的期货公司数(家)	3
年末国内上市公司数(家)	145
当年国内股票（A股）筹资（亿元）	422.6
当年发行H股筹资（亿元）	58.4
当年国内债券筹资（亿元）	754.0
其中：短期融资券筹资额（亿元）	246.5

数据来源：中国人民银行济南分行，山东证监局。

三、保险业稳健发展，经济保障功能有效发挥。2011年，山东省保险业发展水平全面提升，保险强省建设取得积极进展。

（一）市场体系更趋完善，行业实力明显增强。全年新增保险公司15家，驻鲁保险公司总数达76家，首家法人保险机构泰山财产保险公司正式开业，保险业辐射能力大大增强。保险专业市场稳步发展，专业中介法人机构达到183家，兼业代理机构12421家。行业总资产同比增长23.9%，积累各项风险责任准备金2812.9亿元，抗风险能力显著增强。

（二）保险业务持续增长，服务领域不断拓展。保费收入稳中趋升，增速快于全国0.7个百分点，规模稳居全国第三。车险业务增速回升，非车险、个人营销业务保持较快增长。银保业务增速高于全国3.5个百分点，质量效益取得新突破。财产险公司实现承保利润为上年的1.8倍，利润率高于全国4.6个百分点，人身险公司业务及管理费用率低于全国2.1个百分点。保障能力不断增强，全年承担各类风险责任15.7万亿元。农业保险覆盖面扩大，农村小额保险试点稳步推进，为70.9万农民提供了112.6亿元风险保障。

2011年保险业基本情况表

项　目	数量
总部设在辖内的保险公司数(家)	1
其中：财产险经营主体（家）	1
寿险经营主体（家）	0
保险公司分支机构（家）	60
其中：财产险公司分支机构（家）	29
寿险公司分支机构（家）	31
保费收入（中外资，亿元）	1036.1
其中：财产险保费收入（中外资，亿元）	332.3
人身险保费收入（中外资，亿元）	703.8
各类赔款给付（中外资，亿元）	271.2
保险密度（元/人）	1075.0
保险深度（%）	2.3

数据来源：山东保监局。

四、金融市场交易活跃，融资方式日益丰富。2011年，山东省金融市场活力增强，货币市场资金头寸调控能力提高，银行间外汇市场稳步发展，黄金市场交投活跃。

（一）直接融资快速增长，银行间债务融资实现新突破。2011年，山东省融资结构继续优化，直接融资占比同比上升5.3个百分点。股票融资大幅增加，债券发行数量、融资额“双提升”。银行间市场融资功能进一步强化，全年发行非金融企业债务融资工具514.7亿元，增长26.6%。新发3只中小企业集合票据13.6亿元，融资规模居全国第一。中国银行间市场交易商协会与山东省政府、人民银行济南分行签订《银行间市场助推山东经济发展合作备忘录》，在全国率先推出“区域集优债务融资”模式。

2001-2011年非金融机构融资结构表

	融资量（亿元人民币）	比重（%）		
		贷款	债券（含可转债）	股票
2001	901.1	90.0	0.0	10.0
2002	1571.9	96.6	0.0	3.4
2003	2051.8	97.4	0.0	2.6
2004	1695.8	91.6	2.9	5.5
2005	2123.8	95.7	2.6	1.7
2006	2820.4	89.8	6.5	3.7
2007	2585.1	79.6	9.7	10.7
2008	3574.5	87.1	6.5	6.4
2009	7150.5	90.3	6.5	3.2
2010	6015.6	85.6	7.4	7.0
2011	6263.9	80.3	12.0	7.7

数据来源：中国人民银行济南分行。

（二）货币市场运行平稳，资金融入规模增加。2011 年，山东省银行间市场交易量 8.9 万亿元，同业拆借、债券回购同比分别增长 178%和 10%。债券市场波动加剧，现券市场交易金额减少 3 万亿元。市场成员积极利用货币市场加强流动性管理，全年净融入资金 2.4 万亿元，其中同业拆借净融入为上年的 5.1 倍。融资成本有所上升，同业拆借、回购交易、现券市场利率均上升 150 个基点以上。

（三）票据融资交易额下降，利率水平大幅升高。票据融资全年累计发生额同比下降，主要原因是转贴现下降较多。票据融资余额小幅增加，占贷款比重同比下降 29.6 个百分点。银行承兑汇票需求扩大，签发量同比增长 30.6%。票据电子化稳步推进，电子商业承兑汇票业务量居全国第二。受市场流动性影响，票据市场利率波动走高，年末 3–6 个月银行承兑汇票直贴和买断式转贴利率分别达到 8.98%和 8.62%，较年初上升 43.5%和 67.7%。

2011 年金融机构票据业务量统计表

单位：亿元

季度	银行承兑汇票承兑		贴现			
			银行承兑汇票		商业承兑汇票	
	余额	累计发生额	余额	累计发生额	余额	累计发生额
1	5938	3407	1005	2940	128	178
2	6839	6915	1133	5676	95	401
3	6347	10002	1165	7763	98	498
4	6575	13952	1293	9852	92	698

数据来源：中国人民银行济南分行。

2011 年金融机构票据贴现、转贴现利率表

单位：%

季度	贴现		转贴现	
	银行承兑汇票	商业承兑汇票	票据买断	票据回购
1	6.98	8.58	6.17	5.75
2	7.5	8.89	6.71	6.85
3	10.02	11.86	9.04	7.68
4	8.98	10.54	8.62	6.64

数据来源：中国人民银行济南分行。

（四）银行间外汇市场稳步发展，黄金市场交投活跃。2011 年，山东银行间外汇市场成交 102.8 亿美元，同比增长 26%，即期询价交易仍占主导。13 家黄金交易所会员场内成交 617.7 吨，同比增长 50%，净卖出 74.8 吨。自营量累计成交 311.2 吨，占比同比下降 12.4 个百分点。受金价持续大幅上涨及投资者避险需求影响，商业银行纸黄金成交量和成交金额分别增长 71.8%和 154 %。

五、社会信用体系建设强力推进，金融生态环境持续优化。2011 年，山东省继续发挥政府的主导作用，积极推进金融生态环境建设。社会信用体系建设向纵深发展，地方信用信息共享平台建设实现突破，创新开发“山东省信用评级综合服务平台”，建立农户和中小企业信用档案 1667 万和 24 万个。农村支付环境建设“强力推进年”成效显著，消灭金融服务空白村 5315 个，农村金融服务终端覆盖率达到 77.6%，基本实现农村地区“村均 1 台金融基础设施、人均 1 张卡”。年末全省县及县以下地区银行卡发卡量达 8909 万张，开通网银 1083.5 万个。开展打击银行卡犯罪“天网 –2011”专项行动，共破获涉银行卡案件 1600 余起。山东省 17 地市均设立了金融消费者权益保护中心，妥善处理投诉 296 起。

【经济运行情况】 2011 年，山东省经济运行继续朝着宏观调控预期方向发展，结构优化调整步伐加快。三大需求拉动作用稳定，三次产业持续优化，物价涨幅得到有效控制，民生领域不断改善，区域战略成效显著，节能降耗稳步推进，经济发展的内生动力不断增强。

地区生产总值及其增长率

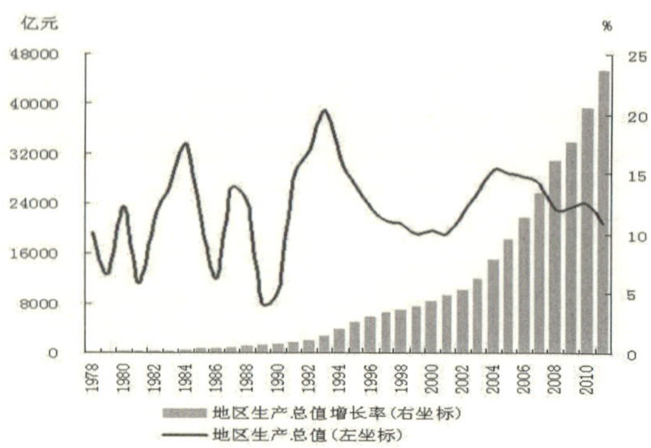

数据来源：山东省统计局。

一、三大需求平稳增长，经济内生动力增强。2011 年，山东省投资增速平稳，结构进一步优化。居民消费较为旺盛，对外贸易稳定增长，外资利用量增质高，经济增长内外需动力更趋协调。

（一）投资结构持续优化。2011 年，山东省固定资产投资增势平稳，同比回落 0.3 个百分点，增速连续两年小幅回落。三次产业投资比重持续改善，由上年的 2.4:49.1:48.5 调整为 2.1:47.9:50.0，服务业投资占比首超第二产业。内涵效益型投资不断加大，技术改造、高新技术等重点领域投资增速分别高于平均水平 5.4、9.7 个百分点。民间投资更趋活跃，增速高于国有投资 8.5 个百分点，占全部投资比重同比提高 1 个百分点，对投资增长的支撑作用继续提升。山东半岛蓝色经济区、黄河三角洲高效生态经济区等重点区域融合发展态势良好，投资增长高于全省平均水平。

固定资产投资及其增长率

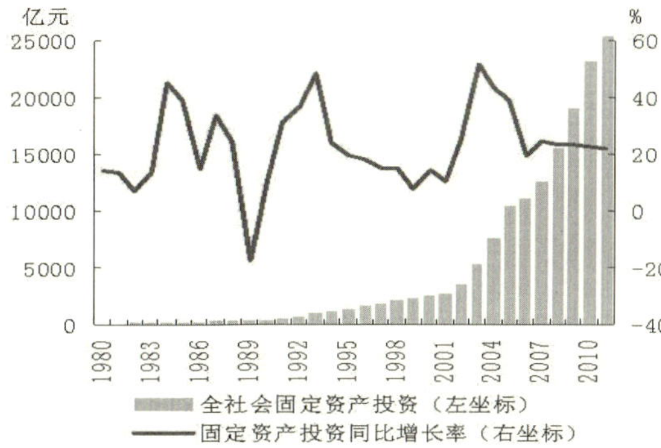

数据来源：山东省统计局。

（二）城乡消费实力增强。2011 年，城乡居民收入继续保持较快增长，增速分别同比提高 2.3 和 5.1 个百分点，为消费市场持续升温提供了有力支撑。社会消费品零售额增速高于全国平均水平 0.2 个百分点，消费结构升级加速，汽车、家用电器、金银珠宝等热点商品销售旺盛。城乡统筹加快发展，城乡消费增速差同比收窄 1.6 个百分点，乡村消费占比同比提高 1.8 个百分点，农村消费市场潜力进一步激活。

社会消费品零售总额及其增长率

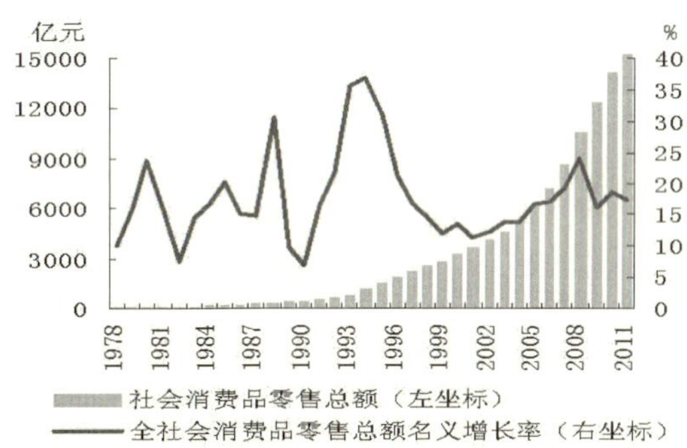

数据来源：山东省统计局。

（三）贸易顺差额呈总体下降态势。2011 年，山东省进出口总额增速高于全国平均水平 2.3 个百分点。受欧债危机、国际市场需求萎缩等因素影响，全年进口和出口增速分别同比回落 13.3 和 10.4 个百分点，贸易顺差同比下降 21.2%，延续近三年来下降趋势。资源类商品进口增长加快，占比提高 7.6 个百分点。出口市场更趋多元化，对美、欧、韩传统市场出口放缓，对俄罗斯、东盟和澳大利亚等新兴市场出口增长较快。

招商引资取得积极进展。合同外资创五年来新高，实际到账外资增速同比提高 7.2 个百分点，新批投资过亿美元的合同外资项目增长 2.2 倍。利用外资质量稳步提升，第一产业投资增速“转负为正”，服务业投资增速同比提高 10 个百分点。

外贸进出口变动情况

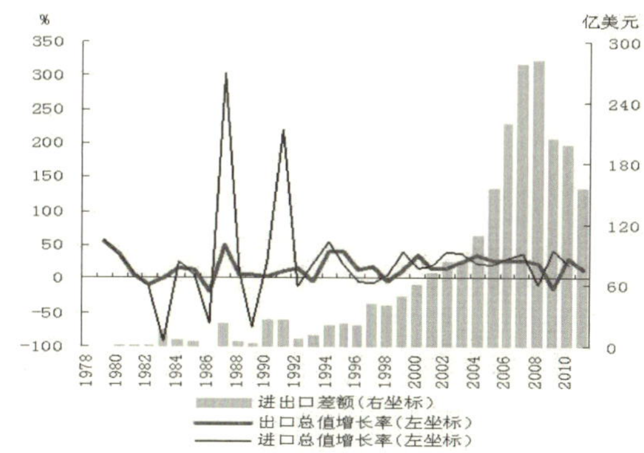

数据来源：山东省统计局。

外商直接投资情况

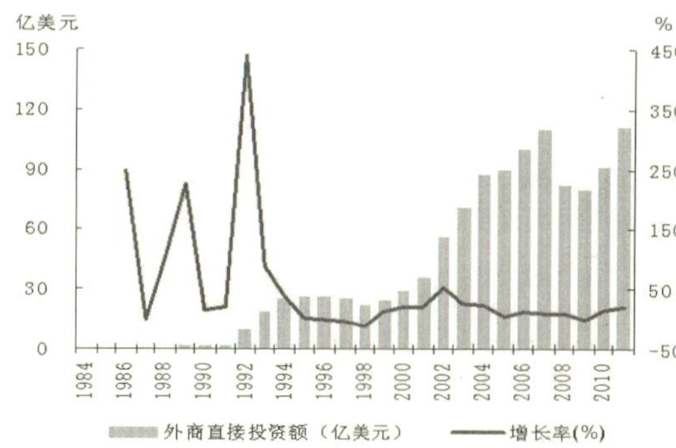

数据来源：山东省统计局。

二、三次产业协同发展，转型升级步伐加快。2011 年，山东省牢牢把握加快转变经济发展方式这一主线，继续稳步推进“转方式、调结构”，三次产业全面协调发展，产业结构更趋合理。三次产业比例由去年的 9.1:54.3:36.6 调整为 8.7:52.9:38.4。

（一）农业基础更加稳固。在冬春连旱的不利条件下，山东省粮食总产仍实现“九连增”，达到 885 亿斤，第一产业增加值居全国首位。农业产业化龙头企业带动作用增强，规模以上农业龙头企业 8120 家，农产品技术含量及附加值进一步提高。农业基础设施建设扎实有效，农田有效灌溉面积约占耕地 70%，粮食生产机械化达 88%。农村社会保障体系不断健全，农村低保标准平均每人每年 1661 元，新型农村合作医疗参合率达 99.7%，新型农村社会养老保险试点提前一年实现全覆盖。

（二）工业调整振兴进一步推进。全年工业生产呈“前高后低”走势，增速高于全国平均水平 0.1 个百分点。工业企业产销率同比提高 0.3 个百分点。高新技术产业产值比重同比提高 1.2 个百分点，“两高一剩”行业得到有效控制。全省 65%以上大中型企业建立了技术研发机构，重点企业科技活动经费支出占销售收入的5.9%。工业技改力度加大，产学研联合创新取得新进展。

工业增加值增长率

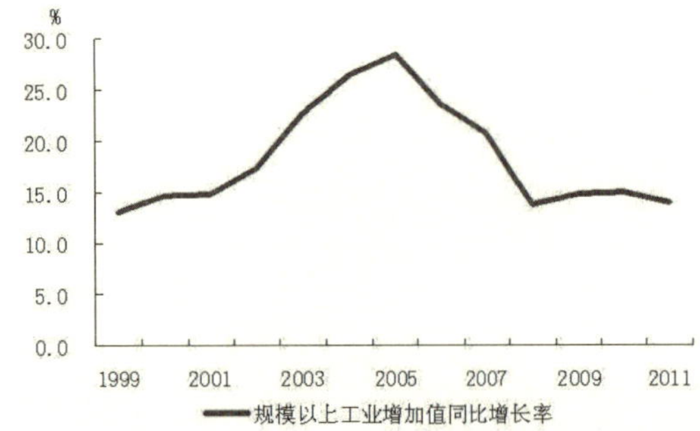

数据来源：山东省统计局。

（三）服务业实现跨越式发展。2011年，山东省服务业增加值占比同比提高1.7个百分点，升幅居全国首位。重点发展文化旅游、金融保险、现代物流等十大领域，突出培养“四大载体”，批零餐饮、交通运输等传统产业平稳发展，服务外包等新兴产业加快发展。2011年，全省登记承接服务外包合同5818份，合同金额16.6亿美元，执行金额11.6亿美元，分别增长21.3%、78.4%和82%，呈现出“发展提速、规模扩大、质量提升、市场拓展”的良好发展态势。文化强省建设加强，文化旅游加速融合发展，“好客山东”首推孔子、泰山、青岛、黄河口、齐长城、古运河六大地标文化之旅，品牌效应辐射海内外。新增服务业贷款885亿元，金融支持服务业力度加大。

三、物价涨幅得到有效遏制，就业形势积极向好。2011年，山东省物价涨幅呈“倒V型”走势，物价总水平得到有效调控。

（一）居民消费价格“两头低、中间高”，物价过快上涨势头得到遏制。山东省CPI指数7月份达到峰值6.5%，8月后呈逐步下降走势，全年CPI低于全国0.4个百分点，物价上涨压力有所缓解。食品价格上涨仍是CPI上涨的主导因素，农村价格涨幅继续高于城市。

居民消费价格和生产者价格变动趋势

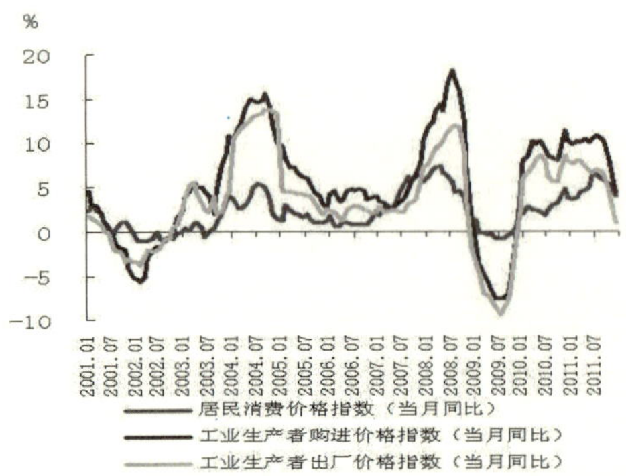

数据来源：山东省统计局。

（二）工业生产者价格呈“前高后落”走势，农业生产资料价格高位运行。2011年，山东省工业生产者购进价格指数和工业生产者出厂价格指数涨幅同比分别降低0.1和1.2个百分点，二者涨幅之差扩大，“高进低出”更加明显。受上游产品价格回落、国内外市场需求下滑及国际大宗商品价格下行等因素影响，工业生产者购进价格年内波动上行后持续回落，全年平均涨幅与全国基本持平。农业生产资料价格仍高位运行，农业生产经营成本压力较大。

（三）就业形势积极向好，劳动力价格持续攀升。2011年，山东省就业局势基本稳定，连续八年实现城镇新增就业和农村劳动力转移就业“双过百万”，年末城镇登记失业率低于全国0.75个百分点。城镇在岗职工平均工资同比增长13.1%，城市最低工资标准平均上调26%，位于全国前列；农村低保标准提高到每人每年不低于1400元。

四、财政收入保持较高增速，财政支出向民生倾斜。2011年，山东省地方财政收入达到3455.7亿元，增长25.7%，增速同比提高0.6个百分点。税收收入增长21.1%，占财政收入的75.3%，同比下降2.9个百分点。财政支出5001.2亿元，增长20.7%。支出结构进一步优化，社会保障、医疗卫生、教育、住房等领域得到重点保障，民生支出增幅高于平均水平8.9个百分点，占全省财政支出的54.8%，同比提高3.8个百分点。

财政收支状况

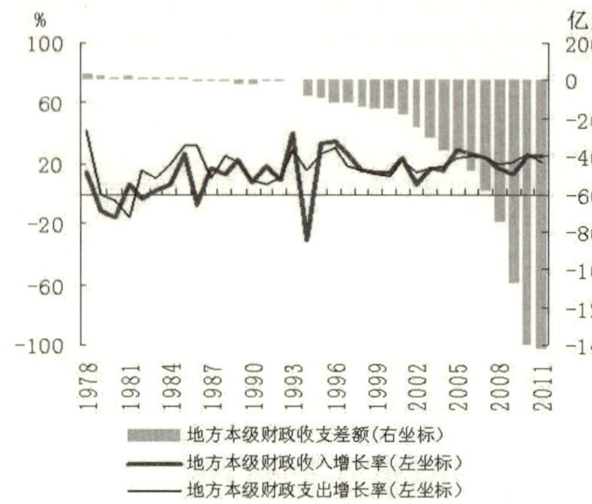

数据来源：山东省统计局。

五、节能减排效果明显，金融支持力度不断增强。2011年，山东省节能工作取得了良好成效，万元GDP能耗、规模以上工业万元增加值能耗等指标同比降幅均高于全国平均水平。实施完成123个“转方式、调结构”节能重点项目，累计实现节能86万吨标准煤。351户企业完成落后产能淘汰，关停小火电机组26.2万千瓦，超额完成了国家下达的任务。减排工作扎实推进，“十一五”污染减排工作位列全国第一；实现国家淮河流域治污考核“五连冠”和海河流域治污考核“三连冠”。环境质量明显改善，全省二氧化硫和可吸入颗粒物年均浓度分别下降14%和11.2%，新建国家级生态示范区17个，省级生态县（市、区)6个，省级生态乡镇124个。中国人民银行济南分行下发《关于加强节能环保领域金融支持工作的意见》、《关于印发<绿色信贷指导意见>的通知》，推动金融机构加大对传统产业改造提升、环保产业、循环经济发展、节能减排技术改造的信贷支持。

六、房地产市场调控效果显现，钢铁产业调整稳步推进。

(一)房地产调控效果显著，房地产金融健康发展。2011年，山东省房地产市场运行总体平稳，房屋供给结构改善，差别化房贷政策效应显现。

1.开发投资增速放缓，资金来源“一降两升”。2011年，山东省房地产开发投资增幅26.4%，同比下降7.5个百分点，低于全国3.5个百分点。开发投资到位资金增速同比降低13.9个百分点。资金来源结构发生变化，开发企业贷款占比同比下降2.3个百分点，自筹和利用外资占比同比分别上升0.1、4.4个百分点。

2.市场供给理性回归，保障性住房建设加快。2011年，房地产企业土地购置行为趋于谨慎，土地购置面积增幅同比回落41.5个百分点，济南、济宁等重点城市购地面积净下降，新开工面积增幅同比回落34个百分点。受开发商加快资金回笼动力增强及2010年以来开发项目集中完工等因素影响，2011年竣工面积增长24.5%，同比加快23.5个百分点。保障性安居工程开工38.9万套，超额完成国家下达的任务，连同结转项目竣工率达到71.2%。

3.市场需求回落，调控效果逐步显现。2011年，“限购”、限贷等措施进一步压缩了投资、投机性购房需求，山东省商品房销售面积、销售额增速同比分别下降32和32.9个百分点。重点城市济南、青岛、烟台、济宁商品房销售面积增速同比分别回落8.7、26.7、42.5和25.3个百分点。

商品房施工和销售变动趋势

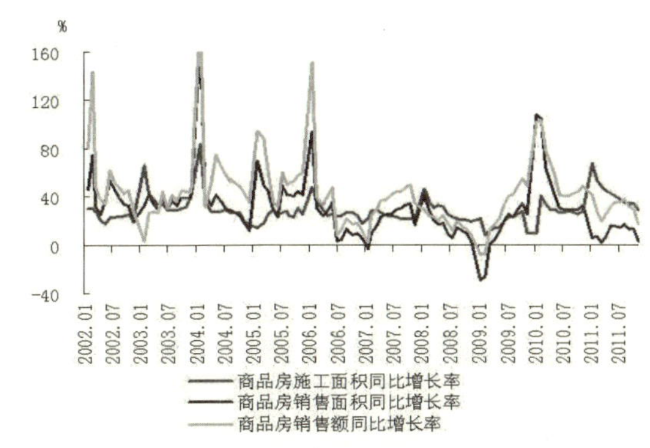

数据来源：山东省统计局。

4.重点城市房价合理回归，二、三线城市房价仍呈涨势。2011年，山东省房屋销售价格涨幅低于城镇居民人均可支配收入增幅，重点城市房价连续上涨势头得到遏制，济南、青岛新建住宅价格指数环比自10月起连续3个月负增长。省内二、三线城市处于城镇化的快速上升期，房地产业发展潜力巨大，住房价格仍呈上涨态势。

5.房地产金融运行平稳，支持民生亮点突出。差别化信贷政策得到有效落实，全年房地产贷款增速同比下降11个百分点，其中开发贷款增速同比下降6.6个百分点，个人住房贷款增速同比下降14.1个百分点。房地产贷款向保障安居工程建设强力倾斜，2011年保障性住房贷款增速同比提高10.5个百分点，高于全部房地产贷款增速2.5个百分点。

主要城市房屋销售价格指数变动趋势

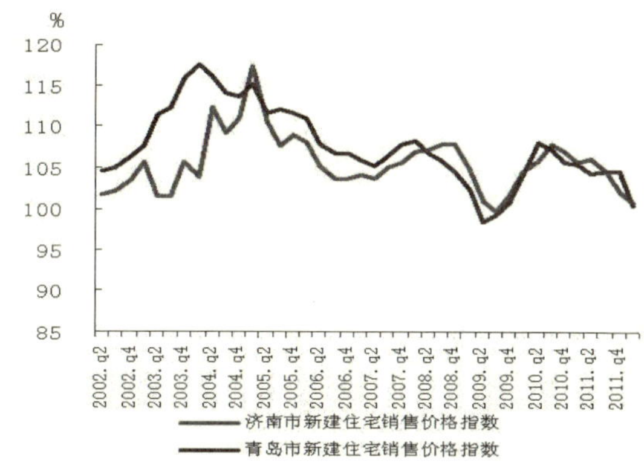

数据来源：山东省统计局。

(二)钢铁产业调整步伐加快，金融支持力度加大。2011年山东省钢铁综合产能居全国第3位，结构调整步伐加快，累计淘汰炼铁产能1193.34万吨、炼钢产能334.3万吨，涉及企业47家。钢铁企业联合重组步伐加快，山东省成为全国唯一钢铁产业结构调整试点省份。12月30日，济钢和莱钢获证监会批准并开始进行合并。

为有效发挥金融促进我省钢铁产业结构调整、优化升级的积极作用，中国人民银行济南分行联合山东银监局制定下发《关于金融促进山东省钢铁产业结构调整的指导意见》，引导银行业金融机构加大对钢铁产业布局优化和产能战略转移的支持力度，不断改进和提升金融服务水平。

七、蓝黄”战略引领区域经济协调联动。2011年，山东半岛蓝色经济区和黄河三角洲高效生态经济区建设全面展开。“两区”按照“融合、错位、一体化”的发展要求，加快重大基础设施建设，培育新兴战略产业集群，推进产业结构升级，打造特色园区，注重生态文明，海陆统筹发展初见成效，成为山东省经济增长的重要引擎。同时，“两区”发展依托腹地，面向日韩，辐射和牵动省会城市群经济圈、鲁南经济带等内陆地区联动发展，对外开放水平持续提升，发展步伐稳步加快。2011年，“两区”主要经济指标增速均高于或持平全省平均水平。省会城市群经济圈和鲁南经济带经济增长明显加速，全省区域发展呈现协调增长、多轮驱动的良好态势。围绕全省区域发展战略，金融持续发挥推动力，2011年黄河三角洲高效生态经济区新增贷款占全省的13.3%，同比提高1.3个百分点，蓝色半岛经济区新增贷款占全省的54.8%，同比提高3.3个百分点。抵押担保加速创新、非信贷融资工具较快发展，显著增强了中小企业、"三农"以及民生等领域的资金支持力度，扩大了企业区域融资总量。

【经济金融大事记】 1月18日 泰山财产保险股份有限公司揭牌仪式在济南举行。

3月18日 山东省个人本外币兑换特许业务试点在烟台市正式启动。

4月29日 金融支持山东半岛蓝色经济区开发建设暨政银企合作推进会在青岛召开。

5月9日 山东文化产权交易所在济南揭牌成立。

6月30日 山东省韩元挂牌交易试点正式启动，当日汇价为人民币1元兑166.1802韩元。

7月6日 中国银行间市场交易商协会、山东省金融工作办公室、中国人民银行济南分行在济南签署《银行间市场助推山东省经济发展合作备忘录》。

7月28日 黄河三角洲产业投资基金揭牌暨首期投资项目签约仪式在济南举行。

10月21日 全省钢铁产业结构调整试点工作会议在济南召开。

11月1日 《山东省人民政府关于加大金融财税支持力度促进小型微型企业持续健康发展的意见》(鲁政发[2011] 43号)正式签发。

11月3日 潍坊市区域集优中小企业集合票据率先在全国银行间市场发行，为全国首批两单之一。

附表 1-1

山东省经济主要统计指标

指标 \ 年度	2007	2008	2009	2010	2011	2011年同比增幅（%）
土地面积（万平方公里）	15.70	15.70	15.70	15.70	15.70	0
人口（万人）	9367	9417	9470	9579	9637	0.5
非农业人口（万人）	3436	3532	3548	3839	3945	2.8
地区生产总值（亿元）	25776.91	30933.28	33896.65	39169.92	45361.85	10.9
第一产业（亿元）	2509.14	3002.65	3226.64	3588.28	3973.85	4.0
第二产业（亿元）	14647.53	17571.98	18901.83	21238.49	24017.11	11.7
工业（亿元）	13283.72	15894.95	16896.14	18861.45	21275.89	12.5
建筑业（亿元）	1363.81	1677.03	2005.69	2377.04	2741.22	5.1
第三产业（亿元）	8620.24	10358.64	11768.18	14343.14	17370.89	11.3
人均地区生产总值（元）	27604.45	32935.77	35893.57	41106	47335	10.2
地区生产总值构成（%）	100	100	100	100	100	--
第一产业（%）	9.70	9.70	9.50	9.20	8.80	--
第二产业（%）	56.80	56.80	55.80	54.20	52.90	--
第三产业（%）	33.50	33.50	34.70	36.60	38.30	--
地方财政一般预算收入（亿元）	1675.40	1957.05	2198.63	2749.38	3455.93	25.7
地方财政支出（亿元）	2261.85	2704.66	3267.67	4145.03	5002.07	20.7
全社会固定资产投资（亿元）	12537.02	15435.93	19030.97	23276.69	26769.73	15.0
房地产开发（亿元）	1521.02	2038.53	2428.73	3249.37	4108.10	26.4
进出口总值（亿美元）	1226.18	1581.45	1386.04	1889.51	2359.92	24.9
出口总值（亿美元）	752.44	931.75	795.65	1042.47	1257.88	20.7
外商直接投资（亿美元）	110.10	82.00	80.10	91.68	111.60	21.7
社会消费品零售总额（亿元）	8607.45	10658.76	12362.97	14620.30	17155.49	17.3
居民消费价格指数（%）	104.40	105.30	100.00	102.90	105.00	5.0
城市居民人均可支配收入（元）	14264.70	16305.40	17811.04	19945.83	22791.84	14.3
农民人均纯收入（元）	4985.34	5641.43	6118.77	6990.28	8342.13	19.3

注：该表为本编辑部根据《山东统计年鉴》有关数据整理。

附表 1-2

山东省工农业主要统计指标

农业主要统计指标（万吨）				规模以上工业企业主要统计指标（亿元）			
项目＼年度	2010年	2011年	增幅（%）	项目＼年度	2010年	2011年	增幅（%）
粮食	4335.70	4426.30	2.1	工业增加值	--	--	14.03
夏粮	2060.00	2104.70	2.2	国有企业	--	--	15.71
秋粮	2275.70	2321.59	2.0	集体企业	--	--	11.50
棉花	72.41	78.45	8.4	股份制企业	--	--	14.59
油料	342.16	341.00	-0.4	外商及港澳台商投资企业	--	--	11.13
水果	1438.91	1488.50	3.4				
蔬菜	9030.75	9180.93	1.7	轻工业	--	--	11.88
肉类	704.36	711.05	1.0	重工业	--	--	15.06
禽蛋	384.84	401.64	4.4	主营业务收入	89168.0	102470.2	26.4
奶类	271.56	278.95	2.7	利税	9689.6	11136.2	25.3
水产品	783.83	813.83	3.8	利润	6040.3	6998.3	27.2
森林覆盖率（%）	--	--	--	经济效益综合指数（%）	293.8	--	--

注：该表为本编辑部根据《山东统计年鉴》有关数据整理。

附表 1-3

山东省金融业务统计指标

	指标（亿元）＼年度	2007	2008	2009	2010	2011	比年初增减数
银行类	本外币存款余额	22414.43	27295.40	35170.71	41653.72	46986.51	5349.24
	人民币存款余额	22072.25	26930.19	34697.78	41104.96	46345.41	5266.50
	单位存款	--	--	--	--	22162.89	2464.31
	定期存款	--	--	--	--	5669.31	973.13
	活期存款	--	--	--	--	9839.49	689.28
	个人存款	--	--	--	--	22290.76	2629.35
	储蓄存款	11438.10	14382.19	17082.76	19648.21	22173.27	2545.53
	本外币贷款余额	18279.92	20927.83	27385.93	32536.29	37521.93	5028.97
	人民币贷款余额	17545.14	20053.89	25961.32	30722.64	35179.00	4499.70
	短期贷款	9594.16	10580.08	12220.71	14369.15	17331.13	3008.01
	中长期贷款	6667.96	8213.82	11758.14	15007.60	16291.94	1290.43
	票据融资	1244.39	1779.70	1898.45	1217.51	1385.36	116.76
	现金收入	58298.89	60205.82	65307.61	77144.41		
	现金支出	58375.83	60211.58	65302.17	77300.30		
	现金投放（+）回笼（-）	76.94	6.72	-5.44	155.88		
保险类	保险公司保费收入	501.7	673.95	792.89	1030.07	1036.04	5.97
	财险收入	144.7	170.45	215.19	297.44	339.21	41.77
	寿险收入	357.0	503.50	577.70	732.63	696.83	-35.8
	保险公司赔款和给付支出	171.7	198.39	228.39	228.64	271.23	42.59
	财险赔款	70.43	99.13	114.74	136.66	161.41	24.75
	寿险给付		99.26	113.65	91.98	109.82	17.84
证券类	证券经营机构证券交易量	18392.8	17515.3	35928.0	20710.1	30000.0	9289.9
	证券投资者资金开户数（万户）	327.1	375.0	421.9	457.1		
	净利润	26.21	38.35	76.57	56.41		
	期货经纪公司代理交易量	18075.4	27942.2	48369.5	73005.9		
	期货客户保证金余额	11.16	12.37		29.66		
	净利润		0.27	0.64	0.71		

注：该表为本编辑部根据《山东统计年鉴》有关数据整理。

附表 1-4

山东省主要存贷款指标月度表

（2011 年）

		1月	2月	3月	4月	5月	6月
本外币	金融机构各项存款余额（亿元）	41735.38	42408.90	44144.92	44562.35	45284.14	46122.56
	其中：城乡居民储蓄存款	20576.86	20839.40	21419.74	21131.22	21289.78	21738.35
	单位存款	19432.15	19705.25	20772.92	21311.63	21840.61	22143.25
	各项存款余额比上月增加（亿元）	98.11	673.52	1736.02	417.43	721.79	838.42
	金融机构各项存款同比增长（%）	15.96	16.04	17.02	16.44	16.73	16.90
	金融机构各项贷款余额（亿元）	33319.05	33612.00	33881.77	34270.54	34854.59	35222.41
	其中：短期	15661.45	15867.46	16032.18	16303.27	16519.38	16765.71
	中长期	15648.83	15828.64	16047.68	16189.25	16282.28	16387.99
	票据融资	1277.48	1226.81	1133.66	1118.66	1172.10	1184.56
	各项贷款余额比上月增加（亿元）	780.41	292.95	315.46	388.75	584.05	367.83
	其中：短款	384.15	206.01	210.41	271.09	216.11	246.33
	中长期	364.93	179.81	219.04	141.56	93.03	105.71
	票据融资	39.18	-50.66	-93.15	-15.01	53.45	12.46
	金融机构各项贷款同比增长（%）	17.48	16.93	16.38	15.79	16.33	16.61
	其中：短款	22.38	21.18	19.99	20.53	21.28	22.09
	中长期	19.70	18.35	17.13	16.08	14.93	13.44
	票据融资	-32.56	-25.96	-20.47	-23.14	-22.59	-14.60

续表

		7月	8月	9月	10月	11月	12月
本外币	金融机构各项存款余额（亿元）	45965.89	46395.88	45993.09	46013.66	46451.58	46986.51
	其中：城乡居民储蓄存款	21483.16	21501.50	21801.11	21540.61	21742.15	22305.74
	单位存款	22039.94	22521.68	21930.03	22062.11	22322.08	22649.04
	各项存款余额比上月增加（亿元）	-156.66	429.99	-402.79	20.57	437.92	534.93
	金融机构各项存款同比增长（%）	15.84	15.33	12.52	12.19	12.14	12.80
	金融机构各项贷款余额（亿元）	35494.12	35785.34	36276.73	36805.44	37143.10	37521.93
	其中：短期	16896.45	17140.50	17427.62	17809.88	18022.92	18319.66
	中长期	16473.95	16511.96	16516.83	16569.29	16651.48	16621.45
	票据融资	1244.36	1316.70	1263.21	1273.64	1268.65	1385.39
	各项贷款余额比上月增加（亿元）	271.70	291.22	491.40	528.71	337.65	378.83
	其中：短款	130.75	244.05	287.11	382.26	213.04	296.75
	中长期	85.96	38.02	4.87	52.46	82.18	-30.02
	票据融资	59.80	72.34	-53.49	10.43	-4.99	116.74
	金融机构各项贷款同比增长（%）	15.90	15.96	14.42	14.45	14.36	15.32
	其中：短款	22.17	22.76	22.93	23.80	23.54	24.51
	中长期	11.59	10.86	5.75	4.84	4.58	4.31
	票据融资	-11.13	-2.17	1.90	1.09	1.92	13.79

续表

		1月	2月	3月	4月	5月	6月
人民币	金融机构各项存款余额（亿元）	41180.69	41839.04	43514.26	43998.50	44703.81	45478.02
	其中：城乡居民储蓄存款	20451.29	20721.82	21302.90	21012.25	21169.35	21612.54
	单位存款	19029.18	19283.12	20295.13	20902.23	21411.57	21654.40
	各项存款余额比上月增加（亿元）	101.78	658.35	1675.22	484.24	705.31	774.22
	其中：城乡居民储蓄存款	823.55	270.53	581.08	-290.65	157.10	443.19
	单位存款	-669.40	253.94	1012.01	607.10	509.33	242.84
	各项存款同比增长（%）	15.96	16.06	16.97	16.52	16.72	16.84
	其中：城乡居民储蓄存款	18.31	13.97	15.28	14.30	14.32	14.01
	单位存款	—	—	—	—	—	—
	金融机构各项贷款余额（亿元）	31453.33	31738.74	32034.45	32453.15	32886.55	33260.79
	其中：个人消费贷款	4080.95	4129.74	4211.29	4274.64	4336.94	4393.45
	票据融资	1277.35	1226.65	1133.49	1118.55	1172.02	1184.49
	各项贷款余额比上月增加（亿元）	728.34	285.41	341.40	418.70	433.40	374.24
	其中：个人消费贷款	101.48	48.79	81.55	63.35	62.30	56.51
	票据融资	39.09	-50.70	-93.15	-14.95	53.47	12.48
	金融机构各项贷款同比增长（%）	16.85	16.24	16.03	15.68	15.42	15.70
	其中：个人消费贷款	29.22	27.47	25.90	23.66	21.99	20.91
	票据融资	-32.53	-25.94	-20.45	-23.13	-22.58	-14.59
外币	金融机构外币存款余额（亿美元）	84.18	86.67	96.19	86.76	89.50	99.59
	金融机构外币存款同比增长（%）	19.96	18.69	25.61	16.14	23.94	27.35
	金融机构外币贷款余额（亿美元）	283.15	284.90	281.76	279.64	303.50	303.11
	金融机构外币贷款同比增长（%）	33.84	35.06	27.95	23.78	40.88	41.35

续表

		7月	8月	9月	10月	11月	12月
人民币	金融机构各项存款余额（亿元）	45349.28	45796.83	45394.09	45430.67	45824.70	46345.41
	其中：城乡居民储蓄存款	21366.85	21383.40	21675.63	21415.86	21613.76	22173.27
	单位存款	21577.61	22071.14	21490.12	21640.66	21859.22	22162.89
	各项存款余额比上月增加（亿元）	-128.74	447.55	-402.74	36.57	394.03	520.72
	其中：城乡居民储蓄存款	-245.69	16.55	292.23	-259.76	197.90	559.51
	单位存款	-76.79	493.54	-581.03	150.55	218.56	303.66
	各项存款同比增长（%）	15.82	15.31	12.45	12.10	12.00	12.75
	其中：城乡居民储蓄存款	12.62	12.11	10.65	11.33	11.86	12.85
	单位存款	—	—	—	—	—	—
	金融机构各项贷款余额（亿元）	33570.17	33893.43	34105.28	34525.00	34802.03	35179.00
	其中：个人消费贷款	4447.12	4507.96	4552.92	4596.40	4672.56	4708.65
	票据融资	1244.22	1316.56	1263.06	1273.56	1268.59	1385.36
	各项贷款余额比上月增加（亿元）	309.38	323.26	211.85	419.72	277.03	376.97
	其中：个人消费贷款	53.67	60.84	44.96	43.47	76.17	36.08
	票据融资	59.73	72.34	-53.50	10.50	-4.96	116.76
	金融机构各项贷款同比增长（%）	15.04	15.19	14.33	14.15	13.83	14.51
	其中：个人消费贷款	20.10	20.07	18.68	17.96	17.44	16.86
	票据融资	-11.13	-2.16	1.91	1.09	1.93	13.79
外币	金融机构外币存款余额（亿美元）	95.69	93.80	94.26	92.20	98.75	101.75
	金融机构外币存款同比增长（%）	23.53	24.73	24.53	26.30	30.15	22.79
	金融机构外币贷款余额（亿美元）	298.55	296.23	341.70	360.64	368.78	371.84
	金融机构外币贷款同比增长（%）	40.12	40.70	22.21	26.21	29.26	35.78

数据来源：中国人民银行济南分行。

附表 1-5

山东省各类价格指数

		居民消费价格指数		农业生产资料价格指标		原材料购进价格指标		工业品出厂价格指数	
		当月同比	累计同比	当月同比	累计同比	当月同比	累计同比	当月同比	累计同比
2001		--		--		--		--	
2002		--	-0.7	--	0.3	--	-1.3	--	-1.2
2003		--	1.1	--	2.4	--	5.7	--	3.5
2004		--	3.6	--	10.2	--	13.4	--	6.4
2005		--	1.7	--	6.2	--	5.9	--	3.7
2006		--	1.0	--	3.0	--	4.3	--	2.3
2007		--	4.4	--	7.1	--	4.8	--	3.3
2008		--	5.3	--	19.3	--	13.1	--	8.6
2009		--	0.0	--	-3.7	--	-4.5	--	-5.9
2010		--	2.9	--	3.0	--	9.3	--	7.2
2011			5.0		11.1		9.2		6.0
2010	1	2.1	2.1	-0.7	-0.7	8.0	8.0	6.0	6.0
	2	2.9	2.5	-0.1	-0.4	8.4	8.2	6.7	6.3
	3	2.4	2.5	0.7	0.0	10.2	8.9	7.4	6.7
	4	2.4	2.4	1.2	0.3	9.9	9.1	8.0	7.0
	5	2.2	2.4	1.5	0.5	10.1	9.3	8.5	7.3
	6	1.9	2.3	1.5	0.7	9.3	9.3	8.1	7.5
	7	2.4	2.3	2.4	0.9	8.7	9.2	6.2	7.3
	8	3.1	2.4	3.4	1.2	8.3	9.1	5.6	7.1
	9	3.2	2.5	4.5	1.6	8.0	9.0	5.7	6.9
	10	3.9	2.6	5.7	2.0	9.1	9.0	6.8	6.9
	11	4.8	2.8	8.1	2.6	11.5	9.2	8.7	7.1
	12	3.9	2.9	7.9	3.0	10.3	9.3	8.1	7.2
2011	1	3.7	3.7	5.1	5.1	9.9	9.9	7.7	7.6
	2	3.9	3.8	5.9	5.5	10.3	7.8	8.0	10.1
	3	4.4	4.0	7.1	6.1	10.1	10.1	7.9	7.8
	4	4.6	4.2	9.8	7.0	10.4	10.2	7.4	7.7
	5	5.1	4.3	11.3	7.8	10.1	10.2	6.9	7.6
	6	6.3	4.7	13.8	8.8	10.5	10.2	6.6	7.4
	7	6.5	4.9	14.0	9.6	10.9	10.3	7.1	7.4
	8	5.8	5.0	14.9	10.2	10.5	10.3	6.8	7.3
	9	5.9	5.1	15.5	10.8	9.9	10.3	6.3	7.2
	10	5.5	5.2	14.2	11.2	8.2	10.1	4.6	6.9
	11	4.4	5.1	11.3	11.2	5.4	9.6	2.0	6.4
	12	4.1	5.0	10.2	11.1	4.4	9.2	1.0	6.0

附表 1-6

山东省主要经济指标月度表

（2011 年）

	1月	2月	3月	4月	5月	6月
绝对值（自年初累计）						
地区生产总值（亿元）	—	—	9049.6	—	—	21880.8
第一产业	—	—	515.8	—	—	1780.0
第二产业	—	—	5136.5	—	-	11901.8
第三产业	—	—	3397.3	—	—	8199.1
固定资产投资（亿元）	—	1276.6	3471.8	5629.5	8064.6	10858.9
房地产开发投资	—	258.0	633.3	945.1	1339.3	1852.8
社会消费品零售总额（亿元）	—	2716.1	3893.0	5139.1	6474.2	7832.4
外贸进出口总额（万美元）	201.2	328.2	538.1	737.4	927.9	1106.1
进口	94.7	159.5	259.2	349.8	433.0	514.3
出口	106.5	168.7	279.0	387.6	494.9	591.8
进出口差额（出口—进口）	11.8	9.2	19.8	37.8	61.8	77.5
外商实际直接投资（万美元）	64700	111300	245000	331700	434800	609500
地方财政收支差额（亿元）	20.0	42.8	57.9	48.9	-19.7	-115.0
地方财政收入	338.9	546.0	888.7	1194.6	1496.4	1919.9
地方财政支出	318.9	503.2	830.8	1145.7	1516.1	2034.9
城镇登记失业率（%）（季度）	—	—	3.3	—	—	3.3
同比累计增长率（%）						
地区生产总值	—	—	11	—	—	11.1
第一产业	—	—	3.3	—	—	3.1
第二产业	—	—	12.3	—	—	12.5
第三产业	—	—	10.2	—	—	11
工业增加值	—	13.0	13.3	13.7	13.9	14.1
固定资产投资	—	22.1	21.2	21.8	22.9	21.9
房地产开发投资	—	40.1	37.2	37.2	35.5	30.9
社会消费品零售总额	—	17.7	16.5	16.6	16.8	17.0
外贸进出口总额	51.2	32.1	35.4	34.1	32.4	28.5
进口	55.5	39.7	39.4	35.2	33.9	30.4
出口	47.5	25.6	32.0	33.1	31.1	26.8
外商实际直接投资	20.3	14.9	45.1	36.6	43.9	47.3
地方财政收入	48.3	39.5	35.5	33.8	33.3	33.2
地方财政支出	102.5	26.9	22.7	23.9	29.2	35.2

续表

	7月	8月	9月	10月	11月	12月
绝对值（自年初累计）						
地区生产总值（亿元）	—	—	33031.0	—	—	45429.2
第一产业	—	—	2753.4	—	—	3937.8
第二产业	—	—	17938.3	—	—	24037.4
第三产业	—	—	12339.2	—	—	17418.0
固定资产投资（亿元）	13589.5	16295.8	18958.0	21288.2	23535.4	25928.5
房地产开发投资	2237.7	2595.5	2981.8	3335.1	3698.1	4108.1
社会消费品零售总额（亿元）	9155.3	10491.6	11966.1	13516.0	14997.9	16675.9
外贸进出口总额（万美元）	1310.9	1528.3	1743.7	1934.1	2144.2	2359.9
进口	603.2	706.3	807.4	893.6	999.2	1102.0
出口	707.7	822.0	936.3	1040.6	1145.0	1257.9
进出口差额（出口—进口）	104.6	115.8	128.8	147.0	145.8	155.8
外商实际直接投资（万美元）	665600	737100	840300	1287700	1020200	1116000
地方财政收支差额（亿元）	-162.4	-289.8	-479.2	-534.8	-851.4	-1545.5
地方财政收入	2209.4	2438.3	2683.5	2972.9	3165.4	3455.71
地方财政支出	2371.8	2728.1	3162.7	3507.7	4016.8	5001.2
城镇登记失业率（%）（季度）	—	—	3.3	—	—	3.4
同比累计增长率（%）						
地区生产总值	—	—	11.1	—	—	10.9
第一产业	—	—	3.7	—	—	4
第二产业	—	—	12.3	—	—	11.7
第三产业	—	—	10.9	—	—	11.3
工业增加值	14.3	14.5	14.4	14.3	14.2	14
固定资产投资	22.5	22.5	22.2	22.2	22.1	21.8
房地产开发投资	29.9	27.0	25.6	25.9	27.4	26.4
社会消费品零售总额	17.1	17.1	17.3	17.3	17.3	17.3
外贸进出口总额	27.7	28.6	27.6	26.4	25.6	24.8
进口	28.8	31.6	30.9	30.3	30.7	29.8
出口	26.7	26.1	25.0	23.5	21.4	20.7
外商实际直接投资	43.4	42.4	45.7	41.6	36.3	21.7
地方财政收入	32.9	33	31.6	30.5	27.6	25.7
地方财政支出	35	33.3	33.7	32.1	30.4	20.7

数据来源：山东省统计局。

附表 1-7

山东省国民经济主要指标占全国的比重

（2011 年）

项　目	单　位	山　东	全　国	山东占全国比重（%）
一、人口与就业				
年末总人口	万人	9637	134735	7.2
就业人员	万人	6486	76420	8.5
二、土地面积	万平方公里	16	960	1.6
三、农林牧渔业总产值	亿元	7409.8	81303.9	9.1
四、地区生产总值	亿元	45361.9	471563.7	9.6
第一产业	亿元	3973.9	47712.0	8.3
第二产业	亿元	24017.1	220591.6	10.9
第三产业	亿元	17370.9	203260.1	8.5
五、人均地区生产总值	元	47335	35083	
六、主要工农业产品产量				
粮　食	万吨	4426.3	57121.0	7.7
棉　花	万吨	78.5	658.9	11.9
油　料	万吨	341.0	3306.8	10.3
肉　类	万吨	711.05	7957.8	8.9
水产品	万吨	813.8	5603.2	14.5
原　油	万吨	2781.5	20287.6	13.7
原　煤	亿吨	1.6	35.2	4.6
发电量	亿千瓦时	3162.2	47000.7	6.7
家用电冰箱	万台	718.5	8699.2	8.3
彩色电视机	万台	1249.5	12231.4	10.2
原　盐	万吨	1654.1	6429.4	25.7
化　肥	万吨	639.6	6217.2	10.3
粗　钢	万吨	5655.2	68388.3	8.3
平板玻璃	万重量箱	7754.3	73788.7	10.5
七、固定资产投资				
全社会固定资产投资额	亿元	26769.7	311021.9	8.6
八、运输、邮电				
货物周转量	亿吨公里	12584	159324	7.9
旅客周转量	亿人公里	1728	30984	5.6
沿海主要港口货物吞吐量	万吨	96188	616292	15.6
邮电业务总量	亿元	771.2	13379.2	5.8
九、财政				
地方财政一般预算收入	亿元	3455.9	52433.9	6.6
地方财政一般预算支出	亿元	5502.1	92415.5	5.4
城乡居民人民币储蓄存款余额	亿元	22173.3	343635.9	6.5
十、金融				
各项存款	亿元	46986.51	826702.14	5.7
各项贷款	亿元	37521.93	581890.75	6.4
十一、国内贸易				
社会消费品零售额	亿元	17155.5	183918.6	9.3
十二、外贸外经旅游				
进出口总额	亿美元	2359.9	36420.6	6.5
出口总额	亿美元	1257.9	18986.0	6.6
国际旅游外汇收入	亿美元	25.5	484.6	5.3
十三、价格指数				
商品零售物价指数	%	105.0	104.9	
居民消费价格指数	%	104.7	105.4	
十四、人民生活	亿元			
职工工资总额	亿元	3956	59955	6.6
职工平均工资	元	37618	41799	
城镇居民人均可支配收入	元	22792	21810	
农民人均纯收入	元	8342	6977	

附表 1-8

山东省历年地区生产总值

单位：亿元

年份	地区生产总值	第一产业	第二产业	工业	建筑业	第三产业	#交通运输仓储邮电通信业	#批发零售贸易餐饮业	人均地区生产总值（元）
1952	43.81	29.55	7.27	6.82	0.45	6.99	1.01	2.72	91
1953	45.79	28.23	9.30	8.74	0.56	8.26	1.20	3.22	94
1954	52.98	32.48	10.98	10.38	0.60	9.52	1.31	3.92	106
1955	57.78	35.52	11.42	10.81	0.61	10.84	1.40	4.62	113
1956	63.13	35.67	16.34	14.98	1.36	11.12	1.44	4.53	121
1957	61.39	31.95	17.59	16.62	0.97	11.85	1.61	4.38	116
1958	72.97	33.94	23.73	21.29	2.44	15.30	3.28	4.88	135
1959	75.96	28.73	27.86	25.16	2.70	19.37	4.55	5.56	141
1960	71.37	20.61	31.07	28.11	2.96	19.69	5.38	4.68	135
1961	63.40	26.44	20.19	19.04	1.15	16.77	4.02	3.64	121
1962	64.38	30.42	16.91	15.90	1.01	17.05	3.89	3.93	120
1963	67.61	33.47	19.09	17.65	1.44	15.05	2.84	3.16	123
1964	71.66	33.05	23.43	21.74	1.69	15.18	3.25	2.64	128
1965	86.25	42.24	28.96	25.99	2.97	15.05	3.67	2.00	152
1966	97.58	46.99	34.44	31.34	3.10	16.15	3.98	2.67	169
1967	99.44	46.71	35.43	32.78	2.65	17.30	3.92	3.66	168
1968	99.34	44.46	37.43	34.72	2.71	17.45	3.77	3.77	165
1969	108.17	50.16	39.56	36.22	3.34	18.45	3.99	4.15	175
1970	126.31	52.23	53.71	50.16	3.55	20.37	4.84	4.69	199
1971	139.69	56.33	61.50	57.65	3.85	21.86	5.45	4.49	215
1972	146.52	59.11	63.22	58.57	4.65	24.19	6.07	4.51	221
1973	154.33	61.92	65.99	60.67	5.32	26.42	6.15	6.31	229
1974	130.81	59.19	47.44	42.70	4.74	24.18	5.15	4.60	191
1975	166.19	65.54	75.31	69.76	5.55	25.34	5.63	4.77	240
1976	179.58	68.88	84.70	78.23	6.47	26.00	6.27	4.40	242
1977	207.07	79.01	95.34	88.05	7.29	32.72	7.81	3.92	293
1978	225.45	75.06	119.35	108.53	10.82	31.04	8.27	3.29	316
1979	251.60	91.12	127.68	114.67	13.01	32.80	9.50	4.18	350
1980	292.13	106.43	146.11	130.55	15.56	39.59	10.07	6.39	402
1981	346.57	132.21	155.41	138.09	17.32	58.95	13.18	16.56	472
1982	395.38	154.07	166.05	147.10	18.95	75.26	14.10	22.39	531
1983	459.83	185.57	178.75	159.15	19.60	95.51	17.12	32.07	611
1984	581.56	222.13	239.27	214.20	25.07	120.16	22.25	37.97	765

续表

年份	地区生产总值	第一产业	第二产业	工业	建筑业	第三产业	#交通运输仓储邮电通信业	#批发零售贸易餐饮业	人均地区生产总值（元）
1985	680.46	235.96	293.07	259.42	33.65	151.43	28.22	46.14	887
1986	742.05	252.73	313.21	274.80	38.41	176.11	34.03	49.85	956
1987	892.29	287.31	384.57	341.31	43.26	220.41	47.45	60.58	1131
1988	1117.66	331.94	497.10	435.51	61.59	288.62	55.50	86.71	1395
1989	1293.94	359.14	579.65	513.97	65.68	355.15	66.55	108.51	1595
1990	1511.19	425.29	635.98	568.25	67.73	449.92	81.87	132.83	1815
1991	1810.54	521.85	745.90	663.90	82.00	542.79	98.97	161.00	2122
1992	2196.53	534.62	999.11	889.59	109.52	662.80	120.18	200.93	2556
1993	2770.37	596.63	1355.71	1201.67	154.04	818.03	141.09	239.98	3212
1994	3844.50	775.03	1891.43	1692.10	199.33	1178.04	213.58	346.88	4441
1995	4953.35	1010.13	2355.78	2098.06	257.73	1587.44	296.08	471.95	5701
1996	5883.80	1200.17	2784.09	2475.99	308.10	1899.54	362.05	574.97	6746
1997	6537.07	1195.00	3147.37	2796.02	351.35	2194.70	420.49	664.92	7461
1998	7021.35	1215.81	3408.06	3008.45	399.61	2397.49	437.37	735.63	7968
1999	7493.84	1221.00	3644.32	3197.16	447.16	2628.52	484.65	787.90	8483
2000	8337.47	1268.57	4164.45	3665.74	498.71	2904.45	545.13	856.94	9326
2001	9195.04	1359.49	4556.01	4004.09	551.92	3279.53	657.57	972.33	10195
2002	10275.50	1390.00	5184.98	4518.87	666.11	3700.52	655.64	1142.54	11340
2003	12078.15	1480.67	6485.05	5706.71	778.34	4112.43	710.18	1283.70	13268
2004	15021.84	1778.45	8478.69	7576.12	902.57	4764.70	969.13	1431.58	16413
2005	18366.87	1963.51	10478.62	9418.58	1060.04	5924.74			19934
2006	21900.19	2138.90	12574.03	11378.82	1195.21	7187.26			23603
2007	25776.91	2509.14	14647.53	13283.72	1363.81	8620.24			27604
2008	30933.28	3002.65	17571.98	15894.95	1677.03	10358.64			32936
2009	33896.65	3226.64	18901.83	16896.14	2005.69	11768.18			35894
2010	39169.92	3588.28	21238.49	18861.45	2377.04	14343.14			41106
2011	45361.85	3973.85	24017.11	21275.89	2741.22	17370.89			47335

注：1. 本表按当年价格计算。

2. 2005 年以后执行 2002 年国民经济行业分类（新行业分类）。新行业分类中，农林牧渔服务业由第三产业调整到第一产业。

3. 根据国家统一方法，利用经济普查年（2004 年、2008 年）相关数据，对我省 1993-2003 年、2005-2008 年 GDP 历史数据进行了修订（下同）。

附表 1-9

山东省历年主要金融指标

单位：万元

年份	存款余额	#企业存款	#财政存款	#农业存款	#储蓄存款	贷款余额	#工业贷款	#农业贷款	#商业贷款	#基建贷款	#技改贷款
1952	27761	13282	10177	101	4201	15674	2786	3796	9092		
1953	37503	14033	16399	428	6643	44486	2584	6082	35820		
1954	37953	14230	12829	996	9898	92049	5722	8051	78276		
1955	66543	12862	38541	2255	12885	140448	6580	11898	121970		
1956	59508	17058	17275	6299	18876	162892	12195	34271	116426		
1957	66853	13671	21811	10970	20401	168720	10248	33183	125289		
1958	119815	30097	42900	12408	34410	349843	59095	56826	233922		
1959	174223	22237	94119	22061	35806	465430	117950	55414	292066		
1960	152412	26747	60237	29408	36020	539109	178222	78879	282008		
1961	154397	35419	65453	28048	25477	505425	119466	77270	308689		
1962	147935	41050	53695	15974	20691	414574	72815	75921	265838		
1963	155443	45826	56502	14924	25872	335573	39091	79662	216820		
1964	157531	46288	62306	18604	30271	336843	33558	82586	220699		
1965	173968	52426	65917	18600	37025	389927	41769	86353	261805		
1966	203942	51901	83799	25528	42714	467671	56561	91222	319888		
1967	249023	78115	92748	33202	44958	524989	82522	92431	350036		
1968	266821	85320	93774	40114	47613	573970	104699	92497	376774		
1969	271167	82682	105564	38148	44773	622424	143203	96513	382708		
1970	539978	97982	355104	41358	45534	669092	136735	97501	434856		
1971	564186	81566	374227	54081	54312	673315	172035	56895	444385		
1972	523844	81483	324625	54677	63059	709712	178014	58874	472824		
1973	617913	90537	397042	52709	77625	801467	181583	58446	555619		5819
1974	528596	111890	271985	60467	84254	833605	225297	63227	538531		6550
1975	722193	142258	417459	67018	95458	917553	235441	69972	607077		5063
1976	765045	160536	419241	76113	109155	1029329	282332	101031	639958		6008
1977	782107	123030	460033	66737	132307	1208633	323841	122037	754734		8021
1978	900037	130437	556357	68941	144302	1337139	352225	135620	839518		9776
1979	655921	219751	27280	106696	195573	1248830	376931	119144	735148		3355
1980	879427	312830	22597	151545	297520	1801830	456971	101552	1161848		29478
1981	1135778	403119	33461	150207	395513	2064250	515804	123506	1305492		51834

续表

年份	存款余额	#企业存款	#财政存款	#农业存款	#储蓄存款	贷款余额	#工业贷款	#农业贷款	#商业贷款	#基建贷款	#技改贷款
1982	1231364	356001	38951	141051	510980	2354235	533949	125550	1505177	1135	86526
1983	1554862	397019	52104	164557	730519	2650117	530720	144154	1742243	3916	110909
1984	2333485	725014	47686	219520	1001699	3666770	713687	291226	2088860	51276	164851
1985	2788151	799892	66522	190082	1301761	4464893	849353	290436	2496747	103677	212522
1986	3515824	972556	73213	215275	1755638	5549438	1189134	386722	2731161	135384	285757
1987	4702246	1201345	90726	247034	2427793	6678425	1464076	533772	2938915	203120	383431
1988	5913422	1416925	77620	263310	3282031	8031351	1821004	635129	3261651	285119	467099
1989	7246567	1544788	118179	276931	4291525	9413406	2279606	782795	3637710	352348	513105
1990	9340575	1976484	153542	335938	5754706	11667880	3023434	939869	4179923	499006	595666
1991	11636250	2845002	159394	404736	7216749	14280093	3570738	1130450	4737915	736741	868499
1992	14482703	3893897	114525	443904	8841510	17205544	4033468	1389718	5360085	916789	1124986
1993	18166260	4648492	159034	492086	11182415	20791075	4795134	1568072	6225867	1243646	1342356
1994	25225337	6194052	257887	521413	16003992	25204369	5434972	1118700	7388355	1477151	1718007
1995	34243843	8776853	263884	656439	21971982	31289040	6487091	1516858	8850079	1985458	2013439
1996	42938411	11317043	239414	829448	28177108	36802427	7658151	2474472	10289962	2250044	2531164
1997	49698489	13914367	246182	852300	32657331	44567197	9219803	3177039	11798956	2780310	2536443
1998	57554782	15010890	441380	883521	37353766	51067900	9795567	4189496	12097868	3879386	2522862
1999	65629934	17250542	584925	1084540	41098425	56798630	10391030	4435895	12657508	5563931	2522178
2000	74711987	20771967	764478	1351492	44667153	62090468	9938023	5281785	11249154	7315876	2678175
2001	85017294	23079030	1140353	1613431	50637936	70176588	11472037	7071209	12227300	8373434	2854302
2002	102477706	27371339	1318673	2050450	58057165	85365991	13466479	9073641	12561986	11343636	1111118
2003	124382360	33965555	1486500	2438209	67683453	104671108	16329927	11565081	12566663	13992866	1537491
2004	145142781	38730410	2258323	2715491	77214610	117828279	19255716	13401333	11660566	16834244	1946567
2005	171035148	41238617	2596570	3221967	90351351	133817463	20218176	15611128	10867721	20403236	2069666
2006	196339878	47745652	3431146	3954365	103580272	157096014	28372457	18446480	9981885	26278047	1433182
2007	220722430	59101969	4790568	4310596	114381079	175451466	33006922	21559437	10530468	30478416	1405230
2008	269301809	68289510	5352549	4471688	143821895	200539104	35509421	24634301	9439945	36443285	1528325
2009	346977763	100209426	8683402	6605038	170827554	259613230	39415542	29629694	11177739	52526564	1328334
2010	411049645	115855356	10260711	2779643	196482092	307226360					
2011	463454133		11094869		221732725	351789985					

附表 1-10

山东省历年地区生产总值构成

单位：%

年份	地区生产总值	第一产业	第二产业	工业	建筑业	第三产业	#交通运输仓储邮电通信业	#批发零售贸易餐饮业
1953	100	61.7	20.3	19.1	1.2	18.0	2.6	7.0
1954	100	61.3	20.7	19.6	1.1	18.0	2.5	7.4
1955	100	61.5	19.7	18.7	1.0	18.8	2.4	8.0
1956	100	56.5	25.9	23.7	2.2	17.6	2.3	7.2
1957	100	52.0	28.7	27.1	1.6	19.3	2.6	7.1
1958	100	46.5	32.5	29.2	3.3	21.0	4.5	6.7
1959	100	37.8	36.7	33.1	3.6	25.5	6.0	7.3
1960	100	28.9	43.5	39.4	4.1	27.6	7.5	6.6
1961	100	41.7	31.8	30.0	1.8	26.5	6.3	5.7
1962	100	47.2	26.3	24.7	1.6	26.5	6.0	6.1
1963	100	49.5	28.2	26.1	2.1	22.3	4.2	4.7
1964	100	46.1	32.7	30.3	2.4	21.2	4.5	3.7
1965	100	49.0	33.5	30.1	3.4	17.5	4.3	2.3
1966	100	48.1	35.3	32.1	3.2	16.6	4.1	2.7
1967	100	47.0	35.6	32.9	2.7	17.4	3.9	3.7
1968	100	44.7	37.7	35.0	2.7	17.6	3.8	3.8
1969	100	46.4	36.6	33.5	3.1	17.0	3.7	3.8
1970	100	41.4	42.5	39.7	2.8	16.1	3.8	3.7
1971	100	40.3	44.0	41.3	2.7	15.7	3.9	3.2
1972	100	40.3	43.2	40.0	3.2	16.5	4.1	3.1
1973	100	40.1	42.8	39.3	3.5	17.1	4.0	4.1
1974	100	45.2	36.3	32.7	3.6	18.5	3.9	3.5
1975	100	39.4	45.3	42.0	3.3	15.3	3.4	2.9
1976	100	38.3	47.2	43.6	3.6	14.5	3.5	2.5
1977	100	38.2	46.0	42.5	3.5	15.8	3.8	1.9
1978	100	33.3	52.9	48.1	4.8	13.8	3.7	1.5
1979	100	36.2	50.8	45.6	5.2	13.0	3.8	1.7
1980	100	36.4	50.0	44.7	5.3	13.6	3.5	2.2
1981	100	38.2	44.8	39.8	5.0	17.0	3.8	4.8
1982	100	39.0	42.0	37.2	4.8	19.0	3.6	5.7
1983	100	40.3	38.9	34.6	4.3	20.8	3.7	7.0

续表

年份	地区生产总值	第一产业	第二产业	工业	建筑业	第三产业	#交通运输仓储邮电通信业	#批发零售贸易餐饮业
1984	100	38.2	41.1	36.8	4.3	20.7	3.8	6.5
1985	100	34.7	43.0	38.1	4.9	22.3	4.2	6.8
1986	100	34.1	42.2	37.0	5.2	23.7	4.6	6.7
1987	100	32.2	43.1	38.3	4.8	24.7	5.3	6.8
1988	100	29.7	44.5	39.0	5.5	25.8	5.0	7.8
1989	100	27.8	44.8	39.7	5.1	27.4	5.1	8.4
1990	100	28.1	42.1	37.6	4.5	29.8	5.4	8.8
1991	100	28.8	41.2	36.7	4.5	30.0	5.5	8.9
1992	100	24.3	45.5	40.5	5.0	30.2	5.5	9.2
1993	100	21.5	49.0	43.4	5.6	29.5	5.1	8.7
1994	100	20.2	49.2	44.0	5.2	30.6	5.6	9.0
1995	100	20.4	47.6	42.4	5.2	32.0	6.0	9.5
1996	100	20.4	47.3	42.1	5.2	32.3	6.2	9.8
1997	100	18.3	48.1	42.7	5.4	33.6	6.4	10.2
1998	100	17.3	48.5	42.8	5.7	34.2	6.2	10.5
1999	100	16.3	48.6	42.6	6.0	35.1	6.5	10.5
2000	100	15.2	50.0	44.0	6.0	34.8	6.5	10.3
2001	100	14.8	49.5	43.5	6.0	35.7	7.2	10.6
2002	100	13.5	50.5	44.0	6.5	36.0	6.4	11.1
2003	100	12.3	53.7	47.3	6.4	34.0	5.9	10.6
2004	100	11.8	56.5	50.5	6.0	31.7	6.5	9.5
2005	100	10.7	57.0	51.3	5.8	32.3	6.5	8.9
2006	100	9.8	57.4	52.0	5.5	32.8		
2007	100	9.7	56.8	51.5	5.3	33.5		
2008	100	9.7	56.8	51.4	5.4	33.5		
2009	100	9.5	55.8	49.8	5.9	34.7		
2010	100	9.2	54.2	48.2	6.1	36.6		
2011	100	8.8	52.9	46.9	6.0	38.3		

注：1.本表按当年价格计算。

2.2005 年以后执行 2002 年国民经济行业分类(新行业分类)。新行业分类中,农林牧渔服务业由第三产业调整到第一产业。

附表 1-11

山东省历年地区生产总值指数（一）

（以1952年为100）

年份	地区生产总值	第一产业	第二产业	工业	建筑业	第三产业	#交通运输仓储邮电通信业	#批发零售贸易餐饮业
1953	102.1	92.7	127.8	128.5	117.7	113.7	114.2	113.8
1954	116.4	104.7	148.5	150.0	124.3	131.0	120.4	139.5
1955	127.5	115.6	155.3	157.1	126.5	147.0	122.1	162.8
1956	142.5	116.1	236.5	234.4	279.7	151.7	131.7	159.5
1957	137.5	101.6	262.0	264.6	226.6	154.6	147.4	146.4
1958	163.2	107.7	349.5	334.7	572.4	199.4	300.3	162.9
1959	169.6	90.4	410.3	396.3	626.2	249.4	412.6	183.3
1960	149.2	63.6	394.7	375.3	682.6	251.4	483.6	153.1
1961	116.5	65.3	269.2	264.2	325.6	170.4	355.0	79.8
1962	113.5	69.7	214.8	213.2	236.4	184.4	349.0	97.3
1963	126.0	82.0	245.3	240.1	322.9	180.9	264.5	92.5
1964	140.4	84.7	311.5	307.1	379.1	193.0	306.6	83.0
1965	171.3	107.2	405.0	386.0	693.0	197.8	370.1	61.7
1966	199.2	122.4	499.8	485.2	725.6	213.4	403.4	83.8
1967	203.8	121.7	538.8	537.1	587.0	207.9	334.8	112.3
1968	201.8	112.3	565.2	563.4	608.1	209.6	321.7	115.7
1969	217.5	124.9	597.4	588.8	746.1	222.2	341.0	128.0
1970	251.6	129.3	753.3	748.4	833.4	260.9	454.9	150.8
1971	290.8	135.6	1004.9	1014.8	913.4	266.6	514.5	144.6
1972	315.2	139.7	1125.5	1132.5	1106.1	295.9	575.2	145.8
1973	332.5	146.1	1180.6	1180.1	1268.7	323.4	583.8	204.0
1974	280.0	139.8	854.8	840.2	1132.9	296.6	490.4	148.9
1975	361.8	154.6	1366.0	1374.6	1325.5	310.5	535.5	154.4
1976	380.6	162.0	1452.1	1450.2	1544.2	318.3	596.0	142.2
1977	423.6	185.7	1553.7	1544.5	1738.8	376.5	742.6	126.8
1978	466.4	174.6	1948.3	1907.5	2580.4	379.5	784.9	106.3
1979	497.2	188.9	2071.0	2004.8	3060.4	395.1	888.5	133.0
1980	557.9	207.4	2319.5	2233.3	3586.8	469.8	928.5	200.4
1981	590.3	220.9	2393.7	2329.3	3382.4	524.8	910.9	389.2
1982	657.0	244.8	2527.7	2443.4	3774.8	667.5	971.0	524.6

续表

年份	地区生产总值	第一产业	第二产业	工业	建筑业	第三产业	#交通运输仓储邮电通信业	#批发零售贸易餐饮业
1983	748.3	284.0	2719.8	2648.6	3823.9	825.7	1149.7	732.3
1984	878.5	336.0	3201.2	3090.9	4810.5	952.0	1368.1	794.5
1985	978.6	343.4	3793.4	3619.4	6200.7	1093.8	1582.9	880.3
1986	1040.3	341.3	4199.3	4035.6	6504.5	1189.0	1783.9	889.1
1987	1183.9	366.6	4917.4	4794.3	6764.7	1391.1	2326.2	1010.0
1988	1331.9	365.9	6033.6	5858.6	8537.1	1524.6	2277.3	1210.0
1989	1385.2	363.7	6462.0	6356.6	8101.7	1567.3	2279.6	1264.5
1990	1458.6	383.3	6927.3	6865.1	8028.8	1578.3	2227.2	1230.4
1991	1671.6	437.7	7897.1	7894.9	8478.4	1830.8	2588.0	1434.6
1992	1954.1	438.6	10155.7	10216.0	10225.0	2129.2	2994.3	1705.7
1993	2352.0	465.4	13005.4	13142.9	12506.2	2554.0	3433.9	1944.0
1994	2733.9	499.3	15269.6	15454.7	14448.4	3081.4	4192.1	2266.1
1995	3115.8	544.0	17419.6	17579.7	16984.1	3604.3	4984.8	2667.2
1996	3491.3	579.9	19830.5	19993.4	19521.5	4054.1	5602.4	3042.2
1997	3878.5	582.6	22350.9	22532.6	22032.0	4639.9	6334.1	3508.6
1998	4295.4	615.5	25048.7	25254.5	24658.2	5159.6	6861.1	3972.1
1999	4725.8	644.4	28069.5	28340.7	27237.5	5639.4	7630.9	4470.6
2000	5211.6	668.9	31429.5	31795.4	29884.9	6228.2	8491.6	4989.2
2001	5734.9	697.0	34883.6	35366.0	32649.3	6927.6	10190.8	5683.1
2002	6407.6	714.1	40102.1	40515.3	38519.6	7682.7	10284.6	6454.9
2003	7266.8	753.7	46839.3	47613.6	42987.9	8555.5	11480.7	7149.5
2004	8385.9	806.1	55855.9	57664.8	45154.5	9608.6	15291.1	7687.8
2005	9643.7	845.2	65595.0	68077.3	50554.3	10995.6	17493.0	8579.6
2006	11063.2	888.7	76495.4	79812.9	56166.3	12593.5		
2007	12636.4	924.2	88552.1	93032.1	60798.6	14426.5		
2008	14155.5	970.9	99201.0	104738.8	64685.6	16437.5		
2009	15879.3	1011.2	112952.6	118122.1	81147.8	18279.7		
2010	17832.9	1047.9	127369.5	133220.3	91364.1	20752.6		
2011	19769.1	1089.8	142274.7	149911.5	96062.9	23102.1		

注：本表按可比价格计算。

附表 1-12

山东省历年地区生产总值指数（二）

（以上年为100）

年份	地区生产总值	第一产业	第二产业			第三产业		
				工业	建筑业		#交通运输仓储邮电通信业	#批发零售贸易餐饮业
1953	102.1	92.7	127.8	128.5	117.7	113.7	114.2	113.8
1954	114.0	112.9	116.2	116.7	105.6	115.2	105.4	122.6
1955	109.5	110.4	104.6	104.7	101.8	112.2	101.4	116.7
1956	111.8	100.4	152.3	149.2	221.1	103.2	107.9	98.0
1957	96.5	87.5	110.8	112.9	81.0	101.9	111.9	91.8
1958	118.7	106.0	133.4	126.5	252.6	129.0	203.7	111.3
1959	103.9	83.9	117.4	118.4	109.4	125.1	137.4	112.5
1960	88.0	70.4	96.2	94.7	109.0	100.8	117.2	83.5
1961	78.1	102.6	68.2	70.4	47.7	67.8	73.4	52.1
1962	97.4	106.8	79.8	80.7	72.6	108.2	98.3	121.9
1963	111.0	117.6	114.2	112.6	136.6	98.1	75.8	95.1
1964	111.4	103.3	127.0	127.9	117.4	106.7	115.9	89.7
1965	122.0	126.6	130.0	125.7	182.8	102.5	120.7	74.3
1966	116.3	114.2	123.4	125.7	104.7	107.9	109.0	135.8
1967	102.3	99.4	107.8	110.7	80.9	97.4	83.0	134.0
1968	99.0	92.3	104.9	104.9	103.6	100.8	96.1	103.0
1969	107.8	111.2	105.7	104.5	122.7	106.0	106.0	110.6
1970	115.7	103.5	126.1	127.1	111.7	117.4	133.4	117.8
1971	115.6	104.9	133.4	135.6	109.6	102.2	113.1	95.9
1972	108.4	103.0	112.0	111.6	121.1	111.0	111.8	100.8
1973	105.5	104.6	104.9	104.2	114.7	109.3	101.5	139.9
1974	84.2	95.7	72.4	71.2	89.3	91.7	84.0	73.0
1975	129.2	110.6	159.8	163.6	117.0	104.7	109.2	103.7
1976	105.2	104.8	106.3	105.5	116.5	102.5	111.3	92.1
1977	111.3	114.6	107.0	106.5	112.6	118.3	124.6	89.2
1978	110.1	94.0	125.4	123.5	148.4	100.8	105.7	83.8
1979	106.6	108.2	106.3	105.1	118.6	104.1	113.2	125.1
1980	112.2	109.8	112.0	111.4	117.2	118.9	104.5	150.1
1981	105.8	106.5	103.2	104.3	94.3	111.7	98.1	194.2
1982	111.3	110.8	105.6	104.9	111.6	127.2	106.6	134.8
1983	113.9	116.0	107.6	108.4	101.3	123.7	118.4	139.6

续表

年份	地区生产总值	第一产业	第二产业	工业	建筑业	第三产业	#交通运输仓储邮电通信业	#批发零售贸易餐饮业
1984	117.4	118.3	117.7	116.7	125.8	115.3	119.0	108.5
1985	111.4	102.2	118.5	117.1	128.9	114.9	115.7	110.8
1986	106.3	99.4	110.7	111.5	104.9	108.7	112.1	101.0
1987	113.8	107.4	117.1	118.8	104.0	117.0	130.4	113.6
1988	112.5	99.8	122.7	122.2	126.2	109.6	97.9	119.8
1989	104.0	99.4	107.1	108.5	94.9	102.8	100.1	104.5
1990	105.3	105.4	107.2	108.0	99.1	100.7	97.7	97.3
1991	114.6	114.2	114.0	115.0	105.6	116.0	116.2	116.6
1992	116.9	100.2	128.6	129.4	120.6	116.3	115.7	118.9
1993	120.4	106.1	128.1	128.7	122.3	120.0	114.7	114.0
1994	116.2	107.3	117.4	117.6	115.5	120.7	122.1	116.6
1995	114.0	108.9	114.1	113.8	117.6	117.0	118.9	117.7
1996	112.1	106.6	113.8	113.7	114.9	112.5	112.4	114.1
1997	111.1	100.5	112.7	112.7	112.9	114.5	113.1	115.3
1998	110.8	105.7	112.1	112.1	111.9	111.2	108.3	113.2
1999	110.0	104.7	112.1	112.2	110.5	109.3	111.2	112.6
2000	110.3	103.8	112.0	112.2	109.7	110.4	111.3	111.6
2001	110.0	104.2	111.0	111.2	109.3	111.2	120.0	113.9
2002	111.7	102.5	115.0	114.6	118.0	110.9	100.9	113.6
2003	113.4	105.6	116.8	117.5	111.6	111.4	111.6	110.8
2004	115.3	106.9	119.3	121.1	105.0	112.3	133.2	107.5
2005	115.0	104.8	117.4	118.1	112.0	114.4	114.4	111.6
2006	114.7	105.2	116.6	117.2	111.1	114.5		
2007	114.2	104.0	115.8	116.6	108.2	114.6		
2008	112.0	105.1	112.0	112.6	106.4	113.9		
2009	112.2	104.2	113.9	112.8	125.4	111.2		
2010	112.3	103.6	112.8	112.8	112.6	113.5		
2011	110.9	104.0	111.7	112.5	105.1	111.3		

注：本表按可比价格计算。

附表 1-13

山东省分市地主要经济指标

（2011 年）

地区	地区生产总值（亿元）	同比增幅（%）	全社会固定资产投资总额（亿元）	同比增幅（%）	出口总值（亿美元）	同比增幅（%）	社会消费品零售总额（亿元）	同比增幅（%）	居民消费价格指数（%）
济南	4406.29	10.6	1934.3	18.1	43.5	29.8	2023.1	17.3	105.4
青岛	6615.60	11.70	3502.50	23.40	400.56	20.50	2232.88	17.40	105.00
淄博	3280.23	12.00	--	--	53.27	32.1	1186.25	18.0	104.5
枣庄	1561.68	10.9	823.77	24.1	8.45	13.2	480.6	17.3	104.8
东营	2676.35	12.7	1574.42	24.5	43.59	58.1	448.85	26.1	104.4
烟台	4906.83	12.1	2883.80	22.4	266.95	4.8	1616.49	17.3	104.2
潍坊	3541.85	11.0	2603.17	22.9	103.68	19.2	1349.82	17.3	104.40
济宁	2896.69	10.8	1526	18.5	30.70	33.5	1130.03	17.3	104.9
泰安	2304.3	11.5	1473.7	22.9	11.9	28	806.7	17.4	104.3
威海	2110.95	10.7	--	--	107.46	20.4	802.79	17.4	104.6
日照	1214.07	12.1	880.69	23.7	39.07	76.7	365.44	17.3	104.5
莱芜	611.88	12.00	350.1	8.94	11.41	10.45	198.39	8.97	104.2
临沂	2770.45	12	1608.6	23.9	36.24	28.2	1366.1	18.1	103.8
德州	1950.71	11.70	1271.3	11.45	17.47	30.8	757.50	17.3	105.2
聊城	1905.13	12.3	--	--	18.75	45.3	630.00	17.4	104.8
滨州	1817.58	12	--	--	28.47	11.6	505.75	17.3	103.9
菏泽	1475.68	14.0	552.29	24.8	14.41	18.9	775.2	18.1	104.1

注：该表为本编辑部根据山东省人民银行各市中心支行报送的《经济主要统计指标》整理。

附表 1-14

山东省分市地主要金融指标

（2011 年）

地区	本外币存款余额（亿元）	同比增幅（%）	单位存款余额（亿元）	同比增幅（%）	储蓄存款余额（亿元）	同比增幅（%）	本外币贷款余额（亿元）	同比增幅（%）	短期贷款余额（亿元）	同比增幅（%）	中长期贷款余额（亿元）	同比增幅（%）
济南	8364.1	10.1	5385.3	17	2427.5	11.4	8009.8	14	2313.6	22	4151.8	1.4
青岛	8901.27	12.74	4918.94	16.58	3198.51	9.83	7495.25	17.75	2687.14	24.52	4005.11	14.07
淄博	2744.88	10.31	--	--	1437.07	9.73	1927.00	10.39	1120.72	22.32	680.84	4.65
枣庄	974.24	8.92	--	--	570.87	11.63	814.97	11.69	346.41	12.95	440.3	9.39
东营	1927.7	21.99	1048.4	149.56	789.9	12.35	1439.6	21.03	950.2	24.53	399.9	9.62
烟台	4467.85	9.47	1861.83	67.77	2365.95	12.11	3070.96	16.13	1539.48	24.30	1221.12	12.77
潍坊	3748.88	13.32	1540.10	--	2081.80	12.91	3001.53	16.71	1654.51	22.74	1181.44	9.52
济宁	2634.90	15.66	1099.29	16.39	1456.77	14.25	1646.49	18.81	899.94	26.71	629.82	7.71
泰安	1571.71	11.74	533.15	2.09	967.18	17.34	1055.25	14.93	550.82	17.57	439.5	12.59
威海	1810.19	10.6	658.1	7.71	1054.95	11.18	1259.09	9.23	479.45	13.51	688.59	7.64
日照	1161.07	15.66	530.00	10.51	548.99	20.61	1107.14	15.06	581.28	24.41	360.70	8.46
莱芜	606.85	3.32	261.88	110.72	324.06	8.01	531.6	8.55	358.65	25.72	149.15	-1.32
临沂	2507.1	18.05	804.07	32.66	1628.35	17.08	1833.63	17.80	1127.11	17.65	583.29	14.31
德州	1426.33	10.30	442.90	3.38	918.44	13.78	1003.14	10.42	619.72	8.18	354.78	11.80
聊城	1366.62	10.41	--	--	844.14	12.05	1110.66	15.45	720.60	15.28	309.29	9.48
滨州	1309.69	22.88	693.31	148.20	--	--	1256.49	17.60	834.97	42.11	363.44	10.72
菏泽	1326.4	21.40	316.67	137.88	983.71	22.25	877.13	9.17	509.22	2.99	334.2	16.86

注：该表为本编辑部根据山东省人民银行各市中心支行报送的《金融业务统计指标》整理。

附表 1-15

山东省各市地区生产总值

单位：亿元

地区	地区生产总值			第一产业增加值			第二产业增加值		
	2010	2011	2011 年为 2010 年%	2010	2011	2011 年为 2010 年%	2010	2011	2011 年为 2010 年%
济南	3910.53	4406.29	110.6	215.17	237.86	104.4	1637.45	1828.97	111.7
青岛	5666.19	6615.60	111.7	276.99	306.38	105.0	2758.62	3150.72	111.6
淄博	2866.75	3280.23	112.0	105.30	116.75	104.3	1766.57	1975.38	112.6
枣庄	1362.04	1561.68	110.9	117.56	126.40	102.0	818.37	920.32	112.3
东营	2359.94	2676.35	112.7	87.38	99.18	104.2	1712.20	1914.81	113.2
烟台	4358.46	4906.83	112.1	334.49	361.43	103.0	2566.49	2830.88	112.1
潍坊	3090.92	3541.84	111.0	330.51	359.28	104.2	1720.28	1961.40	112.3
济宁	2542.81	2896.69	110.8	320.41	351.14	103.2	1356.47	1535.93	112.9
泰安	2051.68	2304.31	111.5	195.31	215.00	103.8	1099.45	1202.84	110.8
威海	1944.70	2110.95	110.7	153.94	171.18	101.4	1087.03	1139.36	112.0
日照	1025.08	1214.07	112.1	100.26	112.08	103.7	561.55	660.66	113.5
莱芜	546.33	611.88	110.6	38.61	41.18	102.7	330.18	370.40	111.8
临沂	2399.99	2770.45	112.0	264.01	279.01	103.8	1206.29	1382.05	112.1
德州	1657.82	1950.71	111.7	210.51	229.57	102.4	899.55	1059.80	113.8
聊城	1622.38	1919.42	112.3	221.64	243.37	104.3	924.09	1087.48	114.3
滨州	1551.52	1817.58	112.0	155.48	178.07	104.9	847.31	972.29	113.1
菏泽	1227.09	1556.52	114.0	220.18	228.04	103.0	648.54	849.03	117.5

注：本表绝对额按当年价格计算，速度按可比价格计算。

续表

地区	#工业增加值			第三产业增加值			人均地区生产总值（元）	
	2010	2011	2011 年为 2010 年%	2010	2011	2011 年为 2010 年%	2010 年	2011 年
济南	1352.42	1507.88	112.2	2057.90	2339.46	110.3	57947	64310
青岛	2454.19	2794.56	111.3	2630.58	3158.50	112.4	65812	75546
淄博	1612.07	1793.43	112.6	994.89	1188.10	111.6	63384	72182
枣庄	749.34	843.44	112.6	426.10	514.96	110.5	36817	41720
东营	1612.02	1801.08	113.8	560.36	662.36	112.6	116404	130811
烟台	2319.02	2543.44	112.8	1457.48	1714.52	114.2	62254	70380
潍坊	1545.55	1760.97	113.4	1040.13	1221.16	111.0	34260	38820
济宁	1237.33	1395.57	113.5	865.94	1009.62	110.2	31541	35717
泰安	950.02	1037.24	112.4	756.92	886.47	114.5	37376	41850
威海	982.13	1022.72	113.1	703.73	800.41	110.8	69187	75316
日照	494.95	582.54	113.5	363.27	441.33	112.2	36870	43191
莱芜	302.71	340.12	112.6	177.54	200.30	110.0	42392	46983
临沂	1009.32	1146.08	112.5	929.69	1109.39	114.2	24067	27503
德州	794.79	924.79	114.5	547.76	661.34	111.7	29858	34905
聊城	854.03	999.46	113.9	476.65	588.57	112.2	28444	32968
滨州	767.26	877.08	113.4	548.73	667.22	112.3	41643	48326
菏泽	553.13	739.84	119.2	358.37	479.45	113.9	14829	18730

附表 1-16

山东省各市地区生产总值构成

单位：%

地 区	地区生产总值		第一产业		第二产业		第三产业	
	2010 年	2011 年	2010 年	2011 年	2010 年	2011 年	2010 年	2011 年
济南	100	100	5.5	5.4	41.9	41.5	52.6	53.1
青岛	100	100	4.9	4.6	48.7	47.6	46.4	47.8
淄博	100	100	3.7	3.6	61.6	60.2	34.7	36.2
枣庄	100	100	8.6	8.1	60.1	58.9	31.3	33.0
东营	100	100	3.7	3.7	72.6	71.6	23.7	24.7
烟台	100	100	7.7	7.4	58.9	57.7	33.4	34.9
潍坊	100	100	10.7	10.1	55.7	55.4	33.6	34.5
济宁	100	100	12.6	12.1	53.3	53.0	34.1	34.9
泰安	100	100	9.5	9.3	53.6	52.2	36.9	38.5
威海	100	100	7.9	8.1	55.9	54.0	36.2	37.9
日照	100	100	9.8	9.2	54.8	54.4	35.4	36.4
莱芜	100	100	7.1	6.7	60.4	60.5	32.5	32.8
临沂	100	100	11.0	10.1	50.3	49.9	38.7	40.0
德州	100	100	12.7	11.8	54.3	54.3	33.0	33.9
聊城	100	100	13.7	12.7	56.9	56.6	29.4	30.7
滨州	100	100	10.0	9.8	54.6	53.5	35.4	36.7
菏泽	100	100	17.9	14.7	52.9	54.5	29.2	30.8

注：本表按当年价格计算。

第二部分

中央银行、监管局

中国人民银行济南分行

【综述】 2011年，中国人民银行济南分行（以下简称“人行济南分行”）在总行和省委省政府的正确领导和关心支持下，坚持以科学发展观统领工作全局，结合全省实际认真贯彻落实稳健的货币政策，创新金融服务，维护金融稳定，加强外汇管理，有力支持了全省经济“转方式、调结构”和经济平稳较快增长。

一、加大对“转方式、调结构”重点领域的金融支持。一是以（济银发1号文）印发全年货币信贷指导意见，引导全省金融机构把优化信贷结构作为贯彻稳健货币政策的着力点，着力创新金融服务、优化融资结构；二是联合省经信委召开山东省技术改造导向计划项目推介会，向金融机构推荐省级重点技改项目1336个；三是联合省财政厅对金融机构支持战略新兴产业贷款给予风险补偿，兑现战略新兴产业贷款风险补偿金5000万元；四是按季组织货币政策通报会，先后联合烟台、济宁、聊城、泰安、枣庄、滨州等市政府召开银企推介会8场，指导菏泽等地开展“信贷服务企业行”等融资服务活动，累计推介重点项目4425个，达成协议或意向贷款2206亿元。

二、积极支持蓝黄重点战略区域加快发展。一是指导各金融机构积极向各总行争取信贷规模，从专项政策、信贷资金、业务创新和重点项目等方面对黄蓝重点区域给予支持，优先保证战略区域优势产业和重点建设项目资金需求；二是联合烟台、滨州等地政府组织开展多层次、多形式的政银企对接活动，特别是为加快半岛蓝色经济区开发建设步伐，联合青岛市政府组织举办了金融支持山东半岛蓝色经济区开发建设暨政银企合作推进会，引导金融机构围绕海洋经济特点创新金融服务，签约融资协议252亿元。

三、全面拓宽企业特别是中小企业融资渠道。一是联合省财政厅对金融支持小企业给予财政补贴，兑现小企业贷款风险补偿金5000万元；二是与银行间市场交易商协会和省金融办签署了银行间市场助推山东经济发展合作备忘录，在全省试点推广专门解决中小企业融资难问题的“区域集优”债务融资模式；三是联合中债公司在潍坊等8市组织召开“山东区域集优债务融资金融服务政策推介会”，推动青岛、潍坊和东营市政府及3市人行中支分别和中债公司签署了合作框架协议。

四、全面推进“三农”和民生信贷服务创新。一是创新开展金融支持农村农田水利基础设施建设试点，推动开发规费权质押贷款、经营收益权质押贷款等多种信贷产品，并与省水利厅联合在全省推广；二是指导中支实施了金融支持大学生村官创业的“春蕾计划”和“2211”工程，组织金融机构对有项目的村官实行“一对一”帮扶，并与省委组织部和省财政厅联合在全省推动；三是引导金融机构加大对保障性住房的信贷支持力度；四是联合省妇联、省人社厅和省财政厅召开山东省女性创业工艺专场招聘暨小额担保贷款助推巾帼创业行动成果发布会；五是联合省财政厅下发了《山东省小额担保贷款财政补贴资金管理办法》。

（办公室）

【货币信贷管理】 2011年，人行济南分行货币信贷管理处认真贯彻执行稳健货币政策，引导金融机构继续把工作的着力点放在优化信贷结构上，努力增加对实体经济特别是小企业和“三农”的信贷投放。

一、准确实施法人机构差别准备金动态调整政策，引导其信贷合理适度增长。一是明确差别准备金动态调整的目标和手段，引导法人机构把有限的信贷资源优先向中小企业和“三农”倾斜；二是通过建立历史数据库和动态信息库，在关键时间节点召开专题工作会，以及开展差别准备金动态调整实施效果评估等方式，强化监测督导；三是创新政策实施手段，鼓励各级行开展管理模式创新，微观审慎监管指标质量不断提高。

二、政策引导有效性逐步提高。一是连续第7年以（济银发1号文）形式下发信贷指导意见，把信贷结构优化作为支持经济“转方式、调结构”的主攻方向；二是联合省直有关部门和部分地市政府召开银企推介会12次，推动中支建立开通网络宣传沟通平台6个；三是全面助推大学生“村官”创业富民工程，支持农田水利建设，探索推出综合效益补偿贷款等6种信贷新产品；四是大力推进保障性住房信贷投入，全省发放保障性住房开发贷款余额134.9亿元；五是推广助保金贷款模式，对战略性新兴产业科技项目贷款给予风险补偿5000万元；六是深入开展信贷产品和服务方式创新，累计推出实用中小企业信贷创新产品139个；七是会同省金融办、发改委、财政厅等设立“黄蓝”两区发展奖励资金，推动商业银行探索实施差别化信贷政策和金融创新。

三、强化管理、规范操作，努力发挥货币政策工具的作用。一是大力推动商业承兑汇票业务发展，引导金融机构加大对“三农”和中小企业的信贷投入；二是适时调整支农再贷款的地区分布，引导农村合作金融机构加大对“三农”信贷支持力度；三是利用再贷款撬动法人机构信贷投放，有效弥补了中小企业资金需求缺口；四是加大优惠利率贷款贴息管理力度，全省民品贷款额、贴息额和企业家数均居全国各省市区首位；五是加强地方政府专项借款的管理和清收工作，对原有地方政府专项借款进行了梳理对账。

四、推动做好金融市场各项工作。一是选择青岛、潍坊、东营进行区域集优债务融资工具试点，成功促成中国银行间市场交易商协会和省政府签订了《银行间市场助推山东经济发展合作备忘录》，潍坊区域集优集合票据在银行间市场面市发行，成为全国首批两单之一；二是积极推动符合条件的银行间债券市场参与者进入债券市场，在全国率先制定了银行间市场成员重大事项报告管理制度。

五、切实加强监测分析和调研。一是注重对宏观审慎管理效果的监测反馈，撰写的《我国金融机构顺周期行为研究》获省金融学会重点调研课题一等奖；二是注重调研成果对决策的参谋支撑作用，在全省选取 2000 家样本企业进行典型剖析，得到总行和省委省政府领导的重视和肯定，并被总行办公厅采用上报国务院参考；三是注重对金融运行热点问题的调研分析，先后形成了多篇含金量较高的分析报告，承担的《2010 年山东省区域金融运行报告》被总行评为优秀报告。

（货币信贷管理处）

【调查统计】 2011 年，人行济南分行调查统计处坚持突出管理和研究的工作思路，对外强化对金融机构的业务指导和管理，对内着力打造一支学习型、管理型、研究型调统队伍，连续 14 年实现上报统计数据“零差错”。

一、加强统计培训，打造高素质的统计队伍。一是组织统计人员学习贯彻落实各项金融统计制度，特别加强了对中小金融机构包括小额贷款公司的业务指导；二是组织举办了全省小额贷款公司金融统计标准化业务培训会议和全省金融统计检查业务专项培训；三是组织辖区中支开展统计业务培训，全年全省参训 2000 余人。

二、强化统计检查，树立央行权威。一是通过业务指导、考试和考核等方式，加强中小金融机构统计工作管理；二是通过统计检查和约见谈话等形式，加大对新设金融机构和新增统计业务的指导力度；三是扎实开展金融统计检查，同时引入由金融机构承办金融统计制度会议的工作机制，有效加强了与金融机构的沟通。

三、全力加强专题研究，研究工作取得新突破。一是加强专题研究的广度和深度，全年共在《调查统计专题研究》上发表 4 篇文章，其中独立发表 2 篇，与总行合作发表 2 篇，发表量居于全国各分支行首位；二是顺利完成总行交付的关于宏观审慎管理方面的 G-20 报告翻译稿校对和 22 篇外文材料的翻译工作；三是完成总行交办的国际清算银行《中央银行治理与金融稳定》报告的翻译工作。

四、夯实经济调查监测基础，注重数据信息整合和挖潜。一是进一步调整经济监测样本，在全省建立了民间融资定期监测制度；二是通过走访调研、不定期召开座谈会和交流会等形式，加强与监测企业的沟通交流；三是通过为监测企业提供个性化服务，形成了银企良性互动、双向服务的长效机制；四是努力突破金融机构单一瓶颈，顺利完成小微企业经营、中小企业融资、民间融资、房地产等多项调查；五是完成了“5000 户企业景气循环周期研究”，并被总行《金融统计专题研究》刊用；六是通过邀请专家授课、经验介绍和问题讨论等方式，组织开展监测培训，不断提高业务素质。

五、深入开展宏观分析，及时开展专题调查。一是建立快速反应机制，及时进行货币监测分析，报送的专报件有 2 篇被省委省政府领导批示；二是以动态信息和金融决策参考为载体，反映微观主体动向及形势变化，向总行上报信息 60 篇，被采用 7 篇，采用量居全国各分支行前列；三是围绕信贷政策动向及突出热点问题开展宏观分析，全面参与撰写分行货币政策例会材料、金融机构通报材料、分支行长座谈会参阅材料等 10 多篇；四是紧密跟踪热点敏感问题，形成《山东省 CPI 与全国 CPI 走势比较分析》等近 20 篇专项调查报告，其中多篇在总行《金融统计与分析》发表。

六、强化协调管理，积极探索创新，年鉴工作取得新成绩。圆满完成《山东金融年鉴》2011 年卷的编纂工作，并收获一系列荣誉，5 月份在“齐鲁新方志奖”评选活动中，《山东金融年鉴》编辑部荣获先进单位奖；9 月份在全国第五届年鉴编校质量检查评比中，《山东金融年鉴》在连续多年获得一等奖的情况下，首次获得特等奖。

（调查统计处）

【征信管理】 2011 年，人行济南分征信管理处开拓创新，真抓实干，各项工作取得积极进展，被总行授予全国征信工作先进集体。

一、坚持以制度建设为核心，工作基础进一步夯实。一是在全国率先制定了《山东省信用评级机构考评管理暂行规定》，全面评价评级机构在业务发展、规范作业和自身建设等方面的工作；二是实施了特殊企业贷款卡管理权限上收、商业银行代办年审等制度，进一步提高了管理服务质效；三是在全国率先制定了地方性金融机构测试验收操作规范，总行征信中心拟在全国推广。

二、积极推动社会信用体系建设联席会议工作开展。一是协调成员单位对信用体系建设情况进行了汇总，以省政府办公厅文件（鲁政办字[2011]129 号）函报部际联席会议办公室；二是组织开展了金融机构信用信息需求及共享合作情况的调研，与省电力部门就非居民用电客户电费缴纳信息纳入征信系统达成一致意见。全省共采集公积金缴存信息 566 万户，社会保险缴存信息 266.7 万户，社会保险发放信息 74.9 万户，电信正常缴费信息 2025 户，电信欠费信息 7876 户。

三、深入推进中小企业信用体系建设。一是以信用档案建设和信用培植为重心，指导济宁搭建金融、担保和评级机构参与“一站式”融资服务平台，已为首批申请融资的 150 家中小企业提供贷款支持 2.14 亿元；二是以试验区建设为突破，先后在济宁、枣庄等地建设中小企业信用体系试验区 6 个；三是已为全省 14.5 万户中小企业建立信用档案，2.4 万户征信中小企业取得商业银行的授信意向，其中 1.7 万户企业首次取得融资支持，累计融资金额折合人民币 1958.7 亿元。

四、分层次稳步推动农村信用体系建设。一是全省已评定信用农户 934.2 万户，创建信用乡镇 443 个，信用村 3 万个；二是对已建立信用档案的农户累计发放贷款 6656.4 亿元，涉及贷款农户 783.6 万户，占已建立信用档案农户总数的 75%；三是开展“农村青年信用户”创建试点工作，共评定示范户 8.18 万户，累计发放贷款 57.02 亿元；四是积极探索农民专业合作社征信新模式，逐步为所有合作社建立电子信用档案。

五、大力加强征信系统建设。一是推进小额贷款公司接入征信系统，制定了“人行主导、一口报数、市场化运作、规范有序”的接入方案；二是组织了日照、枣庄商业银行和青岛市公积金中心的测试验收，积极推动地方性金融机构个人征信系统“T+1”项目改造实施工作；三是举办了200余人参加的地方性金融机构新版信用报告业务培训班。全年企业征信系统共收录山东省借款人57.3万户，开通查询用户1万户，日均查询2.6万次；个人征信系统共收录全省自然人5371万个，其中2527万有信贷记录，开通查询用户2.5万户，日均查询6万次；登记公示系统共登记9445笔，查询14762笔，发生应收账款质押业务5349笔，质押贷款额519亿元。

六、全面提升地方性金融机构数据质量。一是开展农联社系统历史错误数据清理，自行开发了MBT历史错误数据修改方案及查错程序，历时3个月完成集中清理活动；二是开展了日照银行征信数据现场核查，使其数据质量大幅度提升；三是做好数据质量考评工作，企业征信系统数据质量两端核对综合一致率为96.2%，数据通过率为96.5%，个人征信系统数据质量量化考评总体得分99.99，位列全国前茅。

七、多方推进信贷评级市场实现较快发展。一是评级机构与地方性金融机构的合作方式进一步深入，担保机构信用评级范围持续扩大；二是在部分地区试行了使用方付费和财政补贴评级模式；三是不断开拓评级市场范围，将信用评级引入融资性担保机构、小额贷款公司接入征信系统前的风险评估。截至年末，全省新增评级签约企业4335户，完成报告3629份，同比增长了94%和116%。

八、不断加大征信市场监督管理检查力度。一是举办了综合执法检查征信业务专项培训班，先后对光大、中信等70家支行以上机构进行现场检查，查处有违法行为的机构45家，违法行为640笔，已处罚金额30万元，涉及直接责任人及主管150人；二是加强贷款卡发放行政许可管理，全省新核准发放贷款卡2.45万张，年审10.50万张；三是推行发卡窗口服务标准化，对贷款卡年审方式进行重大调整，由集中年审转变成全年滚动年审；四是在全国率先实施了评级机构年度考评管理制度，对全省6家评级机构进行了考评；五是银行间债券市场信用评级监管工作得到强化，共审核进场前报备材料124笔、评级报告131份。

九、不断提高征信系统对外服务和应用分析水平。一是在全省推广征信窗口服务标准，进一步提升了对外服务水平和效率；二是为17市柜台业务个人信用报告查询配备了二代身份证识别仪，有效提高柜台查询效率；三是按季对征信系统千户重点企业进行监测，撰写了山东省《2010年跨区域信贷情况报告》、《个人征信系统运行及应用分析报告》、《担保行业调查报告》等专项报告。

十、征信宣传工作成效显著。一是联合山东财经大学建立了“征信宣传教育基地”并举行了揭牌仪式；二是以“信与现代社会”为主题，举办了首届济南高校案例精英邀请赛；三是组织开展了“信用记录关爱日”和“征信专题宣传月”活动，全省参加宣传的金融机构网点达9000余个，举办集中宣传活动3000余场，发放宣传品60余万份，组织媒体78家，参加活动人数达40余万人。

（征信管理处）

【反洗钱工作】　2011年，人行济南分行反洗钱处的主要工作：

一、全面完善非现场监管。一是组织完成了对全省992家市级以上金融机构的反洗钱考核评估工作报告；二是实现了反洗钱监管对辖内金融机构的全面覆盖，指导青岛中支探索建立了反洗钱信息数据库；三是积极配合推广反洗钱监管交互平台互联网系统，实现了县支行非现场监管数据的网络报送；四是充分利用反洗钱非现场监管信息，有效实施分类监管；五是依法开展支付行业反洗钱监管工作，对山东鲁商一卡通支付有限公司和山东省电子商务综合运营管理有限公司等反洗钱方面的措施进行了审核；六是对部分中心支行和县支行的监管交互平台报表报送工作、反洗钱义务主体监管档案建立情况等进行了实地督导。

二、有效开展现场检查。一是组织完成了对67家县级以上金融机构的现场检查；二是对3家银行进行了倒查式现场检查，对违规问题较多的处以50万元的罚款，同时开展了对理财产品的专项检查；三是首次开展"以查带训"反洗钱现场检查，对6家金融机构开展了现场检查；四是在全国率先制定《山东省金融机构反洗钱现场督导办法》，帮助金融机构提高预防洗钱风险的能力；五是指导辖区7家地市中心支行、分行营业管理部完成了对中信银行、光大银行山东省内部分机构反洗钱专业的综合执法检查。

三、完善监测调查，切实发挥反洗钱防反体系的效能。一是积极推动洗钱入罪判决，全年共宣判掩饰、隐瞒犯罪所得罪2起，其中1起获总行专项奖励；二是加强资金监测，制定下发了《关于规范反洗钱重点可疑线索处理的通知》和《反洗钱监测调查工作管理办法》，通过反洗钱机制主动发现线索并协助破获的房杰英POS套现案件等10起案件被总行反洗钱局通报表彰；三是组织7家金融机构召开调研专题会议，针对《关于金融机构大额和可疑交易报告工作情况的报告》向总行提出相关建议；四是在继续完善与公安机关日常联系机制的基础上，加强与检察院、反贪局、海关、工商、税务等部门的协作，全年举行情报会商120次。

四、规范内部管理，推动工作创新。一是召开反洗钱工作会议，制定下发《工作意见》，修订并印发了《反洗钱工作考核办法》；二是组织开展了对济宁、菏泽中支反洗钱监管工作的内控检查；三是配合总行检查组做好对分行的全面审计工作。

（反洗钱处）

【会计财务】　2011年，人行济南分行会计财务处加强会计管理，严格预算控制，连续第7年荣获总行“会计报表综合优胜奖”。

一、完善工作机制，有效防范会计财务风险。一是加强对综合性会计事项的沟通与协调，牵头对辖区16家中心支行和30%以上县支行进行了联合检查；二是针对会计工作中的突出问题和薄弱环节,印发了《关于进一步加强会计风险管理的意见》;三是组织开展了内控环境专项评价,推动辖区会计基础环境建设;四是开展了会计财务突击检查,有效提高了资金风险防范能力;五是针对辖内民族贸易贷款利差补贴规模快速增长问题,加大款项审核力度,确保款项计算准确,划拨及时。

二、完善会计制度体系。一是组织开展了"会计财务制度年"活动,定期对辖区各行制度执行情况和分管行长监督检查情况进行通报反馈;二是做好实施差别准备金和特种存款的会计处理,顺利完成了对再贴现账户的分设和流动性贷款会计科目的调整等工作;三是进一步加强对金融机构交存款管理,全年共对辖区19家新设村镇银行及8家城商行及财务公司准备金交存范围进行了核批或重新核批,对40家金融机构保证金存款纳入存款准备金交存范围事项进行了统一核批。

三、加强预算控制,严格财务行为。一是研究制定了2011年预算分配方案,定期通报各行预算执行情况;二是按照总行要求顺利完成了预算公开数据填报等工作;三是制定了《大型修缮项目预算管理实施细则》,加大对县支行大型修缮项目资金监督管理力度,委托审计机构对10个50万以上项目开展审计,确保资金效益;四是组织开展了财务综合管理系统应急演练、防治"小金库"知识有奖竞答活动;五是组织开展了财务收支自查,积极配合审计署济南特派办和山东省财监办顺利完成了对分行的审计和账户年检工作。

四、完善资产管理手段。一是制定了固定资产管理业务操作指南,深入推进公务用车专项治理;二是进一步优化集中采购管理系统,配套出台了集中采购管理系统《管理办法》和《操作规程》;三是按季编报集中采购计划,结合联合检查对各行集中采购管理和业绩效果实施评价,严格落实事前公告和事后公示制度,全年共实施集中采购16次,节约资金54万;四是积极推进县支行办公条件的改善,对符合条件的县支行建设项目制定方案上报总行;五是全面推广基建管理系统,切实做好辖区在建工程的日常管理工作。

（会计财务处）

【科技工作】 2011年,人行济南分行科技处紧紧围绕工作中心,较好地完成了各项工作任务。

一、积极推进辖区信息化建设。

（一）圆满完成总、分行各项工作任务。一是积极开展金融机构编码推广工作;完成了年度重点项目省级数据中心二期工程集中存储备份平台建设;二是完成了省级数据中心门户系统开发和整合工作;三是组织辖内中心支行完成了软件正版化检查整改工作;四是组织全省科技人员完成了地市中心支行骨干路由器更新项目,完成了金融网网间互联平台改造项目在济南的试点工作,对金融城域网主路由器进行了升级更新,完成了分行机关业务网核心交换机主机更新项目;五是完成了工资信息管理系统升级和基本养老保险统筹管理系统开发等工作;六是成功开发了数据资源共享平台;七是组织完成了全省98家县支行电视会议系统的新建和升级改造任务;八是制定了《县支行信息化基础设施建设指导意见》。

（二）提高外汇科技管理水平。一是积极配合总局完成了数据备份系统改造项目、SAN网设备的现场巡检和性能优化、小型机和磁盘阵列现场巡检等工作;二是认真做好代码标准化管理工作,全年共受理金融机构标识码申请350余项;三是认真做好货物贸易外汇管理制度改革试点工作以及货物贸易外汇监测系统试点上线等各项工作,确保该项工作的顺利开展;四是完成了银行外汇业务数据备份系统的设计开发工作;五是成功开发上线了主机智能巡检系统,实现了外汇应用系统自动、智能化巡检,切实保障了外汇应用系统的安全稳定运行。

（三）推进IC卡发展,强化发卡审核,优化支付环境。一是积极开展支付业务许可技术审核培训,完成对一卡通等3家公司支付服务业务系统的现场检查工作;二是制定了山东金融IC卡《在公共服务领域应用工作总体规划》和《推广实施计划》,组织召开应用工作会议和动员大会,促进了山东省金融IC卡的发展;三是完成了对工行潍坊分行等11家金融机构的社保卡发卡技术审核及4家村镇银行的银行卡发卡审核;四是组织开展2011年山东省银行卡联网通用金融IC卡POS终端改造专项检查,推进金融IC卡受理环境建设。

（四）组织多项培训工作,提高科技人员技术水平。一是组织辖内科技部门举办了基础应用软件技术、网络技术培训班;二是承办了总行TIPS立方体省级报表平台应用推广技术和操作培训;三是组织了综合执法检查业务专项培训和信息安全电视电话会议培训;四是举办了山东省银行业金融机构及辖区中心支行科技负责人参加的信息安全管理培训班。

（五）加大科技信息宣传力度。全年发布《科技工作简报》40余期,上报总行信息数十篇,其中8篇被总行采编;在《金融电子化》和《金融时报》上有多篇文章发表。

二、确保信息化服务体系安全稳定运行。

（一）完善规章制度,认真组织应急演练。制定并发布《济南分行信息安全管理实施办法》,组织编写了《山东省金融网进行改造技术方案》,修订完善《山东省金融网管理办法》,编制了《人民银行业务网规划》,完成了《济南分行软件开发管理办法》和多应用加载规范修订工作,对《济南分行网络和信息系统应急预案》进行了修订完善。

(二)建立起山东省金融业信息安全协调机制。通过向省公安厅、省国家安全厅等4家单位征求意见,形成了《山东省金融业信息安全工作协调预案》,并通过(济银发[2011] 241号)文发至山东省各银行业金融机构和各协调单位及银、证、保等监管机构。

（三）是加大信息安全检查整改力度。一是组织做好辖区40%单位的信息安全检查,并针对检查出的问题落实整改;二是结合"两网分离"工程实施,完成对办公网信息安全风险评估工作;三是配合分行保密办开展山东省辖区计算机安全保密大检查,做好业务网计算机涉密信息的清理工作;四是配合省公安厅,完成分行机关信息系统等级保护现场检查,配合总行内审司和分行内审处,做好对科技专业内控情况和办公网安全防护的审计及问题的整改。

（四）确保信息化服务体系安全稳定运行。一是严格落实

24小时机房值班制度和巡检制度，进一步加强内联网、涉密网、国际互联网、金融城市网和网间互联平台的管理，切实安全保障工作；二是认真做好电视会议系统运行维护管理与技术支持保障工作，全年共召开各级电视会议70余次，未发生会议系统中断的情况。

（科技处）

【内审工作】　2011年，人行济南分行内审部门积极探索实施工作转型，切实履行监督职责。全年共完成领导干部履职审计2项、离任审计5项、专项审计16项，共投入现场检查工作日1086个，发现问题364个，提出整改建议108条。

一、扎实开展各类审计项目，有效发挥内审职能。

（一）进一步深化履职离任审计水平。一是完成对莱芜、新乡、驻马店3家中支原行长的离任审计，根据总行授权，完成对郑州中支副行长和青岛中支行长的离任审计；二是对安阳中支行长和分行货币金银部门负责人开展了履行职责审计；三是组织焦作、临沂两家中支围绕“经济责任”这一核心对县支行开展经济责任审计试点，组织漯河中支围绕“管理＋绩效”的审计思路，积极探索和尝试绩效审计在领导干部履职审计中的应用。

（二）深入开展各类专项审计。一是重点完成了对机关两网分离管理情况、账户管理专项审计、货币发行管理专项审计和对5家中支货币发行管理专项审计、2家中支货币信贷管理绩效审计、2家中支信息技术和系统运行管理专项审计及两网分离管理情况专项审计、2家中支事后监督绩效审计调查；二是组织辖区各行开展反洗钱、金融统计、保密密码、基建等管理专项审计235项次，进一步强化了有关单位和部门负责人的风险意识。

（三）组织开展“查细节、促规范”专项检查。一是及时制定检查方案，明确了检查内容、重点等；二是组织对山东辖区16家中支会计财务、营业室、国库、事后监督等会计核算类业务和17家中支的货币金银业务开展联合检查。

二、重点突破，辖区内审转型取得初步成效。

（一）推动绩效审计全面开展。一是年初组织召开了辖区绩效审计座谈会，对近几年存在的难点和问题进行了梳理；二是成立了货币金银、货币信贷绩效审计两个攻关小组，制定并修订了审计方案；三是对潍坊、安阳中支开展了货币信贷管理绩效审计，对潍坊、濮阳中支开展事后监督中心绩效审计调查；四是组织辖区各中支开展了货币信贷、货币金银、事后监督、固定资产、科技、反洗钱、节能减排等7个专业34项绩效审计。

（二）强化分析和评价，深化内控审计。一是以风险排查、评估为基础，全面修订内部控制审计实施方案；二是探索开展内部控制量化评价，实现与定性评价的有机结合；三是分专业设计了《内部控制审计座谈暨控制自评估操作表》，探索开展内控自评估；四是对濮阳、聊城2家中支开展了内部控制审计。

（三）立足风险评估和管理，尝试建立审计发现问题分类标准体系。一是先后4次召开专题座谈会，对近年来审计发现问题进行全面梳理，共梳理出1539个风险事项，并对梳理出的风险事项明确等级和类别；二是依托分类标准体系，调整了部分审计报告模式，对全年审计发现问题进行综合分析和风险评价。

三、强化学习和培训，推动辖区内审转型与发展。一是集中开展“我为转型献良策”主题活动，引导审计人员逐步树立管理审计理念；二是组织人员参加总行风险评估、ACS计算机辅助审计、绩效审计等6个内审转型攻关小组，有效提高了对内审工作转型的认识；三是组织开展“五个一活动”和“学习新业务、掌握新技能”活动，采取邀请分行机关有关部门的业务骨干现场授课和处内人员轮流作讲座的形式，使内审人员专业知识结构实现“博”与“专”的有机结合；四是通过组织举办信息技术审计培训班和推荐人员参加总行各类现场审计、起草审计方案等形式，有效提升内审人员业务素质；五是建立了内审信息和理论研讨考核通报机制，按季通报各行理论研讨情况，并组织开展优秀内审论文和“学准则、找差距、促转型”活动心得体会评选，共有35篇理论研讨论文和20篇心得体会获奖；六是开展了“基层央行风险管理研究”、“国际内审准则对央行内审工作的借鉴和启示”两个分行重点研究课题的研究，组织了“关于对辖区绩效审计开展情况的调查与思考”和“人民银行内审成果运用情况调查”的专题调研，其中撰写的6篇理论研讨文章公开发表，切实促进了内审工作开展。

（内审处）

【组织人事】　2011年，人行济南分行组织人事部门全力推进各项工作任务的落实，取得了较好成效。

一、深入组织开展创先争优活动。一是组织开展了领导干部点评、党员公开承诺、党员民主评议等工作；二是在辖区安排部署窗口服务部门组织开展“为民服务创先争优”活动，推动形成浓厚氛围；三是召开辖区创先争优活动经验交流电视电话会议，安排了6家单位介绍先进经验和做法，辖区人行寿光市支行党支部被中央组织部评为全国先进基层党组织。

二、协助党委抓好各级行学习型领导班子建设。一是认真做好对缺职领导班子成员的选拔配备工作，考察选拔配备地市中支“一把手”3人、党委副书记1人、班子副职5人；二是对8名中支领导班子成员进行了调整、交流，对5名任职年限较长、工作业绩突出、群众威信比较高的干部，提拔担任上一级非领导职务；三是研究制定了《关于加强人行各市中心支行、分行营业管理部领导班子副职后备干部培养锻炼工作实施意见》；四是对辖区两省共86名领导班子成员进了履职能力测试；五是组织举办了党校主体班、县支行领导干部进修班和中青年干部培训班，培训各级党员领导干部145人。

三、继续深化干部人事制度行改革。一是通过差额推荐、差额考察的方式选拔地市中支班子副职5人，有关做法在总行组织部长会议上进行了经验交流；二是进一步加大竞争性选拔力度；三是制定印发了《关于调整不适宜担任现职领导干部暂行办法》和《规范和加强非领导职务管理暂行办法》；四是积极推进干部交流锻炼，丰富干部工作经历；五是拟定了辖区处级女干部和女性高级专家延长退休年龄的具体贯彻实施意见，并为辖区8名处级女干部办理了延长退休年龄手续。

四、加强干部日常管理和监督。一是贯彻执行干部选拔任用工作四项监督制度，组织13名拟提拔干部在任职前报告遵守《廉政准则》等有关规定的情况；二是制定了《辖区各地市中心支行、县（市）支行党委（组）书记履行干部选拔任用工作职责离任检查办法（试行）》，促进辖区各单位“一把手”履行干部选拔任用工作职责；三是严格落实领导干部报告个人有关事项和配偶子女均已移居国（境）外“两项法规”各项规定，顺利完成了辖区领导干部集中报告工作；四是在辖区公开了总、分行两级业务网干部选拔任用监督举报信箱，进一步畅通干部监督渠道。

五、落实工资收入改进完善政策。一是制定印发山东省人民银行系统专业技术人员岗位等级确定办法和工作人员基础绩效工资分配指导意见，重点向关键重要岗位、高素质人才和高绩效员工进行倾斜；二是多次在全省范围内组织开展专题座谈和工作培训，抓好基础信息核实、数据测算、政策宣传、增资兑现等各个环节；三是会同科技部门完成总行工资管理系统和升级开发，并协助总行做好系统推广和分省运行工作。

六、加大培训力度，扎实推进人才队伍建设。一是科学制定年度培训计划，全年共组织举办各类培训班61期，9048人次接受了培训；二是先后推荐276名各级领导干部和业务骨干参加总行41期培训班；三是会同有关部门采取视频会议方式举办了5期山东省人行系统综合执法检查业务专项培训，培训内容涵盖14个专业，4300多人次参加了培训；四是利用远程培训系统扎实开展地市中支全员培训工作，并将县支行员工纳入培训范围；五是扎实完成辖区专业技术资格评审推荐工作，共推荐70人参与总行高级专业技术资格评审；六是采取实地考察和函调等多种方式，年内择优录用138人充实到辖区各单位；七是严把关键环节，积极做好守库押运岗位合同制用工招录工作，全年共招录8人。

七、加强各项基础工作。一是做好济源市支行升格、黄岛区支行机构更名和升格相关工作；二是对辖区8家中支2008年以来干部选拔任用、党费、职称管理情况、合同制用工、养老保险统筹工作情况进行了现场检查；三是积极探索在县支行建立新型履职方式，以滕州市支行为试点单位，在全国人行系统率先增设管理检查部门，专门行使对金融机构的管理检查职能；四是对人民银行养老保险统筹管理系统进行了升级，并在全国人行系统推广使用；五是组织开展了分行干部人事档案审核工作，顺利通过总行检查验收。

八、加强自身建设。一是组织做好“讲党性、重品行、作表率”活动总结和推选表彰工作，对辖区12个“先进组织人事部门”和24名“优秀组织人事干部”进行了表彰；二是撰写完成了分行青年课题组《民间投资与政府投资比较研究》课题，开展分行重点课题《分离均衡型的人行基层行建设思路：济南分行案例》研究，已形成阶段性研究成果，并协助总行开展了《提高选人用人满意度》课题研究。2011年，分行人事处被总行表彰为“先进组织人事部门”，荣获中国金融教育发展基金会“金融教育先进集体”荣誉称号，并被继续认定为总行级“青年文明号”。

（人事处）

【货币金银工作】　2011年，人行济南分行货币金银处较好地完成了各项工作任务，全省各级发行库连续10年、分行发行库连续14年无责任事故。

一、开展“制度落实年”活动，确保货币金银工作安全运行。一是深入开展货币发行制度执行力建设活动，认真查找各个岗位在执行制度方面存在的问题；二是制定了《发行库突击检查管理办法》，对全省货币金银基础业务开展了全面检查；三是制定了《发行基金物流系统管理办法》，并在全省推广应用；四是修订了发行基金供应等4个突发事件应急处置预案，成功应对总行组织的跨省区就近调拨发行基金演练，提高了应对复杂情况的能力。

二、加强预测分析和计划调拨管理，确保全省现金供应，全年辖内调拨发行基金1972.9亿元。一是全面提高现金分析质量，加强对现金需求重点事件的跟踪调查；二是进一步加大人民币监测力度，及时掌握商业银行中心库库存现金数量和券别结构，使现金调拨工作做到有的放矢；三是做好第四套、第三套人民币部分券别、1999年版第五套人民币只收不付工作；四是做好纪念币发行及库存纪念币管理工作；五是优化了库存发行基金券别结构；六是完成了残损人民币销毁及回笼券清分任务，全年共清分销毁残损人民币245亿元，完成总行计划的125%。

三、强化监督检查，维护人民币流通秩序和信誉。一是制定了《山东省虚拟发行库管理办法》，组织开发了虚拟发行库综合信息管理系统，并在县支行推广；二是制定制度，按照“统一筹划、抓好示范、总结推进、全面提升”的原则，推进金融机构现金服务示范点建设工作；三是制定印发了《关于山东省银行业金融机构现金横向调剂业务的意见》，有效提高了银行业金融机构资金使用效率和现金流转速度，降低了现金运行管理成本；四是组织完成了对辖区623家支行级金融机构的现金收付业务现场检查；五是圆满完成了总行部署的原封新券检测和人民币现钞出入境监测工作。

四、反假货币工作取得新成效。一是召开了反假货币工作联席会议，制定了《山东省反假货币工作指导意见》；二是组织开展了形式多样的反假宣传活动，开展了反假货币培训。

（货币金银处）

【支付结算】　2011年，人行济南分行支付结算处圆满完成了总分行部署的各项任务，获中国人民银行2007-2010年度支付结算工作先进集体、2010年支付结算专业第一名。

一、稳步开展非金融机构支付服务管理。一是成立了非金融机构支付服务许可审查及监督检查工作小组，制发了《关于统一管理非金融机构支付服务工作的通知》，成功推动鲁商一卡通于8月29日获得山东第一张《支付业务许可证》；二是组织对全省20家非金融机构开展了现场检查和支付业务许可申办专题培训；三是指导银座商城、济南华联等将多用途卡转换成单用途卡，指导寿光农产品物流园规范单用途卡管理；四是创新试行自行设计的对支付机构日常监管报表，探索支付机构非现场监管方法。

二、加强票据管理。一是组织开展了2010版票据防伪培训；二是妥善处置辖内银行承兑汇票的变造案件，及时通报案件手法；三是全力抓好新版票据应用风险监测、案件处置等工作，顺利实现全省新旧版票据平稳过渡；四是强化电子商业汇票系统准入管理，对8家机构实施了延迟加入系统措施；五是引导和支持各地通过推介会等形式拓展电子商业汇票业务，引导金融机构推广支票授信业务。

三、加强支付清算系统建设，严肃清算纪律。一是指导企业银行烟台分行等3家机构以直参方式加入支付系统，督导威海商行和烟台银行做好加入境内外币支付系统前期准备；二是组织第三批机构完成了网上支付跨行清算系统上线工作，在试点测试基础上完成了分行版同城清算系统升级补丁安装运行。

四、夯实会计集中核算管理，保障安全生产无事故。一是完成了2010年度全省支付结算现场检查工作，根据发现的问题及时下发整改意见书，并据此开展风险评估；二是组织开展全省会计集中核算系统安全运行排查，指导各行解决会计集中核算系统和电子对账系统遇到的问题；三是规范差别存款准备金会计核算手续，保障差别存款准备金政策顺利实施；四是选派业务骨干协助总行做好ACS需求确认、制度建设、测试案例修订等各阶段工作。

五、加大管理力度，规范银行卡秩序，一是制发了《山东省银行卡收单市场管理办法（试行）》和《银行卡产业中长期发展规划》；二是配合公安机关开展了"天网–2011"专项行动，全省共破获涉银行卡案件1600余起，挽回经济损失4900万元；三是组织银联机构做好对一柜多机违规行为清理，妥善处置异地收单事宜；四是加强中职卡和公务卡的管理；五是强化账户管理，落实账户实名制，完成了全省中国银行分支机构单位银行结算账户账号批量变更工作。

六、强化应急管理，提高应急水平。一是圆满完成了省内2004年至2010年支付清算、账户管理、联网核查、会计核算和电子商业汇票等系统的应急预案评估和"回头看"工作；二是开展了账户管理、联网核查、济南CCPC和MBFE、会计核算系统和电子商业汇票系统应急演练；三是配合科技部门组织做好会计集中核算系统业务验证、服务器切换演练；四是对各地市会计集中核算系统应急演练结果进行集中评审，妥善处理多起支付系统突发紧急事件。

（支付结算处）

【国库工作】 2011年，人行济南分行国库处以安全生产为基础，以优化服务为主线，以有效监督为抓手，推动山东国库工作健康发展。

一、夯实业务基础，不断增强国库资金安全保障能力。一是确保日常核算业务准确无误；二是继续深入开展国库会计风险评估；三是组织人员编写了《国库会计核算业务操作标准化手册》和"国库文件检索系统"，制定了《国库会计对账管理办法（试行）》；四是继续加强应急管理，制定了《应对灾难事件国库核算手工处理办法（暂行）》，填补了现有国库业务系统应急预案无手工处理方式的空白；五是先后组织开展了国库业务应急演练和应急预案评估"回头看"等活动，促进辖区国库应急管理水平逐年提高。

二、着力构建国库监管新格局。一是进一步完善商业银行代理国库业务综合评价机制，编写下发了《商业银行国库业务检查手册》，开展了国库专业执法检查专项培训；二是加大对商业银行代理支库的监管力度。其中，潍坊中支推行了"代理支库事后监督管理模式"，烟台中支采取日常管理与综合考核相结合、人员培训与任职资格考核相结合等"六个结合"，有效提高了代理支库的管理水平和核算质量。

三、突出服务主题，充分发挥国库服务效能。一是推动国库直接支付向纵深发展，相关工作被中组部作为"全国党员学习培训教材"编入《基层党组织加强和创新社会管理的实践》和《金融发展与风险防范》两本培训教材；二是继续扩大非税收入直缴入库范围，鼓励各中支加强与地方政府、相关部门沟通，采取横向联网和手工交换两种方式，逐步将政府非税收入纳入国库管理；三是大力推进横向联网系统推广工作，截至11月底，全国统一的财税库银横向联网系统已覆盖全省12个地级市及所辖县区的国、地税部门、商业银行。

四、强化信息调研，有效提升国库参谋服务能力。一是深入开展国库调研分析工作，先后形成了《山东地方炼油化工行业对经济的影响调查》等多篇调研信息；二是加大国库信息反映力度，建立辖内国库信息采用情况通报制度，截至11月底，共编发《山东国库情况反映》97期，被总行《国库情况反映》采用20余篇。

五、加强国债发行兑付管理，不断提高国债管理水平。一是继续开展"送国债下乡"活动，截至11月底，全辖向农村销售国债26.77亿元，占全辖国债销售总额的29.2%；二是指导中支对全省16家承销机构按季度考核，加强了对承销机构的管理；三是稳步推进国债兑付管理工作，截至11月底，全省兑付国债收款单本息24.4万元；四是指导中支继续拓展无记名国债直接兑付范围，截至11月底，全省已有8个地市开展此项业务。

（国库处）

【跨境人民币业务】 2011年，人行济南分行跨境办坚持"强基础、促规范、上台阶"的思路，进一步健全工作机制，加快推进业务发展。

截至11月末，全省已有34家银行的433家分支机构办理了跨境人民币结算，累计结算额2073.9亿元，涉及企业超过1450家，境外区域覆盖六大洲72个国家和地区。

一、以"强基础"为核心，多措并举推进业务持续稳定增长。

（一）加大政策宣传和业务推进力度，扩大政策覆盖面。一是配合商务部举办全国重点出口企业人民币结算培训班，联合商务厅召开外商投资企业人民币结算宣讲会，并分别与建行、交行和中信银行联合开展重点企业跨境人民币业务推介活动；

二是组织中支、各商行相关人员分批赴广交会、厦门投洽会，面对面地向企业开展业务宣传推广；三是联合相关部门拟定全省第二批跨境贸易人民币结算出口试点企业名单，共计10956家，并以省政府名义向六部委上报。

（二）健全协调机制，实行通报考核。一是于1月初联合海关、国税等5部门印发了《关于做好全省出口货物贸易人民币结算工作的通知》，对试点企业出口货物贸易人民币报关、出口退税等流程进行了统一和明确；二是定期与银行召开座谈会，按月对各市业务发展情况进行通报；三是修改完善了对各省级商行的综合评价办法中的人民币跨境管理部分，提高了跨境人民币业务结算额占银行考核期间国际结算量的比例要求。

（三）完善服务体系，夯实业务推进基础。一是在全省建立重点企业联系制度，与商业银行联动，采取上门服务、“一企一策”等方式，有针对性地引导企业利用跨境人民币结算产品；二是加强与总行沟通以及对银行、企业的业务指导，全年共向总行上报股东贷款、股权收购等跨境人民币结算申请10笔，其中8笔获批，金额近45亿元，满足了重点企业的业务需求。其中，青啤股份有限公司对山东新银麦啤酒公司14.04亿元的股权收购采用人民币结算；山东山水水泥集团有限公司等12家公司获批从香港借入人民币股东贷款20亿元。

二、以“促规范”为保障，推动业务稳健有序发展。一是开发推广跨境人民币数据核对系统，于12月1日起在全省范围推广上线，同时利用系统核对结果开展数据分析，对银行信息报送中存在的问题及时进行处理；二是对人民币投融资项目个案试点上报流程、人民币投融资项目申请材料、境外个人境内人民币存款账户信息报送进行明确；三是规范人民币跨境收付信息管理系统接入程序，为14家银行业金融机构完成测试和验收工作；四是完善内控制度体系，对统计分析、现场和非现场检查、保密和对外宣传等进行规定；五是下发《关于加强跨境人民币业务监督管理工作的意见》，要求各中支督促辖内银行强化内控制度建设，加强对大额退汇、转口贸易、本外币交叉等重点业务监管，严格防范异常跨境资金流动；六是分别对涉及人民币结算的转口贸易和贸易融资业务进行专题调查，针对存在的问题，向总行提出规范管理的建议。

三、以“上台阶”为目标，确保跨境人民币工作走在全国前列。一是于6月30日实现人民币对韩元银行柜台正式挂牌交易，在全国率先开展了韩元现汇对公经常项下业务，并下发了《关于推进人民币对韩元区域挂牌试点工作的意见》，进一步推动中韩双边使用人民币和韩元本币结算；二是全程参与总行跨境人民币结算配套政策的制定，成为总行该项政策制定的重要依托力量；三是建立业务发展情况月度分析制度，适时把握全省业务发展动态；四是从全省选取170家企业作为重点监测企业，按季进行非现场监测；五是向总行报送跨境贸易人民币结算工作简报近50期，被总行全国跨境人民币业务信息汇编采用13篇；六是分别成立课题小组，针对有关人民币收付不平衡导致外汇储备增长的质疑、人民币资本项目“走出去”、人民币汇率形成机制与跨境人民币业务关系、跨境人民币结算对我国国际收支平衡表和国际投资头寸表的影响等进行了宏观层面的研究，被总行《全球宏观经济与货币政策监测分析月报》等采用5篇；七是开展对韩国经济金融的监测和专题研究，建立对韩监测研究制度，定期上报季度监测报告。

（跨境办）

【金融稳定工作】 2011年，人行济南分行金融稳定处不断健全工作机制，积极推进金融机构稳健性现场评估工作，努力提升风险监测分析水平，较好地完成了各项工作。

一、持续推进机制建设，增强制度保障。一是不断完善协调机制，工作合力进一步提升，推动金融稳定联席会议制度有序运转，继续完善区域性金融稳定研讨机制；二是不断完善金融机构管理制度，进一步修订金融稳定重大事项报告管理办法，完成重大事项报备系统的开发，组织重大事项报告制度培训、考试443家次；辖内181家法人银行机构、35家省级分支机构和118家二级分行类机构分别建立了重大事项报告管理制度。

二、创新方式，深化金融业改革监测。一是精心组织全省“三农”金融事业部改革试点检查评估；二是深入反映已改制银行深化改革情况，扎实开展政策性金融机构改革的前期调研工作。

三、着力推进金融稳定现场评估，拓展了维护区域金融稳定的新手段。一是认真开展金融机构稳健性现场评估工作；二是参与了总行《银行业金融机构稳健性现场评估指引》内部控制有效性评估的初稿撰写工作，为总行“商业银行、证券、保险业务培训班”编写了保险类金融机构的现场评估案例并在培训班上做了互动教学；三是深度评估齐鲁银行稳健性状况。

四、完善风险监测体系，监测评估质量进一步提升。一是高质量完成《2011年山东省金融稳定报告》并公开发表，按时上报了半年度金融业风险分析报告；二是认真做好法人银行机构的监测评估；三是积极开展对新型金融组织和非银行金融机构的监测；四是加强微观主体运行监测分析，按季撰写山东省上市公司监测分析报告。

五、以高度责任感做好金融风险防化与处置，成效明显。一是积极应对“12·6”案件风险；二是创新风险防范方式，积极做好应急预案评估、演练工作，

六、做好金融稳定再贷款管理和遗留资产清理清退工作。按季总结报告金融稳定再贷款管理情况的同时，组织对辖内金融稳定再贷款质量开展了评估。

七、加强专题调查和课题研究，提升报告质量。顺利完成总行交办的中外偿付能力监管制度比较研究、金融机构有效处置机制核心属性等5个专题的编译工作，向总行上报《金融稳定工作信息》53期，18篇被总行采用，信息采用率居全国前列。

（金融稳定处）

【事后监督工作】 2011年，人行济南分行事后监督工作以“防风险，促规范，保安全”为目标，以量化考核和日常监测为抓手，较好发挥了资金安全“防火墙”和内控管理“助推器”的作用。

一、以贯彻落实总行新《会计核算监督办法》为主线，完善

制度夯实基础。制定实施了《现场监督制度》、《应急预案评估指引》和《分行机关财务经费核算业务监督要点》，修订了监督《工作日志》、《通知书》等制度办法，进一步夯实了制度体系。同时，完成了对全省各中支行风标准化建设执行情况的日常考核，促进了事后监督专业标准化、规范化管理。

二、推动"严格监督－如实反馈－全面整改－分析提高"长效工作机制有效运行，核算质量进一步提高。一是对会计、国库、货币发行核算业务实施监督，严格执行监督情况日记载、月统计、季通报、年分析制度，落实事后监督询证制度；二是组织开展了制度落实情况"回头看"活动，确保各项制度得到有效落实。

三、改进技术、丰富手段，提高监督质效。一是组织了调研、设计、开发、测试、培训、上线国库会计核算事后监督系统（TAS），改变了原监督人员人工采集数据的监督验证模式，监督行为更加可靠；二是指导威海中支探索实施货币发行核算无缝跟踪监督模式，并召开现场观摩座谈会总结推广。

四、深化分析调研，加强成果转化。一是开展了会计核算风险类型及风险预警机制专题研究，对全省各中支和分行机关事后监督情况进行季度和年度分析；二是开展了对会计联合检查情况的事后监督视角分析；三是组织开展了中央银行会计核算方式变化与事后监督工作机制、ACS上线与事后监督模式变革等研究，完善与核算发展相适应的事后监督机制。

五、加强队伍建设，提高监督素质和技能。一是完成了会计联合培训事后监督专业新制度解读、会计手工核算监督及应急演练和"ACS上线与事后监督工作模式变革"等为主题的"一线课堂"，实现了跨部门、跨专业及本部门自我及时培训；二是通过召开专题座谈会、刊发专题信息和行际互动等方式，丰富风险监督手段，提高监督效率和质量。

（事后监督中心）

【宣传工作】　2011年，人行济南分行党委宣传部坚持围绕中心、服务大局、改革创新，为辖区各级行科学高效履职营造了良好氛围。

一、切实加强理论学习。一是抓好中心组理论学习，制定下发了2011年党委中心组《学习意见》和《理论学习与调研计划配档表》；二是抓好学习型党组织建设，提高干部队伍综合素质，印发了《关于表彰2010年度读书标兵的通报》，完成了《扎实推进学习型党组织建设》的课题并报送总行。

二、以营造庆祝建党90周年良好氛围为契机，不断提高思想政治教育效果。一是围绕建党90周年开展主题教育活动，开展了"学"、"讲"、"唱"、"树"等一系列丰富多彩的庆祝活动；二是对辖区2010年思想政治工作情况进行了全面的调查评估，形成了《评估报告》；三是制定下发了《关于进一步做好辖区思想政治工作的指导意见》，提出了加强和改进新形势下思想政治工作的新思路。

三、着力抓好文明单位创建工作。一是召开了辖区年度创建工作推进会，完成济南分行文明单位创建实践与探索的调研课题并报送总行；二是扎实推进"文明有礼央行人"主题实践活动，精心组织道德模范评选表彰学习宣传；三是认真做好文明单位评选申报工作，拟定评审推荐意见报送分行党委公示表彰。

四、持续深化辖区央行文化建设。一是及时转发总行《关于在人行系统开展央行文化建设的指导意见》并提出具体要求；二是全力推进分行核心价值观和文化理念的理解和认同，编排了《文化交响》——济南分行央行文化建设报告会，现场巡演后录制了光盘下发全辖；三是加强对央行文化建设的理论研究，以"文化建设在提升央行履职能力中的作用研究"为题，成立了课题组，申报山东省社科联重点研究课题。

五、强力推进宣传阵地和队伍建设。编发《党委宣传工作动态》11期，工作信息100余条，撰写了"宣传思想工作与人民银行中心工作的关系"的调研报告上报总行。

（党委宣传部）

【纪检监察】　2011年，人行济南分行纪检监察部门认真落实各项工作部署，较好地完成了全年任务。廉政文化建设经验做法在全国人民银行廉政文化建设经验交流会上发言交流，并被《中国纪检监察报》、《金融时报》和《中国监察》刊发；反腐倡廉监督信息化建设经验在《金融电子化》上刊发。

一、认真完成纪委综合服务及文字工作。一是全年起草公文44份，协助发文31份，撰写其他材料120多份，调研报告4篇，上报信息被总行采用23篇，列各大区行前列；二是牵头召开联席会议5次，组织举办了辖区纪检监察干部全员远程培训班。

二、协助党委加强反腐倡廉建设。一是起草了《党风廉政建设和反腐败工作的意见》；二是完善了"以落实年度纪检监察工作会议精神为基础，年初召开分片督导会议，年中召开纪委书记座谈会，下半年开展重点检查督促，年底组织辖区纪委书记述职"的"五步工作法"。

三、协助党委抓好党风廉政建设责任制的落实。一是加强组织协调，签订《党风廉政建设责任制书》227份；二是进一步加大《中国共产党党员领导干部廉洁从政若干准则》的监督检查力度；三是抓好《学习制度落实制度2009-2011年规划》的综合协调工作，突出"建、考、梳、问"四个环节。

四、着力推动领导干部作风建设。一是印发了《关于进一步健全领导干部作风建设长效机制的意见》；二是制定了领导干部《作风转变公开承诺及匿名评议制度》及《作风建设量化考评办法（试行）》；三是对12个地市中支作风建设情况进行监督检查，对全部中支进行了量化考评。

五、进一步深化廉政宣传教育。一是制定了《反腐倡廉宣传教育工作的意见》和《加强领导干部反腐倡廉教育工作任务分工配档表》；二是发放《全国金融系统反腐倡廉建设展专题片》，收到观看心得973篇；三是利用召开中支行长会议之机，发出《家庭助廉倡议书》、签订《家庭助廉承诺书》；四是组织廉政书法、绘画、摄影作品征集评选活动，征集作品240件；五是加强网络廉政文化建设，建设廉政网页153个，提炼"清廉如泉、务实履职"的廉政文化理念。

六、加大案件查防和信访举报的核查力度。一是制订下发《案件风险延伸排查管理办法（暂行）》，将案件风险防范延伸到员工8小时工作时间以外，延伸到员工配偶、子女和离退休人员；二是提高信访举报核查质量，全年受理信访举报50件，办结率为98%；三是制订下发了《关于完善县（市）支行监督机制建设的意见》，枣庄中支在总行县市支行监督管理机制建设座谈会上作了典型发言。

七、深入推进政风行风建设。一是组织开展行风建设标准化管理达标验收，检查情况进行了通报（济银办发[2011]251号）；二是组织召开济南分行加强政风行风建设电视电话会议，提出了工作目标、要求和具体措施。

八、认真做好执法监察和专项治理工作。一是下发《履行国库职责情况执法监察方案》，全年辖区执法监察立项61项，发现问题173项，协助建章立制31项，推广先进典型2个；二是整合监督资源，全年整合监督项目23项，提高了监督效能；三是做好工程建设领域突出问题、"小金库"、公务用车和庆典、研讨会、论坛活动等专项治理的综合协调工作。

（纪检监察一处　纪检监察二处）

【安全保卫】　2011年，人行济南分行保卫处牢固树立"安全第一，预防为主"的思想，紧紧围绕发行库守卫、货币押运、枪弹管理等重要环节，不断拓宽工作思路，改进工作方法，建立了良好的安全运行机制，构筑了牢固的安全防范屏障，被总行评为保卫专业全国的先进集体。

一、加强组织领导，完善内控制度。年初，分行行长与各分管行长、各支行行长分别签订《社会治安综合治理暨安全目标责任书》，形成一级抓一级、层层抓落实的安全格局；并分别于3月和11月对全省17中支的保卫专业工作进行了大检查。

二、加强安全管理，确保安全无事故。一是完善发行库安全区和守卫值班室封闭式管理办法，开展守卫应急技能培训，提高其技能；二是规范押运管理，确保货币押运期间人员、车辆、枪弹及款项的绝对安全；三是健全枪支弹药保管、领取、使用、交接和登记制度，进一步明确枪弹管理职责，同时加强动态检查，杜绝了涉枪案件和事故的发生。

三、加强技防建设，提高安全防范能力。一是进一步规范发行库录像管理，通过开展全省技防监控专项检查，对设备老化频出故障等问题提出了限期整改要求；二是经多方调查研究，提出了GPS发行基金车辆跟踪定位系统的升级改造方案；三是联合山东省科学院开发了《安全保卫信息管理系统》，并进入试点应用阶段。

四、加强银武合作，增强实战能力。一是与驻勤武警一起开展了汽车、火车押运等应急预案的演练；二是加快目标的人防、物防、技防和联防建设，高质量、高标准实现"四防一体化"，确保安全稳定。

（保卫处）

【金融研究】　2011年，人行济南分行金融研究处紧紧围绕中心工作，重服务、抓创新、求特色，实现了思想政治工作和研究专业工作两促进、双丰收。

一、深入开展特色研究。一是围绕宏观审慎管理、差别化金融调控以及通货膨胀问题开展基础研究，多项成果公开发表在《金融研究》、《经济学动态》等核心期刊；二是围绕区域经济发展召开金融支持山东半岛蓝色经济区开发建设暨政银企合作推进会，深入开展金融支持海洋经济发展问题研究，相关成果进入蓝区咨询委员会并公开发表；三是与总行研究局合作完成2011年各季度《价格监测分析报告》和相关专题的撰写。四是呈报的省规划办课题《关于金融支持社会主义新农村建设的普及研究》获贾万志副省长批示；后续成果《新型农村金融机构发展方向考量》获姜大明省长、王仁元副省长重要批示，并下发全省各部门主要负责人参阅。

二、金融科研组织工作取得新突破。一是推进专项分析主办制度，初步建成分行信息资源共享数据库并试运行；二是完成分行第6届金融研究学术委员会换届、召开省金融学会专家委员会会议，完成2010年度分行、省金融学会重点研究课题评审及2011年课题立项；三是以"差别化金融调控：理念与实践"等为主题，组织召开分行经济金融论坛。四是组织辖区研究系统开展文献翻译和专题研究，提高《金融研究报告》编发质量；五是出色完成各项调研任务，共计完成总行调研任务7项；完成省政府研究任务3项；完成人大政协任务2项。

三、强化精品意识，推动研究成果转化。撰写发表文章19篇，其中，CSSCI期刊8篇，中文核心期刊11篇。同时，组织编写《金融消费者权益保护指引》并出版发行；从管理的100项重点课题中评比遴选优秀成果结集《金融发展理论与实践》由中国金融出版社出版；成功申报省社科联重点科普读物全额资助项目《汇通天下——漫谈支付知识》并出版发行。

四、影响力扩大，转引率提升，期刊载体作用充分发挥。一是编辑出版《金融发展研究》正刊12期，增刊2期；二是着力打造品牌栏目，进一步提升案例研究层次；三是培养骨干作者，加强人力储备。

五、学会活动有声有色。一是依托金融理论研究与实践基地开展学术研究；二是以服务区域经济为中心开展学术活动；三是以普及金融知识为宗旨创新开展科普宣传。

（金融研究处）

【法律事务】　2011年，人行济南分行法律事务处积极探索完善"两管理、两综合"的行政执法体制，做好普法宣传教育，强化调研，优化服务，全面提高工作水平。

一、进一步推进依法行政工作。一是对山东省内88家省级金融机构2010年度情况进行了综合评价，下发了《山东省金融机构综合评价办法》，规范了工作流程；二是制定了新设银行业金融机构《管理办法》和《操作规程》，实现了开业验收考核工作的规范化、系统化和合法化；三是组织开发了"银行业金融机构关键岗位任职人员技能考核题库系统"，在辖内推广使用；四是制定下发了《执法检查管理办法》，确保执法检查的合法、公开、公正、合理、高效；五是组织部分中心支行对中信、光大银行山东省内部分机构开展综合执法检查。

二、探索创新履职手段。一是组织研发了金融机构管理服务系统，提高了综合管理与服务效率；二是制定了《金融消费者申诉处理暂行办法》和《关于开展金融消费者权益保护工作的意见》，建立了金融消费者投诉处理机制；三是制定了《关于进一步加强行政许可等审批业务管理的通知》和《2011年依法行政宣传工作方案》。

三、继续做好普法宣传教育。一是组织开展“五五”普法（中央宣传部、司法部关于在公民中开展法制宣传教育的第五个五年规划）表彰，在总行组织开展的“五五”普法先进集体和先进个人评选中，该处及王宝刚分别荣获先进集体和个人；二是积极做好六五法制宣传开局工作，制定了《法制宣传教育第六个五年规划》，召开了全辖电视电话会议。

四、深入开展法制调研。一是代总行起草了中国人民银行《诉讼案件管理办法》和《法律事务工作规定》，参与了总行规章《黄金及期制品进出口管理办法》的起草制定工作；二是加强金融法律理论研究，完成了《济南分行辖区依法行政工作状况评估报告》和《人民银行分支机构法律风险防范研究》等10个重点调研课题，向总行《金融法制动态与参考》荐稿75期，用稿量居各分行前列。

（法律事务处）

【离退休干部工作】 2011年，人行济南分行离退休干部各项工作取得了明显成效。

一、以丰富多彩的活动为载体，增强思想政治工作的实效性。一是在辖区离退休干部党员中深入开展创先争优活动；二是开展了“我们的昨天”为主题的老照片展览活动，自6月起在鲁豫两省分别进行巡展，收到良好效果；三是配合政治理论学习和形势政策教育，组织老干部开展参观考察活动，并通过召开座谈会、茶话会、联欢会、走访慰问等多种形式庆祝老人节；四是8-9月份在辖区内分山东、河南两个赛区举办了老年乒乓球比赛，进一步增强老干部的凝聚力；五是积极开展“与党同呼吸、共命运、心连心”征文活动，共收到征文50余篇。

二、以落实离休干部政策为重点，“两项待遇”落实取得新成果。一是全面落实老干部的政治待遇，形成了节假日走访、生病住院走访的慰问制度；二是坚持以人为本，亲情化服务，切实落实好老干部的生活待遇。

三、加强调查研究，增强工作的主动性和预见性。采取问卷调查、座谈讨论、个别走访等多种形式，对辖区离退休干部思想政治建设情况进行了调研，撰写了《加强新形势下离退休干部思想政治建设的实践和探索》的调研报告，并荣获总行2011年优秀调研报告，得到了总行领导的高度评价。

（离退休干部处）

【党建工作】 2011年，人行济南分行党委办公室组织开展建党90周年系列活动，深化文明单位创建细胞工程，较好地完成了各项工作任务。

一、以迎接建党90周年为契机，扎实开展创先争优活动。一是认真组织机关各党支部和全体人员学习了胡锦涛总书记在庆祝中国共产党成立90周年大会上的重要讲话，并为每个支部配发了学习材料；二是开展领导干部点评创先争优工作；三是开展了庆祝建党90周年系列主题活动。

二、加强学习培训，夯实创先争优基础。一是对分行机关2011年新党员、新入行党员及入党积极分子进行了培训；二是组织机关各支部书记赴全国先进基层党组织－寿光市支行进行了现场学习；三是根据机关人员变动情况，适时对支部委员进行了调整和增补；四是在机关组织了推荐分行系统思想政治工作先进集体和先进个人活动；五是开展了“读一本书写一篇心得体会”征文活动评选；六是研究制定了机关党支部党务公开目录；七是继续加强宣传阵地建设，办好宣传栏。

三、强力推进“讲传统、强信念、比奉献”主题活动。一是组织开展了青年员工赴井冈山学习体会交流会；二是组织各党支部和党员开展红歌大家唱活动；三是围绕主题、突出实效，开展党日活动或主题教育活动；找差距，明确努力方向；创佳绩，提高工作水平。

四、争创全国文明单位。一是继续抓好创建文明单位“细胞工程”；二是严格按照全国文明单位标准巩固完善各项工作；三是认真准备，切实做好迎接全国文明单位考核组的各项工作；四是协助市中区人大搞好换届选举工作。

（党委办公室）

【工会工作】 2011年，人行济南分行工会各项工作取得明显成效。

一、民主管理工作稳步推进。一是健全完善民主管理制度，制定下发了《关于进一步加强民主管理工作的实施意见》等5份规范性文件；二是全面推广职工民主管理信息系统，深入开展建言献策活动。

二、职工文体活动更加丰富多彩。一是在分行机关及辖区开展了推广工间操活动；二是组队参加了人行系统第4届职工桥牌比赛；三是举办了机关第10届职工登山活动，分行机关职工乒乓球比赛，节能志愿者登楼梯比赛和“青春同行、低碳绿行”徒步行活动；四是成立了人行文学艺术联合会济南分会暨鲁豫两省书法美术摄影作家协会。

三、“创争”活动进一步深化。一是制定下发了《关于建立业务竞赛活动长效机制的实施意见》；二是被评为全国金融系统“创新金融服务，支持经济发展”建功立业竞赛活动金融服务先进集体，张树强等7人被评为全国金融系统“创新金融服务，支持经济发展”建功立业竞赛活动金融服务能手；三是分行国库处荣获“全国金融劳动奖状”，张泽明被授予全国金融劳动奖章，对2008-2010年度分行级74名“巾帼建功标兵”和36个“文明家庭”进行了表彰；四是在辖区组织开展了女职工工作十佳“好事实事”评选活动，对评选出的8件好事实事进行了通报表彰；五是济南分行机关被评为第4届全国金融系统学习型组织先进单位。

四、女职工工作再上新台阶。一是推动女职工“三项创建”活动深入开展；二是在辖区各级“女职工文明示范岗”中开展了“央行服务创一流、巾帼建功展风采”活动；三是在辖区女职工中开展了“我为女职工工作献良策”活动；四是开展了“女职工 4 项特殊疾病保险”的专题调研工作；五是开展了对困难女职工的帮扶工作，救助单亲特困女职工 108 人，发放困难补助费 23.14 万元。

五、帮困送温暖工作深入开展。一是继续组织全辖并在分行机关深入开展元旦、春节期间的帮困送温暖活动，对 693 名劳动模范、困难职工和遗属进行了走访慰问，并发放慰问金 92.6 万元；二是及时启动了爱心救助机制，对辖区 3 名患有重大疾病的职工进行了及时救助；三是制订下发了《分行机关职工助学基金管理办法》，分行机关广大干部职工捐款 5.34 万元；四是与后勤报务中心联合在分行机关开展了“慈心一日捐”活动，共计捐款 4.88 万元，并获济南市市中区“最具爱心慈善捐赠单位”称号。

六、职工之家建设取得新突破。开展了人行基层行“标杆职工之家”评选推荐工作，推荐辖区黄岛支行等 23 家单位为总行级“标杆职工之家”；辖区三门峡市中心支行被评为全国金融模范职工之家。

七、宣传调研工作水平进一步提高。在省部级以上刊物发表稿件 312 篇，《金融时报》32 篇，总行《工会通讯》104 篇，《女职工之窗》43 篇。编发分行《工会通讯》31 期，各类简报 1402 期，在内部网站发布信息 2900 余条。

（工会办公室）

【青年工作】 2011 年，人行济南分行团委不断创新工作内容，丰富活动载体，较好地发挥了吸引和凝聚青年服务大局的作用。

一、深入推进“我与央行共奋进”活动。一是制定下发了《关于在辖区青年员工中开展“学党史、知党情、跟党走”主题教育活动的意见》，指导辖区各级团组织积极开展参观、讲座、党史测试、唱红歌、演讲等主题实践活动；二是在分行网站开辟“学党史、知党情、跟党走”活动专栏，全年共发布信息 400 多篇，累计访问量达 1.27 万余人次；三是举办分行机关青年员工党史知识竞赛；四是组织近 60 名青年员工参加“齐鲁大讲坛——弘扬沂蒙精神”专题讲座。

二、大力推进农村青年信用示范户工作。一是与团省委联合印发了《关于在全省开展农村青年信用示范户试点工作的通知》，在枣庄全市和平阴县等 16 个县市区先行开展试点工作；二是先后于 6 月、12 月份两次组织召开全省农村青年信用示范户工作推进会，取得了较好成效。截至 11 月末，全省共评定农村青年信用示范户 8.18 万户，累计发放贷款 57.02 亿元。人行枣庄市中支在团中央、总行召开的全国农村青年信用示范户工作推进会上作了经验交流。

三、强化青年工作品牌建设，不断创新和拓展团组织服务功能。

（一）大力开展青年文明号“立足岗位比奉献、创先争优做先锋”主题教育实践活动。组织开展了创建标准大讨论和网络征集活动，起草完成了窗口服务类、业务管理类、内部管理类标准方案报送总行，其中，内部管理类方案被总行评为优秀方案，12 月，分行创建“青年文明号”工作领导小组被总行授予优秀单位。

（二）不断完善金融知识进社区活动长效机制，利用传统节假日、民俗集会等时机，通过送金融知识进农村、进学校、进军营、进厂矿、进居民区、进景区以及举办专题讲座、发放金融知识明信片、开设金融知识宣传站等方式，开展宣传活动 420 余次。

（三）通过建立重点联系制度和督导制度，健全完善青年研究课题评审机制，组织召开辖区优秀研究成果汇报交流会等措施，全力推动辖区青年课题组研究水平不断提升。全年全辖共成立青年课题组 152 个，开展各类活动 311 次，参与青年 963 人，向总行推荐上报的 10 篇课题中有 8 篇获奖。

（四）加强央行注册志愿者队伍、项目和机制建设。一是与后勤服务中心联合举办了分行机关节能志愿者登楼梯比赛，并组织开展了以“用行动播撒绿色希望、向央行奉献美好青春”为主题的义务植树活动；二是围绕金融知识宣传、重要会议和重大活动、突发事件应急处理、扶贫帮困助学、节能环保等活动，辖区各级团组织共开展各类志愿者服务 457 次，参与青年员工 8900 余人次。

（五）不断创新和拓展团组织服务青年功能。一是组织开展“青春同行、低碳绿行”徒步行活动，并联合部分驻济金融机构团委举办了“青春同心、我们同行”青年主题联谊活动；二是在分行内联网站“青年之窗”开办“驻济高校学术讲座动态”专栏，订购了《青年文摘》杂志，并开展团员青年生日祝福活动。

四、拓宽宣传渠道，加大宣传力度。一是制定下发了《关于进一步加强团的信息宣传工作的通知》；二是以分行青年之窗网站为主阵地，及时发布辖区青年工作信息，并组织在《金融时报》、《经济日报》、《齐鲁晚报》等发表文章 40 余篇，总行“央行青年”网站共采用济南分行团委报送的工作信息 1780 篇，为上年的 5.7 倍。

五、加强团组织的自身建设。一是指导辖区各中支补充建立了县（市、区）支行团支部，并配齐配强了相应团干部，辖区共有基层团支部 237 个，同比增加 264.6%，团干部 874 人，增加 337%；二是组织开展了辖区中支团委书记电话述职活动；三是扎实开展学习型团组织建设活动；四是与各处室组织开展了“健康生活、快乐工作”、“共建互学、创先争优”迎七一等主题实践活动；五是扎实抓好部门党风廉政建设和文明处室创建活动。

（团　委）

【清算工作】 2011 年，人行济南分行清算中心正确把握稳定运行与创新发展的相互关系，切实加强运行维护管理，严密监控业务运行状况，系统可用率实现 100%，支付系统宣传和信息调研工作继续保持领先地位，实现了年初确定的 A 类行工作目标。

全年山东省辖内支付系统运行平稳，业务量持续稳定增长。截至 11 月底，大额支付系统共处理业务 4463 万笔，金额

66.26 万亿元，同比增长 42.55%和 23.94%，为 2006 年以来最高。小额支付系统共处理业务 1293.36 万包，3356.04 万笔，金额 8016.27 亿元，其中贷记业务 1246.04 万包，3323.09 万笔，5815.04 亿元，贷记业务笔数和金额较上年增长 46.46%和 37.40%。全国支票影像交换系统共处理区域业务 12.85 万笔，金额 80.74 亿元，异地业务 2.68 万笔，金额 24.19 亿元。电子商业汇票系统按出票人开户行统计本年共处理业务 30017 笔、交易金额 513.28 亿元，按承兑人开户行或承兑行统计本年共处理业务 31141 笔、交易金额 528.79 亿元，继续保持全国第二位。网上银行跨行支付系统共 125 万笔，金额 167.49 亿元。

一、确保支付清算系统安全稳定运行。一是召开电视电话会议和结算联席会议，将海宁清算中心工作会议精神传达到各商行直接参与者；二是完善修订了 13 项制度、办法；三是坚持每日 3 次对硬件设备、5 次对应用系统进行精心维护检查，严格执行 24 小时业务、技术双人值班制度；四是利用每季度巡检机会，认真对系统全面维护检查，提高技术保障能力；五是在建党 90 周年、“第 26 届世界大学生夏季运动会” 等重要活动期间，特别加强运行维护管理，确保了特殊时期支付系统安全稳定运行；六是自主开发运行支票影像退票管理软件，极大地降低了支票影像退票率，提高了运维质量。

二、不断开拓支付清算系统宣传工作模式。一是召开部分中支清算分中心主任座谈会，讨论制定《山东省 2011 年支付清算系统宣传工作方案》；二是举办支付系统宣传综合人员培训班，邀请总中心专家授课；三是举办“央行支付杯”庆祝建党 90 周年支付系统宣传作品征集、评选活动，征集作品 590 余件，获奖作品刊登在《大众日报》上；四是在滨州组织了第 3 届“支付清算杯”羽毛球比赛；五是举行“人生第一个书包”爱心捐助活动，把温暖带入贫困山村的同时，将支付系统知识宣传到乡村；六是依托植树节义务植树活动，现场宣传支付清算系统；七是加强对中支支付系统宣传指导力度。

三、多层次全方位在全省展开信息调研。一是作为电子商业汇票系统的第一批上线的 4 个试点区域之一，承担了总中心课题《基于业务拓展视角下的电子商业汇票体系建设研究》，并围绕该系统上线以来的运行维护及应用情况，开展了一系列调研活动；二是《鲁豫两省票据业务融资异常增长应引起关注》的调研报告，被杨行长批示，并在总中心《支付清算》上被评为优秀文章；三是积极组织山东省清算专业信息调研，并及时向总中心《支付清算》推荐投稿，全年在《支付清算》发表文章 22 篇；四是在 2010 至 2011 年度，被总中心评选出 3 篇优秀文章，在总中心历年的考核评比中皆名列前茅。

四、不断提升应对突发事件处置能力。一是配合有关处室完成了山东省支付清算系统突发事件应急处置模拟演练；二是在 5 月 21 日支付清算系统维护窗口时间进行了主备机切换测试和系统补丁安装工作；三是组织全体员工集体学习和自学支付清算系统各项管理办法以及内控指引有关文件，进一步强化风险意识；四是对 2010 年以来本中心整体工作全面梳理，排查各岗位风险点，提高了业务技能和管理水平以及应对突发事件的能力。

五、圆满完成了总中心安排的其他任务。一是完成了山东省支付系统网络广域网通信电路卫星电路改造项目，以及新一代卫星通信网的数据验证和测试工作；二是完成清算总中心安排的二代支付系统建设场地环境现状调查、支付系统生产指挥辅助系统建设城市处理中心场地环境调研工作；三是完成并配合完成了 3 个季度 CCPC 巡检和自检工作；四是顺利完成恒丰银行等 3 家直接参与者网上支付跨行清算系统的推广上线以及浙商银行等多家参与者加入大小额支付系统的各项工作；五是抽调骨干力量参加总行为期 2 个月的新一代支付系统测试工作，并担任第 8 测试组组长，圆满完成了任务；六是作为总中心 6 个试点省份之一，率先举办 2011 年山东省支付清算系统直接参与者运行维护培训班，为总中心建立和丰富培训课程体系，探索培训模式积累了经验。

（清算中心）

【后勤服务】 2011 年，人行济南分行后勤服务中心以强化安全生产，优化服务结构，提高工作质量，努力创建节约型机关为重点，较好地完成了各项工作，被总行授予“2006-2010 年度节能减排工作先进集体”荣誉称号。

一、完善制度，工作程序进一步规范。一是完善了后勤办公会议制度，严格落实工作职责和责任，逐步建立起分工合理、职责明确、运转协调、保障有力的后勤工作落实机制；二是印发了《机关公务车辆管理使用暂行规定》，加强行车安全教育，科学调度、派遣车辆，全年安全行驶 156 万公里；三是重申并规范了医疗费用个人包干超支报销的说明，通过组织健康体检，加强宣传和有效防疫，提高了医疗保健水平。

二、警钟长鸣，确保机关生产安全无责任事故。一是进一步修订安全生产制度，完善应急管理预案，建立应急值班制度，对火灾、地震、突发性公共卫生应急预案有针对性地进行了专项演练，总行《央行后勤》刊物编发了山东专辑，介绍交流了有关做法和经验，得到总行机关事务管理局高度评价；二是严格落实安检和设备定期维保制度，健全了各类物品的档案、卡片和出入库登记制度，对分行机关设施设备维保合同进行了全面清理和补充，完善了设备运行、检测和安全情况记录；三是与辖区公安、街道办事处和宿舍物业公司等部门形成联动合力，确保分行机关、济南培训中心和宿舍安全。

三、承前启后，节能减排开局年取得良好成绩。一是及时印发了《“十二五”节能规划》和《能源资源消耗统计实施方案》，出台了节能减排工作领导小组会议制度、节能减排年度考核办法、机关重点用能设备管理办法和能耗分项计量分析制度，组织召开了分行“十一五”节能工作双先表彰会议；二是组织对分行机关和辖区人行分支机构用能设备情况进行了调查，新增了能耗动态监测系统，使分行分项计量和能耗统计工作走在了全国人行的前例；三是组织参加了总行和中国节能减排促进会联合举办的能源管理师培训班，20 名参训人员全部取得高级能源管理师证书。

四、扎实干事，机关服务保障工作又上新台阶。一是完善合同用工制度，健全合同用工档案，实现了规范化管理；二是明确费用开支财务审批权限，执行了大额财务开支的申报签批制；三是严格接待标准和范围，实行会议、接待事前审批和预算审批，降低了接待费用支出；四是严格落实《食品安全法》，合理调剂饭菜花色品种，认真做好机关餐厅和宿舍食堂餐饮供应工作；五是加强济南金融干部培训中心成本核算，积极进行节水改造，全方位提高接待水平。

（后勤服务中心）

【巡视工作】 2011年，人行济南分行巡视办公室进一步突出工作重点，完善工作方式方法，保证了分行党委的第二轮巡视工作任务的顺利完成。全年组织对周口等12个中支(含分行营管部)党委领导班子及成员开展了巡视工作，对13家县(市)支行进行了延伸巡视，并对德州等10个中支进行了跟踪评估。全年共发放各类调查问卷2757份，个别谈话1733人次，走访当地政府、纪委、金融机构等单位52家，召开各类座谈会22个，调阅各种资料4.6万余份，发现问题与不足60多项，提出各类工作建议61条。

一、进一步突出工作重点，增强巡视工作针对性。一是制定下发了全年巡视工作意见，把“加强领导班子建设、加大风险防控力度、科学履行央行职责、加强县（市）支行建设”作为工作的重点内容，强化对辖内县(市)支行的延伸巡视；二是注重研究和把握巡视工作的规律性和科学性，及时合理安排巡视工作。

二、进一步完善干部队伍建设，提高巡视队伍素质。一是加大“一岗双责”工作力度，认真开展文明单位创建工作，7月份巡视办被分行授予“2010年度分行机关文明集体”称号；二是组织支部及各巡视组临时党小组强化对《党员领导干部廉洁从政若干准则》及各项廉政纪律的教育和学习，积极开展各类党日主题教育活动10余次；三是从分行机关、郑州中支和地市中支领导班子中抽调业务熟练、有发展潜质的年轻干部30多人次参加巡视，确保了干部队伍的整体素质；四是加大学习培训力度，进一步提高了巡视人员的业务能力。

三、加大工作创新力度，完善巡视监督手段。一是加大各巡视环节的分析力度，改进问卷测评方式；二是完善监督检查基本框架体系，围绕全年巡视重点，从4个方面设置了86项评判指标，初步解决了巡视结果判断量化难的问题；三是加大对被巡视单位领导班子及成员作风建设情况了解力度，进一步调整优化调阅资料内容和结构，帮助被巡视单位领导班子真正从自身建设、管理指导方面查找工作不足；四是完善巡视报告的整体框架和内容规范，将报告调整为班子整体评价、存在问题、相关建议三个部分，切实增强报告的科学性和合理性；五是增强巡视汇报的时效性，每次巡视结束后，及时向分行党委进行汇报，保证各巡视组于进驻现场结束后一月内完成巡视意见的反馈工作。

四、强化巡视成果分析和应用，增强监督资源共享。一是注重发挥巡视时间长、工作方法灵活的监督优势，进一步完善与其它监督部门的工作信息沟通联系机制；二是巡前利用巡视再监督的工作特点，请纪检监察、组织人事、内审等部门为巡视组提供监督档案资料，充分利用监督成果；三是加大对被巡视单位存在薄弱环节的工作指导，并帮助其进行整改落实。

五、进一步强化调研支撑作用，积极转换有关成果。一是对2009年以来开展的第二轮巡视整体情况进行深入分析，整理总结出被巡视单位所存在的问题，并向分行党委及被巡视单位提出改进建议；二是加大工作经验总结力度，总结出的好做法及时向总行整理报送，至11月末共编发报送9期《巡视工作信息》，其中3期被总行采用，采用量居各分行前列；三是提交的《构建巡视制度基本框架的思考》在总行组织的巡视工作理论与实践论文征集评比活动中评为优秀论文，并被推荐到中央巡视办，有效提升了巡视成果转换的质量。

（巡视办公室）

【大事记】 1月4日 人行济南分行印发《新设银行业金融机构管理办法》的通知。

1月7日 人行济南分行转发总行《关于上调人民币存款准备金率的通知》。

1月20日~21日 人行济南分行组织召开人民币境外投资管理政策培训会，全省17地市、县行跨境办工作人员共计100余人参加了培训。

1月22日~23日 人行济南分行在日照召开2011年工作会议，传达总行工作会议精神，总结2010年工作，研究部署2011年辖区各项工作。人行济南分行党委书记、行长杨子强作主题报告，分行各党委成员、机关各部门主要负责人、辖区各中心支行和县支行行长等400近人参加了会议。

2月8日 人行济南分行转发总行《关于上调金融机构人民币存贷款基准利率的通知》。

2月21日 人行济南分行转发总行《关于上调人民币存款准备金的通知》。

3月1日 人行济南分行印发《新设银行业金融机构管理操作规程》的通知。

3月22日 人行济南分行转发总行《关于上调人民币存款准备金率的通知》。

3月28日 人行济南分行综合执法检查业务专项培训第1期培训班正式开班，分行纪委书记辛树人出席开班仪式做动员讲话。

4月5日 人行济南分行转发总行《关于上调金融机构人民币存贷款基准利率的通知》。

4月19日 人行济南分行转发总行《关于上调人民币存款准备金率的通知》。

4月23日 人行济南分行机关第10届职工登山活动在泰山隆重举行，分行党委书记、行长杨子强等行领导，以及分行机关和泰安中支机关390余名干部职工一起参加了登山活动。

5月5日 人行济南分行组织召开山东省金融统计标准化工作动员大会。会议采用视频形式，分行设主会场，各市中支设分会场。山东省及各地市金融统计标准化领导小组成员，各政策性银行、国有商行、股份制商行、外资银行、城商行、农村合作机构、村镇银行、财务公司、信托公司、小额贷款公司等金融机构省级、市级分支机构分管金融统计工作的行领导和统计部门负责人，人行各市中支、县行行长、统计部门负责人等共计1000余人参加了动员大会。

5月6日　人行济南分行转发总行《关于上调人民币存款准备金率的通知》。

5月9日　人行济南分行印发《山东省金融机构综合评价办法》的通知。

6月7日　人行济南分行、省经信委印发《流动资金贷款需求重点企业名单》的通知。

6月17日　人行济南分行转发总行《关于上调人民币存款准备金率的通知》。

7月6日　人行济南分行转发总行《关于上调金融机构人民币存贷款基准利率的通知》。

7月6日　人行济南分行、中国银行间交易商协会、省金融工作办公室《银行间市场助推山东经济发展合作备忘录》签署仪式在济南举行。山东省委常委、常务副省长王仁元，中国银行间交易商协会秘书长时文朝，人行济南分行行长杨子强，省金融办公室主任李永健出席仪式并讲话。

7月27日　人行济南分行、省水利厅印发《进一步加大金融对全省水利建设支持力度》的意见。

8月9日　人行济南分行印发《山东省银行卡助农取款服务推广工作实施方案》的通知。

8月17日　人行济南分行、省委组织部、省财政厅印发关于进一步加大金融支持力度、推动大学生"村官"创业富民工作的意见。

8月23日　人行济南分行、省经信委印发第2批《流动资金贷款需求重点企业名单》的通知。

9月20日　人行济南分行印发《多用途预付卡检查实施方案》的通知。

9月22日　人行济南分行印发《山东省涉农信贷政策导向效果评估实施细则（试行）》和《山东省中小企业信贷政策导向效果评估实施细则（试行）》的通知。

11月30日　人行济南分行转发总行《关于境内银行业金融机构境外项目人民币贷款的指导意见》的通知。

12月1日　人行济南分行印发《反洗钱监测调查工作管理办法》的通知。

12月2日　人行济南分行转发总行《关于下调人民币存款准备金率的通知》。

12月23日　人行济南分行印发《山东省银行卡助农取款业务管理暂行办法》的通知。

（李　玲）

国家外汇管理局山东省分局

【综述】　2011年，国家外汇管理局山东省分局（以下简称"外管局山东分局"）把工作重点放在促进落实总局重要工作部署上，多项工作取得新亮点。

一、外汇信息调研继续保持全国第一。全年信息考核得分连续4年居全国各分局首位，有5篇被总局《外汇局信息》采用，2篇被总局《外汇管理专题研究》编发，牵头撰写的《贸易顺收顺差背离问题调研报告》，得到总局领导的肯定。

二、主体监管试点在全省推广准备就绪。一是探索开展了重点监测、综合风险评估等工作，全面总结首批试点中的经验和问题，并细化为21条具体措施；二是研究形成《关于适应主体监管要求整合省分局内设处室的意见》报总局。

三、推动打击"热钱"形成合力。一是组织起草印发全省17市政府的《关于坚决遏制和打击违法违规外汇资金流入的函》，有关做法被总局以《外汇局信息》上报中办、国办；二是起草《关于山东省贸易顺差情况的报告》报省政府，就减轻跨境资金流入提出政策建议；三是率先把跨境资金净流入细分为"外汇净流入"和"外汇净结汇"，组织撰写了《山东省区域跨境资金流动监测报告》；四是建立健全《区域跨境资金流动重点监测方案》、《特色涉外产业监测方案》和《银行外汇表外融资统计制度》；五是坚持每月撰写全省跨境资金流动形势、涉外经济形势、境内外汇贷款和银行表外外汇融资分析报告，全面反映跨境资金净流动情况。

四、个人外汇政策宣讲取得新成效。一是组织撰写的《融"汇"贯通——外汇知识一本通》与《马克思主义中国化重大理论问题》等科普读物面向全社会发行；二是组织分支局在《齐鲁晚报》、《聊城日报》和《莱芜日报》等开设专栏登载个人外汇政策问答，开展宣讲活动148次，接待咨询2万余人次；三是继续深入开展外汇政策业务集中宣讲活动，确保宣讲面达到100%；四是组织各市开展外汇政策业务巡回宣讲活动160次，广场宣传89次，宣讲企业1.4万余家。

五、外汇绩效审计得到总局高度重视。一是统一开展对潍坊、淄博、滨州、烟台、威海市中心支局及章丘、济阳县支局的内控监督检查；二是在全国率先制定绩效审计管理办法，建立绩效审计评价指标体系，并对日照市中心支局开展了试点；三是完善试点中心支局《风险评估分类操作规程》和《综合柜员操作规程》等制度。

六、各项综合基础工作规范扎实。一是连续6年以鲁汇发1号文出台《关于进一步改进外汇管理，支持全省涉外经济平稳较快发展的指导意见》，得到才利民副省长批示；二是制定《行政许可办理程序》,印发《关于进一步规范外汇业务行政审批管理的通知》,切实防范业务操作和执法风险;三是严格落实重大事项报告和政务值班制度,上报值班信息"零遗漏"。

【外汇检查】 2011年,外管局山东省分局加强跨境资金流动监测和检查,在打击和防范"热钱"上找亮点,在提高非现场监测和现场检查能力上求突破,外汇检查各项工作成效明显。

一、加强跨境资金流动检查,打击和防范"热钱"流入。一是高度重视,争取各级政府部门对打击热钱工作的配合和支持;二是强化机制,推行高效的非现场和现场工作制度;三是突出重点,开展外商投资企业资本金结汇业务合规性检查。

二、完成非现场"系统"功能升级,提升跨境资金监测水平。一是改进非现场检查系统功能,实现外汇监管信息全覆盖;二是完善外汇执法风险识别系统,开展"合规性风险点梳理"主题研究;三是建立银行合规性监测指标体系,取得明显成效;四是稳步推进银行数据采集和应用,建立银行外汇业务标准化检查工作机制,相关做法在总局专业会议上做典型发言。

三、组织开展银行外汇业务检查,强化外汇监管权威。全年组织对全省16家分行以上银行分支机构外汇业务合规性进行综合执法检查、专项检查及回访检查,共立案68起,处罚562.3万元。

四、加强联合办案,破获网上银行特大钱庄案。一是组织威海市中心支局与公安部门密切协作,破获一起特大韩币地下钱庄案,涉案金额6亿元,为历年来涉案金额最大的非法买卖外汇案件;二是组织临沂市中心支局与公安联合侦破一起非法买卖外汇电子货币案,是山东省首次发现以虚拟电子货币为汇兑标的非法买卖外汇案件。

五、强化宣传,积极开展"诚信兴商宣传月"活动。一是与淄博市政府联合主办了山东省"诚信兴商宣传月"活动启动仪式;二是参加"外汇检查系统知识技能大比拼活动",荣获第一名;三是全省各地宣传打击"热钱"成果、普及外汇政策法规,现场提供咨询服务7万余次,分发宣传资料14万余份。

六、结合实际,深入开展调研工作。一是组织全省针对热点问题开展信息调研工作,编发《外汇检查动态》,被总局及相关刊物采用138篇;二是结合银行检查工作,形成《外汇检查执法风险与控制课题研究》,提出有效的防控对策,被总局采用;三是结合外商投资企业资本金结汇专项检查,形成《外汇资本金异常流入实证分析及对策研究》。

七、积极协助总局开展全国性检查工作。派处级领导作为组长,代表总局对天津、黑龙江分局开展内控检查,对陕西省开展外汇检查现场指导试点工作;派员参加总局组织的对摩根大通、交通银行总行和财务公司的专项检查。

【资本项目管理】 2011年,外管局山东省分局紧紧抓住改革和监测两个着力点,以调研分析为支撑,积极构建便利高效的资本项目外汇管理体制,取得较好成绩。

一、全面参与,圆满完成总局各项重点工作。一是先后承办总局"简政放权和有效管理"专题会议和系统整合座谈会;二是完成了总局《跨境信贷业务非现场核查操作指南(第1版)》部分章节的撰写和全书的统稿工作;三是完成了总局外商直接投资外汇管理法规和《外国来华直接投资外汇管理办法》中统计监测部分的撰写工作。

二、多措并举,促进贸易投资便利化。一是召开了全省短期外债余额指标管理工作座谈会;二是通过加强银行融资性对外担保指标数据报送,提高指标使用率;三是开展详细调研,形成了《山东省辖内非银行金融机构外汇业务情况调查报告》;四是开展送政策上门活动,为企业量身定制外汇服务措施。

三、加强组织领导,提高外汇年检报送率和通过率。一是积极与联合年检各部门沟通协调,定期交换未参检企业名单;二是召开了全省外汇年检工作调度电视电话会议;三是对山东省辖内(不含青岛)8934家外商投资企业和641家境外投资企业进行了外汇年检,参检率分别为100%和94.68%,通过率均为100%。

四、完善制度,非现场监测水平大幅提高。一是撰写的《资本项下非现场核查工作总结报告》,被总局投资管理处发全国借鉴;二是建立了资本项目《重点监测分析制度》和《数据综合利用工作制度》;三是制定了资本项目系统《接入管理办法》和《上线验收标准》;四是制定了《山东省银行短期外债余额指标和融资性对外担保余额指标执行情况非现场核查工作实施方案(试行)》。

五、拓展调研深度,为领导决策提供科学参考。一是完成重点督查调研《山东省投资总额前十名外资房地产企业外汇收支情况核查报告》;二是编辑《资本项目外汇信息》126期、《专题调研》3期和《资本项目非现场监测动态》1期,被总局相关刊物刊发86篇(次)。

【经常项目管理】 2011年,外管局山东省分局积极构建便利高效的经常项目外汇管理体制,货物贸易外汇管理改革工作受到总局通报表彰,防流入和主体管理两项工作经验在全国交流。

一、全力推进货物贸易管理改革。一是作为核心成员全程参与货物贸易管理改革试点法规写作,协助总局圆满完成配套系统测试;二是成功启动货物贸易管理改革试点;三是积极探索完善监管流程,初步构建起便利化和风险管理相结合的新型进口监管模式;四是强化对潜在业务需求企业和重点企业的引导,全年出口存放境外量达85.8万美元,有效提升了企业资金运作效率。

二、控流入降顺差工作成效显著。一是主动向省政府及相关主管部门汇报沟通、宣传解释控流入政策举措,确保各项政策顺畅执行;二是着重规范重点环节管理,加强对监管盲点的研究；三是召开多层级银行专题座谈，强化银行一线尽职审查力度；四是加大对重点地区督导力度，将控流入工作量化并实施目标考核管理。

三、监管和服务水平实现双提升。一是充分发挥系统功效，切实加强监测核查，发现违规案例线索 728 件；二是优化政策环境，在鲁汇发[2011]1 号文中提出促进货物和服务贸易便利化 6 项措施；设身处地解决企业难题；三是创新服务，深入开展“一企一策”式外汇服务，树立了良好外部形象。

四、调研分析前瞻性显著提高。一是作为总局指定分局，完成控流入等 9 项专题调研；二是开展特色调研，先后组织完成赔偿外汇收入管理等 5 项专项调查；三是建立收支波动快速反馈机制，形势报告在总局经常司 1 季度和上半年形势分析例会上作专题汇报。

五、进一步畅通政策传导渠道。一是充分利用电视电话会议形式，举办外汇局系统专题业务培训班 8 期，培训 260 余人次；二是突出改革主题开展政策宣讲，全省共举办培训班 39 期；三是多形式扩大宣传面，在《齐鲁晚报》等报刊上开设专栏登载政策问答，积极参与省电台“阳光政务热线”活动。

六、发挥优势，挖掘潜力，全面参与总局各项重点攻关。一是作为主要执笔分局，参与完成了经常司年度重点课题的撰写；二是作为核心分局，全程参与了保险外汇管理法规的封闭写作；三是积极开展主体管理探索，在全国经常项目外汇管理专业会议上进行了经验介绍。

【国际收支】 2011 年以来，外管局山东省分局以加大工作创新力度为着力点，以提高监测分析水平和统计数据质量为核心，以加大对银行的管理和指导为抓手，不断加大工作力度，全省国际收支工作水平继续保持全国前列。

一、始终坚持工作创新，各项业务工作亮点突出。一是修订完善了《国际收支统计间接申报常见问题汇编》，得到总局充分肯定，并在全国正式出版发行；二是在全国率先开发推广了《银行结售汇管理信息系统》；三是组织开发了《国际收支非现场核查系统》；四是在全国率先搭建了法人金融机构外汇业务交流平台；五是协助总局举办《个人本外币兑换特许业务管理办法》及实施细则研讨会，积极支持烟台张江艾茜益、天津渤海通汇等公司特许业务的开办；六是制定下发了《关于加强驻济外汇指定银行外汇从业人员管理的通知》；七是召开了辖区重点外汇指定银行外汇管理工作座谈会，有效防控异常外汇资金流入。

二、始终坚持完善分析思路，监测分析水平明显提高。一是加大结构性分析，尤其是净流入结构的分析力度，做到了“有数据、有情况、有分析、有判断”；二是加强监测分析，协助总局召开贸易顺收顺差背离座谈会；三是加大专题分析力度，全年上报《国际收支专报》58 期，编发《外汇形势分析调研》12 期，被总局采用 10 余篇；四是不断拓展外汇信息来源渠道，继续完善外汇指定银行重点联系行制度；五是完善出口换汇成本及进出口企业问卷调查体系，采取特殊指导、绿色通道、通报表彰等手段，调动企业参与调查的积极性。

三、始终坚持夯实基础，业务工作规范化水平显著提升。一是分别制定了国际收支统计间接申报《非现场核查操作流程》、《申报逾期未申报管理暂行办法》和《现场核查案件移交操作规程》；二是按照总局的统一安排和部署，承担并完成了《国际收支和国际投资头寸手册（第 6 版）》中文翻译稿部分内容的校对工作；三是下发了山东省国际收支企业网上申报《试点推广实用手册》和《操作指引》，该项工作取得明显进展；六是举办了全省国际收支统计申报、银行外汇收支管理和贸易信贷抽样调查培训班。

四、始终坚持加强管理，银行依法合规经营意识增强。一是稳步有序做好银行考核工作，召开外汇指定银行座谈会，引导银行认真贯彻执行外汇管理各项政策规定；二是按照“一旬一小查、一月一大查”原则，不断加大结售汇统计数据核查力度；三是修订完善了《银行结售汇统计核查办法（试行）》；四是依托“银行结售汇管理信息系统”，对已具备结售汇业务经营资格但长期不开办业务的机构进行了清理；五是探索建立了商业银行汇率避险产品备案管理制度。

【大事记】 2 月 28 日　外管局山东省分局印发《行政许可办理程序》的通知。

3 月 7 日 ~8 日　外管局山东省分局组织召开 2011 年工作会议。

3 月 31 日　外管局山东省分局印发《内控监督检查实施方案》的通知。

4 月 22 日　外管局山东省分局印发《国际收支统计间接申报逾期未申报管理暂行办法》的通知。

5 月 7 日　外管局山东省分局举办全省国际收支统计申报培训班。

6 月 24 日　外管局山东省分局印发《国际收支统计间接申报现场核查案件移交操作规程》的通知。

6 月 28 日　外管局山东省分局在潍坊召开全省贸易信贷抽样调查培训会，全省贸易信贷调查普查层企业财务人员和各市中心支局业务经办人员 190 余人参加了会议。

7 月 3 日　外管局山东省分局在烟台召开全省法人金融机构外汇业务培训暨座谈会。国家外汇管理局国际收支司司长管涛、山东省分局副局长李亚新到会讲话，全省法人金融机构分管外汇业务的行长及部门负责人近 80 人参加了会议。

9 月 14 日　外管局山东省分局印发《外汇信息调研工作考核办法》的通知。

11 月 23 日　外管局山东省分局印发《货物贸易外汇管理制度改革试点工作实施方案》及《货物贸易外汇管理制度改革试点工作安排配档表》的通知。

11 月 29 日　外管局山东省分局在潍坊青州市召开山东省外汇年检工作总结会议。

（外管局山东省分局）

中国银行业监督管理委员会山东监管局

【第一负责人简介】 廖平之，男，汉族，1954年7月生，江西临川人，中共党员，大学学历，高级经济师。1972年3月参加工作，历任人行抚州地区分行人事科副科长、党组成员、副行长，人行赣州地区分行党组书记、行长，人行南昌中心支行党委委员、副行长兼国家外汇管理局江西分局副局长，人行武汉分行党委委员、副行长，武汉分行营管部调研员，党委委员、副主任；2005年12月任湖北银监局副局长、党委委员；2008年8月任西藏银监局局长、党委书记（副局级）；2009年5月任西藏银监局局长、党委书记（正局级）；2010年10月至今任中国银行业监督管理委员会山东监管局党委书记、局长。

【综述】 2011年，中国银行业监督管理委员会山东监管局（以下简称"山东银监局"）深入贯彻落实科学发展观，把转变监管方式作为监管工作的主题，以精细化为目标，积极推进机制创新，以监管有效性的持续提高为抓手，实现了监管工作和银行业的协调发展，保障了银行业安全稳健运行，促进了山东经济平稳较快发展。截至2011年末，辖区银行业资产总额46297亿元，较年初增加6250亿元，同比增长15.61%，负债总额44759亿元，较年初增加5956亿元，同比增长15.35%；不良贷款余额609.3亿元，较年初下降144.9亿元，不良贷款率为2.03%，较年初下降0.86个百分点；全年实现利润662.84亿元，同比增加147.51亿元，增长28.63%。辖区法人银行业机构统算资本充足率较年初提高1.22个百分点，核心资本充足率较年初提高0.93个百分点；辖区银行业金融机构各项贷款损失准备金余额较年初增加131.77亿元，同比增长22%，统算拨备覆盖率较年初提高40.51个百分点，银行业抗风险能力进一步增强。

【重点工作】 2011年，山东银监局把地方政府融资平台贷款规范清理、"三办法一指引"贯彻执行、中长期贷款合同修订补正作为监管工作的重中之重，集中监管资源，完善措施，各项工作取得阶段性成效。

一、平台贷款规范清理工作取得积极进展。该局以"分类管理、区别对待、逐步化解"为原则，以"降旧控新"为目标，持续推动平台贷款整改增信，切实有效缓释平台贷款风险。目前山东平台贷款分布较为合理，风险总体可控，其规范管理水平、抵质押的有效性和现金流覆盖程度也有了较大幅度提升。

二、"三法一指引"执行深度和广度进一步拓展。该局研究制定了《关于进一步贯彻落实贷款新规加强信贷业务精细化管理的指导意见》，抑制信贷资金"脱实向虚"，年内全辖受托支付比例持续提高。

三、中长期贷款合同修订补正工作持续深入。该局研究制定了银行横向和分局纵向的全方位考核机制，建立"半月报"监测制度，重点督促未完成目标的银行业金融机构认真查找原因，全年辖内中长期贷款合同修订补正率稳中有升。

【风险监管】 2011年，山东银监局严密布控重点风险监管，坚守风险底线，取得积极成果。

一、有效管理房地产贷款风险。一是建立与省国土厅常态化联席会议制度和土地闲置等敏感信息共享机制，并将首批获取的21宗闲置土地名单及时转发银行；二是督导银行业严格执行房贷调控政策，部署开展压力测试，落实风险缓释措施。

二、前瞻应对流动性风险。一是督促法人机构按季开展流动性压力测试；二是着重加大对流动性比率低于30%，以及存贷比逼近甚至超过监管红线的法人机构的监管力度。

三、强化信息科技风险监管。一是单设信息科技监管处，配备专门人员，组织对16家法人开展信息科技专项审计；二是开展对部分法人机构的信息科技现场检查，严肃查处个别银行综合业务系统故障事件，并督促做好整改工作。

四、稳步推进高风险机构风险处置。一是针对年初确定的高风险机构和地区，制定针对性的风险化解方案，实行"紧盯式"监管；二是要求省联社履行管理和帮扶职能，采取领导包社、召开风险化解现场会等手段，推进风险化解。

五、加强理财业务监管。一是开展了为期3个月的理财监管法规学习活动，对覆盖各银行层级以及管理操作层面的6573名理财从业人员组织开展法规测试；二是集中开展理财产品消费宣传活动，张贴、发放宣传材料100多万份；三是对济南市部分银行网点代理保险业务进行暗访，并根据结果提出监管意见。

六、积极防范民间借贷等体系外风险。一是针对民间借贷快速发展带来的风险，迅速部署开展调查，并向省委省政府提出政策建议；二是部署银行业清理清查，防范相关风险向银行业传递。

【案件处置与防控】 2011年，山东银监局全力抓好案件处置与防控，维护金融稳定取得积极成果。

一、稳妥做好案件处置工作。一是督促涉案银行迅速开展全面风险排查，提高风险自我管控能力；二是密切监测涉案银行流动性变化和业务开展情况；三是主动协调争取政府、同业等方面的支持，重塑涉案银行发展信心；四是与省委宣传部密切配合，采取有力措施平息舆情，避免涉案银行发生严重声誉风险。

二、全面堵塞风险漏洞。一是制定下发了《关于进一步强化内控防范操作风险的通知》、《关于进一步加强银行业金融机构案件防控工作的通知》和《关于加强银行业金融机构重要空白凭证管理的通知》等一系列文件；二是对驻济南11家股份制银行、6家城商行异地分行，以及5家城商行总部开展内控专项现场检查；三是组织开展农村中小机构抵质押贷款风险排查、顶冒名贷款专项整治和置换核销不良贷款排查清理"三项整治"；四是深入推进"内控建设年"活动，进一步完善内控体系，有效提升案防能力。

【金融改革】 2011年，山东银监局以"不发展才是最大的风险，在改革发展中防范化解风险"为基本思路，持续推动重点领域改革的突破，促进银行业迸发生机活力。

一、继续推进恒丰银行综合化改革。一是加强与省委、省政府和烟台市委、市政府的汇报沟通协调；二是推动恒丰银行建立健全风险管理体系，引入资本占用考核机制，为下一步改革打实基础。

二、农村中小金融机构改革进展良好。一是召开银行化改革推进会，启动流程银行改革试点；二是狠抓真实性监管，对分类偏差和异常指标强力纠改；三是对省联社及其办事处开展监管履职考核，力求改革取得实效。

三、新型农村金融机构布局加快。一是坚持"大行优先、质量优先"的原则，积极推介优质发起行；二是坚持"一手抓发展，一手抓风险"，对17家村镇银行进行了全面评估；三是加强新型机构监管，率先出台了相应的管理办法。

四、城商行发展质效提升。一是分别召开了"三长"监管联席会议、行长风险防控会议和监事长座谈研讨会；二是制定了《关于加强辖内城商行监事会工作的指导意见》，督促城商行建立"三长"引咎辞职制度；三是引导城商行向县域延伸，年末省内10个地市实现了城商行县域全覆盖。

五、城商行联盟支撑作用初步显现。一是联盟综合业务系统、网银系统和公务卡系统成功上线，除省内城商行受益之外，还延伸支持了5家村镇银行和2家省外银行；二是组织外审机构对联盟实施审计，完成了全面的监管评价。

六、全国性银行属地机构"转方式"的内生动力增强。一是督促银行科学制定全年经营目标、增加风险指标权重、取消单项奖和时点考核、坚持绩效收入与风险暴露相匹配，促进了其发展方式的转变；二是对股份制银行保证金存款占比、中长期贷款占比及十大客户贷款占比进行双线量化考核，逐行明确全年压降目标，引领股份制银行"转方式、调结构"。

【金融服务】 2011年，山东银监局全力做好金融服务，促进经济社会发展取得积极成果。一是督促银行业优先保障"十大振兴产业"、战略新兴产业和高科技产业贷款，严格限制"两高一资"贷款，有效防控"转方式、调结构"过程中的信贷风险；二是指导银行业协会成立小企业金融服务推进工作委员会，开展小微企业融资专题调查，确保小微企业金融服务监管政策落到实处；三是完善涉农金融服务体系和推进措施，年末辖区涉农贷款增速高于各项贷款增速7.4个百分点。

【监管能力建设】 2011年，山东银监局把转变监管方式作为监管事业发展的主题，采取有力措施，推动监管向精细化转变。

一、坚持法人和属地监管"两手抓、两手硬"。一是突出法人监管，专设了恒丰银行监管处；二是突出属地监管，着力强化济南市区机构的监管；三是赋予银行业协会部分功能监管职责，有效发挥了其辅助和延伸监管的作用。

二、坚持不断提升风险监测分析的敏锐性。一是建立季度、月度"监管分析例会制度"，实行"重要监管事项会商办法"，增强风险预警和监管措施的联动效果；二是在全国率先启用"农村中小机构业务异常运行风险预警系统"，提升了对其风险监测水平。

三、坚持不断提升现场检查质效。一是针对中小银行内控风险和操作风险，结合非现场监测发现的问题，有针对性地选择检查对象；二是采用总行属地分局和分行属地局共同组成检查组联动检查，以及由属地分局检查组"推磨式"检查法人总部等方式，改进现场检查组织形式。

四、坚持不断强化监管执行力建设。一是修订完善了《银行业监管查处分离实施规程》；二是制定下发了《关于进一步提升依法监管水平防范监管法律风险指导意见》；三是严肃处理案件责任人，对风险事件通过约见省行高管集体谈话、实施特别监管、限制机构准入等措施，引起相关银行业机构的强烈反响。

【监管基础】 2011年，山东银监局着力夯实监管基础，数据治理和应用水平进一步提升。

一、监管统计数据质量管理水平再上新台阶。一是集中组织实施了对两家法人机构的良好标准评估和现场检查工作，发现问题55个，提出整改意见28条；二是不断规范统计工作流程，提高制度执行力，辖区整体数据质量始终名列全国前茅。

二、监管信息系统应用取得新突破。一是开展了以"深化监管信息系统应用提高有效银行监管水平"为主题的监管信息系统应用竞赛活动；二是累计召开动员、部署、推进、交流及阶段性总结会议48次，举办监管信息系统应用培训30余次，上报竞赛活动信息120余篇，系统应用的积极性和主动性明显增强。

三、统计分析服务监管决策的能力有了新提升。一是注重宏观政策、产业政策与金融运行的综合研判，准确把握经济金融运行实质和风险特征；二是以宏观、中观和微观分析相结合，提高风险分析的敏锐性、前瞻性和时效性；三是深化专题调查研究，扩大信息服务范围和共享面。

【内部管理】 2011年，山东银监局着力提升保障能力，内部管理再上新台阶。

一、加强班子队伍建设，强化人力保障。一是加大干部交流力度，开展机关人员岗位适应性调整；二是开展“监管业务技能”系列专题培训，提高监管人员素质和水平。

二、理顺员工情绪，强化思想保障。一是深入推进“创先争优”活动；二是在重大疾病救助安抚、职工子女入学入托等方面，积极开展工作；三是举办局领导与职工代表和青年员工座谈会，打造沟通平台。

三、加强纪检监察，强化纪律保障。一是加大考核力度，加强廉政建设；二是探索推广群众满意度测评制度；三是成立党委巡视办公室，顺利完成5家分局的巡视工作。

四、推进规范化管理，强化财务保障。一是开展公务用车治理；二是继续狠抓“小金库”专项治理；三是以狠抓预算执行进度为重点，提高预算管理的可控性、均衡性和有效性。

【大事记】 1月22日 山东银监局召开2011年度工作会议。

3月2日 山东银监局副局长王晓春任齐鲁银行董事长、党委副书记。

3月28日 山东银监局召开2011年山东城市商业银行监管工作会议暨第十二次联席会议。

3月29日 银监会融资担保部来山东调研融资性担保机构规范整顿情况。

3月31日 银监会副主席周慕冰来山东调研。

4月14日 山东银监局召开2011年度金融资产管理公司监管座谈会暨联席会议。

4月19日 银监会案件稽查局到淄博督导财政账户风险排查工作。

4月21日~22日 中国金融工会、银监会统计部到山东银监局调研客户风险信息共享工作。

4月26日~27日 银监会案件稽查局到菏泽督导案防及安保工作。

5月18日 山东省银行业协会与台湾中华货币金融协会就中小企业融资及农业金融解决方案进行座谈。

5月27日~28日 山东银监局开展庆祝建党90周年党日教育活动。

6月8日 银监会王华庆纪委书记来山东调研。

6月9日 银监会治理“小金库”督导调研组到山东督导调研。

6月10日 银监会纪委副书记、监察局局长黄家全一行到临沂督导调研银监分局和国有及国有控股银行业金融机构“小金库”专项治理工作。

6月29日 山东银监局召开全系统纪念建党90周年暨先进基层党组织、优秀共产党员和优秀党务工作者表彰大会。

7月1日 山东银监局、山东省银行业协会组织商业银行开始集中开展《理财产品消费风险提示》宣传。

7月5日 金融团工委到东营参加青年创业贷款座谈会。

7月15日 山东银监局制定并印发《关于进一步贯彻落实贷款新规加强信贷精细化管理的指导意见》。

7月16日 山东银监局召开2011年年中工作会议。

7月26日 山东银监局召开辖区小额贷款公司座谈会。

7月27日 2011年银监分局中青年干部培训班在山东银监局机关开班。

8月5日 山东银监局制定并印发《银行业监管查处分离实施规程(2011修订版)》。

8月31日 银监会、人民银行、财政部等三部委到聊城调研小额贷款有关情况。

9月21日 2011年度中国银行业票据业务联席会议在蓬莱召开。山东省银行业票据业务协调委员会全委会同时召开。

9月24日 山东银监局组织开展辖区银行业理财从业人员监管法规测试工作。

9月27日 山东银监局组织召开山东10县(市、区)政府和上海农商银行设立村镇银行洽谈会。

9月30日 山东银监局制定并印发《监管分析例会制度》。

10月27日 山东银监局召开全省大型银行第四次合规发展联席会议。

12月21日 中国金融工会副主席杨树润到济南、德州、东营银行业金融机构走访慰问困难职工。

12月22日 银监会阎庆民主席助理到山东调研。

12月28日 由山东省银行业协会主办的2012年山东省银行业迎新年会在济南举行。

12月30日 山东银监局召开省局机关2011年度总结暨表彰大会。

(徐彦睿)

中国银行业监督管理委员会青岛监管局

【第一负责人简介】 陈育林，1964 年 3 月生，四川蓬安县人，硕士研究生学历，高级经济师，曾供职于中国人民银行重庆市分行、重庆营管部和中国银行业监督管理委员会重庆监管局，2004 年 10 月，任重庆银监局副局长、党委委员，2008 年 6 月至今，任中国银行业监督管理委员会青岛监管局党委书记、局长。

【综述】 2011 年，中国银行业监督管理委员会青岛监管局（以下简称“青岛银监局”）着力提高监管措施的前瞻性、深入性和有效性，布控防范系统性和区域性风险，有力促进辖区银行业安全稳健运行和青岛市经济平稳较快发展。

截至年末，该局辖区银行业资产余额 11450.2 亿元，比年初增加 1755 亿元，增长 18.1%；负债余额 11103.6 亿元，增加 1664 亿元，增长 17.6%。存、贷款余额分别为 8901.3 亿元和 7498.1 亿元，分别比年初增加 1002.6 亿元和 1148.4 亿元，同比增长 12.7%和 18.1%。不良贷款持续 " 双降 "，辖区银行业五级分类不良贷款余额比年初减少 7 亿元，下降 0.3 个百分点。全年实现账面利润 184.5 亿元，同比增长 27.3%。贷款损失准备金余额 161.2 亿元，比年初增加 36.7 亿元，平均拨备覆盖率 214.7%，比年初提高 70.9 个百分点。

【业务监管】 2011 年，青岛银监局引导辖区银行业机构加强对经济金融形势的分析研判，制定和完善合理的信贷投放计划，积极支持地方经济转变发展方式，严控“两高一剩”等政策限制类行业信贷投放，着力提高小微企业和支农服务水平，信贷结构持续优化。

一、加强引领，引导辖区银行机构积极支持重点项目建设，加大对小企业、新农村建设、技术改造、低碳经济、消费信贷和保障性住房建设等民生工程的支持力度。在此基础上，通过制定实施小企业贷款考核评价办法、召开改进小企业金融服务工作会议等方式，推动银行机构将信贷资金更多投向“三农”和小企业领域，信贷结构和金融服务持续优化。

（一）小微企业金融服务持续改进。截至年末，辖区银行机构小企业贷款及个人经营性贷款增长 30.9%，高于各项贷款增速 12.8 个百分点，实现了小企业贷款增速不低于全部贷款平均增速的目标。

（二）支农服务进一步加强。各银行机构加快县域机构布局，全年共新设 13 个支行。同时，加大粮食生产和农田水利等涉农重点领域的信贷投入，积极探索海域使用权、土地经营使用权、在建船只等农村物权抵押贷款，强化农村金融创新。辖区农村合作金融机构还深入开展了信用工程建设，全面推广了“一指通”等产品。截至年末，辖区涉农贷款增长 39.3%，高于全部贷款增速 21.2 个百分点。

二、突出“三个紧抓”，“三个办法一个指引”深入推进。一是紧抓监管责任分解与推动落实，制定了督导工作进度安排和任务分解表，确立了做实走款比重的工作重心和重点，紧抓法人机构、80%走款比重、受托支付管理、高管人员管理、贷款“三查”和集团客户等六项重点工作，强化了内部协调机制，提升了督导效能；二是完善走款比重监测指标，强化银行自查和现场检查核实双线监测，对“按贷款新规走款比重”和“三类贷款受托支付比重”指标实施了半月度监测；三是组织了全辖走款真实性和贷款新规现场检查两项专项检查，并将贷款新规执行情况纳入各现场检查项目，在检查中追查了贷款资金两手以上的走向情况。截至年末，辖区当年累计新发放固定资产贷款、流动资金贷款、个人贷款三类贷款受托支付比例为 84.5%，辖区银行机构现场检查核实按贷款新规走款比重为 99.6%。

三、健全体系，案防工作不断走向深入。一是强化制度体系建设，积极做好相关案防制度修订工作，明确局内各部门职责分工；二是强化风险排查，加大自查自纠力度，开展了大额不良贷款风险排查、内控执行力突查，对发现的问题及时落实整改；三是扎实做好深化“执行年”活动，各银行机构制定了督导方案，狠抓“防范操作风险 13 条”的落实，按时报送活动阶段性总结。全辖共检查营业网点 1615 个，发现违规问题 3767 个，已落实整改 3649 条，问题整改率达到 96.9%，近两年实现了零发案。

【风险监管】 2011 年，青岛银监局通过建立风险防范长效机制，加强对政府融资平台、房地产贷款、案防工作等重点风险领域的管控，增强银行机构全面风险管理能力和可持续发展能力。

一、完善机制，融资平台贷款清理规范与中长期贷款合同整改工作稳步推进。一是组织对融资平台贷款抵质押担保情况和存量中长期贷款进行了自查，摸清了风险底数；二是强化退出审核管理，在审核过程中以贷款增信为工作主线，把握政策红线，坚守风险底线不放松，不符合条件的一律不准予退出；三是在着力推进平台贷款合同补正、追加抵押物、增提拨备等工作的同时，各债权行积极跟进青岛银监局监测检查发现的抵押担保不足值等问题，落实整改。通过创造性地开展工作，推动各级政府追加包括土地、房产、海域使用权等资产在内的抵质押估值330亿元，覆盖了220.3亿元的贷款风险，占应整改贷款的59%。截至年末，已修订补正的中长期贷款合同份数占比90.4%，合同金额占比83.8%。

二、准确把握方向，房地产信贷风险监管不断加强。2011年，该局强化政策跟踪评估，完善房地产信贷监测制度，科学把握辖区房地产信贷风险状况，及时获取辖区闲置土地及违法违规房地产开发企业等名单信息，并向银行机构通报，强化了风险监测提示。各银行机构认真落实差别化房贷政策，采取了上收审批权限、控制房地产信贷规模及投放进度等措施。部分银行机构还开展了自我评估和压力测试，科学把握风险状况，提前制定了应急预案。截至年末，辖区房地产贷款比年初增加268.5亿元，同比少增57.9亿元；房地产贷款同比增长18.2%，较年初下降10.2个百分点。

三、丰富手段，理财、代理保险、银信合作等业务风险与声誉风险防控水平全面提升。一是完善了理财业务联动监管机制，提升了内部监管合力；二是加强银行代理保险业务监测，与青岛保监局建立了联席会议制度，组织开展了辖区银保业务现场检查；三是规范银信合作行为，印发了规范性文件，审慎审查异地集合信托项目，共否决5款、合计金额12.7亿元的信托计划，督促信托公司对4款、合计金额8.8亿元信托计划进行了抵质押物的追加以及合同补充修正，有力保障了辖内投资者利益；四是强化声誉风险防控，及时进行风险提示，推动妥善处置了银行机构与客户的房贷纠纷。

【机构改革监管】 2011年，青岛银监局在机构改革方面主要做了以下工作：

一、合理引导社会资本参股村镇银行等法人机构，推动辖区法人机构进一步完善公司治理框架，充分发挥独立董事、监事会和外审机构的作用，积极推进了与外审机构的信息共享，并通过差异化监管推动银行机构提升核心竞争力。

二、青岛农商银行组建工作取得重大进展。农商行筹建前的原股金规范、清产核资、不良资产处置、股权结构的确定、公司治理架构谋划、发起人募集及资格审查、组建工作验收等均按计划在9月底完成。10月初向银监会报送筹建初审报告后，青岛银监局紧跟银监会审批流程，准确快速做出意见反馈，青岛农商行于2011年12月获得银监会正式批复筹建。

三、青岛银行科学发展取得新成效。青岛银监局推动该行完善了长效资本补充机制，督导其将资本充足、流动性、IT建设等问题重点部署、持续强化，大力压缩保证金存款，日均存款稳定性达到历年最好水平。

四、海协信托重组的阶段性任务已经落实。青岛银监局通过积极争取银监会支持，加大与市政府、战略投资者、本地股东的协调沟通，帮助海协信托完成了战略投资者的引进以及青岛市指定国有企业入股，推动做好了相关行政许可审批以及工商变更登记工作，全面实现了重组后海协信托股权清晰、资本金归位。

【日常监管】 2011年，青岛银监局通过创新监管模式、完善监管制度、加强监管联动和信息共享等多种方式实现精细化、全方位监管，显著提升监管效率和水平。

一、理顺准入监管流程。加强市场准入工作的后评估，拟定了县域支行后评估指引，重点加强对新设机构的指导，强化信息科技在机构、业务准入方面的参与程度，指导新设机构依法合规开展各项业务，全年共批准新设机构26个、新设自助服务设施44个、机构变更74个，核准高管人员任职资格249人。

二、加强非现场监管能力建设。制定了《中小商业银行分行异地授信业务监管指导意见》等规章，组织开展了监管统计数据质量年活动，提升了监管数据和信息质量。通过分类型召开座谈会、督导调研、监管分析例会等形式，做实做细非现场监测分析，全年非现场监管共发现问题569个，提出整改意见535条，充分发挥了预警功能和对现场检查的指导作用。

三、进一步提升现场检查效力。根据平台贷款风险化解工作进展情况，及时部署开展中长期贷款风险排查，针对现场检查发现的问题，要求各债权行积极跟进，研究制定风险化解方案，并在规定时限内落实风险缓释措施。同时，专门组织对全辖所有银行机构走款真实性和贷款新规执行情况进行了现场检查，对两家信贷违规银行分别予以行政处罚。

四、完善监管联动和信息共享。强化与山东银监局等兄弟局的沟通协作，在建立监管联席会议制度、完善信息共享机制、建立联动监管行动制度及加强机构准入协作等方面达成多项共识，不断推进区域监管的一致性和同步性。此外，及时总结推广银行机构良好做法，促进行业内的信息共享。

【大事记】 1月14日 青岛银监局组织召开2011年工作会议，陈育林局长进行了工作总结并作重要讲话。

1月25日 青岛银监局组织召开2011年辖区银行业监管工作会议，刘志勇副局长主持会议，陈育林局长作重要讲话。

3月1日 由青岛银监局、共青团青岛市委主办的青岛市银行业青年“关爱新市民子女志愿服务行动”启动仪式在四方区开平路小学举行。

3月11日 青岛银监局组织召开辖区大型银行主要负责人座谈会，陈育林局长、徐强副局长出席会议并讲话。

3月25日 青岛银监局召开法人机构监管分析例会，各局领导及相关监管人员参加会议。

4月1日~4月2日 银监会周慕冰副主席一行对青岛辖区大型银行和农村中小金融机构工作开展情况进行调研，青岛银监局陈育林局长、王永存、徐强副局长等陪同调研。

4月27日 青岛银监局会同中共青岛市委组织部等部门召开青岛市银行机构“小企业联络员”工作表彰暨动员会议。

6月9日~6月10日　银监会王华庆纪委书记在青岛对处置非法集资、银行理财、案件防控工作开展情况进行调研，青岛银监局陈育林局长、罗中纪委书记陪同调研。

8月2日　青岛银监局召开辖区银行业金融机构案防工作联席会议，银监会韩冰副局长出席并讲话。

8月16日　青岛银监局陈育林局长陪同青岛市副市长秦敏赴银监会向周慕冰副主席汇报青岛农商银行组建情况。

11月28日　青岛银监局召开辖区银行机构进一步改进小企业金融服务工作会议。

（刘淑芳　庞洪涛）

中国证券监督管理委员会山东监管局

【第一负责人简介】　徐铁，山东济南人，1981年7月加入中国共产党。1983年5月起先后任贵州省政府经济研究室副处长、处长；1990年1月任中共务川县委副书记；1992年2月起历任贵州省体改委处长、副主任，其间兼任贵州省政府证券委办公室主任和开发区办公室主任；1999年1月任中国证监会贵阳特派办主任；2001年1月任中国证监会发行监管部副主任；2008年10月至今任中国证券监督管理委员会山东监管局（以下简称“山东证监局”）党委书记、局长兼济南稽查局局长。

【综述】　2011年，山东证监局紧紧围绕加快转变经济发展方式这条主线，推进基础性制度建设，加强和改进监管，辖区市场得到了持续发展，为全省经济又好又快发展做出了积极贡献。

一、山东辖区证券市场总体情况。辖区全年15家企业首发上市，新上市公司家数在全国居第7位。有16家企业通过发审委审核，新增25家证券营业部、9家期货营业部。截至年末，辖区上市公司126家，上市股票136只；上市公司总股本756.47亿元，总市值7493.96亿元，其中15家公司市值过百亿元；拟上市企业66家，其中过会待发行企业3家，在审核企业20家，在辅导企业43家；证券公司1家，证券公司分公司12家，证券营业部202家；期货公司3家，期货营业部41家；证券投资咨询公司2家，证券投资咨询公司分公司1家。全年证券市场波动较大，市场成交受到一定影响，辖区证券市场全年总交易额2.46万亿元，同比下降21.90%；期货经营机构代理交易额4.37万亿元，代理交易量4240.49万手，分别同比下降2.24%、27.89%。

二、上市融资取得新成效，企业发展呈现良好势头。全年辖区共有15家企业实现首发上市，11家上市公司实现再融资，26家企业共募集资金329.05亿元，融资总额再创历史新高，资本市场服务国民经济发展的能力进一步增强。

三、监管与服务并重，支持上市公司做优做强。一是引导公司抓住时机，拓宽融资渠道，晨鸣纸业、鲁西化工通过发行公司债方式募集39亿元，融资周期明显缩短；二是支持符合条件企业做好并购重组和再融资工作。全年20家上市公司提出或实施对公司有重大影响的并购重组事项24次，涉及资产金额达270亿元，7家公司完成并购重组，通过重组向公司注入资产75.12亿元；全年16家上市公司提出再融资方案17项，拟募集资金总额约480亿元，11家公司完成再融资，募集资金213.43亿元。

四、加强指导支持，证券期货经营机构稳步发展。齐鲁证券有限公司所属营业部由140家增至160家，营业网点数量行业排名第6位，公司经纪业务总量行业排名第11位；公司承销业务规模进一步扩大，主承销金额行业排名第30位，同比上升2位。各期货公司综合实力得到明显提高，注册资本由年初的6.04亿元增至7.20亿元，净资本由6.82亿元增至7.88亿元，3家期货公司全年实现净利润7477.91亿元，同比增长4.76%。鲁证期货有限公司顺利实施增资扩股，注册资本由4.04亿元增至5.20亿元，并成为业内首家也是唯一一家信息技术最高级别四类标准的期货公司。

五、查处证券违法违规行为，市场秩序保持良好。一是对“SDHL案”等一批违法违规案件实施了立案调查和非正式调查；二是对近10起非法证券期货活动进行了调查处理，净化了全省证券市场环境，规范了市场发展秩序。

【上市公司监管】　2011年，山东证监局进一步健全监管常态化长效机制，力促上市公司规范运作。

一、强化现场检查工作。全年对上市公司实施现场检查42家次，下发责令改正通知7份，各类监管关注函33份，对5家公司的违规行为辖区通报，对2家公司建议立案稽查，要求1家公司对相关问题予以公开说明，对1家公司2名相关当事人认定为不适当人选，对1家公司、4名高管出具警示函，要求5家公司进行内部问责或责令相关人员参加培训。

二、强化信息披露及股价异动监管。一是认真审核定期报告近500份，并对36家公司进行了现场检查，约见相关人员谈话58次；二是及时审核公司临时公告2000余份，密切关注媒体报道和市场传闻，快速反应、妥善处置；三是积极推进打击和防控资本市场内幕交易工作，下发了《关于建立上市公司控股股东内幕信息管理制度的监管通函》，代拟并推动下发《山东省行政机关内部涉及资本市场内幕信息管理办法》，制定了《内幕信息管理办法》，加强内幕信息及股价异动联动监管。

三、推进上市公司治理工作。一是着力推动解决同业竞争问题，全面推进《山东证监局上市公司持续监管实施办法（试行）》的实施，不定期向公司反馈；二是做好股权激励监管和内控试点工作；三是积极倡导现金分红和强调公司履行社会责任，6家重点公司解决同业竞争工作进展顺利，50家公司提出现金分红预案，有5家公司推出股权激励计划。

四、做好并购重组和再融资监管。一是加强并购重组监管，分析重组个案特点，采取相应监管措施；二是针对并购重组再融资安排专项核查15次，上报检查报告15份，出具监管意见表46份。

五、加强中介机构监管。对13家审计机构、10家评估机构、19家保荐机构和财务顾问、15家法律服务机构的执业情况进行了同步业务检查，先后向11家机构下发监管关注函14份，向1家律师事务所下发警示函，书面约谈2家保荐机构高管，对1家律师事务所公开通报。

六、引导媒体正确发挥舆论导向作用。组织召开了驻济新闻媒体座谈会，对媒体的执业行为提出要求，针对媒体质疑多次进行"一对一"的当面沟通交流。

【拟上市公司监管】　2011年，山东证监局以保荐机构监管为主线，进一步加强上市资源培育和企业发行上市指导工作。

一、完善机制，做好拟上市公司监管工作。一是修订了《辅导验收检查工作规程》，严把辅导验收关；二是做实辅导备案后的监管谈话制度，实施辅导期间动态检查，督促拟上市公司在报送申请文件前有效解决不规范问题；三是组织召开拟上市公司媒体关系管理及危机公关培训班，提高公司危机应对能力；四是全年受理、审核50家公司的辅导备案材料，审阅100余份辅导工作报告，对53家企业进行了动态检查或辅导验收，办理13家公司的20次信访事项。

二、加强对中介机构的监管，切实提高辅导工作质量。一是印发《关于进一步提高辅导保荐业务质量的通知》，制定了《企业上市辅导内容指引》，修订了《企业上市辅导监管指引》，督促保荐机构规范执业；二是组织召开保荐机构监管座谈会和证券法律业务监管工作座谈会，通报问题，明确监管要求；三是于8月至11月开展了加强中介机构监管的专项活动，分别检查了14家机构的执业质量；四是全年共约见25家保荐机构的相关人员及60余名律师、审计机构人员谈话50余次，记入诚信档案1次，对5家保荐机构下发监管关注函，责成3家保荐机构延长辅导期限。

三、多措并举，指导企业做好改制上市工作。一是全年联合省内有关部门组织了3期企业上市培训班；二是在上市后备资源较为丰富的4个地区分别召开片区座谈会；三是进一步完善拟上市资源数据库，对重点企业跟踪指导；四是编发上市资源培育简报3期。

【证券经营机构监管】　2011年，山东证监局严格监管和支持发展并举，促进证券机构提高核心竞争力。

一、做好行政许可审核工作。一是修改完善行政许可工作制度和行政许可审核公示办法，编发《证券机构行政许可及备案事项办事指南》，做到公开、公平、公正和便民；二是建立行政许可、报备材料预先审阅制度；三是指导证券业协会调整辖区饱和地区名单，引导和支持优质证券公司在辖区设立营业网点；四是坚持和完善证券公司董事、监事、高管人员任前考试、谈话制度，建立"规范运作第一课"制度。

二、督导证券机构持续改进和深化合规管理，实现借力监管。一是注重通过证券机构的内部合规管理、审阅离任审计报告、强制离岗审计、年度审计、中介机构的合规有效性评价、社会监督作用的发挥等，实现借力监管；二是编印证券机构监管《法规汇编》、《情况通报汇编》，指导其依法合规开展业务；三是召开齐鲁证券信息隔离机制建设情景案例座谈会，推进其信息隔离墙管理系统开发工作。

三、以客户适当性管理为核心，推动证券经营机构加快经纪业务转型升级。建立证券营业部分类监管评价机制，审慎实施证券经纪人制度，指导、推动证券机构发展投资顾问团队，支持齐鲁证券审慎进行管理、产品和服务创新。

四、非现场检查与现场检查相结合，督导证券经营机构完善风控机制。一是深化非现场检查，为现场检查提供线索；二是结合信访事项和日常监管情况，有针对性地确定全面检查和专项检查名单；三是督导齐鲁证券制订有关风控管理办法和决策小组工作规则，督导其健全压力测试机制。

五、指导山东省证券业协会做好自律工作。引导辖区证券机构逐步形成了"自行协商、自愿签署、自觉遵守、定期商议、接受监督"的规范佣金自律工作机制，辖区16市地证券营业部签署了佣金自律承诺书，佣金价格恶性竞争得到有效遏制，市场竞争秩序明显改善。

【期货经营机构监管】　2011年，山东证监局注重市场监管与培育相结合，提升期货市场服务经济发展的能力。

一、推动期货公司增资重组和创新发展。一是支持鲁证期货进行增资扩股，注册资本由4.04亿元增至5.2亿元；二是对烟台中州期货经纪有限公司9名新任董事、监事的任职资格进行审核，指导、支持其取得中金所会员资格；三是指导督促招金期货有限公司优化公司治理；四是通过多种形式督促辖区期货公司提前做好资产管理、境外期货经纪业务等创新业务的准备工作。

二、依法做好行政许可审核工作。一是加强窗口指导，择优引进营业部；二是关注营业部核准设立到开业之前的诚信信息查询；三是完善任前考试制度，督促高管人员树立合规经营理念；四是制订了新设营业部筹建指引和开业验收申请模板，提高审核工作的有效性。2011年以来，共完成期货行政许可、备案类工作126项。

三、抓好期货经营机构合规监管。一是推行期货公司监管年会制度，明确要求，通报风险点；二是做好公司分类评价工作，有针对性地做好现场检查；三是做好打非和信访工作，处理18件信访投诉事项。

四、做好期货机构风险控制工作。一是从加强事前沟通、事中督导、事后监管入手，做好年报审核工作；二是调整相关指标和统计口径，做好月度监管报表的审查；三是通过压力测试、函证、现场查看原始凭证等方式，加强对公司自有资金和保证金的监管。

五、有序开展IB业务监管。一是组织2期共400余人参加的IB业务专项培训；二是严把入口关，加大对证券营业部IB业务开业验收的检查力度；三是制订《证券营业部中间介绍业务开展情况现场检查底稿》，开展开户合规性检查。

六、加强协作监管。就期货公司分类评价、自有资金和保证金监管、会员资格审查、诚信建设等加强与其他单位的监管协作。

【稽查工作】 2011年，山东证监局从严从快查处违法违规行为，严厉打击非法证券活动。一是扎实开展案件调查工作，全年正式开展立案调查6起；二是做好非正式调查工作，全年开展非正式调查7起；三是完成董某、王某及3家公司违法违规案、KDGF案、LBHG案、ZRTZ案调查后续工作，承办协查案件7起；四是做好打非工作，受理非法证券活动投诉举报8件，经初查向有关部门移送6件；五是筹备召开了由省金融办、公安厅、工商局、广电局、通信管理局等单位参加的“山东省打击和整治非法证券活动座谈会”，进一步理顺了工作关系，明确了职责分工。

【法制工作】 2011年，山东证监局加强法制工作建设，全面提高监管工作合规性。

一、扎实推进执法监督工作。一是制定、实施监管执法《监督办法（试行）》和《监督工作计划》，全面提高监管合规性；二是完善审查职责分工，建立日常审查工作台账，进一步理顺了工作机制；三是做好法律审查与会签工作，全年共审查会签文件60多件，出具法律意见33份；四是组织开展了行政许可专项监督工作。

二、加强诚信档案建设工作。一是修订完善《诚信档案工作规程》，完善督促检查机制和通报机制；二是全年完成282条历史诚信信息的数据整理工作和97条行政许可信息录入工作，申请查询机构、人员涉密诚信信息52批次。

三、做好《证券法》评估专项工作。高度重视，周密部署，有序推进，最终形成了包括1个主报告和7个子报告在内的约9万字的评估报告。

四、强化法律服务能力建设。一是年内共组织法律培训5次，编发《法制信息》13期；二是组织召开法律专业小组和案件复核等会议，及时提供咨询服务。

【信访和维稳工作】 2011年，山东证监局一是审慎处理信访事项，全力抓好维稳工作，截至12月底，共接收来信127封、来访48批79人次，来电552个，转办146件，已办结140项；二是每月向会办公厅报送证券期货市场突发应急公共事件统计表、矛盾纠纷排查化解情况统计表；三是排查了辖区近3年来的非法证券活动信访投诉有关情况。

【培训工作】 2011年，山东证监局积极创新培训方式，促进辖区监管对象提高规范运作水平。全年共组织各种形式的上市公司相关人员培训9期，培训人员1282名；组织拟上市公司相关培训会3期，共600余人参加了培训；组织证券机构相关培训2期，共430余人参加了培训；组织期货IB业务培训2期，共计400余人参加培训并通过了考试。

【大事记】 1月13日 由中共山东省委宣传部指导，大众报业集团主办、经济导报社承办的“2010（第八届）山东财经风云榜”评选活动揭晓，局党委书记、局长徐铁荣膺“2010山东十大财经风云人物”。

1月18日 山东证监局联合省金融办召开了山东省打击和整治非法证券活动座谈会，研究2011年打非工作整体思路和举措。2011年，山东证监局一是审慎处理信访事项，全力抓好维稳工作，截至12月底，共接收来信127封、来访48批79人次，来电552个，转办146件，已办结140项；二是每月向会办公厅报送证券期货市场突发应急公共事件统计表、矛盾纠纷排查化解情况统计表；三是排查了辖区近3年来的非法证券活动信访投诉有关情况。

2月21日 针对大成农药股份有限公司拒不配合现场检查问题，山东证监局对该公司董事兼总经理滕军、财务负责人李波采取认定为不适当人选监管措施，要求其在2011年3月14日至2016年3月13日期间不得担任公司董事、监事、高级管理人员职务或者实际履行上述职务。

3月14日~15日 山东证监局联合省金融办召开了辖区企业上市工作座谈会。徐铁局长、省金融办主任李永健出席会议并讲话。山东辖区16个市地的分管市长、金融办（发改委）负责同志，130余家拟上市企业负责人共400余人参加会议。

4月14日 山东证监局印发《证券营业部分类监管评价办法（试行）》。

4月19日~20日 山东证监局在潍坊召开潍坊淄博两市证券期货监管工作会议。赵洪军局长助理主持会议，徐铁局长就监管工作提出了明确要求。两市范围内拟上市公司、上市公司的董事长及董事会秘书，证券营业部、期货经营机构负责人等共90多家单位150余人参加会议。

6月28日 山东证监局制定《期货营业部设立指导意见》。

6月30日　山东证监局推动召开山东省打击和防控资本市场内幕交易工作联席会议。省金融办、监察厅、公安厅、国资委等部门有关负责人参加会议。

9月19日　证监会下发（证监会党委任[2011]57号文）。证监会党委9月13日决定:陈飞任山东证监局党委委员、副局长（试用期一年）;免去陆泽峰的山东证监局党委委员、副局长职务,另有任用。

9月29日　山东证监局组织辖区内14家上市银行的一级分行在济南召开了上市银行配合稽查执法工作座谈会。赵洪军局长助理出席会议并讲话。14家上市银行分管副行长、有关部门负责人及联系人共40余人参加会议。

10月13日　山东证监局在烟台举办辖区首次上市公司控股股东培训班,辖区80余家上市公司控股股东参加,来自证监会、省国资委、上海证券交易所等有关方面专家进行了授课。

11月22日　山东证监局联合大连商品交易所、省塑料协会及省期货业协会在淄博举办山东期货讲师团成立仪式暨山东省塑料产业企业风险管理高峰论坛。陈家琰副局长主持会议,徐铁局长、大商所副总经理朱丽红及淄博市相关领导出席会议并致辞。全省200余家知名塑料企业的主要负责人参加了会议。

（王德强　孙素美　郝永庆）

中国证券监督管理委员会青岛监管局

【综述】　2011年,中国证券监督管理委员会青岛监管局（以下简称“青岛证监局”）强化监管,防范风险,紧紧围绕“监管先锋”党建品牌的创建,深入开展创先争优活动,强力推进各项重点工作顺利开展。

【上市公司监管】　2011年,青岛证监局秉承监管与规范、发展与服务的理念,上市公司规范运作水平不断提高。

一、继续深化上市公司治理专项活动。针对辖区3家上市公司存在同业竞争和关联交易的实际情况,遵循“一司一策”原则,加大现场检查力度,下发了责令整改决定,向两家公司实际控制人下发了监管警示函。截至11月底,其中2家公司先后公告了实际控制人关于解决同业竞争、减少关联交易的承诺,并采取了内部整合与停牌实施重大资产重组等措施,另1家公司也报送了整改方案。

二、上市公司管理与使用募集资金行为得到了规范。一是突击检查了辖区新增5家上市公司中4家公司的资金存管状况;二是加强与保荐代表沟通,督导其认真履行持续督导责任,与存管银行做好配合,维护上市公司资金安全;三是抓好前期已上市公司近期的募集资金使用监管,督促公司规范使用募集资金,并认真履行好信息披露义务。

三、强化现场集中培训力度,提高上市公司规范运作水平。一是于3月份对新上市公司高管人员进行了集中现场培训,6月下旬组织辖区全体上市公司高管人员召开了“辖区上市公司2010年年报分析会暨2011年第二期董事、监事培训会”;二是利用《青岛上市公司》内部刊物,积极宣传资本市场法律、法规;三是多次约见、组织辖区上市公司及控股股东高管人员座谈,征求意见建议,激发其内生自律需求。

四、认真开展信息披露与股价异动监管,提升辖区上市公司透明度。

（一）创新监管模式,积极探索财务负责人评价问责新思路。出台了辖区上市公司信息、财务信息两个《披露质量评价暂行办法》,将财务总监和董秘两个关键岗位的高管作为监管工作抓手,对辖区上市公司信息披露的制度建设、落实和失责问责等全过程进行评价,并将评价结果通报公司董事会。

（二）重视股价异动与媒体传闻监管,及时消除风险隐患。一是每日高度关注辖区上市公司的舆情信息,及时追踪上市公司证券价格剧烈波动情况及市场传闻情况;二是对辖区上市公司股票单日价格单向变动幅度超过5%的情形,设置预警,要求辖区4家达到预警线的上市公司向控股股东发函询问,及时杜绝披露漏洞;三是组织对股票出现连续三日背离大盘走势持续上涨或下跌情况的上市公司实施现场检查,核查是否存在内幕信息泄露。

五、上市公司内控规范试点工作稳步推进。专门成立领导小组,强化落实上市公司、审计机构和证券监管三方联动机制。目前,辖区两家实施与试点公司均已经完成内控建设阶段工作,并正在开展自我评价和整改提高工作。

【综合监管】　2011年,青岛证监局以合规为基础,以发展为导向,探索多种监管工作方式,形成综合监管与发展的合力。

一、加强证券经营机构日常监管,建立信息报送和业务监控机制。一是继续实施证券营业部分类考评机制,评出营业部中A类13家,B类30家,C类1家,同时还有2家营业部被评为辖区“品牌营业部”;二是开展现场检查,督促证券经营机构合规经营,截至11月底,对证券经营机构现场检查160次,检查面达100%;三是利用证券监管综合信息系统（CISP）经常性开展非现场检查;四是组织召开了辖区IT安全运维工作会议,筹备成立运维互助小组,对辖区证券机构开展信息系统安全达标检查活动。

二、建立法人证券公司考评机制，引导公司业务转型、全面提升管理、服务能力。一是建立了对中信万通公司季度考评制度；二是与公司合规总监定期沟通，坚持监管例会制度；三是成立由局领导牵头的证券机构财务规范检查治理工作领导小组，派出督导检查组进行督促指导，并对自查自纠情况进行验收；四是加强公司会计监管力度，督促公司健立健全信息隔离墙制度。

三、对期货经营机构采取“分类监管”方式，激励先进、鞭策后进。一是根据《辖区期货营业部分类管理办法》，评出期货营业部A类9家、B类17家、C类1家；二是对辖区期货营业部进行现场检查78次，检查面为100%；三是对鲁证、浙江永安等6家外地期货公司总部进行了“延伸检查”；四是采取“非现场监管”方式，监控和督促机构提高合规经营意识，全年开展非现场检查10次；五是采取“自律承诺”方式，打造诚信自律的期货市场环境，起草的《关于构建综合监管与发展机制的调研报告》被证监会资本市场研究网予以重点推荐。

四、持续做好中间介绍业务监管。对开展IB业务的证券机构一是督促其进行合规自查；二是进行现场检查；三是对自查和现场检查中发现的问题，提出整改要求，确保中间介绍业务合规、有序开展。

五、贯彻落实会计监管辖区责任制，做好对会计与评估、保荐机构的活动监管。

（一）做好对会计与评估、保荐机构的活动监管。一是强化审计监管，提高年报审计质量；二是延伸检查会计师事务所从事辖区上市公司年报审计工作底稿，针对两家会计师事务所在审计工作中存在的审计证据不充分、程序不到位等问题，督促其认真整改，切实提高审计执业质量；三是建立持续监管档案，及时更新填报监管信息；四是对山东汇德实施现场回访检查，要求其继续完善整改，并视整改效果采取进一步措施。

（二）强化保荐机构辅导与验收工作。一是强化拟上市公司与辅导机构和年审会计师的沟通，推动相关辅导机构深入企业，查清经营业绩真实性，严防包装上市；二是重新修订了《拟上市公司辅导与保荐工作监管指引》，把好质量关；三是加强保荐机构持续督导监管，切实提升督导效果；四是积极开展创业板上市公司持续督导现场核查试点工作，在辖区4家创业板上市公司中选择了2家作为试点公司，共约谈保荐代表人5次，到现场检查工作底稿4次，有效地封堵了工作上的漏洞。

【监管服务】 2011年，青岛证监局完善多层次资本市场建设，推进证券期货经营机构业务创新，服务区域经济发展。

一、培育企业上市资源，支持区域经济发展。一是先后参与了青岛市、四方区等政府组织的企业上市座谈会，宣传政策；二是先后调研了60多家拟上市公司，依法规范企业上市工作；三是先后对3家公司辅导验收企业的董监高人员进行了资本市场基础知识闭卷考试，提升其守法意识。2011年，辖区先后有5家公司挂牌上市。

二、指导辖区证券公司合理布局营业网点，增强网点辐射力度。一是支持法人公司继续拓展网点和业务，做好网点增设工作，2011年，中信万通证券公司网点数量达42家，经纪业务已覆盖山东所有区市；二是进一步优化新设证券营业部布局，细化拟新设营业部证券公司的准入标准，从源头上把好营业部引进的质量关。

三、推动证券期货经营机构业务转型、创新发展，集中打造一批创新型品牌营业部。一是组织开展了“创争业务创新型品牌营业部”活动，提升客户服务能力，实现差异化经营；二是充分借助公司总部业务平台核心资源，培育经纪业务核心竞争力，积极探索非通道业务发展；三是督促辖区机构加快培养投资顾问人员队伍，从客户分类、服务创新、团队建设、合规性等四个方面着手，加快建立队伍并拓展业务。

四、加强市场培育，推动期货市场服务实体经济发展。一是先后2次对青岛规模以上企业、国有企业、市直企业和上市公司参与期货市场的情况进行了调研；二是向地方政府提报《关于加快推动利用期货市场服务实体经济的报告》，提出建议；三是组织有奖征文活动，形成了《关于争夺天然橡胶国际定价权的研究报告》，被证监会资本市场研究网予以重点推荐；四是进行关于青岛家电行业利用期货市场套期保值情况的调研；五是撰写《初探期货公司如何更好发挥服务国民经济的能力》，被证监会党委组织部收入《中国证监会2010年度学员论文选编》。

五、积极推动场外市场建设，推进新三板扩大试点准备工作。一是与青岛高新区管委、市科技局等部门紧密沟通，发掘青岛高新园区优质企业，丰富高新技术企业资源储备；二是建立券商备案制度，对券商开展新三板业务进行调研，并组织对签约企业进行培训；三是与地方政府部门组成联合工作组，深入园区已签约企业进行调研。截至年底，与券商签约的企业达33家，通过券商内核企业6家，备案券商22家。

【稽查和维稳】 2011年，青岛证监局依法做好稽查和维稳工作，建立健全打击内幕交易防控体制。

一、深入开展投资者教育。一是积极参与以“服务‘三农’和中小企业”为主题的网络在线问政活动，会同青岛证券期货业协会组织辖区期货经营机构开展投资者教育活动509次，累计参训15164人次；二是创新投资者教育形式，打造“证券投资百日讲坛”投资者教育品牌；三是组织开展“证券服务提升年”活动，自4月份启动以来，辖区机构已组织报告会和论坛活动31次，公益活动53次，服务新举措21项，上市公司调研活动15次。

二、做好行政许可申请受理工作。截至11月份，共接收辖区证券、期货经营机构行政许可事项35项，主要是涉及其公司分支机构的设立、机构负责人任职资格、营业部迁址和开业等事项；发出行政许可受理通知书32件，发出补正通知书3件。

三、组织开展证券市场秩序专项整治活动。一是5月中旬起组织开展证券市场秩序专项整治活动，重点整治私设“小金库”、财务不规范、违反《辖区证券经纪业务自律公约》有关规定等违法违规问题；二是先后组织召开辖区证券市场秩序专项整治工作会议，对有关问题组织自查整改。

四、依法做好稽查工作，打击违法违规行为。一是先后完成ST长信、ST天龙二起异常交易案的非正式调查，完成齐能化工涉嫌信息披露违规案的立案调查，完成ST天龙内幕交易案与稽查总队联合办案的立案调查，目前两起正式立案调查均移交处罚委进入审理阶段；二是完成青岛同方案《行政处罚决定书》的送达；三是开展“1103内幕交易案”的非正式调查，有效地打击了资本市场的违法违规行为。

五、建立健全打击内幕交易防控体制、机制，依法打击和防控资本市场内幕交易。一是起草并推动青岛市政府办公厅出台了《关于贯彻国办发[2010]号文件进一步做好打击和防控资本市场内幕交易工作的通知》，并牵头组织召开了各成员单位参加的联系会议；二是研究制定《上市公司、拟上市公司内幕信息知情人登记管理制度（试行）》，增强监管人员责任感；三是对9家上市公司（占辖区全部上市公司总数的47%）就上述制度的建设与落实情况进行了现场检查。

六、圆满完成信访维稳工作任务。一是重点部署两会、建党90周年大庆期间维稳工作，排查分析风险隐患，妥善处置信访事项；二是重点关注了中信万通欠发经纪人工资的问题，督促其高度重视涉稳问题，消除风险隐患；三是注重维稳宣传工作，先后向会信访办，市维稳办、金融办上报了简报、总结报告。

【内部管理】　2011年，青岛证监局坚持不懈抓好党风廉政建设，加强内部管理，进一步将创先争优活动推向深入。

一、立足班子建设，不断提高局党委的领导力、表率力和凝聚力。一是组织开展了“领导班子建设专题活动”；二是制定下发了《关于做好2011年学习型党组织建设工作的落实意见》，全年组织党委理论中心组学习14次、请相关专家授课6次、党委成员上党课3次、党委成员撰写调研报告3篇；三是开展“党员领导干部与员工交流思想专题活动”，认真摸排和掌握干部群众基本情况，帮助干部克服工作、生活困难。

二、抓好支部建设，不断强化党员的主体意识。一是以“支部是堡垒，党员做先锋”为主题，开展“学习实践提高专题活动”；二是组织开展了以贯彻落实会党委半年形势分析会重要精神为目标的“查摆建”活动，共提出新的监管思路或方式方法13条，制定或完善制度流程17项；三是继续推进支部基础性建设。

三、搭建活动载体，为支部和党员提供锻炼和展示的平台。一是开展了“创先争优在我身边专题活动”以及“建功立业”、“青年先锋岗”创建活动；二是组织纪念五四运动92周年暨“证券监管青年的时代精神”专题大讨论活动，引导青年坚定理想信念，投身监管事业；三是以隆重庆祝建党90周年为契机，组织开展了党史、党性教育等活动。

四、强化内部管理，提升精细化、规范化水平。一是严格财务预算执行管理，均衡专项经费使用进度；二是认真编制完成2010年度基建、财务、住房改革支出及财政拨款结余资金等决算报表；三是做好各项会务接待工作。

【员工队伍建设】　2011年，青岛证监局切实抓好队伍建设，提高干部的综合素质、监管能力和廉洁从政意识。

一、坚持正确的用人导向，调动干部队伍干事创业的积极性。一是制定下发了《关于改进组织人事和加强干部队伍建设工作的意见》，新招录监管干部3名，有效充实了监管队伍；二是严格落实干部选拔任用工作4项监督制度，加强干部梯队建设，经过民主推荐和民主测评等程序，做好2名副科级干部的晋升工作。

二、加大干部的培训、轮岗交流力度，支持干部“走出去”。一是把干部的学习情况纳入全员绩效考核体系中；二是积极支持符合条件的干部参加地方政府副局级干部竞争上岗工作，努力拓宽干部出口渠道；三是继续加大轮岗交流力度，加速干部流转，做好第3批处级干部挂职锻炼活动。

三、加强廉政建设。一是深入开展《中共党员领导干部廉洁从政若干准则》贯彻执行情况专项活动；二是完善并落实监管人员接触内幕信息登记管理机制，建立涉及回避情形人员的基本情况报告和日常管理制度；三是继续坚持“廉政监督卡”和“半年一评”制度，在绩效考核和处级干部选拔任用等关键环节引入外部评议机制；四是配合证监会第三巡视组做好巡视回访工作。

（青岛证监局）

中国保险监督管理委员会山东监管局

【第一负责人简介】 任建国，1957 年 9 月生，历任人行湖南分行办公室主任、非银行金融机构管理处处长，民生银行人事部副总经理，太平洋保险公司长沙分公司总经理，湖北保监局党委书记、局长；现任山东保监局党委书记、局长。

【综述】 2011 年，中国保险监督管理委员会山东监管局（以下简称“山东保监局”）围绕＂转变方式、规范市场、防范风险、提升服务、平稳增长＂的工作思路，不断加强和改善保险监管，行业发展呈现出增长平稳、质量提升、结构优化、运行稳健的良好态势。

【业务发展】 2011 年，山东保险业保持了平稳健康发展的良好态势。一是全省保费收入居全国第三，增速高于全国 0.65 个百分点；二是财产险公司实现承保利润 22.51 亿元，为上年的 1.83 倍，承保利润率 9.35%，同比提高 3.19 个百分点，高于全国 4.61 个百分点；三是人身险公司业务及管理费用率低于全国 2.08 个百分点；寿险标准保费收入 144 亿元，居全国第 3 位；新单期交率 33.34%，同比提高 2.51 个百分点；四是保险公司总数 71 家，新增 13 家；保险分支机构从 5418 家增加到 5580 家；五是山东省首家保险公司法人机构——泰山财产保险公司正式开业，太保、平安、阳光等总公司纷纷将后援、电销等区域中心设在山东，大大增强了该省保险业的辐射能力和对地方就业、税收的贡献能力；六是保险专业中介法人机构达 129 家，遍及各行业的兼业代理机构达 11220 家。

【服务提升】 2011 年，山东省保险业在保障人民生命财产安全和经济稳定运行方面发挥了重要作用。一是共为经济社会承担各类风险责任 11.93 万亿元，增长 7.19%；累计支付各项赔款与给付 225 亿元，增长 21.12%；二是全年农业保险保费收入 2.83 亿元，承保种植业 2632 万亩，为 593 万农户提供了 112.56 亿元的风险保障，保险的支农、惠农作用更加显著；三是交强险共为 797.27 万辆机动车承担了 9718.5 亿元的风险；安全生产、火灾、医疗等各类责任保险共实现保费 5 亿元，同比增长 20.15%，保障金额达 7847.82 亿，累计赔付 2.2 亿元，其中，安全生产责任保险试点行业扩大到危险化学品和矿山等 10 个行业，承担风险 64 亿元；四是完善多层次社会保障体系，全年为山东省 1.04 亿人次提供了商业性养老、健康保障，共承担了 2.11 万亿元的风险责任，保险机构提供年金服务的企业达 178 家次，补充医疗保险参保人数 280 万人，面向老年人开展的“银龄安康工程”参保人数达 270 万人。

【基础建设】 2011 年，山东保险业在行业文化建设、提高服务水平、完善内控机制等方面采取了一系列创新措施。一是普遍树立了以客户为中心的服务理念，行业整体服务水平获得明显提升，形象显著改善；二是以效益为中心的经营考核机制逐步建立，公司经营管理成本有效降低，风险管控能力得到提高；三是自主创新能力有所增强，电话营销、网络销售、门店销售等新的销售模式逐步成为重要的销售渠道，推动了保险业持续健康发展；四是加强行业文化建设，提出要建设由诚信、责任、合规、和谐、服务、创新等要素构成的行业文化体系；五是加强县级机构高管人员培训，省协会举办 6 期培训班，培训 1079 人，增强了基层机构负责人的依法经营意识。

【监管工作】 2011 年，山东保监局共检查 73 家机构，处罚 46 家次，罚款 219 万元，对个人罚款 28 万元，警告 28 人次。

一、完善风险防控体系，切实防范化解风险。一是加强市场调控，防范了恶性竞争风险；二是修订完善了市场运行分析例会制度、地市市场监测评价办法，建立了银保业务风险指标周报制度，完善了财产险公司分类监管办法，制定了养老险公司分类监管办法，对兼业代理机构实施分类别监管。

二、大力规范市场秩序，更加注重本源治理。一是明确了市场准入标准，规范了营业场所变更行为，深入开展了机构清理整顿工作，累计撤销“空壳类”机构 212 家；进一步完善见费出单、赔款支付管理等制度，完善了交强险信息平台；继续开展了制度落实年和“三铁”行业创建活动；二是加大查处力度，重点查处了利用中介弄虚作假、虚增成本、非法套取资金等问题，开展司法案件及案件责任追究督查工作。

三、着力提升行业服务水平，切实保护消费者权益。一是推动完善服务制度，推进财产险承保理赔信息客户自主查询工作，规范电话营销业务，完善人身险新型产品管理规定；二是加强服务监督，建立了私家车交强险理赔效率指标信息披露制度，督促做好农业保险承保理赔工作，落实好人身险业务基本服务规定；三是信访投诉工作进一步加强，建立了多项加强信访工作的制度机制，督促落实好客户咨询投诉处理工作指导意见。

四、加强沟通协调，营造良好的行业发展环境。一是加强与政府有关部门的联动和配合，着力优化政策法制环境，推动山东省高级人民法院审判委员会出台了关于审理保险合同纠纷案件的意见；协调解决了工商系统对保险业开展格式合同审查问题；省纪委转发了打击利用保险业务从事商业贿赂的文件；二是加强行业宣传，着力优化舆论环境，出台和落实加强协会宣传工作的意见；组织开展了"响应走转改号召，保险服务齐鲁行"活动；配合中国保险报开展了山东保险业转发发展方式系列报道。

【大事记】 1月14日 德国安顾保险集团与山东省国有资产控股有限公司签订设立合资寿险公司的合资合同。

1月18日 保监会周延礼副主席视察山东保监局。同日，泰山财产保险股份有限公司举行揭牌仪式。

1月20日 山东保监局召开2011年全省保险业情况通报会。

2月18日 山东省省长姜大明代表省政府与人保集团等6家保险机构签署《支持山东半岛蓝色经济区发展战略合作协议》。

2月25日 山东保监局印发修订后的《地市保险市场监测评价体系实施办法》。

3月2日 山东省高级人民法院审判委员会通过《关于审理保险合同纠纷案件若干问题的意见(试行)》。

3月31日 山东保监局召开全省财产保险监管工作会议。

4月7日 山东保监局印发《山东保险业防范和打击非法集资宣传教育工作实施意见》。

4月14日 山东保监局召开全省人身保险监管工作会议。

4月26日 山东保监局与省综治办等联合召开全省治安保险工作推进会。

4月28日 保监会在山东济南召开2011年保险公司中介业务专项检查工作片区座谈会。

5月16日 山东保监局、省保险行业协会召开2010年山东保险业诚信服务测评情况通报会。

5月24日 山东保监局与省高级人民法院联合召开保险法理论与实务专题研讨会。

7月起 山东保险行业协会开始按季度公布辖区财产保险公司交强险理赔服务效率指标。

7月7日 山东保监局与省金融办等部门印发《关于开展县域金融创新发展试点工作的意见》，在8个县市开展金融创新试点。

7月11日 山东保监局成立稽查处。

7月22日 从威海市驶往长沙市的一辆中型双层卧铺客车在京珠高速信阳段发生火灾。承保公司预付赔款1200万元。

7月22日 进入山东市场的首家台资财产保险公司——国泰财产保险有限公司山东分公司举行开业仪式。山东省副省长才利民出席并讲话。

7月28日 山东保监局召开上半年全省保险监管工作情况通报会。

8月1日 山东财产保险行业实现全险种领域承保理赔信息客户自主查询。

8月11日~14日 时任保监会吴定富主席一行到山东调研，出席了由省政府组织的山东保险业调研座谈会，听取了省委常委、常务副省长王仁元关于山东省经济社会和保险业改革发展情况的介绍和山东保监局等单位的汇报，并赴泰安、枣庄等地考察调研。

9月1日 《山东省保险业发展"十二五"规划纲要》发布。

9月28日 太平洋财产保险股份有限公司电话保险运营中心项目签约仪式在淄博市举行。

12月7日 山东省金融办向各地市政府发出《关于发挥保险功能作用，促进转方式调结构的函》，提出各地应切实加强对保险工作的组织领导，发挥保险在创新社会管理中的作用，为转方式调结构提供有力的支持保障。

（秦 楠）

中国保险监督管理委员会青岛监管局

【第一负责人简介】 宋志华，男，1955年8月生，研究生学历，高级经济师。曾在江苏省人大常委会办公厅、江苏省政府办公厅工作，2001年7月任中国保险监督管理委员会南京特派员办事处党委委员、副主任，2004年6月任中国保险监督管理委员会江苏监管局党委委员、纪委书记、副局长，2010年9月任中国保险监督管理委员会山东监管局巡视员兼中国保险监督管理委员会青岛监管局党委书记、局长。

【综述】 2011年，中国保险监督管理委员会青岛监管局（以下简称"青岛保监局"）积极创新思路，强化内控管理，规范市场运行，大力推进"和谐保险"建设，着力打造"保险服务标杆城市"。全市保险业服务经济社会的能力进一步增强。

【业务发展】 2011年，青岛保险业实现保费收入145.73亿元。其中，财产险公司实现保费收入57.15亿元，同比增长13.2%，人身险公司实现新口径保费收入88.6亿元，产险公司累计实现净利润4.37亿元，承保利润3.94亿元，承保利润率8.93%，高于全国(4.74%)，去除出口信用影响，累计实现净利润2.41亿元，承保利润2.11亿元。企财险、责任险、货运险等非车险险种继续保持快速发展，增幅均超过20%。另外，家财险同比增长73.5%，保证保险同比增长163.9%。人身险方面，健康险和意外险等产品保费收入增长较快，其中意外险保费增速超过30%。截止年末，市级保险机构达到52家（外资保险机构10家），其中财产险公司28家，人身险公司24家。另有4家公司正在筹建。保险专业中介机构56家。全市保险业总资产约320亿元。

【监督服务】 2011年，青岛保监局突出保险监管的科学性和有效性，重点抓了维护被保险人利益、防范化解风险、规范市场秩序等工作。

一、加强信访投诉处理。一是建立局务会定期研究信访工作制度，召开了人身险公司信访工作座谈会，强化公司信访责任；二是全年根据信访举报线索，对1家保险机构和3名个人进行了行政处罚；三是下发了《关于加强交强险承保管理工作的通知》和《关于加强财产保险公司电话营销业务管理工作的通知》。

二、强化监管指导。一是举办理赔服务专业技能大赛，强化技能培训；二是出台《车辆理赔服务指引》，统一服务标准；三是制定人身险产品说明会管理办法，规范人身险产品宣传行为；四是下发《关于进一步加强误导风险控制、维护老年投保客户权益的通知》，建立老年保险客户利益保护有效机制；五是开通财产保险理赔网上查询，建立道路交通事故损害赔偿联动调解机制，提升理赔服务效率；六是全面落实总经理信访接待日制度，开播总经理在线访谈，强化了对保险消费者合法权益的保护和保险知识的普及宣传；七是不断提高社会满意度，青岛市消保委2011年接到的涉及保险的投诉与去年相比减少40%，青岛保监局受理的保险消费者有效投诉同比下降35%。

三、加强风险监测排查。一是严厉打击"三假"，配合公安部门，破获迄今为止全国最大的制售航意险假保单案，查获假保单13余万份，非法所得260余万元，主要犯罪嫌疑人已被市检察院以非法经营罪提起公诉；二是下发《关于开展人身险公司资金风险排查的通知》，堵塞资金管控环节潜在的漏洞；三是针对部分案件暴露出的公司管控等方面的问题，责令公司对风险状况进行全面清查和评估，妥善做好案件处理；四是建立季度分类监管评价体系，对公司进行风险提示或窗口指导；五是积极开展源头监管，从机构审批、高管任职、费用管控等方面力争做到早防范、早发现、早化解。

四、创新长效监管机制，促进发展方式转变。一是出台《财产保险公司费用监管指引（试行）》，提高财务数据真实性；二是制定《银保渠道业务费用监测暂行办法》，规范银保费用列支行为；三是出台《人身险公司银保业务培训指引》，对培训过程管控、讲师资质、费用列支、档案管理等方面提出具体要求；四是举办公司高管峰会，组织行业协会分别举办产寿险高层峰会，引导各公司积极调整经营思路，推动科学发展。

五、强化监督检查，有效规范市场秩序。一是与青岛银监局联合转发《商业银行代理保险业务监管指引》，加大联合监管力度；二是对部分公司、中介机构开展了现场检查及延伸检查，对16家机构和14名个人实施行政处罚，吊销保险代理业务经营许可证1家，累计罚款128.7万元；三是举办由各公司负责人及相关人员参加的法规培训，邀请市检察院专家做"预防职务犯罪"专题讲座；四是指导协会开展非车险底限费率执行情况、电销业务情况自律检查，补充完善车险自律公约，逐步扩展非车险自律范围；五是修订完善了银保业务、个人营销业务自律公约，对保险公司代理银行业务的相同险种手续费支付进行统一规范，推动手续费集中结算；六是指导协会开展行业培训活动，努力营造规范经营、合规展业的良好氛围。

【精神文明建设】 2011年，青岛保监局带领青岛保险业积极开展"和谐保险"创建工作，力争用五年时间将青岛建设成为"保险服务标杆城市"，全面提升青岛保险业的服务水平，增强服务能力，基本消除销售误导、理赔难等不规范的市场行为，充分保护广大保险消费者合法权益。青岛市建立了由分管副市长牵头的建设领导小组，市政府办公厅下发了《关于加快推进青岛和谐保险业建设的意见》，在全市范围予以推动落实。

【大事记】 1月4日 青岛保监局正式迁入东海西路28号龙翔广场1号楼办公。

1月9日 青岛保监局下发《局务会定期研究信访工作制度》。

1月14日 青岛保监局成立和谐保险业建设工作领导小组，由局长宋志华担任组长。

1月20日 青岛保监局在八大关小礼堂召开全市保险业情况通报会。中共青岛市委常委、副市长秦敏到会并讲话。青岛保监局局长宋志华通报了情况。市人大常委会副主任吴淑玲、市政府副秘书长刘承林出席会议。市金融办、全市44家保险机构、56家驻青保险中介法人机构的主要负责人以及保险行业协会、保险学会负责人等350余人参加会议。

1月25日 青岛保监局下发《行政处罚委员会工作规程（试行）》，成立行政处罚委员会，实行查处分离制度。同时发布《关于对保险公司中介业务经营管理情况进行自查自纠的通知》。

2月14日 青岛保监局发布《2010年青岛保险中介市场运行情况》。

2月15日 青岛保监局通过网站以及当地主流财经媒体发布《关于提示社会公众防范传销风险的公告》，并通知要求各保险机构在营业场所内张贴提示该公告。

2月24日 青岛保监局与市工商局联合发布《关于航意险假保单的风险提示公告》。

2月28日 青岛保监局向保监会报送了保险公司中介业务专项检查实施方案，同时向中国大地财产保险公司青岛分公司下发了《现场检查通知书》。

3月23日 青岛保监局下发《关于调整纪委委员的通知》，新一届局纪委由曹光中、刘福山、姜旭和徐永青组成。

3月31日 中共青岛市委、市政府在机关会议中心召开促进全市金融业发展大会。会上，青岛保监局被评为"金融发展特别贡献单位"并发言。人保财险青岛市分公司等10家保险公司被评为"金融发展先进单位"。

4月6日 青岛保监局召开新闻媒体座谈会，聘请驻青13家新闻媒体27名财经和社会热线记者，作为保险业的行风监督员。吉立群副局长代表保监局向行风监督员颁发聘书。

4月28日 由青岛保监局主办的青岛保险业"和谐保险林"揭牌启动仪式在李沧区石梅庵公园隆重举行。行业协会会长武长奎主持仪式，宋志华局长和市政府办公厅副秘书长刘承林讲话。

5月6日 青岛保监局与山东保监局在即墨召开监管联席会议。

5月12日 青岛保监局组织驻青相关财产保险公司召开商业车险制度调研座谈会。

5月13日 青岛保监局组织驻青相关新闻媒体，对岛城10家财产保险公司的车险理赔服务质量开展测评。

5月17日 中共青岛市委常委、副市长秦敏到青岛保监局调研和谐保险创建工作。

5月18日 青岛保监局在3楼会议室召开银保业务规范培训会，对《商业银行代理保险业务监管指引》及该局近期出台的银保系列规范性文件进行宣讲。曹光中副局长到会讲话。

5月19日 青岛保监局开展本年度第2次车险理赔服务质量测评活动，10家财产保险公司主要负责人参加此次活动。

5月31日 保监会杨明生副主席一行到青岛保监局调研。

5月31日 青岛保监局团委被保监会团委授予"保监会系统2009-2010年度五四红旗团组织"荣誉称号。

6月1日 青岛市政府在八大关小礼堂召开青岛市和谐保险建设工作启动大会。保监会杨明生副主席出席并讲话。中共青岛市委副书记、市长夏耕，市委常委、副市长秦敏，市人大副主任吴淑玲，市政协副主席刘明君，市政府秘书长李众民等领导以及保监会相关部门负责人出席会议。

6月9日 保监会政策研究室在青召开保险形势分析会议。

6月19日 青岛保监局联合行业协会、青岛广播电台交通频道共同开设"和谐保险大家谈"栏目。吉立群副局长代表保监局参加首播。

6月21日 青岛保监局在黄海饭店召开银保规范发展座谈会，由商业银行及辖区内分管银保业务副总及银保部门负责人参会，讨论《监管指引》贯彻落实情况，分析银保业务形势，研讨发展对策。曹光中副局长参加座谈会。

7月12日 青岛保监局和市金融办联合举办保险业服务蓝色经济研讨会。中共青岛市委常委、副市长秦敏出席会议并讲话。青岛市发改委、交通委等政府有关部门，人行青岛市中心支行、青岛银监局、青岛证监局3家金融监管单位以及驻青45家保险机构代表参加会议。

7月23日 青岛保监局联合市公安局在邮电部疗养院会议中心开展了车险理赔查勘反骗保技能培训。

7月29日　青岛保监局在黄海饭店会议中心召开2011年上半年情况通报会。全市各保险公司和保险中介法人机构主要负责人代表近200人参会。会议传达了保险业“十二五”规划纲要和保监会半年监管工作会议的主要精神，通报了上半年青岛保险业的主要情况，分析了形势，明确下半年的监管政策和工作重点。

8月1日　青岛保监局组织辖内30家保险专业中介机构主要负责人召开座谈会。与会人员以“加强中介行业自律自强”为主题讨论，达成4点共识。

8月1日　青岛保险行业信息处理系统正式启用。

8月30日　青岛保监局与市中级法院举行交强险案件审理座谈会，就统一审理标准、提高一审判决执行率进行磋商。

8月31日　青岛保监局组织本年度第3次车险理赔服务测评。

9月2日　保监会稽查局在青组织9家保监局分管局长和稽查（寿险）处负责人召开现场检查协调会。拟于9月19日起对恒安标准人寿保险有限公司开展上下联动式综合性检查。保监会稽查局巡视员、副局长林琳出席会议并作动员讲话。

10月27日　青岛保监局成立反洗钱工作领导小组。

11月15日　青岛保监局在即墨市组织本年度第4次车险理赔服务质量测评活动。

11月17日　青岛保监局成立处置非法集资活动工作领导小组。

11月24日~25日　青岛保监局在海尔国际培训中心举办2011年青岛保险业高管人员法规培训班，来自47家保险公司的市级公司领导班子及支公司经理共255人参训。

12月19日　中共山东省委常委、青岛市委书记李群对青岛保监局呈送的“和谐保险”创建工作报告做出批示。

12月19日　青岛保监局在青岛大学音乐厅召开2011“和谐保险”建设总结暨“和谐号服务示范岗”表彰大会。全市保险业16个先进集体和20名先进个人被分别授予“和谐号服务示范岗”荣誉称号。中共青岛市委常委、常务副市长王书坚，市人大常委会副主任吴淑玲及市政府有关部门的领导出席会议，王书坚代表市委市政府讲话。

12月29日　青岛保监局在3楼会议室召开人身险服务质量测评总结会，会议公布了2011年人身险公司服务质量测评结果，曹光中副局长参会并讲话。

（青岛保监局）

第三部分

金融机构运行报告
——政策性银行

国家开发银行山东省分行

【第一负责人简介】于泽水，男，山东烟台人，中共党员，研究生学历，管理学硕士，高级经济师，现任国家开发银行山东省分行党委书记、行长。

【综述】 2011年，国家开发银行山东省分行（以下简称"开行山东分行"）认真贯彻执行中央各项决策部署，主动发挥中长期投融资优势，为促进山东经济社会发展和"十二五"良好开局做出了新贡献，各项工作取得了新进展。截至年末，资产总额3093亿元，表内外信贷资产2790亿元，其中表内贷款余额2375亿元，表内人民币贷款余额1334亿元，表内外汇贷款余额165亿美元。受托业务余额415亿元。全年累计发放表内外贷款1228亿元。全年实现人民币项目开发1226亿元，外汇项目开发118亿美元；人民币评审承诺1007亿元，外币评审承诺88亿美元。全年累计应收表内本外币贷款本息529.29亿元，实收表内本外币贷款本息528.96亿元，本息累计回收率99.94%，当期回收率为100%。不良贷款余额6.35亿元，较年初下降1.66亿元；不良贷款率0.27%，较年初下降0.18个百分点。

一、全面推进规划先行，打造"十二五"合作新优势。一是受山东省政府委托，编制完成《山东半岛蓝色经济区系统性融资规划》以及山东省"十二五"重点专项规划——《山东省开发性金融"十二五"规划》；二是加强与行业主管部门、地方政府、大企业集团的规划合作，与山东省住建厅签署《村镇规划合作协议》，积极参与96个国家级重点镇和252个省级中心镇规划编制工作，与山东钢铁集团和阳信欧亚集团签署了《规划合作协议》，与山东省交通厅、德州市政府、山东能源集团、兖矿集团等签署了《开发性金融合作协议》，参与济宁市"十二五"规划编制，编写完成《开发性金融支持济宁"十二五"发展系统性融资规划》；三是配合总行完成厄瓜多尔、哥伦比亚国别规划修编工作。

二、支持"两基一支"领域重大项目建设。一是促成兖州市与国开金融公司合资成立城市开发公司，开辟了融资新渠道；二是合理配置信贷资源，优先保证省重点项目和重大客户用款需求，推动了华能山东发电、南水北调、山东省"十二五"公路大中修、信发华宇、济徐高速、海阳核电、南山人工岛以及各地市城市基础设施等一大批建设项目，全年新增贷款发放48亿元，同比增长307%；三是大力支持力诺集团青海光伏电站项目、山水集团新疆新型水泥生产线项目建设；四是加大对黄河三角洲、蓝色经济区项目的梳理筛选和开发培育力度，截至年末，开行在黄三角地区贷款余额313亿元，同比增长39%，在蓝色经济区贷款余额872亿元，增长28%。

三、贯彻"走出去"战略，国际合作业务再上新台阶。一是完成中委大额融资项目、中委基金一期第一次滚动项目、PDVSA中委石油贸易融资、厄瓜多尔石油融资二期等项目贷款发放工作，推进了厄瓜多尔石油融资二期人民币项目、中委联合船队船舶融资、委内瑞拉MPE-3石油区块融资、哥伦比亚机场扩建等项目进展；二是开发了美国旧金山城区基础设施、旧金山交通局车辆采购、美国沙漠快线等项目；三是大力支持企业"走出去"，已就中委长期融资项目累计发放贷款100亿美元，并与开行香港分行合作发放600亿元人民币，支持了海尔、中工国际、中水电、葛洲坝、中国电子等企业的对委合作；四是积极接洽山钢、重汽集团、力诺集团等企业，着力宣介推广中非基金、非洲中小企业专项贷款等特色产品，推动山东企业"走出去"，截至年末，该行外汇贷款余额165亿美元，位列山东省银行业首位。

四、基层金融业务实现新突破。一是与全省30余家担保公司和40家小额贷款公司建立了业务关系，加强与龙口国开南山村镇银行、地方商业银行、融资租赁公司、行业龙头企业的合作，开展中小企业联盟贷款试点，全年发放中小企业贷款41.55亿元；二是与山东省住建厅签署了《支持保障性安居工程建设战略合作协议》，创新"市带县"模式，与德州市就农村危房改造项目签订30亿元借款合同，全年新增保障性住房贷款发放17亿元，贷款余额49亿元，占全省保障性住房贷款的50%以上；三是向全省15.7万名家庭经济困难学生发放生源地信用助学贷款8.92亿元，已累计发放贷款35万人次，金额19.12亿元，惠及约24万名贫困学生；四是向全省新农村建设及龙头企业发放贷款13.5亿元，向全省水利建设项目新增贷款发放4.7亿元，贷款余额74亿元，项目涉及南水北调东线一期（干线）主体工程项目等国家及省市近70个重点水利建设项目，在各地市保障防洪、供水、生态环境改善等方面起到了积极推动作用。

五、加强业务协同，金融服务水平得到全面提升。一是开展了财务顾问、电子银行承兑汇票、信用证、结售汇、外汇买卖、保险代理等中间业务品种，全年实现中间业务净收入5.4亿元；二是完成祥光铜业10亿元短期融资券发行工作，推动东营、潍坊"区域集优"中小企业集合票据试点；三是进一步加强与国开金融公司、国银租赁公司、国开证券公司、中非基金、广西开元基金等子公司的合作，发挥"投、贷、债、租、证"整体优势；四是兖州兴隆文化园和东部新城项目实现协同贷款资金到位2亿元，山东润银节能设备售后回租项目实现租赁资金到位1.96亿元；五是加强投后管理，支持龙口国开南山村镇银行健康稳定快速发展，截至年末，龙口国开南山村镇银行总资产超过10亿元，各项存款余额6.09亿元，贷款余额6.02亿元，累计发放涉农贷款6.75亿元，为当地56户中小企业提供了信贷支持，实现利润1435万元，净利润634万元，不良贷款率保持为0。

六、强化风险防范和内部管理。一是稳步推进信用评级工作，累计完成128个客户的信用评级初评、483个存量客户（含国家、地区评级）信用评级更新、992个贷后债项评级，被总行授予"2011年度评级工作优秀分行"称号；二是加大本息回收及不良贷款化解工作力度，成功化解了一批不良贷款项目；三是开展"五五普法宣传"，跟踪国际业务热点难点法律问题，提出相应对策，坚持依法收贷；四是加强利率管理，本外币总体定价水平在开行全系统名列前茅，增量贷款定价议价能力在全系统排名第一，外币新增发放贷款执行利率高于全系统平均水平；五是跨境人民币结算与国际结算业务取得重大突破，被人行济南分行授予"山东省跨境人民币结算先进单位"，并成功兑付开行首张电子银行承兑汇票；六是明确行领导公务活动申报制度，组织中央及省内媒体宣传开发性金融支持山东经济社会发展取得突出成效，并做好办公用房增租续租、新购自有交通工具、会议保障等工作；七是信息化建设再上新台阶，高清视频会议系统、UC系统、电子银行、IP电话得到进一步推广应用。

七、加强党建和组织机构建设。一是深入开展庆祝建党90周年活动，被总行授予"全行纪念建党90周年活动最佳活动奖"荣誉称号；二是加强党史行史教育，编写完成25万余字的《开行山东省分行发展史》；三是深化创先争优活动，开展了以"树高远目标，破发展难题，超3000亿大关"为主题的解放思想大讨论，并开展了评选分行先进党支部、优秀共产党员、青年岗位能手等活动；四是扎实开展反腐倡廉教育，全面梳理各项内控和案防制度，加强联合监督检查。

【计划资金管理】 2011年，开行山东分行不断优化信贷结构，努力防范信贷风险。一是合理控制信贷增量，截至年末，该行人民币贷款余额1334亿元，较年初新增190亿元，完成开行总行下达的余额新增计划的100%，同时，积极争取总行规模资源倾斜，获得总行下达2011年信贷规模计划190亿元，在全行系统排名前列；二是发挥中长期投融资优势，全力支持"两基一支"领域重大项目建设，全年共发放人民币贷款400亿元，新增发放煤电油运、农林水、公共基础设施等中长期贷款316亿元，占比达79%，新增铁路贷款48.23亿元，同比增长307%；三是积极运用"投、贷、债、租、证"综合经营手段，帮助企业多渠道筹措资金，一方面统筹银团贷款、委托贷款等表外资源，引导社会资金169.53亿元，另一方面克服市场流动性紧张，积极开展债券承销工作，开发债券承销项目6个，完成发行项目3个，项目开发涉及总金额105.3亿元；四是积极开展了"区域集优"中小企业集合票据试点工作，取得突破性进展。

【信贷项目及管理】 2011年，开行山东分行严格控制贷款投向，积极优化信贷结构。一是在支持传统"两基一支"业务领域、保证铁路、电力、煤炭等重点领域资金链不断的基础上，不断加大对中小企业、保障性住房、助学、水利等基层民生领域项目的信贷支持；二是切实加强信贷管理，防范贷款风险，该行资产质量保持动态稳定，本息回收继续高位运行，本息累计回收率99.94%，当期回收率为100%，不良贷款余额6.35亿元，较年初下降1.66亿元，不良贷款率0.27%，较年初下降0.18个百分点。

【金融债权维护】 2011年，开行山东分行以提高资产质量和保全金融债权为目标，以机制建设为基础，从信贷源头防范贷款风险，积极主动地开展依法收贷工作。

一、领导重视，健全机制，维护金融债权。一是成立了由行长任组长、法律部门牵头、各业务处室为成员的依法收贷领导工作小组；二是建立起业务部门初步法律风险识别、内部法律部门配合、外部法律专业人士协助的"三道防线"，建立了全面的信贷法律风险防范机制；三是从源头防控风险，在项目开发评审阶段，认真调查借款人信用记录和经营状况，审查借款人、担保人主体资格，在合同签订借款和贷款发放阶段，认真审查每一份信贷合同，严格落实贷款发放和资金支付条件，不良贷款率连续多年保持在1%以内。

二、做好不良贷款化解工作。一是年初召开了专门会议，对工作进行统一部署；二是对已发生的不良贷款项目，积极采取应对措施，努力化解不良贷款；三是对于已经采取依法收贷措施的项目，指定专人及时跟踪不良贷款化解进程，定期向开行总行和监管部门汇报。截至年末，已累计对32个项目采取依法收贷措施，涉及贷款总额合计人民币16.57亿元，回收贷款本息13.27亿元。目前，8个破产、14个诉讼、8个诉讼警告项目已清户。

【筹资工作】 开行总行作为中长期债券银行，信贷资金来源主要为发行金融债券，存款业务作为重要的补充方式。开行山东分行存款来源主要为贷转存资金，以及境外贷款项下还款资金归集账户。截至2011年末，各项存款余额684.62亿元，同比增加199.09亿元。

【会计与财务管理】 2011年，开行山东分行全面提升财务管理水平，大力拓展国际结算和跨境人民币结算业务，积极进行业务创新。

一、全面提高财务管理水平，助力主营业务发展。一是统筹分行预算管理，优化财务资源配置，发挥财务预算的推动作用；二是实现分行贷款减值准备核算自行计提和管理工作，并深入推广管理会计应用；三是强化资本管理工作，主动开展已签未贷清理，减少资本占用；四是梳理费用报销流程，规范报销凭证格式，积极配合财务共享系统上线运行；五是认真组织开展"小金库"全面自查工作，按时向总行和山东银监局报送相关报表、承诺书和复查报告，并建立"小金库"治理工作长效机制；六是修订完善了费用、贷款减值准备管理和管理会计等内控制度，提高了业务操作合规性和风险防范能力。

二、大力发展国际结算业务，巩固跨境人民币结算主力行地位。一是国际业务结算量大幅提升，完成国际结算业务量（全口径）433.96 亿美元；二是相继开办了经常项目项下出口收汇业务、授信开证业务（含人民币信用证），实现了贸易融资业务零的突破；三是在外汇局山东省分局 2010 年度执行外汇管理规定考核中，被评为 A 级，并授予"2010 年度山东省国际收支优秀申报单位"；四是完成跨境人民币结算量 483.21 亿元，被人行济南分行授予"山东省跨境人民币结算先进单位"。

三、积极开展业务创新，完善业务系统建设。一是 3 月 1 日完成了全行首张电子商业汇票兑付的全流程操作，标志着开行商业票据业务跨入了电子时代；二是反复与监管部门沟通，实现了厄瓜多尔财政部人民币结算账户的核准开立；三是实现代理村镇银行支付系统结算业务，彻底解决了制约其发展的结算瓶颈问题；四是参加了总行支付清算二代系统、营运业务监督系统和中小企业贷款管理系统等建设，并被总行财会局指定为财务共享系统预算控制业务试点单位。

【电子化建设】 2011 年，开行山东分行坚持"强科技、重发展、优服务、勇争先"的工作理念，积极参于信息系统的开发与建设工作。

一、以深化信息安全管理为目标，努力提升内部管理效率。一是修订完善《员工信息安全职责规范》、《信息安全事件分类分级规范》和《信息安全管理制度》；二是开展安全专项审计整改"回头看"工作，全面落实各项整改工作；三是不定期进行信息安全检查，保障涉密文件的安全性；四是对网络设备进行安全认证升级，配置防病毒服务器，并按时上报信息系统安全日报。

二、综合利用各种手段，推进信息规划的实施。一是对视频会议系统进行了整体升级；二是开展 IP 电话项目建设工作，通过技术和服务调研，确定网络、布线、项目资费等具体实施方案；三是推动基础设施建设，积极参与拟定新办公楼机房建设要求及相关技术指标；四是开展统一通信（UC）系统语音功能升级推广工作；五是加大电子银行推广力度，优化业务办理流程，提高办事效率，新增用户数量同比实现翻番。

三、努力提高运维管理水平。一是重点完成了 2011 年度上半年网络系统应急演练、分行核心交换机软件升级等运维保障工作；二是做好各业务系统的日常维护和系统升级工作，全年共完成日常巡检 513 次，受理用户网络服务请求 392 次，处理故障 19 次；三是完成高清视讯平台扩容的前期测试等工作，保障视频各类会议 302 场；四是机房实行每日巡检制度，加强对机房网络、UPS、服务器、消防、门禁等关键设备的检测与维护，实现全年机房安全运行；五是完成分行电子类固定资产清查工作，明确资产分类、使用责任人、运行状况、资产价值等，建立相应设备资产台账，登记造册。

【纪检监察工作】 2011 年，开行山东分行积极落实党风廉政建设责任制，强化防范信贷风险和廉政风险，从源头上预防和治理腐败，为各项业务的健康发展提供了政治保证。

一、坚持抓好领导干部廉洁自律和员工廉洁从业教育。一是坚持"一季一课"党风廉政教育制度，抓好各项规章制度的学习；二是组织收看《欲盖弥彰—刘志华腐败案警示录》、《暴风雨中的忏悔—皮黔生渎职受贿案警示录》、《热血忠诚—中央监察委员会诞生纪实》、《一手遮天下的腐败》等警示教育片；三是通过内部邮箱向全体员工发送警示教育材料和廉政建设信息 49 期；四是举办了《开行员工与反腐倡廉工作》为主题的教育讲座。

二、积极开展各项监督工作。一是落实党风廉政建设岗位责任制，并做好节日期间的反腐倡廉工作；二是对贯彻执行《中共党员领导干部廉洁从政若干准则》情况组织开展了自查自纠活动；三是分行纪委书记分别与内设 16 个部门的主要负责人开展了谈话活动；四是年内在省级和全部 16 家地市级主要报纸分 2 次刊发了《国家开发银行公告》，接受全社会监督；五是对新提拔处级干部开展了任前谈话，并发放任前提示函；六是调整了分行治理商业贿赂领导小组及其办公室成员；七是认真开展"小金库"专项治理、自查自纠督察工作，未发现违规违纪行为；八是进一步加强了纪检监察与人事、风险管理、稽核部门的联系沟通、信息共享、协同工作相关机制；九是继续开展联合监督工作，通过多种检查形式，检查项目 122 个，检查项目贷款余额 392.8 亿元。

三、认真做好信访举报和案件防范工作。一是积极配合开行总行监察局和举报审计办公室，开展了对有关事项的督办和协查工作；二是注重与相关客户处配合对风险项目及时采取措施，促使项目单位提前分期还款或担保机构一次性代偿清户；三是完成了开行总行项目举报审计处理意见的落实和情况上报工作；四是分行党委与各部门主要负责人签订了《党风廉政建设责任书》。

【干部队伍建设】 2011 年，开行山东分行紧紧围绕中心工作，以培养人才、用好人才为目的，不断加强干部队伍建设。

一、组织开展各项党建活动。一是组织开展以"抓好两个层次、实现三个目标、搭建四个平台、落实五项激励"为实践内容的创先争优活动；二是开展了争创"四强"党组织、争做"四优"共产党员和创建学习型党组织活动；三是建立并实行"党员学习日"制度，组织开展了党组织和党员公开承诺和领导点评等活动；二是组织员工参加总行工会及相关厅局开展的建功立业专项竞赛和有关评比活动，荣获集体奖和个人奖各 20 个。

二、大力推进干部队伍建设。一是启动年轻干部培养工程，并以新员工入行为起点，实施了新老员工传帮带的"导师制"制度，结成对子 33 个；二是通过笔试、面试、体检等程序招录了 13 名新员工，并顺利实施了年度处级以下员工职级晋升和处级干部竞岗工作；三是组织开展了聘期满处级干部考核续聘和试用期满处级干部考核正式聘任工作；四是完成 55 位处级以下员工职级晋升；五是组织各类培训 74 次，自办培训 12 余期，参加培训人员达 600 多人次。

三、有序开展职称工作。一是完成了 9 位员工初级专业技术职务任职资格、7 位员工中级专业技术职务任职资格的初认工作；二是完成了经济专业、职称外语等考试的报名、证书办理工作；三是完成了 2011 年高级专业技术资格评审材料的审核上报工作。

四、充分发挥群团组织作用。一是围绕建党 90 周年，组织开展了党史、行史系列教育宣传活动，开展了“十大行史重要事件、十大开发性金融实践案例、十大行史教育基地”为内容的行史评选；二是成功举办了春节联欢会、“党的光辉照我行”红歌大赛、女员工读书和摄影比赛、分行第 2 届职工运动会、“树高远目标，破发展难题，超 3000 亿大关”解放思想大讨论、“植树·育人”关爱农民工子女志愿服务等活动，进一步提高凝聚力。

【大事记】 1 月 5 日 开行山东分行与中国驻厄瓜多尔大使苑桂森就中厄 10 亿美元石油贸易融资首期项目进行座谈。

3 月 10 日 开行山东分行与力诺集团签署《全面战略合作协议》，山东省省长助理周齐出席并见证了签字仪式。

3 月 14 日 开行吉林分行经营管理处处长谭杰调任开行山东分行党委委员、副行长（开行党委任【2011】120 号）

3 月 31 日 山东省政府将《山东半岛蓝色经济区系统性融资专项规划》列入蓝色经济区 26 个重点专项规划之一，并确定由开行山东分行负责编制。

4 月 1 日 开行山东分行与德州市政府签订《德州“十二五”重点建设项目开发性金融合作协议》。

4 月 7 日 山东省政府下发《关于研究制订支持蓝色经济区建设有关政策和修改完善有关规划的通知》，正式将开行主导编制的《山东半岛蓝色经济区系统性融资专项规划》列入 26 项重点专项规划。

在全省保障性安居工程建设工作会议上，开行山东分行与山东省住建厅签署了《支持保障性安居工程建设战略合作协议》，合作额度为 100 亿元。

4 月 19 日 开行山东分行与山东省发改委就省级融资平台合作情况进行座谈。省发改委主任张超超表示将继续深化和开行的合作，重点支持保障性住房、农田水利等项目。

5 月 23 日 开行山东分行成功完成中委大额融资项目第二笔 40 亿美元、100 亿人民币贷款发放工作。

6 月 3 日 ~ 7 日 开行总行党委副书记、监事长姚中民赴烟台调研龙口国开南山村镇银行业务开展情况。

6 月 13 日 “中央国家机关青年教育实践基地”和“国家开发银行机关青年教育实践基地”在山东龙口国开南山村镇银行正式挂牌。

6 月 30 日 开行山东分行与青荣城际铁路公司就新建青岛至荣成城际轨道交通项目签订 180 亿元借款合同，并发放贷款 4000 万元。

6 月 开行山东分行主承销的祥光铜业 10 亿元短期融资券获得交易商协会注册，并成功逆市发行，这是分行首支主承销短期融资券。

7 月 15 日 开行山东分行负责编制的《黄河三角洲高效生态经济区投融资规划（2010—2020）》顺利通过山东省黄河三角洲建设办公室组织召开的专项规划评审会。

8 月 31 日 开行山东分行与德龙烟铁路公司就新建德州至大家洼铁路项目签订 50 亿元借款合同。该项目总投资 99.7 亿元。

9 月 7 日 中委基金一期项目第一次滚动 40 亿美元贷款顺利实现发放。

9 月 29 日 开行总行党委委员赵建平出席开行山东分行与山东能源集团《开发性金融合作协议》签约仪式。

10 月 27 日 开行山东分行与山东航空集团签订《开发性金融合作协议》，协议额度 175 亿元。

10 月 28 日 开行山东分行作为省内唯一一家被邀金融机构在“山东省小额贷款企业第一期董事长、总经理培训班”讲授有关小贷公司信贷政策。开行山东分行向小贷公司发放贷款占全省小贷公司融资总量的 50%。

11 月 11 日 开行总行党委委员、副行长高坚出席开行与兖矿集团《开发性金融合作协议》签字仪式。

11 月 16 日 开行山东分行向 15.7 万名家庭经济困难学生，发放 2011 至 2012 学年生源地信用助学贷款 8.92 亿元。

11 月 17 日 开行山东分行与山东省教育厅联合举行 2011 年山东省生源地信用助学贷款新闻发布会。教育部全国学生资助管理中心主任张光明以及开行总行评审三局、山东省教育厅、省财政厅、省银监局等单位领导出席了新闻发布会。新华社、光明日报等 25 家媒体记者到会进行采访。

11 月 30 日 山东银监局局长廖平之到开行山东分行进行工作调研，对分行工作予以充分肯定。

12 月 8 日 开行山东分行与山东省交通运输厅签订《开发性金融合作协议》。合作领域包括省交通运输厅的 14 个公路建设项目和 2 个流动资金项目。

（赵恒新）

国家开发银行青岛市分行

【第一负责人简介】 白桦，男，中共党员，在职硕士研究生学历，新疆财经大学兼职教授，1991 年 3 月任国务院办公厅秘书一局一秘（正处级），1998 年 2 月任国务院公报室主任，2003 年 5 月任国家开发银行政策研究室副主任，2005 年 8 月至 2008 年 8 月，作为由中组部和开行党委选派的中央国家机关第五批援疆干部赴疆工作，任乌昌党委常委、乌鲁木齐市委常委、副市长（正厅级），兼任市国资委党委书记，2009 年 1 月任国家开发银行青岛市分行党委书记、行长（正厅级）。

【综述】 脱胎于"政策性金融"的国家开发银行是一家集银行、投资银行、股权投资、基金管理、金融租赁等为一体的综合金融机构。国家开发银行青岛市分行(以下简称"开行青岛市分行")于2006年10月15日正式挂牌成立。五年来,该行始终坚持规划先行和市场建设,把握青岛区域经济发展的趋势,努力践行开发性金融助推地方经济社会发展的宗旨,取得了积极成效。截至2011年末,已累计向青岛地区发放本外币各项贷款1011亿元,牵头引导银行、信托等社会力量投入资金284亿元,支持了岛城海底隧道、轨道交通、市政建设、董家口港、高新区、城区"两改"、保障性住房、医疗卫生、节能减排、县域三农、高新技术产业、蓝色新兴产业等30多个行业近300个项目的建设。

一、主要经营业绩。截至年末,该行管理资产突破820亿元,较成立初增长近12倍,人均管理资产8.37亿元;本外币各项贷款余额622.6亿元,全年发放贷款263亿元人民币,贷款余额新增191亿元人民币,占全年青岛地区全部贷款余额新增1146亿元的16.7%,在46家青岛金融同业中居于首位。全年实现净利润10.17亿元;上缴税收4.3亿元,其中向青岛地方缴纳地税1.8亿元;各项贷款本息回收率连续21个季度保持100%。2011年3月,该行非个人中长期贷款市场份额首次超越工行跃居岛城第一,是目前青岛银团贷款第一行。同时,获得青岛市政府授予的"金融发展先进单位"称号。

二、坚持规划先行,支持青岛蓝色经济区建设。一是深度参与半岛蓝色经济区规划编制和实施,与政府展开高端战略合作;二是规划成果获地方政府高度认可,主导编制的《山东半岛蓝色经济区系统性融资规划》和《青岛市国民经济与社会发展第十二个五年规划纲要系统性融资规划》均被作为唯一的非政府规划被纳入政府规划体系。

三、发挥中长期优势,服务岛城城市建设。一是设计并运用"政府入口—开发性金融孵化—市场出口"的项目运作模式,引导社会资金投向,全年已累计向青岛市重大项目投放信贷资金634亿元,占同期全部信贷投放的三分之二;二是牵头发放的银团贷款达292.6亿元,占青岛市全部银团贷款余额的六成以上,有力支持了海底隧道、轨道交通、董家口港区建设、四环两跨环湾路网、"三纵四横"立体交通体系等项目的顺利实施;三是将60%以上的新增规模投向港口、交通、海洋新能源、海洋工程、海洋生物等蓝色基础设施和产业领域,其中向高新区、市南软件园、城阳区退城进园等高新产业园区和高端产业集聚区项目承诺贷款112亿元,投放信贷资金79亿元。

四、关注民生,服务岛城民生福祉改善。一是"抱团增信"统贷模式破解中小企业融资难题,已发放贷款4.223亿元,支持了中小企业98家,中央电视台、青岛电视台、《青岛日报》等媒体先后对此模式进行了专题报道;二是第一时间制定应急贷款发放工作预案,为胶州市九龙镇发放抗旱救灾应急贷款5000万元;三是累计发放高校助学贷款和生源地助学贷款2863万元,惠及贫困学生5388人次;四是积极协助地方政府建立并完善住房保障体系,共发放西部城区保障性住房贷款3亿元。

五、积极进取,服务岛城企业"走出去"。一是先后与青建、青啤、海尔、青岛软控等30多家企业签订开发性金融合作协议或达成合作意向;二是与中非发展基金和3家岛城纺织企业共同合作的中非棉业马拉维项目,成为外汇投资与外汇信贷协同,服务青岛纺织产业"走出去"的标杆案例;三是与开行香港分行合作完成的青啤并购银麦项目,是系统内第一笔以"内保外贷"形式成功运作的并购贷款项目。截至年末,该行已累计发放外汇贷款12.05亿美元,完成评审承诺超40亿美元,开发入库金额24.6亿美元。

六、开拓创新,不断提高综合营销水平。该行全年实现非利息收入5070万元,非利息收入占比为4%。同时,牵头组建了国网能源中期流动资金贷款项目、青岛世界园艺博览会园区基础设施建设项目与青岛旭域土工材料股份有限公司流动资金3笔直接银团赛款,共签订青岛城投集团企业债、潍坊市"区域集优"中小企业集合票据2个主承销协议,其中1.8亿元潍坊市"区域集优"中小企业集合票据更作为全国首支,央视等多家重要媒体对此做出报道,取得了良好示范效应。

【计划资金管理】 2011年,开行青岛市分行进一步加强了计划资金管理:

一、贷款发放计划管理。该行组织编制了年度经营业务情景计划,按季分月调度分析和调整,切实做到精心组织,合理调度,全年累计投放本外币各项贷款263亿元,确保了对青岛市"两基一支"、县域民生和岛城企业"走出去"等领域的信贷资金支持。

二、贷款回收计划管理。该行以难点回收项目为重点,加强信贷资产质量管理和贷款回收计划管理,狠抓贷款回收责任制和收贷挂钩项目的落实,全年累计回收贷款本息91.88亿元,贷款本息当期和累计回收率连续21个季度保持100%,不良贷款额和不良贷款率连续21个季度保持"双降"。

三、加强同业合作业务。该行积极发挥项目评审优势,大力开发优质大项目,深入与各商业银行开展合作,全年合作额度达33.62亿元。

四、严格资金管理工作。一是通过勤查询、勤调度,严格控制分行头寸,减少无效低效资金头寸占用,全年头寸备付比率仅为4%;二是加强系统内拆借管理,全年共办理系统内资金拆借业务175笔,实现资金拆借收益2.25亿元。

【信贷项目及管理】 2011年,开行青岛市分行全力支持推动中央"扩内需、保增长、调结构"工作,大力提高信贷管理水平,促进了各项业务合规、稳步、健康发展。

一、统一思想、增进认识,提高信贷基础管理工作成效。该行认真贯彻信贷管理AB角制度,综合岗综合把关,将提高信贷管理工作的合规性意识贯穿于业务发展的全过程。

二、加强业务创新与协同,提升综合金融服务水平。一是作为牵头行发放的贷款占青岛全部银团贷款的60%以上,全年银团工作量56亿元,同比增长64%,表外资产余额124.07亿元,增长74.11%;二是开展套期保值、票据、财务顾问等7大类11项中间业务，银票开票完成率位居系统内前列；三是完成3个债券承销项目开发，签订2个主承销协议，主承并成功发行国内首支区域集优（潍坊）中小企业集合票据；四是与国开金融、中非基金、国开证券、国银租赁开展5个协同项目，实现协同收入2.19亿元；五是推动国开金融与青岛市政府签署总额100亿元的蓝色经济发展基金框架协议。

三、完善经营和风险管理。一是加强绩效考核管理和经营分析，落实动态信贷管理，提高资金使用效率；二是在发展中规范融资平台，平台全覆盖贷款比率达94%，转为一般公司类贷款比率达86%，银监会和总行相关局分别下发简报对"青岛城投公司增加价值164亿元的海域权抵押退出平台"的经验给予肯定和推广；三是注重流程和合规管理，不良贷款率持续保持为零，本息回收率继续保持双百，各项风险指标继续保持稳定；四是积极开展普法宣传、合同审查、项目评审、律师管理、授权办理等各项法律事务工作。

四、不良资产率持续下降，资产质量稳步提升。针对存在的不良贷款项目，实行总分行联动，密切关注借款人经营情况，加强与客户沟通协调，确保到期利息及时、足额回收，实现了自成立以来本息回收率持续保持100%。

五、严格贷后管理制度，及时整改落实内外部检查问题。一是积极配合银监局现场审计检查，及时落实责任人并进行整改，并提出进一步加强和改进贷款项目信贷管理的工作措施；二是积极配合总行稽核专员天津组对该行贷款资产质量分类、信贷管理、固定资产等有关业务的现场稽核检查，对检查提出的建议和要求逐一落实。

六、加强员工培训力度，提高信贷管理水平。一是对新员工定期开展新业务品种以及银监会出台的新文件等相关方面的培训；二是充分发挥老信贷员业务熟、经验多的优势，认真做好"传帮带"，不断提高信贷队伍的整体管理水平。

【筹资工作】 2011年，开行青岛市分行积极落实存款责任部门，建立分行内部考核机制，加强项目资金监管，吸收贷款项下与项目有关的存款，推进各品种存款均衡发展，努力降低筹资成本，提高资金运用效率。截至年底，各项存款余额71.24亿元，日均存款69.80亿元。

【电子化建设】 2011年，开行青岛市分行进一步加强信息科技管理，提高工作的标准化、制度化、程序化和规范化水平。一是修订了《信息安全事件管理办法》、《电子设备管理实施办法》、等11个制度；二是完善了机房灾难、网络通信、信息安全、应用系统、计算机病毒等5个方面的应急预案；三是通过配置NTP时间同步、限制登录网络设备的IP地址、限制用户登录网络设备连接的超时等必要服务、禁用CDP neighbor等不必要的服务等措施，加强对网络系统的日常维护和管理；四是加大对网络设备的巡检力度，完善数据备份机制，保证网络的正常与稳定运行。

【大事记】 1月7日　总行蒋超良行长与山东省委常委、青岛市委书记李群座谈，并出席开行青岛市分行与青岛市政府举行的开发性金融合作高层联席会，双方签署《支持蓝色经济区建设开发性金融合作备忘录》。

2月14日　开行青岛市分行向胶州市发放应急贷款5000万元。

3月2日　开行青岛市分行作为唯一金融机构应邀参加青岛市政府关于加快董家口港区建设专题会议。

4月11日　中央党校主办的《学习时报》在实践探索版面头条刊发开行青岛市分行白桦行长署名文章--《积极探索以开发性金融支持地方经济发展方式转变》。

4月13日　国开金融与青岛市政府签订《青岛市蓝色经济发展基金合作备忘录》。青岛市市委副书记、市长夏耕，国开金融总裁张旭光，开行青岛市分行行长白桦等出席了签字仪式。这标志着总额100亿元的国内首支蓝色经济概念投资基金的设立工作全面启动。

4月26日　开行青岛市分行行长白桦参加在济南召开的2011年度全国五一劳动奖章表彰大会并荣获全国五一劳动奖章。

5月10日　开行青岛市分行资产总额首次突破600亿元，达602.21亿元；管理资产同时突破700亿元，达705.82亿元。

6月10日　开行青岛市分行与青岛市发改委就青岛市"蓝色硅谷"规划合作进行座谈。

6月23日　开行总行陈元董事长会见山东省委常委、青岛市委书记李群。

8月2日　开行总行姚中民监事长与山东省委常委、青岛市委书记李群座谈。

8月5日　山东省委书记、省人大常委会主任姜异康视察青岛董家口港区。此时港区基础设施建设项目总投资180亿元，已向开行申请贷款125.1亿元。

9月2日　开行青岛市分行参加2014青岛世界园艺博览会园区基础设施建设项目21.4亿元银团贷款签约仪式。

10月27日　开行总行郑之杰副行长与青岛市委常委、副市长秦敏座谈，并出席了开行青岛市分行与青岛市发改委《青岛西海岸经济新区发展规划合作协议》签字仪式。

10月28日　开行总行郑之杰副行长出席中国·青岛蓝色经济发展国际高峰论坛，并作为唯一的金融机构代表发表主旨演讲。

10月31日　开行青岛市分行作为唯一受邀金融机构赴京参加"青岛市工业转型升级定向招商会"。会上地方政府实现与央企优秀民营优强企业签约项目79个，合作金超千亿。

11月3日　开行山东省分行与青岛市分行联合主承的潍坊市2011年度第一期中小企业集合票据成功发行，额度1.8亿元，利率6.20%。

12月5日　开行青岛市分行白桦行长荣获2011年青岛市优秀企业家称号。

（张艳国　李小倩）

中国农业发展银行山东省分行

【第一负责人简介】 杨杰，男，山东潍坊人，1958 年 5 月生，中共党员，中央财政金融学院金融专业本科毕业。1975 年 11 月参加工作，1992 年 12 月任人行山东省分行计划处处长，1995 年 2 月任农发行山东省分行资金计划处处长，1996 年 11 月任农发行总行资金计划部副主任。1998 年 9 月任农发行山东省分行党委委员、副行长，2002 年 6 月任农发行山东省分行党委副书记、副行长，2005 年 1 月任农发行山东省分行党委书记、行长。

【综述】 2011 年，中国农业发展银行山东省分行（以下简称“农发行山东省分行”）强化信贷支农，深化基础管理，有效防控风险，各项工作取得显著成效。

一、贷款规模实现新突破。截至年末，各项贷款余额过千亿元大关，达 1024.5 亿元，剔除消化挂账和呆账核销因素比年初增加 165 亿元；全年累放贷款 623.2 亿元，同比多投放 162.4 亿元。

二、经营效益再上新台阶。全年实现利润 24.2 亿元，增长 48%；人均创利 74 万元，达历史最好水平；分支行全部实现盈利，利润过亿元的市分行 14 个，过千万元的支行 62 个。

三、风险防控达到新水平。年内未发生新的不良贷款，连续 7 年实现大幅“双降”；2005 年以来形成的不良贷款全部清零。

四、文明建设开创新局面。省行党委被总行党委授予“先进基层党组织”；省行被总行授予“企业文化建设先进单位”，被省政府授予“山东省金融发展贡献奖”，被省文明委命名为“省级文明单位”。

【信贷业务】 2011 年，农发行山东省分行积极实施“两轮驱动”发展战略，加大支农力度，为促进全省农业农村发展做出了积极贡献。

一、确保供应，粮棉油收储贷款平稳增长。一是积极适应粮食市场化收购形势，及时调整资金投放节奏，大力支持优质骨干企业入市收购；二是加大促销收贷力度，粮油收购贷款按期“双结零”，棉花收购贷款连续 10 年实现“双结零”。全年共发放粮棉油和化肥收储贷款 187.1 亿元，支持企业购进粮食 353.4 亿斤、棉花 271.6 万担、油脂 13 亿斤、化肥 67.6 万吨。

二、抢抓机遇，水利和新农村建设贷款投放有力。全年累计批复水利和新农村建设项目 101 个、贷款 448.2 亿元，超过前 4 年贷款批复总和，其中申报到总行的 6 个项目、168 亿元贷款全部获批；累计投放农业农村基础设施建设中长期贷款 198 亿元，同比多投放 100.4 亿元，增幅达 103%；年末水利贷款余额 102.2 亿元，居系统首位。

三、精心布局，战略性客户群初步形成。一是优化贷款投向，全年发放产业化龙头加工贷款 242.7 亿元，同比增加 34.7 亿元；二是转方式、调结构，年末 AA 级以上龙头加工贷款客户占比达 84%，比年初提高 5 个百分点；三是积极支持农业科技进步，发放农业科技贷款 19.1 亿元，同比增加 6.6 亿元。

【存款和中间业务】 2011 年，农发行山东省分行大力发展存款和中间业务。

一、研究探讨新型存款管理模式，努力提高风险收益水平。一是各项存款日均余额 231 亿元，比年初增加 62.6 亿元，增长 37.2%；二是粮棉挂账地方贴息到位率创历史最好水平，累计代理拨付种粮农民直补等各类财政补贴资金 153.7 亿元；三是全年办理国际结算业务 14.6 亿美元，增长 39.7%，继续保持系统领先。

二、稳步发展中间业务，增强金融服务功能。一是省、市行分别成立了咨询顾问业务中心和执行中心，年末实现业务收入 624.6 万元；二是累计办理承兑汇票贴现业务 282 笔、24.4 亿元，增加贴现利息收入 0.6 亿元；三是全年发生各类结算业务 10.4 万笔、873 亿元，分别比上年增加 3.2 万笔、383 亿元。

【资金计划管理】 2011 年，农发行山东省分行加大计划资源配置力度，夯实资金营运、统计管理等基础工作，提高综合协调服务水平。一是充分发挥信贷计划导向和调控作用，提高效率，支持农村实体经济发展；二是切实做好资金调拨管理，杜绝清算账户透支，资金借款计划预测准确率保持 100%；三是加强统计检查，累计报送各类报表 690 余份，没有发生迟报、漏报和错报现象。

【风险防控】 2011 年，农发行山东省分行加强行业与政策研究，强化监测分析，深化风险管理，确保业务稳健运行。

一、加强政策研究，防控行业与市场风险。一是积极研究与农发行贷款密切相关的粮油、棉花等多个行业运行状况，为客户营销和信贷管理提供参考；二是编发《业务综合信息》103 期，及时引导基层行调整营销目标市场，规避行业和市场风险，有针对性地加强贷款管理。

二、创新收购贷款管理措施，严控市场化收购风险。一是组织研发了粮油收购贷款风险监测系统，逐企业、逐笔贷款开展库存成本分析和风险预警，成为监测收购贷款市场风险的有效手段；二是重点研究完善了准政策性贷款管理措施，定期搜集发布开户企业和主要粮食批发市场交易价格，引导企业理性收购。

三、创新项目贷款管理办法，确保贷款安全。一是对农村土地类贷款项目收入实行封闭管理，及时足额收回贷款本息；二是探索建立水利建设偿债准备金，创新信贷资金与地方资金合力支持水利建设模式；三是建立土地市场监测分析制度，采取调低抵押率、严控评估价值等措施防范贷款风险。

四、突出风险审查，严格贷款准入。一是加强审议平台建设，制定实施信贷项目审议主质询人制度，提升了审议质量；二是制定完善客户准入标准，新准入客户质量明显提高；三是审查贷款项目363个，提出意见和建议40多条，为领导决策提供了参考。

五、积极探索风险监测预警方法，强化客户动态监测分析。一是严格执行重大风险事项报告制度，提升敏感度和风险反应能力；二是按月监测客户经营情况，对其财务指标变化进行分析，深入挖掘潜在风险点；三是加强信贷风险信息化建设，综合报表平台风险监测报表顺利上线运行。

六、大力清收不良贷款，确保信贷资金安全。全年共现金清收不良贷款7340万元，核销呆账贷款17.4亿元。截至年末，不良贷款余额2.77亿元，较年初减少18.2亿元，降幅86.8%；不良贷款率0.27%，较年初下降1.97个百分点，降幅88%；全辖共有11个市分行不良贷款清零，占65%。

【财会管理】 2011年，农发行山东省分行狠抓财会管理，会计核算质量进一步提升。一是加强对资金汇划、账务核对、账款安全等重要环节和关键部位的管控，充分发挥会计远程监控系统的作用，确保会计核算安全有序；二是落实委派财会主管责任制，继续推行坐班主任异地交流工作；三是开展了“小金库”专项治理的全面复查和人民币结算业务自查工作；四是严格落实县级支行经费开支报账制，认真执行财务管理制度和有关规定；五是加大对闲置资产的清理处置力度，提高了资产效益。

【队伍建设】 2011年，农发行山东省分行发挥领导干部表率作用，创先争优活动扎实有效。一是推行二级分行领导干部分片包点，严格综合评价考核，领导班子建设迈出新步伐；二是及时开展业务岗位竞聘，组织岗位教育培训、财会技能等级测试和各类劳动竞赛活动，提高了服务水平；三是深入推进企业文化建设，以“忠诚事业、埋头苦干、严细管理”为灵魂的特色管理文化更加深入人心；四是深入开展反腐倡廉建设，推广纪检监察综合管理系统，实行岗位廉政风险防范管理；五是积极开展纪念建党90周年系列活动，“风正、气顺、心齐、劲足、绩优”的良好局面初步形成。

【大事记】 1月12日 农发行山东省分行与淄博市政府签订统筹城乡发展战略合作协议签约仪式。

1月17日～23日 农发行山东省分行在济南举办支行行长新农村建设贷款培训班。

2月14日～15日 全省农发行行长会议在济南召开。

2月18日 农发行山东省分行行长杨杰在北京人民大会堂参加山东省委、省政府举办的山东半岛蓝色经济区建设恳谈暨项目推介会，并陪同总行行长郑晖出席项目推介暨签约仪式。

3月10日 农发行总行2011年金融债券承销团组建大会在济南召开。

4月10日 农发行山东省分行行长杨杰会见威海市市长孙述涛，座谈双岛湾河流治理及土地整治项目融资事宜。

4月27日 农发行山东省分行副行长尤志军会见来访的美国银行北京分行行长李纯纯一行。

5月5日 农发行山东省分行与日照市政府签订统筹城乡发展战略合作协议。

5月13日 农发行山东省分行召开“合规管理年”活动视频动员会。

5月30日 农发行总行印发（农发银党〔2011〕53号）文，任命石寿江为农发行山东省分行副行长、党委委员；免去其省分行营业部总经理、党委书记职务。

6月3日 农发行山东省分行举行2011年夏粮收购资金供应新闻发布会。

6月30日 全省农发行“红色旋律，唱响中国”庆祝建党90周年红歌会在济南举办。

9月8日 全省农发行2011年度棉花收购信贷会议在德州禹城举行。

10月24日 农发行总行在山东省分行正式启动综合办公平台试点工作。

11月15日～16日 农发行山东省分行召开全省分行行长座谈会，分析当前工作及经营形势与困难，研究明年初步的工作思路。

12月29日 农发行山东省分行印发（鲁农银发〔2011〕310号）文，将分行信息技术处更名为信息科技处，监察室更名为监察处；二级分行信息技术部变更为信息科技部。

（段玉华）

中国进出口银行青岛分行

【第一负责人简介】 王伟明，男，1960年7月11日生，硕士研究生。1982年起历任山东银行学校外汇保险教研室、银行业务教研室教师、副主任；1996年起历任国家外汇管理局山东分局、济南分局副主任科员、主任科员、山东省分局经常项目管理处副处长、人民银行青岛市中心支行党委委员、副行长、国家外汇管理局青岛市分局副局长、山东省分局国际收支处处长；2007年起任中国进出口银行青岛分行副行长、党委委员；2010年5月起任中国进出口银行业务开发与创新部总经理；2011年12月至今任中国进出口银行青岛分行党委书记、行长。

【综述】 2011年，中国进出口银行青岛分行（以下简称“进出口青岛分行”）信贷规模稳步扩大，经营效益大幅提高，不良贷款实现双下降，贷后管理水平和内控合规水平逐步提高，较好地完成了总行下达的各项任务指标。

【业务发展】 2011年，进出口青岛分行各项业务实现平稳较快发展。

一、信贷业务平稳较快发展。一是推动总行与山东省签订了《金融支持山东半岛蓝色经济区建设框架协议》，全年该行新增贷款的90%以上投入到了该区域；二是积极参加人行济南分行与各地市政府举行的项目推介会，在宣传政策的同时，开发了一些优质企业和项目；三是按照总行“区别对待、有扶有控”原则，重点支持了企业境外投资、两自一高企业产品出口等。

二、中间业务迅速发展。一是运用跨境人民币信用证业务支持企业进口，全年共开立跨境人民币信用证34亿元；二是发展信用证业务，缓解企业资金需求紧张局面，全年共开立信用证10.87亿美元，同比增长68.95%；三是加强同业合作，发展同业代付业务，全年累计叙做同业代付业务13.4亿元，同比增长95%；四是开办了国内保理业务，实现了该项业务零的突破。

【转贷业务贷后管理】 2011年，进出口青岛分行对转贷业务的贷后管理主要采取现场检查和非现场检查相结合的方式进行。一是参照自营贷款贷后管理方式，加强转贷业务贷后管理，建立了标准化的贷后管理卷，对转贷项目进行分地区、分行业管理；二是加强与政府部门的合作，通过政府财政部门协调贷款企业还款，减少拖欠，压缩不良贷款；三是针对重点项目加大催欠力度，加强与自营业务联动，督促企业按时归还转贷贷款，同时，利用企业改制的有利时机，跟踪关注改制情况，与企业协商解决方案，并及时向总行报告。

【不良资产清收】 2011年，进出口青岛分行多管齐下，全年共清收不良贷款7156万元。一是加快不良贷款抵质押物拍卖与清偿，收回临沂某公司不良贷款2400万元，烟台某公司209万；二是加强与总行相关部门、地方政府、国资部门及相关企业谈判沟通，收回某公司不良贷款2987万元；三是对于采取新增贷款结合债务承接的方式处置的不良贷款，督促代偿企业积极履行债务承接协议，共收回代偿款项1560万元；四是成功化解枣庄某公司2100万风险预警贷款，防止了新不良资产的产生；五是严把项目准入关，严格执行审贷分离、分级审批制度，保证信贷资金安全。

【内部管理】 2011年，进出口青岛分行在内部管理方面主要做了以下工作：

一、完善风险管理体系，防范金融风险。一是开展风险排查，防控预警类项目风险；二是强化政府融资平台贷款管理，督促责任部门加强整改，严格落实补充担保措施，预防潜在风险；三是制定并实施了《境内贷款项目的重点检查方案》和《境外贷款项目的现场检查方案》，将境内、外贷款贷后风险管理规范化、经常化；四是按照总行“流程化、痕迹化、规范化”的要求开展档案管理工作，项目档案基本实现标准化。

二、依法合规经营，提高内部管理水平。一是对现有的试行、暂行办法进行了修订，并印发执行，同时组织了对廉政和安全保卫等制度的考试；二是对内部部门的职责进行了重新梳理；三是严格执行贷款新规，规范贷款资金使用，控制贷款资金流向，得到了监管部门的肯定。

【员工队伍建设】 2011年，进出口青岛分行队伍建设工作取得丰硕成果。一是为迎接建党90周年，组织开展了讲党课、走老区、学先进等一系列活动；二是开展了廉政风险点排查活动，共排查关键风险点26个，制订防范措施29条；三是加强业务培训，为员工创造更多学习锻炼的机会；四是积极组织全行员工参加职工运动会，丰富职工业余文化生活。

【大事记】 1月4日 进出口青岛分行收回某客户1400万元不良贷款。

1月 进出口青岛分行为山东省机械进出口集团公司开立跨境人民币信用证，这是该行的首笔跨境人民币结算业务。

2月14日 进出口银行与山东省政府签订金融支持山东半岛蓝色经济区建设框架协议。

2月21日～22日 进出口青岛分行召开2011年工作会议，传达贯彻总行2011年工作会议精神，部署各项任务。

4月18日～21日 进出口青岛分行侯广青副行长（主持工作）带队赴重庆考察山东如意集团三峡纺织项目。

5月8日～10日 进出口银行党委副书记、副行长朱鸿杰赴山东考察。

10月27日～30日 进出口银行党委副书记、副行长朱鸿杰赴山东参加省政府召开的蓝色经济发展高峰论坛，并考察有关项目。

11月30日～12月2日 进出口银行副行长李郡赴山东考察有关项目。

12月30日 进出口青岛分行召开年终总结大会。

（进出口青岛分行）

第四部分

金融机构运行报告
——商业银行(上)

中国工商银行股份有限公司山东省分行

【第一负责人简介】 谷澍，男，汉族，1967年8月生，中共党员，博士研究生，高级会计师。曾任中国工商银行会计结算部、计划财务部副总经理，财务会计部总经理。2008年7月起任中国工商银行董事会秘书、战略管理与投资者关系部总经理。2010年11月起任工行山东省分行党委书记、行长。

【综述】 2011年，中国工商银行股份有限公司山东省分行(以下简称"工行山东省分行")认真贯彻宏观经济政策，充分履行大型商业银行社会责任，在服务地方经济发展过程中，保持了自身持续健康发展的良好势头。

一、表内外融资稳健增长。该行按照宏观调控政策和省委省政府工作部署，重点突出"大小兼顾"、"贷短"、"贷关键领域"的信贷投向。一是在保证省内大企业融资需求的基础上，重点向小企业、个人等"两小"领域倾斜；二是加快发展贸易融资和一般流动资金贷款，国内贸易融资新增额创开办该业务以来历史最好水平；三是优先支持省内重点项目和"蓝黄"两区建设，积极做好保障房建设等民生领域的配套金融服务。

二、各项业务协调发展。一是资金来源不断拓宽，年末各项存款增量在工、农、中、建四家银行中占比40.21%;二是新兴业务迅猛发展，开创了资产托管业务三个全省第一(即：首次为其他商业银行提供理财资金托管服务，首次开辟全省保险资金托管市场，首次进入场内交易资金托管市场)；三是质量效益同步提升，清收处置不良贷款31.58亿元，实现拨备后利润153.33亿元，同比增长35.9%。

三、信贷风险控制稳妥有效。一是继续加大信贷监督管理力度，成立大客户信贷管理中心和信贷监督执行部，开发投产"法人客户贷后工作管理系统"，实现了贷后集中管理和电子化处理；二是加强重点领域管理，组织开展小企业、贸易融资和个人消费贷款业务"回头看"检查，加强表外理财类创新产品风险管理；三是压降潜在风险贷款，大幅压降"两高一剩"项目贷款，进一步提高房地产客户准入标准，继续规范清理地方政府融资平台贷款。年末，项目贷款、房地产贷款和地方融资平台贷款余额分别较年初下降88.73亿元、14.21亿元和92.84亿元。

四、内控防案工作不断加强。工行山东省分行连续5年实现零发案，在国家审计署组织的审计检查及总行内控评价中，受到充分肯定。一是夯实管理基础，深入开展内控防案制度体系建设和精细化管理；二是强化风险点防控，实施重点管理和严格控制，深入组织专项排查，消除了潜在隐患；三是加大监督检查力度，统筹开展全省整肃经营管理不良行为、推进执行力建设、防范案件、基层机构负责人及客户经理监督管理工作检查。

五、体制机制改革稳步推进。一是加快总行业务集中品种投产进度，开发应用业务运营核查辅助查询系统，全年准风险及确认风险事件数量呈现总体递减趋势；二是深入实施县域支行分类管理，在机构网点、人员配备、资源配置、业务创新等方面，给予重点倾斜，县域支行服务竞争能力不断增强；三是稳步推进法律集约化改革，主动上收全行主要风险事项的审查，有效防范了部分程序性和实体性风险；四是继续深化报表集中管理工作，自动化报表数量达到1032种，自动化率88.74%。

六、客户服务水平明显提升。一是服务供给能力不断增强，新建网点80个、优化布局39个，投放自助设备1050台；二是组织开展"优化流程、改进服务年"活动，探索推出客户预填单系统、自助发卡机等服务手段，服务效率明显提升；三是全面推广实施《营业网点服务规范指引(试行)》，不间断地组织现场检查和非现场监督；四是建立网点日常学习培训制度，持续加强员工服务技能培训，广泛开展"百佳服务员工"、"百佳服务案例"评选和"优质服务样板网点"创建活动，服务水平不断提升。

【公司业务】 2011年，工行山东省分行突出抓好公司客户营销、信贷结构调整、提高综合收益等重点工作，公司业务均衡稳定增长。一是公司存款市场份额显著提高，在系统内、同业稳居领先地位，创近年来最好水平；二是坚持"区别对待、有进有退"的原则，积极发展符合国家政策导向、经济资本回报率高、风险与收益匹配度好的信贷业务，有效实现了信贷产品、行业、客户三大结构的优化调整；三是进一步探索完善大客户营销体制，加大产品创新力度，以债务融资工具、信托理财、信托租赁等重点产品为先导，丰富客户产品线，形成中间业务多元化经营局面。

【机构业务】 2011年，工行山东省分行机构业务一手抓客户营销服务，一手抓内部管理建设，各项工作取得新进展。一是开展整体营销、分层服务，积极推进资产负债、对公和零售业务联动，减少营销环节，提高客户服务水平；二是积极拓展新客户、新市场，同时加强现有客户维护和培育，有效提高客户数量

中国工商银行股份有限公司山东省分行主要统计指标

单位：亿元

项目 \ 年度	2007	2008	2009	2010	2011	2011年同比增幅(%)
本外币资产总额	2964.23	3598.49	4546.8	4882.44	5564.18	13.96
本外币存款余额	2776.25	3358.54	4317.47	4624.99	5079.87	9.84
人民币存款余额	2742.93	3325.88	4281.38	4586.74	5006.72	9.16
企业存款	776.23	931.67	1260.97	1305.11	1419.56	8.77
机关团体存款	577.15	686.85	872.31	1016.09	1151.71	13.35
储蓄存款	1342.69	1631.47	1956.05	2175.13	2435.45	11.97
本外币贷款余额	2548.12	2898.77	3592.29	4122.1	4647.45	12.74
人民币贷款余额	2467.82	2846.07	3524.28	4034.23	4464.24	10.66
短期贷款	937.41	1100.26	1188.89	1347.05	1648.4	22.37
中长期贷款	1530.4	1745.81	2335.39	2775.05	2815.85	1.47
票据融资	61.53	102.95	110.68	48.04	69.31	44.28
利润总额	39.22	74.02	84.55	92.07	114.80	24.69
不良贷款余额	55.5	55.45	67.95	64.05	58.53	-8.62
不良贷款占比(%)	2.18	1.91	1.89	1.55	1.26	-0.29

和质量；三是加大银保业务推动力度，加强第三方存管业务、银银平台业务合作，推动同业中间业务发展；四是创新推出财政预算单位公务用卡、住房资金交易管理系统等特色产品和系统，增强市场竞争能力。

【个人金融业务】 2011年，工行山东省分行个人金融业务抢抓市场机遇，各项指标实现快速发展。截至年末，全行储蓄存款新增284.85亿元；个人经营贷款新增24.70亿元。一是通过大力销售理财产品、营销代发工资、外拓优质客户等有效手段，加大存款的争揽力度，连续三个季度实现同业新增占比第一；二是以商友卡、专属结算套餐、经营贷款和专属理财产品等产品组合为抓手，加大各类批发市场营销力度；三是进一步加大对个人经营消费贷款的营销管理力度，在全省建立了126家个人贷款中心；四是加大对新建网点和优化网点的布局、建设及自助设备配备等工作的督导，加强对低效营业网点的业务分析，全面提高营业网点单产能力；五是开发了银医通系统、鲁商灵通卡、社保灵通卡、住房公积金灵通卡等产品，提高对特定客户群体的营销与服务能力；六是开发了理财产品资金流监测分析、代发工资业务管理、客户星级统计分析等系统，提高业务管理的精细化程度。

【企业年金】 2011年，工行山东省分行企业年金业务稳步发展，员工福利金计划市场有效突破，资产托管业务进一步做大做强。一是针对已签约大客户、重点客户等优质客户群体，围绕上下游客户、三产客户等，不断进行深度挖潜；二是以如意人生福利计划产品为抓手，开拓养老金业务领域，实现员工福利计划业务的突破及快速发展；三是顺利投产一批大型客户项目，同时全国性受托业务快速发展，如意养老3号企业年金计划正式运作；四是实现了理财资金、保险资金和场内交易资金托管市场等3个领域的业务突破。

【投资银行业务】 2011年，工行山东省分行在保持投资银行业务规模稳步增长的基础上，积极调整业务结构，强化品牌建设力度，推动投行业务的快速健康发展。一是保持了中间业务支柱收入之一的地位，常年财务顾问、企业信息服务和一般性投融资顾问等基础类业务收入占比83%；二是以重组并购、银团贷款安排与管理、非金融企业债务融资工具、股权私募、结构化融资为代表的品牌类业务收入占比达到17%，业务结构调整初见成效。

【住房金融业务】 2011年，工行山东省分行认真贯彻落实国家宏观调控政策和总行信贷结构调整要求，推进住房金融业务健康平稳发展。

一、法人房地产贷款发展平稳。一是严控贷款总量，切实盘活存量；二是合理把握贷款投放节奏和投向，重点投放普通住房开发贷款及保障性住房贷款；三是进一步提高贷后管理水平，加强资金监管使用，落实全过程封闭管理制度；四是积极完善在建工程抵押手续，防控业务风险。

二、提高个人住房贷款营销管理的精细化水平。一是加强调度，优先保证开发贷款投入项目的按揭需求；二是强化组织推动，加快抵押登记办理进度；三是加强政策制度梳理，避免各行在房贷新政执行上出现偏差；四是探索推广"个人贷款快速申请”项目,优化个人住房贷款业务受理和申请录入的流程管理。

【结算业务】 2011年,工行山东省分行以打造“省内第一结算银行”为目标,积极构建结算与交易业务营销服务体系,不断提升结算业务价值贡献。一是积极实施“拓户工程”,客户规模不断扩大;二是发挥现金管理领先优势,增强客户服务能力;三是紧盯理财市场形势,不断扩大法人理财业务规模;四是创新推出可收汇额度发票融资业务,积极推动网银信用证和代理同业国际结算、信保融资等业务发展;五是推进同业合作远期结售汇和人民币对外汇期权业务,成功办理国内银行业首笔代客商品风险管理业务;六是贵金属业务实现跨越式发展,交易客户达24万余户,客户专属服务区达17家;七是陆续开办“积存金”、“个人账户铂金交易”、“账户贵金属定投”及“个人账户钯金交易”4个交易类业务,开发出“委贷式贵金属融资理财业务”、“增强型贵金属投融资理财”、“黄金远期交易”等投融资产品。

【银行卡业务】 2011年,工行山东省分行突出抓好银行卡发展质量,调整发卡结构,提升客户服务品质,信用卡业务发展迈出新步伐。一是大力发展汽车专项分期业务,并推出车位、摊位、家装等新型分期产品;二是抢抓逸贷卡发行契机,全行联动实现快速发卡,业务受理环境得到持续性改善;三是进一步加大审核作业和内部评级系统的应用,为客户用卡提供高效、精准的授信服务;四是充分利用电话银行外拨平台、开展客户专属活动、开通网上银行信用卡消费积分兑换等多种渠道服务客户,持续提升客户服务品质。

【电子银行】 2011年,工行山东省分行以柜面业务分流为中心,实施电子银行渗透与提升战略,促进电子银行业务高效、健康发展。一是全力做好“金融@家‘亿’路有你 共续辉煌”、“十万个伙伴、十万个精彩”、“金融@家 尊贵体验”等系列营销活动;二是柜面业务可分流率系统排名居前,并涌现出东营鑫都康城储蓄所、潍坊孚日家纺分理处等一批分流优秀网点;三是积极做好网贷通、iPhone、Android手机银行客户端、工银e支付等新产品的应用推广,先后投产了电子商务汇缴支付和住房公积金查询等项目,分别满足了省财政非税收入网上收款要求和客户查询公积金情况的需求。

【信贷管理】 2011年,工行山东省分行以调整信贷结构、转变信贷增长方式为主线,深化信贷管理体制改革,取得明显成效。一是优先发展的小企业贷款、贸易融资和个人贷款增长明显,项目贷款、房地产开发和地方政府融资平台贷款下降;二是加大风险贷款退出力度,加强重点业务领域风险控制,进一步完善贷款大户管理机制;三是深入开展“信贷管理提升年”活动,集中清理个人不规范贷款,持续加强担保公司管理,开发投产了“法人客户贷后工作管理系统”。

【内控合规】 2011年,工行山东省分行内部控制整体能力持续提升。一是先后组织了以双节期间合规经营、银行卡业务、营业网点业务接管为主要内容的3次“飞天行动”;二是深入开展非现场监测分析,对重点业务和关键风险点进行序时监控和持续跟踪监督检查,有效地增强了风险防控的前瞻性;三是以承接业务运营准风险事件核查工作为切入点,强化对业务风险的过程控制,加大重点业务领域和风险环节的合规检查力度。

【人力资源管理】 2011年,工行山东省分行人力资源管理工作深化制度改革,加快机制创新,重点工作成效显著。一是深入开展创先争优和庆祝建党90周年系列活动,成功创建13家总行级青年文明号;二是加强各级领导班子思想建设,优化干部管理制度体系,推进支行行长队伍和后备干部队伍的选拔和培养;三是加强保险统筹,维护员工权益;四是以渠道建设、县支行变革、营业部改革为主线,增强机构竞争力;五是强化考核导向,规范考核体系,加强总额管理,提升全行绩效管理效能。

【财务会计】 2011年,工行山东省分行一是抓好财务预算管理、绩效考核和中间业务增收3项工作重点,推动经营目标均衡实现;二是加强固定资产、渠道优化建设和集中采购3项业务管理,全力支持业务发展;三是重点把握MOVA系统推广、会计核算、风险防范3个关键环节,全面提升精细化管理水平。

【信息科技】 2011年,工行山东省分行信息科技工作以确保安全生产为龙头,为全行业务开展提供了有力的技术支持。

一、信息系统持续安全稳定运行。信息系统整体可用率保持在99.98%以上,二级网连通率100%,三级网络连通率达99.995%以上,机房重要环境设备的正常运行率达100%,ATM硬件正常运行率98.67%。

二、加快开发创新和产品整合。全年完成67个项目研发,重点完成了“山东分行牡丹交通卡”、“电子商务汇缴支付”、“银行客户身份识别系统”、“山东分行银医通系统”等项目的开发和投产工作。

三、基础设施建设进一步加强。省行中心机房灾备建设顺利实施,实现了全省网点业务终端柜口关键业务在省行中心机房和灾备机房的双活、90%自助服务渠道关键业务可在2小时内恢复的目标。新投产ATM设备659台,全行ATM和自助终端拥有量分别达到2857台和2068台。

【大事记】 1月16日 工行山东省分行召开全省行长会议。

2月18日 工行总行与山东省委、省政府在北京举行山东半岛蓝色经济区建设恳谈会,并签署《支持山东半岛蓝色经济区发展战略合作协议》。

2月25日 工行总行副行长张红力来山东进行工作调研。

3月8日~9日 工行总行副行长罗熹在山东调研指导工

作。

3月21日　工行山东省分行与泰山财险营业总部签署全面业务合作协议。

4月1日　银监会副主席周慕冰一行到工行济南千佛山支行视察指导工作。

4月25日　工行山东省分行与省金融工作办公室签署小额贷款公司业务全面合作协议。

4月27日　工行山东省分行与省质量技术监督局签署全面业务合作协议。

4月29日　工行总行与山东能源集团签署战略合作协议。

5月4日~5日　工行总行党委委员、人力资源部总经理王希全在山东分行主持召开人力资源工作座谈会、机构管理工作座谈会。

5月5日　工行总行与齐鲁证券在北京签署全面合作协议。

5月12日　工行山东省分行与莱商银行签署银银平台合作协议。

6月2日　工行总行首席风险官魏国雄在山东主持召开个人住房贷款智能化审批业务研讨会，并进行工作调研。

6月9日　工行私人银行部济南分部迁址仪式在济南举行。工行总行副行长张红力，省政协副主席、省工商联主席王乃静出席仪式。

6月24日　工行山东省分行召开纪念建党90周年座谈会暨表彰大会。

6月29日　工行山东省分行与山东海洋投资有限公司签署战略合作协议暨船舶融资意向书。

8月10日　工行总行副行长易会满到山东分行进行工作调研。

8月11日~12日　工行总行在泰安召开服务暨办公室工作会议。

8月15日~16日　《经济日报》、《金融时报》及新华社山东分社、《大众日报》、《齐鲁晚报》等媒体对工行济南大观园支行服务典型进行集中采访报道。

10月16日　卫生部副部长尹力，山东省委常委、省委秘书长王敏，省卫生厅厅长包文辉视察工行山东省分行新建成的驻山东大学齐鲁医院营业网点，并现场观摩“银医一卡通”自助设备。

10月18日　工行济南济阳支行举行开业典礼，济南市委常委、副市长张宗祥出席并视察济阳支行。

11月14日　工行总行与泰山财险保险公司签署资产托管协议。

12月9日　工行山东省分行与山东省工商业联合会签署全面战略合作协议。

（孙凡臣　段维斌）

中国工商银行股份有限公司青岛市分行

【第一负责人简介】　孙建勇，男，1961年12月生，中共党员，北京工商大学MBA学位，高级经济师。1977年12月参加工作，1998年8月任工行山东德州市分行党委书记、行长；2001年9月任工行山东省分行党委委员、副行长；2009年6月至今任工行青岛市分行党委书记、行长。

【综述】　2011年，中国工商银行股份有限公司青岛市分行（以下简称“工行青岛市分行”）围绕胡锦涛总书记“打造山东半岛蓝色经济区”战略，加快发展方式转变和经营结构调整，竞争发展和可持续盈利能力得到进一步提升，各项工作取得了突出成效。截至年末，各项效益类指标同比增幅均在30%以上，超额完成了工总行下达的全年计划，实现了“三年再造一个青岛分行”的目标。

【贷款业务】　2011年，工行青岛市分行加快信贷结构调整步伐，资产业务规模大幅增长。一是重点支持在社会融资中处于弱势地位的小型企业客户发展，积极开展拉动内需、提高百姓生活水平的消费类个人贷款业务，依托国家“外向型”经济发展和中国企业实施“走出去”战略，广泛推广结算方式灵活、企业融资成本低的贸易融资等表外业务；二是加快业务创新步伐，做大做强品牌类投行业务，以“表内+表外+创新”的方式有效满足各类客户的融资需求；三是通过加强创新和优化服务的方式，将信贷资金重点投向以海洋经济为主体的蓝色产业项目和低碳环保的绿色产业项目。

【存款业务】　2011年，工行青岛市分行充分调动各方面资源，全方位开拓各类本外币存款市场，保持存款稳定均衡增长，提高存款可用率，提升同业市场竞争力。一是加大负债业务考核力度，引导全行向大力发展负债业务进行转型；二是通过深入开展“大联动、大营销”活动，大力开拓代发工资和商品交易

中国工商银行股份有限公司青岛市分行主要统计指标

单位：亿元

项目＼年度	2007	2008	2009	2010	2011	2011年同比增幅(%)
本外币资产总额	533.55	647.89	790.05	885.91	961.74	8.56
本外币存款余额	504.2	611.43	754.68	820.07	880.23	7.34
人民币存款余额	488.73	594.96	733.1	804.1	859.8	6.93
企业存款	104.44	121.54	185.93	205.93	209.15	1.56
机关团体存款	111.39	131.3	150.22	179.00	204.90	14.47
储蓄存款	283.55	343.35	391.80	435.14	466.18	7.13
本外币贷款余额	384.95	488.79	641.32	772.54	911.44	17.98
人民币贷款余额	364.53	470.77	625.89	733.97	865.99	17.99
短期贷款	119.43	185.33	118.69	165.04	275.88	67.16
中长期贷款	244.44	303.46	423.82	597.34	635.57	6.40
票据融资	21.08	51.8	98.81	10.17	18.99	86.73
利润总额	12.17	15.58	15.89	23.11	30.51	32.02
不良贷款余额	12.24	9.29	9.16	6.98	10.77	54.30
不良贷款占比(%)	3.18	1.90	1.43	0.90	1.18	0.28

市场，多方位发掘新储源，争揽新客户，促进了储蓄存款的稳定持续增长；三是充分利用大额资金监控平台等工具，落实资金流动中各节点的营销与稳存责任，做好目标客户的筛选和产品的对接营销。

【国际业务】 2011年，工行青岛市分行加强部门与支行的共同协作，从“客户线”和“产品线”两个方面入手，找准目标客户，提高目标客户覆盖率，创新业务品种，国际业务市场份额和领先优势进一步扩大。全年实现国际业务结算量172.42亿美元，同比增加56.61亿美元，增长48.88%。一是实施分层营销、一户一策的策略，通过产品创新的手段深入挖掘客户需求，设计个性化的融资服务方案，提高产品渗透率；二是针对青岛市在橡胶、棉花等产品交易上的优势地位，充分发挥NRA和保税监管区域贸易政策作用，积极营销国外供货商-NRA客户-保税区客户-区外企业一条龙客户群，拓展客户资源；三是加强积极拓展海外代付业务，成功解决了在信贷规模紧张形势下优质客户的合理融资需求。

【银行卡业务】 2011年，工行青岛市分行进一步调整经营策略，从规模、质量、效益、品牌等全方位入手，优化发卡结构，夯实管理基础，实现银行卡业务的健康、可持续发展。截至年末，实现信用卡发卡量63.9万张；累计消费交易额56.1亿元，同比增加15.6亿元，增幅39%。一是加快业务结构调整步伐，积极开拓市场，提升服务水平，实现规模、质量和效益指标同步增长；二是牢牢把握“发展”和“品质”两条主线，从精准营销入手，实施优质客户挖潜，加快白金卡、金卡、公务卡等启用率、动卡率高、受众人群广的重点产品的营销发卡力度，强化信用卡产品深层次渗透和营销，挖掘业务潜力。

【电子化建设】 2011年，工行青岛市分行深入实施科技引领战略，充分发挥电子银行渠道的替代作用，加大推广自助设备的应用，加快柜面业务分流，促进全行经营模式转型。一是加快科技创新步伐，提高自主研发能力，促进科技优势向业务竞争优势的快速转化；二是大力发展网上、电话和手机银行，逐步实现将大量低效及占用柜台资源多的业务向电子银行渠道分流；三是以提升客户体验为目标，拓展自助设备功能，丰富自助业务种类，进一步提升自助渠道交易在全行各类交易中的占比。截至年末，实现电子银行交易额突破2.5万亿大关，达到2.57万亿元，是上年的1.31倍；电子银行业务笔数占比达76.2%。

【内部管理】 2011年，工行青岛市分行强化管理、从严治行，在工总行年度内控评价中首次进入一级行行列。一是健全风险管理组织体系，拓展全面风险管理种类，完善风险管理考核评价机制；二是通过开展“倡导精细化管理 规范业务操作流程”主题教育活动，提高员工积极参与内控、人人关注内控的自觉性；三是完善事前、事中、事后的全过程内控管理。

【大事记】 1月5日 工行青岛市分行印发《“十二五”发展战略规划》(工银青发[2011]1号)，就如何实现经营和增长方式的战略转型提出了未来五年的战略目标、战略指导思想和工作措施。

2月25日 工行总行张红力副行长出席工行青岛市第一金银交易市场开业仪式。

3月22日 工行青岛市分行成功办理第一笔黄金质押业务,实现了在贵金属融资业务领域零的突破。

4月14日 由财政部党组成员、部长助理王保安带队的国务院督查组到工行青岛市分行就房地产调控政策落实情况和成效进行专项督查调研。

5月18日 工行青岛市分行正式开办人民币外汇期权业务。

6月30日 工总行印发(工银党〔2011〕54号)文、(工银任免〔2011〕137号)文,聘任毛波为工行青岛市分行党委委员、副行长。

7月14日 工总行印发(工银党〔2011〕62号)文,任命李波为工行青岛市分行党委副书记。

8月4日 工行总行易会满副行长出席在青岛召开的"公司与投行业务工作会议"。

9月24日 工行青岛市分行举行"工银金行家"贵金属投资者俱乐部启动仪式暨投资者沙龙活动。

10月24日~11月6日 工总行内控评价组对工行青岛市分行进行2011年度内控现场评价工作。

11月22日 工行青岛市分行举行"记者进工行"服务体验活动启动仪式,并为新闻媒体记者颁发了工行"服务监督员"聘书。

12月29日 工行青岛市分行正式推出黄金全产品回购业务,成为青岛市首家可提供黄金全产品回购业务的商业银行。

(杨 杰)

中国农业银行股份有限公司山东省分行

【第一负责人简介】 陈军,男,1963年1月生,汉族,中共党员,大学学历,高级经济师。1979年11月参加工作,1999年12月,任农行泰安市分行党委书记、行长,2004年5月,任农行山东省分行党委委员、副行长;2005年12月,任农行新疆区分行党委书记、行长兼新疆兵团分行党委书记、行长;2009年11月,任中国农业银行房地产信贷部总经理;2010年4月,任农行山东省分行党委书记、行长。

【综述】 2011年,中国农业银行股份有限公司山东省分行(以下简称"农行山东省分行")紧紧围绕"同业争排头、系统创一流"的战略目标,拼搏进取拓市场、审慎经营控风险、精细管理增效益、昂扬奋进促发展,全行各项工作取得明显成效,先后被全国金融工会授予"金融服务先进集体",被省政府授予"山东省金融发展贡献奖"等荣誉称号。

一、调整优化信贷结构,积极助推全省经济发展。紧紧围绕省委省政府"推动工业由大变强、提高服务业比重和水平、推进节能减排和环境保护"等战略部署,积极争取总行信贷倾斜政策,加大信贷投放力度,加快信贷结构调整,重点支持了全省优势行业发展和8大领域在建、续建重点项目的资金需求,全年与114家国家级、省级园区签订合作协议,与11280家园区内规模以上企业建立了合作关系。在全行建立了小企业专营服务机构,提升了市场反应能力和审批效率,联合省中小企业办共同推出了"全省中小企业实施四项计划、推进结构调整重点项目"计划,选定重点项目库入库企业1500家、财政贴息备选企业112家。同时,积极助推全省区域经济发展,全面落实金融支持"蓝、黄"经济区发展的政策措施,研究编制了《服务山东半岛蓝色经济区行动方案》,修订完善了《服务黄河三角洲高效生态经济区行动方案》,对两区内重点项目业务,预留信贷额度,开辟"绿色通道",实施现场"一站式"营销。全年"蓝、黄"两大经济区贷款增加248.5亿元,占全行贷款增量的53.7%。

二、扎实提升"三农"服务水平,支持全省县域经济发展。一是强化分类指导,区别强县强行、强县优行、强县弱行,配套出台针对性政策措施,推动县域业务全面协调发展;二是积极助推全省"三化"进程,结合农总行实施的"千百工程",扩大县域优质法人客户覆盖面,并依托重点工业园区、农业科技园区、大型流通市场、成熟产业集群等载体,分类制定针对性服务方案,省级以上产业化龙头企业服务覆盖面达84.6%;三是着力增强农村基础金融服务能力,坚持把惠农卡和农户小额贷款作为引领农村金融消费的品牌来培育,打造集中连片服务新模式,积极推进"村村通"工程和"万村千乡市场工程"信息化建设,加大转账电话、自助终端、POS和农商通信息机等各类渠道布放力度。截至年末,全行农户贷款余额达175亿元,惠农卡总量突破600万张,新增"三农金融服务站"3084个,新布放ATM578台,新投放POS6170部,让广大农民足不出户就可以享受到方便快捷的金融服务。

三、注重实施金融创新,满足客户多元化金融需求。一是加快信托融资(理财)、境外上市财务顾问、并购贷款、股权直投顾问和债务融资等新业务创新推广力度,满足各类企业多元化的金融服务需求;二是大力支持全省消费经济发展,重点发展个人住房、综合授信、随薪贷等消费类贷款,满足城乡居民的消费

中国农业银行股份有限公司山东省分行主要统计指标

单位：亿元

项目 \ 年度	2007	2008	2009	2010	2011	2011 年同比增幅（%）
本外币资产总额	2783	3476	4622	4916	5475	11.38
本外币存款余额	2653	3266	4203	4697	5193	10.55
人民币存款余额	2636	3244	4181	4664	5157	10.57
单位存款	948	1088	1605	1773	2130	20.17
储蓄存款	1579	2015	2410	2706	2989	10.46
本外币贷款余额	1914	1820	2680	3220	3684	14.38
人民币贷款余额	1893	1808	2623	3166	3622	14.40
短期贷款	1178	997	1286	1586	1929	21.66
中长期贷款	604	666	1142	1494	1659	11.03
票据融资	102	144	194	86	34	-60.90
利润总额	17	32	71	105	133	26.48

需求；三是加快“三农”融资产品创新步伐，推出了县域钢结构资产抵押融资、海域使用权抵押融资、县域中小企业动产质押融资等特色“三农”产品；四是健全完善产品创新机制，建立了产品竞争力分析和报告制度、重点项目督办制度。全年成功研发新产品 52 个，推广重点产品 31 个。其中，“天翼金穗通”项目在总行第 2 届产品创意大赛中获得一等奖，“网上收付易”等 3 项产品获得二等奖。

四、狠抓全面风险管理，基础管理日臻完善。一是着力强化文化培育、制度建设、检查监督和责任追究，加快推进流程银行建设，解决了一批制约发展的基础性和瓶颈性问题；二是继续推进运营集中建设，ISO9000 质量管理体系顺利通过认证审核，现代运营体系建设速度和效果走在全国农行系统前列；三是积极开展案件风险排查，突出加强对重点部位、关键环节和重要风险点的管控，操作风险管理和案件防控取得了积极成效，全年没有发生案件和责任事故。

【三农业务】 2011 年，农行山东省分行坚持服务三农的市场定位，大力培育县域优质核心法人客户群，扎实推进产品和服务模式创新，强化本业务条线管理督导，取得了明显成效。一是坚持分类指导，不断提升县支行经营发展能力，创新服务方式，制定了《集中连片服务三农工作方案》，探索服务三农新模式；二是做大做强县域对公业务，加强与政府和省级主管部门的合作，实施高端介入营销，拓宽了业务渠道；三是强化产品研发推广，提高县域产品竞争力和综合回报，重点推广了《县域钢结构资产抵押融资》、《海域使用权抵押融资》和《县域中小企业动产质押融资》3 款特色产品；四是促进农户贷款业务持续发展，确定了农户贷款业务的重点推进支行、重点支持的区域、重点营销队伍和重点管控环节，创新产业链农户贷款业务，优化农户贷款担保结构；五是惠农卡业务实现快速高效发展，年末，全行惠农卡发卡量达 606.2 万张。

【公司业务】 2011 年，农行山东省分行公司业务以有效平衡信贷规模为抓手、以产品创新为突破口，加大对负债业务、中间业务的营销力度，推动公司业务经营成效、转型贡献、管理水平再上新台阶。一是确定了 873 家省行级核心客户，以核心法人客户群建设为抓手，持续优化客户结构，被农总行授予“重点城市行改革发展推进工作突出贡献奖”；二是进一步加强政府合作，加大对重点区域经济的支持力度，优选、下发了 5 批 560 个重点建设项目进行业务储备，狠抓《服务黄河三角洲高效生态经济区行动方案》的贯彻落实，研究编制了《服务山东半岛蓝色经济区行动方案》，年末，黄区贷款较年初增加 93.29 亿元，蓝区贷款较年初增加 156.83 亿元；三是成功设计、运作全国农行首单租赁理财项目，在系统内首创《企业债（公司债）财务顾问协议》和《募集资金监管协议》，牵线农银国际参与山东文化产业投资基金、蓝色基金，在国内金融同业中率先突破真正意义上的碳信用交易融资业务。

【机构业务】 2011 年，农行山东省分行机构业务立足行业高端，强化系统拓展，推进综合营销，夯实基础管理，机构业务综合竞争力、价值创造力和风险控制力明显增强。一是依托“三大代理平台”，积极推进与社保系统的创新合作，着力突破住房资金新兴领域，137 家核心机构客户存款余额达 398.57 亿元，较年初增长 69.96 亿元；二是着力打造省级大客户“省对省”合作平台，高端市场、龙头客户的营销效能明显提升；三是加快经营调整，推进代理创新，全面增强保险代理发展综合质效，实现财险代理收入快速增长，不断提升银保合作综合收益，累计代理保费 53.4 亿元，实现手续费收入 3.66 亿元；四是顺应市场形势，突出合作重点，不断深化金融同业“宽领域、多方位”合作；五是大力推动年金业务，连续 3 年保持系统内前两位，同时全力拓宽托管业务市场领域，全年实现托管业务收入 2759 万元。

【房地产信贷】 2011年，农行山东省分行加强房地产市场和政策研究，注重预判防控行业和项目风险，着力强化限额和贷后管理，继续拓展优质客户和项目，努力提升同业、系统内市场份额和业务质量。一是科学研判形势，加强专业管理与指导，开展业务调研和动态分析，适时调整工作思路；二是严格房地产开发贷款业务准入标准，加强贷款收回和限额管理，不断调整优化业务结构；三是加大对优质市场的营销冲击力度，重点营销管理水平高、现金流充裕、融资能力强、具有成本优势的行业排头和区域领头企业；四是强化定价管理，充分利用有限的贷款规模资源，提高房地产贷款议价能力和定价水平。

【国际业务】 2011年，农行山东省分行国际业务以提高价值创造力为核心，以精细化管理为重点，强化营销和服务支持，优化业务结构，夯实管理基础，实现了高效发展。一是完善外汇营销机制，强力推进客户营销，增强外汇业务市场冲击力，筛选了200家客户作为全行外汇业务营销和服务支持重点，加大走访频次，深入了解客户需求，提供个性化服务方案，同时，加强与政府职能部门的沟通联系，及时掌握招商引资和重点项目信息，实施源头营销；二是准确把握市场需求，加快产品创新步伐，不断拓宽外汇业务增收渠道，创新完善产品功能，提升服务支持能力；三是成立了贸易融资中心试点，进一步促进了贸易融资业务专业化经营，成功上线了GTS系统，实现了160个外汇业务经营机构国际业务单证、业务数据的电子化管理。

【个人业务】 2011年，农行山东省分行个人业务深入推进业务转型，突出核心业务、优质客户、基础建设和产品创新，各项业务保持了快速健康发展。一是积极推动营销方式转变，以"春天行动"、"激情仲夏" 为代表的综合营销活动已深入人心、形成品牌，以"营销账户、锁定客户"为目标的持续营销成为习惯；二是网点转型工作深入开展，全年新建成网点建设项目363个，建成标准化营业网点711个，实现了业务分区、客户分流；三是私人银行业务取得良好进展，为客户量身订制、推介专属理财产品，实行"1+1+N"客户维护模式，即由1名财富顾问和1名属地客户经理共同服务维护一个客户，全行白金卡客户1.99万户，较年初增加4903户。

【信用卡业务】 2011年，农行山东省分行信用卡业务坚持发卡与收单并重，规模与效益并举的业务发展原则，不断加大产品创新力度，信用卡业务继续保持快速增长的良好势头，全行实现信用卡中间业务收入4.35亿元，同比增幅139.70%，新增贷记卡客户42.26万户，拓展特约商户25104万户，实现商户收单业务收入2.21亿元。一是强化分期付款业务营销，不断强化各项激励约束机制，加强业务培训和督导，在决策支持、政策引导、资源配置、考核激励、人员保障等方面给予充分倾斜，全行新增分期商户1355户，分期业务交易额30.34亿元；二是丰富营销手段，利用各类宣传资源和宣传渠道进行广告宣传，持续、深入做好信用卡市场促销活动；三是做大做强商户收单业务，积极抢占高端商户市场，优化商户结构，整合特约商户资源，推进增值服务商户网络建设，做好IC卡POS受理环境改造工作，夯实业务发展基础。

【电子银行业务】 2011年，农行山东省分行电子银行业务以"提升份额、加大分流、服务三农、增加创收"为重点，积极拓宽渠道功能，强化宣传营销，深化基础管理，加强风险控制，全行电子银行业务继续高效稳健发展。一是完成了分行端电子银行系统各项升级改造工作，率先推广了自助服务终端系统2.0版，在全省推广了无线转账电话业务，试点开通了跨行转账功能，成功上线了企业网银年费批扣系统，加大自助设备配置，2011年新增自助设备1289台；二是成功组织了全国"金e顺"品牌巡展(济南站)暨电子商务推介会、"e路相伴 精彩回馈"综合营销活动、"e市场 赢轻松"电子银行走进专业市场活动，开展了自助服务终端专项营销活动和电子商务联动营销；三是针对电子银行渠道产品，采取对不同客户实施不同的营销策略，为客户提供"一揽子"服务；四是以服务三农为契机，加强与政府合作，加大电子产品在县域的配置，进一步优化了全行网点经营布局和三农区域金融服务。

【风险控制】 2011年，农行山东省分行把风险控制作为第一责任，不断加强信用风险、操作风险的全过程管控，确保了全行业务发展速度、规模、结构、质量和效益的和谐统一，保障了业务经营安全运行。一是认真做好信用等级评定工作，把好信贷客户准入关，积极做好资产风险分类工作，努力提升信贷资产分类质量，配合德勤公司完成了信贷资产质量审计工作；二是利用操作风险管理信息系统对操作风险事件进行实时监测、分析和报告，提高操作风险精细化管理水平，组织开展了清算中心和小额农户贷款等两项业务的风险评估工作，以及房地产贷款风险压力测试工作；三是选准重点部位和环节，加大风险监测力度，不断优化"山东300"系统功能，切实加强信用风险监测分析。

【信贷管理】 2011年，农行山东省分行深入推动信贷结构战略性调整，不断完善信贷政策制度体系，优化信贷决策和风险管理机制，增强风险识别与处置能力，夯实信贷管理基础。一是研究制定了《信贷政策指引》，有效引导信贷投向和结构调整，严把准入关口，加快主动退出，稳步提高优质客户比重，强化担保管理，提高第二还款来源质量；二是继续深化信贷审批体制改革，完善信贷审批组织架构，对部分信贷业务流程进行了优化，建立了信贷业务综合收益评价机制；三是研究制定了《关于进一步改进和加强信用风险管理的意见》，加强信用风险管控指导及重点领域风险防控；四是继续深入开展"三化三无一退出支行"创建活动，加大现场检查力度，加强信贷电子化建设，提高科技支撑水平。

【资产处置】 2011年，农行山东省分行资产处置工作紧紧围绕自营和委托资产处置任务目标，完善运行机制，规范内部管理，强化措施，加大力度，较好地完成了不良资产处置工作，全年累计现金收回自营不良资产14亿元。一是对各行筛选的大额重点、疑难项目进行深入探讨论证，提高处置方案的科学性与适用性；二是研究制定了《委托资产处置综合考核办法》，增强了各行开展该项工作的主动性和积极性；三是实施领导挂包大户清收制度，加强督导调度，限期落实处置计划；四是突出重点，对大额项目和系统性、集团性客户，建立上下联动机制，由省行组建项目团队直接参与处置。

【内控合规】　2011年，农行山东省分行以机制控制源头化、行为管控规范化、系统控制标准化为手段，不断强化内控建设，被人行济南分行评为山东省金融机构综合评价A级单位。一是加强内控合规管理信息系统的推广应用和综合利用，主动开展合规管理，不断提高反洗钱工作管理水平和风险防控能力；二是逐步改进内控评价方式方法，扎实开展案件风险排查，强化对重点部位的专项检查；三是扎实开展“基础管理提升年”活动，全面梳理近3年来基础管理方面存在的突出问题。

【计划财务】　2011年，农行山东省分行不断强化财务会计基础管理，加快推进财会管理制度、机制和流程创新，全面构建起科学规范的财会管理体系。一是扎实开展“财务会计精细化管理年”活动，推动了全行财会制度、运作机制、管理流程和财会队伍“四项建设”；二是进一步完善了“整体＋三农＋部门条线”的综合经营计划管理模式，加强对全行业务发展的引导作用；三是强化考核，全面落实产品归口管理责任，建立健全以收入指标为主、数量指标为辅，纵横结合的中间业务考核管理体系；四是建立了以“价值创造为核心”的费用资源配置机制，加大绩效费用与核心指标的挂钩力度；五是顺利完成省行财务集中改革工作。

【运营管理】　2011年，农行山东省分行大力推进运营体系建设，积极推进业务流程和系统优化改造，运营管理水平稳步提升。一是以“安全”运营为目标，强化操作风险管控，加大风险信息共享共用和突出风险点的检查监督力度，严防案件发生；二是以高效运营为目标，集中授权和集中作业完成全部分行上线，集中监控上线11家分行，建成现金中心14家，实现了业务处理的集中化、标准化和自动化；三是以“和谐”运营为目标，深入推进精细化管理工作，保障运营管理重点工作开展，建立了快速响应机制，提升服务支撑力度。

【金融科技】　2011年，农行山东省分行信息科技工作以“保障业务运营，服务金融创新”为已任，强化措施落实，加强基础管理，圆满完成了各项任务目标。一是加强应急灾备建设，完成了“两会”和“世园会”期间信息系统运行保障工作，数据中心综合正常运行率达99.9%；二是圆满完成了20余个重点项目和系统的开发任务，产品计价系统获得总行“优秀科技成果奖三等奖”，“三农”业务支持系统获得人行科技发展二等奖；三是加强总省行联动能力建设，通过实施总行重点工程项目，打造与大型优秀上市银行相适配的信息技术平台，有效提升了信息系统服务保障能力。

【企业文化建设】　2011年，农行山东省分行坚持把企业文化作为提升全行竞争“软实力”的重要内容。一是部署在全行全部办公区域及营业网点统一张贴文化理念宣传画，促进了农行企业文化建设固化于制、内化于心、外化于行；二是深入开展了系统精神文明创建工作和文明单位评选活动。全行共有1家分行获“全国文明单位”称号、25家单位获总行第一届“文明单位”称号。

【纪检监察】　2011年，农行山东省分行坚持标本兼治、综合治理、惩防并举、注重预防的方针，深入推进党风廉政建设和反腐败工作。全辖有5个市分行、82个支行荣获总行“案件防控先进单位”称号。一是明确责任，组织各级行行长与下级行行长、行长与副行长、副行长与分管部门负责人层层签订《党风廉政建设责任书》；二是关口前移，突出教育，在支行级以上领导干部中开展了“学规定、强素质、作表率”学习教育活动、在全行员工中组织开展了员工违规处理办法学习教育活动，组织领导干部每年年终述职述廉，对新提拔（聘任）和交流的干部寄发《提示函》；三是持续强化案件治理，扎实开展“两项专项治理”和“案防制度落实年”活动，坚持从严治行，加大惩处力度，严肃责任追究；四是研发了惩防体系建设信息管理系统，探索开展了首批巡视、巡察工作，加强对各级行领导班子的监督管理。

【工会工作】　2011年，农行山东省分行充分发挥工会组织的桥梁纽带作用，为推动全行各项事业又好又快发展作出了重要贡献。一是组织开展了劳动竞赛和各类知识竞赛，有力地推动了全行员工业务技能的提升；二是加强职工之家建设，开展了“送温暖”帮扶活动，深入基层对611名特困员工进行走访慰问，共发放慰问金162万元；三是举办了运动会、文艺晚会，建立摄影、书法等俱乐部，为推动群众性活动的开展做出了积极贡献。

【安全保卫】　2011年，农行山东省分行安全保卫工作以防范责任性刑事案件和事故为重点，强化风险防范意识、风险点防控和枪支管理，进一步提升安全保卫科技含量，营造了良好的内部治安环境。6个二级分行在金融行业安全评估中获得第一名。一是强化责任意识，以《安全保卫责任书》为载体，督导各行将经营管理各个环节的风险点防控责任明确到人，加强日常检查监督；二是着力抓好枪弹管理，积极推行社会化守押，大力减枪减库，减少高风险点，全行1407个营业网点全部实行了社会化押运；三是切实做好涉银行卡、ATM和电子银行渠道案件防范工作，加强宣传教育，完善提升科技防控水平；四是顺利完成了远程视频监控系统升级改造。

【大事记】　1月　省委书记、省人大常委会主任姜异康，省委副书记、省长姜大明分别对农行山东省分行支持黄河三角洲高效生态经济区建设作出重要批示：感谢农行对黄河三角洲高效生态经济区建设发展给予的重视和支持。要求继续巩固和发展合作成果。

1月28日～29日　农行山东省分行2011年工作会议在济南召开。省行党委书记、行长陈军作主报告。

4月1日　银监会周慕冰副主席一行到济南软件园分理处视察。

4月　农行山东省分行被人行济南分行评为“山东省金融机构2010年度综合评价A级单位”。

5月24日　全国金融系统先进集体先进个人表彰大会在北京全国政协礼堂召开，农行山东省分行工会办公室主任齐呈云被中国金融工会授予“全国金融系统优秀工会干部”称号。

7月11日　为进一步促进贸易融资业务发展，根据农总行《关于一级分行开展贸易融资中心试点工作的意见》(农银办发[2011]135号)，农行山东省分行决定设立贸易融资中心(农银鲁办发[2011]688号)。

8月5日　农行山东省分行2011年年中工作会议在潍坊召开。

8月17日　农行山东省分行客户服务中心95599电话银行于17日22:00-24:00成功上收总行客服中心(成都)。

11月22日～23日　在农总行第2届产品创意大赛决赛中，农行山东省分行《天翼金穗通》获得一等奖，《网上收付易—电子商务简易版》、《农业机械制造业“供应链”综合服务方案》、《潍坊市社区综合服务方案—民生万事通》获得二等奖，《三农e站》、《广电网络公司“银广通”产品组合》、《商城电子交易中心信用支付平台项目》获优秀作品奖，该行获得优秀组织奖，是入围决赛产品最多、获得奖项最多的分行。

12月19日～21日　农总行党委书记、董事长蒋超良到农行山东省分行调研指导工作，总行运营管理总监刁钦义，总行办公室、三农政策与规划部、安全保卫部负责人，省长助理陈光、省金融办副主任郭永利等陪同参加调研。山东省委书记姜异康、省长姜大明会见了蒋超良董事长一行。

12月21日晚　农行山东省分行2012新年音乐会在山东会堂隆重举行，答谢社会各界对农行的支持。

（赵崇民　张爱民　高中义）

中国农业银行股份有限公司青岛市分行

【第一负责人简介】王志胜，男，1953年11月生，中共党员，高级经济师。1995年11月任中国农业银行青岛市分行副行长，2004年5月任农行山东省分行副行长；2008年9月至今，任农行青岛市分行党委书记、行长。

【综述】　2011年，中国农业银行股份有限公司青岛市分行（以下简称“农行青岛市分行”）强化市场营销，加快结构调整，推进渠道建设，加强风险防控，实现了业务发展规模速度与质量效益的同步提升。

【对公业务】　2011年，农行青岛市分行加强营销体系建设，加快推进业务经营转型，实现了对公业务又好又快发展。

一、加大对重点项目、重点区域和行业龙头企业的信贷支持力度。一是与区、市两级政府建立了战略合作关系，对董家口港区、高新区等优质大项目加大营销力度；二是与农业产业化龙头企业、青岛市相关行业商会、协会等签订了全面战略合作协议，A+级以上法人客户贷款占比达85.4%，同比提高5.1个百分点。

二、加大对小微企业的扶持力度。积极参加市政府、人民银行和银监局等部门组织的小微企业服务活动，筛选建立拟支持小微企业名单，在有效防控风险的前提下，加大营销力度。截至年末，小微企业贷款余额61亿元，同比增加19亿元，贷款增速高于全行贷款平均增速31.5个百分点。

三、加强机构客户服务力度。一是密切与各级财政的合作关系，连续4次中标市财政统发工资项目；二是加强与各级人社部门的合作，提高社保资金留存率；三是巩固深化与部队客户合作关系，办理退役金专用卡2779张；四是加强对公积金管理部门和联名卡持卡人的服务，累计签约公积金联名卡12.8万张；五是加强与市教育局、卫生局沟通，强化驻青高校及各大医院服务措施，机构类客户群体不断扩大。

四、加大县域和“三农”贷款投放力度。出台了《加快县域支行发展的意见》，明确县域细分市场和目标客户，向县域倾斜政策和资源，重点支持优质工商企业、农业产业化龙头企业和农民生产经营，激发县域经营活力。截至年末，县域各项贷款余额166亿元，同比增加26.6亿元，贷款增速高于全行贷款平均增速5.7个百分点。

【个人业务】　2011年，农行青岛市分行大力实施金融产品综合与交叉营销，加快推进零售业务转型。本外币储蓄存款存、增量皆保持四大行首位，连续3年被农总行授予“大行德广、伴您成长”个人金融综合理财示范分行。

一、大力推广个人理财服务。一是积极营销安心快线、本利丰、黄金理财及代理基金、信托理财等理财产品，满足客户资产保值增值需求；二是以借记卡业务功能优化升级和“天天理

中国农业银行股份有限公司青岛市分行主要统计指标

单位：亿元

项目＼年度	2007	2008	2009	2010	2011	2011 年同比增幅（%）
本外币资产总额	590.50	683	852.20	988.20	1058.52	7.12
本外币存款余额	555.70	642.30	788.10	939.13	1001.6	6.65
人民币存款余额	541.10	628.20	770.20	921.70	984.03	6.76
企业存款	211.30	224	291	309.86	238.33	-23.08
机关团体存款	6.70	8.60	21.20	79.36	179.8	126.56
储蓄存款	323.10	395.60	458	532.48	565.9	6.28
本外币贷款余额	359.90	364.90	515	625.38	708.31	13.26
人民币贷款余额	330.80	344.30	478.90	588.82	667.73	13.40
短期贷款	182.93	169.91	211.51	237.69	318.2	33.87
中长期贷款	146.87	160.29	259.19	334.10	349.53	4.62
票据融资	30.10	34.70	44.30	17.03	15.75	-7.52
利润总额	10.88	11.84	12.70	15.71	25.27	60.85
不良贷款余额	50.93	13.45	9.34	8.67	9.02	4.04
不良贷款占比（%）	14.15	3.68	1.81	1.39	1.27	-8.63

财”、“双利丰”、聪明账、个人自动转帐、资金归集、个人加息自动转存等新型负债类产品推广为契机，实行多种产品综合营销，全年销售基金、国债及个人理财产品 457.97 亿元；借记卡发卡 116.74 万张；销售黄金 243.27 公斤。同时，强化对农民的金融服务，新发放惠农卡 13.4 万张；新增农户小额贷款 0.88 亿元、农村个人生产经营贷款 1.32 亿元。

二、加大对居民个人贷款和消费领域的信贷支持力度，创新贷款产品，加强个人综合授信、“随薪贷”等产品的推广，满足城乡居民住房、消费、创业需求。截至年末，个人贷款余额 119 亿元，同比增加 21 亿元，贷款增速高于全行贷款平均增速 8.4 个百分点。

三、加快推进网点升级改造，将 7 个分理处、储蓄所升格为二级支行，全行精品及以上网点 78 个，占比 41%。全年共完成 56 个网点装修改造，实现全部网点营销信息集中发布。

【中间业务】 2011 年，农行青岛市分行提出传统中间业务上台阶、新兴中间业务大发展的目标，多渠道扩大中间业务收入来源，全年实现中间业务收入 7.6 亿元，同比增加 1.8 亿元，增幅 31%。

一、大力开拓新兴中间业务。一是重点推进品牌类投行业务的发展，实现投资银行业务收入 2.04 亿元；发行短期融资券 5 亿元，办理融资租赁业务 2.84 亿元；二是加大国内保理、委托贷款、担保承诺等业务的推广力度，三项业务共实现收入 1689 万元，同比增幅 88%；三是办理了系统内首笔手工定制外汇理财业务和首笔超远期购汇、信托计划保管业务，成功介入创投企业账户托管业务。

二、加快推进国际业务发展。全年实现国际结算量 166 亿美元，居四大行第二位，同比增加 50 亿美元，增幅 42.59%；实现国际业务收入 1.76 亿元，同比增加 5132 万元，增幅 40.59%。结售汇业务量 68 亿美元，增加 10.7 亿美元；办理跨境人民币结算业务 46.7 亿元，增加 40 亿元；办理进口开证业务 33 亿美元，增幅 117%；办理贸易融资业务 32 亿美元。

三、个人人民币结算、电子银行、代收付业务和代理保险 4 项收入不断提高，居四大行首位。一是发挥网点网络优势，提高柜面服务效率和质量，促进个人人民币结算收入稳步增长；二是大力发展网上银行、电话银行和手机银行，丰富结算手段，满足客户个性化需求，实现电子银行收入 8316 万元，同比增加 2621 万元，增幅 46%；三是加强银保合作的深度与广度，联合开展营销竞赛，代理产、寿险保费 7.5 亿元，代理保费规模和业务收入居岛城同业首位。

【电子化建设】 2011 年，农行青岛市分行加大产品功能创新，强化渠道风险防控，提高了电子化建设水平。一是丰富业务办理渠道，加大柜面业务分流力度，全年新增个人和企业电子银行注册客户分别为 116.8 万户和 1.38 万户，电子渠道交易占比达 58.71%，同比提高 8.46 个百分点；二是加大自助设备投放量，新投放现金类自助银行设备 160 台、自助服务终端 73 台，自助设备总量达到 1028 台，全年实现自助银行交易 6200 万笔，同比增长 26%；三是电子商务实现跨越式发展，全年新增电子商务客户 343 户，电子商务交易量实现 391 亿元，电子商务各项指标位居全国农行前五名。

【风险管理】 2011 年，农行青岛市分行不断提高内控管理水平和风险防控能力，拨备覆盖率达 208%，比年初提高 74.89 个百分点。

一、加强风险管理体制机制建设。一是完善 ISO9000 质量管理体系，质量体系文件涵盖了所有业务领域；二是向全辖支行派驻 14 名风险合规经理，对驻地行风险管理工作进行监督、指导和评价，及时反映风险状况，提示风险点，实现了风险关口前移；三是完成了新的信贷资产风险分类系统上线应用工作，实现内部评级系统顺利切换；四是扎实开展“内控和案件制度执行年”及各类风险排查活动。

二、加大重点领域信用风险防范和不良贷款清收力度。一是建立了贷后巡检和贷后管理例会制度，组织开展了信贷业务大检查；二是加强对政府融资平台、房地产、“两高一剩”贷款和集团客户、外贸进出口企业的风险预警和处置，有效防控信用风险；三是针对民间借贷、非法集资活动可能导致的风险，采取规范担保公司合作、严格银行承兑汇票贸易背景真实性管理、强化信贷资金用途监管、严禁向有民间借贷行为的企业放贷、规范员工行为等措施，构筑民间借贷防火墙。

三、不断提升操作风险防控能力。一是稳步推进“三大集中”工作，成功实现集中作业、集中授权、集中监控系统上线运行；二是加强现金中心建设，现金集中调拨网点由38个扩展到72个，基本实现了城区网点全覆盖；三是加强对账业务管理，对大额存款账户和存款异动账户进行重点关注，保障客户资金安全。

四、加大检查监督力度。一是将现场监管和非现场监管紧密结合，综合运用在线监控、专项检查、飞行查库、整体移位等多种监管方式，狠抓后续整改，不断提升监管工作水平；二是持之以恒地开展合规文化教育，组织开展了合规文化建设大讨论和宣讲等一系列活动；三是认真开展两项专项治理活动，重点防范案件发生。

五、加强安全保卫和信息科技风险管理。一是将173个营业网点、14处离行式自助银行、74个银亭、27个离行式ATM联入分行视频监控中心，安全管理信息化水平进一步提升；二是组织签订了《安全保卫暨社会治安综合治理责任书》，强化责任落实；三是加强信息技术建设，顺利实现机房搬迁和系统迁移。

【企业文化建设】 2011年，农行青岛市分行进一步推动企业文化核心理念落地深植，成功举办了“我与农行共奋进”先进典型报告会、企业文化现场会，组织开展了企业文化专家讲座、高管论坛、办公VI推广应用检查等一系列活动。同时，牵手河西小学开展了关爱农民工子女志愿服务行动，组织开展了“浮山环保百人行动”等。

【大事记】 2月14日～15日 农行青岛市分行召开2011年工作会议，部署全年工作。

2月20日 农行青岛市分行各项存款余额1005亿元，率先在岛城同业突破千亿元大关。

3月21日 农行青岛市分行率先在同业中成功办理证券类信托计划保管业务。

3月24日 农行青岛市分行成功办理首笔人民币跨境收汇业务。

4月13日 农行青岛市分行成功办理首笔跨境人民币备用信用证质押业务。

4月25日 农行青岛市分行开办首笔人民币国内信用证业务。

5月5日 农行青岛市分行与香港分行合作办理首笔跨境人民币背对背信用证承兑业务。

5月13日 农行青岛市分行成功办理首笔超远期购汇业务。

5月31日 农行青岛市分行举办国家重点农业产业化龙头企业山东六和集团10亿元短期融资券注册发行新闻发布会，并签署银企全面战略合作协议。

6月17日 农行青岛市分行联合总行私人银行部举办跨境金融服务培训班，重点推介了蒙特利尔银行（中国）为私人银行客户提供的移民、投资、理财等服务。

7月25日 农行青岛市分行与农银金融租赁有限公司合作，开办首笔融资租赁业务。

9月5日 农行青岛市分行被人行济南分行授予“山东省跨境人民币结算先进单位”荣誉称号。

10月24日 农行青岛市分行住房金融与个人信贷部、个贷业务集中经营中心从个人金融部整体划出，由二级部升格为一级部，下设市场部、抵押登记部、授信执行部、贷后管理部等4个单元。

农行青岛市分行撤销大客户部，其全部职能由公司业务部、小企业业务部承担。

11月4日 农行青岛市分行被农总行（农银发〔2011〕310号）评为特殊资产经营工作先进单位荣誉称号。

11月30日 中国农业银行首尔分行业务推介会在青岛举行，农行总行党委委员、执行董事、副行长潘功胜出席。

12月3日 农行青岛市分行召开企业文化现场会，推广崂山支行企业文化建设经验。

12月5日 农行青岛市分行成立巡察工作小组，制定巡察工作实施细则，并将巡察评价结果纳入领导班子和领导干部年度考核。

12月6日 农行青岛市分行成功办理首笔无追索权国内双保理业务。

12月20日 农行青岛市分行荣获“全国文明单位”荣誉称号。

12月26日 农行青岛市分行与国家深海基地管理中心签订合作协议，在金融支持蓝色海洋经济领域开展深入合作。

（宁吉会）

中国银行股份有限公司山东省分行

【第一负责人简介】
何兴祥，男，1963年11月生，浙江绍兴人，毕业于华南理工大学工商管理专业，研究生学历，经济师。1982年8月参加工作，历任中国银行嘉兴分行副行长、行长，中国银行浙江省分行风险管理处处长，中国银行吉林省分行副行长，中国银行海南省分行行长；2008年4月至今，任中国银行股份有限公司山东省分行党委书记、行长。

【综述】 2011年，中国银行股份有限公司山东省分行(以下简称“中行山东省分行”)围绕“建设系统内一流分行”和“百年历史，百亿利润”战略目标，加快市场拓展，推进战略执行，各项工作取得持续进步，市场竞争力和盈利能力进一步提高，经营业绩实现新跨越。

【财务管理】 2011年，中行山东省分行继续强化投入产出管理导向，科学摆布财务资源，资产、负债、收入结构持续优化，经营效益稳步提高，各项财务指标继续向好发展。一是推进矩阵式全面预算管理，突出预算的“市场导向”、“动态调整”和“过程控制”，有力推进年度预算目标的实现；二是增强财务资源对基础性、战略性业务的支持力度，注重其配置的针对性；三是完善贷存比管理机制，严格控制信贷规模；四是完善绩效考核分析体系，创新管理手段，提高前瞻性水平；五是加快核心银行业务系统IT蓝图项目上线后的财会制度建设，夯实合规经营基础，并开展现场检查和辅导工作。

【个人金融业务】 2011年，中行山东省分行立足个人金融需求，推进创新发展、转型发展，个人金融业务实力快速增强，核心竞争能力显著提升。人民币个人存款当年新增124.09亿元，外币个人存款金融机构全口径市场份额为49.9%，位居同业第一，个人贷款当年新增96.18亿元，个人贷款不良率、不良额、关注率、关注额实现“四降”。

一、深化统筹广义负债，转变存款增长方式。建立存款系统工作机制，根据季节特点抢抓主流资金，做好一般性存款、表内理财、表外理财产品间的合理转换，并结合短期目标和长远发展，着力推动存款长效机制建设。

二、加快推进个贷创新，提升综合竞争能力。一是加强管理创新，推出个贷精细化管理工具箱，提高综合收益；二是加强产品创新，根据客户需求变化，完善推出“个人高端红酒贷款”等7款创新产品；三是加强流程创新，逐步推进同城操作中心建设，实现个人贷款中后台业务集中处理。

三、加快网点转型，提升网点效能。一是以效能提升为目标，统筹网点物理、自助、电子渠道建设，完善网点等级评定、流程优化等管理体系；二是落实名单式管理和一把手负责制，加快推进网点改造；三是推进网点等级管理，加快内部流程整合，加强标准化服务流程导入与固化，推进网点开办个贷业务，完善网点功能；四是加快自助渠道建设，加强设备日常维护管理，当年新增自助设备突破1000台，在中行系统内排名第一。

四、完善客户营销体系，抢抓项目发展机遇。一是制定落实个人客户群建设和产品策略指引，建立并完善客户批量拓展、日常维护、潜力提升、增值服务等系统工作方法；二是完善省行、二级分行、三级财富、基层网点等多级并举的营销体系；三是抢抓金融IC卡发展机遇，推动客户群建设快速发展。截至年末，“中银·好客山东旅游卡”发卡量突破200万张，是国内金融系统发卡量最大的旅游联名卡，获得2011中国(青岛)银行卡博览会“最具创新力银行卡”称号。

【公司信贷业务】 2011年，中行山东省分行对公贷款(包括贸易融资、票据贴现)余额2567.65亿元，同比增长173.60亿元，增幅7.25%；对公不良贷款余额20.22亿元，同比增加1.97亿元；不良率0.79%，同比提高0.03个百分点。

一、加强政策引领，指导业务发展方向。一是加大对战略性新兴产业、重型机械等先进制造业、旅游等现代服务业的投入，积极介入低碳、循环经济、民生工程、农业现代化及新农村建设等新业务领域；二是重点支持国家及山东省“十二五”规划中确定的重点建设项目、重大项目，以及“黄河三角洲高效生态经济区”、“半岛蓝色经济区”内的龙头企业；三是择优支持省内传统优势行业的产业升级、技术改造以及兼并重组等重点项目；四是积极支持企业“走出去”，严控“两高一剩”和落后产能行业的信贷规模。

二、加强主动风险管理，精细管理信贷资产。一是树立信贷资产精细化管理理念，逐步转变业务发展方式，促进风险、资本与收益的动态平衡；二是强化资本约束，开发客户综合效益测算模型，逐笔测算经济资本回报率(RAROC)以及经济价值增加值(EVA)，坚持风险与收益相匹配原则，合理配置信贷资源；三是制定《中型客户业务发展及风险管理指引》以及评估报告标准化格式，确定中型客户特殊审批模式，推动客户群建设。

三、强化信贷资产管控和预警，防范和化解风险。一是认真贯彻国务院、监管部门一系列政策规定，全力开展政府融资平台贷款整改增信工作；二是贯彻落实国家房地产调控政策，明

中国银行股份有限公司山东省分行主要统计指标

单位：亿元

项目＼年度	2007	2008	2009	2010	2011	2011年同比增幅（%）
本外币资产总额	2211.05	2677.17	3719.44	4237.74	4681.98	10.48
本外币存款余额	1992.68	2416.27	3471.1	3898.85	4327.97	11.01
人民币存款余额	1863.1	2275.2	3298.4	3737.57	4146.70	10.95
企业存款	709.89	825.05	1334.36	1192.33	1827.04	53.23
机关团体存款	78.77	81.25	100.68	530.46	477.36	-10.01
储蓄存款	859.04	1093.3	1373.75	1507.22	1631.33	8.23
本外币贷款余额	1494.99	1679.9	2774.11	3125.92	3394.98	8.61
人民币贷款余额	1260.29	1464.27	2309.71	2655.2	2950.45	11.12
短期贷款	609.53	650.81	869.26	876.6	1104.29	25.97
中长期贷款	576.86	738.3	1285.39	1742.13	1797.52	3.18
票据融资	72.2	73.42	153	34.34	45.08	31.28
利润总额	33.33	54.12	58.18	79.67	58.57	-26.48
不良贷款余额	38.33	36.72	26.8	21.03	22.99	9.32
不良贷款占比（%）	2.56	2.19	0.97	0.67	0.68	--

确房地产新增授信标准，规范销售资金回笼操作，严防房地产行业风险；三是加强国别风险管理，及时提示中东、非洲政治局势动荡对“走出去”企业以及日本地震对进出口企业的影响，并提出有针对性的管理措施；四是开发财务分析及反欺诈模型，对客户财务报表进行核对，把好准入关口；五是集中开展“信贷合规月”活动，严格落实贷款新规；六是出台《对公授信资产质量监控实施细则》，从行业、客户、产品、环节、地区五个维度分别确定重点监控内容，找准预警重点。

四、实施全流程精细化管理。一是制定全流程风险管理能力评价体系，对授信发起到收回的全流程进行评价；二是整合风险管理组织架构，统筹信用风险、市场风险、操作风险的管理，建立全面风险管理定期报告制度；三是逐步应用新资本协议实施成果，提高风险计量水平；四是加强培训，实施信贷业务从业资格认证管理机制，实行“每周一训”、“以岗代训”、进一步推动授信队伍专业化建设。

【资金业务】 2011年，中行山东省分行不断推动汇率和利率风险管理、本外币理财、贵金属、票据融资等金融市场业务发展。截至年末，资金业务累计业务量14021.87亿元，同比增长261%。其中，对公资金业务量6616.14亿元，增长243%；对私资金业务量7405.73亿元，增长279%。对公本外币理财产品销售2524.20亿元；对私本外币理财产品累计销售7281.92亿元。票据融资余额45.08亿元，较年初增加10.74亿元；票据融资业务交易量107.20亿元，较同期减少228.90亿元。

一、加强产品创新，提升创新发展能力。一是依托专业优势，设计首款零成本黄金期权组合；二是扩展产品期限结构，推出T+1、T+2远期结售汇交易；三是紧跟人民币利率市场变化，推动该行首笔人民币利率掉期业务；四是适应客户需求，重新开办商品远期交易；五是结合市场时机，推广创新黄金融资组合业务。

二、围绕核心存款，促进理财产品销售。一是强化考核政策导向，以表内理财还原存款考核为契机，多次开展理财产品销售竞赛；二是发挥优质表外理财产品功效，以优质理财产品稳定已有客户、争揽潜在客户；三是抢抓市场机遇，加强上下联动，及时提供产品信息支持；四是创新产品销售组合，稳定客户理财资金。

三、加强系统建设，实施精细化管理。一是简化业务叙做机制，在全辖推广对公理财产品销售平台、资金产品销售平台等系统的上线工作，通过系统建设促进业务发展；二是突破债务市场业务瓶颈，推动债券承销业务奖惩制度建设，转变营销策略，实施目标客户动态管理和业务的进程管理。

【国际贸易结算】 2011年，中行山东省分行完成国际贸易结算量921.50亿美元，首次突破900亿美元大关，同比增长40.41%。其中，出口业务完成496.56亿美元，增长34.07%；进口业务完成424.95亿美元，增长48.62%；实现中间业务收入16.43亿元，同比增长30.49%；跨境人民币结算业务量达638.75亿元，持续领跑跨境人民币业务市场，被人行济南分行授予“山东省跨境人民币结算先进单位”称号。

一、发挥贸易金融优势，促进国际结算业务发展。一是关注经济形势，突出业务重点，跨境人民币业务实现跨越式发展；二是充分利用海内外业务平台，加强银企合作和交流，大力推进海内外贸易融资业务的研发与推广，联手开发客户跨国综合性服务方案，支持省内企业“走出去”；三是加大供应链产品研发和客户拓展，积极研究业务与市场契合点及产品组合创新方案，为上下游企业设计个性化解决方案和综合服务方案，有力支持企业业务拓展。

二、加强内控合规管理，提高业务质量。一是完善和加强风险内控体系建设，指导辖内行开展贸易融资授信业务；二是强化国家风险管理，对涉高风险地区贸易融资业务进行动态管理，提高全辖风险防范意识，确保国际结算业务发展质量。

【银行卡业务】 2011 年，中行山东省分行实现银行卡业务收入 5.12 亿元，其中，中间业务净收入 3.85 亿元，同比增长 19.06%；信用卡累计有效卡量 247.24 万张，新增有效卡 102.67 万张，同比增长 72.58%；全年实现信用卡直销额 467.98 亿元，同比增加 78.51%；商户收单量实现 954.70 亿元，同比增长 45.74%。

一、开辟多元化发卡渠道，推进发展模式转型，扩大发卡规模和客户群基础。一是加快联名卡营销推广，完善产品服务体系，陆续推出长城蔚蓝青岛信用卡、泰安新矿联名卡、东营社区一卡通联名卡；二是强化行内交叉联动营销，充分利用各业务条线营销资源，全面带动银行卡业务批量化拓展。

二、加大重点产品推广力度，提升收单服务水平，开辟新的利润增长点。一是通过优化产品功能、开展专项竞赛、加强项目推介等形式，推动收单量与核心存款实现快速提升；二是重视分期业务发展，不断完善业务流程，积极与商户开展贴息合作，分期付款交易额同比增长 149%。

三、完善规章制度，加大风险管控力度，持续提升资产质量。一是不断完善和修订各项规章制度和授信政策，有力支持产品和业务创新；二是积极强化银行卡资产质量管理，努力拓展催收渠道，全面落实不良资产清收措施；三是完善银行卡案件联动防查长效机制，主动遏制银行卡犯罪行为，被公安部和中国银联评为中行系统内唯一一家“打击银行卡犯罪全国先进单位”，也是商业银行中唯一获奖的非总行级单位。

【内控合规】 2011 年，中行山东省分行全面推进“巴塞尔新资本协议操作风险项目”实施，配合 IT 蓝图新上线业务流程再造和风险管理架构整合，通过专业化、精细化的管理，建立运行内部控制框架，全面提升风险管控能力。

一、完善内控工作举措，强化内控基础建设。一是开展优化业务流程控制以及基层机构主要内控措施整合工作，积极服务 IT 蓝图新线流程；二是开展业务流程和制度梳理工作，适时调整出台适应新系统、新流程的一系列规章制度。

二、深入推进实施巴塞尔新资本协议操作风险项目，结合同业案件开展 RACA(风险与控制评估)触发式评估项目，进行新协议合规达标自我评估和后续整改工作。

三、改进检查方式，规范检查流程。一是完善内控检查、整改的全覆盖流程，加强对内外部信息的收集和分析利用，为非现场检查工作提供支持；二是完成对全辖 66 位员工离任审计工作以及辖内 25 家机构一把手的代职管理工作。

四、采取有效措施防控合规风险。一是省行本部以及辖内全部 16 家二级分行均成立风险内控委员会，建立“全面风险管理”季度报告制度；二是年内向人行上报“反洗钱工作信息”8 期，“反洗钱工作风险提示”17 期，完成课题调研 10 个；三是审查各类规章制度 94 个，完成了对辖内 41 家机构的机构转授权工作以及省行 26 个条线部门的岗位转授权工作；四是深化落实“内控和案防制度执行年”活动，通过自查和抽查确保了落实效果。

【稽核工作】 2011 年，中行山东省分行共开展 14 个稽核调研项目、39 项稽核检查工作，主要涉及信用风险、操作风险、新线系统、内控履职和流程再造等内容，重点突出对银行卡分期付款业务、新线环境下业务流程再造、抵质押循环贷款业务、表外业务、中小企业授信、跨境贸易人民币结算业务、客户关系管理、异常交易、信贷合规等领域的稽核和调研。年度检查计划总体完成率 162.94%，现场覆盖机构 233 个，机构覆盖率为 39.23%。

【信息科技】 2011 年，中行山东省分行积极配合总行 IT 蓝图项目推广和系统升级改造，以确保信息系统安全平稳运行为基础，创新推进信息科技工作。

一、加强运营管理，提高信息科技支持保障能力。一是进一步推进和规范人员、环境、故障处理流程等项管理，保证机房持续、安全、稳定的运行环境；二是合理利用下线资源，为所有业务系统配备了备机，既提高了设备使用效率，又提高了业务系统的应急处理能力；三是完成全年生产变更时间窗口计划和年度灾备切换演练工作。

二、加强安全管理，确保信息和生产安全。一是建立核心数据区，加强对敏感信息和核心数据的访问控制，实现对客户信息和业务数据的保护；二是修订分行层面关键风险指标，重点关注应用系统运行情况、应急管理水平和重大信息系统故障恢复能力，对信息科技操作风险、相关控制和风险敞口的变化情况进行持续有效的监控、预警和报告；三是加强规章制度建设，制定《外部公司业务合作计算机信息安全管理规定》，防范银行内部信息外泄、外部计算机病毒入侵的风险。

三、加强信息系统建设。一是顺利完成 IT 蓝图 3.0 的升级改造，配合总行完成各批次上线行的演练、投产工作；二是积极配合和支持业务部门的测试演练、系统投产和推广；三是加强数据分析、管理信息服务等平台的建设，通过优化流程，提高数据处理和维护效率；四是自主完成数据仓库建设、数据分析应用以及信息管理开发等工作。

四、积极推进科技营销，提高信息科技的贡献度。配合全行客户群建设，在房地产、公用事业、通讯等行业以及自助渠道建设等方面，开发了大量功能强大、覆盖面广、定位准确的产品，为扩大客户规模、加强客户关系以及业务拓展营销提供了高效、及时、全面的技术支持。

【电子银行业务】 2011年，中行山东省分行进一步优化企业和个人网银、手机和电话银行、短信平台和客户服务中心95566等电子渠道服务功能，增强了客户的满意度和忠诚度，在《中国经营报》《证券时报》以及腾讯等国内知名媒体和网站举办的电子银行评奖活动中，该行获得“2011卓越竞争力电子银行”、“最佳网上银行”、“最佳手机银行”、“最具品牌价值电子银行”等奖项。截至年末，企业网银客户新增6.97万户，达10.52万户，同比增长229.71%；企业网银累计交易金额2.69万亿元，增长63.54%。个人网银客户新增240.17万户，达425.45万户，同比增长140.19%；个人网银累计交易金额4973.05亿元，增长64.13%。手机银行客户新增180.71万户，累计客户达186.47万户；电话银行客户新增131万户，累计客户达389万户；短信平台共发送营销短信2780万条，同比增长49%；客服中心95566转人工电话量达270万通，同比增长59%。其中，该行企业网银、个人网银、手机银行客户数均列中行系统内第二、第三和第一，实现了新的突破。

【人力资源】 2011年，中行山东省分行的人力资源部门以强化队伍开发、深化架构整合、规范绩效管理、细化费用配置、优化网点管理、提升人岗匹配、和谐员工关系为整体工作思路，为全行各项业务持续健康发展提供了有力保障。

一、加强制度建设。一是修订管辖支行、机构(部门)、经营性机构等项《绩效考核办法》完善绩效管理体系；二是制定《营业网点柜员/业务员等级管理实施意见》，建立了适合其特点的等级体系和晋升机制；三是制定《管辖支行等级管理办法》和《网点等级管理实施细则》，促进机构提高价值创造力、市场竞争力及管理精细化水平；四是制定《人事费用管理办法》，规范管理；五是制定《荣誉奖励管理办法》，营造创先争优、追求卓越的企业文化。

二、优化队伍建设。一是通过公开竞聘和直接选聘，调整中高级管理人员58人、提拔高级经理18人，队伍学历、年龄结构得以优化；二是先后对31名中高级管理人员和9名高级经理进行履职考察；三是对全辖25家机构负责人进行强制休假和代职管理。

三、强化机构管理，推进业务架构整合。一是根据业务发展需要，适当增设机构，并对业务发展前景好、符合监管和内控要求的分理处实施升格支行，截至年末，新设支行1家，分理处升格支行53家；二是完成IT蓝图职能移交整合工作，确保IT蓝图项目后续升级改造工作有效实施；三是根据总行要求，完成运营板块、风险管理架构职能调整。

四、加强员工培训。该行将网点转型培训、各级管理者培训及新入行大学生培训作为三个重点，持续加强培训指导和质量管理，年内举办全辖“一把手”培训班、中高级管理人员副职培训班各1期，基层网点负责人培训班4期、党校培训班7期和新入行大学生培训班16期。此外，还组织4次30多个岗位的任职资格考试，2.8万余人次参加考试，其中2万余人次获得相应岗位任职资格。

【纪检监察】 2011年，中行山东省分行认真履行纪检监察职责，加强党风廉政建设，着力构建惩防体系和案件防控长效机制，连续4年实现“无案件、无事故”内控防案目标。一是坚持以“‘一把手’责任书制度、履新干部重温入党誓词并签署廉洁从业承诺书制度、党风廉政工作情况研讨制度、检查督导制度、量化考核制度”为内容的“五项制度”，狠抓贯彻落实；二是在辖内组织集中申报领导干部个人财产情况及配偶、子女就业情况专项活动，并在春节、中秋节前统一向全辖干部员工发送廉政提示短信，传导廉洁从业理念；三是强化关键控制环节监督，对大宗物品采购招投标、劳动外包、资产处置、竞聘或新员工考试等进行现场监督，严格履行程序，切实防范风险；四是组织实施案件风险排查后评价工作，开展民间借贷风险排查和“双十禁”突击检查，覆盖面100%；五是制定下发《责任认定管理办法(2011年版)》，加大问责追究力度，处理违规违纪和管理失职等责任人1496人次。

【安全保卫】 2011年，中行山东省分行突出营业网点、金库、自助银行安保工作重点，以部署开展“平安中行”创建系列活动为抓手，持续强化安保各项措施，继续保持无得逞四类案件和安全责任事故的良好局面。全年共成功防范外部欺诈等案件23起，涉及金额2371万元，协助公安机关抓获作案嫌疑人10名。一是开展“安全隐患排查整改月”活动；二是开展“网点、金库、自助银行安防达标现场检验”活动，省行和16家分行本部、586处营业网点接受地市级公安机关和银行监管部门的安全评估达标验收，达标率100%；三是认真组织安保应急预案演练，强化日常沟通与监管措施，有效遏制社会化守押运作复合性风险；四是加强防案指导培训，严密防范外部金融侵害案件；五是落实“消防安全管理责任年”活动，加大消防项目投资，组织全辖消防教育培训和演练，保障员工生命和银行财产安全。

【大事记】 1月27日 中行山东省分行与山东海洋投资有限公司在济南隆重举行战略合作签约仪式。行长何兴祥、省国资委副主任汲斌昌、山东海投董事长包剑英及签约双方相关部门负责人出席了仪式，双方将在船舶融资、银团贷款、国际结算以及投行业务等领域展开全面合作。

2月17日 中行山东省分行个人网银客户突破200万，标志着该行电子银行业务迈上了一个新台阶。

5月9日 中行山东省分行成为省内唯一受邀的金融界代表出席山东省政府组织的第三届香港山东周活动。活动期间，山东省委姜异康书记在何兴祥行长的陪同下，走访了中银香港，并与和广北总裁进行了会谈。此外，何兴祥行长，张维克、孟和平副行长，中银国际林广兆总裁、李彤执行总裁以及中银投龚建中总裁分别与各地市政府主要领导及重点客户代表举行了业务座谈，并进行深入交流。

6月16日 中行总行祝树民副行长一行来山东省分行调研并进行高层营销。

8月15日 中行山东省分行在“山东省财政厅就省级行政事业单位工资统发项目进行公开招标”中一举中标，填补了该行11年来省级行政事业单位工资统发业务的空白。何兴祥行长、济南分行孟和平行长参加了招标仪式。

11月24日～25日　中行总行李军监事长莅临山东开展工作调研和高层营销。期间，李军监事长先后听取了中行山东省分行以及辖属日照、临沂等分行的工作汇报，并在何兴祥行长陪同下，看望慰问了一线员工，带队走访营销青岛啤酒、日照港等重点客户。

12月19日　何兴祥行长就中行山东省分行支持中小企业发展情况接受中央电视台经济频道记者采访。该频道在《经济信息联播》栏目中予以报道。

12月28日　中行山东省分行在济南举行“中银·好客山东旅游卡突破200万张新闻发布会”。何兴祥行长、省旅游局于冲局长出席新闻发布会。

（曹淑清　纪雪梅　张　民）

中国建设银行股份有限公司山东省分行

【第一负责人简介】　薛峰，男，辽宁大连市人，中共党员，高级经济师，管理学博士，1987年8月毕业于大连理工大学电子工程专业。历任建行大连市分行、建行黑龙江省分行党委书记、行长，现任建行山东省分行党委书记、行长。

【综述】　2011年，中国建设银行股份有限公司山东省分行（以下简称“建行山东省分行”）认真贯彻国家宏观调控政策和总行各项战略部署，转变发展方式，夯实基础管理，全面加强风险内控建设，各项工作取得较好发展。

【计划财务】　2011年，建行山东省分行综合运用战略规划、计划管理、绩效考评、资源配置等管理工具，有效促进了各项业务的持续健康发展。一是在中心城市行新设8个营业机构，加大重点区域行资源倾斜力度；二是全面引入客户、产品、渠道等基础要素完善考评体系，加强基层行考核机制建设与政策指导，持续提升基础管控能力；三是开展“财务规范管理系列活动”，健全综合监督检查机制，开展“六清”“四建”活动，突出重大风险隐患排查，做到深度彻查、摸清家底、全面整改；四是提高投入产出效率，努力培育中长期成本竞争优势，加强利率定价管理，提高基层行定价的灵活性；五是深入推进差别化定价管理，促进优质客户关系维护和综合贡献度的提升，加强资本性支出规范管理，主动控制成本开支；六是加强表外业务管理，统筹平衡表外业务发展与风险资产增长，优化表外业务结构。

【公司业务】　2011年，建行山东省分行主动调整结构，公司业务总体发展态势良好。截至年末，全行对公存款余额2046.8亿元，贷款余额2203.4亿元，实现中间业务收入29.06亿元。

一、加大客户营销力度。一是组织开展“拓市场、强基础、抓客户、增账户”活动，优化开户流程，规模以上（万元）对公客户较年初新增5995户；二是与山东海阳投资有限公司签署战略合作协议，将山东能源集团纳入限额模式授信客户名单，成功为鲁能集团上线财资管理模块和现金管理模块，与中国石化山东分公司建立了全方位战略合作关系。

二、加大重点产品推广力度。一是重点抓好单位人民币结算、国内信用证、国内保理、现金管理等产品的营销推进工作，国内信用证实现收入4148万元，国内保理预付款余额109.96亿元，实现管理费收入30488万元；二是为祥光铜业创新账户承诺免担保自动循环订单融资产品，成功办理11单融资租赁业务，融资额度19.2亿元；三是全年累计办理贴现（直贴）245.61亿元，实现利息收入7.32亿元，年末贴现余额124.9亿元。

三、积极发展小企业业务。制定和完善小企业业务发展区域规划，重点支持小企业资源较为丰富、特色产业集群突出的淄博、潍坊、烟台以及黄三角、蓝色半岛区域，小企业非贴贷款余额达218亿元，较年初新增32.5亿元。

四、加快发展年金业务。一是深化落实大中型客户营销责任制，积极衔接总行中标项目落地，截至年末，新增签约2853户，新增运作24户，均大幅高于前三年之和，运营托管、账管、受托指标新增居原四家国有商行第一，余额第二；二是养老金签约客户新增783户，成为系统内首个养老金客户签约突破千户的分行。

【机构业务】　2011年，建行山东省分行坚持科学规划、明确重点、强化营销、上下联动，机构业务取得显著成绩。一是机构类存款总量973.27亿元，一般性存款余额779.76亿元，同业存款余额193.51亿元；二是事业法人贷款质量持续优化，贷款余额91.32亿元，不良贷款持续“双降”；三是机构类中间业务实现收入30039万元，同比增长8373万元，增长率39%，其中：代理信托资金收付业务收入是去年的1.3倍；四是“民本通达”“社保安民”持续推进，品牌效果显著，社保存款新增占对公存款新增的134.57%，开立各类社保账户1600余个，累计发行社保卡197万张，“医疗健民”为全省21家三甲医院提供了资金支持，卫生行业贷款余额同业份额位居第一。“教育慧民”教育行业贷款余额在当地同业中处于首位，为全省（不含青岛）82家高校客户提供结算服务，为28所部属和省属高校提供信贷支持，实现了与辖内两所“211”工程高校的全面合作，“文化悦民”为山东广播电视台提供基本结算账户服务，为山东广电网络有限公司及其分公司提供资金结算业务。

【投资银行业务】　2011年，建行山东省分行实现投行收入

中国建设银行股份有限公司山东省分行主要统计指标

单位：亿元

项目 \ 年度	2007	2008	2009	2010	2011	2011年同比增幅(%)
本外币资产总额	2454.48	2880.57	3760.06	4105.93	4248.46	3.47
本外币存款余额	2237.6	2679.06	3495.28	3850.06	3958.9	2.83
人民币存款余额	2207.11	2658.49	3463.72	3812.57	3922.3	2.88
企业存款	879.63	1028.73	1261.04	1332.38	1286.86	-3.42
机关团体存款	315.92	339.28	615.43	702.97	723.3	2.89
储蓄存款	1011.56	1290.48	1587.25	1777.22	1912.2	7.59
本外币贷款余额	1587.65	1842.06	2307.38	2678.46	2919.3	8.99
人民币贷款余额	1530.81	1797.68	2242.90	2586.83	2857.1	10.45
短期贷款	480.55	446.69	515.48	591.93	874.05	47.66
中长期贷款	926.24	1160.72	1561.88	1873.63	1858.2	-0.82
票据融资	124.02	190.27	165.54	121.27	124.9	2.99
利润总额	39.58	47.61	55.80	64.59	76.19	17.95
不良贷款余额	45.12	32.48	30.01	25.41	23.10	-9.09
不良贷款占比（%）	2.84	1.76	1.30	0.98	0.79	-19.39

7.23亿元，同比新增2.57亿元，投行收入占全行中间业务收入的17.2%，同比提升2.8%，债券承销和理财产品居同业第二位。

一、重点客户产品拓展成效显著。全年利用投行产品为82个客户融资220多亿元，较好地维护、拓展了客户，优化了客户结构和中间业务收入结构。

二、产品与服务创新成果丰硕。一是成功创新资产支持类、股权收益权、委托收购等理财产品；二是与建银国际联合集中精确营销，实现7单投资或意向签约；三是针对大中型优质客户推进全面金融解决方案和协助筹备财务公司，成功为南山、山钢、重工等集团提供财务公司筹组财务顾问服务；四是建立矩阵式的重点行和潜力行产品服务团队，创新优化全面财务顾问流程系统，较好地支持了基层行投行业务的发展。

【国际业务】 2011年，建行山东省分行国际业务收入7.04亿元，增幅40%，其中国际结算收入3.96亿元，增幅57%；外汇资金业务收入2.8亿元，四行排名第2位。一是建立贸易融资授信绿色通道，提高效率；二是坚持"存款立行"方针，外汇存款稳定增长，存贷比持续下降，时点余额存贷比为135%，较年初下降68个百分点，日均存贷比为132%，较去年下降29个百分点；三是办理"跨境人民币信用证换币转通知"业务，开办代客黄金远期交易和"证汇通"业务，推进韩元结售汇挂牌业务，创新推出"跨境人民币代付"、"跨境付汇盈"、"出口票据保付"、"存贷盈"等23项创新产品；四是通过本外币联动，带动开立人民币基本户61个，一般账户201个，带来人民币存款86.16亿元、贷款64.16亿元，中间业务收入2.41亿元，与香港分行等十几家海外分行在新产品开发和拓展资本市场方面进行合作，境内外联动走在全国系统前列。

【个人业务】 2011年，建行山东省分行以零售业务战略转型为主线，以"扩大市场份额，提升系统位次"为目标，实现了个人金融业务持续健康发展。

一、夯实业务发展基础。一是编制《个人客户5年发展规划》，把代发工资作为个人客户拓展突破口，积极探索社区金融营销服务模式；二是完善网点建设集中管理模式，提升网点自有率和单点产能，加大现金类自助设备配备，推进集中配钞；三是重点打造个人客户经理队伍，年内增配专职客户经理164人。

二、持续推进零售网点转型。一是已转型网点427家，占全部网点的56%，客户经理理财产品销售占比达81.6%，较年初提升3.6个百分点；二是转型网点点均基金、黄金销售分别是未转型网点的3.56、2.5倍；三是启动个人理财中心建设，全面打造标准和旗舰理财中心。

三、加强产品营销和业务创新。一是搭建产品营销支持平台，强化精准营销，形成13大类、涉及34个单项产品的套餐组合，全年累计销售135万套；二是全年累计发行孔子龙卡56.25万张，社保卡业务发卡数量系统首位；三是代理寿险销售模式转型取得突破性进展。

四、着力提升网点经营能力。开展以"提升产能，跨越发展"为主题的营业网点暨个人客户经理冠军赛，提高了单点产能。

【私人银行业务】 2011年，建行山东省分行积极推动私人银行转型,持续推进财富管理与私人银行业务健康快速发展。

一、推进私人银行转型。一是建立并完善有关体系文件和场所文件,指导开展私人银行条线业务;二是制定转型工作时间计划表,全面部署转型工作;三是成立转型验收小组,对辖内11家私人银行逐一进行现场验收;四是建立健全私人银行制度,做好场所改造和名称规范工作,保证人员到位。

二、开展私人银行业务营销活动。举办2012年私人银行客户新年答谢会,在全辖开展"抓挽留、强服务、促增长"竞赛活动,积极推广综合财富规划项目,组织私人银行私人财富管家项目访谈。

三、组织产品销售,加大产品服务供给。充分发挥私人银行与小企业、信用卡、投资银行、机构、房金等方面的联动,针对客户需求加强产品衍生创新。截至年末,共销售总行牵头发行的理财产品824051万元,专户理财产品200万元,阳光私募8690万元,总行信托产品5020万元,分行信托产品6亿元左右。

【住房金融与个人信贷业务】 2011年,建行山东省分行严格落实信贷政策,实现个贷总量控制和结构优化目标。截至年末,个贷余额715.87亿元,新增110.41亿元;个人不良、关注类贷款实现"双降",个人住房类贷款不良率0.26%。一是推进"春雪"、"仙坛"项目顺利实施;二是以专业市场为营销目标,个人助业贷款新增2639万元,重点满足优质客户的贷款需求;三是成功组织"风雨同舟二十载,携手惠民共发展"公积金高层客户营销活动,进一步密切银政合作;四是开发住房物业质量保修金业务系统,系统内首家投入使用;五是"房e通"个贷频道成功上线试运行,打通了专线服务渠道;六是受济南公积金管理中心委托,为中大南片区棚改安置房建设项目发放公积金支持保障性住房项目贷款3.6亿元,成为山东首家、独家投放公积金支持保障性住房项目贷款的商业银行;七是开展个贷中心重检工作,跟进县域经济发展,新建15家县域个贷中心,全部通过总行达标验收。

【信用卡业务】 2011年,建行山东省分行积极拓展商户收单市场,大力发展分期付款业务。截至年末,信用卡客户净新增37.35万户,消费额334.83亿元,新增特约商户3120户。一是全行网点预审批系统营销成功率达35%;二是卓越卡项目成效显著,实现中间业务收入530万元;三是加大对钻白卡、标准白金卡、汽车卡等重点产品的营销推广,钻白卡新增897张,是2010年的3.5倍;四是利用POS归集资金功能做好大行业、大客户结算服务;五是积极推进购车分期业务发展,全年信用卡分期交易额突破10.2亿元,并开展"分期特惠建行之夜"等活动,提升了"龙卡分期付"品牌知名度;六是严格执行"三亲见"原则,加大套现打击力度,在全省构建"三位一体"联动催收模式,提高不良资产处置效率,加大信用卡呆坏账核销力度,完成全年呆账核销任务。

【电子银行】 2011年,建行山东省分行电子银行客户总量突破2000万户,实现中间业务收入20964万元,电子银行账务性交易量比达52.24%。在总行"增客户、促应用、提能力"电子银行专项营销活动中获得分行综合贡献奖一等奖。

一、加强营销活动推广,提升业务发展速度。一是组织开展贯穿全年的电子银行网点竞赛活动;二是对外部客户开展电子银行交易"礼上礼"、签约包年短信送网银盾、缴企业网银服务费送金章、单位电子银行套餐营销、电子对账新体验等营销活动;三是针对短信客户和简版网银客户的拓展增配激励费用,充分调动各行的积极性。

二、加强电子渠道建设和创新,改善客户体验。一是全行共配置300台E动终端,实现了龙卡通账户的移动开卡;二是加强电子银行服务区建设,网银终端和大手机全部纳入总行后台监控系统;三是开通部分分行和地区电力代收费功能和医疗保险缴费功能;四是开发上线跨南北中心短信服务费代扣功能,提高了扣费成功率;五是开发企业网银顺序代扣功能,组合收银台服务,推出物业收费宝;六是启动企业网银流程优化项目,简化申办手续,改善客户体验。

三、加强电子商户拓展,不断扩大市场份额。一是先后组织了全省考务市场、教育市场、e商贸通专项、电子商务平台商户专项等营销活动,取得显著效果;二是大力推广"物流代发宝"、"物业代收宝"等新产品,拓展新的电子商户;三是借助电子商务平台等工具,开发了分行专属的网上商城,积极开展网上购物折扣、商品秒杀、团购、竞拍等优惠活动。

【资金结算】 2011年,建行山东省分行以"防范风险、支持发展"为主线,提升了资金结算条线执行能力与风险防控水平。

一、突出重点,强抓基础管理。一是稳妥实施会计部重组,进一步理顺并明晰管理关系,提高业务管理的专业化水平;二是实施网点功能定位和优化,在网点分类管理的基础上实施标准化建设,持续提升网点综合竞争能力。

二、强化风险防控,持续提升柜面监督效力。一是积极开展现场检查,先后组织23期专项或突击检查,对辖内11个营业机构进行顶岗检查,组织8期414个营业机构的特别检查,共现场检查网点610个;二是持续开展非现场检查,全年共组织10期非现场监控检查,被查网点333个;三是规范上门收款作业方式,修订上门收款业务准入标准,推进金库集中收款。

三、强抓对公结算管理,促进柜面业务安全运行。一是组织新版票据启用工作,监控空白银行承兑汇票超限领用情况,并加强风险提示;二是全行支付密码签约取得历史性突破,正常结算账户支付密码签约率达到85.23%,并在《建设银行报》头版进行经验介绍。

四、持续加强CCBS系统管理,提高系统风控水平。一是顺利完成系统柜面岗位优化配置工作,确保柜员权限与实际岗位一致且最小化;二是加强指纹系统管理,按照"城区必须集中、县区鼓励集中"的原则,将指纹管理权限逐步上收到二级行。

五、扩大客户基础和产品应用,强力推动资金结算业务发展。狠抓产品营销和收入增长,通兑签约、电子回单柜、国内信用证、现金管理系统等重点产品全国领先,资金结算业务核心竞争力和价值贡献度显著提升。

【风险管理】 2011年，建行山东省分行实施科学主动的全面风险管理，着力构建高效的风险管理体系。

一、完善风险管理机制。一是推动济南地区风险管理组织架构建设和二级分行城区行风险经理集中管理模式，提升平行作业专业化、集约化水平；二是制订《区域差别化信贷政策实施意见》，实施动态、差别化信贷授权管理。

二、加强重点领域风险防控，保持信贷资产质量稳定。一是加强对房地产、政府融资平台等重点行业与客户的风险排查力度；二是将个贷作为风险管理工作要点之一，严格贯彻落实总行各类表外业务产品的风险管理政策导向、风险底线和管理要求；三是强化常态化风险预警提示，加强对违约贷款的跟进管理，严格资产风险分类。

三、加强操作风险管理，增强应急管理能力。一是组织开展内控规范实施、重点监控机构帮扶、内部控制自评价等工作；二是强化操作风险损失数据的收集和分析；三是制定下发《危机管理办法》，提高应对突发事件的响应速度。

【资产保全】 2011年，建行山东省分行不断完善经营机制，加大不良资产处置力度，为全行资产质量持续改善做出了积极贡献。

一、推进重点区域和重大不良项目处置工作。一是把济南、烟台等不良“额大率高”的分行作为重点联系行，加快重点区域对公类不良贷款处置工作；二是对余额2000万元以上的项目，成立由省分行牵头、相关分行参加的处置团队，加大处置力度，全年共处置不良贷款13.37亿元，不良贷款现金回收9.8亿元。

二、创新运用债权转让，实现快速高效无损处置。对宏瑞置业、银丰投资、火炬房地产等不良贷款成功实施债权转让，实现本息全额回收，达到不良处置最佳效果。

三、分类施策，加快非信贷资产处置进度。创新运用公开挂牌转让方式，充分利用产权交易所优势，成功处置烟台有色3657.7万元非剥离债转股项目；加强与法院等政府部门的沟通协调，华众华彩3908万元抵债资产实现全额处置。

四、加大小额不良贷款清理处置力度。坚持“抓大不放小”，综合运用诉讼、减免表外息、核销、中小企业特殊政策等多种处置手段，加大500万元以下小额不良贷款处置力度，全年共处置17户2258万元。

【信息技术】 2011年，建行山东省分行积极推动科技与业务融合，全年网络和信息系统安全稳定运行，机房基础设施可用率达到100%，一、二级骨干网畅通率分别达到100%、99.999%，关键业务系统可用率达到99.9995%以上，并在系统内率先实现了全省机房环境、网点和自助设备的网络集中监控。

一、应用系统整合成效显著，风险控制与业务支持能力进一步增强。一是实施整合迁移和系统下线16项，圆满完成IC卡系统整合、历史数据功能迁移工作；二是潍坊分行社保卡客户账务信息平稳迁移到CCBS系统，业务服务功能得到扩充，业务操作、系统运行等风险大幅削减；三是历史数据系统、管理信息平台等整合纳入综合数据管理平台，形成了统一、全面、稳定的管理类数据支持平台。

二、全行IT风险意识明显增强，管理能力进一步提高。一是持续推动全行信息安全宣传教育和IT风险管控措施；二是全年计算机病毒事件量减少到264万次，下降63%；三是信息安全管理体系（ISO27001）顺利通过国际认证机构DNV公司的年度审核。

三、应用开发质量与效率提升，对业务拓展的支持能力不断提高。一是完成业务参数管理系统、物业质量保修金服务平台等4个项目的开发建设工作，实施应用系统功能扩充和优化103项；二是对银政合作社保服务、社保卡、城市一卡通、电力代收费等特色业务产品和服务的开发、营销给予了及时、有效的技术保障，有力支持了全行业务发展与经营管理。

【企业文化】 2011年，建行山东省分行主动适应形势变化，加强执行力建设，转变工作作风，为全行更好更快科学发展提供了精神动力和文化支持。一是建立领导班子周例会制度和首问负责制，将加强作风建设纳入分行民主生活会主题；二是制定下发《工作作风整顿实施方案》，建立基层评议本部制度，围绕“三治、三除、五提”（治软、懒、散，除官气、惰气、暮气，提战斗力、凝聚力、执行力、管控力、决策力）的整顿要求和目标任务，确定25项重点整顿措施内容，明确具体责任部门、工作时限和目标要求；三是深化员工关爱实践活动，着力解决员工和客户关心的热点、难点、焦点问题，增强员工的向心力、忠诚度、归属感；四是继续开展贫困英模母亲资助款发放工作、贫困高中生成长计划活动、“地球一小时”大型环保活动、捐献图书、捐资助学活动等品牌项目。

【大事记】 1月7日 建行山东省分行“房e通”电子商务平台项目推广上线。

1月15日 建行山东省分行顺利完成济宁城区维修资金数据迁移。

2月17日～18日 山东省政府与建行在人民大会堂举办签约仪式。双方以促进山东半岛蓝色经济区经济社会和建行事业的共同发展为目标，签订了《支持山东半岛蓝色经济区发展战略合作协议》。

2月25日 建行山东省分行物业质量保修金服务平台项目成功上线，成为全省同业和系统内最早独立开发物业质量保修金服务系统并投入应用的分行。

3月1日 建行山东省分行与山东省金融工作办公室在济南签署全面合作协议，共同促进小额贷款公司服务“三农”和小企业，推动小额贷款公司健康稳步发展。

3月4日～5日 建行山东省分行在济南召开2011年工作会议暨计划财务工作会议，传达贯彻总行会议精神，总结回顾2010年工作，研究部署2011年全行经营目标和主要工作任务。

3月11日　建行菏泽分行开办全省第一笔代付盈业务。

4月21日　薛峰任建行山东省分行主要负责人（建党任〔2011〕18号）。

6月　建行山东省分行成功为鲁能集团上线财资管理模块和现金管理系统，实现对该公司全国35个成员单位账户的集中归集管理。

6月27日　建行山东省分行成功与香港分行、悉尼分行合作办理兖州煤业股份有限公司2010年度12.3亿港币H股股息派息资金理财。

6月28日　建行山东省分行受济南住房公积金管理中心委托，为中大南经济适用房项目发放住房公积金支持保障性住房建设项目委托贷款3.6亿元，成为全省同业首家、独家受托发放住房公积金支持保障性住房建设项目贷款的银行。

7月1日　烟台分行与南山财务公司签署《外币现金管理合作协议》，该协议是建行山东省分行第一份外汇现金管理服务协议。

7月11日　建行山东省分行设立私人银行部、养老金业务部和小企业业务部。

8月3日　建行山东省分行与中国孔子基金会在山东大厦隆重举行孔子龙卡首发仪式。

9月6日　建行潍坊分行与伦敦子行合作办理了系统内第一笔NDF+CNH组合业务。

9月7日　建行山东省分行与齐鲁证券签署了《鑫存管一站签约终端使用协议》。

9月　建行山东省分行成功研发了利用POS和网银代理财政收费信息技术项目，并被省财政厅批准为首批试点上线代理银行。

10月28日~30日　人行济南分行与建行山东省分行在东营市蓝海国际大饭店联合召开山东省银行业现金供应应急管理会议。期间联合组织应急演练，开创了全国金融系统第一次人行和商业银行的联合演练的先例。

10月　建行山东省分行实施网点功能定位和优化，对网点业务范围、业务品种、岗位设置、劳动组合等进行梳理，促进网点综合竞争、风险控制和营销服务等能力的持续提升。

11月26日　建行山东省分行特色业务参数管理系统顺利上线。该系统提供了业务参数维护、技术应用参数维护、参数管理等功能，实现了分行特色业务参数维护工作的统一管理。

12月4日　建行山东省分行在潍坊、菏泽试点上线个贷档案影像管理系统，为个贷业务贷后监测、催收、贷后检查等打下良好的基础，提高了个贷档案管理水平。

12月19日　《金融时报》以《建行山东分行深度稽核提升电子支付风控能力》为题，详细介绍了该行开展“信用卡套现”和“网银异常交易”深度稽核取得的明显成效。

（刘太丽）

中国建设银行股份有限公司青岛市分行

【第一负责人简介】郭英辉，女，1957年9月生，中共党员，高级会计师，经济学硕士；历任建行河北邯郸分行行长、建行河北省分行营业部总经理、副行长、党委委员；2009年10月起任建行青岛市分行主要负责人；2009年12月至今任中国建设银行股份有限公司青岛市分行党委书记、行长。

【综述】　2011年，中国建设银行股份有限公司青岛市分行(以下简称“建行青岛市分行”)按照“同业中强、系统内优”的战略发展目标，不断推进改革创新，深化战略转型，加强风险防控，各项工作持续向好，圆满完成综合经营计划和总行KPI考核指标，主要业务指标同业和系统内排位前移，实现规模、效益和质量的全面提升。

【公司业务】　2011年，建行青岛市分行以对公业务条线改革为契机，积极探索，大力推进结构调整、产品创新，寻找新的业务增长点，推动公司业务持续、健康、快速发展。

一、把客户战略放在营销的突出位置。一是组织开展“创先争优、增速提位”业务竞赛，大力拓展财政社保、资金监管账户、拟上市企业以及集团客户群体的营销，全年对公业务客户新增2991户；二是与青啤财务公司签订了银企合作协议，使该公司资金归集通过建行办理，参与东方铁塔、海立美达等青岛市全部5家上市企业的IPO募集资金归集工作，归集资金20多亿元；三是积极营销重点优质客户，成功营销中橡国际贸易有限公司，巩固与中华集团、安邦石化的合作地位，完成了海尔集团总体式授信60亿元；四是与青岛市商品房预售资金监管中心进行业务对接，商品房预售资金监管账户沉淀存款近4亿元。

二、大力推进经营转型，提升综合营销、服务能力。一是启动了对公业务条线组织机构改革，设置了基于市场细分的产品和客户等专业化部门，公司业务条线逐步成为相对独立的经营主体、责任中心和利润中心，经营模式更加清晰；二是抓住山东半岛蓝色经济发展机遇，着力打造外汇业务特色银行，成立大宗商品融资产品创新实验室，成功开展大宗商品套期保值业务，稳步推进大宗商品融资套期保值业务试点，深入推进人民

中国建设银行股份有限公司青岛市分行主要统计指标

单位：亿元

项目＼年度	2007	2008	2009	2010	2011	2011年同比增幅（%）
本外币资产总额	439.31	548.08	712.53	826.09	936.12	13.32
本外币存款余额	432.23	535.77	658.88	775.21	912.12	17.66
人民币存款余额	424.41	523.98	641.67	754.32	896.97	18.91
企业存款	194.93	242.70	364.15	434.14	466.36	7.42
机关团体存款	39.99	45.42	52.18	69.83	80.86	15.79
储蓄存款	184.70	234.98	294.73	341.07	342.60	0.45
本外币贷款余额	390.66	418.23	508.41	620.67	712.26	14.76
人民币贷款余额	384.30	408.26	494.95	597.10	689.51	15.48
短期贷款	84.72	90.03	101.80	169.05	197.57	16.87
中长期贷款	272.16	301.11	371.32	440.02	514.69	16.97
票据融资	33.78	27.09	35.29	11.60	23.10	99.14
利润总额	7.77	10.13	13.47	14.60	19.19	31.43
不良贷款余额	15.90	14.30	10.06	7.17	6.17	-13.95
不良贷款占比（%）	4.07	3.42	1.98	1.15	0.87	-24.35

币跨境业务发展，完成跨境人民币业务量55亿元，全年国际业务结算量165亿美元，同比增长47%，实现收入2.31亿元，同比增长52%，同业排名第二。

三、积极开拓，机构业务亮点纷呈。一是积极营销军警存款，部署落实北海舰队营销工作，军警存款增长迅速；二是提高财政客户服务水平，通过抓账户、抓资金、争份额，提高财政存款贡献度；三是加快教育、医疗、社保、环保、文化五大民生领域服务创新和业务升级，积极支持驻青高校和医院的信贷需求，教育贷款余额11.8亿元、卫生贷款余额1.52亿元。

四、大力支持小微企业发展。一是积极推广“联贷联保”、“小额无抵押”、定向保理等新产品，以特色金融服务提高小企业业务的竞争力；二是对专业市场、产业集群客户和核心企业的上下游客户进行批量化营销，加快“零售化”转型，拓展小微企业融资，小企业贷款较上年初新增14亿元，增速超过对公贷款26个百分点，资产质量大幅提高，小企业不良贷款额和不良贷款率同比分别下降57%和69.3%。

【个人业务】 2011年，个人业务条线稳妥有序地完成了流程优化工作。一是开展贯穿全年的各种营销活动，加强全行联动，行级领导和中层干部带头营销，实现个人存款的快速新增；二是开展“理财到期 稳存增存”系列活动，代销基金和自行研发的理财产品双管齐下，全年销售理财产品320亿元，代理基金收入连续5年保持青岛同业第一；三是通过开展个人业务中高端客户专题营销活动，筹建5家私人银行并顺利开业，AUM5万元以上个人客户新增7590人，AUM300万元以上高端客户新增256人，私人银行客户新增32人；四是组织开展“手机银行团购秒宝马”、“建行E路通、黄金连环送”、“电子银行交易、缤纷好礼相送”等一系列营销活动，推动电子银行客户规模不断扩大，全年实现电子银行业务收入4601万元，完成全年计划的154%；五是组织开展“大干100天 发卡4万户”、“全行总动员，打好龙卡汽车卡攻坚战”等发卡营销系列竞赛活动，充分调动营销人员积极性，信用卡分期业务增势加速，达到2亿元，全年信用卡客户增长7.2万户，新增收单商户575家，新增特惠商户138户，实现收单商户、特惠商户“双丰收”，实现中间业务收入5938万元，同比增154%；六是制定了渠道建设发展规划，成立了渠道管理部，专职负责，25个网点的新设和搬迁改造任务顺利完成，推进网点转型和星级网点建设，打造网点旗舰店，12家二代转型网点和4个五星级网点通过总行验收。

【房地产信贷业务】 2011年，建行青岛市分行主动调整经营思路，房地产信贷业务继续保持同业领先地位。一是开展贯穿全年的业务营销活动，密切关注市场变化和同业动态，适时调整营销策略；二是重视县级市支行发展，继续加大农户贷款的复制推广，成功开办正大鸡养殖农户贷款和康大肉兔养殖农户贷款，支持农户2000余户，投向县域个人农户贷款近6亿元；三是完成了个人信贷业务经营体系建设，全年个人住房贷款余额227.8亿元，比年初新增43.6亿元，继续保持同业领先。

【中间业务】 2011年，建行青岛市分行进一步加大中间业务发展力度，从激励约束、标杆管理等多方面促进其实现了跨越式发展；全年实现中间业务毛收入10.85亿元，同比多增3.5亿元，增速为48%。一是明确2011年中间业务发展目标为“总量第二,新增第一”并顺利实现;二是抓好对公、对私两大业务条线发展,提升重点产品市场份额与位次,大力推动结算、担保、托管、电子银行等类产品贡献度;三是以13项重点产品为主要突破口,辅以标杆管理、产品分析、经验推广与信息共享等措施推动提升重点产品市场份额与位次,提高中间业务产品市场竞争力。

【资产保全】 2011年,建行青岛市分行强化风险防范措施,全面超额完成总行的各项处置计划指标。一是加强政府融资平台、房地产行业、大宗商品贸易融资的风险化解,保持资产质量稳定;二是灵活运用多种手段加快处置速度,青岛华能、玉泉营、青岛华青等一批老大难项目实现全额回收;三是加大责任追究力度,对产生新增不良的支行,要求责任人离岗收贷,严格落实责任约束;四是成功尝试运用债权转让处置不良资产,短时间内化解青岛凯悦中心贷款项目的风险升级;五是加大“疑似假个贷”处置力度,存量241万元实现“清零”。

【金融产品创新】 2011年,建行青岛市分行贴近市场,贴近客户,大力推广金融创新。一是积极推广海外代付、“欧元汇贷盈”、“融货通”、“海外代付”、政民通、新华书店龙卡、卓越龙卡、麦凯乐龙卡等业务的推广,研发的票据受益权转让型理财产品,为建行系统内首创并在全国范围内推广;二是积极实施流程优化,前后台分离项目成功上线,该项目简化了柜面业务流程,改善了客户体验,释放了前台营销力量,走在同业前列。

【内部管理和企业文化建设】 2011年,建行青岛市分行在内部管理上持续健全案件防控长效机制,一是组织了“八大突出案件风险”专项治理和“内控和案防制度执行年”活动,开展了员工从业禁止若干规定宣传教育和员工行为集中排查,在基层机构全面落实推进纪检监察特派员制度、营业主管委派制度等,逐级落实案件防控责任,构建起长效机制;二是研究出台加快后备人才培养意见,通过公开竞聘选拔领导人员49人,各级领导班子结构明显优化,新调整、充实的班子工作都有新起色;三是推进以岗位为核心的人力资源管理体系建设,作为总行试点行,认真组织实施绩效管理项目,将目标融入部门、岗位的工作职责中,落实到团队和责任人,为员工今后的职业发展提供了助跑器;四是积极改善员工薪酬待遇,增强基本工资的保障力度,继续推进劳务派遣员工转签工作,激发员工的内生动力,组织开展了“身边的感动”等关爱员工评选活动和多种文娱活动,推动员工自觉践行建行价值理念、行为规范和职业操守;五是开展“大手牵小手,爱心暖人心”关爱新市民子女志愿服务活动,成为全国金融系统唯一入选团中央优秀工作案例,先后荣获青岛市“十大公益之星企业”和“十大最佳金融服务机构”等荣誉称号。

【大事记】 5月25日 中共建行党委下发(建党任〔2011〕32号)任命杨洲德为青岛市分行纪委书记、党委委员。

5月28日~11月25日 建行青岛市分行陆续搬迁至青岛市崂山区新营业楼办公。

6月 经过建行总行验收审定,建行青岛市分行海尔路支行、城阳支行营业室、李沧支行营业室、兴隆路支行4家网点荣获“五星级营业网点”荣誉称号。

7月 建行青岛市分行启动个贷中心整合工作,通过经营架构的变化和职能的调整,促进个贷业务的专业化、集约化经营。

7月27日 建行青岛私人银行开业庆典隆重举行,青岛市金融办、人行、银监局、建行总行财富管理与私人银行部等领导及岛城名企和高端客户近百人应邀出席,标志着分行私人高端业务发展进入了新阶段。

9月30日 建行青岛市分行开发区个贷分中心成功发放了2笔“康大兔”农户贷款,合计金额45万元。

10月13日 建行青岛市分行为即墨支行客户办理了青岛地区首笔跨境人民币结汇通业务。

11月26日 建行青岛市分行成功实施了前后台项目分离,该行是2011年建行系统内首家试点上线行。目前该项目在全辖所有机构上线运营,简化了柜面业务流程,改善了客户体验,释放了前台营销力量,走在了同业的前列。

(孙 岩 谭庆勋)

交通银行股份有限公司山东省分行

【第一负责人简介】 王锋,男,1969年5月生,河南南阳人,博士研究生,高级经济师。1989年7月工作,1995年5月入党。1994年8月起,历任交通银行郑州分行紫荆山支行副行长、文化路支行副行长(主持工作)、百花路支行行长。2000年9月任交行郑州分行党委委员、副行长,2004年3月任交行郑州分行党委副书记、纪委书记、副行长。2005年11月任交行山西省分行党委书记、行长。2010年4月至今,任交行山东省分行党委书记、行长。

【综述】 2011年,交通银行股份有限公司山东省分行(以下简称“交行山东省分行”)认真落实国家各项金融政策,积极贯彻总行“跑赢大市、争先进位”的要求,经营机制进一步完善,管理基础进一步夯实,各项工作有序推进。

【资产负债管理】 2011年,交行山东省分行紧紧围绕资产

交通银行股份有限公司山东省分行主要统计指标

单位：亿元

项目＼年度	2007	2008	2009	2010	2011	2011年同比增幅（%）
本外币资产总额	482.50	552.95	677.92	848.20	1105.39	30.32
本外币存款余额	459.02	520.68	643.95	810.02	1037.73	28.11
人民币存款余额	452.09	513.36	636.66	802.86	1028.21	28.07
企业存款	214.39	245.07	315.80	395.86	502.44	26.92
机关团体存款	25.72	33.25	40.57	60.24	65.84	9.30
储蓄存款	114.82	132.44	164.92	199.66	268.00	34.23
本外币贷款余额	344.11	379.24	516.76	597.94	691.51	15.65
人民币贷款余额	335.90	374.78	510.70	588.88	678.13	15.15
短期贷款	239.94	243.63	213.42	260.33	327.93	25.96
中长期贷款	89.93	123.33	238.79	311.87	346.78	11.19
票据融资	5.34	7.10	58.10	16.49	3.29	-80.07
利润总额	8.69	9.16	7.78	11.49	16.84	46.56
不良贷款余额	18.50	15.45	9.20	7.63	4.81	-37
不良贷款占比（%）	5.38	4.07	1.78	1.28	0.69	--

负债管理的核心工作，一是做好统筹调度，加强贷款规模调控，贷款规模使用充足率达到100%；二是建立贷款规模排队机制，提高贷款综合回报率；三是强化定价管理意识，积极收集同业利率数据信息，学习借鉴系统内兄弟行定价管理经验，提高存贷款综合收益。

【授信业务】 2011年，交行山东省分行按照总行“倍增计划”的要求，结合区域经济特点，盯大势，抓热点，控风险，加强指导，优化流程，着力拓展授信业务，调整优化信贷结构，实现了授信业务的快速发展。

一、积极推进精细化管理。一是年初选取淄博、潍坊两家分行作为审查审批流程改造的试点，通过“人员集中、业务上收”的方式减少层级审批，推动全辖授信条线一体化管理；二是制定管控类行业领额管理办法，对存量规模以风险、综合回报等因素综合考虑，使收益最大化；三是对“两高一剩”行业贷款实行“余额、占比双下降”的控制目标，严格落实“限量保优、强调回报”要求。

二、推进三个转变，工作重心前移。一是由原来坐审向行审转变，对省分行确定的重点集中项目，省分行审查员直接到省辖行办公，直接与客户经理进行沟通；二是授信部对大企业、大项目提前介入，参与授信方案设计，进行全程指导，并跟踪授信审批进度，做好与总行的沟通协调，提高批复成功率；三是授信部与公司部密切配合，对新客户进行引导管理，提前引入风险控制机制，防范风险。

【公司业务】 2011年，交行山东省分行创新思路，加强管理，公司业务取得较快发展。一是调整机构设置，在公司部内设产品组、综合组和市场组，明确营销管理工作职责；二是持续推进客户名单式管理，全年公司条线发布客户名单4批、营销成功592户，同时密切关注黄三角、蓝色半岛经济区和战略新兴产业建设进程；三是对公条线实行精细化管理，进一步完善考核体系，建立日常通报机制，加强存款业务日常、定点监测；四是加强销售队伍建设，制定对公客户经理轮训方案，邀请总行资深讲师和专家对客户经理进行分层培训，进一步提高了人员素质。

【个人金融业务】 2011年，交行山东省分行积极推进“好客交行”服务品牌建设，全行个金零售信贷业务取得较快发展，贷款余额首次过百亿元。

一、建立了板块内联动营销、综合营销的新模式。一是将原零售信贷部和电子银行部的零贷及个人网银业务的推广工作，划由个金部负责；二是对个金部内部板块进行了调整，下设“四部一中心”，分别为客户部、销售部、综合管理部、卡部及零贷直营中心；三是将原来分散在各支行的零贷、个贷客户经理进行集中统一管理，并按其原岗位转为个金客户服务经理。

二、积极推进“好客交行”服务品牌建设工程。一是在全行范围内明确各岗位统一的客户服务标准流程，切实做到“有法可依”、“有章可循”和“有据可查”；二是建立了包括集中培训、现场指导、服务情景模拟演练、考试在内的培训、考试体系；三是构建了多渠道、高密度、全覆盖的检查考核体系，营造优质服务氛围,持续推进服务提升。

三、搭建特色化差异化的高端客户增值服务体系。全年全行举行了明湖居客户消夏夜、青岛啤酒节消夏之旅、秦皇岛、北戴河休闲之旅、尊享台湾之旅、沃德财富5周年活动及年末客户答谢活动,交银理财以上客户活动人数达到5000余人次,提升了品牌效应和客户口碑。

【国际业务】 2011年,交行山东省分行加强市场分析和调研,抢抓市场机遇,各项国际业务发展指标创历史新高,系统内年度综合业绩排名第2位,获总行国际业务"卓越表现奖"。一是持续推进客户名单式管理,提升客户营销准确性,新增和拓展离在岸国际业务客户800多户;二是发挥离岸业务牌照优势,大力开展推广活动,离岸业务结算量在国际结算量中占比达43%;三是紧抓重点产品推广,有效组合贸易融资和外汇理财产品,加强联动效应,同时配合经营单位积极开展精准营销;四是组织开展全行营销活动,扩大市场影响力。

【会计结算】 2011年,交行山东省分行的会计结算以"操作安全、运行高效、服务优质"为宗旨,严密防范操作风险。

一、深化条线管理,提高员工综合素质。一是完善各层级会计人员考核办法,统一组织指导、培训、检查、监督和考核,保证了会计条线管理的独立性;二是组织开展会计管理人员后备队伍公开选拔,通过制定方案、资格初审、理论考试与综合考评,选拔出63名会计管理后备人员;三是坚持答疑制度,对总行最新会计制度、工作中经常遇到的疑难问题,统一进行解答,并每月组织全辖会计人员进行专题业务学习考试。

二、采取有效手段,提高风险防控水平。一是充分运用会计操作风险系统、后督系统、IFSS报表系统和远程录像等非现场预警工具,加强以人员、业务、客户和金额为线索的风险分析,确定重点机构和人员,实施有针对性的现场检查核实;二是有重点地开展"查屡犯、治顽疾"活动,通过检查、整改、规范,达到治理一项根治一项的效果;三是强化重点环节、业务防控手段,加强票据技防工具,为全辖配备票据鉴别仪;四是采取对公账户开户集中上门核实工作,有效控制了开户环节源头性的风险。

三、突出县域支行管理。一是制定了县域支行会计主管与人员管理办法,明确准入、退出、考核和奖惩机制;二是缩短县域支行跨地区会计人员轮岗轮调时间;三是对县域支行异地员工实行特殊补贴;四是实行县域支行凭证、资料实施分行配送制,同时加大对县域支行的检查频度。

四、推进营运流程改造,提升营运服务效率。一是完成了交换集中提回、对公客户集中录入、对私客户业务集中化录入、交互式密码键盘、首批自助发卡机试点等9个上线项目;二是制定沃德柜员管理办法,选配业务好、服务好、形象好的综合柜员担任沃德柜员;三是成立大客户服务中心,对省行4个大客户部的重要客户实行分层服务;四是调高中高端客户业务量系数,降低低端客户业务量的折算系数,引导柜面资源向中高端客户倾斜。

【电子化建设】 2011年,交行山东省分行积极提高技术和业务的融合度,有力地支持了各项业务的顺利开展。一是推进信息化基础建设,顺利完成省分行中心机房搬迁、电路改造和4家新建省辖行机房网络建设等工作;二是坚持采取健康性检查、24小时运行值班巡检和系统监控预警相结合,加强对生产系统的监控力度,有效避免了重大安全生产事件的发生;三是合理组织有效推进,全年完成8项生产类和4项管理类新系统上线;四是主动服务业务一线,切实提升技术和业务融合度,完成34项开发引进项目;五是加快自助银行铺设力度,新建离行自助银行19家,批复在建10家,投放自助设备168台,全辖自助设备数量达到660台;六是对于新建分行的在行自助服务区,尝试引入手机银行体验机等新型自助设备,逐步将其打造成全天候、跨条线、多功能的自助服务区。

【风险管理】 2011年,交行山东省分行落实总行全面风险管理的要求,认真组织开展了抵押贷款、异地承兑汇票、民间借贷风险等专项风险排查,全力推进政府投融资平台贷款整改,不良贷款实现双降,潜在风险化解成效明显。一是制定省辖行风险管理部负责人管理办法,采用"百分制考核、年中质询、年末末位淘汰"方式,加强一体化风险管理;二是加大贷款新规执行力度,及时制定印发《关于加强贷款新规执行力的通知》,受托支付比例逐月提高;三是在省分行和省辖行两个层面设立全面风险管理委员会,充分发挥其作用;四是加强风险过滤排查,及时向相关单位发送风险提示,切实发挥风险部全面风险管理的牵头作用和风险经理对风险识别、监测、计量、控制的平行监控作用。

【资产保全】 2011年,交行山东省分行严格执行不良资产管理政策,不良资产压降工作取得较大进展。

一、多措并举加快不良资产处置进度。一是采取"以现金清收为主,积极拓展工作思路,千方百计促压降"的总体策略,全年现金清收占比达到了42.02%;二是对符合重组条件、通过重组有利于改善资产质量、降低资产风险的项目,坚持收回部分现金、降低额度、加固担保的原则,谨慎制定重组方案。

二、加大重点项目的管理力度。针对部分不良资产项目压缩工作长期板结问题,加强与相关单位的沟通,力争达成多方收益的最终解决方案。截至年末,山东省分行本部泉通公司抵债资产、外商投资公司抵债房产、烟台分行莱阳大楼待处置房产、济宁分行"九九"系抵债资产等连续多年被各级审计部门督办解决的重大项目完成全额或部分压缩处置。

三、不良资产"精细化"管理再上新台阶。强化全辖"一体化"经营管理模式,提出了"转模式、走出去、推进度"的工作方针。"转模式",由项目督办转变为项目主办,省分行保全经理直接负责省辖行清收目标方案的制定、审核并全程参与、跟进方案的实施,省辖行保全经理配合清收,1000万元以上重大项目由省分行保全部高级经理垂直介入管理;"走出去",在不良资产项目压缩处置工作中落实"实地、时效、实时"的工作原则,省行分管省辖行的保全经理将主要精力用于分管行的项目压降工作，结合压降进度实地参与项目的谈判和处置过程；“推进度”，省分行对重点压缩项目每周进行调度，清收过程中通过“定项目、定人员、定措施、定进度、定考核”的五定措施全力推进项目进展。

四、追索类已核销资产清收成果显著。一是对已核销追索类资产视同未核销资产继续清收追索，尽可能挽回损失；二是对已发现财产线索，具备清收条件的已核销资产，指派专人负责，及时启动法律程序，经努力，全年有3户已核销追索类资产取得清收成果，收回现金1250万元。

【安全保卫】 2011年，交行山东省分行认真贯彻总行金融保卫工作要求，切实抓好各项安全保卫制度的落实，加大安全检查力度。

一、积极开展创建“平安交行”活动。成立了由分管副行长为组长，保卫部、办公室、技管部、监察室、会计部、个金部负责人为成员的创建“平安交行”活动领导小组，制定了实施方案，举办了消防安全知识竞赛活动，营造创建氛围。

二、认真落实治安保卫和安全生产责任制。一是完善了安全保卫和消防安全两个《责任制》；二是省行行长与各部门、经营单位负责人签订了安全保卫和消防安全两个《责任书》；三是各单位负责人与员工逐级签订责任书，使责任更加具体、明确。

三、不断加强建章立制工作。一是印发了《2011年安全保卫工作要点》、《关于加强防汛工作的通知》、《关于切实做好消防安全工作的通知》等一系列文件；二是制定了《异地支行安全管理办法》和《省辖分行保卫经理平衡计分卡评分办法》，加大考核管理。

四、不断加大安全检查力度。一是坚持每季度对省辖行检查一次，对省分行本部所有网点每月检查一次，积极落实整改；二是对全辖营业网点进行了一次全面检查梳理，经当地公安部门和银监部门的验收评估，全部达标。

【大事记】 1月19日 交行泰安新泰支行正式开业。

1月28日 交行威海和平路支行撤并。

2月13日 交行山东省分行2011年工作会议在济南召开。

2月26日 交行泰安泰山大街支行撤并。

2月27日 交行济宁建设中路支行撤并。

3月1日 交行总行王滨副行长到山东省分行调研指导工作。

3月6日 交行济宁邹城支行试营业。

3月23日 交行总行于亚利副行长到交行山东省分行调研指导工作。

4月7日 交行山东省分行在东营召开黄河三角洲高效生态经济区重点项目推进会。

4月23日 交行潍坊潍州路支行撤并。

4月24日 交行山东省分行与山东浙江投资企业商会战略合作协议签约仪式在山东大厦举行。

4月26日 交行威海文登支行正式营业。

5月14日~15日 交行山东省分行成功组织实施核心网络设备、实时业务服务器、OA服务器等重要生产设备的迁移和中心机房供电系统线路改造工作。

5月17日 交行威海文化路支行撤并。

5月26日 交行东营分行正式开业。山东省省长助理陈光，交总行副行长于亚利，交行山东省分行党委书记、行长王锋、副行长董莹、叶宁、胡翔、王磊参加了开业仪式。

6月8日 交行潍坊诸城支行正式营业。

6月15日 交行烟台莱州支行试营业。

6月18日 交总行胡华庭董事到交行潍坊分行调研指导工作。

6月18日~20日 交总行张冀湘董事到交行威海分行调研指导工作。

6月29日 交行山东省分行与莱商银行银银合作第三方存管业务系统成功上线。

7月11日 交行烟台海港路支行撤并。

7月23日 交总行“沃德财富私人银行跨境综合财富管理服务”全国路演活动在济南举行，总行叶迪奇副行长出席并致辞。

8月2日 交行济宁吴泰闸支行撤并。

8月4日 交行淄博周村站北路支行撤并。

8月20日 交行泰安财源支行撤并。

8月21日 交行烟台华茂支行撤并。

8月22日 交行烟台牟平东城支行撤并。

8月23日 交行潍坊四平路支行撤并。

8月24日 交行潍坊福寿街支行撤并。

9月2日 交行山东省分行与山东省工商业联合会战略合作签约仪式在济南举行。

9月5日 交行山东省分行成功托管第一支券商集合理财产品——齐鲁锦泉资产管理计划，托管金额为13.25亿元，合作券商为齐鲁证券。

9月15日 交行山东省分行董莹副行长代表省行党委到济宁分行宣布分行领导班子调整（交银鲁任(2011)47号)，祝威任济宁分行党委书记职务，车成吉不再担任济宁分行党委书记职务。

9月25日 交行淄博张店城西支行撤并。

9月28日 交行烟台莱州支行正式开业。

10月16日 由交总行主办的“2011沃德财富博览会暨财富论坛”在济南圆满结束，总行叶迪奇副行长出席并致辞。

10月25日 交行山东省分行与省工商局“工商E线通战略合作暨股权融资签约仪式”在济南喜来登举行。

10月28日 济南市城乡建设委员会在济南龙奥大厦举办济南新建商品房预售资金监管专户招标会，交行山东省分行以第一名的成绩成功中标。

11月14日 交行山东省分行信用卡在册卡量突破百万张大关。

11月16日 交行淄博桓台支行正式开业。

12月9日 交行潍坊青州支行试营业。

12 月 11 日　交行淄博淄川服装城支行撤并。

12 月 15 日　交行淄博博山憩园支行撤并。

12 月 25 日　交行山东省分行在万达凯悦国际酒店举办“2011 年度高端客户答谢宴会”。

12 月 30 日　交行山东省分行人民币各项存款余额达到 1013.54 亿元,首次突破千亿大关。

(李光飞)

交通银行股份有限公司青岛分行

【第一负责人简介】　李智斌,男,1966 年 3 月生,云南武定人,大学本科学历,中共党员,高级工程师。1989 年 9 月参加工作,历任交通银行昆明分行电脑室主任,电脑处、私人金融业务处处长;交行云南省分行党委委员、副行长、高级信贷执行官;现任交行青岛分行党委书记,行长。

【综述】　2011 年,交通银行股份有限公司青岛分行(以下简称“交行青岛分行”)紧紧围绕“两化一行”发展战略,全面落实“跑赢大市、争先进位”的工作要求,扎实推进改革发展,各项工作取得长足进步。各项存款规模跨越 600 亿大关,外汇存款市场份额仅次于当地中国银行。

【公司业务】　2011 年, 交行青岛分行努力夯实客户基础,深挖客户群业务潜力,市场份额保持了连年提升的势头。

一、积极采取多种措施,加强结构调整,加快公司业务发展。一是积极拓展优质对公客户,对公业务客户群基础进一步夯实;二是充分发挥与社保、公积金联网平台优势,不断完善服务功能,持续增加“两金”存款沉淀;三是搭建进出口企业金融服务平台,成功上线“报检一点通”项目;四是市区两级财政的专户代理资格体系进一步完善,强化、拓展合作关系;五是积极推进投行业务,在债券业务承销、融资租赁、信托等方面取得突破,形成新的业务增长点。

二、加大对民生项目的金融支持。 一是加大电力、重大交通基础设施,关系国计民生的基础性产业和国家重点建设工程的信贷支持力度;二是坚持绿色信贷,充分发挥金融资源配置在推动资源节约型、环境友好型发展模式中的引导作用;三是严格按照房地产开发贷款项目管理要求,参与多家市政府重点搬迁改造项目。

【个金业务】　2011 年,交行青岛分行积极调整客户结构,注重战略转型,不断提高个金业务发展的核心竞争力。一是完善中高端个人客户增值服务,以“友福同享”为主线,以沃德财富五周年庆典为契机推出“掘金行动”三部曲,进一步丰富客户共建活动;二是积极推进代发业务,代发金额同比增幅 45.86%,对储蓄存款的贡献度达 30.13%;三是关注拆迁补偿项目的营销和留存工作,发放拆迁款近 13 亿元,不断提高拆迁资金留存率;四是做好股市资金的营销工作,抓住三方存管“一对多”政策契机,提供上门签约服务,持续开展多项活动,提高股市资金回流份额。

【中间业务】　2011 年,交行青岛分行充分应用总行国际化、综合化经营平台,积极向客户推广多样化的融资理财方案和创新型金融服务模式,各项中间业务均衡发展,综合财富管理能力持续增强。

一、充分发挥全牌照经营优势,公司条线各项中间业务持续快速发展。该行作为主承销商发行中期票据 11 亿元,为公交系统提供金融租赁融资 3.2 亿元,投放 14 亿元国内保理融资,发行信托累计 77 亿元, 在满足大客户融资需求的同时为个人理财业务提供了充足的理财产品供应。同时,企业财务顾问业务取得长足进展,全年实现收入 8000 余万元。

二、国际结算量跨越百亿美元大关,国际业务多渠道赢利能力持续增强。该行国际结算量本地五行占比较年初增长 1.82 个百分点;全年国际保理业务量超过 1 亿美元,在交行系统内排名第 1;同业代理业务、结构性付汇、远期结售汇等创新业务实现收入上千万元,国际业务收益率在交行系统内及本地同业中均名列前茅。

三、商户收单市场龙头地位进一步夯实,零售板块中间业务全面健康发展。一是大力推广商户收单业务,市场占比稳居同业首位;二是联合本地标志性大型商场推出“最红星期五,青岛欢乐购”等刷卡促销活动,有效提升了客户用卡频率和刷卡交易量;三是大力推广全品种个人理财业务。

【内部管理】　2011 年, 交行青岛分行全面落实各项风险防控措施,在风险管理架构体系完善、信用风险关键点把控、案件

交通银行股份有限公司青岛分行主要统计指标

单位：亿元

项目＼年度	2007	2008	2009	2010	2011	2011年同比增幅（%）
本外币资产总额	308.54	356.96	488.77	639.97	761.82	19.04
本外币存款余额	283.14	330.19	458.41	575.26	679.3	18.09
人民币存款余额	271.69	318.4	444.4	557.33	656.59	17.81
企业存款	111.56	105.16	113.15	256.55	293.07	14.24
机关团体存款	29.6	50.02	78.59	95.11	123.45	29.80
储蓄存款	101.61	117.36	146.6	168.45	184.35	9.44
本外币贷款余额	217.64	228.55	289.43	385.05	438.85	13.97
人民币贷款余额	207.63	216.2	276.74	376.29	426.52	13.35
短期贷款	101.17	98.18	123.95	195.59	196.95	0.70
中长期贷款	89.85	117.5	152.44	158.76	206.55	30.10
票据融资	15.66	7.4	44.88	21.83	22.82	4.54
利润总额	6.26	7.83	8	10.26	12.87	25.44
不良贷款余额	3.26	4.32	4.32	2.81	6.38	127.05
不良贷款占比（%）	14.98	18.28	12.92	0.73	1.45	98.63

防范等方面均取得较好成效。

一、全面风险管理架构体系进一步完善。一是参照总行风险管理架构调整将贷审会和风审会纳入全面风险管理序列；二是扎实推进操作风险管理项目实施，通过风险控制评估、风险事件分析及风险揭示等措施，全行对操作风险的认知和管控能力进一步提高。

二、信用风险关键点把控能力进一步增强。一是坚持由分行授信管理部门提前介入重点授信项目，在使授信方案更贴近客户需求的同时进一步强化风险控制；二是建立定期和不定期通报制度，引导客户经理尽职开展贷后监控工作，进一步强化分行放款中心的风险管控及服务能力；三是对政府融资平台、"两高一剩"行业贷款实施重点监控，通过追加合法有效抵质押物等措施消除了存量平台贷款风险隐患；四是加强贷款新规执行力度，全行总体受托支付比例达到94.9%，远超银监会80%的要求，其中流贷受托支付比例在系统内名列前茅。

三、内控体系建设取得实效，案件防范能力进一步提升。一是在做好常规内审的基础上，重点对零贷、电银、贵金属代销等业务，以及工会经费、集中采购与招投标管理等工作进行了专项审计；二是组织新员工、保密管理干部等近千人参观"渎职侵权犯罪巡展"、反腐倡廉警示教育基地和"全国窃密泄密案例警示教育展"，提高全员合规守法意识；三是建立员工管理信息台账，坚持员工家访制度，对员工账户异常交易信息进行排查、分析，力求将风险隐患消灭在萌芽状态。

四、网点运营有序高效，金融服务质量明显提升。一是通过加强服务培训、开展技能练兵和情景演练、设置服务考评专项奖励等方式不断提升网点服务质量和效率；二是推出了"服务综合考核管理办法"、"服务费用激励措施"等配套管理办法，通过实施神秘访客项目计划、开展综合培训等方式，服务水平快速提高。

【企业文化建设】 2011年，交行青岛分行积极参与社会公益活动，加强精神文明建设。

一、积极支持青岛市精神文明建设，倡导文明、健康、科学的生活方式。一是连续3年在中秋节来临之际举办"沃德大家庭，金秋赏国粹"活动，邀请国内著名京剧表演艺术家为青岛人民奉献京剧盛宴；二是连续12年与市政府协办"青岛市新年音乐会"；三是连续7年协办"青岛市万人健身跑"活动；四是与市国际象棋协会合作，冠名"交行私人银行青岛育才中学国际象棋队"，赞助征战国际象棋全国甲级联赛。

二、开展多项活动，关心员工生活。一是开展了缴纳补充养老保险、举办健康知识讲座和按期查体等活动；二是丰富员工业余文化生活，举办了乒乓球、羽毛球等多项比赛，成立蓝球、羽毛球等多个活动小组；三是为员工订购生日蛋糕，为员工的父母订阅《老年生活报》，为员工的未成年子女发放书卡；四是解决员工早餐、午餐问题，统一为员工配餐；五是为青年单身员工牵线搭桥，举办交友活动。

【大事记】 1月1日 由交行青岛分行冠名的"交通银行杯·青岛市新年万人健康跑"活动正式启动，社会各界近万名市民进行健康跑活动，迎接新年到来。

交行青岛分行印发《以创建以客户为中心的绿色银行为主题统领2011年全行工作的意见》（交银青[2011]1号）文件。

1月　交行青岛分行荣获交总行颁发的“2010年度经营管理优胜单位”称号(交银党委发〔2011〕1号)。

2月1日　交行青岛分行成功承销发行青岛市首单非金融企业中期票据业务。

2月28日　交行青岛分行市南一支行荣获交行第4届文明单位称号。(交银党委〔2011〕11号)

3月2日　交总行副行长王滨到青岛分行调研指导工作,并拜访了青岛海信集团、山东六和集团、青连铁路指挥部等企业领导。

3月2日~3日　交总行副行长王滨在青岛分别会见了青岛市委副书记王文华和市委常委、副市长秦敏。

4月16日　个人网银新版分行特色业务平台上线。

4月20日　交行青岛分行成功营销海信集团使用企业网银进行集团员工的工资代发。

5月1日　交行青岛分行“E动交行”新浪微博正式起用。

5月22日　“快钱”公司银企直联项目正式上线。

5月9日　交行青岛分行成功主办“2011年交行全融资策略推介会”,邀请交银国际信托、交银租赁、交银国际、交银施罗德基金及交银保险专家与青岛市200余名企业客户,交流如何在新的资金形势下,充分利用交行牌照优势为青岛市企业提供全方位、多元化的资金支持事宜;市委常委、副市长秦敏及相关领导出席了会议。

5月13日~14日　“沃德财富私人银行跨境综合财富管理服务”全国路演深圳、青岛站圆满结束。

5月17日　交行青岛分行正式上线“报检一点通”系统,实现与青岛市出入境检验检疫局的信息网络对接。

5月24日　交行青岛分行与青岛平度惠民村镇银行签订全面合作框架协议。

6月13日~14日　交总行胡华庭董事在青岛会见市委常委、副市长秦敏,拜访市财政局、崂山区政府、青啤集团等大客户。

6月16日　交行青岛分行成功中标崂山区财政国库集中支付代理银行项目。

6月22日　交行青岛分行开发区支行、李沧一支行获得交行“模范职工小家”先进单位称号。(交银工会〔2011〕70号)

6月28日　交行青岛分行为青岛银行成功办理分行首笔同业代理跨境人民币业务。

7月12日　交行青岛分行推出“私人银行客户与分行行长面对面约谈交流”活动。

7月15日　交行青岛交行成为青岛市韩元挂牌交易唯一中资试点行。

7月27日　交行青岛分行与农联社合作创新贵金属销售模式。

8月10日　交行青岛分行拓展金融社保IC卡业务。

8月18日　交行青岛分行协助青岛利客来集团上线集团结算中心。

8月22日　交行青岛分行国际中间业务收入突破亿元大关。

8月24日　交总行企化部与交行青岛分行联合开展推动青岛市城市一卡通宣传推广活动。

9月3日　交行青岛分行特邀天津市青年京剧团来青举办迎中秋京剧晚会,演出京剧《孔雀东南飞》,青岛市市委副书记王文华等市领导以及该行沃德客户和社会各界人士观看了演出。

9月15日　交行青岛分行成功营销青岛啤酒财务有限责任公司蕴通账户上线。

9月22日　青岛市财政及人力资源工资统发系统上线。

9月28日　交行青岛分行成功中标青岛啤酒财务有限公司的资金归集行,银企直联合作全面展开。

9月29日　交行青岛分行联合交银金融租赁有限责任公司营销青岛公交集团6.8亿元公交车辆融资租赁项目,并以直租模式为青岛公交集团有限公司成功发放融资租赁款2.8亿元,解决了该市公交车更新项目的资金需求。

交行青岛分行与青岛大宗商品交易中心蕴通电子供应链系统上线,实现了商品融资货押的电子化。

10月　交行青岛分行聘任李智斌为行长,解聘陆涛交行青岛分行行长职务。(交银任〔2011〕156号)

10月12日　交总行华庆山监事长在青岛会见市委副书记王文华。

10月14日　交行青岛分行与济南铁路局公积金管理中心签署委托贷款合作协议。

10月18日　交行青岛分行成功营销青岛港(集团)有限公司开通蕴通账户。同日,该行取得棚户区改造试点分行资格。

11月9日　交行青岛分行国际结算量突破100亿美元。

11月21日　交行青岛分行新型网上银行智能终端投入运行。

11月22日　交行青岛分行成功通过刑事途径收回青岛一诺服饰集团有限公司伪造诈骗案1500万元不良贷款。

12月18日　交行青岛分行成功上线“公务卡系统”。

12月23日　交行青岛分行与青岛农信联社正式签署《客户交易结算资金第三方存管框架下银银合作协议书》。

12月26日　“世博银亭”在南车四方股份有限公司正式投入运行。

12月30日　交行青岛莱西支行开业。

由青岛市政府主办、交行青岛分行协办的“2012年青岛新年音乐会”在青岛市大剧院举行。

(李庆童)

中国邮政储蓄银行山东省分行

【第一负责人简介】 韩广岳，山东宁阳人，1966年4月生，1988年7月参加工作，硕士研究生学历，中共党员，九三学社社员，高级经济师。2002年11月任山东省邮政局副局长、党组成员；2007年2月任山东省邮政公司副总经理、党组成员；2007年12月任中国邮政储蓄银行山东省分行行长。

【综述】 2011年，中国邮政储蓄银行山东省分行(以下简称"邮储山东省分行")立足于服务城乡、服务社区、支持"三农"的零售银行定位，加快实施"特色办行、人才立行、科技强行、依规治行、文化兴行"发展战略，加大业务发展力度，增强核心竞争能力，强化基础管理，整体工作走在了全国邮储银行系统前列。

2011年，该行业务收入居全国邮储同业第3位。截至年底，对公存款余额345亿元，居全国邮储同业第4位。零售类贷款余额298亿元，居全国邮储同业第4位。其中，小额贷款余额113亿元，居全国邮储同业第2位；个人商务贷款余额63亿元，居全国邮储同业第5位；住房按揭贷款余额92亿元，居全国邮储同业第4位；小企业贷款余额30亿元，居全国邮储同业第5位。资金批发类业务成效明显，上报总行批发类业务审批通过并放款8笔、32亿元。票据转贴现业务累计交易1602亿元，居全国邮储同业第3位。贴现业务累计交易97亿元，居全国邮储同业第4位。代理保费105亿元，继续居全省银保渠道第1位。人民币理财保有量净增12亿元，居全国邮储同业第4位。

【内部管理】 2011年，邮储山东省分行坚持"风控优先"不动摇，积极推进全面风险管理，大力推进"三道防线"建设，有力确保了企业健康安全运行。

一、业务条线自控效果明显。一是组织开展了各项业务制度梳理和编写工作，下发了《小额贷款制度实施细则》、《银行承兑汇票贴现业务操作规程》等业务规章制度；二是积极开展了"顶冒名"贷款专项清查等一系列检查活动，打造了积极健康的业务发展环境。

二、风险合规管理深入开展。一是风险合规管理体系得到进一步完善，积极开展各类风险的识别、评价、预警和报告工作，认真做好信用风险监测、资产分类、法律事务和反洗钱工作；二是进一步完善资产保全规章制度，明确考核机制。

三、审计安保工作成效显著。一是全力推进审计"两支队伍"建设和电子稽查集中工作；二是积极组织开展现场和非现场检查，加强了对基层网点的监督检查；三是持续推进了"排险除患"操作风险专项整治活动，进一步提升了整体合规经营和风险管理水平；四是严格落实安全责任制，加强了安保监督检查，有力确保了企业安全运行。

【电子化建设】 2011年，邮储山东省分行科技建设成效显著，完成了金融IC卡、企业现金管理系统等30多个总行项目的省内配套建设，完成了省高速ETC、新农保等14项中间业务系统及营销管理系统的开发上线，信息系统运行稳定，全年无重大安全运行故障。

【新兴业务】 2011年，邮储山东省分行注重新业务的引进、开发与推广，积极培育新的亮点业务。一是不断拓展资产业务领域，通过开办小企业动产质押贷款、个人综合消费贷款、个人一手房贷款等新业务，努力支持社会主义新农村建设和区域经济发展；二是大力发展信用卡、本外币理财、现金管理和资金同业等新业务，不断丰富中间业务品种，为企业和城乡居民提供了多元化金融服务。

【网络建设】 2011年，邮储山东省分行加强了对网点改造、自助设备、网点设备等重点项目的支持，服务环境不断改善，电子渠道替代作用进一步增强。装修改造网点157处，改造营业面积5.65万平米；建成在行式自助银行193处，ATM新增156台，ATM业务替代率达51%；手机银行、电视银行顺利上线，电话银行注册客户达237万户，个人网银注册客户达143万户，企业网银签约客户达2130户。

【大事记】 1月份 邮储银行陶礼明行长赴山东省分行开展工作调研。

1月20日 邮储山东省分行工作会议在济南召开。

4月份 小企业贷款业务在所有二级分行推广。

6月11日 邮储山东省分行公司业务单位存款余额突破300亿元。

6月19日 邮储山东省分行在济南试点开办个人综合消费贷款业务。

中国邮政储蓄银行山东省分行主要统计指标

单位：亿元

项目 \ 年度	2007	2008	2009	2010	2011	2011年同比增幅(%)
本外币资产总额	--	1351.49	1602.64	2004.03	2428.48	21.18
本外币存款余额	--	1296.76	1577.02	1973.23	2378.21	20.52
人民币存款余额	--	1296.72	1576.97	1973.18	2378.16	20.52
企业存款	--	34.18	137.73	225.19	308.41	36.96
机关团体存款	--	1.19	4.36	30.10	20.33	-32.46
储蓄存款	--	1260.99	1434.26	1717.02	2049.42	19.36
本外币贷款余额	--	32.19	145.68	225.60	299.55	32.78
人民币贷款余额	--	32.19	145.68	225.60	299.55	32.78
短期贷款	--	31.03	102.84	133.65	170.91	27.88
中长期贷款	--	1.16	42.83	91.96	128.64	39.89
票据融资	--	--	--	10.51	27.98	166.22
利润总额	--	-0.08	1.84	7.67	7.29	-4.95
不良贷款余额	--	0.01	0.63	2.18	4.22	93.58
不良贷款占比(%)	--	0.02	0.43	0.92	1.57	70.65

7月19日　邮储山东省分行在日照召开全行工作座谈会。

7月份　邮储山东省分行开办个人一手房贷款业务。

10月份　邮储山东省分行在烟台开办苹果仓单质押个人商务贷款业务。

12月份　山东省文明委授予邮储山东省分行及德州、菏泽等8家二级分行省级文明单位称号。

（梁　骞）

中国邮政储蓄银行青岛分行

【第一负责人简介】　谈宏，1966年8月生，毕业于上海交通大学，硕士研究生学历，中共党员，高级工程师。1990年3月起，历任上海交通大学助教、讲师，广东省邮政局企业发展处副处长，深圳市邮政局副局长、局长；2008年1月至今，任中国邮政储蓄银行青岛分行行长。

【综述】　2011年，中国邮政储蓄银行青岛分行（以下简称“邮储青岛分行”）以支持地方经济发展为已任，以服务“三农”和中小企业为目标，加大业务发展力度，强化基础管理工作，服务功能不断完善，抗风险能力进一步提升。

【内部管理】　2011年，邮储青岛分行进一步加强风险管理，确保各项业务稳健发展。

一、风险管控能力进一步提升。一是遵循“适度风险、适度回报、服务发展、稳健经营”的指导思想，制定并实施了各项新的风险管理制度，进一步优化全面风险管理体系；二是成立了资产保全工作领导小组和资产保全中心，并在各支行组建了清收组，逐步规范了资产保全工作；三是编发了反洗钱法律法规制度手册，深入开展专项检查活动，推动反洗钱工作水平不断提高。

二、审计工作向纵深推进。一是坚持以风险导向审计为指引，重点关注银行类业务风险，高度关注新业务快速发展过程中产生的新风险；二是深入开展“内控和案防制度执行年”活动，加大自查自纠力度，强化了基层员工内控和案防意识。

中国邮政储蓄银行青岛分行主要统计指标

单位：亿元

项目＼年度	2008	2009	2010	2011	2011年同比增幅（%）
本外币资产总额	152.99	171.52	206.01	244.55	18. 71
本外币存款余额	148.41	167.77	202.01	237.97	17.8
人民币存款余额	148.36	167.67	201.89	237.86	17.82
企业存款	2.43	7.66	12.78	16.31	27.62
机关团体存款	--	0.31	1.62	2.09	29.01
储蓄存款	145.98	159.79	187.56	219.57	17.07
本外币贷款余额	--	--	--	--	--
人民币贷款余额	--	11.56	19.35	29.97	54.88
短期贷款	--	5.42	6.47	10.58	63.52
中长期贷款	--	6.14	12.88	19.29	49.77
票据融资	--	--	3.83	4.59	19.84
利润总额	-0.037	0.062	0.35	0.0209	-94.03
不良贷款余额	--	0.0663	0.1104	0.144	30.44
不良贷款占比（%）	--	0.57	0.57	0.42	-26.32

三、安全生产管理逐步规范。按照“谁主管、谁负责”的原则，加大了安全保卫工作力度，落实了安全工作责任，全年未发生案件和安全责任事故。同时，加大了安全教育培训力度，增加了应急演练频次，提高了员工自我保护意识和安全工作技能。

【电子化建设】 2011年，邮储青岛分行充分发挥科技支持保障职能，信息科技水平不断提高。一是顺利完成了全国邮政金融中间业务系统推广上线工程、网点视频监控安防集中工程及银联二代清算系统切换等工作；二是配合人民银行顺利完成城市金融网改造各项工程，增强了金融网络的安全性。

【新兴业务】 2011年，邮储青岛分行十分注重新业务的引进和推广，积极培育新的业务亮点。一是积极响应国家号召，大力发展小企业贷款业务；二是深入开展票据转贴现业务，认真研究票据市场形势，把握宏观利率走势，及时调整业务发展思路，加大市场开发力度，广泛拓展同业客户；三是黄金买卖业务系统的成功上线丰富了客户理财投资渠道；四是手机银行的系统成功上线拓展了客户的交易渠道。

【网络建设】 2011年，邮储青岛分行以规范建设、优化布局、合理配置、提高效率为目的加快网点建设，自营和代理邮政储蓄网点达到250个，联网率100%；迁址改造网点10处，原址装修改造网点4处；新增、更换ATM47台，其中新安装存取款一体机15台，截至年末，在线运行ATM达到255台，电子渠道交易替代率达到28%，电子化服务水平进一步提升。

【大事记】 2月18日 邮储青岛分行莱西市马连庄支行新址开业。

3月24日 邮储青岛分行被邮储银行总行评为“年度信用卡业务推广优胜单位”。（邮银发〔2011〕360号）。

7月1日 邮储青岛分行即墨市温泉支行被邮储总行授予“营业网点规范化服务活动服务明星支行”称号。（邮银发〔2011〕922号）

9月29日 邮储青岛分行“银联无卡支付”业务系统成功上线。

11月15日 邮储青岛分行手机银行系统成功上线。

11月19日 邮储青岛分行延吉路支行开业。

11月23日 邮储青岛分行即墨市鹤山路支行开业。

12月1日 邮储青岛分行个人业务会计稽核系统成功上线。

邮储青岛分行即墨市振华街支行开业。

12月19日 邮储青岛分行全国中间业务平台青岛公用事业代收费系统上线。

12月22日 邮储青岛分行举办2011年度服务风采大赛，充分展示了网点员工良好的精神面貌和服务形象。

（邮储青岛分行）

第五部分

金融机构运行报告
——商业银行(下)

恒丰银行股份有限公司

【第一负责人简介】 姜喜运，恒丰银行党委书记、董事长，高级经济师、教授级高级政工师。

【综述】 2011 年，恒丰银行股份有限公司（以下简称“恒丰银行”）准确把握宏观经济形势和市场环境，积极调整经营思路，锐意进取，创新发展，呈现出“内控建设与风险管控不断强化、盈利创收能力快速提升、产品业务种类日益丰富、经营管理水平整体跨越”的崭新格局。在英国《银行家》“全球 1000 家大银行”排名继续前移至第 305 位，较 2010 年上升了 86 个位次，再次实现新的跨越。

截至年末，全行资产总额同比增加 1631 亿元，各项存款增加 303 亿元，各项贷款增加 245 亿元，净利润增加 18.66 亿元，上缴税收 21.81 亿元。基本每股收益 0.68 元，每股净资产 3.31 元，净资产收益率 23.48%，成本收入比 25.10%，流动性比例 41.44%，资本充足率 11.41%，存贷款比例 71.37%，拨备覆盖率 298.85%。

【内控建设】 2011 年，恒丰银行苦练内功，深入开展“内控建设年”活动。

一、加大案防力度，实现全年零发案率。一是严格落实中国银监会“内控和案防制度执行年”各项要求，在全行范围内认真查找制度执行力方面存在的突出问题和薄弱环节；二是制订、修订规章制度 149 项，从案件防控工作组织和质量、内审力度、内控执行力建设、案件责任追究与整改等方面，强化了对分行案件防控工作的考核评价。

二、深化合规体系建设，完善合规管理机制。一是重点落实分行层面合规部门的独立履职能力，在所有一级分行均设立了合规管理部，初步构建起覆盖总行、分行和支行的矩阵式合规管理框架；二是将合规管理责任纳入绩效考核，严肃问责处罚。

三、强化内部审计，有效发挥监督职能。一是改革内审体制，完善内审管理架构，明确内审报告路线；二是升级非现场审计系统，实现了对业务风险状况的日常监控；三是通过各类信贷业务、银行承兑汇票及贴现业务、信息科技风险管理等方面的专项审计，及时排除了重要业务领域中存在的风险隐患。

四、加强对分支机构及异地职能部门的管理。一是严格执

恒丰银行股份有限公司主要统计指标

单位：亿元

项目 \ 年度	2007	2008	2009	2010	2011	2011 年同比增幅（%）
本外币资产总额	1079	1509	2137.6	2741	4373	59.50
本外币存款余额	681	881	1386.5	1804	2027	17.58
人民币存款余额	678	847	1382	1795	2020	12.53
企业存款	538	654	865	995	1235	24.12
机关团体存款	14.18	23.5	41	64	60	-6.6
储蓄存款	128.48	203.31	281	369	401	8.67
本外币贷款余额	460	657.55	937.3	1201	1447	20.48
人民币贷款余额	454	652	934	1194	1408	17.92
短期贷款	100.45	512.64	497	576	787	36.63
中长期贷款	359.44	144.92	435	545	495	-9.17
票据融资	81. 21	176.57	50	65	122	87.69
利润总额	4.56	9.34	11.9	25	54.16	116.64
不良贷款余额	4.30	3.61	3.60	7.5	8.53	13.73
不良贷款占比（%）	0.93	0.54	0.38	0.62	0.59	-4.8

行《分支机构管理办法》,通过全行会议、现场调研等形式,鼓励分行提出建议,形成了畅通的总分行互动机制;二是以履行实地管理职责为切入点,通过开展现场检查、外聘审计机构进行专项审计等方式,推动总行异地职能部门的管控效率进一步提升。

五、认真贯彻落实山东银监局监管指导意见。根据山东银监局领导前来恒丰银行调研座谈提出的指导意见,以及银监鲁办发〔2011〕176号和264号文件精神,切实抓好了"制定战略发展规划"、"加强流动性风险管控"、"三个办法一个指引检查整改"、"加快完善内控机制"、"改革内审体制"等重点工作的落实。

【风险管理】 2011年,恒丰银行加强风险管控,建设全面风险管理体系。

一、着力完善风险管理长效机制。一是制定了未来五年全面风险管理规划,详细安排了风险管理组织架构、制度建设、管理工具、队伍建设等方面工作;二是制订了《全面风险管理纲要》,涵盖信用风险、市场风险、操作风险、流动性风险和声誉风险等在内的所有业务环节和部门;三是制订了各项风险管理政策,明确组织架构及部门职责,梳理细化管理流程及控制要点,初步形成适应该行治理机制和业务发展特点的全面风险管理体系。

二、扎实做好风险管理基础性工作。一是持续做好各类风险数据的收集、测算、汇总分析和报告工作,规范和强化授权管理;二是加强风险预警,积极开展市场风险资本计量,全行风险管理工作向规范化、计量化和科学化发展。

三、突出强化流动性风险管理。一是制订了《关于加强流动性风险管理的指导意见》;二是完善流动性风险管理组织架构,管理组织体系职能、责任和分工更加明确。

四、加强业务连续性管理。一是积极完善业务连续性规划,制订相关制度和管理办法,借力中金数据系统,构建起业务连续性管理平台,实现了对业务连续性管理现状实时分析;二是专门开展核心业务系统应急演练,促进了部门间的协调配合,应急管理体系进一步完善。

【信贷管理】 2011年,恒丰银行优化信贷资产质量,不断提升授信业务管理水平。一是深入贯彻执行贷款新规,年末三类贷款受托支付金额与累计发放金额的比例为99.36%,三类贷款实际受托支付金额占应受托支付金额的比例达100%,存量到期一次还本类中长期贷款合同修订补正率为95.45%;二是不断优化信贷结构,严控中长期贷款新增投放,对信贷行业结构实行指导性比例管理,年末抵质押贷款比率达到58.04%,较年初提高7.52个百分点,中长期贷款占比39.22%,较年初下降7.98个百分点;三是紧紧围绕"降旧控新"目标,通过"名单制"管理、分类认定、集中审批、严控新增等措施,有效压降政府融资平台贷款整体规模,按照银监会统计大口径,年末政府融资平台贷款余额182.65亿元,占全行一般贷款的13.93%,较年初下降71.04亿元;四是不良贷款清收压降工作成效显著。不良贷款实现"双降",不良贷款率较年初减少0.03个百分点;五是加大对中小企业的信贷支持力度。截至年末,全行国标口径小企业直接贷款余额为300.49亿元,较年初增加88.45亿元,增幅41.71%,高于全部贷款平均增幅22.43个百分点;国标小企业客户数为6795户,较年初增加2762户,增幅68.48%,占全部客户的比例从年初的35.91%上升到43.03%。

【中间业务】 2011年,恒丰银行努力开拓创新,中间业务快速发展。截至年末,全行实现中间业务收入17.37亿元,同比增加13.29亿元,增长326%。

一、理财业务实现快速发展。全年累计发行个人理财产品95期,募集资金106亿元;机构理财产品49期,募集资金240亿元,实现理财业务管理费收入2550万元。"恒裕金"理财业务被山东省质量技术监督局和山东省名牌战略推进委员会联合评选为"山东省服务名牌"。

二、代理个人贵金属业务发展迅速。年末全行代理个人贵金属交易客户达1.59万,累计代理交易金额1540亿元,实现代理手续费收入798万元。恒丰银行各项黄金业务累计交易量在上海黄金交易所排名第7位。

三、银行卡业务稳步发展。全年实现银行卡业务收入1630万元,同比增加860万元,增长111.71%;累计发卡量82万张,同比增加21万张,增长35%;全行实现POS消费38亿元,同比增加14亿元,增长59.27%。

四、"恒裕金"品牌黄金业务开展顺利。截至年末,全行共计销售品牌金金条146579克,回购品牌金金条25920克。

【国际业务】 2011年,恒丰银行国际业务取得新突破,本外币协同发展程度不断提高。

一、国际业务结算量和收益大幅增长。截至年末,全行实现国际业务结算量175亿美元,同比增长337%;实现中间业务收入2.37亿元,增长281%;各项外汇存款日均余额折合美元为1.27亿美元,增长15.9%。

二、贸易融资业务实现快速增长。该行大力开展和推广信用证、福费廷、跨境贸易人民币等业务,年末贸易融资业务表内外余额432亿元,增长1129%。

三、同业合作步伐不断加快。全年全行与同业建立代理行关系达694家,遍及88个国家和地区,其中包含15家账户行,全球代理行网络更加完善。

【信息科技】 2011年,恒丰银行加强信息科技建设,提升对银行业务的支撑能力。一是设备升级以及系统开发工作成效显著,上线新系统11项,完成了对数据存储和交换设备的扩容和升级,实施了IBM小型机虚拟化,机房数据处理效率和可靠性大幅提升;二是数据中心和灾备中心建设取得新进展,已完成"两地三中心"的征地、整体规划和申报审批工作;三是新一代核心业务系统开发稳步推进,已完成各项业务策略、管理模式和流程分析工作,进入程序开发阶段;四是电子银行业务稳健发展。年内,全行新增网银个人客户3.04万户,同比增长

109.8%,总客户数首次突破五万户大关,达到 57983 户;新增网银企业客户 5379 户,增长 94.4%,总客户数首次突破一万户大关,达到 11099 户;网银总交易额 4796 亿元,增长 149.8%,其中跨行交易 3154 亿元,占网银总交易额的 65.8%;网银柜面替代率达到 43%;短信银行开通客户数达到 4.7 万户。

【队伍建设】 2011 年,恒丰银行加强队伍建设,推进机构拓展。截至年末,全行从业员工中具有高级职称的 126 人,占比 3.97%;具有中级以上职称的 857 人,占比 26.95%;具有大专以上学历的员工 3031 人,占比 95.29%。与此同时,分支机构设置取得新进展,第 11 家一级分行宁波分行年内已获得筹建批复;聊城、无锡、温州、达州、南充等 5 家二级分行开业。发起设立村镇银行取得重大突破,浙江桐庐、江苏扬中恒丰村镇银行已顺利开业。

【企业文化】 2011 年,恒丰银行高度重视企业文化建设工作,以"脚踏实地、奉献创新、内控严密、依法合规、科学发展、回馈社会"为核心的恒丰文化进一步凸显,形成了催人奋进的良好氛围,社会知名度与美誉度进一步提升。

一、外宣工作成效显著,全年在《人民网》、《新华网》等重点媒体以及《金融时报》上发布文章 65 篇,被监管部门、政府机关、三级银行业协会等采纳新闻信息 320 篇,在总行门户网站上发表新闻信息 223 篇。

二、大力度维护恒丰银行品牌形象和商标权益。为抵御近几年来在商标注册方面遭遇的恶意抢注、恶意起诉等恶劣行为,持续做好系列品牌保护工作。一方面加大品牌商标外围保护力度,另一方面前瞻性地实施未来业务拓展商标抢注,不断巩固和丰富无形资产。年内,成功拿回困扰多年的"Ever Growing"这一核心品牌商标,累计已取得 33 项商标注册证。

三、举办形式多样的文化建设活动。一是以演讲比赛、企业文化讲座、培训教育、劳动竞赛等方式不断扩大恒丰文化正面影响力;二是在全行组织开展了《砍掉成本》、《心本管理》以及"唱会唱好唱响恒丰银行之歌"等三项主旋律活动,努力打造"学习型银行",持续提升干部员工管理水平和综合素质。

四、文明服务水平持续提升。以完善网点服务标准和流程、制订星级服务评先标准和评考细则、加大管理力度等措施,进一步规范全行文明服务,服务质量得到有效提升;1 名基层员工代表全行获评全国大堂经理"魅力之星"称号。

五、惩治和预防腐败体系更加完善。有效推动了"6+1"惩防体系建设,党员干部遵章守纪和廉政意识显著增强。

【大事记】 1 月 12 日 人行济南分行以济银《年鉴》编【2011】1 号,通报《山东金融年鉴》(2010 年卷)获奖名单,恒丰银行荣获一等奖。

1 月 19 日 恒丰银行南京分行营业部被中国银行业协会评为"2010 年度中国银行业文明规范服务千佳示范单位"。

1 月 24 日 恒丰银行网银跨行互联系统成功上线运行,实现了客户跨行转账 7×24 小时实时到账,以及客户登录恒丰银行网银,即可实现查询和管理其所有账户的功能。

2 月 17 日 人行征信中心以《银征信中心【2011】8 号》,通报 2010 年个人征信异议处理考评情况,在 18 家主要商业银行中,恒丰银行是仅有 3 家继续保持"零异议"良好状态银行之一。

3 月 7 日 恒丰银行在国家商标局成功注册"恒丰银行 HENGFENG BANK"、"恒丰银行恒丰卡"、"恒丰家园"、"恒丰网银"、"恒银财富"、"恒丰财富"、"恒银家园"商标。

3 月 14 日 恒丰银行在国家商标局成功注册"e 路恒丰"商标。

3 月 25 日 恒丰银行首个 B2C(Business-to-Consumer)商户"9588 旅行网"上线试运行成功,标志着全行网上支付业务深化发展。

3 月 27 日 恒丰银行昆明分行开业,总行董事长姜喜运、监事长矫毅以及云南省委常委、昆明市委书记仇和,云南省政府副秘书长蒋兆岗、省金融办、云南银监局、人行昆明中支以及昆明市委、市政府等相关领导出席庆典。

4 月 14 日 恒丰银行在国家商标局成功注册"恒银理财"商标。

4 月 21 日 恒丰银行在国家商标局成功注册"恒银金 HENGYINJIN"、"恒久金 HENGJIUJIN"、"恒裕金 HENGYUJIN"商标。

4 月 22 日 恒丰银行获国家外汇管理局 2010 年度执行外汇管理规定考核 A 级评价。

4 月 27 日 恒丰银行在中国银监会 2 月份全国 19 家主要银行统计信息报送质量排名中获第一名。

5 月 5 日 恒丰银行银企直连系统上线成功,实现了企业财务系统与银行支付系统的无缝对接。

5 月 10 日 恒丰银行西安分行开业,董事长姜喜运、监事长矫毅等领导参加了庆典。

5 月 16 日 "9588 旅行网"成功上线运行,丰富了恒丰银行中间业务种类,翻开了恒丰银行网上支付业务的新篇章。

6 月 9 日 恒丰银行与通联支付签订合作协议。

7 月 3 日 恒丰银行承办的 2011 年山东省法人金融机构外汇业务培训暨座谈会(国家外汇管理局山东省分局主办)在烟台召开。国家外汇管理局国际收支司司长管涛、山东省分局副局长李亚新、烟台中心支局局长吴明理出席会议并讲话,山东省内 28 家法人金融机构的代表出席了会议。

7 月 14 日 恒丰银行"银联在线支付"业务成功上线,全行客户可以在京东商城、苏宁网上商城、当当网、卓越网等有银联在线支付功能的商城网上购物。

7 月 21 日 山东银监局 2011 年恒丰银行联动监管工作会议在昆明召开。

7 月 28 日 恒丰银行在国家商标局成功注册"裕恒丰"商标。

8 月 1 日 人行济南分行以济银办发【2011】177 号通报"央行支付杯"庆祝党建 90 周年宣传作品有奖征集活动情况,恒丰银行获得"优秀组织奖";个人参赛共获得一等奖 3 名、二等奖1名、三等奖4名。

8月7日 恒丰银行在国家商标局成功注册"鑫恒丰"、"恒久丰裕"、"恒久盈丰"商标。

8月8日 恒丰银行荣获中国银联山东分公司2011年山东受理市场发展竞赛活动"传统消费行业综合发展奖"称号。

8月21日 恒丰银行在国家商标局成功注册"恒丰银座"商标。

8月28日 恒丰银行在国家商标局成功注册"EVER-GROWING BANK"商标。

9月13日 恒丰银行浙江桐庐恒丰村镇银行获准成立。

9月20日 人行以《银发【2011】226号》,公布"全国性银行业金融机构征信工作先进集体和先进个人名单",恒丰银行榜上有名。

9月29日 江苏镇江监管分局以镇银监复【2011】105号批复同意扬中恒丰村镇银行股份有限公司开业。批复核准其法定代表人为南京分行行长杨强,任扬中恒丰村镇银行董事长。

10月14日 国家商标局(2011)商标异字第39510号《"HF"商标异议裁定书》确定,恒丰银行申请注册的第4852891号"HF"商标予以核准注册。

10月25日 中国银监会以银监复【2011】457号批复同意筹建宁波分行。

11月25日 恒丰银行在济南举办"山东省首届黄金投资高峰论坛",人行、山东银监局、上海黄金交易所等相关部门领导,上海黄金交易所会员单位代表,山东省知名黄金企业代表,恒丰银行VIP客户代表,以及山东省银行、证券、期货等金融机构200余人参加。

恒丰银行在济南举行支援西藏建设捐款协议,当场向西藏江孜县捐赠30万元,并表示2012年还将按照代理个人贵金属交易盈利的10‰继续捐赠。

12月3日 中国银行业协会在河北廊坊组织召开2011年度文明规范服务"明星大堂经理"评选活动颁奖仪式,恒丰银行王燕获得"明星大堂经理"和"魅力之星"称号。

12月22日 恒丰银行公司第一届董事会会议在烟台召开,通过了更换2012年外审会计师事务所的决议,即:新聘信永中和会计师事务所为恒丰银行外部审计。

12月30日 山东省质监局和山东省名牌推进委员会联合以《鲁质监质发【2011】284号》,对恒丰银行"恒裕金理财产品",授予"2011年山东省服务名牌"。

12月31日 恒丰银行获得中国银行业协会颁发的"普及金融知识万里行系列活动最佳宣传奖"。

恒丰银行荣获中国银监会办公厅第一届中国银行业声誉风险管理优秀案例评选活动优秀奖。

恒丰银行荣获2010-2011年度人行上海总部黄金市场统计监测工作三等奖。

(单筱强)

中国光大银行股份有限公司济南分行

【第一负责人简介】 王欣,男,1968年3月生,中共党员,研究生,经济师。历任中国光大银行太原分行公司银行部副总经理、总经理;太原分行行长助理、纪委书记、风险总监;2010年5月至今,任中国光大银行济南分行党委副书记(主持工作)。

【综述】 2011年,中国光大银行股份有限公司济南分行(以下简称"光大济南分行")围绕"培养竞争优势,打造服务领先银行"的目标,勇于开拓,积极进取,实现了规模、质量、效益的大幅度增长。

【公司业务】 2011年,光大济南分行加强营销创新,努力做大做强公司业务。

一、抓住机遇,加快发展。一是充分发掘营销山东市场优质客户,不断培育新的增长空间;二是扩大营销触角,采取多种激励措施,充分调动和发挥客户经理业务拓展的积极性。

二、创新营销,拓展市场。一是坚持业务发展向模式化经营调整的思路,重点提出了山钢保兑仓、重汽上游开发的战略思路,山钢保兑仓业务实现突破性进展,保兑仓客户达28户,余额34亿元;二是充分利用产品优势尤其是对贸易融资、供应链融资和票据贴现、托管和现金管理业务产品等进行全面整合,为客户提供"一揽子"服务方案;三是开展综合营销、交叉营销,争取更多重点客户形成多方面的合作,控制企业的资金流和物流,实现了重点突破;四是在政府采购、担保平台、重汽上游供应商开发中积极探索模式化经营,实现较好效果。

【零售业务】 2011年,光大济南分行认真贯彻落实总行发展战略,着力推进零售业务发展。一是通过组织全行储蓄竞赛、网点营销PK等活动,推动储蓄业务的持续增长;二是在成立

中国光大银行股份有限公司济南分行主要统计指标

单位：亿元

项目 \ 年度	2007	2008	2009	2010	2011	2011 同比增幅（%）
本外币资产总额	99.08	137.85	196.77	229.98	256.17	11.39
本外币存款总额	76.87	104.82	135.41	196.31	234.7	19.56
人民币存款余额	75.9	103.49	134.04	194.44	233.86	20.27
企业存款	66.2	92.88	116.79	174.53	208.28	19.34
机关团体存款	--	--	--	--	--	--
储蓄存款	10.67	11.94	18.61	21.78	26.68	22.50
本外币贷款余额	87.82	84.71	106.05	150.83	176.76	17.19
人民币贷款余额	87.19	80.73	104.85	137.72	167.3	21.48
短期贷款	21.24	38.7	39.22	74.06	80.46	8.64
中长期贷款	60.99	46.01	66.83	76.77	96.3	25.44
票据融资	5.65	4.79	12.72	1.12	0.09	-91.96
利润总额	1.99	0.61	1.76	3.47	3.05	-12.10
不良贷款余额	5.4	4.27	2.63	1.89	1.83	-3.17
不良贷款占比（%）	6.15	5.04	2.48	1.25	1.04	-16.80

工程机械贷款中心基础上，进一步开发重汽车辆按揭业务，优化整合流程，推进专业化分工；三是逐步提升网点环境的改造建设，推进星级、客户最佳体验、旗舰等网点的形成；四是改造客户服务流程，提供高效、便捷、差异化、多样化的金融服务。

【合规建设】 2011 年，光大济南分行在加快业务发展的同时，狠抓合规建设，确保安全运营。一是开展职业道德及合规教育，与全员签订了职业操守行为准则、案件防范等《责任书》，同时加强风险预警管理，做好各项内、外部审计检查工作；二是强化服务意识和技能培训，缩短工作流程，提高效率，提升风险合规的有效性和及时性；三是认真做好“三防一保”工作，深入开展安全检查，做到了全年安全无事故。

【服务提升】 2011 年，光大济南分行按照“一年看变化，两年见成效，三年有影响，四年树品牌”的目标，坚持以客户为中心，进一步提升服务意识。一是持续推进“标杆营业网点”打造工作，积极做好网点硬件、服务设施的改造配置升级；二是建立客户服务标准和客户满意度调查体系，将支行和分行各部室服务质量考评纳入绩效考核体系，全面提升服务质量和效率；三是通过开展阳光服务“十项做法”、“倾听计划”等活动，及时发现问题和不足，确保阳光服务建设落到实处；四是加大形象广告投入力度，冠名经七路光大银行人行天桥、设置经十路灯箱广告、高速口户外广告牌，提升光大银行在老百姓心中的形象。

【企业文化建设】 2011 年，光大济南分行积极建设学习型企业，努力营造和谐企业氛围。一是加强队伍培训，提高员工的服务技能和业务技能，培养专家型人才；二是费用分配、绩效考核、任务指标下达、干部任免、大额财务支出等实行公开化、透明化操作；三是先后组织开展了春游、晚会、红歌会等活动以及篮球、羽毛球、乒乓球等比赛，增强了员工的凝聚力和向心力；四是利用员工生日祝贺、家访、节日慰问送温暖等一系列丰富多彩的活动，扩大与员工的沟通交流。

【大事记】 1 月 13 日 ~ 15 日 光大集团、光大银行董事长唐双宁书法展在山东博物馆举行。

5 月 17 日 ~ 18 日 光大总行李杰副行长赴光大济南分行就“创先争优，合规发展”工作进行调研。

10 月 15 日 ~ 18 日 作为唯一受邀的银行金融机构，光大济南分行参加了由山东鲁商集团在泉城广场举办的“嘉年华大型户外宣传活动”。

11 月 16 日 光大济南分行市中支行迁址开业。

12 月 2 日 光大济南分行槐荫支行迁址开业。

12 月 11 日 光大银行山东省第一家二级分行——淄博分行正式开业。

12 月 15 日 ~ 16 日 光大集团工会副主席陈元生赴光大济南分行调研，慰问一线员工。

（陆德军 郭 峰）

中国光大银行股份有限公司青岛分行

【第一负责人简介】　范建华，男，汉族，1966年1月生，中共党员，本科学历，会计师。1988年7月在国家外汇局参加工作；1999年6月调入中国光大银行，历任总行信用卡中心、私人业务部总经理助理，海口分行行长助理、党委委员、副行长、风险总监（分行副行长级）、纪委书记等职；2009年5月起任中国光大银行青岛分行党委书记、行长。

【综述】　2011年，中国光大银行股份有限公司青岛分行（以下简称"光大青岛分行"）不断强化全面风险管理，加强内部建设，经营基础不断夯实，各项业务稳步发展。

【公司业务】　2011年，光大青岛分行加强客户营销、项目储备、结构调整和产品创新，推行重点行业和重点客户的战略，钢铁、交通、港口、石化等信贷资产行业优势开始凸显，推动了公司业务持续、健康、快速发展。截至年末，对公存款余额157亿元，贷款余额142亿元；中小企业表内新增贷款24亿元，系统内排第7名；表外授信余额新增22亿元，系统内排第10名；新增中小企业客户153户，系统内排第5名。新增核心客户77户，核心客户总量208户，计划完成率接近200%。通过票据的卖出回购、引入同业拆借资金等方式，继续保持票据业务在系统内的领先地位。

【零售业务】　2011年，光大青岛分行明确发展思路，强化团队合作，各项业务指标均有显著增长。一是开展各项营销竞赛活动，效果显著，对私存款年末余额52.35亿元，比年初增长13亿元；二是加大对个贷优势产品议价区间的调整，调整个贷产品结构，发展综合消费、助业、经营性物业抵押类贷款的规模，个贷时点余额53亿元，比年初新增9亿元，任务完成率130.7%，个贷日均余额48.9亿元，比年初新增14.9亿元，不良贷款实现双降，在青岛可比同业中个人贷款余额和新增额排名第三；三是新增信用卡有效客户42874户，完成全年任务的122.5%，信用卡180天逾期不良率1.61%，控制在较低风险水平；四是以打造"阳光理财"品牌为目标，全年销售量151亿元，

中国光大银行股份有限公司青岛分行主要统计指标

单位：亿元

项目 \ 年度	2007	2008	2009	2010	2011	2011同比增幅（%）
资产总额	147.12	188.62	337.46	259.16	320.18	23.5
本外币存款余额	118.96	112.39	135.74	176.70	209.74	18.5
本币存款余额	113.72	108.63	133.24	174.67	205.13	17.5
企业存款	60.10	43.93	58.99	87.44	157	79.6
机关团体存款	2.84	2.43	2.39	5.26	2.3	-43
储蓄存款	20.76	27.28	32.87	37.67	52.4	39
本外币贷款余额	109.79	127.20	112.94	150.43	194	29
本币贷款余额	93.10	122.76	107.97	133.17	182.06	36.7
短期贷款	38.93	37.19	21.88	52.24	97.6	86
中长期贷款	51.20	66.38	76.56	80.89	89.6	11
票据融资	16.89	21.12	11.25	0.03	6.7	--
利润总额	2.73	2.01	1.42	2.36	5.26	122
不良贷款余额	6.34	3.48	2.72	2.44	2.38	-10
不良贷款占比（%）	5.77	2.74	2.41	1.62	1.23	-24

同比增长 71 亿元。

【贸金业务】 2011 年，光大青岛分行明确贸金业务发展重点，依托青岛港口优势，以货押、贸易融资业务为主线，全面推进业务发展。全年贸金项下中间业务收入实现 5703 万元；指导性指标贸易融资日均余额 18.53 亿元，贸易融资时点余额 14.64 亿元；收付汇 158440 万美元，同比增 6335 万美元，增幅 4.16%。

【同业业务】 2011 年，光大青岛分行结合自身架构、区域特点，努力克服各种困难，积极营销，取得了较好成绩。一是票据业务累计交易量 1138 亿元，其中买入 936.99 亿元，卖出 201.10 亿元，实现票据业务利差收益 7.96 亿元；二是吸收同业存款 1033.86 亿元（不含三方存管），存放同业 1269.06 亿元；三是实现中间业务收入 58.69 万元；四是加强银信合作业务，共销售 25 只信托计划，总金额 7.2 亿元；五是代理销售的保险产品 2731.4 万元，实现收入 164 万，其中寿险产品销售 1604.6 万元，财险产品销售 1126.8 万元。

【电子化建设】 2011 年，光大青岛分行一是完成了支付密码系统的升级改造上线投产工作，并同时实现与总行支付密码系统的全面整合工作；二是设立了电子银行部，正式构建了由网上银行、手机银行、自助设备等组成的较为完备的电子渠道；三是代缴费业务发展迅猛，新增公用事业便民卡、有线电视、电信、电费、联通、移动、琴岛通卡等直连方式的代缴费、充值等的业务协议的签署，其中 4 项代缴费业务除在行内各渠道（手机银行、网银、ATM 等）完成上线投产外，相继在国内各大第三方支付平台（支付宝、财付通等）完成上线投产，成为岛城首家将代缴费扩展至因特网网络缴费的商行；四是按照人行统一安排，进行银行卡的 PBOC 2.0 标准化改造，并完成 ATM、POS 机具的接触式 IC 卡的模块改造；五是自助设备全年新增 25 台，调整 28 台，总数量达 261 台，台均交易笔数稳步上升，跨行手续费收入不断提高。

【内控管理】 2011 年，光大青岛分行从加强制度建设入手，加大违规追究力度，做好案件防控工作，合规意识、内控及风险管理水平不断提高。一是继续加强制度建设和业务培训，全年共梳理制度 55 个；二是加大了监督检查力度，组织开展了 216 人次的多形式的检查，共问责 34 人次；三是成立了以法律合规部、风险管理部、运营管理部和监察保卫部为主的四位一体的内控监督机制，强化了内部稽核职能；四是严格落实了支行行长岗位轮换和强制休假制度，完善了柜台经理派驻制，加大了对员工特别是支行负责人、重点要害岗位人员的行为排查；五是组织开展了合规案例编撰、合规宣讲、撰写《合规自律书》等一系列活动，强化了员工的职业操守。

【会计结算】 2011 年，光大青岛分行不断强化会计基础管理，优化业务流程，初步建立起制度完善、内控严密、运作高效、响应及时的运营操作和管理平台。一是以阳光服务为契机，不断提高内外部服务水平，以提高效率为突破口，使网点对公业务上收分行集中处理工作平稳运行；二是强化风险控制意识，把握重点业务的关键控制环节，将事后监督与结算督导有机结合，不断提高操作风险管理水平和风险控制能力。

【企业文化建设】 2011 年，光大青岛分行积极加强企业文化建设。一是在营业网点中实行柜员“一帮一”师徒结对子活动，加强了员工团队凝聚力；二是分行领导到支行担任“大堂经理”，深入基层，了解一线；三是启动“关爱新市民子女志愿服务活动”，积极投身公益事业；四是组织光大集团驻青企业唱红歌比赛，庆祝建党 90 周年，组织先进个人和先进集体代表赴江西南昌、井冈山开展红色之旅；五是组织召开了光大集团驻青企业第 2 届职工运动会，营造团结向上的团队氛围。

【大事记】 1 月 23 日 光大青岛分行在万达艾美酒店举行客户答谢酒会。

1 月 25 日 光大青岛分行与东营市政府在东营市正式签署了总额 50 亿元的全面战略合作协议。

2 月 25 日 “光大与山东”唐双宁书法展在青岛美术馆开幕，光大银行董事长唐双宁、青岛市委常委、副市长张惠出席并分别致辞。

3 月 13 日 光大青岛分行 2011 年年度工作会议在南山国际会展中心召开。

4 月 29 日 “光大银行青岛分行·湖岛小学”关爱新市民子女志愿服务行动仪式启动。

12 月 16 日 总行工会陈元生主席来光大青岛分行慰问困难职工。

12 月 27 日 光大青岛分行胶南支行开业。

（张钟文）

中国光大银行股份有限公司烟台分行

【第一负责人简介】 徐克顺，男，1966年9月生，中共党员，研究生，高级经济师。1988年7月参加工作，历任中国光大银行郑州分行副行长、党委委员、纪委书记；现任中国光大银行烟台分行党委书记、行长。

【综述】 中国光大银行股份有限公司烟台分行（以下简称“光大烟台分行”）成立于1993年12月29日，是烟台市首家直属总行管理的一级分行。

2011年，该行经营班子在出主意、带队伍、造环境三个方面统筹兼顾，经过全体成员的共同努力，业务实现健康较快发展，队伍整体素质得到较大提升，案件防控实现零发生的目标。截至年底，该行本外币一般性存款余额较年初的77.59亿元增加19.06亿元，本外币一般贷款余额较年初的80.23亿元增加8.67亿元，存、贷款在当地7家股份制商行中均排名第1位。

【公司业务】 2011年，光大烟台分行紧紧围绕年初制定的“促存款、增客户、提收入、模式化、调结构、抓储备、快票据、强管理”工作要点，积极适应多变的外部监管环境，做好条线管理工作，调整优化资产结构，实现了公司业务的较快发展。

一、以增加客户为目标，以结构调整为重点，以创新业务为推力，积极拓展市场，推动公司业务的全面发展。截至年底，该行对公存款余额65.49亿元，比年初的57.71亿元增加7.78亿元，增幅13.48%。对公贷款余额59.37亿元，比年初的54.80亿元增加4.57亿元，增幅8%。

二、开展票据信托业务合作。一是先后发行5期信托产品，票面金额近3亿元；二是作为利用总行银信平台首先发起票据信托计划的9家分行之一，该行业务拓展能力受到了总行同业部的肯定。

三、企业IPO监管户营销突破。一是烟台某股份有限公司成功上市，其超募资金监管户落户光大烟台分行；二是成功营销烟台某公司在系统内第一笔开立代理法人贵金属账户。

四、工商验资系统“E线通”成功上线，自上线以来，已为多家新建企业成功地进行了工商验资。

【零售业务】 2011年，光大烟台分行坚持“目标明确，策略清晰，执行到位，管理高效”的经营管理思路，实现了“力求在业务规模、盈利能力、业务基础、风险管控等方面取得根本性的突破”的目标，零售条线获得总行2011年度“零售业务创新奖”。总行“龙腾虎跃”劳动竞赛，该行综合排名第一，稳存增储、薪资代发、三方存管业务三个竞赛科目摘金，赢得大满贯奖。截至年底，该行对私存款余额31.16亿元，同比增加11.28亿元，增幅56.74%；对私贷款余额29.53亿元，增加4.10亿元，增幅16.12%。

该行零售业务一是盈利能力和贡献度突出，零售业务在中间业务收入中占比55%以上，净收入占比45%以上；二是5+N同业对标在当地同类股份制银行中居第1位；三是积极与上海黄金交易所综合类会员合作，通过拓展综合类会员经纪人，为客户提供投资咨询等交易指导和技术支持，全年代理黄金交易额68.28亿元，系统内排名第2位，实现中间业务收入689.47万元，全行排名第1位，并被光大总行授予2011年度“创新进步奖”；四是在总行零售网点“越拼越赢”竞赛中，该行8家网点中的5家网点获得2011年度综合大奖，无一家网点排名在全国后100名。

【风险管理】 2011年，光大烟台分行以全面提升年活动为契机，遵循“合作、互信、融入和共担”的原则，以优质高效服务为业务发展提供强力支撑。一是积极推动分行模式化创新，做好模式化的风险管理；二是开展专项对公客户存量梳理，支持业务在安全的前提下做大做强；三是全流程合作参与优化授信方案，提高业务的安全性和市场竞争力；四是建立行业主管制度，提高风险管理的专业化水平；五是开展专项风险排查，做好预警管理。

【运营管理】 2011年，光大烟台分行严格培训考核，落实风险排查，夯实业务基础，提高服务水平，确保运营结算工作平稳、安全运行。一是深入开展“内控和案防制度执行年”活动，重点开展对大额不良贷款排查、内控制度执行（主要指柜台业务方面）、防范操作风险三个方面开展排查；二是集中开展“十个严禁”、“十项制度”贯彻执行活动，组织客户经理、理财经理、柜台经理、柜员进行专门考试，签署承诺书；三是多次组织员工到监狱和看守所进行警示教育；四是对员工“八小时之外”的风险因素摸底排查；五是坚持柜台经理例会制度，及时发现风险隐患；六是制定和实行了《经营单位合规运营百基分考核管理办法》，并印发《合规风险管理实施细则》，将合规管理作为重要的考核依据。

【队伍建设】 2011年，光大烟台分行以打造百年老店为目标，注重队伍的能力、组织和思想建设，完善队伍管理的机制和体制建设。

一、加强人才队伍建设。一是加大选人、用人力度，不断壮大员工队伍；二是充实客户经理队伍，保证各支行能够配备至少2名对公客户经理和4名对私客户经理；三是注重做好员工培训，组织30余名员工参加了AFP资格培训，目前该行拥有AFP和CFP资格的员工39人，理财师近50人；四是提高客户经理素质，开展客户经理轮岗；五是强化综合柜员培训，安排对私柜员和对公柜员之间、柜台和集中处理中心操作人员之间进

中国光大银行股份有限公司烟台分行主要统计指标

单位：亿元

项目 \ 年度	2007	2008	2009	2010	2011	2011 同比增幅(%)
本外币资产总额	39.83	45.32	81.03	128.58	127.58	-0.78
本外币存款总额	27.05	35.61	55.38	77.59	96.65	24.57
人民币存款余额	26.05	34.01	54.28	75.28	91.26	21.23
企业存款	13.9	20.26	31.67	42.65	43.39	1.74
机关团体存款	0.55	0.54	1.31	1.16	0.8	-31.03
储蓄存款	3.92	7.56	13.09	18.82	30.12	60.04
本外币贷款余额	32.42	32.66	61.15	82.43	90.36	9.62
人民币贷款余额	32.08	32.66	56.35	77.87	86.56	11.16
短期贷款	8.71	10.54	18.81	46.18	51.36	11.22
中长期贷款	16.86	17.96	22.7	29.51	33.75	14.37
票据融资	4.6	4.09	14.84	2.17	1.46	-32.72
利润总额	0.53	0.34	0.56	0.89	2.24	151.69
不良贷款余额	1.46	1.09	0.95	0.85	0.8	-5.88
不良贷款占比(%)	4.51	3.34	1.55	1.03	0.88	-14.56

行轮岗，防范了道德风险，提高了业务量较少网点的柜员业务水平。

二、加强人才队伍组织建设。一是实行中层干部交叉轮岗，共有8名支行和部门一把手进行了岗位轮换；二是安排在管理部门任职的后备干部到一线经营单位担任一把手，全面掌握一线经营经验；三是实行后备干部定期谈话制度；四是在干部选拔任用上实行公开竞聘，让全行中层干部参加投票推选，通过"赛场选马"，竞争选拔，激活干部队伍活力；五是落实总行"减上增下"政策，对工资进行调整，调动了员工的积极性。

【企业文化建设】 2011年，光大烟台分行注重加强人才队伍思想建设和企业文化建设，为银行实现长期、健康、快速发展培养良好的文化基础。

一、开展了"红色经典"读书活动。一是先后为员工购买了《西花厅岁月》、《苦难辉煌》、《解放战争》和《中国共产党历史》等书籍进行集中学习；二是在内部网站开辟了"读书学习"专栏，员工共发表了90余篇近10万字的读书心得体会。

二、发挥基层党组织的战斗堡垒作用。一是分行党委对辖内的支部进行换届选举，增设了2个基层党支部，增设了支部纪检委员；二是加大对新党员的培养和发展力度，全年共发展5名党员，7名预备党员转为正式党员；三是在建党90周年和建国62周年之际，组织优秀党团员、党务工作者和先进员工赴韶山毛泽东故居接受革命传统教育。

三、发挥工会组织的桥梁和纽带作用。11月13日，该行在养马岛开展了第二届职工运动会，来自分行和光大证券烟台营业部的400多名员工参加运动会，有效增强了员工的健康生活观念和团队凝聚力。

四、做好共青团建设。该行充分发挥共青团组织、引导、服务和维护青年员工的作用，以改革创新的精神切实加强团的自身建设。3月份组织了植树节义务劳动，强化了年轻员工的奉献意识；9月份组织青年联谊会，与来自烟台10多家大型企事业单位的青年进行了联谊。2011年，招远支行荣获总行"青年文明号"称号，开发区支行荣获烟台市"青年文明号"称号。

【大事记】 1月21日～22日 光大烟台分行召开2011年度工作会议，分行经营班子及全体中层干部参加会议。

2月26日 光大烟台分行召开零售业务工作会议。

3月7日 光大烟台分行组织召开对公业务发展工作会议。

5月8日 光大烟台分行召开第二届职工代表大会。

5月28日 光大烟台分行在东山宾馆举办阳光财富集贤讲坛活动，共吸引了600余位高端客户到场参加。

6月15日 光大总行印发(光银任〔2011〕52号)文，免去陈晖光大烟台分行行长助理职务。中共中国光大银行委员会印发(光银党任〔2011〕13号)文，免去陈晖中共中国光大烟台分行委员会委员职务。

7月5日 光大烟台分行在东山宾馆隆重召开2011年上半年劳动竞赛总结表彰大会，表彰在"奋战六个月存款过百亿"劳动竞赛中取得良好业绩的先进单位和个人。

7月7日 中共光大银行委员会印发(光银党任〔2011〕20号)文，任命徐克顺为中共光大烟台分行委员会书记。

8月初 光大总行印发了《关于2011年第2季度经营绩效等级评定情况的通报》，光大烟台分行二季度实现利润5774万元，由五类行跃升为四类行。

11月24日 工商验资系统成功在光大烟台分行上线运行。

12月5日 中国光大银行印发(光银任〔2011〕153号)文,聘任徐克顺为光大烟台分行行长。

12月28日~29日 光大总行郭友行长莅临分行视察指导工作,对烟台分行近年来取得的成绩给予充分肯定。

(光大烟台分行)

中信银行股份有限公司济南分行

【第一负责人简介】 侯训义,男,1959年11月生,中共党员,研究生学历,高级经济师。历任中国银行济南分行工业信贷处副处长、长清县支行副行长、开发区支行行长、山东省分行工业信贷处处长、资产风险处处长、营业部副总经理;2001年5月,任中信济南分行副行长;2008年7月,任中信济南分行行长;2010年3月,任中信济南分行党委书记。

【综述】 2011年,中信银行股份有限公司济南分行(以下简称"中信济南分行")切实贯彻"转型、提升、发展"的要求,坚定不移的实施内涵与外延相结合的发展战略,平台建设不断巩固,业务结构和商业模式得到优化,运营和管理水平稳步提升,获得山东省政府"金融创新奖"。

【公司业务】 2011年,中信济南分行继续贯彻"以供应链金融为显著特征"的公司银行战略,全年保持了良性发展。一是供应链金融全年累计融资量261亿元,业务规模连续两年保持30%增长,同时,实现了小家电保兑仓、工程机械融资租赁等多个行业及产品的创新;二是电子金融业务有效开展,交易量达2544亿元,新增现金管理项目12个;三是投行与资金资本业务收入及债券承销规模均创历史新高,全年为6家优质企业累计承销发行债券47亿元,成功发行了该行首笔中小企业集合票据;四是集中操作平台稳步推进,对公业务主线专业化操作模式初具雏形,已实现同城全部供应链金融业务纸质银承的集中化传递、汽车合格证的集中化管理,供应链金融信息管理系统也已投入运行。

【国际业务】 2011年,中信济南分行国际业务突出特色产品,强化市场竞争力,持续保持了稳健、向上的发展势头。一是结合当地的市场特点,在巩固传统结算业务优势的基础上,开发新产品、推广新业务,全年表外贸易融资累计实现29.7亿美元,同比增长47.8%;新增国际业务有效客户83家,同比增长34%;二是积极推动跨境人民币业务,全年办理跨境人民币结算14.39亿元,被人行济南分行、山东省商务厅评为"跨境人民币结算先进单位",是济南市唯一获此殊荣的中小银行;三是加强精细管理,通过梳理贸易、非贸易、资本项下外汇政策和业务操作流程,推出多项政策办法,确保业务健康发展。

【机构业务】 2011年,中信济南分行通过多种渠道推动机构业务发展。一是成功举办"银财通"高层合作论坛,银财、银政合作平台进一步巩固,全年政府、财政类日均存款74亿元,同比增长12亿元,增幅19.35%,实现非税财政收入代缴125亿元,列当地中小银行首位;作为山东省首批"POS及网银非税代理银行",先后代理多项网上缴费业务,在电子化代缴非税方面走在同业前列;二是托管业务势头良好,托管规模达74.09亿元,连续3年被总行评选为托管业务优秀分行;三是为山东体育彩票投注站安装POS机具近5000台,省内站点布放率超过50%,交易达70万笔,归集资金10亿元;四是被济南市旅游局确定为重点合作银行,已有180余家旅行社在该行办理了质保金存储业务,占济南市旅行社总数的80%以上。

【小企业金融】 2011年,中信济南分行山东小企业金融中心正式运行。年末,小企业授信客户数达到350户,同比增长84户,增幅32%。由于在小企业金融方面的突出贡献,济南市财政局通过风险补偿金形式对该行进行了奖励。

【零售业务】 2011年,中信济南分行零售业务保持了较为平稳的发展势头,个人理财、个人贷款、代发工资、个人网银交易等业务取得较好成绩。为更好地为客户提供金融服务,该行着手构建大众客户服务体系,一方面,通过加强客户经理队伍建设,提升银行人员服务客户的能力;另一方面,通过上线基金分析系统、加强网点区域划分等软硬件手段为客户提供便利,使其享受到更好地银行服务。

【风险管理】 2011年,中信济南分行不断提升风险控制水平,为经营管理工作创造了良好的环境和氛围。一是扎实做好各项政策的贯彻落实,针对国家对政府融资平台、两高一剩、房地产等行业的宏观调控政策,以及银监会"三个办法一个指引"等监管要求,密切关注调控动向,做好与总行及监管部门的沟通协调,为各相关业务的合规经营打好基础;二是合理引导信贷投放,明确信贷投放重点,在符合国家政策的基础上,尽可能为当地经济和社会发展提供信贷支持;三是加强对授信项目的审查和后续跟踪,提升甄别和化解风险的能力;四是完善多通道审批机制,严把授信质量审批关,将小企业授信等业务纳入专业信审会审批;五是强化风险预警机制,按照"早发现、早行动、早化解"的工作要求,围绕重点行业、企业和产品,组织了多次专项检查。

【内控合规】 2011年,为进一步完善内控合规体系,中信济南分行一是以国家审计署的现场审计为契机,在检查前开展了全面自查自纠,对各项制度流程及风险点进行了拉网式排查,

中信银行股份有限公司济南分行主要统计指标

单位：亿元

项目 \ 年度	2007	2008	2009	2010	2011	2011年同比增幅（%）
本外币资产总额	253.09	301.78	423.08	477.91	622.46	30.2
本外币存款余额	220.81	264.56	365.72	441.56	497.61	12.7
人民币存款余额	215.44	262.59	353.87	430.73	493.12	14.5
企业存款	150.24	186.82	264.60	312.68	350.46	12.1
机关团体存款	11.43	19.10	31.62	48.66	61.10	25.6
储蓄存款	59.15	58.63	69.51	80.22	86.06	7.3
本外币各项贷款余额	169.89	183.86	251.84	285.75	354.07	23.9
人民币贷款余额	165.28	181.25	247.27	280.97	349.80	24.5
短期贷款	114.25	129.75	145.01	168.51	235.10	39.5
个人短期贷款	0.70	0.46	4.93	5.34	2.88	-46.0
中长期贷款	34.35	37.21	83.27	109.46	113.69	3.9
个人中长期贷款	7.51	9.88	17.17	21.77	30.44	39.8
票据融资	21.29	16.90	23.56	7.78	5.11	-34.3
利润总额	2.33	5.49	5.46	7.59	12.24	61.4
不良贷款余额	9.20	7.15	5.56	2.78	1.59	-42.6
不良贷款占比%	5.41	3.89	2.21	0.97	0.45	-53.7

并对发现的问题逐一进行整改；二是搭建起“点——线——面”相结合的内控合规平台，并进一步建立起“制度流程系统库”；三是加强合规审核工作力度，对行内新制度、新流程由合规部出具合规审核意见，涵盖内控合规、业务流程、风险控制等各环节；四是不断巩固案防基础，全年全行各网点堵截涉嫌金融犯罪事件共计35起，其中协助警方抓获在逃犯4名，堵截以虚假身份办理开户、挂失等案件31起。

【大事记】 1月5日 中信济南分行荣获2010年度“全省政府非税收入代理收缴服务创新银行”称号。(山东省财政厅(2010)鲁财综函11号文件)

2月18日 中信银行与山东省政府在北京人民大会堂签署山东半岛蓝色经济区建设战略合作协议，总行赵小凡副行长，中信济南分行侯训义行长出席。

3月1日 中信济南分行在济宁市设立的第一家县域支行——邹城支行正式开业运营。

3月16日 人行济南分行公布2010年度山东省金融机构反洗钱工作自律评估结果，中信济南分行连续3年荣获年度反洗钱工作自律评估A级行。

3月31日 中信济南分行获得山东银监局综合评估二级，这是该行连续第二年获评当地股份制银行最高监管评级。

3月 中信济南分行在国家外汇管理局山东省分局执行外汇管理考核中被评定为A级，是济南市获得A级等级的唯一一家中小股份制商业银行。(鲁汇综[2011]18号文件)

4月下旬 人行济南营管部公布了2010年度济南地区金融机构综合评价结果，中信济南分行获评最高级——A级。(济银部发[2011]71号文件)

5月6日 中信济南分行实现现金、重要空白凭证电子流程替代传统纸质传递的处理，解决了纸质调缴手续繁琐、时效性差、易发生记账差错等问题。

6月1日~9月23日 国家审计署对中信济南分行进行了中信集团公司原法定代表人孔丹任职期间经济责任审计及2010年度资产负债损益情况审计。

7月27日 中信银行山东小企业金融中心正式运营。

7月29日 中信济南分行成功举办“银财通”高层论坛，来自省、市、区各级财政、政府行政事业单位的60余名高层领导参加了论坛。

8月2日 中信济南分行办理首笔电子银承质押业务。

8月17日 中信银行总行张强副行长莅临济南分行指导工作，并与该行干部员工座谈。

8月 中信济南分行获得由人行济南分行和山东省商务厅联合颁发的“山东省跨境人民币结算先进单位”的称号。(济银发[2011]191号文件)

9月6日 中信集团与山东能源集团在山东大厦签订战略合作协议。山东省委副书记、省长姜大明，中信集团董事长常振明，山东能源集团董事长卜昌森参加了签约仪式。

9月21日 中信济南分行与山东临工工程机械有限公司签署战略合作协议。

10 月 20 日 中信济南分行办理首笔跨境人民币出口代付业务。

10 月 28 日 中信济南分行成功中标济南市商品房预售资金监管专户银行项目。

10 月 29 日 中国重汽集团 10 亿元短期融资券募集资金入账，这是中信济南分行连续第 4 次为重汽集团承销短期融资券，累计达 45 亿元。

11 月 22 日 中信济南分行成功为 3 家客户发行 1.8 亿元中小企业集合票据。

11 月 中信济南分行被山东省财政厅评为“2011 年度省政府代理非税收入创新银行”。

12 月 9 日 中信济南分行办理济南市第 1 笔进口贸易项下跨境人民币汇款业务。

12 月 15 日 人行济南分行授予中信济南分行“金融统计先进集体”荣誉称号。（济银办发〔2011〕295 号）

中信银行信福年华卡山东省首发仪式在山东大厦成功举行。

（李 勇）

中信银行股份有限公司青岛分行

【第一负责人简介】 吴小平，男，中共党员，经济学博士，高级经济师。自 1987 年以来，从事金融工作已 25 年，从事过公司业务、零售业务、国际业务等银行三大核心业务，现任中信银行青岛分行党委书记、行长。

【综述】 2011 年，中信银行股份有限公司青岛分行（以下简称“中信青岛分行”）经营效益大幅提升，经营规模取得突破，资产质量持续改善。

全年实现拨备后利润 12.5 亿元，同比增加 3.67 亿元，增幅 42%；实现经济利润 5 亿元，同比增加 2.57 亿元，增幅 106%；风险资本回报率 21.5%，同比提高 5.7 个百分点；网均和人均利润分别增长 94%和 89.5%。总资产规模达 582 亿元，增幅 21%。各项贷款余额 381.6 亿元，同比增加 60 亿元，增幅 18.7%。各项存款余额 556.5 亿元，同比增加 96.5 亿元，增幅 21%，其中一般性存款时点余额 513.4 亿元，同比增加 63.9 亿元，增幅 14.2%。不良贷款额和不良贷款率保持“双降”。不良贷款额 3.4 亿元，同比减少 0.5 亿元，下降 12.7%；不良贷款率 0.89%，下降 0.32 个百分点。拨备覆盖率 168.3%，提高 22.4 个百分点。

【公司业务】 2011 年，中信青岛分行围绕总行主流银行和资本集约发展的对公战略，积极营销，业务取得较快发展。规模指标中，年末对公存款余额（不含协议存款）375 亿元，同比增长 15.4%。对公一般性存款日均余额 342 亿元，增长 17.9%。全年完成国际业务收付汇量 182 亿美元，增长 39%。小企业一般性贷款余额 31 亿元，增长 89%。效益指标中，实现公司业务中间业务收入 4585 万元，增长 47%；投行中间业务收入 5385 万元，增长 43%；实现国际业务中间业务收入 1.6 亿元，增长 43%；小企业营业净收入突破 1 亿元，增长 82%。

【零售业务】 2011 年，中信青岛分行以网点转型为契机，加强了体系和队伍建设，零售综合盈利水平稳步提升。规模指标中，年末储蓄存款时点余额 104 亿元，同比增长 4%；个贷余额 32 亿元，增长 56%；理财销售 169 亿元，系统内排名第 5 位；私人银行客户数及管理资产分别居于第 3 位和第 5 位；理财销量、个人网银等业务均全面完成总行计划。效益指标中，实现零售营业净收入 2.3 亿元；零售中间业务收入 4151 万元，增长 63%；新增个贷加权贷款利率 7.07%，平均上浮幅度 5.35%。

【国际业务】 2011 年，中信青岛分行围绕调结构、创特色、提升综合贡献度的发展思路和 3S 服务理念，实现了规模和效益协调增长。一是强化资本和定价管理，综合贡献度大幅提升，风险资本回报率 26.8%，提高了 9 个百分点；二是举办 3S 论坛和持续推出创新产品，提升了外汇业务品牌形象；三是巩固了传统优势，系统内综合排名第 3。

【内控管理】 2011 年，中信青岛分行一是认真实施总行“啄木鸟合规行动”，开展了 2000 人次的合规培训和考试，制度执行力和合规意识不断增强，内外检查发现的问题数量同比下降 64%；二是反洗钱工作成效显著，在青岛同业 2011 年考核评价中获 A 级；三是开展 26 次针对政府平台融资、房地产贷款等项目审计，及时堵截了风险隐患；四是以深化“内控和案防执行年”活动为抓手，全面开展案防工作，确保了全年无案件发生。

【财务管理】 2011 年，中信青岛分行加大结构调整力度，综合经营能力进一步增强。

一、资产负债结构持续优化。从信贷投向看，个贷新增 11.6 亿元，增长 56.4%，超全行贷款平均增幅 37.6 个百分点；对公贷款中的小企业客户贷款增长 89%，超全行贷款平均增幅 71 个百分点。从存款结构来看，年末全辖机构客户存款余额 96 亿元，同比提高 0.7 个百分点；对公结算存款日均余额 82 亿元，增长 17.8%；储蓄存款余额同比增加 3.7 亿元。

二、收入结构持续优化。全年实现利息收入 24.5 亿元，同比增长 50%，其中定价提高对利息收入增加贡献 4.6 亿元。全行贷款平均收益率 6.84%，同比上升 1.5 个百分点。

三、客户结构持续优化。年末全行对公存款客户同比新增 486 户，其中余额 100 万元以上有效客户新增 298 户，余额 5000 万元以上客户新增 17 户。对公贷款客户中，异地客户占比 21.8%，同比下降 5.9 个百分点。零售客户新增 12.5 万户，其中私人银行达标客户新增 168 户；七彩华龄卡客户新增 2 万户。国际业务客户新增 446 户，其中收付汇量 10 万美元以上有效客户新增 170 户；1 亿美元以上的有效客户新增 12 户。小企业授信客户新增 259 户，小企业授信客户占比由年初的 27%提升至 39%。

【风险管理】　2011 年，中信青岛分行加大对符合国家和区域产业政策及分行发展战略的行业及企业的支持力度，强化了对高新技术产业、第三产业、蓝色经济区、中小企业、“三农”产业和出版、传媒等文化产业的信贷支持。

一、信贷审批质效进一步提高。一是优化信审流程，完善对二级分行、小企业及个贷业务转授权；二是完善行业审贷制和限时审批制，在支持业务发展的同时严控信贷风险，全年审批对公项目 1437 个，同比增长 16%；三是项目审批向本地化和小企业倾斜，新审批项目中的本地项目占比 93%，小企业项目审批同比增长 113%；四是加大了对集团客户、个贷等业务的倾斜力度。

二、贷后管理的力度进一步加大。一是以 16 次、60%的现场覆盖率、100%的非现场覆盖率的高频率检查为手段，开展抵质押业务、贸易背景真实性等专项检查；二是构建信贷管理体系，实行动态风险分类管理和风险监控；三是完善信贷管理运行体系，下发和修订 59 项管理制度，落实贷款新规。

三、法律保全力度进一步增强。一是按贷款清收“五定”原则，实行一案一策、责任到人、考核到位，多个项目取得突破；二是加大抵债资产处置和核销力度，回收现金 1.1 亿元，核销 0.55 亿元；三是及时预防正常贷款向不良贷款迁徙，参与预警项目 6 个，成功化解 1.84 亿元；四是通过健全声誉风险管理体系，加强舆情监测，加强思想教育，使声誉风险、道德风险等得到有效控制。

【会计管理】　2011 年，中信青岛分行一是围绕制度建设、检查监督等重点，构建规范化的会计管理体系；二是强化事中控制，加强会计运营管理，严控会计操作风险，成功堵截 10 起案件；三是对账率 97.9%，高于平均对账水平，会计差错率万分之 0.5，优于总行平均水平；四是现金和重空管理形成独特模式，日均压缩本外币库存 400 多万元。

【大事记】　1 月 27 日　“共赢 2011，中信青岛分行新春媒体答谢会”在青岛汇泉王朝饭店隆重举行。中央及省驻青媒体，以及青岛市主流媒体等 19 家新闻媒体高层参会。

1 月 29 日～30 日　中信青岛分行召开 2011 年度工作会议，总结上年工作，提出全年发展计划及目标措施，全行中一级客户经理以上人员 170 余人参加了会议。

4 月 22 日　中信青岛分行发起的“中信聚金理财计划票据系列产品 2 号 1185 期”成功募集，理财规模 5850 万元，期限 175 天，由潍坊分行、香港中路支行的两家客户购买。本期理财产品是由分行单独发起，是青岛分行在资产管理业务方面取得的又一重大突破。

4 月 28 日　中信青岛分行国际业务部被中华全国总工会授予“全国五一巾帼标兵岗”、被中国金融工会授予“全国金融五一巾帼标兵岗”，同时被授予“全国金融五一劳动奖状”称号。

5 月 13 日　中信银行青岛城阳支行陈秋实行长被授予“山东省富民兴鲁劳动奖章”荣誉称号。

7 月 18 日　中信银行青岛即墨支行举行隆重开业庆典仪式。

8 月 17 日　中信总行党委委员、工会主席王连福一行到青岛分行检查指导工作。

8 月 18 日　中信总行党委委员、工会主席王连福一行在青岛分行行长吴小平的陪同下，到潍坊分行检查指导工作，并拜会了潍坊市委、市政府及主要监管部门领导。

8 月 19 日　中信总行张强副行长一行在参加“中信银行 2011 年度债务融资工具创新产品投资者合作论坛”期间，到青岛分行检查指导工作。

11 月 10 日　人行青岛市中支吕峰副行长一行到中信青岛分行调研指导“两管理、两综合”工作，并与有关部门的负责人进行了座谈，吴小平行长、陈文德副行长参加了调研活动。

11 月 26 日　庆祝中信青岛分行成立 20 周年答谢演出在青岛大剧院隆重上演。山东省副省长、青岛市委副书记、市长夏耕，青岛市委常委、副市长秦敏，副市长王广正等省市领导、总行曹斌纪委书记出席庆典并观看了演出。1600 个客户代表参加了活动。

12 月 2 日　由半岛都市报主办、青岛银行业协会全程支持的 2011 中国（青岛）第 5 届理财节“理财之星”决赛正式拉开帷幕。来自中信青岛分行零售部的刘霞和宁夏路支行的葛从锋参与了这场比赛，分获最具潜质“理财之星”和最具专业素养“理财之星”的称号。

12 月 16 日　中信青岛秦岭路支行举行开业庆典。

（中信青岛分行）

华夏银行股份有限公司济南分行

【第一负责人简介】 孙彤军，男，1961年11月生，中共党员，高级经济师。历任农行蓬莱市支行农信科科长、营业部主任、支行副行长、行长，农行烟台、淄博市分行副行长，华夏银行烟台支行党委书记、行长，华夏银行沈阳分行党委书记、行长等职，现任华夏银行济南分行党委书记、行长。

【综述】 2011年，华夏银行股份有限公司济南分行（以下简称“华夏银行济南分行”）继续加快转变发展方式，深化结构调整，经过全行上下共同努力，各项业务平稳发展，效益明显提升，资产质量逐步向好，基础管理和队伍建设进一步加强。

一、效益实现较快增长。实现利润同比增加3.1亿元，增长46.3%，其中中间业务收入同比增加3700万元，增长29%；人均利润同比增加34万元，增长58%；资产利润率同比提高0.68个百分点。

二、资产质量明显提升。截至年末，该行五级不良贷款比年初减少1.50亿元，关注类贷款比年初减少1.11亿元，不良贷款率下降0.5个百分点，全面完成总行下达的考核口径资产质量控制计划。

三、通过强化考核引导和新产品运用，积极开发新客户，挖潜存量客户，客户基础进一步夯实。

【公司业务】 2011年，华夏银行济南分行通过形式多样的营销竞赛活动、实行“一户一策”逐户挖潜、加大新产品营销推广力度等措施，公司业务取得较好成效。

一、进一步深化以客户为中心的经营理念。经过强化政策引导，员工在研究客户、服务客户方面投入了更多的精力，学产品、用产品正在形成习惯，在由单一服务向综合服务转变方面也有了积极变化。

二、产品推广机制进一步完善。一是组织修订了《产品经理管理办法》，对产品经理实行分级管理，在经营单位设立高级和兼职产品经理；二是按月召集产品经理团队会议，学习成功案例、营销简报及先进行好的经验和做法；三是加大奖励力度，鼓励全行围绕核心客户开展上下游链式营销。

三、进一步加强新兴业务拓展。一是加快发展投行业务，制定了鼓励投行业务发展的相关办法，明确了投行业务的营销方向；二是针对重点客户业务需求，设计了有针对性的方案，营销效果初步显现。

四、重点项目攻关实现新突破。一是进一步提高营销服务层次，认真落实首席客户经理制；二是分行班子成员与有关部门、经营单位负责人和客户经理组成专门团队，实现了上下联动的营销机制；三是“一户一策”设计服务方案，强化重点客户和项目的攻关和服务。

五、简化公司客户授信项目推荐流程。该行实行授信审批全程负责制，进一步提高了授信项目推荐环节的审批流转速度。

【个人业务】 2011年，华夏银行济南分行通过不断强化客户开发、产品运用、渠道建设和队伍管理，网点服务水平不断提高，个人业务基础进一步夯实。

一、完善客户服务体系。一是修订服务标准，制定并出台服务行为指引，弥补了服务人员岗位行为标准的空白；二是加大监督检查力度，设立了“2011版神秘访客监测标准”项目；三是强化前台责任落实和服务管理，有效提高了服务水平；四是完善投诉处理机制，实行首问负责制，设专人第一时间处理95577流程工单。

二、强化示范引领作用。一是制定《客户挖潜营销模板》，提高了客户服务工作的针对性和实效性；二是启动“创富尊享，掘金计划”营销活动，通过电话、上门拜访、纪念日切入点营销、增值服务和客户沙龙等方式，重点开展存量客户挖潜服务和贵宾客户拓展。

三、稳妥开展银行卡业务。针对特色客户，该行先后以“温情华夏欢乐佳节，柔情华夏，浪漫之旅—华夏卡消费季”、“‘礼值’气壮刷华夏卡”、“华夏商旅卡贵宾增值服务体验月”为主题，深入组织开展了系列华夏卡品牌营销活动。

四、提高财富管理水平。一是加强理财产品组合营销，提高财富管理水平，将“资本游走族”转化为忠实客户，带动储蓄稳存增存；二是加强日常维护，为每一位新增贵宾客户建立服务档案，落实“一对一”服务，提高了客户忠诚度。

【国际业务】 2011年，华夏银行济南分行进一步完善营销架构和激励机制，加大贸易融资授信力度，突出重点产品营销，国际业务呈现良好发展势头。

一、加强专业指导和管理。一是制定出台了《国际业务工作要点》和《营销工作指导意见》，并分地区列明省内进出口3000强企业客户名单进行有针对性的营销；二是组织编写了《国际业务产品风险手册》，指导各经营单位加强风险防控工作。

二、实施客户分类营销。一是对照本外币授信客户名单，逐户梳理，根据客户授信敞口占比，提出有针对性的国际业务服务方案；二是对于贸易融资授信额度缺口较大的重点客户，积极组织上报总行审批；三是对贸易融资用信不足的客户，逐户分析原因，提出解决方案，进一步提高了客户用信率。

三、开展营销竞赛和产品推介活动。一是全辖开展国际业务营销竞赛活动，充分调动了经营单位和客户经理的积极性；二是积极组织推广进口开证、进口代付和结售汇等产品，前两

华夏银行股份有限公司济南分行主要统计指标

单位：亿元

项目　　年度	2007	2008	2009	2010	2011年	2011年同比增幅（%）
本外币资产总额	293.69	325.99	384.67	454.85	440.67	-3.12
本外币存款余额	265.67	308.35	335.23	430.18	382.22	-11.15
人民币存款余额	263.28	305.82	333.52	426.84	377.71	-11.51
企业存款	129.07	117.61	131.90	195.64	144.02	-26.39
机关团体存款	24.42	23.06	29.50	28.40	46.56	63.94
储蓄存款	43.28	52.36	60.50	79.84	69.42	-13.05
本外币贷款余额	201.41	229.30	291.47	345.01	371.43	7.66
人民币贷款余额	198.20	227.06	290.41	339.99	365.14	7.40
短期贷款	172.26	178.50	174.26	213.75	267.35	25.08
中长期贷款	28.36	38.02	115.29	130.12	99.74	-23.35
票据融资	0.45	12.06	1.06	0.11	0.89	709.09
利润总额	4.21	3.65	2.59	5.68	9.26	63.03
不良贷款余额	4.96	6.30	4.40	4.83	3.33	-31.06
不良贷款占比（%）	2.46	2.75	1.51	1.40	0.90	-35.71

项业务实现明显增长。

【会计工作】　2011年，华夏银行济南分行会计基础工作质量全面提升，实现了会计工作安全运行，服务和保障业务发展的能力进一步增强。一是新核心业务系统成功上线，提升了会计信息化水平；二是分层次、分岗位开展了由全行会计人员参加的“会计专业双基大赛”，会计水平进一步提高；三是开发“集中对账”管理系统，实现了对账工作的电子化管理；四是建立“会计专业专家队伍”，强化了专业指导和支持。

【风险管理】　2011年，为实现风险防控从“被动防御”向“主动管理”转变，华夏银行济南分行进一步加强过程管理，优化操作流程，深化内控建设，提高了风险防控能力。

一、深化内控合规管理。一是重新梳理管理部门岗位职责，编制岗位说明书，实现了岗位间的相互制约和控制；二是强化关键岗位和人员监督，规范强制休假和岗位轮换制度；三是在异地机构设立了专职合规管理员（岗）；四是完善内控考评体系，制定了《内控管理评价实施细则》。

二、优化信用风险防控机制。一是建立贷后管理积分评价制度，对其进行量化评价；二是加大贷后检查督察力度，建立了重点监控客户名单库，对入库客户实施动态监控。

三、完善操作风险防控机制。一是认真落实管理职责，进一步强化操作风险识别、监测、评估和风险提示等工作，突出了专业部门“第一道防线”作用；二是完善案件防控机制，建立了案防组织领导、宣传教育、责任落实、考核评价及处置追究等5个方面的工作机制。

四、加大不良贷款清收盘活力度。该行运用多种处置手段，加大防控清收力度，存量不良清收处置取得较大进展，新增不良得到较好控制，各项质量类指标全面完成计划。

【科技工作】　2011年，华夏银行济南分行坚持“科技促进业务发展、科技提高工作效能，合规开展科技工作”的指导思想，全力做好各项工作，信息安全管理水平得到进一步提高。一是经过网络设备改造、数据移植清理和特色业务改造等准备工作，顺利完成了新核心业务系统上线；二是完成了特色业务项目开发和现有系统升级，开发了联通双网合一系统、个人结算账户统计系统两个重点项目；三是组织开展了包括中心机房基础设施、网络设备、应用系统在内的6次信息系统应急演练，确保了系统安全的运行。

【安全保卫】　2011年，华夏银行济南分行安全保卫工作围绕实现“零案件”目标，牢固树立以人为本、安全发展的理念，全面加强安全管理，严格责任落实，确保了全年安全无事故。一是强化全员安全教育，扎实开展案件防控、安全保卫和消防安全管理，积极构建制度化、规范化的长效机制；二是进一步完善“谁主管谁负责，预防为主，综合治理，人防、技防、物防相结合”案防工作体系，严格落实责任制；三是完善各类应急预案并定期组织演练，做好网点突发事件防控和维稳工作，确保运营安全。

【企业文化建设】　2011年，华夏银行济南分行深化“诚信，规范，和谐”的核心价值理念，着力打造和谐向上的企业文化。一是组织开展了员工合理化建议、机关员工“知产品，晓业务”学习、青年业务竞赛、“双基比赛”岗位大练兵等活动；二是举办了“迎行庆登泰山比赛”和15周年行庆员工文艺汇演活动；三是强化了职工之家建设，努力打造家园文化。通过以上措施，进一步增强了全行员工的凝聚力和向心力。

【大事记】 1月13日 华夏银行济南分行召开“首季开门红”营销动员大会。

2月20日 华夏银行济南分行召开2011年工作会议暨纪检监察工作会议，会议安排部署了全年重点工作，对2010年工作中涌现出的先进集体和个人进行了隆重表彰。

2月21日 总行董事长吴建、监事长成燕红一行到华夏银行济南分行考察指导工作。

3月27日 华夏银行济南分行新核心业务系统成功上线。

3月29日 华夏银行济南分行召开“创先争优”活动动员大会，党委书记孙彤军作重要讲话。

4月27日～28日 总行首席信息官恽铭庆一行到华夏银行济南分行考察指导工作。期间考察指导了临沂分行筹备工作及临沂商城商贸物流情况，并与临沂市委副书记、市长张务锋会晤。

5月 华夏银行济南分行组织开展“爱护国家名片，爱惜使用人民币”反假币宣传活动。

6月28日 华夏银行济南分行组织开展以“学习以晓理明志，读书以创先争优”为主题的读书活动。

7月1日 华夏银行济南分行召开“创先争优”活动表彰大会暨党课报告会。会议表彰了活动中涌现出的4个先进党支部和10名优秀共产党员，党委书记孙彤军作了党课报告。

7月14日 总行行长樊大志、监事长成燕红一行到华夏银行济南分行考察指导工作。

9月28日 由济南市政府、山东省金融办主办的2011年中国（济南）国际金融博览会隆重举行，华夏银行济南分行作为参展商之一参加了本届金博会，借助这一平台展现了融资供应链、环球智赢、中小企业小快灵、电子银行、个人理财、个人贷款等品牌产品，宣传了华夏银行形象和发展成就。

10月29日 为迎接15周年行庆，华夏银行济南分行举办登泰山比赛活动。

11月14日 山东银监局副局长刘悦芹一行到华夏银行济南分行进行调研，对分行合规管理与内控建设工作给予了高度评价。

12月17日 华夏银行济南分行隆重举办“时光记录笑脸——15周年行庆文艺演出”活动。总行工会主席李国鹏、省金融办副主任郭永利、人行济南分行副行长肖龙沧、山东银监局副局长刘悦芹、市金融办主任胡晓蒙等领导出席活动，与员工一同观看了演出。

（尤元宝）

华夏银行股份有限公司青岛分行

【第一负责人简介】 刘辉，男，汉族，1959年1月生，福建省泉州市南安县人。党员，经济师，澳大利亚弗林德斯大学国际经贸关系专业硕士，1978年12月参加工作，历任中国光大银行青岛分行信贷管理部总经理、华夏银行青岛支行市场营销本部总经理、华夏银行青岛分行副行长等职，现任华夏银行青岛分行党委书记、行长。

【综述】 2011年，华夏银行股份有限公司青岛分行（以下简称“华夏青岛分行”）加快发展转型，突出经营特色，强化风险管控，圆满完成各项经营计划，步入系统内先进行之列。

一、业务规模稳定增长，一般性存款余额新增45.8亿元，增速高出全市金融机构平均9.8个百分点，存量、增量均居同类银行第3位。

二、国际业务高速发展。全年完成国际结算量44亿美元，同比增长35%；国际结算收入7608万元，同比增长55.7%，综合业务排名在系统内名列前茅。

三、不良资产实现双降。不良贷款五级分类不良率0.75%，资产质量持续向好。

【经营管理】 2011年，华夏青岛分行继续强化经营管理，内控水平不断提高，经营调控能力有效增强。

一、内控管理进一步完善。一是夯实会计管理基础，新核心业务系统成功上线，荣获总行会计专业“技能之星”比赛团体2等奖；二是系统内首家采用新特色业务平台，完成了联通联网代收系统改造等开发测试工作；三是开发管理信息系统，完善了绩效考核、业务统计和监管报备等项工作。

二、经营调控手段更加丰富。一是根据内外部经营环境变化，采取灵活有效措施，科学把握发展节奏，提高对市场变化的快速反应能力；二是优化考核激励机制，强化信贷资源和风险资产有偿使用，提高资产收益率及回报率。

【风险管理】 2011年，华夏青岛分行坚持依法合规经营，强

华夏银行股份有限公司青岛分行主要统计指标

单位：亿元

项目 \ 年度	2007	2008	2009	2010	2011	2011 年同比增幅(%)
本外币资产总额	153.91	149.17	204.25	213.29	264.80	24.15
本外币存款余额	115.31	123.54	161.2	202.93	249.68	23.04
人民币存款余额	113.87	121.96	158.95	199.57	244.44	22.48
企业存款	53.37	43.03	54.79	65.22	139.70	114.19
机关团体存款	6.96	3.7	13.84	31.07	37.28	19.98
储蓄存款	28.58	35.94	42.03	53.95	66.86	23.93
本外币贷款余额	101.63	106.22	145.87	168.16	190.88	13.51
人民币贷款余额	99.37	103.49	144.11	165.11	185.89	12.59
短期贷款	61.07	62.71	68.26	78.44	102.84	31.10
中长期贷款	35.6	35.06	75.34	86.00	80.25	-6.68
票据融资	2.56	5.4	0.37	0.67	2.76	313.86
利润总额	2.36	3.2	2.39	4.22	5.80	37.44
不良贷款余额(五级)	0.9	1.17	1.41	1.06	1.43	34.91
不良贷款占比(%)	0.01	0.01	0.01	0.01	0.01	--

化风险防控，实现了零案件的目标，成为青岛监管评级最高的3家B+银行之一，总行内控评价一级行第4名，荣获总行操作风险管理3等奖。

一、风险防范能力显著提高。一是深入开展“执行年”活动，进行拉网式检查，排查各种生产系统的隐患和故障，成功堵截风险业务17件，涉及金额6358万元；二是层层签订廉政建设责任书、承诺书和案件防控目标责任书，开展反腐倡廉专题讲座，组织员工参观了青岛市反腐倡廉教育基地。

二、信贷风险管控取得实效。一是见证环节推行拍照记录制度，有效防范了合同签署和抵质押登记等环节的风险；二是实施了贷后管理分行、地区信用风险部和经营单位三方联合工作机制；三是开展了政府融资平台、房地产开发和案件风险防控等风险排查，实现了不良资产数量和比例的双降目标。

【存款业务】 2011年，华夏青岛分行实现了业务持续稳定发展，并荣获总行自助渠道建设和合作运营项目两个“组织推动奖”。

一、业务发展转型取得实效。一是强化本地市场开发，有效融入了当地主流经济、行业和客户，本地客户数量占比90%；二是电力、钢铁等重点行业营销实现突破，实施了总行港口供应链金融业务试点。

二、深入推进个人业务特色分行建设。一是通过实施精细化管理、个人业务产品推介会、理财讲座和贵宾增值服务体验等途径，对目标客户综合运用批量开发、节点式开发和链式开发营销服务模式；二是持续加大网点布局、服务功能区分、自助银行和自助机具布设等方面的投入力度，与青岛凸点公司合作启动了便民服务站项目，已在30个社区投入运行。

三、服务品质全面提升。一是建立了基于网点阵地的联动营销模式，持续开展金融服务“每月一提升”活动；二是全面落实中高端客户一对一服务，网点服务水平明显提升。年内，该行在总行服务综合考评中排名第一；1名大堂经理入选中国银行业协会全国明星大堂经理称号；城阳、香港中路支行获得“中国银行业文明规范服务千佳示范单位”称号。

【宣传营销】 2011年，华夏青岛分行转变工作模式，实现被动宣传向主动宣传的转变，为业务发展奠定了坚实的基础。

一、以宣传为手段促进业务发展。一是加强报纸、广播和电视等多媒体、多角度、多渠道的立体宣传；二是先后组织了中小企业加油站、凸点便民服务站和支行迁址开业等媒体宣传报道，宣传效果明显提升。

二、调整优化营销模式。一是产品经理积极参与营销人员培训、客户营销和审核把关等环节，提高了营销效率和质量；二是将产品营销纳入目标责任考核，组建了重点产品推广小组；三是借款保函、资金监管、机构理财、国内信用证、票据置换、人民币跨境本息保等产品形成了新的业务增长点。

三、加快发展中小企业业务。一是选择5家县域支行打造小企业特色支行，实施绿色审批通道，两家支行获得当地政府授予的“支持地方小企业先进单位”称号；小企业贷款增量、增速、占比3项指标在全市银行机构中排名第四。

【队伍建设】 2011 年，华夏青岛分行进一步加强队伍建设，员工综合素质和业务能力得到进一步提高，并在总行会计专业“技能之星”比赛中荣获团体二等奖。一是深化干部竞聘机制，完善考核管理和劳务派遣员工晋升机制；二是分别对前台员工、大堂经理和各部(室)员工进行了服务、技能和素质培训，对中层干部进行了管理技能和领导素养等脱产培训。

【企业文化建设】 2011 年，华夏青岛分行企业文化建设成果丰硕，荣获青岛银监局团委先进集体及个人等荣誉，开发区支行荣获总行级“青年文明号”。一是深入开展创先争优活动，在总行大会上作了典型发言；二是设立“意见建议箱”、外网邮箱和“行长信箱”等建言献策渠道，收集意见建议上百条；三是召开职工代表大会，开展了困难员工家庭送温暖活动；四是组织举办了“大手牵小手平安出行”文明交通倡导、“送金融知识下乡”、“关爱新市民子女”等活动。

【大事记】 2 月 13 日 华夏青岛分行在府新大厦召开“2011 年工作会议暨纪检监察工作会议”。

2 月 25 日 华夏青岛分行新核心业务系统正式切换上线。

3 月 15 日 华夏青岛分行在黄海饭店召开 2011 年营销暨风险管理工作会议。

3 月 31 日 华夏青岛分行召开“创先争优活动动员暨新核心业务系统上线总结表彰大会”。

4 月 12 日 华夏青岛分行组织新员工和部分人员代表参观莱西北墅警示教育基地。

6 月 15 日 华夏青岛分行在市银行业协会举办的全市银行机构庆祝建党 90 周年文艺汇演中获得第一名。

6 月 25 日 华夏青岛分行组织开展“关爱新市民子女志愿服务”活动。

8 月 13 日 华夏青岛分行、凸点投资社区“便民服务项目签约及启动仪式”在香格里拉大酒店举行。

8 月 17 日 “华夏银行之夜——周末音乐会”启动仪式，暨韩国良长笛专场音乐会在青岛举行。

8 月 20 日 华夏青岛分行在青岛国信体育馆举办“‘乒动华夏’华夏银行客户乒乓球邀请赛”。

8 月 29 日 华夏银行青岛威海路支行正式迁址，更名为辽宁路支行。

9 月 6 日 华夏青岛分行组织参观“全国窃密泄密案例警示教育展”。

9 月 20 日 华夏青岛分行参加总行“青春华夏展示真我”服装设计大赛活动，排名位居第 3。

9 月 28 日 华夏青岛分行成功办理全国首笔票据质押委托贷款业务，为华夏银行产品运用开创了先河。

11 月 28 日上午 华夏青岛分行举行其设立的第 4 家县域支行——平度支行开业庆典。

（曲文豪）

深圳发展银行济南分行

【第一负责人简介】 刘峰，男，汉族，1960 年生，货币银行学研究生，1981 年参加工作，历任中行江西省分行国际贸易处科长、深圳发展银行国际业务部副总经理、深圳发展银行珠海支行行长，2003 年 10 月至今任深圳发展银行济南分行行长。

【综述】 2011 年是平安集团入主深发展的第一个完整年度，是深圳发展银行济南分行（以下简称“深发济南分行”）成立 10 周年，也是该行第二个“三年规划”的第一年。截至 12 月 31 日，存款市场份额 2.43%（含总行协议存款回补），较年初上升 0.21 个百分点。

【公司业务】 2011 年，深发济南分行积极贯彻总行和北区的各项政策及部署，审时度势、积极应对，实现了年初制定的“上半年对标同业上规模，下半年夯实基础调结构”的全年工作方针，各项指标取得了较理想的成绩。

一、积极扩大存款规模、调整存款结构。一季度，该行召开年度工作会议，部署开展了“百日存款劳动竞赛”等活动。二季度，以存款规模为核心的各项主指标迅速拉升，实现了规模化增长。下半年，着力推动以纯负债为核心的业务结构优化、为业务发展打基础的客户资源储备、为该行实现战略发展的人才引进等工作。

二、积极扩大有效客户规模。年末，该行有效授信客户 1060 户，净增 415 户，增幅 64%，圆满实现“千户行”目标。在客户升级方面，该行一、二类客户的数量占比、存款余额占比、授信余额占比三项核心指标均位列全行第一，是总行评定的全国 4 家示范行之一。

三、搭建供应链金融营销支持平台。一是着重对煤炭、工程

深圳发展银行济南分行主要统计指标

单位：亿元

项目 \ 年度	2007	2008	2009	2010	2011	2011年同比增幅（%）
本外币资产总额	78.62	147.70	158.14	202.87	251.77	24.10
本外币存款余额	76.37	106.87	134.13	169.03	198.41	17.38
人民币存款余额	76.14	106.77	134.00	168.89	198.03	17.25
企业存款	69.58	95.95	119.48	150.24	177.41	18.08
机关团体存款	0.05	0.13	0.99	1.17	2.58	120.51
储蓄存款	6.74	10.78	13.67	17.62	18.42	4.54
本外币贷款余额	57.75	78.34	89.51	112.72	142.71	26.61
人民币贷款余额	56.73	78.34	89.51	112.42	142.71	26.94
短期贷款	44.57	64.00	49.87	66.82	115.04	72.16
中长期贷款	13.18	14.34	39.63	45.90	27.67	-39.72
票据融资	7.08	32.26	17.95	7.38	5.12	-30.62
利润总额	0.75	-0.17	1.93	1.39	0.38	-72.66
不良贷款余额	1.44	0.01	0.33	0.27	0.39	44.44
不良贷款占比（%）	2.21	0.01	0.30	0.22	0.26	18.18

机械、钢铁、汽车等行业的重点供应链金融项目深入挖掘，从原来的单向拓展延伸到对上下游客户的双向营销；二是业务模式上大胆创新，尝试煤炭行业"1+n+1"模式供应链；三是地域范围从省内为主延伸到覆盖河北、江苏等地，贸融余额保持稳定增长态势。

四、国际离岸业务实现翻番增长。一是大力推动国内信用证业务，及时出台了《国内信用证业务营销指引》；二是推进进口代付理财业务，吸收人民币存款3.3亿；三是成功拓展了离岸背对背信用证业务，成为系统内开办此业务的4家分行之一。

五、中小企业业务取得快速发展。一是从组织、推动、审批、管理4个方面全流程推进中小企业业务发展，中小企业新增客户约占该行新增客户数量的40%；二是中小企业授信敞口额度在该行授信敞口额度占比约8%，该部分客户在保险、基金、理财等综拓方面收益明显，对该行客户和业务结构调整做出了较大贡献。

【资金业务】 2011年，深发济南分行确定了"同业利润追求增长、渠道建设争创成效、资产负债自求平衡、投行业务全力突破"的年度规划，全年紧紧围绕规划展开工作。一是同业负债首次挂钩KPI考核，实现日均42.58亿元，完成率达132.38%，并成功营销某国有银行省分行理财专用账户在该行开户，贡献低成本同业资金日均29.48亿元；二是第三方存管代理业务客户数量、保证金及清算资金沉淀日均有较大幅度增长，贵金属业务代理、理财BBC合作等业务均开创了良好局面，处于全行领先地位；三是组织完成同业授信10家，累计综合授信额度达72亿元；四是人民币代付业务、理财产品销售、投行业务、直贴业务、头寸管理等也取得了较好成绩。

【零售业务】 2011年，深发济南分行开展了一系列形式多样的营销宣传活动，市场影响力不断扩大。一是从业务知识、技能、管理能力等方面入手，加大业务培训力度；二是开展了"兔年迎春储蓄竞赛"、"金卡集结号2011虎狼羊"PK赛、"我为深发献八户"等竞赛活动；三是先后组织各支行开展了"理财沙龙"、"贵金属讲座"、"顶级红酒品鉴会"等活动，提升了客户忠诚度；四是全力搭建经营单位与"圈、链、会"等私人业主的沟通桥梁，联合济南紫金限公司在三季度开展贵金属延期交易大赛；五是将个人房贷业务渠道拓展逐渐向经营性贷款转型，全年全行个贷团队共发放零售贷款5.85亿，同比新增3.12亿元，其中经营性贷款净增4.37亿元。

【信贷管理】 2011年，深发济南分行在保持业务快速发展的同时，资产质量也得到了有效控制，较好地完成了总行下达的指标。一是加大对中小企业的支持力度，客户规模结构进一步优化，年末共审批中小企业客户806户，同比多增342户，新增授信额度181.2亿元，同比多增64.94亿元，增幅分别为73.13%和58.28%，中小型企业贷款余额61.9 亿元，占全部公司贷款余额比例为49.3%，较年初上升17.6 个百分点；二是对贸易融资核心客户间接融资额度开通绿色通道，截至年末，贸融客户数234户，较年初净增40户，贸易融资月均余额57.75亿元，指标完成率达102%；三是加大对客户服务升级的支持力度，全年共审批授信策略分类调整75户；四是引导个贷业务向小微经营性贷款进行转型，实现了个贷业务由低利差的房贷、消费贷向高利差的小微、经营贷的结构调整，其中，小微业务累计发放约占个贷业务年发放量的 80%；五是切实加强政府平台和房地产贷款的风险管理，实现了授信风险的基本释放。

【内控建设】 2011 年，深发济南分行不断加强合规风险体系建设：一是加强专兼职合规人员队伍建设和反洗钱人员岗位管理，完善组织架构；二是加强合规审查和咨询工作，全年共完成合规审查 158 项，业务咨询回复和工作建议 318 条，合规提示报告 11 份；三是规划和梳理各类规章制度 119 项，开展案防内控风险排查等各类检查 15 次；四是开展了学习和签署案防责任书、员工不当行为排查等各类案防工作；五是组织合规、反洗钱培训 5 次，开展了“内控建设年”、“深化内控和案防制度执行年”等案防合规主题活动；六是与监管部门建立经营管理信息的定期报告和反馈机制。

【后台支持】 2011 年，深发济南分行加强后台支持服务水平，工作效率进一步提升。

一、加强运营服务管理，有效提升内外部客户服务水平。一是不断优化网点晨会流程，丰富晨会内容；二是开展服务检查和培训，提高柜面人员服务技能；三是建立与公司、零售、资金条线的日常沟通机制，推动网点对公、零售营销转介工作的开展。

二、加强流程管理，提升运营效率和适应能力。一是持续开展集中作业流程梳理；二是全力配合流程银行推广，提升运营工作效率；三是更新开户模版，完善资料打印。

三、积极推进系统推广，进一步加强 IT 系统运维和应急管理。一是配合流程银行推广，提升运营效率；二是配合人行开展应急演练；三是顺利完成了新机房的搬迁和各系统切换，率先完成了 IP 地址改造和 AD 域推广，整个 IT 系统基础环境和运转效率大大提高。

四、落实绩效考核，加强团队管理，提升运营凝聚力。一是做好阶梯培训，提升运营工作素质和管理能力；二是将绩效考核指标逐层级差异化分解，提高了各级对 KPI 指标的关注力度。

【企业文化建设】 2011 年，深发济南分行高度重视企业文化建设，通过多种形式营造积极向上、和谐共赢的氛围。一是积极拓宽宣传渠道，有效提升宣传效果，全年累计宣传数达 275 次；二是通过“泰山环保行”、“爱心北川行”、“捐书赠节能灯”等活动，不断强化“企业公民”意识；三是开展 10 周年庆典系列活动，通过行庆专刊、文艺汇演等多种方式，增强员工的企业归属感和集体荣誉感；四是深入推进“创先争优”和“传、帮、带”活动，继续推行“员工关爱”工程。

【大事记】 1 月 深发济南分行成立中小企业金融事业部、个贷营销团队。

4 月 深发济南分行荣获山东省国际收支优秀申报单位。

10 月 流程银行账户和汇款项目在深发济南分行 8 个网点全面上线。

11 月 深发济南分行召开山东临工供应商订单融资业务座谈会。

12 月 深发济南分行本部及营业部搬迁。

（崔建伟 梁菲菲）

深圳发展银行青岛分行

【第一负责人简介】 李军，男，1956 年 10 月生，硕士研究生学历，中共党员。历任山东省国际信托投资公司计划部主任，中信实业银行青岛分行信用审查部总经理，中信银行总行风险管理部总经理，深圳发展银行总行信贷审批总监；2011 年 5 月至今，任深圳发展银行青岛分行行长。

【综述】 2011 年，深圳发展银行青岛分行（以下简称“深发青岛分行”）坚持“保持稳定、调整结构、加强管理、防范风险、加速发展、奔向最佳”的工作整体思路，强化信贷风险管理，加强内控合规建设，实现了规模和效益的显著增长，资产质量继续保持良好态势，经营管理水平迈上了新的台阶。

【公司业务】 2011 年，深发青岛分行加强营销管理，大力发展贸易融资业务，推动公司业务规模再上新台阶。

一、加强营销管理。一是组织开展了“挑战新高，促公司存款增长”竞赛活动和吸收公司类“无贷户”存款专项奖励活动；二是强化贷款额度及定价管理，继续实行出账利率审批和出账

深圳发展银行青岛分行主要统计指标

单位：亿元

项目＼年度	2007	2008	2009	2010	2011	2011年同比增幅（%）
本外币资产总额	63.22	133.52	128.52	204.77	225.04	9.9
本外币存款余额	60.16	96.06	111.44	133.91	155.3	15.97
人民币存款余额	59.87	95.53	110.2	132.71	154.11	16.13
企业存款	18.42	20.46	17.67	25.48	25.63	0.59
机关团体存款	0.33	0.5	0.45	0.44	6.83	1452.27
储蓄存款	7.21	9.96	9.17	17.29	21.12	22.15
本外币贷款余额	56.73	82.58	103.08	116.13	122.07	5.11
人民币贷款余额	55.22	82.58	103.08	113.88	121.39	6.59
短期贷款	36.8	48.84	60.43	75.6	92.12	21.85
中长期贷款	12.07	14.84	23.37	28.33	28.5	0.6
票据融资	6.35	18.9	19.28	9.95	0.77	-92.26
利润总额	1.02	2.07	2.22	2.78	4.43	59.35
不良贷款余额	0.24	0.06	0.08	0.03	0.34	1033.33
不良贷款占比（%）	0.42	0.07	0.08	0.03	0.28	833.33

核准，引导贷款投放更多转向中小企业和贸易融资客户；三是组织推动上市公司募集资金监管和债务融资工具业务，成功营销首笔上市公司募集资金监管业务，吸收上市募集资金2.46亿元；四是积极推进客户升级计划，对授信吸存率低于10%的客户进行逐户动态跟踪，对无法实现升级的客户控制业务出账，强制压缩授信直至退出；五是大力推广结算与现金管理业务，结算与现金管理存款占比达77.68%，对公授信客户现金管理覆盖率达88.18%，电子渠道交易笔数替代率为27.13%，公司理财销售累计达14亿元，完成银企直联新增有效户8户，集团现金管理新增户12户，均超额完成全年预算。

二、大力发展贸易融资业务。一是制定业务营销规划及激励政策，推动业务授信规模实现较快增长，贸易融资业务授信余额达107.84亿元，同比增长51.48%；二是积极推进保理业务发展，保理授信客户新增23户，授信余额12.7亿元，增长131%；三是积极推进“1+N”供应链金融核心企业营销，全年新增分行为主办行的核心企业3家，总行已批复间接授信企业6家，分行批复5家；四是大力推进线上供应链金融，成功实现青岛宝钢供应链金融业务上线和出账；五是积极推进保税物资监管业务，举办了保税物资综合金融推介会；六是新增合作监管单位3家，召开了合作监管方联席会，加强了合作监管单位的管理维护工作。

【国际业务】 2011年，深发青岛分行依托离在岸业务特色优势，加大新产品推广力度，推动国际业务市场份额持续增长。全年累计完成国际结算量135.56亿美元，增幅43.62%。其中，在岸国际结算量19.9亿美元，增幅43.99%；离岸国际结算量115.66亿美元，增幅43.5%。实现国际结算中间业务收入4693万元，国际业务利润6850万元。离岸业务全年保持高速发展态势，利润排名全行第一，结算量排名全行第四。

该行一是制定了“保持离岸稳定增速、大力发展在岸、继续扩大离在岸客户群”的发展思路，多渠道储备客户，并联合离岸注册代理中介举办离岸业务推介会5次；二是大力推广在岸人民币全额质押海外代付、全额人民币质押美元贷款、信用方式进口开证业务，其中在岸质押海外代付完成1.84亿美元，人民币质押美元贷款2894万美元，累计吸收各种期限人民币存款近14亿元。

【零售业务】 2011年，深发青岛分行加大理财业务营销力度，调整个贷业务结构，推动零售业务持续、快速发展。

一、加大理财业务营销力度。一是将有限的资源向零售存款倾斜，实现了存款余额及日均存款的快速增长；二是大力拓展零售价值客户，通过全员营销、行内竞赛、客户提升、网点外呼、流失率管理、渠道强化等多措并举，价值客户完成全年预算的119%；三是积极开展“金卡集结号进社区”活动，取得了明显效果，一期活动发卡3814张，完成率105.94%，二期活动发卡4335张，完成率128%；四是开展“我为分行献8户”活动，全年实现信用卡发卡6348张，完成全年预算的128%；五是全行联动，在平安大华基金的销售中实现销售额3989.3万元，完成率113.33%；六是积极开展天玑财富贵宾俱乐部活动，首次尝试了商家赞助合作组织活动的新模式，举办了2期“分行贵宾俱乐部——高尔夫训练营家庭欢乐日活动”，提高了高端价值客户的忠诚度和贡献度。

二、大力调整个贷业务结构。一是大力发展经营性贷款，重点大力营销和发放更高收益的小微贷款，小微贷款净增7.07亿元；二是加强个人贷款利率定价管理，密切关注同业政策及市场利率水平；三是加大信用速贷工作督导力度，关注整体贷款时效，并通过“回炉计划”对跟进客户进行二次营销，提高了放款量；四是加强个贷业务风险防控，加大逾期贷款的催收力度，确保个贷业务资产质量保持良好，各项资产质量指标均控制在总行计划之内。

【资金同业】 2011年，深发青岛分行加强资金营运管理，大力发展同业票据业务。全年实现同业营业净收入8908万元，完成全年预算的178.52%，其中，实现非利息净收入2162万元，完成全年预算的400.37%；日均同业负债56亿，完成全年预算的112.1%。

该行一是加强资金流动性、效益性管理，合理匡算头寸，实现流动性与收益性的平衡；二是严控存放同业资金，压缩低息资金的占用；三是大力发展同业票据业务，累计操作转贴现买入业务金额196.19亿，转贴现卖出业务金额55.21亿，买入返售金额 223.09亿，卖出回购金额9.51亿，累计引入同业存款金额329.24亿元(其中联动存款175.2亿元)，累计办理同业代付40.51亿元，实现同业净利息收入6746万元；四是为总行代收票据212亿，增加中间业务收入410万元；五是加强理财产品的销售力度，实现业务交易量17亿元，累计产生中间业务收入43万元。

【信贷管理】 2011年，深发青岛分行加强信贷政策指导，改进信贷审查审批工作，强化风险管理，继续保持信贷资产质量良好态势。

一、加强信贷政策指导和培训。出台了公司信贷政策指导意见，并按季度发布《审批快讯》，每月发布《退档/取回原因分析》，对新机构或退档率较高的经办部门进行实地走访交流、培训，帮助营销人员把握方向，合理设计授信方案，提高调查报告质量和审批通过率。

二、改进信贷审查审批工作环节。一是关口前移，在审查、审批阶段参与考察和授信项目方案设计，保证信贷审批质量；二是调整优化对公授信预报预审制度，有效利用调查和审批资源，提高审批效率；三是梳理审批流程，对符合绿色审批通道业务和青岛本地业务优先审批；四是加强对公授信报卷质量考核管理，分析问题、奖优罚劣，帮助对公客户经理提高了信贷档案调查质量和档案通过率。

三、加强信贷管理和监测检查工作。一是完善信贷规章制度，全面落实贷款新规，分行不良率、风险分类迁徙率等指标均控制在较低水平；二是加强信贷监测预警管理，共发布监测预警风险提示54个，退出风险客户25个，涉及敞口5.2亿元；三是首次采用分行“专家组”的方式对所有对公业务逐笔排查；四是继续完善“分区域”现场检查和“观察类客户”风险管理模式，共实地检查客户190余户；五是加大资产保全工作力度，通过提前介入、诉讼清收等措施，及时化解信贷资产风险，共清收个贷不良贷款10笔，金额270万元。

【运营服务】 2011年，深发青岛分行实施运营流程优化，强化风险监控，加强运营队伍建设。一是对现金集中清点等12项业务进行了集中，全面加强流程银行建设；二是下发了22项运营管理制度，进一步规范了运营作业管理和流程；三是强化运营风险监控，坚持日常监控与检查辅导相结合，及时识别和管理分行运营风险；四是实行柜台服务标准化，积极推进客户服务分流，改善客户用卡环境，在银行业协会与银联联合开展的2011年度自助银行检查评比中，荣获“ATM服务质量优秀单位”和“ATM金融自助终端服务突出进步奖”荣誉称号；五是开展“家行和谐心沟通”、“我为运营做贡献”金点子活动，提高了运营队伍的素质；六是积极开展公司和零售业务转接竞赛，健全网点的服务销售渠道，完善奖惩机制。在总行“工会杯”现金管理重点产品运营转接劳动竞赛中，分行营业部荣获先进网点称号，运营部荣获创新销售先进集体称号。

【内控建设】 2011年，深发青岛分行强化合规内控管理和案件防控，不断提高内控管理水平。一是完善合规组织架构，成立了“红黄蓝”牌亮牌委员会、不良资产责任认定与追究委员会；二是新增制度17份，废止制度20份，修订制度9份；三是开展了“万人千天合规行”案防主题活动；四是狠抓案件防控工作落实，层层签署案件防控目标责任书；五是加大稽核检查力度，针对重点领域或薄弱环节开展各类审计项目14个，并督促整改；六是每月不定期对各营业网点物防、技防、人防情况进行安全检查，及时消除安全隐患；七是加强全员安全意识教育和防范技能培训，开展防抢劫、消防等预案演练，全年实现了安全经营无事故。

【内部管理】 2011年，深发青岛分行深化人力资源管理改革，加强计财管理工作，提升科技运营含量，不断提升内部管理水平。

一、深化人力资源管理改革。一是实行人力资源向业务和一线倾斜，实施对公客户经理“猎鹰计划”，大力引进高产能客户经理；二是积极推进绩效考核文化建设，严格按照考核结果进行薪酬审定、劳动合同续签、调岗、晋升等人事管理事项；三是加大员工培训力度，年度面授培训和电子培训计划完成率均达100%，在所有分行中排名第一，有效提高了全员素质。

二、加强计划财务管理。一是实行财务资源向市场倾斜，大幅提高营销费用，适时推出多项激励政策；二是加强FTP考核办法宣导，及时公布更新各类产品FTP净收益率，测算各项业务的加权风险资产收益率；三是每月对分行和各单位KPI完成情况、主要指标与预算的差异、业务趋势等进行分析，为分支行经营决策和业务均衡发展提供了数据支持。

三、加快科技运营建设步伐。一是95501短信中心项目、黑莓移动办公上线、富士康远程开卡等项目顺利实施，提升了分行运营的科技含量；二是加强管理信息系统(mis)开发，实现了货押监管系统正式上线和授信风险业务档案审批进度系统改造升级，为业务发展提供了科技支持。

【企业文化】 2011年，深发青岛分行加强企业文化建设。一是组织观看红色经典电影《建党伟业》、组织党员井冈山红色之旅、参加庆祝建党90周年暨纪念辛亥革命100周年青岛市银行业书画摄影作品展等活动；二是组织参加了青岛市银行业职工运动会；三是积极开展"送金融知识下乡"宣传服务站创建活动，城阳支行被青岛银监局评为2010年度考核优秀单位，并被推荐为全国级"送金融知识下乡"宣传服务站申报单位；四是深入开展"关爱新市民子女志愿服务行动"，组织全行青年员工捐款4700余元，并在青岛郑州路小学启动了"真情暖童心 山鹰展翅飞"关爱行动；五是以登山、羽毛球、足球、篮球等俱乐部为依托，组织全行员工参加各项文体活动，营造了和谐快乐的企业文化氛围。

【大事记】 1月14日 深发青岛分行在青岛万达艾美酒店召开2010年度工作总结表彰大会和迎新春晚会。

4月2日 深发总行邱伟监事长来深发青岛分行座谈调研。

4月29日 深发青岛分行参加由青岛市政府和山东省金融学会在青岛黄海饭店主办的"金融支持山东半岛蓝色经济区开发建设暨政银企合作推进会"，深发青岛分行行长李军与龙海建设集团总经理袁志刚现场签署了合作协议。

5月7日 深发青岛分行全面启动"金卡集结号"进社区活动。

5月19日 深发总行下发（深发银[2011]269号）聘任李军为深发青岛分行行长。

6月3日 深发青岛分行宝钢供应链金融业务成功上线，并通过线上操作了首笔贸易融资业务。

6月21日 总行理查德行长、冯杰副行长莅临深发青岛分行视察工作。

7月13号 平安集团孙建一副董事长和总行党委王骥书记莅临深发青岛分行视察工作。

7月22日 深发青岛分行在青岛经济技术开发区蓝海金港大饭店举办"保税物资综合金融服务推介会"。

7月26日 总行林德云首席运营官莅临深发青岛分行视察工作。

7月27日 总行周立首席信贷风险执行官莅临深发青岛分行视察工作。

8月4日 总行谢永林副行长莅临深发青岛分行视察工作。

10月18日 总行吴鹏副行长莅临深发青岛分行考察调研。

10月20日 深发青岛分行召开线上供应链金融现货融资项目启动会。

11月16日 总行下发（深发银[2011]712号）聘任王国富为深发青岛分行副行长。

11月25日 深发总行下发（深发银[2011]735号）聘任刘家亮为深发青岛分行行长助理。

12月6日 深发青岛分行在青岛汇泉王朝大酒店召开了2011年度合作监管方联席会。

（程晓华）

招商银行股份有限公司济南分行

【第一负责人简介】 周伟林，男，中共党员，高级经济师，硕士。1976年起历任工商银行黑龙江省分行办公室主任、大兴安岭分行行长，工商银行黑龙江省分行副行长；招商银行哈尔滨分行行长。2011年7月至今，任招商银行济南分行行长。

【综述】 2011年，招商银行济南分行（以下简称"招行济南分行"）紧紧围绕"推进转型，调整结构，防范风险，提升效益"的目标，深入推进二次转型，促进了各项业务的平稳发展。

【公司业务】 2011年，招行济南分行加大市场拓展与经营力度，公司业务实现较快发展。

一、大力发展对公负债业务。紧紧把握债券、资本和生产要素市场蓬勃发展的有利时机，成功吸收上市资金2.87亿元，营销境外发债资金3.98亿美元和15亿人民币，中期票据发行资金16亿元，交易资金清算存款4.6亿元。

二、稳健拓展对公资产业务。一是针对RAROC水平低于17%的信贷客户，拟定了价值提升或压缩退出方案，并按时监控其变动情况，对于到期仍未提升的客户，逐步压缩其存量规模；二是优化产品定价模型，加强综合收益的测算，提升对公贷款的整体定价水平，全年累计转出信贷资产25.65亿元。

【零售业务】 2011年，招行济南分行积极推进条线资源整合，推动零售业务持续快速发展。

一、零售业务协调发展。一是通过扩大代发规模、挖掘第三方存管价值客户、信用卡、专业版等手段，积极拓展客户渠道，开展了金葵花数据库营销，促进基础和高价值客户群及资产规模快速增长；二是全面实行标准工作量、标准活动量和工作质量的"三量"化管理，不断提升员工的专业化能力；三是细化服务制度建设，注重服务实效，通过网点评价、服务质量、专业素质、营销工作的综合考核，实现了服务与绩效的同步提升，荣获总行2011年零售银行"业务综合发展十佳分行"、"服务十佳分行"、"运营管理优秀分行"等称号。

二、个贷业务有序发展。以合规经营、风险控制为基础，积极推进个贷产品、流程及管理创新。在对辖内市场进行充分调

招商银行股份有限公司济南分行主要统计指标

单位：亿元

项目＼年度	2007	2008	2009	2010	2011	2011 年同比增幅（%）
本外币资产总额	333.95	330.14	424.56	515.86	531.37	3.01
本外币存款余额	240.18	301.52	368.24	440.11	462.36	5.06
人民币存款余额	237.12	296.91	352.39	428.62	455.43	6.25
企业存款（本外币）	120.09	138.50	180.56	268.88	264.35	-1.68
机关团体存款（本外币）	6.80	9.07	9.09	39.56	55.17	39.46
储蓄存款（本外币）	56.13	83.41	103.79	121.76	135.59	11.36
本外币贷款余额	312.81	320.94	393.01	463.87	501.44	8.10
人民币贷款余额	293.29	317.29	382.16	451.62	490.22	8.55
短期贷款（本外币）	196.69	183.12	188.86	202.91	246.8	21.63
个人短期（本外币）	3.38	4.30	6.13	13.5	16.7	23.7
中长期贷款（本外币）	101.75	119.29	179.26	236.24	229.78	-2.73
票据融资	14.37	18.33	24.70	24.69	24.86	0.69
利润总额（税前）	6.94	8.86	6.65	8.81	15.16	72.08
不良贷款余额	1.40	4.04	3.23	3.18	2.84	-10.69
不良借款占比（%）	0.45	1.26	0.82	0.69	0.57	-17.39

研的基础上，以临沂地区专业市场为突破口，集中资源，积极推进市场贷业务，开发专业市场 7 个，市场授信总额 9.5 亿元，新建额 45 笔，授信金额 1.02 亿元。“市场贷”业务获得总行零售银行部的好评，并在全行进行推广。

【国际业务】 2011 年，招行济南分行发挥“跨境金融”品牌优势，助推企业“走出去”。同时，紧抓人民币国际化发展机遇，整合跨境人民币结算、融资产品，理顺并优化业务流程，全年累计完成国际结算量 93.28 亿美元，同比增幅 24.5%，贸易融资累计发放 8.26 亿美元，同比增幅 16.3%。

【中间业务】 2011 年，招行济南分行大力推进新兴中间业务发展，培育非利息收入增长新的亮点，全年实现非利息净收入 5.60 亿元，占比达 19.26%。

一、批发中间业务亮点纷呈。一是大力发展投资银行业务，先后承销多笔中、短期票据业务，金额 43.80 亿元；二是成功营销 8 家客户融资租赁业务，累计放款 12 亿元；三是大力发展财资管理业务；四是不断壮大资产托管业务，全年托管非估值类信托计划 33 个，托管余额 32.3 亿元，托管费收入 645.7 万元；五是黄金租赁业务乘胜前进，租赁黄金 526 公斤，实现租赁收入 367.53 万元。

二、零售中间业务收入快速增长。一是通过对客户资产全方位配置的方式，提升客户经营水平和综合贡献度，实现零售中间业务收入同比增幅 38%；二是深入挖掘高端客户需求，坚持总行开发与自主开发相结合战略，全年销售各类理财产品 417 亿元，中间业务收入创历史新高；三是积极推进信用卡与一卡通交叉营销，开展了“一卡通”POS 刷卡消费活动，实现银行卡中间业务收入 8800 万元；四是顺应黄金市场形势，通过举办黄金珍品巡展、实战培训等方式，大力营销标准投资金条、收藏纪念金银制品等实物黄金业务。

三、国际业务持续贯彻“境内外、离在岸”联动发展思路，全年实现中间收益 1.16 亿元，首次跨入亿元台阶，连续两年获得总行“国际业务综合评议大奖”。

【风险管理】 2011 年，招行济南分行适应宏观形势和市场变化，不断强化风险管理。一是建立了标准化的审贷流程，推进精准审贷，提高审批效率；扩大双签范围，双签审批业务比例达到 50%以上；二是优化放款和操作流程，实现了“信用风险管理系统”网上签批，规范了境内保函业务和国际信用证项下保证金操作流程，有效减少了风险环节；三是强化专项检查和调研，坚持执行授信复审制度，全年完成两次对全部授信客户的授信后复审，完成信贷直查客户 140 余户，对 145 家中小企业进行了排查，明确了中小企业贷后管理的重心和目标，开展了 16 项专项检查和 13 个行业调研，实施风险处置预案，消除风险资产隐患；四是全面推行风险经理制，加强集团客户管理，初步建立起二级分行风险垂直管理框架。

【企业文化建设】 2011 年，招行济南分行积极推进企业文化和品牌形象建设，通过多种形式营造积极向上、和谐共赢的工作氛围。一是组织开展建党 90 周年活动，培养发展党员 38 名，转正预备党员 33 名；二是开展以尊重关爱员工为题的系列活动，发起员工早餐一个鸡蛋、一包牛奶、一块面包的“三个一工程”，看望慰问困难生病员工，召开员工家属座谈会，举行了乒乓球、羽毛球、摄影比赛等俱乐部活动；三是积极履行社会责任，开展了云南对口捐款和莱芜希望小学捐助。

【大事记】 1月 招行济南分行营业部、烟台分行营业部分别荣获2010年度中国银行业文明规范服务千佳示范单位称号(银协发〔2010〕103号)

1月11日 招行济南分行东门支行迁址开业。

1月19日 招行济南分行零售业务获总行"'虎啸2010'零售银行业务综合发展十佳分行"称号,同时获"2010年信用卡业务综合贡献奖"、"2010年度零售银行十佳优秀服务分行奖"等20项单项奖。

1月28日 招行济南分行召开2011年工作会议,会议主题为"推进转型 调整结构 防范风险 提升效益"。

2月 招行济南分行荣获2010年度"省级文明单位"称号。(鲁文明委〔2010〕9号)

3月5日 招行济南分行在体育中心举行拔河比赛,庆祝"三八"国际劳动妇女节。

4月 招行济南分行荣获总行"2010优秀服务分行"称号。

4月8日 招行济南分行第4家二级分行东营分行开业。

4月17日 招行济南分行在千佛山公园举办了"大运火炬 巅峰梦想"登山活动。

5月7日 招行济南分行在奥体中心东荷体育馆举行了第3届员工羽毛球比赛。

5月21日 招行济南分行举办业务管理决策信息支持系统"如虎添e"业务大比武竞赛活动。

5月24日 招行济南分行营业部崔丽华作为"全国金融五一巾帼标兵"代表,在北京全国政协礼堂参加了全国金融系统先进集体先进个人表彰大会。

5月26日 招行济南分行济南同城17家机构对公会计资产业务全部实现集中操作。

7月12日 招行总行丁伟副行长宣读总行党委任命,任命周伟林为济南分行党委书记。(11月27日通过山东监管局任职资格审核,任命周伟林为济南分行行长。招银发〔2011〕562号)

9月20日 山东银监局主办,招行济南分行承办了"山东省股份制商业银行内控建设及运营情况座谈会"。

10月19日 招行济南分行及下属的二级分行会计流程改造项目上线,成功实现了会计业务的全面上收。

10月20日 招行济南分行在莱芜市苗山镇共青希望小学,开展了第3期"'捧起'希望,'翻开'未来"捐助希望小学活动。

10月22日 招行济南分行在烟台青少年宫乒乓球馆举办了第4届员工"行庆杯"乒乓球比赛。

11月 招行济南分行举办了第2届"行庆杯"员工摄影作品大赛。

11月1日 招行济南分行总行王庆彬副行长出席了山东黄金集团举办的"金融·资源·资本,合作·发展·共赢"金融高端合作伙伴联谊会。

12月17日 招行济南分行在珍珠泉人民会堂举办"世界之舞"新年晚会。

12月19日 招行济南分行玉函路支行迁址并更名为舜耕支行。

12月24日 招行潍坊分行第2家异地县域支行——诸城支行正式开业。

12月27日 招行临沂分行商城支行正式开业。

(康 玲)

招商银行股份有限公司青岛分行

【综述】 招商银行股份有限公司青岛分行(以下简称"招行青岛分行")是招商银行在山东省设立的省级管辖分行之一,成立于2000年5月,目前辖有日照、威海、淄博、济宁四家异地分支行,在青岛地区设有16家支行,在威海、淄博地区分别设有两家支行。

2011年,该行以创新引领市场,成功开办了青岛市第一家"票据中心"、"国际业务押汇中心",率先开出国内第一张人民币网上银行信用证、省内第一张电子银行承兑汇票,并创新推出"银关通"、"银税通"、"中港直通车"等金融创新业务。截至年末,该行资产总额466亿元,各项存款436亿元,各项贷款387亿元,实现账面利润13.8亿元,同比增幅81.5%;不良资产率0.21%,当年税收贡献5.3亿元,11年累计纳税超过20亿元。

在由青岛市企业联合会、青岛市企业家协会发布的"2011青岛企业100强发展报告"中,该行综合实力排名位列青岛银行业第三名,股份制商行第一名。净利润增长率、销售收入增长率分别位列岛城银行业、市服务业企业第一名。

【资产业务】 2011年,招行青岛分行对公贷款稳步发展,个人贷款和中小企业业务快速增长,国际业务量、票据业务量大幅提高,不良贷款率维持低水平。一是积极配合总行进行合理的贷款安排,并配以相应资产转化等贷款疏导办法,保证了一般对公贷款的平稳增长和持续营销,年末一般性贷款规模时点364.8亿元,比年初增加46.6亿元,增幅14.63%;二是积极挖掘市场、开拓客户,超额完成总行下达的中小企业户数及金额双项任务指标,中小企业贷款有效户数527户,比年初增加119户,完成全年任务的148.75%;中小企业一般贷款余额84.81亿元,比年初增加19.78亿元,完成全年任务的164.87%。中小企业FTP利差收入实现2.29亿元,完成全年任务的126.23%。

【公司业务】 2011年,招行青岛分行大力推广财政性存款、资金监管账户、上市资金、验资户等对公负债业务营销新模式。一是营销财政性负债业务31亿元,开立新建商品房预售资金监管账户24户,沉淀存款13亿元;二是对公网上银行有效户

4223户，当年净增网上银行有效户1813户，计划完成率318%；三是全行平均网银替代率为37.87%，较年初提升3.7个百分点；四是现金管理有效户616户，当年净增有效户176户，计划完成率207%。

【零售业务】 2011年，招行青岛分行以“提升客户价值，引领高端金融”为目标，进一步夯实基础，提升盈利水平。大力发展财富管理、POS小费等零售中间业务，累计实现收入1.56亿元，同比增长4199万元，增幅37%；实现基金收入4104万元，增长68%；销售保险5.6亿元，实现收入1192万元，分别增长17%和10%；销售理财产品348.85亿元，增长264%，实现收入1411万元，增长113%；信用卡收入4381万元，增长30%。

【票据业务】 2011年，招行青岛分行持续强化直贴营销推动和转贴现业务，票据业务快速发展。全辖票据直贴业务量279亿元，票据转贴业务量389亿，实现FTP净收入26080万元；其中票据中间业务收入8760万元，系统内排名第5位；票据直贴业务网均业务量超过10亿元，系统内排名第一位；贴现FTP净收入超过10万元以上的价值客户达233户，新增169户。

【国际业务】 2011年，招行青岛分行国际业务结算量132.5亿美元，增幅70%，市场占有率15%，在当地同业排名第3位，系统内排名第5位。其中在岸结算量87.8亿美元，同比增长15.8%；离岸结算量50.4亿美元，同比增长65.8%；联动结算量17.5亿美元，同比增长78.6%。

【内控管理】 2011年，招行青岛分行一是全力落实和推进信用风险管理全流程优化，开创贷后管理新模式；二是严控地方政府融资平台贷款，密切关注形势变化，认真落实“三个办法一个指引”，加大贷款资金流向监控；三是加强操作风险制度学习，完善检查和监督纠正机制，综合运用非现场检查、现场检查、账务监测、自行查核、强化培训辅导等手段提升制度执行力，有效防范各环节风险隐患；四是深化专项治理，加大发现问题的整改力度，并对督导检查工作实施专项档案管理。

【精神文明建设】 2011年，招行青岛分行一是提高班子综合素质；二是聘请第三方机构通过暗访等方式查找各营业网点服务中的不足，逐步改进完善，提升服务质量；三是创办了分行月刊《招银人》，并通过举办沙滩运动会、足球友谊赛、冬季越野赛、“共植‘招银林’”植树活动、行长站大堂、定点扶贫等活动，丰富员工业余生活；四是完成合规风险点全面梳理，并认真开展反洗钱工作，全年未出现一起金融案件。

【大事记】 3月31日 在青岛市政府举行的金融业发展先进单位表彰大会上，招行青岛分行获得“金融发展先进单位”荣誉称号。

4月18日 招商银行傅育宁董事长赴招行青岛分行调研。

5月30日 招商银行威海高新支行开业，这是青岛分行下辖异地机构设立的首家支行。

6月11日 招行淄博分行首家支行——临淄支行开业。

8月29日～31日 招行总行傅育宁董事长、马蔚华行长一行赴青参加招行董事会第八届二十次会议、监事会第八届九次会议。参会期间，傅育宁董事长、马蔚华行长会晤了省、市党政高层，与青岛市政府签署了“中国（青岛）财富管理学院”合作协议，考察了财富管理学院用地，召开媒体见面会，并亲切慰问了青岛分行一线员工。

8月29日 中国（青岛）财富管理学院签约仪式正式举行，青岛市委常委、常务副市长王书坚与张光华副行长签署了合作协议。青岛市委书记李群，招行总行傅育宁董事长，马蔚华行长，韩明智监事会主席，李浩副行长出席了本次活动。

8月30日 中央金融团工委在京召开金融青年创先争优先进事迹交流会暨青年文明号颁奖仪式。招行青岛分行刘娟凭借集提升工作效率、服务质量和人工效能于一体的“刘娟流程”，被银监会选拔成为金融机构唯一发言代表参加此次交流会，会上，刘娟以“流程服务，细节决定成败”为主题与参会嘉宾进行了广泛交流。

10月14日 招行威海乳山支行开业。

11月24日～25日 总行马蔚华行长赴招行青岛分行调研，会晤了青岛市党政高层领导，考察了“中国（青岛）财富管理学院”项目用地，了解了分行新办公大楼在建工程进度，与分行部分一线员工交流，并与分行中层干部座谈。

12月20日 招行淄博桓台支行开业。

（姚　阳）

上海浦东发展银行济南分行

【第一负责人简介】 耿光新,男,汉族,1961年7月生,山东泰安人,中共党员,研究生学历,高级经济师。1978年9月起历任人行莒县支行会计员、信贷员、股长;1984年7月起历任人行、工行临沂地区中心支行人事、计划科科员、副科长、科长;1989年12月起任工行日照市分行副行长、党委副书记,行长、党委书记;2000年8月至今,任上海浦东发展银行济南分行行长、党委书记。

【综述】 2011年,上海浦东发展银行济南分行(以下简称“浦发济南分行”)积极应对复杂的经济形势和严厉的调控政策所带来的严峻挑战,加快业务发展,强化管理保障,在困难的形势下保持了快速健康发展的良好势头。

【业务发展】 2011年,浦发济南分行坚持以客户建设为基础,积极转变业务增长方式,创造了良好的经营业绩。

一、全力推动负债业务增长。一是以客户深入营销推动负债增长,在“1+N”目标客户体系建设的直接带动下,该行客户数量大幅增长,有效带动了结算存款、储蓄存款纯负债的增长;二是积极稳妥地推动票据、保函、信用证等表外业务发展,带动了保证金存款的增长;三是以创新业务带动负债增长,该行多方开源,大力加强贸易融资、国际结算、上市公司募集资金、理财、代发、三方存管等业务的发展,积极参与省市财政资金托管,拓宽资金来源渠道。

二、积极提升资产业务发展质量。一是营销力量由分散向集中转变,建立并完善“三位一体”营销推进体系,发挥部门主导和整体配合的双重效能;二是营销方式由同质向差异化转变,大力实施差异化营销和精准营销,积极推广绿色信贷,融基础金融服务和增值服务于一体;三是营销手段由单一向多样转变,大力强化产品营销、服务营销,以产品为突破口撬动客户,并以资产业务为纽带,带动理财、票据、债务性融资工具等业务发展;四是办理AFD贷款1.1亿元,办理浦发系统近年来唯一一单外国政府转贷款190万欧元,在全行率先办理了首单CDM项下保理业务,取得了华鲁集团中期票据、山东钢铁私募债主销资格。

三、坚持以创新引领中间业务发展。一是大力发展贸易融资业务,累计完成国际结算量36.2亿美元,同比增长170%,完成总行任务指标的180%,累计完成率全行排名第3位;累计办理表内、表外贸易融资业务184亿元,同比增长138%;累计实现保理业务量41亿元,同比增长64%,实现保理收入1.06亿元,同比增长80%,在浦发系统内一直稳居第一位;二是积极寻求债务融资工具的发展,承销的山东高速等28亿元中票、胜利股份等28亿元短券已顺利上报协会,北金集团9.8亿元短券、东营方圆有色13亿元短券项目申报材料已完成总行审定工作,全年操作的中票、短券项目超过了过去5年的总和,完成山东蓝天首饰、山东金创股份黄金租赁业务197公斤,签约客户数量占总行一半;三是加强同业合作,与12家金融机构签署同业代付协议,办理同业代付67笔,对外代付金额达到21亿元;累计办理票据买入业务313.67亿元,实现利息收入42640.47万元。

【内部管理】 2011年,浦发济南分行坚持发展管理并举,积极增强管理的精细化、规范化水平,实现对经营工作的持续推动和有效保障。

一、稳步提升运营支撑能力。一是着力抓好柜面服务,积极优化业务流程,调整劳动组合,推行服务规范,运营服务水平和工作效率大幅提高;二是通过强化服务营销理念、组织厅堂服务专题培训、整合网点销售与服务体系、强化考核引导等措施,加快推进厅堂服务一体化建设;三是夯实运营内控基础,采取强制休假、轮岗、飞行检查、内控辅导等措施,防控业务风险,提高运营操作的规范性。

二、有序推进合规体系建设。一是出台《员工八小时以外行为规范》,加大对违法违规行为的处罚力度,提高全员合规意识;二是加强对案防工作的组织领导,强化案防责任制,成立案防联络员队伍,落实二级分行专岗合规人员配置,建立自上而下、有效覆盖的防范体系;三是深入开展“内控建设年”活动,持续开展十大重点领域风险排查,发布10项合规提示,完成5项合规测试,做到隐患早发现、早处理,坚决杜绝案件和重大责任事故的发生。

三、逐步增强风险防控能力。一是进一步加强制度建设,先后下发了关于授信审批、授信风险责任认定、资产负债业务交接等制度10余项;二是加强对形势政策和行业的分析研究,及时出台授信政策指引,及时发布风险提示,将风险管理的关口前移;三是加大检查力度,全年共现场检查客户150户,开展了对二级分行、集群式供应链融资、房地产开发贷款等检查以及总行、人民银行、银监局安排的各项检查调研60余项;四是积极落实平台贷款、中长期贷款合同分期还款、贷款新规受托支付走款比例等 3 项重点工作，取得了积极成效。

四、积极推动二级分行发展。在二级分行及辖属支行管理上进行积极探索，制定了《辖属二级分行管理办法》和《县域支行试行办法》，理清了经营管理权限，明确了职责、流程、方式，调动了职能部门管理服务的主动性和二级分行经营管理的积极性。同时，加强对二级分行风险、运营主管人员的委派制管理，持续开展内部审计和风险检查，发现问题，及时纠偏；推动了二级分行在有效防控风险的基础上快速健康发展，成为经营发展的重要力量。

【企业文化建设】 2011 年，浦发济南分行一是组织开展了“乡村孩子科技爱心圆梦活动”；二是组织了“我与浦发的故事演讲比赛”；三是参与了济南市金博会展示，组织了杰出员工、优秀党员赴外地考察学习等。

【大事记】 2 月 15 日～17 日 浦发济南分行召开 2011 年工作会议。

5 月 18 日 浦发济南解放路支行开业。

7 月 21 日～22 日 浦发银行吉晓辉董事长赴山东调研。

7 月 22 日 浦发东营分行开业。

9 月 3 日 浦发济南分行建行 10 周年。

11 月 11 日 在总行的指导帮助下，浦发济南分行成功办理首单“垃圾填埋发电项目国际碳保理”业务。

11 月 15 日 浦发济南分行成功办理外国政府转贷款业务。

12 月 7 日 浦发济南分行首笔合同能源管理模式的 IFC 能效贷款顺利发放。

12 月 16 日 山东省政府授予浦发济南分行 “山东省金融创新奖”称号。

12 月 19 日 山东省慈善总会授予浦发济南分行“慈心一日捐”活动先进单位称号。

（燕 峰）

上海浦东发展银行青岛分行

【第一负责人简介】 常征，男，汉族，1962 年 5 月生，中共党员，工商管理硕士，1981 年参加工作，历任工行青岛市分行财务处副科长、科长，会计处副处长，计财处处长，市南支行党委书记、行长，工行青岛市分行党委委员、副行长，现任上海浦发银行青岛分行党委书记、行长。

【综述】 2011 年，上海浦东发展银行青岛分行（以下简称“浦发青岛分行”）依法合规经营，加快发展转型，突出经营特色，强化风险管控，提升管理能力，实现了各项业务持续稳定发展。

【业务拓展】 2011 年，浦发青岛分行以“新思维、心服务”理念为指导，各项业务发展迅速。2011 年，该行营业总收入 15.32 亿元，预算完成率 142.64%。

一、经营效益稳步提升。一是对贷款按各机构贷款明细逐笔测算，对纳入考核但未下达预算计划的项目实行考核时同步调整预算的方法，公平合理地确定各分支行的利润计划；二是积极向总行争取成本低廉的离岸资金并鼓励和指导支行大力开展在岸开证离岸代付业务；三是动员客户提前还款，腾出规模用于风险可控、收益高的信贷需求；四是通过“压表外、保表内”，确保有限资源用于实质性贷款投放，提高资产收益率；五是在费用审批上，要求通过向长期供应商或临时供应商至少三方询价以降低成本，金额较大或较复杂的聘请外部造价咨询事务所进行预决算审计，小额的或相对简单的由财务管理岗内部审核或网上询价比较审核。

二、不良贷款及不良率继续呈“双降”态势，个人贷款继续实现零不良。一是对大额逾期贷款积极催收，有效防止了新增逾期贷款衍化成为后三类贷款风险；二是加强了对信贷业务的检查及对重点业务的案件风险排查工作，对检查中发现的问题及时部署整改措施，资产质量持续向好。

三、加强信贷资源管理，有效提升资产收益。一是将现有的集团授信客户列出清单，分解到具体营销机构，以资金池、集团集中支付为着力点，实现突破；二是深挖财政性、公共资金注地业务，组织了财政及公共资金注地业务培训，参加了崂山区财政国库集中支付业务的招标并且以总分第 5 的成绩成功中标；三是积极引导支行以国内信用证额度置换银票敞口授信额度，以国内信用证代付替代国内信用证议付业务，与中铁物流、济南重汽等经销商开展了差额回购担保等业务，并顺利实现了该行电子汇票的突破；四是累计开立船舶保函 4.49 亿元，国内信用证 6508 万元，累计办理海外代付 2.95 亿美元，实现中间业务收入 1054 万元；五是积极推进债务融资工具业务、集合信托

上海浦东发展银行青岛分行主要统计指标

单位：亿元

项目＼年度	2007	2008	2009	2010	2011	2011 年同比增幅（%）
本外币资产总额	83.41	122.74	148.74	231.27	230.36	-0.39
本外币存款余额	79.95	109.69	131.69	190.27	187.08	-1.68
人民币存款余额	77.92	106.46	128.79	188.57	184.29	-2.27
企业存款	54.69	48.99	72.73	113.72	97.02	-14.69
机关团体存款	0.51	0.37	0.72	2.48	2.29	-7.66
储蓄存款	10.99	17.55	24.65	36.22	32.10	-11.37
本外币贷款余额	61.58	101.69	121.53	171.52	188.15	9.70
人民币贷款余额	61.00	99.77	120.3	146.53	163.25	11.41
短期贷款	34.87	67.77	71.13	86.42	92.86	7.45
中长期贷款	20.26	18.30	39.29	55.31	68.06	23.05
票据融资	3.7	12.89	9.01	3.96	1.68	-57.58
利润总额	0.59	1.70	2.36	2.53	4.26	68.38
不良贷款余额	2.23	1.24	1.05	0.85	0.62	-26.82
不良贷款占比（%）	3.63	1.22	0.86	0.49	0.33	-32.65

和私募股权基金的托管业务，目前黄海造船短期融资券的发行已获总行批准立项，正按照总行批复的要求进行外部预评级和授信额度上报工作，定向增发集合信托托管和上市公司股权质押信托托管立项已分别报送总行审批；六是和葳尔资本管理有限公司达成协议，托管其“葳尔资本－优势成长三期股权投资基金”，预计募集金额2亿元，托管立项申请也已获总行批准；七是将稀缺的信贷资源努力向综合收益高的项目倾斜，重点支持了中小企业、中间业务的较快增长，推动存单质押向保证金转化，提高整体收益；八是及时调整考核策略，强化存款考核，努力解决业务发展的瓶颈问题，为效益的增长奠定基础。

四、国际业务快速发展。一是制定了《国际贸易金融业务的意见》；二是加大离岸客户拓展力度，通过客户量的增加来促进结算规模的增加；三是从代付资金、外债指标和优惠费率审批等方面争取总行资源倾斜，有力推动分行业务发展。

五、中小企业授信发展提速。一是截至年末，中小企业表内授信余额25.5亿元，较年初增加11.56亿元，增幅82.75%；二是小微企业贷款余额7.44万元，比年初增长58.64%；三是中小企业贷款25.5亿元，占全部对公贷款比重由上年的9.25%，提高到15.32%，上升6.07个百分点。

六、个银业务多方位发展。一是抓住关键时点，重点销售汇理财稳定行内存款，截至年末，分行共计销售行内理财产品（汇理财、债券盈）45亿元，同比增长93%；二是加快推进与中国移动的战略合作，在代发薪酬和自助建设方面取得初步进展；三是积极发展个人商业用房按揭贷款业务，提高商业用房利率水平，利率提至基准上浮15%-20%。

【企业文化建设】 2011年，浦发青岛分行一是加强党建工作，通过组织活动、树立典型，鼓励党员发挥模范带头作用，为分行业务发展贡献力量；二是本着“月月有活动”的原则，丰富员工的业余生活；三是开展走访慰问困难职工活动，分行工会发出向困难职工捐款活动的倡议书，在分行员工中开展了捐助活动，捐款140126元；四是继续将《浦发员工报》、《品味浦发》杂志作为行内员工、员工与客户进行文化交流的平台，年内共出版报纸12期，杂志4期，增强了企业凝聚力，对加强企业文化建设、弘扬浦发精神发挥了突出作用；五是加强同青岛各大主流平面媒体、广播电台、电视台及各大网站的合作。综合采用报纸、电视、广播、户外、网络宣传以及活动冠名等形式，实现了较好的宣传效果，极大地提升了该行的品牌形象。

【大事记】 2月10日 浦发青岛分行2011年度工作会议在黄海饭店召开。常征行长做了题为“以客户为中心 以创新为动力 以服务为支撑 为实现五年发展目标而努力奋斗”的报告，会议由王京杰副行长主持，分行行领导、各分支行班子成员、各部室负责人等参加了会议。

3月17日 浦发青岛胶州支行隆重开业。青岛市人大常委会副主任吴淑铃、人行青岛中支副行长吕峰以及浦发青岛分行常征行长、王京杰副行长、各新闻媒体及近百位客户代表出席了开业仪式。

6月14日　浦发青岛分行党委书记、行长常征、副行长王京杰一行到威海进行工作调研，期间分别拜会了威海市委常委、常务副市长赵熙殿，威海市人行、银监局主要负责人。双方就充分发挥浦发银行在威海市经济发展中的作用，进行了务实的交谈。并就威海分行筹建期间的相关工作分别与威海市人行、银监局主要负责人进行了具体探讨。

浦发青岛分行成功办理首笔电子票据银承业务。该客户在首笔开出金额950万、期限6个月的电子票据后，对电子商票业务给予了良好评价。

6月16日　浦发青岛香港东路支行在崂山区财政局招标中心招标崂山区财政国库集中支付代理银行中成功竞标。

8月20日　浦发总行“聚焦客户，成果分享——个人银行2011年专家精英巡讲活动”走进青岛，就营销实战经验以及PCRM系统应用的进行讲解。青岛分行朱敏红副行长亲临会场，分行个银条线全体员工及部分运营经理共计67人参加了培训。

9月17日　浦发青岛分行与青岛啤酒集团有限公司在总行中山东一路12号大楼举行了《战略合作协议签约仪式》。签约仪式由浦发青岛分行常征行长主持，吉晓辉董事长和青啤集团金志国董事长分别致辞。总行徐海燕副行长和青啤集团副总裁孙玉国代表双方在协议上签字。

10月13日　威海市委常委、副市长赵熙殿一行莅临威海浦发办公楼现场考察指导工作。

11月16日　浦发青岛分行常征行长、王京杰副行长一行到威海考察指导工作。在威期间，他们拜访了威海市分管金融的董进友副市长、人行刘贤军行长和银监局于明文局长。

11月18日　威海业务团队与威海市经济技术开发区管委会联合举办的“2011浦发银行·威海经区银企对接会”在威海世纪大厦多功能厅隆重举行。会议由威海业务团队负责人胡永军主持，青岛分行朱相宇副行长、威海经区管委会梁永波副主任出席了活动。

（浦发银行青岛分行）

兴业银行股份有限公司济南分行

【第一负责人简介】张霆，男，1969年5月生，祖籍福建泉州，中共党员，工商管理硕士，高级经济师。曾任兴业银行福州鼓楼、龙岩、泉州等分行行长等职务；现任兴业银行济南分行党委书记、行长。

【综述】　2011年，兴业银行股份有限公司济南分行（以下简称“兴业济南分行”）认真贯彻“回归常态、以变图强”的战略思想，扎实推进“内涵提升与外延扩张相联动”的中期发展战略，圆满完成了各项任务。

【资产负债管理】　2011年，兴业济南分行根据行内外政策的变化及时调整策略，资产负债管理水平稳步提升。

一、资金利率管理。该行密切关注资金市场利率走势，注重加强与总行及同业之间的联系，在贷款规模有限的情况下，通过续作买入返售票据等业务，拓宽了资金运用渠道，进一步提高了资产收益水平。

二、流动性管理。该行注重分析、监测流动性比例指标状况和流动性需求的结构性变化，每月初编制当月流动性缺口预测表，并据此拟定供给方案。每日实时分析、监控资金头寸变化，定期分析来源与运用期限匹配情况。通过积极的流动性管理工作，该行当年流动性比率达到总行控制水平。

三、存贷比管理。该行在加大负债营销力度的同时，加强存贷比管理，设定了辖内机构存贷比控制目标并定期进行考核。当年存贷比进一步优化，年末降至59.75%的合理水平。

【风险管理】　2011年，兴业济南分行牢固树立“风险是最大的成本”的理念，正确处理发展与风险之间的关系，真正实现效益、质量、规模的协调发展。

在发展与风险控制方面，该行始终坚持业务发展与风险控制相适应、风险收入与风险成本相匹配的原则。一是做好信审服务，制定了20个行业及9项主要业务的准入细则，并进一步明确区域信贷投向，扩大目标客户到2139户；二是抓好风险管理，强化了“行业＋区域＋版块”监管分工，加大了后评价和风险排查力度；严格房地产贷款贷后管理，严防票据风险，建立新兴业务评审委员会机制；强力推进贷款新规落地，受托支付比例符合监管要求；三是把好内控关口，全面梳理六大类内控制度，梳理有效制度197项，其中新增32项、修订40项；结合检查发现的问题及监管要求，重新制定九大业务流程的238项内控关键点，并组织了31次综合检查；紧抓案件防控不放松，深入开展内控和案防主题活动，持续筑牢案件风险防火墙。

【市场拓展】　2011年，兴业济南分行灵活运用本外币、表内外、直接与间接融资等各类业务，抢占信贷紧缩带来的市场先机，重点攻关四大板块业务。

兴业银行股份有限公司济南分行主要统计指标

单位：亿元

项目 \ 年度	2007	2008	2009	2010	2011	2011年同比增幅（%）
本外币资产总额	203.14	307.92	624.96	598.15	758.51	26.81
本外币存款余额	128.8	177.48	333.11	530.07	657.32	24.01
人民币存款余额	--	176.53	330.69	523.99	650.94	24.23
企业存款	62.65	99.99	156.4	367.87	468.77	27.43
机关团体存款	--	--	94.64	111.70	111.83	0.12
储蓄存款	5.92	12.32	28.73	42.86	67.06	36.09
本外币贷款余额	120.54	150.09	291.76	352.20	393.96	11.86
人民币贷款余额	--	149.93	291.28	349.50	388.96	11.29
短期贷款	61.52	74.8	66.05	94.39	158.93	68.38
中长期贷款	57.49	67.98	215.21	253.95	229.54	-9.6
票据融资	1.15	7.15	10.02	1.09	0.49	-55.04
利润总额	1.79	1.52	6.26	9.55	14.89	56.94
不良贷款余额	--	1.21	0.82	0.55	0.57	3.64
不良贷款占比（%）	--	0.81	0.28	0.15	0.15	0.00

一、机构业务发挥核心负债新增生力军作用，实施“人盯人、行盯行”策略，落实人力资源与业务沙盘对接，成功突破一系列重点系统客户，机构存款时点余额达149亿元，较年初增加48亿元；机构客户有效新开户458户，较年初增加227户，实现客户倍增。

二、公司业务以系统性销售为主导，围绕一体两翼、三个结合，积极推进供应链金融等创新业务及商票保贴、现金管理等重点产品。一是供应链金融重点从总对总合作、本地网络等五个模式入手，切入钢铁、汽车等产业链条，新增供应链核心企业10户，完成业务量922亿元，完成国际结算量68.3亿美元；二是投行业务以债务融资工具和IPO财务顾问为重点，全年注册中期票据、短期融资券50亿元，发行35.8亿元；三是小企业业务按照新的运营模式铺开集成式、批量化拓展，小企业客户新增3210户，其中芝麻开花入池客户173户。

三、财富业务围绕创新发展的理念。一是拓展发展通道，创设信托理财52期，其中重点营销上市公司股东股权受益权融资，代销集合信托计划26个；抢占总行资产池银信合作规模，与总行联动非标项目26个；二是把握市场时机，一方面扩大交易对手，合规开展买入返售票据，另一方面扩大同业资金来源，配合资产业务做大同业负债，共办理票据转贴现299亿元，同业日均存款64.4亿元；三是深化同业合作，新增同业核心客户5家，上线银银平台客户4家。

四、零售业务重点围绕“目标客户拓展”主线，储蓄存款以代发业务、高收益信托产品、个人经营贷关联、POS商户拓展为营销抓手，新增24亿元，时点余额达67.2亿元；一是个人经营贷以主流消费市场为主线，余额新增9亿元，当年新发放个贷加权基准利率上浮27%；二是兴业通完成统一收单系统的上线推广，新增收单核心客户1952户；三是终端标准化深入推行大堂、柜员、财富等各岗位员工服务流程管理，开展了视频、现场培训及标杆网点示范等多种推广。

【会计结算】 2011年，兴业济南分行针对新业务、新渠道、新系统及新作业模式制定了16项会计制度和15项内控措施，开展了覆盖全辖的34次各类检查。一是先后完成了总行发起的六轮核心业务系统测试及四轮模拟演练，确保了核心系统升级后的正常运行；二是在对前台会计人员的管理上，坚持以人为本，强化服务意识，加强思想教育，全面提高会计人员的职业道德水平；三是做好新版票据启用的各项工作；四是进一步规范银企对账工作，变更解缴款业务操作流程，会计结算工作质量明显提高。

【信息科技】 2011年，兴业济南分行全面贯彻执行“科技兴行”的发展战略，加强网络管理，优化网络性能，强化科技支撑，大力发展电子银行业务，以科技促进业务发展。先后开发代收水费、电费、暖气费等项目，研发医卡通、非税收入POS、济南公积金、零售客户关系管理等系统，增强了科技对业务的助推能力。

【人力资源】 2011年，兴业济南分行以“优化资源配置，夯实管理基础，提高员工素质”为目标，不断完善各项体制机制，全面提升人力资源管理水平。一是通过构建人力资源沙盘、专项奖励等手段，持续引进优秀人才，优化队伍结构；二是完善人才选拔机制，建立公开竞聘、末位淘汰等制度，健全“合适的人做合适的事”的用人机制，全年内部晋升140人；三是构建人力资源培训体系，重点建立起各条线牌照管理和任职资格考试制度，逐步实现各级干部和业务人员学习的制度化，同时组织了三批优秀行员赴台湾学习、科级干部赴香港培训，建立了以“实例、实践、实战、实效”为主旨的培训模式。

【企业文化建设】 2011年，兴业济南分行大力加强企业文化建设，全力营造“风正、气顺、人和、业兴”的企业文化氛围。该行充分发挥工会团委的作用，组织了演讲比赛、名师讲座及各类体育活动，建立了摄影、瑜伽等员工兴趣小组，结合分行10周年行庆拍摄了宣传片，制作了宣传画册；在总行《兴业人》、分行《齐鲁兴业》等内刊刊发多篇员工工作、生活稿件，进一步增强了员工的凝聚力和向心力。

【大事记】 在山东省政府举办的2011年度山东省金融工作先进单位的评选中，兴业济南分行获得“山东省金融创新奖”。

1月18日 兴业济南分行第11家济南同城支行——济南历下支行正式开业。

1月24日 兴业银行行长李仁杰到兴业济南分行新址视察。

3月21日 兴业济南分行第5家异地机构——兴业银行临沂分行开业。

5月24日 兴业济南分行成功发行济南市国资系统第一期中小企业集合票据，创造了集合企业最多、融资额度最大、“全国资”背景三项全国第一。

6月20日 兴业济南分行实现垦利乐安村镇银行核心系统输出项目成功上线。

6月27日 福建省人大常委会副主任马潞生一行到兴业济南分行视察指导。

7月8日 兴业济南分行第12家济南同城支行——济南高新支行正式开业。

8月31日 兴业济南分行首家地市行辖属机构——烟台开发区支行开业。

9月28日 兴业济南分行以“兴业银行——中国首家赤道银行”为参展主题，组织参展2011中国(济南)国际金融博览会。

10月26日 兴业济南分行辖内首家县域支行——潍坊寿光支行开业，标志着该行省、分、支三级管理组织架构的建立迈出重要一步。

12月21日 兴业济南分行第6家异地机构——兴业银行泰安分行开业，开业当日，泰安分行各项存款突破40亿元，其中储蓄存款达4.05亿元。

12月23日 兴业济南分行辖内第2家县域支行——济宁邹城支行开业。

（布晨光）

兴业银行股份有限公司青岛分行

【第一负责人简介】 张晓莉，女，中共党员，高级经济师，清华大学EMBA，历任建行济南市中区支行行长；建行、兴业济南分行副行长；2007年8月至今，任兴业银行股份有限公司青岛分行党委书记、行长。

【综述】 2011年，兴业银行股份有限公司青岛分行（以下简称“兴业青岛分行”）存贷款年均复合增长率分别为83.35%和52.66%，对公贷款无不良资产，累计盈利超6亿元。

【公司业务】 2011年，兴业青岛分行加速转型，抢占公司业务发展制高点。截至年末一是本外币企业存款(不含协议存款，含异地存款)余额114.50亿元，较年初新增9.90亿元；二是本外币各项企业贷款(不含票据贴现)余额109.96亿元，较年初新增29.25亿元；三是供应链业务量205.30亿元，完成总行计划的194.90%，实现供应链核心客户6户，完成总行计划的120%；四是企业客户3987户，较年初增加1689户；五是节能减排贷款余额7.06亿元，较年初新增3.86亿元，完成总行计划的167.74%；六是发行首笔短期融资券9亿元，实现承销手续费收入329万元，全年累计揽存募集资金14.9亿元，实质性财务顾问收入849.56万元，完成总行计划的772.33%，居全系统首位。

【个人业务】 2011年，兴业青岛分行通过强化公私联动和交叉销售，持续扩大优质客户群，推进零售业务发展。一是储蓄存款日均19.7亿元，较年初新增7.5亿元；二是个人经营性贷款余额6.26亿元，较年初新增2.18亿元；三是信用卡新增发卡

兴业银行股份有限公司青岛分行主要统计指标

单位：亿元

项目 \ 年度	2007	2008	2009	2010	2011	2011年同比增幅(%)
本外币资产总额	36.95	92.71	159.30	256.75	270.88	5.50
本外币存款余额	20.20	68.48	121.76	157.87	168.49	6.73
人民币存款余额	19.78	68.27	121.18	141.65	164.32	16.00
企业存款	19.49	64.41	106.93	108.35	134.15	23.81
机关团体存款	0.00	0.00	2.93	15.11	8.27	-45.27
储蓄存款	0.71	4.07	11.90	18.19	21.90	20.40
贷款余额	23.98	63.26	78.14	103.68	130.25	25.63
人民币贷款余额	22.98	62.88	77.39	103.05	123.55	19.89
短期贷款	18.79	32.55	30.34	42.23	61.97	46.74
中长期贷款	1.24	3.71	42.81	60.82	61.52	1.15
票据融资	3.94	27.00	4.99	5.90	0.06	-98.98
利润总额	-0.25	0.93	1.01	1.55	3.66	136.13
不良贷款余额	0.00	0.00	0.00	0.00	0.30	--
不良贷款占比(%)	0.00	0.00	0.00	0.00	0.00	--

4.31万张，首刷5.9万张，分别完成总行计划的154%和245%，信用卡刷卡量18.9亿元，四是新增一般零售核心客户8124户，新增第三方存管零售核心客户1365户，新增兴业通零售核心客户1167户。

【同业业务】 2011年，兴业青岛分行以“做大、做强、赶超”为主要目标，加快同业业务发展步伐。截至年末，一是办理票据贴现10.7亿元，转贴现328亿元，再贴现5933万元，年内票据业务净利润超过8800万元；二是同业存款日均87亿元，通过与同业核心客户的合作，该行客户交易结算资金日均存款7亿元，代理证券资金结算累计169亿元，财务公司日均存款1.9亿元，信托公司日均存款13.7亿元；三是累计吸收同业存款428亿元，实现利差收入751万元；四是资产托管业务累计47亿元，托管费收入188万元，成为全系统8家试点自主创设发行票据理财产品的分行之一；五是累计创设票据理财产品31.4亿元，联动发行零售票据理财产品3.68亿元，实现中间业务收入近170万元；六是向中小金融机构销售理财产品35.2亿元，实现理财销售收入355余万元，分别完成总行计划的125.71%和118.33%；七是销售和鑫财富理财产品20亿元，销售手续费46万元；八是上线银银平台产品3个，银银平台刷卡量21878笔，完成总行计划数的182%。

【电子银行业务】 2011年，兴业青岛分行力促电子银行业务发展，一是加强员工培训和客户指导，实现服务的标准化、差异化，提升客户体验；二是推行一站式服务和交叉捆绑营销，大力挖掘客户资源和培养客户忠诚度。截至年末，新增企业网银客户495户，企业网银柜面替代率为37.49%；零售电子银行柜面替代率为67.50%，零售电子银行新增客户44284户，其中，手机银行新增有效客户8324户，手机银行柜面替代率3.93%；零售核心客户个人网银渗透率30.2%。

【内部管理】 2011年，兴业青岛分行以体制机制改革为契机，业务管理与运营支持能力显著增强。

一、推进企金、零售体系专业化改革。一是建立小企业客户经理准入制度，成立五大产品推动中心，顺利完成13个业务部的组建；二是明确零售事业部的组织架构，完成零售支行负责人、营业厅负责人的竞聘和理财师选拔，着手推动同城支行由综合性经营向零售专业支行转型。

二、会计结算和前台服务更为扎实。一是新核心业务系统顺利上线，实行机构和柜员现金管理双控制和支付密码管理，提高对账质效，推进作业中心建设，配合新业务、新产品，及时制定相关柜面操作规程；二是强化前台服务管理，严格落实总分行有关制度规定，完善服务质量监督检查和考核激励。

三、科技运营保障更加有力。开展信息系统应急演练，加强网络安全管理，规范开展计算机硬件、网络等电子设备的招标采购工作。

四、人才队伍建设卓有成效。一是将优秀人才的引进和培养放在突出位置，加大对人才尤其是一线经营人才的引进力度，提拔和重用一批中青年业务骨干，初步形成了一支适应创业发展需要的高素质干部员工队伍；二是选派人员参加总行各业务门类、层级专业培训，明确员工职业发展通道，建立内部产品经理交流制度，配合总行做好专业技术序列人员的培养考核，形成了“事业引人、文化感人、激励留人”的体制环境。

【风险管理】 2011年，兴业青岛分行全面强化风险管理和内控合规建设，全年无各类风险案件和违规违纪行为发生，无负面不实新闻报道、突发群体性事件发生。一是风险管理部负总责，将各类风险按各管理部门职责，分工把控，按季开展对各类风险的识别、评估、监测和反馈；二是坚持"有保、有控、有压"，启动客户退出机制，全年退出客户36户，退出授信金额17.79亿元；三是重点做好房地产、融资平台贷款管控；四是深化"内控和案防制度执行年"活动，抓好案防长效机制建设；五是开展员工职业操守及异常行为等专项检查；六是做好声誉风险管理，加强负面舆情监测与化解；七是注重合规文化培养，强化监督问责机制，确保无案件和违法违纪行为发生。

【企业文化】 2011年，兴业青岛分行继续推进尽职履责、锐意进取、和谐共享的家园文化建设。一是与青岛市沧海路小学结对开展志愿服务行动，向农民工子女赠送了价值5000余元的图书，以开发区支行、胶州支行为服务站点，开展送金融知识下乡活动；二是开展"做主人，尽责任，讲奉献"的主题实践活动，牢固树立讲学习、讲服务、讲整改、讲全员营销的"四讲"意识，并通过一份兴业爱心、一条兴业发展计策、一次兴业绿色行动在内的"三个一"活动将主题实践活动进行了有效落实，营造和谐奋进环境；三是对员工做到8小时之内和8小时之外都有人关心，让员工时刻感受到工会组织的关怀和温暖；四是在已有足球队、篮球队的基础上，又积极组织成立羽毛球队、乒乓球队、登山队及游泳俱乐部，并定期开展活动。

【大事记】 1月18日 兴业青岛分行第6家支行，也是首家异地支行——日照支行正式对外营业，开业当天各项存款余额18.21亿元，各项贷款余额7.36亿元。

4月7日 兴业青岛分行营销的日照港股份有限公司2011年非公开定向增发募集资金揽存业务顺利落地，此次资金募集总额为14.1亿元，这是兴业银行系统内到目前为止在证券市场募集资金单笔金额最大的一笔，也是青岛分行投资银行业务实现落地的首单业务。

6月12日～13日 兴业银行总行副行长康玉坤赴青岛分行调研供应链金融业务开展和风险控制情况。

10月18日 兴业青岛分行第7家支行，也是第2家县域支行——胶州支行正式对外营业，开业当天各项存款余额4.44亿元，各项贷款余额1.95亿元。

10月26日 兴业银行总行副行长林章毅一行赴青岛分行调研企业金融业务发展和分行企业金融体系专业化改革推进情况。

11月18日 兴业青岛分行首笔短期融资券承销业务——日照港集团有限公司2011年第1期短期融资券9亿元顺利发行。

（郭文娟）

中国民生银行济南分行

【第一负责人简介】 马琳，男，汉族，中共党员，博士。1992年6月参加工作，现任中国民生银行济南分行党委书记、行长。

【综述】 2011年，中国民生银行济南分行（以下简称"民生济南分行"）喜迎10周年行庆，民生济南分行快速转变经营模式，抓住机遇，迎难而上，实现了各项事业的大发展。

【存款业务】 2011年，民生济南分行逐步建立负债业务的内生增长机制，多措并举推动负债管理工作。一是实现了全市工商系统的非税电子代缴，成功中标了济南市财政预算单位的国库集中支付业务，同时与山东省财政厅、体育局、地矿局、公安局以及电信、邮政、文化系统开展全面合作；二是积极营销拟上市公司募集资金托管项目，成功托管了永泰能源17.55亿元和烟台万润8亿元上市募集资金，成为总行系统内"上市直通车"项目推动成功典型；三是先后成功发行兖矿集团30亿元中期票据和山东钢铁集团30亿元短期融资券，目前还有4个发债融资项目正在推进中，总金额近60亿；四是全年交易融资金额达221亿元，同比翻了两番多，增加额在全行系统内排名第一，有效带动存款约80亿元；五是充分发挥电子银行渠道作用，利用现金管理、资金归集实现存款稳定增长。

【信贷业务】 2011年，民生济南分行积极推动民营企业、小微企业、零售高端客户等战略业务。尤其是在小微金融方面，成效显著。截至年末，该行小微企业贷款（商贷通）余额103亿元，较年初增长73亿元，当年新增额在系统内排名第2位；小微客户数达到18082户，较年初增加12924户。一是积极推广"乐收银"产品，截至年末，分行安装乐收银3099台，当年结算量超过45亿元；二是启动小微法人授信业务，拓宽小微业务产品线，包括银行承兑汇票、商业承兑汇票贴现、国内非融资性保函；三是搭建批量营销、服务小微企业的银企沟通平台，持续举办"商贷通财富大讲堂"，使更多的小微企业与该行建立了合作关系，

中国民生银行济南分行主要统计指标

单位：亿元

项目＼年度	2007	2008	2009	2010	2011	2011年同比增幅（%）
本外币资产总额	284.05	258.81	351.15	476.11	615. 03	29.18
本外币存款余额	183.73	231.14	295.85	447.64	552.73	23.48
人民币存款余额	180.84	210.62	293.75	445.16	551.2522	23.83
企业存款	153.70	168.75	222.11	341.66	481.93	22.74
机关团体存款	10.54	22.02	34.54	50.99	58.22	14.17
储蓄存款	16.60	19.85	37.11	52.51	69.32	32.01
本外币贷款余额	162.69	185.01	286.38	355.39	400.01	12.57
人民币贷款余额	162.69	185.01	286.38	355.39	400.07	12.57
短期贷款	88.38	102.84	106.02	160.56	234.87	46.29
中长期贷款	73.27	81.13	179.82	194.39	165.14	-15.04
票据融资	2.94	2.52	2.37	0.87	5	-94.27
利润总额	1.69	4.37	3.67	7.46	12.15	62.83
不良贷款余额	1.04	1.04	0.54	0.44	7.92	81.05
不良贷款占比（%）	0.64	0.56	0.19	0.12	0.20	0.08

享受到现代化的金融服务。

【内部管理】 2011年，民生济南分行扎实开展内控建设和风险管理工作，着力培育员工合规意识，持续提升风险管控能力。

一、进一步完善风险管理的组织建设。一是成立了售后服务部，专司小微企业的贷后管理；二是完善了风险管理委员会，坚持各种例会制度，确保信息渠道畅通、工作部署得到落实；三是坚持和推行兼职合规经理和纪检监察员制度；四是根据内外部检查的问题及时对规章制度进行修改，全年共制定完善制度92项。

二、严格规范操作，切实加强运营风险管理。一是通过及时预警（全年累计发出风险预警227次，风险提示128次）、及时清收（全年累计现金清收金额达1429万元）等方式，保持较低不良率的良好发展态势；二是持续推进了运营风险例会制度，对业务差错和操作违规事项，实施机构和个人考核挂钩，重大事项一票否决；三是加大业务培训力度，提升员工的风险防范能力；四是制订了账户真实性核实的实施细则，完善了重要运营资料交接的流程。截至年末，分行共堵截假印鉴7起；假开户资料11起；假身份证件15起；假回单6起；假证明2起；冒充他人办理业务12起；协助公安机关破案2起；堵截客户资金诈骗1起；假人民币135张，金额11170元。

三、加强科技管理，有效防范信息管理风险。一是明确了突发事项的报告流程，实现7*24小时不间断运行值班工作制；二是制定并下发了计算机管理人员考核、奖惩办法；三是建立了防病毒、网络、机房运行环境等安全监控系统等，切实增强了抵抗风险、快速应对的能力；四是建立健全应急预案，并定期进行全行范围的应急演练。

四、加强人力资源管理。一是新聘任中层干部5人，中层序列岗位交流8人，新聘任初级管理人员26人（其中异地机构9人），初级序列岗位交流9人；二是共实现65人次的重要岗位轮换，其中同一业务条线内轮岗人员39人，跨业务条线轮岗人员26人；三是修订了“强制休假实施细则”，全年共148人实行了强制休假。

五、加强安全保卫工作。一是积极落实“三防一保”要求，推进“平安支行”建设，并进行各类预案演练；二是制定《声誉风险管理办法》；三是继续强化对员工异常行为的监督和管理，落实员工谈话制度、异常行为报告制度，与每位员工签订了“不参与违规民间借贷承诺书”，此做法被总行在华北区域各家分行进行了推广。

【企业文化建设】 2011年，民生济南分行切实加强企业文化建设。组织了“二线服务一线”问题查找专题、“服务创未来”服务效能提升、“我为分行发展献计策”等活动，员工爱岗敬业意识有了新的提高。

【大事记】 1月27日 民生济南分行联合临沂市政府召开2010年小微企业金融业务总结表彰暨星级商户授牌仪式。

2月18日 山东半岛蓝色经济区建设恳谈会、项目推介暨签约仪式在人民大会堂隆重举行，洪崎行长出席会议并代表民生银行与山东省政府签署了《支持山东半岛蓝色经济区发展战略合作协议》，民生济南分行党委书记、行长马琳应邀出席仪式。

3月 由民生济南分行承办的“山东省农信联社企业年

金计划(B计划)"正式启动并成功上线运营。该计划初期建账规模为个人账户31000户,企业账户76户,是总行全系统截至当时上线运营最大的企业年金计划。

4月7日　民生济南花园路支行隆重开业。

4月8日~9日　董文标董事长一行莅临民生济南分行视察指导工作。

4月26日　民生东营分行开业庆典在东营宾馆隆重举行。民生银行行长洪崎,山东省政府副秘书长韩金峰,人行济南分行行长杨子强,山东银监局局长廖平之,东营市委副书记、代市长姜杰,民生济南分行党委书记、行长马琳,东营市委常委、副市长曹连杰,中国石化胜利石油管理局副局长宋振国出席庆典仪式并为民生东营分行开启"财富之门"。

民生银行助推黄蓝两大国家战略实施政银合作签约仪式在山东东营隆重举行。

5月14日　由民生银行系统团委、民生济南分行团委以及共青团临沂市委共同举办的民生银行"青年创新工坊"之"青年企业家眼中未来的金融服务论坛"在临沂举办。总行毛晓峰副行长出席活动。

5月14日~15日　"商道2.0——民生银行商圈开发试点(临沂)推动会"在临沂顺利召开。总行副行长毛晓峰、济南分行行长马琳、副行长王效南等负责人、临沂支行全体员工120余人参加了会议。

6月3日　民生济南明湖支行举行了迁址庆典仪式,民生济南分行党委书记、行长马琳,党委委员李伟为明湖支行揭牌。

6月17日　民生济南分行开发设计了"非凡理财人民周周赢分行专属理财产品"。

6月　民生济南分行成功中标中国铁通集团山东分公司补充养老保险项目,并签订账户管理和托管合同,完成分行企业年金账管指标的160%,企业年金基金托管指标130%,提前半年超额完成全年任务指标。

9月6日　由中国民生银行总冠名,国家工商行政管理总局、中国国际贸易促进委员会、中国商业联合会、中国轻工业联合会、中国交通运输协会、中国物流与采购联合会和山东省政府联合主办的第二届中国(临沂)市场贸易博览会隆重开幕。中国民生银行董事、审计委员会主席秦荣生,总行稽核总监兼审计部总经理张月波在民生济南分行马琳行长的陪同下出席开幕式。

9月17日　董文标董事长一行莅临东营分行视察指导工作,并与全体员工亲切座谈。

10月31日　民生济南分行小微贷款余额突破100亿元大关,成为系统内第7家跨入小微百亿俱乐部的分行。

11月13日　山东省政府、中国民生银行"双百亿"帮扶山东小微企业战略合作签约仪式在济南隆重举行。

民生济南分行10周年行庆颁奖典礼——"十年同行·感谢有你"在山东会堂隆重举行。

11月28日~29日　民生济南分行首只银行承兑汇票收益权投资集合信托计划"山东信托.成就12期"成功发售,并于11月30日顺利起息。

12月　民生济南分行喜获银监会系统2010-2011年文明单位称号,成为民生银行全系统荣获该称号的两家分行之一,同时成为山东地区唯一获此殊荣的商业银行。

12月2日　民生济南历山支行揭牌仪式暨乔迁典礼在支行新址隆重举行,民生济南分行马琳行长、陈焕德副行长出席活动。

12月22日　民生银行济南济泺路支行隆重开业。

12月23日　在山东省委宣传部和大众报业集团主办的2011山东财经风云榜中,马琳行长入选十大财经风云人物。

(民生银行济南分行)

中国民生银行青岛分行

【第一负责人简介】　赵志敏,1963年生,历任中国民生银行北京管理部支行副行长、行长、北京管理部副总经理;现任中国民生银行青岛分行党委书记、行长。

【综述】　2011年,中国民生银行青岛分行(以下简称"民生青岛分行")着重发展海洋渔业、港口等特色金融。2011年新设平度、胶南两家县域支行,绍兴路、金水路两家同城支行,分行营业机构已达14家,其中同城支行10家、县域支行3家、异地支行1家。

【业务拓展】　2011年,民生青岛分行全力推行小微金融战略,重点打造高端银行服务品牌,致力于打造胶东地区服务最佳的小微银行。

一、全力推动小微战略。一是打破客户私有化,真正创建"小微银行";二是构建小微业务操作流程,有力推动小微业务的发展;三是提高对小微客户的整体服务水平,培育忠实客户;

中国民生银行青岛分行主要统计指标

单位：亿元

项目 \ 年度	2007	2008	2009	2010	2011	2011年同比增幅（%）
本外币资产总额	152.46	121.34	219.36	178.72	284.72	59
本外币存款余额	82.51	98.02	165.78	168.4	255.17	52
人民币存款余额	94.09	108.04	163.9	166.98	252.75	51
企业存款	86.71	91.89	128.5	123	171.96	40
机关团体存款	2.26	2.04	5.73	17.52	27.45	57
储蓄存款	5.12	14.11	29.67	26.46	53.34	102
本外币贷款余额	68	84.55	124.17	140.47	183.87	31
人民币贷款余额	68	84.55	124.17	140.47	183.87	31
短期贷款	46.7	55.33	65.72	70.91	127.93	80
中长期贷款	20.25	29.21	58.09	69.56	55.94	-20
票据融资	0.94	0.01	0.36	0.94	0	-100
利润总额	0.89	1.64	1.898	2.92	5.61	92
不良贷款余额	0	0	0.010	0.064	0.164	156.25
不良贷款占比（%）	0	0	0.008	0.046	0.089	93.48

本表口径：青岛分行（含事业部含烟台）

四是结合地域特点，开发商会和各种商圈，成功梳理出小微金融12大地方特色商圈产业链。截至年末，累计发放小微企业贷款102.36亿元，增速达到291%，支持3800多家小微企业发展，产生了良好的经济和社会效益。

二、推行民营企业战略，做一流金融管家。一是加强与民营企业的合作，2011年1月19日，与青岛工商联成功对接，并在全国范围内首个成立工商联业务金融部，将办公场所搬到工商联，专门为民营企业提供一站式服务；二是以“融智”为核心，为战略合作伙伴推出了金融管家服务，截至年末，共发展金融管家客户13户，民营企业有效客户1092个、存款108亿元、贷款余额50.88亿元。

三、做精私人银行，打造高端财富管理。启动私人银行战略，积极开展工作室建设，拓宽高端非金融服务渠道。截至年末，该行共有私人银行达标客户88户，金融资产余额近12亿。

四、启动海洋渔业战略，助力蓝色经济发展。一是与青岛市政府成功举办了首届海洋渔业金融国际论坛；二是成立了系统内首家海洋渔业产业金融部，将4家支行定为海洋渔业特色支行，民生银行海洋渔业金融中心也将落户青岛。

【电子银行业务】 2011年，民生青岛分行电子银行的发展领域主要集中在网上银行。一是大力推广安全级别高的个人网银U宝；二是不断推出安全稳健、期限灵活的网上理财产品，并通过网银专属理财和理财夜市等特色服务吸引客户通过网银购买；三是推出网上银行跨行资金归集业务，方便客户高效便捷地归集自己其他银行的资金，提升客户资金使用效率；四是创新推出了商户版网上银行，为小微客户提供了各项特色服务，极大地方便了小微客户支付结算。截至年末，该行新增U宝客户超1万户，累计达到5.02万户；网上理财销售金额超67亿，是上年全年网上理财销售额的6倍，占该行低风险理财产品销量的75%；有贷小微客户网上银行覆盖率达到77.7%，交易替代率达到89.9%；企业网上银行客户达2578户。

【企业文化建设】 2011年，民生青岛分行着力构建和谐民生家园。一是坚持“同成长、共见证、同发展、共繁荣”的服务理念，以高水平的金融服务赢得客户信赖，以感恩回馈活动获得客户尊重；二是加强党建工作，坚持以党建引领发展；三是深入践行“六个提升”重要思想，进一步强化事业心、责任心，注重创新思想、协作精神，提升效率观念和自身形象；四是以工会、团委工作为纽带，不断提升员工幸福感和责任感。

【大事记】 1月19日 在青岛市工商联十一届五次执委会上，民生青岛分行工商联业务金融部举行揭牌仪式。市委常委、统战部长臧爱民，市人大常委会副主任、市工商联主席徐航，民生青岛分行党委书记赵志敏等出席揭牌仪式。

1月21日 民生青岛平度支行举行开业典礼。

2月16日 民生青岛支行在香格里拉大饭店成功承办“资本成就未来——青岛市拟上市企业资本运作暨IPO项目解读”活动，为企业发展提供“融智”支持。青岛市政协副主席、市发改委主任刘明君、人行青岛市支行副行长邢继军、民生银行投资银行部总经理张立洲、青岛分行党委书记赵志敏出席活动。

2月28日 青岛市政府与民生银行签署战略合作协议。山东省委常委、青岛市委书记李群会见总行洪崎行长一行。

民生银行总行洪崎行长、梁玉堂副行长出席青岛分行与青岛市工商联战略合作签约仪式，并出席青岛分行金融管家签约仪式，该行金融管家服务全面启动。

3月19日 以“激励 奋发 弘扬 发展”为主题的民生青岛分行成立五周年行庆盛典在香格里拉隆重举行。

3月22日 民生青岛分行“银港通”模式首笔业务成功落地出账，本次出账金额3.685亿元，为该行带来了较高的存款以及中间业务收益。

4月8日 青岛市市委副书记、市长夏耕亲切会见了民生银行总行董事长董文标一行。

4月8日 民生银行总行董事长董文标一行赴青岛分行视察指导工作。

6月16日 民生青岛香港东路支行成功中标崂山区财政国库集中收付代理银行资格，此次中标是青岛分行第一次取得财政国库集中代理行资格，为该行拓宽财政存款来源，挖掘负债渠道奠定了扎实基础。

6月25日 民生青岛分行小微企业贷款余额突破50亿元，达到50.85亿。

6月28日 民生青岛分行第3家县域支行——胶南支行开业，在开业典礼上，青岛分行与胶南市签订区域战略合作协议。

6月30日 民生青岛分行各项存款余额突破210亿元大关。

9月16日 民生青岛绍兴路支行开业典礼隆重举行。

9月27日 经民生银行总行党委决定，青岛分行党委班子进行了调整，张俊涛、崔俊峰为分行党委委员，吴强不再担任分行副行长，张振芳不再担任分行党委委员、纪委书记。

10月12日 民生银行第4届“民生财富杯”全国高尔夫球巡回赛青岛分站赛完美收杆。

10月25日 由青岛市政府与民生银行联合举办、青岛分行承办的首届“海洋渔业金融国际论坛”在青岛香格里拉大饭店成功举办，民生银行董事长董文标出席论坛并担任荣誉主席、副行长邵平、毛晓峰以及青岛市市长夏耕、副市长秦敏、王广正出席论坛。

10月28日～29日 由山东省政府联合国家12部委共同主办，青岛市政府承办的2011中国·青岛蓝色经济发展国际高峰论坛在青岛香格里拉大饭店成功举办，民生银行总行副行长邵平，青岛分行行长赵志敏受邀参加本次论坛。

12月23日 民生青岛分行2011年客户答谢晚宴在香格里拉大饭店成功举办，该行客户代表600人受邀参加晚宴，晚宴邀请到著名歌唱家谭晶、王宏伟到场演出。

12月26日 民生青岛分行首届职工代表大会暨工会会员代表大会在八大关小礼堂隆重召开。中国金融工会常委、民生银行工会主任陈世强、青岛市总工会副主席杨景云出席大会。

12月27日 民生青岛金水路支行举行开业典礼。

（于 鹏）

渤海银行股份有限公司济南分行

【第一负责人简介】 王仁宝，男，1958年7月生，中共党员，大学本科学历，高级经济师。曾任山东航空公司财务部、证券部部长，深圳发展银行济南分行副行长，深圳发展银行公司银行部副总经理，深圳发展银行青岛分行副行长，渤海银行济南分行党委书记、行长。曾获山东省劳动模范、十大风云鲁商等荣誉称号。

【综述】 渤海银行股份有限公司济南分行（以下简称“渤海银行济南分行”）于2008年10月27日开业。2011年，该行坚持“审慎经营，持续发展”的经营管理理念，积极推动业务发展和结构调整，全面加强风险防范和内部控制，各项业务保持了良好的发展势头，不良资产继续保持零纪录，无案件和重大差错发生，实现了业务增长速度和质量、效益的同步提升。

【存款业务】 2011年，在外部经营环境复杂多变、同业竞争空前激烈的复杂形势下，渤海银行济南分行将保持存款稳定这一任务提到战略高度，多方拓展存款来源、积极推动存款增长。

【贷款业务】 2011年，渤海银行济南分行在保持信贷总量合理增长和均衡投放的同时，着力优化信贷结构，以增量变化带动存量结构优化，行业集中度、客户集中度和中长期贷款占比进一步降低，收益水平持续上升。

在信贷投放政策上，严守监管政策底线，高度关注资产质量的稳定性和真实性，严密防范各类风险。2011年，基于对国家房地产调控政策走向的准确判断，该行将个人经营性贷款及工程车贷款作为个贷业务的重点来推动，全年个贷业务实现健康稳定发展。

在中小企业贷款业务方面，一是运用“携手展业”、“快捷贷”等现有特色产品，积极推动业务发展；二是加强创新联动，针对核心企业的上游供应商办理了应收账款质押业务，针对特色产业集群与总行联动设计办理了中小企业携手展业授信业务，针对核心机械制造企业开展了经销商融资租赁业务。

渤海银行股份有限公司济南分行主要统计指标

单位：亿元

项目 \ 年度	2007	2008	2009	2010	2011	2011年同比增幅(%)
本外币资产总额	—	41.73	87.23	174.35	148.98	-14.55
本外币存款余额	—	18.92	83.61	91.02	100.9	10.85
人民币存款余额	—	18.92	83.55	90.99	96.45	6.00
企业存款	—	18.49	78.18	85.06	90.51	6.41
机关团体存款	—	0.2	2.52	0.59	2.98	405.08
储蓄存款	—	0.23	2.84	5.36	7.41	38.25
本外币贷款余额	—	41	68.42	82.93	90.71	9.38
人民币贷款余额	—	41	68.27	82.93	88.64	6.89
短期贷款	—	22.5	30.8	38.29	56.39	47.27
中长期贷款	—	14.8	37.61	43.4	30.51	-29.70
票据融资	—	3.7	0	1.25	3.81	204.80
利润总额	—	-0.06	1.35	1.62	1.86	14.81
不良贷款余额	—	0	0	0	0	—
不良贷款占比(%)	—	0	0	0	0	—

【中间业务】　2011年，渤海银行济南分行加快创新转型力度,从过度依赖信贷增长的传统模式向符合监管要求的创新模式转型,积极开展产品创新、服务创新、技术创新和管理创新,积极拓展投行类业务、创新性理财产品,有力提升了资产收益水平和中间业务创收水平。

【内部管理】　2011年，渤海银行济南分行进一步强化内部管理,提高精细化、规范化管理水平,不断夯实发展基础。

一、狠抓营运内控建设,促进业务稳健发展。一是加强制度建设,确保各项制度、流程落到实处;二是强化营运基础管理,进一步规范业务操作;三是以业务考核为抓手,提高会计业务质量;四是加大检查力度,发现问题及时整改;五是培训和考试相结合,提高合规执行能力。

二、全面强化风险管理,牢牢守住风险底线。一是加强政策指引,明确信贷投向;二是夯实基础工作,保持发展后劲;三是严格落实监管要求,确保授信业务合规;四是关注形势变化,严防中小企业业务风险;五是梳理存量客户,及时排除风险隐患。

三、完善内控组织架构,提高内控管理水平。一是内控管理部更名为内控合规部，明确分行一把手为内控管理第一责任人;二是分行营业部和各分支机构设立内控合规岗位,配备专职稽核检查人员;三是充实营运经理和检查督导员队伍,建立有效的内控管理模式。

【企业文化建设】　2011年，渤海银行济南分行把加强企业文化建设作为凝聚人心、提高战斗力、推动企业长远发展的系统工程来抓：

一、坚持以人为本,多种形式关心爱护员工。为员工提供生育礼金、伤病慰问金、困难家庭慰问金、定期体检、生日卡、爱心菜等福利项目,营造温暖和谐的集体氛围。

二、组织文体活动,不断增强团队协作精神。一是组织承办了“渤海银行第3届职工乒羽比赛”,荣获最佳组织奖;二是组织员工参加总行纪念建党90周年才艺展示活动,3人分获书法、手工作品2等奖;三是参加由省青联组织的首届“青未了杯”山东青年篮球友谊赛,成功夺冠。

三、热心公益活动,树立良好社会形象。一是党委号召全行员工用实际行动迎接党的生日,捐款捐物12万元,为西柏坡苏家庄小学捐赠爱心图书室；二是开业3周年“不搞庆典搞公益”,举办济南交警和环卫工人公益曲艺专场。

【大事记】　1月28日　渤海银行济南分行2010年度工作总结暨表彰大会隆重举行。

2月19日　渤海银行济南市中支行正式开业。

4月28日　由总行工会主办、渤海银行济南分行承办的渤海银行第三届职工乒羽比赛在青岛大学体育馆举行,渤海银行济南分行获得最佳组织奖。

6月11日　渤海银行济南分行党团员代表走进革命圣地西柏坡,举行爱心图书室捐赠仪式,把代表分行200多名员工爱心的5万元捐款、2600册图书、450个书包和450份小食品送到了山区孩子们手中,用实际行动向党的生日献礼。

7月9日　渤海银行全国首家二级分行——渤海银行烟

台分行正式开业。

7 月 18 日　根据渤海银行总行下发《关于调整内控体系组织架构的通知》，分行内控管理部更名为内控合规部，原职责不变。

10 月 17 日　渤海银行总行任命陈光伟为渤海银行济南分行风险总监。

10 月 27 日　在开业三周年之际，渤海银行济南分行在济南明湖居举办环卫工人公益专场，邀请 120 多位奋战在一线的环卫工人代表免费欣赏了一场精彩的传统曲艺盛宴。山东卫视、齐鲁晚报等媒体进行了报道。

（李琥珀　吴文锴）

天津银行股份有限公司济南分行

【第一负责人简介】　姚志坚，男，1970 年 3 月生，山东济南人，中共党员，清华大学工商管理专业毕业，硕士学位。1990 年 7 月参加工作，历任兴业银行支行行长、恒丰银行济南分行副行长。2010 年 5 月至今，任天津银行股份有限公司济南分行党委书记、行长。

【综述】　2011 年，天津银行股份有限公司济南分行（以下简称“天津银行济南分行”）秉承“服务地方经济、服务中小企业、服务市民百姓”的经营理念，深化改革，加强创新，健全管理和内控机制，提高防范风险的能力，取得新成绩。

【存款业务】　2011 年，天津银行济南分行大力拓展基本客户群体，推动授信、结算业务、中小企业、个人等客户开户数量的迅速增加，实行差别化服务，全力促进负债业务的良性发展。

【贷款业务】　2011 年，天津银行济南分行大力拓展国家重点支持行业，严格控制产能过剩的钢铁、电解铝、铁合金、焦炭、水泥等行业的客户授信，不断优化信贷资产结构，加大对中小企业信贷支持力度。同时，进一步完善贷款定价机制，强化贷款价格的分类控制，资产质量保持优秀，贷款收息率达到 100%，不良贷款率为零。

【中间业务】　截至 2011 年末，天津银行济南分行实现中间业务收入 2795 万元，同比增加 2368 万元，增幅 554.34%。其中，国际结算手续费收入 1310 万元，结算手续费收入 908 万元，结售汇业务收入 132 万元。

【内部管理】　2011 年，天津银行济南分行从严治行，不断加强内部管理。

一、委员会建设。根据管理和发展需要，该行设立了业务发展和营销、财务、薪酬和目标考核、全面问责等 4 个管理委员会和信贷审查、内控合规等两个委员会；群策群力解决管理和业务发展中的各项问题，保障业务良性运转。

二、制度建设。一是组织开展制度建设完善活动，对成立以来的各类文件进行全面梳理，堵塞风险漏洞；二是在 7 月下旬掀起学习规章制度、问责知识的热潮，有效提高了员工的责任、合规、内控意识，并在总行组织的全面问责知识竞赛中获得第 1 名。

三、努力提升案防能力。一是设立内审合规部，内控制度制定、执行和监督等工作实现了统一管理；二是对授信、负债、委托贷款业务制定了具体实施细则；三是对业务量较大的票据业务全面筛选，深入调查、挖掘客户开立银承的贸易背景真实性；四是建立并严格落实重要岗位轮岗轮调和强制性休假制度；五是在年底开展了对员工涉及民间借贷、集资等社会融资行为的风险排查，严防操作风险。

四、不断提升运营管理水平。一是制定下发了《电子商业汇票管理办法（试行）》等 9 项规章制度，修订了《询证函业务操作流程》，保证业务操作有章可循；二是印发了《柜面业务操作规范要求》，努力提高其规范化水平；三是通过召开运营分析专题会议、后督差错分析、事后监督通报等多种形式做细做实会计、稽核工作。

五、不断提高信贷管理水平。一是通过规范操作流程，提高工作效率；二是修订了《授信业务出账审查（审批）实施细则（暂行）》，并对出账流程进行了系统整理；三是强化双线的贷后管理模式，加大对济南地区以外客户的授信后监管力度和风险排查力度。

六、努力提升安全保卫工作水平。一是定期组织开展安全检查与评估，不断提升安保和案防水平；二是结合总行风险管控年的总体部署，于 8 月 31 日开展了全员消防培训；三是制定了《重大事项报告实施预案》，明确了案件处置流程。

天津银行股份有限公司济南分行主要统计指标

单位：亿元

项目 \ 年度	2007	2008	2009	2010	2011	2011年同比增幅(%)
本外币资产总额	--	--	--	58.56	133.38	127.77
本外币存款余额	--	--	--	53.49	83.69	56.46
人民币存款余额	--	--	--	53.49	83.58	56.25
企业存款	--	--	--	27.3	34.56	26.59
机关团体存款	--	--	--	0.73	3.11	326.03
储蓄存款	--	--	--	1.79	2.39	33.52
本外币贷款余额	--	--	--	11.91	35.56	198.57
人民币贷款余额	--	--	--	11.91	32.81	175.48
短期贷款	--	--	--	10.21	29.68	190.70
中长期贷款	--	--	--	1.7	3.13	84.12
票据融资	--	--	--	0	0	0
利润总额	--	--	--	0.32	1.55	384.38
不良贷款余额	--	--	--	0	0	0
不良贷款占比(%)	--	--	--	0	0	0

【企业文化建设】 2011年，天津银行济南分行从党群建设、队伍建设和宣传三方面着手，努力形成“发展才是硬道理”和“不抛弃、不放弃、不抱怨”的企业文化精神。一是党委、纪检、工会、团委开展了参观省监狱、羽毛球比赛、趣味运动会、廉政谈话等多项活动，发挥党群工作优势，着力提升组织活力；二是在新浪开通官方微博，为信息宣传、产品营销提供了新的平台；三是组织人员参加省银行业协会组织的“银苑风尚——卡秀、行服秀”表演，用蓬勃向上的精神面貌宣传银行卡和企业文化。

【大事记】 1月9日 天津银行济南分行召开2010年度总结表彰大会和2011年新春联欢晚会。

1月22日 天津银行监事长桑瑞敏到济南分行视察指导工作。

4月8日 天津银行济南分行组织全体员工参观山东省省监狱。

4月 天津银行济南分行团委获得总行“青年文明号”荣誉称号(天银团【2011】002号)。

5月10日 天津银行董事长王金龙到济南分行视察指导工作。

6月30日 天津银行行长袁福华到济南分行视察指导工作。

7月9日 天津银行济南分行召开首届趣味运动会，并成立腰鼓队。

7月 天津银行济南分行团委获得总行“五四红旗团委”荣誉称号(天银团【2011】007号)。

9月6日 天津银行监事长桑瑞敏到济南分行视察指导工作。

9月19日 天津银行济南分行大小额支付系统经人民银行批准正式上线运行。

9月29日 天津银行济南分行开展贵宾理财沙龙活动。

10月22日 天津银行济南分行成功举办首届羽毛球比赛。

11月29日 天津银行济南分行成功在新浪开通官方微博。

(田 霄)

浙商银行股份有限公司济南分行

【第一负责人简介】 李玉波，男，1963年4月生，祖籍山东章丘，中共党员，工商管理硕士，高级经济师。历任人行济南章丘支行行长，人行济南分行计划资金处处长、人行济南分行营管部办公室主任，兴业银行济南分行党委委员、副行长。2010年6月至今，任浙商银行济南分行党委书记、行长。

【综述】 浙商银行股份有限公司济南分行（以下简称“浙商银行济南分行”）是浙商银行设立的第8家浙江省外分行，于2010年6月正式开业。

2011年，浙商银行济南分行坚持存款立行，重视风险管理，强化内控建设，规范内部运作，塑造家园文化，实现了规模、特色、质量和效益的协调发展。

【业务发展】 2011年，浙商银行济南分行深入贯彻总行“一体两翼”的业务和市场定位，通过强化团队营销、方案营销、资产拉动、票据带动和投行推动等手段，持续推进存款稳定增长。

一、明确市场目标，提高营销层级，突破系统客户营销。一是设立机构业务部，成立前后台联动的专项营销小组；二是设计营销方案，提高营销层级，实现了由单纯的关系营销向团队营销、方案营销的转变。

二、优化资源配置，以资产业务带动存款增长。一是对于存量续做客户，重点优化合作模式，提高综合收益贡献度；二是对新增客户出账方案进行严格评审，重点投向“风险可控、方案可行、综合效益高”的授信客户；三是坚持“适度发展、防控风险、提高收益”的原则，加强对保证金来源和贸易背景真实性审查，切实防范票据风险。

三、系统梳理产品体系，突出特色业务营销。截至年末，该行考核存贷比为62.8%、票据占比为51.4%、保证金存款占比为47.6%，票据及保证金占比在驻济股份制银行中属较低水平。有信用余额的公司客户164户，客户经理人均管户数2.93户，在系统内位居第二。

（一）投行业务，成功营销两笔中期票据发行业务，累计办理买入返售业务52亿元，投资理财13.7亿元，运用同业资金192.4亿元，实现营业增加值2800万元。

（二）小企业业务，顺利投放专项贷款5063万元。

（三）国际业务，累计实现结算量1.4亿美元，创造中间业务收入411万元，中间业务收益率2.9%，在全行系统内排名首位。

（四）电子银行业务，开通企业网银462户、个人网银557户，转账金额184.4亿元，企业与个人网银有效使用率分别为36%和24%。

【风险管理】 2011年，浙商银行济南分行组织开展了3次风险排查，覆盖所有已授信客户，并由风险经理与客户经理共同执行实地现场检查，成功防范了诸如“非房涉房”、“经营性民间接待”和“大票带小票”等授信风险，切实维护了资产安全。

【内部控制】 2011年，浙商银行济南分行始终倡导并践行“内控优先”理念。一是与各部门负责人签订内控目标和安全保卫责任书，召开各类内控会议7次，组织开展了全行范围的“查风险、提内控、促发展”风险点排查活动；二是强化会计内控管理，加强对业务骨干人员的培养及履职管理，开展各类检查10次、系统性全岗位风险点排查2次；三是加强制度学习，按月对各部门周例会及制度学习记录情况进行检查；四是严格印章使用和保密管理，用印及重要证照使用均实现了痕迹化管理；五是不定期开展重要资料保管、办公区用电和防火安保等专项检查，杜绝各类风险隐患。

【金融服务】 2011年，浙商银行济南分行根据总行服务效率年活动要求，认真制定方案，明确目标任务，落实责任部门，按月跟踪完成情况，较好的完成了年度服务工作计划。一是8月份组织开展了全行性服务问卷调查，征集各条线服务工作意见建议近百条，并逐条督促整改落实；二是不断梳理和完善日常服务规范、标准和管理要求，有针对性地建立了培训、监督和评价服务机制。

【企业文化建设】 2011年，浙商银行济南分行持续深化“负责、勤奋、务实、大气”的企业精神，提倡管理民主化，畅通上下沟通渠道，广泛征求意见，确保各项政策的有效落实。一是不断改善员工工作环境，及时帮助员工疏导压力，通过不同层次员工间的思想碰撞，使文化理念渗透到全行上下；二是成功举办了首届职工运动会，在健身的同时，强化了团队精神；三是组织成立了篮球、羽毛球和乒乓球等多个兴趣小组，为丰富员工文化生活搭建了平台；四是在建党90周年前夕，组织召开了一次

浙商银行股份有限公司济南分行主要统计指标

单位：亿元

项目 \ 年度	2007	2008	2009	2010	2011	2011年同比增幅(%)
本外币资产总额	--	--	--	66.92	129.55	93.59
本外币存款余额	--	--	--	58.29	79.74	36.80
人民币存款余额	--	--	--	58.29	79.12	35.74
企业存款	--	--	--	35.58	27.67	-22.24
机关团体存款	--	--	--	3.86	12.09	213.25
储蓄存款	--	--	--	1.25	1.15	-7.72
本外币贷款余额	--	--	--	33.42	46.14	38.05
人民币贷款余额	--	--	--	33.42	46.10	37.95
短期贷款	--	--	--	33.42	38.92	16.47
中长期贷款	--	--	--	0	6.58	--
票据融资	--	--	--	0	0	0
利润总额	--	--	--	0.18	1.63	805.16
不良贷款余额	--	--	--	0	0	0
不良贷款占比(%)	--	--	--	0	0	0

意义特殊的党委中心组学习扩大会议,参会人员将革命理想与本职工作相结合,就如何推进业务发展,强化内部管理进行了深入交流;五是做好节日走访,充分了解员工生活状况,对有困难的员工通过登门走访、发放慰问金等形式给予帮扶。

【大事记】 4月15日 浙商银行总行董事长张达洋来济参加党委班子民主生活会。

5月10日 浙商银行济南分行召开“我为行庆添光彩”系列活动动员大会,并公布该主题营销活动方案。

5月11日 浙商银行总行审计组对浙商银行济南分行开展开业一周年全面审计工作。

6月 浙商银行济南分行组织开展反洗钱宣传月活动。

6月9日~10日 浙商银行总行行长龚方乐到济南分行调研。

6月18日 浙商银行济南分行举办首届环湖健身行活动。

8月27日 浙商银行济南分行举办开业一周年行庆活动。

9月19日 浙商银行济南分行与肥城矿业集团有限责任公司签订13亿元5年期中期票据主承销合作协议。

10月29日 浙商银行济南分行组织举办首届职工秋季运动会。

12月6日 浙商银行总行行长龚方乐来济参加分行领导班子述职大会并进行调研。

12月9日 浙商银行省外分支行加快发展座谈会在济南召开,总行行长龚方乐、副行长徐曼萱参加座谈。

12月16日 山东银监局批复同意浙商银行济南历下支行筹建。(银监鲁准【2011】648号)

(武建锐 李 阳)

北京银行济南分行

【第一负责人简介】 王淑梅，女，1962年生，中共党员，厦门大学EMBA，工商管理硕士，经济师。1993年任锦州市商业银行金华支行行长；1999年3月起先后任北京银行华安支行副行长，北京银行万寿路支行副行长、行长，北京银行总部基地支行行长，北京银行北京管理部副总经理；2010年8月至今任北京银行济南分行行长。

【业务发展】 2011年，北京银行济南分行积极推动业务发展，取得良好成效。

一、存款业务。截至12月末，本外币存款余额（不含同业）较年初增加23.62亿元，在济南同业中存款增量排名第13位，其中对公存款（不含其它存款及临时存款）新增21.50亿元，新增金额居系统内第8位，在济南同业中排名第12位；储蓄存款新增1.89亿元，新增金额在系统内排名第13位，在济南同业中排名第17位。

二、贷款业务。截至年末，该行贷款余额（含贴现及贸易融资）较年初增加54.91亿元，增幅389.47%，贷款增量位居26家银行第2；其中公司类贷款排名第1位，零售贷款排名第4位。在总行的指引下，该行将信贷资源优先用于中小企业贷款投放，截至年末，中小企业放款21.41亿元，新增20.71亿元，新增中小企业户数119户，完成全年户数计划的298%。

（一）将重汽集团、山重建机、山东临工等大型制造企业作为核心厂商，推动对上下游企业营销，推进厂商银、融资租赁等业务，取得良好效果。

（二）为推动在山东各地的业务发展，董事长代表该行与济南市政府签署全面战略合作协议，引起强烈反响。该行先后与山东省工商业联合会、山东省节约能源办公室签署战略合作协议，与大陆机电、万博科技两公司签署济南市2011年第一期高新技术中小企业集合票据主承销协议，顺利启动德州中小企业集合票据，受到了当地政府、有关部门和企业的高度认可。

（三）为拓展"短贷宝"的渠道，促进业务顺利开展，该行相继与山东大学校友企业家俱乐部，山东省浙江、江苏、福建、广东、河南、安徽、潮汕等商会，济南市温州商会、济南西市场小商品批发市场有限公司、洛口批发市场等驻济主要商会、商圈建立了联系，为后续的业务发展奠定了渠道基础。

三、中间业务。2011年，该行实现中间业务收入2233.40万元。

（一）重点推动了代付盈、汇利盈等国际业务产品，实现银企互利共赢。一是根据辖内部分客户进出口总量较大但单笔金额较小的特点，以"1+N"模式为客户办理3笔共1030万美元代付盈业务；二是大力发展供应链金融，全年共办理国内证业务11笔，开证金额101439.21万元，实现中间业务收入126余万元。

（二）通过投行业务的持续推进扩大中间业务收入。一是通过"名单制"营销，推动了与泉兴集团、山东航空股份、京博石化、垦利石化中票与短券业务，启动了该行第一支区域集优项目；二是推动票据信托业务，在增加产品代销等中间业务收入的同时，满足了重点客户贴现需求；三是开展机构理财业务，累计实现机构理财销售6.8亿元。

（三）同业业务迅速起步。截至年末，同业资产余额41.05亿元，负债余额95.15亿元。一是成功营销济南润丰农村合作银行和重汽财务两家活期同业存款账户；二是与青岛银行、齐商银行开展票据业务。截至年末，该行已与42家银行金融机构、2家信托公司、1家财务公司发生业务往来。

【内部管理】 2011年，北京银行济南分行确立制度先行、建立长效机制的理念，确保各项业务健康有序发展

一、弘扬优良传统，将开业之初形成的奋勇当先、攻坚克难、甘于奉献的精神融入日常工作之中。一是"超常速"，通过拟定进程、加强执行，不断提高工作效率，迅速落实各种项目；二是"盯目标"，通过务虚会、晨夕会、全员营销等举措，增进相互沟通，及时解决问题；三是"促增长"，营销部门员工全力开拓创新业务，非营销岗位员工在做好本职工作的同时，多方面、多渠道拓展优质客户。

二、强化内控管理。一是研究出台39项规章制度，建立纵向贯穿贷前、贷中、贷后全流程，横向覆盖信用风险、市场风险、操作与法律合规风险的管理办法和操作规程；二是制定授信政策指引等，根据最新经济形势与政策变动发布风险提示；三是建立业务运转高效、内控执行严密的风险与内控管理体系；四是建立监督与考评机制，对发现的问题及时整改。

三、明确发展规划。一是制定出台了《2011年-2015年发展规划》，从外部环境、战略目标、发展规划、规划实施等4个维

北京银行济南分行主要统计指标

单位：亿元

项目 \ 年度	2007	2008	2009	2010	2011	2011年同比增幅（%）
本外币资产总额	—	—	—	21.36	140.21	556.48
本外币存款余额	—	—	—	19.21	42.82	123.03
人民币存款余额	—	—	—	19.21	42.82	123.03
企业存款	—	—	—	18.13	19.02	52.04
机关团体存款	—	—	—	—	0.06	—
储蓄存款	—	—	—	1.07	2.97	177.57
本外币贷款余额	—	—	—	14.10	69.01	389.47
人民币贷款余额	—	—	—	14.10	67.40	378.01
短期贷款	—	—	—	8.8	52.51	496.03
中长期贷款	—	—	—	5	15.51	193.19
票据融资	—	—	—	11.07	0.9	—
利润总额	—	—	—	-0.39	-0.02	94.36
不良贷款余额	—	—	—	0	0	—
不良贷款占比（%）	—	—	—	0	0	—

度，统领公司银行、零售银行、中小业务、国际业务、风险条线、人力资源等6个子模块，确立"品牌响亮、特色鲜明、内控严密、队伍优秀、业绩突出"目标；正式启动了包括制度建设年、"2211"人才建设、"赢在网点"建设、分支机构建设、周年献礼、品牌创建、绩效考核系统建设和全面风险管理架构建设八大工程。

四、建立完善的安保制度体系，不断加强硬件建设。一是出台了《突发事件应急预案启动办法》、《安保人员工作例会制度》等办法；二是投入20多万元加强监控体系建设，进一步强化了技防、物防基础。

【企业文化建设】 2011年，北京银行济南分行一是通过召开全体党员会议、参加银监局组织的金融系统"红歌赛"等多项活动，不断丰富支部生活；二是开展"慈心一日捐"和"共产党员献爱心"等活动，彰显大爱之心；三是发挥工会职能，组织全体员工开展登山比赛、早间操、羽毛球友谊赛等活动，增强凝聚力；四是成功举办"财富1+1"杯演讲比赛、特色产品推介会、大型公益活动等，在宣传分行品牌影响力的同时极大扩展了业务规模；五是举行"投身北京银行，展示人生精彩"大型校园宣讲招聘活动，为分行进一步打造优秀人才梯队奠定基础。

【大事记】 1月7日 "山东省工商业联合会与北京银行济南分行战略合作协议签约仪式"在济南市喜来登大酒店成功举行。

1月15日 北京银行济南分行与济南市金融办、经信委、高新区管委会共同组织济南高新区中小企业集合票据和集合信托推介会。

1月31日 济南市张宗祥副市长、市金融办胡晓蒙主任、人行济南分行营管部陈好孟主任等来北京银行济南分行慰问。

2月12日 北京银行济南分行2011年工作会议圆满召开，王淑梅行长作工作报告。

4月11日 北京银行济南分行获得人行济南营业管理部批准的济南市地方国库集中收付代理银行资格。

5月5日 山东银监局现场检查组一行8人莅临北京银行济南分行，开展为期15天的"三个办法一个指引"执行落实情况检查。

7月1日 北京银行济南分行王淑梅行长参加了由人行济南分行营业管理部和济南市政府联合召开的"济南市'新型工业化'银企合作推进会"，会上分行同济南大陆机电股份有限公司签订高新区中小企业集合票据意向协议。

7月12日 滨州市政府与山东省再担保集团公司、北京银行济南分行战略合作签约仪式及邹平中小企业集合信托募集成立庆祝活动在滨州市成功举行。

9月20日 北京银行济南分行与潍坊国建高创科技有限公司签署战略合作协议，为其提供3400万元综合授信，支持清华大学供热节能项目。

9月28日 北京银行闫冰竹董事长参加北京银行济南分行成立一周年庆典活动，拜会了山东省委书记姜异康，山东省委副书记、省长姜大明，济南市委书记焉荣竹等领导，并出席分行与济南市政府战略合作协议签约暨分行中小企业服务中心揭牌仪式。

10月20日~21日 北京银行济南分行参加2011诚信滨

州第 10 届银企合作促进会暨黄河三角洲高效生态经济区（滨州）第 2 届融资洽谈会，现场与 30 余家企业签订合作意向协议书，总金额达 18 亿元。

10 月 31 日　北京银行济南分行参与济南市建委组织的济南市商品房预售资金监管账户招标活动，从驻济 17 家商业银行中脱颖而出，成功中标，成为其开户行之一。

11 月 1 日　北京银行济南分行召开供应链融资业务专题座谈会。许宁跃副行长听取分行供应链融资业务情况、典型案例及业务发展设想汇报，与中国重汽、莱钢永锋、山重建机等 3 家公司交流供应链金融开展情况及未来合作需求等，并指导分行 2012 年公司业务发展。

12 月 22 日　北京银行济南分行大明湖支行成功完成首日试营业。

（张宇航）

第六部分

金融机构运行报告
——区域性金融机构

一、农村信用合作社

山东省农村信用社联合社

【第一负责人简介】宋文瑄，男，中共党员，1954年9月生，山东乳山人，硕士研究生。自1989年9月起历任山东省政府办公厅政工处副处长、处长、机关党委副书记，驻海南办事处主任，山东省政府副秘书长，省政府办公厅党组成员。2004年5月至今，任山东省农村信用社联合社理事长、党委书记。

【综述】 2011年，山东省农村信用社联合社（以下简称"省联社"）围绕二届三次社员大会确定的任务目标，开拓创新，狠抓落实，各项工作取得显著成效。年末，全省农信社新增存款市场占有率达21.9%，成为省内首家存款超8000亿的金融机构，连续7年稳居全省金融机构首位。不良贷款余额337亿元，占比5.79%，分别比年初下降64.8亿元和2.08个百分点。全省统算资本充足率9.51%，较年初提高1.56个百分点；拨备覆盖率78.98%，提高26.98个百分点。

2011年，省联社被推荐为中国银行业协会副会长单位和中国农村合作金融委员会主任单位；被省金融办授予"山东省金融发展贡献奖"；连续第5年被省国资委评为"信访稳定工作先进单位"。"农金通——农民金融自助服务"项目被银监会、中国银行业协会及省企业联合会授予"服务小企业及三农十佳特优金融产品"称号，并荣获"最佳农户金融产品创新奖"和"山东省企业管理现代化创新成果一等奖"；农民专业合作社贷款、乡村2+1贷款、小企业联盟循环授信贷款被银监会和中国银行业协会评为"特色金融支农产品"。中央电视台、人民日报、新华社等新闻媒体对全省农信社的改革发展成绩给予了广泛报道。

【内部改革】 2011年，省联社一是积极推动符合条件的农信社组建农村商业银行，年内共有8家农商行挂牌开业，青岛市统一法人农商行获准筹建，烟台、潍坊城区整合工作稳步推进，截至年末，全省共成立农商行15家、农合行16家，银行数量达31家，位居全国前列；二是指导做好村镇银行设立工作，年内4家村镇银行开业；三是规范县级联社监事会运行和理事履职，开展流程银行建设试点，有效提高了法人治理和经营管理水平；四是通过资产置换、增资扩股、资金帮扶等措施，推动平原等13家重点关注机构的风险化解工作。

【支农】 2011年，省联社一是扎实推进信用工程建设，加快信贷产品创新，加大对"三农"、小微企业和县域经济的支持力度，年末涉农贷款余额4334.4亿元，较年初增加666.5亿元，增长18.2%，小微企业贷款余额2022亿元，增加345亿元，增长20.6%，农民专业合作社贷款余额159.4亿元，增加22.9亿元，增长16.8%；二是全年累计为半岛蓝色经济区投放贷款近2500亿元，为黄河三角洲高效生态经济区投放贷款800多亿元，有力促进了"蓝""黄"经济区建设；三是120家县级法人机构代理了新农保业务，涉及参保人员2158万，日代付金额4.3亿元；四是依托"齐鲁惠农一本通"，年内发放各类政府涉农补贴近80亿元，代发项目超过30个，累计代发1亿户次，代发资金253亿元。

【队伍建设】 2011年，省联社一是做好县级联社班子换届和考核工作，年内调整县级联社高管以上人员222人次；二是公开招聘大学生员工2386人，择优录用大学生村官192名，通过公开选拔考试将3761名编制外员工纳入编制内管理；三是实行县级联社薪酬总额核定与经营利润和监管评级"双挂钩"制度；四是依托视频系统平台，加大基层管理人员和一线员工的培训覆盖面，全年开展各类培训5708个，累计培训65万人次；五是加强内控和安全基础管理，完善会计业务操作规范，积极推广业务异常风险预警、指纹授权等系统；六是组织开展业务条线风险排查、"内控和案防制度执行年"活动，加大案防考核和责任追究力度；七是加大对违规违纪行为的处理力度，对1083人次进行了警告及以上处分；八是扎实开展薪酬、高管履职、经营管理指标真实性等专项审计，全年组织各类审计项目9400次，挽回经济损失和保全风险资产39亿元；九是对19家单位、83家县级联社进行了巡视督导；十是全面推进领导干部公开接访工作，全年受理信访件101件，同比减少40件，降幅28.4%。

【电子化建设】 2011年，省联社一是加快新产品、新系统研发，年内建成投产了国际结算、村镇银行等44个项目，陆续推出了网上银行、手机银行、网上支付等电子银行业务，金融服务水平和市场竞争力明显提高，截至年末，网上银行、手机银行客户数量分别达48.9万户和21.3万户，交易金额达3635亿元和

山东省农村信用社联合社主要统计指标

单位：亿元

项目 \ 年度	2007	2008	2009	2010	2011	2011年同比增幅（%）
资产总额	5304.00	6176.89	7405.37	8510.88	10209.83	19.96
存款余额	3966.52	4900.18	5761.34	6839.22	8002.1	17.00
企业存款	556.96	578.28	791.97	1022.6	1472.85	44.03
机关团体存款	13.18	15.39	28.25	43.51	249.52	473.48
储蓄存款	3209.64	4150.4	4764.48	5605.67	6516.02	16.24
贷款余额	3174.6	3689.42	4392.70	5109.76	5823.02	13.96
短期贷款	2857.83	3210.69	3838.36	4095.64	4539.84	10.85
中长期贷款	112.67	110.87	170.56	684.67	922.59	34.75
票据融资	201.67	365.59	381.65	326.86	356.7	9.13
利润总额	45.24	59.68	50.47	61.38	107.18	74.62

162.7亿元；二是积极拓宽农村支付结算渠道，安装农民自助服务终端5851台、POS机具44609台，有效解决了农村特别是偏远地区金融服务不足问题；三是银行卡有效发卡量1992万张，较年初增加502万张，增长33.7%，卡存款余额578.6亿元，增长40%；四是62家县级法人机构开办了国际业务，全年完成国际业务结算量58.2亿美元，同比增长77.4%。

【企业文化建设】 2011年，省联社一是通过组织领导点评、群众议评和第二轮承诺、践诺、评诺活动，有力推动了“创先争优争做农信创业先锋”活动；二是深入推进“六型”团队建设，积极为基层和群众办实事、解难题；三是全面落实党风廉政建设责任制，采取多种形式，加大廉政教育力度；四是创新党员教育方式，成立网络党校，严格落实“三会一课”组织生活制度；五是成功举办《颂歌献给党 农信铸辉煌》文艺晚会、庆祝建党90周年暨创先争优总结表彰大会、省联社成立60周年新闻发布会等多项大型活动；六是组织举办合规知识竞赛、征文演讲比赛等文体活动；七是完善帮扶救助体系，对542名困难职工进行了爱心救助，救助资金148万元；八是开展“慈心一日捐”等活动，全年捐款225.9万元。

【大事记】 1月17日 省联社第二届理事会第九次会议在济南召开。会议审议通过了《关于全省农村信用社2010年改革发展情况和2011年工作思路的报告》等议题。

1月19日~20日 省联社第二届社员大会第三次会议在济南召开。省委常委、常务副省长王仁元出席会议并讲话，省联社理事长、党委书记宋文瑄代表理事会作工作报告。

3月12日 省联社计算机网络中心奠基仪式在济南举行。省委常委、常务副省长王仁元，省人大常委会副主任崔曰臣，省政协副主席乔延春，济南市人大常委会主任雷建国等领导出席仪式。省联社理事长、党委书记宋文瑄致辞。

3月31日~4月2日 银监会周慕冰副主席一行来山东考察调研。省联社理事长、党委书记宋文瑄陪同周慕冰副主席一行在济南、青岛调研。

5月16日 中国银行业协会农村合作金融工作委员会二届四次会议暨三届一次常委会在北京召开，省联社理事长、党委书记宋文瑄参加会议。会上，省联社当选为主任单位，宋文瑄当选为农合委主任。

5月16日 网上银行业务分批在全省农信社（农村商业银行、农村合作银行）推广应用，至6月末，全省已有109家法人机构对外开办网上银行业务。

5月26日 中国银行业协会第十次社员大会在北京召开。省联社理事长、党委书记宋文瑄参加会议并当选为该会副会长。

6月9日 “颂歌献给党”——省联社庆祝建党90周年文艺晚会在山东会堂隆重举行。省政协副主席乔延春、省人大常委会原副主任陈延明、时立军等省领导，省联社领导及全省农信社党员代表2000余人观看了演出。

6月10日 全省农信社庆祝建党90周年暨创先争优表彰大会在济南召开。大会对30名“四优”共产党员、155名创建“六型”团队先进个人、10个“四强”基层党组织、40个“六型”团队先进集体进行了隆重表彰。

6月 省联社荣获中国银行业协会颁发的“2010年度最佳社会责任机构奖”。

7月14日~15日 人行总行杜金富副行长带队的调研组在寿光调研完善农村金融基础服务和政策扶持体系情况，省联社理事长、党委书记宋文瑄陪同调研。

7月16日 山东威海农村商业银行股份有限公司举行开业典礼，省联社理事长、党委书记宋文瑄出席典礼并为山其揭牌。

7月26日 省联社在济南举行“泰山·福农卡”首发新闻发布会，正式面向全省广大农民发行“泰山·福农卡”。

9月9日 “农金通——农民金融自助服务”项目被银监

会、中国银行业协会等授予“服务小企业及三农十佳特优金融产品”称号。

10月21日　省委组织部以鲁组任字[2011]203号、204号文批准：郇涛任省联社副主任、党委委员，王宝城任省联社副主任、党委委员兼省联社济南办事处主任、党委书记。

11月8日　全省农信社第三届业务技术比赛在淄博举行，来自全省17市的144名选手参加了比赛。临沂、泰安、德州、济宁、淄博分获团体第一至第五名。

11月18日　省联社荣获中国银监会颁发的“最佳金融营销产品创新奖”。

11月30日　省联社第二届理事会第十三次会议在济南召开，会议审议通过了《关于提名郇涛、王宝城同志任职的建议》、《关于进一步完善全省农村信用社薪酬管理及内部考核分配的指导意见》等议题。

12月13日　ISO20000服务管理体系顺利通过中国信息安全中心组织的外部审核，省联社成为国内首家通过ISO20000认证审核的农村合作金融机构。

12月31日　全省农信社各项存款余额超8000亿元，总资产超万亿。

（董海涛　孙德鹏）

二、城市商业银行

【齐鲁银行】　2011年，齐鲁银行克服重重困难和阻力，各项经营措施卓见成效，运营管理水平稳步提高，整体业务保持稳定，各项工作取得积极进展。

一、务实调整经营策略，促进整体工作提升。一是通过多种形式调研，探索业务营销、风险控制、内部管理、激励考核、文化建设等方面的提升途径，有的放矢地开展工作；二是对内强化诫勉激励措施，对外密切与同业和客户沟通，确保了全行经营指标的完成。

二、上下联动，强化营销，业务有序开展。一是强化公私联动，创新营销思路，贴近客户需求，促进了产品销售和业务发展；二是先后与市粮食局、药监局、长清区政府等实现战略合作，积极开展工商验资E线通、银企直联和集团现金管理等业务，深受客户好评；三是发行了齐鲁白金卡，在私人银行服务方面做出积极探索；四是进一步做大做强济南市银企协会品牌，积极支持优质中小企业发展。

三、强化风险排查，防险避险措施切实有效。一是加大关键领域、关键业务的风险排查，将加强内控、堵塞漏洞作为经营管理的核心任务，出台了一系列风险管控措施；二是通过推行会计主管委派、成立放款中心、完善贷后管理机制、实施账户集中审批、集中对账等措施，推进条线制衡，有效防范柜面风险及操作风险；三是通过梳理完善授权管理、科技风险、财务审查、印章管理等项规章制度，理清了风险，业务合规程度进一步增强；四是通过适时退出风险客户，持续压缩异地授信业务及房地产贷款，业务结构得以优化，风险可控程度进一步提高。

四、强化渠道建设，提升综合服务水平。一是持续推进产品、品牌宣传，加快电子渠道建设，提高柜面服务标准，二是定期为分支机构量身定做服务培训方案，并在全行开展“微笑服务、诚信金融”活动，着力打造品牌；三是围绕城市建设和新建经济聚集区，持续优化网点布局，提升综合服务功能；年内聊城阳谷支行、天津静海支行顺利开业，由本行控股发起的首家村镇银行在章丘市正式挂牌运营，对服务三农和中小企业起到积极作用。

五、以人为本，强化精细管理，增强发展后劲。一是强化人员精细化管理，启动支行行长级后备库选拔，改进、完善全员上岗考试，以考促学；二是成立机构网点建设推进领导小组，理清工作流程，提高机构网点建设效率；三是成立财务审查委员会，建立重大财务事项集体研究机制，强化财务审查和预算约束；四是启动数据仓库建设及信贷流程梳理项目，上线信贷风险监控系统、会计预警等系统，提高全流程精细化技术水平；五是完善督办制度，对重点事项要求切实做到“件件有着落、事事有回音”，加强执行力建设；六是关心职工诉求，畅通员工沟通渠道，员工忠诚度、归属感和工作热情持续提升。

（齐鲁银行）

【青岛银行】　2011年，青岛银行按照“上规模、调结构、强内功、增效益”的经营指导思想，开拓进取，经营规模迅速扩大，盈利水平大幅提高，管理能力稳步提升。

一、规模、效益实现双丰收。存款余额突破600亿大关，连续两年新增超过100亿元，本地市场份额6.33%，较年初提升0.49个百分点，贷款余额342.90亿元，同比增长23.67%，全年实现经营利润13.57亿元，同比增长60.21%。

二、公司治理进一步完善。资本补充工作顺利完成，年末总股本25.56亿股，资本净额72.44亿元，较年初增长28.61亿元，资本充足率15.15%，较年初提高4.05个百分点，资本实力显著增强。

三、结构调整初见成效。储蓄存款占比20.20%，较年初提升2.18个百分点；保证金存款占比18.55%，较年初下降2.45个百分点。非利息收入占主营业务收入比重为7.50%，同比提高2.60个百分点。

四、机构建设实现新突破。一是东营分行、平度第二支行先后开业，申报筹设董家口支行；二是完成25家分支行的迁址、更名、装修工作；三是在城商行中率先成立了财富管理中心暨私人银行。

五、风险管控保持有效性。全年无案件发生，虚拟支行的经验做法在银监会组织的会议上进行了交流，以“五个三工程”为题的案防系列做法在银监会内网刊发。

青岛银行主要统计指标

单位：亿元

项目 \ 年度	2006	2007	2008	2009	2010	2011	2011年同比增幅（%）
本外币资产总额	237.01	311.68	325.21	436.50	636.06	770.47	21.13
本外币存款余额	178.69	223.14	267.37	311.73	451.13	549.28	21.76
人民币存款余额	177.92	222.38	249.60	310.57	446.51	546.45	22.38
单位存款	106.63	143.28	138.80	163	261.53	408.05	20.28
机关团体存款	0	0	0	0	0	0	——
储蓄存款	41.18	45.24	63.31	73.62	89.67	118.11	31.72
本外币贷款余额	153.60	175.06	176.90	201.19	249.21	299.62	20.23
人民币贷款余额	149.80	170.95	172.28	197.80	246.50	295.86	20.02
短期贷款	76.10	82.47	100.49	108.54	121.08	140.27	15.85
中长期贷款	43.09	42.66	45.16	79.51	117.32	145.54	24.05
票据融资	29.44	44.92	26	9.44	7.81	9.52	21.90
利润总额	0.50	4.83	4.61	5.11	6.86	8.29	20.85
不良贷款余额	4.42	4.37	3.45	3.36	3.31	3.00	-9.37
不良贷款占比（%）	2.88	2.50	1.95	1.49	1.19	0.88	-0.31

注："单位存款"指标为2011年新增指标，2010年以前数据为"企业存款"。

六、基础管理持续上水平。一是深入开展"本周我巡视"、"今天我发现"等活动，多个风险点在萌芽阶段即被发现并预防；二是加大信息技术领域投入，开发建设新一代信贷管理系统、内部资金转移价格FTP、供应链融资平台等IT系统；三是启动"制度建设年"活动，开展全行性制度梳理工作；四是大力推广网上银行，网银CFCA证书申请数量在全国城商行中位居前列。

七、业务创新频现新成果。一是推出浮动收益及短期理财新产品，根据中国社科院金融研究所发布的2011年上半年理财产品统计，青岛银行获得"超额收益率最高"、"最差值表现最好"两项第一；二是推出知识产权质押贷款、公务卡、"科易贷"和不动产租赁贷款等新品种，在青岛同业中率先办理商票保贴和电票贴现；三是与高赛尔金银公司联合推出高赛尔投资型金银条业务，实现高赛尔投资银条全国首发。

八、公益事业展现新形象。一是捐资设立中国海洋大学、青岛大学"青岛银行教育基金"；二是继续冠名赞助2011年度"微尘公益之星"颁奖晚会；三是开展关爱新市民活动等，展现企业优良形象。

（青岛银行）

【齐商银行股份有限公司】 2011年，齐商银行股份有限公司（以下简称"齐商银行"）加大对零售业务、小企业业务的支持力度，发展基础进一步夯实，经营效益大幅跃升，实现了规模、质量和效益的协调发展。

一、增强忧患意识和风险意识，准确研判形势。一是狠抓内部挖潜，积极做好资金组织工作，储蓄存款持续增长，保证金性质存款有所下降，负债稳定性进一步提高。二是明确信贷投放的区域、产品、行业、客户政策，不断加大结构调整力度，受控受限行业贷款得到有效压缩；三是加强对集团客户的管理力度，明确主办行制度，稳步推动跨区域和集团客户的清理归并工作；四是积极开展异地授信业务风险评估划转，通过对地方政府融资平台贷款实行"名单式"管理、上收平台贷款审批权限、严格落实担保手续、制定切实可行的还款计划等措施，存量平台贷款管理更加规范；五是通过全面改进各个环节制度，力促贷款新规实施并取得实效；六是推出了一系列小企业金融服务产品，截至年末，小企业贷款增速18.31%，较贷款总量增速高7.47个百分点，新增小企业贷款占比91.31%，全面完成"小企业贷款增速不低于全部贷款增速、新增小企业贷款占比高于70%"的监管目标。

二、不断加大业务创新力度，中间业务领域进一步拓宽。一是发行理财产品11期，募集资金4.2亿元，实现中间业务收入520万元，网上银行业务交易量突破2600亿元；二是第三方存管业务发展良好，年交易金额44,911万元；三是完成财政代收系统升级工作，实现省、市、区（县）三级财政分成，开辟了新的存款增长渠道。

三、在内部管理上，多措并举，切实防范操作风险。一是对规章制度进行系统地"立、改、废"，进一步规范业务操作步骤及各级人员职责权限，明晰操作路径，管理基础进一步夯实；二是初步建立防范前台操作风险管控体系，运行电子验印系统，提高科技对业务的支持力度，开展会计辅导"回头看"活动，加强

齐商银行股份有限公司主要统计指标

单位：亿元

项目 \ 年度	2007	2008	2009	2010	2011	2011年同比增幅（%）
本外币资产总额	210.45	246.88	300.47	363.28	416.58	14.67
本外币存款余额	181.38	218.41	264.59	317.46	354.58	11.69
人民币存款余额	180.50	217.45	264.00	316.61	353.55	11.67
企业存款	107.20	124.44	145.82	150.40	163.41	8.65
机关团体存款	0	0	0	0	10.96	—
储蓄存款	56.17	74.83	88.11	93.40	108.05	15.69
本外币贷款余额	143.24	156.29	193.83	233.51	258.82	10.84
人民币贷款余额	139.29	154.11	189.47	232.71	257.25	10.55
短期贷款	97.38	106.37	128.22	162.07	191.47	18.14
中长期贷款	14.6	12.92	17.66	21.09	22.39	6.17
票据融资	28.38	35.47	43.41	50.33	44.9	-10.79
利润总额	3.15	3.82	4.33	6.25	9.06	45.21
不良贷款余额	4.03	4.21	4.03	2.84	4.37	53.87
不良贷款占比（%）	2.81	2.69	2.08	1.22	1.69	0.47

账户管理，对34,625个结算账户进行梳理，对5,430个账户进行规范和清理；三是陆续开展大额存单业务、大额资金汇划、支付结算业务、对公账户及保证金账户的风险自查，进一步加强操作风险管控力度；四是综合采取全面检查、飞行检查等多种方式，积极开展后续稽核和条线管理指导，确保问题得到有效整改；五是全面实施数据中心供电系统改造项目、灾难备份中心数据备份方案、信息系统等级划分及保护方案，制订重要信息系统突发事件应急预案，先后组织了6次信息系统应急演练。

（刘锦程 朱 莉）

【烟台银行】 2011年，烟台银行在市委市政府的正确领导

烟台银行主要统计指标

单位：亿元

项目 \ 年度	2007	2008	2009	2010	2011	2011年同比增幅（%）
本外币资产总额	267.87	274.50	262.59	292.73	349.93	19.54
本外币存款余额	190.25	215.40	220.40	255.82	296.21	15.79
人民币存款余额	189.53	214.28	219.46	254.77	295.51	15.99
单位存款	67.49	79.80	82.17	99.15	131.47	32.60
机关团体存款	11.73	8.23	12.69	25.51	26.41	3.53
储蓄存款	98.24	116.55	114.57	120.52	163.75	35.87
本外币贷款余额	164.75	159.59	159.72	185.35	207.30	11.84
人民币贷款余额	162.98	158.82	158.83	184.40	206.25	11.85
短期贷款	49.53	60.07	45.98	90.14	108.25	20.09
中长期贷款	40.94	44.83	51.70	78.76	78.88	0.15
票据融资	72.12	53.56	61.10	15.33	18.84	22.9
利润总额	0.80	0.77	0.21	2.00	2.01	0.5
不良贷款余额	8.55	6.35	2.93	2.90	4.27	47.24
不良贷款占比（%）	5.19	3.98	1.83	1.56	2.08	33.33

和各级监管部门的有效监管下，把握内控优先、审慎经营的原则，稳步推进各项工作计划，取得了较好的经营成果。

一、优化信贷结构，提高精细化管理水平。由过去注重依靠贷款规模扩张创效益转变为注重依靠精细化管理增效益的模式，认真分析信贷投向，将资金用在符合市场定位、发展前景好的小企业及个人授信业务上。年末小企业贷款余额较年初增长65%，个人贷款余额较年初增长71.6%。

二、加强风险管理，确保安全稳健运营。一是围绕董事会审议通过的《全面风险管理实施意见》，成立了风险政策委员会，直接领导该项工作；二是先后组建了信贷管理部、合规部和安全保卫部，初步建立了全面风险管理架构；三是健全授信风险、流动性风险、市场风险、操作风险、案件风险管理体系，有效提高了风险防控能力。

三、实施薪酬改革，进一步完善考核机制。一是年初出台了《薪酬制度改革方案》，明确了“以岗定薪”的管理理念，初步建立起“科学有效、富有竞争力”的薪酬框架；二是对总行工作人员绩效考核办法进行了全面修订，以支行对总行各部室的满意度测评结果为依据，综合衡量总行员工服务质量和工作效率，科学划分奖金分配档次，收到了良好效果。

四、全方位提升服务水准，树立良好的品牌形象。一是新的客户投诉、优质文明服务规范两个《管理办法》，经职代会讨论通过并实施，优质文明服务纳入了年底综合考评；二是完成对全线支行的两轮优质文明服务检查，表彰优秀服务督导员和服务明星，激励员工进一步提升服务水准；三是年末贵宾中心提升至25个，服务渠道方面，开通了对公客户短信通服务功能和身份密码验证功能，保障客户资金安全；四是新开办“境外机构人民币银行结算帐户业务”、“跨境贸易人民币结算业务”和“西联汇款业务”3个新业务品种；五是组织了“烟台银行杯青年创业大赛”、反假宣传月、参加金融知识进万家巡回展等活动。

五、完善信息科技管理，维护系统安全。一是完成《信息科技IT三到五年规划》，全面加强信息科技管理；二是完成了代理保险业务、跨行网银清算对公业务、人民币跨境结算等系统的开发与上线；三是加强各业务系统的日常维护与升级改造，有效支持业务发展。

（郄丽宁）

【潍坊银行】 2011年，潍坊银行以科学发展为主题，以改革创新为动力，经营规模不断扩大，盈利能力持续增强，服务水平有效提升，市场竞争力和品牌影响力进一步提高。在英国《银行家》杂志发布的“2010年全球1000家大银行”排行榜中，该行位列第869位，位次前移89位。

一、经营规模和效益进一步提升。截至年末，该行实现利税9.54亿元，同比增长11.32%；上缴税金3.78亿元，继续保持全市纳税企业前十强；资本充足率12.28%，较年初增长2.2百分点。

二、组织架构改革顺利有效实施。将全行经营管理分为拓展、运行、控制和保障四大条线，奠定了基于全面强化风险控制能力、改善客户服务水平、增强综合竞争优势、体现流程银行思想的全新银行组织体系。

三、差异化发展战略深入推进。一是小微业务继续保持较快发展，年末，小微贷款余额163亿元，较年初增加39亿元，占全行贷款余额的61%，小微客户数量达11825户，较年初增加

潍坊银行主要统计指标

单位：亿元

项目＼年度	2007	2008	2009	2010	2011	2011年同比增幅（%）
本外币资产总额	215.62	269.31	313.80	401.03	453.69	13.13
本外币存款余额	196.49	229.85	284.42	344.20	373.48	8.51
人民币存款余额	196.38	229.59	283.79	341.07	372.54	9.23
企业存款	89.77	98.72	178.49	170.34	191.07	12.17
机关团体存款	42.5	39.3	56.54	45.57	38.22	-16.13
储蓄存款	64.10	91.57	105.30	128.29	144.19	12.40
本外币贷款余额	127.78	153.12	189.49	231.83	267.51	15.39
人民币贷款余额	127.59	153.07	189.04	230.53	265.80	15.30
短期贷款	97.34	109.21	141.54	184.35	218.07	18.29
中长期贷款	9.45	8.09	15.82	28.62	30.13	5.25
票据融资	20.8	35.77	31.68	15.11	14.92	-1.24
利润总额	0.35	1.54	3.59	7.62	8.31	9.04
不良贷款余额	2.42	2.91	2.68	2.43	2.31	-4.69
不良贷款占比（%）	1.89	1.9	1.41	1.05	0.86	-18.10

1565户；二是微贷业务快速发展，业务区域从潍坊拓展到青岛，微贷中心全年累计发放贷款2.3亿元，微贷户数达1669户；三是与澳大利亚高傅公司合作成立金鼎财富管理中心，培育专业财富管理团队，丰富了客户服务内容。

四、金融创新工作亮点频现。一是昌乐“蓝宝赢”业务以及微贷业务在中央电视台专题播报；二是在全国首发中小企业区域集优票据；三是推出了全市首单商标权和专利权质押融资业务；四是成功营销了全市第一单公共租赁房项目贷款；五是农村土地流转金融服务新模式荣获中国银监会“全国银行业金融机构小微金融服务特色产品”。

五、跨区域发展迈出新步伐。潍坊银行青岛分行先后在城阳区、经济技术开发区成立了两家支行，小微贷款余额10.1亿元。

六、内部管理水平不断增强。一是完善了各项管理机制；二是加强人力资源的优化配置，加大人才引进力度，拓宽用人渠道；三是创新培训模式，成立职工培训学院，采取理论教学与岗位实践相结合的办学模式，进一步提升员工的工作能力；四是推进质量管理体系标准化建设，理顺各条线、各部门工作职能。

七、风险防控能力全面提高。一是深入推进“内控提升年”活动，内控管理水平显著提升，基层员工连续成功堵截多起诈骗案件；二是加强全面风险管理，加强出账管理，建立授信出账审核员制度，有效防范人为操作风险；三是在信息科技风险、市场风险、流动性风险及声誉风险管理方面完善制度流程，加强应急演练，不断提升风险防范能力。

（李庆伟）

【威海市商业银行】 2011年，威海市商业银行贯彻落实国家宏观调控政策，积极应对市场变化，加快转变发展方式，各项业务实现了持续稳健发展。

一、经营业绩持续攀升。总资产、存款、贷款、经营利润等主要指标连续8年位居威海市银行业金融机构首位。小企业贷款余额93.07亿元，较年初增加26.14亿元，增长39.06%，高于全部贷款增幅21.16个百分点。

二、发展质量持续提高。不良贷款持续实现“双下降”，资本充足率保持在11%以上，贷款损失准备充足率为188.16%，拨备覆盖率为363.40%，存贷比为64.55%，拨贷比为2.51%，各项指标持续全面达到监管要求。2011年，该行被评为二级行，这是目前国内银行业金融机构最高评级。

三、盈利水平大幅提升。全年实现经营利润8.86亿元，同比增加2.58亿元，增长41.08%；资产利润率（ROA）达0.92%，较年初提高0.16个百分点；资本利润率（ROE）达17.58%，较年初提高3.31个百分点。

四、社会贡献持续加大。全年实现利税突破10亿元，达10.13亿元，同比增加3亿元，增长42.08%；实现各项税金2.94亿元，增加0.91亿元，增长44.83%；全年全口径累计信贷投放达882.38亿元，同比增加143.86亿元，增长19.48%，其中累计发放贷款（含贴现）529.97亿元，签发银行承兑汇票352.41亿元。

五、服务功能持续完善。11月16日，成立了威海市第一家科技支行，为科技型中小企业提供专业高效的金融服务，在全国范围内开创了“政府扶持，多方合作，集群运作”的科技支行新模式。

六、科研水平持续提升。8月12日，成立了博士后科研工作站，成为全省首家设立博士后科研工作站的金融机构，为该

威海市商业银行主要统计指标

单位：亿元

项目 \ 年度	2007	2008	2009	2010	2011	2011年同比增幅（%）
本外币资产总额	193.70	251.77	410.58	519.87	562.81	8.29
本外币存款余额	165.82	207.51	303.32	420.67	456.32	8.47
人民币存款余额	165.82	207.51	303.32	420.35	455.68	8.42
单位存款	100.57	110.96	187.19	287.92	306.63	6.10
储蓄存款	65.25	96.55	116.13	132.37	149.05	12.61
本外币贷款余额	125.79	149.42	200.28	249.83	294.54	17.90
人民币贷款余额	125.79	149.42	200.28	248.14	293.56	18.31
短期贷款	49.01	57.30	101.05	160.82	204.41	27.10
中长期贷款	48.20	46.82	61.43	68.89	68.79	-0.15
票据融资	28.40	45.15	37.63	18.2	20.20	10.56
利润总额	1.01	0.51	0.94	3.54	6.61	30.41
不良贷款余额	2.45	2.39	2.23	2.1	2.03	-3.36
不良贷款占比（%）	1.95	1.60	1.12	0.83	0.69	-17.86

行培养、吸引和使用高层次优秀专业人才提供了有利条件。

（徐文杰）

【临商银行】 截至2011年末，临商银行各项存、贷款分别较年初增加54.3亿元和47.43亿元，增量均在全省城商行中列第一位；拨备覆盖率264.37%，较年初增加69.44个百分点；贷款损失准备充足率236.66%，较年初增加55个百分点；资本充足率12.06%。

一、特色支行建设。该行继续实施建设特色支行的发展战略，切实做深做细小企业贷款业务。各类特色支行分别围绕不同的小企业客户群体，积极探索支持小企业发展的新途径，如：商户特色行利用“客户经理服务商户，二级支行服务商场（市场），总支行联合服务商会”的“三商模式”，向各类商户投放小企业贷款12.76亿元；三农特色行投放贷款5.44亿元，支持农户种养殖、农副产品加工流通及产业集群等小微企业；县域支行加大对县域主导产业及园区小企业的支持力度，累计投放小企业贷款4.26亿元；社区行利用“消费+创业+理财”的模式投放资金5.39亿元，重点支持工薪供职类人员和个体工商户。截至年末，全行小企业贷款余额164.3亿元，在全部贷款中占比72%。经验做法被中央电视台国际频道《中国新闻》专题报道，“惠农贷”也被中国银行业协会评为“全国服务小企业及三农十佳特优金融产品”。

二、业务发展。一是加强信用风险的监测与控制，大力开展清收压降活动，不良贷款余额和占比分别较年初降低0.11亿元和0.25个百分点，顺利实现“双降”目标；二是通过科学下达增存计划、优化调整机构布局、增强网点发展能力和组织增存活动等措施，使存款总量得到大幅提升，创历史新高；三是中间业务协调发展，惠商卡业务增加了网购无卡支付功能，公务卡业务稳步推广，商付通、商通宝、商家乐等特色品牌持续拓展，网上银行和手机银行等电子银行业务快速发展，代理了城乡居民养老保险金收缴业务，并推出银保通、代销同业理财产品和代收有线电视费业务；四是积极改造外汇业务系统，开办了人民币跨境结算、国内信用证业务，成功为客户开立资本项目外债专户，全年外汇业务结算量15.06亿美元，同比增加8.29亿美元；五是进一步提高债券、票据业务操作技巧，拓展多元化营利渠道，资金市场收益率水平显著提升，年末两大市场实现账面利润3.36亿元，同比增加1.61亿元。

三、机构发展。一是县域支行布局加快，先后设立宁波江北、余姚支行及临沂平邑、苍山支行，完成了蒙阴支行的筹建工作，实现了临沂县域机构的全覆盖；二是宁波分行业务发展迅速。一方面，通过加大营销服务力度、增设县区机构和强化风险管控等措施，提高了在宁波当地的影响力。另一方面，针对物流企业推出的“陆路通”业务，受到浙江省、宁波市领导和物流企业的广泛好评，并受邀参加了第7届中国国际物流节，被授予“2011年度物流金融服务大奖”。截至年末，宁波分行存款达71.35亿元，较年初增加19.97亿元，实现利润过亿元。

四、内控管理。一是通过实行集中报账制，严格大额费用审批，加强列支费用管理，以及加大收息率考核，大力压降非生息

临商银行主要统计指标

单位：亿元

项目＼年度	2007	2008	2009	2010	2011	2011年同比增幅（%）
本外币资产总额	151.52	169.61	253.23	310.74	373.99	20.35
本外币存款余额	121.11	148.62	223.53	273.59	327.48	19.7
人民币存款余额	120.44	148.59	223.4	273.22	326.16	19.38
企业存款	38.36	41.87	80.98	93.97	104.25	10.94
机关团体存款	11.87	16.67	27.97	41.17	55.9	35.78
储蓄存款	53.41	74.48	91.70	109.98	132.82	20.77
本外币贷款余额	101.90	106.20	144.83	180.53	227.96	26.27
人民币贷款余额	100.22	104.79	143.67	179.11	224.72	25.46
短期贷款	88.30	93.23	115.26	143.71	180.09	25.31
中长期贷款	2.27	2.09	17.71	21.67	23.51	8.49
票据融资	9.28	8.97	10.65	13.62	21.11	54.99
利润总额	3.07	3.62	3.64	4.85	8.25	70.1
不良贷款余额	3.64	4.57	3.4	1.83	1.73	-5.46
不良贷款占比（%）	3.57	4.31	2.34	1.01	0.76	-24.75

资产等措施，增收节支成效显著；二是完善委派会计主管管理，实施会计内控标准化等级评定，加强支付密码器和票据鉴别仪推广，内控基础建设进一步完善；三是扎实推进案防工作，建立飞行突击检查机制，并在全国城商行中首家创新实施了“影子柜员-整体移位检查项目”；四是完善稽核监督体系建设，目前已逐步与国家内审管理接轨，并先后开展了多项审计等项目，有效消除了风险隐患；五是开展科技风险自查评估和重点部位应急演练，建立了业务连续性管理构架，聘请国际知名中介机构对信息科技系统进行全面审计评估，科技保障和风险防范能力得到进一步提升；六是进一步强化人力资源管理，启动了人力资源管理体系优化项目；七是进一步加强形象宣传，建立实施了舆情监测机制。《临商银行》报获得了山东省连续性内部资料出版物准印资格，并被授予“全国城市商业银行最佳报刊奖”和“全国城市商业银行杰出总编奖”。

（王小东）

【日照银行】 2011 年，日照银行创新思路，克难而进，实现了新一轮创业期的良好开局。截至年末，日照地区存款总量居同业第一位，市场份额 22.58%；资本充足率 12.73%，核心资本充足率 9.79%，拨备覆盖率 522.34%，贷款损失准备充足率 583.43%；四大新监管指标已达标。连续 4 年被银监会监管评级为二级，连续 5 年在《银行家》全国城商行竞争力排名中列前 5 位，首次入围世界银行 1000 强。

一、开展“斗志·向心·提升”年活动。一是举办了论坛、庆建党 90 周年红歌行歌演唱会、业务技能达标考核及比赛、摆放“我是共产党员”桌牌活动；二是制订部室、分行发展规划，出台《工作作风十条禁令》，推行首问负责制，建立工作周报、深入基层调研制度；三是组织全员学习《一个“局外人”带给我们的启示》，中层以上管理人员撰写体会，营造“忠诚、敏锐、直言、敢为”的浓厚氛围。

二、以市场变化为导向，理顺部室架构，优化机构布局。一是三亚、陵水两家村镇银行正式开业，设立了青岛开发区支行，济南解放路支行、济宁高新村镇银行获准筹建；二是区县支行市场份额和品牌影响不断提高，岚山支行被中央金融团工委授予全省唯一“全国送金融知识下乡宣传服务站”；三是面向客户，积极改进柜面服务。

三、以创新突破为动力，推动业务稳步增长。一是创新营销方式，巩固本土市场基础；二是创新合作思路，与开行山东省分行合作，从总行到分行积极联系同业授信，与部分城商行、渔业互保协会等开展合作，作为唯一资金监管银行，与日照市政府、人行及中债信用增进公司签署协议，共同为中小企业提供直接债务融资服务；三是做大物流银行业务，累计向供应链、产业链上的 120 家中小企业授信 176 亿元，加大品牌宣传力度，物流银行荣获《银行家》中国金融产品十佳奖；四是创新服务渠道，完善个人业务功能，手机银行客户 6667 户，新增网银客户 7963 户，推出公务卡、黄海卡银联模式网上购物支付功能，黄海卡存量达 40.5 万张，积极推动市直社保卡发行工作，累计发卡 6.7 万张，发行、代理发行理财产品 2.2 亿元，参与日照城市“一卡通”项目，成为唯一合作银行，加大自助银行、POS 机投放，电子银行交易量 1043 亿元，同比增长 167%，业务替代率达

日照银行主要统计指标

单位：亿元

项目 \ 年度	2007	2008	2009	2010	2011	2011 年同比增幅（%）
本外币资产总额	178.30	181.28	252.37	376.94	394.98	4.79
本外币存款余额	116.75	137.65	215.61	305.77	328.32	7.38
人民币存款余额	115.42	136.76	213.72	303.37	324.93	7.11
企业存款	66.15	77.58	137.32	112.99	131.04	15.97
机关团体存款	22.73	24.44	32.46	55.73	60.77	9.04
储蓄存款	26.54	34.74	43.95	52.83	59.25	12.15
本外币贷款余额	106.86	102.71	147.24	181.26	225.86	24.61
人民币贷款余额	104.67	101.67	144.27	179.96	223.80	24.36
短期贷款	65.64	78.49	113.00	141.08	175.79	24.60
中长期贷款	6.73	6.97	8.15	17.99	23.22	29.07
票据融资	32.30	16.21	23.12	16.8	21.52	28.10
利润总额	3.38	5.10	5.28	6.22	10.64	70.85
不良贷款余额	0.70	0.95	1.24	1.24	1.44	15.69
不良贷款占比（%）	0.65	0.93	0.84	0.68	0.64	-0.04

34%；五是放大特色业务优势，优化债券资产结构，货币市场交易量累计2052亿元，同比增加988亿元，国际结算业务量累计办理42.53亿美元，同比增加16.76亿美元，总量继续保持全省城商行首位，人民币跨境结算业务量达23亿元，外汇中间业务收入和综合收益水平有较大提高。

四、以系统上线为契机，实现科技跨越发展。针对该行原综合业务系统运行已近10年、功效陈旧等问题，于4月份启动新综合业务系统上线工作，历时190天圆满完成。

五、以服务发展为中心，提升管控支撑能力。一是加强资金头寸、信贷规模调度，确保了安全性、流动性和效益性；二是全面加强信贷管理，上线新信贷管理系统，开展排查信贷风险点和寻找业务增长点活动等，多措并举化解不良贷款，累计清收盘活不良贷款1.5亿元；三是完善风险管理策略、制度体系和操作流程，开展信息系统应急演练，组织员工违规行为排查，全员签订案防责任书、风险防范承诺书，强化物防、技防、人防建设，保持了零发案率。

六、加强精神文明建设，履行社会责任。一是调整健全了基层党团组织；二是组织各类培训73期，参训人员2696人次；三是积极开展扶贫济困、献爱心捐款和社会公益活动。该行先后获得全国模范劳动关系和谐企业、最具发展潜力中小银行、年度最佳风控中小银行，全省内部审计先进单位、热心慈善事业先进单位，日照市功勋企业、首届企业管理奖等荣誉称号。

（林　凡）

【德州银行】　2011年，德州银行优化管理机制，突出精细管理和风险控制，实现了平稳较快发展。

一、主营业务健康发展，信贷结构不断优化。继续加大对优质中小企业的信贷扶持力度，全年中小企业客户保有量1555户，贷款存量占比和增量占比分别达到29.74%和109%以上。

二、风险控制能力提高，资产质量取得新进步。一是建立了首席风险官、各业务管理条线风险官及中心支行风险经理制度，恢复会计主办委派制度，对全行各类风险实施集约管理；二是构建"大审计"体系，在完备问责追究制度的基础上，实施了成立以来首次重大问题责任追究，增强了制度的严肃性和全行合规意识。截至年末，资本充足率、核心资本充足率分别达到13.06%和10.81%。

三、以科技为支撑的现代化服务水平不断提升。一是新核心系统一次切换上线，依托该系统实现了与全省城商行在技术开发、风险管控、岗位培训等多个方面的资源共享；二是自主开发了财务管理、绩效考核、工商E线通、移动代缴费4个新系统，优化提升了统一监管报送、信贷管理、资产风险监控等13个信息平台及系统功能；三是针对个人经营业户融资需要，推出工程机械按揭、商用房按揭等贷款新品；针对个人客户投资需求，研发并推出"长河财富"5期理财产品；四是主动将服务向公益民生领域延伸，通过代收费服务等拓展了服务领域。

四、县域支行运行呈现良好态势。完成了机构对全市各县域的全面覆盖，拓展了支持全市经济社会发展的新空间。截至年末，该行县域支行的存款规模突破34.17亿元，贷款规模突破27.6亿元。

五、稳步推动管理模式创新。为进一步推进战略转型，贴近需求，该行细分了总部业务及管理部门的职责，取消总部3个部门，新增5个部门；为强化执行力和资源整合，在城区和县域

德州银行主要统计指标

单位：亿元

项目 \ 年度	2007	2008	2009	2010	2011	2011年同比增幅（%）
本外币资产总额	82.12	103.65	133.24	175.66	206.7	17.67
本外币存款余额	72.16	90.92	116.54	154.57	163.99	6.09
人民币存款余额	72.16	90.62	116.44	153.93	163.75	6.38
企业存款	43.55	44.57	65.10	95.80	71.35	10.88
机关团体存款	0	0	0		0.19	100
储蓄存款	28.60	46.36	51.44	58.13	61.34	5.52
本外币贷款余额	52.54	66.17	85.10	104.67	114.00	8.91
人民币贷款余额	52.54	65.71	83.64	103.62	112.93	8.98
短期贷款	50.82	53.49	68.28	87.53	92.61	5.41
中长期贷款	1.72	3.50	5.56	5.43	4.65	-14.52
票据融资	3.41	8.72	9.79	10.82	15.8	46.03
利润总额	1.29	2.61	1.8	2.42	6.85	114.73
不良贷款余额	1.52	1.92	1.65	0.98	1.9	93.88
不良贷款占比（%）	2.89	2.9	1.94	0.94	1.66	76.59

分别确定了3家和2家中心支行，试行“总部—中支—支行”三级管理模式。

（德州银行）

【济宁银行股份有限公司】 2011年，济宁银行股份有限公司（以下简称“济宁银行”）充分发挥法人机构管理链条短、决策速度快、经营机制活的优势，积极寻求发展模式转变，持续优化信贷结构，努力改进金融服务，加大金融创新力度，各项业务呈现出快速稳健发展势头。

一、不断优化公司治理，完善发展战略。一是按照《公司章程》及监管要求，引进两名经济、金融方面的专家教授担任独立董事，优化了董事会结构；二是监事会制定《对高级管理层履职评价办法（试行）》、《基层调研制度》等管理办法，提升监事会履职能力；三是召开股东大会年度会议及临时股东大会各1次，董事会会议6次，对利润分配、年度预算和差异化发展战略等多方面的内容进行了研究，做出了决议。

二、机构建设稳步推进，业务创新成效显著。

（一）提升服务功能。一是作为发起人的村镇银行筹建和离行式自助银行建设工作正在积极推进；二是年末县域网点覆盖面由年初的80%上升到90%；三是全年加装存取款一体机29台，ATM机12台。

（二）创新业务品种。一是为突出“惠民”和“便民”特色，推出了拥有自动理财和“免年费、免跨行ATM取款手续费”等16项免费优惠的儒商卡业务，发卡量达30万张；二是陆续推出了国际业务、“e路行”网银和短信银行等新型业务品种；三是9月在全市率先推出了支票授信业务。

（三）国际业务实现“开门红”。截至年末，国际业务开户企业数达到215家，占全市涉外企业总数的25%；累计实现国际结算量1.74亿美元，开立进口信用证7230万美元，办理进口代付2158万美元，办理国际贸易融资贷款2亿元，贸易融资贷款余额9095万元，实现国际业务收入697万元。

三、信贷管理水平不断提升，风险管控能力持续增强。一是不断下移风险管理重心，加大责任追究力度，努力遏制新增不良贷款，有效应对“不良防控难、案件防控难”等难题，培育了良好的风险管理文化；二是按照审慎经营理念，进一步完善内控制度，开展各类检查项目49项，对基层网点检查覆盖率达到100%，处罚违规人员173人次，金额36.28万元；三是正确处理票据业务发展和风险防范关系，认真落实查询查复环节，确保票据业务安全稳健发展；四是加大信贷风险管理培训力度，组织信贷人员对贷款新规、贷款审查审批、项目贷款等进行重点学习，进一步提高了信贷队伍素质。

四、积极履行社会责任，全面提升金融服务水平。一是广泛参与社会公益事业和社会福利项目建设，连续两年与团市委等部门合作举办全市青年创业大赛，向符合条件的创业项目提供200万元以内的小额贷款支持，并向国际青年创业计划捐赠青年创业扶持资金50万元；二是加大科技投入力度，开发、上线各类系统25套，完成重大系统改造17项；三是围绕“以客户为中心”的服务理念，积极推进服务意识转变和服务效率提升。全年共获得各级政府、部门奖励、荣誉称号50余项次。

五、推进企业文化建设，增强企业凝聚力。一是通过召开职

济宁银行股份有限公司主要统计指标

单位：亿元

项目 \ 年度	2007	2008	2009	2010	2011	2011年同比增幅（%）
本外币资产总额	53.10	68.40	89.87	144.71	178.74	23.52
本外币存款余额	48.41	57.48	81.61	118.75	151.52	27.60
人民币存款余额	48.41	57.48	81.61	118.75	151.49	27.57
单位存款	--	--	--	83.06	105.00	26.41
机关团体存款	--	--	--	13.48	16.74	24.18
储蓄存款	15.20	22.75	28.32	35.44	46.10	30.08
本外币贷款余额	38.14	41.59	59.22	78.21	107.29	37.18
人民币贷款余额	38.14	41.59	59.22	78.21	107.29	37.18
短期贷款	27.98	25.06	41.18	51.60	82.57	60.02
中长期贷款	1.88	2.20	8.04	16.19	14.30	-11.67
票据融资	8.28	14.28	9.98	10.39	10.39	0
利润总额	1.05	1.22	1.68	2.50	3.85	54
不良贷款余额	0.69	0.82	0.82	0.80	0.79	-1.25
不良贷款占比（%）	1.81	1.97	1.38	1.02	0.74	-27.45

代会、党委民主生活会等多种形式，积极征求员工意见，提升民主管理工作水平；二是通过举办全行表彰大会、职工运动会，开展全行篮球队、乒乓球队、文艺表演队等选拔工作，增强向心力和凝聚力；三是积极组织开展各种形式的劳动竞赛，树立先进典范；四是在组织员工深入社区、街道、广场宣传企业自身的同时，充分利用网站、广播、电视台、报纸等媒体进行大力宣传，有效提升了济宁银行的社会认知度。

（高　雷　郭晓娟）

【东营市商业银行】　2011年，东营市商业银行按照“发展、特色、审慎、提升”的工作基调，抢抓黄蓝国家战略实施重大历史机遇，实现了自身大发展。

一、战略性工作取得重大突破。一是圆满完成首期配股工作，注册资本8.30亿元；二是推进实施特色化、差异化战略转型，小企业和个人业务突飞猛进，全年累计发行胜利卡33.67万张，较年初增加12.03万张，卡存款余额18.97亿元，较年初增长5.05亿元。

二、各项体制机制更加完善。一是公司治理机制更加完善，全年制定实施涉及法人治理的制度安排16项；二是人力资源管理更加精细；三是管理体制改革成效明显。

三、风险管控能力进一步增强。一是积极推进建设合规风险管理系统，全面梳理规章制度及岗位职责；二是全面推动“内控建设年”活动，组织开展了“信贷管理规范年”活动；三是抓好重点风险防范，开展了对账集中管理工作，实行会计主管委派制，切实防范操作风险。

东营市商业银行主要统计指标

单位：亿元

项目＼年度	2007	2008	2009	2010	2011	2011年同比增幅（%）
本外币资产总额	125.89	142.80	172.47	218.38	257.54	17.93
本外币存款余额	102.40	123.48	153.07	188.17	219.6	16.7
人民币存款余额	102.18	117.50	152.40	177.85	218.77	23.01
单位存款	--	--	--	--	104.33	--
机关团体存款	--	--	8.33	43.42	48.13	10.85
储蓄存款	37.05	44.05	50.22	56.86	66.31	16.62
本外币贷款余额	75.30	86.32	103.98	130.94	155	18.37
人民币贷款余额	75.01	85.53	103.03	120.46	152.29	26.42
短期贷款	49.79	51.49	64.45	83.06	110.06	32.51
中长期贷款	13.96	15.25	19.58	22.94	18.15	-20.88
票据融资	11.26	18.80	19.01	14.46	24.07	66.46
利润总额	1.75	2.14	2.63	4.39	5.96	35.76
不良贷款余额	0.90	0.89	0.87	0.87	0.87	0
不良贷款占比（%）	1.19	1.04	0.84	0.66	0.56	-15.15

四、全力投入黄蓝经济区开发建设。一是圆满完成了组建黄河三角洲地方性银行的工作安排，成功获批更名为“东营银行”；二是不断加强服务软环境建设，出台了限时服务承诺制，推行五个工作日受理办结制度；三是切实发挥地方银行优势，持续加大信贷投放，全力支持黄蓝经济区开发建设。全年累计投放各类贷款354.47亿元，同比多投放35.34亿元，上缴各类税收2.62亿元。

（东营商行）

【莱商银行】　2011年，莱商银行坚持以发展为主线，扎实提高综合营运能力，取得较好的经营业绩。该行全年风险监管评级继续保持二类行，人行综合评价中全部业务均为A级；在中国《银行家》研究中心颁布的“中国商业银行竞争力排名榜”中，连续4年位列前3名；被《金融时报》和中国社科院金融研究所联合授予“2010年度最佳公司治理中小银行”称号；被省财政厅评为AAA级地方金融企业。

一、抓经营，规模效益同增长。一是不断丰富面向储蓄客户的产品体系，有效刺激了储蓄存款的增长；二是加大了同业客户的开拓力度，通过提升业务操作频度、延长票据持有期限等方式，有效提高了收益水平，实现贴现业务利润3.5亿元，同比增加1.6亿元；三是大力发展异地客户资源，分行全年国际业务结算量占全行比重同比增长9个百分点；全年累计实现国际结算业务量15.8亿美元，外汇业务综合收益8039万元，同比

莱商银行主要统计指标

单位：亿元

项目＼年度	2007	2008	2009	2010	2011	2011年同比增幅（%）
本外币资产总额	129.15	137.09	194.34	214.42	348.14	62.36
本外币存款余额	88.22	118.19	155.17	158.99	222.40	39.88
人民币存款余额	88.19	118.09	155.06	158.58	201.81	27.26
企业存款	67.84	89.86	118.40	71.36	146.21	104.89
机关团体存款	0	0	0	0	0	0
储蓄存款	20.35	28.23	36.67	40.04	55.60	38.86
本外币贷款余额	55.27	53.20	75.79	86.73	151.18	74.31
人民币贷款余额	53.86	52.75	74.64	85.69	143.22	67.14
短期贷款	48.63	49.30	68.43	75.98	119.11	56.76
中长期贷款	5.23	3.45	6.21	9.71	8.44	-13.08
票据融资	25.58	20.08	12.62	14.45	15.67	8.44
利润总额	3.07	3.07	3.12	5.16	8.19	58.72
不良贷款余额	0.36	0.63	0.91	0.87	0.82	-5.75
不良贷款占比（%）	0.45	0.8	1.03	0.86	0.57	-33.72

增长67.58%，外汇业务金额和笔数继续保持莱芜银行业首位，实现了持续快速发展。

二、求发展，市场拓展稳推进。一是菏泽曹县支行、徐州新沂支行和泉山支行先后开业，菏泽巨野支行、徐州邳州支行的筹建工作正在进行中；莱芜辖内颜庄支行和开发区支行先后搬入新的营业场所，服务网络进一步延伸；二是积极申报枣庄山亭、潍坊昌邑和德州乐陵3家村镇银行；三是东营莱商村镇银行在省银监局组织的对全省17家村镇银行的监管评估中荣获综合得分第1名，表现出强劲的发展势头。

三、控风险，确保稳健促运营。一是修订完善了《信贷责任认定及处罚办法》，责令两名行长一名主办离职清收，增强了全员的责任和风险意识；二是通过严格准入条件，完善贷款退出机制等方式，不断加大对资产安全性的管控力度；三是全年共处置不良贷款47笔，金额8885万元，实现不良贷款的“双降”；四是全年新增和修订制度173项，开展针对CBUS核心系统的专项风险点排查，排查风险点303条，组织各种检查审计30余次，合规管理水平得到进一步提升；五是投资600余万元，对数据中心机房进行改造，安全性大幅提高；六是组织内部并配合城商行联盟进行6次系统演练。

四、力创新，增强综合竞争力。一是全年共发行5期总金额2.6亿元理财产品，为储蓄存款的稳定增长起到了极大地促进作用；二是网上银行上线仅一年交易量已达136.9万笔，交易金额达1148亿元，分别占到业务量的18.33%和16.33%；三是先后开通了支付宝卡通、第三方存管以及“惠利通”业务，金凤卡服务功能得到进一步完善，成为重要的揽储工具，全年累计新发卡10.5万张，发卡量达29.8万张，卡存款余额11.9亿元，较年初增长6.1亿元，成为储蓄存款增长的主要推动力。

（张勤清　李金实）

【枣庄市商业银行】　2011年，枣庄市商业银行以转变经营方式为主线，以结构调整为重点，强化经营管理，提高科技支撑，完善考核机制，保持了快速发展、安全运行的良好态势。截至年底，该行拨备覆盖率303.53%，贷款损失准备充足率694.83%；资产利润率1.42%，资本利润率16.40%，收息率98.56%。

一、推动存款增长，优化负债结构。该行积极推行“存款稳定、适量增长、结构优化、期限匹配”策略。一是开展“幸福春天扬帆起航”存款竞赛活动，采取有针对性的营销措施，促进全行存款上规模；二是引导二级支行对各自区域经济状况深入分析，把存款市场划分为若干客户群，确定存款营销策略和重点，满足不同客户对金融产品和服务的需求；三是开展组合营销、捆绑营销和延伸营销，发掘出一批中高端和潜力客户；四是制定下发了《存款及授信业务管理意见》，强化考核措施；五是通过挖掘新的存款源头，弥补大户存款的空缺，单户存款依存度较高的问题趋于好转；六是通过对客户调查走访、对支行实地调研等方式，掌握第一手资料，为存款工作的有序推进、科学决策提供了依据。

二、科学把握信贷投放节奏，小企业金融服务力度逐步提高。一是全面落实稳健货币政策，按照全年工作计划，确保信贷增幅不超过同期的90%；二是加大对新兴产业、节能减排和生态环保项目等重点领域的营销力度，促进经济转型和产业结构的升级；三是开辟小企业信贷“绿色通道”，加大县域支行业务

枣庄市商业银行主要统计指标

单位：亿元

项目 \ 年度	2007	2008	2009	2010	2011	2011年同比增幅（%）
本外币资产总额	31.82	43.90	53.63	65.37	73.22	10.65
本外币存款余额	27.81	40.14	49.65	58.56	65.09	11.15
人民币存款余额	27.81	40.14	49.65	58.56	65.09	11.15
企业存款	10.85	18.43	25.47	26.31	45.74	--
机关团体存款	3.60	3.76	4.10	9.60	--	--
储蓄存款	9.87	15.23	15.93	17.25	19.30	11.88
本外币贷款余额	20.27	21.01	27.00	34.01	40.76	19.85
人民币贷款余额	20.27	21.01	27.00	34.01	40.76	19.85
短期贷款	15.14	18.09	22.76	30.28	33.99	12.25
中长期贷款	2.56	2.16	2.79	2.52	1.53	-39.29
票据融资	2.57	0.76	1.45	1.21	5.22	331.40
利润总额	0.42	0.57	0.98	1.28	2.51	96.09
不良贷款余额	0.41	0.41	0.41	0.41	0.73	73.73
不良贷款占比（%）	2.03	1.97	1.53	1.21	1.70	10.50

注：2011年企业存款为单位存款，同比增幅不可比。

转授权力，强化信贷流程各环节的限时办理；四是加大与担保机构业务合作力度；五是办好钢结构资产抵押、应收账款质押授信工作，拓宽小企业融资渠道。

三、集中精力强化风险防范，确保经营工作的稳健运行。一是创建积极主动的风险管理理念；二是实施不间断的立体交叉式的检查，尤其是对风险高发部位和业务环节重点检查，发现问题及时督促整改；三是加强合规文化建设与严防道德风险相统一，引导员工"慎微"、"慎独"；四是重点排查与风险责任追究相一致，强化问责制度；五是运用资源共享、统一协调和集中管理模式，加大不良贷款清收力度。

四、全面加强信息科技建设，提升科技保障水平。一是通过了山东计算机网络质量监督检验站对机房的全面检测验收，达到了"A级机房"标准；二是对全行网络系统进行了重新规划、部署和实施，对各支行的网络接入设备全部进行更换，满足未来影像业务对线路带宽的要求；三是及时调试、开通到城商联盟的10M专线，保障了CBUS系统对网络系统的需求。

五、抓合规文化建设，构筑安全案防工作新体系。一是编制了《培训教材》，制定了《案件防控和安全保卫工作例会制度》、《案件防控季度排查报告制度》和《60条严禁》，丰富了企业制度文化内涵；二是构建"群防群治"风险防范体系，增强了员工相互监督、相互制约、相互促进的约束力；三是持续开展内部控制执行年活动，开展突击检查、安全现场检查等活动，不断健全安保工作防线；四是推出案防联席会议制度，定期召开会议，指导案防工作的有序开展。

（马洪素）

【泰安市商业银行】 2011年，泰安市商业银行各方面工作有序开展，该行现有营业网点26个，8月6日，第3家县域支行宁阳支行挂牌开业。全行共有ATM存取款机、查询机等各种自助设备87台，POS设备1080台，手机银行3.23万户，网上银行9926户，岱宗卡、食尚卡累计发卡17.62万张。开办有自来水、燃气、热力、联通固话、联通手机、电信、电力、有线电视等8个代收费项目，是泰安市区代收费项目最多的商业银行。

一、加快调整优化资产负债结构。一是重新制订了更加符合自身发展的全员绩效考核办法，降低保证金存款考核比重，适当加大储蓄、对公存款的考核权重，向稳定性高、成本较低的存款调整；二是适当调整票据规模，增加贷款投放；三是在投向上，以中小企业为主，以防控风险为重，努力实现较高的定价和收益。截至年末，单一集团客户授信集中度7.75%，贷款损失准备充足率200.39%，均符合监管评级标准，全年实现经营利润超出全年计划5000多万元。

二、持续推进差异化、特色化发展。一是实施"全行资金向信贷市场倾斜，信贷资金向小企业贷款倾斜"的工作方针，压缩票据市场、大额客户、集团客户规模，全部用于小企业贷款投放；二是成立了小企业业务中心，进一步完善了小企业贷款考核激励、利率定价、小企业授权审批等制度；三是采取贷款分级授权、特别授权，70%以上小企业的贷款审批在基层支行完成，提高了效率。

三、加强风控案防工作。一是重点开展了员工非法集资及"九种人"常规排查，加强了员工8小时以外的行为监督；二是实行了客户经理制和风险经理制，强化了责任追究处罚；三是

泰安市商业银行主要统计指标

单位：亿元

项目 \ 年度	2007	2008	2009	2010	2011	2011年同比增幅（%）
本外币资产总额	146.03	150.5	163.84	192.39	215.19	11.85
本外币存款余额	88.09	105.37	121.60	144.36	146.58	1.54
人民币存款余额	88.09	105.37	121.60	144.36	146.58	1.54
单位存款	-	-	-	59.62	71.92	20.63
储蓄存款	32.78	46.90	54.63	58.03	68.67	18.32
本外币贷款余额	46.53	64.52	70.64	84.62	96.18	13.66
人民币贷款余额	46.53	64.52	70.64	84.62	96.18	13.66
短期贷款	23.31	32.24	42.76	56.45	69.42	22.98
中长期贷款	8.11	10.01	13.62	13.77	11.92	-13.44
票据融资	15.11	22.27	14.26	14.4	14.84	3.06
利润总额	0.61	0.61	0.91	2.10	2.81	33.8
不良贷款余额	0.53	1.26	0.97	0.97	1.90	96.97
不良贷款占比（%）	1.13	1.95	1.37	1.14	1.98	0.84

开展了大额可疑资金交易、流动性、市场等风险的评估与审计；四是深入开展“风控案防推进年”活动，通过广泛动员、组织实施、总结整改、巩固提高4个阶段，全面提升风控案防水平；五是扎实推进平台贷款“解包还原”，按照“逐包打开、逐笔核对、重新评估、整改保全”要求，该行平台贷款均落实到项目，充实第二还款来源，所有贷款未出现不良；六是认真落实“三个办法一个指引”，年末，该行受托支付比例达到85%以上。

四、稳步推进分支机构改造和设立。先后完成了城东、宁阳、东平、英雄山、广生泉等支行的装修改造任务。

五、全面加强队伍建设。一是深入开展全行组织架构调整优化，完成定岗、定编、定责、定级“四定”工作，各部室和岗位职能重新界定明确，机关138个岗位全面竞争上岗；二是建成了支行行长、综合科长、会计主管、风险经理等10多类后备人才库；三是优化员工队伍结构，累计招聘本科以上大学生120多人，采取劳务派遣聘用150多名综合柜员，全员的专业化、年轻化和知识化水平明显提高。

六、深入开展“以人为本 执政为民”主题实践活动，着力强化了责任意识、效率意识和协作意识。一是积极参加“政风行风评议”活动，对群众反映的问题及时进行回复；二是开展了丰富多彩的员工文体娱乐活动，增强了员工对企业的归属感；三是开展了爱心一日捐、献爱心无偿献血、慰问困难户、下岗失业人员再就业贷款帮扶等一系列扶贫济困、社会救助活动。

（李 全）

三、农村合作银行

【山东临沂兰山农村合作银行】 山东临沂兰山农村合作银行是由辖内农民、个体工商户、企业法人和其他经济组织入股，以“立足城乡、面向‘三农’、面向社区、面向中小企业、面向区域经济”为市场定位，以服务农民、农业和农村经济发展为宗旨和经营方向的股份合作制银行。

2011年，该行坚持“稳健经营、稳步发展”的经营理念，以“防风险、保增长、增效益、强服务、促发展”为主线，及时调整工作思路和策略，各项业务保持快速健康发展的良好态势，经营利润连续8年居全省农信系统第1位，已发展成为集存款、贷款、结算、中间业务、国际业务、货币市场业务于一体的综合型现代化金融机构。

一、经营管理。一是有效实施了经营管理机制改革，修订、完善和出台了相关办法和措施，在人力资源整合、利益分配和机制建设上寻求突破和发展；二是以公开竞聘的方式聘用了部分中层管理人员，并对基层人员进行了合理调配，打破了分配上的“大锅饭”；三是努力提升规范化服务水平，积极推动电话POS试点和山东一卡通、农民自助服务终端、网银、理财等产品的开发和推广；四是严格财务管理，降低经营成本，将费用支出与收入挂钩，逐步建立起与现代金融企业相适应的员工收入分配机制；五是适时出台了一系列阶段性的工作举措，突出重点和难点，不断提高经营管理水平。

二、业务发展。一是先后开展了“首季开门红”存款竞赛和业务提速活动，继续实行不同层次的、不同岗位的全员存款营销，充分挖掘资金组织潜力；二是加强信贷基础管理，积极探讨信贷营销方式，大力提倡鼓励发放权限内贷款、小额贷款、消费贷款和抵质押贷款；三是深入开展支农营销服务网络建设，大力拓展市场商户和中小企业信用联盟建设，持续加大对“三农”和优质中小企业的信贷扶持力度；四是加大不良贷款清收管理力度，通过联合法院和公安机关开展集中清收和“猎狐行动”等各种方式，强化不良贷款的清收管理，取得了明显成效。

三、风险控制。一是加强内控制度建设，加大监督力度，加强对重点业务和环节的日常检查辅导，不断提高风险管控水平；二是建立完善审计监督体系，加强审计成果运用；三是坚持“审慎经营”和“内控优先”的原则，不断健全责任追究机制，提升员工风险意识，严厉打击和处罚违规违纪行为；四是树立“安全就是效益”的理念，认真落实各项安全保卫措施，严防各类案件和事故的发生，实现全年安全无事故。

四、企业文化。一是从基础文化建设做起，把人本文化、服务文化、管理文化、营销文化、信贷文化作为文化建设的主要内容；二是注重加强思想作风建设，不断学习和培训，建立学习型

山东临沂兰山农村合作银行主要统计指标

单位：亿元

项目 \ 年度	2007	2008	2009	2010	2011	2011年同比增幅（%）
本外币资产总额	108.98	132.06	140.81	162.38	164.67	1.41
本外币存款余额	80.85	105.45	122.72	140.55	141.98	1.02
人民币存款余额	80.85	105.45	122.72	140.55	141.98	1.02
企业存款	8.21	12.49	16.37	20.08	24.99	24.45
机关团体存款	1.14	0.37	0.56	1.20	4.29	257.5
储蓄存款	71.54	85.06	96.15	110.43	111.95	1.38
本外币贷款余额	68.53	80.25	94.83	103.35	113.21	9.54
人民币贷款余额	68.53	80.25	94.83	103.32	113.13	9.50
短期贷款	63.7	68.71	78.39	87.58	97.79	11.66
中长期贷款	2.6	2.97	7.52	12.18	11.49	-5.67
票据融资	2.23	8.57	8.92	3.56	3.83	7.58
利润总额	2.53	2.54	1.86	2.35	2.29	2.55
不良贷款余额	6.80	5.69	4.72	2.68	2.67	-0.37
不良贷款占比（%）	9.91	7.09	4.98	2.59	2.36	-8.88

企业；三是积极参与捐资助学、捐助见义勇为基金、关爱孤寡老人、慰问参战复退人员活动，并对全行部分困难职工给予救助，累计爱心帮扶近30余万元；四是组织开展"兰山合行之夜"大型文艺活动，丰富了职工文化生活，树立了良好的社会形象。

（石　昕）

【山东圣泰农村合作银行】　2011年，山东圣泰农村合作银行紧紧围绕"资本充足、内控严密、运营安全、服务和效益良好"的总目标，进一步深化经营机制改革，规范内部管理，创新工作思路，改善金融服务，各项工作取得了新成绩。

一、以"贷款营销"为核心，不断提升信贷管理水平。一是制定《贷款审查委员会运行规则》，基本形成了以公司业务部、基层网点为前台，以贷审委、风险管理部和放款中心为中台，以信贷管理部、贷后检查中心为后台的新型信贷管理组织架构；二是通过个人申请、网点推荐、总部审查、集中培训、择优选拔的方式，选拔出21名大学生员工担任客户经理；三是积极拓展基础客户群，实现了信贷营销与专业化市场的有机结合；四是不断加强自主创新，推出了"白领通"、"一抵通"、"票据池"等新业务品种；五是制定《客户经理绩效考核办法》，重新起草印发了《新增逾期、欠息及非应计贷款监测考核办法》。

二、紧抓财务核算环节，不断提升财务管理水平。一是全面实施新会计准则，顺利完成了新旧会计准则转换工作，切实提高了财务核算水平；二是为及时掌握各项业务经营指标，建立了监管统计指标月报制度以及资金头寸、业务经营状况日报制度；三是通过拉网式严格的监督检查，有效防范了各类操作风险；四是在开展股金清查工作的基础上，引导股权向法人股东集中，形成了以法人股东为主体的股权结构。

山东圣泰农村合作银行主要统计指标

单位：亿元

项目＼年度	2007	2008	2009	2010	2011	2011年同比增幅（%）
本外币资产总额	26.86	31.79	39.09	45.01	47.30	5.09
本外币存款余额	23.26	27.87	34.67	40.59	42.27	4.14
人民币存款余额	23.26	27.87	34.67	40.59	42.27	4.14
单位存款	--	--	--	17.63	18.71	6.13
机关团体存款	0.31	0.46	1.39	2.39	3.52	47.28
储蓄存款	11.52	16.44	18.91	21.95	23.42	6.70
本外币贷款余额	18.67	22.16	26.80	29.72	30.89	3.94
人民币贷款余额	18.67	22.16	26.80	29.72	30.89	3.94
短期贷款	18.66	19.59	22.57	21.19	24.45	15.38
中长期贷款	0.01	0.25	3.34	6.56	5.05	-23.02
票据融资	0.00	2.19	0.84	1.97	1.40	-28.93
利润总额	0.15	0.42	0.72	0.57	0.40	-29.82
不良贷款余额	2.59	2.49	2.44	1.54	2.25	46.10
不良贷款占比（%）	13.87	11.23	9.11	5.18	7.27	40.35

三、加强队伍建设，提升履职能力。一是强化干部队伍建设，选拔德才兼备、业绩突出的青年员工进入领导岗位；二是在大力组织行内业务培训的同时，积极鼓励员工参与外部进修学习，员工履职能力明显提升；三是开展"党员示范岗"、"优秀共产党员"、"先进基层党组织"等文明创建和争先创优活动。

四、注重企业文化建设，打造和谐工作环境。一是通过开展"大学生座谈会、庆七一演讲比赛、业务技术比赛"等活动，使一批优秀员工脱颖而出；二是围绕"提升工作执行力，改善精神面貌"这条主线，开展了整顿机关工作作风活动；三是通过开展"建党节拜访老党员，爱心日慰问困难职工，青年节走访员工单身宿舍"等多项活动，积极帮助职工解决工作和生活中遇到的困难。

（高　雷　郭晓娟）

四、外资银行

南洋商业银行(中国)有限公司青岛分行

【综述】 南洋商业银行(中国)有限公司是中国银行(香港)有限公司通过其全资附属机构南洋商业银行有限公司全资拥有的外商独资商业银行,是中银香港集团成员银行。

南洋商业银行于1949年12月14日在香港开业,现已发展成为一家具有相当经营规模和实力的香港注册银行,服务网点不仅遍布香港,还延伸至美国旧金山。1982年,该行在深圳经济特区开设分行,成为新中国成立后第1家在内地经营的外资银行。

南洋商业银行(中国)有限公司青岛分行(以下简称"南商青岛分行")最初为香港宝生银行青岛分行,于1994年11月18日正式成立并对外营业。中银香港集团重组合并后,原宝生银行青岛分行于2002年5月1日更名为中国银行(香港)有限公司青岛分行。自2009年8月1日起,中银香港原内地分支行均改制并入南商,中银香港青岛分行亦改制并改为现名。

【业务情况】 2011年,南商青岛分行认真执行国家各项金融政策,坚持依法合规经营,严格防范各类风险,实现了可持续发展的战略目标。

一、存款余额持续增长,流动性保持充足。该行始终把存款工作作为重中之重来抓,不断扩大基础客户群,本外币存款增幅较大,超额完成了总行下达的全年指标,年末存款余额位居青岛市外资银行前列。

二、贷款结构不断优化。面临存贷比必须达标的监管要求,该行积极调整存贷结构,制造业、化工产业等实体经济贷款额稳步增长,贷款利率整体水平有所增长。

三、积极倡导合规文化。该行及时修订和完善了内控制度及工作流程,加强合规检查及内部管理,重视反洗钱工作及员工培训,进一步加大检查力度,确保各项业务合规、合法地稳健发展。

【大事记】 5月20日 南商青岛分行在东营市举行"黄河三角洲高效生态经济区银企合作恳谈会"。总行谢小玲副总裁及东营市主要领导参加会议并致辞。东营市金融办、人行、银监局、经信委等单位领导出席了会议,并邀请东营、滨州、淄博等市40多家企业负责人参加。

6月27日 南商青岛分行迁至青岛市南京路66号(南门)新行址营业。(青银监复【2011】130号)

9月19日 南商青岛分行与中行山东省分行"渠道共享"启动仪式在青岛中心假日酒店隆重举行。南商副总裁赵文铭、中行山东省分行行长助理王仁堂出席了仪式,山东省中行下辖青岛地区各支行分管行长及个金部主任等70余人参加了启动仪式。南商为中银香港集团成员及中国银行附属机构,将借纳入中国银行网点系统,分享中国银行1万余家网点和2万多台ATM机的便捷网络,实现南商借记卡持卡客户在中国银行网点、ATM机的通存通兑、更改密码以及查询余额交易。

12月22日 南商青岛分行第一家支行在青岛经济技术开发区正式挂牌对外营业。(青银监复【2011】313号)

(由志欣)

新韩银行(中国)有限公司青岛分行

【第一负责人简介】 郑浩喆,1963年3月生于韩国,毕业于韩国忠北大学经济学系,1988年12月起先后任韩国忠北银行忠仁洞分行代理,韩国朝兴银行忠北本部副部长、纷坪洞分行副行长,韩国新韩银行纷坪洞分行副行长,忠北营业部金融中心分行长;2010年8月3日起任新韩银行(中国)有限公司青岛分行分行长。

【综述】 新韩银行(中国)有限公司(以下简称"新韩银行")总部设于北京,成立于2008年5月12日,拥有天津、上海、青岛、北京及无锡分行,其中北京、青岛城阳各1家,天津、上海各2家支行。

新韩银行(中国)有限公司青岛分行(以下简称"新韩银行青岛分行")主要业务有:吸收公众存款,发放短期、中期和长期贷款,办理票据承兑与贴现,买卖政府债券、金融债券、买卖股票以外的其他外币有价证券,提供信用证服务及担保,办理国内外结算,买卖、代理买卖外汇,代理保险;从事同业拆借,从事银行卡业务,提供保管箱业务,提供资信调查和咨询服务等其他业务。截至年末,资产总额为10.7亿元,各项存款6.4亿元,贷款总额达10.2亿元,纯损益3253万元。

【经营管理】 2011年，新韩银行以开展及宣传对个人的借记卡业务作为年度重点工作。一是着力发展国际结算业务，增加了本外币业务往来的中资企业和中国公民客户；二是按照人行“人民币走出去”的思路，推进跨境人民币业务；三是作为一家韩资外资银行，为满足韩籍客户的需求及为韩币存款等相关业务打下基础，正在积极筹备韩币兑换业务的开展。

【大事记】 5月 新韩银行青岛分行正式推出借记卡业务和400电话呼叫中心业务。

9月 新韩银行青岛分行电话银行系统正式开通，并增加个短信服务。

（宋 柏）

汇丰银行（中国）有限公司济南分行

【第一负责人简介】 张芳，1995年加入汇丰银行（中国）有限公司青岛分行工作，历任贸易服务部文员主任、银行部业务经理、支行行长。2009年1月起，任汇丰济南分行行长。

【综述】 汇丰银行（中国）有限公司（下称“汇丰中国”）总行设于上海，于2007年4月2日正式开业，现有超过110个网点，是中国内地网点最多、地域覆盖最广的外资银行。

汇丰银行（中国）有限公司济南分行（下称“汇丰济南分行”）于2009年7月21日正式开业，业务区域覆盖济南及周边地区，向中外资企业和个人客户提供全面的本外币银行服务。

【经营管理】 2011年，汇丰济南分行的业务保持了健康发展，持续上升的势头。作为济南地区第一家外资银行，该行在产品与服务方面丰富和活跃了当地的金融市场，在发展业务的同时，注重风险控制，得到了监管机构的肯定。

【大事记】 1月 汇丰济南分行张芳行长带领志愿者慰问了济南市社会福利院儿童。

3月 汇丰中国时任常务总监林洵到济南分行视察工作、拜访监管机构，并参加了该行的“年度联谊会”。

5月 汇丰中国战略与业务伙伴总监吴婉鸿到济南分行视察工作，并与全体员工进行了职业生涯体验分享。

6月 汇丰济南分行志愿者用慈善拍卖所筹集的资金为新落成的济南市儿童福利院采购消毒柜，并前往慰问。

8月 汇丰中国行政总裁黄碧娟到济南分行视察工作，并与全体员工进行了汇丰银行战略分享。

（汇丰济南分行）

汇丰银行（中国）有限公司青岛分行

【第一负责人简介】 高慧，女，1970年12月生，毕业于同济大学，工商管理学硕士。2000年5月以来，历任英国渣打银行有限责任公司青岛代表处首席代表与渣打银行（中国）有限公司青岛分行行长；2008年12月至今，任汇丰银行（中国）有限公司青岛分行行长。

【综述】 汇丰银行（中国）有限公司（下称“汇丰中国”）于2007年4月2日正式开业，总部位于上海，由设于香港特别行政区的母行——香港上海汇丰银行有限公司（以下称“汇丰银行”）全资拥有，其前身是香港上海汇丰银行有限公司的原中国内地分支机构。

汇丰银行于1992年1月在青岛设立代表处，1993年2月升格为分行。2007年4月，作为首批转制的外资银行之一，汇丰中国挂牌成立。

汇丰青岛分行于2007年4月23日取得了对本地居民提供人民币零售业务的资格，至此，全面开展外汇业务和人民币业务。截至2011年底，该行在青岛已拥有1家分行和4家同城支行，员工147人。

【经营管理】 2011年，汇丰青岛分行审慎经营，严格遵守内部控制制度和操作规程，强调合规经营，各项业务运营良好，信贷质量良好,盈利能力进一步增强。

【大事记】 3月 时任汇丰中国总行办公室、分支机构管理、政府关系和战略伙伴常务总监林洵先生来汇丰青岛分行视察工作，并拜访人行青岛市中支和青岛市银监局的相关领导,同时参加了青岛分行“年度联欢会”,与分行的同事们共同分享收获。

7月 汇丰中国首席科技与营运总监宫宵峻来青岛分行视察工作,并拜会了人行青岛市中支的相关领导。

9月 汇丰青岛分行在青岛颐中皇冠假日酒店成功举办“汇丰之夜”德国慕尼黑啤酒节,山东省内近200名汇丰的重要客户受邀参加。

(韩彦平 丁维鑫)

东亚银行(中国)有限公司青岛分行

【第一负责人简介】 李颖新,加拿大阿尔伯塔省大学工商管理硕士。曾先后担任过东亚银行(中国)有限公司广州分行、大连分行副行长,深圳分行、广州分行行长,中国国际商会山东商会会员、山东省侨商会会员、青岛市侨商会会员、青岛市银行业协会理事、中国香港(地区)商会青岛副会长,深圳市罗湖区政协委员、广州市天河区政协委员、广东银行同业公会理事、中国香港(地区)商会广东商会理事等职务。现任东亚银行(中国)有限公司青岛分行行长。

【综述】 2011年,东亚银行(中国)有限公司青岛分行(以下简称“东亚中国青岛分行”)继续保持良好的发展势头。一是重点发展优质客户群体,积极拓展与金融同业的合作,不断推出适合市场需求的产品及服务;二是做好房地产、企业互保等方面的风险管理,高度重视案件风险防控工作;三是积极推进组织架构标准化建设工作,重视员工队伍的稳定与发展。

【经营管理】 2011年，东亚中国青岛分行一是继续做好优质客户的开发工作,拓展有效公司客户;二是保持在跨境人民币业务方面的良好发展势头,在票据业务转贴现等业务方面也进行了积极尝试;三是在个人业务方面,不断推出新产品,以适应客户不断增长的需求;四是在信用卡大额分期、个人经营性贷款、移民金融服务等方面也取得了较好成绩。

【内部管理与队伍建设】 2011年，东亚中国青岛分行重视内部管理与员工队伍建设。一是重点加强房地产行业信贷风险控制,针对本地企业互保较多的情况,高度关注客户对外担保及被担保可能带来的风险；二是认真制定案件防控工作计划,加强合规、内审工作建设;三是扎实推进组织架构标准化工作,逐步理顺行内各部门、各岗位的工作职责;四是积极招聘优秀人才,建立了工会;五是推出了管理培训生计划、员工关爱平台以及员工援助计划,培养高素质人才,提高了员工的归属感。

【大事记】 10月 东亚中国青岛分行工会成立。

(徐文斌)

渣打银行(中国)有限公司青岛分行

【第一负责人简介】 陈国华 (Lucy Chen) 毕业于首都经济贸易大学，硕士学位，拥有16年银行工作经验，涉及领域包括运营、营销、法律合规、个人银行业务、财务管理和业务战略规划。2009年5月20日加入渣打银行,出任渣打银行(中国)有限公司青岛分行行长。

【综述】 渣打集团是一家国际领先银行,分别在伦敦、香港以及孟买交易所上市，在70个国家设有1700多个分支机构。渣打银行自1858年在上海开设中国内地首家分行以来，目前在中国拥有20家分行、60家支行和1家村镇银行。渣打银行(中国)有限公司青岛分行(以下简称“渣打青岛分行”)于2007年4月2日正式开业。

【经营管理】 2011年，渣打青岛分行秉承致力于成为个人客户和企业客户的首选银行和合作伙伴的经营理念，各项业务取得了健康快速增长，经营情况呈现出业务结构优化、存款较快增长、盈利同比提高三个特点。一是利用渣打的国际网络，在巩固传统业务的同时，注重新兴业务品种开发，为当地企业做大做强、发展海外业务提供金融解决方案；二是坚持对中小企业加大扶持力度，提供银行多样化产品的配套销售，大力推广中小企业无抵押贷款等新产品；三是个人银行继续通过“优先理财”和“创智理财”两个品牌为本地客户提供全面高效而且个性化的理财产品，挂钩标的覆盖汇率、利率、股票指数/篮子、商品指数/价格等各类资产。

【大事记】 12月 渣打青岛分行海尔路支行获得青岛银监局颁发《金融许可证》。

杨颂军得到青岛银监局关于渣打青岛分行海尔路支行行长任职资格的批准回复。

渣打银行青岛海尔路支行获得人行青岛市中支的准入文件。

（渣打银行青岛分行）

企业银行(中国)有限公司青岛分行

【第一负责人简介】 徐廷焕，男，1962年生于韩国，1985年1月毕业于韩国崇实大学，1988年9月入行，在总行先后担任经营管理部经理、预算企划组高级经理，2008年首次担任分行行长，2010年担任企业银行(中国)有限公司青岛分行行长。

【综述】 企业银行(中国)有限公司青岛分行(以下简称“企业银行青岛分行”)前身是韩国中小企业银行青岛分行，营运资金折合人民币1亿元。

该行主要针对各类客户的外汇业务以及对除中国境内公民以外客户的人民币业务。其经营范围：吸收公众存款；发放短期、中期和长期贷款；办理票据承兑与贴现；买卖政府债券、金融债券、买卖股票以外的其他外币有价证券；提供信用证服务及担保；办理国内外结算；买卖、代理买卖外汇；代理保险；从事同业拆借；从事银行卡业务；提供保管箱服务；提供资信调查和咨询服务。

【经营管理】 2011年，企业银行青岛分行存款余额116,955千美元，贷款余额69,918千美元，存贷比为59.78%，各项业务经营平稳开展，信贷风险总体情况良好。

2011年，企业银行青岛分行各项工作有序开展，各项业务稳步提升。一是对员工提出“柜台有限，服务无限”的要求，推出延时营业、上门服务、业务创新等一系列服务举措；二是使用I-CONS业务系统涵盖各种业务操作功能，极大地提高了业务处理速度和银行的整体运营能力；三是对企业运用信用评价模式进行评价，授信后定时安排专人通过拜访、电话等形式对企业信用进行审核，及时更新企业的信用评级；四是该行将于2012年5月份迁址至崂山区，并将在搬迁之后申请人民币零售业务，并计划在黄岛开发区成立第二家分行。

【大事记】 3月4日 企业银行青岛分行开办以韩元为计价单位的韩元挂牌、结售汇等国际结算业务。

4月2日 企业银行青岛分行开办7天自动转存通知存款业务，并于5月30日与青岛裕信汽车开展了第一笔业务。

6月7日 企业银行青岛分行推出电话银行业务。

6月9日 企业银行青岛分行推出港币、英镑项下的相关业务。

8月19日 企业银行青岛分行推出虚拟账户业务。

8月22日 企业银行青岛分行推出代发工资业务。

（李昕怡）

日本山口银行股份有限公司青岛分行

【第一负责人简介】 兼重清史，男，1960年10月生，1984年3月毕业于日本广岛大学经济系，同年4月入山口银行工作。先后在总行人事部、德山分行、岩国分行、名古屋分行、北九州分行、青岛分行、国际部任职；2008年4月任国际部次长；2009年4月，任日本山口银行股份有限公司青岛分行行长。

【综述】 日本山口银行股份有限公司（以下简称山口银行）位于日本山口县下关市，是一家经营稳妥的地方银行。除了在青岛、大连和韩国的釜山设有分行之外，在香港还设有代表处。

山口银行青岛代表处设立于1985年11月，于1992年升格为山口银行青岛分行。该行立足青岛，辐射周边，凭借先进的经营管理理念，为客户提供周到、便捷的本外币金融服务。在客户构成方面，除了少部分中资、韩资企业以外，基本上是日本的投资企业。同时，该行在大力开拓青岛及山东地区客户的基础上，还积极拓展上海周边和北京地区的业务。

【业务情况】 2011 年欧债危机的影响开始波及全球经济。在此情况下，山口银行青岛分行作为日本地方银行的海外分行，不仅针对大企业开展业务，还积极支持中小企业的发展。同时，努力防范风险，贯彻合规经营，坚持稳健经营。通过加强资产运用能力，截至 2011 年 12 月底，贷款余额同比增加 14.4%。

【大事记】 6 月 21 日 山口银行青岛分行开办跨境贸易人民币结算业务。由于该行还取得了国内代理银行的资格，从而成为首家开办跨境贸易人民币结算业务的日本地方银行，不出本行营业网络就能为中日双方的企业办妥相关业务。

6 月 14 日 经青岛银监局核准（青银监复[2011]128 号《关于核准渡边正彦任职资格的批复》），渡边正彦接替中村直嗣任山口银行青岛分行副行长。

10 月 22 日 山口银行青岛分行举行第 10 届山口银行杯日语大奖赛决赛和颁奖仪式。山口银行总行行长福田浩一出席了决赛和颁奖仪式。

11 月 28 日 中国银监会批准山口银行总行向山口银行青岛分行增拨营运资金 2 亿元人民币等值的自由兑换货币。

（夏 铮）

韩亚银行（中国）有限公司烟台分行

【第一负责人简介】 文昶元，男，1968 年生，1995 年延世大学工商管理硕士毕业后，进入韩国韩亚银行工作；1999 年起历任该行上溪美都波支行经理、该行法人营业部经理；2008 年 2 月担任韩亚（中国）有限公司沈阳分行 OJT；2008 年 8 月起历任韩国韩亚银行审查部长、金融公共关系部长；2011 年 3 月正式担任韩亚银行（中国）有限公司烟台分行行长。

【综述】 韩亚银行（中国）有限公司烟台分行（前身为青岛国际银行烟台分行，以下简称“韩亚银行烟台分行”）于 2007 年 12 月 24 日改制成立，是在烟台设立的首家外资银行，也是山东银监局辖属范围内成立的首家外资银行。目前，该行下辖一个支行——韩亚银行（中国）有限公司烟台经济技术开发区支行，主要经营全部的外汇业务和人民币业务。

【经营管理】 2011 年，韩亚银行烟台分行积极开拓市场，强化内部管理，防范经营风险，各项业务实现了较快增长。截至年末，总资产 12.55 亿元，同比增加 3.84 亿元，增长 44.04%，其中：贷款 12.51 亿元，同比增加 3.83 亿元，增长 44.22%；负债总额 11.49 亿元，同比增加 3.68 亿元，增长 47.12%，其中：存款 9.04 亿元，同比增加 4.03 亿元，增长 80.44%；国际业务结算量 11.03 亿美元，同比增加 3.09 亿美元，增长 38.87%；净利润 2792.47 万元，同比增加 1935 万元，增幅 226%。不良资产率为 0。

一、大力发展国际结算等中间业务，积极扩大存、贷款规模。一是继续将业务拓展的重点放在增加优良中资客户上来，提高中资企业客户的授信比重，分散授信集中带来的风险；二是大力开展贴现、转贴现等低风险授信业务，改变以往贷款的单一授信模式；三是积极推进借记卡业务、网上银行、委托贷款等中间业务和其他融资业务，提高每个客户的综合利润贡献率。

二、不断提升风险控制能力，加强内部管理，提高服务品质。一是建立合规管理平台，加强合规教育，以合规系统规范、指导经营管理工作；二是严格实施信贷管理的预警预报制度，严把贷款准入关，坚持贷款客户的分类管理，实行主动退出，逐步压缩一般客户，主动淘汰劣质客户，全面提高信贷资产管理水平；三是提高资金营运水平，全方位增收节支，扩大收益；四是开展“创一流服务，树韩亚品牌”活动，并开展形式多样的银企宣讲会、推介会等行之有效的文明优质服务主题活动，提高整体服务水平。

【大事记】 3 月 8 日 韩亚银行烟台分行行长刘馨钟正式离任。文昶元获得韩亚银行烟台分行行长任职资格（银监会山东监管局银监鲁准（2011）81 号）。

5 月 4 日 韩亚银行烟台分行副分行行长金泰亨正式离任。

10 月 26 日 韩尚宪获得韩亚银行烟台分行副分行长任职资格（银监会山东监管局银监鲁准（2011）469 号）。

12 月 16 日 韩亚银行烟台分行获准开办理财业务。

（段 霄）

瑞穗实业银行(中国)有限公司青岛分行

【第一负责人简介】 藤武秀三(Fujitake Shuzo),男,1964 年 9 月生,1988 年 3 月毕业于日本一桥大学商学系,同年 4 月进入第一劝业银行茅场町分行,1993 年派遣海外,任职于第一劝业银行雅加达分行。1999 年调回日本,任职于第一劝业银行亚洲室。2002 年第一劝业银行、富士银行、日本兴业银行合并成立瑞穗金融集团后,先后在日本瑞穗实业银行股份有限公司亚洲企划部、亚洲业务管理部任职。2008 年 4 月任瑞穗实业银行(中国)有限公司(以下简称"瑞穗(中国)银行")总行营销部副总经理,2011 年 5 月,任瑞穗青岛分行行长。

【综述】 2008 年 4 月,经中国银监会核准,瑞穗实业银行(中国)有限公司青岛分行(以下简称"瑞穗青岛分行")成立,4 月 28 日正式开业,营业地址位于青岛市香港中路 59 号青岛国际金融中心 44 楼。该行是瑞穗中国在中国开设的第 8 个营业网点,同时也是瑞穗(中国)银行法人改制后申请设立的第一家分行。

【经营管理】 瑞穗青岛分行经营的业务范围为对各类客户的外汇业务以及对除中国境内公民以外客户的人民币业务,包括:存款、贷款、票据承兑与贴现、提供信用证服务及担保、办理国内外结算、提供资信调查和咨询服务等,服务区域主要覆盖山东全省和部分周边地区。

2011 年,瑞穗青岛分行总体运营保持平稳,各项业务健康发展。一是受宏观政策调控、外债限额调整以及存贷比等因素的影响,各项贷款比年初有所减少,但信贷质量保持良好,未发生不良贷款;二是各项存款比年初有所增加,存贷比得到明显改善;三是积极进行业务拓展,成功开办了人民币利率互换,大力推进符合人民币国际化进程的跨境人民币结算业务,满足了客户日益多样化的需求。

【大事记】 4 月 青岛银监局"青银监复[2011]65 号"《关于核准藤武秀三(FUJITAKE SHUZO)任职资格的批复》,核准藤武秀三青岛分行行长的任职资格。瑞穗(中国)银行行长宫口丈人参加青岛分行成立 3 周年客户答谢会。

5 月 藤武秀三担任瑞穗青岛分行行长。

6 月 瑞穗(中国)银行董事长大桥圭造到瑞穗青岛分行视察工作,并拜访了中国人民银行青岛中心支行的领导。

7 月 瑞穗(中国)银行董事长大桥圭造应青岛市政府邀请参加 2011 青岛中国国际消费电子博览会,并拜访了青岛银监局的领导。

(车振峰 兰立屏)

第七部分

金融机构运行报告
——保险机构

中国人民财产保险股份有限公司山东省分公司

【第一负责人简介】 方杰，男，汉族，1958年11月生，宁夏人，中共党员，高级经济师。1975年8月参加工作，1982年8月进入中国人民保险公司宁夏分公司工作，历任支公司业务员、副经理、自治区分公司处长、副总经理、总经理；2004年7月，任重庆分公司党委书记、总经理；2009年4月至今，任中国人民财产保险股份有限公司山东省分公司党委书记、总经理。

【综述】 中国人民财产保险股份有限公司（以下简称“人保财险”）是经国务院同意、中国保监会批准，于2003年7月由中国人民保险集团公司发起设立的、目前中国内地最大的非寿险公司，注册资本111.418亿元。其前身是1949年10月20日经政务院批准成立的中国人民保险公司。

人保财险山东省分公司在全省16个市（不含青岛）设有246个分支机构，员工队伍近9000人。该公司秉承“以人为本、诚信服务、价值至上、永续经营”的理念，充分发挥品牌、人才、产品、技术和服务等优势，为促进改革、保障经济、稳定社会、造福人民提供强大的保险保障。公司主要经营企业财产保险、机动车辆保险及第三者责任保险、船舶保险、货物运输保险、建筑安装工程保险、石油保险、政策性农业保险和各种信用保险以及人身意外伤害保险、短期健康险等。

2011年，公司实现保费收入93.67亿元，承担风险责任198.07万亿元；全年处理各类赔案84.3万件，支付各类赔款49.32亿元；上缴营业税金5.45亿元，服务经济社会全局的能力进一步增强。

【经营管理】 2011年，人保财险山东省分公司在经营管理方面的主要工作：

一、围绕盈利提升，全力以赴抓管控、增效益。一是开展销售队伍人力资源改革，推广手机销售、市场地图等新型展业工具；二是坚持集约化经营，持续强化IT应用水平，启动流程E化项目、绩效优化项目，核保处理、财务核算、理赔操作、报案调度、未决管控各板块互动明显加强。

二、主动调结构、转方式，围绕稳健经营，坚定不移防风险、强合规。一是开展了与先进公司对标、组织“思想大解放、业务大发展、业绩见成效”主题实践季及“奋斗九十天，辉煌一百亿”劳动竞赛等活动；二是“合规文化年”活动深入开展，推行“岗岗有责、人人有责，履职免责、失职问责”的内控合规文化；三是“一岗双责”制度的有效落实和巡视工作的扎实开展，有效促进了党风廉政建设。

三、制定各项举措，深化人力资源改革，注重强服务、塑形象。一是制定实施了《“十二五”发展规划纲要》、《使命2015计划对接方案》、《基层运营环境改善规划》、《城市公司竞争能力建设实施方案》、《三农保险基层服务体系建设实施方案》、《服务品质改善三年规划》等战略管理举措；二是扎实开展创先争优活动；三是深化人力资源改革，各级领导班子和干部队伍结构有了新改善。

【班子和队伍建设】 2011年，人保财险山东省分公司切实加强班子和队伍建设。

一、加强干部队伍建设。一是对16家经营单位领导班子进行综合测评，对干部队伍及时进行盘活调整，建立了经营管理后备人才库；二是面向基层公司选拔优秀青年员工到省分公司本部进行交流；三是强化干部员工纵横向交流，完善干部转岗退出机制。

二、建章立制，加强员工机构管理。一是相继制定了员工退休、本部员工借调和95518客服代表等管理办法；二是全面实施分支机构专业团队建设；三是加强销售队伍建设，实施校园营销人才招聘计划；四是深入开展“千人工程”招聘工作。

【大事记】 1月26日～28日 人保财险山东省分公司召开2011年全省工作会议，总结上年工作，分析当前形势，研究部署全年工作。

2月18日 中国人保集团与山东省政府签订《支持山东半岛蓝色经济区发展战略合作协议》。

3月15日 人保财险山东省分公司所辖各分支机构开展“3·15”保护消费者权益活动。

5月18日 人保财险山东省分公司启动“2011年客户节”活动

8月11日～14日 中国保监会吴定富主席到山东省视察工作。在省委省政府于8月12日组织召开的山东保险业情况汇报会上，吴定富主席听取了人保财险山东省分公司代表山东省财险业所作的工作汇报，给予了高度评价。

9月6日 人保财险山东省分公司与中国电信山东分公司在济南签署战略合作协议。

10月19日 人保财险山东省分公司全面启动三农保险基层服务体系建设工作，全面搭建面向广大农村的服务网络。

11月21日 人保财险山东省分公司被山东大学授予“保险专业学位研究生实践基地”称号，拉开了校企合作的序幕。

12月16日 人保财险山东省分公司与上海大众举行斯

柯达品牌保险合作项目全省集中签约仪式。

12 月 30 日 人保财险山东省分公司与大众报业集团在济南签署战略合作协议。

（庄 洁）

中国人寿保险股份有限公司山东省分公司

【第一负责人简介】 白彬，男，回族，1958 年 2 月生，中共党员，高级经济师，高级工商管理硕士（EMBA），山东省保险行业协会常务理事，山东大学经济学院特聘教授、硕士生导师。1975 年 11 月参加工作；1982 年 12 月起在省人民保险公司先后任科员、副主任科员、主任科员、副处长。1996 年 7 月起在中国人寿保险公司山东省分公司任副处长、处长，2000 年 9 月起任山东省分公司党委委员、副总经理。2007 年 2 月起任中国人寿保险股份有限公司个险销售部总经理。2009 年 6 月至今，任中国人寿保险股份有限公司山东省分公司党委书记、总经理。

【综述】 2011 年，中国人寿保险股份有限公司山东省分公司（以下简称“人寿山东省分公司）着力推动市场拓展、销售组织、运营管理、内控机制和干部队伍建设转型升级，公司事业跃上了新台阶。年内，该公司被人行济南分行评为“山东金融机构 2010 年度综合评比 A 级单位”，总经理白彬出席了颁奖仪式。

【市场开拓】 2011 年，人寿山东省分公司把“转方式、调结构、强后劲”确定为“十二五”期间的主攻方向，推动各级公司创价值、增效益。

一、进一步强化财务预算、绩效考核和业务推动政策的激励导向作用，推动各级公司牢固树立转型发展意识和价值成长意识。截至年末，首年标准保费 12.14 亿元，增长 7%，位居全国系统前列；5 年以上首年期交保费 26.24 亿元，增长 15.31%；10 年及以上首年期交保费 14.77 亿元，增长 10.38%；短期意外险 5.7 亿元，增长 22.34%；市场份额为 32.69%；代理年金业务规模达 13.17 亿元；代理财险业务规模突破 5 亿元，增长 91%。

二、在夯实队伍基础中优化创富结构。截至年末，个险渠道新增 1.85 万人，持证人力 5.69 万人，城区、农村、收展平台 1.91 万人、2.84 万人和 9432 人；银保渠道可用代理网点 1902 个，专管员和理财经理分别为 2114 人和 4360 人；15 个县域公司总保费超过 2 亿元，24 个县域公司首年期交超过 3000 万；16 个城区个险营业单位首年期交保费超过 2000 万元；3 个城区收展部首年期交保费超过 1000 万元；22 个银行网点保费规模超过 1000 万元；5 个农村营销服务部首年期交保费超过 500 万元。

【运营管理】 2011 年，人寿山东省分公司坚持在加强运营管理中提高服务效能。一是广泛开展“向基层学习、为基层服务”活动，支持服务基层发展的能力水平明显提升；二是积极推进全面预算管理，加强费用佣金分析监控和超支预警管理；三是扎实开展业务管理的省级集中优化工作，探索推广新单录入和保单打印外包，推动业务运营效能逐步提升；四是整合柜面布局设置，开展了第三方服务质量暗访；五是持续加强电话中心建设，受理呼入电话 72 万通，同比增长 27%，一次解决率达 90%以上；六是持续做好国寿大讲堂、特约商家、国寿客户节和服务伴你行等客户服务活动，不断深化国寿“1+N”服务品牌，扎实做好各项附加值服务。

【风险防范】 2011 年，人寿山东省分公司坚持在健全内控机制中推进合规建设。一是持续强化纪检监察与内控工作暨廉政建设风险防范主题教育；二是扎实推进财务数据真实性检查、费用规范，应收应付款及“小金库”专项治理等各项工作，形成了对 49 个重点难点问题的整改意见；三是研发应用风险预警、案件防范和费用管控 3 个内控监督系统，健全风险防范非现场监控手段，形成数据分析核实的常态工作机制；四是强化巡视和效能监察，重点加强了采购招标监督、权力运行检查、案件调查、来信来访核查和销售风险专项检查；五是加强单证管理，进行专项督导，遗失单证数量同比减少 99.37%；六是积极开展销售人员“诚信我为先”、“学习榜样、规范行为”主题教育，防范和打击非法集资宣传教育等活动。

【队伍建设】 2011 年，人寿山东省分公司坚持在强化教育培训中提升队伍素质。一是开展了形式多样的创先争优和学习实践活动，持续强化全员服务基层意识和综合素质技能；二是加强干部队伍管理，各级领导干部的知识结构、能力结构和年龄结构进一步优化；三是在建设使用好济南培训基地的基础上，新增了潍坊培训基地，两基地共举办培训班 108 期，参训人数同比增长 121%；四是充实了省市两级公司专兼职讲师队伍，连续举办高级职业经理人专题培训班 4 期。

中国人寿保险股份有限公司山东省分公司主要统计指标

项目 \ 年度	2007	2008	2009	2010	2011	2011 年同比增幅（%）
总资产（亿元）	404.25	491.31	587.02	709.23	810.98	14.35
签单数量（万件）	399.3	518.06	581.97	633.53	616.58	-2.68
保费收入（亿元）	128.29	177.39	183.05	202.83	198.81	-1.98
处理赔案（万件）	23.86	25.85	28.57	30.63	30.2	-1.40
赔付支出（亿元）	51.65	44.29	42.83	33.42	42.40	26.88

【大事记】 1月1日 人寿山东省分公司承保中国电信山东分公司国寿团体补充医疗保险(基金型)。

1月6日 人寿山东省分公司承保山东理工职业学院国寿校园意外伤害保险。

1月17日 人寿山东省分公司给付刘某死亡保险金213.34万元,并转入受益人账户。该笔理赔给付为公司发展史单笔最大个人保险理赔案件。

1月24日 人寿山东省分公司全省系统2011年工作会议在济南召开。会上,总经理白彬作了工作报告。山东保监局任建国局长讲话。

4月3日~4日 人寿山东省分公司在潍坊召开2010年度万众创富大赛表彰大会。大会以“使命的力量”为主题,回顾总结了公司分业经营15年以来所取得的成就,隆重表彰了2010年度万众创富大赛群龙图腾、群山争峰和群英问鼎3个竞赛平台的先进单位和个人。总经理白彬在大会中作了题为《点燃激情、激发斗志、万众创富、为再造山东国寿努力奋斗》的讲话。

6月17日 人寿山东省分公司在济南召开2011年度全省学生安全保险工作座谈会,省教育厅关心下一代工作委员会秘书长张士俊到会并讲话,各市分公司团体业务部经理及各市教育局分管学生安全工作的代表参加会议。

7月4日 人寿山东省分公司为鲁东港渔1961号出险情况给付保险金300万元。

7月14日 人寿山东省分公司召开全省系统银保业务自律工作视频会议。

8月7日 人寿杯山东省第7届少儿书画大赛获奖作品展开幕式暨颁奖典礼在山东新闻美术馆举办。大赛历时5个多月,收到参赛作品近万件,评出金奖30名、银奖60名、铜奖120名。颁奖活动结束后,获奖的200多件作品在展厅进行了为期3天的展览。

9月6日 人寿山东省分公司承保中国移动山东分公司国寿绿洲团体意外伤害保险(A)型、国寿绿洲团体定期寿险和国寿附加绿洲团体重大疾病保险。

11月15日 人寿山东省分公司召开“国寿e家”项目启动大会,推动销售活动的专业化、电子化和网络化。会上,客户代表韩女士现场体验了“国寿e家”电子投保过程,15分钟后,省公司副总经理李恩林就将保单递送到客户手中。

12月1日 人寿山东省分公司承保华丰建设济宁分公司国寿建筑工程团体人身意外伤害保险和国寿附加绿洲意外费用补偿团体医疗保险。

(齐登宝)

泰山财产保险股份有限公司

【第一负责人简介】 宋文平,男,汉族,1952年12月生,大专学历,高级会计师,泰山财产保险股份有限公司董事长、党委书记。历任山东省财政厅处长、国有资产管理局局长、副厅长、国资局(办)局长(主任),山东省国资委副主任,山东省省管企业监事会主席(正厅级)。

【综述】 泰山财产保险股份有限公司(以下简称“泰山保险公司”)是由中国重汽集团、山东高速集团等16家省管国有企业发起设立,于2009年8月25日经中国保险监督管理委员会批准成立的首家注册地在山东的全国性保险法人机构,2011年1月18日正式揭牌开业,注册资本20.3亿元。主要经营范

泰山财产保险股份有限公司主要统计指标

项目＼年度	2007	2008	2009	2010	2011	2011年同比增幅（%）
总资产（亿元）	--	--	--	--	21.32	--
签单数量（万件）	--	--	--	--	1.23	--
保费收入（亿元）	--	--	--	--	0.46	--
处理赔案（万件）	--	--	--	--	0.14	--
赔付支出（亿元）	--	--	--	--	0.01	--

围：财产损失保险；责任保险、信用保险和保证保险；短期健康保险和意外伤害保险；上述业务的再保险业务；国家法律、法规允许的保险资金运用业务；经保监会批准的其他业务。

【经营管理】 2011年，泰山保险公司紧密围绕“低成本扩张，高效率运行，内涵式发展”的经营方针，扎实推进各项经营管理工作。

一、机构建设取得突破。2011年，该公司获准筹建山东、青岛、河北、江苏、内蒙古、浙江6家分公司，“立足山东，服务全国”战略布局初步搭建。其中，山东、青岛分公司于6月和8月开业；江苏、河北分公司于12月开业；内蒙古分公司筹建工作基本结束；浙江分公司筹建工作进入快速轨道；宁波分公司筹建申请材料获得当地保监局受理。为保证机构低成本、高效率筹建，公司专门成立了省级分公司筹建工作领导小组，编制了《分支机构筹建手册》，对机构筹建加强领导和协调推进，实行标准化运作。

二、投资收益相对较高。全年实现投资收益7932.90万元，完成全年计划目标的103.29%，投资收益率4%，较计划值增加252.90万元。公司整体实现营业利润2068万元，较计划值增加2157万元。

三、积极涉足特殊领域。参与承保了11颗卫星，实现保费收入639.41万元，其中，国外卫星5颗，保费457.30万元，打开了参与承保卫星发射等特殊风险业务的通道。

四、积极服务省管企业。先后与山东高速、兖矿集团、枣矿集团、肥矿集团等11家股东单位和2家省管企业签署了战略合作协议，与13家股东单位建立了业务合作关系，实现保费收入941万元。

【客户服务】 2011年，泰山保险公司在试行并优化公估查勘与自主查勘相结合的理赔服务体制、完善以集中接报案和集中定损核赔的理赔运行机制的同时，着力在提高理赔效能上下功夫，实行报案即立案，把握一快二准，简化小额赔案索赔程序。全年车险结案周期5.2天、结案率94.7%，居省内行业前列。在保险责任明确、索赔资料齐全、与被保险人达成赔付协议的情况下，实现了5000元以下1个工作日内赔付，5000至10000元2个工作日赔付，10000元以上3个工作日赔付的服务承诺。同时，制定了全流程、标准化理赔操作规程，明确岗位分工和工作要求，健全理赔考核与监控制度，对理赔各环节进行严格的监督与检查，开发建设了客户网上理赔自主查询平台，实现了案件处理过程和结果透明化。

【大事记】 1月18日 泰山保险公司在山东大厦举行揭牌仪式。省委书记、省人大常委会主任姜异康、省长姜大明、中国保监会副主席周延礼出席揭牌仪式，王仁元常务副省长主持揭牌仪式。

2月28日 泰山保险公司与济南国际机场股份有限公司成功签订保险合同，成为开业以来股东业务第一单。

3月21日 泰山保险公司营业总部与中国工商银行山东省分行签署全面业务合作协议。

3月31日 泰山保险公司山东分公司获中国保监会批准筹建。

4月12日 泰山保险公司青岛分公司获中国保监会青岛监管局批准筹建。

5月17日 泰山保险公司召开第一次全体党员大会，正式确立了公司党的组织机构。

5月30日 泰山保险公司成立后首次年度股东大会胜利召开。

7月21日 泰山保险公司江苏分公司获中国保监会批准筹建。

8月3日 泰山保险公司河北分公司获中国保监会批准筹建。

8月17日 泰山保险公司内蒙古分公司获中国保监会批准筹建。

9月16日 泰山保险公司浙江分公司获中国保监会批准筹建。

11月14日 泰山保险公司与中国工商银行股份有限公司在济南签署保险资产托管协议。

11月21日 山东大学保险专业学位研究生合作导师聘任暨实践基地授牌仪式在山东大学举行，泰山保险公司成为其实践基地，公司总经理张云翔被聘任为山东大学保险专业学位研究生合作导师。

（张志明）

中国平安财产保险股份有限公司青岛分公司

【第一负责人简介】 李小安，1967 年 1 月生，安徽太湖人。1991 年毕业于湖南经济学院经济法专业，大学本科，经济师，中共党员，曾就任于中国人民银行安徽省分行金管处。1996 年加入中国平安财产保险股份有限公司，先后任江西分公司总经理助理、西区事业部督导部总经理、广西分公司总经理；2010 年 6 月起，担任中国平安财产保险股份有限公司青岛分公司总经理。

【综述】 中国平安财产保险股份有限公司青岛分公司（以下简称“平安财险青岛分公司”）是省级管辖分公司，业务范围覆盖青岛、淄博、潍坊、烟台、威海、日照、临沂 7 个地市。

2011 年，该公司大力发展企财险优质银贷业务，优化业务结构，实现了规模与利润的双丰收。

【经营管理】 2011 年，平安财险青岛分公司围绕“简单、创新、执行、服务”的经营理念，强化平台建设，狠抓基础管理，提升运营服务水平，建立了承保分析制度，定期召开沟通会，始终把风险防范及提高服务水平作为重点工作去抓。同时，对历年制定的规章制度进行调整更新，废止了不符合要求的制度 54 个，新建制度 20 余个，使任何工作都能有据可依，有章可循。

【优质服务】 2011 年，平安产险推出了“承诺不变，服务升级”的口号，重点推广“人性化关怀项目”、“ 非事故道路救援”、“ VIP 客户三代办服务”、“ 健康关怀项目”、“ 机构自主增值服务”等 5 项增值服务，让客户在售前、售中、售后都能够感受到贴心服务。同时，在 8 月 -11 月期间开展了客户服务节活动，受到了好评。

【公益活动】 2011 年，平安财险青岛分公司积极参与环保、医疗、教育、急难救援等公益事业，践行社会责任，在全辖举办 6 场公益捐赠活动，捐赠物资达 9 万余元。

【大事记】 4 月 3 日 平安财险青岛分公司首席承保山东省重点建设项目——青荣铁路 2 标段，为其提供了风险保障。

7 月 31 日 平安财险青岛分公司承保沪昆铁路云南站前 4 标段工程。

10 月 27 日 平安财险青岛分公司独家承保烟台市重点建设项目——烟台西港区一期工程。

（战明国）

中国平安人寿保险股份有限公司青岛分公司

【第一负责人简介】 韩光，男，1968 年生，辽宁省锦西市人，中共党员，1992 年毕业于南京河海大学工业企业管理专业。1996 年 10 月，加入中国平安保险股份有限公司南京分公司（寿险）。先后担任南京分公司营销部和培训部负责人、无锡支公司总经理、青岛寿险营销负责人。2004 年 9 月，任平安人寿青岛分公司总经理，主持工作。

【综述】 中国平安人寿保险股份有限公司青岛分公司（以下简称“平安人寿青岛分公司”）为省级分支机构，下辖威海、东营、滨州、淄博、潍坊、日照、临沂等 7 个地市级分支机构。自成立以来，一直秉承“诚信第一、效率第一、客户至上、服务至上”的宗旨，视企业的信誉为生命线，力求全方位满足客户需求。

中国平安人寿保险股份有限公司青岛分公司主要统计指标

项目 \ 年度	2007	2008	2009	2010	2011	2011年同比增幅（%）
总资产（亿元）	65.5	79.3	95.0	120.9	147.6	22.1
签单数量（万件）	11.9	10.2	12.9	14.2	18.1	27.5
保费收入（亿元）	18.7	22.3	28.2	34.4	40.6	18.3
处理赔案（万件）	1.4	1.6	1.8	2.2	3.0	36.3
赔付支出（亿元）	2.9	3.8	4.1	2.9	4.7	62.2

2011年，平安人寿青岛分公司通过坚持不懈的创新服务形式、提高服务品质，取得了良好的社会效益。个险市场占有率连续7年在青岛市场上保持领先，并被青岛市政府授予“金融发展先进单位”荣誉称号。

【内部改革】 2011年，平安人寿青岛分公司继续秉承“转方式、调结构、防风险、促发展”的主线，以诚信守法为立业之本，以稳健经营为发展之策，以创新服务为跨越之道，持续完善产品结构调整，提升服务水平和业务品质，不断提高风险管控能力和业务管理水平。一是紧密围绕经营管理平台搭建，夯实基础管理，推动业务可持续快速成长；二是依靠综合金融服务平台，深入巩固组织营销，积极搭建销售网络，大力拓展二元（县级）保险市场。

【客户服务】 2011年，平安人寿青岛分公司不断创新售后服务措施，努力为客户提供不间断、无缝隙的优质服务。一是通过满意度竞赛、服务明星评选和主题服务月等活动，进一步提升服务水平，切实做到为客户提供“主动、简单、及时、方便、可靠”的五星级保险至尊服务；二是在坚守“信守承诺，为客户寻找理赔的理由”的同时，全面践行彰显平安综合金融实力的“财富人生 平安相伴”理念，实现了“你的平安 我的承诺”的真正品牌内核。

【大事记】 3月 平安人寿青岛分公司推出“寻找理赔的理由，标准案件材料齐全三天赔付”的理赔承诺，对于未达成时效的超期案件，除支付保险金外，将从第4日起按超期天数支付客户超期利息，利率按照人行公布的金融机构人民币活期存款基准利率再加1个百分点。

4月17日 平安人寿青岛分公司第16届客户服务节专家巡讲报告会在青岛市人民会堂成功举行，千余名客户受邀参加。

5月 由青岛市团委、教育局和少工委组织开展的“平安人寿杯”少先队员庆祝建党90周年鼓号操大赛暨平安人寿第16届客户服务节开幕式隆重举行，青岛市关心下一代工作委员会副主任刘光亨、平安人寿青岛分公司副总经理薛军等出席。

11月3日 平安人寿青岛分公司综合金融表彰盛典在青岛隆重举行，平安人寿、产险、养老险青岛分公司总经理韩光、李小安、杨洪，平安养老险山东分公司总经理梁文胜、平安人寿东区事业部市场经营部综合开拓室经理章微等应邀参加了盛典。

12月8日 平安人寿青岛分公司开门红启动大会在海尔国际培训中心正式拉开帷幕。

12月23日 青岛平安VIP俱乐部新年音乐会在青岛大剧院隆重举行，来自平安寿险、产险和养老险的1000余名客户在青岛大剧院一起聆听经典，喜迎新年！

（张 旭）

华泰人寿保险股份有限公司山东分公司

【第一负责人简介】 葛斌，男，中共党员，产业经济研究生，高级经济师。1980年进入保险行业，历任主任科员、科长、团委书记、业务经理、营销部经理、支公司总经理，分公司总经理助理、副总经理、总经理等职务，现任华泰人寿山东分公司总经理。

【综述】 2011年，华泰人寿保险股份有限公司山东分公司（以下简称“华泰人寿山东分公司”）秉承“服务、价值、超越”的经营理念，注重规模与效益，坚持创新发展，各项经营取得了快速发展。截至12月底，该公司已累计开设三级机构10家，实现总保费收入16217.88万元，内、外勤人员近4500人，各渠道保费及经营效益较往年增长明显。

该公司在发展过程中始终贯彻“渠道为先”的发展策略，注重渠道建设的质量和创造力，现已开拓了包括个人营销、银行保险、团体保险、直销业务在内的多元化行销渠道，为不同客户群带来全方位、高品质的保险服务。

【经营管理】 华泰人寿山东分公司尊崇保险核心价值，加强内控管理和风险防范，不断优化业务结构，全面提高业务品质，正在努力发展成为一家拥有强大自主经营渠道，业务品质好且发展速度较快的复合型寿险公司。

华泰人寿在业内首家提出“3日内结案”的承诺，并以保单条款形式将其明确，至今华泰人寿仍是业内唯一将3日内理赔时效承诺写入保单的保险公司。为确保理赔时效承诺的实施，公司还在业内首家独家提出了“延迟补偿双倍利息”赔偿标准的自律规定，即对于未在规定时效内结案的理赔案件，将对于延迟部分按照理赔金额的双倍标准赔偿活期利息。

【客户服务】 华泰人寿山东分公司秉承客户至上，诚信服务的服务理念，以服务树品牌，以服务促业务，争做最专业、最信赖的寿险公司。一是为客户提供包括柜面、网络、信函、电话传真、上门、手机短信等在内的多项服务；二是实现了7*24小时不间断服务，除了为客户提供客户信息咨询、保单查询、IVR语音自助服务外，还可为客户预约业务人员上门服务，补发各类通知单，在线受理基本信息变更、理赔报案等全方位服务；三是公司实施全国集中的新契约回访工作，回访前有温馨提示短信，有定时回访服务，对于个别有特殊回访时间要求的客户，可提前预约回访时间，回访时对客户权利和义务进行充分提示，确保客户理解所购保险内容；四是推出了一系列人性化服务，如在重要节日和客户生日当天发送祝福短信，客户交费提醒短信，缴费成功短信，退费短信，简化生存金领取手续，客户只须在首次领取时确定后续生存金需要以银行转账方式领取，并提供银行账号，公司则按时自动划转生存金到指定账号；五是根据客户交费情况不同将VIP分为四个等级：钻石级、白金级、黄金级和贵宾级，针对不同等级的VIP为其量身制定了一套差异化增值服务项目供客户选择，包括：国内、国际医疗救援服务，绿色通道服务，健康、理财短信及健康电话咨询服务，健康风险评估服务，发放体检卡或其他服务卡，赠阅《爱心相印》客服专刊，还不定期邀请客户参加公司组织的活动；六是该公司精心设计推出《牵手华泰》客服期刊成为公司和客户之间一架很好的沟通桥梁，是公司专业服务和品质与客户的牵手。

【大事记】 1月22日 华泰人寿福山支公司举行开业仪式。

1月30日～31日 华泰人寿山东分公司2010年年终总结会议在济南天雨大酒店召开。

1月31日 华泰人寿山东分公司3周年庆典暨2010年表彰联欢大会在济南齐汇维景大酒店隆重召开。

2月11日 华泰人寿总公司副总经理杨万林先生一行走访潍坊银行相关领导。

2月23日 华泰人寿聊城营销服务部获山东保监局开业批复。

3月31日 华泰人寿沂源营销服务部营业执照办理完毕。

4月3日 华泰人寿山东分公司喜迁济南市历下区明湖路35号(即大明湖路90号)。

4月15日 华泰人寿德州营销服务部获山东保监局开业批示。

华泰人寿保险股份有限公司山东分公司主要统计指标

项目＼年度	2007	2008	2009	2010	2011	2011年同比增幅（%）
总资产（亿元）		0.0817	0.123	0.151	0.216	43
签单数量（万件）		0.188	2.547	3.318	3.65	10.27
保费收入（亿元）		0.42	1.3	0.99	1.6217	64
处理赔案（万件）		0.0072	0.037	0.0919	0.1779	93.58
赔付支出（亿元）		0.004	0.01	0.032	0.073	125

5月7日　华泰人寿德州营销服务部开业典礼暨业务启动大会隆重召开。

5月9日　华泰人寿泰安营销服务部正式开业。

5月12日　华泰人寿总公司副总经理苏德刚莅临山东分公司指导工作。

6月13日　济宁中支获得山东保监局的开业批复。

7月12日　"吉富99"新产品发布会召开，华泰人寿山东分公司邀请齐鲁晚报、中国保险报及齐鲁第一财经记者参加了会议。

8月30日～31日　华泰人寿山东分公司2011年业务推动及战略研讨会在济南召开。总公司副总经理谢飞出席了此次会议。

11月3日　华泰人寿总公司副总经理谢飞莅临潍坊中支，对个险工作进行调研。

12月12日　华泰人寿济宁嘉祥营销服务部山东保监局获准开业。

12月13日　华泰人寿禹城营销服务部隆重开业。

12月22日　华泰人寿肥城营销服务部举行盛大开业庆典。

12月30日　华泰人寿临朐营销服务部举办开业典礼。

（华泰人寿山东分公司）

第八部分

金融机构运行报告
——其他金融机构

一、信托公司

山东省国际信托有限公司

【第一负责人简介】 孟凡利，男，1965年8月生，经济学博士。1997年12月起任山东经济学院财务会计系副主任、主任。2000年6月起任财政厅副厅长、党组成员。2005年7月起任山东省鲁信投资控股集团有限公司副董事长、党委副书记、总经理。2009年7月起任山东省鲁信投资控股集团有限公司董事长、党委书记、总经理。2007年7月，兼任山东省国际信托有限公司董事长。

【综述】 山东省国际信托有限公司（以下简称"山东信托"）成立于1988年2月，为国有独资公司。2002年8月进行了增资改制，变更为有限责任公司，注册资本由11亿元增至12.8亿元。2007年8月，经中国银监会批准，名称变更为"山东省国际信托有限公司"，股东包括山东省鲁信投资控股集团有限公司、山东省高新技术创业投资有限公司、山东黄金集团有限公司、济南市能源投资有限责任公司、潍坊市投资公司等5家单位。

2011年，山东信托按照省委省政府倡导的方向，继续秉承"山东信托，可信可托"的理念，积极为各地政府、工商企业和重

山东省国际信托有限公司主要统计指标（本部自营）

单位：亿元

项目＼年度	2007年	2008年	2009年	2010年	2011年	2011年同比增幅（%）
本外币资产总额	15.21	16.03	16.57	28.3	30.17	6.61
本外币负债总额	1.03	0.81	0.87	11.14	11.32	1.62
营业收入	0.99	1.25	1.18	1.89	4.14	119.05
投资收益	0.61	1.19	0.81	1.28	0.55	-57.03
利润	0.55	1.91	1.71	2.87	3.07	6.97
净利润	0.29	1.68	1.54	2.59	2.43	-6.18
信托资产总额	204.14	304.11	539.65	966.13	1140.23	18.02

山东省国际信托有限公司主要统计指标（合并）

单位：亿元

项目＼年度	2007年	2008年	2009年	2010年	2011年	2011年同比增幅（%）
本外币资产总额	16.49	18.22	19.06	30.9	32.49	5.15
本外币负债总额	1.6	1.25	1.25	11.51	11.75	2.09
营业收入	2.9	3.3	2.91	3.39	5.51	62.54
投资收益	0.61	1.21	0.86	1.39	0.41	-70.50
利润	1.37	2.55	2.25	3.36	3.19	-5.06
净利润	0.52	1.89	1.93	2.95	2.47	-16.27
信托资产总额	204.14	304.11	539.65	966.13	1140.23	18.02

点项目以及广大社会投资者提供金融支持和理财服务，投资领域涉及产业、城市基础设施、房地产、证券、服务业等，投资方式包括贷款、股权投资、资产证券化、收益权证券化、融资租赁。年内，山东信托在第7届北京国际金融博览会上荣获“最受公众喜爱的信托公司奖”，被山东省金融办授予“2011年度山东省金融创新奖”。

【信托业务】 2011年，山东信托积极拓展创新型信托产品，实现了业务内生式增长和外延式扩张的有机结合。全年开展信托业务规模1135亿元，年末管理的信托资产余额达1140亿元。

一、证券投资信托。山东信托形成了以阳光私募证券信托为主，以有限合伙制证券、债券和结构型多对多证券信托为辅的业务模式，管理的证券投资信托余额已近100亿元，市场占有率约10%。

二、产业投资信托。山东信托已形成恒富、恒丰、远投、弘毅、船舶航运和绿色投资等多个系列品牌，分别投向重点支柱产业、新兴产业、节能环保企业以及优质上市公司等领域，为国民经济“转方式调结构”提供金融服务。

三、房地产信托。山东信托在强化风险防范的前提下，重点加强与国内一线房地产企业的合作。同时，积极履行社会责任，拓展包括廉租房和经济适用房在内的保障性房地产信托业务。

四、政府基金管理。山东信托受省政府委托经营管理省基本建设基金，年末规模128.3亿元，当年实现增值2.3亿元。该基金设立以来，有效发挥了资金杠杆作用，累计带动投资1000多亿元，先后支持重点工程、重大项目900多个，涉及能源、交通、电子、通讯、原材料、轻纺、化工等领域。

五、创新类信托。在做好传统业务的基础上，山东信托创新发行了淄博园艺不良资产信托，探讨了基于书画和钻石等艺术品的弘毅1号艺术品投资信托、美钻之缘1号钻石投资基金，研发了投资于白酒类的信托产品，拓展了票据和融资租赁信托，普遍受到投资者的欢迎。

【自营业务】 多年来，山东信托自有资本主要投资于电力、金融等基础产业和国民经济重要支柱行业，收益相对稳定。目前，山东信托固有项下长期投资主要是控股泰信基金，参股富国基金、民生证券、泰山财产保险、德州商业银行、邹平浦发村镇银行等金融机构和泰山文化艺术品交易所等类金融机构，同时也在积极研究入股租赁公司、期货公司以及其他商业银行。

【内部管理】 2011年，山东信托不断加强制度建设，加大信息化建设投入力度，进一步统一了产品营销。

一、完善制度体系，努力防范风险。一是修订《财务管理办法》，制订了《可行性研究报告格式规范》和《集合信托融资类业务合作企业评级授信初步方案》；二是开展集合信托计划抵（质）押情况专项检查，全面、及时地了解情况，防范人为风险。

二、不断加快异地业务部建设。山东信托不断开拓其他省份的优质资源，先后与黑龙江、辽宁、河南、湖北、广州、长三角地区的部分市地建立或开展了业务合作。

三、持续加大公司宣传和产品营销力度。一是重点完成了北京金融博览会的参展工作；二是成立财富中心，采取自主营销与分销相结合的模式，实现了信托产品统一安排和发行。

四、不断加大信息化建设力度。山东信托与恒生电子公司合作开发信托公司业务综合管理信息系统，初步形成了完整的覆盖项目全生命周期和全部业务流程的信息支持服务平台，实现项目及客户管理的信息化、精细化。

五、认真开展安全生产、廉洁从业和维护稳定工作。一是开展了争做“优秀信托经理”和“管理服务标兵”活动；二是制定了全体员工廉洁从业“双十”行为规范；三是严格落实责任制和安全生产例会制度，定期开展安全生产检查，组织人员参加安全生产学习和消防演练，切实做到警钟长鸣。

【大事记】 2月9日 泰信周期回报债券型证券投资基金正式成立。

4月30日 山东信托管理的信托资产余额首次突破千亿，达1056亿元。

6月9日 泰信中证200指数证券投资基金正式成立。

7月19日 山东信托参与发起设立山东泰山文化艺术品交易所股份有限公司。

8月29日 山东信托设计推出“山东信托尊岳进取1号（PE）集合资金信托计划”，这是国内首支参与柜台市场的管理型信托产品。

10月13日 中国银监会非银部副巡视员闵路浩一行到山东信托调研，并对公司给予了充分肯定。

10月26日 泰信中小盘精选股票型证券投资基金正式成立。

12月 山东信托完成对邹平浦发村镇银行增资工作，股份由7%增至10%。

12月31日 山东信托新增业务规模1135亿元，管理的信托资产余额1140亿元，双双突破千亿元。全年实现信托报酬收入3.82亿元，较上年度实现翻番。

（王 刚）

二、资产管理公司

中国华融资产管理公司济南办事处

【第一负责人简介】 童玲，女，1963年4月生，湖南长沙人，中共党员，大学本科学历，高级经济师。1984年7月在中国工商银行总行工作，1993年3月任华融信托投资公司经理，2000年1月起，先后国华融资产管理公司债权管理部高级经理、资产管理三部总经理助理、副总经理、业务审查部副总经理，2009年6月任华融资产管理公司天津办事处党委副书记、副总经理，2010年7月任华融资产管理公司总裁办公室副主任，2010年12月任华融资产管理公司济南办事处党委副书记、副总经理（主持工作）。

【综述】 中国华融资产管理公司济南办事处（以下简称“华融济南办”）是该公司在山东的分支机构，于2000年4月24日正式挂牌成立。

2011年，该办提出了“抓利润、增效益；防风险，保合规；夯基础、为长远；上台阶、齐努力”的具体要求，各项工作取得了较好的成绩，实现经营业务收入14528.4万元，同比增加10366.46万元，增长249.08%；实现考核净收入10841.00万元；实现利润7673.58万元，同比增加6525万元，增长568.09%。

【资产管理业务】 2011年，华融济南办创新发展思路，调整业务发展模式，转变增长方式，以资产管理为切入点，充分运用投资银行手段，密切与金融机构、大企业的联系，主动寻找市场，引领办事处做实、做新资产管理业务。通过收购并重组等创新手段，资产管理业务超额完成全年计划，实现收入5996.23万元，占收入总额的41.28%，同比增加4323.44万元，增长258.46%，其中，新增资产管理业务项目10个，资金规模7.46亿元。

【平台公司业务】 2011年，华融济南办加强与平台公司业务的合作，在严格控制风险的前提下，大力拓展融资租赁、信托、置业、证券、投资等项业务。一是租赁业务成效显著，全年新投放租赁项目12个，投放额13.63亿元，实现收入1003.40万元；二是加强信托业务的开拓，完成了力诺集团、力诺玻璃信托贷款资金信托计划增信项目、华瀛山西能源投资有限公司信托贷款信用增级、使用营运资金投资西双版纳拓鑫矿业有限公司信托贷款单一资金信托等4个项目，实现信托业务收入931万元；三是加强与融德资产管理有限公司的业务合作，实现业务收入204.57万元。

【委托代理和咨询顾问业务】 2011年，华融济南办充分利用自身专业优势和华融品牌效应，稳定发展咨询服务业务，进一步扩大了公司在社会上的品牌地位，实现业务收入586万元。

【不良资产的收购和处置】 截至2011年末，华融济南办累计收购工行剥离的不良资产7048户，账面金额334.10亿元。累计处置不良资产帐面价值319.40亿元，回收现金30.50亿元，现金回收率为9.55%，资产处置率为95.60%。

【债转股股权管理】 2011年，华融济南办对12户政策性债转股企业持有股权14.81亿股。为做好持股企业的管理工作，华融济南办主要采取了四项措施：一是完成了股权资产的日常管理工作，对所辖债转股企业按时进行走访和调查，按时完成经营活动分析和管理报告，对债转股企业三会议题严格按权限履行审批程序，维护了公司股权权益；二是根据财政部的要求，完成了债转股资产审计评估工作，成为首批达到公司要求的办事处之一；三是积极推进济南一机床和青岛纺联集团的重组工作，取得了一定成效，其中，青岛纺联集团重组工作已经取得阶段性成果，重组后新的发展平台将于2012年初成立；济南一机床因职工安置问题重组工作一度搁浅，该办正积极与各方沟通情况，消除隔阂，使重组工作得以重新启动；四是积极依托债转股资源，开拓商业化业务，截至年末，依托债转股企业实现商业化业务收入1815.33万元。

【内部管理和队伍建设】 2011年，华融济南办进一步加强内部管理和员工队伍建设，增强风险意识，完善合规管理。一是开展了“创先争优”活动和“比、学、赶、帮、超”劳动竞赛，调动了员工积极性；二是与各部门及全体员工层层签订了《勤政廉政目标责任书》和《员工合规履职廉洁自律承诺书》；三是开展了“百人风险大排查”活动，对排查中发现的薄弱环节及时整改；四是加强风险管理体制机制建设，设立了“风险总监”和风险管理部，做好风险管理工作；五是加强业务培训，提高员工素质。

【大事记】　2月4日　华融济南办撤销创新业务二部，成立风险管理部，原创新业务一部更名为创新业务部。

5月6日　华融总公司章琳副总裁一行到华融济南办调研、检查指导工作。

6月7日～8日　中国银行业监督管理委员会党委巡视组到华融济南办开展巡视工作。

8月3日　经华融总公司党委研究决定，王丙亮任华融济南办副总经理(华融任[2011]130号)。

8月4日　华融总公司章琳副总裁一行到华融济南办宣布党委对办事处领导班子充实调整的决定。

9月20日　经华融总公司党委研究决定，尚海涛任华融济南办总经理助理(华融任[2011]151号)。

11月15日～18日　华融总公司章琳副总裁带领公司党委巡视组到济南办开展巡视工作并参加党委民主生活会。

（薛　萍　王志新）

中国长城资产管理公司济南办事处

【第一负责人简介】　刘学堂，男，1962年生，中共党员，高级会计师。现任中国长城资产管理公司济南办事处党委副书记(主持工作)。

【综述】　中国长城资产管理公司是经国务院批准设立、具有独立法人资格的国有独资金融企业，注册资本金100亿元人民币，由财政部全额拨入。中国长城资产管理公司济南办事处(以下简称“长城公司济南办”)是该公司在山东省派驻的分支机构，2000年3月3日正式挂牌成立。

2011年，该办以科学发展观为指导，以利润为核心，以市场为导向，坚持资产经营处置与商业化业务拓展并重，业务经营创新与依法合规运作并重，全年实现工行包现金回收3.01亿元，实现商业化业务利润5043万元，经营目标任务全面超额完成。

【不良资产的经营处置】　2011年，长城公司济南办坚持精细化运作，经营处置效益和工作效率明显提高，为促进社会稳定、支持经济发展作出了贡献。

该办一是在项目储备方面，围绕年度任务目标，做到项目、人员、时间“三落实”，并在调查分析的基础上，选择确定了充足的储备项目；二是在营销工作方面，所有项目都向政府有关部门、企业主管部门及债务企业进行广泛推介营销，及时将有意参与资产处置者加入客户库，吸收优秀拍卖机构加入备选库，目前备选拍卖机构达65家，全年向库内拍卖机构询价项目138个，涉及本金18.68亿元，同时扩大营销面，全年通过在公司网站、报纸等媒体累计发布资产营销、处置公告1015次、7259户，涉及本金671亿元；三是及时完成了一些影响现金回收的重大项目评估工作，同时配合相关中介机构圆满完成了对剩余政策性资产、工行包资产、中行包资产的评估；四是加强对方案制作质量的指导，制作了相应的规范模板，积极组织项目的快速审核和审批；五是选择公开透明的处置方式，通过拍卖、竞价、挂牌等方式处置项目44个，回收现金2.29亿元，分别占全部批复项目和回收现金的57%和70%。

【金融服务业务】　2011年，长城公司济南办在积极探索中稳步推进，对解决企业融资难特别是中小企业融资难的问题发挥了积极作用。一是进一步加强与山东农信社系统资产收购及处置方面的合作，累计收购信用社资产35.24亿元，已完成处置28.16亿元，回收现金1.63亿元，为企业减免债务26.53亿元；二是积极探索商业化收购范围和模式，成功收购运作了信托、商业银行、政府平台公司等不良贷款项目4个，投放资金4.36亿元；三是在融资租赁方面，完成项目10个，投放资金5.58亿元；四是与有关政府及企业合作，为中小企业发行集合票据提供收购承诺及增级增信、财务顾问等综合金融服务业务，其中1个项目即将上报银行间市场交易商协会审批；五是在投资业务方面成功运作了2个项目，投放资金2.7亿元。

【内部管理和队伍建设】　2011年，长城公司济南办坚持以人为本、民主管理和改革创新，内部管理水平进一步提高，绩效考核办法日趋完善，营造了健康向上的良好工作氛围。

一、坚持民主管理，保障了各项工作顺利推进。一是通过组织召开五四青年员工座谈会、职工代表会议、领导干部民主生活会等多种形式，鼓励员工献计献策；二是深入开展创先争优和纪念建党90周年系列活动，加强学习型党组织建设；三是完善党、团、工会各项制度，重要决策特别是重大经营项目、处置项目以及涉及到员工利益问题的决策，广泛征求员工意见，避免了决策失误和风险的发生。

二、坚持改革创新，实施组织机构、管理模式、激励机制和业务流程的持续改进。一是通过建立后台管理部门负责人挂靠前台经营处置部门制度，进一步增强为前台服务的意识，提高工作效率；二是对复杂疑难项目开展内部公开招标，实行承包经营处置；三是实行季度回收现金与费用挂钩管理，改进和完善部门绩效考核，使有限的财务资源向一线倾斜；四是围绕资产处置和管理，提高处置回收率，充分利用拍卖公司的客户平台，最大限度挖掘资产的市场价值；五是建立了一级抓一级、层层抓落实的廉政建设责任体系和风险防控体系，切实加强党风廉政、监察审计和风险防控建设。

三、坚持以人为本，加强队伍建设。一是通过与员工劳动合同的续签、职位的晋升、先进典型的选树等，激发员工的工作热情；二是关心员工的工作和生活，及时解决存在的困难和问题；三是组织新业务大型培训4次，充实员工业务知识和实际操作业务的能力。

【大事记】 3月21日～22日 长城公司济南办召工作会议，对先进集体和个人进行表彰，并落实和部署全年工作。

10月14日 长城公司济南办组织参加山东省首届产融推介会，该办负责人刘学堂作了“共谋发展、共创伟业”的主题发言，并与省金融办签署战略合作协议。

11月16日 长城公司济南办领导班子拜会了农行山东省分行领导，就落实公司与农行签署的战略合作协议进行了交流协商，并达成共识。

（李西方　陈凤刚）

中国信达资产管理股份有限公司山东省分公司

【第一负责人简介】 彭新，男，1962年8月生，汉族，高级经济师，1983年7月参加工作，1989年11月加入中国共产党。1983年7月先后任建行江苏省分行扬子乙烯专业支行员工、建行江苏省分行投资二处科员、建行江苏省信托投资公司副科长、科长；1995年3月任江苏省建设租赁有限公司副总经理（副处）；1999年12月起先后任信达公司南京办事处资产部执行高级经理、副主任、党委委员、纪委书记；2009年4月起先后任信达公司南昌办事处党委副书记、主任、党委书记，信达江西分公司总经理、党委书记；2011年3月至今，任信达山东分公司党委书记、总经理。

【综述】 中国信达资产管理股份有限公司是经国务院批准，由财政部独家发起成立的非银行金融机构。中国信达资产管理公司股份有限公司山东省分公司（以下简称“信达山东分公司”）作为分支机构，于2010年8月5日，由中国信达资产管理公司济南办事处正式更名成立。

信达山东分公司以公司改制为契机，坚守诚信为本的经营理念，围绕总公司提出的以不良资产处置经营为主业，全力打造以金融服务和资产管理为发展重点的综合化、国际化的金融集团目标，同心协力、积极创新，不断提高经营业绩和内控管理水平。同时依托总公司各项金融业务平台，秉承客户至上的服务理念，积极为广大客户和地方经济建设提供各项优质的金融服务，构建现代金融服务企业。

2011年，信达山东分公司深入贯彻落实公司战略部署，坚持以市场为导向、以价值创造最大化为核心、以可持续发展为目标，深化资产经营，强化股权管理，加大市场化业务开拓力度，进一步健全激励约束和风险管理机制，全面超额完成了2011年度经营计划任务。

【不良资产收购及处置】 2011年，信达山东分公司进一步加大不良资产市场开拓，实现新增收购不良资产3.42亿元；处置各类资产全口径回收现金5.93亿元，其中股权处置及分红为5.13亿元，实现税前利润6.36亿元。

【中间业务】 2011年，信达山东分公司实现中间业务收入1816万元。

【债转股股权管理】 2011年，信达山东分公司深入贯彻落实总公司股权工作会议精神，认真抓好股权资产经营管理，致力于把股权企业打造成公司转型的制高点、利润的增长点、综合经营的结合点、提升品牌的亮点。一是加快推动止损处置类股权资产的处置，对存在价值贬损趋势和风险隐患因素的项目，特别是列入公司考核计划的项目，加快起处置进程；二是把价值提升类股权资产作为重要的战略资源对待，从清收分红、涵养资源、提升价值和开拓客户的角度，深化股权经营管理，使其真正成为公司的利润增长点。

【大事记】 1月25日 信达山东分公司与幸福人寿保险山东分公司共同举办新春联欢会。

2月16日 信达山东分公司邀请金谷信托业务一部总经理徐钧对分公司全体员工就信托业务知识进行培训。

2月22日~23日 信达山东分公司召开2011年工作动员会，总结2010年工作，安排部署2011年各项工作，并对先进集体和个人进行了表彰。

3月7日 信达山东分公司李月瑾调任信达总公司副总裁（信总发[2011]10号）。

3月28日 信达山东分公司由彭新主持全面工作（信总发[2011]22号）。

5月31日 信达山东分公司召开总经理办公会。期间，信达山东分公司总经理彭新会见了山东钢铁集团有限公司副总经理陶登奎一行，双方就山钢财务公司的筹建进展情况进行了沟通交流。

6月8日 信达山东分公司总经理彭新、信达财险山东分公司总经理刘树林共同为信达财险开业揭牌。

6月10日 信总发[2011]40号免去王泽信达山东分公司副总经理职务，信总发[2011]42号任命张德印为信达山东分公司副总经理。

6月28日 信达山东分公司总经理彭新拜会山东钢铁集团有限公司董事长邹仲琛，双方就山钢财务公司筹备期间有关合作事项交换了意见，并就发挥各自优势开展战略合作进行了深入沟通。

7月5日 信达山东分公司副总经理张德印参加青岛市四方区政府组织召开的2011青岛·四方产业园区发展说明会，并代表分公司与青岛市四方区政府签订了战略合作协议。

7月7日 信达山东分公司召开薪酬委员会，通过了薪点制工资套改方案。

7月13日 信达山东分公司启动“创先争优，建功立业”劳动竞赛活动。

8月16日 信达山东分公司总经理彭新参加山东钢铁集团财务有限公司第一次股东大会。

7月18日 信达山东分公司吴新明被评为银监会系统优秀共产党员。(信党发[2011]42号)

10月14日 信达山东分公司参加由省金融办组织召开的山东省首届产融结合推介会，并与省金融办签订战略合作协议。

（赵利国）

中国东方资产管理公司青岛办事处

【第一负责人简介】 吴少杰，男，山东莱西人，1960年10月生，1981年7月入党，大学学历；1977年11月起先后任山东省即墨县汽车配件厂主管会计、地方工业供销公司会计、乡镇企业局财务科长、中行即墨支行副行长、行长等职；1997年10月任中行青岛分行副行长、党委委员；1999年5月任中行山东省分行公司业务处处长；2000年5月任中国东方资产管理公司青岛办事处助理总经理、党委委员；2005年12月，先后任东方公司西安办副总经理、党委副书记（主持工作）和总经理、党委书记等职；2008年11月至今任东方公司青岛办总经理、党委书记。

【综述】 2011年，中国东方资产管理公司青岛办事处（以下简称“东方公司青岛办”）内部管理、综合治理更加规范有序，班子和队伍建设不断得到加强，严格按照上级的工作部署和转型要求，较好地完成了各项任务。

【不良资产的接收】 截至2011年末，东方公司青岛办累计接收省中行剥离的政策性不良资产企业1174户，金额265.39亿元。其中，债权企业1155户，金额207.60亿元，分别占总户数和总金额的98.38%和78.22%；政策性债转股企业19户，金额57.79亿元，分别占总户数和总金额的1.62%和21.78%。此外，该办还于2004年接收了财政部委托处置的省中行损失类贷款本金159.12亿元；通过市场化运作收购了建行山东省分行可疑类贷款本金73.85亿元；2006年12月31日和2007年6月27日，通过市场化运作购买了中行山东省分行的标的分别为4.1亿元和11.34亿元的两个结构性交易资产包；2008年成功收购光大银行包3亿元、中行山西包5.74亿元和中行山东包4.05亿元，上述5个信贷资产包合计账面原值28.23亿元。

【不良资产处置和回收】 2011年，东方公司青岛办一是紧抓建行可疑类资产收现和商业化新业务不动摇；二是全年资产处置回收现金或实现收益共计20955.37万元，其中：政策类不良资产处置回收现金60万元，债权股企业分红192.13万元，中行损失类不良资产处置回收现金2544万元，建行可疑类资产处置回收现金2371.87万元，5个信贷资产包处置回收现金2915.22万元，年度内新发生其它新商业化业务实现收益9855.84万元，另外还实现中间业务收入1228.83万元，房租收入82.04万元，利息收入1705.44万元。

【不良资产的管理】 2011年，东方公司青岛办积极做好不良资产处置及管理。一是确保档案管理的完整性；二是加强与政府和媒体的交流沟通，采取有效措施推动了部分限制转让项目的处置；三是积极做好项目管理，及时公告催收，确保时效延续；四是强化ISO9001体系文件学习和内审工作，顺利完成ISO9001复核认证工作。

【债转股进展情况】 2011年，东方公司青岛办接收的政策性债转股企业中，已明确不再进行债转股的9家，金额30.11亿元，重新按债权项目要求进行管理、处置。完成债转股注册登记的11家，金额17.45亿元。其中，由该办牵头的完成注册登记7家，金额15.24亿元；非牵头的完成注册登记4家，金额2.21亿元。在完成注册登记的11家企业中，莱钢、浪潮2家企业集团的股权退出工作已于2004年完成，退出股权2.06亿元，回收现金1.09亿元，回收率52.91%。

在债转股和资本金项目管理方面，一是加强对重点债转股企业的管理；二是资本金项目全部完成清理；三是根据公司的统一安排零价格项目的转让工作全部完成。

该办成立以来共接收资本金项目6个，东方信托项目4个，零价格项目10个，港澳信托项目4个，合计24个项目，至2009年12月31日，已全部处置完毕。

【大事记】 11月30日 东方公司总裁张子艾到东方公司青岛办视察并指导工作。

12月31日 东方公司青岛办超额完成2011年度计划，实际完成经营利润7373.37万元，位列系统第6名，任务完成率为327.27%(年度经营利润预算目标为2253万元)，收到总部的表扬和嘉奖书。

（窦桂斌）

三、银联公司

中国银联股份有限公司山东分公司

【第一负责人简介】 李金良，男，山东宁津人，高级工程师，原就职于中国人民银行济南分行科技处，2001年5月任山东银行卡网络服务中心总经理，2002年3月至今任中国银联山东分公司总经理。

【综述】 2011年，中国银联股份有限公司山东分公司（以下简称“银联山东分公司”）继续强化以市场为导向，以客户为中心的理念，积极构建山东省银行卡和谐发展环境，推动该项事业又好又快发展。截至年末：一是全辖入网特约商户15.87万家，比年初新增5.9万家，活动POS终端24.4万台，比年初新增8.8万台；二是ATM成功交易笔数2.18亿笔，金额798.7亿元，分别同比增长32.9%、41.0%；POS成功交易笔数3.08亿笔，金额6041.6亿元，分别同比增长41.3%、36.31%；三是银联借记卡累计发行超过1亿张，达到1.06亿张，新增2467万张；四是银联信用卡累计超千万张，达到1250万张，新增370万张。

【业务发展】 2011年，银联山东分公司继续推动银联标准卡发行，努力促进受理市场规范发展，防范银行卡风险，提高跨行交易质量，圆满完成二代系统上收工作，推动创新业务开展，深化内部管理，全面提升市场竞争力，各项工作取得较大成绩。

一、银联卡发行顺利，银联信用卡已成为山东地区市场份额第一大品牌。一是联合工行、农行、中行、建行、邮储、农信等开展银联卡发卡营销；二是联合工行开展银联标准“逸贷”卡营销；三是推动福农卡发卡，为下一步在农村地区普及银行卡打下基础；四是推动白金卡发行，通过协调，推动工行发行1万张、中行发行6000张白金卡。

二、二级地市联网商户突破10万户，受理市场规模、质量、效益同步发展。一是继续开展“二级地市合作伙伴计划”，与农行、邮储、银联商务开展共建活动，共同发展县乡农村银行卡受理环境建设工作，满足空白乡镇民众的金融服务需求；二是继续发挥与人行、成员机构、专业化服务公司和谐共赢的合作优势，共同筹集费用开展多项形式多样的地市级/县域银行卡受理网络联合营销活动，截至12月底，山东二级地市联网商户达13.13万户、活动终端达18.78万台，分别占全辖的82.73%、83.84%。

三、大力拓展银行卡行业应用领域，扩大受理渠道。一是与山东移动、联动多次沟通并达成意向，推动“移动代理商续费”业务由单个代理商向合作营业厅的深入拓展；二是推动山东电力集团在县级市全面开通自助缴费功能，电力自助受理终端已经布放1434台，电力缴费月均笔数9.3万，金额7亿元；三是推动与山东省高速集团的深入合作，在全省300多个网点为高速集团的“鲁通卡”提供充值业务，并开通互联网支付业务，实现高速集团B2B、B2C的网上支付。

四、市场秩序规范常抓不懈。一是完善间联商户联网注册机制，注册完成率99%；二是扎实做好违规整改工作，推动山东辖内收单机构规范使用MCC，避免恶性竞争，做好“一柜多机”清理工作；三是严格入网流程，今年共筛选出不合规商户5707户、其中争抢存量商户2384户、风险商户213户，MCC、扣率不符1497户、其他违规入网商户1613户，保证市场健康的发展。

五、创新工作有序开展。一是互联网支付业务发展迅速，重点选取移动通讯、教育考试、航空票务、公用事业、石油石化等行业客户作为发展重点，截至年底，新增网上支付商户 50多家，全年交易金额30亿元；二是移动支付业务有序开展；三是无卡支付业务顺利进行，和辖内全部14家区域性银行签订了《银联卡无卡支付业务合作协议》。

【大事记】 1月21日 银联山东分公司与32家成员机构以“同创品牌 共享成长”为主题，在山东大厦成功举办了“2011年山东省银行卡同业年会”。

7月26日 山东省农村信用社在济南举办“泰山.福农卡”首发新闻发布会。中国银联联合山东省农村信用社在会上共同推出银联“泰山.福农卡”。中国银联党委委员、纪委书记、助理总裁田林，省委农工办副主任刘同理，省政府金融办副主任郭永利，人行济南分行副行长李建文，银联山东分公司总经理李金良，中国银联银行服务部总经理程鹏，山东省农村信用社副主任丁浩升，省商务厅巡视员王德福，省供销社副主任张传会等部分省厅代表、金融机构代表出席发布会。

12月30日 中国银联山东分公司、山东电信及北京银达

中国银联股份有限公司山东分公司主要统计指标

项目＼年度	2007	2008	2009	2010	2011	2011年同比增幅（%）
入网特约商户（家）	37850	54891	74695	99347	158694	59.74
POS终端（台）	58100	79373	117238	156519	244067	55.93
POS机实现交易						
交易业务（万笔）	5514	9331	13825	19348	26321	36.04
交易金额（亿元）	1213	2024	3092	4432	6042	36.33
ATM机具（台）	6742	6847	6900	15210	24044	58.08
ATM机实现交易						
交易业务（万笔）	3346	4535	5470	6739	8570	27.17
交易金额（亿元）	204	312	411	566	799	41.17
借记卡发行（万张）	1616	1990	1823	1652	2647	60.23
信用卡发行（万张）	112	158	288	310	370	19.35

注：ATM交易数据为银联统计的跨行取款交易数据，不含银行本行卡在本行ATM机具上交易数据。

润和三方合作的“银联天翼手机支付业务签约仪式”在济举行。银联山东分公司李金良总经理、山东电信刘建良副总经理、北京银达润和石晓新总经理等出席活动。

（段好勇）

中国银联股份有限公司青岛分公司

【第一负责人简介】　赵玉东，男，1970年5月生，中共党员，经济师，本科学历。1993年7月参加工作，历任人行青岛中支计划处副主任科员，青岛市银行卡网络服务中心办公室副主任、市场部经理、总经理助理，银联青岛分公司助理总经理、副总经理等职；2004年8月，任中国银联青岛分公司总经理。

【综述】　2011年，中国银联青岛分公司（以下简称“银联青岛分公司”）以配合二代系统切换、促进银联卡发卡用卡、稳步推进ATM业务营销、加快农村市场拓展、推动金融IC卡发卡受理为工作重点，跨行业务继续保持较快增长。一是青岛市银行卡特约商户总数达2.98万家，联网POS总量达5.47万台；二是实现POS跨行消费交易7299万笔、1558亿元，同比分别增长14%和17.85%；三是年末青岛市入网ATM活动终端4580台，实现ATM跨行取款2344万笔、金额211亿元，同比分别增长17.59%和33.55%。

【业务发展】　2011年，银联青岛分公司积极开展丰富多样的营销活动，不断推动ATM跨行交易及POS刷卡消费再上新台阶。一是先后配合总公司完成了二代收单系统、多渠道系统及清算系统的切换工作；二是开展系统巡检工作，保证网络交换系统安全运行；三是大力推动银联卡发卡、用卡营销，积极推动银联卡受理向郊区县市延伸；四是联合市人行及银行业协会，组织对辖内成员机构ATM服务质量、服务环境的巡检和评比活动，与银行业协会开展服务年评比活动；五是将设备投放重心转移到农村和城乡结合部等郊区范围，年末辖区年内新增ATM机具768台，70%左右的终端投放到郊区，有效延伸了金融服务覆盖的地域范围；六是在平度市南村镇全部52个自然村安装具有小额提现功能的POS机，实现了“自然村金融机具全覆盖”和“村村有POS，村村可取现”目标，年末全市可受理小额取现业务的农村商户1167户；七是制订了《关于受理PBOC标准金融IC卡（非接）POS终端布放的指导意见》，确定了其布放原则及改造进度，重点做好终端改造、受理提示及收银员培训等受理端工作。截至年末，青岛辖内可受理非接金融IC卡直联终端超过7000台，其中重点商圈直联POS终端改造普及率达70%以上。

（路　瑶）

四、财务公司

中国重汽财务有限公司

【第一负责人简介】 宋其东，男、1963年4月生，山东泰安市人，中共党员，高级会计师，武汉理工大学经济学硕士研究生。1984年参加工作，先后任职于中国重型汽车集团公司财务处科长、副处长、处长，财务部副部长，原销售公司副总经理兼总会计师，原计划财务部部长兼重汽财务公司副董事长、总经理。2007年11月中国重汽（香港）有限公司香港红筹上市后，任中国重汽（香港）有限公司副总会计师兼中国重汽财务有限公司董事长至今。

【综述】 2011年，中国重汽财务有限公司（以下简称“重汽财务公司”）在集团公司受宏观形势影响，严重影响到重汽的生产和销售的情况下，坚持发挥好为集团成员单位、上下游客户提供优质金融服务的功能，充分利用金融平台，助推重汽产品销售，发挥了重要的作用。

【集团资金的统一结算】 2011年，重汽财务公司作为集团的资金结算平台，始终坚持为集团提供及时周到优质的服务，累计实现结算量3122.9亿元，21595笔。一是对所有的开户单位统一调整了结算存款的利率，并根据客户的要求开发了一项新的金融业务——企业协定存款；二是新增开户单位8家，成功将商用车销售部票据纳入财务公司结算中心管理；三是完成了网银的安装，目前结算中心开户的集团成员单位已达63家，全部实现了网上银行进行结算。

中国重汽财务有限公司主要统计指标

单位：万元

项目 \ 年度	2007	2008	2009	2010	2011	2011年同比增幅（%）
本外币资产总额	133888	240867	376258	354342	608638	72
本外币负债总额	80429	130883	273701	239828	485684	103
营业收入	10803	16590	9132	12387	25338	105
利润	3195	10213	7016	9813	20108	105
净利润	2113	7653	5149	7350	15055	105
上交税金	1702	2726	2527	2644	5385	104

【汽车消费信贷】 2011年，重汽财务公司充分发挥汽车金融的优势，利用汽车消费信贷等模式助推重汽产品的销售，共实现贷款利息收入5171万元。一是新增了贷款逾期预警、贷款五级分类上报等功能，进一步强化了风险控制手段；二是增加了客车融资租赁业务的全流程管理和按季度归还贷款的功能等；三是增加了贷款支付到银行、提前还款以及首付款、回款证明等重要凭证的录入、核对等功能，并在查询、统计等方面进行完善；四是扩大消费信贷业务规模，在原来的基础上又增加了哈尔滨、沈阳及乌鲁木齐业务部，其他省份区域业务网点正在筹备，以满足市场的需要。

【大事记】 4月26日 重汽财务公司在济南召开了二届四次董事会。

4月27日 重汽财务公司在济南召开2011年度股东会。

12月23日 中国重汽财务有限公司二届第五次董事会召开。

（刘其贵）

海尔集团财务有限责任公司

【第一负责人简介】 李占国，男，中共党员，东北财经大学硕士，高级会计师。1993年起先后任海尔集团财务中心管理部长、海尔集团国内市场、海外市场CFO，现任海尔集团财务有限责任公司董事、总经理。

【综述】 2011年，海尔集团财务有限责任公司（以下简称“海尔财务公司”）承接海尔集团“打造人单合一双赢模式下互联网时代的世界品牌”发展战略，为集团由制造业向服务业转型提供全流程金融解决方案，成为集团美好住居生活解决方案供应商的专业金融服务商。同时确定了“聚焦产业链金融创新，以金融资源换取客户/用户资源，成为驱动产业型财务公司”的发展战略。

【业务创新】 2011年，海尔财务公司一是创新小微企业金融服务模式，支持小微企业发展，主要对天津、山西、河南、安徽、山东、河北、湖南等33个省辖区域的专卖店、社区店提供金融支持，发展AB类客户500余户，融资规模12亿元，不但从根本上解决了专卖店、社区店融资难的问题，优化了其发展环境，也有效支撑了集团终端销售力的提升。同时，创新大客户买方信贷业务，产品延伸到房地产、轨道交通、医药、军工等行业，协助产业获取签约订单100余亿元。

海尔集团财务有限责任公司主要统计指标

单位：亿元

项目 年度	2007	2008	2009	2010	2011	2011年同比增幅（%）
本外币资产总额	125.1	142.22	248.91	344.4	380.28	10.42
本外币负债总额	115.97	130.08	233.48	324.2	350.6	8.14
营业收入	2.7	4.96	5.02	8.65	16.68	92.83
利润	2.03	4.02	4.28	7.03	12.68	80.37
净利润	1.35	3.01	3.22	5.29	9.53	80.15
上交税金	0.86	1.32	1.37	2.32	4.15	78.88

【大事记】 4月18日 国家外汇管理局核定海尔财务公司2011年度外债余额指标为500万美元(青汇发[2011]27号)。

6月30日 中国财务公司协会专职常务副会长王岩玲、全国20多家财务公司总经理及主要业务骨干来海尔财务公司视察指导并交流电票业务。

7月10日 海尔财务公司信息安全二期系统成功上线。

12月1日 海尔财务公司运营管理平台成功上线。

12月10日 海尔财务公司国际业务管理系统成功上线。

（李 梅 崔 雨）

南山集团财务有限公司

【第一负责人简介】 隋政，男，山东乳山人，1963年5月生，工商管理硕士。1979年参加工作，1992年10月起先后担任香港中银集团投资有限公司副经理、经理、高级经理、副总裁等职；1999年5月起任中国银行威海分行副行长、党委委员；2000年2月至2006年4月，先后任东方资产管理公司青岛办事处经理、高级经理、助理总经理、副总经理兼纪委书记等职；2006年4月起任南山集团公司董事、副总经理兼南山集团财务有限公司筹备组组长；2008年8月至今任南山集团财务有限公司副董事长兼总经理。

南山集团财务有限公司主要统计指标

单位：亿元

项目＼年度	2007	2008	2009	2010	2011	2011年同比增幅（%）
本外币资产总额	0	5.29	33.42	43.00	49.31	14.67
本外币负债总额	0	0.29	28.22	36.79	41.97	14.08
营业收入	0	0.05	0.67	2.06	2.50	21.36
利润	0	0.00	0.26	1.38	1.48	7.00
净利润	0	0.00	0.19	1.01	1.11	10.0
上交税金	0	0.00	0.01	0.47	0.48	2.12

【综述】 2011年，南山集团财务有限公司（以下简称“南山财务公司”）以服务集团产业发展，提供高标准、专业化的金融服务为目标，积极推动业务创新，强化内部管理和队伍建设，较为圆满地完成了全年各项工作任务。截至12月末，公司本外币总资产为49.31亿元，负债41.97亿元，当年实现净利润11090万元，各项指标均符合监管要求。

【公司经营】 2011年，南山财务公司围绕集团多样化的金融需求，不断深化服务理念，扩大服务内涵，职能得到进一步发挥。一是通过对外汇资金实施归集、为北京、海南等异地成员单位提供结算服务、以同业存款置换成员单位商业银行保证金存款等方式，进一步壮大了“现金池”规模，截至年末，吸收存款余额34.56亿元，同比增长14.63%，资产规模增长14.6%，当年累计办理结算业务17.6万笔，结算额6600多亿元，同比分别增长28%和38%；二是深入企业一线，了解金融需求，有针对性地提供集资金结算、融资、财务顾问等为一体的一揽子金融服务；三是利用公司业务操作平台，通过完善信息系统、优化业务办理流程等方式，实施规范化的服务标准，提高业务处理效率和质量；四是着力发挥资金调节作用，灵活调剂资金，当年累计投放资金51.5亿元，支持了集团产业发展；五是实施“两个最优”政策，即对成员单位存款执行协定存款利率，对符合信用评级条件的工业企业给予同期同档基准利率下浮10%的贷款（含贴现）优惠政策，最大程度降低集团财务成本；六是加强流动性管理，综合利用资金调拨、存放同业、同业拆借、法人账户透支等业务平台和手段，培育新的盈利增长点。

【内控与风险管理】 2011年，南山财务公司继续加强内控和全面风险管理体系建设，从严、从细构建管理文化，全年未发生一起案件。一是大力开展“合规风险评估”、“深化银行业内控和案防制度执行年”等系列活动，认真排除风险隐患；二是加强内控体系建设，完善部门、岗位之间的监督制约机制，通过加大检查监督力度，扩大检查覆盖面，从过程控制、事后监督等多个角度防范案件风险；三是继续完善各项规章制度，全年新增各类制度50余项；四是通过经常性开展案例警示教育、邀请检察院专业人员讲授预防职务犯罪知识、张榜公示业务差错等方式，提高员工的警示意识。

【队伍建设】 2011年，南山财务公司继续全面推进队伍建设，着力打造一支专业、稳定而富有活力的金融队伍。一是根据员工的特点和特长，有计划、有目标地推进专业培训工作，加强考核，提升员工的专业能力；二是通过组织讲座、观看专题教育片、开展集中读书活动等形式，推进以“忠诚、合规”为核心的企业文化建设；三是组织开展一系列丰富多彩的集体活动，提升了队伍的向心力和凝聚力。

【大事记】 3月12日 南山财务公司相继召开第一届董事会第四次会议、第一届监事会第四次会议和第四次股东会。

7月5日 人民银行上海总部正式批准南山财务公司进入全国银行间同业拆借市场，核准最高拆入拆出额度5亿元，最长期限7天。

12月27日 经人行济南分行书面审核通过（济银市场备准予字〔2011〕0011号），对南山财务公司加入全国银行间债券市场进行备案。

（高玉臣）

海信集团财务有限公司

【第一负责人简介】 黄金萍，女，1997年5月毕业于复旦大学世界经济专业，硕士研究生。曾在建设银行任职10年，先后担任深圳市海汇、海源投资有限公司常务副总经理、总经理，现任海信集团财务有限公司总经理。

【综述】 2011年，海信集团财务有限公司（以下简称“海信财务公司”）在加强资金集中管理，保障集团资金需求，降低资金成本的前提下，合理配置资金，提高资金效益，为促进集团发展提供有力支持。截至年底，该公司净资产利润率10.89%，同比提高3.39个百分点。

【公司经营】 2011年，海信财务公司完善金融业务功能，为降低资金成本、提升盈利水平创造条件。

一、拓展金融业务资格。一是积极开展即期结售汇业务，通过内部结售汇和外汇市场交易调剂集团内部外汇资金余缺，全年为集团节约汇兑成本超千万元；二是正式开展电票业务，累计开票542笔，金额61.64亿元；三是获人行上海总部批准进入全国银行间同业拆借交易市场，为拓展同业业务合作空间创造了条件。

海信集团财务有限公司主要统计指标

单位：亿元

项目＼年度	2007	2008	2009	2010	2011	2011年同比增幅（%）
本外币资产总额	0	8.95	30.12	40.70	49.68	22.07
本外币负债总额	0	5.92	24.74	34.90	43.22	23.83
营业收入	0	0.15	0.41	0.66	1.02	55.70
利润	0	0.04	0.29	0.56	0.89	59.46
净利润	0	0.03	0.21	0.42	0.67	59.53
上交税金	0	0.03	0.10	0.18	0.27	50.93

二、完善银行本币账户管理。通过规范集团成员单位在银行的本币账户开销户管理及审批流程，加强对其银行账户的监控和管理，有效地提高了资金归集度，年末资金归集率达72.05%。

三、开展资金收付集中化管理方案的评估和准备。一是评估新方案对信息系统、制度流程、人员配备及岗位设置等方面的需求，拟制操作流程；二是与各合作机构分别沟通系统需求和清算方案；三是完成POS收款代理准备，正式开展POS收款代理业务。

【内控与风险管理】 2011年，海信财务公司注重内控管理和案防长效机制的建设，有效提升管理水平。一是加强案件易发领域的风险排查，有效防范操作风险；二是提高内审检查和内控执行力度，完善员工失范行为监察手段，加强人员管理；三是提高信贷业务风险管理水平，实现信贷业务的贷前审批与贷后五级分类审批的完全分离，进一步规范业务操作和档案管理；四是完善客户信用等级评分办法，初步建立授信额度的测算模型。

【大事记】 1月29日 海信财务公司召开2011年度经营工作会议。

3月 海信财务公司电子商业汇票系统正式对外开展业务。

4月18日 海信财务公司获准进入全国银行间同业拆借交易市场。

7月16日 海信财务公司召开2011年年中经营工作会议。

（单小丽）

中国石化财务有限责任公司山东分公司

【第一负责人简介】 张建江，中共党员，经济师。曾任中国石化总公司财务部综合处副处长兼办公室副主任，中石化财务公司信贷处副处长、南京办事处副主任（主持工作），办公室主任、人事劳资部经理、信息部经理，2010年9月起，任中石化财务公司副总工程师（首席信息师），2011年7月起，兼任中石化山东分公司经理。

【综述】 中国石化财务有限责任公司山东分公司（以下简称"中石化山东分公司"）是经中国银行业监督管理委员会批准，于2007年7月成立，受中国银行业监督管理委员会青岛监管局监管的非银行金融机构。2007年9月1日正式营业，公司设在山东省青岛市，营运资金1亿元，设有综合部、信贷部、结算部、财会部、内控稽核部五个部门，现有从业人员32人。

2011年，该公司秉承"立足石化、服务主业、争创一流"的经营宗旨，重点为山东辖区的胜利油田、齐鲁石化、青岛大炼油和青岛石化等60多家成员企业提供金融服务。

【公司经营】 2011年，中石化山东分公司可以办理《企业集团财务公司管理办法》中规定的人民币业务有：吸收成员单位的存款；对成员单位办理贷款；办理成员单位之间的内部结算；对成员单位办理票据贴现及转贴现业务；办理成员单位之间的委托贷款；协助成员单位实现交易款项的收付；对成员单位办理票据承兑，对成员单位办理融资租赁。

中国石化财务有限责任公司山东分公司主要统计指标

单位：亿元

项目 \ 年度	2007	2008	2009	2010	2011	2011年同比增幅（%）
本外币资产总额	36.88	114.79	123.76	65.53	89.31	36.29
本外币负债总额	36.91	114.24	122.76	64.56	88.87	37.65
营业收入	0.49	4.65	3.39	2.94	2.50	-14.97
利润	-0.04	0.77	1.33	1.28	0.58	-54.69
净利润	-0.03	0.58	1.00	0.96	0.44	-54.17
上交税金	0.01	0.46	0.68	0.41	0.35	-14.63

【内控与风险管理】 2011年，经中石化财务公司批准，中石化山东分公司成立了内控稽核部，其主要职责为：监督内控制度执行、风险管理、内部稽核、法律事务、合规风险和反洗钱工作。按照内控稽核制度的要求，该公司全面检查了各项业务流程，强化了内控制度的执行力，主抓重点业务、关键环节和薄弱环节的风险排查；进一步加强了贷款企业的信贷风险监控，加大了贷前调查和贷后跟踪的工作力度，严格监控资金风险，确保各项业务安全平稳运行。

【大事记】 6月10日 中石化财务公司副总经理史立明莅临山东分公司检查指导工作。

6月16日 中石化财务公司副总经理高中元一行莅临山东分公司检查指导工作，并邀请海尔财务公司同仁赴山东分公司进行业务交流。

6月30日 中石化财务公司印发中国石化财司人[2011]41号文件，任命蔡斌为中国石化财务有限责任公司上海分公司副经理，免去其山东分公司副经理职务。

中石化财务公司印发中国石化财司人[2011]43号文件，任命张建江兼任山东分公司经理。

7月5日 中石化财务公司党委书记、总经理张保龙，副总经理高中元，党委副书记、纪委书记、工会主席谢东一行莅临山东分公司检查指导工作。

中石化财务公司党委书记、总经理张保龙主持召开山东地区成员企业业务座谈会。

9月14日 中石化山东分公司组织开展"为民服务创先争优"活动。

10月26日 中石化财务公司决定成立中石化山东分公司内控稽核部。

11月17日 中石化山东分公司进行部分基层管理岗位公开竞聘。

（许钦珍）

五、金融院校

山东轻工业学院财政与金融学院

【第一负责人简介】 许广法，男，1966年7月生，山东济宁人，大学本科学历，副研究员，中共党员，1987年参加工作。历任山东轻工业学院教师、成人教育处副科长、办公室主任。2001年6月，任山东轻工业学院成人教育学院副院长；2004年11月任山东轻工业学院艺术设计学院党总支副书记（主持工作）；2005年12月任山东轻工业学院艺术设计学院党总支书记；2011年3月至今，任山东轻工业学院财政与金融学院院长。

【综述】 山东轻工业学院财政与金融学院（以下简称"山轻财金学院"）组建于2011年3月。作为山东轻工业学院的二级学院，经历了两个发展时期：隶属于人行的山东银行学校发展时期（1948–2001）、山轻金融学院发展时期（2001–2011）。2011年3月，为适应社会经济发展对经济类高层次人才的需求，提高办学层次和水平，改善办学条件，以山轻金融学院的教学、学生管理人员为基础组建山轻财金学院；以山轻金融学院的管理人员为依托成立山轻学院东校区管委会办公室，承担行政管理、后勤保障、社会服务等职能，山轻金融学院的法人代表由东校区管委会办公室负责人兼任。

山轻财金学院内设2个系、3个教学部、2个研究所和1个实验教学中心，拥有校园网、图书馆、语音室、多媒体教室、综合实验室、专业实验室、体育场地等，教学服务设施齐全。设置金融学、会计学、财务管理、法学、市场营销、计算机信息管理、金融保险、投资与理财、计算机应用技术9个专科专业。2011年全日制专科在校生1879人，有专任教师73人，其中，教授9人，副教授29人；具有博士学位（含在读）的教师10人，具有硕士学位的35人，师资力量强，师资结构合理。2011年毕业生一次性就业率达92%以上。

【教学工作】 2011年，山轻财金学院一是加强学科专业建设，不断创新人才培养模式，重构课程体系和内容，2011年重新修订了9个专科专业的教学计划，并着手制订"金融学"和"国际经济与贸易"2个本科专业的教学计划，以适应高层次应用型人才培养的需要；二是加强师资队伍建设，按照学校教师队伍"博士化"的要求，重新修订了《教职工进修、在职攻读学位管理办法》，鼓励教师在职攻读博士或硕士学位。截至年底，在职申报博士学位的教师11名，申报硕士学位的教师1名，师资队伍整体素质得到提升；三是继续强化实践教学，以校内实验室和校外实习基地为依托，合理设计实验、实习内容，不断提高学生的动手能力，还积极开展形式多样的第二课堂活动，如专业教育、学术讲座、演讲比赛、技能大赛等，进一步完善了实践教学环节；四是建立了较为科学的教学质量评价和监控体系，修订完善了《管理人员、教师听课制度》、《作业批改质量标准》、《教学工作特殊奖励暂行办法》等有关规定，不断增强教师的质量意识，确保教学水平的进一步提升。2011年，学生计算机文化基础考试通过率96%，英语四级考试通过率83.4%，专升本考试录取率65.38%。

【内部管理】 2011年，山轻财金学院各行政管理部门牢固树立为人才培养服务的理念，不断提高服务质量和管理水平，确保各项工作顺利进行。一是先后修订《职工医疗费管理办法》、《津贴分配实施方案》、《印章管理使用规定》、《加班管理制度》等，进一步完善了各项规章制度；二是认真编报年度经费预算和决算报告，严格执行财会制度和各项收支标准，加强财务管理，努力提高会计核算质量；三是改善办学条件，投入75万元更新了教学办公设备，投入30万元改造了第二语音室，还更新了三个多媒体教室投影仪，全面更换网络中心服务器，并对培训楼进行了联网；四是积极做好师生员工的卫生保健和防疫工作；五是增加图书文献信息，采购图书7632册，征订报刊338种。延长阅览室开放时间，平均每天开放近11小时；六是组织教职员工春游、台儿庄红色旅游、秋季运动会、跳绳比赛等，丰富了教职工业余文化生活；七是成立消防安全领导机构，定期开展以防火、防盗、防事故为主要内容的安全检查，培训义务安全消防队员，组织消防演习，经常对驾驶员进行行车安全教育，确保车辆安全行驶；八是做好毕业生的就业指导工作，通过多种形式服务于毕业生就业工作。

【成人教育】 2011年，山东金融培训中心依托金融高校的教学条件和优秀师资，为邮储山东省分行举办培训班6期，为交行济南分行举办培训班1期，共计600多人次。

【科研工作】 2011年，山轻财金学院制(修)订了《学术成果奖励办法》、《学术交流管理办法(试行)》等文件，组织撰写国家社科基金申请5项；申报教育部课题3项；省社科规划课题7项；发表论文57篇，其中核心期刊26篇。

【精神文明建设】 2011年，山轻财金学院以创建学习型党组织和推进创先争优活动为重点，大力加强思想理论建设。一是继续深入开展创先争优活动，充分发挥基层党组织的战斗堡垒作用和广大党员的先锋模范作用；二是认真做好大学生党员的培养和发展工作，基层党校共培训入党积极分子600余人，发展学生党员94人；三是大力弘扬以爱国主义为核心的民族精神和以改革创新为核心的时代精神，切实抓好教职工的职业道德教育；四是加强校园文化建设和学风特色建设，使该院逐步成为具有浓厚人文氛围、鲜明创新风气、幽雅校园环境和较高文化品位的精品校区和特色校区。

(周光云)

第九部分

区域性金融运行报告
——鲁中地区

济南市

【经济金融概况】 2011年,济南市全力推进“调结构、稳物价、保民生、促改革”工作,结构转型取得积极进展,城市规模、总体实力、功能形象、文化品位继续提升,社会民生事业全面进步,实现了“十二五”良好开局。

一、贷款投放保持稳定增长,贷款投向结构优化,对实体经济支持力度加大。截至年末,全市银行一是对中小企业新增贷款503.3亿元,同比多增171亿元;二是对十大振兴产业、战略新兴产业的贷款增长较快,全年十大振兴产业贷款新增额240亿元,占各项贷款新增额的48.8%,同比提高13.5个百分点,战略新兴产业贷款新增27.9亿元,占各项贷款新增额的5.7%,同比提高4个百分点;三是房地产信贷增量回落,余额893.2亿元,比年初增加34.6亿元,同比少增19.1亿元,保障性住房贷款余额47.7亿元,全年新增5.9亿元。

二、银行非信贷渠道信用供给增加。一是全年各银行业金融机构表外融资额387.2亿元,同比增加26.9亿元,增长7.47%;二是在全国银行间债券市场公开发行了济南市第一单国资系统中小企业集合票据10亿元,推荐发行和承销济南市企业短期融资券、中期票据和中小企业集合票据125亿元,进一步拓宽了企业特别是中小企业的融资渠道。

【货币政策实施】 2011年,中国人民银行济南分行营业管理部(以下简称“人行济南分行营管部”)有效传导稳健的货币政策,积极促进结构调整优化,促进了全市经济稳定较快发展。

一、科学实施“窗口指导”,支持地方经济转方式、调结构取得新进展。一是制定印发了《关于贯彻稳健货币政策 调整优化信贷结构 促进全市经济平稳健康发展的指导意见》,引导驻济银行业金融机构加大对经济发展关键领域、薄弱环节的信贷支持力度,对77家企业实施了“两高一剩”行业信贷退出,同比增加33家;二是召开“新型工业化”重点项目银企合作推进会,全市28家银行业金融机构与403家企业签订信贷支持意向协议553.2亿元,发放贷款450亿元,资金到位率达81.4%;三是引导驻济各银行业金融机构稳步增加对保障性住房建设的信贷投入,大力支持棚户区改造、公共租赁住房建设项目。

二、创新货币政策传导手段,有效支持中小企业发展。一是加强对涉农和中小企业信贷政策导向效果评估,督促引导驻济各银行业金融机构完善信贷管理机制,进一步改进对“三农”、中小企业特别是微小企业的金融服务;二是充分发挥再贷款、再贴现工具的杠杆作用,全年累计向银行业金融机构办理再贷款21亿元、再贴现10.65亿元,引导其对中小企业累放贷款占比达到48.9%,同比增加1.2个百分点;三是在全国银行间市场推荐发行和承销济南市企业短期融资券、中期票据和中小企业集合票据,比年初增加107亿元,进一步拓宽了企业特别是中小企业的融资渠道。

【金融稳定】 2011年,人行济南分行营管部加强对法人金融机构监测,积极开展现场检查评估,稳步推进各项工作。一是开展对非法人金融机构的现场检查评估工作,并通过在全省首创《现场检查评估意见书》的形式,实现了评估成果的有效转化和反馈;二是研究开发了覆盖银、证、保三个行业的“金融稳定风险监测预警系统”,有效提升了监测工作效率;三是进一步加大了对小额贷款公司、金融衍生产品、金融机构理财产品等“影子”银行系统的风险监测,及时发现和预警苗头性、倾向性问题,提高了对系统性风险传递的防控能力。

【金融服务】 2011年,人行济南分行营管部创新手段,强化措施,央行金融服务水平全面提升。一是督促涉农银行业金融机构在农村大力布放自助设备,推广应用银行卡、网上银行、电话银行等新兴电子支付工具,全年县域农村地区借记卡、信用卡累计发卡量达254.3万张和12.3万张,分别同比增长115.6%和66.9%,网上银行开通数量达32万个,同比增长87.1%,辖区金融基础设施在农村的布放率已达90%;二是国库直接支付规模不断扩大,全年新增大学生村官补贴、失地农民补贴等2项直接支付项目,截至年末,直接支付项目已达192项,累计支出747.9万元,惠及各类群体4.9万余人,办理直缴入库收入3.5亿元,直缴入库范围已全面覆盖中央到乡镇五级;三是加强发行基金调拨,加大回笼券清分销毁力度,确保了现金供应充足、券别结构合理、票面整洁美观,全年调剂小面额票币50余次、1.2亿元,并开展了以“打击假币犯罪,净化人民币流通环境”、“爱护国家名片,爱惜使用人民币”为主题的反假货币宣传月活动,全年累计组织宣传207次,发放人民币反假资料8万余份,接受咨询4万余人次;四是深入推进社会信用体系建设,在平阴县开展了“农村青年信用示范户”创建试点工作,评出了2100个农村青年信用示范户,建立了信用档案并全部进行了评级。

【金融监管】 2011年,人行济南分行营管部建立完善规章制度,畅通货币信贷政策传导渠道,规范金融机构经营行为,依法行政工作水平明显提升。

一、全面开展“两管理(开业管理、重大事项管理)、两综合(综合评价、综合执法检查)”工作。一是修订完善了《济南市新设银行业金融机构金融管理与服务指引》,先后完成了民生济南分行等7家机构新设支行的管理与服务工作;二是研发使用了“银行业金融机构高级管理人员及重要岗位从业人员考试系统”;三是制定实施了《济南市金融机构综合评价实施细则》,对辖内85家金融机构进行了全面评价;四是先后组织开展了对部分金融机构支付结算、征信管理、金融统计、反洗钱等业务的执法检查,开展了对光大济南分行的综合执法检查,对各类违

济南市经济主要统计指标

指标 \ 年度	2007	2008	2009	2010	2011	2011年同比增幅（%）
土地面积（平方公里）	8177	8177	8177	8177	8177	--
人口（万人）	604.85	603.99	603.27	604.1	606.64	4.22
城镇人口（万人）	107.55	109.26	111.07	112.91	115.42	2.22
乡村人口（万人）	497.3	494.73	492.2	491.19	491.22	0.01
地区生产总值（亿元）	2554.3	3017.42	3351.4	3910.8	4406.29	10.6
第一产业（亿元）	150.3	175.01	187.1	215.2	237.86	4.4
第二产业（亿元）	1163	1330.68	1453.6	1637.5	1828.97	11.7
工业（亿元）	999.4	1140.14	1211.4	1352.4	1507.88	12.2
建筑业（亿元）	163.6	190.54	242.2	285.03	321.09	9.2
第三产业（亿元）	1241	1511.73	1710.74	1720.33	2339.46	10.3
人均地区生产总值（元）	42171	45724	55520	64783	64311	8.9
地区生产总值构成（%）	100	100	100	100	100	--
第一产业（%）	5.88	5.80	5.6	5.50	5.4	-0.1
第二产业（%）	45.53	44.10	43.4	41.87	41.5	-0.4
第三产业（%）	48.58	50.10	51	52.63	53.1	0.5
财政总收入（亿元）	758.63	922.6	967.7	1285.1	1387.4	8.0
地方财政收入（亿元）	157.02	186.0	210.2	266.1	325.4	22.3
财政总支出（亿元）	--	--	--	659.7	668.1	1.3
地方财政支出（亿元）	180.07	221.5	259.3	336.8	396.9	17.8
全社会固定资产投资（亿元）	1151.7	1415.3	1655.4	1987.4	1934.3	18.1
规模以上固定资产投资（亿元）	869.0	994.1	--	--	--	--
房地产开发（亿元）	193.2	274.1	332.6	484.5	527.2	8.8
进出口总值（亿美元）	62.18	80.27	56.57	74.1	104.0	40.4
出口总值（亿美元）	34.35	45.97	30.47	40.6	43.5	29.8
实际利用外资（亿美元）	5.61	8.64	9.81	10.4	11.0	5.8
社会消费品零售总额（亿元）	1103.1	1356.7	1617.9	1725.5	2023.1	17.3
居民消费价格指数（%）	103.9	105.69	100.33	102.1	105.4	5.4
城市居民人均可支配收入（元）	18005.1	20802.2	22721.7	25321.1	28892	14.1
农民人均现金收入（元）	6300.1	7180.2	7804.8	8903.3	10412	16.9

济南市工农业主要统计指标

农业主要统计指标（万吨）				规模以上工业企业主要统计指标（亿元）			
项目 \ 年度	2010年	2011年	增幅（%）	项目 \ 年度	2010年	2011年	增幅（%）
粮食	289.4	295.84	2.2	工业增加值	1313.00	1355.2	13.1
夏粮	126.3	128.95	2.1	国有工业	230.76	240.7	16.4
秋粮	139.8	166.89	2.3	集体工业	26.34	21.2	9.7
棉花	2.9	2.84	-3.3	股份制工业	657.55	799.5	13.2
油料	5.9	5.48	-6.7	股份合作制工业	88.05	152.9	73.7
水果	47.4	48.01	1.2	外商及港澳台投资工业	103.27	116.8	14.0
蔬菜	601.4	617.82	2.7	轻工业	305.27	329.9	16.7

续表

农业主要统计指标（万吨）				规模以上工业企业主要统计指标（亿元）			
项目＼年度	2010年	2011年	增幅（%）	项目＼年度	2010年	2011年	增幅（%）
肉类	38.1	38.8	2.0	重工业	1007.73	1025.3	12
禽蛋	36	35.2	-2.3	销售收入	4764.07	4818.6	15.3
奶类	31.2	31.4	0.7	利税	515.92	448.5	7.3
水产品	4.3	4.4	2.7	利润	262.90	239.4	4.9
森林覆盖率（%）	29.4	31.1	1.1	经济效益综合指数（%）	336.91	299.51	13.62

济南市主要金融机构负责人

单位名称	行长（或其他称谓的第一负责人）	副行长（或其他称谓的同级领导）
人行济南分行营业管理部	陈好孟	肖承发 黄 磊 孙国强 王 刚 刘向群
农发行山东省分行营业部	谢 军	李 慧 邢怀超 刘健
工行山东省分行营业部	王跃民	武宗选 刘 静 杨 峰 王 波 吴继彤 王愿红 陈国立
农行山东省分行营业部	娄 群	王旭光 孙延风 袁朝阳 李登才 王刚胤 刘剑波 吴晓娟 高 强
中行济南分行	孟和平	郝连才
建行山东省分行营业部	朱治昌	陈 鹏 朱晓磊 荣卫民 吕元理
齐鲁银行	王晓春（董事长、党委副书记）	胡晓蒙 黄家栋 王建军 王洪业 赵学金 张常平 贾汉忠 张志高 柴传早 李迎春 毛芳竹 张 华 崔 香 张海燕 张殿东
农信社济南市办事处	王宝城（主任）	张洪堂 张新华 杨 艳
邮储银行济南市分行	李玉柱	李大鹏 李建新 席晓琳
章丘齐鲁村镇银行	王红业	马 峰 王 芳
长清北辰小额贷款公司	金延辰	邵怀亮
人寿济南分公司	刘子强	李学锋 李海帆 郭 强 顾新美
齐鲁证券济南市公司	李 玮	邓 晖 毕玉国 陈 方 孙培国 何振江 罗国举 钟金龙

济南市金融业务统计指标

指标（亿元）＼年度		2007	2008	2009	2010	2011	2011年同比	
							增加额	增幅（%）
银行类	本外币存款余额	4104.24	5075.96	6422.7	7601.9	8364.1	767.4	10.1
	人民币存款余额	4062.43	5036.81	6363.3	7510.4	8275.8	770.6	10.3
	单位存款	--	--	--	--	5385.3	501	17
	储蓄存款	1266.66	1588.53	1911.53	2187.7	2427.5	249.5	11.4
	定期储蓄存款	837.23	1081.14	1265.4	1416.7	1593.1	161.9	11.4

续表

指标（亿元）\ 年度		2007	2008	2009	2010	2011	2011年同比 增加额	2011年同比 增幅（%）
银行类	活期储蓄存款	429.43	507.1	646.13	771	853.6	89.3	11.6
	本外币贷款余额	3762.46	4176.19	6200.59	7035	8009.8	981.4	14
	人民币贷款余额	3678.27	4116.68	5700.86	6319.1	6893.7	581.2	9.2
	短期贷款	1618.7	1762.04	1729.33	1898.6	2313.6	417.8	22
	中长期贷款	1805.85	1971.8	3524.97	4093.7	4151.8	58.4	1.4
	票据融资	251.11	379.87	443.39	220.2	270.1	49.9	22.7
	当年结益	48.36	69.64	86.66	101.5	120.2	18.7	18.4
	不良贷款余额	184.55	110.77	119.15	115.6	86.7	-28.9	-25
	不良贷款占比%	5.02	2.65	1.92	1.83	1.02	-0.81	-44.3
保险类	保险公司保费收入	63.97	85.3	84.3	113	110.345	-2.655	9.8
	财险收入	15.78	17.5	21.9	27.7	32.91	5.21	14.04
	寿险收入	48.19	67.8	62.4	85.3	77.44	-7.86	8.09
	保险公司赔款和给付支出	18.13	20.5	23.15	21.4	27.73	6.33	24.97
	财险赔款	7.81	9.7	9.89	10.6	12.61	2.01	15.28
	寿险给付	10.32	10.8	13.26	10.8	15.12	4.32	34.38
	当年结益	--	--	--	--	--	--	--
证券类	证券市场成交总额	7746.94	5094.82	9934.38	11263.8	6860.13	-4403.67	-29.7
	投资者保证金余额	100.31	107.02	268.84	271.1	265.2	-5.9	-2.2
	证券账户开户数（万户）	88.34	66.13	73.19	75.3	118.22	42.92	57
	佣金收入	48.02	28.87	31.5	32.7	30.4	-2.3	-7
	净利润	15.70	4.47	8.7	8.9	1.75	-7.15	-80.3
	期货市场成交总额	14369.18	22562.27	16108.2	18909.6	27627	8717.4	46.1
	期货客户保证金余额	--	--	21.71	27.4	13.25	-14.15	-51.6
	期货账户开户数（万）	2.2	3.7	4.31	4.85	6.61	1.76	36.3
	期货手续费收入	--	--	--	--	--	--	--
	利润总额	0.27	0.46	0.58	0.71	0.6	-0.11	-15.5

济南市金融机构统计指标

指标（个）\ 年度		2007	2008	2009	2010	2011	2011年同比 增幅（%）
银行类	法人机构	8	8	8	8	11	37.5
	省级分行	1	2	2	2	25	1150
	二级分行	7	8	8	8	13	62.5
	县区支行	189	191	194	196	198	1
	分理处、营业所	252	244	234	237	240	1.3
	储蓄所	--	--	--	--	--	--
	从业人员总数	4812	4964	5200	5284	26436	400.3

续表

	指标（个） \ 年度	2007	2008	2009	2010	2011	2011年同比增幅（%）
保险类	保险机构	38	49	52	55	71	18.3
	财险机构	16	20	21	22	29	31.8
	省级分公司	--	--	10	10	14	40
	地市分公司	16	20	11	12	13	8.3
	县区支公司	38	43	43	44	47	6.8
	寿险机构	22	29	31	33	42	27.3
	省级分公司	--	--	25	26	29	11.5
	地市分公司	13	19	6	8	4	-50
	县区支公司	20	20	20	20	40	100
	从业人员总数	20348	25305	27418	27841	31381	12.7
	财险人员	4044	5016	5560	5977	6361	6.4
	寿险人员	16304	20289	21858	21864	25020	14.4
证券类	证券机构	39	39	42	43	87	16
	证券公司	1	1	1	1	1	20
	证券营业部	35	36	41	42	53	13.3
	证券服务部	3	2	3	3	4	33.3
	从业人员总数	904	1563	1582	1608	1621	0.8
	投资者开户（万户）	77.83	95.93	73.19	75.3	75.5	0.3
	境内上市股票支数	18	20	21	21	23	9.5
	境外上市股票支数	3	6	6	7	8	14.3
	辖区上市公司总数	19	24	25	26	30	15.4

济南市主要金融机构业务概况

单位：亿元

单位名称	本外币存款余额	人民币单位存款	人民币储蓄存款	本外币贷款余额	人民币短期贷款	人民币中长期贷款
农发行山东省分行营业部	25	18	--	641	478	16.3
工行山东省分行营业部	1139.58	664.99	462.3	866.16	137.99	671.41
农行山东省分行营业部	887.2	497.3	388.8	645.3	186.3	455.6
中行济南分行	592.6	403.8	126.73	327.93	55.91	261.58
建行山东省分行营业部	965.73	503.5	376.55	492.98	88.31	387.95
齐鲁银行	651.26	371.02	153.19	426.77	184.83	149.4
农信社济南市办事处	510.47	121.62	388.56	374.51	259.99	77.62
邮储银行济南市市分行	164.98	39.87	125.1	27.6	11.38	16.22
章丘齐鲁村镇银行	0.26	0.05	0.21	0.12	0.1	0.003
小额贷款公司	--	--	--	10.18	10.16	0.02

济南市各县级区域经济金融主要统计指标

续表名称	人口（万人）	面积（平方公里）	地区生产总值（亿元）	地区生产总值增速（%）	本外币存款余额（亿元）	储蓄存款（亿元）	本外币贷款余额（亿元）
章丘市	101.72	1855	572.4	14.4	313.6	209.53	190.65
平阴县	37.35	827	181.3	7.98	96.28	57.51	48.65
济阳县	55.55	1076	214.05	13.19	78.84	55.22	35.92
商河县	62.52	1162.9	113.2	19.18	70.93	47.73	43.73

规违法问题依法做出处罚。

二、进一步提高反洗钱工作效能。一是顺利完成辖区 88 家金融机构的反洗钱自律考核评价工作，并采取约见谈话的方式及时督促金融机构对存在问题进行全面整改；二是通过运用线索分析会、情报商讨、集体审核等可疑交易分析模式，提高了可疑交易分析质量，共向公安机关移交 14 条重点可疑交易线索，进一步提高了反洗钱监管的有效性。

【精神文明建设】 2011 年，人行济南分行营管部系统精神文明建设结出丰硕成果。一是开展了央行核心价值观、央行精神和“央行文化小故事”征集活动；二是成立了书法美术摄影协会，举办了“庆祝建国 62 周年书画摄影展评”活动，开展了“我运动、我健康、我快乐”登山比赛等文体活动，营造了“团结、友爱、和谐、奋进”的基层央行文化氛围；三是大力开展“献爱心、“送温暖”活动，全年向困难职工、“慈心一日捐”等捐款 12.1 万元。

【大事记】 2 月 28 日 中行济南分行与山东省工商业联合会签署战略合作协议。

润丰农村合作银行“小企业信用联盟循环授信贷款”产品，在中国银监会召开的“2010 年度小企业金融服务评优表彰（电视电话）会议”上被评为“全国小企业金融服务特色产品”。

3 月 30 日 人行济南分行营管部在商河召开“济南市农村支付环境建设强力推进年现场会”，农行山东省分行营业部以《创新模式，提升层次，全力推进农村支付结算体系建设》为题介绍了经验。

3 月 31 日～4 月 2 日 中国银监会副主席周慕冰到山东调研指导工作，在济南，先后到工行山东省分行营业部、农行山东省分行营业部、济南润丰农村合作银行等机构进行调研并视察了部分基层网点。

4 月 12 日 人行济南分行营管部召开 2011 年第一季度全市银行行长联席会，驻济 28 家银行业金融机构负责人和信贷部门负责人参加了会议。

5 月 23 日 山东省政府下发《关于加快推进济南区域性金融中心建设的意见》（鲁政发〔2011〕17 号）。

6 月 7 日 济南市跨境人民币结算业务量突破 100 亿元人民币大关，在省内成为继青岛之后第二家跨境人民币业务量超百亿元的城市。

6 月 30 日 人行济南分行营管部与市金融办、经信委联合举办的 2011 年济南市“新型工业化”重点项目银企合作推进会在舜耕山庄隆重召开。28 家驻济金融机构共与 403 家企业签订综合授信协议 361.7 亿元，流动性资金贷款协议 28.6 亿元，重点项目资金总额 162.9 亿元，共达成项目融资意向 553.22 亿元。

7 月 2 日 济南市金融行业协会举行成立大会，济南市副市长张宗祥为济南市金融行业协会揭牌。

7 月 20 日 中行济南分行成功叙做系统内第一笔“国内信用证下代付达”业务，填补了该行业务的空白。

8 月 12 日～14 日 润丰农村合作银行完成国际结算系统的正式上线工作。该系统上线后，该行可以办理即期结售汇、外汇汇款、信用证、托收、国际贸易融资等国际业务。

9 月 28 日 2011 中国（济南）国际金融博览会在济南舜耕国际会展中心隆重开幕。

10 月 18 日 工行济阳县支行正式开业，济南市委常委张宗祥副市长及市县领导出席开业典礼并剪彩。

11 月 14 日 济南市大型商业银行第三次合规发展联席会议在农行山东省分行营业部召开，山东银监局、工行山东省分行营业部、农行山东省分行营业部、中行济南分行、建行山东省分行济南营管部、交行山东省分行领导，及相关部门主要负责人参加会议。

11 月 15 日 人行总行胡晓炼副行长到工行高新支行小企业客户部进行工作调研。

11 月 30 日 齐鲁银行主发起设立的章丘齐鲁村镇银行开业。

（唐鲁生）

章丘市

【经济金融概况】 2011 年，章丘市经济金融健康运行，继续保持了较好的发展势头。转型升级加快，发展效益提高，政策调控效应凸显，高新技术产值比重达到了 46.9%。

【金融发展与改革】 2011 年，章丘市现代农村金融制度改革试点工作取得新进展，农村金融服务体系进一步完善。一是组建一家村镇银行，章丘市齐鲁村镇银行股份有限公司获批于 11 月 30 日正式对外挂牌营业；二是积极开展招商金融工作，新设股份制银行分支机构 1 家——威海银行章丘市支行，引进域外担保机构 1 家——济南四联担保公司。

章丘市主要经济指标

经济指标	2010	2011	2011 年同比增幅（%）	经济指标	2010	2011	2011 年同比增幅（%）
土地面积（平方公里）	1855	1855	--	地方财政支出（亿元）	39	45	13
人口（万人）	101.5	101.72	0.26	全社会固定资产投资（亿元）	193.2	230.07	19
城镇人口（万人）	18.5	20	8.1	进出口总值（万美元）	34595	40372	17
地区生产总值（亿元）	500.6	572.4	14.4	出口总值（万美元）	29786	35418	18.91
第一产业（亿元）	54.2	63.1	14.6	实际利用外资（万美元）	14126	6687	-54.59
第二产业（亿元）	286.3	329.2	12.7	社会消费品零售总额（亿元）	184.85	205.52	17
第三产业（亿元）	160	180	17.6	居民消费价格指数（%）	-	-	-
财政总收入（亿元）	48.73	55.22	13.34	人均地区生产总值（元）	49392	56319	14.09
地方财政收入（亿元）	25.73	30.51	18.59	城镇居民可支配收入（元）	16906	20236	13.6
政总支出（亿元）	-	-	-	农民人均现金收入（元）	10138	11736	15.77

章丘市主要金融指标

金融指标（亿元）	2010	2011	2011 年同比增幅（%）	金融指标（亿元）	2010	2011	2011 年同比增幅（%）
本外币存款余额	263.41	313.6	19.06	财险收入	0.42	0.4	-4.22
人民币存款余额	262.8	312.64	18.97	寿险收入	3.77	3.66	-2.93
单位存款	70.74	85.88	21.41	财险赔款	0.2	0.2	4.58
储蓄存款	180.47	209.53	16.11	寿险给付	0.88	1.56	76.36
本外币贷款余额	163.73	190.65	16.08	当年结益	0.7	0.6	-12
人民币贷款余额	163.73	190.65	16.08	证券市场交易总额	131.24	94.06	-28.39
短期贷款	84.65	100.91	19.2	投资者保证金余额	0.67	0.48	-28.36
中长期贷款	70.17	72.81	3.77	证券账户开户数	1960	1528	-22.04
票据融资	8.9	16.92	90.12	证券交易佣金收入	0.27	0.18	-33.34
当年结益	3.66	5.08	39	净利润	0.2	0.12	-40
不良贷款余额	6.35	7.2	13.39				

章丘市主要金融机构负责人

单位名称	行长（或其他称谓的第一负责人）	副行长（或其他称谓的同级领导）
人行章丘市支行	李　杰	吕　萍　赵延东　李山才　宋广敏
银监会章丘办事处	马印忠	王振斌
农发行章丘市支行	任　方	张光华　郝　冰
工行章丘市支行	穆庆军	庞会伟　刘　伟　胡云鹏　冯爱军

章丘市主要金融机构负责人

单位名称	行长（或其他称谓的第一负责人）	副行长（或其他称谓的同级领导）
农行章丘市支行	曹体康	肖 峰 范连涛 术洪涛
中行章丘支行	袭祥益	李文菊 程 宁
建行章丘支行	刘廷涛	宋学义 李枝玖 张学松 韩建波
齐鲁银行章丘支行	韩明磊	杨长春
交行章丘支行	孟晓龙	刘春霞 杜海洋
华夏银行章丘支行	王志飞	靳云彤 马惊涛
威海银行章丘支行	王建红	李 波 张燕妮 李富宝
章丘市农信联社	马秀东	任成常 苏广军 李忠臣 李 哲 张 玲 贺家双
邮储银行章丘市支行	丁 健	宋长瑜
章丘市齐鲁村镇银行	马 峰	王 芳

章丘市主要金融机构业务概况

单位：亿元

单位名称	本外币存款余额	企业存款	储蓄存款	本外币贷款余额	短期贷款	中长期贷款
农发行章丘市支行	1.71	1.71	0	5.80	1.70	1.94
工行章丘支行	41.90	18.81	23.09	43.12	12.06	30.91
农行章丘市支行	54.52	10.58	43.84	18.62	12.87	4.43
中行章丘支行	16.01	8.64	7.33	10.96	4.19	6.77
建行章丘支行	34.12	14.14	19.97	20.15	4.08	16.07
齐鲁银行章丘支行	7.82	5.68	2.12	9.65	4.11	5.53
交通银行章丘支行	10.15	5.63	2.47	7.62	2.77	3.65
华夏银行章丘支行	5.77	3.15	2.62	2.96	1.67	1.29
威海银行章丘支行	3.45	3.04	0.42	2.08	2.08	0
章丘市农村信用联社	89.82	11.27	78.54	65.83	53.47	0.26
邮储银行章丘支行	32.07	3.27	28.80	3.77	1.81	1.96
章丘市齐鲁村镇银行股份有限公司	0.26	0.05	0.21	0.12	0.10	0

【金融服务与监管】 2011年，章丘金融系统积极开展工作：一是加强涉农信贷政策导向评估和金融机构综合评价，积极疏通货币政策传导机制；二是引导辖内金融机构累计推出应收账款质押等新型信贷产品28项，推动地方政府出台了《关于加快农民专业合作社发展的意见》，制定出台了8项政策措施；三是积极开展农村支付环境建设试点，在辖内20个乡镇、街道办分别布放ATM机161台、普通POS机1066台、电话POS机4813台，同比分别增长了15%、18%、19%。

平阴县

【经济金融概况】 2011年，平阴县积极开展“干事创业、跨越发展”主题活动，经济实现平稳较快发展，金融对经济支持能力持续增强，龙冈梦幻谷、玫瑰湖湿地核心区景观等重大项目开工建设。

【金融发展与改革】 2011年，人行平阴县支行制定下发了《金融支持中小企业发展的指导意见》，修订完善了《金融和担保机构考核奖励暂行办法》，引导金融机构增加对重点领域、成

平阴县主要经济指标

经济指标	2010	2011	2011年同比增幅(%)	经济指标	2010	2011	2011年同比增幅(%)
土地面积（平方公里）	827	827	--	地方财政支出（亿元）	10.75	14.06	30.79
人口（万人）	37.27	37.35	0.21	全社会固定资产投资（亿元）	82.06	101.10	23.20
城镇人口（万人）	10.18	10.26	0.79	进出口总值（万美元）	35418	45534	28.56
地区生产总值（亿元）	167.90	181.30	7.98	出口总值（万美元）	35418	45534	28.56
第一产业（亿元）	21.34	24.30	13.87	实际利用外资（万美元）	902	267	-70.39
第二产业（亿元）	109.95	115.80	5.32	社会消费品零售总额（亿元）	48.38	56.60	16.99
第三产业（亿元）	36.62	41.20	12.51	居民消费价格指数（%）	--	--	--
财政总收入（亿元）	14.64	19.63	34.08	人均地区生产总值（元）	45067	48541	7.71
地方财政收入（亿元）	8.36	10.75	28.59	城镇居民可支配收入（元）	13400	14900	11.19
财政总支出（亿元）	13.25	18.16	37.06	农民人均现金收入（元）	7324	8490	12.10

平阴县主要金融指标

金融指标（亿元）	2010	2011	2011年同比增幅(%)	金融指标（亿元）	2010	2011	2011年同比增幅(%)
本外币存款余额	77.80	96.28	23.75	财险收入	0.14	0.19	35.71
人民币存款余额	77.39	95.68	23.63	寿险收入	1.18	1.22	3.39
单位存款	23.88	31.32	31.16	财险赔款	0.09	0.13	44.44
储蓄存款	48.70	57.51	18.09	寿险给付	0.37	0.41	10.81
本外币贷款余额	41.54	48.65	17.12	当年结益	0.05	0.08	60.00
人民币贷款余额	41.54	48.65	17.12	证券市场交易总额	--	--	--
短期贷款	25.13	28.26	12.46	投资者保证金余额	--	--	--
中长期贷款	13.42	15.32	14.16	证券账户开户数	--	--	--
票据融资	2.96	5.04	70.27	证券交易佣金收入	--	--	--
当年结益	0.75	1.07	42.67	净利润	--	--	--
不良贷款余额	2.77	2.78	0.36				

平阴县主要金融机构负责人

单位名称	行长（或其他称谓的第一负责人）	副行长（或其他称谓的同级领导）
人行平阴县支行	杜恒华	李明强　生士海
银监会平阴县办事处	伊　勇	
农发行平阴县支行	岳　峰	王爱平　陈家宝
工行平阴支行	寇传军	王鲁勃　刘　媛　闫统亮
农行平阴县支行	杨位彦	贾传科　田义栋　王君国
中行平阴支行	任发平	毕恒元　师仰民
建行平阴支行	王帮林	张建军　刘　虎　陈玉琴
齐鲁银行平阴支行	王光明	张其安

续表

单位名称	行长（或其他称谓的第一负责人）	副行长（或其他称谓的同级领导）
平阴县农信联社	刘绍旺	周　力　展召峰　张明新
邮储银行平阴县支行	郭志柱	解培军

平阴县主要金融机构业务概况

单位：亿元

单位名称	本外币存款余额	单位存款	储蓄存款	本外币贷款余额	短期贷款	中长期贷款
农发行平阴县支行	0.85	0.85	--	0.67	0.57	--
工行平阴支行	12.75	5.89	6.84	2.03	1.40	0.63
农行平阴县支行	17.65	6.96	10.66	15.61	5.93	7.55
中行平阴支行	9.64	4.59	5.03	5.17	1.73	2.85
建行平阴支行	7.07	3.32	3.75	2.13	0.33	1.80
齐鲁银行平阴支行	6.47	4.87	1.60	4.01	2.56	1.45
平阴县农信联社	23.26	2.79	20.47	17.42	14.48	0.69
邮储银行平阴县支行	11.21	2.06	9.15	1.61	1.27	0.34

长型中小企业等实体经济的信贷投入。金融改革继续深化，农行“三农事业部”、农信社改革稳步推进，支农能力显著增强。

【金融服务与监管】　2011年，人行平阴县支行一是根据《济南市金融机构综合评价实施细则》要求，对辖内14家机构开展年度综合评价；二是对县农行“三农”事业部改革、辖内6家机构金融稳定重大事项报告制度执行情况和农信社改革及2010年考核整改情况进行了现场检查；三是办理了大学生村官工资、水库移民补贴的直接拨付到位；四是被确定为济南市农村青年信用示范创建活动试点地区，与团县委、县农信联社共同召开了试点工作现场会，共评出农村青年信用示范户234户、授信5320万元、放款4921万元；五是农村支付环境建设成效明显，农村金融基础设施覆盖率达92.34%，金融机构支付系统覆盖率达90.01%。

济阳县

【经济金融概况】　2011年，济阳县经济金融保持了良好的发展势头，全县经济健康快速发展。

【金融发展与改革】　2011年，人行济阳县支行一是引导涉农金融机构创新产品和服务方式，不断加大对县域经济的支持

济阳县主要经济指标

经济指标	2010	2011	2011年同比增幅（%）	经济指标	2010	2011	2011年同比增幅（%）
土地面积（平方公里）	1076	1076	0	地方财政支出（亿元）	13.04	15.12	15.95
人口（万人）	55.24	55.55	0.56	全社会固定资产投资（亿元）	135.87	119.83	24.1
城镇人口（万人）	9.96	10.03	0.7	进出口总值（万美元）	--	--	--
地区生产总值（亿元）	187.17	214.05	13.19	出口总值（万美元）	7173	9571	33.4
第一产业（亿元）	35.43	40.95	8.56	实际利用外资（万美元）	6497	5516	-15.1
第二产业（亿元）	109.06	125.42	15.17	社会消费品零售总额（亿元）	57.82	68.09	17.77
第三产业（亿元）	42.69	47.68	12.11	居民消费价格指数（%）	--	--	--
财政总收入（亿元）	12.51	15.44	23.44	人均地区生产总值（元）	34026	38533	13.25

续表

经济指标	2010	2011	2011年同比增幅（%）	经济指标	2010	2011	2011年同比增幅（%）
地方财政收入（亿元）	6.24	8.01	28.37	城镇居民可支配收入（元）	14618	16627	13.74
财政总支出（亿元）	13.9	15.84	21.46	农民人均现金收入（元）	7948	9507	19.6

济阳县主要金融指标

金融指标（亿元）	2010	2011	2011年同比增幅（%）	金融指标（亿元）	2010	2011	2011年同比增幅（%）
本外币存款余额	64.52	78.84	22.19	财险收入	0.29	0.33	13.79
人民币存款余额	64.24	78.77	22.62	寿险收入	1.83	2.17	18.58
单位存款	8.59	20.11	134.11	财险赔款	0.19	0.22	15.79
储蓄存款	44.58	55.22	23.87	寿险给付	0.52	0.74	42.31
本外币贷款余额	28.31	35.92	26.88	当年结益	0.02	0.05	150
人民币贷款余额	28.13	35.73	27.02	证券市场交易总额	--	--	--
短期贷款	20.32	26.83	32.04	投资者保证金余额	--	--	--
中长期贷款	7.11	8.09	13.78	证券账户开户数	--	--	--
票据融资	0.7	0.81	15.71	证券交易佣金收入	--	--	--
当年结益	0.41	0.66	60.98	净利润	--	--	--
不良贷款余额	2.86	2.04	-28.67				

济阳县主要金融机构负责人

单位名称	行长（或其他称谓的第一负责人）	副行长（或其他称谓的同级领导）
人行济阳县支行	任道华	牛传东　车春玲
银监会济阳县办事处	王修功	王尔设
农发行济阳县支行	马玉强	李传涛　于珠兴
工行济阳支行	李　燕	吴东军
农行济阳县支行	俞纯初	李付胜　杜春生　王　磊
中行济阳支行	卢士玉	施　祎　赵水平
建行济阳支行	李永富	刘永勤　孙善森
齐鲁银行济阳支行	张　波	朱光峰
济阳县农信联社	王兆星	徐庆三　李水清　于强
邮储银行济阳县支行	王以强	葛庆国　齐旭清

济阳县主要金融机构业务概况

单位：亿元

单位名称	本外币存款余额	单位存款	储蓄存款	本外币贷款余额	短期贷款	中长期贷款
农发行济阳县支行	0.31	0.31	0	4.34	3.49	0.85
工行济阳支行	0.1	0	0.1	0	0	0
农行济阳县支行	21.18	6.18	14.97	3.49	2.32	1.16
中行济阳支行	5.63	2.70	2.52	2.47	0.89	1.59
建行济阳支行	7.18	3.23	3.95	3.55	0.09	3.46
齐鲁银行济阳支行	2.32	1.68	0.65	1.22	0.81	0.40
济阳县农信联社	29.26	2.87	26.39	19.65	18.42	0.43
邮储银行济阳县支行	9.97	3.21	6.77	1.20	0.81	0.39

力度；二是引导金融机构进一步调整优化信贷结构，会同济北开发区管委会先后召开了 2 次银企合作洽谈会，促使金融机构与 22 家企业达成贷款意向 9000 余万元。

工行济阳支行与年内成立，进一步完善县域金融机构体系。

【金融服务与监管】 2011 年，济阳县农村支付环境建设得到强力推进。截至年末，全县支付系统覆盖率达 78%，实现普通 POS 机具在乡镇以上主要商业网点的全面覆盖，ATM 等自助设备在乡镇银行机构的覆盖率达到 100%。

人行济阳县支行一是重点开展了对齐鲁银行和农行“三农”金融事业部改革试点检查评估工作；二是通过有效开展现场检查，顺利完成以不良贷款“双降”、资本充足率达标为重点的监管目标。

商河县

【经济金融概况】 2011 年，商河县经济实现稳定较快增长，金融运行总体平稳。

【金融改革与发展】 2011 年，商河县金融机构和业务在改革中不断发展。截至年末，商河县金融系统从业人员 1100 人，其中拥有正式编制人员 589 人。金融机构 8 家，金融营业网点 69 个。

【金融服务与监管】 2011 年，人行商河县支行一是先后组织了对农信社、农行、建行的现场检查，加大了反洗钱工作力

商河县主要经济指标

经济指标	2010	2011	2011 年同比增幅（%）	经济指标	2010	2011	2011 年同比增幅（%）
土地面积（平方公里）	1162.90	1162.90	0	地方财政支出（亿元）	11.70	15.40	31.62
人口（万人）	62.04	62.52	0.77	全社会固定资产投资（亿元）	36.51	44.5	21.88
非农业人口（万人）	20.8	20.98	6.53	进出口总值（万美元）	5832	8512	45.95
地区生产总值（亿元）	95.00	113.2	19.18	出口总值（万美元）	4900	5806	18.49
第一产业（亿元）	30	36.10	20.33	实际利用外资（万美元）	2823	1494	-47.08
第二产业（亿元）	37.5	42.50	13.33	社会消费品零售总额（亿元）	40.57	47.7	17.57
第三产业（亿元）	27.5	34.60	25.82	居民消费价格指数（%）	5.9	6.2	5.08
财政总收入（亿元）	8.62	17.98	108.58	人均地区生产总值（元）	15313	18106	18.24
地方财政收入（亿元）	3.50	4.39	25.43	城镇居民可支配收入（元）	12974	14562	12.24
财政总支出（亿元）	16.44	25.06	52.43	农民人均现金收入（元）	6951	8050	15.81

商河县主要金融指标

金融指标（亿元）	2010	2011	2011 年同比增幅（%）	金融指标（亿元）	2010	2011	2011 年同比增幅（%）
本外币存款余额	59.00	70.93	21	财险收入	0.32	0.42	32
人民币存款余额	58.92	70.84	21	寿险收入	1.44	1.46	2
单位存款	8.56	21.35	243	财险赔款	0.21	0.27	29
储蓄存款	38.93	47.73	23	寿险给付	0.72	0.86	20
本外币贷款余额	34.00	43.73	29	当年结益	0.11	0.17	55
人民币贷款余额	34.00	43.73	29	证券市场交易总额	0	0	0
短期贷款	23.29	26.89	16	投资者保证金余额	0	0	0
中长期贷款	8.14	14.08	73	证券账户开户数	0	0	0
票据融资	2.57	2.76	8	证券交易佣金收入	0	0	0
当年结益	0.53	0.93	76	净利润	0	0	0
不良贷款余额	2.89	1.92	-35				

商河县主要金融机构负责人

单位名称	行长（或其他称谓的第一负责人）	副行长（或其他称谓的同级领导）
人行商河县支行	吴广焕	张　利　孙加奎
银监会商河县办事处	曲学友	李桂华
农发行商河县支行	宋志勇	李德林　卞胜强
农行商河县支行	李曰兵	徐之涛　姜光福　孙　健
建行商河支行	孙培江	李传福
齐鲁银行商河支行	林寿生	王云清
商河县农信联社	肖建华	王银之　李广峰　娄以奎　杨家花
邮储银行商河县支行	王雁昌	王玉银

商河县主要金融机构业务概况

单位：亿元

单位名称	本外币存款余额	单位存款	储蓄存款	本外币贷款余额	短期贷款	中长期贷款
农发行商河县支行	0.55	0.55	0	1.42	1.22	0.2
工行商河支行	--	--	--	--	--	--
农行商河县支行	22.05	8.16	13.57	13.86	9.58	4.28
中行商河支行	--	--	--	--	--	--
建行商河支行	4.09	2.37	1.72	6.94	0	6.94
齐鲁银行商河支行	2.57	1.82	0.75	0.84	0.35	0.49
商河县农信联社	27.13	4.96	22.36	19.66	14.87	4.79
邮储银行商河县支行	13.20	3.86	9.36	1.02	1.02	0

度，加强了对跨区短期资本流动特别是投机资本的有效监控；二是发挥经理国库职能，强化预算收支管理，实现税款及时入库。

各金融系统努力提高金融监管能力和服务水平，强化内部管理，保障了金融稳定和资金安全；同时加强农村支付环境建设，全县发放银行卡、布放普通POS机、ATM机，开通网银数量等均有较大幅度的增长。

淄博市

【经济金融概况】　2011年，淄博市经济继续保持稳定健康发展，主要经济指标实现较快增长。截至年末一是地方规模以上工业企业累计实现主营业务收入9352.07亿元，增长24.6%；二是三资企业出口占主导地位，累计完成26.64亿美元，同比增长25.3%；三是完成税收总额393.04亿元，同比增长17.9%；其中：国税收入262.14亿元，同比增长13.5%；地税收入130.9亿元，同比增长27.8%。

【货币政策实施】　2011年，人行淄博市中支把履行央行职责作为各项工作的出发点和落脚点，结合辖区实际，开创了一批特色亮点工作。

一、为经济金融发展建言献策。一是行领导带队深入银行、企业调研，形成16篇专报件报市委、市政府主要领导，多篇得到肯定和批示；二是累计在《金融时报》等媒体刊发稿件33篇；三是全年刊发12期《淄博金融报》，充分发挥其政策宣传贯彻平台作用，。

二、加大政策协调配合，努力疏通货币政策传导机制。一是出台了金融支持农业、水利、科技创新、文化产业发展等方面的

淄博市经济主要统计指标

指标 \ 年度	2007	2008	2009	2010	2011	2011年同比增幅(%)
土地面积(平方公里)	5938	5965	5965	5965	5965	0
人口(万人)	419.6	420.62	421.41	422.36	423.83	0.23
非农业人口(万人)	183.53	184.13	181.74	182.24	226.28	24.17
地区生产总值(亿元)	1945.02	2316.78	2473.1	2866.75	3280.23	12.00
第一产业(亿元)	74.38	82.18	87.86	105.3	116.75	4.30
第二产业(亿元)	1256.39	1500.45	1554.28	1766.57	1975.38	12.60
工业(亿元)	--	1393.15	1425.80	1612.07	1793.43	12.60
建筑业(亿元)	--	107.30	128.48	154.50	181.95	12.8
第三产业(亿元)	614.25	734.15	830.96	994.88	1188.10	11.6
人均地区生产总值(元)	46354	51547	54846	63464	77395	21.95
地区生产总值构成(%)	100	100	100	100	100	0
第一产业(%)	3.8	3.5	3.55	3.7	3.56	-3.78
第二产业(%)	64.6	64.8	62.85	61.6	60.22	-2.24
第三产业(%)	31.6	31.7	33.60	34.7	36.22	4.38
财政总收入(亿元)	--	247.86	315.71	398.19	476.21	19.59
地方财政收入(亿元)	97.86	114.69	128.77	162.4	203.59	25.36
财政总支出(亿元)	--	--	--	--	--	--
地方财政支出(亿元)	117.6	141.44	161.96	201.88	253.19	25.42
全社会固定资产投资(亿元)	--	--	--	--	--	--
规模以上固定资产投资(亿元)	646.83	807.97	1009.6	1290.92	1499.22	23.7
房地产开发(亿元)	105.33	121.37	140.61	166.99	197.19	18.1
进出口总值(亿美元)	46.92	56.93	48.35	67.2	90.55	34.7
出口总值(亿美元)	29.97	36.33	30.63	40.3	53.27	32.1
实际利用外资(亿美元)	2.68	3.12	5.24	5.86	7.10	21.1
社会消费品零售总额(亿元)	593.08	729.62	868.78	1005.68	1186.25	18.0
居民消费价格指数(%)	103.6	104.4	99.4	102.7	104.5	4.5
城市居民人均可支配收入(元)	15849	17629	19284	21784	24955	14.6
农民人均现金收入(元)	6465	7364	8013	9195	10878	18.3

注：1、划“--”的指标为统计局已停用的指标和年报数据未核实仍不能提供的指标。

淄博市工农业主要统计指标

农业主要统计指标(万吨)				规模以上工业企业主要统计指标(亿元)			
项目 \ 年度	2010年	2011年	增幅(%)	项目 \ 年度	2010年	2011年	增幅(%)
粮食	175.45	177.57	1.2	工业增加值	1808.31	2065.38	14.2
夏粮	75.42	77.36	2.6	国有工业	--	--	--
秋粮	100.03	100.21	0.2	集体工业	--	--	--
棉花	0.96	1.07	12.1	股份制工业	--	--	--
油料	2.19	2.46	12.3	股份合作制工业	--	--	--

续表

农业主要统计指标（万吨）				规模以上工业企业主要统计指标（亿元）			
项目＼年度	2010年	2011年	增幅（%）	项目＼年度	2010年	2011年	增幅（%）
水果	97.22	102.09	5.0	外商及港澳台投资工业	--	--	--
蔬菜	217.95	216.8	-0.5	轻工业	327.24	351.78	7.5
肉类	16.8	17.75	5.7	重工业	1481.07	1713.60	15.7
禽蛋	7.03	7.04	0.1	销售收入	7709.86	9497.21	24.6
奶类	12.2	12.29	0.7	利税	966.72	1216.82	28.4
水产品	2.35	2.49	6.0	利润	560.84	748.50	36.4
森林覆盖率（%）	35.0	36.0	1.0	经济效益综合指数（%）	327.82	--	--

注：1、划“--”的指标为市统计局已停用的指标和年报数据未核实仍不能提供的指标。

淄博市主要金融机构负责人

单位名称	行长（或其他称谓的第一负责人）	副行长（或其他称谓的同级领导）
人行淄博市中心支行	张光森	宋洪礼　刘　洁　张维健　王　剑　杨远军
银监会淄博监管分局	陈保君	姜立惠　郭传刚　房爱国（纪委书记）　杨鲁燕（监管副调研员）
农发行淄博市分行	张志强	李　钢　杨庆岭　李长红
工行淄博分行	赵玉良	王国友　王立亭　石志国　肖芳俊　段　军（纪委书记）　王云龙（高级经理）　燕淑风（高级营销经理）　强　弢（高级经理）
农行淄博分行	李长波	宋作家　韩文英　韩怀德　黄砚章　范建强　魏　斌
中行淄博分行	薛广义	朱国庆　王　军　张　铭　杨京连（纪委书记）
建行淄博分行	张凌波	邵　磊　张兆鹏　吴广庆　魏成花　隋守江（风险主管）　孟祥晶（行长助理）　郭爱萍（高级风险经理）　张海峰（高级客户经理）　寇宏图（高级客户经理）
交行淄博分行	孙传刚	鲁林法　丁绍波　苏兴越
中信银行淄博分行	张　军	赵　波　孙　庆　赵建刚
齐商银行股份有限公司	杲传勇（董事长）　赵晓东（行长）	韩兴柱　鞠　杰　王　强　丁树博　王　涛　郑文杰　曹爱萍　张东升　孙高荣　张劲东
农信社淄博市办事处	马立军	丁　涛　张红玲　王鹏兰（党委委员）
邮储银行淄博市分行	许同博	焦方正　马洪生
浦发银行淄博支行	丁　平	吴　卫　张晓黎　李　军
招行淄博分行	娄文杰	杨卫国　郭志强　刘　钧　薛盛林
兴业银行淄博支行	黄春强	李滨南　任　波
光大银行淄博分行	牛希军	单　锋　郭冬青　荆　飞　翟洪涛
山东汇通小额贷款公司	刘吉运	
人民财险淄博市分公司	赵德亭	
太平洋财险淄博中心支公司	周彦斌	
平安财险淄博中心支公司	庄乾元	
天安保险淄博中心支公司	苗　青	

续表

单位名称	行长（或其他称谓的第一负责人）	副行长（或其他称谓的同级领导）
大地财险淄博中心支公司	陈昌诚	
人寿保险淄博分公司	康小川	
太平洋人寿保险淄博中心支公司	王宗民	
平安人寿保险淄博中心支公司	王　孟	
泰康人寿保险司淄博中心支公司	张美欣	
新华人寿保险淄博中心支公司	陈丁丁	

淄博市金融业务统计指标

指标（亿元） \ 年度		2007	2008	2009	2010	2011	2011年同比	
							增加额	增幅（%）
银行类	本外币存款余额	1407.53	1692.20	2163.68	2489.42	2744.88	256.54	10.31
	人民币存款余额	1394.84	1677.90	2145.22	2470.56	2725.44	255.97	10.37
	企业存款	333.78	377.74	618.92	691.25	1221.64	111.84	10.08
	储蓄存款	807.13	1007.37	1184.98	1311.19	1437.07	127.39	9.73
	定期储蓄存款	541.67	703.57	801.61	856.15	--	--	--
	活期储蓄存款	265.46	303.79	383.36	455.04	--	--	--
	本外币贷款余额	1005.71	1105.22	1446.48	1745.35	1927.00	181.43	10.39
	人民币贷款余额	964.88	1076.88	1395.29	1686.13	1872.31	185.96	11.03
	短期贷款	616.07	648.25	758.73	918.24	1120.72	204.51	22.32
	中长期贷款	249.77	286.77	492.00	650.58	680.84	30.27	4.65
	票据融资	97.57	140.88	142.89	116.49	70.32	-48.42	-40.78
	当年结益	15.04	28.36	35.04	45.2	--	--	--
	不良贷款余额	141.13	86.50	71.80	40.97	32.23	-8.74	-21.33
	不良贷款占比%	14.03	7.83	5.01	2.43	1.67	-0.76	-31.28
	现金收入	4104.96	4086.75	4051.76	4775.97	--	--	--
	现金支出	4120.35	4088.92	4047.86	4807.27	--	--	--
	现金投放（+）回笼（-）	15.4	2.17	-3.91	31.3	--	--	--
保险类	保险公司保费收入	33.18	40.37	48.32	63.33	60.32	-3.01	-4.75
	财险收入	10.60	11.46	14.18	19.93	22.12	2.19	10.99
	寿险收入	22.58	28.91	34.14	43.4	38.48	-4.92	-11.34
	保险公司赔款和给付支出	13.71	13.16	13.94	10.17	11.40	1.23	12.09
	财险赔款	5.99	6.28	7.96	7.73	9.06	1.33	17.21
	寿险给付	7.22	6.88	5.98	2.44	2.34	-0.1	-4.10
	当年结益	--	--	--	--	--	--	--
证券类	证券市场成交总额	1348.9	2697.8	5010.69	4223.56	2867.62	-1355.94	-47.28
	投资者保证金余额	20.42	18.42	46.9	85.04	21.39	-63.65	-297.57
	证券账户开户数	--	628123	871321	954566	91.51	20.58	22.49

续表

指标（亿元） \ 年度		2007	2008	2009	2010	2011	2011年同比 增加额	2011年同比 增幅（%）
证券类	佣金收入	—	—	—	—	—	—	—
	净利润	—	—	—	—	—	—	—
	期货市场成交总额	—	—	—	—	—	—	—
	期货客户保证金余额	—	—	—	—	—	—	—
	期货账户开户数	—	—	—	—	—	—	—
	期货手续费收入	—	—	—	—	—	—	—
	利润总额	—	—	—	—	—	—	—

注：1、本表中存贷款指标统计按照2011年新的统计制度规定，分为单位存款和个人存款两类，即“企业存款”项实际为“单位存款”数据，储蓄存款仍是实际储蓄存款数，但不再细分为活期储蓄和定期储蓄两类。因口径变化，与上年数亦不可比，相应增幅为按新分类的实际可比口径计算。

2、保险类划“--”部分的说明：由于市级寿险公司要经省公司核定才能核算当年结益情况，截至报送日仍无法核定全市保险行业当年结益。

3、证券类划“--”部分的说明：证券类统计数据取自淄博市政府金融证券工作办公室。市金融办对证券行业的数据统计始于2007年，以前年度无数据。另部分指标没有相关统计。

淄博市金融机构统计指标

指标（个） \ 年度		2007	2008	2009	2010	2011	2011年同比增幅（%）
银行类	法人机构	9	9	9	9	10	11.11
	省级分行	0	0	0	0	0	0
	二级分行	11	12	13	14	15	7.14
	县区支行	184	193	229	239	203	-3.77
	分理处、营业所	641	745	703	550	483	-12.18
	储蓄所	176	41	39	150	266	77.33
	从业人员总数	13573	13331	13757	13535	14330	5.87
保险类	保险机构	24	146	156	168	176	4.76
	财险机构	12	94	96	96	92	-4.17
	省级分公司	0	0	0	0	0	0.00
	地市分公司	12	17	17	17	19	11.76
	县区支公司	—	77	79	79	73	-7.59
	寿险机构	12	52	60	72	84	16.67
	省级分公司	0	0	0	0	0	0.00
	地市分公司	12	19	19	20	22	10.00
	县区支公司	—	33	41	52	62	19.23
	从业人员总数	—	20889	23916	—	—	—
	财险人员	—	8062	9962	—	—	—
	寿险人员	—	12827	13954	—	—	—

续表

指标（个） \ 年度		2007	2008	2009	2010	2011	2011年同比增幅（%）
证券类	证券机构	4	4	4	4	7	75
	证券公司	4	4	4	4	7	75
	证券营业部	10	14	14	14	17	21.43
	证券服务部	3	2	2	0	0	0
	从业人员总数	219	225	--	--	--	--
	投资者开户	548800	549100	600902	709328	915100	22.49
	境内上市股票支数	12	12	13	17	20	17.65
	境外上市股票支数	3	3	4	4	4	0
	辖区上市公司总数	14	14	15	19	22	13.64

注：1、本表中2008-2009统计的机构数量包括邮政局代理的59个网点，但人员统计中不包括邮政局人员。

2、划"--"部分的数据说明：证券类统计数据取自淄博市政府金融证券工作办公室。市金融办对证券行业的数据统计始于2007年，以前年度无数据或未提供；保险类数据取自淄博市保险行业协会，划"--"部分为市保险行业协会未提供数据。

淄博市主要金融机构业务概况

单位：亿元

单位名称	本外币存款余额	人民币企业存款	人民币储蓄存款	本外币贷款余额	人民币短期贷款	人民币中长期贷款
农发行淄博市分行	8.87	8.85	--	38.48	17.58	18.54
工行淄博分行	429.67	133.94	220.27	300.81	145.48	144.12
农行淄博分行	460.91	184.74	276.17	296.20	171.95	124.25
中行淄博分行	279.16	148.66	112.48	227.73	99.13	99.74
建行淄博分行	277.9	115.2	152.6	201.2	70.2	112.9
交行淄博分行	128.97	81.52	47.45	85.63	52.43	33.2
中信银行淄博分行	71.39	54.95	16.10	52.27	44.04	7.74
齐商银行	354.58	231.07	107.98	258.82	189.9	22.39
农信社淄博市办事处	502.39	102.58	377.23	379.4	288.78	71.67
邮储银行淄博市分行	138.23	14.84	123.39	13.94	5.47	8.46
浦发银行淄博分行	57.90	54.42	3.29	51.45	38.16	9.44
招行淄博分行	24.8	20.05	4.12	27.6	16.65	5.66
兴业银行淄博支行	50.46	44.2	5.88	37.28	14.03	22.95
光大银行淄博分行	10.7	10	0.7	0.2	0.2	0

淄博市各县级区域经济金融主要统计指标

名称	人口（万人）	面积（平方公里）	地区生产总值（亿元）	地区生产总值增速（%）	本外币存款余额（亿元）	储蓄存款（亿元）	本外币贷款余额（亿元）
淄川区	64.8	1000	470.74	13.68	337	222	117
博山区	46.2	682	305.32	10.6	186.5	135.74	110.38
临淄区	61.01	664	679.89	11.94	498.4	253.75	317.73
桓台县	49.75	508.97	387.24	12.14	243.23	117.39	290.50
高青县	36.6	831	130	11.08	82.49	45.47	60.67
沂源县	56.51	1635.6	189.44	16.14	122.50	72.92	86.80

系列指导意见；二是组织开展中小企业、涉农信贷政策导向效果现场评估工作，为金融机构审核发放补偿资金 1410 万元；三是通过组织召开金融运行情况通报会、银企合作项目促进会、房地产信贷座谈会、大学生村官创业富民工作推进会等形式，建立政策协调落实长效机制；四是及时调度分析法人机构运行数据，认真组织实施差别存款准备金动态调整管理，辖区法人机构信贷投放实现总分行调控目标。

三、灵活运用货币政策工具，加大对地方经济发展的资金支持。一是对桓台县、沂源县农行实行了低 2 个点的存款准备金率，对高青县、沂源县农信联社、沂源博商村镇银行执行了低 1 个点的存款准备金率，对临淄、张店农商行两家新升格金融机构实施了按季分步上调准备金率的政策，累计增加可用资金 6.4 亿元，增强了涉农金融机构对县域、“三农”的资金投放能力；二是发放支农再贷款 7.8 亿元、办理再贴现 16.3 亿元，积极支持涉农、小微型企业发展；三是共为全市 5 家民族贸易用品企业办理贷款贴息 1924.5 万元，减轻了企业负担，促进了企业发展。

四、深化金融创新，多渠道满足企业融资需求。一是实施了“金成长”工程，出台 8 条金融优惠措施，《金融时报》刊发了这一做法；二是制定“双轮驱动”战略，深入推进“十百千万”工程，连续 3 年被列入全市建设农村殷实小康“十大工程”，经验做法被《淄博新农村》刊发；三是在高青试点，创新“金融支持＋挂职帮扶”模式，为 20 名大学生村官挂包的 10 家企业授信 4.89 亿元，支持大学生村官创业富民；四是大力推广生物资产抵押贷款、林权抵押贷款，指导沂源农信联社发放生猪抵押贷款 260 万元、林权抵押贷款 200 万元，相关做法被《金融时报》刊发；五是在博山区试点助保金池业务，目前已对 15 家小企业发放助保金贷款近 9000 万元；六是积极推进全市“区域集优”债务融资工作，推动全市企业通过短期融资券、中期票据、中小企业集合票据等方式在银行间市场直接融资。

【外汇管理】　2011 年，淄博市外汇管理局一是建立并实施中心支局联系银行重点监测、局领导重点企业监测服务及特色涉外产业重点监测 3 项制度，为省分局特色产业分析提供有效的监测模式；二是集中开展了“控热钱、减顺差”专项活动，扎实推进货物贸易外汇管理制度改革试点工作，加强外汇政策宣讲和外汇业务人员培训，开展了“诚信兴商”暨外汇政策宣传月活动；三是在全省首创对存在违规行为的银行机构上级行下发《外汇监管建议书》，做法得到分局肯定，在总局门户网站刊发；四是完成对 15 家涉外企业和 5 家金融机构的现场检查，维护良好的涉外经济金融秩序；五是制订了《对辖区金融机构跨境人民币业务专业考核办法》，规范跨境贸易人民币结算业务管理，对 60 余家重点骨干涉外企业举办培训班，对 456 家中小涉外企业进行“一对一，面对面”宣传和推介，办理了首笔境外直接投资人民币结算业务。

【金融监管】　2011 年，人行淄博市中支坚持管理与服务并重，不断创新思路方法，强化金融监管，有力推动了辖区金融的平稳健康运行。

一、完善“两管理两综合”制度措施，加强和改善金融机构管理。一是制定了《金融机构综合评价暂行办法实施细则》，制定了新设银行业金融机构管理办法实施细则和操作规程，顺利完成对 5 家新设银行机构开业申报综合考核验收；二是对 7 家银行机构的征信管理、反洗钱、支付结算、货币金银、国库管理、调查统计等相关专业开展专项执法检查，对 1 家银行机构进行综合执法检查；三是制定了金融机构重大事项报告制度操作规程，对金融机构开展了此项制度的知识考试，并对部分金融机构此项制度的执行情况进行了检查，增强了制度执行力。

二、创新金融维稳工作，切实维护辖区金融稳定。一是组织对全市法人金融机构维稳责任制落实情况开展现场检查，开展“三农”事业部改革评估和证券业金融机构金融稳定评估工作，牵头撰写的专题报告被总行稳定局信息采用，《中国金融》刊发；二是探索对齐商银行开展了金融稳定现场评估，此做法在总行金融稳定工作会议上进行了交流；三是在全省率先制定了证券业监测及证券业、保险业金融稳定重大事项报告 2 项制度，分行《送阅信息》刊登了做法；四是组织召开由总、分行及鲁中 5 地市人行领导参加的金融稳定协调机制联席会议，加强区域间沟通协调交流；五是制定了《防范企业资金链风险　维护金融稳定会商制度》，着力解决金融机构与企业客户信息不对称问题，有效维护辖区金融稳定。

【保险业务】　2011 年，淄博市保险业积极应对复杂的经济金融形势，大力推进各项工作，保险业快速发展。保险从业人员超过 2 万，保险深度为 1.84%，保险密度 1331.57 元，当年有人寿财险、英大泰和财险、华夏人寿、百年人寿 4 家保险公司进驻淄博。

【证券市场】　2011 年，淄博市金融办通过抓上市后备资源培育，抓各项优惠政策落实，破解上市难题，做好启动环节，共有 21 家证券、期货经营机构。全年共实现 3 家企业成功上市（万昌科技、金城医药、瑞丰高材），首发融资 13.07 亿元；1 家企业完成增发（金晶科技），非公开发行 12127 万股，募集资金净额 15.77 亿元。全年共实现融资和再融资 28.84 亿元。截至年末，该市共有 22 家公司、24 只股票在境内外上市，累计融资 293 亿元。

【精神文明建设】　2011 年，淄博市金融系统积极开展创新争优活动，着力推进精神文明建设，取得了良好效果。

一、人行淄博市中支：一是初步构建全员学习培训长效机制，积极建立学习型组织；二是建立完善创先争优活动领导责任制及联系点制度，通过开展党史知识测试和党员先进性大讨论等方式，丰富了活动形式和载体；三是积极开展各项活动，使全行员工的归属感进一步增强，干事创业的激情进一步提高。

二、工行淄博分行：一是深入开展创先争优、为民服务等各类文明创建活动，发挥典型示范作用，有力推动了各项业务发展；二是积极开展丰富多彩的文体活动，注重对员工的人文关怀和心理疏导,全行的凝聚力、向心力不断增强;三是成立了摄影协会,9个一级支行全部完成了职工之家建设,开展了帮扶特困员工活动,发放慰问金、救助金5万元。

三、建行淄博分行:一是建立领导班子周例会制度、首问负责制和联系行工作制、首席客户经理制,改进领导作风;二是按照“德才兼备”的用人导向,年初组织完成干部人事调整工作,共调整人员73人,将一部分素质高、能力强的年轻干部充实到业务一线;三是制订《基层网点负责人管理暂行办法》,强化对基层机构负责人的统一考评、管理及选配调整,制定对公客户经理管理办法,着手建立对公客户拓展和维护的常态化运行机制;四是切实做好对员工关心关爱,部署落实了开展员工家访、提高一线员工岗位工资待遇、改善网点工作环境、改进员工培训、实施网点节假日轮休等多项关爱措施,制定优秀资深员工表彰奖励办法,激励资深员工(46岁以上)爱岗敬业、勇于拼搏。

四、兴业淄博支行开展员工家访活动、员工异常行为排查活动,有效的防范和化解了案件及各类风险的发生;还开展各项文体活动,丰富了员工的业余文化生活,强化了员工的身体素质,增强了团队精神。齐商银行坚持“三个文明一起抓、两个成果一起要”的工作方针,实现了经营管理与精神文明齐发展、共提高、同跨越。

【大事记】 1月6日 建行淄博分行成功回收淄博齐银置业有限公司3021万元不良贷款,取得不良资产处置的重大突破。

1月20日 交行淄博分行与金晶集团在淄博齐盛国际宾馆签署战略合作协议。

王云龙不再担任工行淄博分行党委委员、纪委书记、工会主任职务,改任高级经理(工银鲁党委任免〔2011〕1号)。

1月26日 建行淄博分行成功发行2亿元“乾元”理财产品,募集资金用于支持淄博高新区内9家优质中小企业发展。

1月30日 工行山东省分行批准淄博分行新建淄博张店理工大学、桓台建设街、高青芦湖、张店杏园路、张店南京路、博山白塔6家支行。

1月 中信淄博辛店支行搬迁至临淄大道658号并更名为中信淄博临淄支行。

国家金库淄博市中心支库联合市总工会、地税局探索建立了“地税代征、自动汇缴;国库统收,分成划转”的工会经费汇缴新模式,大大提高了效率,实现了工会经费市、县两级分成一步到位。

1月31日 中行淄博分行成功叙做首笔“票据置换通”业务。

中行淄博分行叙做国际结算业务量38028万美元,单月国际结算业务量创历史新高。

2月15日 肖芳俊任工行淄博分行党委委员、副行长(工银鲁党委任免〔2011〕4号)。

2月18日 中行淄博分行首次为客户叙做两笔信用证项下人民币协议付款业务共443.65万元,填补了该项业务的空白。

2月20日 交行淄博分行与张店区政府在张店区政务中心举行全面战略合作协议签署仪式。

2月25日 中行山东省分行发文,《关于表彰2010年度省行级“青年文明号”“青年岗位能手”的通报》(鲁中银党务〔2011〕4号),继续认定中行淄博西城支行、淄博周村丝绸路支行为省行级“青年文明号”,授予中行淄博淄川支行程瑜、淄博临淄支行营业部齐芙蓉省行级“青年岗位能手”。

3月4日 人行淄博市中支重启已停办了3年多再贷款窗口,首笔为高青县农信联社发放3000万元支农在贷款,年内累计发放支农再贷款16笔8.2亿元支农再贷款,支持全市各农信联社发放“三农”贷款。反映了稳健货币政策下,基层中央银行运用货币政策工具进行结构型调整的积极作用。

3月13日 交行淄博分行与新华保险、金一黄金联合举办财富投资报告会。

3月14日 邮储博山区支行迁址开业。

3月30日 山东张店农村商业银行股份有限公司隆重揭牌开业。省联社主任张建民,淄博市副市长唐福泉为其开业揭牌。

3月31日 人行淄博市中支核准齐商银行跨境贸易人民币结算业务资格,标志着该行此项业务的各项准备已经完成。4月22日,该行成功为客户办理首笔跨境贸易人民币结算业务。

4月14日 中行淄博分行成功为辖内某重点客户叙做首笔跨境转开证业务,20280万元人民币。

4月25日 中行淄博分行成功为客户签发首笔电子银行承兑汇票,金额6000万元,是中行山东省分行第一笔完整的全流程敞口类电子银行承兑汇票业务。

4月26日～27日 交行山东省分行党委书记、行长王锋到淄博分行调研指导工作。并会见了淄博市委书记刘慧晏、市长周清利。

5月16日 农信社淄博办事处代理非税收入业务全面开通。

5月18日 人行济南分行刘克俭副行长一行到沂源对农村支付环境建设和金融支农等情况进行调研。

5月23日 中行山东省分行发文:聘任薛广义为中行淄博分行行长(鲁中银人[2011]188号)。

5月24日 交行淄博分行党委委员、行长助理吕峰调日照分行筹备组(交银鲁党委〔2011〕27号)。

5月25日 中行淄博分行与悉尼分行联动,成功叙做首笔协议付款业务,1025万澳元。

6月1日 鲁中金融稳定协调机制联席会议在淄博召开。人行金融稳定局、人行济南分行有关领导以及人行东营、潍坊、滨州、莱芜、淄博5个中支分管领导出席了会议。

6月3日 农行淄博临淄支行举办“存款突破100亿元通报会”。截至5月末,该行存款余额达到100.6亿元,是全市金融同业第一家存款过百亿的区县级金融机构、全省农行第4家存款过百亿的支行。

6月 中信淄博分行迁址张店区柳泉路230号新办公大

楼。

6月11日　招行淄博临淄支行开业，这是招行在淄博设立的首家支行，成为近几年来新进淄博的股份制银行中率先设立的支行。

6月16日　建行山东省分行行长薛峰到淄博分行调研。

6月19日　工行淄博分行高新铁山支行营业室被总行命名为2010年度"青年文明号"。（工银党〔2011〕57号）。

6月30日　浦发淄博支行升格为淄博分行。

7月12日　中信淄博分行行长张少华调任济南分行党委委员、行长助理(信银济字[2011]573号)。

7月22日　全省第一家由农信系统发起设立的村镇银行、淄博市首家村镇银行——沂源博商村镇银行股份有限公司在沂源揭牌开业。

建行淄博分行与淄博市经信委在齐盛国际宾馆举行"金融支持淄博中小企业发展合作备忘录"签约仪式。

7月23日　交行淄博分行党委委员、副行长桑剑调交行临沂分行筹备组(交银鲁任〔2011〕54号)。

8月8日　中行淄博分行与中银保险联合，成功叙做中银保险系统内首笔回购模式创新信用险产品。

8月10日　邮储淄博市分行首个现金管理系统业务正式开通。

8月14日　淄博市委副书记、市长周清利带领市金融办、财政局、人行等部门负责人和淄博电视台、淄博日报社等媒体到市交行召开企业融资调研座谈会。

8月20日　农行山东省分行、太平洋人寿公司山东分公司在齐盛国际宾馆联合举办"2011·与财富有约VIP客户财富管理论坛"。

8月24日　中行淄博分行与淄博鑫能能源集团有限公司签署战略合作协议。

8月26日　省联社宋文瑄理事长一行到省联社淄博办事处调研业务发展、银行化改革、内部管理、风险防控等情况。

8月30日　中行淄博分行与鲁中煤炭交易中心签署战略合作协议。

9月7日　工行淄博临淄支行贵金属客户专属服务区开业。

9月9日 农行淄博临淄支行理财中心隆重揭牌开业，标志着临淄区第一家专为个人贵宾客户打造的专属、尊贵、个性化、高品质的服务平台正式亮相。

9月14日　陕西银监局正式批准齐商银行西安分行经济技术开发区支行筹建。11月15日，该支行正式开业。

9月15日　齐商银行老化ATM设备(取款机)置换工作顺利安装完毕。共有12家支行、24个网点的24台ATM机更换为存取款一体机，新设备能实现存款、取款、转账、代缴费、交易明细查询等功能。

9月19日　中行淄博分行成功堵截两起编造虚假职业信息、虚假房产证、伪造收入证明的欺诈申请信用卡事件。

邮储淄博高青县王府井支行开业。

9月22日　全市首家金融消费者申诉处理中心在人行沂源县支行成立，这是在人行济南分行《金融消费者申诉处理暂行办法》出台后，人行区县支行率先成立的申诉中心之一。

9月23日　中行淄博分行财富管理中心开业。

9月26日　邮储淄博市分行营业部非税批量代收业务获省行批准。

9月27日　农行山东省分行全省国际业务推进会在淄博召开。

9月29日　丁绍波任交行淄博分行党委委员、副行长(交银鲁任(2011)36号)。

9月30日　段军任工行淄博分行党委委员、纪委书记(工银鲁党委任免〔2011〕41号)。

10月25日　张军任中信淄博分行行长、党委书记(信银济字[2011]876号)。

10月27日　招行淄博分行首笔山东省非税跨分行代收业务缴费顺利完成。

10月31日　银监淄准〔2011〕157号批复同意中行淄博博山支行闹龙街分理处升格为支行。

11月1日　山东理工大学、临淄农村商业银行MBA研修班开班暨山东理工大学MBA教学基地揭牌仪式在临淄农村商业举行。

11月16日　交行淄博桓台支行开业。

11月17日　邮储淄博市分行成功办理首笔银行承兑汇票委托收款业务。

11月22日　银监淄准〔2011〕174号批复同意中行淄博临淄支行遄台北分理处升格为中行淄博临淄凤凰城支行。

11月28日　邮储山东省分行行长韩广岳莅临淄博市分行检查指导工作。

12月12日　光大淄博分行开业。

邮储淄博市分行与农发行淄博市分行正式开展结算业务合作，双方初步建立起一个包括支付结算、资金监管等内容的"银银合作"体系。

12月13日　银监鲁准〔2011〕632号批复同意筹建中行淄博桓台少海路支行。

12月16日　齐商银行小企业金融服务中心张店第二分中心揭牌开业。

农行淄博运营监管平台系统在辖内115个营业网点全部上线。该系统实现了预警信息与凭证影像的联动核实、会计凭证的规范化监控以及会计档案影像化管理等功能，实现了全部网点预警信息的非现场核销，使该行的操作风险防控能力大大提高。

12月20日　招行淄博桓台支行正式开业。

12月22日　工行淄博张店支行贵金属客户专属服务区开业。

12月23日　人行淄博市中支为齐商银行发放支持中小企业转向再贷款1亿元，用于支持齐商银行的中小企业信贷服务。

12月27日　邮蓄沂源县支行迁址开业。

12月　农发行淄博市分行积极发挥政策职能，贷款13亿

元支持水利建设。 （冯 波）

淄川区

【经济金融概况】 2011 年，淄川区各项金融业务持续发展，各项金融指标逐步提高。

【金融发展与改革】 2011 年，人行淄川区支行加大对中小企业及新农村建设的支持力度，积极引导银行业认真执行国家的宏观调控政策，本着“总体稳健，调节有度，结构优化”的思路，在“控总量、调结构、防风险”方面发挥了积极作用。

【金融服务与监管】 2011 年，人行淄川区支行一制定《金融支持转方式调结构 推进统筹城乡发展的货币信贷工作意见》；二是做好金融统计、企业景气调查、房地产、企业流动资金、劳动力价格、重点企业集团、上市公司、工业品、农产品价格、初级

淄川区主要经济指标

经济指标	2010	2011	2011 年同比增幅（%）	经济指标	2010	2011	2011 年同比增幅（%）
土地面积（平方公里）	1000	1000	0	地方财政支出（亿元）	18.17	22.43	23.44
人口（万人）	65.02	64.8	-0.33	全社会固定资产投资（亿元）	188.73	199.73	5.82
非农业人口（万人）	23.98	24.8	3.42	进出口总值（万美元）	90956	112913	24.14
地区生产总值（亿元）	414.07	470.74	13.68	出口总值（万美元）	79351	90947	14.61
第一产业（亿元）	7.78	8.58	10.28	实际利用外资（万美元）	2362.5	2913	23.33
第二产业（亿元）	258.94	291.79	12.68	社会消费品零售总额（亿元）	142.38	165.56	16.28
第三产业（亿元）	147.34	170.36	15.62	居民消费价格指数（%）	5.3	4.5	-15.09
财政总收入（亿元）	24.52	28.60	16.63	人均地区生产总值（元）	61791	72645	17.56
地方财政收入（亿元）	14.52	18.13	24.86	城镇居民可支配收入（元）	21366	24802	16.08
财政总支出（亿元）	18.18	22.43	23.44	农民人均现金收入（元）	9477	11211	18.30

淄川区主要金融指标

金融指标（亿元）	2010	2011	2011 年同比增幅（%）	金融指标（亿元）	2010	2011	2011 年同比增幅（%）
本外币存款余额	295	337	14.23	财险收入	—	—	—
人民币存款余额	293	335	14.33	寿险收入	—	—	—
企业存款	86	109	26.74	财险赔款	—	—	—
储蓄存款	205	222	8.29	寿险给付	—	—	—
本外币贷款余额	109	117	7.33	当年结益	—	—	—
人民币贷款余额	104	111	6.73	证券市场交易总额	—	—	—
短期贷款	79	80	1.26	投资者保证金余额	—	—	—
中长期贷款	23	30	30.43	证券账户开户数	—	—	—
票据融资	2.5	0.14	-94	证券交易佣金收入	—	—	—
当年结益	3.17	3.79	19.6	净利润	—	—	—
不良贷款余额	1.6	1.8	17.5				

淄川区主要金融机构负责人

单位名称	行长（或其他称谓的第一负责人）	副行长（或其他称谓的同级领导）
人行淄川支行	宋继水	陈玉胜 韩克路
农发行淄川支行	刘玉栋	李瑞东
工行淄川支行	李长清	谭 军 李 凯

续表

单位名称	行长（或其他称谓的第一负责人）	副行长（或其他称谓的同级领导）
农行淄川区支行	魏会敏	陈　锋　梁贻峰
中行淄川区支行	王学军	翟　斌　冯艳霖
建行淄川区支行	李明强	陈德泉　荆丽萍
交行淄川区支行	鹿子红	吴绍峰　季　峰
中信淄川区支行	于丽华	陈　澄
齐商银行淄川区支行	王洪刚	岳　峰　袁　峰
淄川区农信联社	于光辉	崔军昌　马　雷
邮储银行淄川支行	郭俊青	汪　洋
淄川新兴小额贷款公司	李德勇	李伶俐

淄川区主要金融机构业务概况

单位：亿元

单位名称	本外币存款余额	企业存款	储蓄存款	本外币贷款余额	短期贷款	中长期贷款
农发行淄川区支行	0.4	0.4	0	2.6	1.1	1.5
工行淄川区支行	54.2	21.6	32.6	14.7	6.5	8.1
农行淄川区支行	58.4	9.4	48.8	5.8	4.3	1.4
中行淄川区支行	36.7	15.2	21.4	5.8	2.3	3.3
建行淄川区支行	31.6	15.4	16.1	11.03	4.8	6.2
淄川区齐商银行	26.3	14.8	11.6	7.4	6.9	0.5
淄川区农信联社	77.3	12.7	64.5	58.2	50.6	7.7
邮储银行淄川区支行	20.7	2.5	18.1	1.1	0.6	0.5
淄川新兴小额贷款公司	0	0	0	1.16	1.16	0

产品价格监测以及其他物价监测工作，按时上报各类调查报告、问卷和报表，为上级决策提供参考；三是重点做好了票据兑付后监测、法人银行机构评估和月度季度风险监测以及利率监测工作；四是加强征信系统录入数据的核对工作，认真办理贷款卡发放和年审工作，做好个人信用报告查询和异议处理工作、中小企业信用信息数据采集工作、企业评级工作和“信用记录关爱日”宣传活动；五是积极推动建立政府主导、人行协调、部门配合、银企共同参与的良性信用治理机制，促进了党政部门、企事业单位和社会各界信用观念的提高。

（赵进波　刘红霞）

临淄区

【经济金融概况】　2011 年，临淄区银行业金融机构加快创新金融产品步伐，为经济金融的平稳健康发展提供了强有力的资金保证。

【金融发展与改革】　2011 年，人行临淄区支行一是组织召开了全区金融创新工作会议，制定下发了《关于进一步完善金融服务 支持中小企业发展的意见》；二是组织凤凰镇银企洽谈会，签订融资意向 50.96 亿元，已到位 36.17 亿元，到位率 70.98%；三是对《金融机构工作评价暂行办法》进行了完善。

招商银行、浦发银行进驻临淄，广汇与汇达两家小额贷款公司揭牌开业。

【金融服务与监管】　2011 年，人行临淄区支行一是组织编写了《临淄区金融服务手册》，编制《重点项目建设推介资料》，召开“金融产品创新工作推进会”，推动重点项目建设步伐；二

临淄区主要经济指标

经济指标	2010	2011	2011年同比增幅（%）	经济指标	2010	2011	2011年同比增幅（%）
土地面积（平方公里）	664	664	0	地方财政支出（亿元）	26.86	33.04	22.99
人口（万人）	60.9	61.01	0.18	全社会固定资产投资（亿元）	216	261.8	25.8
非农业人口（万人）	31.5	31.47	-0.1	进出口总值（万美元）	128569	177591	38.1
地区生产总值（亿元）	613.81	679.89	11.94	出口总值（万美元）	49646	72777	46.59
第一产业（亿元）	25.22	28.21	4.4	实际利用外资（万美元）	5060	4539	-10.3
第二产业（亿元）	437.12	477.51	13.41	社会消费品零售总额（亿元）	125.79	148.78	18.28
第三产业（亿元）	151.47	174.17	9.76	居民消费价格指数（%）	--	104.9	4.9
财政总收入（亿元）	140.2	--	--	人均地区生产总值（元）	100790	111438	10.56
地方财政收入（亿元）	26.36	32.95	25	城镇居民可支配收入（元）	22688	25684	13.2
财政总支出（亿元）	26.86	33.04	22.99	农民人均现金收入（元）	10320	12305	19.23

临淄区主要金融指标

金融指标（亿元）	2010	2011	2011年同比增幅（%）	金融指标（亿元）	2010	2011	2011年同比增幅（%）
本外币存款余额	454.93	498.4	9.56	财险收入	--	--	--
人民币存款余额	452.82	495.66	9.46	寿险收入	--	--	--
企业存款	144.89	230.2	58.88	财险赔款	--	--	--
储蓄存款	242.67	253.75	4.57	寿险给付	--	--	--
本外币贷款余额	279.02	317.73	13.87	当年结益	--	--	--
人民币贷款余额	262.26	304.36	16.05	证券市场交易总额	--	--	--
短期贷款	185.24	249.41	34.64	投资者保证金余额	--	--	--
中长期贷款	57.4	54.45	-5.14	证券账户开户数	--	--	--
票据融资	19.62	0.5	-97.45	证券交易佣金收入	--	--	--
当年结益	8.13	10.64	30.87	净利润	--	--	--
不良贷款余额	5.31	2.1	-60.45				

临淄区主要金融机构负责人

单位名称	行长（或其他称谓的第一负责人）	副行长（或其他称谓的同级领导）
人行临淄区支行	王利明	张　光　路其永　孙延滨
银监会临淄区办事处	吕文亮	苏建新
农发行临淄区支行	李三卫	巩　伟　丁爱丽
工行临淄支行	赵有锋	李俊庆　何正刚　刘静华
农行临淄区支行	徐其栋	李全德　高建军　徐振兴　于彦福
中行临淄支行	郭洪志	吴文英　田树国
建行股齐鲁石化支行	丁敬军	唐兴民　张继刚　张　波
交行临淄支行	褚玉河	马会利　刘　群
中信银行淄博辛店支行	赵相东	罗俊美　沐文东

续表

单位名称	行长（或其他称谓的第一负责人）	副行长（或其他称谓的同级领导）
招行临淄支行	刘玉海	徐学元
齐商银行临淄支行	李　庆	刘　军　吴海静　周　飞
临淄农村商业银行	张春生	毕方利　王廷军　薛　宁　王　峰　毛元春
邮储银行临淄区支行	王大明	耿庆涛

临淄区主要金融机构业务概况

单位：亿元

单位名称	本外币存款余额	企业存款	储蓄存款	本外币贷款余额	短期贷款	中长期贷款
农发行临淄区支行	0.42	0.42	--	1.77	1.77	--
工行临淄支行	80.91	41.45	37.31	53.31	45.09	8.02
农行临淄区支行	107.75	51.29	51.02	74.47	60.54	13.65
中行临淄支行	50.19	35.22	14.96	35.21	29.62	5.56
建行齐鲁石化支行	58.85	18.86	39.96	21.11	13.66	7.45
交行临淄支行	17.09	9.12	7.68	11.64	9.29	2.36
中信银行淄博辛店支行	5.86	3.05	2.62	0.81	0.1	0.71
招行临淄支行	6.5	5.82	0.69	5.91	5.81	0.1
齐商银行临淄支行	44.3	32.39	11.38	37.22	32.34	4.88
临淄农村商业银行	100.13	32.74	67.21	74.55	63.24	11.31
邮储银行临淄区支行	23.51	1.77	21.74	1.74	1.12	0.61

是建立对银企签约资金到位监督机制，加快资金到位率；三是召开人民币管理工作表彰大会，开展了人民币管理有奖知识竞赛活动，稳步推进农村、城市反假网络建设；四是制定印发了《关于进一步改进外汇管理 支持全区涉外经济平稳较快发展的意见》，建立了涉外重点企业联系制度，定期召开涉外主体联席会议，形成了外管局、政府涉外部门、外汇指定银行、涉外企业支持涉外经济发展的四方联动机制。

2011年，人行临淄区支行一是全面做好对辖内法人金融机构的监测以及对农村商业银行的风险评估，认真落实《人行济南分行金融稳定重大事项报告管理办法》，维护了金融稳定；二是继续深入推动企业信用建设，通过培植信用示范区、文明信用单位评定、征信知识普及宣传等工作的开展，进一步改善了金融生态环境，信贷投放稳定增长，为经济健康平稳发展提供了强有力资金支持，金融运行质量大为提高。

（贾军福　孙小青）

博山区

【经济金融概况】　2011年，博山区新型城镇化迈上新水平，城市核心区内工业企业搬迁改造取得突破性进展，产业布局调整优化初见成效，老工业区发展活力进一步增强。

【金融发展与改革】　2011年，人行博山区支行一是组织开展了银行业金融机构重大事项报告达标测试，建立创先争优长效机制；二是制定了《关于加快转方式调结构 促进地区经济又好又快发展的信贷工作指导意见》和《关于切实做好中小企业金融服务工作的意见》；三是健全完善投融资服务机制，成立了博山区德信小额贷款有限公司，7家企业先后在天交所和齐鲁股权托管交易中心挂牌交易。

【金融服务与监管】　2011年，人行博山区支行一是加强征信管理，推动社会信用体系建设，加快“百名农村妇女创业工程”的推行，提前完成3年为百名妇女实现创业目标；二是积极协调推动中小企业助保金贷款业务试点工作；三是在涉农金融机构推行农村青年信用示范户试点工作，完成了第一批农村青

博山区主要经济指标

经济指标	2010	2011	2011年同比增幅（%）	经济指标	2010	2011	2011年同比增幅（%）
土地面积（平方公里）	682	682	--	地方财政支出（亿元）	11.01	16.07	30.74
人口（万人）	46.3	46.2	--	全社会固定资产投资（亿元）	158.52	180.59	23.5
非农业人口（万人）	23.65	23.70	--	进出口总值（万美元）	40746	49826	23
地区生产总值（亿元）	267.83	305.32	10.6	出口总值（万美元）	32776	40320	25.7
第一产业（亿元）	8.29	9.20	3.1	实际利用外资（万美元）	3495	4095	17.2
第二产业（亿元）	161.44	181.65	11.3	社会消费品零售总额（亿元）	121.89	143.25	17.5
第三产业（亿元）	98.09	114.4	9.9	居民消费价格指数（%）	103.	103.6	0.58
财政总收入（亿元）	20.87	22.00	9.5	人均地区生产总值（元）	57846.65	66088.3	20.4
地方财政收入（亿元）	10.63	13.40	26.2	城镇居民可支配收入（元）	20112.63	22730.5	11.82
财政总支出（亿元）	12.29	14.3	16.3	农民人均现金收入（元）	9162.82	10498.7	14.58

博山区主要金融指标

金融指标（亿元）	2010	2011	2011年同比增幅（%）	金融指标（亿元）	2010	2011	2011年同比增幅（%）
本外币存款余额	170.71	186.5	9.25	财险收入	--	--	--
人民币存款余额	169.07	185.46	9.69	寿险收入	--	--	--
企业存款	25.34	48.32	90.7	财险赔款	--	--	--
储蓄存款	124.38	135.74	9.13	寿险给付	--	--	--
本外币贷款余额	100.37	110.38	9.97	当年结益	--	--	--
人民币贷款余额	99.05	109.27	10.32	证券市场交易总额	--	--	--
短期贷款	54.14	66.92	23.6	投资者保证金余额	--	--	--
中长期贷款	37.78	40.04	5.98	证券账户开户数	--	--	--
票据融资	7.13	2.31	-67.6	证券交易佣金收入	--	--	--
当年结益	--	--	--	净利润	--	--	--
不良贷款余额	1.68	1.54	8.3				

博山区主要金融机构负责人

单位名称	行长（或其他称谓的第一负责人）	副行长（或其他称谓的同级领导）
人行博山区支行	邵承伟	许聿文　张学问　赵玉文
银监会博山办事处	黄立恩	
农发行博山区支行	王有星	杨军升　刘孝德
工行博山支行	王恒利	杨长义　石　岩　翟乃林　张家鹏
农行博山区支行	王向阳	隗　涛　陈　亮　王中亮
中行博山支行	杨　键	马　红　苏立华
建行博山支行	程红祥	石　峰　王俊祥　孙大杰　胡　波

续表

单位名称	行长（或其他称谓的第一负责人）	副行长（或其他称谓的同级领导）
交行博山支行	杨　毅	赵红丽　曹　霞
齐商银行博山支行	孙红涛	刘　红　徐美静
博山区农信联社	范京卫	牛文辉　张艳芳　李　杰　邢长远　杨立军
邮储银行博山区支行	万瑞海	张弘君　秦爱玲
淄博市博山区德信小额贷款有限公司	房利军	岳　进

博山区主要金融机构业务概况

单位：亿元

单位名称	本外币存款余额	企业存款	储蓄存款	本外币贷款余额	短期贷款	中长期贷款
农发行博山区支行	0.24	0.24	--	1.07	1.07	--
工行博山支行	34.92	7.12	27.78	14.69	8.24	6.44
农行博山区支行	25.77	7.20	18.31	16.20	10.38	5.82
中行博山支行	17.76	8.09	9.55	11.76	6.91	4.53
建行博山支行	13.22	4.01	9.17	11.11	3.30	7.80
交行博山支行	9.38	4.41	4.91	9.28	4.02	5.25
齐商银行博山支行	18.71	8.49	8.21	6.91	6.43	0.47
博山区农信联社	51.47	7.54	4.38	38.79	27.33	9.47
邮储银行博山区支行	16.10	1.87	14.22	0.44	0.14	0.30
淄博市博山区德信小额贷款有限公司	--	--	--	1.01	1.01	--

年信用示范户推荐评选工作；四是以全区农村支付服务环境建设推进暨"惠农一卡通"启动仪式为契机，加强空白村金融基础设施和非现金支付工具推广应用，消除金融服务空白村44个；五是突出"一企一策"，建立进出口企业例会制度，加强货物贸易改革试点工作地开展。

（杜文杰　刘承海）

桓台县

【经济金融概况】　2011年，桓台县经济转方式调结构效果明显。金融机构努力增加信贷投入，促进了县域经济又快又好发展。

【金融发展与改革】　2011年，人行桓台县支行一是利用银企合作信息网等渠道，引导资金与项目及时对接，新增贷款的50%以上优先投向了东岳集团、汇丰石化、博汇纸业等县域骨干企业重点项目；二是实施"优企增信"计划，计划内50家企业新增贷款同比提高27%；三是引导金融机构加大金融创新力度，多渠道、多方式增加信用总量，通过北京金融资产交易所挂牌转让企业项目、信托融资租赁等，为东岳集团有机硅二期、博汇纸业等4家企业融资18.5亿元，保证了骨干企业大项目的顺利运转；四是通过"征信+信用培植+信贷"模式，创建"中小企业信用体系建设示范区"。

招商银行入驻桓台，1家小额贷款公司成立，为桓台经济发展注入新的活力。

【金融服务与监管】　2011年，人行桓台县支行组织全县金融系统一是认真开展银行结算账户开立、使用情况检查，及时处罚签发空头支票等结算违规行为，确保了辖区金融稳定；二是不断加大金融基础设施投入，搭建资金清算高速公路，提高资金运转效率；三是加快非现金结算工具推广使用，全年全县

桓台县主要经济指标

经济指标	2010	2011	2011年同比增幅（%）	经济指标	2010	2011	2011年同比增幅（%）
土地面积（平方公里）	508.97	508.97	0	地方财政支出（亿元）	20.99	25.95	23.63
人口（万人）	49.68	49.75	0.14	全社会固定资产投资（亿元）	181.3	206.82	14.07
非农业人口（万人）	9.34	9.32	-0.21	进出口总值（万美元）	105254	164178	55.98
地区生产总值（亿元）	345.33	387.24	12.14	出口总值（万美元）	49013	81427	66.13
第一产业（亿元）	15.35	19.75	28.66	实际利用外资（万美元）	11303	9570	-15.33
第二产业（亿元）	229.61	245.84	7.07	社会消费品零售总额（亿元）	93.23	110.42	18.44
第三产业（亿元）	100.37	121.65	21.20	居民消费价格指数（%）	103.21	104.52	1.27
财政总收入（亿元）	43.91	45.26	3.07	人均地区生产总值（元）	69497	77837	12.01
地方财政收入（亿元）	16.85	21.57	28.01	城镇居民可支配收入（元）	21386	24058	12.49
财政总支出（亿元）	42.73	44.55	4.26	农民人均现金收入（元）	9998	11478	14.81

桓台县主要金融指标

金融指标（亿元）	2010	2011	2011年同比增幅（%）	金融指标（亿元）	2010	2011	2011年同比增幅（%）
本外币存款余额	230.38	243.23	5.58	财险收入	--	--	--
人民币存款余额	226.91	240.98	6.20	寿险收入	--	--	--
企业存款	61.28	121.50	98.27	财险赔款	--	--	--
储蓄存款	108.62	117.39	8.07	寿险给付	--	--	--
本外币贷款余额	229.14	290.50	26.78	当年结益	--	--	--
人民币贷款余额	225.84	283.41	25.49	证券市场交易总额	--	--	--
短期贷款	150.07	170.88	13.87	投资者保证金余额	--	--	--
中长期贷款	70.06	73.15	4.41	证券账户开户数	--	--	--
票据融资	5	0.48	-90.4	证券交易佣金收入	--	--	--
当年结益	6.41	8.57	33.69	净利润	--	--	--
不良贷款余额	5.68	3.49	-38.56				

桓台县主要金融机构负责人

单位名称	行长（或其他称谓的第一负责人）	副行长（或其他称谓的同级领导）
人行桓台县支行	高文博	董　雷　毕祯忠
银监会桓台县办事处	黄向政	张　浩
农发行桓台县支行	刘志玉	王贞军
工行桓台支行	苗得江	崔　凌　李立柱　罗汉新　崔守东　李　青
农行桓台县支行	宗　新	沈　剑　陈　伟　胡敬臣　牟其国
中行桓台支行	丁　伟	李　辉　曹　晶　付晓斌
建行桓台支行	盛　斌	常承波　王立军　王红富　吕允考

续表

单位名称	行长（或其他称谓的第一负责人）	副行长（或其他称谓的同级领导）
交行桓台县支行	柴　广	王新海　白　河
中信银行桓台县支行	张卫东	巩向军　邢　超
桓台商业银行	荆　铭	寇海英
桓台县农信联社	唐元茂　唐光发	刘　勇　尚延辰　李嘉耘　张　丽
邮储银行桓台县支行	王红梅	荆　燕
桓台县鲁泰小额贷款公司	邢汉银	于亦安
桓台县汇鑫小额贷款公司	巩树涛	巩同增　崔爱英

桓台县主要金融机构业务概况

单位：亿元

单位名称	本外币存款余额	企业存款	储蓄存款	本外币贷款余额	短期贷款	中长期贷款
农发行桓台县支行	0.79	0.79	0	7.20	3.97	3.23
工行桓台支行	37.74	28.51	9.11	49.80	35.50	13.97
农行桓台县支行	58.11	25.45	32.54	53.76	40.97	12.50
中行桓台支行	28.22	22.86	3.24	35.84	17.14	18.49
建行桓台支行	18.61	11.55	6.99	27.65	10.59	17.06
桓台县商行	11.56	8.28	3.27	15.00	13.39	1.61
桓台县农信联社	62.17	16.46	45.67	47.07	43.74	3.33
邮储银行桓台县支行	15.24	1.20	14.04	2.86	0.65	2.23
交行桓台县支行	4.64	3.67	0.97	21.83	16.61	5.21
中信银行桓台县支行	4.37	2.74	1.53	11.50	2.41	9.09
桓台县鲁泰小额贷款公司	0	0	0	1.17	1.17	0
桓台县汇鑫小额贷款公司	0	0	0	0.72	0.72	0

ATM 增加 26 台，特约商户新增 478 户，POS 机增加 348 套，实现了行政村金融基础设施的全覆盖；四是开展多场专项培训，推广人民币跨境贸易结算，简化核销手续，全面推广网上自动核销，全县 95%的出口企业申请加入该系统。同时，人行桓台县支行协调银联对乡镇及以下村庄 POS 刷卡手续费由 1%降低到 3‰；指导外汇经办行积极为涉外企业办理出口信贷、押汇贷款、敞口信用证等融资业务，加大对涉外企业贸易活动融资支持，促进进出口业务健康发展。

（徐学峰　王红梅）

高青县

【经济金融概况】　2011 年，高青县抓住被列入黄河三角洲高效生态经济区规划和省财政直管县的战略机遇期，加快推进由农业县向工业县的重大转变，综合实力明显增强。一是三产比例调整为 15:52:33，金融总体运行平稳，较好地实现了产业政策与信贷政策的有机结合与良性互动；二是企业存款增势强劲，储蓄存款快速增长，分别同比增长 17.83%、16.03%；三是贷款结构趋于优化，信贷投放重点突出，重点工程、重点项目、重点企业和农业龙头企业得到较好地信贷支持；四是银行经营形势稳定，信贷资产质量进一步提高，2011 年，该县金融机构综合收息率 99%，实现利润 2.34 亿元。不良贷款同比下降 1.05 亿元，不良贷款率 1.7%，同比下降 2.49%，信贷资产质量进一步提高。

高青县主要经济指标

经济指标	2010	2011	2011年同比增幅（%）	经济指标	2010	2011	2011年同比增幅（%）
土地面积（平方公里）	831	831	0	地方财政支出（亿元）	11.33	14.14	24.8
人口（万人）	36.52	36.6	0.2	全社会固定资产投资（亿元）	60.87	71.5	17.46
非农业人口（万人）	5.52	5.5	-0.36	进出口总值（万美元）	26998	33595	24.44
地区生产总值（亿元）	117.03	130	11.08	出口总值（万美元）	16079	16505	2.65
第一产业（亿元）	17.60	19.4	10.22	实际利用外资（万美元）	1844	2041.4	10.7
第二产业（亿元）	61.89	66.7	7.78	社会消费品零售总额（亿元）	26.03	30.29	16.37
第三产业（亿元）	37.54	42.2	12.41	居民消费价格指数（%）	103.2	103.9	0.68
财政总收入（亿元）	16.6	16.38	-1.33	人均地区生产总值（元）	32017	35120	9.67
地方财政收入（亿元）	6.02	7.6	26.25	城镇居民可支配收入（元）	15535	17337	11.6
财政总支出（亿元）	16.8	17.38	3.49	农民人均现金收入（元）	6798	7687	13.08

高青县主要金融指标

金融指标（亿元）	2010	2011	2011年同比增幅（%）	金融指标（亿元）	2010	2011	2011年同比增幅（%）
本外币存款余额	70.00	82.49	17.84	财险收入	0.5	0.2	-60
人民币存款余额	69.83	82.39	17.99	寿险收入	0.8	0.97	21.25
企业存款	15.30	33.66	120	财险赔款	0.2	0.03	-85
储蓄存款	39.19	45.47	16.02	寿险给付	0.04	0.02	-50
本外币贷款余额	50.27	60.67	20.69	当年结益	--	--	--
人民币贷款余额	48.15	58.79	22.08	证券市场交易总额	0	0	--
短期贷款	35.03	44.57	27.23	投资者保证金余额	0	0	--
中长期贷款	11.58	14.23	22.88	证券账户开户数	0	0	--
票据融资	1.54	0	-100	证券交易佣金收入	0	0	--
当年结益	1.24	2.02	62.9	净利润	0	0	--
不良贷款余额	2.08	1.03	50.48				

高青县主要金融机构负责人

单位名称	行长（或其他称谓的第一负责人）	副行长（或其他称谓的同级领导）
人行高青县支行	王振平	孙洪彬　樊守彬　董有明
银监会高青县办事处	刘永涛	
农发行高青县县支行	李建民	魏星太　耿在文
工行高青支行	杨　瑜	王锡民　石海滔　于修漳
农行高青县支行	徐兴岭	高　红　曹玉波　苗　茂
建行高青支行	李爱民	刘文勇　柴德光　孟　力
齐商银行高青支行	王　贵	刘保华
高青县农信联社	田成钰(理事长)　李岩松（主任）	宋新伟　王玉华　翟恒修
邮储银行高青县支行	张　峰	杨志国

续表

单位名称	行长（或其他称谓的第一负责人）	副行长（或其他称谓的同级领导）
高青县民福小额贷款公司	张良安（董事长） 郭效祥（总经理）	张光华 张光义
人保高青支公司	赵希海	程振山 王 强
人寿高青县支公司	成树军	毛永强

高青县市主要金融机构业务概况

单位：亿元

单位名称	本外币存款余额	人民币企业存款	人民币储蓄存款	本外币贷款余额	人民币短期贷款	人民币中长期贷款
农发行高青县支行	0.82	0.82	--	1.55	1.55	--
工行高青支行	9.6	7.72	1.88	8.6	4.3	4.3
农行高青县支行	18.17	8.31	9.83	12.69	9.04	3.65
建行高青支行	9.17	8.11	2.75	8.19	5.36	2.83
齐商银行高青支行	6.22	5.11	1.1	7.13	6.45	0.68
高青县农信联社	27.21	4.91	22.26	21.55	19.44	2.1
邮储银行高青县支行	9.16	1.47	7.69	0.95	0.29	0.66
农发行高青县支行	0.82	0.82	--	1.55	1.55	--
高青县民福小额贷款公司	--	--	--	1.78	1.78	--

【金融发展与改革】 2011年，人行高青县支行一是制定印发了《关于做好货币信贷工作 支持全县经济发展的指导意见》，与县委组织部、县农工办联合制定印发了《关于进一步推进金融支持大学生"村官"创业富民工作的实施意见》；二是搭建银企对接平台，按照"一行一策"、"一企一策"的思路，积极促进银企对接，先后召开了成长型中小企业银企合作促进会、黄河三角洲重点项目推介暨银企合作促进会、金融支持大学生村官创业富民工作推进会、银企共成长信贷产品促进会，共达成银企合作协议41.3亿元；三是发放农信社支农再贷款1.3亿元，对于引导农信社加大对县域经济的信贷投放起到了"四两拨千斤"作用。

【金融服务与监管】 2011年，人行高青县支行坚持监管与服务并重，社会形象明显提升。一是制定出台了《农村支付服务环境建设工作方案》，优化农村支付结算环境；二是开展征信、人民币反假等金融知识宣传活动，提高广大群众金融知识；三是依法行政，服务质量明显提升，群众满意度明显提高，实现了"零投诉"；四是先后开展了对农信社现场风险评估、重点调查，对县农行三农金融事业部的检查评估；五是对县内金融机构开展综合执法检查，较好地规范了各行社经营行为，提高了依法合规经营的意识。

（刘恒营 崔 杰）

沂源县

【经济金融概况】 2011年，沂源县着力推进"工业高端化、农业品牌化、服务特色化、城乡一体化、环境生态化、社会和谐化"等六化建设，经济呈现出平稳较快发展的良好局面，社会综合实力和人民生活水平稳步提高和改善。金融机构合理投放资金，有效支持经济发展，取得良好效果。

【金融发展与改革】 2011年，人行沂源县支行准确理解和把握形势发展变化，结合实际深入贯彻落实货币政策。一是引导金融机构支持特色产业集群发展，使全县的医药产业集群和新材料产业集群呈现出"主峰突起、群山竞秀"的良性发展格局；二是与农联社配合，采取"1+N"的运作模式成功办理全省第一笔生物资产抵押贷款，相关做法被《金融时报》报道；三是抓住本地林权改革的时机，探索开展林权质押贷款，为特色农业发展带来契机；四是开展了金融支持小微企业的"点对点"工程，探索金融关注弱势群体的新举措；五是以签定区域金融维稳责任制为载体，共同研究防范对策，确保辖区金融稳定。

沂源县主要经济指标

经济指标	2010	2011	2011年同比增幅%	经济指标	2010	2011	2011年同比增幅%
土地面积（平方公里）	1635.6	1635.6	--	地方财政支出（亿元）	15.44	20.20	30.83
人口（万人）	56.49	56.51	0.03	全社会固定资产投资（亿元）	89.84	95.20	5.96
非农业人口（万人）	12.13	12.16	0.24	进出口总值（万美元）	18674	24416	30.75
地区生产总值（亿元）	163.11	189.44	16.14	出口总值（万美元）	14018	20546	46.57
第一产业（亿元）	20.13	22.93	13.91	实际利用外资（万美元）	--	--	--
第二产业（亿元）	82.00	94.27	14.96	社会消费品零售总额（亿元）	68.97	81.41	180.37
第三产业（亿元）	60.98	72.24	18.46	居民消费价格指数（%）	102.8	103.6	0.77
财政总收入（亿元）	16.54	19.90	20.31	人均地区生产总值（元）	28874	33529	16.12
地方财政收入（亿元）	9.55	12.10	26.70	城镇居民可支配收入（元）	18425	21051	14.25
财政总支出（亿元）	--	--	--	农民人均现金收入（元）	9499	9558	0.62

沂源县主要金融指标

金融指标（亿元）	2010	2011	2010年同比增幅%	金融指标（亿元）	2010	2011	2011年同比增幅%
本外币存款余额	105.8	122.50	15.77	财险收入	--	--	--
人民币存款余额	105.6	122.12	15.63	寿险收入	--	--	--
企业存款	41.77	45.74	9.48	财险赔款	--	--	--
储蓄存款	63.28	72.92	15.23	寿险给付	--	--	--
本外币贷款余额	74.81	86.80	16.02	当年结益	--	--	--
人民币贷款余额	74.60	86.55	16.34	证券市场交易总额	--	--	--
短期贷款	50.76	60.08	18.86	投资者保证金余额	--	--	--
中长期贷款	22.44	26.22	16.88	证券账户开户数	--	--	--
票据融资	1.4	0.24	-83.01	证券交易佣金收入	--	--	--
当年结益	--	--	--	净利润	--	--	--
不良贷款余额	--	--	--				

沂源县主要金融机构负责人

单位名称	行长（或其他称谓的第一负责人）	副行长（或其他称谓的同级领导）
人行沂源县支行	胡振兵	刘艳玲 张佩珠 张培祥
农发行沂源县支行	翟永果	唐加梅
工行沂源支行	唐守刚	宋以国 唐玉成 赵国伟 秦海云 黄立军
农行沂源县支行	李瑞正	张 炎 齐向东 张福虎
中行沂源支行	李爱军	周 雷 张会红
建行沂源支行	陈洪波	郭怀军 崔 军 张 岩 唐文风

续表

单位名称	行长（或其他称谓的第一负责人）	副行长（或其他称谓的同级领导）
齐商银行沂源支行	葛　涛	葛　兵
沂源县农村信用联社	于光辉	朱利民　荆　春　刘东义　杨建军　葛勤成
邮储银行沂源县支行	耿庆涛	张正新　韩　刚
沂源博商村镇银行	范英健	马兆峰　常　玲　王成伟
沂源县华联小额贷款公司	于守光	

沂源县主要金融机构业务概况

单位：亿元

单位名称	本外币存款余额	企业存款	储蓄存款	本外币贷款余额	短期贷款	中长期贷款
农发行沂源县支行	0.32	0.32	0	1.36	0.76	0.60
工行沂源支行	18.03	10..34	7.66	10.95	5.53	5.22
农行沂源县支行	21.01	9.74	11.21	18.56	10.68	7.87
中行沂源支行	8.77	3.60	2.91	7.52	3.76	3.73
建行沂源支行	12.58	6.60	5.95	13.40	7.84	5.57
齐商银行沂源支行	5.23	4.45	0.77	3.79	3.79	0
沂源县农信联社	38.58	8.47	30.11	30.41	27.48	2.94
邮储银行沂源县支行	14.91	1.58	13.33	0.41	0.17	0.24
沂源博商村镇银行	2.00	0.96	1.04	0.40	0.34	0.06
沂源县华联小额贷款公司	0	0	0	7737	7737	0

【金融服务与监管】　2011年，人行沂源县支行一是开展了全县银行系统“金融支持经济转方式、调结构，实现平稳较快发展竞赛活动”，制订并实施了“金融惠农、双轮驱动活动方案”；二是定期报送《金融要情快报》和《专报件》，向政府提出金融与经济发展建议，引导经济平稳较快发展；三是做好新型农村金融机构的服务，为农信社投放再贷款1.8亿元，为新成立的博商村镇银行提供业务服务；四是深入推进农村支付环境建设，实现本地农村支付区域的“全覆盖”；五是加强外汇监管，促进法规制度落实；六是做好现金管理和人民币反假工作。

（丁　峰　蔡成霞）

泰安市

【经济金融概况】　2011年，泰安市上下积极作为，全市主要经济指标继续保持平稳较快增长，经济运行质量进一步提升，转方式调结构取得积极成效，民生状况进一步改善，各项社会事业全面进步。

【货币政策实施】　2011年，人行泰安市中支本着“科学履职、创新发展”的工作思路，强化稳健货币政策引导，切实提高货币政策实施效果。

一、以“转方式、调结构”为重点，切实强化政策宣传引导。制定下发《关于认真贯彻落实稳健货币政策 进一步推进全市经济平稳健康发展的意见》，以及做好抗旱救灾金融服务、做好差别化住房信贷政策实施工作等指导意见，引导金融机构以信贷结构的优化促经济发展方式转变和经济结构调整。银行业金融机构的贷款主要支持了煤炭、机械、纺织等传统产业，输变电设备、新材料等优势产业，新能源、电子信息、生物制药等新兴产业。

二、以“融资套餐”为突破口，积极破解中小企业融资难题。一是制定下发《“三押一推”管理办法》，推动辖区开展知识产权和股权质押融资等新型信贷业务；二是积极推动开展区域集优债务融资工作，大力推广运用短期融资券等融资工具；三是实施“一强化、二优化、三突出”中小企业融资战略，组织召开全市中小企业融资推进会暨金融创新产品推介会，有力地促进了中

泰安市经济主要统计指标

指标 \ 年度	2007	2008	2009	2010	2011	2011年同比增幅（%）
土地面积（平方公里）	7762	7762	7762	7762	7762	--
人口（万人）	552.6	554.7	555.8	557.1	559.5	0.4
城镇人口（万人）	--	--	--	276.8	283.5	2.4
乡村人口（万人）	--	--	--	273.0	267.9	-1.9
地区生产总值（亿元）	1226.1	1513.3	1715.7	2051.7	2304.3	11.5
第一产业（亿元）	132.8	161.1	170.3	195.3	215	3.8
第二产业（亿元）	688.5	839.3	936.4	1099.5	1202.8	10.8
工业（亿元）	607.8	752.2	807.1	950	1037.3	12.4
建筑业（亿元）	80.7	87.1	--	--	--	--
第三产业（亿元）	404.8	512.9	609.0	756.9	886.5	14.5
人均地区生产总值（元）	22617	27794	31375	36901	41850	11.1
地区生产总值构成（%）	100	100	100	100	100	-
第一产业（%）	10.8	10.6	9.9	9.5	9.3	-0.2
第二产业（%）	56.2	55.5	54.6	53.6	52.2	-1.4
第三产业（%）	33.0	33.9	35.5	36.9	38.5	1.6
财政总收入（亿元）	105.36	131.58	150.71	--	--	--
地方财政收入（亿元）	64.2	76.4	91.4	116.9	138.1	18.1
财政总支出（亿元）	--	--	--	--	--	--
地方财政支出（亿元）	104.6	111.6	134.5	175.6	208.4	18.7
全社会固定资产投资（亿元）	646.0	809.4	1031.9	1270.5	1473.7	22.9
规模以上固定资产投资（亿元）	638.88	803.0	1031.9	1270.5	1473.7	22.9
房地产开发（亿元）	33.9	43.1	52.2	75.1	86.1	13
进出口总值（亿美元）	13.45	15.08	10.8	15.9	18.2	14.6
出口总值（亿美元）	8.52	9.21	7.05	9.3	11.9	28
实际利用外资（亿美元）	9.82	11.75	12.78	13.1	13.3	2.0
社会消费品零售总额（亿元）	378.5	466.8	556.3	687.4	806.7	17.4
居民消费价格指数（%）	104.0	104.9	101.8	103.6	104.3	4.3
城市居民人均可支配收入（元）	13818	16095	17672	19953	22687	13.7
农民人均现金收入（元）	5963	6533	6600	7592	8974	18.2

泰安市工农业主要统计指标

农业主要统计指标（万吨）				规模以上工业企业主要统计指标（亿元）			
项目 \ 年度	2010年	2011年	增幅（%）	项目 \ 年度	2010年	2011年	增幅（%）
粮食	310.3	317.1	2.2	工业增加值	1086.7	--	14
夏粮	146.6	148.5	1.3	国有工业	74.3	--	13.6
秋粮	163.7	168.6	3	集体工业	28.9	--	23.2
棉花	0.91	0.88	-3.5	股份制工业	711.4	--	14.3
油料	21.6	22.4	4	股份合作制工业	4.4	--	9
水果	53	50.4	-5.1	外商及港澳台资工业	35.1	--	15.3

续表

农业主要统计指标（万吨）				规模以上工业企业主要统计指标（亿元）			
项目＼年度	2010年	2011年	增幅（%）	项目＼年度	2010年	2011年	增幅（%）
蔬菜	733.4	760.2	3.7	轻工业	230.7	--	13.2
肉类	39	43	10	重工业	856.2	--	14.3
禽蛋	19.1	19.2	0.5	销售收入	3904.2	4550.2	26.2
奶类	46.2	50.9	10.2	利税	496	579.5	26.6
水产品	7.7	8.3	7.4	利润	307	361.3	27.4
森林覆盖率（%）	37.7	37.8	0.9	经济效益综合指数（%）	268.5	278.9	13.7

泰安市主要金融机构负责人

单位名称	行长（或其他称谓的第一负责人）	副行长（或其他称谓的同级领导）
人行泰安市中心支行	张海清	韩　伟　杜树星　庞建敏　刘慧英　孙世超　蒋建军
银监会泰安监管分局	高旺东	王希娟　刘　健　张　琳
农发行泰安市分行	李元林	孔庆才　巩克深　王　君
工行泰安分行	宋鲁田	陈玉明　周成芳　武　晓　卞　涛　李新武　刘洪波
农行泰安市分行	孟宪军	郭良运　安　勇　孟宪军　赵焕军　单伟强　郭　冰
中行泰安分行	孙成刚	刘　钧　冯德厚　李　华
建行泰安分行	陈海东	张岱山　王君泰　张开锦　李其祥　王洪波　耿效太　李　军
交行泰安分行	王　客	任宪富　苏小龙
泰安市商业银行	展　鹏	石占银　张海涛　史建国　李志辉　李成山
农信社泰安市办事处	帖晓鹏	陈运成　郑允幸
邮储银行泰安市分行	冯克军	谢　强　张兆辉
人保财险泰安市分公司	赵玉强	杜庆凯　张立群　王　梅　王长文
中国人寿泰安市分公司	王子岳	冯金国　余　巍
海通证券泰安营业部	李美玲	高　敏　项　颖
齐鲁证券泰安营业部	刘敬斌	苏　勇　王跃云

泰安市金融业务统计指标

指标（亿元）＼年度		2007	2008	2009	2010	2011	2011年同比增加额	2011年同比增幅（%）
银行类	本外币存款余额	816.88	980.43	1221.67	1405.87	1571.71	165.16	11.74
	人民币存款余额	812.29	974.14	1213.17	1399.53	1563.56	163.34	11.67
	单位存款	--	--	--	522.26	533.15	10.89	2.09
	储蓄存款	500.11	624.83	722.51	824.31	967.18	142.9	17.34
	定期储蓄存款	360.44	462.07	510.49	568.39	700.58	132.19	23.26
	活期储蓄存款	139.67	162.76	212.01	255.93	266.60	10.67	4.17
	本外币贷款余额	543.59	607.81	775.67	920.23	1055.25	137.37	14.93
	人民币贷款余额	539.18	605.12	769.58	917.6	1043.11	127.9	13.94
	短期贷款	348.01	357.63	410.6	470.51	550.82	82.66	17.57

续表

指标（亿元） \ 年度		2007	2008	2009	2010	2011	2011年同比	
							增加额	增幅（%）
银行类	中长期贷款	154.18	191.74	302.54	390.4	439.5	49.16	12.59
	票据融资	36.79	55.66	56.22	56.4	52.4	-4	-7.09
	当年结益	11.41	16.06	12.9	20.04	22.22	2.18	10.87
	不良贷款余额	38.27	52.04	56.46	43.63	41.34	-2.29	-5.25
	不良贷款占比%	7.05	8.56	7.28	4.74	3.92	-0.82	-17.30
保险类	保险公司保费收入	21.39	30.33	36.15	46.62	48.67	2.05	4.40
	财险收入	5.48	6.14	7.81	10.32	11.2	0.88	8.53
	寿险收入	15.91	24.19	28.34	36.3	37.47	1.17	3.22
	保险公司赔款和给付支出	6.19	8.46	9.11	9.64	12.2	2.56	26.56
	财险赔款	3.11	3.48	3.76	4.67	5.45	0.78	16.7
	寿险给付	3.08	4.97	5.35	4.97	6.75	1.78	35.81
	当年结益	—	—	—	—	—	—	—
证券类	证券市场成交总额	1003.3	708.8	1255.8	1075.3	757.8	-317.5	-29.53
	投资者保证金余额	9.81	6.27	12.61	11.09	6.71	-4.38	-39.5
	证券账户开户数	85526	73542	61462	58600	60845	2245	3.83
	佣金收入	1.56	1.76	2.97	2.33	1.45	-0.88	-37.72
	净利润	1.22	1.33	2.25	1.4	0.82	-0.58	-41.7
	期货市场成交总额	—	—	—	—	—	—	—
	期货客户保证金余额	—	—	—	—	—	—	—
	期货账户开户数	—	—	—	—	—	—	—
	期货手续费收入	—	—	—	—	—	—	—
	利润总额	—	—	—	—	—	—	—

泰安市金融机构统计指标

指标（个） \ 年度		2007	2008	2009	2010	2011	2011年同比增幅（%）
银行类	法人机构	7	7	7	7	8	14.29
	省级分行	0	0	0	0	0	—
	二级分行	6	6	6	7	8	14.29
	县区支行	82	98	83	86	87	1.16
	分理处、营业所	115	130	106	112	113	0.89
	储蓄所	514	437	577	553	435	-21.34
	从业人员总数	9399	9196	9938	9144	9368	2.45
保险类	保险机构	—	—	—	—	—	—
	财险机构						
	省级分公司	0	0	0	0	0	-
	地市分公司	9	11	6	7	13	85.7
	县区支公司	41	48	32	106	155	46.22
	寿险机构	—	—	—	—	—	—

续表

指标（个）		2007	2008	2009	2010	2011	2011年同比增幅（%）
保险类	省级分公司	0	0	0	0	0	--
	地市分公司	11	17	16	16	20	25
	县区支公司	30	38	25	35	57	62.86
	从业人员总数	13570	16821	10307	19791	20126	1.69
	财险人员	2961	2547	2325	3525	3619	2.67
	寿险人员	10609	14274	7982	16266	16507	1.48
证券类	证券机构	--	--	--	--	--	--
	证券公司	0	0	0	0	0	-
	证券营业部	5	6	7	7	7	--
	证券服务部	1	1	1	1	1	--
	从业人员总数	156	155	160	172	183	6.4
	投资者开户	85526	73542	61462	58600	60845	3.83
	境内上市股票支数	5	5	5	5	3	-40
	境外上市股票支数	1	2	2	2	2	0
	辖区上市公司总数	6	7	7	8	5	-37.5

泰安市主要金融机构业务概况

单位：亿元

单位名称	本外币存款余额	人民币单位存款	人民币储蓄存款	本外币贷款余额	人民币短期贷款	人民币中长期贷款
农发行泰安市分行	8.54	8.53	0	45.88	18.33	27.55
工行泰安分行	204	87.59	142.24	163.4	59.25	96.46
农行泰安市分行	238.41	88.63	149.15	146.91	62.92	83.21
中行泰安分行	151.84	79.74	60.46	127.38	34.93	85.32
建行泰安分行	165.35	76.91	84.37	136.03	37.1	92.86
交行泰安分行	64.72	48.9	15.38	39.43	26.16	13.01
兴业银行泰安分行	13.86	12.51	1.35	3.18	3.18	0
泰安市商业银行	146.58	71.92	68.67	96.18	69.43	11.92
莱商银行泰安新泰支行	2.48	2.05	0.43	1.61	1.13	0
三和小额贷款公司	0	0	0	1.94	1.94	0
泰通小额贷款公司	0	0	0	0.85	0.85	0
农信社泰安市办事处	400.47	39.36	361.02	285.17	23.27	24.8
邮储银行泰安市分行	129.81	15.92	113.88	9.13	4.75	4.38

泰安市各县级区域经济金融主要统计指标

名称	人口（万人）	面积（平方公里）	地区生产总值（亿元）	地区生产总值增速（%）	本外币存款余额（亿元）	储蓄存款（亿元）	本外币贷款余额（亿元）
泰山区	62.2	337	332.5	11.7	--	--	--
岱岳区	89.9	1750	250.3	11.5	--	--	--
高新区	6.9	107	62.5	13.3	--	--	--
新泰市	139.92	1933	667.3	11.5	311.84	202.91	214.23
肥城市	95.01	1277.3	561.0	11.6	261.63	166.08	183.68
宁阳县	82.69	1125	241.3	12.2	114.17	84.8	63.44
东平县	79.52	1340	235.1	12.0	107.95	84.75	75.5

小企业发展，截至年末，全市中小企业新增贷款 66.4 亿元，增长 21.2%，占全部新增贷款的比重达到 51.9%，其中，小企业贷款新增 45.3 亿元，增长 25.1%，占全部新增贷款的 35.4%；《金融时报》以《山东泰安：融资套餐解中小企业之困》为题进行了报道。

三、以“惠民生、促和谐”为出发点和落脚点，全面推进金融产品和服务方式创新。一是先后联合水利局和组织部制定了金融支持水利建设和大学生村官工作两个指导意见，召开金融支持大学生村官创业富民推进会；二是与民宗局联合组织召开民族民贸贴息工作联席会议，积极做好民族用品生产企业贴息工作；三是在全省率先制定《金融支持保障性安居工程建设的信贷指导意见》；四是进一步加大对县域和“三农”信贷支持力度，截至年末，全市四个县（市）人民币贷款增加 76.8 亿元，比年初增长 16.5%，新增涉农（包括农户贷款和涉农企业贷款）贷款 102.5 亿元，增长 24%，余额达到 529.5 亿元。

【金融稳定】 2011 年，泰安市扎实推进“两管理、两综合”（开业管理、运营管理、综合执法和综合评价）工作创新开展。一是召开金融管理工作会议，签订《维护金融稳定责任书》和《守法经营承诺书》，通报综合评价结果，为 A 级单位进行授牌；二是建立金融运营报告制度，制定《“两管理、两综合”工作实施细则》和《银行业金融机构升格支行管理细则》，成立金融消费者权益保护中心，探索建立保证金制度；三是印制《金融管理与金融服务综合手册》规范办理流程；四是制定《执法检查综合管理规范》，对执法检查、行政处罚、综合评价等 11 个环节进行规范，有效整合管理资源，形成工作合力；五是以省内唯一的全国三农金融事业部改革试点肥城市为基础，组织改革试点检查评估；六是尝试对岱岳区联社、泰安商行稳健性状况进行现场评估，为上级行决策提供参考；七是联合分行营业管理部、莱芜、德州、聊城中支 5 市召开金融稳定工作联席会议，对维护区域金融稳定进行了探索；八是探索制定证券保险业金融稳定重大事项报告和经营情况报告两个制度，强化了交叉性金融业务的监督管理。

【金融服务】 2011 年，泰安市相关部门进一步加强金融服务水平，切实保障全市经济稳步发展。

一、强力推进农村支付服务环境建设。代市政府起草制定了《关于开展农村支付服务环境建设强力推进年活动的通知》，组织召开电视电话会议，张海清行长等先后多次深入农村乡镇进行调研督导，强力推进农村支付服务环境建设；截至年末，全市 71%的行政村布放了普通 POS、电话 POS 或 ATM 等金融基础设施，同比增长近 100%，提前半年完成人行济南分行下达的工作目标。

二、进一步加强国库管理和服务。一是推广横向联网系统，推进国库信息化建设，积极协调国税及商业银行召开联席会议、系统推广工作部署会，并于 11 月 28 日正式上线运行；二是扩大国库直接收付范围，全年共发放“水库移民补贴资金”、“小麦抗旱浇水补助资金”、“孤寡伤残服务人员工资”等 10 多项直补资金 68 万笔，7379 万元，累计已达 474 万笔，6.66 亿元；三是积极探索国库服务新思路，试点罚没收入直缴入库；顺利实现了交通、财政、水利等部门罚没收入直缴入库。

三、建立健全征信管理体系，进一步优化金融生态环境。一是积极开展农村青年信用示范户活动，评定农村青年信用示范户 87 户，授信额度 2009 万元，贷款余额 1699 万元；二是做好“信用乡镇、信用村、信用户”评定工作，共评定信用户 38.4 万户、信用村 1381 个、信用乡镇 21 个，创建示范社 30 个，示范村（点）708 个，规范贷款证 20.7 万本；三是制定下发《关于金融机构企业和个人信用报告异议处理业务管理暂行办法》，强化了对异议处理工作的流程控制。

【金融监管】 2011 年，泰安银监分局外树监管权威，内强监管合力，推动各项工作取得新的成效。

一、服务大局，着力增强科学发展能力。一是通过调研座谈、召开主要负责人会议等形式，向银行业机构传导科学发展理念，结合泰安经济实际和自身特点，科学制定发展规划，真正落实审慎合规经营理念；二是推动银行业加强行业研究和“名单制”管理能力，积极推进信贷结构优化，全市贷款主要投向了批发零售业、制造业、采矿业及个人贷款，煤炭等全市八大主导产业新增贷款 36.2 亿元，新能源等四大战略新兴产业及旅游文化产业新增贷款 16.4 亿元，严格压缩了“两高一剩”及落后产能授信近 20 亿元，房地产开发贷款余额下降了 4.7 亿元；三是召开了“全市银行业小企业金融服务工作推进会”，制定了推动小微企业贷款发展的六项措施。

二、坚守底线，全面做好各类风险管控。一是建立了信贷资产质量迁徙变化月度监测台账等四项制度，持续监测信用风险状况；二是重点关注民间借贷向银行业风险传递的问题，推动各机构严格信贷资金管控，着力构建“防火墙”；三是督促有关机构开展了房地产贷款压力测试，初步实现了名单式管理，督促银行业暴露和调增不良贷款近 10 亿元；四是加大不良贷款处置力度，全年累计消化不良贷款 14.24 亿元，其中，现金清收 7.7 亿元，核销 3.5 亿元；五是与每个机构负责人签订案防责任书，下发了《关于进一步加强银行业从业人员管理的通知》，部署银行业机构围绕员工从事民间借贷、以贷牟利、充当资金中介等违规行为进行深入排查和管控；六是组织了“全面规范银行代理保险业务活动”，6 月和 11 月先后两次集中抽查，坚决做好了“庆祝建党 90 周年”等重点时点的维稳工作，妥善处理泰山区联社 2008 年赵勇案件引发的负面舆情，维护了银行业秩序稳定。

三、转变方式，不断提升监管质效。一是初步确立了分类监管、激励相容的导向，对银行业金融机构进行全面评估排查，深入摸清风险底数和问题；二是狠抓监管执行力建设，在非现场监管中，累计制定《监管意见书》18 份，下发风险提示 13 份，约见谈话 42 次，提出监管意见 108 条，落实率达 95.4%；三是组织了农行序时性检查等现场检查项目 33 个，检查业务量 233 亿元，查出问题 200 余个，现场检查中查处违规金额 22.95 亿元，提出整改意见 117 条，整改到位率达 95.7%，责令各机构对责任人处罚达304人次，其中记过处分以上18人次；四是制定下发了《行政许可事项权限划分管理暂行办法》、《关于进一步加强行政许可工作有关事情的通知》，全面启动了“深化监管信息系统应用 提高有效银行监管水平”主题竞赛活动，举办了“依法监管讲座”。

【外汇管理】 2011年，外管局泰安市中心支局将“控流入、减顺差”贯穿于日常工作始终，较好地完成了全年各项工作任务。

一、强责任，谋举措，增强工作效果。一是对重点企业、关键领域和主要交易项目实施跟踪监测、管理和服务，指导企业用人民币结算出口货款或将出口收汇存放境外开展境外投资经营；二是对辖内17家2010年度进行了利润分配但未办理利润汇出的外商投资企业开展专项调查；三是通过建立资本项目结汇事后核查、重点企业跟踪调查、大额外汇流入备案等三项制度，遏制异常资金流入结汇；四是通过专项检查，保持对热钱流入的高压态势；五是充分发挥与公安机关的联合执法机制以及与人行反洗钱、支付结算部门的联合监管机制的作用，弥补外汇检查手段的不足，提高查处效率。

二、优服务，推改革，支持涉外经济科学持续发展。一是出台了《关于改进外汇管理方式 支持全市涉外经济平稳较快发展的意见》；二是拟定了《外汇主体管理试点工作实施方案》；三是认真贯彻落实外管局山东省分局《分管局长重点企业监测服务工作考核办法》，深入重点涉外企业开展调研；四是组织各家外汇银行集中开展了“外汇诚信兴商宣传月”活动。

三、牢基础，稳推进，确保国际收支统计监测水平。一是组织外汇指定银行业务人员先后参加了全省银行结售汇业务、外汇收支管理等培训班；二是制订了《国际收支申报数据专项核查制度》，辖内外汇银行3名业务人员分别被国家外管局授予“统计之星”先进个人，被山东省分局授予国际收支申报先进个人；三是制订印发了《国际收支企业网上申报实施方案》和《企业网上申报常见问题选编》；四是继续做好贸易信贷抽样调查及出口换汇成本监测工作，辖内2家企业被省分局授予该项工作的先进单位。

四、建平台，提素质，发挥信息调研参谋助手作用。一是制定了《集中学习研讨制度》；二是按照省分局《区域跨境资金流动重点监测方案》的要求，确定样本监测企业，加强了对其的监测分析；三是制订了《外汇指定银行外汇形势分析及外汇信息调研制度》，共编发上报信息104篇，其中被分行专报信息采用1期，被省局上报信息采用56期，被总局信息刊物采用13期；四是协助省分局完成了多篇调研课题，其中《当前形势下合法合规套利资金监管调控研究》被总局《外汇管理专题研究》采用。

五、严法治，促合规，深度净化外汇市场运行环境。一是开展了3期外商投资资本金结汇异常线索现场排查，进行了辖内8家企业36笔资本金结汇业务的现场检查，排查异常交易金额1532.5万美元，依法对存在违规问题的2家企业和1家银行作出行政处罚；二是对2010年检查发现问题的中行、建行和农行分支机构开展了回访抽查；三是依法查处中心支局在日常管理中发现、移交的涉嫌外汇违规违法案件，发挥外汇执法检查的保障作用。全年共立案查处外汇违法案件8起，涉案资金835.38万美元，依法收缴罚没款72.7万元，案件结案率100%。

【金融改革】 2011年，泰安市第一家村镇银行肥城民丰村镇银行和第一家全国性股份制银行分支机构兴业银行泰安分行均已获准开业，上海农商行发起筹建的三家村镇银行已与地方政府签订合作框架协议，筹建准备事宜正积极推进中。相关部门一是推动了东平合行和肥城联社的增资扩股工作；二是狠抓高风险联社的风险化解工作，全年累计处置和盘活不良贷款达11.35亿元，提取拨备4.23亿元。

截至年底，辖区共有6家机构涉及16个政府融资平台余额合计53.92亿元，全部落实了抵押担保，其中土地抵押占比48.78%；贷款期限均在10年之内，每年到期平台贷款余额不超过9亿元；现金流全覆盖的贷款占比89.08%，比年初提高33.16个百分点；全部完成还款方式合同整改工作。

【保险业务】 2011年，驻泰保险机构由2010年底的30家增加到31家，另有4家寿险公司正在筹建。全市批准开业的保险中介公司7家。各机构加强了产品和服务创新，进一步满足了社会日益增长的保险需求。

【证券市场】 2011年，泰安市证券账户开户数60845户，同比增长3.83%。

【精神文明建设】 2011年，一是人行泰安市中支组织开展泰安市文明诚信金融单位、文明信用企业、文明信用乡镇的评选表彰工作，牵头成立泰安市金融系统泰山文明使者志愿服务总队，设立金融知识宣传流动站；二是人行泰安市中支顺利通过总行文明单位考核组的现场考核验收，并被省文明委推荐为“全国文明单位”备选单位，被市文明委表彰为“2010年度十大文明行业”，连续第7个年度获得这一荣誉称号；三是工行泰安分行组织开展重温入党誓词、参观革命烈士纪念馆、“三优一先”推选等活动，全行有5个“先进基层党组织”、21名“优秀共产党员”、3名“优秀总支书记”、7名“优秀党务工作者”分别受到总行、省市分行党委的通报表彰；四是农信社泰安办事处被省文明委、省管企业文明委授予“省级文明单位”、“省管企业文明单位”荣誉称号；五是邮储银行泰安分行获得“省级文明单位”称号。

【大事记】 4月12日 泰安市金融管理工作会议在人行泰安中支召开。

6月9日 人行泰安市中支牵头召开全市金融系统创建文明城市推进会，全市各商业银行、保险、证券等金融机构分管领导共40余人参加了会议。

6月27日 人行泰安市中支与共青团泰安市委联合召开了肥城市农村青年信用示范户总结表彰大会。

8 月 6 日　泰安市商业银行宁阳支行开业。

9 月 9 日　泰安市金融机构反洗钱知识竞赛(预赛)在泰山饭店举行。

10 月 19 日　山东肥城民丰村镇银行开业。

10 月 24 日　人行泰安市中支组织召开全市农村支付服务环境建设推进工作座谈会。

10 月 26 日　人行泰安市中支与市发改委联合召开“重点建设项目发布暨银企对接会”。

11 月 3 日　2011 年泰安市金融机构反洗钱知识竞赛(决赛)在人行泰安市中支举行。

12 月 21 日　兴业银行泰安分行开业。

(贾泰峰)

新泰市

【经济金融概况】　2011 年,新泰市围绕“项目建设、城市建设、新农村建设”三大工作重点,经济保持平稳较快增长,转方向调结构取得成效。一是农业生产稳定增长,粮食实现丰产丰收,工业生产平稳较快增长,企业效益保持较高水平,固定资产投资保持较快增势,服务业快速发展,消费市场持续旺盛,财政收入增长迅速;二是全市经济实现“四个突破”,人均 GDP 突破

新泰市主要经济指标

经济指标	2010	2011	2011 年同比增幅(%)	经济指标	2010	2011	2011 年同比增幅(%)
土地面积(平方公里)	1933	1933	0	地方财政支出(亿元)	39.30	49.80	26.70
人口(万人)	139.16	139.92	0.55	全社会固定资产投资(亿元)	301.50	342.60	22.00
城镇人口(万人)	67.27	68.87	2.32	进出口总值(万美元)	37056	23411	-61.80
乡村人口(万人)	64.43	63.20	-1.95	出口总值(万美元)	10045	13087	30.20
地区生产总值(亿元)	585.50	667.30	11.50	实际利用外资(万美元)	23600	27000	14.40
第一产业(亿元)	44.50	49.10	2.50	社会消费品零售总额(亿元)	152.80	180.10	17.10
第二产业(亿元)	341.10	382.20	12.70	居民消费价格指数(%)	--	--	--
第三产业(亿元)	199.90	236.00	11.40	人均地区生产总值(元)	42189	50596	12.10
财政总收入(亿元)	74.50	87.90	16.10	城镇居民可支配收入(元)	19596	21939	12.00
地方财政收入(亿元)	30.00	36.90	23.00	农民人均现金收入(元)	9453	10141	14.10
财政总支出(亿元)	--	--	--				

新泰市主要金融指标

金融指标(亿元)	2010	2011	2011 年同比增幅(%)	金融指标(亿元)	2010	2011	2011 年同比增幅(%)
本外币存款余额	278.89	311.84	11.70	财险收入	2.04	2.13	4.41
人民币存款余额	277.88	311.46	11.97	寿险收入	6.99	7.20	3.00
单位存款	99.53	103.27	3.77	财险赔款	--	--	--
储蓄存款	173.80	202.91	16.75	寿险给付	--	--	--
本外币贷款余额	170.39	214.23	25.96	当年结益	--	--	--
人民币贷款余额	169.06	209.22	23.99	证券市场交易总额	133.49	85.96	-35.61
短期贷款	78.01	100.00	28.68	投资者保证金余额	1.98	1.27	-35.86
中长期贷款	83.08	99.20	19.40	证券账户开户数	28457	30776	8.15
票据融资	7.97	9.93	24.75	证券交易佣金收入	0.34	0.21	-36.99
当年结益	5.20	5.35	2.88	净利润	--	--	--
不良贷款余额	5.63	5.98	6.22				

新泰市主要金融机构负责人

单位名称	行长（或其他称谓的第一负责人）	副行长（或其他称谓的同级领导）
人行新泰市支行	吴　勇	刘灿升　李长征
银监会新泰办事处	孔祥民	
农发行新泰市支行	王　峰	李　云　刘宝爱
工行新泰支行	杨　帆	林贞全　郭　政　刘　克
工行泰安新汶支行	白　伟	徐庆梓　张振中　席　儒
农行新泰市支行	张兴宏	尹贻新　尹　刚　张钦勇
中行新泰支行	季　元	许崇唐　曹　峰　迟利群
建行新泰支行	刘广孝	杨立清　刘　强
建行新汶支行	董　波	徐　鹏　韩尚祯
交行新泰支行	吴光强	李延波
邮储银行新泰市支行	张钦良	黄　磊
新泰市农信社	王　斌	李传颖　徐西军　张义玉　佟兆庆　张凌峰
泰安市城商行新泰支行	高　虎	李建军
莱商银行新泰支行	王素荣	付伟宏

新泰市主要金融机构业务概况

单位：亿元

单位名称	本外币存款余额	单位存款	储蓄存款	本外币贷款余额	短期贷款	中长期贷款
农发行新泰市支行	2.28	2.28	0	3.34	1.10	2.24
工行新泰支行	59.45	29.76	29.63	48.32	23.51	24.76
农行新泰市支行	46.91	14.27	32.45	38.08	15.95	22.12
中行新泰支行	28.93	15.72	12.20	23.49	1.52	20.20
建行新泰支行	46.93	18.31	25.42	27.96	5.66	22.20
交行新泰支行	5.29	4.84	0.45	6.19	3.98	2.02
邮储银行新泰市支行	32.32	4.32	27.99	1.94	0.88	1.06
新泰市农信社	82.10	8.58	73.48	60.46	49.19	4.46
泰安市城商行新泰支行	4.40	3.33	1.05	2.85	2.08	0.13
莱商银行新泰支行	2.48	2.05	0.43	1.61	1.13	0.48

5万元，城镇居民人均可支配收入突破2万元，农民人均纯收入突破1万元，服务业投资占比突破50%；三是全市金融机构积极优化信贷结构，强化银企合作，突出信贷投放重点，各项贷款快速增长，信贷投放趋于均衡，信贷结构进一步优化，各项存款稳定增长，保险事业稳定发展，金融生态环境不断优化，金融运行呈现良好的发展势头。

【金融发展与改革】　2011年，人行新泰市支行认真贯彻落实人行工作会议精神，一是制定了《关于认真贯彻落实稳健货币政策进一步推进全市经济社会又好又快发展的意见》，参与组织召开了4次银企合作座谈会，签约银企合作项目68个，到位资金32.8亿元；二是在全省率先开办海外代付等新业务；三是圆满完成了农行新泰市三农金融事业部改革试点检查评估工作；四是认真做好农信社改革发展和票据兑付后续考核工作，稳步推进改革。

交行泰安新泰支行成立。

【金融服务与监管】　2011年，人行新泰市支行继续加强对金融机构的监管，一是开展了金融统计、反洗钱、利率、准备金、货币市场、人民币管理等执法检查，对辖区金融机构进行了综合评价，规范了金融机构业务发展；二是健全完善《金融稳定重大事项报告制度》等监督机制和监测分析制度，维护了金融稳定；三是创新国库服务手段，不断拓展非税收入直缴入库和国库直接支付项目；四是5篇调查报告被分行《金融决策参考》采用，60余篇信息被总行、分行和泰安中支采用；五是加强征信管理，积极推进中小企业信用体系和农村信用体系建设，不断优化金融生态环境。

(刘　磊　李桂兰)

肥城市

【经济金融概况】　2011年，肥城市按照“总体稳健、调节有度、结构优化”的原则，多渠道增加信用供给，金融运行保持良好态势，全市经济保持平稳健康发展。

【金融发展与改革】　2011年，肥城市金融机构认真落实国家各项政策，稳步推进金融改革和发展。一是推出了“三押一推”、融资租赁、助保金贷款等业务，开展了农村青年信用示范户试点工作；二是农信社经营机制和法人治理结构进一步完善，三农服务力度加大；三是农行继续完善“三农”金融事业部制改革，建立了面向“三农”服务的组织架构和工作机制；四是积极强化风险管理，保持金融稳健运行。

肥城民丰村镇银行成立。

肥城市主要经济指标

经济指标	2010	2011	2011年同比增幅（%）	经济指标	2010	2011	2011年同比增幅（%）
土地面积（平方公里）	1277.3	1277.3	0.00	地方财政支出（亿元）	31.4	37.14	18.28
人口（万人）	97.89	95.01	-2.94	全社会固定资产投资（亿元）	285.5	324.2	13.56
城镇人口（万人）	47.31	48.5	2.52	进出口总值（万美元）	39841	52044	30.63
乡村人口（万人）	47.43	46.5	-1.96	出口总值（万美元）	17183	22993	33.81
地区生产总值（亿元）	491.68	560.95	11.6	实际利用外资（万美元）	879	3218	266.10
第一产业（亿元）	37.33	40.24	2.7	社会消费品零售总额（亿元）	137.8	161.8	17.42
第二产业（亿元）	286.37	322.18	10.6	居民消费价格指数（%）	--	--	--
第三产业（亿元）	167.98	198.54	15.3	人均地区生产总值（元）	52076	59041	13.37
财政总收入（亿元）	39.96	46.26	15.76	城镇居民可支配收入（元）	19921	22586	13.38
地方财政收入（亿元）	22.32	27.5	23.21	农民人均现金收入（元）	8489	10149	19.55
财政总支出（亿元）	38.7	47.1	21.71				

肥城市主要金融指标

金融指标（亿元）	2010	2011	2011年同比增幅（%）	金融指标（亿元）	2010	2011	2011年同比增幅（%）
本外币存款余额	226.96	261.63	15.28	财险收入	0.45	0.63	40
人民币存款余额	226.56	259.66	14.61	寿险收入	2.20	2.13	-3.18
单位存款	68.46	73.12	6.81	财险赔款	0.20	--	--
储蓄存款	142.72	166.08	16.37	寿险给付	0.08	0.69	762.5
本外币贷款余额	159.21	183.68	15.37	当年结益	0.06	0.07	16.67
人民币贷款余额	159.01	182.30	14.65	证券市场交易总额	107	72.9	-31
短期贷款	85.02	96.53	13.54	投资者保证金余额	0.59	0.43	-27
中长期贷款	68.54	81.53	18.95	证券账户开户数	4627	2373	-48
票据融资	5.45	4.24	-22.20	证券交易佣金收入	0.25	0.16	-36
当年结益	3.78	4.85	28.31	净利润	0.18	0.1	-44
不良贷款余额	11.36	10.28	-9.51				

肥城市主要金融机构负责人

单位名称	行长（或其他称谓的第一负责人）	副行长（或其他称谓的同级领导）
人行肥城市支行	张继轩	冷　静　牛兰季
银监会肥城办事处	刘同新	王　东
农发行肥城市支行	李元华	王　慧　郭雪峰　晁红旗
工行肥城支行	陈福五	祝云岗　曲少平　张晓云　尹　凯　夏东升
农行肥城支行	王　勇	徐宝瑾　高　凯　牛学峰
中行肥城支行	孙克祥	张勇峰　张　勇
建行肥城支行	刘　峰	张　燕　李广营　田茂新　平　伟
肥城市农信社	赵平东	李　斌　侯国振　王延防　赵庆功　胡家迎
邮储银行肥城市支行	李先进	王　兵
泰安市商行肥城支行	玄建涛	彭　涛
山东肥城民丰村镇银行有限责任公司	徐小强	张宪民　张　辉

肥城市主要金融机构业务概况

单位：亿元

单位名称	本外币存款余额	单位存款	储蓄存款	本外币贷款余额	短期贷款	中长期贷款
农发行肥城市支行	1.54	1.54	0	9.12	2.42	6.70
工行肥城支行	36.52	14.36	20.81	30.93	15.66	15.27
农行肥城支行	42.73	15.89	26.81	30.78	15.18	15.60
中行肥城支行	20.61	10.78	7.75	32.55	8.94	23.41
建行肥城支行	32.69	20.54	12.09	28.87	14.11	14.75
肥城市农联社	78.06	4.94	73.12	47.38	38.42	4.91
邮储银行肥城市支行	27.61	2.77	24.84	1.78	0.82	0.96
泰安市商行肥城支行	1.94	1.22	0.73	1.32	1.29	0.02
山东肥城民丰村镇银行有限责任公司	1.32	1.09	0.23	0.95	0.95	0

【金融服务与监管】　2011年，人行肥城市支行与银监会肥城办事处进一步强化金融监管和服务，防范和化解金融风险，确保金融稳定。一是加强对存款准备金、利率、账户、国库等业务的监督管理；二是以“新农保”试点为契机，大力推进农村支付环境建设；三是对农行“三农”金融事业部制改革情况进行了评估验收；四是坚持金融服务与金融管理并重，全面开展了“两管理、两综合”工作。

(张圣猛　王　成)

宁阳县

【经济金融概况】　2011年，宁阳县经济和社会事业持续健康发展，经济运行质量不断提高，城乡居民收入稳步增长。

该县金融机构一是贷款快速增加，贷款结构进一步优化，重点支持县骨干企业、中小企业和特色经济的资金需求；二是年末涉农贷款余额44.95亿元，同比增加3.9亿元，重点支持了制种、蔬菜、钢球、奶业、花卉等主导产业，促进了农业产业结构

宁阳县主要经济指标

经济指标	2010	2011	2011年同比增幅（%）	经济指标	2010	2011	2011年同比增幅（%）
土地面积（平方公里）	1125	1125	0	地方财政支出（亿元）	15.80	18.37	16.28
人口（万人）	82.21	82.69	0.58	全社会固定资产投资（亿元）	172.73	196.99	14.05
城镇人口（万人）	25.2	26.1	3.57	进出口总值（万美元）	5021	6507	29.60
乡村人口（万人）	50.32	49.6	-1.43	出口总值（万美元）	4408	6083	37.99
地区生产总值（亿元）	211.00	241.32	12.2	实际利用外资（万美元）	669	1043	55.9
第一产业（亿元）	36.9	41.49	6.0	社会消费品零售总额（亿元）	73.38	92.21	25.66
第二产业（亿元）	98.8	111.15	11.3	居民消费价格指数（%）	102.8	104.4	1.6
第三产业（亿元）	75.3	88.68	16.5	人均地区生产总值（元）	25666	29184	13.71
财政总收入（亿元）	12.66	14.38	13.59	城镇居民可支配收入（元）	15850	18307	15.20
地方财政收入（亿元）	6.5616	6.9556	6.0	农民人均现金收入（元）	6751	8256	22.29
财政总支出（亿元）	23.77	25.10	5.60				

宁阳县主要金融指标

金融指标（亿元）	2010	2011	2011年同比增幅（%）	金融指标（亿元）	2010	2011	2011年同比增幅（%）
本外币存款余额	98.16	114.17	16.31	财险收入	0.28	0.28	-0.5
人民币存款余额	98.06	113.96	16.22	寿险收入	1.33	1.34	0.43
单位存款	26.08	27.78	4.97	财险赔款	0.20	0.16	-21.08
储蓄存款	71.05	84.80	19.34	寿险给付	0.47	0.65	37.34
本外币贷款余额	53.07	63.44	19.54	当年结益	0	0	--
人民币贷款余额	53.07	63.44	19.54	证券市场交易总额	0	0	--
短期贷款	38.21	39.67	3.82	投资者保证金余额	0	0	--
中长期贷款	11.80	19.05	61.48	证券账户开户数	0	0	--
票据融资	3.06	4.72	54.12	证券交易佣金收入	0	0	--
当年结益	1.72	1.69	-2.18	净利润	0	0	--
不良贷款余额	2.49	2.54	2.26				

宁阳县主要金融机构负责人

单位名称	行长（或其他称谓的第一负责人）	副行长（或其他称谓的同级领导）
人行宁阳县支行	张　伟	何传信　陈树立　程令顺
银监会宁阳县办事处	董艳秋	
农发行宁阳县支行	申　波	张　伟　张　辉
工行宁阳支行	张历波	李建军　任海涛　顾　俊　郗金玉
农行宁阳县支行	戴国岩	何　建　宁　东　李宗旺
中行宁阳支行	于新杰	朱开锋　刘大勇
建行宁阳支行	谭　俊	陈兆运　顾远波
宁阳县商行	赵　敏	
宁阳县农信联社	李延玲	孙法学　刘玉岳　陈长青　刘　锋　王聘国
邮储银行宁阳县支行	赵祥东	马燕民

宁阳县主要金融机构业务概况

单位：亿元

单位名称	本外币存款余额	单位存款	储蓄存款	本外币贷款余额	短期贷款	中长期贷款
农发行宁阳县支行	0.97	0.97	0	4.49	1.21	3.28
工行宁阳支行	12.61	4.57	8.03	10.19	3.87	6.31
农行宁阳县支行	19.95	6.92	13.02	7.10	5.67	1.31
中行宁阳支行	12.22	6.40	5.04	4.25	3.33	0.93
建行宁阳支行	4.61	2.39	2.22	4.42	0.65	3.78
宁阳县商行	0.65	0.49	0.17	0.05	0.05	0
宁阳县农信联社	45.86	4.41	41.45	32.44	24.66	3.17
邮储银行宁阳县支行	16.72	1.66	15.05	0.51	0.24	0.27

优化调整和农民增收。

【金融发展与改革】 2011年，人行宁阳县支行积极发挥窗口指导作用，加快金融产品和服务创新，支持地方经济快速发展。一是继续发挥好金融机构联席会议作用，分析、通报县域金融运行情况及宏观政策信息；二是推进县农行“三农金融事业部”挂牌成立，稳健运行；三是继续做好对县农信社专项央行票据兑付后续考核工作，资本充足率稳步提高，财务经营状况良性健康发展。

【金融服务与监管】 2011年，人行宁阳县支行以“两管理、两综合”工作为切入点，寓管理于服务中。一是加大对账户、结算、存款准备金、金融统计制度执行等业务的监督管理，继续加大反洗钱执法力度；二是完善征信体系建设，发挥好企业、个人信用信息查询系统的监控作用，加快社会诚信文明工程建设，优化了金融生态环境。

（谢　涛　刘亚平）

东平县

【经济金融概况】 2011年，东平县工业经济快速增长，农村经济健康发展，旅游服务业发展势头迅猛，城市开发建设力度不断加大，经济效益显著提高。

金融机构的信贷重点支持了造纸、生物、食品加工等重点行业和农村流通体系建设，重点支持了瑞星化工、宏达铁矿等企业的项目建设及企业技术改造以及东平旅游服务业开发的基础设施建设。

【金融发展与改革】 2011年，人行东平县支行不断强化窗口指导，促进信贷结构调整，积极引导各金融机构服务地方经济发展。工行东平县支行新建“白佛山支行”、“附行式自助银

东平县主要经济指标

经济指标	2010	2011	2011年同比增幅（%）	经济指标	2010	2011	2011年同比增幅（%）
土地面积（平方公里）	1340	1340	0	地方财政支出（亿元）	14.71	17.09	16.18
人口（万人）	79.09	79.52	0.54	全社会固定资产投资（亿元）	119.5	139.7	24.1
城镇人口（万人）	24.6	25.5	3.66	进出口总值（万美元）	5459	10596	94.1
乡村人口	49.61	48.9	-1.43	出口总值（万美元）	1523	1397	-8.5
地区生产总值（亿元）	203.5	235.06	15.51	实际利用外资（万美元）	9238	144	-98.44
第一产业（亿元）	17.9	31.76	6.1	社会消费品零售总额（亿元）	62.8	76.2	17.5
第二产业（亿元）	61.6	119.4	10.8	居民消费价格指数（%）	--	--	--
第三产业（亿元）	28.21	83.91	16.2	人均地区生产总值（元）	25730	29560	14.88
财政总收入（亿元）	15.69	18.51	17.97	城镇居民可支配收入（元）	14108	15942	13
地方财政收入（亿元）	5.85	6.4	10	农民人均现金收入（元）	6031	6936	15.01
财政总支出（亿元）	25.08	29.71	18.46				

东平县主要金融指标

金融指标（亿元）	2010	2011	2011年同比增幅（%）	金融指标（亿元）	2010	2011	2011年同比增幅（%）
本外币存款余额	89.11	107.95	21.14	财险收入	--	--	--
人民币存款余额	89.09	107.90	21.11	寿险收入	--	--	--
单位存款	15.03	19.78	31.6	财险赔款	--	--	--
储蓄存款	67.57	84.75	25.43	寿险给付	--	--	--
本外币贷款余额	68.77	75.5	9.79	当年结益	--	--	--
人民币贷款余额	68.61	74.82	9.05	证券市场交易总额	21.4	16.1	-24.77
短期贷款	39.38	39.85	1.19	投资者保证金余额	0.62	0.39	-37.1
中长期贷款	26.1	30.15	15.52	证券账户开户数	1104	1298	17.57
票据融资	3.12	4.83	54.81	证券交易佣金收入	0.18	0.17	-0.56
当年结益	4.5	4.76	5.78	净利润	15453	11496	-25.61
不良贷款余额	2.47	5.09	106.07				

东平县主要金融机构负责人

单位名称	行长（或其他称谓的第一负责人）	副行长（或其他称谓的同级领导）
人行东平县支行	谷　平	张文玖　展东文　徐艳霜
银监会东平县办事处	陈曰颖	
农发行东平县支行	张效会	刘广涵　孙素美
工行东平支行	娄岱光	刘在民　赵静波　刘建民
农行东平县支行	李立东	周长传　亚　军　薛军广
中行东平支行	张　勇	许　凯　解洪涛
建行东平支行	乔　滢	杜文康　周长波
东平县农村合作银行	田汝会	吴国栋　张义玉　王　钰　汪　振　郭德成
邮储银行东平县支行	赵友林	徐文强

东平县主要金融机构业务概况

单位：亿元

单位名称	本外币存款余额	单位存款	储蓄存款	本外币贷款余额	短期贷款	中长期贷款
农发行东平县支行	1	1	0	4.41	2.03	2.38
工行东平支行	9.21	3.79	5.42	14.64	3.8	10.84
农行东平县支行	16.11	5.8	10.31	7.56	4.85	2.71
中行东平支行	5.87	3.81	1.92	4.45	1.14	3.32
建行东平支行	3.47	1.86	1.62	8.56	0.24	8.32
东平县农村合作银行	51.73	1.83	49.9	35.25	28.06	2.36
邮储银行东平县支行	17.34	1.71	15.63	0.64	0.41	0.22

行”和“离行式自助银行”各一处，加强了网点机构设施建设，满足了广大客户的金融需求；农行东平县支行继续深化三农事业部制改革，进一步完善了授权管理、审批管理和重大事项决策管理；东平县农村合作银行积极开展金融产品和服务方式创新试点工作，被人行泰安市中支列为泰安市唯一能够享受“降低存款准备金率一个百分点” 这一优惠政策的县域法人金融机构。

【金融服务与监管】 2011 年，人行东平县支行以强化窗口指导、优化信贷结构为着力点，认真贯彻执行稳健的货币政策。一是印发了《关于认真贯彻落实稳健货币政策，进一步推进全县经济平稳健康发展的意见》和《关于进一步改进金融服务，促进科技创新发展的指导意见》，及时召开金融机构联席会；二是积极配合中支和县政府成功召开东平县金融生态环境建设暨银企合作会议，银企签署贷款协议 38.9 亿元，创该县银企签约历史记录，实际到位资金 17.75 亿元，有力地促进了地方经济发展；三是加快空白行政村布放金融基础设施进度，金融基础设施覆盖率由年初的 21.7%提高到年末的 59.83%；四是积极开展了对金融机构的检查工作：对建行、农行东平县支行进行了“金融统计检查”、对农行东平县支行进行了 “三农事业部评估”、对农村合作银行进行了“法人机构重点调查”和“风险评估”等，规范了各金融机构的业务开展，更树立了人行权威。

（李娅群）

莱 芜 市

【经济金融概况】 2011 年，莱芜市优化区域布局、改善发展环境，支撑经济发展的有利条件增多，经济发展活力进一步增强，全市经济平稳发展。

【货币政策实施】 2011 年，莱芜市金融机构认真落实稳健的货币政策，优化信贷结构，加快金融创新步伐，全市金融运行平稳。

一、贷款投向符合转方式调结构总体要求。一是有序退出“两高一剩”产业，对重点行业、重点项目信贷投放加快，截至年末，全市制造业企业贷款余额 236 亿元，较年初增加 16 亿元，占全部贷款余额的 44.35%，新增占比 40.06%；二是金融机构中小企业贷款规模普遍不受限制，贷款增长明显快于大型企业，年末全市中小企业贷款余额 224.96 亿元，较年初增加 26.55 亿元，增长 13.38%；三是涉农企业贷款等增幅明显加大，年末涉农贷款余额 133.3 亿元，较年初增加 51.49 亿元，增长 62.93%；四是累计发放“三创”贷款 7 亿元，为居民创业提供了有效资金支持；五是服务业贷款余额 139.97 亿元，较年初增加 24.53 亿元，增长 21.25%。

二、不断完善金融产品和服务，有力支持统筹城乡一体化发展。一是各银行业机构建立中小企业专营服务机构或特色支行 66 个，推出适合中小企业融资特点的“小企业自助可循环贷款”、“易融通”、“早得利”、“存易贷” 等特色金融产品和金融服务创新 23 项，扩大中小企业抵押担保范围的同时简化审批流程；二是推出 “信用共同体贷款”、“农村大联保体贷款”、“一助一”创业贷款，信用村建设项目，由银行提供担保为农业龙头企业向融资成本低的金融机构获取贷款等；三是全市加入支付系统网点数达 129 个，银行网点数 189 个，加入同城清算系统网点数 9 个，支付系统覆盖率达到 68.3%，全辖 ATM 布放量达 258 个，农民金融自助服务终端运行台数达 107 台。

【金融监管】 2011 年，人行莱芜市中支与莱芜银监分局坚持监管与服务并举，积极实践监管创新，着力提高监管能力和银行业竞争能力，各项工作取得新进展。

一、加强风险控制，加大检查力度。一是莱芜银监分局创新非现场监管手段，加强莱商银行异地联动监管，与临沂、泰安分局签订联动监管备忘录；二是制定《监管分析例会制度》，创新建立非现场监管违规问题监测台账；三是下发监管意见书和风险提示 29 份，对数据漏报、错报机构下发提示单和通报 6 次，约见高管谈话 18 次；四是加大现场检查力度，先后开展现场检查 15 项，查出违规金额 16.5 亿元，提出整改意见 57 条，督促处理责任人 29 人；五是严格市场准入审核，注重将行政许可与日常监管相结合，全年审批行政许可 88 项；六是制定实施了《金融机构综合评价实施细则》、《金融机构重大事项报告管理办法》等，先后对莱芜珠江村镇银行、邮储凤城支行实施开业管理，对 31 家金融机构开展综合评价，开展专项执法检查 17 次，实施行政处罚 4 次，下发通报 4 次，约见金融机构谈话 13 次；七是组织对农信社改革后续监测考核，确保了对辖区金融机构宏观审慎管理的实效性。

二、加强指导，提升银行业经营活力。一是莱商银行不断改善监事会和独立董事运行机制，将“三长”引咎辞职制度纳入章程，推进增资扩股 4 亿股，总股本达到 10 亿元，资本充足率达到 23.33%，年内共有 3 家支行开业，2 家支行获准筹建；二是农信社继续完善法人治理，落实理事会、高管层和监事会定期报告制度，制定银行化改革方案；三是莱芜珠江村镇银行于 6 月份顺利开业，存贷款总额已突破 2 亿元；四是邮储莱芜市分行积极开展“严内控、促规范、提高执行力”合规年活动，完成 1 家二类支行改革；五是国有银行流程改革步伐加快，经营性网点转型工作取得新的进展，体制机制建设有了新的突破。

【外汇管理】 2011 年，外汇管理局莱芜市中心支局加强内控建设，全面提升外汇监管和服务水平。

一、强化外汇服务，支持涉外经济平稳较快发展。一是出台

莱芜市经济主要统计指标

指标＼年度	2007	2008	2009	2010	2011	2011年同比增幅（%）
土地面积（平方公里）	2246.52	2246.21	2246.03	2246	2246	0
人口（万人）	125.35	125.96	126.38	126.69	126.95	0.21
非农业人口（万人）	48.53	49.62	50.41	58.22	58.15	-0.12
地区生产总值（亿元）	76.82	76.34	75.97	68.47	68.8	0.48
第一产业（亿元）	372.22	466.01	471.3	546.33	611.88	12.00
第二产业（亿元）	22.62	27.98	30.36	38.61	41.18	6.66
工业（亿元）	238	306.6	292.41	330.18	370.4	12.18
建筑业（亿元）	221.95	286.12	268.08	302.71	340.12	12.36
第三产业（亿元）	16.05	20.48	24.33	27.47	30.28	10.23
人均地区生产总值（元）	111.6	131.43	148.54	177.54	200.3	12.82
地区生产总值构成（%）	29401	36648	36907	42367	46983	10.90
第一产业（%）	100	100	100	100	100	--
第二产业（%）	6.1	6	6.4	7.1	6.7	-5.63
第三产业（%）	63.9	65.8	62.1	60.4	60.5	0.17
财政总收入（亿元）	30	28.2	31.5	32.5	32.8	0.92
地方财政收入（亿元）	64.65	77.95	64.11	71.01	78.36	10.35
财政总支出（亿元）	26.07	30.25	32.7	35.32	39.23	11.07
地方财政支出（亿元）	--	--	--	--	--	--
全社会固定资产投资（亿元）	34.53	39.38	44.61	51.94	59.23	14.04
规模以上固定资产投资（亿元）	165.32	207.46	260.55	321.36	350.1	8.94
房地产开发（亿元）	165.32	207.46	260.55	321.36	350.1	8.94
进出口总值（亿美元）	13.55	13.27	16.39	18.34	28.83	57.20
出口总值（亿美元）	16.48	27.63	15.74	26.5	35.81	35.13
实际利用外资（亿美元）	12.15	13.66	5.91	10.33	11.41	10.45
社会消费品零售总额（亿元）	1.31	0.76	0.89	0.98	1	2.04
居民消费价格指数（%）	111.85	135.6	160.6	182.06	198.39	8.97
城市居民人均可支配收入（元）	104.77	105.56	101.1	104.39	104.2	-0.18
农民人均纯收入（元）	14906	17224	18943	20988	23509	12.01

莱芜市工农业主要统计指标

农业主要统计指标（万吨）				规模以上工业企业主要统计指标（亿元）			
项目＼年度	2010年	2011年	增幅（%）	项目＼年度	2010年	2011年	增幅（%）
粮食	27.78	26.98	-2.88	工业增加值	373.39	324.71	13.53
夏粮	7.9	7.15	-9.49	国有工业	13.84	20.9	18.79
秋粮	19.88	19.82	-0.30	集体工业	0	0.24	211.57
棉花	0.11	0.12	9.09	股份制工业	333.54	286.39	13.23

续表

农业主要统计指标（万吨）				规模以上工业企业主要统计指标（亿元）			
项目＼年度	2010年	2011年	增幅（%）	项目＼年度	2010年	2011年	增幅（%）
油料	1.87	1.74	-6.95	股份合作制工业	0	0	0
水果	8.23	8.99	9.23	外商及港澳台投资工业	16.61	14.47	11.65
蔬菜	98.27	102.1	3.90	轻工业	35.43	26.77	19.24
肉类	6.45	6.3	-2.33	重工业	337.96	297.94	13
禽蛋	3.11	3.07	-1.29	销售收入	1536.91	1507.83	26.28
奶类	0.3	0.22	-26.67	利税	91.48	64.91	28.81
水产品	0.33	0.34	3.03	利润	57.22	38.12	47.4
森林覆盖率（%）	33.5	33.9	1.19	经济效益综合指数（%）	230.46	260.42	31.82

莱芜市主要金融机构负责人

单位名称	行长（或其他称谓的第一负责人）	副行长（或其他称谓的同级领导）
人行莱芜市中心支行	崔玉林	陈 刚 李念国 张 森 李玉祥 孟宪彦 王秀芸
银监会莱芜监管分局	薛建波	初铭鹏 赵建民 孟兆杰
农发行莱芜市分行	张为民	王世军
工行莱芜分行	闫小明	亓立刚 亓建国 刘振民 亓登明 李沧海 谭慧鹰
农行莱芜分行	孟宪军	潘正光 徐希民 刘学德
中行莱芜分行	高建芳	张立刚 纪兆峰 李成忠 郑桂峰
建行莱芜分行	朱卫平	耿 刚 边永彪 刘庆富 张玉林 牟玉鹏
莱商银行	李敏实	谭乐清 徐信英 赵怀方 尚海燕 李学斌 崔 军 苏全利 段 霞 于 泓
农信社莱芜市办事处	于富海	李玉林 钟金铭 王其学 焦学杰 韩广胜 吴修田 卢信友
邮储银行莱芜市分行	金卫东	李长立
莱芜珠江村镇银行	劳崇光	董鲁南 张 巍 田书东
人保财险莱芜分公司	刘传锋	魏念云
人寿保险莱芜分公司	张期亮	张延彪
齐鲁证券公司莱芜市联合协作中心	马 军	吕淑杰

莱芜市金融业务统计指标

指标（亿元）＼年度		2007	2008	2009	2010	2011	2011年同比	
							增加额	增幅（%）
银行类	本外币存款余额	367.15	446.03	564.67	587.37	606.85	19.48	3.32
	人民币存款余额	365.12	444.81	562.44	585.78	604.97	19.19	3.28
	单位存款	108.94	125.14	153.29	124.28	261.88	137.6	110.72
	储蓄存款	172.19	216.41	261.95	300.03	324.06	24.03	8.01
	定期储蓄存款	121.71	156.82	188.36	214.85	232.06	17.21	8.01
	活期储蓄存款	50.49	59.59	73.59	85.18	92	6.82	8.01
	本外币贷款余额	281.45	320.87	408.31	489.74	531.6	41.86	8.55

续表

指标（亿元） \ 年度		2007	2008	2009	2010	2011	2011年同比 增加额	2011年同比 增幅（%）
银行类	人民币贷款余额	271.92	309.33	389.97	464.7	490.05	25.35	5.46
	短期贷款	175.44	184.58	292.73	285.28	358.65	73.37	25.72
	中长期贷款	96.37	124.16	96.39	151.14	149.15	-1.99	-1.32
	票据融资	41.53	40.81	36.92	27.92	22.24	-5.68	-20.34
	当年结益	8.9	10.16	9.24	11.95	12.94	0.99	8.28
	不良贷款余额	10.22	12.33	19.15	23.85	27.33	3.48	14.59
	不良贷款占比%	3.16	3.41	4.3	5.13	5.58	0.45	8.77
保险类	保险公司保费收入	8.3	9.7	10.8	13.2	13	-0.2	-1.52
	财险收入	2.4	2.5	3	3.7	4	0.3	8.11
	寿险收入	5.9	7.2	7.8	9.5	9	-0.5	-5.26
	保险公司赔款和给付支出	3.5	2.1	2.5	2.7	2.7	0	0
	财险赔款	1	1.3	1.3	1.4	1.6	0.2	14.29
	寿险给付	2.5	0.8	1.2	1.3	1.1	-0.2	-15.38
	当年结益	4.8	7.6	8.3	10.5	10.3	-0.2	-1.90
证券类	证券市场成交总额	448	264	580	445	280	-165	-37.08
	投资者保证金余额	2.99	2.29	4.9	4.2	2.3	-1.9	-45.24
	证券账户开户数	80805	87708	98298	104949	109192	4243	4.04
	佣金收入	1.03	0.58	1.17	0.91	0.48	-0.43	-47.25
	净利润	0.41	0.27	0.56	0.5	0.25	-0.25	-50.00
	期货市场成交总额	—	—	—	—	—	—	—
	期货客户保证金余额	—	—	—	—	—	—	—
	期货账户开户数	—	—	—	—	—	—	—
	期货手续费收入	—	—	—	—	—	—	—
	利润总额	—	—	—	—	—	—	—

莱芜市金融机构统计指标

指标（个） \ 年度		2007	2008	2009	2010	2011	2011年同比 增幅（%）
银行类	法人机构	2	2	2	2	3	50.00
	省级分行	0	0	0	0	0	0
	二级分行	35	35	35	34	32	-5.88
	县区支行	53	55	60	66	70	6.06
	分理处、营业所	145	142	138	136	139	2.21
	储蓄所	1	1	1	1	1	0
	从业人员总数	2511	2633	2869	3141	3376	7.48
保险类	保险机构	12	18	18	20	21	5
	财险机构	7	10	10	10	11	10
	省级分公司	0	0	0	0	0	0

续表

指标（个）		2007	2008	2009	2010	2011	2011年同比增幅（%）
保险类	地市分公司	7	10	10	10	11	10
	县区支公司	10	13	13	13	14	7
	寿险机构	5	8	8	10	11	10
	省级分公司	0	0	0	0	0	0
	地市分公司	5	8	8	10	11	10
	县区支公司	7	7	9	9	10	11
	从业人员总数	6584	8949	10200	11073	13785	24
	财险人员	170	417	494	510	543	6
	寿险人员	6414	8532	9706	10563	13242	24
证券类	证券机构	4	3	3	3	3	0
	证券公司	1	1	1	1	1	0
	证券营业部	3	2	2	2	2	0
	证券服务部						0
	从业人员总数	40	42	44	45	47	4.44
	投资者开户	62158	67469	75614	80730	83383	3.29
	境内上市股票支数	--	--	--	--	--	--
	境外上市股票支数	--	--	--	--	--	--
	辖区上市公司总数	--	--	--	--	--	--

莱芜市主要金融机构业务概况

单位：亿元

单位名称	本外币存款余额	人民币单位存款	人民币储蓄存款	本外币贷款余额	人民币短期贷款	人民币中长期贷款
农发行莱芜市分行	1.63	1.63	0	8.00	2.65	5.36
工行莱芜分行	102.84	50.47	51.78	87.25	37.53	34.73
农行莱芜分行	52.63	24.78	27.65	63.96	40.43	22.19
中行莱芜分行	73.34	45.67	26.37	124.63	55.66	43.68
建行莱芜分行	40.92	18.88	21.79	34.53	8.68	22.04
莱商银行	137.80	80.68	44.79	99.16	77.25	7.68
农信社莱芜市办事处	138.31	29.68	108.27	103.63	91.31	10.23
邮储银行莱芜市分行	50.22	8.01	42.01	9.72	4.45	1.87
莱芜珠江村镇银行	1.41	1.09	0.32	0.71	0.67	0.04

《关于进一步改进外汇管理，支持全市涉外经济平稳较快发展的指导意见》，明确17项支持涉外经济发展的优惠政策措施，探索建立"一企一策"长效工作机制；二是为莱商银行增加短期外债指标700万美元，帮助莱钢集团获得2000万美元的短期外债指标，为企业节省利息支持约500万元，实现汇兑收益约400万元，支持了辖区机构开办外汇新业务；三是积极指导市农信社、工行、中行等6家金融机构做好开办外汇业务的前期准备工作，核准2家保险机构开办外汇业务。

二、采取措施，落实"控流入、减顺差"。一是制发《关于强化银行业务审查责任、防控异常外汇资金流入的通知》，加强重点项目及交易环节结汇的真实性审核；二是开展资本金结汇专项检查工作，严厉打击热钱流入；三是加大资本项下外汇资金流入审核力度，促进外汇资金合理有序流出；四是加大对违法违规资金的查处力度，震慑了外汇领域的违法行为。

【保险业务】 2011 年，莱芜市保险行业加强风险管控和行业自律，实现了保险业务的规范有序、平稳发展。一是行业规模不断扩大，2011 年人寿、财险莱芜中心支公司和英大、泰和人寿保险莱芜中心支公司相继成立，市场主体不断增加；二是不断加强行业自律，落实财险每季度定期对票决结果较差公司重点业务检查制度，重点对车险手续费、费率及非车险手续费及费率进行检查，对山东省保险行业协会修改后的"银行、邮政代理保险业务自律公约"及"借款人人身意外保险业务险自律公约"执行情况进行自律检查，有效遏制银代业务及借意险的违规行为，促进了寿险机构的合规经营意识。

【精神文明建设】 2011 年，莱芜市金融系统加强精神文明建设，提升服务水平，取得明显成效。一是人行莱芜市中支探索央行文化体系建设，不断提升执行力，连续 5 年荣获"省级文明机关"；二是工行莱芜分行为实现"系统内精品银行、区域内规模大行"的目标，围绕"扩大存款份额，调整经营结构，实施精细化管理"的工作主线，通过劳动竞赛与建设"平安银行"相结合，实现业务拓展和文化建设双丰收；三是农行莱芜分行加强和谐农行建设，抓好费用向基层倾斜、改善基层办公条件、建设职工之家、建立特困员工帮扶机制，深入细致地做好思想政治工作；四是中行莱芜分行注重关心员工日常生活，营造团结和谐的企业文化；五是建行莱芜分行举办趣味运动会、提供才能展示平台、组织员工查体，丰富员工生活；六是莱芜市农信联社开展网络文明传播活动、月评好人好事、争创省级文明单位、争当文明规范服务标兵、青年岗位能手等活动，提高服务质量和水平；七是邮储莱芜分行荣获 "平安莱芜建设工作先进单位"、"山东省分行员工素质建设工程优秀组织"、"转方式、调结构、促发展，先进工会单位"等荣誉称号。

【大事记】 1 月 19 日 人行济南分行党委委员、副行长李建文一行莅临莱芜中支，宣布崔玉林任人行莱芜中支党委书记、行长、国家外汇管理局莱芜中心支局局长。

1 月 20 日 建行山东省分行行长路民一行到莱芜分行考察，并走访慰问老干部。

2 月 20 日 中行山东省分行 2011 年金融工作会议在莱芜宾馆召开。行长何兴祥主持，莱芜市市长马平昌、副市长刘曙光出席会议。

2 月 21 日 高建芳任中行莱芜分行行长、党委书记，张立刚任中行莱芜分行纪委书记。

3 月 9 日 山东银监局党委副书记、副局长解晓非出席莱芜银监分局领导班子主要成员调整干部大会并讲话。

3 月 15 日 人行莱芜中支召开 "农村支付服务环境建设总结表彰暨'强力推进年'动员会"。

3 月 21 日 山东银监局副巡视员郭宝珍到莱芜宣布分局领导班子主要成员任职决定：任命薛建波为莱芜银监分局党委书记、局长（银监鲁党任〔2011〕17 号）、（银监鲁任〔2011〕16 号）。

3 月 24 日 人行莱芜中支党委书记、行长崔玉林参加市政府召开的"为企业排忧解难服务活动"动员大会，并作表态发言。

4 月 2 日 莱商银行菏泽曹县支行开业。

5 月 5 日 莱芜珠江村镇银行对外试营业。

5 月 10 日 建行山东省分行刘振奇副行长一行到莱芜分行调研。

5 月 12 日 工行山东省分行党委委员、副行长徐光林到莱芜分行调研，并出席该行与莱商银行银银平台合作协议签约仪式。

人行济南分行党委委员、副行长刘克俭一行莅临莱芜中支开展调研督导。

5 月 18 日 山东银监局王忠坦副局长到莱芜分局调研。

5 月 19 日 莱商银行徐州新沂支行开业。

5 月 20 日 人行莱芜中支组织、推动召开"中信青岛分行专场银企洽谈暨直接债务融资工具推介会"。

5 月 27 日 莱商银行颜庄支行举行更名迁址庆典。

6 月 3 日 莱芜珠江村镇银行举行开业庆典。莱芜市委副书记、市长马平昌、广州农村商业银行行长王继康、党委副书记、纪委书记黄励岗等 150 余人出席仪式。

6 月 11 日 ~ 12 日 中行莱芜分行与人寿莱芜分公司联合举办"激情六月"保险知识培训班。

6 月 15 日 莱芜银监分局与莱城区政府共同举办 "中小企业金融服务推进会"。

7 月 8 日 农行莱芜分行成功为莱钢集团办理全省金额最大的一笔银赁通保理业务 7 亿元。

省联社理事长、党委书记宋文瑄一行到莱芜市联社调研指导工作。

8 月 11 日 中行莱芜分行与市招商局联合召开 "招商引资项目银企合作对接会"。与全市 15 家企业签订合作意向书，合作金额 3.15 亿元。

8 月 19 日 莱芜银监分局召开全市银行业 "深化内控和案防制度执行年活动"推进会。

9 月 7 日 建行山东省分行在莱芜召开基层机构负责人合规经营座谈会。

9 月 14 日 人行莱芜中支与市商务局联合开展 "一企一策"跨境人民币业务推进活动。

9 月 16 日 外汇局莱芜中心支局召开"诚信兴商"宣传月动员会暨外汇违法违规案例通报会。

9 月 17 日 建行莱芜分行与太平洋保险莱芜分公司共同举办了 2011' 贵宾客户家庭财富论坛暨建行专属保险产品发布会。

9 月 21 日 工行山东省分行党委委员、副行长李明出席莱芜分行党员领导干部民主生活会。

9 月 22 日 山东银监局党委书记、局长廖平之到莱芜银监分局调研。

9月23日　中行总行流程再造工作组莅临莱芜分行指导工作。

9月27日　人行莱芜中支召开2011年莱芜市银证保联席会议。

10月10日　山东银监局副局长王朝弟到莱芜调研。

莱商银行徐州泉山支行开业。

10月19日　莱芜银监分局联合市金融办、政策研究室、人行召开全市银行业中小企业金融服务工作座谈会。

10月27日　工行山东省分行党委委员、纪委书记崔方春到莱芜分行调研。

10月28日　省联社副主任王继东一行到莱芜市联社调研指导工作。

11月15日　山东银监局王忠坦副局长参加莱芜银监分局党员领导干部民主生活会。

11月18日　中行莱芜分行成功为山东泰山钢铁集团有限公司叙做一笔汇入汇款项下出口跨境转收款业务，填补了莱芜地区此项业务的空白。

12月1日　工行莱芜文化路支行开业。（银监鲁准[2011] 247号）。

12月2日～3日　农行山东省分行党委书记、行长陈军到莱芜分行参加专题民主生活会，并调研指导工作。

12月30日　省联社副主任王宝城一行到莱芜市联社视察指导工作。

12月31日　莱芜市市长杨宜新一行代表市委、市政府对全市银行业进行岁末走访慰问。

（张勤清　李金实）

第十部分

区域性金融运行报告
——鲁东地区

青 岛 市

【经济金融概况】 2011 年，青岛市全面落实中央一系列宏观调控政策，经济实现了平稳较快发展，社会事业全面进步，民生状况进一步改善。全市银行业积极调整和优化信贷结构，有力推动实体经济健康发展。全年新设立 5 家银行类金融机构（河北银行、东京三菱日产银行、华侨银行、青啤财务公司和胶州村镇银行），银行类金融机构总数达到 47 家。

一、银行信用总量持续同比多增，贷款增速持续高于全国全省水平，表外融资继续保持快速增长势头，直接债务融资有新突破。

二、信贷结构逐步优化，小企业贷款增速高于全市平均水平，房地产信贷政策效应显现，地产开发贷款和个人住房贷款下降明显。

三、受通货膨胀预期、外汇占款下降等多重因素影响，全市各项存款增长放缓。一是受委托存款和理财产品分流影响，单位存款和储蓄存款同比少增；二是表外业务带动保证金存款增长较多。

【货币政策实施】 2011 年，人行青岛市中支紧紧围绕转方式调结构，认真贯彻落实稳健的货币政策，为经济发展方式转变提供了良好的货币环境。

一、更加注重信贷结构优化。一是突出“八个支持、五个突破”的信贷工作重点，引导金融机构把资金重点投向经济民生薄弱环节和重点领域，先后配套制定了金融支持水利建设等 6 个指导意见，推动建立了高新技术产业等 4 个金融创新服务试验区，举办了金融支持山东半岛蓝色经济区建设等 4 场银企推进会和金融支持文化产业发展观摩交流会；二是积极推动专利权、著作权抵押担保贷款，与青岛市文化广电新闻出版局联合制定了版权质押贷款指导意见；三是落实国务院常务会议关于支持小微企业发展的决策部署，启动了“深入基层、深入企业、帮扶解困”主题走访活动，推动市政府将小企业贷款风险补偿比例提高到 2%；四是专利权质押、土地承包经营权抵押贷款实现了突破，海域使用权、林权、渔船抵押贷款试点范围进一步扩大。

二、银行间市场直接债务融资取得突破性进展。一是制定了银行间债券市场直接债务融资引导办法，对 200 家重点企业进行了集中培训，就担保和发行费用等问题向市政府提出了政策建议，前湾港集装箱码头、六和集团、青建集团 3 家企业累计发行 20.5 亿元中期票据和短期融资券；二是大力推动批量化、规模化的“区域集优”债券融资模式，与中债信用增进投资公司签署了区域集优债务融资合作框架协议，有效拓宽了中小企业融资渠道。

【金融稳定】 2011 年，人行青岛市中支进一步强化金融稳定工作。一是对两家法人金融机构采取了差别存款准备金动态调整措施，引导其建立完善信贷行为自我把握、自我约束的弹性机制；二是会同市财政等部门对政府融资平台进行了摸底核实，督促银行机构切实提高风险识别和风险管理能力；三是进一步拓展监测覆盖面，将财务公司、信托公司、新成立的村镇银行和小额贷款公司以及新上市公司纳入风险监测范围，将财务公司、证券公司、保险公司、信托公司纳入考核评价范围，对即墨北农商村镇银行和中信万通证券公司进行了首次现场评估；四是进一步强化重大事项报告制度，全年共受理金融机构重大事项报告 800 余份，提高了风险监测预警水平。

【金融服务】 2011 年，人行青岛市中支积极推动工作创新，不断加强金融现代基础设施建设，金融服务水平进一步提升。

一、加强统计监测和调研信息工作。一是积极推动金融统计标准化，自主开发了贷款分类统计系统，被总行确定为存贷款利率统计标准化试点的基础程序；二是突出加大了对小微企业融资状况、国际收支、进出口形势、房地产市场、民间借贷等领域的监测分析，3 篇政务信息被中办国办采用；三是进一步加强新闻宣传解释工作，累计在《青岛日报》、《青岛财经日报》等媒体开展新闻宣传 160 余次，在《金融时报》、《中国金融》等重要媒体开展重点宣传 20 余次。

二、创新人民币流通管理方式。一是在全省率先开展了人民币在银行间的横向调剂，提高了人民币流通效率；二是加强对流通中人民币的管理，开展反假币管理活动、知识宣传和专项检查，有效提升了银行从业人员和社会公众的反假币意识和技能。

三、支付结算基础设施建设取得新进展。依托“助农”工程和农村经济主体，强力推进农村支付环境建设。全年全市新增助农取款服务点 100 余家，农村 ATM 和 POS 分别同比增长 32%和 95%，人均持卡 1.28 张，行政村金融基础设施覆盖率达 76%。

四、不断提高国库服务水平。在全省率先将出口退税业务全部纳入财税库行横向联网系统，实现了出口退税“无纸化”，极大地提高了出口企业资金周转效率。截至年末，累计办理出口退税 3.64 万笔，业务金额近 100 亿元。

五、进一步推动征信体系建设。一是不断加强征信数据库建设，在全省率先通过了公积金贷款数据向个人信用信息基础数据库报送的验收考核；二是大力开展农村信用体系建设，率先将“第二代身份证识别仪”引入个人信用报告查询，并在全省范围内得到推广应用。

六、跨境人民币业务发展迅速。在全国率先实现了韩元柜台挂牌交易，青岛市区域柜台报价交易体系已具雏形。全年全市业务量突破 520 亿元，居山东省和第 2 批试点的 4 个计划单

青岛市经济主要统计指标

指标 \ 年度	2007	2008	2009	2010	2011	2011年同比增幅（%）
土地面积（平方公里）	10654	10654	10654	10654	10654	0
人口（万人）	757.99	761.56	762.92	763.64	766.36	0.36
城镇人口（万人）	275.55	276.25	275.47	275.50	277.09	0.58
乡村人口（万人）	482.44	485.31	487.45	488.14	489.27	0.23
地区生产总值（亿元）	3786.52	4436.18	4890.33	5666.19	6615.60	11.70
第一产业（亿元）	203.59	223.40	230.25	276.99	306.38	5.00
第二产业（亿元）	1953.55	2255.45	2449.80	2758.62	3150.72	11.60
工业（亿元）	1785.31	2062	2338.13	2714.57	3081.04	13.50
建筑业（亿元）	168.24	193.45	245.71	304.43	356.16	13.50
第三产业（亿元）	1629.38	1957.33	2210.28	2630.58	3158.50	12.40
人均地区生产总值（元）	49954.75	58251.22	64100.17	74199.75	86324.96	16.34
地区生产总值构成（%）	100	100	100	100	100	—
第一产业（%）	5.40	5.10	4.70	4.90	4.60	-0.30
第二产业（%）	51.60	50.80	50.10	48.70	47.60	-1.10
第三产业（%）	43.00	44.10	45.20	46.40	47.80	1.40
财政总收入（亿元）	1070.50	1251.60	1463.63	1990.54	2407.76	20.30
地方财政收入（亿元）	292.58	342.40	376.99	452.61	566	25.10
财政总支出（亿元）	—	—	—	—	—	—
地方财政支出（亿元）	321.18	369.40	433.58	532.39	658.70	23.70
全社会固定资产投资（亿元）	—	—	—	3022.50	3502.50	23.40
规模以上固定资产投资（亿元）	1635.40	2019	2458.90	—	—	—
房地产开发（亿元）	322.40	373.10	459.50	602.40	782.70	29.90
进出口总值（亿美元）	457.25	536.37	448.51	570.60	712.63	27.20
出口总值（亿美元）	283.10	326.25	272.99	339.16	400.56	20.50
实际利用外资（亿美元）	38.07	26.40	18.64	28.43	312.07	36.90
社会消费品零售总额（亿元）	1199.18	1464.77	1743.99	1902.74	2232.88	17.40
居民消费价格指数（%）	104.50	104.70	100.50	102.20	105.00	2.80
城市居民人均可支配收入（元）	17856	20464	22368	24998	28567	14.30
农民人均现金收入（元）	7477	8509	9249	10550	12370	17.30

注：1、“规模以上固定资产投资”自2010年起改为“全社会固定资产投资”统计指标；“财政总支出”青岛市统计局不对外部提供。

2、青岛市统计局只统计市区人口和五市（县级）人口，故城镇人口和乡村人口分别对应“市区人口”和“五市（县级）人口”。

青岛市工农业主要统计指标

农业主要统计指标（万吨）				规模以上工业企业主要统计指标（亿元）			
项目 \ 年度	2010年	2011年	增幅（%）	项目 \ 年度	2010年	2011年	增幅（%）
粮食	351.41	363.00	3.30	工业增加值	2714.57	3081.04	13.50
夏粮	164.70	165.40	0.43	国有工业	167.09	189.15	13.20
秋粮	186.70	197.60	5.84	集体工业	131.73	137.92	4.70

续表

农业主要统计指标（万吨）				规模以上工业企业主要统计指标（亿元）			
项目 \ 年度	2010年	2011年	增幅（%）	项目 \ 年度	2010年	2011年	增幅（%）
棉花	0.40	0.39	2.50	股份制工业	1283.12	1458.91	13.70
油料	44.20	44.40	0.45	股份合作制工业	--	--	--
水果	80.31	80.52	0.30	外商及港澳台投资工业	894.74	1000.32	11.80
蔬菜	580.77	583.82	0.50	轻工业	1115.89	1294.39	15.10
肉类	56.18	59.55	6.00	重工业	1599.63	1796.38	12.30
禽蛋	18.95	19.14	1.00	销售收入	11264.04	12273.80	18.40
奶类	36.15	37.17	2.80	利税	1122.55	1146.10	11.60
水产品	112	113.41	1.30	利润	596.63	627.90	15.41
森林覆盖率(%)	36.90	37.77	0.87	经济效益综合指数（%）	269.86	294.43	8.26

青岛市主要金融机构负责人

单位名称	行长（或其他称谓的第一负责人）	副行长（或其他称谓的同级领导）
人行青岛市中心支行	王　迅	吕　峰　朱传友　顾延善　时　东　王延伟　邹蜀宁　管发进　裴云燕　王丽艳　陶寿年
银监会青岛监管局	陈育林	罗　中　徐　强　韩　冰　刘志勇　顾志晨
开行青岛市分行	白　桦	刘　新　金　哲　马鲁海
农发行青岛市分行	吴辉家	张玉华　董祚涛　高玉国
进出口银行青岛分行	王伟明	王学超　李　明　陈在维
工行青岛市分行	孙建勇	李　波　吴　刚　程　青　时　辉　薛德贵　乔　霞　毛　波
农行青岛市分行	王志胜	王延磊　于　东　兰卫东　毕吉宝
中行山东省分行	何兴祥	张维克　孟和平　漆德京　陈　兵　王锡峰　王仁堂　葛春尧　郝连才　隋春玲
建行青岛市分行	郭英辉	王士清　郭中华　刘从正　杨洲德　刘津南　陈庆辉　崔凤芹　孙剑波
交行青岛分行	李智斌	徐建民　杨　勇　刘鹏涛　王纪铭　常　青
中信青岛分行	吴小平	迟存国　陈文德　邢丽青　李耀东　张强军　黄树彬
光大青岛分行	范建华	郭志雄　范华廷　颜庆迪　孙昌勇　叶长春
华夏青岛分行	刘　辉	吕　东　赵　劼　于丰星　崔　巍
深发展青岛分行	李　军	谷　辉　王国富　刘家亮　陈昊序　刘文华　纪小倩
招行青岛分行	王纪全	杨　虹　陈旭红　王　京　战长春　姚　红
浦发青岛分行	常　征	王京杰　朱相宇　朱敏红

续表

单位名称	行长（或其他称谓的第一负责人）	副行长（或其他称谓的同级领导）
兴业青岛分行	张晓莉	郑少鸣　步延进
民生青岛分行	赵志敏	李　贤　张俊娟　张俊涛　崔俊峰
恒丰青岛分行	王　旭	于　玲　于国强　张　渤　贾淑萍　陈志国
青岛银行	郭少泉	邹君秋　陈　青　杨峰江　王　瑜 陈　霜　胡高雷　吕　岚　张巧雯
日照银行青岛分行	孙小琰	唐百军　黄玉萍
潍坊银行青岛分行	郑友坤	
齐鲁银行青岛分行	张　华	韩　松
青岛市农信社	刘仲生 刘宗波	任　静　马书平　贾承刚 丁明来　王建华　纪中慷
汇丰银行青岛分行	高　慧	孙翠霞　仇吉媛
山口银行青岛分行	兼重清史	渡边正彦　夏　铮
南商银行青岛分行	张少雄	马　勇　贾贵亮
韩亚银行青岛分行	赵章行	朴成培
企业银行青岛分行	徐廷焕	金基云
新韩银行青岛分行	郑浩喆	李源硕
渣打银行青岛分行	陈国华	潘晓东　蔡洪亮
东亚银行青岛分行	李颖新	孙善功　隋　青　李作伦　冯　蕾
瑞穗银行青岛分行	藤武秀三	山口真一
海尔财务公司	李占国	
海信财务公司	黄金萍	
中石化财务公司	张建江	吕固江　赵　博
银联青岛分公司	赵玉东	吴　坚
胶州市海丰小额贷款有限公司	徐宗殿	
青岛即墨诚和小额贷款股份有限公司	黄建勇	姜修文
青岛市城阳区海都小额贷款股份有限公司	赵正俊	邴启楼　周　彦
青岛市南区中元籴焜小额贷款有限公司	陈　剑	
青岛胶南市天一小额贷款股份有限公司	商伟华	耿志刚
胶州市永信小额贷款有限公司	孙绪鹏	
青岛市李沧区元丰小额贷款有限公司	王春雷	胡光绪
青岛市黄岛区民泽小额贷款有限责任公司	薛德峰	王强芬
青岛保税港区汇银小额贷款股份有限公司	李宗勳	曹芳宇
平度市诚信小额贷款有限公司	肖彦冰	台元欣
胶州市德银小额贷款有限公司	纪学军	

续表

单位名称	行长（或其他称谓的第一负责人）	副行长（或其他称谓的同级领导）
即墨市吉诚小额贷款有限公司	杨为东	王珍琳
青岛市城阳区中德汇都小额贷款有限公司	郑松竹	刘少华
青岛市城阳区鑫泰小额贷款股份有限公司	袁法杰	章 召
胶州市和生小额贷款有限公司	孙光军	
青岛市市北区利群小额贷款股份有限公司	曹建军	
青岛平度惠民村镇银行	张金龙	张 超
青岛即墨北农商村镇银行	姚玉海	王 勇
青岛胶南海汇村镇银行股份有限公司	孟红升	姜玲玲 张文树
青岛胶州农商村镇银行	华 沙	易 强
青岛莱西元泰村镇银行	李赛春	蔡世宁 孙文耀

青岛市金融业务统计指标

	指标（亿元）＼年度	2007	2008	2009	2010	2011	2011年同比	
							增加额	增幅（%）
银行类	本外币存款余额	4035.12	4896.29	6504.54	7895.52	8901.27	1005.75	12.74
	人民币存款余额	3891.59	4735.38	6301.98	7659.21	8638.50	979.29	12.79
	单位存款	1321.34	1464.19	2100.12	2727.20	4918.94	699.40	16.58
	储蓄存款	1702.04	2123.36	2527.87	2912.33	3198.51	286.18	9.83
	定期储蓄存款	1085.84	1466.56	1689.54	1900.02	1921.99	—	—
	活期储蓄存款	616.20	656.80	838.33	1012.31	1096.52	—	——
	本外币贷款余额	3424.23	4067.60	5268.58	6365.19	7495.25	1130.06	17.75
	人民币贷款余额	3097.06	3748.32	4873.53	5886.23	6947.75	1061.52	18.03
	短期贷款	1394.40	1660.27	1826.97	2158.03	2687.14	529.11	24.52
	中长期贷款	1389.55	1683.29	2568.09	3510.97	4005.11	494.14	14.07
	票据融资	290.73	385.74	404.63	201.21	250.22	49.01	24.36
	当年结益	59.82	88.03	—	—	—	—	—
	不良贷款余额	173.33	120.32	100.07	82.07	75.08	-6.99	-8.52
	不良贷款占比%	5.09	2.97	1.92	1.29	1.00	-0.29	-22.48
保险类	保险公司保费收入	77.60	102.72	115.37	153.85	145.73	11.39	8.48
	财险收入	27.42	29.21	35.34	50.50	57.15	6.65	13.17
	寿险收入	41.61	73.51	80.03	103.40	77.69	2.91	3.89
	保险公司赔款和给付支出	26.69	33.32	34.26	38.83	46.38	8.80	23.42
	财险赔款	13.88	16.96	19.22	25.40	31.13	3.23	11.58
	寿险给付	10.11	16.36	11.41	9.30	15.25	5.57	57.54
	当年结益	—	—	—	—	—	—	—

续表

指标（亿元） \ 年度		2007	2008	2009	2010	2011	2011年同比	
							增加额	增幅（%）
证券类	证券市场成交总额	8938.87	5593.47	12299.10	12364.50	11133.47	-1231.03	-9.96
	投资者保证金余额	113.81	60.45	153.21	135.70	66.58	-69.12	-50.94
	证券账户开户数（万户）	72.74	79.25	97.07	105.60	113.20	7.60	7.20
	佣金收入	14.49	8.64	15.10	12.19	8.08	-4.11	-33.72
	净利润	8.76	4.63	9.15	6.61	2.66	-3.95	-59.76
	期货市场成交总额	2876.75	5871.74	17677.51	40200	36588.51	-3611.49	-8.98
	期货客户保证金余额（万元）	3.26	5.93	19.04	35.51	32.20	-3.31	-9.32
	期货账户开户数（户）	2843	7338	16086	24902	30665	5763	23.14
	期货手续费收入（万元）	2581.80	4552.49	9864.50	15684.62	17357.40	1672.78	10.67
	利润总额（万元）	631.65	956.88	3455.20	4888.08	3981.18	-906.90	-18.55

注：1.银行类“当年结益”指标2009年已取消；“单位存款”指标为2011年新增指标，2010年以前数据为“企业存款”；“定期储蓄存款”和“活期储蓄存款”2011年已终止，2011年数据分别为“个人定期存款”和“个人活期存款”，故无同比数据。

2.保险类“当年结益”青岛保监局无此统计；保费收入指标、赔款和给付支出指标2011年起统计口径发生调整。

青岛市金融机构统计指标

指标（个） \ 年度		2007	2008	2009	2010	2011	2011年同比增幅（%）
银行类	法人机构	4	5	10	19	25	31.58
	省级分行	35	36	38	41	41	0
	二级分行	1	1	1	1	1	0
	县区支行	407	557	639	662	730	10.27
	分理处、营业所	432	399	358	375	292	-22.13
	储蓄所	443	183	155	130	171	31.54
	从业人员总数	25624	26095	27222	28669	28348	-1.12
保险类	保险机构	395	364	398	548	556	1.46
	财险机构	291	241	254	250	259	3.60
	省级分公司	13	18	19	21	28	33.33
	中心支公司	9	3	3	4	2	-50
	支公司	93	63	78	87	93	6.90
	寿险机构	104	123	144	298	297	-0.34
	省级分公司	11	15	16	22	20	-9.09
	中心支公司	0	3	1	3	1	-66.67
	支公司	35	53	55	60	77	28.33
	从业人员总数	24843	34104	33871	35000	33566	-4.10
	财险人员	6575	5110	6389	6000	6539	8.98
	寿险人员	18268	28994	27482	29000	27027	-6.80

续表

指标（个） \ 年度		2007	2008	2009	2010	2011	2011年同比增幅（%）
证券类	证券机构	42	44	47	55	59	7.27
	证券公司	1	1	1	1	1	0
	证券营业部	38	43	46	54	58	7.41
	证券服务部	3	0	0	0	0	--
	从业人员总数	--	-	-	--	--	--
	投资者开户（万户）	116.44	124.14	151.10	155.90	169.54	7.32
	境内上市股票支数	11	11	11	14	19	35.71
	境外上市股票支数	1	1	1	1	1	0
	辖区上市公司总数	11	11	11	14	19	35.71

注：1.“省级分行”含一级分行。
　　2.“从业人员总数”青岛证监局无此统计。

青岛市主要金融机构业务概况

单位：亿元

单位名称	本外币存款余额	人民币单位存款	人民币储蓄存款	本外币贷款余额	人民币短期贷款	人民币中长期贷款
开行青岛市分行	71.24	71.24	0	621.56	64.00	497.94
农发行青岛市分行	13.56	13.53	0	74.52	30.72	43.80
进出口银行青岛分行	6.45	6.10	0	310.25	37.56	205.19
工行青岛市分行	880.23	390.02	457.08	911.44	213.11	632.92
农行青岛市分行	1001.60	417.30	565.80	708.31	304.64	347.23
中行山东省分行	995.32	432.59	374.35	619.74	111.67	389.64
建行青岛市分行	838.97	450.55	340.72	712.28	156.73	508.77
交行青岛分行	679.30	460.94	175.66	438.85	196.95	206.52
中信青岛分行	325.92	223.80	56.81	268.11	171.71	76.11
光大青岛分行	209.75	154.57	42.79	194.03	95.76	79.52
华夏青岛分行	249.68	176.98	66.86	190.88	102.84	80.25
深发展青岛分行	155.30	128.53	20.66	122.07	92.12	28.49
招行青岛分行	343.91	209.05	115.34	301.26	119.44	155.24
浦发青岛分行	168.39	125.29	27.53	164.98	74.70	65.78
兴业青岛分行	147.64	90.89	17.33	108.69	41.05	60.89
民生青岛分行	230.13	152.88	38.53	149.15	99.83	49.25
恒丰青岛分行	174.64	138.34	14.05	106.44	70.36	31.60
青岛银行	549.28	408.05	118.11	299.62	140.27	145.54
青岛市农联社	769.58	264.40	502.23	513.48	268.86	222.86
邮储银行青岛市分行	237.97	18.38	219.46	31.76	10.58	16.59
汇丰银行青岛分行	27.77	10.76	6.12	29.02	6.58	4.40
山口银行青岛分行	1.71	0.48	0.03	8.37	4.24	0.91
南商银行青岛分行	13.19	8.99	3.90	33.28	18.66	9.00
韩亚银行青岛分行	21.61	11.52	2.30	23.23	3.02	6.05

续表

单位名称	本外币存款余额	人民币单位存款	人民币储蓄存款	本外币贷款余额	人民币短期贷款	人民币中长期贷款
企业银行青岛分行	7.36	5.08	0.71	4.57	0.88	0.23
新韩银行青岛分行	6.41	5.39	1.40	10.34	2.00	0.53
渣打银行青岛分行	10.83	5.44	2.19	22.13	8.17	3.30
东亚银行青岛分行	31.23	18.62	10.02	24.59	1.02	15.56
瑞穗银行青岛分行	14.29	5.83	0	12.24	5.17	0.50
海尔财务公司	301.83	268.83	0	261.36	49.42	108.53
胶州市海丰小额贷款有限公司	0	0	0	0.53	0.53	0
青岛即墨诚和小额贷款股份有限公司	0	0	0	1.36	1.36	0
青岛市城阳区海都小额贷款股份有限公司	0	0	0	1.94	1.94	0
青岛市南区中元来焜小额贷款有限公司	0	0	0	0.32	0.32	0
青岛胶南市天一小额贷款股份有限公司	0	0	0	0.75	0.75	0
胶州市永信小额贷款有限公司	0	0	0	1.35	1.35	0
青岛市李沧区元丰小额贷款有限公司	0	0	0	1.53	1.53	0
青岛市黄岛区民泽小额贷款有限责任公司	0	0	0	1.56	1.56	0
青岛保税港区汇银小额贷款股份有限公司	0	0	0	0.91	0.91	0
平度市诚信小额贷款有限公司	0	0	0	0.51	0.51	0
胶州市德银小额贷款有限公司	0	0	0	1.40	1.40	0
即墨市吉诚小额贷款有限公司	0	0	0	0.76	0.76	0
青岛市城阳区中德汇都小额贷款有限公司	0	0	0	1.52	1.52	0
青岛市城阳区鑫泰小额贷款股份有限公司	0	0	0	1.00	1.00	0
胶州市和生小额贷款有限公司	0	0	0	0.86	0.86	0
青岛市市北区利群小额贷款股份有限公司	0	0	0	1.11	1.11	0
青岛平度惠民村镇银行	1.42	0.41	1.01	0.90	0.81	0.09
青岛即墨北农商村镇银行	3.12	2.61	0.50	2.03	1.66	0.37
青岛胶南海汇村镇银行股份有限公司	2.69	1.08	1.55	4.21	3.43	0.75
青岛胶州农商村镇银行	1.08	0.23	0.56	0.29	0.29	0
青岛莱西元泰村镇银行	3.09	1.20	1.89	3.53	3.21	0.15

青岛市各县级区域经济金融主要统计指标

名称	人口（万人）	面积（平方公里）	地区生产总值（亿元）	地区生产总值增速（%）	本外币存款余额（亿元）	储蓄存款（亿元）	本外币贷款余额（亿元）
平度市	137.26	3176	624.07	19.10	315.62	230.38	150.42
即墨市	113.18	1780	690.10	16.80	422.17	267.58	332.54
莱西市	73.80	1522	472.52	19.96	193.26	139.19	112.08
开发区	31.50	274.10	1174.60	13.10	628.71	197.46	513.23
胶南市	84.12	1822	648.51	18.03	308.43	174.08	208.30
胶州市	80.71	1210	668.33	19.97	351.49	211.57	242.87

列市首位，得到了市政府领导的批示肯定。

【金融监管】 2011年，人行青岛市中支确立了对中外资银行及财务公司分类管理、分类评价的管理方式，指导辖区银行机构制定了“两管理、两综合”工作内控制度，并举办情况通报与专题培训，有效推动了商业银行的依法合规经营。一是先后完成了对河北银行青岛分行等21家新设银行机构开业验收与考核，接受重大事项报告800余份，完成了140余家金融机构的综合评价，对3家银行开展了综合执法检查；二是加强金融消费者权益保护宣传，明确了申诉办理流程，共受理申诉2起，均进行了妥善处理。

重点加强了县域反洗钱监管力度。一是进一步优化了非现场和现场监管方式，通过分类监管、业务培训、案情预警、归纳案例、评估考核等措施，推动金融机构防控洗钱风险能力显著提高；二是重点围绕非法集资、高利转贷、信用卡套现等领域加大资金监测力度，与公安、检察和法院等相关部门建立起了部门合作机制，2011年以来移送侦查机关并立案破获5起有较大影响的案件，POS套现系列案被人总行杜金富副行长批示。

【外汇管理】 2011年，外管局青岛市分局切实加强跨境资金流动管理，不断推动外汇体制管理改革。

一、“控流入、减顺差”工作取得明显成效。一是建立了银行结售汇情况警示通报制度、银行外汇衍生产品和表外业务统计监测制度，对重点银行实行按月检查和约见谈话；二是建立了重点企业“关注名单”制度，将日常监测发现的异常线索及查处的违法违规企业共500多家纳入“关注名单”；三是加大对货物贸易项下业务和资本金结汇的专项检查力度，对33家违法违规企业罚款1470万元，其中2起资本金结汇案件被总局列为督办案件；四是支持企业开展出口收入存放境外业务，通过个案集审、特事特办的方式为急需用汇企业提供便利。

二、深入推进货物贸易外汇管理改革。一是积极创新非现场和现场核查手段，优化贸易收付汇核查系统监测预警功能；二是分别对729家和45家企业实施了现场核查和调查，将73家企业列入B、C类名单，有效地实施了分类监管；三是综合利用经常项目非现场监测系统，不断探索实施经常项目主体监管，相关工作得到市政府领导的批示肯定。外管局青岛市分局还被正式确定为全国首批货物贸易外汇管理改革试点地区。

三、进一步推进贸易投资便利化。一是简化外汇审批手续，下放权限，积极向总局争取短期外债余额指标，实施动态管理，有效满足了贸易融资需要；二是采取“一企一策”的方式帮助涉外企业解决实际困难，得到了广泛好评。

【金融改革】 2011年，人行青岛市中支密切关注金融机构改革动向。一是对农联社的股权结构、资本数量和质量、资产质量以及支农等情况进行了摸底调查；二是对农发行、进出口银行和出口信用保险公司改革准备工作进行了现场调查，对农行股份制改革的进展和成效进行了重点监测评估；三是青岛农村商业银行股份有限公司获中国银监会批准开始筹建。

【保险业务】 2011年，青岛市保险市场继续保持良好发展势头，共有保险公司分公司50家，保险专业中介法人机构54家，全行业为经济社会承担各类风险责任3.80万亿元，同比增长1.90%。资产规模快速上升，保费收入快速增长，保险对经济稳定运行的保障作用进一步提升，保险中介业务稳步增长。

【证券市场】 2011年，青岛市证券经营机构数量不断增加，全年新设营业部4家，新设证券分公司1家。受我国股市波动影响，证券交易小幅回落。辖区所有品种交易额总计1.11万亿元，同比减少9.93%。辖区期货市场规模稳步发展，全国占比稳步提升；上市公司队伍与规模迅速扩大，成为支持区域经济发展的中坚力量。

【精神文明建设】 2011年，青岛市金融机构深入开展精神文明创建活动，不断提升干部队伍素质，促进各项工作的顺利开展。一是以庆祝建党90周年为契机，深入开展争先创优活动，推动基层党组织和人才队伍建设；二是积极参与社会公益，通过“送金融知识下乡”、“关爱新市民子女志愿服务”等活动，增强员工社会责任感；三是组织开展兴趣小组、健身文体活动、民主测评、职工代表大会和建言献策等活动，为推动各项工作发展提供精神动力和思想保障。

【大事记】 1月7日 开行总行蒋超良行长与青岛市委书记李群会谈，双方分别代表开行和青岛市政府签署《支持蓝色经济区建设开发性金融合作备忘录》。

2月20日 农行青岛市分行各项存款余额1005亿元，率先在岛城同业突破千亿元大关。

3月11日 人行济南分行肖龙沧副行长来青调研指导工作，青岛中支顾延善副行长、时东副行长及有关处室负责人参加了座谈。

3月28日 人行济南分行纪委书记辛树人一行到青岛调研金融支持海洋经济发展情况。

4月28日 中信银行青岛分行国际业务部被中华全国总工会授予“全国五一巾帼标兵岗”，被中国金融工会授予“全国金融五一巾帼标兵岗”，同时被授予“全国金融五一劳动奖状”称号。

4月29日 青岛市政府、山东省金融学会主办的“创新与融合：金融支持山东半岛蓝色经济区开发建设暨政银企合作推进会”在青岛举办。会议由青岛市副市长王广正主持，青岛市委副书记王文元致辞，山东省常务副省长王仁元、人行总行李东荣行长助理、人行济南分行杨子强行长到会并讲话。会议代表共计350人参加了会议，达成签约协议252亿余元。

5月12日 人行总行调查统计司在青岛召开了人行利率统计试点暨标准化工作会议。青岛市中心支行顾延善副行长致辞。青岛市中支自主开发的《利率统计分析系统》和存贷款利率统计数据解决方案得到了与会领导和代表的充分肯定。

5月22日 河北银行青岛分行正式成立。

6月10日 中组部在青岛召开创先争优经验交流会，作为人行唯一代表，青岛市中支王迅行长做了典型发言。

6月　青岛市出口退税业务全部纳入财税库行横向联网系统，率先在山东省实现了出口退税业务“无纸化”处理，得到了企业和地方政府的好评。

7月4日　人行黄岛支行、外管局黄岛支局举行升格仪式。人总行人事司杨伟中副司长、济南分行杨子强行长、青岛市中支王迅行长、青岛市副市长秦敏等领导出席了升格仪式。

7月5日　青岛市中支举行“青岛市韩元挂牌交易试点启动仪式”，青岛市副市长秦敏、人总行货币政策二司姚余栋副巡视员、济南分行杨子强行长、青岛市中支王迅行长等领导出席了仪式。

8月18日　人总行货币金银局文四立局长一行，在济南分行李建文副行长、青岛市中支王迅行长、吕峰副行长和王延伟副行长等陪同下，考察了青岛中支新建发行库和钞票处理中心。

8月29日　招商银行总行傅育宁董事长、马蔚华行长一行赴青参加招行董事会第八届二十次会议、监事会第八届九次会议。

9月3日　人行青岛市中支举办2011年金融讲坛。

10月　交行总行聘任李智斌为青岛分行行长（交银任〔2011〕156号）。

10月25日　由青岛市政府与中国民生银行联合举办的首届“海洋渔业金融国际论坛”在青岛成功举办。中国民生银行董事长董文标、副行长邵平、副行长毛晓峰以及青岛市市长夏耕、副市长秦敏、副市长王广正出席论坛。

11月9日　青岛市首个“金融服务便民惠民示范镇”揭牌仪式在平度市南村镇隆重举行。

12月2日　经国务院同意，中国银监会正式批准筹建青岛农村商业银行股份有限公司。

平度市

【经济金融概况】　2011年，平度市新型工业强力推进，现代服务业提速发展，高端特色名牌农业全国领先，产业布局更加合理，综合实力大幅提升。金融运行态势良好，各项存款平稳增长，信贷结构进一步优化，贷款增量创历史新高，对“三农”、中小企业的支持力度加大，经济金融良性互动发展局面初步形成。

平度市主要经济指标

经济指标	2010	2011	2011年同比增幅（%）	经济指标	2010	2011	2011年同比增幅（%）
土地面积（平方公里）	3176	3176	0	地方财政支出（亿元）	24.44	28.89	18.20
人口（万人）	137.26	137.12	-0.10	全社会固定资产投资（亿元）	294.90	350	18.70
城镇人口（万人）	44.30	44.77	1.10	进出口总值（万美元）	146299	159885	9.30
乡村人口（万人）	92.96	92.35	-0.70	出口总值（万美元）	107786	123613	14.70
地区生产总值（亿元）	524.19	624.07	19.10	实际利用外资（万美元）	23800	25270	6.20
第一产业（亿元）	79.70	84.08	5.50	社会消费品零售总额（亿元）	179.30	208.60	16.30
第二产业（亿元）	265.38	317.09	19.50	居民消费价格指数（%）	103.50	105	1.40
第三产业（亿元）	179.11	222.90	24.40	人均地区生产总值（元）	38472	45512	18.30
财政总收入（亿元）	38.51	44.03	14.30	城镇居民可支配收入（元）	19693	22590	14.70
地方财政收入（亿元）	20.99	27.56	31.30	农民人均现金收入（元）	10133	12022	18.60
财政总支出（亿元）	35.20	45.36	28.90				

平度市主要金融指标

金融指标（亿元）	2010	2011	2011年同比增幅（%）	金融指标（亿元）	2010	2011	2011年同比增幅（%）
本外币存款余额	276.62	315.62	14.10	财险收入	--	--	--
人民币存款余额	273.96	312.88	14.21	寿险收入	--	--	--
单位存款	65.42	73.57	12.46	财险赔款	--	--	--
储蓄存款	200.09	229.60	14.75	寿险给付	--	--	--

续表

金融指标（亿元）	2010	2011	2011年同比增幅（%）	金融指标（亿元）	2010	2011	2011年同比增幅（%）
本外币贷款余额	121.04	150.42	24.27	当年结益	--	--	--
人民币贷款余额	120.65	149.88	24.23	证券市场交易总额	--	--	--
短期贷款	71.85	82.98	15.49	投资者保证金余额	--	--	--
中长期贷款	48.13	61.63	28.05	证券账户开户数	--	--	--
票据融资	0.62	5.27	750	证券交易佣金收入	--	--	--
当年结益	--	--	--	净利润	--	--	--
不良贷款余额	6.16	3.29	-46.59				

注：1、关于保险、证券的金融指标青岛市保监局、证监局没有相关县级区域统计。

2、当年结益指标已取消，下同。

平度市主要金融机构负责人

单位名称	行长（或其他称谓的第一负责人）	副行长（或其他称谓的同级领导）
人行平度市支行	陈付仁	滕振瑞　张文森　王世彧
银监会平度办事处	张贤智	
农发行平度支行	孙玉香	王民生　范明娟
工行平度支行	王利军	李增强　王光松　高洪华
农行平度支行	李　洪	田洪芳　刘永高　张功伟
中行平度支行	周　波	王鲁胜　盖　波　邢　林　刘　华
建行平度支行	林玉忠	孙德军　李　勇
交行平度支行	刘春书	王培旭
民生平度支行	苏　鑫	姜建勋
华夏平度支行	李正斌	蒋永涛　吴永贵
邮储银行平度支行	荆云叶	张琳辉
青岛银行平度支行	刘元华	袁丽梅　张日晖
平度市农信联社	姜秀娟　张维荣	陈玉云　朱光青　高国明　薛　冰
平度惠民村镇银行	张金龙	张　超

平度市主要金融机构业务概况

单位：亿元

单位名称	本外币存款余额	单位存款	储蓄存款	本外币贷款余额	短期贷款	中长期贷款
农发行平度市支行	1.02	1.02	0	6.21	4.46	1.75
工行平度支行	18.65	7.70	10.94	17.99	7.48	10.51
农行平度支行	72.96	14.19	58.74	21.77	11.36	9.97
中行平度支行	33.17	12.22	20.60	15.45	1.76	12.38
建行平度支行	23.65	9.98	13.57	19.27	7.43	11.84
交行平度支行	1.58	0.73	0.76	1.00	1.00	0
民生平度支行	4.34	1.19	2.29	4.69	4.69	0

续表

单位名称	本外币存款余额	单位存款	储蓄存款	本外币贷款余额	短期贷款	中长期贷款
华夏平度支行	0.93	0.39	0.54	0	0	0
邮储银行平度市支行	48.97	2.44	46.53	3.16	2.62	0.54
青岛银行平度支行	10.67	7.13	3.52	6.79	2.83	3.96
平度市农信联社	90.01	18.12	71.89	53.20	39.07	10.59
平度惠民村镇银行	1.42	0.41	1.01	0.90	0.81	0.09

【金融发展与改革】 2011年，平度市一是非法人机构改革不断深化，法人机构改革取得新进展；二是信贷资产质量持续改善，综合经营效益显著提升；三是华夏银行等新设机构年内陆续开业，金融组织体系在逐步完善中步入较快发展阶段。

【金融服务与监管】 2011年，平度市一是加强部门协调与政策联动，建立实施了财政贴息支持现代农业机制；二是深化支付结算及农村信用工程建设，农村支付结算和信用环境进一步改善；三是积极探索信贷导向效果评估与国库直接支付新途径，促进金融创新与信贷投放大提速。

同时，认真做好新设银行机构开业验收工作，强化已开业银行机构日常监测与综合评价，完善非现场监测预警机制与指标分析体系，加大准备金缴存等单项业务监管及综合执法力度，较好地维护了正常的金融运行秩序。

即墨市

【经济金融概况】 2011年，即墨市经济平稳较快发展，银行业金融机构认真贯彻执行稳健的货币政策，大力支持经济转方式调结构，优化信贷结构，加大信贷资金投放力度，金融运行稳健，存贷款稳定增长，银行经营效益明显改善，有力促进了经济快速健康发展。

即墨市主要经济指标

经济指标	2010	2011	2011年同比增幅（%）	经济指标	2010	2011	2011年同比增幅（%）
土地面积（平方公里）	1780	1780	0	地方财政支出（亿元）	69.96	73.30	4.77
人口（万人）	112.93	113.18	0.20	全社会固定资产投资（亿元）	378.41	418.66	23.40
城镇人口（万人）	38.46	38.82	0.90	进出口总值（万美元）	268688	455983	24.50
乡村人口（万人）	74.47	74.36	-0.10	出口总值（万美元）	240259	370632	27.00
地区生产总值（亿元）	573.54	690.10	16.80	实际利用外资（万美元）	35029	37068	5.82
第一产业（亿元）	47.87	53.50	5.20	社会消费品零售总额（亿元）	194.00	228.00	18.00
第二产业（亿元）	313.39	373.43	17.70	居民消费价格指数（%）	—	—	—
第三产业（亿元）	212.29	263.15	18.10	人均地区生产总值（元）	50787	60974	20.06
财政总收入（亿元）	81.14	91.69	13.00	城镇居民可支配收入（元）	22190	25419	14.60
地方财政收入（亿元）	59.52	68.70	30.00	农民人均现金收入（元）	10408	12294	18.10
财政总支出（亿元）	69.96	73.30	33.00				

即墨市主要金融指标

金融指标（亿元）	2010	2011	2011年同比增幅（%）	金融指标（亿元）	2010	2011	2011年同比增幅（%）
本外币存款余额	365.45	422.17	15.52	财险收入	—	—	—
人民币存款余额	359.13	416.24	15.90	寿险收入	—	—	—
单位存款	26.83	144.84	106.94	财险赔款	—	—	—

续表

金融指标（亿元）	2010	2011	2011年同比增幅（%）	金融指标（亿元）	2010	2011	2011年同比增幅（%）
储蓄存款	238.06	266.05	11.76	寿险给付	—	—	—
本外币贷款余额	256.26	332.54	29.77	当年结益	—	—	—
人民币贷款余额	254.37	329.61	29.58	证券市场交易总额	—	—	—
短期贷款	126.13	157.18	24.62	投资者保证金余额	—	—	—
中长期贷款	127.54	171.12	34.17	证券账户开户数	—	—	—
票据融资	0.70	1.29	84.29	证券交易佣金收入	—	—	—
当年结益	—	—	—	净利润	—	—	—
不良贷款余额	3.52	2.60	-26.14				

即墨市主要金融机构负责人

单位名称	行长（或其他称谓的第一负责人）	副行长（或其他称谓的同级领导）
人行即墨市支行	曹展鹏	马德梅　宋光波　冯　刚
银监会即墨市办事处	周建青	
农发行即墨市支行	王飞剑	刘竹清　迟锡哲
工行即墨支行	姜蓬勃	张曰聪　韩卫民　崔杰甫
农行即墨支行	尹兆宏	谢炳坚　王　波　张昌良　刘　羽
中行即墨支行	钟学德	刘振贤　徐明远
建行即墨支行	施　勇	潘占宗　蓝　敏
青岛银行即墨支行	黄　云	杜　燕　陈卫东
青岛即墨农合行	董常进	高　蕾　刘宝芹　王平刚　丁　伟　陈祥谦
邮储银行即墨市支行	孙　毅	韩晓明
交行即墨支行	杨鲁克	肖志明　修宗海
华夏即墨支行	孙保雷	李　欣　项　军　夏钦东
招行即墨支行	肖　琳	黄绪红　戴锡凯
浦发即墨支行	李泽鹏	盛同强
民生即墨支行	张从民	贾先举　孙　娜
光大即墨支行	姜彩武	韩　涛　李　波
兴业即墨支行	王　檑	邢　豪
青岛即墨北农商村镇银行	姚玉海	王　勇　江　娟
张家港农村商业银行青岛即墨支行	汪志鸿	黄敏杰　黄巧玲
中信银行即墨支行	姜海波	孙　涛

即墨市主要金融机构业务概况

单位：亿元

单位名称	本外币存款余额	单位存款	储蓄存款	本外币贷款余额	短期贷款	中长期贷款
农发行即墨市支行	2.22	2.22	0	12.97	1.52	11.45
工行即墨支行	29.56	14.16	15.35	52.80	15.01	37.79

续表

单位名称	本外币存款余额	单位存款	储蓄存款	本外币贷款余额	短期贷款	中长期贷款
农行即墨支行	71.49	21.12	50.36	52.08	28.81	22.82
中行即墨支行	61.01	22.84	35.92	27.94	9.51	18.07
建行即墨支行	28.43	10.39	18.03	30.02	8.66	21.36
青岛银行即墨支行	9.40	7.01	2.37	12.22	3.50	8.72
青岛即墨农合行	112.95	28.71	84.24	85.53	53.71	31.82
邮储银行即墨市支行	41.96	4.46	37.50	3.48	2.61	0.86
交行即墨支行	7.41	3.62	3.60	4.50	0.06	4.42
华夏即墨支行	13.30	6.71	6.54	7.25	2.92	4.33
招行即墨支行	6.93	4.33	2.52	7.62	3.37	4.25
浦发即墨支行	5.22	4.10	1.12	8.99	5.50	2.96
民生即墨支行	8.89	3.28	4.67	12.77	12.51	0.26
光大即墨支行	3.08	2.02	1.03	0.65	0.41	0.24
兴业即墨支行	2.86	1.35	1.50	3.02	3.01	0
青岛即墨北农商村镇银行	3.12	2.61	0.50	2.03	1.66	0.37
张家港农商行青岛即墨支行	10.55	8.72	1.83	7.87	6.60	1.25
中信银行即墨支行	2.15	1.53	0.52	0.81	0.67	0.14

【金融发展与改革】 2011年，即墨市积极优化金融产业和资源布局，加速金融管理服务和产品创新，促进资本与产业的结合力度，促使金融产业的生产力、集聚度和社会贡献持续增强，形成明显的“金融洼地”。全年新设立了1家股份制商业银行。存贷款余额、存贷比、新增存贷比4项指标在5县市排名第一，有力满足了经济发展对银行信贷的需求。

【金融服务与监管】 2011年，人行即墨市支行一是重点保证中小企业、现代农业、造船机械、商贸物流等行业的资金需求，开展“政银企融资洽谈会”等系列活动，推动实现蓝色经济发展战略目标；二是支持涉农银行机构开展“公司＋担保机构＋农户”创新贷款，推动商业银行创新商标权质押贷款和农户小额信用贷款，支持银行机构设立中小企业服务专营机构；三是拓展金融服务领域，向农民提供金融知识和服务，2011年被确定为“山东省县域金融创新试点县”；四是加强征信、反洗钱、账户管理和现金管理建设，外汇管理水平明显提高。

莱西市

【经济金融概况】 2011年，莱西市继续推进新型工业化进程，加快产业结构调整和发展方式转变，注重提高经济质量和效益，实现了经济平稳较快发展。全市金融业继续保持健康平稳运行，存、贷款稳定增长，资产质量明显提高，金融对经济的扶持力度进一步加大。

【金融发展与改革】 2011年，莱西市各金融机构严格执行宏观调控政策，促进货币信贷和产业结构调整，推动金融改革深化发展。一是农联社参与发起设立青岛农商行工作稳步推进，法人治理进一步完善，资产状况及资本充足率显著提高，历

莱西市主要经济指标

经济指标	2010	2011	2011年同比增幅（%）	经济指标	2010	2011	2011年同比增幅（%）
土地面积（平方公里）	1522	1522	0	地方财政支出（亿元）	20.40	26.19	28.38
人口（万人）	73.55	73.80	0.34	全社会固定资产投资（亿元）	287.30	304.87	6.12
城镇人口（万人）	32.76	33.07	0.95	进出口总值（万美元）	198919	253162	27.27
乡村人口（万人）	40.79	40.73	-0.15	出口总值（万美元）	155742	193694	24.37

续表

经济指标	2010	2011	2011年同比增幅（%）	经济指标	2010	2011	2011年同比增幅（%）
地区生产总值（亿元）	393.9	472.52	19.96	实际利用外资（万美元）	20002	20710	3.54
第一产业（亿元）	43.72	49.77	13.84	社会消费品零售总额（亿元）	135.39	158.49	17.06
第二产业（亿元）	197.55	234.52	18.71	居民消费价格指数（%）	—	—	—
第三产业（亿元）	152.63	188.23	23.32	人均地区生产总值（元）	53555	64027	19.55
财政总收入（亿元）	22.76	29.61	30.10	城镇居民可支配收入（元）	21395	24524	14.62
地方财政收入（亿元）	18.07	23.64	30.82	农民人均现金收入（元）	10154	12048	18.65
财政总支出（亿元）	27.98	37.71	34.77				

莱西市主要金融指标

金融指标（亿元）	2010	2011	2011年同比增幅（%）	金融指标（亿元）	2010	2011	2011年同比增幅（%）
本外币存款余额	171.21	193.26	12.88	财险收入	—	—	—
人民币存款余额	168.13	189.93	12.97	寿险收入	—	—	—
单位存款	20.59	50.28	144.20	财险赔款	—	—	—
储蓄存款	124.09	137.97	11.19	寿险给付	—	—	—
本外币贷款余额	99.37	112.08	12.79	当年结益	—	—	—
人民币贷款余额	97.84	109.93	12.36	证券市场交易总额	—	—	—
短期贷款	58.43	61.25	4.83	投资者保证金余额	—	—	—
中长期贷款	38.07	45.85	20.44	证券账户开户数	—	—	—
票据融资	1.29	2.84	120.16	证券交易佣金收入	—	—	—
当年结益	—	—	—	净利润	—	—	—
不良贷款余额	3.40	0.66	-80.59				

莱西市主要金融机构负责人

单位名称	行长（或其他称谓的第一负责人）	副行长（或其他称谓的同级领导）
人行莱西市支行	马昌武	张忠民　宋延边　孙雪梅
银监会莱西市办事处	耿以明	
农发行莱西市支行	于志和	党志松　魏学敏
工行莱西支行	王思东	李英杰　王维民　尹瑞杰
农行莱西支行	张凤臣	刘　波　王振峰　李忠东
中行莱西支行	戴鲁华	姜柏卿　张　力　崔俊伟
建行莱西支行	马瑞芳	陈建新　张友胜
交行莱西支行	刘正伟	姜永志
青岛银行莱西支行	于胜功	陆春霞　郭广爱
莱西市农信联社	李盛文	衣林龙　史先邦　常大慧　陈积鹏
邮储银行莱西市支行	胡　磊	耿旭东
青岛莱西元泰村镇银行	李赛春	蔡世宁

莱西市主要金融机构业务概况

单位：亿元

单位名称	本外币存款余额	单位存款	储蓄存款	本外币贷款余额	短期贷款	中长期贷款
农发行莱西市支行	0.97	0.97	0	8.88	7.63	1.25
工行莱西支行	17.24	7.60	9.65	10.36	2.92	7.44
农行莱西支行	50.29	10.14	40.13	23.35	10.94	12.41
中行莱西支行	30.43	9.40	20.93	14.73	6.46	7.96
建行莱西支行	6.95	3.89	3.06	12.22	6.97	5.25
交行莱西支行	0.02	0	0.02	0	0	0
青岛银行莱西支行	11.38	8.07	3.23	7.16	2.64	4.47
莱西市农信联社	51.08	9.58	41.50	30.82	22.13	6.37
邮储银行莱西市支行	20.29	1.51	18.79	1.02	0.48	0.54
青岛莱西元泰村镇银行	3.09	1.20	1.89	3.53	3.21	0.15

史包袱有效化解；二是新增设1家股份制银行，金融体系不断完善，金融服务和管理水平进一步提升。

【金融服务与监管】 2011年，人行莱西市支行不断提高金融管理和服务水平，保障辖区金融业合法稳健运行。一是主办了"融资发展银企洽谈会"，签约项目25个，签约资金6.68亿元；二是信用镇、信用村、信用户创建活动和农村信用示范镇、示范村、示范户建设活动深入开展，社会信用体系进一步发展；三是加大对金融业务合规性监管力度，维护金融秩序；四是积极推动跨境人民币业务开展，改进和完善外汇管理与服务；五是农村支付体系建设步伐进一步加快，农民非现金支付结算的能力和意识有效提高。

开发区

【经济金融概况】 2011年，青岛开发区加快转变发展方式，全面落实中央宏观调控政策，经济实现了平稳较快发展。工业生产平稳增长，企业利润增加，房地产价格趋向合理回归。金融运行保持良好势头，有力地支持了经济发展方式转变和经济结构战略性调整。

【金融发展与改革】 2011年，青岛开发区金融体系持续发

开发区主要经济指标

经济指标	2010	2011	2011年同比增幅（%）	经济指标	2010	2011	2011年同比增幅（%）
土地面积（平方公里）	274	274.10	0.04	地方财政支出（亿元）	103.45	112.85	9.09
人口（万人）	31.29	31.50	0.67	全社会固定资产投资（亿元）	366	442	20.77
城镇人口（万人）	31.29	31.50	0.67	进出口总值（万美元）	715346	914797	27.88
乡村人口（万人）	0	0	0	出口总值（万美元）	406610	491039	20.76
地区生产总值（亿元）	1003.17	1174.60	13.10	实际利用外资（万美元）	50306	76397	51.86
第一产业（亿元）	3.77	4.21	11.67	社会消费品零售总额（亿元）	104.06	122.78	17.99
第二产业（亿元）	654.25	750.12	14.65	居民消费价格指数（%）	--	--	--
第三产业（亿元）	345.14	420.28	21.77	人均地区生产总值（元）	257648.73	372889.89	44.73
财政总收入（亿元）	609.56	935.70	53.50	城镇居民可支配收入（元）	27467	31420	14.39
地方财政收入（亿元）	128.40	136.08	5.98	农民人均现金收入（元）	11906	13976	17.39
财政总支出（亿元）	103.45	112.85	9.09				

开发区主要金融指标

金融指标（亿元）	2010	2011	2011年同比增幅（%）	金融指标（亿元）	2010	2011	2011年同比增幅（%）
本外币存款余额	587.04	628.71	7.10	财险收入	--	--	--
人民币存款余额	554.98	597.14	7.60	寿险收入	--	--	--
单位存款	215.69	377.90	75.21	财险赔款	--	--	--
储蓄存款	174.46	196.08	12.39	寿险给付	--	--	--
本外币贷款余额	459.19	513.23	11.77	当年结益	--	--	--
人民币贷款余额	435.03	488.60	12.31	证券市场交易总额	--	--	--
短期贷款	152.93	177.31	15.94	投资者保证金余额	--	--	--
中长期贷款	281.05	310.61	10.52	证券账户开户数	--	--	--
票据融资	1.01	0.61	-39.60	证券交易佣金收入	--	--	--
当年结益	--	--	--	净利润	--	--	--
不良贷款余额	--	--	--				

开发区主要金融机构负责人

单位名称	行长（或其他称谓的第一负责人）	副行长（或其他称谓的同级领导）
人行青岛开发区支行	蒋国庆	于　兵
银监会青岛开发区办事处	秦　玮	
工行青岛开发区支行	陈　兵	孙　建　夏建同　薛光辉
农行青岛开发区支行	张　勇	张茂森　张玉忠　刘鹏飞
中行青岛开发区支行	董军峰	赵俊方　夏岩岚　宋积成
建行青岛开发区支行	张　波	兰永新　黄金莲　管　华
交行青岛开发区支行	徐芝清	王承森　薛　君
中信青岛开发区支行	季　刚	王新明　杨卫山
光行青岛开发区支行	曹世臣	张国胜　刘文斌
华夏青岛开发区支行	战明文	薛卫东　李明传　张　杨
深发青岛开发区支行	王立华	薛学茂
招行青岛开发区支行	项长征	于　鹏　于　静
浦发青岛开发区支行	逄焕柏	孙　刚　朱颖伟
兴业青岛开发区支行	耿伟伟	
民生青岛开发区支行	张咸江	孙建国　任佰平
恒丰青岛开发区支行	曲世志	缪　丹
青岛银行开发区支行	李金增	王爱洪　薛　瑛　张忠兰　薛敬波
日照银行开发区支行	韩卫华	
潍坊银行开发区支行	杨　兵	
青岛黄岛农村合作银行	高　平	徐建波　宋景华
邮储银行青岛开发区支行	匡秀艳	张泽村　于洪亮
汇丰青岛开发区支行	姜　红	
韩亚青岛开发区支行	刘新国	
南洋青岛开发区支行	姚　立	

开发区主要金融机构业务概况

单位：亿元

单位名称	本外币存款余额	单位存款	储蓄存款	本外币贷款余额	短期贷款	中长期贷款
工行青岛开发区支行	52.05	30.86	21.19	92.98	19.80	73.18
农行青岛开发区支行	69.58	35.78	33.75	72.72	33.21	39.38
中行青岛开发区支行	47.73	26.90	19.77	34.78	12.18	22.20
建行青岛开发区支行	64.04	40.24	20.67	91.94	19.58	72.35
交行青岛开发区支行	81.82	71.99	9.72	38.06	14.83	23.14
中信青岛开发区支行	19.70	14.90	4.28	24.07	18.82	5.25
光大青岛开发区支行	12.44	9.31	2.82	8.45	1.53	6.91
华夏青岛开发区支行	33.16	27.40	5.58	11.79	1.27	10.53
深发青岛开发区支行	16.04	13.45	2.47	8.65	4.79	3.86
招行青岛开发区支行	26.86	17.33	9.47	18.50	9.63	8.86
浦发青岛开发区支行	27.83	26.61	1.20	13.96	11.11	2.83
兴业青岛开发区支行	15.30	11.81	3.47	10.54	3.53	7.01
民生青岛开发区支行	21.38	14.12	5.21	18.88	14.19	4.69
恒丰青岛开发区支行	13.53	11.15	2.36	7.63	7.03	0.59
青岛银行开发区支行	35.56	25.10	10.43	14.89	7.23	7.67
邮储银行青岛开发区支行	12.47	1.16	11.32	2.39	0.50	1.89
青岛黄岛农村合作银行	62.41	28.09	33.75	42.97	22.11	20.86
日照银行开发区支行	1.34	1.32	0.02	0	0	0

展，规模不断壮大。人行青岛市黄岛区支行更名为黄岛支行，升格为正处级单位。全年新成立3家银行机构和1家小额贷款公司，金融服务体系进一步完善。

【金融服务与监管】 2011年，人行青岛市黄岛支行制定“金融支持开发区五大板块发展的八项措施”，引导银行机构按照“区别对待、有扶有控”的要求调整信贷投向，加大对地方经济“转方式、调结构”的支持力度，保证在建续建项目的资金需求，支持中小企业发展壮大，积极促进产业优化升级，为推动开发区经济发展发挥了积极作用。

胶南市

【经济金融概况】 2011年，胶南市经济发展取得显著成效：一是重点区域建设加快，产业承载功能显著增强；二是产业结构优化，现代产业体系初步形成；三是招商引资顺利，对外开放取得良好成效；四是政策引导效果显现，新农村建设扎实推进；五是经济发展方式转变，可持续发展能力不断增强。金融机构积极落实货币政策，合理调整信贷投向，创新金融信贷品种，支

胶南市主要经济指标

经济指标	2010	2011	2011年同比增幅（%）	经济指标	2010	2011	2011年同比增幅（%）
土地面积（平方公里）	1802	1822	1.11	地方财政支出（亿元）	36.50	46.30	26.85
人口（万人）	83.92	84.12	0.24	全社会固定资产投资（亿元）	357.90	414.00	15.67
城镇人口（万人）	39.10	39.30	0.51	进出口总值（万美元）	276421	341501	23.54
乡村人口（万人）	44.82	44.82	0	出口总值（万美元）	199975	253773	26.90

续表

经济指标	2010	2011	2011年同比增幅（%）	经济指标	2010	2011	2011年同比增幅（%）
地区生产总值（亿元）	549.46	648.51	18.03	实际利用外资（万美元）	22842	30500	33.53
第一产业（亿元）	43.36	48.86	12.68	社会消费品零售总额（亿元）	144.10	167.8	16.45
第二产业（亿元）	324.44	381.86	17.70	居民消费价格指数（%）	—	—	—
第三产业（亿元）	181.66	217.79	19.89	人均地区生产总值（元）	63100	74540	18.13
财政总收入（亿元）	62.60	87.20	39.30	城镇居民可支配收入（元）	21412	24529	14.56
地方财政收入（亿元）	30.10	36.35	20.76	农民人均现金收入（元）	10400	12280	18.08
财政总支出（亿元）	69.80	87.84	25.85				

胶南市主要金融指标

金融指标（亿元）	2010	2011	2011年同比增幅（%）	金融指标（亿元）	2010	2011	2011年同比增幅（%）
本外币存款余额	252.50	308.43	22.15	财险收入	—	—	—
人民币存款余额	248.42	301.54	21.38	寿险收入	—	—	—
单位存款	90.65	122.24	34.85	财险赔款	—	—	—
储蓄存款	149.86	173.53	15.79	寿险给付	—	—	—
本外币贷款余额	176.69	208.30	17.89	当年结益	—	—	—
人民币贷款余额	174.30	204.06	17.07	证券市场交易总额	—	—	—
短期贷款	52.82	63.31	19.86	投资者保证金余额	—	—	—
中长期贷款	118.38	136.35	15.18	证券账户开户数	—	—	—
票据融资	3.06	4.35	42.16	证券交易佣金收入	—	—	—
当年结益	—	—	—	净利润	—	—	—
不良贷款余额	4.13	4.45	7.75				

胶南市主要金融机构负责人

单位名称	行长（或其他称谓的第一负责人）	副行长（或其他称谓的同级领导）
人行胶南市支行	王德利	闫金美 毕恩忠 王秀云
银监会胶南市办事处	张森虎	刘维正
农发行胶南市支行	徐桂军	毕爱清 于 萍
工行胶南支行	王 波	范立胜 张 敏 荆立晶 郑向东 赵风太
农行胶南支行	万 磊	逄焕波 龙 铭 狄同晓 安玉伟 兰振华 陈宝江
中行胶南支行	薛 涛	李 丽 韩松刚
建行胶南支行	徐建军	丁明伟 王朝阳
青岛银行胶南支行	薛福勤	邰振华 况 军 郝常明
交行胶南支行	闫 萍	马海洋
华夏胶南支行	鲍 伟	孔 江 刘兰翠
民生胶南支行	戴 巍	董 晖 赵珠峰

续表

单位名称	行长（或其他称谓的第一负责人）	副行长（或其他称谓的同级领导）
光大胶南支行	隋军生	崔永军　胡炳新
胶南市农信联社	李荣鹏	李　伟　李慎峰　娄晓文　曲志琴
邮储银行胶南市支行	战金合	陈焕伟
青岛胶南海汇村镇银行	孟红升	姜玲玲　张文树

胶南市主要金融机构业务概况

单位：亿元

单位名称	本外币存款余额	单位存款	储蓄存款	本外币贷款余额	短期贷款	中长期贷款
农发行胶南市支行	2.39	2.38	--	13.55	3.47	10.08
工行胶南支行	29.93	14.75	15.17	43.52	12.86	30.66
农行胶南支行	72.99	26.10	46.81	45.98	19.24	26.40
中行胶南支行	34.37	16.05	18.25	19.10	4.26	14.31
建行胶南支行	27.45	12.44	14.96	24.34	5.37	18.96
青岛银行胶南市支行	27.37	23.55	3.80	12.83	3.25	9.58
交行胶南支行	10.15	9.46	0.64	2.47	1.62	0.85
华夏胶南支行	6.55	3.76	2.77	0.74	0.26	0.48
民生胶南支行	2.07	0.75	1.24	0.24	0.23	0.01
光大胶南支行	0.65	0.37	0.26	0	0	0
胶南市农信联社	62.63	15.62	47.01	39.70	13.16	23.04
邮储银行胶南市支行	23.86	2.25	21.61	1.63	0.40	1.23
青岛胶南海汇村镇银行	2.69	1.08	1.55	4.21	3.43	0.75

持全市经济健康快速发展。

【金融发展与改革】　2011年，胶南市金融机构继续保持健康稳定发展，全年新成立2家金融机构和1家证券营业部。人行胶南市支行先后出台了《货币信贷工作指导意见》、《促进金融业发展的意见》等政策措施，进一步完善了金融发展体系。

【金融服务与监管】　2011年，胶南市各金融机构服务水平显著提高：一是大力推动农村支付环境建设，推动金融结算工具在重点乡镇、工业园区、企业的快速布设；二是创新推出“海域使用权”、仓单等质押贷款，应收账款和土地出让收入返还质押担保贷款等信贷品种，较好地拓展了农村抵押担保物范围；三是坚持外汇服务与管理并重、寓管理于服务之中，努力防范和打击“热钱”流入；四是加快推进农村信用示范镇、示范村、示范户建设活动以及企业、个人征信系统的推广使用，社会信用体系得到进一步发展。

胶州市

【经济金融概况】　2011年，胶州市加快转变经济发展方式，产业新区和蓝色经济区建设成绩斐然，城市基础设施不断完善，项目引进稳步推进，经济发展提速明显。金融运行态势良好，信贷结构进一步优化，重点在建续建项目资金需求均得到有力支持。

【金融发展与改革】　2011年，胶州市金融机构继续立足服务于中小企业和“三农”发展需要，不断加大金融支持力度，信

胶州市主要经济指标

经济指标	2010	2011	2011年同比增幅（%）	经济指标	2010	2011	2011年同比增幅（%）
土地面积（平方公里）	1210	1210	0	地方财政支出（亿元）	32.30	46.06	42.60
人口（万人）	80.31	80.71	0.04	全社会固定资产投资（亿元）	379.98	424.01	11.58
城镇人口（万人）	38.45	38.82	0.96	进出口总值（万美元）	437300	556933	27.36
乡村人口（万人）	41.86	41.89	0.07	出口总值（万美元）	326200	411991	26.30
地区生产总值（亿元）	577.2	668.33	19.97	实际利用外资（万美元）	33233	41882	26.02
第一产业（亿元）	33.48	44.95	34.25	社会消费品零售总额（亿元）	172.05	191.71	11.43
第二产业（亿元）	329.00	377.12	14.62	居民消费价格指数（%）	—	—	—
第三产业（亿元）	214.70	246.26	14.70	人均地区生产总值（元）	71526	82806	15.77
财政总收入（亿元）	68.45	117.81	72.11	城镇居民可支配收入（元）	22340	25405	13.72
地方财政收入（亿元）	26.39	34.30	29.97	农民人均现金收入（元）	10067	12318	22.36
财政总支出（亿元）	66.82	117.24	75.45				

胶州市主要金融指标

金融指标（亿元）	2010	2011	2011年同比增幅（%）	金融指标（亿元）	2010	2011	2011年同比增幅（%）
本外币存款余额	283.95	351.49	23.78	财险收入	—	—	—
人民币存款余额	278.51	346.20	24.30	寿险收入	—	—	—
单位存款	73.53	127.83	73.84	财险赔款	—	—	—
储蓄存款	187.88	211.57	12.61	寿险给付	—	—	—
本外币贷款余额	173.05	242.87	40.35	当年结益	—	—	—
人民币贷款余额	97.97	238.48	143.42	证券市场交易总额	—	—	—
短期贷款	68.39	100.96	47.62	投资者保证金余额	—	—	—
中长期贷款	101.29	137.29	35.54	证券账户开户数	—	—	—
票据融资	5.05	0.18	-96.43	证券交易佣金收入	—	—	—
当年结益	4.27	5.73	34.19	净利润	—	—	—
不良贷款余额	3.15	2.30	-26.98				

胶州市主要金融机构负责人

单位名称	行长（或其他称谓的第一负责人）	副行长（或其他称谓的同级领导）
人行胶州市支行	董旭洲	安　青　王美玲
银监会胶州市办事处	王国峰	刘西学
农发行胶州市支行	徐敏健	班希山
工行胶州支行	李棣华	翟守民　王新波　王宝春
农行胶州支行	张拥辉	刘静波　张文生
中行胶州支行	高　智	耿　烨
建行胶州支行	丁　伟	陈焕炎　高　炜
交行胶州支行	侯倩旭	徐　华
光大胶州支行	王寿海	孙慧欣　许璐明

续表

单位名称	行长（或其他称谓的第一负责人）	副行长（或其他称谓的同级领导）
华夏胶州支行	张金高	沙跃伟　孙文德
招行胶州支行	刘凤华	贾德梓
青岛银行胶州支行	牛建祥	贾秀芹　周　航
胶州市农信联社	范云钊　孙从程	姜成刚　薛坤强
邮储银行胶州市支行	徐　毅	王正生　杜翠荣
浦发胶州支行	孙建秋	董文浩　迟新生
兴业胶州支行	王福来	雷秀芹　史军红

胶州市主要金融机构业务概况

单位：亿元

单位名称	本外币存款余额	单位存款	储蓄存款	本外币贷款余额	短期贷款	中长期贷款
农发行胶州市支行	5.45	5.45	0	20.68	1.56	19.12
工行胶州支行	37.35	17.32	20.02	33.87	10.81	23.06
农行胶州支行	65.27	18.50	46.75	23.28	15.05	8.10
中行胶州支行	44.06	21.68	22.17	33.07	11.16	21.87
建行胶州支行	31.42	13.71	17.66	39.68	12.58	27.43
交行胶州支行	12.22	6.82	5.27	9.55	6.49	3.03
青岛银行胶州支行	7.31	5.15	2.13	5.89	5.34	0.56
光大胶州支行	6.67	4.75	1.21	6.14	5.23	0.91
招行胶州支行	4.64	3.08	1.56	4.62	2.61	1.95
华夏胶州支行	8.27	4.35	3.89	1.56	0.52	1.03
胶州市农信联社	82.79	26.95	55.83	60.89	31.24	29.64
邮储银行胶州支行	35.66	1.57	34.09	1.47	0.92	0.55
浦发胶州支行	2.01	1.60	0.41	0.83	0.83	0
兴业胶州支行	2.31	1.12	1.19	1.14	1.14	0

贷投向和结构调整更加合理，金融生态环境持续优化。年内新增3家银行机构，金融服务环境进一步优化，强力支持了地方经济的持续发展。

【金融服务与监管】　2011年，人行胶州市支行充分发挥窗口指导作用，切实加强金融服务与监管。一是指导成立农村金融服务中心，建立小企业金融联络员制度，以中小企业信用体系试验区建设为抓手，整合各方信息资源，完善社会征信体系，促进中小企业融资取得良好效果；二是协调引导渔船和捕捞营运证抵押登记工作，实现渔船以及营运证抵押贷款零的突破；三是加强存贷款利率执行情况的监督监测，保持良好的金融竞争秩序；四是积极开展会计结算、反洗钱、账户管理等专项监督检查工作，维护辖区金融稳定。

（牟晓丽）

烟 台 市

【经济金融概况】 2011年，烟台市经济运行保持平稳较快发展态势。工业增长较快，企业效益提高；固定资产投资保持高速增长，投资结构有所改善；对外贸易稳步增长，消费增势良好；城市发展空间进一步扩大，经济发展的动力活力进一步增强。

全市金融机构贯彻实施"稳健"的货币政策，合理扩大信贷规模，加大了对重点建设项目、重要领域的信贷支持，不断调整信贷结构，切实防范和化解金融风险，为稳定价格总水平、管理通胀预期和房地产市场调控创造良好的货币环境。

【货币政策实施】 2011年，人行烟台市中支把坚持优化信贷结构作为落实稳健货币政策的着力点，多渠道开展窗口指导，多形式引导金融机构加强对重点项目、中小企业、"三农"等重点领域和薄弱环节的信贷支持。

一、加强窗口指导的针对性和有效性，加大信贷支持地方经济发展的力度。一是坚持"区别对待、有扶有控"的原则，促进辖区金融平稳运行和信贷结构的优化；二是加大对弱势群体、新兴产业的金融支持力度；三是积极支持"大学生村官"创业富民，指导金融机构设计专门服务大学生村官创业的特色产品，提供有特色、有针对性的金融服务；四是推动农村金融产品创新，加大对三农事业和县域经济的信贷投放，促进城乡经济统筹发展。

二、搭建蓝色经济区银企合作平台，促进辖区银企合作深入开展。举办了"2011年烟台加快蓝色经济区建设融资洽谈会"，邀请驻鲁银行机构与烟台蓝色经济区建设的重点企业和项目进行深入对接，向全省银行机构集中推介了281个蓝色经济区建设骨干项目，总投资1443.8亿元，拟申请贷款747亿元，初步达成银企合作意向330.5亿元。

三、积极运用工具疏导，发挥基层央行调控作用。一是强化准备金管理职能，切实发挥监督和指导职责；二是灵活运用再贴现再贷款工具，引导金融机构加大对三农及中小企业支持力度；三是继续加强利率监测报备与政策宣传，全年共受理个人存贷款利率政策咨询50余人次，发放利率宣传页2000余张。

【金融稳定】 2011年，人行烟台市中支以促稳定、防风险为目标，以风险监测和现场评估为抓手，保证了辖内经济金融稳定运行。

一、五措并举，建立全方位有效落实金融稳定重大事项报告工作的机制体系。一是建制度，制定了《烟台市金融稳定重大事项报告管理办法》；二是发通报，召开全市银行机构金融稳定重大事项报告制度执行情况通报会；三是定人员，确定各单位重大事项报告的总负责部门、总负责人及相关部门的负责人；四是严考核，分两批对全辖608名责任人进行了重大事项报告制度考试；五是抓检查，先后组织对辖区两家机构进行了现场检查。

二、圆满完成各项风险监测工作。一是完成对农业银行三农事业部改革的评估调查；二是完成2011年度法人金融机构非现场评估；三是做好辖区上市公司风险监测工作；四是加强跨市场交叉性金融风险监测。

三、扎实推进金融稳定现场评估工作。一是建立了"金融稳定现场评估工作操作规程"和"金融稳定现场评估操作手册"；二是在全辖建设了一支10人左右的现场评估工作队伍；三是开展了对烟台银行的全面评估和对恒丰银行理财业务的现场评估。

【金融服务】 2011年，烟台市各金融部门不断改善服务方式，金融服务水平不断提高。一是人行在金融机构中积极推广实施依托产业链运用商业承兑汇票的"链式融资"模式，较好解决了大型企业延压下游中小企业货款的问题；二是深化烟台市中小企业银企合作联盟作用，联盟成员单位已达816家，通过深入开展"融资服务到基层"、"千户企业百亿融资计划"等活动，加强了资金供需对接，实现多方互动；三是成功举办了金融知识进万家大型巡展活动，开展了"反假币宣传月"、"国债下乡"和"国际禁毒日"反洗钱宣传等37场活动，其中支付清算知识网上竞赛得到人行济南分行刘克俭副行长批示肯定；四是召开了第三届亚洲沙滩运动会支付环境建设工作会议及其启动仪式，推动市政府出台了《关于进一步推进农村支付服务环境建设的指导意见》，将示范县建设纳入政府绩效考核，全市金融基础设施覆盖率超过90%，支付系统来账覆盖率达100%；五是举办了跨境贸易人民币结算暨涉外贸易融资推介会，全市共70家银行及其分支机构备案成为境内结算银行，激活企业163家，境外区域扩大到36个国家和地区，业务量突破100亿元；六是制定了《烟台中支金融消费者申诉处理实施细则》，进一步理顺了金融消费者投诉处理机制。

【金融监管】 2011年，烟台市监管部门积极转变监管方式，大胆推进机制创新，辖区银行业在复杂形势下实现了又好又快发展。一是严密布防房地产贷款风险、流动性风险、信息科技风险和理财业务等重点风险，引领银行业做好政府融资平台贷款清理规范、贷款新规落实执行、中长期贷款合同修订补正工作，加大不良资产防范和处置力度，不良贷款连续五年实现双降；二是严肃查处违法违规行为，先后实施了20次现场检查，发现各类问题330个，责成相关机构对421名责任人进行了处理，累计罚款125万元；三是鼓励辖内机构加大产品创新力度，不断完善窗口服务，对银行业收费情况进行了全面梳理和汇总；四是加强与政府及相关部门的沟通联系，加强信访、舆情监测，

烟台市经济主要统计指标

指标＼年度	2007	2008	2009	2010	2011	2011年同比增幅（%）
土地面积（平方公里）	13746.47	13746.47	13746.47	13746.47	13746.47	0
人口（万人）	651.47	651.69	652.00	651.14	651.76	0.10
城镇人口（万人）	266.81	267.29	270.09	263.45	267.1	1.39
乡村人口（万人）	384.66	384.40	381.91	387.69	384.66	-0.78
地区生产总值（亿元）	2878.97	3434.19	3701.79	4358.46	4906.83	12.1
第一产业（亿元）	239.03	275.55	285.90	334.49	361.43	3.0
第二产业（亿元）	1755.79	2090.97	2227.32	2566.49	2830.88	12.1
工业（亿元）	1607.82	1920.00	2017.60	2319.02	2543.44	12.8
建筑业（亿元）	279.30	170.97	209.72	247.47	287.44	6.4
第三产业（亿元）	884.15	1067.67	1188.58	1457.48	1714.52	14.2
人均地区生产总值（元）	44242	49012	52683	62254	70339	12.5
地区生产总值构成（%）	100	100	100	100	100	--
第一产业（%）	8.30	8.02	7.72	7.67	7.37	-0.30
第二产业（%）	60.99	60.89	60.17	58.89	57.69	-1.20
第三产业（%）	30.71	31.09	32.11	33.44	34.94	1.50
财政总收入（亿元）	431.21	--	--	--	--	--
地方财政收入（亿元）	140.82	166.17	189.12	237. 80	303.19	27.5
财政总支出（亿元）	--	--	--	--	--	--
地方财政支出（亿元）	174.50	209.25	248.03	323. 86	407.53	25.8
全社会固定资产投资（亿元）	1606.79	1953.79	2222.17	2705.86	2883.80	22.4
规模以上固定资产投资（亿元）	1606.79	1953.79	2222.17	2705.86	2883.80	22.4
房地产开发（亿元）	205.12	263.69	271.20	383.12	568.97	48.5
进出口总值（亿美元）	239.44	350.31	342.94	437. 81	453.49	3.6
出口总值（亿美元）	140.92	206.47	198.34	254. 80	266.95	4.8
实际利用外资（亿美元）	24.16	10.58	10.85	11. 53	13.39	16.13
社会消费品零售总额（亿元）	829.70	1023.44	1219.96	1378.35	1616.49	17.3
居民消费价格指数（%）	103.40	104.20	99.20	102.3	104.2	4.2
城市居民人均可支配收入（元）	16772	19350	21125	23288	26542	14.0
农民人均现金收入（元）	6170	7182	7810	9916	10217	13.7

烟台市工农业主要统计指标

农业主要统计指标（万吨）				规模以上工业企业主要统计指标（亿元）			
项目＼年度	2010年	2011年	增幅（%）	项目＼年度	2010年	2011年	增幅（%）
粮食	257.89	260.75	1.1	工业增加值	2382.38	--	14.4
夏粮	93.60	94.2	0.6	国有工业	90.87	--	11.6
秋粮	164.30	166.5	1.4	集体工业	223.46	--	12.6
棉花	--	--	--	股份制工业	978.64	--	13.8
油料	45.90	45.30	-1.2	股份合作制工业	13.58	--	12.3

续表

农业主要统计指标（万吨）				规模以上工业企业主要统计指标（亿元）			
项目 \ 年度	2010年	2011年	增幅（%）	项目 \ 年度	2010年	2011年	增幅（%）
水果	456.10	483.06	5.9	外商及港澳台投资工业	921.72	--	15.8
蔬菜	199.40	192.94	-3.2	轻工业	662.11	--	10.3
肉类	46.50	46.94	0.9	重工业	1720.27	--	16.1
禽蛋	29.10	28.89	-0.6	销售收入	10996.97	12049.33	22.5
奶类	24.10	22.44	-7.0	利税	1115.26	1263.45	24.2
水产品	184.00	185.82	1.0	利润	857.21	977.41	25.2
森林覆盖率（%）	40	41.7	4.3	经济效益综合指数（%）	342.52	--	--

烟台市主要金融机构负责人

单位名称	行长（或其他称谓的第一负责人）	副行长（或其他称谓的同级领导）
人行烟台市中心支行	吴明理（党委书记、行长）	张春晓　徐忠波　王卫东　宋建平　官志诚　官云美　王锦玲　夏红旗　浴庆平　林学龙
银监会烟台监管分局	毕继繁（党委书记、局长）	宋孚军　王建春　苏明军
保监会烟台监管分局	许彦峰	李大平　田世波
农发行烟台市分行	薛迎余（党委书记、行长）	曲天军　于忠保　任小燕
工行烟台分行	亓立强（党委书记、行长）	唐德元　王存东　宋建军　宫毓昌　赵　辉　柳峻林　付　忠　姜克才　于忠全　李　敏　张立涛
农行烟台市分行	钱　进（党委书记、行长）	臧汝舜　李锋刚　于　强　战　捷　刘玉壮　张庆伟　孙树东
中行烟台分行	李进生（党委书记、行长）	曹亚军　邵　军　张晓文　刁玉波　李春甫
建行烟台分行	郝子建（党委书记、行长）	刘　军　孙传波　刘月余　李　峰　李旭阳　李雪萍
交行烟台分行	赵秀军（党委书记、行长）	薛　峰　史晓杰　王　浩　牟典华　谭方东
中信烟台分行	黄树彬（党委书记、行长）	蔡伟波　雷建林　王　慧
招行烟台分行	张　洪（党委书记、行长）	李向党　韩少伟
华夏烟台分行	鲍军民（党委书记、行长）	王裕文　巩卫中　潘　涛　孙德发
兴业烟台分行	沈　健（行长）	高丽萍　李伟杰　王　健
民生烟台支行	崔俊峰（行长）	侯　健　李希友　姜守强
浦发烟台分行	任志昱	李建亮　刘进杰　薛泉君　赵凌云
渤海烟台分行	赵福强	张树国　王景瑞

续表

单位名称	行长（或其他称谓的第一负责人）	副行长（或其他称谓的同级领导）
恒丰烟台分行	秦雪梅（行长）	王尊亭　刘永东　宋　豪　来荷华
烟台银行	庄永辉（党委书记、董事长）	欧恩陶
农信社烟台市办事处	姜国平（党委书记、主任）	杨奎胜　刘韶伟　孙树伦
邮储银行烟台市分行	陈光灵（党委书记、行长）	王　辉　车宗洪　史靖宇
龙口南山财务公司	隋　政	曲丽华
蓬莱民生村镇银行	王立奎	高建为　白兆杰
龙口国开南山村镇银行	尹言波	郑延绚
烟台市芝罘区富泉小额贷款有限公司	林裕明（董事长）	赵荣娜（总经理）
龙口市南山小额贷款股份有限公司	王国林	
招远市金都小额贷款有限责任公司	崔程剑	杜福生
莱州市岩沣小额贷款有限公司	孙玉林（董事长）	战守清（总经理）
蓬莱市鑫源小额贷款有限公司	张炳毅	张玉敏
海阳市联谊达小额贷款有限公司	刘德旭	
烟台开发区金桥银通小额贷款有限公司	彭德洲	苏　芳
烟台市芝罘区庄禾小额贷款有限公司	孙崇信	时红星
烟台市莱山区万光小额贷款有限公司	姜振山	牟捍卫
烟台市保险行业协会	彭翠兰	张安澜
人保财险烟台分公司	刘廷祥	于树文　顾恩谭　王永明
人寿保险烟台分公司	王清涛	隋　涛　杨建敏　徐元本
太平洋财险烟台中心支公司	张春毅	李宏宇　赵　昱
太平洋人寿烟台中心支公司	张新祥	郑文杰　王云剑
平安财险烟台中心支公司	孙君乐	李　涛
平安人寿烟台中心支公司	童　燚	毕英杰　王捷宇　陈明星
阳光财险烟台中心支公司	刘　涛	马　勇　姜在农
新华人寿烟台中心支公司	徐忠涛	史玉岗　王洪春　李　巍
大地财险烟台中心支公司	曹雪梅	邹　平　刘登胜
泰康人寿烟台中心支公司	陈扬炜	刘恩中　李永卿　尉世振

烟台市金融业务统计指标

指标（亿元）＼年度		2007	2008	2009	2010	2011	2011 年同比	
							增加额	增幅（%）
银行类	本外币存款余额	2196.41	2615.93	3401.76	4081.18	4467.85	386.67	9.47
	人民币存款余额	2148.90	2570.05	3342.26	4021.24	4397.14	375.9	9.35
	单位存款	566.40	648.98	955.49	1109.77	1861.83	752.06	67.77
	储蓄存款	1246.36	1566.75	1851.19	2110.29	2365.95	255.66	12.11
	定期储蓄存款	964.25	1250.34	1448.22	1597.80	1746.06	148.26	9.28

续表

指标（亿元） \ 年度		2007	2008	2009	2010	2011	2011年同比	
							增加额	增幅（%）
银行类	活期储蓄存款	282.1	316.42	402.97	512.50	544.16	31.66	6.18
	本外币贷款余额	1496.79	1632.34	2236.40	2644.45	3070.96	426.51	16.13
	人民币贷款余额	1422.94	1575.60	2105.14	2511.91	2963.41	451.5	17.97
	短期贷款	774.19	824.71	999.22	1238.54	1539.48	300.94	24.30
	中长期贷款	481.88	534.95	857.77	1082.87	1221.12	138.25	12.77
	票据融资	164.38	214.74	247.31	189.90	201.05	11.15	5.87
	当年结益	22.05	31.24	39.42	53.35	75.26	21.91	41.07
	不良贷款余额	121.33	74.56	90.02	75.97	59.92	-16.05	-21.13
	不良贷款占比%	5.52	4.57	4.02	2.87	1.95	-0.92	-32.06
保险类	保险公司保费收入	53.27	68.65	73.88	96.31	98.44	2.13	2.21
	财险收入	12.75	16.08	18.89	27.07	31.44	4.37	16.14
	寿险收入	40.52	52.58	54.99	69.24	66.99	-2.25	-3.25
	保险公司赔款和给付支出	20.22	19.23	22.41	19.57	25.13	5.56	28.41
	财险赔款	6.72	8.59	11.22	12.4	15.12	2.72	21.94
	寿险给付	13.50	10.64	11.20	7.17	10.01	2.84	39.61
	当年结益	-0.69	0	-0.54	1.19	1.84	0.65	54.62
证券类	证券市场成交总额	3109.10	2576.40	5010.43	4781.89	3562.75	-1219.14	-25.50
	投资者保证金余额	—	—	—	—	—	—	—
	证券账户开户数	363000	417000	467275	535863	597058	61195	11.42
	佣金收入	—	—	—	—	—	—	—
	净利润	—	—	—	—	—	—	—
	期货市场成交总额	—	—	—	7089.66	6662.18	-427.48	-0.06
	期货客户保证金余额	—	—	—	—	—	—	—
	期货账户开户数	—	—	—	—	—	—	—
	期货手续费收入	—	—	—	—	—	—	—
	利润总额	—	—	—	—	—	—	—

烟台市金融机构统计指标

指标（个） \ 年度		2007	2008	2009	2010	2011	2011年同比增幅（%）
银行类	法人机构	15	15	15	14	14	0.00
	省级分行	4	4	4	1	2	100.00
	二级分行	9	10	12	13	16	23.08
	县区支行	243	279	298	213	293	37.56
	分理处、营业所	735	765	751	905	841	-7.07
	储蓄所	81	76	27	155	160	3.23
	从业人员总数	16896	17663	19063	19137	20065	4.85

续表

指标（个）		2007	2008	2009	2010	2011	2011年同比增幅（%）
保险类	保险机构	32	44	49	53	56	5.66
	财险机构	18	20	22	23	25	8.70
	省级分公司	0	0	0	0	0	--
	地市分公司	1	1	1	23	25	8.70
	县区支公司	17	19	92	202	189	-6.44
	寿险机构	14	24	27	30	31	3.33
	省级分公司	0	0	0	0	0	--
	地市分公司	1	1	1	30	31	3.33
	县区支公司	13	23	88	279	263	-5.73
	从业人员总数	13575	38038	28521	28313	29185	3.08
	财险人员	2631	7104	6284	5784	5673	-1.92
	寿险人员	10944	20934	20018	22529	23512	4.36
证券类	证券机构	--	--	--	--	--	--
	证券公司	--	--	--	--	--	--
	证券营业部	--	--	--	--	--	--
	证券服务部	--	--	--	--	--	--
	从业人员总数	--	--	--	--	--	--
	投资者开户	--	--	--	--	--	--
	境内上市股票支数	11	14	14	21	25	19.05
	境外上市股票支数	6	6	6	6	6	0
	辖区上市公司总数	16	19	19	26	30	15.38

烟台市主要金融机构业务概况

单位：亿元

单位名称	本外币存款余额	人民币单位存款	人民币储蓄存款	本外币贷款余额	人民币短期贷款	人民币中长期贷款
农发行烟台市分行	20.84	20.73	0.0	87.90	33.37	54.42
工行烟台分行	494.52	116.37	198.32	401.16	115.56	155.30
农行烟台市分行	614.00	216.41	384.59	331.37	164.07	153.16
中行烟台分行	450.63	234.67	189.92	263.10	89.88	139.59
建行烟台分行	356.36	191.03	160.53	285.39	97.82	172.24
交行烟台分行	118.43	75.94	39.65	75.55	42.62	28.98
中信烟台分行	67.77	52.35	11.47	42.01	30.90	9.77
招商烟台分行	63.53	37.34	23.75	66.88	37.58	22.22
华夏烟台分行	86.85	69.29	17.56	83. 08	53.86	23.93
兴业烟台分行	79.22	60.54	8.25	63.67	15.33	45.78

续表

单位名称	本外币存款余额	人民币单位存款	人民币储蓄存款	本外币贷款余额	人民币短期贷款	人民币中长期贷款
民生烟台支行	25.03	17.07	7.48	34.72	28.04	6.68
浦发烟台分行	18.69	17.62	0.49	23.22	18.76	2.07
渤海烟台分行	4.5	3.81	4.9	4.90	4.8	0.1
恒丰烟台分行	516.61	255.82	260.80	352.92	229.80	123.12
烟台银行	296.21	131.47	163.75	207.3	108.25	78.88
农信社烟台市办事处	776.69	129.97	645.94	564.53	466.13	38.78
邮储银行烟台市分行	281.45	39.82	241.63	34.41	15.11	14.13
南山财务公司	34.57	33.78	0	25.05	7.46	17.59
蓬莱民生村镇银行	4.52	1.29	3.23	4.00	4.00	0.00
国开南山村镇银行	6.09	5.53	0.56	6.02	6.02	0
烟台市芝罘区富泉小额贷款有限公司	0	0	0	0.64	0.64	0
龙口市南山小额贷款股份有限公司	0	0	0	0.99	0.98	0.01
招远市金都小额贷款有限责任公司	0	0	0	0.81	0.81	0
莱州市岩沣小额贷款有限公司	0	0	0	0.53	0.53	0
蓬莱市鑫源小额贷款有限公司	0	0	0	0.22	0.22	0
海阳市联谊达小额贷款有限公司	0	0	0	0.69	0.69	0
烟台开发区金桥银通小额贷款有限公司	0	0	0	1.09	1.09	0
烟台市芝罘区庄禾小额贷款有限公司	0	0	0	0.96	0.96	0
烟台市莱山区万光小额贷款有限公司	0	0	0	0.43	0.43	0

烟台市各县级区域经济金融主要统计指标

名称	人口（万人）	面积（平方公里）	地区生产总值（亿元）	地区生产总值增速（%）	本外币存款余额（亿元）	储蓄存款（亿元）	本外币贷款余额（亿元）
牟平区	45.58	1519.75	226.77	13.36	270.60	151.42	145.25
蓬莱市	45.00	1128.6	390.88	11.56	248.61	159.52	177.11
龙口市	63.50	901.05	764.10	12.6	517.79	286.78	374.59
招远市	57.04	1432.32	505.58	12.8	327.42	188.64	190.30
莱州市	85.82	1878	527.69	12.80	405.54	285.82	174.26
莱阳市	87.37	1732	335.57	9.10	227.52	164.17	137.12
栖霞市	62.7	2016	186.23	9.1	147.43	116.37	82.72
海阳市	66.5	1887	255.5	13.76	213.73	140.16	143.07
长岛县	4.3	56	55.46	6.4	26.14	19.64	11.62

宣传和引导银行履行社会责任，树立良好形象。

【外汇管理】 2011年，外管局烟台市中心支局紧紧围绕监管和服务两项核心职责履职，深化外汇管理重点领域改革，严厉打击"热钱"流入，强监测、促转变、求创新、出亮点，在服务促发展和管理促规范方面取得新的突破。

一、高效精准地防范和打击"热钱"流入。一是争取地方政府对"控热钱、减顺差"的理解和支持，形成并强化工作合力；二是加强对银行的"窗口指导"，规范银行外汇业务创新，发挥银行防控"热钱"流入的中坚作用；三是加强对企业的指导和监管，全面贯彻落实各项防控政策措施，形成防范"热钱"流入的有效屏障。

二、扎实推进各项试点工作。一是深入开展个人本外币兑换特许业务试点；二是稳步推进国际收支网上申报工作改革，全市网上申报试点企业2000多家，占全省网上申报企业的28.6%；三是主动利用贸易收付汇核查系统开展进口付汇非现场和现场核查工作。

三、大力推进贸易投资便利化。一是出台《关于进一步改进外汇管理支持全市涉外经济平稳较快发展的意见》，帮助企业解决实际困难，年内共收到地方政府部门、企业送来感谢信、牌匾和锦旗12次；二是积极推进亚沙会外汇支付环境建设，满足2012年第三届海阳市亚洲沙滩运动会9000多名各国官员、裁判员、运动员的外汇需求，帮助亚沙会工委会和其合作银行评估并提出申请特殊外汇管理政策；三是加强对个人外汇政策的宣传。

【金融改革】 2011年，在烟台市监管部门的领导下，银行业改革发展步伐不断加快。一是烟台银行法人治理架构不断完善，进一步理顺与恒生银行的战略合作关系；二是农信社股权结构持续优化，进一步增强了股本稳定性；三是龙口农村合作银行通过溢价方式进行增资扩股，成功转制为农商行；四是"城区五联社整合"的改革试点有序推进，并已被烟台市委纳入年度重要推进工作事项；五是成立蓬莱民生村镇银行；六是以广州农商行作为主发起人在辖区莱州、海阳、福山三地批量化筹建村镇银行。

【保险业务】 2011年，烟台市保险取得了快速发展。一是保险业务平稳发展，规模速度不断提升，保费规模继续位居全省(不含青岛)第2；二是市场主体日益完善，发展质量持续优化，盈利能力不断增强；三是在"米雷"台风、"梅花"台风等一系列重大灾害事故中，积极参与善后处理和灾后重建，为企业和人民群众生产生活的快速恢复发挥了积极作用；四是完善社会医疗保障体系，创新农业保险，服务三农建设，保险业服务地方经济社会发展的能力不断增强。

【精神文明建设】 2011年，烟台市金融机构认真贯彻落实科学发展观，坚持"两个文明"一起抓，全市金融系统精神文明进一步提高。

一、人行烟台市中支大力加强精神文明建设，凝聚力进一步增强。一是以"创先争优"活动作为推动各项工作的有力抓手，有力地提升了辖区两级行履职水平；二是组织开展了摄影采风、钓鱼、羽毛球比赛以及小型室内运动会等多项文体活动。

二、烟台银监分局紧紧围绕如何用先进的监管文化引领监管行为、提高监管效能的目标，强化精神文明建设。烟台保监分局积极开展创先争优活动，引导干部职工参加社会公益活动，并与烟台SOS儿童村联系协调，将儿童村作为分局干部职工的思想道德教育基地。

三、烟台市各金融机构以提升金融服务为目的，深入开展精神文明建设。一是开展各种形式的反复倡廉教育，并以建党90周年为契机，组织各类爱党爱国教育；二是开展劳动服务竞赛、素质拓展训练等，提升了服务水平，培训和锻炼员工的团队意识和创新意识；三是践行社会责任，积极开展各类形式的爱心捐助活动。

【大事记】 1月5日 经华夏银行总行党委研究决定：鲍军民任中共华夏银行烟台分行委员会书记；免去刘杰中共华夏银行烟台分行委员会书记职务，另有任用。(华银党发【2010】129号)

1月11日 由市精神文明办和烟台日报传媒集团主办，工行烟台分行协办的"中国工商银行杯2009-2010双年度烟台十佳好人"评选活动颁奖典礼在烟台保利大剧院举行。

1月24日 在山东银监局副局长刘悦芹、烟台监管分局局长毕继繁等人陪同下，中国银监会领导蔡江婷一行莅临烟台银行调研指导工作。

2月10日 人行烟台市中支、农行烟台分行获市委、市政府"2010年度烟台发展突出贡献单位"殊荣。

农联社烟台办事处、交行烟台分行、浦发烟台分行被烟台市委、市政府授予"烟台发展贡献单位"荣誉称号。

2月26日 华夏银行新一代核心业务系统在烟台分行成功上线。

3月8日 烟台保监分局印发《机动车保险理赔服务标准指引(试行)》，统一行业理赔服务标准，规范理赔流程，提高理赔服务质量。

3月11日 王建春被任命为烟台银监分局副局长（银监鲁党任(2011)23号 ）。

3月15日 烟台保监分局与烟台市保险行业协会共同启动烟台保险行业"2011让消费者满意行动"。

3月18日 人行济南分行、外管局山东省分局与烟台市人民政府联合举办了"烟台市个人本外币兑换特许业务试点暨亚沙会支付环境建设启动仪式"。

3月23日~24日 人行济南分行金融稳定处李秀杰副处长一行到农行烟台分行巡查督导三农金融事业部改革检查评估工作。

4月11日 交行山东省分行行长王锋来交行烟台分行调研指导工作。

4月14日　烟台银行开通企业客户短信服务业务。

4月19日　中行烟台分行成功开立系统内全省首笔双币计价的国际信用证，金额为2.6亿元人民币，期限为360天。

4月22日～27日　由人行济南分行、烟台市人民政府和山东省金融学会联合主办的“金融知识进万家巡回展·走进烟台”在烟台市国际博览中心隆重举行。

4月25日　中行烟台分行与澳门中行合作，成功叙做系统内全省首笔联动对证通业务。

5月7日～10日　山东保监局任建国局长一行到烟台分局视察、指导工作，组织召开了分局全体干部职工座谈会、烟台市保险行业协会常务理事座谈会。

5月11日～12日　农总行巡视组张跃进副总经理一行到农行烟台分行巡视工作。

5月13日　中行烟台分行成功叙做系统内全省首笔126万美元的NRA账户下出口信用证转让业务。

5月16日　中国银监会检查组到农发行烟台市分行检查工作。

5月23日　苏明军被任命为烟台银监分局党委委员（银监鲁党任(2011)29号）。

5月26日　中国银监会监管二部副主任陈刚明、山东银监局副局长刘悦芹等一行莅临烟台银行调研督导工作。

5月30日　华夏银行济南分行党委书记、行长孙彤军一行6人到烟台分行进行调研座谈。

6月28日～30日　保监会党委第一巡视组副组长张辉烨一行来烟台巡视，山东保监局巡视员、副局长巩庆军陪同来烟。

7月8日　烟台保监分局印发《烟威地区机动车保险查勘定损人员管理办法(试行)》，实行查勘定损人员准入考试、挂牌上岗制度。

7月9日　渤海银行全国首家二级分行——渤海银行烟台分行正式开业。

7月15日　邮储银行烟台市分行正式开办银行承兑汇票贴现业务。

7月20日　交行烟台分行被交行总行确立为2011年新增加快发展重点省辖行，成为总行“重点支持计划”的16家省辖分行之一。

7月22日　人行烟台市中支成功举办2011烟台市电子商业汇票及支票授信业务推介会，人行济南分行助理巡视员张胜林，烟台市人民政府副市长张广波出席了会议。

农发行山东省分行与山东省阳光财产保险股份有限公司联合在烟台举办业务推介会。

8月8日～9日　邮储银行山东省分行李毅书记到邮储银行烟台市分行调研。

8月10日　经华夏总行研究决定，并通过山东银监局任职资格核准，聘任鲍军民为华夏银行烟台分行行长。(华银发【2011】463号)

9月22日～23日　由中国银行承办的中国银行业票据业务规范暨山东省银行业学习贯彻票据业务规范研讨会在蓬莱召开。人民银行总行、银监会、中国银行业协会、其他省市银行业协会的领导等70余人参加。

9月26日～27日　山东省联社理事长、党委书记宋文瑄一行先后到莱阳联社、烟台办事处和龙口农合行就农信社改革发展情况进行调研座谈。

10月13日　农行烟台市分行获得全省个人理财业务策划大赛亚军。

11月10日　邮储银行总行姚红副行长到邮储银行烟台市分行调研国际业务。

11月22日　山东银监局党委书记、局长廖平之一行到烟台视察、指导工作。

12月12日　中行烟台分行被山东省政府授予“山东省服务名牌”。

12月19日　烟台银行在烟台金海湾大酒店召开2011年度股东大会。

12月30日　建行济南分行任命郝子建为建行烟台分行行长(建鲁任【2011】69号文)。

（李信见　姜　全）

牟平区

【经济金融概况】　2011年，牟平区经济总体运行态势良好，工业增长较快，对外贸易稳步增长，消费增势良好，城市发展空间进一步扩大，经济发展活力进一步增强。各金融机构积极贯彻稳健的货币政策，加大金融创新力度，不断优化信贷结构，加大信贷资金对实体经济的支持力度，确保了全区经济金融的平稳健康发展。

牟平区主要经济指标

经济指标	2010	2011	2011年同比增幅(%)	经济指标	2010	2011	2011年同比增幅(%)
土地面积(平方公里)	1519.75	1519.75	0	地方财政支出(亿元)	14.61	19.85	35.87
人口(万人)	45.42	45.58	0.35	全社会固定资产投资(亿元)	192.62	252.33	31.00
城镇人口(万人)	16.38	16.54	0.98	进出口总值(万美元)	93639	129829	38.65

续表

经济指标	2010	2011	2011年同比增幅（%）	经济指标	2010	2011	2011年同比增幅（%）
乡村人口（万人）	29.04	29.04	0	出口总值（万美元）	57001	70405	23.52
地区生产总值（亿元）	200.04	226.77	13.36	实际利用外资（万美元）	5090	8157	60.26
第一产业（亿元）	28.02	30.41	8.53	社会消费品零售总额（亿元）	78.51	92.44	17.74
第二产业（亿元）	106.03	117.99	11.28	居民消费价格指数（%）	102.30	104.20	1.90
第三产业（亿元）	65.99	78.37	18.76	人均地区生产总值（元）	43993	49841	13.60
财政总收入（亿元）	16.30	19.72	20.98	城镇居民可支配收入（元）	20010	24317	21.52
地方财政收入（亿元）	10.01	15.02	50.05	农民人均现金收入（元）	9734	11736	20.57
财政总支出（亿元）	14.61	19.85	35.87				

牟平区主要金融指标

金融指标（亿元）	2010	2011	2011年同比增幅（%）	金融指标（亿元）	2010	2011	2011年同比增幅（%）
本外币存款余额	234.46	270.60	15.41	财险收入	0.92	1.00	8.70
人民币存款余额	232.84	269.24	15.63	寿险收入	1.70	1.85	8.82
单位存款	55.06	109.28	98.47	财险赔款	0.43	0.60	39.53
储蓄存款	135.10	150.78	11.61	寿险给付	0.26	0.38	46.15
本外币贷款余额	122.71	145.25	18.37	当年结益	0.32	0.35	9.37
人民币贷款余额	119.81	144.15	20.32	证券市场交易总额	150.00	115.00	-23.33
短期贷款	77.46	98.12	26.67	投资者保证金余额	1.00	1.30	30.00
中长期贷款	40.99	46.02	12.27	证券账户开户数	1500	1600	6.67
票据融资	1.31	0	-100.00	证券交易佣金收入	0.12	0.10	-16.67
当年结益	3.05	4.77	56.39	净利润	0.08	0.03	-62.50
不良贷款余额	4.65	3.13	-32.69				

牟平区主要金融机构负责人

单位名称	行长（或其他称谓的第一负责人）	副行长（或其他称谓的同级领导）
人行牟平区支行	郑　军	林正星　孙覃春　张建波
农发行牟平区支行	范　军	蓝红梅　杨　勇
工行牟平支行	曲宏云	刘永江　慕志鸣
农行牟平支行	聂永茂	马瑞恩　宋文明
中行牟平支行	林秀武	刘训明　韩永壮
建行牟平支行	毕德熠	徐绍花　吕英志
交行牟平支行	杨　涛	姜克周
烟台银行牟平支行	王旭东	娄礼章　于新生
恒丰牟平支行	李　峰	曲爱国　费志远
中信牟平支行	张振义	
牟平区农信联社	佘黎平	孙益平　张学刚　李瑞俊　张世忠
邮储银行牟平区支行	杨作建	郭积信

牟平区主要金融机构业务概况

单位：亿元

单位名称	本外币存款余额	单位存款	储蓄存款	本外币贷款余额	短期贷款	中长期贷款
农发行牟平区支行	0.26	0.26	0	3.36	1.36	2.00
工行牟平支行	32.90	22.69	10.21	20.72	7.99	12.73
农行牟平支行	37.14	15.33	21.76	18.21	11.17	7.04
中行牟平支行	13.09	5.07	7.96	8.42	4.54	3.88
建行牟平支行	19.12	8.67	10.45	15.65	9.04	6.61
交行牟平支行	9.98	5.02	4.87	7.53	6.54	0.99
烟台银行牟平支行	29.14	13.20	15.93	12.64	8.58	4.06
恒丰牟平支行	38.11	21.91	16.20	13.51	6.81	6.70
中信牟平支行	6.90	5.65	1.16	7.64	7.61	0.03
牟平区农信联社	50.24	7.48	42.74	36.27	34.60	1.67
邮储银行牟平区支行	24.84	4.72	20.12	1.30	0.99	0.31

【金融发展与改革】 2011年，牟平区金融改革与发展取得显著成效。一是农行牟平支行进行股份制改革后，加大了对“三农”的支持力度；二是各金融机构严格执行稳健的货币政策，促进金融改革的深化发展。

【金融服务与监管】 2011年，人行牟平区支行认真履行央行职责，坚持服务与管理并重，保障了辖区金融业的平稳健康发展。一是加大窗口指导力度，引导信贷资金向实体经济和中小企业倾斜；二是利用业务培训和知识竞赛等形式，加大对征信、统计、反洗钱、反假币等业务的宣传力度；三是进一步提高银行结算、国库集中支付、征信管理及外汇管理服务水平和监管力度；四是开展中小企业信用体系实验区创建工作，提高了企业的信用意识；五是进一步加大对下岗失业人员的信贷投放力度；六是进一步更新管理理念，突出风险防范与化解工作，确保了辖区金融秩序的稳定。

（郑　军　陈玉东）

蓬莱市

【经济金融概况】 蓬莱市以“蓬莱阁”和“海市蜃楼”景观成为国际知名的海滨旅游城市，以葡萄及葡萄酒产业集群化发展成为“中国葡萄酒城”，葡萄酒产量居全国县级市之首。近年来，临港工业、旅游业、葡萄及葡萄酒、汽车及零部件四大主导产业发展势头强劲。该市金融运行健康平稳，金融经济协调发展。截至年末，经营性银行机构达12家，营业网点103个，从业人员1133人。

【金融发展与改革】 2011年，蓬莱市各银行机构不断优化信贷结构、深化金融改革，在促进新农村建设、壮大葡萄和葡萄

蓬莱市主要经济指标

经济指标	2010	2011	2011年同比增幅（%）	经济指标	2010	2011	2011年同比增幅（%）
土地面积（平方公里）	1128.6	1128.6	0	地方财政支出（亿元）	20.25	25.55	26.17
人口（万人）	45.01	45.00	-0.02	全社会固定资产投资（亿元）	199.20	216.09	8.48
城镇人口（万人）	17.82	17.86	0.22	进出口总值（万美元）	89365	109997	23.09
乡村人口（万人）	27.19	27.14	-0.18	出口总值（万美元）	55728	73548	31.98
地区生产总值（亿元）	350.39	390.88	11.56	实际利用外资（万美元）	9149	10045	9.79
第一产业（亿元）	23	24.48	6.43	社会消费品零售总额（亿元）	75.60	88.82	17.49
第二产业（亿元）	207	226.05	9.20	居民消费价格指数（%）	103.50	104.20	0.68

续表

经济指标	2010	2011	2011年同比增幅（%）	经济指标	2010	2011	2011年同比增幅（%）
第三产业（亿元）	120	140.34	16.95	人均地区生产总值（元）	77902	86853	11.49
财政总收入（亿元）	35.96	46.82	30.20	城镇居民可支配收入（元）	22311	26544	18.97
地方财政收入（亿元）	15.87	20.07	26.47	农民人均现金收入（元）	10689	12655	18.39
财政总支出（亿元）	20.25	25.55	26.17				

蓬莱市主要金融指标

金融指标（亿元）	2010	2011	2011年同比增幅（%）	金融指标（亿元）	2010	2011	2011年同比增幅（%）
本外币存款余额	228.21	248.61	8.94	财险收入	1.11	1.01	-9.00
人民币存款余额	225.79	246.90	9.35	寿险收入	3.94	3.21	-18.53
单位存款	73.41	79.23	7.93	财险赔款	0.68	0.79	16.18
储蓄存款	147.11	159.01	8.09	寿险给付	1.19	1.24	4.20
本外币贷款余额	160.56	177.11	10.31	当年结益	1.21	1.05	-13.22
人民币贷款余额	158.75	176.45	11.15	证券市场交易总额	119.64	85.06	-28.9
短期贷款	87.26	99.20	13.69	投资者保证金余额	1.34	0.72	-46.27
中长期贷款	68.23	75.59	10.78	证券账户开户数	20117	21663	7.69
票据融资	3.10	1.48	-52.27	证券交易佣金收入	0.23	0.17	-26.09
当年结益	3.66	4.83	31.95	净利润	0.16	0.07	-56.25
不良贷款余额	6.37	6.61	3.77				

蓬莱市主要金融机构负责人

单位名称	行长（或其他称谓的第一负责人）	副行长（或其他称谓的同级领导）
人行蓬莱市支行	陈勇军	王振通　高明祥　杨　芸
银监会蓬莱市办事处	李淑梅	
农发行蓬莱市支行	王世川	王　倩　张　颖
工行蓬莱支行	臧红阳	孟祥君　王福永　王　平　陈　韬　孙坚刚
农行蓬莱市支行	李元忠	张仁领　杨　清　王　宏　王晓云
中行蓬莱支行	杭东升	见邵瑛　于万里
建行蓬莱支行	于万军	丁建庆　王秀丽　梁春科　原显英　周成江
恒丰银行蓬莱支行	赵雪梅	葛　元　顾建军
蓬莱市农信联社	赵庆光	刘　杰　谭博慧　孙大棚　孙雅琴
邮储银行蓬莱市支行	陈维锦	刘　娜
华夏蓬莱支行	张启栋	戴　辉　蔡君贞
光大蓬莱支行	张永军	孙　平　张　磊
蓬莱民生村镇银行	王立奎	白兆杰　高建伟
烟台银行蓬莱支行	郝卫东	王建伟　路名东

蓬莱市主要金融机构业务概况

单位：亿元

单位名称	本外币存款余额	单位存款	储蓄存款	本外币贷款余额	短期贷款	中长期贷款
农发行蓬莱市支行	0.65	0.65	0	4.83	1.83	3.00
工行蓬莱支行	31.15	22.70	8.41	35.16	10.90	24.26
农行蓬莱市支行	40.70	13.51	26.92	24.56	10.37	13.52
中行蓬莱支行	16.53	9.35	7.09	10.81	2.70	7.82
建行蓬莱支行	16.17	8.08	8.08	10.61	6.05	4.53
恒丰银行蓬莱支行	38.60	11.37	27.23	23.03	9.23	13.80
蓬莱市农信联社	61.64	6.87	54.77	49.80	45.13	4.52
邮储银行蓬莱市支行	19.93	0.83	19.11	1.92	1.51	0.41
华夏蓬莱支行	4.39	2.19	2.19	2.53	1.60	0.93
光大蓬莱支行	3.34	1.47	1.57	3.51	3.32	0.18
蓬莱民生村镇银行	4.53	1.29	3.06	4.00	3.59	0
烟台银行蓬莱支行	3.22	2.11	1.11	6.35	3.64	2.62

酒产业、打造半岛制造业基地、支持外向型经济和私营经济发展方面发挥了积极作用。一是农行蓬莱市支行积极推进"三农事业部"改革，业务重心转向农村；二是蓬莱市农信联社充分发挥支农主力军作用，大力支持"三农"经济发展；三是蓬莱民生村镇银行股份有限公司顺利开业，不断拓展农村金融服务领域；四是新设机构华夏银行、光大银行蓬莱支行有序运行并呈现良好发展势头；五是蓬莱市鑫源小额贷款有限公司、蓬莱金信担保投资有限公司积极开展融资、担保业务，拓宽了中小企业融资渠道。

【金融服务与监管】 2011年，人行蓬莱市支行和金融监管部门认真履行职能，保障了辖区银行业安全高效运行。一是通过制定指导意见、组织行长联席会等形式，推动国家货币政策落实；二是通过银企座谈会、推介会等形式推动银企合作；三是推动金融创新，支持各类实体经济发展，支持城乡居民购房、求学和创业的资金需求；四是通过有效运行外汇业务管理系统、大小额支付系统、征信管理系统等，为银行机构、企业和个人提供优质服务；五是通过推动外部信用评级、信用村信用户评定、建立与司法部门联席会议制度等，不断优化金融生态环境；六是通过约见谈话、非现场监管、现场检查等方式，促进银行机构强化内部管理，维护金融秩序和稳定。

（王振通 陶传学）

龙口市

【经济金融概况】 2011年，龙口市经济运行平稳，各项指标继续在烟台各县（市）中保持领先地位。各金融机构以优化信贷结构为支撑，以业务创新为突破的思路，突出实体经济信贷投放、货币政策工具运用和金融服务水平提升等三个重点，实现了信贷总量合理增长、贷款结构进一步优化和区域金融平稳运行的目标。截至年末，新增"三农"和中小企业贷款20.95亿元，

龙口市主要经济指标

经济指标	2010	2011	2011年同比增幅（%）	经济指标	2010	2011	2011年同比增幅（%）
土地面积（平方公里）	893	893	0	地方财政支出（亿元）	40.49	52.59	30.09
人口（万人）	63.39	63.50	0.17	全社会固定资产投资（亿元）	395.01	419	19
城镇人口（万人）	31.12	36.64	17.73	进出口总值（万美元）	227714	267684	17.6
乡村人口（万人）	32.27	26.86	-16.76	出口总值（万美元）	121977	150111	23.1
地区生产总值（亿元）	680.10	764.10	12.6	实际利用外资（万美元）	7628	9460	24.0

续表

经济指标	2010	2011	2011年同比增幅（%）	经济指标	2010	2011	2011年同比增幅（%）
第一产业（亿元）	27.20	28.70	0.1	社会消费品零售总额（亿元）	179.15	210.5	17.4
第二产业（亿元）	437.98	482.90	12.9	居民消费价格指数（%）	102.09	108.7	--
第三产业（亿元）	214.92	252.50	13.7	人均地区生产总值（元）	107288	120399	20.6
财政总收入（亿元）	87.60	140.77	60.7	城镇居民可支配收入（元）	22956	27275	18.8
地方财政收入（亿元）	36.70	47.60	29.6	农民人均现金收入（元）	11312	13302	17.6
财政总支出（亿元）	40.49	52.59	30.09				

龙口市主要金融指标

金融指标（亿元）	2010	2011	2011年同比增幅（%）	金融指标（亿元）	2010	2011	2011年同比增幅（%）
本外币存款余额	472.58	517.79	9.57	财险收入	2.00	1.71	-14.50
人民币存款余额	465.22	513.18	10.31	寿险收入	3.95	3.31	-16.20
单位存款	138.86	219.53	58.09	财险赔款	1.37	1.36	-0.73
储蓄存款	264.55	286.78	8.40	寿险给付	0.71	0.61	-14.08
本外币贷款余额	322.84	374.59	16.03	当年结益	1.37	1.24	-9.49
人民币贷款余额	317.12	372.33	17.41	证券市场交易总额	223.01	170.05	-23.75
短期贷款	166.24	212.27	27.69	投资者保证金余额	3.42	1.76	-48.54
中长期贷款	123.82	147.03	18.74	证券账户开户数	33610	34595	2.93
票据融资	27.04	13.03	-51.81	证券交易佣金收入	0.47	0.25	-46.81
当年结益	6.29	9.08	44.36	净利润	0.22	0.12	-45.45
不良贷款余额	7.28	1.95	-73.21				

龙口市主要金融机构负责人

单位名称	行长（或其他称谓的第一负责人）	副行长（或其他称谓的同级领导）
人行龙口支行	夏法云	王　政　赵福臻　官佩君
银监会龙口市办事处	孙建民	
农发行龙口市支行	于昌美	隋　丽　柳华顺
工行龙口支行	刘进胜	郑祖彦　史春健　姚克庆 张　杰　周　波　辛德武　范崇静
农行龙口市支行	张　华	迟　波　王红新　陈　雷
中行龙口支行	姜兆华	黑大磊　曲显涛
建行龙口支行	刘忠涛	王彦一　赵　光　裴晓燕
恒丰龙口支行	赵经华	王亚妮　王　伟
华夏龙口支行	于　强	丁峰松　连云峰
招行龙口支行	张　伟	姜庆国
烟台银行龙口市支行	张　斌	纪　丽
龙口农合行	王海滨	于瑞章　姜青松　王旭田　初志远　辛　文
邮储银行龙口支行	孙伟涛	赵衍鹏　秦　泓
龙口国开南山村镇银行	尹言波	郑延绚　张思忠
南山财务公司	隋　政	曲丽华　鞠维军

龙口市主要金融机构业务概况

单位：亿元

单位名称	本外币存款余额	单位存款	储蓄存款	本外币贷款余额	短期贷款	中长期贷款
农发行龙口市支行	0.48	0.48	0	2.66	2.16	0.50
工行龙口支行	67.05	39.95	27.10	47.77	17.55	30.22
农行龙口市支行	80.16	26.01	50.87	51.11	33.26	17.84
中行龙口支行	49.03	29.69	19.28	35.39	19.60	15.64
建行龙口支行	52.55	26.46	26.08	60.18	28.02	32.16
恒丰龙口支行	47.88	21.55	26.31	29.44	4.28	25.16
华夏龙口支行	7.40	5.32	2.07	4.04	2.55	1.49
招行龙口支行	8.54	5.68	2.82	7.57	5.77	1.80
烟台银行龙口市支行	7.85	3.77	4.08	6.16	4.22	1.94
龙口农合行	126.34	20.06	106.26	89.61	81.13	2.39
邮储银行龙口支行	22.59	1.25	21.34	0.55	0.25	0.30
龙口国开南山村镇银行	6.09	5.53	0.56	6.02	6.02	0
南山财务公司	33.78	33.78	0	31.85	7.46	17.59

占新增贷款总额的36.94%，新增科技创新贷款14.60亿元，占新增贷款总额的25.74%。新增贷款突出了“三农”、临港产业、环保和小微企业等投放重点，有力地推动了区域经济和谐健康发展。

【金融发展与改革】 2011年，人行龙口市支行积极引导金融机构增加对涉农和小微企业的资金投放。一是运用“差别准备金动态调整”工具，引导农商行压缩融资性票据规模12.5亿元；二是充分发挥“再贴现”工具对小微企业的支持作用，累计向金融机构提供再贴现资金支持16.3亿元；三是及时为龙口国开南山村镇银行提供支农再贷款0.5亿元，缓解其支农资金不足的状况。

龙口市各金融机构围绕宏观调控重心，坚持“有扶有控”，加强货币信贷和产业结构调整。一是加强对符合国家产业政策和市场准入条件、有利于调整产业结构的项目以及涉农和小微企业的信贷支持力度；二是增加了有市场、有效益、有利于增加居民就业的企业流动资金贷款；三是积极推动金融业务和产品创新。

【金融服务与监管】 2011年，人行龙口市支行和金融监管部门认真履行职能，不断提高金融管理和服务水平，保障了辖区金融业的合法稳健运行。一是分别组织召开金融联席会、银行行长座谈会、政策宣讲会等14次，传达上级行的货币政策信息、分析区域金融运行情况；二是采取监测、检查等多种方式，促进银行业金融机构进一步完善内部管理；三是通过约见谈话、实地调研、政策通报等途径，引导法人金融机构合理压缩票据规模，科学掌握信贷投放节奏；四是引导银行机构优化资产质量，不良贷款实现双降。

（肖　翼　胡志广）

招远市

【经济金融概况】 2011年，招远市以科学发展观为指导，加大资金投入力度，年内完成过千万元重点项目129个，开复工率达到93%，项目数量、资金投入再创历史新高。各金融机构坚持区别对待，保压结合的原则，优化信贷结构，加快业务创新，提高金融服务，有力地支持了地方经济又好又快发展。年末黄金租赁业务达到6660公斤，折合人民币约21.3亿元，据不完全统计，全市社会信用总量达458亿元，较年初增加67.4亿元。

【金融发展与改革】 2011年，招远市金融发展与改革取得了显著成效：一是村镇银行在积极筹建中；二是全市担保机构已达到6家，担保资本持续注入和增加；三是完善了金融生态环境考核评价指标体系，年末在烟台市综合考核中主要指标位列前三名。

招远市主要经济指标

经济指标	2010	2011	2011年同比增幅（%）	经济指标	2010	2011	2011年同比增幅（%）
土地面积（平方公里）	1433.18	1432.32	-0.06	地方财政支出（亿元）	23.26	28.85	24.04
人口（万人）	57.09	57.04	0.10	全社会固定资产投资（亿元）	261.77	278.57	22.80
城镇人口（万人）	25.43	25.57	0.55	进出口总值（万美元）	165251	195296	18.20
乡村人口（万人）	31.66	31.46	-0.64	出口总值（万美元）	109984	121643	10.60
地区生产总值（亿元）	452.96	505.58	12.80	实际利用外资（万美元）	9566	10908	14.03
第一产业（亿元）	27.07	30.03	5.90	社会消费品零售总额（亿元）	85.81	100.86	17.50
第二产业（亿元）	275.36	300	12.60	居民消费价格指数（%）	102.90	105.10	5.10
第三产业（亿元）	150.52	175.55	14.40	人均地区生产总值（元）	79365	88600	12.80
财政总收入（亿元）	55.63	75.19	35.20	城镇居民可支配收入（元）	21424	25834	20.60
地方财政收入（亿元）	22.56	28.53	26.50	农民人均现金收入（元）	9255	11483	24.10
财政总支出（亿元）	27.34	34.45	26.01				

招远市主要金融指标

金融指标（亿元）	2010	2011	2011年同比增幅（%）	金融指标（亿元）	2010	2011	2011年同比增幅（%）
本外币存款余额	308.25	327.42	6.22	财险收入	0.41	0.45	9.76
人民币存款余额	305.70	323.65	5.88	寿险收入	2.58	2.43	-5.82
单位存款	91.53	132.17	44.40	财险赔款	0.32	0.26	-18.75
储蓄存款	166.28	187.65	12.86	寿险给付	1.28	1.34	4.69
本外币贷款余额	131.28	190.30	44.96	当年结益	1.44	1.13	-21.53
人民币贷款余额	129.38	180.94	39.86	证券市场交易总额	187.00	135	-27.81
短期贷款	93.54	129.86	38.83	投资者保证金余额	1.55	0.89	-42.58
中长期贷款	28.78	39.94	38.78	证券账户开户数	23177	24623	6.24
票据融资	7.06	11.13	57.65	证券交易佣金收入	0.28	0.18	-35.72
当年结益	4.13	4.60	11.38	净利润	0.18	0.11	-38.89
不良贷款余额	4.51	4.51	0				

招远市主要金融机构负责人

单位名称	行长（或其他称谓的第一负责人）	副行长（或其他称谓的同级领导）
人行招远市支行	杨　强	赵广兴　林旭东　栾茂庆
银监会招远市办事处		
农发行招远市支行	李　涛	栾云涛　刘俊锋
工行招远支行	李永平	李韶光　李　平　李桂寿 王敬东　宁光庭　丁国群
农行招远支行	李庆阳	梁又丰　王旭东
中行招远支行	王茂顺	杨　健　闫振杰　徐学臻
建行招远支行	门成松	孙明盛
烟台银行招远市支行	赵彦平	王青松
招远市农信联社	王英成	马旭东　闫福敏　李维刚　刘曙光
邮储银行招远市支行	秦晓东	张少轶

招远市主要金融机构业务概况

单位：亿元

单位名称	本外币存款余额	单位存款	储蓄存款	本外币贷款余额	短期贷款	中长期贷款
农发行招远市支行	1.33	1.33	--	5.33	3.43	1.90
工行招远支行	50.71	34.41	16.28	32.30	17.15	15.15
农行招远支行	51.41	15.70	35.59	16.40	14.22	2.18
中行招远支行	35.75	14.11	21.25	20.87	15.14	5.03
建行招远支行	33.26	21.20	12.05	17.66	8.03	9.63
烟台银行招远市支行	5.76	3.93	1.83	6.48	5.62	0.86
招远市农信联社	61.56	13.71	47.82	47.04	34.72	1.88
邮储银行招远市支行	25.27	2.10	23.17	1.13	0.84	0.29

【金融服务与监管】 2011年，人行招远市支行认真履行职责，提高服务水平，强化监管理念，确保了辖区金融的健康稳健运行。一是先后出台了《关于认真贯彻落实稳健货币政策推进全市经济平稳健康发展的意见》和《关于进一步改进外汇管理、支持涉外经济平稳较快发展的指导意见》；二是成功举办"调结构、促发展"银企合作推进会，签约项目40个，签约资金78亿元，资金到位率达105%；三是组织银行、企业等相关人员先后举办跨境人民币结算试点、外汇业务、"一卡通"金融创新支付工具等培训班5期，培训人员700多人次；四是组织开展了农信社专项票据改革、贷款卡、统计、外汇、国库、账户等业务的监督检查，规范了业务操作，维护了金融秩序，确保了金融稳定。

（于瑞亮　范淑敏）

莱州市

【经济金融概况】 2011年，莱州市金融机构以加大信贷投放为总抓手，充分发挥金融的杠杆调节和支持作用，各项存贷款继续保持增长、增幅平稳，资产质量进一步好转，金融呈现较快发展态势。辖内各金融机构紧紧抓住"黄河三角洲高效生态经济区"、"山东半岛蓝色经济区"、"胶东半岛高端产业聚集区"开发战略机遇，大力支持重点项目、"三农"和中小企业发展，涉农贷款、中小企业贷款规模不断扩大。截至年末，涉农贷款余额147.51亿元，同比多增34.9亿元；中小企业贷款余额80.94亿元，同比多增15.98亿元。

【金融发展与改革】 2011年，人行莱州市支行积极疏通货

莱州市主要经济指标

经济指标	2010	2011	2011年同比增幅（%）	经济指标	2010	2011	2011年同比增幅（%）
土地面积（平方公里）	1878	1878	0	地方财政支出（亿元）	30.47	38.86	27.53
人口（万人）	85.94	85.81	-0.15	全社会固定资产投资（亿元）	260.94	285	9.22
城镇人口（万人）	16.97	16.57	-2.36	进出口总值（万美元）	118807	143391	20.69
乡村人口（万人）	68.97	69.24	0.39	出口总值（万美元）	87596	101715	16.11
地区生产总值（亿元）	467.79	527.73	12.81	实际利用外资（万美元）	8939	10039	12.31
第一产业（亿元）	49.73	55.01	10.62	社会消费品零售总额（亿元）	157.20	184.60	17.43
第二产业（亿元）	275.56	303.86	10.27	居民消费价格指数（%）	105	105.23	0.22
第三产业（亿元）	142.49	168.85	18.50	人均地区生产总值（元）	54430	61453	12.90
财政总收入（亿元）	62.21	80.71	29.73	城镇居民可支配收入（元）	21643	25864	19.50
地方财政收入（亿元）	24.02	30.37	26.44	农民人均现金收入（元）	11937	13976	17.08
财政总支出（亿元）	31.99	38.87	21.51				

莱州市主要金融指标

金融指标（亿元）	2010	2011	2011年同比增幅（%）	金融指标（亿元）	2010	2011	2011年同比增幅（%）
本外币存款余额	365.63	405.54	10.92	财险收入	1.97	1.74	-11.68
人民币存款余额	363.58	402.44	10.69	寿险收入	1.42	1.17	-17.61
单位存款	65.11	112.27	72.43	财险赔款	0.60	0.56	-6.66
储蓄存款	252.65	285.82	33.2	寿险给付	0.39	0.28	-28.21
本外币贷款余额	142.42	174.26	22.36	当年结益	0.03	0.02	-33.33
人民币贷款余额	142.24	173.48	21.96	证券市场交易总额	142.29	86.62	-39.12
短期贷款	80.65	106.87	32.51	投资者保证金余额	0.91	0.74	-18.68
中长期贷款	48.74	54.18	11.16	证券账户开户数	2971	2647	-10.91
票据融资	12.86	12.44	-3.27	证券交易佣金收入	--	--	--
当年结益	4.06	5.64	38.92	净利润	--	--	--
不良贷款余额	2.61	2.15	-17.62				

莱州市主要金融机构负责人

单位名称	行长（或其他称谓的第一负责人）	副行长（或其他称谓的同级领导）
人行莱州市支行	杨占法（行长）	李长胜　张建成　王清军
银监会莱州市办事处	陈忠毅（主任）	
农发行莱州市支行	王家川（行长）	包树梁　范作超
工行莱州支行	张海波（行长）	郑叶琪　胡庆芳　王奎效　吕　宁
农行莱州市支行	杨宏光（行长）	潘　峰　裴　闯　曲新平
中行莱州支行	吴语田（行长）	董　武　于海燕
建行莱州支行	檀又俊（行长）	侯旭祥　董　强　黄菊霞　杨竹立
恒丰银行莱州支行	孙积存（副行长主持工作）	提云霞
莱州农商行	初晓光（董事长）	邱国耀　王君波　刘国荣　宋　海　段常洲
邮储银行莱州市支行	张群波（行长）	李春苹
招行莱州支行	马常辉（行长）	吕永军　曲洪祥
交行莱州支行	孙文波（行长）	刘　妍

莱州市主要金融机构业务概况

单位：亿元

单位名称	本外币存款余额	单位存款	储蓄存款	本外币贷款余额	短期贷款	中长期贷款
农发行莱州市支行	1.62	1.62	0.00	3.67	2.17	1.50
工行莱州支行	33.95	11.74	22.21	17.46	4.32	13.06
农行莱州市支行	84.41	23.76	59.86	23.81	11.74	11.99

续表

单位名称	本外币存款余额	单位存款	储蓄存款	本外币贷款余额	短期贷款	中长期贷款
中行莱州支行	36.19	16.21	19.85	5.36	1.42	3.94
建行莱州支行	25.59	12.74	12.85	15.31	0.86	14.45
恒丰莱州支行	32.02	19.74	12.27	13.31	10.17	3.14
莱州农商行	139.63	12.39	127.22	82.17	66.44	3.43
邮储银行莱州市支行	34.01	3.73	30.29	2.24	1.47	0.76
烟台银行莱州支行	8.26	7.09	1.12	7.15	5.50	1.65
招行莱州支行	2.78	1.85	0.93	2.87	2.63	0.24
交行莱州支行	2.19	1.62	0.44	0.13	0.13	0

币政策传导机制，有效提高货币政策实施效果。一是出台了《关于认真贯彻落实稳健货币政策推进全市经济平稳健康发展的意见》，加大了金融对全市经济“转方式、调结构”的支持力度；二是交通银行烟台莱州支行于 9 月 28 日正式挂牌成立，莱州珠江村镇银行正在筹建中，将为全市经济金融发展注入新的活力。

【金融服务与监管】 2011 年，人行莱州市支行积极搭建银企合作平台，加强监督管理，有效维护了辖区金融秩序的安全、规范、平稳。一是成功举办了“2011 年蓝色经济区暨黄三角开发建设融资洽谈会”，推介重点项目 37 个，总投资 145 亿元，信贷资金需求 85 亿元，推介有流动资金需求企业 17 户，资金缺口 7.30 亿元，初步达成意向贷款金额 11 亿元，其中现场签约金额 8.20 亿元；二是采取现场检查和现场走访相结合的方式，改进和提升监管水平，先后对辖内各金融机构的外汇、账户、统计、征信、存款准备金、反洗钱、人民币流通管理等业务进行了现场检查 16 次，现场走访保险公司、证券公司 7 次。

（周 涛 付霞德）

莱阳市

【经济金融概况】 2011 年，莱阳市以科学发展观统揽全局，干事创业，凝心聚力，全市经济金融保持了健康快速发展的良好势头。工业生产和效益保持了快速增长，固定资产投资规模不断扩大，服务业发展明显加快，城乡居民收入稳步提高，外贸出口大幅增长，财税收入较快增长，存贷款稳定增长，中小企业融资环境得到了进一步改善。

【金融发展与改革】 2011 年，莱阳市金融机构认真执行稳

莱阳市主要经济指标

经济指标	2010	2011	2011 年同比增幅（%）	经济指标	2010	2011	2011 年同比增幅（%）
土地面积（平方公里）	1732	1732	0	地方财政支出（亿元）	16.62	17.23	3.67
人口（万人）	87.41	87.37	-0.05	全社会固定资产投资（亿元）	160.89	102.56	-36.25
城镇人口（万人）	29.40	29.40	0	进出口总值（万美元）	73631	87729	19.15
乡村人口（万人）	58.01	57.97	-0.07	出口总值（万美元）	63577	76071	19.65
地区生产总值（亿元）	312.83	335.57	9.10	实际利用外资（万美元）	7469	6814	-8.77
第一产业（亿元）	33.71	36.82	3.40	社会消费品零售总额（亿元）	144.05	169.19	17.45
第二产业（亿元）	189.69	198.10	9.80	居民消费价格指数（%）	102.30	104.20	1.86
第三产业（亿元）	89.43	100.66	9.80	人均地区生产总值（元）	35748	38399	7.42
财政总收入（亿元）	15.40	17.80	15.58	城镇居民可支配收入（元）	17435	19629	12.58
地方财政收入（亿元）	8.10	9.40	16.05	农民人均现金收入（元）	8638	9848	14.01
财政总支出（亿元）	16.62	17.23	3.67				

莱阳市主要金融指标

金融指标（亿元）	2010	2011	2011年同比增幅（%）	金融指标（亿元）	2010	2011	2011年同比增幅（%）
本外币存款余额	198.51	227.52	14.61	财险收入	0.39	0.43	10.26
人民币存款余额	196.81	225.47	14.56	寿险收入	2.91	2.85	-2.06
单位存款	47.28	60.10	27.12	财险赔款	0.27	0.22	-18.52
储蓄存款	142.91	163.54	14.44	寿险给付	1.59	1.61	1.26
本外币贷款余额	123.86	137.12	10.71	当年结益	1.37	1.42	3.65
人民币贷款余额	121.98	136.84	12.18	证券市场交易总额	165.00	128.50	-22.12
短期贷款	88.50	96.89	9.48	投资者保证金余额	1.37	0.71	-48.18
中长期贷款	27.03	32.25	19.31	证券账户开户数	22157	23563	6.35
票据融资	6.45	7.70	19.38	证券交易佣金收入	0.27	0.19	-29.63
当年结益	2.63	3.23	22.81	净利润	0.16	0.09	-43.75
不良贷款余额	9.97	8.82	-11.53				

莱阳市主要金融机构负责人

单位名称	行长（或其他称谓的第一负责人）	副行长（或其他称谓的同级领导）
人行莱阳市支行	郝立君	尹培尧　孙培宽　杨本花
银监会莱阳市办事处	封慧盈	宋振玺
农发行莱阳市支行	刘永盛	梁旭东　于　琪
工行莱阳支行	门新军	董灵珍　谭　琨　宋协辉 孔鲁东　祝晓丹　衣龙波
农行莱阳市支行	王辉波	张红光　遇炳起　战可为　杨天超
中行莱阳支行	宋庆亮	崔爱华　张海东
建行莱阳支行	李田涛	陈　波　林　军　马旭光 秦立萍　董绍岑　蔡小燕
交行莱阳支行	杨　涛	刘运生
恒丰莱阳支行	王小强	郝向明　李　静
莱阳市农信联社	孙克文	张玉璞　臧松茂　宋秀君　范　涛
邮储银行莱阳市支行	李庆利	孙艳萍

莱阳市主要金融机构业务概况

单位：亿元

单位名称	本外币存款余额	单位存款	储蓄存款	本外币贷款余额	短期贷款	中长期贷款
农发行莱阳市支行	1.38	1.38	0	12.16	7.66	4.49
工行莱阳支行	27.71	12.14	15.57	16.75	10.34	6.41
农行莱阳市支行	42.12	9.10	32.67	15.96	13.04	2.91
中行莱阳支行	15.67	5.78	9.68	13.43	10.10	3.12

续表

单位名称	本外币存款余额	单位存款	储蓄存款	本外币贷款余额	短期贷款	中长期贷款
建行莱阳支行	13.63	5.50	8.11	19.04	11.38	7.66
交行莱阳支行	11.42	6.96	4.26	2.71	2.20	0.50
恒丰莱阳支行	26.83	14.62	12.09	13.11	10.28	2.84
莱阳市农信联社	56.01	2.13	53.88	42.44	31.20	3.76
邮储银行莱阳市支行	31.70	3.80	27.90	1.52	0.87	0.65

健货币政策，推动金融改革深化发展。一是进一步强化金融机构内部管理，增强风险识别和评估能力；二是继续加强对农信社的监督和指导，引导其不断完善法人治理结构，强化内控建设；三是邮储银行积极拓展农村金融服务，促进“农业、农村、农民”发展；四是对金融机构涉农信贷政策导向效果进行了评估，引导金融机构加大涉农信贷投入。

【金融服务与监管】 2011 年，人行莱阳市支行积极督促商业银行适度增加信贷投放，优化信贷结构。一是引导金融机构加大对农业、中小企业、高新技术企业、重点项目、重点企业等方面的信贷支持；二是配合市政府举办了银企合作项目暨金融产品推介会，该市 9 家金融机构和 36 家企业共同参加了会议，签约资金 13 亿元，到位率 100%；三是建议莱阳市政府出资 3000 万元设立了“莱阳市中小企业贷款周转资金”，有效解决了中小企业资金周转难题；四是积极推动农村青年信用示范户创建工作；五是与市政府联合在全市范围内开展了中小企业信用体系实验区创建活动。

（任常松　贾晓东）

栖霞市

【经济金融概况】 2011 年，栖霞市以科学发展观为指导，努力提高综合竞争实力，加快赶超步伐，推动全市经济稳步发展。一是国民经济保持持续增长，物价总水平稳定；二是固定资产投资合理增长，基础设施建设逐步完善；三是消费品市场销售旺盛，对外经济贸易快速增长；四是生态城市建设逐步优化，居民生活环境进一步改善。

各金融机构认真贯彻落实稳健的货币政策，优化信贷结构，全市经济金融保持了持续、快速、协调发展的良好态势。

【金融发展与改革】 2011 年，栖霞市银行业发展和改革继续稳步推进。一是农联社继续加大支农力度，资产质量进一步提高，不良贷款余额和占比继续“双降”；二是农业银行三农金融事业部改革试点取得较大进展，提高了金融服务水平和效率，丰富了支农服务产品。

栖霞市主要经济指标

经济指标	2010	2011	2011 年同比增幅（%）	经济指标	2010	2011	2011 年同比增幅（%）
土地面积（平方公里）	2016	2016	—	地方财政支出（亿元）	6.99	8.30	18.74
人口（万人）	62.7	62.7	-0.10	全社会固定资产投资（亿元）	103.54	107.6	17.9
城镇人口（万人）	18.9	18.9	0	进出口总值（万美元）	24829	31920	28.56
乡村人口（万人）	43.8	43.8	0	出口总值（万美元）	20205	26188	29.61
地区生产总值（亿元）	169.8	186.23	9.68	实际利用外资（万美元）	1508	1718	13.93
第一产业（亿元）	38.69	40.27	4.08	社会消费品零售总额（亿元）	74.74	82.46	17.6
第二产业（亿元）	78.56	85.91	9.36	居民消费价格指数（%）	102.0	103.6	1.57
第三产业（亿元）	52.39	60.06	14.64	人均地区生产总值（元）	27001	29732	10.11
财政总收入（亿元）	7.40	9.40	27.03	城镇居民可支配收入（元）	16706	18768	12.34
地方财政收入（亿元）	4.01	5.06	26.18	农民人均现金收入（元）	8096	9761	20.57
财政总支出（亿元）	11.40	13.90	21.93				

栖霞市主要金融指标

金融指标（亿元）	2010	2011	2011年同比增幅（%）	金融指标（亿元）	2010	2011	2011年同比增幅（%）
本外币存款余额	127.37	147.43	15.75	财险收入	0.81	1.05	29.63
人民币存款余额	127.00	146.92	15.69	寿险收入	1.21	1.84	52.07
单位存款	9.94	30.03	202.11	财险赔款	0.64	0.86	34.38
储蓄存款	102.74	116.12	13.02	寿险给付	0.27	0.51	88.89
本外币贷款余额	66.00	82.72	25.33	当年结益	0.51	0.76	49.02
人民币贷款余额	66.00	82.72	25.33	证券市场交易总额	—	—	—
短期贷款	45.62	52.94	16.05	投资者保证金余额	—	—	—
中长期贷款	17.78	26.12	46.91	证券账户开户数	—	—	—
票据融资	2.60	3.66	40.77	证券交易佣金收入	—	—	—
当年结益	1.41	1.87	32.62	净利润	—	—	—
不良贷款余额	3.93	3.57	-9.16				

栖霞市主要金融机构负责人

单位名称	行长（或其他称谓的第一负责人）	副行长（或其他称谓的同级领导）
人行栖霞市支行	李建章	张立群　王　政　李沙强
银监会栖霞市办事处	官立萍	
农发行栖霞市支行	陆　伟	蒋少玲　王　磊
工行栖霞支行	柳永正	王　平　王永光　柳冬松　崔海霞
农行栖霞支行	王学军	迟兴光　周嘉勇　姜筱博
中行栖霞支行	刘永军	吕广东　成绍杰
建行栖霞支行	田　冰	刘棋学　王天阳　王　平
恒丰栖霞支行	李　娜	王国平
栖霞市农信联社	徐　杰	孙益平　高志铭　杨绪新　温向东　孟令冰
邮储银行栖霞市支行	李　彬	王　林

栖霞市主要金融机构业务概况

单位：亿元

单位名称	本外币存款余额	单位存款	储蓄存款	本外币贷款余额	短期贷款	中长期贷款
农发行栖霞市支行	1.66	1.66	—	5.04	0.89	4.15
工行栖霞支行	11.86	4.35	7.50	13.10	4.71	8.39
农行栖霞支行	18.43	4.23	14.11	6.40	4.18	1.68
中行栖霞支行	13.50	8.61	4.88	4.74	2.29	2.46
建行栖霞支行	6.70	2.90	3.80	3.89	0.72	3.18
恒丰栖霞支行	6.15	1.76	4.39	2.73	0.97	1.76
栖霞市农信联社	56.03	3.10	52.93	44.26	38.30	2.83
邮储银行栖霞市支行	32.43	3.65	28.78	2.55	0.89	1.66

【金融服务与监管】 2011年，人行栖霞市支行强化监督检查措施，引导金融部门优化信贷结构，加强服务水平，保障辖区经济金融的稳步发展。

一、强化窗口指导，深化政银企合作。一是通过召开金融联席会议、季度分析例会、政策通报会等方式，引导金融机构认真落实稳健的货币政策；二是加强对“三农”、中小企业、节能减排和低碳经济的信贷支持；三是推进农村金融产品和服务方式创新；四是拓展支持中小民营企业差异化信贷产品。

二、进一步提高金融服务水平。一是全力推进农村支付环境建设“强力推进年”工作，推出烟台市首台农民金融自助服务终端，年末，银行机构支付系统覆盖率达82%，实现了ATM机在乡镇和重点自然村的全覆盖；二是加强反洗钱基础工作，将辖内8家机构全部纳入监管体系，强化对辖内银行业金融机构的开业和重大事项报告管理；三是先后组织了征信知识及人民币反假知识宣传、外汇业务系统培训等宣传推广活动，取得了良好效果；四是全面推进货物贸易外汇管理制度改革，推广企业主体国际收支网上申报，强化对外汇指定银行外汇业务的管理与考核，加大现场核查力度，建立差错确认反馈制度，全面提升了监管质量。

（迟克幸 牟战森）

海阳市

【经济金融概况】 2011年，海阳市经济实现平稳较快发展，经济综合实力再上新台阶。一是亚沙会筹备卓有成效，第3届亚沙场馆及配套建设接近尾声；二是经济结构持续优化，三次产业比例为18.9:46.9:34.2，被评为转型2010中国经济十大领军县级城市；三是大力发展新型能源、生物科技等新兴产业，规模以上工业企业发展到301家，被评为山东省新型工业化产业示范基地；四是持续推进重大工程和重点区域开发，海阳核电一期两台机组进入设备安装阶段，海即跨海特大桥、烟海高速公路、青荣城际铁路施工顺利，加快核电装备制造工业园区和丁字湾海洋文化旅游产业聚集区开发，促进全市经济健康稳定发展。

【金融发展与改革】 2011年，人行海阳市支行一是进一步完善信贷政策导向评估机制，引导金融机构优化信贷投向，充

海阳市主要经济指标

经济指标	2010	2011	2011年同比增幅（%）	经济指标	2010	2011	2011年同比增幅（%）
土地面积（平方公里）	1887	1887	0.00	地方财政支出（亿元）	18.3	24.66	34.75
人口（万人）	66.40	66.5	0.15	全社会固定资产投资（亿元）	229.8	256.4	11.58
城镇人口（万人）	7.6	7.7	1.32	进出口总值（万美元）	67819	85199	25.63
乡村人口（万人）	58.8	58.8	0.00	出口总值（万美元）	48418	59587	23.07
地区生产总值（亿元）	224.6	255.5	13.76	实际利用外资（万美元）	5910	6180	4.57
第一产业（亿元）	46	48.2	4.78	社会消费品零售总额（亿元）	84.9	99.8	17.55
第二产业（亿元）	105.1	120	14.18	居民消费价格指数（%）	104.2	104.5	0.29
第三产业（亿元）	73.5	87.3	18.78	人均地区生产总值（元）	33761	38421	13.80
财政总收入（亿元）	19.4	26.45	36.34	城镇居民可支配收入（元）	20154	23884	18.51
地方财政收入（亿元）	12.8	16.2	26.56	农民人均现金收入（元）	9260	11064	19.48
财政总支出（亿元）	18.9	25.24	33.54				

海阳市主要金融指标

金融指标（亿元）	2010	2011	2011年同比增幅（%）	金融指标（亿元）	2010	2011	2011年同比增幅（%）
本外币存款余额	173.91	213.73	22.90	财险收入	0.46	0.43	-6.52
人民币存款余额	172.60	211.87	22.75	寿险收入	1.41	1.33	-5.67
单位存款	29.53	61.81	109.31	财险赔款	0.25	0.42	68.00
储蓄存款	115.98	140.16	20.85	寿险给付	0.72	0.75	4.17

续表

金融指标（亿元）	2010	2011	2011年同比增幅（%）	金融指标（亿元）	2010	2011	2011年同比增幅（%）
本外币贷款余额	117.69	143.07	21.57	当年结益	0.67	0.41	-38.81
人民币贷款余额	97.77	120.30	23.04	证券市场交易总额	35.04	27.97	-20.18
短期贷款	41.73	42.28	1.32	投资者保证金余额	0.74	0.17	-77.03
中长期贷款	48.92	68.11	39.23	证券账户开户数	14453	18229	26.13
票据融资	7.09	9.85	38.93	证券交易佣金收入	0.05	0.04	-20.00
当年结益	4.74	5.67	19.62	净利润	-0.01	-0.01	0.00
不良贷款余额	4.9	4.62	-5.71				

海阳市主要金融机构负责人

单位名称	行长（或其他称谓的第一负责人）	副行长（或其他称谓的同级领导）
人行海阳市支行	孙伟力	徐　杰　于永斌　高振桥　陈玉刚
银监会海阳市办事处	李　坤	于建平
农发行海阳市支行	王吉伟	于少勇　包树梁　宗学勇
工行海阳支行	王晓华	由永秋　丛德忠　王钟伟　徐维军
农行海阳支行	秦德军	胡殿光　董丰国　李世波
中行海阳支行	王春增	梁永杰　柳耀正
建行海阳支行	凌明通	官庆凯　姜华庆　王文平
恒丰海阳市支行	姜利勇	于小华
海阳市农信联社	于　平	王祥兴　张　伟　杨竹山　林忠义　刘　利
邮储银行海阳市支行	万鹏涛	赵海玲　盛春进
烟台银行海阳支行	李振勇	程绍平　包　益

海阳市主要金融机构业务概况

单位：亿元

单位名称	本外币存款余额	单位存款	储蓄存款	本外币贷款余额	短期贷款	中长期贷款
农发行海阳市支行	2.51	2.51	0	6.54	0.84	5.7
工行海阳支行	20.18	10.84	9.34	43.79	2.44	41.35
农行海阳支行	30.62	8.88	21.74	12.48	2.75	9.68
中行海阳支行	18.45	8.89	9.52	19.89	1.96	17.92
建行海阳支行	17.87	10.33	7.54	4.85	0.22	4.63
恒丰海阳支行	26.57	11.41	15.15	9.17	2.55	6.62
海阳市农信联社	57.92	3.7	54.22	42.82	28.51	4.46
邮储银行海阳市支行	26.22	4.46	21.76	1.85	1.69	0.16
烟台银行海阳支行	3.52	2.28	1.24	1.67	1.41	0.26

分发挥金融对转变经济增长方式、调整经济结构的促进作用；二是加快金融产品和服务创新，尝试海域使用权、林权、门票收费权抵押贷款等业务；三是海阳珠江村镇银行股份有限公司于12月批准成立，拟于2012年3月10日开始营业。

【金融服务与监管】 2011年，人行海阳市支行一是开展金融统计执法检查，促进了辖内金融统计工作的规范化建设；二是创新监管方式，约见金融机构负责人谈话，传导货币政策意图，有效规范了辖区金融秩序；三是召开了“海阳市金融支持半岛蓝色经济区发展银企合作洽谈会”，搭建快捷高效的银企合作交流平台；四是强力推进农村支付环境建设年活动，截至12月末，全辖ATM布放99台，POS机具合计增加到2971台。

（于优红 姜德星）

长岛县

【经济金融概况】 2011年，长岛县金融机构贯彻执行国家宏观经济政策和稳健的货币政策，充分发挥金融的杠杆调节和支持作用，促进了全县经济又好又快发展。各金融机构紧紧抓住“山东半岛蓝色经济区”、“国际休闲度假岛”开发战略机遇，大力支持重点项目、“三农”和中小企业发展，涉农贷款、中小企业贷款规模不断扩大。

长岛县主要经济指标

经济指标	2010	2011	2011年同比增幅（%）	经济指标	2010	2011	2011年同比增幅（%）
土地面积（平方公里）	56	56	0	地方财政支出（亿元）	3.8	4. 26	12.11
人口（万人）	4.3	4.3	0	全社会固定资产投资（亿元）	12.2	4.58	21.7
城镇人口	1.7	1.7	0	进出口总值（万美元）	0.24	0.36	52.2
乡村人口	2.6	2.6	0	出口总值（万美元）	0.22	0.32	42
地区生产总值（亿元）	50	55.46	6.4	实际利用外资（万美元）	0	0.02	--
第一产业（亿元）	29.9	33.07	5	社会消费品零售总额（亿元）	10.3	11.65	13.3
第二产业（亿元）	5.1	4.92	-0.1	居民消费价格指数（%）	102.3	104.2	1.9
第三产业（亿元）	15	17.47	11.2	人均地区生产总值（元）	116036	128970	6.6
财政总收入（亿元）	3.2	4.26	33.13	城镇居民可支配收入（元）	0	0	0
地方财政收入（亿元）	3.2	1.21	-62.19	农民人均现金收入（元）	13524	16215	19.9
财政总支出（亿元）	3.2	4.26	33.13				

长岛县主要金融指标

金融指标（亿元）	2010	2011	2011年同比增幅（%）	金融指标（亿元）	2010	2011	2011年同比增幅（%）
本外币存款余额	28.25	26. 15	-7.43	财险收入	0.07	0.08	14.29
人民币存款余额	28.13	26. 02	-7.5	寿险收入	0.38	0.42	10.53
单位存款	6.37	6. 28	-1.41	财险赔款	0.03	0.04	33.33
储蓄存款	17.5	19. 61	12.06	寿险给付	0.04	0.04	0
本外币贷款余额	9.95	11. 62	16.78	当年结益	0.01	0.01	0
人民币贷款余额	9.95	11. 62	16.78	证券市场交易总额	--	--	--
短期贷款	6.66	7. 94	19.22	投资者保证金余额	--	--	--
中长期贷款	3.14	3. 69	17.51	证券账户开户数	--	--	--
票据融资	0.15	0	-100	证券交易佣金收入	--	--	--
当年结益	0.09	0. 43	377.78	净利润	--	--	--
不良贷款余额	0.54	0. 3	-44.44				

长岛县主要金融机构负责人

单位名称	行长（或其他称谓的第一负责人）	副行长（或其他称谓的同级领导）
人行长岛县支行	贾通志	王晓方　张双庆　徐　萍
银监会长岛县办事处	邢攸江	
工行长岛支行	李　刚	
农行长岛支行	王　莉	高　群
建行长岛支行	王善威	
恒丰长岛县支行	欧学贤	高英卫
长岛县农信联社	杨严为	吕　辉
邮储银行长岛县支行	邹曙光	王运海

长岛县主要金融机构业务概况

单位：亿元

单位名称	本外币存款余额	单位存款	储蓄存款	本外币贷款余额	短期贷款	中长期贷款
农行长岛支行	5.13	2.28	2.86	1.06	0.63	0.43
建行长岛支行	1.69	0.74	0.95	0.28	0	0.28
恒丰长岛县支行	2.67	0.93	1.74	0.55	0.11	0.44
长岛县农信联社	10.69	1.70	8.99	9.46	7.11	2.35
邮储银行长岛县支行	5.81	0.65	5.16	0.27	0.09	0.18

【金融发展与改革】 2011年，人行长岛县支行积极疏通货币政策传导机制，有效提高了货币政策实施效果。一是出台了《关于认真贯彻落实稳健货币政策，推动全县经济平稳健康发展的意见》，引导金融机构加大对全县经济“转方式、调结构”的支持力度；二是农行和农信社在完善农村支付结算服务功能、畅通支付结算渠道、改善银行卡用卡环境等方面做了大量工作，有力地推动了全方位支付结算网络的形成；三是农信社清收不良资产成效显著，其经验做法被《中国金融》刊发。

【金融服务与监管】 2011年，人行长岛县支行一是加大政策支农力度，全年为长岛县农信社申请支农再贷款4.3亿元，支农力度进一步加强；二是先后对辖内各金融机构的外汇、账户、统计、征信、存款准备金、反洗钱、人民币流通管理等业务进行了现场检查16次，有效维护了辖区金融秩序的安全、规范、平稳。

（吴　强）

威　海　市

【经济金融概况】 2011年，威海市坚持抓住山东半岛蓝色经济区建设的战略机遇，加大转方式、调结构力度，有效化解政策推力减弱、经济运行环境复杂等诸多矛盾，经济社会发展延续了“十一五”以来的发展态势，社会民生得到进一步改善，金融运行质量不断提高。

一、存款稳定增加，同比增速继续回落。全市金融机构本外币各项存款增速同比回落5个百分点；储蓄存款增量同比基本持平，增势趋缓，企业存款大幅下降。原因一是受楼市、理财和股市的影响，储蓄分流效应继续显现；二是受原材料价格和用工成本上升、企业融资减少和银行对公理财产品发行导致企业存款分流的因素影响，企业存款增势持续下滑。

二、贷款增势减缓，贷款结构分布合理。一是受央行上调存

威海市经济主要统计指标

指标 \ 年度	2007	2008	2009	2010	2011	2011年同比增幅（%）
土地面积（平方公里）	5698	5698	5698	5698	5698	--
人口（万人）	251.06	252.23	252.97	253.61	253.84	0.09
城镇人口（万人）	119.05	120.78	122.90	129.96	130.07	0.08
乡村人口（万人）	--	--	--	--	--	--
地区生产总值（亿元）	1583.45	1780.35	1969.36	1944.9	2110.95	10.7
第一产业（亿元）	127.8	132.28	136.34	153.94	171.18	1.4
第二产业（亿元）	978.19	1088.56	1192.71	1087.03	1139.36	12.0
工业（亿元）	915.48	1015.15	1156.05	982.13	1022.72	13.1
建筑业（亿元）	62.71	73.41	36.66	104.9	116.64	11.2
第三产业（亿元）	477.46	559.51	640.31	703.73	800.41	10.8
人均地区生产总值（元）	63326	63519	70047	76778	83199	10.54
地区生产总值构成（%）	100	100	100	100	100	--
第一产业（%）	8.07	7.43	6.92	7.92	8.11	0.19
第二产业（%）	61.78	61.14	60.57	55.9	53.97	-1.92
第三产业（%）	30.15	31.43	32.51	36.19	37.92	1.73
财政总收入（亿元）	156.2	180.63	217.44	358.28	435.72	20.4
地方财政收入（亿元）	82.02	93.67	102.52	118.27	136.44	15.4
财政总支出（亿元）	--	--	--	--	--	--
地方财政支出（亿元）	103.36	122.22	136.91	167.93	200.59	19.5
全社会固定资产投资（亿元）	--	--	--	--	--	--
规模以上固定资产投资（亿元）	750.39	926.14	1165.54	1168.17	1341.6	22.7
房地产开发（亿元）	94.8	150.21	209.51	269.8	352.26	30.6
进出口总值（亿美元）	110.81	118.05	106.13	139.16	169.21	21.6
出口总值（亿美元）	69.72	74.55	68.18	89.23	107.46	20.4
实际利用外资（亿美元）	4.50	5.26	5.50	5.55	7.27	31
社会消费品零售总额（亿元）	392.63	483.62	576	683.99	802.79	17.4
居民消费价格指数（%）	104.37	104.64	101.07	102.72	104.6	1.83
城市居民人均可支配收入（元）	12007.27	18536.80	20117	22235	25290	13.7
农民人均现金收入（元）	7737	8495.42	9226	10517	12334	17.3

注：1. 2010年以后地区生产总值为统计口径变更后数据，同2009年以前数据不可比。
2. 实际利用外资为外汇管理局提供的实际到账外资数。

威海市工农业主要统计指标

农业主要统计指标（万吨）				规模以上工业企业主要统计指标（亿元）			
项目 \ 年度	2010年	2011年	增幅（%）	项目 \ 年度	2010年	2011年	增幅（%）
粮食	106.26	105.37	-0.8	工业增加值	1066.76	1211.84	13.6
夏粮	42.97	43.44	1.1	国有工业	20.12	23.56	17.1
秋粮	61.93	63.29	-2.2	集体工业	65.07	67.48	3.7
棉花	--	--	--	股份制工业	424.82	479.62	12.9

续表

农业主要统计指标（万吨）				规模以上工业企业主要统计指标（亿元）			
项目＼年度	2010 年	2011 年	增幅（%）	项目＼年度	2010 年	2011 年	增幅（%）
油料	24.71	25.32	2.5	股份合作制工业	21.32	26.27	23.2
水果	86.59	81.56	-5.8	外商及港澳台投资工业	363.13	420.87	15.9
蔬菜	88.87	90.79	2.2	轻工业	465.88	493.83	6
肉类	12.27	16.12	31.4	重工业	601.18	726.11	19
禽蛋	11.49	12.88	12.2	销售收入	4158.02	4997.95	20.2
奶类	22.19	19.68	-11.3	利税	323.41	378.72	17.1
水产品	213.17	218.43	2.5	利润	208.99	247.45	18.9
森林覆盖率（%）	40	40.5	1.25	经济效益综合指数（%）	252.94	258.63	2.52

威海市主要金融机构负责人

单位名称	行长（或其他称谓的第一负责人）	副行长（或其他称谓的同级领导）
人行威海市中心支行	刘贤军	曲吉光 吴志家 岳宝生 叶景亮 李少伟
银监会威海监管分局	于明文	张建滋 杨鸿祥 刘玉洋
农发行威海分行	刘志远	徐文君 陈 建 杨源清
工行威海分行	姜 宁	杨振广 隋志勇 常乃海 杨 明 唐学政 邱义闻 王庆毅
农行威海市分行	杨晓生	韩光财 杨志宇 吴鸿琦 朱永平 王君兰
中行威海分行	王 骏	王军法 孔令军 于 飞 焉长海
建行威海分行	孙鲁泉	胡光明 刘绍涛 王 进 路宏梅 隋学海 梁洪亮
交行威海分行	姜孔瑞	张宗谦 苏先锋
中信威海分行	于 珂	崔毅敏 于春燕 梁华杰
招行威海分行	王智华	朱友琪 王吉鹏
浦发威海分行	胡永军	韩晓健
威海市商行	赛志毅	邓 卫 张仁钊 姜学明 邢志强 李海清
农信社威海市办事处	丁新强	肖军辉
邮储银行威海市分行	牟秋波	李 忠
乳山天骄村镇银行	王 飞	林金刚
山东荣成汇丰村镇银行	马健强	闫凤芹 陈根华 史永杰 罗锦浦
人保财险威海市分公司	黄 海	孙 丽 崔焕海 展海勇 李立辉
人寿保险威海市分公司	李洪涛	于艳丽 刘新乐 马常清

续表

单位名称	行长（或其他称谓的第一负责人）	副行长（或其他称谓的同级领导）
泰康人寿威海中心支公司	石　磊	田述峰　王佐华
平安人寿威海中心支公司	王　刚	薛　梅
平安养老保险威海中心支公司	高长林	
太平人寿威海中心支公司	蔡志贤	于立新
新华人寿威海中心支公司	李世新	段俊超
太平洋人寿威海中心支公司	肖洪冰	陈锡强　毕建华
长城人寿威海中心支公司	杨春光	吴桐丽
民生人寿威海中心支公司	张振成	刘喜茹
嘉禾人寿威海中心支公司	郑寿智	
人民人寿威海中心支公司	宋艳岩	杨春光
人民健康威海中心支公司	宋志刚	
华夏人寿威海中心支公司	杨威红	
恒安标准保险威海中心支公司	李　杰	
华泰财险威海中心支公司	徐宏伟	李　洋
太平财险威海中心支公司	张恒勋	邹明华
太平洋财险威海中心支公司	曲　斌	江志满　邹　伟
平安财险威海中心支公司	徐德平	陈　强　张　波
大地财险威海中心支公司	王　健	张润露　王军波　李长青
永安财险威海中心支公司	谷士刚	
中华联合财险威海中心支公司	姜　峰	陈建华　初海涛　程　伟
安邦财险威海中心支公司	蔡淑芹	丛　杰
天安保险威海中心支公司	胡晓明	
华安财险威海中心支公司	孙政涛	
阳光财险威海中心支公司	张润洁	李　斐
都邦财险威海中心支公司	闫智美	
安华农业保险威海中心支公司	昌光华	王　伟
永城财险威海中心支公司	刘新霞	于海涌
渤海财险威海中心支公司	孙政行	
生命人寿威海中心支公司	王　巨	
长安责任保险威海中心支公司	于丰源	
信诚人寿威海中心支公司	于作文	
阳光人寿威海中心支公司	耿成龙	宋海娇
海通证券威海证券营业部	孙晓东	杨竹芬　汤　琼
齐鲁证券威海东城路证券营业部	段少波	李雪梅
中投证券威海公园路证券营业部	于海强	
中信万通威海青岛北路证券营业部	杨景东	
中信万通荣成成山大道证券营业部	张　丽	

续表

单位名称	行长（或其他称谓的第一负责人）	副行长（或其他称谓的同级领导）
齐鲁证券威海海滨北路证券营业部	赵锦敏	
齐鲁证券荣成成山大道证券营业部	丛义坪	
齐鲁证券文登香山路证券营业部	董礼涛	
齐鲁证券乳山胜利路证券营业部	郑新基	
威海市环翠区威高银泰小额贷款有限公司	刘卫东	
文登市金海小额贷款有限公司	严理新	
荣成市汇金小额贷款有限公司	滕进峰	
威海市高区融亿通小额贷款有限公司	侯振钢	
威海市环翠区宏源小额贷款有限公司	张艳红	
荣成市成山小额贷款有限公司	张可兆	孙　军
威海市高区金泰小额贷款有限公司	赵　青	
荣成市赤山小额贷款有限公司	王化杰	吕鸣昱
威海市环翠区银通小额贷款有限公司	李明建	殷九真
乳山市益兴小额贷款有限公司	王春深	孙　浩
威海市经区银企小额贷款有限公司	姜利国	
荣成市好当家小额贷款有限公司	张南桦	李　彦
威海市环翠区信悦小额贷款有限公司	朱俊纶	
威海市高区金猴小额贷款有限公司	孙中强	李保生

威海市金融业务统计指标

指标（亿元） \ 年度		2007	2008	2009	2010	2011	2011 年同比	
							增加额	增幅（%）
银行类	本外币存款余额	998.02	1113.08	1415.27	1636.59	1810.19	173.46	10.6
	人民币存款余额	973.21	1126.37	1380.8	1603.3	1778.1	174.69	10.9
	单位存款	304.62	307.48	432.5	541.87	658.1	47.13	7.71
	储蓄存款	583.63	700.51	826.38	949.17	1054.95	106.13	11.18
	定期储蓄存款	441.57	563.84	649.37	733.47	828.44	94.97	12.95
	活期储蓄存款	142.06	136.67	177.01	215.69	256.51	40.82	18.93
	本外币贷款余额	712.80	766.44	983.98	1150.14	1259.09	106.26	9.23
	人民币贷款余额	690.49	778.45	953.05	1121.73	1226.65	102.12	9.10
	短期贷款	379.64	370.29	405.92	423.1	479.45	57.2	13.51
	中长期贷款	261.08	323.95	464.67	640.52	688.59	48.95	7.64
	票据融资	49.29	83.88	82.25	57.94	57.58	-3.88	-0.62
	当年结益	9.75	17.98	15.32	22.95	29.51	6.56	28.58
	不良贷款余额	65.15	36.13	36.27	27.27	20.58	-6.69	-24.53
	不良贷款占比%	9.14	4.56	3.69	2.37	1.63	-0.74	-31.22

续表

指标（亿元）		2007	2008	2009	2010	2011	2011年同比增加额	2011年同比增幅（%）
保险类	保险公司保费收入	22.6	26.42	34.73	41.62	48.58	6.96	16.72
	财险收入	6.83	5.52	10.28	.12.48	14.22	2.2	13.94
	寿险收入	15.77	20.90	24.57	29.14	34.36	5.22	17.91
	保险公司赔款和给付支出	9.4	8.98	12.49	10.92	12.67	1.75	16.03
	财险赔款	3.74	3.44	6.28	6.89	7.46	0.57	8.27
	寿险给付	5.66	5.54	6.21	4.03	5.21	1.18	29.28
	当年结益	-1.12	-0.69	0.67	1.01	1.21	0.2	19.8
证券类	证券市场成交总额	981.4	703.47	1341.48	1433.92	1173.01	-260.91	-19.2
	投资者保证金余额	19.55	9.24	20.25	18.87	9.36	-9.51	-50.4
	证券账户开户数	11.4	14.98	16.79	18.28	19.41	1.49	6.18
	佣金收入	2.40	2.96	4.61	4.32	2.45	-1.87	-43.28
	净利润	1.68	1.10	1.87	1.91	0.55	-1.36	-71.2
	期货市场成交总额	—	—	—	—	—	—	—
	期货客户保证金余额	—	—	—	0.5	0.3	-0.2	-40
	期货账户开户数	—	—	—	—	—	—	—
	期货手续费收入	—	—	—	0.02	0.01	-0.01	-50
	利润总额	—	—	—	—	—	—	—

威海市金融机构统计指标

指标（个）		2007	2008	2009	2010	2011	2011年同比增幅（%）
银行类	法人机构	5	5	5	6	7	16.67
	省级分行	0	0	0	0	0	—
	二级分行	7	8	9	9	9	—
	县区支行	115	127	128	135	137	0.14
	分理处、营业所	226	265	255	250	251	0.4
	储蓄所	77	120	125	124	126	1.58
	从业人员总数	7344	7640	7725	7831	7818	-0.17
保险类	保险机构	105	134	135	140	144	2.85
	财险机构	75	92	92	94	88	-6.38
	省级分公司	0	0	0	0	0	—
	地市分公司	11	17	17	18	18	—
	县区支公司	64	75	75	76	70	-7.89
	寿险机构	30	42	43	46	56	21.74
	省级分公司	0	0	0	0	0	—
	地市分公司	8	11	12	14	16	14.29
	县区支公司	22	31	31	32	40	25
	从业人员总数	3544	10195	11756	12027	12282	2.12
	财险人员	1414	2432	2841	2945	3011	2.24
	寿险人员	2130	7763	8915	9082	9271	2.08

续表

指标（个） \ 年度		2007	2008	2009	2010	2011	2011 年同比增幅（%）
证券类	证券机构	6	6	7	8	9	12.5
	证券公司	0	0	0	0	0	--
	证券营业部	6	6	7	8	9	12.5
	证券服务部	0	0	0	0	0	--
	从业人员总数	138	275	277	304	335	10.2
	投资者开户	114000	149900	167900	183400	194050	5.81
	境内上市股票支数	5	6	6	6	8	33.33
	境外上市股票支数	3	3	4	4	5	25
	辖区上市公司总数	8	9	10	10	13	30

威海市主要金融机构业务概况

单位：亿元

单位名称	本外币存款余额	人民币单位存款	人民币储蓄存款	本外币贷款余额	人民币短期贷款	人民币中长期贷款
农发行威海市分行	9.13	9.12	0	38.73	14.67	24.07
工行威海分行	185.38	91.14	87.89	178.08	41.52	127.78
农行威海市分行	215.11	83.18	128.63	182.19	96.84	84.51
中行威海分行	179.04	73.69	87.5	152.3	38.16	92.23
建行威海分行	150.26	67.86	78.83	136.84	24.10	109.68
交行威海分行	102.03	63.77	31.06	46.62	30.87	14.13
中信威海分行	76.81	48.66	23.25	45.05	43.43	12.43
招行威海分行	23.37	22.11	4.95	23.64	10.02	11.63
威海市商行	246.56	112.1	133.78	153.69	75.42	57.84
邮储银行威海市分行	160.76	22.23	138.51	16.76	6.77	9.98
威海市村镇银行	4.92	3.93	0.99	2.34	2.34	--
威海农商行	213.64	43.94	169.6	158.69	67.75	83.33
农信社威海市办事处	186.84	16.35	170.46	124.14	40.02	60.98
小额贷款公司	--	--	--	13.05	12.97	0.08

威海市各县级区域经济金融主要统计指标

名称	人口（万人）	面积（平方公里）	地区生产总值（亿元）	地区生产总值增速（%）	本外币存款余额（亿元）	储蓄存款（亿元）	本外币贷款余额（亿元）
荣成市	67.08	1526	699.40	11	405.9	262.81	293.86
文登市	58.45	1615	498.94	10.6	284.59	211.58	177.22
乳山市	57.12	1665	344.21	10.9	225.45	157.63	169.23

款准备金率、存贷款基准利率等影响，个人住房贷款大幅下降，同比下降24.45个百分点；二是涉农贷款大幅增长，高出全部贷款增速8.13个百分点；三是信贷资源向蓝色经济区经济倾斜，全年发放贷款41.84亿元；四是服务业贷款占比稳步提高。

【货币政策实施】 2011年，人行威海市中支继续加大货币信贷政策的窗口指导力度，全面落实稳健货币政策，支持了地方经济平稳健康发展。

一、深化银企合作，加大对重点项目和中小企业信贷支持力度。一是联合市发改委、金融办、中小企业局等部门筛选出重点战略新兴产业、基础设施和服务业、新能源、工业、旅游、中小企业项目等6大类、共207个重点项目向金融机构推介；二是联合市金融办召开2011年银企对接工作会议，55家企业与14家银行成功签署贷款意向书，达成意向贷款159亿元，签约企业贷款使用率为80%。

二、大力推动战略性新兴产业发展。一是建立了战略性新兴产业项目金融支持监测制度，加强对金融机构的引导，按时调度金融支持情况；二是做好金融机构战略性新兴产业项目贷款风险补偿资金的申报工作，辖内该项目贷款余额23.5亿元，同比增长222%，按规定比例共申报风险补偿资金1583万元，增长184%。

三、加强政策引导，大力支持蓝色经济区建设。先后出台了《关于金融支持威海蓝色经济区和高端产业聚集区建设的指导意见》、《金融支持南海新区的指导意见》，引导银行业机构加大对涉蓝领域和重点企业的信贷投放。全年辖区金融机构累计为40个蓝色经济区和高端产业聚集区骨干企业发放贷款51.96亿元。

【金融稳定】 2011年，威海金融监管部门采取各种措施调整产业结构，确保金融稳定运行。

一、加强制度建设和监督检查，严格落实重大事项报告制度。一是建立了重大事项数据库和定期检查、通报制度，督促金融机构严格落实有关要求；二是完善金融稳定重大事项报告制度，建立了重大事项数据库，并对各金融机构重大事项报告落实情况进行了2次专项检查，对落实不力的机构进行了通报。

二、探索建立辖区金融稳定现场评估操作方案。一是制定了《法人金融机构稳健性现场评估操作方案》；二是对乳山农信社和乳山天骄村镇银行稳健性经营情况进行现场评估，针对发现的问题提出整改建议；三是指导荣成、文登两市支行对荣成农商行与文登农信社进行了现场评估，逐步掌握了现场评估的方法和技巧，积累了经验。

【金融服务】 2011年，威海金融监管部门积极开拓创新，指导金融机构为企业提供有效服务。

一、创新金融服务模式，催生科技银行支持科技型企业发展。一是制定了《关于进一步改进金融服务 促进科技创新发展的指导意见》，引导金融机构尝试在科技产业密集区域设立科技银行，为科技型企业发展提供专营、特色化的金融服务；二是建议当地政府给予试点科技支行“贷款风险补偿、贴息和担保风险补贴”等优惠政策，累计为40多家企业提供了近5亿元的金融支持。

二、加大农村金融产品和服务方式创新总结和推广力度，支持“三农”发展。一是将近年来辖区内农村金融创新产品和服务方式进行总结、装订成册，向各金融机构宣传发放；二是渔船抵押贷款、海域使用权抵押贷款、大联保体贷款等创新产品得到全面推广；三是辖区工行申报水产品、鱼粉加工产业集群联保业务融资方案，发放鱼粉联保小组融资3000万元。

三、做好大学生“村官”创业富民金融服务工作。一是与各市区委组织部、财政局进一步加强沟通协调，密切关注大学生“村官”创业项目及资金需求状况；二是联合组织部、金融机构业务人员多次到试点县市荣成的乡镇对“村官”进行金融知识培训，积极宣传“村官”创业的各项优惠政策；三是深入了解“村官”创业存在的困难和局限，及时为其提供咨询服务和协调帮助。

四、继续做好小额贷款“一站式”服务方式的落实和延伸工作。一是在全省率先建立小额担保贷款“一站式”服务模式，累计向失业和再就业人员发放小额担保贷款1.6亿元，扶持自主创业3043人，带动就业37427人；二是先后协调市财政局、人力资源和社会保障局、妇联等部门3次修订小额担保贷款管理办法，完善其服务体系。

【金融监管】 2011年，威海金融监管部门引导辖区银行业积极贯彻国家宏观调控政策，优化信贷结构，促进了银行业和谐稳健运行和全市经济平稳较快发展。

一、有的放矢封堵案防漏洞。一是启动了全市银行业“强制度执行、堵案件漏洞”专项整治活动，各银行业机构共发现问题7大类23个，逐一进行了改进；二是对3家机构整治活动开展情况进行了抽查，共查出问题15个，责令各行(社)对13名责任人给予了警告以上行政处分，强化了案防长效机制建设。

二、多管齐下盯防各类突出风险。一是与市建委建立联动机制，帮助各银行业机构完善房地产开发贷款名单制管理机制；二是对造船业产能过剩、涉外法律风险、表外授信风险进行预警，连续2次发出《监管提示》，向银行业提出了停止业务冒进、调整授信结构等建议，确保信贷资金安全；三是督促银行业深入做好内部信贷人员行为排查、审慎开展与担保公司合作、规范委托贷款业务等工作，杜绝信贷资金流入民间借贷市场。

【外汇管理】 2011年，外管局威海市中心支局积极深化外汇主体管理试点，扎实推进外汇管理重点领域改革，支持涉外经济快速协调发展。全年全市实现涉外收支总量161.72亿美元，同比增长27.29%。其中，收入108.17亿美元，增长25.11%；支出53.55亿美元，增长31.93%，实现顺差54.62亿美元，增长19.08%。结售汇总量100.19亿美元，增长19.62%，其中，结汇78.83亿美元，增长21.09%；售汇21.36亿美元，增长14.45%，结售汇顺差43.43亿美元，增长22.99%。

一、加大外汇现场检查力度。组织了对13家可疑企业的检查工作,查处违规企业 10 家,其中已对 9 家企业完成立结案工作,共计查处违规外汇资金达 4715.56 万美元,罚款 497.68 万元,全市涉外收支顺差增速回落明显,

二、加强外商直接投资管理。建立外资流入登记、统计监测及外汇账户管理相结合的一体化管理体系,年内办理外资外汇登记业务 85 家, 外商直接投资金额 6.99 亿美元, 同比增长 141.9%。

三、积极支持企业"走出去"。一是开辟境外投资审批绿色通道,年内为 9 家境外投资项目办理了外汇登记手续,中方投资金额 5040 万美元;二是加快企业境外放款审批流程,为华岳集团有限公司核准继续使用境外放款额度 900 万美元,办理资金汇出 1327 万美元。

四、加强外债管理及外债结汇资金使用情况核查。年内办理外债登记 30 笔,金额 21757 万美元;核准结汇 130 笔,金额 8469 万美元;还本付息 139 笔,金额 826 万美元。同时,对辖区 26 笔外债结汇情况进行了梳理排查, 有效防范了异常外债资金结汇使用。

五、扎实推进外商投资企业外汇年检工作。组织对会计师事务所年检培训, 全市应参检外商投资企业 1766 家,57 家应参检境外投资企业全部通过外汇网上年检。

【金融改革】 2011 年, 人行威海市中支继续密切关注金融体制改革,维护金融稳定。一是出台金融促进科技创新发展的指导意见,在全省率先成立科技银行,累计为 19 户科技型企业发放贷款 2.65 亿元;二是与政府部门联合制定了林权、海域使用权质押贷款管理办法,指导涉农银行机构开办 8 项农村金融创新产品,发放贷款 9.6 亿元;三是开发运行了人民币跨境数据核对系统,实现了跨境业务系统和国际收支网申系统的自动核对,被分行推广运行,并积极推动韩元小币种挂牌交易工作,辖区交易体系已具雏形; 四是协调市政府与各市区政府签订《维护辖区金融稳定责任书》;五是组织开展打击银行卡犯罪专项行动,协助公安机关破获涉案资金 1200 余万元的 POS 机非法套现案;六是开展"村域金融服务中心"、"农村金融支付抵近服务模式"和"惠农一卡通"服务体系建设,全市行政村金融基础设施覆盖率达 81.63%。

【精神文明建设】 2011 年, 威海市各金融机构继续以科学发展观统领思想,全面推进精神文明建设。

人行威海市中支一是制定了《2010-2012 年全员健身活动实施规划》,建立健全全员健身活动领导体制和工作机制;二是开展了庆"三八"趣味赛、庆"五一"摄影作品展评、"运动 健康和谐"趣味健身赛、"重温红色经典 憧憬央行明天"建党 90 周年文艺汇演、廉政书画展、"迎国庆 - 我的家乡"职工摄影展评和"环海采风徒步行"等活动;三是积极组织参与分行离退休干部乒乓球赛、"央行支付杯" 庆祝建党 90 周年支付系统宣传作品征集、廉政书画展评、央行文化小故事征集等活动,并取得 1 项团体奖、11 项个人奖项。

工行威海分行开展扶贫济困送温暖和"爱心一日捐"公益活动,积极开展业务技术比赛、职工运动会、文艺晚会等活动,连续多年被威海市授予"劳动关系和谐企业"称号。

农行威海市分行一是举办了建党 90 周年、行庆 60 年红歌比赛、新年联欢晚会、首届职工运动会等活动;二是组织员工参加"慈心一日捐",开展敬老院、帮扶村帮扶等活动。

中行威海分行着力推进"快乐中行"企业文化建设规划,取得了丰硕成果。在连续多年被评为"省级文明单位"、山东省"良好银行"、威海市 "文明单位"的基础上,2011 年荣膺"山东省服务名牌"、全国"模范职工之家"和全国"巾帼文明岗"荣誉称号,并在全省中行系统第五届职工运动会上,荣获团体第一名和优秀组织奖。

建行威海分行一是组织开展"读好书快乐工作,学知识健康生活"等赠书、读书活动,全年举办各类培训 61 期 3300 多人次,前台培训覆盖面达 100%;二是大力推进"关爱员工"工程,全年慰问帮扶员工 69 人,慰问补助金额约 28 万元;三是积极为扶贫村修建漫水桥并捐款过万元,被评为"威海市年度帮扶工作先进单位",被中央文明委命名为第三届全国文明单位。

邮储银行威海市分行一是建立"全员参与、各负其责、齐抓共管"的工作机制,以建党 90 周年为契机,广泛开展思想教育;二是积极开展各种文化体育活动。2011 年,该行及所辖乳山市支行被威海市精神文明建设委员会评为"市级文明单位"。

中信威海分行以打造优秀企业文化为切入点,推行业绩文化、合规文化、执行文化。同时,积极开展贫困村及敬老院帮扶、结对助困等活动,取得了良好的社会效益。

威海市商行一是组织开展了迎新春文艺演出、第三届职工运动会等活动,持续推进企业文化建设,并于 10-11 月份开展了首届"感恩节"企业文化节日,丰富了员工生活;二是认真做好帮扶工作,投入资金 3 万元,为敬老院修缮房屋,为老人购买过冬棉衣 60 余套;三是投入资金 8 万元,帮助上庄镇涝村孙家整修公路 1500 米;四是投入资金 2 万元,与 10 余户贫困户结成帮扶对子,为村民购买了慰问物资。

【大事记】 1 月 28 日 中行威海分行召开 2010 年度总结表彰暨 2011 年工作会议。

2 月 14 日 人行威海市中支与市公安机关联合召开打击银行卡犯罪"天网"行动联席会议;银联公司以及 16 家金融机构单位的部门负责人参加了会议。

2 月 22 日 人行济南分行党委委员、副行长李亚新到人行威海市中支调研指导工作。

3 月 1 日 威海市成功举办 2011 年银企对接工作会议, 55 家大中型企业与 14 家银行成功签署贷款意向书,达成意向贷款 159 亿元。

3 月 4 日 工行山东省分行党委书记、行长谷澍到威海分行调研。

3 月 28 日 于珂调任中信威海分行党委书记(信党银字〔2011〕35 号)。

3 月 29 日 人行威海市中支与市公安局举办 "警银联动 共筑和谐"联谊会。刘贤军行长、曲吉光副行长、公安局车斌副

局长及经侦支队领导参加了会议。

5 月 18 日　人行威海市中支组织召开了市农村青年信用示范户创建工作推进会议，共青团威海市委副书记许宏妮，人行威海中支曲吉光副行长，李少伟主任，共青团各市（区）委书记，农行、农信社、邮储银行等单位 30 余人参加了会议。

5 月 19 日～20 日　建行总行朱小黄副行长在山东省分行薛峰行长陪同下，到威海分行调研。

6 月 25 日　中行威海分行隆重举行“全国巾帼文明岗”授牌仪式，全国妇联妇女发展部崔卫燕副部长专程赴威海为该行营业部授牌，威海市政府、总行工会工委、山东省分行等有关方面负责人出席了授牌仪式。

6 月 27 日　于珂任中信银行威海分行行长（信银人字〔2011〕247 号）。

7 月 13 日　中行威海分行隆重召开“成立 30 周年庆祝大会”。威海市委常委董进友副市长，中行山东省分行张维克副行长，中国进出口银行青岛分行李明副行长等领导以及全市大型公司客户和个人贵宾客户代表共计 300 多人出席庆典仪式。

8 月 1 日　谭先国任威海市商行董事长，赛志毅任威海市商行副董事长、行长（银监鲁准[2011]289 号文、银监鲁准[2011]290 号文、威商银发[2011]163 号）。

8 月 12 日　威海市商行博士后科研工作站揭牌成立，成为山东省首家成立博士后科研工作站的金融机构。

9 月 14 日　人行济南分行党委委员、纪委书记辛树人到威海市商行、中行威海分行，就近期宏观调控政策对经济金融的影响开展调研，人行威海市中支刘贤军行长、曲吉光副行长陪同调研。

10 月 28 日　工行山东省分行党委书记、行长谷澍来威海分行调研。

11 月 16 日　威海市商行高新支行正式开业，成为山东省首家设立科技支行的银行业金融机构。

11 月 28 日　邮储银行威海市分行正式开办公司外汇业务。

12 月 20 日　建行威海分行荣获“全国文明单位”称号。

12 月 28 日　中行威海分行与威海市中小企业局举行战略合作签字仪式暨中小企业贷款中心揭牌仪式。

12 月 30 日　威海市委副书记、代市长张惠一行莅临人行威海市中支走访慰问，视察了中支综合服务大厅，并与工作人员亲切交流。

12 月 31 日　浦发威海分行正式成立。

（邵明志　吕迎社）

荣成市

【经济金融概况】　2011 年，荣成市努力转方式调结构、扩内需稳外需、惠民生保稳定，逐步摆脱经济危机的影响，经济回升势头得到巩固和发展。

各市金融部门认真贯彻适度宽松的货币信贷政策，深化金融改革，努力改进金融服务方式，金融运行质量持续提高。各项存款快速增加，贷款稳步增长。

【金融发展与改革】　2011 年，人行荣成市支行加强货币政策传导。一是制定《2011 年信贷投放指导意见》，组织召开银企合作推介会，协议资金 10.23 亿元，年末到位 12.3 亿元，到位率 121%；二是创新推出速贷通、成长之路等 20 多项信贷产品，以联保体贷款为例，目前联保体个数 101 个，授信总额 19.5 亿元，年末实际发放 14.5 亿元；三是小额担保贷款基金增加 100 万元，年末小额贷款余额达 1041 万元，比年初增加 469 万元，增长 82%。

【金融服务与监管】　2011 年，荣成市金融监管部门继续构建和谐金融，确保金融业稳健发展。一是组织对荣成汇丰村镇

荣成市主要经济指标

经济指标	2010	2011	2011 年同比增幅（%）	经济指标	2010	2011	2011 年同比增幅（%）
土地面积（平方公里）	1665	1665	--	地方财政支出（亿元）	35.62	57.97	30.85
人口（万人）	67.02	67.08	0.1	全社会固定资产投资（亿元）	319.92	337.9	22.0
城镇人口（万人）	40.24	62.6	55.57	进出口总值（万美元）	224858	381130	25.9
乡村人口（万人）	--	--	--	出口总值（万美元）	143245	262616	28.2
地区生产总值（亿元）	636.2	699.4	11.0	实际利用外资（万美元）	7460	4618	-20.9
第一产业（亿元）	60.2	66.8	1.48	社会消费品零售总额（亿元）	149.41	199.1	17.4
第二产业（亿元）	348.8	369.8	12.63	居民消费价格指数（%）	--	--	--
第三产业（亿元）	227.2	262.8	11.01	人均地区生产总值（元）	91772	104267	13.77
财政总收入（亿元）	70.01	80.06	14.33	城镇居民可支配收入（元）	19810	24300	10.0
地方财政收入（亿元）	31.60	36.06	14.09	农民人均现金收入（元）	--	--	--
财政总支出（亿元）	63.96	81.79	27.87				

荣成市主要金融指标

金融指标（亿元）	2010	2011	2011年同比增幅（%）	金融指标（亿元）	2010	2011	2011年同比增幅（%）
本外币存款余额	356.84	405.90	37.03	财险收入	0.91	2.97	40.2
人民币存款余额	349.87	401.30	42.98	寿险收入	0.52	8.27	85.11
单位存款	55.94	129.97	252.20	财险赔款	0.77	1.47	43.85
储蓄存款	239.28	262.81	-14.59	寿险给付	0.45	0.22	-76.92
本外币贷款余额	249.73	293.86	-3.38	当年结益	--	--	--
人民币贷款余额	242.92	287.04	-5.38	证券市场交易总额	259	198	-23.55
短期贷款	129.88	155.02	38.76	投资者保证金余额	4	3	-25
中长期贷款	106.31	126.76	-39.42	证券账户开户数	2100	1900	-9.5
票据融资	6.72	5.26	71.57	证券交易佣金收入	0.29	0.21	-27.59
当年结益	--	--	--	净利润	0.29	0.21	-27.59
不良贷款余额	4.61	3.41	21.57				

荣成市主要金融机构负责人

单位名称	行长（或其他称谓的第一负责人）	副行长（或其他称谓的同级领导）
人行荣成市支行	张明波	张福信　赵　军　杨　斌　周军威
银监会荣成办事处	王树奇	丛明滋
农发行荣成支行	赵学坤	王传胜　邹积华
工行荣成支行	许永刚	宁树章　孙白冰　王文明
工行石岛支行	房　泽	宋洪杰　郑　勇
农行荣成市支行	宋学峰	王连强　张建诗
农行威海石岛支行	张明光	丁宗爽　杜罡剑
中行荣成支行	刘增海	李若祥　梁华双
中行石岛支行	孙成钢	梁忠伟
建行荣成支行	尉旭明	葛建文　王　刚
建行石岛支行	王继康	赵光辉　刘晓峰
交行荣成支行	孙永建	张　杰
中信荣成支行	张军辉	鞠学军　王家庆
中信威海石岛支行	张永胜	张晓明
威海市商行荣成支行	李　明	王　娜
威海市商行石岛支行	姜忠洲	
荣成汇丰村镇银行	马健强	闫凤芹　陈根华　史永杰　罗锦浦
荣成农商行	卢均平	李　岩
邮储银行荣成市支行	车延宁	孙茂军

荣成市主要金融机构业务概况

单位：亿元

单位名称	本外币存款余额	人民币单位存款	人民币储蓄存款	本外币贷款余额	人民币短期贷款	人民币中长期贷款
农发行荣成支行	2.32	2.32	0	11.51	4.72	6.82
工行荣成支行	29.73	19.57	10.13	22.81	8.93	12.23
工行石岛支行	11.33	5.78	5.55	15.19	10.40	4.79
农行荣成市支行	33.50	11.45	22.05	20.04	14.49	5.55
农行威海石岛支行	17.67	3.41	14.22	12.67	8.27	4.40
中行荣成支行	20.58	10.30	10.27	15.05	3.32	9.86
中行石岛支行	15.20	6.84	8.33	16.43	10.58	5.86
建行荣成支行	16.39	8.40	7.99	11.30	4.60	6.69
建行石岛支行	5.86	1.89	3.97	15.91	3.28	12.63
交行荣成支行	7.99	6.31	1.68	6.33	5. 93	0.3
中信荣成支行	12.39	8.92	3.21	10.97	7.48	3.49
中信威海石岛支行	5.87	3.34	2.31	10.90	7.27	3.57
威海市商行荣成支行	19.41	9.12	10.22	12.41	9.24	3.17
威海市商行石岛支行	8.25	2.60	5.64	4.64	4.64	0
荣成汇丰村镇银行	140.21	25.39	114.77	104.23	54.06	48.47
荣成农商行	49.14	5. 15	43.98	2.74	1.26	1.47
邮储银行荣成市支行	2.17	1.87	0.31	0.7	0.7	0

银行进行开业验收，制订了《金融机构综合评价实施细则》，对辖内16家银行业金融机构进行了综合评价；二是针对荣成农商行存贷比过高、支农能力弱化问题，及时协调上级行调剂支农再贷款指标2亿元；三是组织荣成农商行依托310个农村社区服务中心，探索将小额现金存取、转账、查询、缴纳话费等业务延伸到农民家门口，实现现代化支付工具在农村地区的“全覆盖”，其做法在全省电视电话会议进行了经验交流。

（张　勇　车　红）

文登市

【经济金融概况】　2011年，文登市打造蓝色经济区和城市新区，扩展经济开发区三大空间，大力推进新型工业化、社会主义新农村、和谐文登三个建设，全市经济实现了平稳较快发展。全市金融运行继续保持平稳的发展态势，各项存款持续增长，储蓄稳定增长，对支持经济快速发展起到了积极的推动作用。

文登市主要经济指标

经济指标	2010	2011	2011年同比增幅（%）	经济指标	2010	2011	2011年同比增幅（%）
土地面积（平方公里）	1645	1615	-1.82	地方财政支出（亿元）	32.06	39.33	0.23
人口（万人）	64.45	58.45	-9.31	全社会固定资产投资（亿元）	257.32	301.24	17.07
城镇人口（万人）	25.31	24.38	-3.67	进出口总值（万美元）	115676	135067	16.77
乡村人口（万人）				出口总值（万美元）	80431	91130	13.31

续表

经济指标	2010	2011	2011年同比增幅（%）	经济指标	2010	2011	2011年同比增幅（%）
地区生产总值（亿元）	503.16	530.27	5.39	实际利用外资（万美元）	8490	5324	-37.29
第一产业（亿元）	42.39	47.98	13.19	社会消费品零售总额（亿元）	164.86	193.86	17.59
第二产业（亿元）	288.65	290.42	0.62	居民消费价格指数（%）	102.30	105.30	2.94
第三产业（亿元）	172.12	191.87	11.48	人均地区生产总值（元）	78180	82267	5.23
财政总收入（亿元）	80.39	104.03	29.41	城镇居民可支配收入（元）	16916	18767	10.95
地方财政收入（亿元）	24.34	27.86	14.47	农民人均现金收入（元）	10479	12699	21.19
财政总支出（亿元）	--	--	--				

文登市主要金融指标

金融指标（亿元）	2010	2011	2011年同比增幅（%）	金融指标（亿元）	2010	2011	2011年同比增幅（%）
本外币存款余额	253.30	284.59	12.36	财险收入	0.72	0.81	12.50
人民币存款余额	250.46	282.26	12.70	寿险收入	3.68	4.52	22.83
单位存款	33.11	69.52	109.97	财险赔款	0.38	0.42	10.53
储蓄存款	185.55	211.58	14.03	寿险给付	0.17	0.24	41.18
本外币贷款余额	155.93	177.44	13.80	当年结益	0.21	0.23	9.53
人民币贷款余额	155.75	177.22	13.79	证券市场交易总额	127	91.11	-28.26
短期贷款	53.03	61.28	15.56	投资者保证金余额	1.90	0.86	-54.74
中长期贷款	89.75	104.60	16.55	证券账户开户数	1617	1300	-19.61
票据融资	12.97	11.33	-12.65	证券交易佣金收入	0.25	0.17	-32
当年结益	3.87	4.50	16.28	净利润	0.14	0.07	-50
不良贷款余额	8.01	6.54	-18.36				

文登市主要金融机构负责人

单位名称	行长（或其他称谓的第一负责人）	副行长（或其他称谓的同级领导）
人行文登市支行	姜　春	王　军　宋吉刚　赛明霞
银监会文登市办事处	王进生	
农发行文登市支行	曲厚礼	王虎强
工行文登支行	孙本新	姚建涛　秦之开　董　剑
农行文登市支行	王　光	陈卫东　曲思强　董建涛
中行文登支行	邹积玲	戴　青　崔忠健
建行文登支行	李　晓	侯建超　史文罡
中信文登支行	张建波	李　玲　刘　明
交行文登支行	徐　林	崔喜祝　刘彩辉　宋晓飞
威海市商行文登支行	赵晓博	王　文　田　亚
文登市农信联社	王志勇	李松旦　丛培刚　韩晓松
邮储银行文登市支行	林　波	毕崇强

文登市主要金融机构业务概况

单位：亿元

单位名称	本外币存款余额	人民币单位存款	人民币储蓄存款	本外币贷款余额	人民币短期贷款	人民币中长期贷款
农发行文登市支行	2.71	2.71	--	13.46	4.26	9.20
工行文登支行	23.42	9.75	13.4	24.98	3.73	21.25
农行文登市支行	43.81	13.02	30.54	2707	8.61	18.27
中行文登支行	19.11	5.94	11.77	8.62	2.01	6.46
建行文登支行	23.24	10.14	12.43	12.69	2.89	9.34
中信文登支行	8.15	5.02	2.9	5.14	3.94	1.20
交行文登支行	4.21	3.29	0.89	3.43	3.41	0.01
威海市商行文登支行	25.30	8.88	16.35	13.05	6.64	5.75
文登市农信联社	90.87	5.92	84.88	66.08	25.03	30.57
邮储银行文登市支行	43.25	4.84	38.41	2.92	0.78	2.14

【金融发展与改革】 2011年，人行文登市支行积极引进异地金融机构，优化营业网布局。4月，交行文登支行开业运营；12月，工行东城区支行设立。

【金融服务与监管】 2011年，人行文登市支行引导各金融机构根据国家货币政策和产业政策导向的新变化，克服国家信贷逐渐收紧因素影响，不断调整优化信贷结构，切实加大支持力度，各项存贷款稳定增长，推动经济平稳较快发展

（杨建萍 梁海涛）

乳山市

【经济金融概况】 2011年，乳山市经济实现平稳较快增长，经济总量不断扩大，运行质量不断优化。全市金融机构认真贯彻执行稳健的货币政策，货币信贷增长继续向常态水平回归，社会融资规模保持适度，资产质量和经营效益明显提高。

【金融发展与改革】 2011年，人行乳山市支行指导金融机构正确把握稳健货币政策的内涵，加大金融对实体经济的支持力度，严格执行“六个不准”，防范金融风险。

乳山市主要经济指标

经济指标	2010	2011	2011年同比增幅（%）	经济指标	2010	2011	2011年同比增幅（%）
土地面积（平方公里）	1668	1668	--	地方财政支出（亿元）	20.95	26.4	26.03
人口（万人）	57.38	57.12	-0.45	全社会固定资产投资（亿元）	199.19	242.6	21.8
城镇人口（万人）	16.2	16.11	-0.56	进出口总值（万美元）	49231	56130	14
乡村人口（万人）	41.18	41.01	-0.41	出口总值（万美元）	36935	47203	27.8
地区生产总值（亿元）	313.1	344.21	10.9	实际利用外资（万美元）	5895	3279	-44.4
第一产业（亿元）	27.3	29.6	1.89	社会消费品零售总额（亿元）	112.36	131.4	17.27
第二产业（亿元）	176.41	188.45	12.95	居民消费价格指数（%）	--	--	--
第三产业（亿元）	109.39	126.15	10.77	人均地区生产总值（元）	54645	60260	10.28
财政总收入（亿元）	50.19	43.08	-14.17	城镇居民可支配收入（元）	--	--	--
地方财政收入（亿元）	15.15	17.27	14	农民人均现金收入（元）	9356	10953	17.06
财政总支出（亿元）	--	--	--				

乳山市主要金融指标

金融指标（亿元）	2010	2011	2011年同比增幅（%）	金融指标（亿元）	2010	2011	2011年同比增幅（%）
本外币存款余额	218.12	225.45	3.36	财险收入	0.82	1.17	42.68
人民币存款余额	216.61	224.36	3.58	寿险收入	3.77	4.17	10.61
单位存款	43.28	64.73	49.56	财险赔款	0.54	0.72	33.33
储蓄存款	142.27	157.63	10.8	寿险给付	0.47	0.12	-74.46
本外币贷款余额	160.75	169.23	5.28	当年结益	--	--	--
人民币贷款余额	160.57	168.98	5.24	证券市场交易总额	106	95	-10.38
短期贷款	31.23	29.88	-4.32	投资者保证金余额	0.83	0.51	-38.55
中长期贷款	119.98	126.38	5.33	证券账户开户数	11700	700	-94.02
票据融资	9.36	12.66	35.26	证券交易佣金收入	0.19	0.13	-31.58
当年结益	2.36	3.61	52.96	净利润	0.11	0.08	-27.27
不良贷款余额	5.61	1.92	-65.78				

乳山市主要金融机构负责人

单位名称	行长（或其他称谓的第一负责人）	副行长（或其他称谓的同级领导）
人行乳山市支行	李明杰	高 伟 官云山 姜福芝
银监会乳山市办事处	王卫东	
农发行乳山市支行	姜庶先	王钧禄 邹军波
工行乳山支行	宋 宁	侯旭东
农行乳山支行	邵明刚	姜 明 官福杰 宋旭日 陶海华
中行乳山支行	沙海涛	孙海军 张占峰
建行乳山支行	杜志刚	曹绍伟 徐 辉
威海市商行乳山支行	孙京柱	官本军
乳山市农信联社	吕增兵	于 洋 韩文龙 郑 利 马玉青 陈 凯
邮储银行乳山市支行	林 飞	刘 利
乳山市天骄村镇银行	王 飞	林金刚
招行乳山市支行	段爱军	史国兴

乳山市主要金融机构业务概况

单位：亿元

单位名称	本外币存款余额	人民币单位存款	人民币储蓄存款	本外币贷款余额	人民币短期贷款	人民币中长期贷款
农发行乳山市支行	2.81	2.81	--	8.29	1.94	6.35
工行乳山支行	22.53	11.46	10.85	27.88	2.98	24.88
农行乳山支行	25.31	10.42	14.80	25.98	3.55	22.43
中行乳山支行	13.73	3.94	9.03	8.77	1.14	7.36
建行乳山支行	20.31	11.02	9.19	30.66	0.47	30.17
威海市商行乳山支行	17.12	7.93	9.2	5.61	2.2	3.41
招行乳山市支行	0.95	0.52	0.43	0.2	0.2	--
乳山市农信联社	95.96	10.44	85.4	58.07	15	30.41
邮储银行乳山市支行	22.16	4.12	18.04	2.13	0.76	1.38
乳山市天骄村镇银行	2.75	2.07	0.68	1.64	1.64	--

【金融服务与监管】　2011年，人行乳山市支行一是推动全市金融机构深入落实《全市重点扶持成长型中小企业“金融优扶计划”》和《关于加强金融创新 支持中小企业发展的实施意见》，建立灵活的信贷投放策略，构建适应中小企业特点的业务操作机制；二是开展在建船舶抵押、仓储质押、海外代付款、进出口押汇、行业大联保体贷款等创新业务，支持中小企业融资，取得明显效果。

（宋　宁　孔瑞华）

潍坊市

【经济金融概况】　2011年，潍坊市认真贯彻落实国家宏观调控政策，着力提高经济增长质量，全市经济保持快速稳定的发展势头。全市金融机构认真贯彻落实稳健货币政策，主动适应形势变化，创新金融服务方式，有效满足了经济发展的合理资金需求。金融运行主要呈现以下几个特点：

一、主要金融指标创历史最好水平。新增银行业信用总量1775.9亿元，同比多增429.7亿元。本外币各项贷款比年初增加429.5亿元，居全省第3位；累计办理表外融资业务1147.9亿元，同比多增381.1亿元。

二、信贷支持实体经济力度较大。一是“十大振兴产业”贷款快速增长，全市十大调整振兴行业贷款余额841.6亿元，较年初增加142.6亿元，同比多增13.9亿元，增长20.4%；二是制造业贷款平稳增长，全市制造业贷款余额1011亿元，较年初增加170.6亿元，增长20%，增量稳居各行业之首；三是高新技术和新兴产业信贷支持力度不断加大，九大新兴产业82家企业贷款余额96亿元，较年初增加28.4亿元，增长42.1%，全市首批省级战略性新兴产业项目所对应的14家企业贷款余额11.7亿元，增长51%；四是中小企业金融服务持续改善，全市中小企业贷款余额1296.3亿元，增加164.1亿元，增长14%；五是“三农”信贷投入继续加大，全市涉农贷款余额1629.4亿元，较年初增加300.3亿元，增长22.6%；六是重点区域贷款增速较快，全市黄河三角洲高效生态经济区贷款余额713亿元，较年初增加143亿元，同比多增48.7亿元。

三、各项存款增量居全省第三位。全市本外币各项存款比年初增加440.5亿元，居全省第三位，但同比少增96.7亿元，这是近6年来连续两年增量同比减少。

四、涉外收支突破170亿美元。其中，实现涉外收入119.9亿美元，增长34.6%；对外支出51.3亿美元，增长58.8%。企业“走出去”步伐不断加快，全市境外直接投资汇出10245万美元，同比增长257%。跨境人民币结算业务加速推进，全市累计办理跨境人民币结算业务580笔，金额90.3亿元。

【货币政策实施】　2011年，人行潍坊市中支将贯彻稳健货币政策与转方式、调结构相结合，引导银行业金融机构在加大信贷投放中促进信贷结构调整。

一、强化政策引导和窗口指导。一是制定实施了支持全市经济更好更快发展、做好抗旱救灾、支持蔬菜种子产业发展等5个信贷指导意见；二是召开2次货币政策与金融管理政策通报会；三是牵头有关部门出台了林权抵押贷款管理和小额担保贷款管理办法；四是与市发改委联合召开了转方式、调结构重点项目银企对接会，与6个县（市、区）政府联合召开了银企对接会，共促成授信协议129.8亿元。

二、发行全国首批、全省首单中小企业区域集优票据。一是协调沟通中债信用增进投资股份有限公司，牵头制定了《区域集优债务融资项目管理办法》；二是先后4次召开各县（市、区）政府、银行、企业参加的座谈会，在宣传推介、遴选企业、落实政策等方面做好有效衔接，积极推进签署了合作框架协议；三是11月3日，由4家企业组成的中小企业区域集优票据项目包成功发行，融资1.8亿元。

三、积极做好政策宣传。先后组织或参加全市金融财政座谈会、金融稳定现场会、政策通报会等8次大型会议，向党委政府、有关职能部门和社会公众宣传稳健货币政策。

【金融稳定】　2011年，人行潍坊市中支积极采取防范金融风险的措施一是建议并协助市政府在全省率先召开了金融稳定工作会议，政府部门、各县（市、区）主要负责人等200余人参加；二是建议潍坊市政府责令高密市政府对民间融资行为进行清理整顿，及时查处违规违法行为；三是下发《关于切实防范民间借贷诱发信贷风险的通知》，对信贷资金、金融从业人员进入民间借贷领域进行提示预警；四是协助召开全市金融稳定工作现场会，分析形势，推广高密规范民间融资经验；五是联合金融办对全市融资性担保公司机构账户设立情况进行摸底调查；六是编发《维护金融稳定　防范金融风险知识手册》，提升社会各界的金融风险防范意识。

【金融服务】　2011年，潍坊市银行业金融机构不断优化服务，为全市经济社会发展做出了重要贡献。

一、培育了全市首家金融创新示范区。人行潍坊市中支先后5次到坊子区调研，分层次召开8次会议，确定坊子区为金融创新示范区。一是重点从政策引导、货币政策工具倾斜、外汇服务、拓展融资渠道等方面给予扶持，推进信贷产品、服务模式等方面的创新步伐；二是推进产业链和金融链融合，引导促进银行、保险、担保、租赁等业务产品创新，探索并推广以不同产业为核心的“金贸工农一体化”发展模式。山东省金融学会确定坊子区为“金融理论与创新实践基地”。

二、打造金融服务进农村社区“诸城模式”。由人行引导，农

潍坊市经济主要统计指标

指标＼年度	2007	2008	2009	2010	2011	2011年同比增幅（%）
土地面积（平方公里）	16005	16005	16005	16005	16005	0
人口（万人）	859.10	862.48	867.85	873.8	877.61	1.58
城镇人口（万人）	371.71	398.30	418.82	--	--	--
乡村人口（万人）	487.39	464.18	449.03	--	--	--
地区生产总值（亿元）	2056.02	2491.81	2727.77	3090.92	3541.85	11.0
第一产业（亿元）	237.54	281.69	301.96	330.51	359.28	4.2
第二产业（亿元）	1194.67	1455.05	1564.67	1720.29	1961.40	12.3
工业（亿元）	1100.25	1339.38	1419.08	1545.56	1760.97	13.4
建筑业（亿元）	94.42	120.71	145.59	174.7	200.43	14.7
第三产业（亿元）	623.81	755.07	861.15	1040.13	1221.17	11.0
人均地区生产总值（元）	23349	28106	30568	34250	40358	17.83
地区生产总值构成（%）	100	100	100	100	100	--
第一产业（%）	11.55	11.31	11.07	10.69	10.14	-0.55
第二产业（%）	58.11	58.39	57.36	55.66	55.38	-0.28
第三产业（%）	30.34	30.30	31.57	33.65	34.48	0.83
财政总收入（亿元）	224.45	259.96	299.49	380.92	466.81	22.5
地方财政收入（亿元）	110.57	131.96	157.95	202.43	253.92	25.4
财政总支出（亿元）	148.79	182.30	227.7	291	358.26	23.1
地方财政支出（亿元）	135.2	160.4	196.9	248.5	--	--
全社会固定资产投资（亿元）	1208.39	1523.40	1890.50	2331.02	2603.17	22.9
规模以上固定资产投资（亿元）	1178.2	1499.88	1858.77	2304.2	2603.17	12.98
房地产开发（亿元）	156.63	196.44	266.50	367.63	405.87	10.4
进出口总值（亿美元）	65.10	83.78	80.80	117.51	140.93	19.9
出口总值（亿美元）	51.80	65.40	62.00	86.96	103.68	19.2
实际利用外资（亿美元）	6.20	4.85	6.78	7.21	7.22	0.02
社会消费品零售总额（亿元）	674.30	830.30	988.49	1151.12	1349.82	17.3
居民消费价格指数（%）	103.8	105.2	100.50	102.60	104.40	1.80
城市居民人均可支配收入（元）	13716.23	15691.37	17267.30	19675.1	22508.2	14.4
农民人均现金收入（元）	6278.3	7071.6	7694.55	8871.6	10408.9	17.3

注：表格中空缺的地方是因为缺乏相关统计数据所致，特此说明。

潍坊市工农业主要统计指标

农业主要统计指标（万吨）				规模以上工业企业主要统计指标（亿元）			
项目＼年度	2010年	2011年	增幅（%）	项目＼年度	2010年	2011年	增幅（%）
粮食	522.6	533.7	2.1	工业增加值	1958.27	2261.80	15.5
夏粮	242.2	245.6	1.4	国有工业	95.96	106.42	10.9
秋粮	280.4	288.0	2.8	集体工业	55.23	66.22	19.9
棉花	5.0	5.1	-1.3	股份制工业	1365.57	1594.99	16.8
油料	27.03	25.1	-7.4	股份合作制工业	7.26	9.16	26.2

续表

农业主要统计指标（万吨）				规模以上工业企业主要统计指标（亿元）			
项目 \ 年度	2010 年	2011 年	增幅（%）	项目 \ 年度	2010 年	2011 年	增幅（%）
水果	92.3	88.4	-4.2	外商及港澳台投资工业	292.33	337.93	15.6
蔬菜	1089.8	1129.6	3.6	轻工业	787.83	891.04	13.1
肉类	123.1	135.3	9.9	重工业	1170.44	1370.59	17.1
禽蛋	26.2	26.9	2.6	销售收入	7722.89	9377.91	28.5
奶类	27.8	27.7	-0.2	利税	692.70	792.93	17.1
水产品	45.8	50.0	9.1	利润	472.13	529.99	19.2
森林覆盖率（%）	35.2	35.5	0.3	经济效益综合指数（%）	—	—	—

注：表格中空缺的地方是因为缺乏相关统计数据所致，特此说明。

潍坊市主要金融机构负责人

单位名称	行长（或其他称谓的第一负责人）	副行长（或其他称谓的同级领导）
人行潍坊市中心支行	刘福毅	郑录军　李万友　孙广明　陈光升　徐广平
银监会潍坊监管分局	刘世明	张志荣　刘文正　璩新民
农发行潍坊市分行	许　静	韩玉忠　杜　军　庄红梅
工行潍坊分行	孙长庚	高华江　刘明江　高洪涛　吴　江　鞠立坤　鞠　雷　韩志忠
农行潍坊市分行	闵令民	曲延航　贺祥君　董月民　付　晓　孙宗印
中行潍坊分行	汪　雷	慕永仕　谢书波　韩桂志　宋若钦　孙晓宁
建行潍坊分行	杨德峰	白彤文　封汇泉　逄显辉　辛立国　陈俊德
交行潍坊分行	刘安奎	赵伟建　陈允建　王　波　齐文江
潍坊银行	史跃峰	王新光　王宗华　闫红兵　温英杰　陈瑞源　周世国　仪修喜　朱毅达
招行潍坊分行	齐君承	董绍东　候云辉　陈　伟
兴业潍坊分行	苏军良	张廷文　张兆福　朱新军
浦发潍坊分行	朱金禄	孙　杰　刘兆建　唐逸浩
华夏潍坊支行	梁君生	于伟民　刘安忠　任　端　韩海燕
中信潍坊分行	黄千文	江世洋　袁　菲　张雪岭
民生潍坊分行	马　杰	冯景伦　王晓光　刘洪涛
农信社潍坊市办事处	王新声	王祖玉　邹　维　马春成　袁义东　曹洪启　颜廷军　赵宝修
邮储银行潍坊市分行	张立海	张俊兰　薛　梅　王风华
寿光张农商村镇银行	周兴江	王月民
青州中银富登村镇银行	于建波	
高密惠民村镇银行	冯思明	李　萍
寒亭蒙银村镇银行	孙万勇	于彩丽　卢　璐

潍坊市金融业务统计指标

指标（亿元）		2007	2008	2009	2010	2011	2011 年同比 增加额	2011 年同比 增幅（%）
银行类	本外币存款余额	1652.17	2060.05	2768.22	3307.7	3748.88	440.49	13.32
	人民币存款余额	1637.44	2040.46	2738.96	3281.25	3706.93	424.97	12.95
	单位存款	339.92	389.97	619.10	746.94	1540.10	--	--
	储蓄存款	1038.74	1326.49	1605.11	1843.79	2081.80	238.01	12.91
	定期储蓄存款	700.85	918.28	1072.50	1193.27	1298.40	105.13	8.81
	活期储蓄存款	337.89	408.2	532.61	650.51	665.70	15.19	2.34
	本外币贷款余额	1637.44	1513.40	2074.45	2570.84	3001.53	429.48	16.71
	人民币贷款余额	1227.02	1495.57	2042.63	2514.81	2932.69	416.68	16.57
	短期贷款	753.73	829.43	1086.94	1350.12	1654.51	306.99	22.74
	中长期贷款	357.32	486.05	789.99	1078.88	1181.44	102.67	9.52
	票据融资	112.59	179.88	165.36	85.65	96.62	7.15	8.35
	当年结益	22.72	38.86	53.21	67.4	97.8	30.4	45.1
	不良贷款余额	87.28	54.87	41.55	32.46	21.28	-11.18	-34.44
	不良贷款占比%	6.94	3.63	2.00	1.26	0.71	-0.55	-43.65
保险类	保险公司保费收入	41.29	56.58	64.92	86.45	89.70	3.25	3.76
	财险收入	13.65	15.91	19.57	27.54	31.70	4.17	15.14
	寿险收入	27.64	40.67	45.36	58.91	58.0	-0.91	-1.54
	保险公司赔款和给付支出	11.9	9.77	12.36	14.98	23.6	8.62	15.8
	财险赔款	6.8	8.62	10.54	12.84	15.6	2.76	21.6
	寿险给付	5.1	1.15	1.82	2.14	8.0	5.86	5.9
	当年结益	-2.99	-3.02	--	--	--	--	--
证券类	证券市场成交总额	1258.17	965.27	1829.55	1418	1392	-26	-1.83
	投资者保证金余额	17.63	11.11	22.41	17.1	16.8	-0.3	-1.75
	证券账户开户数	24.44	27.8	29.46	31.55	33.24	1.69	5.36
	佣金收入	3.25	2.29	4.38	3.36	2.13	-1.23	-36.61
	净利润	2.29	1.52	3.2	2.27	1.2	-1.07	-47.14
	期货市场成交总额	699.36	1110.23	1429.04	1594	1610	16	1
	期货客户保证金余额	0.84	0.35	1.10	2	2.1	0.1	5
	期货账户开户数	467	372	1708	3346	3352	6	0.18
	期货手续费收入	--	--	--	0.11	0.13	0.02	18.18
	利润总额	--	--	--	0.03	0.04	0.01	33.33

注：1. 单位存款 2010 年及以前数值为企业存款，不具有可比性，因此未计算增加额与增幅，特此说明。
2. 表格中空缺的地方是因为缺乏相关统计数据所致，特此说明

潍坊市金融机构统计指标

指标（个）		2007	2008	2009	2010	2011	2011 年同比增幅（%）
银行类	法人机构	14	14	15	15	18	20
	省级分行	0	0	0	0	0	0
	二级分行	7	10	12	12	15	25

续表

指标（个）		2007	2008	2009	2010	2011	2011年同比增幅（%）
银行类	县区支行	159	174	132	145	150	3.45
	分理处、营业所	495	607	965	962	1014	5.41
	储蓄所	416	410	11	11	9	-18.18
	从业人员总数	18156	18982	19006	19628	18423	0.15
保险类	保险机构	204	252	263	271	293	8.12
	财险机构	103	122	127	131	142	8.40
	省级分公司	0	0	0	0	0	0
	地市分公司	16	20	21	23	26	13.04
	县区支公司	87	102	106	108	116	7.41
	寿险机构	101	130	136	140	151	7.86
	省级分公司	0	0	0	0	0	0
	地市分公司	12	20	22	23	26	13.04
	县区支公司	89	110	115	117	125	6.84
	从业人员总数	20465	29684	28974	30599	30823	0.73
	财险人员	5871	7111	7136	7540	7645	1.39
	寿险人员	14594	22573	21838	23058	23178	0.52
证券类	证券机构	12	12	16	21	21	0
	证券公司	1	1	1	3	3	0
	证券营业部	7	7	11	15	15	0
	证券服务部	4	4	4	3	3	0
	从业人员总数	163	170	176	283	287	1.41
	投资者开户	217087	262226	297889	315670	325752	3.19
	境内上市股票支数	10	11	12	15	18	20.00
	境外上市股票支数	8	11	13	18	19	5.56
	辖区上市公司总数	16	19	21	29	33	13.79

潍坊市主要金融机构业务概况

单位：亿元

单位名称	本外币存款余额	人民币单位存款	人民币储蓄存款	本外币贷款余额	人民币短期贷款	人民币中长期贷款
农发行潍坊市分行	16.47	16.35	0	117.01	47.41	64.55
工行潍坊分行	443.38	232.27	195.06	482.16	159.64	297.86
农行潍坊市分行	562.69	192.75	356.03	380.88	234.01	139.85
中行潍坊分行	277.57	147.14	116.19	271.49	114.87	121.99
建行潍坊分行	347.52	164.11	176.85	323.52	80.77	228.82
交行潍坊分行	160.55	104.41	45.48	110.36	57.50	47.97
华夏潍坊支行	21.75	19.83	1.85	32.23	18.92	13.22
招行潍坊分行	42.62	33.82	7.12	50.95	27.93	19.24
浦发潍坊分行	34.44	33.18	0.81	37.00	29.93	5.93
兴业潍坊分行	114.02	85.84	8.54	70.32	28.69	41.61

续表

单位名称	本外币存款余额	人民币单位存款	人民币储蓄存款	本外币贷款余额	人民币短期贷款	人民币中长期贷款
民生潍坊分行	45.56	39.01	5.22	46.62	32.75	13.79
中信潍坊分行	42.93	39.64	2.46	26.41	13.55	12.48
潍坊银行	348.35	204.68	141.49	253.19	206.94	29.82
农信社潍坊市办事处	1011.75	196.80	812.78	739.76	566.33	125.64
邮储银行潍坊市分行	216.74	17.71	199.03	45.89	21.93	18.29
寿光张农商村镇银行	161.15	30.52	129.77	122.53	102.55	19.12
青州中银富登村镇银行	0.65	0.20	0.45	0.72	0.48	0.24
高密惠民村镇银行	1.82	1.20	0.62	0.92	0.84	0.08
小额贷款公司	0	0	0	40.9	40.9	0

潍坊市各县级区域经济金融主要统计指标

名称	人口（万人）	面积（平方公里）	地区生产总值（亿元）	地区生产总值增速（%）	本外币存款余额（亿元）	储蓄存款（亿元）	本外币贷款余额（亿元）
潍城区	36.63	289	167.7	9.1	--	--	--
奎文区	49.51	88	130.5	10.4	--	--	--
坊子区	53.76	312	91.7	10.5	--	--	--
寒亭区	43.01	869	139.1	9.8	--	--	--
青州市	91.75	1569	402.3	12.8	365.02	258.75	255.03
诸城市	108.51	2168.6	521.0	12.3	313.52	209.65	284.84
寿光市	104.63	2072	542.4	12.1	463.83	281.03	418.99
安丘市	95.03	1710	197.1	10.1	196.48	147.16	135.17
高密市	87.36	1526.6	384.5	12.2	203.03	145.26	183.04
昌邑市	58.23	1582	263.9	11.2	230.15	171.04	147.99
临朐县	87.65	1833	162.2	11.1	171.72	136.81	118.60
昌乐县	61.53	1101	191.8	11.4	160.12	97.63	146.07

注：表格中空缺的地方是因为市辖区缺乏相关统计数据所致，特此说明。

行、农信社、邮储银行等商业性金融机构共同参与，在诸城208处农村社区设立“金融服务站”，打造了“两公里金融服务圈”，农村社区支付网已经初步形成，农民自助服务终端、POS机、假币鉴别机具等已实现农村社区全覆盖。《金融时报》、《大众日报》等4家媒体对此进行了专题采访报道。

三、加快推进社会信用体系建设。发起制定了《关于以诉讼诚信体系建设为切入点 加快推动社会诚信体系建设的意见》，推进形成了“综治办综合协调、金融办建设平台、人行业务指导”的地方信用体系建设工作格局。

四、践行金融从娃娃抓起的思路，全面培育社会公众金融意识，潍坊市金融学会组织编写了七卷本《中小学生金融理财普及丛书》，书稿已于9月份交付中国金融出版社。

【金融监管】 2011年，人行潍坊市中支积极履行监管职能，建立健全了新设机构管理、重大事项报告管理、执法检查、综合评价、金融消费者保护等制度。一是召开了2次全市金融机构参加的“两管理、两综合”工作会议，对16家市级银行业金融机构2010年的经营情况进行了综合考核评价，对9家新设机构进行了开业审批，完成了对中信银行的综合执法检查工作；二是开展了反洗钱、支付结算、金融统计等7项执法检查，已收到重大事项报告91项；三是组织了金融统计、反洗钱、征信管理、支付结算、外汇等专业培训考试，金融机构参加者达3000余人次。

【外汇管理】 2011年,外管潍坊市中心支局坚持认识到位、服务到位、监管到位的"三个到位"指导思想,做到服务与管理并重、寓管理于服务之中,切实发挥外汇服务职能,促进贸易投资便利化。

一、积极推动外汇改革措施落实。一是稳步推进进出口核销制度改革,全市1000余家A类进口企业退出具体核销程序,完成全市2996家进出口企业的名录清理等前期准备工作;二是指导潍柴进出口公司、孚日集团开立境外账户,实现出口收入存放境外业务零突破;三是指导歌尔集团开办外汇资金集中运营业务,成为全省第一家"外币资金池业务"资格企业;四是向省分局提出主体管理工作试点申请,并做好组织领导和制度规程等各项准备工作。

二、深入开展"一企一策"活动。制定《关于支持重点涉外企业发展,促进贸易投资便利化的十条措施》,选择20家企业,定期现场办公、上门服务,实施"一对一"辅导,协调外汇指定银行共同研究适合企业的融资、结算避险工具,对重点投资项目提前介入,提供外汇政策咨询服务。

三、切实加大跨境资金流动监管。一是制定了《关于坚决遏制和打击违法违规外汇资金流入的实施意见》,并组织对25家企业进行了现场检查;二是约请商务局围绕控流入、减顺差、打热钱以及如何有效、合理利用外资、提高利用外资质量等工作进行了座谈;三是建立特色涉外产业监测、跨境资金流动重点监测和非现场监测三项分析报告制度,加强对外汇收支形势和跨境资金流动的监测,提高对违规资金的打击能力。

【保险业务】 2011年,潍坊市保险业稳健发展,驻潍市级保险机构由上年的46家增加到52家,县市区保险机构(含营销服务部)由上年的225家增加到241家,为全市社会经济发展提供了重要支持。截至年末,全市保险深度为2.53%,同比下降0.27个百分点;保险密度为1022.09元/人,同比增加32.73元。

【证券市场】 2011年,潍坊市新增上市公司4家,新增上市股票4只,融资24亿元。截至年末,全市共有33家企业、37只股票在境内外上市交易,其中,境内上市公司17家,境外上市公司16家,累计从资本市场募集资金426亿元。证券公司全年总交易额1392亿元,实现利润1.2亿元。期货公司全年代理期货交易量262万手,实现营业收入1329万元。

【精神文明建设】 2011年,潍坊市金融部门进一步加强精神文明建设,取得了良好效果。人行潍坊中支开展了"我为单位发展献一策"活动,组织了迎新春文艺晚会、老干部外出旅游等活动。农发行潍坊市分行组织开展了"九十华诞·激情颂党"红歌演唱会、"重温入党誓词、庄严向党承诺","一先两优"评选,困难党员和职工帮扶等活动。中行潍坊分行举办了复建30周年庆典文艺晚会。建行潍坊分行以"班子争创四好、机构争创先进、员工争创优秀"为主线抓精神文明建设,先后荣获山东省银行业"良好银行"、总行级文明单位等荣誉称号。

浦发潍坊分行与潍坊医学院联合举办了庆祝建党90周年文艺汇演,举办了"百商论道 鲁豫有约"大型论坛活动。招商潍坊分行组织开展了党建知识竞赛、"我读红色经典"、观看红色电影、游览红色胜地等一系列活动,并与市老龄委、老干部局、体育局共同举办了庆祝老人节"和谐潍坊 和谐招行"文体表演。中信潍坊分行利用若水爱心基金平台,对孤、残贫困户送去慰问金和日常生活必需品。潍坊银行组织开展了第三届企业文化节,并开展职工运动会、球类比赛、艺术长廊、文艺联欢等文体活动。

【大事记】 1月9日 中行潍坊分行复建30周年庆典活动在潍坊电视台举行。

2月21日 中行山东省分行何兴祥行长到潍坊分行宣布汪雷任中行潍坊分行党委书记、行长(鲁中银党〔2011〕10号)、(鲁中银人〔2011〕152号))。

2月27日 潍坊银行农村土地流转金融服务新模式被银监会授予"全国银行业金融机构小企业金融服务特色产品"。

3月9日 潍坊市政府召开财政金融工作会议,夏芳晨副市长讲话。

3月18日 浦发济南分行下发(浦银济发〔2011〕66号),聘任唐逸皓为潍坊分行行长助理。

4月1日 人行潍坊市中支与市国家安全局召开反洗钱反恐怖融资合作联席会议。

4月23日 潍坊银行被第七届中国金融专家年会评选为"2010年度最具特色中小银行"。

4月26日 潍坊银行金融创新示范区(坊子区)启动暨福田雷沃重工与潍坊银行战略合作签约仪式在福田雷沃重工科技报告厅举行。

5月6日 中信青岛分行行长吴小平到潍坊分行视察指导工作.

5月12日 建行山东省分行路民副行长到建行潍坊分行调研。

5月15日 人行潍坊市中支和市公安局牵头组织举办"市打击经济犯罪及反假货币集中宣传日"活动。

5月18日 潍坊银行向潍坊紫鸢牧业发放商标质押贷款800万元,这是该市首笔商标知识产权质押贷款。

5月25日 人行潍坊市中支与坊子区委、区政府联合召开坊子区金融创新报告会暨金融创新示范区新闻发布会,正式确定在坊子区设立全市首个金融创新示范区。

5月30日 华夏济南分行党委书记、行长孙彤军到潍坊调研。

6月16日 "潍坊市区域集优债务融资服务政策推进座谈会"在潍坊富华国际大酒店召开。

6月30日 潍坊银行青岛分行第一家支行——青岛城阳支行开业。

7月1日 人行寿光市支行党支部被评为全国先进基层

党组织，行长姜森作为50名全国先进基层党组织代表之一，参加庆祝中国共产党成立90周年大会。

7月12日　人行济南分行党委副书记、副行长于华民等到寿光支行慰问基层党员干部，并就基层党建工作进行调研。

7月14日　人行党委委员、副行长杜金富带领部分全国人大代表、政协委员到寿光调研。

7月21日　青州中银富登村镇银行开业。

8月5日　浦发济南分行行长耿光新到潍坊调研。

8月23日　人民日报、中央电视台、经济日报、金融时报、中国证券报、农村金融时报、新华网、中国金融等8家中央媒体记者团采访寿光农村信用体系建设情况。

9月27日　招商济南分行党委书记周伟林到潍坊调研。

10月9日　建行山东省分行李文达副行长到潍坊分行调研。

10月27日　人行济南分行党委委员、纪委书记辛树人到潍坊调研，组织召开了“农村经济和金融服务调研座谈会”。

潍坊银行发放全市首笔公共租赁住房项目贷款。

11月6日　“潍坊市中小企业区域集优票据全国首批成功发行发布仪式”在富华大酒店国际举行。

11月15日　潍坊市金融学会举办第六次齐鲁大讲坛潍坊分坛，人行总行王宇副局长做讲座。

山东省金融学会金融理论研究与实践基地揭牌仪式在潍坊市坊子区举行。

11月28日　浦发济南分行耿光新行长到潍坊调研。

12月14日　民生济南分行发布(民银济党[2011]号)，任命杨林东为中共民生潍坊分行党委委员。

12月20日　人行济南分行党委委员、纪委书记辛树人等到寿光调研蔬菜交易价格指数。

12月21日　山东省金融学会常务副会长、人行济南分行党委委员、纪委书记辛树人，山东省银监局副局长王朝弟、山东大学经济学院常务副院长胡金焱等20名省金融学会学术委员到潍坊市坊子区考察省金融学会“金融理论研究与实践基地”。

12月24日　招商诸城支行开业。

潍坊银行青岛分行第二家支行——青岛经济技术开发区支行开业。

（庆建奎）

青州市

【经济金融概况】　2011年，青州市金融部门认真贯彻落实稳健的货币政策，不断创新金融产品，努力提高服务水平，经济金融呈现协调、持续、快速发展态势。证券市场低迷，虽然全年新开户数量有所增长，但市场交易量及营业收入同比明显下降。

青州市主要经济指标

经济指标	2010	2011	2011年同比增幅（%）	经济指标	2010	2011	2011年同比增幅（%）
土地面积（平方公里）	1561	1561	0	地方财政支出（亿元）	19.70	22.90	16.50
人口（万人）	91.40	91.75	0.52	全社会固定资产投资（亿元）	235.50	272.10	23.00
城镇人口（万人）	32.50	32.67	0.52	进出口总值（万美元）	28300	39000	36.60
乡村人口（万人）	58.90	59.08	0.31	出口总值（万美元）	23787	32000	34.10
地区生产总值（亿元）	346.43	402.30	12.80	实际利用外资（万美元）	4968	2977	19.00
第一产业（亿元）	33.67	36.20	4.10	社会消费品零售总额（亿元）	111.4	120.60	17.30
第二产业（亿元）	191.94	222.40	14.30	居民消费价格指数（%）	103.7	105.60	5.60
第三产业（亿元）	120.81	143.60	12.90	人均地区生产总值（元）	38008	43926	12.30
财政总收入（亿元）	43.40	52.00	19.70	城镇居民可支配收入（元）	15556	22508	44.70
地方财政收入（亿元）	18.10	27.20	20.10	农民人均现金收入（元）	8811	10484	19.00
财政总支出（亿元）	22.81	26.70	17.50				

青州市主要金融指标

金融指标（亿元）	2010	2011	2011年同比增幅（%）	金融指标（亿元）	2010	2011	2011年同比增幅（%）
本外币存款余额	317.76	365.02	14.87	财险收入	1.77	2.31	30.51
人民币存款余额	316.72	364.01	14.93	寿险收入	6.16	5.73	-6.98
单位存款	81.77	99.47	--	财险赔款	0.83	0.83	0
储蓄存款	230.32	258.30	12.15	寿险给付	0.65	0.70	7.69

续表

金融指标（亿元）	2010	2011	2011年同比增幅（%）	金融指标（亿元）	2010	2011	2011年同比增幅（%）
本外币贷款余额	209.75	255.03	21.59	当年结益	0.63	0.72	14.29
人民币贷款余额	203.00	245.77	21.07	证券市场交易总额	121.67	89.26	-26.90
短期贷款	132.94	168.92	27.06	投资者保证金余额	1.12	1.03	-8.04
中长期贷款	67.95	73.66	8.40	证券账户开户数	2100	2500	25.70
票据融资	5.4	3.19	-40.93	证券交易佣金收入	0.29	0.13	-56.72
当年结益	--	--	--	净利润	0.21	0.07	-66.67
不良贷款余额	2.23	0.90	-59.64				

注：1.表格中空缺的地方是因为该市缺乏相关统计数据所致，特此说明。

2.单位存款2010年度数值为企业存款，两者不具有可比性，特此说明。

青州市主要金融机构负责人

单位名称	行长（或其他称谓的第一负责人）	副行长（或其他称谓的同级领导）
人行青州市支行	杨金河	董建平　高永玲　李英海
银监会青州市办事处	张洪波	
农发行青州市支行	葛金忠	李秋萍　张成国
工行青州支行	庄宏伟	刘世春　于海成　刘　军　李明年　肖　强
农行青州市支行	李少波	郭立芳　吴振坤　尹爱生　史洪春　马　欣
中行青州支行	付廷泉	邵桂珠　王若军
建行青州支行	黄　杰	王玉惠　冯恩生　陈德鹏
潍坊银行青州客服中心	崔家祥	聂兴华　高永梅
潍坊银行青州支行	于佳彤	
潍坊银行青州金鼎支行	张丽红	
邮储银行青州市支行	尹兆禄	郭江波　范夕涛
青州农商行	褚玉国	范晓明　李新江　王家厚　陈仁鹏　李英波　陈　辉
齐商银行潍坊青州支行	贾如玉	路红军　秦广军
青州中银富登村镇银行	于建波	
交行青州支行	瞿江涛	郎　钢

青州市主要金融机构业务概况

单位：亿元

单位名称	本外币存款余额	单位存款	储蓄存款	本外币贷款余额	短期贷款	中长期贷款
农发行青州市支行	0.66	0.66	0	9.91	9.91	0
工行青州支行	37.82	16.41	21.40	34.62	12.42	21.27
农行青州市支行	82.83	25.15	57.65	48.15	32.59	15.56
中行青州支行	30.53	16.55	12.59	27.26	22.48	4.76
建行青州支行	32.90	12.16	20.74	23.85	8.73	15.12
潍坊银行青州支行	13.05	7.64	5.32	11.33	8.95	2.38

续表

单位名称	本外币存款余额	单位存款	储蓄存款	本外币贷款余额	短期贷款	中长期贷款
青州农商行	127.97	14.54	113.40	91.94	78.75	10.95
邮储银行青州市支行	26.53	0.61	25.91	3.41	2.40	1.01
齐商银行青州支行	6.64	5.59	1.05	3.82	3.78	0.04
青州中银富登村镇银行	0.65	0.20	0.45	0.72	0.48	0.24
交行青州支行	0.20	0.10	0.10	0.08	0.08	0

【金融发展与改革】 2011年，青州市金融改革取得新进展。一是潍坊银行组建青州客户服务中心，负责青州区域内市场营销工作；二是中行和新加坡富登金融控股公司共同出资设立青州中银富登村镇银行，注册资本6500万元；三是青州市农信联社改制为青州市农村商业银行股份有限公司；四是交行潍坊虞河路支行迁址青州市海岱中路，更名为青州支行，已进入试营业阶段。

【金融服务与监管】 2011年，人行青州市支行一是修订完善了《金融机构综合评价暂行办法》、《新设银行业金融机构管理操作规程》等管理办法；二是组织开展了账户管理、国库经收、集中整治银行卡恶意透支行为、外汇管理等监督检查；三是强化了出口收汇核销和进口付汇监管；四是构建反洗钱宣传网络，与公检法部门加强沟通协调，建立健全合作联动机制，增强预防和打击洗钱犯罪的能力。

(刘序刚　王　波)

诸城市

【经济金融概况】 2011年，诸城市认真执行国家宏观调控政策，积极应对经济运行中出现的各种矛盾和问题，转方式、调结构、惠民生、促和谐，经济社会实现科学健康发展。金融机构认真贯彻稳健货币政策，存款稳步增长，贷款投放力度显著增强，有力支持了地方经济社会发展。

诸城市主要经济指标

经济指标	2010	2011	2011年同比增幅（%）	经济指标	2010	2011	2011年同比增幅（%）
土地面积（平方公里）	2168.6	2168.6	0	地方财政支出（亿元）	33.60	41.62	23.87
人口（万人）	107.5	108.5	0.93	全社会固定资产投资（亿元）	271.21	296.59	9.36
城镇人口（万人）	57.2	--	--	进出口总值（万美元）	116139	149216	28.48
乡村人口（万人）	50.3	--	--	出口总值（万美元）	95084	118258	24.37
地区生产总值（亿元）	456.60	520.96	14.10	实际利用外资（万美元）	6323	5772	-8.71
第一产业（亿元）	44.97	49.05	9.07	社会消费品零售总额（亿元）	131.50	143.68	9.26
第二产业（亿元）	280.66	316.54	12.78	居民消费价格指数（%）	103.5	105.7	2.13
第三产业（亿元）	130.97	155.37	18.63	人均地区生产总值（元）	42514	48015	12.94
财政总收入（亿元）	51.50	61.98	20.35	城镇居民可支配收入（元）	17050	18738	9.90
地方财政收入（亿元）	31.03	40.06	29.10	农民人均现金收入（元）	9270	10290	11.00
财政总支出（亿元）	38.12	47.49	24.58				

注：表格中空缺的地方是因为该市缺乏相关统计数据所致，特此说明。

诸城市主要金融指标

金融指标（亿元）	2010	2011	2011年同比增幅（%）	金融指标（亿元）	2010	2011	2011年同比增幅（%）
本外币存款余额	281.63	313.52	11.32	财险收入	1.57	2.06	31.21
人民币存款余额	279.29	310.95	11.34	寿险收入	5.21	5.06	-2.88
单位存款	56.90	101.19	--	财险赔款	0.95	1.10	15.79

续表

金融指标（亿元）	2010	2011	2011年同比增幅（%）	金融指标（亿元）	2010	2011	2011年同比增幅（%）
储蓄存款	182.56	209.16	14.57	寿险给付	0.16	0.21	31.25
本外币贷款余额	251.92	284.84	13.07	当年结益	0.14	0.22	57.14
人民币贷款余额	250.87	280.62	11.86	证券市场交易总额	73.12	54.95	24.85
短期贷款	151.72	168.44	11.02	投资者保证金余额	1.11	0.47	-57.66
中长期贷款	96.53	108.11	12.00	证券账户开户数	1352	1826	35.06
票据融资	2.48	4.05	63.31	证券交易佣金收入	0.12	0.12	0
当年结益	5.98	8.03	34.28	净利润	0.023	0.077	234.78
不良贷款余额	4.01	1.25	-68.83				

注：单位存款2010年度数值为企业存款，两者不具有可比性，特此说明。

诸城市主要金融机构负责人

单位名称	行长（或其他称谓的第一负责人）	副行长（或其他称谓的同级领导）
人行诸城市支行	陈关庆	张作良　张振望　王泽民
银监会诸城市办事处	刘永国	郑凤楼　李砚学
农发行诸城市支行	许永明	车承斌　刁建华
工行诸城支行	宋新岗	王海军　常见京　屈凤垒 赵景平　殷卫东　孟迎晨
农行诸城支行	张俊生	刘中华　王利民　杨　兵　时同恩
中行诸城支行	孟　咏	曹　明　李臣伟
建行诸城支行	王传文	王　群　郭智勇　方　振 赵　勇　王淑斌
潍坊银行诸城市支行	冯怀春	郭培森　张海建　安　娜
诸城农合行	单亦聚	李文祥　孙　军　杨成东　汤拥军
邮储银行诸城市支行	魏中华	东庆吉　辛卫国
交行诸城支行	丛　杰	朱振华　董会军

诸城市主要金融机构业务概况

单位：亿元

单位名称	本外币存款余额	单位存款	储蓄存款	本外币贷款余额	短期贷款	中长期贷款
农发行诸城市支行	1.85	1.85	0	12.02	6.10	4.28
工行诸城支行	37.92	19.87	17.96	57.20	16.45	40.63
农行诸城支行	73.19	28.03	45.10	65.55	46.39	19.16
中行诸城支行	24.94	11.97	12.95	21.05	14.30	6.76
建行诸城支行	25.93	12.51	13.38	26.13	6.27	19.86
潍坊银行诸城市支行	12.77	8.48	4.17	12.27	9.72	1.91
诸城农合行	111.11	15.90	95.16	80.55	65.54	13.37
邮储银行诸城市支行	20.95	1.08	19.87	4.23	2.20	2.03
交行诸城支行	4.62	3.55	1.06	5.82	5.70	0.13

【金融发展与改革】 2011年，人行诸城市支行一是加强银企沟通协调，推动召开全市转方式调结构重点项目银企对接会议，就39个重点项目达成授信意向金额63.9亿元，与9家重点企业现场签订授信协议32.7亿元；二是与市金融办联合出台《区域集优债务融资项目管理办法》，努力提高直接融资比重；三是全年新成立小额贷款公司3家，新引进金融机构2家；四是7月，诸城市确定为全省8个县域金融创新发展试点县(市)之一。

【金融服务与监管】 2011年，人行诸城市支行围绕推进农村支付环境建设、人民币服务、农村信用建设三个重点，制定计划、细化措施、强力推进。截至年末，全市208个农村社区平均每个社区安装转账电话23.9部，POS机5.2部，小额现金存取工具1.8台，农村社区支付服务覆盖率达100%。人行济南分行杨子强行长将此做法定位为“诸城农村社区”模式。

（周文平　肖　玲）

寿光市

【经济金融概况】 2011年，寿光市突出科学发展这一主题，不断加大科技投入，推进项目建设，深化改革创新，保障改善民生，一、二、三产业结构比由上年的14.2:51.9:33.9调整为13.4:51.7:34.9，产业结构进一步优化。

金融部门不断加大信贷投放力度，创新服务方式，为各项社会事业的发展提供了有力的金融支撑。各项贷款余额较年初增长13.9%，超出全市平均增幅4个百分点；各项存款余额较年初增长16.6%，各项存款余额、新增额均居潍坊各县市首位，

寿光市主要经济指标

经济指标	2010	2011	2011年同比增幅（%）	经济指标	2010	2011	2011年同比增幅（%）
土地面积（平方公里）	2072	2072	0	地方财政支出（亿元）	60.16	44.04	-26.80
人口（万人）	103.3	104	0.68	全社会固定资产投资（亿元）	271.1	297.20	9.63
城镇人口（万人）	48.9	49.93	2.11	进出口总值（万美元）	210000	216100	2.90
乡村人口（万人）	54.4	54.07	-0.61	出口总值（万美元）	150605	144000	-4.39
地区生产总值（亿元）	470.3	542.48	15.35	实际利用外资（万美元）	22474	25000	11.24
第一产业（亿元）	67	72.7	8.51	社会消费品零售总额（亿元）	136.6	149.61	9.52
第二产业（亿元）	244	280.64	15.02	居民消费价格指数（%）	105.7	108.6	2.74
第三产业（亿元）	159	189.14	18.96	人均地区生产总值（元）	45660	52153	14.22
财政总收入（亿元）	56.2	98.51	75.28	城镇居民可支配收入（元）	22860	25986	13.67
地方财政收入（亿元）	32.3	41.61	28.82	农民人均现金收入（元）	14080	17639	25.13
财政总支出（亿元）	95.82	98.49	2.79				

寿光市主要金融指标

金融指标（亿元）	2010	2011	2011年同比增幅（%）	金融指标（亿元）	2010	2011	2011年同比增幅（%）
本外币存款余额	394.59	463.83	17.55	财险收入	2.7	3.48	28.89
人民币存款余额	391.68	458.90	17.16	寿险收入	6.8	6.27	-7.79
单位存款	77.8	171.13	--	财险赔款	1.2	0.24	-80
储蓄存款	252.98	280.66	10.94	寿险给付	0.23	1.66	621
本外币贷款余额	321.85	418.99	30.18	当年结益	0.21	7.85	3638
人民币贷款余额	307.60	392.59	27.63	证券市场交易总额	135	50.81	-62.36
短期贷款	197.47	266.11	34.76	投资者保证金余额	1.6	0.51	-68.13
中长期贷款	107.56	124.95	16.17	证券账户开户数	3175	13971	340
票据融资	2.57	1.52	-40.86	证券交易佣金收入	0.28	0.10	-64.29
当年结益	10.88	15.21	39.80	净利润	0.01	0.06	500
不良贷款余额	1.9	0.23	-87.89				

注：单位存款2010年度数值为企业存款，两者不具有可比性，特此说明。

寿光市主要金融机构负责人

单位名称	行长（或其他称谓的第一负责人）	副行长（或其他称谓的同级领导）
人行寿光市支行	姜　森	翟　波　孙瑞民　张　杰
银监会寿光市办事处	牟俊国	
农发行寿光市支行	苗乃敏	孙建华
工行寿光支行	张鲁生	孔德宽　赵忠义　李林林　徐庆方　王翠兰
农行寿光支行	王会堂	刘学森　桂卫东　韩亿民　张子之
中行寿光支行	邱广清	于见波　张建海
建行寿光支行	周　岩	郭春宇　王登祥　王　宏
潍坊银行寿光支行	李文玲	李　峰
寿光农商行	崔建强	李全富　孙国义　赵　磊　赵庆国　韩泓冰
邮储银行寿光市支行	张　磊	孙玉成
张农商村镇银行	周兴江	王月民
交行寿光支行	禹国明	王　红
招行寿光支行	张海波	李　超
兴业寿光支行	高　军	崔清涛

寿光市主要金融机构业务概况

单位：亿元

单位名称	本外币存款余额	单位存款	储蓄存款	本外币贷款余额	短期贷款	中长期贷款
农发行寿光市支行	1.10	1.10	0	10.53	5.54	4.99
工行寿光支行	53.54	31.02	22.45	77.86	35.06	42.64
农行寿光支行	105.21	38.23	62.95	79.50	52.08	26.94
中行寿光支行	28.76	20.02	7.39	41.73	34.77	6.97
建行寿光支行	29.08	15.97	13.01	33.66	14.50	19.17
潍坊银行寿光支行	20.44	16.56	3.71	15.61	14.37	1.24
寿光农商行	161.15	30.52	129.77	122.53	102.55	19.12
邮储银行寿光市支行	36.63	1.37	35.27	2.60	2.60	0.71
张农商村镇银行	6.58	4.01	2.57	6.38	6.35	0
交行寿光支行	10.99	9.01	1.87	16.87	15.09	1.78
招行寿光支行	5.67	4.51	1.11	6.85	4.77	2.08
兴业寿光支行	4.29	3.36	0.93	4.66	4.66	0

增幅排名第2位。

【金融发展与改革】　2011年，寿光市金融亮点工作突出：一是人行2011年重点建议暨提案调研座谈会在寿光圆满召开，人行杜金富副行长、山东省王仁元副省长到会并讲话，对寿光农村金融服务与创新工作给予充分肯定；二是经外管山东省分局批准，由山东晨鸣纸业集团股份有限公司提供担保，晨鸣（香港）有限公司作为发起人的全国首支境外人民币票据获准在香港发行。

【金融服务与监管】　2011年，寿光市金融部门继续加大服务力度。强化国库职能，共收纳各级预算收入8.2万笔、97.3亿元；办理财政支出1.9万笔、96.4亿元。人行寿光支行加强账户管理与服务，组织银行机构进行了账户管理系统、公民身份联网核查系统的应急演练。监管部门以全面提高信贷资产质量，加强内控制度建设，提高风险管理和防范能力为重点，实施依法、有效监管，维护了良好的金融秩序。

（王向明　王晓燕）

安丘市

【经济金融概况】 2011年,安丘市实现了“十二五”的良好开局,经济实力跃上新台阶,产业发展实现新突破。

金融部门积极实施稳健货币政策，不断增加信贷投放,努力改善金融服务,为全市经济的持续稳健发展营造了良好的金融环境。

【金融发展与改革】 2011年，人行安丘市支行一是出台了

安丘市主要经济指标

经济指标	2010	2011	2011年同比增幅（%）	经济指标	2010	2011	2011年同比增幅（%）
土地面积（平方公里）	1712	1712	0	地方财政支出（亿元）	12.14	15.39	26.77
人口（万人）	94.77	94.95	0.19	全社会固定资产投资（亿元）	137.10	145.60	6.19
城镇人口（万人）	40.3	--	--	进出口总值（万美元）	55973	69373	23.94
乡村人口（万人）	54.47	--	--	出口总值（万美元）	51546	62592	21.43
地区生产总值（亿元）	175.10	197.07	12.55	实际利用外资（万美元）	949	951	0.11
第一产业（亿元）	35.11	37.94	8.06	社会消费品零售总额（亿元）	89.02	104.16	17.01
第二产业（亿元）	84.91	95.81	12.84	居民消费价格指数（%）	-	-	-
第三产业（亿元）	55.12	63.32	14.88	人均地区生产总值（元）	18460	20755	12.43
财政总收入（亿元）	27.42	36.01	31.33	城镇居民可支配收入（元）	13420	15930	18.70
地方财政收入（亿元）	12.43	16.02	28.79	农民人均现金收入（元）	7803	9450	21.11
财政总支出（亿元）	15.81	20.72	31.06				

注：表格中空缺的地方是因为该市缺乏相关统计数据所致，特此说明。

安丘市主要金融指标

金融指标（亿元）	2010	2011	2011年同比增幅（%）	金融指标（亿元）	2010	2011	2011年同比增幅（%）
本外币存款余额	169.28	196.48	16.07	财险收入	0.86	1.01	17.09
人民币存款余额	168.60	195.6	16.01	寿险收入	3.27	4.38	34.06
单位存款	26.89	47.60	77.02	财险赔款	0.57	0.70	22.81
储蓄存款	128.49	146.95	14.37	寿险给付	0.09	0.13	44.44
本外币贷款余额	116.78	135.2	15.77	当年结益	-	-	-
人民币贷款余额	116.60	134.95	15.74	证券市场交易总额	24.41	53.16	117.78
短期贷款	69.59	78.59	12.93	投资者保证金余额	-	-	-
中长期贷款	46.56	52.89	13.60	证券账户开户数	5818	9857	69.45
票据融资	0.45	3.47	671.11	证券交易佣金收入	0.01	0.04	300
当年结益	2.89	5.33	84.43	净利润	-	-	-
不良贷款余额	2.89	2.02	-30.11				

注：1.表格中空缺的地方是因为该市缺乏相关统计数据所致，特此说明。

2.单位存款2010年度数值为企业存款，两者不具有可比性，故不计算增幅，特此说明。

安丘市主要金融机构负责人

单位名称	行长（或其他称谓的第一负责人）	副行长（或其他称谓的同级领导）
人行安丘市支行	李兆军	潘海平　张子程　孙远征
银监会安丘市办事处	薛德绍	
农发行安丘支行	刘其祥	王凤山　乔俊富
工行安丘支行	张敬一	潘　斌　王友明　李锦和　周云波

续表

单位名称	行长（或其他称谓的第一负责人）	副行长（或其他称谓的同级领导）
农行安丘支行	袁荣春	刘运华　冯在瑞
中行安丘支行	王国邦	钱　昌　孙洪祥
建行安丘支行	姜佃伟	郑有冰　李忠波
潍坊银行安丘市支行	魏成田（客服中心总监） 李荣斌（行长）	张瑞波　崔向荣
安丘市农商行	岳俊强	刘际中　闰永政　林　强 殷兆法　郭德杰
邮储银行安丘市支行	阚　森	刘清波　鞠小阳

安丘市主要金融机构业务概况

单位：亿元

单位名称	本外币存款余额	单位存款	储蓄存款	本外币贷款余额	短期贷款	中长期贷款
农发行安丘市支行	1.08	1.08	0	6.02	2.46	3.56
工行安丘支行	19.95	7.83	12.11	20.77	8.61	12.16
农行安丘支行	32.56	9.7	22.72	19.48	12.76	6.65
中行安丘支行	15.51	5.52	9.98	9.27	4.14	5.10
建行安丘支行	18.22	5.96	12.25	10.55	3.24	7.31
潍坊银行安丘市支行	6.01	4.36	1.63	4.63	3.65	0.98
安丘市农商行	85.86	12.57	73.27	62.04	42.32	16.37
邮储银行安丘市支行	16.29	1.09	15.20	2.39	1.63	0.76

《林权抵押贷款管理办法》等3个信贷指导意见，引导金融机构积极创新境外人民币贸易融资、黄金租赁、股权投资、土地使用权抵押等信贷业务，加大了对骨干优势企业、低碳工业园、农业龙头企业等重点领域的信贷支持；二是利用好差别准备金政策，为农商行、农行"三农事业部"争取更多可用资金，缓解了"三农"资金紧缺局面，农信社实现了向农商行的顺利转型，第3家小额贷款公司获准设立，金融体系进一步健全。

【金融服务与监管】　2011年，人行安丘市支行认真落实"两综合、两管理"的有关文件精神，强化对金融机构的监管措施。一是制订了《金融机构综合评价暂行办法》，完成了对农信社组建农商行筹建开业考核验收和业务系统准入的审查提报工作；二是组织了对农行"三农事业部"改革评估，开展了反洗钱、支农再贷款、国债业务执法等10余次现场检查，对商业银行代理国库业务集中支付业务资格进行了重新认定。

（王全林　王炳春）

高密市

【经济金融概况】　2011年，高密市以"融入青岛经济圈、接轨山东半岛城市群、挤进胶东半岛制造业基地"为发展定位，突出"招商引资、工业立市、民营经济、农业三化"四大重点，抢抓机遇，开拓创新，经济综合实力显著增强。

各金融机构由原来单一的存、贷、汇业务发展到国际业务、电子银行、住房金融、个人消费信贷、理财、银行卡、结算直通车等金融新产品，金融服务体系日趋完善，服务范围不断拓宽。

【金融发展与改革】　2011年，高密市各银行机构认真贯彻落实货币政策，加大对地方经济发展的支持力度，各项业务取得长足进展。高密惠民村镇银行成立，进一步完善了农村金融服务体系；工行高密支行康城大街支行成立，进一步优化了城区金融网点布局。

高密市主要经济指标

经济指标	2010	2011	2011年同比增幅（%）	经济指标	2010	2011	2011年同比增幅（%）
土地面积（平方公里）	1526.6	1526.6	0	地方财政支出（亿元）	20.64	30.20	46.32
人口（万人）	86.87	87.36	0.56	全社会固定资产投资（亿元）	225.00	260.45	15.76
城镇人口（万人）	28.60	28.90	1.05	进出口总值（万美元）	130860	167373	27.90
乡村人口（万人）	58.27	58.46	0.33	出口总值（万美元）	103096	137791	33.65
地区生产总值（亿元）	328.28	384.52	17.13	实际利用外资（万美元）	9560	12531	31.08
第一产业（亿元）	37.00	40.67	9.92	社会消费品零售总额（亿元）	91	103.64	13.89
第二产业（亿元）	199	231.14	16.15	居民消费价格指数（%）	108.16	109.03	0.98
第三产业（亿元）	92.28	112.71	22.14	人均地区生产总值（元）	36155	44016	21.74
财政总收入（亿元）	29.9	35.30	18.06	城镇居民可支配收入（元）	17291	19097	10.45
地方财政收入（亿元）	18.4	23.09	25.49	农民人均现金收入（元）	8637	10377	20.15
财政总支出（亿元）	24.20	30.24	24.96				

高密市主要金融指标

金融指标（亿元）	2010	2011	2011年同比增幅（%）	金融指标（亿元）	2010	2011	2011年同比增幅（%）
本外币存款余额	171.40	203.03	18.45	财险收入	1.44	2.05	42.36
人民币存款余额	170.18	201.20	18.23	寿险收入	4.97	4.03	-18.91
单位存款	45.93	56.42	--	财险赔款	0.68	0.80	17.65
储蓄存款	124.71	145.26	16.48	寿险给付	0.60	0.17	-71.67
本外币贷款余额	153.79	183.04	16.09	当年结益	5.13	5.11	0.39
人民币贷款余额	151.88	181.13	19.26	证券市场交易总额	88.5	54.82	-38.06
短期贷款	90.14	109.78	20.29	投资者保证金余额	0.71	1.32	85.92
中长期贷款	60.66	68.07	12.23	证券账户开户数	15000	18000	20.00
票据融资	1.43	5.18	262.24	证券交易佣金收入	0.19	0.11	42.11
当年结益	3.68	4.76	29.35	净利润	0.14	0.08	42.86
不良贷款余额	2.10	1.15	-45.24				

注：单位存款2010年度数值为企业存款，两者不具有可比性，特此说明。

高密市主要金融机构负责人

单位名称	行长（或其他称谓的第一负责人）	副行长（或其他称谓的同级领导）
人行高密市支行	胡家顺	井光祥 李卫东
银监会高密市办事处	肖育生	张亦兵
农发行高密市支行	王建生	易学庆 单 真
工行高密支行	王成华	王建波 潘爱琴 裴国才 于冠海 付 伟
农行高密支行	张聿诚	王 岩 谢文峰 单连良
中行高密支行	郭 华	鹿治理 胡庭法
建行高密支行	高镇滨	马克霞 宿爱丽
潍坊银行高密支行	傅希宝	王 冲 李建胜
高密市农信联社	朱相中	韩泓冰 呼聚明 王季智 李伟波 郭丽清
邮蓄银行高密市支行	岳 华	赵明勇 徐 民
高密惠民村镇银行	冯思明	李 萍

高密市主要金融机构业务概况

单位：亿元

单位名称	本外币存款余额	单位存款	储蓄存款	本外币贷款余额	短期贷款	中长期贷款
农发行高密市支行	3.07	3.07	0	17.76	11.07	4.13
工行高密支行	20.16	7.00	13.10	28.35	13.95	14.39
农行高密支行	36.74	8.89	27.79	26.74	20.18	6.56
中行高密支行	16.46	7.47	7.98	15.85	5.19	10.65
建行高密支行	15.39	5.90	9.48	18.98	6.97	12.00
潍坊银行高密支行	8.87	5.65	3.21	9.80	9.43	0.37
高密市农信联社	81.55	15.24	66.18	60.46	39.66	18.17
邮储银行高密市支行	18.89	2.00	16.90	4.19	2.48	1.71
高密惠民村镇银行	1.82	1.20	0.62	0.92	0.84	0.08

【金融服务与监管】 2011年，人行高密市支行联合金融办、公安、工商、税务和银监部门进行了金融市场秩序整顿，规范了民间借贷市场行为，维护了辖区金融稳定局面。银监会高密市办事处坚持“以监管促发展，在发展中防范化解金融风险”的总体思路，促进银行业不断增强风险防范化解能力，实现区域金融稳健发展。

（鹿中虎　王金堂）

昌邑市

【经济金融概况】 2011年，昌邑市以科学投入为动力，以项目建设为抓手，经济总量持续壮大，产业升级成效明显，滨海建设步伐进一步加快。金融机构认真贯彻执行国家各项宏观调控政策，不断调整信贷结构，全市经济金融保持了平稳增长势头。

【金融发展与改革】 2011年，人行昌邑市支行充分发挥“窗口指导”作用，积极引导、督促金融机构合理增加信贷投入，不断加强信贷和产业结构调整，支持经济又好又快发展。一是加大信贷支农力度，向农信社发放支农再贷款5000万元；二是积极搭建中小企业融资平台，引导金融机构不断优化信贷结构和投向；三是继续加大对重点骨干企业、民营经济、高科技产业和个人消费的支持力度，加强对货币信贷市场的运行监测分析；四是继续深化金融生态环境建设，加强对农信社改革试点后续的监测考核工作。

昌邑市主要经济指标

经济指标	2010	2011	2011年同比增幅（%）	经济指标	2010	2011	2011年同比增幅（%）
土地面积（平方公里）	1582	1582	0	地方财政支出（亿元）	16.54	22.11	33.6
人口（万人）	58.15	58.23	0.14	全社会固定资产投资（亿元）	166.3	186.35	22.9
城镇人口（万人）	--	--	--	进出口总值（万美元）	40967	52175	27.4
乡村人口（万人）	--	--	--	出口总值（万美元）	36154	45287	25.3
地区生产总值（亿元）	230.3	263.89	11.2	实际利用外资（万美元）	1389	6752	386.1
第一产业（亿元）	27	29.42	4.1	社会消费品零售总额（亿元）	85.15	92.60	16.9
第二产业（亿元）	139.4	158.59	11.9	居民消费价格指数（%）	109.7	107.6	-2.1
第三产业（亿元）	63.9	75.89	12.7	人均地区生产总值（元）	39630	45317	14.35
财政总收入（亿元）	22.56	28.63	11.1	城镇居民可支配收入（元）	12038	12665	5.2
地方财政收入（亿元）	12.42	15.81	27.3	农民人均现金收入（元）	7849	8376	6.7
财政总支出（亿元）	16.54	22.11	33.6				

注：表格中空缺的地方是因为该市缺乏相关统计数据所致，特此说明

昌邑市主要金融指标

金融指标（亿元）	2010	2011	2011 年同比增幅（%）	金融指标（亿元）	2010	2011	2011 年同比增幅（%）
本外币存款余额	210.71	230.15	9.23	财险收入	1.00	1.29	28.3
人民币存款余额	210.26	229.67	9.23	寿险收入	4.38	4.28	-2.44
单位存款	20.21	56.33	--	财险赔款	0.62	0.59	-4.82
储蓄存款	151.11	170.83	13.05	寿险给付	0.58	0.71	22.48
本外币贷款余额	124.22	147.99	19.14	当年结益	--	--	--
人民币贷款余额	123.52	146.78	18.83	证券市场交易总额	--	--	--
短期贷款	74.32	92.92	25.03	投资者保证金余额	--	--	--
中长期贷款	40.02	44.33	10.77	证券账户开户数	--	--	--
票据融资	9.19	9.52	3.59	证券交易佣金收入	--	--	--
当年结益	3.13	4.45	42.17	净利润	--	--	--
不良贷款余额	1.91	1.34	-29.84				

注：1. 表格中空缺的地方是因为该市缺乏相关统计数据所致，特此说明。
2. 单位存款 2010 年度数值为企业存款，两者不具有可比性，特此说明。

昌邑市主要金融机构负责人

单位名称	行长（或其他称谓的第一负责人）	副行长（或其他称谓的同级领导）
人行昌邑市支行	郭　海	魏同亮　郝建芳　任显奇
银监会昌邑办事处	魏明卿	
农发行昌邑市支行	陈瑞吉	方海滨　王述贞
工行昌邑支行	孙善伟	于炳琪
农行昌邑支行	李洪波	夏连之　冯爱生
中行昌邑支行	胡金宝	金振森　刘永成
建行昌邑支行	齐群华	邵明霖　李学达
潍坊银行昌邑支行	姜言辉	王春杰　高继亭
昌邑市农信联社	张有彪	徐伟民　杨旭光　隋显峰　孙山明
邮储银行昌邑市支行	夏增欣	于秀芝

昌邑市主要金融机构业务概况

单位：亿元

单位名称	本外币存款余额	单位存款	储蓄存款	本外币贷款余额	短期贷款	中长期贷款
农发行昌邑市支行	2.88	2.88	0	11.87	2.58	9.29
工行昌邑支行	23.66	12.32	11.33	14.73	7.58	7.15
农行昌邑支行	41.06	9.76	31.20	18.84	15.11	3.71
中行昌邑支行	13.11	5.35	7.73	10.45	7.80	2.65
建行昌邑支行	18.10	8.80	9.30	16.35	5.93	10.42
潍坊银行昌邑支行	6.94	4.34	2.54	7.72	6.84	0.88
昌邑市农信联社	90.29	10.78	79.11	65.49	46.69	9.29
邮储银行昌邑市支行	32.20	2.37	29.83	2.54	1.60	0.94

【金融服务与监管】　2011 年，人行昌邑市支行和金融监管部门一是进一步加强和深化金融监管，防范和化解金融风险，提高金融机构的抗风险能力；二是修定了《金融机构年度综合评价细则》，加强监督考核，促进了金融机构各项业务的开展。

(徐振三　孙亚梅)

临朐县

【经济金融概况】 2011年，临朐县坚定不移转方式、调结构、促发展、惠民生，经济保持平稳较快增长，社会事业全面进步，民生状况进一步改善。金融机构认真贯彻稳健货币政策，存款稳步增长，贷款投放力度显著增强，有力支持了地方经济社会发展。

【金融发展与改革】 2011年，人行临朐市支行对符合条件的三农事业部、农信社，分别执行下浮2个、1个百分点的准备

临朐县主要经济指标

经济指标	2010	2011	2011年同比增幅（%）	经济指标	2010	2011	2011年同比增幅（%）
土地面积（平方公里）	1831	1831	0	地方财政支出（亿元）	9.8	12.3	24.9
人口（万人）	87.1	87.7	0.7	全社会固定资产投资（亿元）	147.1	156.0	23.0
城镇人口（万人）	10.0	10.6	6.0	进出口总值（万美元）	16579	23262	40.3
乡村人口（万人）	77.1	77.1	0	出口总值（万美元）	12812	18203	42.1
地区生产总值（亿元）	140.6	162.2	11.1	实际利用外资（万美元）	3348	3190	-4.7
第一产业（亿元）	25.1	27.4	3.8	社会消费品零售总额（亿元）	69.5	81.5	17.3
第二产业（亿元）	68.8	79.6	13.8	居民消费价格指数（%）	102.6	104.5	1.9
第三产业（亿元）	46.7	55.2	10.9	人均地区生产总值（元）	16185	18566	10.5
财政总收入（亿元）	8.5	11.6	36.6	城镇居民可支配收入（元）	14831	16447	10.9
地方财政收入（亿元）	4.3	5.6	30.6	农民人均现金收入（元）	7868	9232	17.3
财政总支出（亿元）	13.4	17.0	27.4				

临朐县主要金融指标

金融指标（亿元）	2010	2011	2011年同比增幅（%）	金融指标（亿元）	2010	2011	2011年同比增幅（%）
本外币存款余额	150.22	171.72	14.31	财险收入	0.82	1.02	24.39
人民币存款余额	149.81	171.26	14.31	寿险收入	3.47	3.41	-1.73
单位存款	19.04	32.62	--	财险赔款	0.58	0.49	-15.52
储蓄存款	117.98	136.81	15.80	寿险给付	0.15	0.19	26.67
本外币贷款余额	94.06	118.60	26.25	当年结益	--	--	--
人民币贷款余额	93.96	118.01	25.60	证券市场交易总额	--	--	--
短期贷款	68.57	83.24	21.42	投资者保证金余额	--	--	--
中长期贷款	23.33	28.58	22.50	证券账户开户数	--	--	--
票据融资	2.06	6.78	229.42	证券交易佣金收入	--	--	--
当年结益	2.26	3.75	65.93	净利润	--	--	--
不良贷款余额	1.14	0.99	-13.2				

注：1.表格中空缺的地方是因为该县缺乏相关统计数据所致，特此说明。
2.单位存款2010年度数值为企业存款，两者不具有可比性，特此说明。

临朐县主要金融机构负责人

单位名称	行长（或其他称谓的第一负责人）	副行长（或其他称谓的同级领导）
人行临朐县支行	刘福龙	郭晗军　宗先克　何同文　陈洪源　王汝敬
银监会临朐县办事处	李　涛	王　涛
农发行临朐县支行	党永生	张连斌　李　政
工行临朐支行	王英智	官克强　范海波　李　波　刘海峰
农行临朐县支行	江文胜	宫延庆　谢宝川　冯淑忠

续表

单位名称	行长（或其他称谓的第一负责人）	副行长（或其他称谓的同级领导）
中行临朐支行	谭炳毅	刘长永　潘维亭
建行临朐支行	孙欣伟	刘松之　李　勇　孙卫东　陆明章
潍坊市商行临朐支行	王　鹏	刘玉欣　赵传伟
临朐县农信联社	郭生业	徐　敏　李洪蒙　刘敬军　王洪涛　衣光强
邮储银行临朐县支行	郭伟郑	刘成志

临朐县主要金融机构业务概况

单位：亿元

单位名称	本外币存款余额	单位存款	储蓄存款	本外币贷款余额	短期贷款	中长期贷款
农发行临朐县支行	1.79	1.79	0	6.04	0.99	5.05
工行临朐支行	12.05	6.41	5.64	14.75	7.12	7.63
农行临朐县支行	24.36	5.71	18.61	9.17	6.97	2.20
中行临朐支行	14.40	4.49	9.51	7.23	4.22	3.01
建行临朐支行	13.68	4.88	8.73	10.92	3.83	7.09
潍坊市商行临朐支行	5.83	3.30	2.50	7.93	6.24	1.69
临朐县农信联社	81.30	5.29	76.01	59.93	52.18	0.97
邮储银行临朐县支行	16.57	0.76	15.80	2.63	1.69	0.95

金率优惠政策,鼓励涉农金融机构加大对“三农”和县域经济的支持力度。

【金融服务与监管】 2011年，人行临朐市支行认真履行职能,不断提高金融服务与监管质效。一是转变服务方式,提升金融服务水平，开展了农村支付服务环境建设强力推进年活动；二是开辟重点企业“绿色通道”,“送外汇政策上门服务”；三是落实计划供应和市场调节相结合的现金供应模式,做好零币点对点供应工作；四是开展假币收缴“三无”活动,协助公安机关破获一起非法持有使用假美元案件,收缴假美元2.81万元；五是加强征信宣传,开展“信用记录关爱日”、“征信主题宣传月”主题教育活动；六是先后组织开展了农行“三农金融事业部”检查评估、集中支付业务、法人机构存款准备金、财政存款缴存、国际收支统计申报及资本金结汇、金融统计等多项现场检查。

（周陆军）

昌乐县

【经济金融概况】 2011年,昌乐县突出科学发展主题,强力推进工业经济、现代农业、城镇建设、现代服务业发展,民生事业实现新突破。金融机构贯彻落实稳健的货币信贷政策,不断创新金融产品,加大信贷投入,优化信贷结构,支持了地方经济持续、协调、健康发展。

昌乐县主要经济指标

经济指标	2010	2011	2011年同比增幅（%）	经济指标	2010	2011	2011年同比增幅（%）
土地面积（平方公里）	1101	1101	0	地方财政支出（亿元）	16.96	19.98	17.8
人口（万人）	61.17	61.53	0.6	全社会固定资产投资（亿元）	145.11	155.05	23.2

续表

经济指标	2010	2011	2011年同比增幅（%）	经济指标	2010	2011	2011年同比增幅（%）
城镇人口（万人）	8.6	--	--	进出口总值（万美元）	79864	103071	29.1
乡村人口（万人）	52.6	--	--	出口总值（万美元）	46864	69122	47.5
地区生产总值（亿元）	166.80	191.75	11.4	实际利用外资（万美元）	4227	2018	-52.3
第一产业（亿元）	26.09	28.47	4.4	社会消费品零售总额（亿元）	66.57	69.70	17.3
第二产业（亿元）	86.14	99.19	13.7	居民消费价格指数（%）	102.60	--	--
第三产业（亿元）	54.58	64.09	11.0	人均地区生产总值（元）	27268	31163	14.3
财政总收入（亿元）	19.04	23.34	22.6	城镇居民可支配收入（元）	--	--	--
地方财政收入（亿元）	10.55	12.87	22.0	农民人均现金收入（元）	11135	13079	17.5
财政总支出（亿元）	16.96	19.98	17.8				

注：1. 表格中空缺的地方是因为该县缺乏相关统计数据所致，特此说明。
2. 单位存款2010年度数值为企业存款，两者不具有可比性，故不计算增幅，特此说明。

昌乐县主要金融指标

金融指标（亿元）	2010	2011	2011年同比增幅（%）	金融指标（亿元）	2010	2011	2011年同比增幅（%）
本外币存款余额	149.80	160.12	6.89	财险收入	0.61	0.76	24.82
人民币存款余额	148.74	158.45	6.53	寿险收入	2.44	2.18	-10.57
单位存款	38.35	59.01	53.87	财险赔款	0.45	0.36	-20.43
储蓄存款	89.32	97.53	9.19	寿险给付		0.23	
本外币贷款余额	119.58	146.07	22.15	当年结益	--	--	--
人民币贷款余额	118.55	144.22	21.65	证券市场交易总额	0	0.62	--
短期贷款	68.92	85.93	24.68	投资者保证金余额	0	0.01	--
中长期贷款	47.09	56.86	20.75	证券账户开户数	0	1300	--
票据融资	2.55	1.44	-43.53	证券交易佣金收入	0	0	--
当年结益	2.79	5.72	105.02	净利润	0	-0.02	--
不良贷款余额	0.59	0.62	5.1				

注：表格中空缺的地方是因为该县缺乏相关统计数据所致，特此说明

昌乐县主要金融机构负责人

单位名称	行长（或其他称谓的第一负责人）	副行长（或其他称谓的同级领导）
人行昌乐县支行	范存敬	鞠剑波　桂　强　徐启军
农发行昌乐县支行	李　峰	张现仪　张伟义
工行昌乐支行	孙秋平	张学福　高国义　李乐国　李向方
农行昌乐县支行	王永明	吴玉生　党永利　任　江
中行昌乐支行	秦维堂	董法政　滕丽丽
建行昌乐支行	都汝平	李忠良　刘　民　曹跃志
潍坊银行昌乐支行	李　瑛	
昌乐县农信联社	高　明	张中喜　于世林　李海燕　高建强
邮储银行昌乐县支行	王德荣	赵长城

昌乐县主要金融机构业务概况

单位：亿元

单位名称	本外币存款余额	单位存款	储蓄存款	本外币贷款余额	短期贷款	中长期贷款
农发行昌乐县支行	0.34	0.34	0	5.92	1.27	4.65
工行昌乐支行	21.87	14.47	7.39	28.35	11.63	16.72
农行昌乐县支行	26.42	12.53	13.87	16.02	7.79	8.04
中行昌乐支行	12.67	5.77	6.76	12.71	8.83	3.84
建行昌乐支行	10.55	6.97	3.53	23.64	6.41	17.23
潍坊银行昌乐支行	5.00	3.87	1.08	4.88	4.67	0.20
昌乐县农信联社	72.11	15.24	56.83	52.72	45.84	5.63
邮储银行昌乐县支行	9.49	1.33	8.16	1.83	1.28	0.56

【金融发展与改革】 2011年，人行昌乐县支行进一步推进金融生态环境建设，强化农村信用体系建设，不断改进农村金融服务；农信社改革步伐加快，正在筹建股份制合作银行；新成立1家小额贷款公司。

【金融服务与监管】 2011年，人行昌乐县支行一是认真做好金融服务，积极落实计划供应与市场调节相结合的现金供应工作要求，取得明显成效；二是强化对金融机构的监督管理，先后10余次组织对辖区金融机构管理、征信等业务专项检查；三是继续加大对国有商行改革和法人金融机构的监测力度，促进其业务健康稳健运行。

（李玉利　路瑞霞）

日照市

【经济金融概况】 2011年，日照市着力保增长、转方式、调结构、稳物价、惠民生、促和谐，全市经济保持平稳较快发展，实现了"十二五"良好开局。一是工业生产较快增长，工业结构得到优化；二是固定资产投资较快增长，房地产开发投资平稳；三是对外贸易实现新跨越，利用外资质量不断提高；四是财政实力进一步提升，居民生活水平继续提高，城乡居民收入差距缩小。

各金融机构加大信贷支持和金融创新力度，推动经济平稳较快发展和结构优化。全市信用总量1752亿元，同比多增55.2亿元；各项贷款同比多增14.4亿元，是全省7个新增贷款同比多增的地市之一；各项存款增幅居全省第5位，经营效益进一步提升，创历史最好水平。

【货币政策实施】 2011年，人行日照市中支以畅通货币政策传导机制为核心，推动地方经济发展措施多、效果好。

一、统揽全局，提升基层央行履职能力。一是印发了推进全市经济平稳健康发展和支持蓝色经济区发展的意见；二是积极推动区域集优债务融资工作；三是加强与市直有关部门协作，围绕"三农"、中小企业、战略性新兴产业、服务业等有利于转方式调结构的领域，制定和配合相关部门出台政策措施。

二、科学引导，畅通货币政策传导机制。一是多次召开全市金融运行座谈会、分析会，并运用再贷款、再贴现、差别调控等手段，引导金融机构推出创新产品20余个，带动中小企业融资163亿元；二是建立农村金融产品和服务方式创新专项监测报告制度，引导金融机构不断加大对中小企业和"三农"的信贷投放力度。

三、强化管理，提高货币信贷政策贯彻效率。一是制定了地方法人金融机构存款准备金管理办法，贯彻落实差别准备金动态调整政策，加强监测分析，强化监督管理；二是积极开展涉农、中小企业信贷政策导向评估，完善信贷政策评估系统，实现了评估工作的网络化、定期化。

【金融稳定】 2011年，人行日照市中支一是建立了跨银行、证券、保险的金融风险监测体系，扎实做好风险预警和防范工作；二是印发重大事项报告管理实施细则，制定了金融创新报备及风险监测管理办法，联合市金融办等5部门共同开展了投资理财类公司清理整顿活动；三是与市农信社、市公安局经侦大队及各区县公安经侦部门联合开展"依法收贷打击外部诈骗专项活动"，全力压降不良贷款。

日照市经济主要统计指标

指标 \ 年度	2007	2008	2009	2010	2011	2011年同比增幅（%）
土地面积（平方公里）	5310	5310	5310	5348	5348	0
人口（万人）	283.38	284.54	285.76	287.92	289.03	0.39
非农业人口（万人）	99.54	100.66	100.76	101.57	103.04	1.45
地区生产总值（亿元）	629.58	774.22	864.66	1025.08	1214.07	12.1
第一产业（亿元）	86.19	82.73	87.33	100.26	112.08	3.7
第二产业（亿元）	315.71	413.11	471.85	561.55	660.66	13.5
工业（亿元）	236.63	369.57	463.85	494.95	582.54	13.5
建筑业（亿元）	37.66	49.43	58.14	66.6	78.12	13.3
第三产业（亿元）	227.68	278.38	305.48	363.27	441.33	12.2
人均地区生产总值（元）	23180	28340	31451	368703	43205	10.9
地区生产总值构成（%）	100	100	100	100	100	--
第一产业（%）	13.70	10.70	10.10	9.8	9.2	--
第二产业（%）	50.1	54.30	55.60	54.8	54.4	--
第三产业（%）	36.2	35.9	35.3	35.4	36.4	--
财政总收入（亿元）	149.69	163.05	244.91	349.87	510.15	45.8
地方财政收入（亿元）	28.98	36.33	43.48	55.61	68.5	23.2
财政总支出（亿元）	--	--	--	--	--	--
地方财政支出（亿元）	46.38	57.08	72.85	94.83	124.35	31.1
全社会固定资产投资（亿元）	351.13	518.43	631.86	775.36	880.69	23.7
规模以上固定资产投资（亿元）	335.91	518.43	506.89	621.3	665.24	15.6
房地产开发（亿元）	37.51	54.08	61.14	63.33	62.9	0
进出口总值（亿美元）	57.59	92.68	85.70	133.14	207.57	55.9
出口总值（亿美元）	19.64	25.25	16.27	22.11	39.07	76.7
实际到账外资（亿美元）	1.82	5.13	3.64	3.49	3.8	10
社会消费品零售总额（亿元）	181.64	227.85	264.43	311.63	365.44	17.3
居民消费价格指数（%）	104	104.80	99.8	102.9	104.5	--
城市居民人均可支配收入（元）	13021	14409	15795	17558	20098	14.5
农民人均纯收入（元）	5319	6038	6548	7504	8756	16.7

日照市工农业主要统计指标

农业主要统计指标（万吨）				规模以上工业企业主要统计指标（亿元）			
项目 \ 年度	2010年	2011年	增幅（%）	项目 \ 年度	2010年	2011年	增幅（%）
粮食	120.18	118.87	-1.1	工业增加值	623.63	727.63	16.1
夏粮	52.95	48.20	-9.0	国有工业	29.36	35.43	21.4
秋粮	67.24	70.66	5.1	集体工业	4.56	8.18	25.8
棉花	0.16	0.22	40.5	股份制工业	449.44	486.51	15.4
油料	24.09	25.10	4.2	股份合作制工业	--	--	-
水果	20.32	20.40	0.4	外商及港澳台投资工业	123.17	174.78	16
蔬菜	97.47	96.53	-1.0	轻工业	234.19	266.16	9.3

续表

农业主要统计指标（万吨）				规模以上工业企业主要统计指标（亿元）			
项目＼年度	2010年	2011年	增幅（%）	项目＼年度	2010年	2011年	增幅（%）
肉类	17.26	19.98	15.8	重工业	389.44	461.47	20.3
禽蛋	11.72	12.18	4.0	主营业务收入	1928.49	2516.05	29.7
奶类	1.35	1.62	19.6	利税	205.3	196.35	7.1
水产品	48.81	52.18	6.9	利润	143.3	136.44	5.1
森林覆盖率（%）	36.2	37.2	1.0	经济效益综合指数（%）			

日照市主要金融机构负责人

单位名称	行长（或其他称谓的第一负责人）	副行长（或其他称谓的同级领导）
人行日照市中心支行	刘艳武	尹峰世　苏　涛　刘茂伟　孙元学　庄举伦
银监会日照监管分局	汲长虹	罗玉民　秦　军　刘　勇
农发行日照市分行	田　青	李绪光　孙海平　王宗桂
工行日照分行	贾　萍	高月日　焦　东　娄　波　周　华　于　涛 王晓勇　刘　森　巴　超　赵承军　张祥菊
农行日照分行	孙培国	陈占平　王明军　戴国文
中行日照分行	徐浴泉	李绪平　谢其善　史　华　杨永春　徐立军
建行日照分行	赵德昌	孙继先　陈志诚　赵　晋　王建国 苏洪礼　姜瑞梅　王乃峰　陈尚涛
招行日照支行	刘　波	田国强　安佰刚
兴业日照支行	马　浩	张　弘　孙正洪　路奎友
日照银行	费洪军	王　森　闫　鸣　焦自竺　黄　玲 宋兴华　王永健　袁玲玲　宋　文
农信社日照市办事处	张洪俊	胡予宁　胡克敬
邮储银行日照市分行	张建明	郑　森　种　钢
莒县金谷村镇银行股份有限公司	邹方军	张治国　郝真平　孙世涛
日照九银村镇银行股份有限公司	杨　华	左煜鑫　王均峰
人保财险日照市分公司	李普廷	毕岩玉　申志军　郭和平　张　涛
人寿保险日照分公司	沈洪斌	张大海　何召理　王　林
太平洋财险日照中心支公司	葛庆民	魏　兵　李　霞
太平洋人寿日照中心支公司	任永军	陈伟国　郭承刚
平安财险日照中心支公司	刘　旺	徐永东　孔　杰
平安人寿日照中心支公司	黄体昌	郑　军　费红霞
泰康人寿日照中心支公司	刘　锋	王智圣　黄聚昌
天安保险日照中心支公司	李　玲	曾宪斌
新华人寿日照中心支公司	陶九鑫	
永安财险日照中心支公司	王爱国	王文民
中国大地财险日照中心支公司	李德海	曹向东
安邦财险日照中心支公司	匡胜利	
太平人寿日照中心支公司	李　青	孔　娜
中华联合财险日照中心支公司	孙运磊	张宗战　毕士杰
阳光财险日照中心支公司	李　岩	王志伦　白宗光

续表

单位名称	行长（或其他称谓的第一负责人）	副行长（或其他称谓的同级领导）
安华农业保险日照中心支公司	李慎刚	
民安（中国）保险日照中心支公司	商成军	
都邦财险日照中心支公司	刘汉青	申　剑
人民人寿日照中心支公司	李　鹏	孙桂利　秦绪磊

日照市金融业务统计指标

	指标（亿元）＼年度	2007	2008	2009	2010	2011	2011 年同比	
							增加额	增幅（%）
银行类	本外币存款余额	535.76	620.59	819.47	1003.16	1161.07	157.24	15.66
	人民币存款余额	527.88	612.15	811.98	993.14	1147.65	153.84	15.48
	单位存款	133.98	129.11	188.90	220.71	530.00	50.41	10.51
	储蓄存款	250.49	321.02	389.44	455.84	548.99	93.16	20.61
	定期储蓄存款	171.19	224.54	265.04	305.84	--	--	--
	活期储蓄存款	79.30	96.48	124.40	149.99	--	--	--
	本外币贷款余额	538.72	574.53	830.24	960.79	1107.14	144.9	15.06
	人民币贷款余额	494.82	533.03	726.74	832.71	986.85	152.69	18.30
	短期贷款	274.25	302.52	385.29	468.23	581.28	114.04	24.41
	中长期贷款	170.65	184.21	272.61	332.61	360.70	28.13	8.46
	票据融资	49.86	45.97	68.50	31.60	44.62	10.58	31.08
	当年结益	12.99	18.43	19.34	25.84	36.71	10.87	42.07
	不良贷款余额	21.41	26.17	27.05	19.92	14.16	-4.77	-23.95
	不良贷款占比%	3.97	4.56	3.26	2.07	1.28	--	-0.79
保险类	保险公司保费收入	12.35	15.45	19.35	23.62	24.47	0.85	3.6
	财险收入	5.61	6.21	8.08	9.6	10.88	1.28	13.3
	寿险收入	6.74	9.24	11.28	14.02	13.59	-0.43	-3.1
	保险公司赔款和给付支出	2.93	3.70	4.59	6.03	8.75	2.72	74
	财险赔款	2.74	3.50	4.11	4.60	8.18	3.58	78.9
	寿险给付	0.19	0.20	0.48	0.46	0.57	0.11	24.3
	当年结益	--	--	--	--	--	--	--
证券类	证券市场成交总额	319.93	261.44	639.82	822.77	427.48	-395.22	48.0
	投资者保证金余额	2.65	2.12	4.07	3.92	2.66	1.26	-32.1
	证券账户开户数	35356	54513	64753	77271	80104	2833	3.67
	佣金收入	0.88	0.64	1.13	0.83	0.49	-0.34	-41.0
	净利润	--	--	--	0.47	0.24	-0.23	-48.9
	期货市场成交总额	--	--	--	--	56.62	56.62	--
	期货客户保证金余额	--	--	--	--	0.083	0.083	--
	期货账户开户数	--	--	--	--	95	95	--
	期货手续费收入	--	--	--	--	0.002	0.002	--
	利润总额	--	--	--	--	0.002	0.002	--

注：单位存款：2010 年以前为人民币企业存款，2011 年口径为人民币单位存款。

日照市金融机构统计指标

类别	指标（个）\年度	2007	2008	2009	2010	2011	2011年同比增幅（%）
银行类	法人机构	5	5	5	6	7	16.7
	省级分行	--	--	--	--	--	--
	二级分行	5	5	7	7	7	0
	县区支行	60	70	64	87	92	5.75
	分理处、营业所	119	123	196	248	239	-3.63
	储蓄所	168	147	--	--	--	--
	从业人员总数	5309	5236	5095	5721	6182	8.06
保险类	保险机构	15	20	22	22	23	4.55
	财险机构	9	13	14	14	14	0
	省级分公司	--	--	--	--	--	--
	地市分公司	9	13	14	14	14	0
	县区支公司	--	--	--	47	49	4.26
	寿险机构	6	7	8	8	9	12.5
	省级分公司	--	--	--	--	--	--
	地市分公司	6	7	8	8	9	12.5
	县区支公司	--	--	--	30	30	0
	从业人员总数	8917	14893	23189	--	--	--
	财险人员	2556	4532	6957	--	--	--
	寿险人员	6361	10361	16232	--	--	--
证券类	证券机构	2	3	5	5	5	0
	证券公司	--	--	--	--	--	--
	证券营业部	2	3	5	5	5	0
	证券服务部	--	--	--	--	--	--
	从业人员总数	40	39	55	105	126	20
	投资者开户	35356	54513	64753	77271	80104	3.67
	境内上市股票支数	1	1	1	1	1	0
	境外上市股票支数	--	--	--	--	--	--
	辖区上市公司总数	1	1	1	1	1	0

日照市主要金融机构业务概况

单位：亿元

单位名称	本外币存款余额	人民币单位存款	人民币储蓄存款	本外币贷款余额	人民币短期贷款	人民币中长期贷款
农发行日照市分行	5.11	5.08	0	62.21	51.27	10.94
工行日照分行	109.57	56.70	48.88	205.11	56.62	126.03
农行日照分行	117.06	60.30	55.80	114.26	58.02	47.39
中行日照分行	147.17	88.09	50.61	203.89	53.61	69.54
建行日照分行	110.05	59.65	49.30	114.56	23.42	71.03
日照银行	249.43	183.38	56.66	174.79	133.70	18.26
农信社日照市办事处	240.78	27.74	212.91	174.80	163.10	6.67
邮储银行日照市分行	72.96	8.25	64.70	12.08	5.12	6.96

续表

单位名称	本外币存款余额	人民币单位存款	人民币储蓄存款	本外币贷款余额	人民币短期贷款	人民币中长期贷款
招行日照支行	25.04	19.40	14.17	21.06	12.66	3.26
兴业日照支行	20.85	16.28	4.57	21.56	20.92	0.62
莒县金谷村镇银行	2.11	1.48	0.63	2.00	2.00	0
日照九银村镇银行	1.19	0.40	0.78	0.84	0.84	0

日照市各县级区域经济金融主要统计指标

名称	人口（万人）	面积（平方公里）	地区生产总值（亿元）	地区生产总值增速（%）	本外币存款余额（亿元）	储蓄存款（亿元）	本外币贷款余额（亿元）
市辖区	123.98	1899	947.07	12.1	839.97	337.69	911.11
莒　县	113.55	1952	230.58	12.2	204.86	131.14	123.25
五莲县	51.5	1497	145.06	13.5	116.25	83.72	72.79

【金融服务】　2011 年，日照市金融部门切实加强金融服务。一是全面履行经理国库职责，共办理国库业务 109 万笔，金额 771 亿元，累计投放和回笼发行基金分别为 69.7 亿元和 115.8 亿元，净回笼 46.1 亿元，收缴假币 59 万元；二是全市农村地区金融基础设施覆盖率提高至 82.3%，高出全省平均水平 12.25 个百分点，农村地区金融服务自助终端安装量居全省第 5 位，全年跨境人民币结算业务量突破 180 亿元，达 181.2 亿元，总量居全省第 3 位；三是推动市政府出台了加快全市农村支付服务环境建设的意见，年末全市农村地区 ATM 布放量、特约商户存量、POS 布放量分别为 472 台、3628 户、15135 台，分别较年初增长 20.1%、29.5%、59.9%，发行银行卡 311 万张，较年初增长 18.94%，安装运行农民金融自助服务终端 442 台，较年初增长 333%，总量居全省第 5 位；四是大力推进企业信用评级市场建设，完成 516 家企业的联合评级工作，并促成 73 家企业与评级公司签订了评级协议。

【金融监管】　2011 年，日照市各金融部门加大金融监管力度，主要工作有：

一、人行日照市中支加强金融管理，提升基层央行履职实效。一是制定完善相关制度 3 项，完成了辖内金融机构综合评价工作，开展了对交行日照分行、九银村镇银行的开业管理考核验收工作；二是组织开展金融统计执法检查、多功能预付卡专项检查、人民币收付业务等各类综合执法检查 10 项，下发行政处罚决定书 34 份，收缴罚款 283 万元；三是积极探索金融消费者权益保护工作，落实重大事项报告制度，共收到金融机构重大事项报告 29 起，协助破获一起过亿元的银行从业人员非法经营案；四是加大非法民间借贷行为打击力度，推动全省首例高利贷非法经营案在日照市宣判；五是创新建立了金融机构要情快报制度，要求金融机构定期向人行报告相关情况；六是启动了首届“优秀金融家”评选活动。

二、各区县联社严格五级分类标准，以开展“向不良贷款宣战”活动为主线，继续落实班子成员包大户制度，与市县两级公安经侦部门合作开展依法打击外部诈骗贷款活动等措施，全力压降不良贷款。截至年末，五级分类不良贷款余额 7.4 亿元，同比下降 3.6 亿元，降幅 32.9%；不良贷款占比 4.24%，下降 3.08 个百分点。非应计贷款 6.5 亿元，同比下降 2.1 亿元，低于五级分类不良贷款 9350 万元。

【外汇管理】　2011 年，外管局日照市中心支局把握外汇管理政策新导向，积极推进货物贸易制度、进口付汇核销及国际收支网上申报改革，下放了审批权限，提高了效率，有效推动了贸易投资便利化，促进了全市涉外经济的健康快速发展。

一、把握政策新导向，“控热钱、减顺差”成效显著。一是加大外汇检查工作力度，查处外汇违法案件 14 个，收缴罚款 277 万元，居全省第 3 位；二是严把业务审核关口，制止 2 家未经登记的特殊目的公司进行返程投资，有效防范了“热钱”流入行为；三是召开了由各行“一把手”参加的专题政策通报会，并按旬调度工作进展情况，取得了显著成效。

二、积极推动外汇管理重点领域改革。一是研究制订了支持涉外经济平稳较快发展的指导意见，并印发全市贯彻执行；二是召开了全市外汇管理工作会议，各外汇指定银行、重点联系企业共 60 家单位、130 余人参加了会议；三是研究制订了主体监管实施方案，积极推进货物贸易制度、进口付汇和国际收支网上申报等项改革，进一步促进了贸易投资便利化，其中，货物贸易试点工作被市政府主要领导批示。

【金融改革】　2011 年，日照市各金融机构运用多种信贷产品组合为企业量身设计组合供应链融资模式，在有限风险当量内放大授信规模，降低了授信风险，同时满足企业融资需求，多渠道融通资金，缓解企业融资压力。

一、工行日照分行一是大力发展小企业、贸易融资、个人贷款，全年累计发放小企业贷款13.71亿元，同比增长58.23%，高于全部贷款平均增幅2倍；二是积极发展供应链贸易融资和商品融资等业务，贸易融资新增32.66亿元，占全部贷款增量的94.3%；三是以经营消费贷款为重点，积极稳妥发展个人信贷业务，个人贷款增加4.02亿元。

二、农行日照分行围绕新农保和新农合代理业务，扎实推进惠农卡发卡量。为日照德佳康牧肉鸡专业合作社办理500万元"三农"小企业授信业务，为社员提供800多万元小额农户信贷支持，成为日照及全省农行系统首笔"三农"类专业合作社融资业务。截至年末，该行惠农卡新增126264张，授信户数增加7746户，农户小额贷款较年初新增8657万元。

三、中行日照分行成功为企业定制专享中银集富理财产品及票据融资方案、发行中期票据和短期融资券的融资服务方案，成功叙做首笔中银保创新信用险项下国内融信达业务、首笔通易达业务，为企业开辟了新的融资渠道。

四、日照银行创新平台建设，做大物流银行业务。累计向供应链、产业链上的120家中小企业授信176亿元，加大品牌宣传力度，物流银行荣获《银行家》中国金融产品十佳奖。

【保险业务】 2011年，日照市保险行业协会认真处理信访投诉，努力维护保险双方合法权益。全年共受理有效信访投诉案件125件。其中，产险公司98件，寿险公司27件，以上案件除3件保险公司正在处理外，其余122件全部得到解决，结案率为97.60%。

【精神文明建设】 2011年，日照市各金融机构开展了形式多样的精神文明建设活动。一是人行日照市中支机关顺利通过文明单位验收，分行级文明单位称号已进入公示阶段，并围绕建党90周年主题，先后举办了"永远跟党走"文艺汇演、建党90周年图片展、党史知识竞赛、集中观看红色影片等系列活动；二是农发行日照市分行经营绩效综合考评列全省农发行系统第一名，分获省行国际结算业务专项奖励、创新成果一等奖，被省行评为金融服务先进集体，被市委、市政府评为"日照市AAA级劳动关系和谐企业"；三是日照银行先后获得全国模范劳动关系和谐企业、最具发展潜力中小银行、年度最佳风控中小银行，全省内部审计先进单位、市功勋企业等荣誉称号。

【大事记】 1月18日 兴业银行日照支行举行了开业仪式，成为日照市正式开业的第2家股份制银行。

2月21日 建行山东省行李建平副行长一行到日照参加了山东亚太森博浆纸有限公司年产100万吨木浆项目银团座谈会，期间会见了新加坡金鹰集团主席陈江和，并对日照分行进行了工作调研。

3月3日 中行日照分行成立省内首家"中银俱乐部"，全辖20多家网点同时启动挂牌仪式。

4月20日 日照市保险行业协会与市公安局联合召开了打击保险领域违法犯罪活动联席会议，市公安局副局长熊桂登、市保险行业协会秘书长宋彦余出席会议并讲话，22家市级保险公司分管副总经理及市公安局经侦支队相关人员参加会议。

5月5日 农发行山东省分行杨杰行长、刘文平副行长，市委书记杨军、市政府代市长李同道、常务副市长侯成君出席农发行山东省分行与日照市政府战略合作协议签约仪式。

5月24日 人行日照市中支组织召开了"2011'莒县对接蓝色经济提速发展与金融支持推进会"。日照中支党委书记、行长王德业，市各金融机构主要负责人和县委、县政府主要领导出席了会议。

5月25日 中行山东省分行在日照分行召开分行行长任职履新会议，宣布任命徐浴泉为日照分行新一任党委书记、行长(鲁中银党[2011]25号、鲁中银人[2011]248号)，中行日照分行新一届党委班子成立。

5月31日 市委常委、常务副市长侯成君，市政府副秘书长、市金融办主任孙运锋等在市保险行业协会秘书长宋彦余陪同下分别到日照国寿、国寿财险和阳光财险调研。

7月28日 人行日照市中支组织召开了全市农村支付环境建设工作推进会议。各银行机构分管行长、会计结算部门、银行卡部门负责人共40余人参加了会议。

8月31日 建行山东省分行、天津分行在日照召开"E商贸通"系统推广座谈会。天津分行刘步其副行长、天津渤海商品交易所钟立满总监、日照市凌云海糖业集团有限公司凌宗仁董事长，日照分行赵德昌行长等人参加座谈。

9月23日 《银行家》2010年全国城市商业银行竞争力排名评选结果揭晓，日照银行在全国城商行竞争力排名中列第五位。

10月26日 人行党委委员、副行长马德伦由济南分行党委副书记、副行长于华民陪同莅临日照中支调研考察。

11月4日 人行党委委员、副行长刘士余由人事司副司长齐小东、济南分行党委书记、行长杨子强陪同莅临日照中支调研考察。

12月1日 中债信用增进投资股份有限公司与日照市中心支行、市财政局、日照银行等单位签定区域集优债务融资发展基金监管协议。

12月9日 经银监会日照监管分局(银监日准[2011]74号)批准，日照九银村镇银行开业。山东省银监局局长廖平之、日照市委常委、常务副市长侯成军、日照市金融办主任孙运锋、日照市银监分局局长汲长虹、人行日照市中支副行长尹峰世、九江市副市长杨健、九江市经济技术开发区党委书记李光荣、九江市金融办主任余峰、九江市银监局副局长邢齐华、九江银行董事长、行长刘羡庭等出席开业仪式。

12月26日 人行济南分行党委书记、行长杨子强莅临日照市中支宣布干部任命和领导班子调整决定：王德业任济南分行助理巡视员(副厅局级)，不再担任日照市中支党委书记、行长；刘艳武任日照市中支党委书记、行长。

(丁 文)

莒 县

【经济金融概况】 2011年，莒县金融运行主要特点是各项存款、贷款增加。从存款结构上看，储蓄存款是拉动各项存款增长的主力。从贷款期限结构来看，短期贷款、中长期贷款高速增长。

【金融发展与改革】 2011年，人行莒县支行通过采取下发《科学执行稳健货币政策支持全县经济社会提速发展指导意见》、修订完善《金融机构支持经济发展考核奖励办法》、召开金融形势分析会等形式引导金融机构科学执行稳健货币政策，支持地方政府“扩投资、促增长”成效显著。

莒县主要经济指标

经济指标	2010	2011	2011年同比增幅（%）	经济指标	2010	2011	2011年同比增幅（%）
土地面积（平方公里）	1952	1952	--	地方财政支出（亿元）	16.56	23.03	39.42
人口（万人）	113.33	113.55	0.2	全社会固定资产投资（亿元）	121.4	129.81	27.5
非农业人口（万人）	24.78	25.55	3.09	进出口总值（万美元）	173906	310650	78.6
地区生产总值（亿元）	195.51	230.58	12.2	出口总值（万美元）	24288	28213	16.2
第一产业（亿元）	36.23	40.55	3.5	实际利用外资（万美元）	5250	5300	0.95
第二产业（亿元）	91.33	110.89	15.6	社会消费品零售总额（亿元）	77.66	91.11	17.3
第三产业（亿元）	67.95	79.14	12.1	居民消费价格指数（%）	--	--	--
财政总收入（亿元）	16.56	23.03	39.42	人均地区生产总值（元）	17367	20326	11.35
地方财政收入（亿元）	4.53	5.94	31.12	城镇居民可支配收入（元）		16574	--
财政总支出（亿元）	16.56	23.03	39.42	农民人均纯收入（元）	6921	8369	22

莒县主要金融指标

金融指标（亿元）	2010	2011	2011年同比增幅（%）	金融指标（亿元）	2010	2011	2011年同比增幅（%）
本外币存款余额	169.85	204.86	20.61	财险收入	1.32	1.49	12.88
人民币存款余额	168.16	203.57	21.06	寿险收入	3.87	3.89	0.52
单位存款	18.67	70.72	--	财险赔款	1.14	0.75	-34.21
储蓄存款	106.78	130.6	22.31	寿险给付	0.37	0.68	83.78
本外币贷款余额	97.6	123.25	26.28	当年结益	--	--	--
人民币贷款余额	88.24	112.17	27.12	证券市场交易总额	36.85	25.1	-31.89
短期贷款	72.95	93.97	28.81	投资者保证金余额	0.23	0.16	-30.44
中长期贷款	15.2	18.11	19.14	证券账户开户数	80	759	11.78
票据融资	--	--	--	证券交易佣金收入	0.08	0.05	-37.5
当年结益	3.25	3.26	0.31	净利润	0.04	0.02	50
不良贷款余额	4.5	3.27	-27.33				

莒县主要金融机构负责人

单位名称	行长（或其他称谓的第一负责人）	副行长（或其他称谓的同级领导）
人行莒县支行	孙东明	杜家强　庞尊臣
银监会莒县办事处	宋兆德	
农发行莒县支行	李学民	徐　军　何茂远

续表

单位名称	行长（或其他称谓的第一负责人）	副行长（或其他称谓的同级领导）
工行莒县支行	丁风海	王京强　陈淑俊　张廷钏　王炳峰
农行莒县支行	李　光	崔亚林　战仁国　刘汉钦
中行莒县支行	商玉平	夏　波　张元真
建行莒县支行	朱风华	韩秀星　段福禛(行长助理)
日照银行莒县支行	马继军	钟　杰　张亮三
莒县农信联社	单连涛	牛学强　何兴义　李世祥　葛平献　魏宗京
邮储银行莒县支行	史国栋	郭淑梅
莒县金谷村镇银行	邹方军	张治国　郝真平　孙世涛

莒县主要金融机构业务概况

单位：亿元

单位名称	本外币存款余额	单位存款	储蓄存款	本外币贷款余额	短期贷款	中长期贷款
农发行莒县支行	1.21	1.21	0	3.28	2.73	0.55
工行莒县支行	16.67	9.06	7.54	23.09	14.27	8.74
农行莒县支行	19.37	7.05	12.32	4.38	3.41	0.96
中行莒县支行	25.31	16.64	8.53	18.41	12.18	6.23
建行莒县支行	12.17	7.95	4.22	5.78	3.96	1.82
日照银行莒县支行	19.07	16.06	3.01	10.51	10.51	0
莒县农信联社	78.99	8.90	70.07	54.48	51.98	2.50
邮储银行莒县支行	27.93	3.11	24.82	1.31	0.99	0.32
莒县金谷村镇银行	2.11	1.48	0.63	2.00	2.00	0

【金融服务与监管】　2011年，人行莒县支行通过修改完善《银行业金融机构非现场考核办法》、制定实施《金融机构营业网点服务质量考核评价办法》等方式，加强对辖内金融机构人民币结算账户、国库经收处、反洗钱等业务的非现场监管，实现了现场监管和非现场监管的有机衔接。各金融机构服务质量明显提高，业务差错率大幅下降，自觉执行法律法规意识显著增强。

（黄甫昌　刘印杰）

五莲县

【经济金融概况】　2011年，五莲县金融系统立足县域经济发展和结构调整大局，用足用活政策，贷款投放继续呈现出快速增长的势头，贷款规模不断扩大。

【金融发展与改革】　2011年，五莲县金融系统注重做好信贷政策与产业政策的衔接，积极对上争取信贷规模和授信额

五莲县主要经济指标

经济指标	2010	2011	2011年同比增幅（%）	经济指标	2010	2011	2011年同比增幅（%）
土地面积（平方公里）	1497	1497	--	地方财政支出（亿元）	10.08	10.91	7.69
人口（万人）	51.4	51.50	--	全社会固定资产投资（亿元）	52.77	71.08	60.6
非农业人口（万人）	17.47	17.90	--	进出口总值（万美元）	17800	19400	9

续表

经济指标	2010	2011	2011年同比增幅（%）	经济指标	2010	2011	2011年同比增幅（%）
地区生产总值（亿元）	119.22	145.06	13.5	出口总值（万美元）	15500	17300	11.61
第一产业（亿元）	14.66	16.4	4.1	实际利用外资（万美元）	1200	3170	36.05
第二产业（亿元）	72.38	90.97	17.4	社会消费品零售总额（亿元）	36.6	45.08	17.3
第三产业（亿元）	32.18	37.69	9	居民消费价格指数（%）	--	--	--
财政总收入（亿元）	7.64	8.26	18.9	人均地区生产总值（元）	26230	28169	13
地方财政收入（亿元）	3.39	4.3	26.6	城镇居民可支配收入（元）	--	--	--
财政总支出（亿元）	10.08	14.53	44.17	农民人均现金收入（元）	6868	8311	21

五莲县主要金融指标

金融指标（亿元）	2010	2011	2011年同比增幅（%）	金融指标（亿元）	2010	2011	2011年同比增幅（%）
本外币存款余额	95.04	116.25	22.32	财险收入	0.25	0.36	44
人民币存款余额	94.90	115.95	22.18	寿险收入	0.93	0.81	-12.9
单位存款	11.23	27.65	30.61	财险赔款	0.18	0.23	27.8
储蓄存款	71.93	83.54	16.14	寿险给付	0.15	0.14	6.67
本外币贷款余额	57.57	72.79	26.44	当年结益	--	--	--
人民币贷款余额	57.57	72.79	26.44	证券市场交易总额	--	--	--
短期贷款	45.34	56.44	24.48	投资者保证金余额	--	--	--
中长期贷款	7.8	11.34	45.38	证券账户开户数	--	--	--
票据融资	4.46	5.01	12.33	证券交易佣金收入	--	--	--
当年结益	--	--	--	净利润	--	--	--
不良贷款余额	4.97	2.11	-57.54				

五莲县主要金融机构负责人

单位名称	行长（或其他称谓的第一负责人）	副行长（或其他称谓的同级领导）
人行五莲县支行	司斌涛	高　飞　张　华
银监会五莲县办事处		
农发行五莲县支行	刘世军	古全兵　高月笑
工行五莲支行	秦　勇	王富青　管锡钢　闫荣章
农行五莲支行	林玉文	王洪新　郑德志　王培军
中行五莲支行	李善民	朱云涛　段博文
建行五莲支行	孙明波	周　磊　李公湖
日照银行五莲支行	赵中华	娄元新　宋作峰
五莲县农信联社	陈修善	刘峰生　尚庆收　王建国　王　斌
邮储银行五莲县支行	秦昌深	吉少民

五莲县主要金融机构业务概况

单位：亿元

单位名称	本外币存款余额	单位存款	储蓄存款	本外币贷款余额	短期贷款	中长期贷款
农发行五莲县支行	1.05	1.05	0	4.84	3	1.85
工行五莲支行	11.08	2.60	8.48	4.94	1.58	3.36
农行五莲支行	10.54	1.91	8.58	8.13	7.47	0.66
中行五莲支行	8.48	2.43	6.01	6.10	5.53	0.57
建行五莲支行	7.74	4	3.74	5.41	2.20	3.20
日照银行五莲支行	10.31	8.77	1.51	7.43	6.95	0.48
五莲县农信联社	46.60	5.10	41.47	34.48	28.40	1.06
邮储银行五莲县支行	15.83	2	13.85	1.47	1.32	0.15

度，大力创新金融产品，提升服务水平，金融运行质量稳步提高，全县重点行业和关键领域的资金需求得到有效保证，初步形成了经济社会和金融业协调发展的良好局面。

【金融服务与监管】 2011年，五莲县金融机构坚持管理与服务并重，不断适应社会对央行服务的新要求和履职环境的新变化，切实提高基层央行履职水平。同时大力开展农村支付环境建设工作，全县行政村金融基础设施普及率达76%，农民金融服务终端布设超额完成全年任务。

（刘善国　丁玉凤）

第十一部分

区域性金融运行报告
——鲁北地区

东营市

【经济金融概况】 2011年，东营市各金融机构紧紧围绕“黄蓝”国家战略实施，认真贯彻落实稳健的货币政策，积极争取信贷资金，支持东营市经济转方式调结构，全年金融运行呈现平稳健康发展态势。

【货币政策实施】 2011年，人行东营中支认真贯彻落实稳健货币政策，引导辖内金融机构信贷投放合理适度增长，有力支持了黄河三角洲高效生态经济区的开发建设。

一、加大窗口指导力度，制订了《关于认真做好2011年货币信贷工作，进一步推进东营市“黄蓝”两大战略实施的意见》，组织召开了差别存款准备金动态调整政策通报会、货币政策及金融管理通报会，明确信贷支持重点，确保信贷投放的均衡合理和结构优化。

二、搭建政银企合作平台，服务黄蓝战略关键项目尤其是中小企业发展。一是组织开展各种类型的政银企合作活动，全年银企合作会共签约项目548个，项目总投资1424亿元，签约贷款额694亿元；二是与东营市金融办联合拟订了银企合作网络平台实施方案，与东营市经信委联合组织召开重点工业项目融资推介会，组织银行与39个重点工业项目进行对接；三是组织东营市金融机构开展了“小企业融资服务年”活动；四是区域集优工作取得一定成效，全年打包拟发行企业6包，发行金额27.8亿元。

三、坚持有扶有控，以信贷结构的优化推动辖区经济“转方式调结构”。一是加大对战略性新兴产业和自主创新的信贷支持力度，全市十大支柱产业贷款增加87.5亿元；二是加大对“三农”信贷支持力度，涉农贷款较年初增加178.1元，增长25.4%。

【金融稳定】 2011年，人行东营中支不断加大风险监测力度，稳步推进辖区金融改革，切实维护金融稳定。

一、完善金融稳定工作系统，全方位提升金融维稳水平。一是继续完善多种形式的部门协调机制，充分发挥维稳责任书的作用；二是认真落实金融稳定约见谈话制度，及时向辖内法人机构作出风险提示和提出稳健经营建议；三是完善辖内法人金融机构日常风险监测月报制度和金融稳定专报制度，不定期向市政府汇报金融风险状况。

二、加强监测与评估，有效防范金融风险。一是按季组织开展大型企业监测、上市公司监测、国有商业银行改革调查；二是突出对《金融稳定事项报告制度》的贯彻实施；三是每月对辖内法人金融机构开展流动性监测和分析，提高其风险防范意识；四是组织召开了重点企业联席会议。

三、提高处置金融机构突发事件能力。为确保辖内金融稳定，提高人行系统应对金融机构突发事件的应急处置能力和协调配合能力，组织开展了辖区金融机构突发事件应急演练，强化了中心支行与各县支行的协同合作。

【金融服务】 2011年，人行东营中支成功举办了“金融知识进万家巡回展·走进东营”活动，累计接待参观群众3万余人次，在普及金融知识的同时，有效宣传辖区金融工作成就。一是制订了《关于进一步加强政风行风建设的意见》，进一步完善限时办结、首问负责、一次性告知等对外服务制度；二是开展了“让群众评价工作、让群众评价作风、树立群众满意形象”工作；三是大力开展农村支付环境建设，推动市政府将农村支付服务环境工作纳入了年度规划及“十二五”规划，建立适合地区特色的非现金结算模式；四是积极推进跨境贸易人民币结算试点工作，已办理跨境人民币结算业务602笔，金额206.34亿元，居山东省第2位；五是加强农村信用体系建设，开展了农村青年信用示范户试点工作，在辖内3个县铺开青年信用示范户建设工作；六是加强国库管理、服务，研究制定了《县支行国库直接支付考核细则》，联合东营区政府、财政局等开展了“送国债知识下乡”活动；七是加强人民币管理，开展了“反假货币宣传月”活动、假币收缴活动。

【金融监管】 2011年，人行东营中支和银监会东营监管分局严格依法监管，确保辖区金融业安全稳健运行。

一、人行东营中支稳步开展“两管理、两综合”工作。一是制订了《东营市金融机构评价办法》，对金融机构进行了综合评价，对民生等5家新设银行机构进行了开业检查验收；二是印发了《关于进一步改善金融服务工作的函》，对各机构存在的问题进行提示，并提出了整改建议；三是与市金融办联合出台了《保险、证券业重大事项报告制度》，加强对保险、证券业的预警监测；四是开展了反洗钱、支付结算、国库、外汇、统计等业务现场检查；五是进一步加强对金融机构业务检查指导，全年共发出行政处罚决定书10余份，实现了对金融机构的有效监管。

二、银监会东营监管分局注重监管引领，深入推进辖区银行业改革创新和科学发展。一是督促各机构加强资产负债管理，完善应急预案，开展压力测试，对个别流动性紧张的机构下发监管意见书限期整改，并引导法人机构通过开展错位竞争、拓展中间业务等措施改善流动性状况；二是分类实施不良“双降”考核，督导各机构认真执行贷款新规，努力提升信贷精细化水平，不良贷款余额居山东省最低，资产质量连续多年位居全省前列；三是深入推进内控和案防制度执行年活动，部署开展了涵盖156个风险点的内控自查，加大对农合机构、邮储银行等重点机构的监管力度，对票据、存单质押等低风险业务领域保持高度关注；四是进一步完善了平台贷款统计监测台账，按季组织开展现场检查，统一协调各机构风险定性和处置措施，

东营市经济主要统计指标

指标 \ 年度	2007	2008	2009	2010	2011	2011年同比增幅（%）
土地面积（平方公里）	7923.26	7923.26	7923.26	7923.26	7923.26	0
人口（万人）	183.09	183.97	184.59	184.87	185.96	0.59
城镇人口（万人）	78.8	76.91	79.32	80.88	81.04	0.20
乡村人口（万人）	104.29	107.06	105.27	103.99	104.92	0.89
地区生产总值（亿元）	1658.4	2052.6	2076.61	2359.64	2676.35	12.7
第一产业（亿元）	60.63	70.08	74.73	87.38	99.18	4.2
第二产业（亿元）	1269.24	1570.93	1541.34	1712.2	1914.81	13.2
工业（亿元）	1207.14	1500	1456.31	1612	1801.08	13.8
建筑业（亿元）	62.1	70.93	85.03	100.2	113.73	3.6
第三产业（亿元）	328.55	411.61	460.54	560.36	662.36	12.6
人均地区生产总值（元）	90580	102741	103246	127638	130811	2.49
地区生产总值构成（%）	100	100	100	100	100	--
第一产业（%）	3.66	3.41	3.6	3.7	3.71	0.16
第二产业（%）	76.53	76.53	74.2	72.56	71.55	-1.40
第三产业（%）	19.81	20.05	22.2	23.75	24.75	4.20
财政总收入（亿元）	342.2	413.86	299.37	395.55	499.96	26.4
地方财政收入（亿元）	60.12	70.95	80.87	104.88	135.27	29
财政总支出（亿元）	76.29	89.72	105.24	142.07	179.8	26.7
地方财政支出（亿元）	76.29	89.72	105.24	142.07	179.8	26.7
全社会固定资产投资（亿元）	698.6	873.81	1095.59	1348.98	1574.42	24.5
规模以上固定资产投资（亿元）	612.23	754.4	988.61	1185.12	1323.95	23.5
房地产开发（亿元）	63.48	69.99	84.64	100.3	122.91	22.5
进出口总值（亿美元）	26.52	41.19	39.6	79.6	102.18	26.1
出口总值（亿美元）	14.01	19.72	17.55	27.58	43.59	58.1
实际利用外资（亿美元）	1.67	1.79	1.65	2.11	1.4	-33
社会消费品零售总额（亿元）	206.64	254.61	303.28	382.36	448.85	26.1
居民消费价格指数（%）	106	103.5	99	102.3	104.4	4.4
城市居民人均可支配收入（元）	18626	19487	21313	23795	27342.7	14.9
农民人均现金收入（元）	5869	6660	7327	8427	10025.39	19

东营市工农业主要统计指标

农业主要统计指标（万吨）				规模以上工业企业主要统计指标（亿元）			
项目 \ 年度	2010年	2011年	增幅（%）	项目 \ 年度	2010年	2011年	增幅（%）
粮食	79.36	81.57	2.8	工业增加值	1735.37	--	13.9
夏粮	32.94	35.28	7.1	国有工业	34.33	--	48.9
秋粮	46.41	46.30	-0.3	集体工业	36.42	--	28.5
棉花	11.81	14.91	26.3	股份制工业	1585.12	--	38.6
油料	0.49	0.34	-29.6	股份合作制工业	1.75	--	28.5

续表

农业主要统计指标（万吨）				规模以上工业企业主要统计指标（亿元）			
项目 \ 年度	2010 年	2011 年	增幅（%）	项目 \ 年度	2010 年	2011 年	增幅（%）
水果	14.78	11.79	-20.2	外商及港澳台投资工业	65.03	--	15.3
蔬菜	175.96	146.39	-16.8	轻工业	238.39	--	11.3
肉类	24.78	25.71	3.75	重工业	1496.98	--	14.6
禽蛋	12.39	12.75	2.91	销售收入	6113.86	8222.72	41.6
奶类	16.53	16.42	-0.67	利税	1160.07	1653.16	47.6
水产品	45.31	48.16	6.29	利润	722.07	999.73	44.2
森林覆盖率（%）	20.6	--	--	经济效益综合指数（%）	494.44	--	--

东营市主要金融机构负责人

单位名称	行长（或其他称谓的第一负责人）	副行长（或其他称谓的同级领导）
人行东营市中心支行	徐小林	李　刚　岳　弘　李永清　梁久科　李九旭　段作强
银监会东营监管分局	于树明	王百春　张洪恩　杜明洁　宋维哲
农发行东营市分行	时祝华	段宗臣　陈　军　隋全亮
工行东营分行	刘爱峰	王英利　杨仕华　张金清　任德富　王霄岩　牛明贤　刘　陶　王玉芹
农行东营市分行	翟世勇	张俊国　李成国　王东风　张连海
中行东营分行	李向前	邱永明　徐　林　武明国　王青华
建行东营分行	王心红	赵安臣　田　青　赵学刚　宗继科　高　筠　张建平　孙　炜
交通银行东营分行	韩会雷	刘德安　王树青
东营市商业银行	石子强	袁学军　高树松　王希凯　王乃军　付光远　张爱民
农信社东营市办事处	李本领	张德兵　李永昌　魏　民
邮储银行东营市分行	许凤亮	李慧梅　宋道峰
恒丰银行东营分行	任显芬	张启新　晁前程
华夏银行东营分行	刘国辉	杨　坤　刘　光　李龙吉
中信银行东营分行	毕新宇	于　生
招商银行东营分行	郑　玲	张广信　牟德华
民生银行东营分行	尚永兴	张晓东　刘金湘
浦发银行东营分行	李华堂	边盛强　贾国良　刘功业
青岛银行东营分行	王鹏华	王洪春
东营莱商村镇银行	李敏实	李翠芳　刘汉忠　范水波
垦利乐安村镇银行	孙鹏飞	孙怀华
广饶梁邹村镇银行	常兆贤	张　立　高　峰　成玉环
人民财险东营市分公司	李亚力	
平安财险东营中心支公司	李昆明	
太平洋财险东营中心支公司	赵寿青	
天安财险东营中心支公司	李　锋	
大地财险东营中心支公司	刘修顺	
永安财险东营中心支公司	崔玉东	
中华联合东营中心支公司	王本文	

续表

单位名称	行长（或其他称谓的第一负责人）	副行长（或其他称谓的同级领导）
阳光财险东营中心支公司	杨庆华	
安邦财险东营中心支公司	张艳霞	
渤海财险东营中心支公司	冯文庆	
都邦财险东营中心支公司	杨宝文	
永诚财险东营中心支公司	孙玉伟	
民安财险东营中心支公司	李剑嵩	
国寿财险东营中心支公司	陈忠明	
浙商财险东营中心支公司	于秀莉	
天平汽车东营中心支公司	赵志波	
中国人寿东营分公司	许金荣	
平安人寿东营中心支公司	温玉明	
太平洋人寿东营中心支公司	李　涛	
泰康人险东营中心支公司	李志强	
新华人寿东营中心支公司	任国斌	
太平人寿东营中心支公司	傅春华	
合众人寿东营中心支公司	汤学锋	
嘉禾人寿东营中心支公司	臧秀红	
人民人寿东营中心支公司	姚丽丽	
阳光人寿东营中心支公司	赵鸣龙	
国华人寿东营中心支公司	李振合	
华泰人寿东营营销服务部	鲍　凯	
生命人寿东营中心支公司	王　军	
齐鲁证券东营济南路证券营业部	董典波	
广发证券东营济南路证券营业部	徐超平	
中信万通证券东营营业部	高长青	
东营恒通小额贷款公司	戴征宇	
东营区城发小额贷款公司	王海舰	

东营市金融业务统计指标

	指标（亿元）＼年度	2007	2008	2009	2010	2011	2011 年同比 增加额	2011 年同比 增幅（%）
银行类	本外币存款余额	851.6	1040.4	1312.1	1580.2	1927.7	347.5	21.99
	人民币存款余额	844.4	1032.8	1301.0	1567.1	1904.0	336.9	21.50
	单位存款	216.7	243.6	356.1	420.1	1048.4	628.3	149.56
	储蓄存款	440.7	554.1	640.2	703.1	789.9	86.8	12.35
	定期储蓄存款	284.7	365.8	410	429.7	501.3	71.6	16.66
	活期储蓄存款	156.1	188.3	230.2	273.4	288.6	15.2	5.56
	本外币贷款余额	621.9	716	934.3	1189.5	1439.6	250.1	21.03
	人民币贷款余额	598.9	695.9	899.9	1148.1	1390.9	242.8	21.15
	短期贷款	410.5	456.7	601.3	763	950.2	187.2	24.53
	中长期贷款	170.2	205.7	299.3	364.8	399.9	35.1	9.62
	票据融资	17.8	33.2	29.2	20.3	40.35	20.05	98.77

续表

指标（亿元）＼年度		2007	2008	2009	2010	2011	2011年同比 增加额	2011年同比 增幅（%）
银行类	当年结益	18.1	25.6	29.7	38.9	53.3	14.4	37.02
	不良贷款余额	24	19.4	20.3	9.2	12	2.8	30.43
	不良贷款占比%	3.9	2.7	2.2	1.3	0.85	-0.45	-34.62
保险类	保险公司保费收入	27.7	31.5	42	42.9	41.7	-1.2	-2.80
	财险收入	7.7	8.3	10.8	13.8	15.6	1.8	13.04
	寿险收入	20	23.2	31.3	29.1	26.1	-3	-10.31
	保险公司赔款和给付支出	4.8	5.5	6.1	7	11.8	4.8	68.57
	财险赔款	4.1	4.7	5.2	5.9	6.7	0.8	13.56
	寿险给付	0.7	0.9	0.9	1.1	5.1	4	363.64
	当年结益	22.9	26	36	35.9	29.9	-6	-16.71
证券类	证券市场成交总额	--	1542	1600	1857	1036	-821	-44.21
	投资者保证金余额	--	6.8	8.5	9.1	--	--	--
	证券账户开户数	--	66300	200000	201800	254000	52200	25.87
	佣金收入	--	1	1	1.1	--	--	--
	净利润	--	0.4	0.4	0.5	1.3	0.8	160.00
	期货市场成交总额	--	--	--	--	--	--	--
	期货客户保证金余额	--	--	--	--	--	--	--
	期货账户开户数	--	--	--	--	--	--	--
	期货手续费收入	--	--	--	--	--	--	--
	利润总额	--	--	--	--	--	--	--

东营市金融机构统计指标

指标（个）＼年度		2007	2008	2009	2010	2011	2011年同比增幅（%）
银行类	法人机构	6	6	6	7	9	28.6
	省级分行	0	0	0	0	0	0
	二级分行	5	6	6	10	14	40.0
	县区支行	70	81	82	82	85	3.7
	分理处、营业所	388	377	361	431	442	2.6
	储蓄所	11	11	11	11	11	0
	从业人员总数	5173	4714	5273	6192	6697	8.2
保险类	保险机构	16	22	23	23	29	26.1
	财险机构	9	13	13	13	16	23.1
	省级分公司	0	0	0	0	0	0
	地市分公司	9	13	13	13	16	23.1
	县区支公司	0	0	0	0	0	0
	寿险机构	7	9	10	10	13	30.0
	省级分公司	0	0	0	0	0	0
	地市分公司	7	9	10	10	13	30.0
	县区支公司	0	0	0	0	0	0
	从业人员总数	10005	11733	11056	11759	8757	-25.5
	财险人员	3709	4303	3349	3456	1394	-59.7
	寿险人员	6296	7430	7707	8303	7363	-11.3

续表

指标（个） \ 年度		2007	2008	2009	2010	2011	2011 年同比增幅（%）
证券类	证券机构	3	3	3	3	3	0
	证券公司	0	0	0	0	0	0
	证券营业部	3	3	3	3	3	0
	证券服务部	0	0	0	0	0	0
	从业人员总数	173	186	300	356	400	12.4
	投资者开户	65380	18600	200000	201800	254000	25.9
	境内上市股票支数	2	2	2	3	3	0
	境外上市股票支数	1	3	3	3	3	0
	辖区上市公司总数	3	5	5	6	6	0

东营市主要金融机构业务概况

单位：亿元

单位名称	本外币存款余额	人民币单位存款	人民币储蓄存款	本外币贷款余额	人民币短期贷款	人民币中长期贷款
农发行东营市分行	10.8	10.7	--	43.2	21.8	21.4
工行东营分行	341.9	164.3	169.5	245.2	116.5	117.5
农行东营市分行	280.1	164.7	112.0	262.1	191.9	64.9
中行东营分行	199.2	115.3	73.3	183.7	95.0	68.5
建行东营分行	262.8	139.3	116.7	185.9	96.4	75.4
交通银行东营分行	17.2	13.2	4.1	10.5	10.5	--
东营市商业银行	197.9	132.4	64.0	139.3	94.4	18.0
邮储银行东营市分行	85.2	19.8	65.5	16.7	8.4	8.3
东营市农村合作机构	257.1	87.6	168.9	198.2	187.4	8.0
恒丰银行东营分行	41.2	39.5	1.5	22.2	14.9	7.3
华夏银行东营分行	39.0	35.4	3.2	31.7	30.3	1.3
中信银行东营分行	34.6	32.2	2.1	26.3	22.1	3.0
招商银行东营分行	15.1	12.3	1.8	16.5	10.2	3.1
民生银行东营分行	29.0	23.1	5.9	16.3	14.6	1.7
浦发银行东营分行	33.3	33.0	0.3	26.9	25.5	1.4
青岛银行东营分行	6.5	5.5	1.0	2.5	2.5	--
东营莱商村镇银行	18.4	17.9	0.5	9.9	6.3	--
垦利乐安村镇银行	0.5	0.3	0.2	0.7	0.7	--
广饶梁邹村镇银行	1.1	0.9	0.2	0.7	0.7	--
东营恒通小额贷款公司	--	--	--	2.1	2.1	--
东营城发小额贷款公司	--	--	--	1.6	1.6	--

东营市各县级区域经济金融主要统计指标

名称	人口（万人）	面积（平方公里）	地区生产总值（亿元）	地区生产总值增速（%）	本外币存款余额（亿元）	储蓄存款（亿元）	本外币贷款余额（亿元）
东营区	62.23	1155.62	273.84	17.6	1345.6	550.2	730.3
河口区	21.56	2138.79	165.89	18.1	177.8		
垦利县	22.14	2204.07	252.65	17.7	177.8	90.2	190.3
利津县	29.96	1289.91	171.40	17.5	73.5	38.2	66.1
广饶县	50.06	1137.87	538.72	17.5	330.8	116.0	452.9

强化补充抵押担保、合同补正、风险资本和拨备计提等风险管理和抵补措施。

【外汇管理】 2011年，国家外汇管理局东营市中心支局坚持管理与服务并重，积极深化外汇管理改革，创新外汇服务措施，努力支持涉外经济平稳较快发展。

一、深入推进外汇主体监管试点工作。根据省局工作安排，完善配套制度、规程，为实施主体监管提供制度保障。

二、稳步推进进出口付汇核销改革推广工作。一是加强组织领导，成立了以局长为组长的工作领导小组，强化责任制，层层抓落实；二是强化宣传培训，营造良好改革试点氛围；三是积极做好各项准备工作，为改革试点实施奠定良好基础；四是建立健全内部控制操作规范和授权管理制度，积极探索内部职能转换。

三、严厉打击各类外汇违法违规活动。一是对辖内7家外商投资企业资本金结汇及人民币资金流向情况进行了专项检查；二是完成了对辖内9家金融机构2011年上半年办理的部分外汇业务检查，全市国际收支数据质量有了较大提高。

四、加强外汇政策法规宣传和培训力度，提高外汇服务水平。开展了外汇政策业务巡回宣讲培训班、广场宣传等活动。

【金融改革】 东营市金融主管部门着力深化银行业改革，完善现代金融体系，稳步推进辖区金融改革与创新。

一、积极推进法人机构改革发展。一是城商行发展质效进一步提升，督促城商行进一步完善公司治理结构，积极推动该行更名为“东营银行”；二是农村金融改革效果显著，利津农商行挂牌开业、河口农商行获准筹建、垦利联社达到农商行准入条件、广饶农商行流程银行试点工作扎实推进。

二、分类推动其他机构改革发展。交通、招商、民生、浦发、青岛银行东营分行顺利开业，光大银行东营分行获准筹建，邮储银行6家二类支行改革目标全部实现。同时，中信、恒丰已分别获准筹建支行1家。

【精神文明建设】 2011年，东营市金融系统全面推进精神文明建设，促进各项工作顺利开展。

人行东营中支承办了人行济南分行央行文化建设报告会；在女职工中开展了“巾帼不让须眉，争当业务排头兵”主题活动；在全行开展了“党在我心中，奉献在央行”主题活动、“回顾党的征程，讴歌央行发展”征文活动等，被人总行工会授予“2007-2010年总行级模范职工之家”荣誉称号；被市政府评为金融服务工作、支持商务工作先进单位及黄河三角洲开发建设排头兵，获得支持黄河三角洲开发建设特殊贡献奖。

各金融机构组织开展了形式多样的活动纪念建党90周年。银监会东营监管局在银监会组织的“纪念建党90周年”和“我这八年”征文活动中，有2篇征文被银监会采用，其中1篇获得银奖。中行广饶支行被评为国家级“青年文明号”、被中央文明委授予全国“文明单位”荣誉称号；多家金融机构获得地方政府表彰。

【大事记】 1月8日 刘光任华夏银行东营分行副行长（华银济发〔2011〕10号）。

2月12日 外汇管理局东营中心支局组织召开了进出口企业贸易信贷抽样调查系统培训暨企业座谈会。

2月14日 李永清、李九旭任人行东营中支党委委员、副行长（济银任〔2011〕11号）。

3月4日 人行东营中支组织召开2011年东营市政银企合作洽谈会，签约项目548个，签约贷款额694亿元。

3月30日 李刚任国家外汇管理局东营市中心支局副局长（济银任〔2011〕42号）。

东营市商业银行滨州邹平支行开业，成为东营市商业银行首家异地支行，标志着该行跨区域经营战略迈出了新的一步。

4月8日 招商银行东营分行正式开业。

4月26日 中国民生银行东营分行正式开业。

5月6日 农行东营分行被农总行授予“案件防控先进单位”荣誉称号。

5月20日 任显芬任恒丰银行东营分行行长（恒银济发〔2011〕77号）。

5月26日 交通银行东营分行正式开业。

7月22日 浦发银行东营分行正式开业。

6月23日 人行济南分行分行党委委员、副行长肖龙沧莅临东营中支开展农村支付环境建设调研。

7月25日 杨坤任华夏银行东营分行副行长（华银济发〔2011〕268号）。

8月31日 垦利乐安村镇银行股份有限公司正式开业。

9月6日 青岛银行东营分行正式开业。

9月19日 广饶梁邹村镇银行正式开业。

10月29日 山东省银行业现金供应应急管理会议在东营召开，人行济南分行党委委员、副行长李建文出席会议并讲话。

11月9日 人行济南分行党委委员、副行长肖龙沧一行到东营中支调研督导工作。

12月19日 东营市商业银行滨州分行第二家支行——博兴支行开业。

12月29日 东营莱商村镇银行第一家分支机构——牛庄支行开业。

12月31日 曹兵任恒丰银行东营分行行长助理（恒银济发〔2011〕215号）。

“东营市金融消费者权益保护中心”揭牌成立，正式启动东营市金融消费者权益保护工作。

（刘春华 石文华 任小强）

广饶县

【经济金融概况】 2011年，广饶县经济金融继续保持向好态势，工业生产保持较高速度，经济效益稳中有升，综合实力不断增强。各金融机构积极拓展业务，大力支持区域支柱产业的发展，信贷结构不断优化，信贷投放稳步增长，金融运行质量明显提高。

【金融发展与改革】 2011年，人行广饶县支行认真贯彻落实适度宽松的货币政策，加强窗口指导，以金融生态环境建设为主线，有效地促进政、银、企之间的合作，确保了支柱行业、重

广饶县主要经济指标

经济指标	2010	2011	2011年同比增幅（%）	经济指标	2010	2011	2011年同比增幅（%）
土地面积（平方公里）	1138	1138	0	地方财政支出（亿元）	32.90	47.82	45.3
人口（万人）	49.64	50.06	0.8	全社会固定资产投资（亿元）	263.95	334.98	27.3
城镇人口（万人）	6.85	6.76	-1.31	进出口总值（万美元）	352124	504019	45.6
地区生产总值（亿元）	459.48	538.72	17.5	出口总值（万美元）	195206	282833	80.2
第一产业（亿元）	31.40	35.45	4.3	实际利用外资（万美元）	3375	4515.5	44.0
第二产业（亿元）	333.07	385.88	19.3	社会消费品零售总额（亿元）	88.96	104.53	17.5
第三产业（亿元）	95.01	117.39	15.4	居民消费价格指数（%）	102.3	106.8	4.4
财政总收入（亿元）	34.13	53.52	56.8	人均地区生产总值（元）	92652	108065	16.9
地方财政收入（亿元）	24.31	38.95	60.3	城镇居民可支配收入（元）	21247	24425	15.0
财政总支出（亿元）	33.92	48.70	43.57	农民人均现金收入（元）	8794	10517	19.6

广饶县主要金融指标

金融指标（亿元）	2010	2011	2011年同比增幅（%）	金融指标（亿元）	2010	2011	2011年同比增幅（%）
本外币存款余额	279.49	330.79	18.35	财险收入	0.53	0.69	30.19
人民币存款余额	274.13	317.64	15.87	寿险收入	1.43	1.45	1.40
单位存款	98.33	198.04	101.40	财险赔款	0.01	0.31	3000
储蓄存款	103.71	115.82	11.68	寿险给付	0.27	0.30	11.11
本外币贷款余额	403.93	452.86	12.11	当年结益	—	—	—
人民币贷款余额	384.43	433.97	12.89	证券市场交易总额	—	—	—
短期贷款	285.76	335.56	17.43	投资者保证金余额	—	—	—
中长期贷款	97.68	98.10	0.43	证券账户开户数	—	—	—
票据融资	0.99	0.30	-69.70	证券交易佣金收入	—	—	—
当年结益	13.08	17.81	36.16	净利润	—	—	—
不良贷款余额	1.56	0.89	42.95				

广饶县主要金融机构负责人

单位名称	行长（或其他称谓的第一负责人）	副行长（或其他称谓的同级领导）
人行广饶县支行	王永强	刘延忠 蒋吉昌 谭 斌
银监会广饶县办事处	隋 勇	
农发行广饶县支行	韩绥军	井玉蓉 尹洪涛
工行广饶支行	段其明	郭洪明 崔敏华 魏建明 王明荣
农行广饶支行	巩稚峰	陈 琪 郭 伟 孙培伟 林 健
中行广饶支行	李明光	邓晓东 刘志军
建行广饶支行	李华东	张 勇 西同光 聂丽玉
东营市商行广饶支行	崔永明	乔 静

续表

单位名称	行长（或其他称谓的第一负责人）	副行长（或其他称谓的同级领导）
东营市商行大王支行	许庆波	丁文娟
广饶县农商行	高传星	赵树华 戴国建 刘玉明 生国江
邮储银行广饶县支行	刘彦军	韩 晓
广饶县梁邹村镇银行	高 生	高 峰 成玉环
广饶县瑞丰小额贷款公司	门瑞营	张 华
广饶县金桥小额贷款公司	刘锋杰	刘收田
广饶县鲁商小额贷款公司	王跃庆	周立华
广饶县丰泰小额贷款公司	徐国平	孙鹏程
广饶县乐安小额贷款公司	张树杰	燕敬宏
广饶县金丰源小额贷款公司	李圣法	于德顺

广饶县主要金融机构业务概况

单位：亿元

单位名称	本外币存款余额	单位存款	储蓄存款	本外币贷款余额	短期贷款	中长期贷款
农发行广饶县支行	3.90	3.90	—	18.44	7.63	10.81
工行广饶支行	38.87	29.49	9.38	84.75	50.25	34.50
农行广饶支行	81.08	59.71	21.36	112.76	99.45	13.31
中行广饶支行	34.22	30.38	3.84	56.99	48.31	8.38
建行广饶支行	37.79	32.93	4.85	84.37	56.51	27.85
东营市商行广饶支行	13.51	11.55	1.96	13.42	12.54	0.89
广饶县农商行	103.32	37.94	65.29	78.29	76.91	1.38
邮储银行广饶县支行	13.31	4.18	9.13	3.19	2.20	0.99
广饶县梁邹村镇银行	1.12	0.92	0.20	0.66	0.66	0
广饶县瑞丰小额贷款公司	—	—	—	2.88	2.88	—
广饶县金桥小额贷款公司	—	—	—	3.75	3.75	—
广饶县鲁商小额贷款公司	—	—	—	1.71	1.71	—
广饶县丰泰小额贷款公司	—	—	—	1.15	1.15	—
广饶县乐安小额贷款公司	—	—	—	2.50	2.50	—
广饶县金丰源小额贷款公司	—	—	—	1.65	1.65	—

点项目和工程的资金需求。

【金融服务与监管】 2011年，人行广饶县支行进一步强化金融服务与监管，维护辖区金融稳定，为全县经济发展提供了良好的金融服务。一是加强对县域经济金融热点、难点问题的调研分析，为决策提供信息和依据；二是强化对监管人员的业绩和行为考核，提高其监管能力和水平；三是加强货币政策传导，引导金融部门加大支农和中小企业信贷投放，优化信贷结构；四是先后组织人民币流通管理、外汇、金融统计、国库业务、反洗钱等业务监督检查，有效规范了区域金融的运行秩序；五是加大征信宣传力度，保证辖区金融的健康运行。

（张子东 宋振红）

垦利县

【经济金融概况】 2011年，人民银行垦利县支行优化金融服务，调整信贷结构，创新金融产品，增加信贷投放，通过组织召开政银企座谈会等形式，引导信贷支持重点，促进地方经济结构调整，达成授信金额53亿元。

【金融发展与改革】 2011年，人行垦利县支行一是加强对法人金融机构和商业银行流动性状况监测，促进宏观调控政策

垦利县主要经济指标

经济指标	2010	2011	2011年同比增幅（%）	经济指标	2010	2011	2011年同比增幅（%）
土地面积（平方公里）	2204	2204	0	地方财政支出（亿元）	13.90	19.3	38.7
人口（万人）	22.05	22.06	0.04	全社会固定资产投资（亿元）	172.00	206.8	26.9
非农业人口（万人）	3.90	3.91	0.26	进出口总值（万美元）	23367	36543	56.39
地区生产总值（亿元）	220.28	252.7	17.7	出口总值（万美元）	16707	23242	39.1
第一产业（亿元）	13.67	15.6	4.6	实际利用外资（万美元）	1503	1527	1.6
第二产业（亿元）	145.15	163.1	20.9	社会消费品零售总额（亿元）	30.20	35.5	17.3
第三产业（亿元）	61.46	73.9	13.1	居民消费价格指数（%）	103.4	104.7	4.7
财政总收入（亿元）	29.02	38.81	33.74	人均地区生产总值（元）	100224	114551	14.29
地方财政收入（亿元）	9.2	12.01	30.6	城镇居民可支配收入（元）	21083	24666	17
财政总支出（亿元）	27.12	38.18	40.78	农民人均现金收入（元）	8223	9905	20.5

垦利县主要金融指标

金融指标（亿元）	2010	2011	2011年同比增幅（%）	金融指标（亿元）	2010	2011	2011年同比增幅（%）
本外币存款余额	161.39	177.83	10.19	财险收入	0.48	1.37	185.42
人民币存款余额	160.81	176.91	10.01	寿险收入	0.92	1.88	104.34
企业存款	44.66	85.43	91.29	财险赔款	0.32	0.56	75.0
储蓄存款	80.26	89.91	12.02	寿险给付	0.08	0.23	187.5
本外币贷款余额	168.60	190.27	12.85	当年结益	1.14	2.08	82.46
人民币贷款余额	168.55	185.63	9.2	证券市场交易总额	--	--	--
短期贷款	112.93	129.68	14.83	投资者保证金余额	--	--	--
中长期贷款	55.60	53.22	-4.28	证券账户开户数	--	--	--
票据融资	--	2.72	--	证券交易佣金收入	--	--	--
当年结益	5.88	8.61	46.42	净利润	--	--	--
不良贷款余额	2.04	1.71	-16.18				

垦利县主要金融机构负责人

单位名称	行长（或其他称谓的第一负责人）	副行长（或其他称谓的同级领导）
人行垦利县支行	张晋平	陈　田　王志明
银监会垦利县办事处	王文良	
农发行垦利县支行	李好贞	房永梅　赵　凯
工行垦利支行	李　琰	张爱东　宋金玲
农行垦利支行	刘明鹤	常西金　张树红
中行垦利支行	武英江	秦荣村
建行垦利支行	毕玉军	张卫华
垦利县商行	袁　刚	梁继明　李端阳
垦利县农信联社	徐树彬	单爱凤　王中文
邮储银行垦利县支行	陈树利	李晓明

垦利县主要金融机构业务概况

单位：亿元

单位名称	本外币存款余额	企业存款	储蓄存款	本外币贷款余额	短期贷款	中长期贷款
农发行垦利县支行	1.06	1.05	0	6.72	3.38	3.34
工行垦利支行	37.38	18.18	18.84	47.96	28.61	15.05
农行垦利支行	42.88	21.41	21.42	36.29	27.62	8.67
中行垦利支行	25.56	17.28	7.68	34.29	21.6	12.03
建行垦利支行	12.77	9.41	3.31	24.25	13.25	10.99
垦利县商行	6.56	4.36	1.95	5.91	4.77	1.14
垦利县农信联社	41.01	10.66	30.26	31.98	28.36	1.20
邮储银行垦利县支行	8.96	2.76	6.20	2.18	1.38	0.80
垦利县乐安村镇银行	0.56	0.31	0.25	0.70	0.70	--
万德福小额贷款公司	--	--	--	2.43	2.43	--
明珠小额贷款公司	--	--	--	1.58	1.58	--

顺利实施以及金融机构稳健经营；二是加强对农信社专项央行票据兑付的后续考核监测管理，巩固和提高改革成果；三是开展对农行“三农金融事业部”改革试点检查评估工作，促进其构建起“三级督导、一级经营”管理体制和“六个单独”运行机制；四是积极引进农村金融服务机构，扩大支农服务队伍；9月，垦利乐安村镇银行挂牌成立。

【金融服务与监管】 2011年，人行垦利县支行充分发挥货币政策工具的引导作用，全年发放支农再贷款1.6亿元。一是认真做好贷款卡发放和年审工作，积极推行挂牌服务和客户满意度监督工作；二是积极开展反假货币宣传、征信管理咨询和支付结算服务活动；三是加强征信知识宣传，在辖区23个金融营业网点，发放海报、宣传折页5000多份。

（李祥勇）

利津县

【经济金融概况】 2011年，利津县经济保持平稳较快发展。金融业平稳运行，各项存贷款大幅增长，信贷结构不断优化，服务质量明显提升，县域石油化工、纺织、制药、农副产品加工等主导行业和全县45个重点项目、三农、中小企业等得到较好的信贷支持，银行业资产质量不断提高，盈利能力持续增强。

【金融发展与改革】 2011年，利津县金融发展势头良好，

利津县主要经济指标

经济指标	2010	2011	2011年同比增幅（%）	经济指标	2010	2011	2011年同比增幅（%）
土地面积（平方公里）	1665.6	1665.6	0	地方财政支出（亿元）	11.59	13.96	20.45
人口（万人）	29.87	29.96	0.30	全社会固定资产投资（亿元）	96.37	118.5	22.96
城镇人口（万人）	3.89	3.84	-1.29	进出口总值（万美元）	33351	33730	1.14
乡村人口（万人）	25.98	26.12	0.54	出口总值（万美元）	6644	7630	14.84
地区生产总值（亿元）	143.79	175.6	22.12	实际利用外资（万美元）	2051	813	-60.36
第一产业（亿元）	20.72	24	15.83	社会消费品零售总额（亿元）	18.17	21.3	17.23
第二产业（亿元）	79.5	98.5	23.9	居民消费价格指数（%）	102.90	104.9	1.94
第三产业（亿元）	43.57	53.1	21.87	人均地区生产总值（元）	48180	57291	18.91
财政总收入（亿元）	11.89	16.5	38.77	城镇居民可支配收入（元）	19111	21970	14.96
地方财政收入（亿元）	4.69	6.13	30.7	农民人均现金收入（元）	7965	9224	15.81
财政总支出（亿元）	16.3	19.1	17.2				

利津县主要金融指标

金融指标（亿元）	2010	2011	2011年同比增幅（%）	金融指标（亿元）	2010	2011	2011年同比增幅（%）
本外币存款余额	58.26	73.48	26.12	财险收入	0.28	0.36	28.57
人民币存款余额	58.22	73.19	25.71	寿险收入	0.66	0.56	-15.15
单位存款	28.00	32.34	16.50	财险赔款	0.13	0.2	53.85
储蓄存款	32.64	38.24	17.16	寿险给付	0.19	0.1	-47.37
本外币贷款余额	56.64	66.11	16.72	当年结益	—	—	—
人民币贷款余额	54.94	65.91	19.97	证券市场交易总额	—	—	—
短期贷款	41.78	47.50	13.69	投资者保证金余额	—	—	—
中长期贷款	12.99	18.34	41.19	证券账户开户数	—	—	—
票据融资	0.16	0	-100	证券交易佣金收入	—	—	—
当年结益	1.63	2.19	34.36	净利润	—	—	—
不良贷款余额	1.78	1.06	-40.45				

利津县主要金融机构负责人

单位名称	行长（或其他称谓的第一负责人）	副行长（或其他称谓的同级领导）
人行利津县支行	王学亮	李士春　张爱民
监管局利津县办事处	赵海芳	
农发行利津县支行	孙振亭	杜　勇　鞠迎春
农行利津支行	李万刚	薛云忠　张子利　秦晓鹏
建行利津支行	高宏业	王岱刚　陈龙武　刘合理　王爱玲
利津县商行	牟光辉	谢遵建　陈　闯
利津县农信联社	徐奇祥	朱美村　黄花厂　李卫东　张玉东
邮储银行利津县支行	袁树樱	李　强
金坤小额贷款公司	韩俊来	田禾立
恒信小额贷款公司	赵宝民	高兴霞

利津县主要金融机构业务概况

单位：亿元

单位名称	本外币存款余额	企业存款	储蓄存款	本外币贷款余额	短期贷款	中长期贷款
农发行利津县支行	2.32	2.32	—	6.08	3.92	2.16
农行利津支行	16.94	9.39	7.55	15.94	10.61	5.33
建行利津支行	13.10	8.73	4.37	17.12	9.75	7.37
利津县商行	4.78	3.34	1.44	5.93	3.40	2.53
利津县农信联社	25.32	7.08	18.24	18.79	18.69	0.02
邮储银行利津县支行	8.41	1.77	6.64	2.24	1.32	0.92
金坤小额贷款公司	—	—	—	2.31	2.31	—
恒信小额贷款公司	—	—	—	2.21	2.21	—

金融改革稳步推进。农信社进一步推广实施农村文明信用工程,规范了贷款证、农户联保等贷款管理方式,提高了支农服务水平,实现了社农“双赢”。12 月 27 日,山东利津农村商业银行正式挂牌开业,有力推进了该县农村金融体系建设。邮储银行利津支行的业务范围进一步拓宽;全县第二家小额贷款公司——利华益恒信小额贷款股份有限公司成立,进一步缓解了全县农户和小企业贷款难、担保难问题。

【金融服务与监管】 2011 年,人行利津县支行积极发挥窗口指导作用,为全县经济发展提供了良好的金融服务。一是制定了《关于认真做好 2011 年货币信贷工作进一步推进黄蓝两大战略及突破利津战略实施的意见》;二是积极搭建银企合作平台,协调组织召开了全县银企合作洽谈会,签约资金 62 亿元,资金到位率 73.82%;三是做好对金融机构的检查、考核、绩效评价等工作,确保县域金融平稳有序运行;四是加强对支农再贷款、法人机构存款准备金、中央银行专项票据等资金的管理;五是加强征信管理与服务,提高全社会信用意识;六是提升外汇业务管理工作水平,积极推行跨境贸易人民币结算业务,为出口企业提供便利化外汇服务;七是做好国库集中支付工作;八是以银行卡助农取款推广工作为重点,进一步深化农村支付环境建设。

（辛玉梅　高建刚）

滨州市

【经济金融概况】 2011 年,滨州市经济实现了平稳较快发展,金融运行呈现稳中趋快等 4 个特点:一是贷款在全省增幅排名由第 8 位升至第 5 位;二是存款增速持续加快,增速居全省第 1 位,存贷比 95.94%,连续两年居山东省第 1 位;三是表外融资带动全市社会融资总量加快增长,同比增长 73.5%;社会信用总量合计 1719.7 亿元,较年初增加 384.2 亿元,增加额是上年同期的 2 倍;四是小企业信贷增速不断加快,大、中、小型企业贷款分别较年初增长 19.2%、12.2%和 21.4%,小企业贷款增速超出大中型企业,显示出其巨大的增长潜力。

【货币政策实施】 2011 年,人行滨州市中心支行不断丰富窗口指导手段,积极探索新形势下基层央行履职方式。一是召开了涉农银企合作促进会,有力地支持了“三农”发展,全年累计发放支农再贷款 25.9 亿元;二是支持中小企业发展,推动博兴县筹备发行中小企业集合票据 5.5 亿元,有关资料已提报交易商协会;帮助西王集团成功发行 15 亿元中期票据、博兴京博石化发行短期融资券 10 亿元(已批复);三是支持重点企业和项目成效突出,9 月末,前 20 家重点骨干企业新增人民币贷款 70.9 亿元,占全市新增企业贷款的 63.4%,重点企业和项目资金得到满足。

【金融监管】 2011 年,银监会滨州银监分局积极推动辖区银行业改革,引导辖内银行业金融机构大力调整信贷结构,辖区银行业实现了健康稳定发展。

一、抓住关键点,促进宏观调控政策的落实。一是通过窗口指导、及时调度,实现了信贷结构的优化,同时,积极响应国家产业调整政策,退出“两高一剩”行业;二是对全市银行从业人员开展宣传培训,着力强化督促检查,现场检查问题整改率 83%以上,切实保障了新规定的贯彻实施;三是融资平台贷款清理规范工作进展顺利。

二、把握立足点,严守风险监管底线,实现风险管控水平持续提升。“锁定”大型银行不良余额,强化动态监测,坚决防控新增不良。同时,指导农村信用社真实反映不良贷款,在此基础上,开展了顶冒名贷款回头看和再清查活动,夯实了案防工作基础。

三、找准切入点,不断丰富服务手段。一是利用政府的协调力,有效推动了平台贷款清理、农信社不良贷款清收处置、机构引进等难点工作;二是扎实开展公众教育服务,“送金融知识下乡”、“公众教育日”两项活动取得了积极成果;三是成功引进了第 1 家全国性股份制商业银行,首家新型农村金融机构正式开业,第 3 家改制的农村合作银行挂牌成立。

【外汇管理】 2011 年,外管局滨州市中心支局积极推动外贸投资便利化,国际结算业务取得新突破。一是制定实施了《优质涉外企业重点服务管理办法》,该办法通过对全市涉外收支总量前 20 家企业进行重点帮扶,降低了企业市场交易成本,提高了外汇监管成效;二是协助辖内 6 家中资企业和 1 家中资法人银行申请了短期外债指标;三是扎实准备贸易外汇管理改革试点,合理调整了岗位分工,加强贸易外汇管理改革制度的学习和政策宣传;四是充分运用金砖国家“三亚宣言”中“推广本币结算、扩大本币融资”的政策和第 109 届中国进出口商品交易会的契机,扩大跨境人民币结算量,全市跨境人民币结算量 80.4 亿元,居山东省第 6 位。

【资本市场】 2011 年,滨州市资本市场继续健康发展,企业直接融资规模获得新突破,全年新增 3 家上市企业,年末达 14 家,资本市场当年融资额 66 亿元,同比增长 90.4%。居民股市投资信心继续下行。

【精神文明建设】 2011 年,滨州市金融系统隆重召开了

滨州市经济主要统计指标

指标＼年度	2007	2008	2009	2010	2011	2011年同比增幅（%）
土地面积（平方公里）	9453	9453	9453	9453	9453	0
人口（万人）	374.48	375.68	377.50	377.92	380.68	0.73
非农业人口（万人）	95.29	104.69	105.26	120.47	139.83	16.07
地区生产总值（亿元）	1030.29	1236.83	1350.90	1551.52	1817.58	12
第一产业（亿元）	109.57	122.69	135.93	155.48	178.07	4.9
第二产业（亿元）	638.33	753.67	788.70	847.31	972.29	13.1
工业（亿元）	587.95	693.00	720.61	767.26	877.08	13.4
建筑业（亿元）	50.38	60.67	68.09	80.05	95.21	9.8
第三产业（亿元）	282.39	360.47	426.27	548.73	667.22	12.3
人均地区生产总值（元）	28125	33610	36568	41054.19	48326	10.9
地区生产总值构成（%）	100	100	100	100	100	0
第一产业（%）	10.63	9.92	10.06	10.02	9.8	-0.22
第二产业（%）	61.96	60.94	58.38	54.61	53.49	-1.12
第三产业（%）	27.41	29.14	31.56	35.37	36.71	1.34
财政总收入（亿元）	118.56	138.32	151.00	198.29	242.91	22.5
地方财政收入（亿元）	59.37	70.37	80.17	103.99	130.76	25.75
财政总支出（亿元）	—	—	—	—	—	—
地方财政支出（亿元）	84.94	100.88	124.72	161.62	201.17	24.3
全社会固定资产投资（亿元）	605	650	—	—	—	—
规模以上固定资产投资（亿元）	481.83	578.69	723.41	886.12	1010.69	23.8
房地产开发（亿元）	23.45	50.67	69.83	96.55	106.28	10.1
进出口总值（亿美元）	33.59	45.28	33.67	50.92	66.93	31.43
出口总值（亿美元）	18.81	23.01	17.66	25.51	28.47	11.6
实际利用外资（亿美元）	2.52	3.01	1.69	3.10	10.43	236.35
社会消费品零售总额（亿元）	246.05	302.62	360.28	431.16	505.75	17.3
居民消费价格指数（%）	103.2	104.8	99.20	102.5	103.9	1.4
城市居民人均可支配收入（元）	13888	15960	17500	19686	22540	14.5
农民人均现金收入（元）	4986	5662	6245	7194	8743	21.5

注：依据市财政、统计部门说明，“财政总支出”指标不作统计。“全社会固定资产投资”指标2009年起不再统计。

滨州市工农业主要统计指标

农业主要统计指标（万吨）				规模以上工业企业主要统计指标（亿元）			
项目＼年度	2010年	2011年	增幅（%）	项目＼年度	2010年	2011年	增幅（%）
粮食	295.65	309.37	4.6	工业增加值	919.83	1066.27	15.92
夏粮	141.88	149.39	5.3	国有工业	84.29	91.38	8.41
秋粮	153.77	159.97	4	集体工业	1.32	1.67	26.56
棉花	13.22	15.71	6	股份制工业	785.20	921.67	17.38
油料	1.01	0.84	-16.4	股份合作制工业	0.08	0.08	-1.99
水果	103.26	112.85	9.3	外商及港澳台投资工业	42.83	44.86	4.74

续表

农业主要统计指标（万吨）				规模以上工业企业主要统计指标（亿元）			
项目＼年度	2010 年	2011 年	增幅（%）	项目＼年度	2010 年	2011 年	增幅（%）
蔬菜	178.64	184.59	-0.2	轻工业	477.69	534.77	11.95
肉类	41.63	45.41	9.1	重工业	442.13	535.11	21.03
禽蛋	21.70	23.92	10.2	销售收入	4152.53	4978.04	32.8
奶类	12.61	13.27	5.2	利税	361.89	362.8	17.34
水产品	36.29	39.17	9.9	利润	239.42	238.55	18.52
森林覆盖率（%）	28.70	28.8	0.1	经济效益综合指数（%）	277.92	272.35	14.58

滨州市主要金融机构负责人

单位名称	行长（或其他称谓的第一负责人）	副行长（或其他称谓的同级领导）
人行滨州市中心支行	郑现中	霍成义 李 虹 贾克玲 李庶泳 王晓黎
银监会滨州监管分局	郝 军	胡红坚 侯庆华 刘寿章 孟庆信
农发行滨州市分行	陈鲁宁	刘志波 辛俊峰 张炳俊 李晓东
工行滨州分行	苗 帅	王 莹 张建新 吴建华 姚春洪 李 战
农行滨州分行	刘聪盛	李遵政 陈 东 何宝林 郝 政 孙学雷 杨 超
中行滨州分行	孟 斐	万志强 于 泳 王晓楠 柳世良
建行滨州分行	休 琦	焦 兵 孔凡忠 徐元兴 王水东 王东方 杨国文 高立江
交通银行滨州分行	程家玺	米 军 赵 晖
齐商银行滨州分行	张 波	张 涛 张玉鹏
东营银行滨州分行	石钦勇	耿小军 朱玉平
恒丰银行滨州分行	杨 文	王文博 贾青冰 祁 明
农信社滨州市办事处	王 军	杨忠诚 李 臣 高 平
邮储银行滨州市分行	王金虎	许欣山 张 萍
滨城区银泰小额贷款公司	刘曰星（法人代表）	张大春（经理）
滨城区天成小额贷款公司	张中正（法人代表）	王雪征（经理）
经济开发区盟威小额贷款公司	李俊杰（法人代表）	李一桥（经理）
高新区中喜小额贷款公司	张令浩（法人代表）	吴建华（经理）
北海新区正德小额贷款公司	吴明春（法人代表）	鲍树轩（经理）

滨州市金融业务统计指标

指标（亿元）＼年度		2007	2008	2009	2010	2011	2011 年同比	
							增加额	增幅（%）
银行类	本外币存款余额	566.03	700.22	921.55	1065.83	1309.69	243.86	22.88
	人民币存款余额	562.83	696.69	918.27	1061.01	1300.81	239.8	22.60
	单位存款	125.81	126.62	242.15	279.34	693.31	413.97	148.20

续表

指标（亿元）＼年度		2007	2008	2009	2010	2011	2011年同比	
							增加额	增幅（%）
银行类	个人存款	303.44	383.67	444.54	508.31	586.45	78.14	15.37
	本外币贷款余额	564.31	669.44	889.54	1068.47	1256.49	188.02	17.60
	人民币贷款余额	549.69	649.87	846.99	1020.38	1211.55	191.17	18.74
	短期贷款	372.16	421.50	563.96	587.57	834.97	247.4	42.11
	中长期贷款	160.86	196.62	270.08	328.26	363.44	35.18	10.72
	票据融资	26.99	34.79	12.93	4.53	13.11	8.58	189.40
	当年结益	17.61	24.12	25.79	36.06	42.01	8.11	23.91
	不良贷款余额	46.21	25.33	40.29	24.90	14.33	-10.57	-42.45
	不良贷款占比%	8.19	3.80	4.53	2.33	1.14	-1.19	-51.07
保险类	保险公司保费收入	14.87	20.50	27.14	33.72	37.59	4.27	12.66
	财险收入	5.30	7.01	9.23	11.66	14.02	2.39	20.52
	寿险收入	9.57	13.49	17.91	22.06	23.57	1.88	8.51
	保险公司赔款和给付支出	3.32	3.87	8.49	8.13	10.29	2.23	27.57
	财险赔款	2.95	3.35	4.58	6.07	6.94	0.93	15.52
	寿险给付	0.37	0.52	3.91	2.07	3.35	1.3	62.69
	当年结益	—	—	—	—	—	—	—
证券类	证券市场成交总额	750.11	1032.70	1495.16	751.57	427.37	-324.2	-43.14
	投资者保证金余额	6.32	3.41	7.06	—	—	—	—
	证券账户开户数	88803	102110	106526	64100	99700	35600	55.54
	佣金收入	1.54	1.16	1.64	—	—	—	—
	净利润	1.02	0.68	1.08	—	—	—	—
	期货市场成交总额	—	—	—	—	—	—	—
	期货客户保证金余额	—	—	—	—	—	—	—
	期货账户开户数	—	—	—	—	—	—	—
	期货手续费收入	—	—	—	—	—	—	—
	利润总额	—	—	—	—	—	—	—

注：1.保险类“当年结益”指标因部分保险公司数据未核实不能对外提供，无法汇总统计。
2.证券类2010、2011年度“投资者保证金余额”、“佣金收入”、“净利润”三指标因证券公司未提供，无法汇总统计。
3.滨州无期货市场。

滨州市金融机构统计指标

指标（个）＼年度		2007	2008	2009	2010	2011	2011年同比增幅（%）
银行类	法人机构	7	7	7	8	11	37.50
	省级分行	—	—	—	—	—	—
	二级分行	6	7	7	9	11	22.22
	县区支行	134	150	158	167	73	-56.29
	分理处、营业所	219	274	265	275	405	47.27
	储蓄所	145	17	17	0	29	—
	从业人员总数	6366	6117	6383	6310	6566	4.06

续表

指标（个）\年度		2007	2008	2009	2010	2011	2011年同比增幅（%）
保险类	保险机构	43	43	60	75	88	17.33
	财险机构	31	38	38	40	44	10
	省级分公司	—	—	—	—	—	—
	地市分公司	12	14	14	15	17	13.33
	县区支公司	19	24	24	25	27	8
	寿险机构	12	15	22	35	44	25.71
	省级分公司	—	—	—	—	—	—
	地市分公司	6	9	9	10	11	10
	县区支公司	6	6	13	25	33	32.00
	从业人员总数	7550	9830	12800	13500	13700	1.48
	财险人员	1120	1350	1395	1595	1695	6.27
	寿险人员	6430	8480	11405	11905	12005	0.84
证券类	证券机构	6	6	5	5	5	0
	证券公司	—	—	—	—	—	—
	证券营业部	6	6	5	5	5	0
	证券服务部	—	—	—	—	—	—
	从业人员总数	37	43	43	85	85	0
	投资者开户	88803	102110	106526	93369	99700	6.78
	境内上市股票支数	3	3	3	6	6	0
	境外上市股票支数	4	5	5	5	8	60
	辖区上市公司总数	7	8	8	11	14	27.27

滨州市主要金融机构业务概况

单位：亿元

单位名称	本外币存款余额	人民币单位存款	人民币个人存款	本外币贷款余额	人民币短期贷款	人民币中长期贷款
农发行滨州市分行	23.27	23.23	—	95.77	53.51	40.22
工行滨州分行	250.32	248.37	158.26	299.09	143.48	137.19
农行滨州市分行	267.79	142.34	123.66	232.34	171.34	53.33
中行滨州分行	111.88	75.58	32.65	149.05	76.65	51.45
建行滨州分行	165.68	97.46	65.07	147.52	92.91	54.61
交通银行滨州分行	1.22	1.12	0.09	—	—	—
齐商银行滨州分行	29.22	22.97	3.68	28.14	23.92	1.56
东营商行滨州分行	21.72	19.41	2.31	15.7	15.54	0.16
恒丰银行滨州分行	32.69	29.39	3.04	17.48	16.8	0.08
农信社滨州市办事处	296.67	99.62	196.53	252.39	226.41	20.24
邮储银行滨州市分行	83.63	14.16	69.47	11.71	7.12	4.59
滨城区银泰小额贷款公司	—	—	—	1.00	1.00	—
滨城区天成小额贷款公司	—	—	—	1.78	1.78	—
经济开发区盟威小额贷款公司	—	—	—	1.01	1.01	—
高新区中喜小额贷款公司	—	—	—	1.34	1.34	—
北海新区正德小额贷款公司	—	—	—	0.81	0.81	—

滨州市各县级区域经济金融主要统计指标

名称	人口（万人）	面积（平方公里）	地区生产总值（亿元）	地区生产总值增速（%）	本外币存款余额（亿元）	储蓄存款（亿元）	本外币贷款余额（亿元）
滨州市	380.68	9453	1817.58	12	1309.69	586.72	1256.49
市辖区	47.36	1041	264.31	11.2	396.54	171.63	361.43
惠民县	64.18	1363	135.85	11.5	85.58	57.25	69.10
阳信县	45.21	799	108.49	10.7	62.14	37.05	47.67
无棣县	42.98	1984	196.91	12.2	93.47	56.86	107.97
沾化县	39.01	2116	132.54	11.7	61.32	33.42	57.16
博兴县	48.91	900	235.37	12.3	222.66	100.57	181.08
邹平县	72.97	1250	632.47	12.6	387.97	129.93	432.08

注：因无金融数据，故未单列滨州开发区、高新区、北海开发区的人口、面积与GDP数据，“滨州市”一行将其包括在内。

“庆祝建党90周年大会”，深入学习胡锦涛总书记“七一”讲话精神。全辖持续开展“学典型、树新风、推亮点”活动和“身边的榜样” 主题教育活动。工行滨州分行被中央文明委授予“全国文明单位”荣誉称号。

【大事记】 1月21日 中国金融工会组织中国金融书法家协会、中国金融美术家协会到农行滨州分行开展“送文化下基层书画笔会”。

3月7日 根据恒银济党发[2011]5号文，恒丰银行滨州分行党支部由杨文任书记，王文博任组织委员，贾青冰任宣传委员，祁明任纪律监察委员。

3月14日 人行滨州市中心支行正式启动对农行滨州分行三农金融事业部改革试点检查评估工作。

3月18日 建行滨州分行在武汉大学举办全市重点客户“高级财务管理培训班”。

3月28日 中行滨州分行营销山东宏桥新型材料有限公司IPO资金11.7亿港元。

4月15日 滨州市举办“2011诚信阳信银政企恳谈会”，20家金融机构与100余家企业参加，签订合同金额50.52亿元。

4月20日 根据工银鲁党委任免[2011]10号文，韩继勇调任工行山东省分行，免去其工行滨州分行党委书记、行长职务。

人行滨州市中心支行和滨州市金融证券办公室、滨州市农业局联合组织举办“2011滨州市首届涉农银企洽谈会”，辖内11家金融机构与各县区240家农业产业化龙头企业签订合同金额155.34亿元。

4月 工行滨州分行被中华全国总工会授予“全国五一劳动奖状”荣誉称号。

5月13日 根据齐银发[2011]18号文，张涛、张玉鹏任齐商银行滨州分行副行长。

6月21日 根据工银鲁党委任免[2011]13号文，苗帅任工行滨州分行党委书记、行长。

10月11日 工行滨州分行成功办理山东省首笔融资租赁信托理财业务2亿元。

10月20日~21日 滨州市举办“2011诚信滨州第10届银企合作促进会暨黄河三角洲高效生态经济区（滨州）第2届融资洽谈会”，39家银行和8家投资机构参加，签订合同金额1272.6亿元。

11月17日 恒丰银行滨州分行举办“达人秀”总决赛暨开业一周年庆典晚会。

根据齐银发[2011]18号文，张波兼任齐商银行滨州分行行长。

12月13日 交通银行滨州分行开业（银监鲁准[2011]616号）。

12月14日 根据交银鲁任[2011]55号文，程家玺任交通银行滨州分行行长，米军、赵晖任副行长。

（郑方敬 陈 浩）

惠民县

【经济金融概况】 2011年，惠民县继续实施“工业兴县、产业强县”战略，推动特色产业基地建设，加快培育装备制造、生物医药、新能源新材料等新兴产业，规模以上工业企业发展到103家。

【金融发展与改革】 2011年，人行惠民县支行引导金融机构认真贯彻稳健的货币政策。一是出台了信贷工作、金融支持战略性新兴产业的《指导意见》，引导县内金融机构加大对重点领域和薄弱环节的资金支持；二是利用支农再贷款引导农信社累计发放三农贷款8.6亿元，有效缓解了农民贷款难的问题；三是继续开展多种形式的银企合作，签约项目涉及装备制造、生物医药、新能源和现代农业等产业，总计签约金额超过

惠民县主要经济指标

经济指标	2010	2011	2011年同比增幅（%）	经济指标	2010	2011	2011年同比增幅（%）
土地面积（平方公里）	1357	1357	0	地方财政支出（亿元）	13.34	12.32	-7.65
人口（万人）	63	63.8	1.27	全社会固定资产投资（亿元）	83.6	105	25.60
城镇人口（万人）	15	15.5	3.33	进出口总值（万美元）	3330	4300	29.13
乡村人口（万人）	48	48.3	0.62	出口总值（万美元）	2030	2400	18.23
地区生产总值（亿元）	120	140	16.67	实际利用外资（万美元）	--	336	--
第一产业（亿元）	22.8	26.9	17.98	社会消费品零售总额（亿元）	53.5	62.23	16.32
第二产业（亿元）	54	60.1	11.3	居民消费价格指数（%）	--	--	--
第三产业（亿元）	43.2	53	22.69	人均地区生产总值（元）	18800	21943	16.72
财政总收入（亿元）	8.31	10.2	22.74	城镇居民可支配收入（元）	16860	19200	13.88
地方财政收入（亿元）	4.08	5.17	26.71	农民人均现金收入（元）	6861	7625	11.14
财政总支出（亿元）	--	--	--				

惠民县主要金融指标

金融指标（亿元）	2010	2011	2011年同比增幅（%）	金融指标（亿元）	2010	2011	2011年同比增幅（%）
本外币存款余额	70.85	85.54	20.73	财险收入	0.71	1.00	40.84
人民币存款余额	70.85	85.54	20.73	寿险收入	0.66	2.21	234.85
单位存款	9.30	27.07	191.08	财险赔款	0.45	0.53	17.78
个人存款	49.60	57.24	15.40	寿险给付	0.34	0.76	123.53
本外币贷款余额	56.09	69.10	23.19	当年结益	--	--	--
人民币贷款余额	56.09	69.10	23.19	证券市场交易总额	--	--	--
短期贷款	42.07	48.12	14.38	投资者保证金余额	--	--	--
中长期贷款	14.01	18.46	31.76	证券账户开户数	--	--	--
票据融资	--	2.52	--	证券交易佣金收入	--	--	--
当年结益	0.97	1.31	35.05	净利润	--	--	--
不良贷款余额	2.36	1.82	-22.88				

惠民县主要金融机构负责人

单位名称	行长（或其他称谓的第一负责人）	副行长（或其他称谓的同级领导）
人行惠民县支行	姜 伟	张 伟 郭其高
银监会惠民办事处	王 晋	
农发行惠民县支行	韩士义	李 峰 赵新国
工行惠民支行	马风革	杨玉和 陈卫红
农行惠民支行	裴伟强	杭玉刚 柴瑞峰 张世珍
建行惠民支行	栾兴林	刘有伟 宋 伟 尚学军
惠民县农信联社	吴加军	李景龙 张卫东 刘国栋 张玉江
邮储银行惠民县支行	徐 克	商建华
惠民县鑫诚小额贷款公司	赵文鑫（法人代表）	赵成山（经理）
惠民县翔盛小额贷款公司	房春生（法人代表）	董泽梅（经理）

惠民县主要金融机构业务概况

单位：亿元

单位名称	本外币存款余额	单位存款	个人存款	本外币贷款余额	短期贷款	中长期贷款
农发行惠民县支行	0.69	0.69	--	3.55	2.85	0.70
工行惠民支行	11.94	4.96	6.98	13.67	5.53	8.13
农行惠民支行	18.21	5.91	12.30	12.38	7.72	3.42
建行惠民支行	6.87	3.17	3.69	4.03	1.70	2.33
邮储银行惠民县支行	9.39	1.29	8.10	1.27	0.99	0.29
惠民县农信联社	37.26	11.06	26.17	34.18	29.33	3.59
惠民县鑫诚小额贷款公司	--	--	--	1.26	1.26	--
惠民县翔盛小额贷款公司	--	--	--	0.25	0.25	--

100亿元，资金到位率98%；四是积极推动县外股份制银行到该县开展信贷业务，目前已有民生、恒丰、浦发等十几家金融机构在该县有信贷业务，贷款余额约5.2亿元。

【金融服务与监管】 2011年，惠民县加大支付结算环境建设力度，推进非现金结算工具应用。一是积极协助财政局进行国库集中支付改革，推动财政资金高效运行；二是严格审核结算账户的开立、变更、撤销和备案，继续为各类企业提供中小企业信息采集、贷款卡发放和年审服务；三是打击涉外企业的违法违规操作，营造良好的外汇业务发展环境；四是实施了对农业银行三农事业部制度改革实施效果的检查评估；五是打击恶意金融领域逃废债行为。

（肖伟明）

阳信县

【经济金融概况】 2011年，阳信县金融机构积极贯彻落实稳健的货币政策，存贷规模保持了与经济发展同步增长，内控和风险控制机制日趋完善，业务稳步健康发展。

【金融发展与改革】 2011年，人行阳信县支行引导各金融机构贯彻执行国家货币政策，协助政府改善辖区金融生态环境，经济金融实现了快速协调健康发展。与银监部门密切配合，加强对县辖金融基础业务的监管与服务，实现了人力资源的充分整合与配置。各金融机构在适度增加信贷投放的同时注意防范信贷风险，经济金融发展实现了良性互动。

【金融服务与监管】 2011年，人行阳信县支行不断加强支付清算、外汇管理、经理国库、货币金银和征信体系建设等基础

阳信县主要经济指标

经济指标	2010	2011	2011年同比增幅（%）	经济指标	2010	2011	2011年同比增幅（%）
土地面积（平方公里）	793	793	0	地方财政支出（亿元）	10.08	12.4	23.13
人口（万人）	44.79	45.21	0.94	全社会固定资产投资（亿元）	88	89.1	7.2
城镇人口（万人）	3.44	9.41	173.55	进出口总值（万美元）	29390	31100	5.91
乡村人口（万人）	41.35	35.8	-13.42	出口总值（万美元）	21648	22690	4.94
地区生产总值（亿元）	93.19	108.49	10.7	实际利用外资（万美元）	610	238	-61.0
第一产业（亿元）	16.63	19.7	7.1	社会消费品零售总额（亿元）	33.89	39.67	17.06
第二产业（亿元）	39.68	45.3	12.3	居民消费价格指数（%）	--	--	--
第三产业（亿元）	36.88	43.5	10.7	人均地区生产总值（元）	20769	24108	32.9
财政总收入（亿元）	6.6	9.2	39.28	城镇居民可支配收入（元）	25179	31251	24.12
地方财政收入（亿元）	2.77	4.06	46.71	农民人均现金收入（元）	6305	7345	16.94
财政总支出（亿元）	--	--	--				

阳信县主要金融指标

金融指标（亿元）	2010	2011	2011年同比增幅（%）	金融指标（亿元）	2010	2011	2011年同比增幅（%）
本外币存款余额	52.62	62.14	18.09	财险收入	0.23	0.20	-12.52
人民币存款余额	52.39	61.82	18.00	寿险收入	0.55	0.69	25.45
单位存款	20.09	23.90	18.96	财险赔款	0.19	0.12	-36.49
个人存款	32.22	37.05	14.99	寿险给付	0.25	0.27	8.00
本外币贷款余额	40.47	47.67	17.79	当年结益	--	--	--
人民币贷款余额	40.47	47.67	19.79	证券市场交易总额	--	--	--
短期贷款	32.51	39.56	21.69	投资者保证金余额	--	--	--
中长期贷款	7.96	8.11	1.88	证券账户开户数	--	--	--
票据融资	--	--	--	证券交易佣金收入	--	--	--
当年结益	--	--	--	净利润	--	--	--
不良贷款余额	--	--	--				

阳信县主要金融机构负责人

单位名称	行长（或其他称谓的第一负责人）	副行长（或其他称谓的同级领导）
人行阳信县支行	张枚房	陈少波　张　明
银监会阳信县办事处	赵景刚	
农发行阳信县支行	邢建国	温向东　吕墩岗
农行阳信支行	郭建海	张国华　房泽玉　史建新
中行阳信支行	王　勇	马　泳
建行阳信支行	杜希波	张寿军　王书敏
阳信县农信联社	尚子彬	刘永新　从容普　张　波　张昭永
邮储银行阳信县支行	于　军	王　涛　赵　泉
阳信县惠农小额贷款有限公司	段建国（法人代表）	王大巍（经理）

阳信县主要金融机构业务概况

单位：亿元

单位名称	本外币存款余额	单位存款	个人存款	本外币贷款余额	短期贷款	中长期贷款
农发行阳信县支行	0.97	0.97	--	2.48	1.88	0.60
农行阳信支行	12.80	5.69	7.08	9.21	7.67	1.54
中行阳信支行	11.31	6.35	4.89	8.48	6.53	1.95
建行阳信支行	6.77	4.39	2.38	4.66	1.79	2.87
阳信县农信联社	21.94	5.49	16.45	21.81	21.00	0.81
邮储银行阳信县支行	7.26	1.00	6.26	1.04	0.69	0.35
阳信县惠农小额贷款公司	--	--	--	0.66	0.66	--

业务建设，努力为各金融机构和政府相关部门提供良好的金融服务。银监会阳信办事处按照“管法人、管机构、管内控”的指导思想，以防范风险、促进稳健经营为目标，认真做好辖内银行机构的监管工作，确保了全县金融业高效、稳健运行。

（沈国星）

无棣县

【经济金融概况】 2011 年，无棣县金融机构积极应对货币政策稳健和银行信贷规模紧缩的实际，加大有效信贷投入，调整优化信贷结构，努力实现经济金融良性互动发展。

【金融发展与改革】 2011 年，人行无棣县支行通过下达《货币信贷工作指导意见》、报送专报件、进行货币政策宣讲等方式，及时向当地政府和辖内金融机构传递宏观调控意图。各金融机构合理调整信贷结构，准确把握信贷投放节奏，加大对地方经济信贷支持力度，年内全县贷款总额首次突破 100 亿元。同时，进一步深化农村信用社改革，加大支农再贷款扶持力度，引导信贷资金向“三农”倾斜。无棣县第 2 家小额贷款公

无棣县主要经济指标

经济指标	2010	2011	2011 年同比增幅（%）	经济指标	2010	2011	2011 年同比增幅（%）
土地面积（平方公里）	1357	1357	0	地方财政支出（亿元）	12.39	15.98	28.94
人口（万人）	42.45	42.98	1.25	全社会固定资产投资（亿元）	82.84	103.11	28.95
城镇人口（万人）	8.1	8.55	5.56	进出口总值（万美元）	5376	13244	177.89
乡村人口（万人）	34.3	34.43	0.38	出口总值（万美元）	2163	3210	70.11
地区生产总值（亿元）	168.64	196.9	12.2	实际利用外资（万美元）	910	306	-66.3
第一产业（亿元）	26.27	30.2	4.8	社会消费品零售总额（亿元）	42.37	49.75	17.42
第二产业（亿元）	95.12	107.7	13	居民消费价格指数（%）	100	100	0
第三产业（亿元）	47.25	59	14.9	人均地区生产总值（元）	39868	46102	14.64
财政总收入（亿元）	8.98	12.84	42.9	城镇居民可支配收入（元）	25798	31267	21.2
地方财政收入（亿元）	5.92	8.33	40.8	农民人均现金收入（元）	6672	8541	28
财政总支出（亿元）	12.39	15.98	28.94				

无棣县主要金融指标

金融指标（亿元）	2010	2011	2011 年同比增幅（%）	金融指标（亿元）	2010	2011	2011 年同比增幅（%）
本外币存款余额	83.39	93.47	12.09	财险收入	1.02	1.19	16.67
人民币存款余额	83.28	93.36	12.1	寿险收入	2.23	2.52	13
单位存款	34.91	36.05	246.63	财险赔款	0.67	0.66	-1.49
个人存款	48.37	56.79	17.41	寿险给付	0.15	0.22	46.67
本外币贷款余额	94.52	107.97	14.23	当年结益	--	--	--
人民币贷款余额	94.52	107.94	14.2	证券市场交易总额	--	--	--
短期贷款	63.08	71.54	13.41	投资者保证金余额	--	--	--
中长期贷款	31.45	35.48	11.07	证券账户开户数	--	--	--
票据融资	0	0.92	--	证券交易佣金收入	--	--	--
当年结益	3.98	3.57	-10.3	净利润	--	--	--
不良贷款余额	1.14	0.9	-21.05				

无棣县主要金融机构负责人

单位名称	行长（或其他称谓的第一负责人）	副行长（或其他称谓的同级领导）
人行无棣县支行	刘洪欣	吴文德　初　锋
银监会无棣县办事处	董海前	
农发行无棣县支行	张瑞冬	张桂苹　王　栋

续表

单位名称	行长（或其他称谓的第一负责人）	副行长（或其他称谓的同级领导）
工行无棣支行	秘立惠	曹宗智　李　红　吴文波
农行无棣支行	郭富胜	张志强　张尊义
中行无棣支行	刘　军	张小伟
建行无棣支行	付风刚	张崇刚　孙龙波
无棣农村合作银行	尚子彬	庞建忠　霍振洪　从荣普　王　玲
邮储银行无棣县支行	孙　涛	齐鹏义　罗　凯
无棣县汇泰小额贷款公司	张荣强（法人代表）	胡　红（经理）

无棣县主要金融机构业务概况

单位：亿元

单位名称	本外币存款余额	单位存款	个人存款	本外币贷款余额	短期贷款	中长期贷款
农发行无棣县支行	1.29	1.29	--	3.02	1.74	1.28
工行无棣支行	12.79	5.85	6.93	28.12	15.32	12.8
农行无棣支行	18.31	6.61	11.69	17.26	14.54	2.73
中行无棣支行	9.59	5.03	4.45	13.12	5.49	7.63
建行无棣支行	12.3	7.24	5.06	16.99	7.07	9.92
无棣农村合作银行	29.33	9.06	20.25	28.56	26.8	0.84
邮储银行无棣县支行	9.47	0.99	8.47	0.9	0.61	0.29
无棣县汇泰小额贷款公司	--	--	--	1.77	1.77	--

司——海城小额贷款有限公司成立。

【金融服务与监管】　2011年，人行无棣县支行一是制定下发了《金融机构综合评价暂行办法》，对辖内各金融机构开展综合评价和综合管理；二是开展了对农村合作银行的重点调查，对县农行“三农事业部”改革的检查评估及辖内金融机构涉农信贷政策导向的效果评估；三是继续开展金融支持大学生村官创业富民和农村青年信用示范户两项试点活动，大力推进农村支付环境建设；四是积极举办企业外汇结算知识培训班、进出口企业发展座谈会、外汇政策培训班，为企业提供政策咨询服务，指导和帮助企业有效规避汇率风险。

（初　锋　丁　晖）

沾化县

【经济金融概况】　2011年，沾化县经济呈现出“工业农业齐头并进，商业发展明显跨越”的良好态势。

【金融发展与改革】　2011年，人行沾化县支行认真贯彻执行货币政策，促进地方经济发展。一是组织辖区金融机构参加了银企洽谈会，签约合同金额119亿元；二是引导金融部门继续增加“三农”的贷款投入，推动全县冬枣、棉花、农产品加工等农业产业化龙头企业的发展壮大。

沾化县主要经济指标

经济指标	2010	2011	2011年同比增幅（%）	经济指标	2010	2011	2011年同比增幅（%）
土地面积（平方公里）	2117	2117	0	地方财政支出（亿元）	10.81	15.5	43.39
人口（万人）	38.92	38.92	0	全社会固定资产投资（亿元）	124.5	97.18	-21.94
城镇人口（万人）	11.58	11.78	1.73	进出口总值（万美元）	13636	18384	34.82
乡村人口（万人）	27.34	27.14	-0.73	出口总值（万美元）	1045	1158	10.81
地区生产总值（亿元）	110.94	132.54	19.47	实际利用外资（万美元）	2310	196	-91.52

沾化县主要经济指标

经济指标	2010	2011	2011年同比增幅（%）	经济指标	2010	2011	2011年同比增幅（%）
第一产业（亿元）	26	30.18	16.08	社会消费品零售总额（亿元）	41.24	48.29	17.1
第二产业（亿元）	44.55	51.62	15.87	居民消费价格指数（%）	--	--	--
第三产业（亿元）	40.39	50.74	25.63	人均地区生产总值（元）	28504	29829	4.65
财政总收入（亿元）	8.31	11.4	37.18	城镇居民可支配收入（元）	8854	9622	8.67
地方财政收入（亿元）	5.2	7.01	34.81	农民人均现金收入（元）	7198	8748	21.53
财政总支出（亿元）	--	--	--				

沾化县主要金融指标

金融指标（亿元）	2010	2011	2011年同比增幅（%）	金融指标（亿元）	2010	2011	2011年同比增幅（%）
本外币存款余额	52.85	61.32	16.03	财险收入	0.35	0.42	21.07
人民币存款余额	52.82	61.30	16.05	寿险收入	0.54	0.62	14.21
单位存款	11.27	27.47	143.74	财险赔款	0.22	0.28	26.84
个人存款	29.55	33.41	13.06	寿险给付	0.24	0.28	17.14
本外币贷款余额	51.03	57.16	12.01	当年结益	0.02	0.028	41.93
人民币贷款余额	49.91	56.02	12.24	证券市场交易总额	--	--	--
短期贷款	30.00	33.86	12.87	投资者保证金余额	--	--	--
中长期贷款	19.91	20.83	4.62	证券账户开户数	--	--	--
票据融资	0	1.34	--	证券交易佣金收入	--	--	--
当年结益	1.47	1.82	23.81	净利润	--	--	--
不良贷款余额	5.86	3.64	-37.88				

沾化县主要金融机构负责人

单位名称	行长（或其他称谓的第一负责人）	副行长（或其他称谓的同级领导）
人行沾化县支行	赵　粟	石立伟　陈振迎
银监会沾化县办事处	王建忠	
农发行沾化县支行	杨景春	桑滨峰　刘恩山
工行沾化支行	刘洪忠	张　涛　张　鹏　李桂贞　赵树香
农行沾化支行	张立东	宋延民　房泽玉　马风再
中行沾化支行	王胜利	姚志强
建行沾化支行	张晓亮	尹晓林　王向梅　王建滨
沾化县农信联社	任汉真	高立强　吴洪生　王今峰
邮储银行沾化县支行	齐鹏鸣	刘同航
沾化县隆德小额贷款公司	闫建峰（法人代表）	李建国（经理）

沾化县主要金融机构业务概况

单位：亿元

单位名称	本外币存款余额	单位存款	个人存款	本外币贷款余额	短期贷款	中长期贷款
农发行沾化县支行	0.63	0.63	0	2.69	0.79	1.90
工行沾化支行	16.86	11.93	4.92	17.13	9.58	7.54
农行沾化支行	8.57	4.01	4.55	5.86	3.55	2.31
中行沾化支行	3.96	2.30	1.62	6.18	1.68	4.51
建行沾化支行	4.77	1.91	2.86	7.08	3.69	3.39
沾化农村合作银行	17.62	4.82	12.80	16.92	14.91	0.67
邮储银行沾化县支行	8.53	1.88	6.66	1.25	0.75	0.51
沾化县隆德小额贷款公司	--	--	--	1.05	1.05	--

【金融服务与监管】 2011年，国家外汇管理局沾化支局通过加大监管力度，规范了出口收汇核销工作，积极配合省市局进行货物贸易改革试点工作，尽最大限度为企业提供便利化服务，有效支持了地方经济跨越式发展，

人行沾化县支行与银监会沾化办事处协调配合，建立了金融监管协调和监管信息共享机制，并提前做好风险分析与评价，进一步加强和规范了金融统计、外汇、账户管理、贷款卡管理等业务。

（李云增　史艳娜）

博兴县

【经济金融概况】 2011年，博兴县深入贯彻落实科学发展观，经济呈现出良好的发展势头。

【金融发展与改革】 2011年，博兴县大、小额支付系统、全国电子联行及征信、账户等系统稳定运行。各商业银行实现了现代化支付系统与证券、外汇等市场的有机连接，为企业提供了快速、高效的资金汇划和清算服务。各种金融服务产品不断涌现，24小时银行、电话银行、网上银行、住房信贷等新型服务种类得到广泛使用。公司理财、金融咨询、代客买卖、代理收费、代发工资等中间业务得到长足发展。

【金融服务与监管】 2011年，人行博兴县支行充分发挥窗

博兴县主要经济指标

经济指标	2010	2011	2011年同比增幅（%）	经济指标	2010	2011	2011年同比增幅（%）
土地面积（平方公里）	900	900	0	地方财政支出（亿元）	12.29	13.85	12.69
人口（万人）	49.8	49.9	0.2	全社会固定资产投资（亿元）	131.38	142.54	8.49
城镇人口（万人）	10.1	12.1	19.8	进出口总值（万美元）	139389	190886	36.94
乡村人口（万人）	39.7	37.8	-4.7	出口总值（万美元）	36257	63295	74.57
地区生产总值（亿元）	201.41	235.13	16.74	实际利用外资（万美元）	3177	4384	14.89
第一产业（亿元）	17.08	19.99	17.04	社会消费品零售总额（亿元）	52.63	60.52	14.97
第二产业（亿元）	111	129.25	16.44	居民消费价格指数（%）	102.5	101.9	-0.6
第三产业（亿元）	73.33	85.9	17.14	人均地区生产总值（元）	40444	47120	16.51
财政总收入（亿元）	22.71	25.63	12.86	城镇居民可支配收入（元）	22000	23051	6.78
地方财政收入（亿元）	13.95	15.74	12.83	农民人均现金收入（元）	7375	8013	8.66
财政总支出（亿元）	18.9	21.33	12.86				

博兴县主要金融指标

金融指标（亿元）	2010	2011	2011年同比增幅（%）	金融指标（亿元）	2010	2011	2011年同比增幅（%）
本外币存款余额	189.85	222.65	17.28	财险收入	2.01	2.58	28.32
人民币存款余额	189.23	219.98	16.25	寿险收入	1.43	1.79	25.01
单位存款	48.91	116.35	137.89	财险赔款	0.82	0.91	11.32
个人存款	86.64	100.47	15.96	寿险给付	0.23	0.33	42.53
本外币贷款余额	151.82	181.08	19.27	当年结益	0.91	0.99	9.67
人民币贷款余额	138.66	162.76	17.38	证券市场交易总额	—	—	—
短期贷款	103.44	117.18	13.28	投资者保证金余额	—	—	—
中长期贷款	34.41	45.58	32.46	证券账户开户数	—	—	—
票据融资	0.8	0	-100	证券交易佣金收入	—	—	—
当年结益	5.04	7.18	42.46	净利润	—	—	—
不良贷款余额	4.1	3.89	-5.12				

博兴县主要金融机构负责人

单位名称	行长（或其他称谓的第一负责人）	副行长（或其他称谓的同级领导）
人行博兴县支行	刘凤贤	孙建平　王孔宝
银监会博兴县办事处	周　齐	
农发行博兴县支行	王力军	于西恩　李文强
工行博兴支行	李永青	崔新村　黄树青　白长波　李永军
农行博兴支行	郭志伟	刘曰闽　赵国旗　张世珍　贾希光
中行博兴支行	钟绵祥	姜海泉
建行博兴支行	赵文成	尹金波　张　凯　徐岩明
东营市商行博兴支行	赵　凯	王　涛　李莹莹
齐商银行博兴支行	李晨明	鹿胜华　郝士昌
博兴农合行	吴加军	陈宝政　马久峰　高　生　孙兴波
邮储银行博兴县支行	吴佃新	陈振耀
博兴县永丰小额贷款公司	李永军（法人代表）	于融玲（经理）
博兴县三丰小额贷款公司	王彬焦（法人代表）	刘兴君（经理）
博兴县汇诚小额贷款公司	贾前卫（法人代表）	张同印（经理）
博兴县华信小额贷款公司	孙　玮（法人代表）	刘　烨（经理）

博兴县主要金融机构业务概况

单位：亿元

单位名称	本外币存款余额	单位存款	个人存款	本外币贷款余额	短期贷款	中长期贷款
农发行博兴县支行	2.29	2.29	—	8.69	4.19	4.5
工行博兴支行	44.28	30.04	14.22	50.23	31.69	18.54
农行博兴支行	48.99	24.4	24.55	29.6	23.99	5.61
中行博兴支行	23.08	18.18	4.31	22.21	13.17	9.05
建行博兴支行	29.82	20.35	9.46	23.61	15.76	7.85
东营市商行博兴支行	0.1	0.09	0.01	—	—	—
齐商银行博兴支行	6.2	4.96	1.24	5.78	5.78	—
博兴农合行	50.07	14.51	35.44	39.02	35.36	3.65
邮储银行博兴县支行	15.41	4.08	11.33	1.94	1.13	0.81
博兴县永丰小额贷款公司	—	—	—	1.61	1.61	—
博兴县三丰小额贷款公司	—	—	—	1.06	1.06	—
博兴县汇诚小额贷款公司	—	—	—	1.03	1.03	—
博兴县华信小额贷款公司	—	—	—	0.98	0.98	—

口指导作用，通过开展“两管理、两综合”现场核查、信贷指标现场考核等形式，及时向地方政府和金融机构传达国家宏观调控政策信息，督促指导金融机构完善内部管理机制，促进了县域经济金融的稳健运行。全年累计为博兴农合行申请支农再贷款 7.5 亿元；为渤海油脂申请民品贷款贴息累计达 1869.84 万元，同比增加 168.1 万元，增幅 9.88%；全部贴息达 5825.56 万元。

（张建波）

邹平县

【经济金融概况】 2011年，邹平县经济继续保持平稳较快发展，存贷款快速增长，余额均创历史新高。

【金融发展与改革】 2011年，邹平县金融发展较快。东营银行邹平支行设立。辖内成立小额贷款公司1家——长城小额贷款有限公司。齐鲁证券在邹平设立营业机构。

【金融服务与监管】 2011年，人行邹平县支行通过召开行

邹平县主要经济指标

经济指标	2010	2011	2011年同比增幅（%）	经济指标	2010	2011	2011年同比增幅（%）
土地面积（平方公里）	1250	1250	0	地方财政支出（亿元）	42.77	49.14	14.89
人口（万人）	72.6	72.9	0.41	全社会固定资产投资（亿元）	161.18	176.3	9.38
城镇人口（万人）	22.38	22.43	0.22	进出口总值（万美元）	232578	308933	32.83
乡村人口（万人）	50.22	50.47	0.5	出口总值（万美元）	132340	112455	-15.03
地区生产总值（亿元）	540.13	632.47	17.10	实际利用外资（万美元）	54005	102225	89.29
第一产业（亿元）	26.78	30.97	15.65	社会消费品零售总额（亿元）	89.22	105	17.69
第二产业（亿元）	355.21	406.7	14.50	居民消费价格指数（%）	102.8	103.9	3.90
第三产业（亿元）	158.13	194.8	23.19	人均地区生产总值（元）	74250	79180	11.63
财政总收入（亿元）	74.96	86.09	14.85	城镇居民可支配收入（元）	18986	21763	14.50
地方财政收入（亿元）	36.58	44.6	21.92	农民人均现金收入（元）	8551	10230	19.64
财政总支出（亿元）	42.77	49.14	14.89				

邹平县主要金融指标

金融指标（亿元）	2010	2011	2011年同比增幅（%）	金融指标（亿元）	2010	2011	2011年同比增幅（%）
本外币存款余额	301.47	387.97	28.69	财险收入	2.48	2.92	17.74
人民币存款余额	299.71	385.73	28.70	寿险收入	4.17	4.42	6.00
单位存款	107.71	254.51	136.29	财险赔款	0.98	1.04	6.12
个人存款	115.63	129.96	12.39	寿险给付	0.18	0.17	-5.56
本外币贷款余额	369.36	432.08	16.98	当年结益	--	--	--
人民币贷款余额	362.91	421.34	16.10	证券市场交易总额	232	127.85	-44.89
短期贷款	278.39	341.21	22.57	投资者保证金余额	0.92	0.54	-41.30
中长期贷款	84.02	78.24	-6.88	证券账户开户数	3128	2514	-19.63
票据融资	0.5	1.89	278	证券交易佣金收入	0.23	0.18	-21.74
当年结益	14.95	18.91	26.49	净利润	0.17	0.11	-35.29
不良贷款余额	0.91	0.87	-4.40				

邹平县主要金融机构负责人

单位名称	行长（或其他称谓的第一负责人）	副行长（或其他称谓的同级领导）
人行邹平县支行	徐书亮	张道红　吕洪军　高建刚
银监会邹平办事处	张立平	
农发行邹平县支行	耿大伟	孙永涛　王丽君　齐向京
工行邹平支行	高克忠	张可冰　柴树元　张方永　潘伟群

续表

单位名称	行长（或其他称谓的第一负责人）	副行长（或其他称谓的同级领导）
农行邹平支行	丁　捷	杨国生　孙　俊　乔振琴　明　新
中行邹平支行	赵书会	贾　峰　赵建国
建行邹平支行	赵延军	高　勇　崔鹏程　张　跃　徐承熙
山东邹平农村商业银行	常兆贤	刘长平　郝树海　王洪兴　尹玉宵　李汉碌　韩胜祥　高　升
邮储银行邹平县支行	韩晓谦	张新强　卞志强
齐商银行邹平支行	孙丰刚	李传峰　梁晓凤
邹平浦发村镇银行	耿光新	倪明军　薛莲花　刘向来　刘　柳
东营商业银行滨州邹平支行	朱玉平	高　冰
邹平县梁邹小额贷款公司	高　宽	刘继莲
邹平县惠泽小额贷款公司	刘安凯	马用会
邹平县正鑫小额贷款公司	李　军（法人代表）	徐　军
邹平县长城小额贷款公司	牛乡宽（法人代表）	贾新兹

邹平县主要金融机构业务概况

单位：亿元

单位名称	本外币存款余额	单位存款	个人存款	本外币贷款余额	短期贷款	中长期贷款
农发行邹平县支行	15.42	15.42	--	53.55	36.81	15.24
工行邹平支行	69.4	56.57	12.79	97.99	67.92	30.07
农行邹平支行	104.31	65.72	38.58	115.04	99.05	15.59
中行邹平支行	27.67	20.35	7.16	28.78	22.37	6.41
建行邹平支行	42.67	33.18	9.49	49.98	42.88	7.1
邹平农村商业银行	82.53	36.37	45.89	62.37	59.89	2.48
邮储银行邹平县支行	15.28	1.63	13.66	2.73	1.42	1.31
齐商银行邹平支行	10.45	9.37	1.08	9.45	9.43	0.02
邹平浦发村镇银行	10.76	10.04	0.61	7.3	7.3	--
东营银行滨州邹平支行	8.81	8.03	0.78	4.89	4.87	0.02
邹平县梁邹小额贷款公司	--	--	--	1.62	1.62	--
邹平县惠泽小额贷款公司	--	--	--	1.97	1.97	--
邹平县正鑫小额贷款公司	--	--	--	1.37	1.37	--
邹平县长城小额贷款公司	--	--	--	1.25	1.25	--

长联席会、金融形势分析会，约见金融机构负责人谈话、发布《货币信贷工作指引》等方式，及时向当地政府和金融机构传递宏观调控意图。银监会邹平县监管办事处发挥银行业监督职能，加大银行业操作风险预警提示，确保了辖区金融健康稳健运行。

（成文学）

德 州 市

【经济金融概况】 2011年，德州市以加快转变经济发展方式为主线，积极推进现代产业体系建设，经济社会发展呈现出增长较快、结构优化、效益提升、民生改善、社会和谐的良好局面。

各金融机构按照“有扶有控，区别对待”的信贷原则，进一步加大与产业政策的配合力度，为全市经济社会发展创造了良好的金融环境。一是存款总量稳定增长，单位存款增势下降，储蓄存款大幅增加；二是贷款和非信贷融资持续增长，信贷结构进一步优化；三是金融机构不良贷款、不良率双下降，经营效益大幅增长。

【货币政策实施】 2011年，人行德州市中心支行积极引导金融机构贯彻执行稳健货币政策，着力优化信贷结构，促使全市金融运行呈现出良好发展态势。

一、切实加强和改进“窗口指导”，促进全市货币信贷合理增长。一是以金融支持中小企业产业集群为突破口，进一步改进和完善中小企业金融服务；二是以金融支持构建现代产业体系为抓手，促进全市经济结构调整；三是以推进农村金融产品和服务方式创新为重点，提高金融支持“三农”力度；四是以推广小额担保贷款为手段，全力支持民生领域。

二、加强货币政策工具的管理和使用，提高金融机构支持地方经济发展的能力。完善对法人金融机构的流动性监测，根据不同法人金融机构的流动性水平，适时运用再贷款、再贴现工具，既保证了其较好的流动性，也提高了法人金融机构支持地方经济发展的能力。全年为农信社和德州银行提供了15.55亿元的再贷款和再贴现，较好地满足了中小企业和三农的短期资金需求。

三、积极搭建平台，拓宽企业融资渠道。一是配合市政府、金融办召开了第一届资本交易大会，200多家银行业金融、投资机构和600多家重点企业参加会议，签约项目55个，融资额118.3亿元，实现了多元化融资；二是与市金融办联合，以“黄三角”经济区重点县域为载体，召开了德州（黄三角）金融交易大会，重点推介了216个合作融资项目，共达成意向资金91.6亿元，其中新能源、新材料和生物技术三大产业项目75个，有效拓宽了企业融资思路和渠道，提高了中小企业直接融资比重；三是积极推进银行间市场债务融资工具发行工作，由北京银行承销的2.8亿元德州市2011年度第一期中小企业集合票据和由上海浦发银行承销的3亿元皇明洁能控股短期融资券经交易商协会审核通过，实现了德州银行间市场融资零突破。

【金融稳定】 2011年，人行德州市中支围绕辖区金融稳定工作新形势和新任务，进一步理顺风险防范化解机制，不断提升金融风险监测分析水平，辖区金融稳定工作取得明显成效。

一、强化金融稳定工作机制建设，风险防范和应对能力进一步提升。一是按季召开金融稳定协调工作联席会议，并联合市金融办、银监局制定下发了《企业风险预警制度》；二是继续以鲁冀毗邻中支金融稳定协调机制和济南经济圈五市人民银行金融稳定工作联席会议两个跨区域金融稳定协调机制为平台，进一步丰富区域金融稳定协调机制的内容，指导夏津县建立了鲁冀四县（市）金融稳定暨金融生态环境建设协作机制，成为全省首个由县级支行构建的跨区域金融稳定协调机制。

二、创新金融风险防范工作思路，不断探索区域维稳新方法。推动市委、市政府召开了全市金融生态环境建设工作会议，组织开展了全市金融环境百日集中整治活动，共清收不良贷款7.66亿元，化解隐性贷款风险13亿元；督促法院加快案件审结进度，审结390起，审结率77.4%；公安部门处罚恶意逃废案件58起；纪检、监察机关纪律处分302起。

三、加强银行业风险监测，做好风险提示。一是制定了《农村信用社评级管理办法（试行）》，按季对辖内11家农村信用社进行评级；二是加强证券、保险业监测与风险防范，将新上市通裕重工、龙力生物纳入监测系统，按季对辖内上市公司进行分析；三是密切关注辖内银证保交叉性金融工具开展情况，对辖内金融机构开办的20余项跨市场交叉性产品进行了全面调研。

【金融服务】 2011年，人行德州中支全面提升服务水平，切实提高服务效率。一是推动市政府出台了《关于推进全市农村支付服务环境建设的意见》，建立了地方政府、人民银行和金融机构多方联动推进农村支付环境建设的联席会议制度；二是会同市公安局开展了“打击银行卡犯罪，优化农村支付服务环境建设”大型集中宣传活动；三是推动市商务局、财政局、移动公司和省联社德州办事处联合出台了《“万村千乡市场工程”信息化建设实施意见》；四是推动农行设立了三农金融服务站，农村信用社积极推广“农民自助服务终端”，邮储银行积极开拓乡村收单市场，农村支付环境建设超额完成任务；五是进一步加强货币金银工作，发行会计核算业务连续7年保持“零差错、零冲正”的良好态势，发行基金计划准确率达到94%，高于全省16个百分点；六是跨境贸易人民币结算业务进一步拓展，全年办理业务26.12亿元，同比增长3.8倍。

【金融监管】 2011年，人行德州市中支和银监会德州监管分局依法加强金融监管，切实维护金融稳定，促进了辖内银行业金融机构的规范经营和稳健发展。

人行德州市中支认真履行监管职能，修订完善了《金融机构综合评价办法》和《新设金融机构检查验收实施细则》，与

德州市经济主要统计指标

指标＼年度	2007	2008	2009	2010	2011	2011 年同比增幅（%）
土地面积（平方公里）	10356	10356	10356	10356	10356	0
人口（万人）	561.67	564.19	569.00	570.18	575.98	1.02
城镇人口（万人）	159.80	160.59	166.59	168.31	174.68	3.78
乡村人口（万人）	401.87	403.6	402.41	401.87	401.3	0.14
地区生产总值（亿元）	1180.82	1400.91	1545.35	1657.82	1950.71	11.70
第一产业（亿元）	158.73	169.73	191.00	210.51	229.57	2.40
第二产业（亿元）	655.40	783.41	844.09	899.55	1059.8	13.80
工业（亿元）	563.40	711.04	835.98	794.79	924.79	14.5
建筑业（亿元）	62.71	72.37	86.95	104.76	135.00	8.7
第三产业（亿元）	366.69	447.77	510.26	547.76	661.4	11.70
人均地区生产总值（元）	21723	24830	27159	29075	33868	16.48
地区生产总值构成（%）	100	100	100	100	100	--
第一产业（%）	13.4	12.1	12.4	12.7	11.8	-0.9
第二产业（%）	55.5	55.9	54.6	54.3	54.3	0
第三产业（%）	31.1	32.0	33.0	33.0	33.9	0.9
财政总收入（亿元）	87.4	96.74	106.7	132.64	167.25	26.1
地方财政收入（亿元）	42.01	47.1	55.3	72.91	95.06	30.4
财政总支出（亿元）	77.04	95.74	114.81	154.91	191.28	23.5
地方财政支出（亿元）	77.04	95.74	114.81	154.91	191.28	23.5
全社会固定资产投资（亿元）	604.29	732.89	926.92	1140.59	1271.3	11.45
规模以上固定资产投资（亿元）	555.90	669.09	853.61	1050.41	1153.66	23.8
房地产开发（亿元）	48.09	63.8	73.31	90.19	117.64	30.40
进出口总值（亿美元）	10.42	15.48	14.36	19.46	26.86	38.0
出口总值（亿美元）	8.79	12.19	9.55	13.36	17.47	30.8
实际利用外资（亿美元）	1.36	1.64	1.39	1.30	1.90	60.7
社会消费品零售总额（亿元）	387.20	476.29	567.04	645.6	757.50	17.3
居民消费价格指数（%）	104.7	104.1	99.7	103.1	105.2	2.1
城市居民人均可支配收入（元）	12392	14545	15706	17410	19771	13.6
农民人均现金收入（元）	4986	5659	6138	7028	8350	18.8

德州市工农业主要统计指标

农业主要统计指标（万吨）				规模以上工业企业主要统计指标（亿元）			
项目＼年度	2010 年	2011 年	增幅（%）	项目＼年度	2010 年	2011 年	增幅（%）
粮食	704.1	735.0	4.4	工业增加值	1023.18	1001.35	15.80
夏粮	335.9	348.9	3.9	国有工业	47.57	56.61	23.60
秋粮	368.2	386.1	4.8	集体工业	7.11	6.80	0.45
棉花	13.51	14.31	1.3	股份制工业	588.56	637.07	15.99
油料	1.72	1.86	8.2	股份合作制工业	2.24	1.82	17.08
水果	42.52	38.96	-8.4	外商及港澳台投资工业	67.75	57.32	1.54

续表

农业主要统计指标（万吨）				规模以上工业企业主要统计指标（亿元）			
项目 \ 年度	2010年	2011年	增幅（%）	项目 \ 年度	2010年	2011年	增幅（%）
蔬菜	450.10	450.20	0.02	轻工业	492.28	445.52	13.18
肉类	59.33	65.65	10.7	重工业	530.90	555.83	18.10
禽蛋	37.50	39.76	6.2	销售收入	4058.81	5189.72	34.3
奶类	16.16	17.02	5.3	利税	469.53	596.45	33.8
水产品	8.10	8.90	9.9	利润	253.61	327.82	34.9
森林覆盖率（%）	29.2	30.5	4.45	经济效益综合指数（%）	264.02	--	--

注：2011年起统计局不再计算经济效益综合指数

德州市主要金融机构负责人

单位名称	行长（或其他称谓的第一负责人）	副行长（或其他称谓的同级领导）
人行德州市中心支行	刘吉运	窦重田　马兴国　徐靖元 张春超　温金龙　陈艳玲
银监会德州监管分局	李明强	马天奎　王国恩　毕爱玲
农发行德州市分行	薛建强	杨吉良　杨富格　孙建民
工行德州分行	李晓霞	陶能虹　姜　凯　王向东 迟晓光　侯士彬　马士军
农行德州市分行	李新民	赵传敬　司　峰　张海山　董建俊
中行德州分行	倪保国	周生显　孙　涛　林　涛　苏世普
建行德州分行	马世平	张　璞　兰志良　苏玉生　肖长智
德州银行	孙玉芝	常　青　杜成金　尹德恩 郑亚林　吴玉华　李书华 周成亮　侯玉荣　薛　梅
农信社德州市办事处	辛士勇	宋修宝　巩方波　陈志刚
邮储银行德州市分行	马金钢	房振平　周振忠　楚华彬
临邑中银富登村镇银行	张　伟	刘永军　李尚东
德州市德城区长河小额贷款公司	朱昌河	冯德奎
德州市经济开发区金光小额贷款公司	苏芳志	秦先波
人民财产保险公司德州市分公司	杜亚军	陈庆春　张宪仁　高跃华
人寿保险公司德州分公司	刘玉民	姚本建　张　美　刘文栋
民生人寿保险公司德州中心支公司	杨海波	
大地财产保险公司德州中心支公司	马圣强（主持工作）	张金勇　张振巧　张延桂
永安财产保险公司德州中心支公司	张瑞国	徐红国
平安人寿保险公司德州中心支公司	邹军龙	赵　茜
人民健康保险公司山东分公司德州营销服务部	魏艳丽	刘同林
人民人寿保险公司德州中心支公司	于建中	
太平人寿保险公司德州中心支公司	张　丹	滕　宇
太平洋财产保险公司德州中心支公司	孙春龙	信卫东　王登峰　吴　静　曹志国
太平洋人寿保险公司德州中心支公司	王皋鹏	宋俊杰　张爱新　张　霞
阳光人寿保险公司德州中心支公司	王若华	朱维娜
泰康人寿保险公司德州中心支公司	李志强	肖　华
阳光财产保险公司德州中心支公司	王　伟	鲍　伟

续表

单位名称	行长（或其他称谓的第一负责人）	副行长（或其他称谓的同级领导）
中华联合财产保险公司德州中心支公司	韩　强	陶铁军　张春国　亓志刚
新华人寿保险公司德州中心支公司	钟经胜	
安邦财产保险公司德州中心支公司	常　锐	辇宝玉
中国平安财产保险公司德州中心支公司	赵　辉	卢建波
天安保险公司德州中心支公司	张治国	
中国人寿财产保险公司德州市中心支公司	侯　波	李会水
生命人寿保险公司德州中心支公司	张英娜	
渤海保险财产保险公司德州中心支公司	夏志红	商洪虎
华泰人寿保险公司山东分公司德州营销服务部	朱　军	
天平汽车保险公司德州中心支公司	齐　璨	
长城人寿保险公司德州支公司	韩秀丽	谢风亭
齐鲁证券德州三八中路营业部	王　政	孔令军
中信万通证券公司德州湖滨中大道证券营业部	王俊江	
鲁证期货公司德州营业部	张　程	

德州市金融业务统计指标

类别	指标（亿元）＼年度	2007	2008	2009	2010	2011	2011年同比增加额	2011年同比增幅（%）
银行类	本外币存款余额	733.63	889.12	1093.92	1293.76	1426.33	133.22	10.30
	人民币存款余额	725.11	884.43	1088.41	1286.91	1420.02	133.77	10.40
	单位存款	113.07	128.53	206.69	248.66	442.90	14.46	3.38
	储蓄存款	478.54	610.24	707.83	807.18	918.44	111.26	13.78
	定期储蓄存款	332.22	434.23	499.52	552.14	660.76	108.62	19.67
	活期储蓄存款	146.31	176.01	208.31	255.04	257.67	2.63	1.03
	本外币贷款余额	597.94	619.06	776.32	918.09	1003.14	95.40	10.42
	人民币贷款余额	596.05	617.15	773.20	909.84	995.17	92.84	10.29
	短期贷款	435.85	428.11	502.37	578.58	619.72	46.84	8.18
	中长期贷款	148.08	170.64	247.74	317.33	354.78	37.46	11.80
	票据融资	11.72	18.27	22.36	13.11	19.90	6.78	51.72
	当年结益	12.76	12.00	15.81	18.73	26.48	7.75	41.38
	不良贷款余额	86.65	85.97	97.38	86.37	70.73	15.64	18.11
	不良贷款占比%	14.49	13.89	12.54	9.44	7.05	-2.39	-25.32
保险类	保险公司保费收入	19.24	27.75	35.83	46.8	48.6	1.8	3.85
	财险收入	4.82	5.96	7.62	10.9	12.5	1.6	14.68
	寿险收入	14.42	21.79	28.21	35.9	36.1	0.2	0.56
	保险公司赔款和给付支出	3.14	6.25	7.37	7.35	9.93	2.58	35.10
	财险赔款	2.68	3.11	3.82	4.43	5.29	0.86	19.41
	寿险给付	0.46	3.43	3.55	2.92	4.64	1.72	58.90
	当年结益	-0.18	0.05	0.79	0.09	0.27	0.18	189.33
证券类	证券市场成交总额	454.53	303.39	305.45	688.26	436.57	-251.69	-36.57
	投资者保证金余额	4.53	2.70	3.20	6.37	5.62	-0.75	-11.77
	证券账户开户数	78454	90798	83695	112823	122689	9866	8.74

续表

指标（亿元） \ 年度		2007	2008	2009	2010	2011	2011年同比 增加额	2011年同比 增幅（%）
证券类	佣金收入	1.00	0.63	1.10	0.97	0.64	-0.34	-34.46
	净利润	0.71	0.41	0.77	0.42	0.30	-0.12	-28.49
	期货市场成交总额	--	--	--	660.03	1329.43	669.40	101.4
	期货客户保证金余额	--	--	--	0.23	0.3024	0.0704	30.3
	期货账户开户数	--	--	--	863	537	-326	-37.8
	期货手续费收入	--	--	--	0.03	0.05	0.02	74.1
	利润总额	--	--	--	0.0064	0.0145	0.0081	127.7

德州市金融机构统计指标

指标（个） \ 年度		2007	2008	2009	2010	2011	2011年同比增幅（%）
银行类	法人机构	12	12	12	12	13	8.33
	省级分行	--	--	--	--	--	--
	二级分行	5	6	6	6	6	0
	县区支行	118	240	267	149	156	4.70
	分理处、营业所	454	453	199	441	443	0.45
	储蓄所	12	248	450	205	203	-0.98
	从业人员总数	8548	9868	9963	10414	10472	0.56
保险类	保险机构	11	19	22	22	25	13.64
	财险机构	6	9	11	11	12	9.09
	省级分公司	--	--	--	--	--	--
	地市分公司	6	9	11	11	12	9.09
	县区支公司	57	61	68	74	77	4.05
	寿险机构	5	10	11	11	13	18.18
	省级分公司	--	--	--	--	--	--
	地市分公司	5	10	11	11	13	18.18
	县区支公司	41	50	50	54	69	27.78
	从业人员总数	9885	9978	12446	15280	15845	3.70
	财险人员	1078	1249	1082	2303	2432	5.60
	寿险人员	8807	8729	11364	12977	13413	3.36
证券类	证券机构	2	2	3	3	3	0
	证券公司	--	--	--	--	--	--
	证券营业部	2	2	3	3	3	0
	证券服务部	--	--	--	--	--	--
	从业人员总数	61	58	40	91	127	39.56
	投资者开户	78454	90798	101693	112823	122689	8.74
	境内上市股票支数	2	2	3	3	4	33.33
	境外上市股票支数	1	1	1	1	1	0
	辖区上市公司总数	3	3	4	4	5	25.00

德州市主要金融机构业务概况

单位：亿元

单位名称	本外币存款余额	人民币单位存款	人民币储蓄存款	本外币贷款余额	人民币短期贷款	人民币中长期贷款
农发行德州市分行	14.53	14.53	--	75.76	55.33	20.05
工行德州分行	216.75	101.35	113.07	219.20	87.80	123.36
农行德州市分行	157.89	49.57	107.87	121.85	71.09	50.63
中行德州分行	97.93	45.50	48.34	72.66	30.77	39.74
建行德州分行	192.45	75.79	116.01	114.22	34.58	79.06
德州银行	163.99	102.27	61.34	114.00	92.33	4.65
农信社德州市办事处	345.19	35.11	309.31	266.45	234.98	31.14
邮储银行德州市分行	180.71	18.59	162.12	18.64	12.57	6.06
中银富登村镇银行	0.58	0.19	0.38	0.35	0.27	0.08
小额贷款公司	--	--	--	6.50	6.50	0

德州市各县级区域经济金融主要统计指标

名称	人口（万人）	面积（平方公里）	地区生产总值（亿元）	地区生产总值增速（%）	本外币存款余额（亿元）	储蓄存款（亿元）	本外币贷款余额（亿元）
德城区	60.54	539	405.36	26.10	522.26	269.97	361.87
乐陵市	69.68	1172	162.71	11.7	98.3	72.12	72.84
禹城市	52.69	990	179.16	11.8	106.63	61.38	101.81
陵　县	59.30	1213	176.73	13.2	85.92	62.76	71.79
宁津县	47.18	833	145.36	9.84	104.51	84.93	54.50
庆云县	31.42	502	104.30	19.39	53.16	53.16	37.38
临邑县	54.19	1016	177.77	11.60	97.39	72.99	60.99
齐河县	62.77	1411	252.87	23.19	115.23	73.41	84.69
平原县	46.56	1047	146.51	10.9	87.38	68.87	50.71
夏津县	52.46	872	135.74	12.4	78.04	57.98	55.89
武城县	39.04	751	129.58	14.1	77.43	61.60	51.26

此同时，组织开展了金融统计、支付结算、反洗钱、外汇管理、国库业务、人民币管理等业务执法检查，累计处罚 190.8 万元，较好地促进了有关金融业务的规范安全运行。

银监会德州监管分局以“转变监管方式、提升监管效能”为主线，较好地完成了各项工作任务。一是加强与地方党政合作，推动出台了支持金融业发展的 28 项政策，联合政府建立风险企业预警机制，成立了中小企业融资服务联盟，开展了金融环境百日集中整治活动，有效扩大了监管话语权和影响力；二是建立了以绩效考核为主体的“一体六翼”履职后评价工作体系，有力促进了监管效能快速提升，全年发现重大违规问题 68 个，实施行政处罚 15 次；三是通过排查潜在风险客户，健全大额欠息监测通报制度，落实压降收回责任制等措施，强化贷款质量真实性监管，全年处置不良贷款 29.89 亿元，截至年末，台账内平台公司数量及贷款余额分别较年初减少 8 家、21.72 亿元，存量风险得到有效缓释；四是狠抓综合治理，通过印发《案件防控工作手册》，召开案防反思通报会，不断探索案防长效机制建设的新路子，案件防控基础进一步巩固。

【外汇管理】　2011 年，外管局德州市中心支局以夯实基础促管理，以深化改革促服务，着力提高外汇履职能力，有效助推了全市涉外经济平稳较快发展。

一、围绕“控热钱减顺差”，积极促进贸易投资便利化。一是出台了《关于进一步改进外汇管理支持全市涉外经济平稳较快发展的指导意见》，实施了 14 项简政、放权、便民措施；二是与重点涉外企业开展了“结对子”活动，与 8 家企业签订了“创新外汇服务，促进企业发展”合作协议；三是积极推进企业网上申报工作，成为全省第 6 家开办此业务的中心支局，截至年末，630 家有关企业全部开通了此项业务。

二、规范操作，进一步夯实各项基础工作。一是认真执行新版《出口收结汇联网核查操作规程》，进一步规范核销单管理，对辖内 72 家出口逾期未核销企业进行了催核，清理金额达 554.52 万美元；对 17 家出口企业不收汇差额核销的情况进行了筛选清理，清理金额达 262.7 万美元；二是完成了对人寿财险、太平洋财险外汇业务准入的初审，并及时上报省局初审材料，顺利通过业务准入；三是大力推进货物贸易外汇管理制度改革试点，成立了试点工作领导小组，制定了《货物贸易外汇管理制度改革试点工作方案》及《改革试点工作任务时间配档表》，确保了试点工作有序开展。

三、充分利用短期外债指标，解决进出口企业融资问题。积极争取省分局支持，核批短期外债基础指标 800 万美元，有效解决了近 20 家进出口企业融资难问题，促进了企业财务成本节约和商业银行增收。

【金融改革】 2011 年，人行德州市中心支行积极创新机制，及时发现改革进程中存在的问题，维护金融稳定。一是研究制定了《金融稳定现场评估工作方案》，重点关注金融机构的安全性与可持续性，对齐河农村合作银行和中行德州市分行开展了现场评估；二是组织实施了对农业银行三农金融事业部改革试点检查评估工作，确保改革取得实效。

【精神文明建设】 2011 年，德州市各金融机构广泛开展了形式多样的精神文明创建活动，取得了良好成果。人行德州市中心支行被评"省级文明单位"、市县两级人行获得了 13 项团体、40 项个人荣誉。工行德州分行小企业金融业务中心被总行授予"信贷工作先进集体"，禹城、德城、解放北路等 3 家支行营业室被推荐为省级优质服务样板网点。农行德州分行先后荣获 "省分行农户金融业务先进单位"、"2010 年度全市科学发展综合考评先进单位" 等多项荣誉称号。中行德州分行继续被评为 "省级文明单位"、"支持地方经济先进单位" 等荣誉称号。建行德州分行获全省服务工作先进集体、全市科学发展综合考评、服务地方经济发展先进单位等荣誉称号。德州银行荣获《银行家》杂志社"中国中小银行综合竞争力排名第 4 位"和《金融时报》评选的"全国最具成长性中小银行"称号。

【大事记】 1 月 12 日 宁津县融德小额贷款有限公司成立。

4 月 28 日 禹城市大禹小额贷款有限公司成立。

5 月 4 日 外管局德州市中心支局举行"创新外汇服务促进企业发展"合作协议签字仪式。

5 月 15 日 德州市银警联合进行反假宣传。

7 月 5 日 德州（黄三角）金融交易大会在乐陵举行，53 家直接融资类机构与企业对接，签署协议资金 9.8 亿元，意向资金 91.6 亿元。

7 月 20 日 德州市首家村镇银行——临邑中银富登村镇银行正式挂牌营业。

8 月 16 日 平原县恒信小额贷款有限公司成立。

9 月 17 日 ~19 日 德州市第一届资本交易大会召开，242 家投资机构参会，签约及意向项目 195 个，总融资 401 亿元。

9 月 22 日 人行德州市中支开展组织开展了主题为 "构建和谐社会，金融惠及民生" 的金融知识宣传活动。

10 月 19 日 人行德州市中支联合市财政局组织召开了财税库银横向联网工作座谈会。

11 月 1 日 人行德州市中支机关顺利通过省级文明单位复查验收。

12 月 7 日 德州银行股份有限公司武城支行成立，德州银行县域分支机构实现全覆盖。

（王安国 王 静）

乐陵市

【经济金融概况】 2011 年，乐陵市紧紧围绕"建设区域性节点型中心城市"的奋斗目标，以跨越发展为中心，速度质量快速提升，形成了"工业加速膨胀、服务业快速提升" 的发展格局，被评为 "国家级生态示范区"、"全国科技进步考核先进市"、"全省区域经济协调发展示范县"、"全省出口农产品质量安全示范区"、"全国优质小麦吨粮田百强县"、"国家级枣树良种基地"、"黄三角高效生态农业冷链产业科技示范工程

乐陵市主要经济指标

经济指标	2010	2011	2011 年同比增幅（%）	经济指标	2010	2011	2011 年同比增幅（%）
土地面积（平方公里）	1172	1172	0	地方财政支出（亿元）	10.82	15.2	40.48
人口（万人）	68.99	69.68	1.00	全社会固定资产投资（亿元）	88.37	99.07	12.11
城镇人口（万人）	18.25	18.53	1.53	进出口总值（万美元）	17663	20639	16.85
乡村人口（万人）	50.74	51.15	0.81	出口总值（万美元）	13381	14702	9.87
地区生产总值（亿元）	147.56	162.71	10.27	实际利用外资（万美元）	0	800	100
第一产业（亿元）	23.37	25.24	8.00	社会消费品零售总额（亿元）	56.22	65.68	16.83
第二产业（亿元）	82.03	89.3	8.86	居民消费价格指数（%）	103.1	105.2	2.04
第三产业（亿元）	42.16	48.17	14.26	人均地区生产总值（元）	21386	23351	9.19
财政总收入（亿元）	4.44	6.72	51.35	城镇居民可支配收入（元）	16325	19771	21.11

续表

经济指标	2010	2011	2011年同比增幅（%）	经济指标	2010	2011	2011年同比增幅（%）
地方财政收入（亿元）	2.5	3.5	40.00	农民人均现金收入（元）	7006	8316.3	18.7
财政总支出（亿元）	10.82	15.2	40.48				

乐陵市主要金融指标

金融指标（亿元）	2010	2011	2011年同比增幅（%）	金融指标（亿元）	2010	2011	2011年同比增幅（%）
本外币存款余额	81	98.3	21.36	财险收入	0.41	0.58	41.46
人民币存款余额	80.84	98.04	21.28	寿险收入	1.57	2.17	38.22
单位存款	11.54	25.47	120.71	财险赔款	0.29	0.44	51.72
储蓄存款	60.98	72.03	18.12	寿险给付	0.46	0.69	50
本外币贷款余额	61.96	72.84	17.56	当年结益	--	--	--
人民币贷款余额	61.76	72.66	17.65	证券市场交易总额	--	--	--
短期贷款	44.35	50.35	13.53	投资者保证金余额	--	--	--
中长期贷款	17.61	22.3	26.63	证券账户开户数	--	--	--
票据融资	0	0	0	证券交易佣金收入	--	--	--
当年结益	1.47	2.05	39.46	净利润	--	--	--
不良贷款余额	7.96	4.62	-41.96				

乐陵市主要金融机构负责人

单位名称	行长（或其他称谓的第一负责人）	副行长（或其他称谓的同级领导）
人行乐陵市支行	杨德阔	孟宪尧　刘长勇　张宜国　卞东华
银监会乐陵市办事处	辛俊胜	
农发行乐陵市支行	张　静	王俊忠　刘华峰
工行乐陵支行	卞红远	高秀军　杨小玲　李建胜
农行乐陵市支行	王秀斌	刘绪生　张长明　郭爱民
中行乐陵支行	张　彬	靳邦斌　金　涛
建行乐陵支行	魏志军	彭元新　贾　敏　张新奎　程　煜
德州银行乐陵支行	王文忠	蒋万祥
乐陵市农信联社	杨希军	李培刚　刘德涛　杨　萍　陈保宁
邮储银行乐陵市支行	陆泽顺	王海军
乐陵市鑫众小额贷款公司	赵金龙	李玉才

乐陵市主要金融机构业务概况

单位：亿元

单位名称	本外币存款余额	单位存款	储蓄存款	本外币贷款余额	短期贷款	中长期贷款
农发行乐陵市支行	1.09	1.09	0	6.09	4.27	1.83
工行乐陵支行	12.99	5.86	7.13	11.29	3.75	7.54
农行乐陵市支行	17.18	5.21	11.97	15.57	10.1	5.47
中行乐陵支行	6.1	3.14	2.96	4.51	3.46	1.05
建行乐陵支行	9.35	3.31	6.04	5.1	3.08	2.02
德州银行乐陵支行	4.61	3.39	1.22	3.32	3.32	0
乐陵市农信联社	31.28	2.53	28.75	25.61	21.61	4.00
邮储银行乐陵市支行	15.17	1.12	14.06	1.35	0.95	0.40
小额贷款公司	--	--	--	0.50	0.50	0

试点县”，获批“省级农业高新技术产业示范区”。

【金融发展与改革】 2011年，乐陵市各金融机构认真贯彻执行稳健的货币政策，不断进行金融创新，金融服务质量和水平逐步提高，实现了经济金融的良性互动。构建全方位金融服务体系，成立了“市金融服务中心”，多层次推进银企合作，有效解决了银企信息不对称问题。

【金融服务与监管】 2011年，乐陵市金融机构开展了形式多样的服务活动，金融服务水平与质量又上新台阶。一是根据经济发展需要，不断创新结算品种，畅通结算渠道，加速了资金周转；二是通过创新贷款品种，简化贷款程序，缩短了贷款流程；三是通过拓展中间业务，努力满足不同客户需求；四是开展承诺服务、微笑服务、站立服务、上门服务、跟踪服务等活动。

在金融监管方面，人行乐陵市支行通过开展账户管理、反洗钱、人民币及现金管理、国库业务、外汇管理、金融统计及银行信贷登记咨询系统等专业检查，加强了对辖内金融业务的监管，确保了金融秩序稳定。

（赵 斌）

禹城市

【经济金融概况】 2011年，禹城市把创新金融服务作为打造现代产业体系的重要保障，坚持市场主导、政府推动，大力推进金融创新，加快了科学发展步伐。被评为山东省县域金融创新发展试点市、金融生态环境建设先进市，连续5年被授予德州市金融生态环境建设A级示范市，连续3年被评为德州市企业上市先进单位。

【金融发展与改革】 2011年，禹城市银行机构加大信贷资

禹城市主要经济指标

经济指标	2010	2011	2011年同比增幅（%）	经济指标	2010	2011	2011年同比增幅（%）
土地面积（平方公里）	990	990	0	地方财政支出（亿元）	12.98	15.84	22.07
人口（万人）	52.29	52.69	0.76	全社会固定资产投资（亿元）	108.18	101.42	29.7
城镇人口（万人）	9.43	9.76	3.5	进出口总值（万美元）	14205	18500	30.2
乡村人口（万人）	42.86	42.93	0.16	出口总值（万美元）	13604	17933	31.8
地区生产总值（亿元）	161.57	179.16	11.8	实际利用外资（万美元）	414	1000	141.5
第一产业（亿元）	25.72	26.52	2.2	社会消费品零售总额（亿元）	56.07	65.60	18.1
第二产业（亿元）	89.90	99.66	13.5	居民消费价格指数（%）	103.1	105.2	2.04
第三产业（亿元）	45.95	52.98	14.3	人均地区生产总值（元）	30977	34132	11.1
财政总收入（亿元）	10.48	13.46	28.46	城镇居民可支配收入（元）	16000	19771	23.57
地方财政收入（亿元）	5.5	7.5	36.36	农民人均现金收入（元）	7060	8350	19.4
财政总支出（亿元）	12.98	15.84	22.07				

禹城市主要金融指标

金融指标（亿元）	2010	2011	2011年同比增幅（%）	金融指标（亿元）	2010	2011	2011年同比增幅（%）
本外币存款余额	88.69	106.63	20.23	财险收入	0.79	0.68	-13.92
人民币存款余额	88.42	106.47	20.41	寿险收入	1.53	1.29	-15.69
单位存款	15.93	44.14	177.09	财险赔款	0.42	0.36	-14.29
储蓄存款	55.3	61.38	10.99	寿险给付	0.64	0.04	-93.75
本外币贷款余额	90.91	101.81	11.99	当年结益	0.22	0.27	22.73
人民币贷款余额	90.88	101.78	11.99	证券市场交易总额	—	—	—
短期贷款	60.62	66.15	9.12	投资者保证金余额	—	—	—
中长期贷款	30.26	35.53	17.42	证券账户开户数	—	—	—
票据融资	0	0	0	证券交易佣金收入	—	—	—
当年结益	2.6	3.27	25.77	净利润	—	—	—
不良贷款余额	1.27	1.68	32.28				

禹城市主要金融机构负责人

单位名称	行长（或其他称谓的第一负责人）	副行长（或其他称谓的同级领导）
人行禹城市支行	周俊青	贺明田
银监会禹城办事处	刘洪涛	
农发行禹城市支行	张　方	周传勇　张以楼
工行禹城支行	张　勇	李文立　张迎晓
农行禹城市支行	常　勇	张风顺　黄卫东　段旭光
中行禹城支行	段　勇	王德贵　高　勇
建行禹城支行	吕卫东	李淑平　吕万新
德州银行禹城支行	刘学成	高永民
禹城市农信联社	付小剑（理事长） 王吉合（主　任）	华　林（监事长）　董和泉　王惠超
邮储银行禹城市支行	李　峰	李文军
禹城市大禹小额贷款有限公司	安桂军	刘志伟　陈少谦

禹城市主要金融机构业务概况

单位：亿元

单位名称	本外币存款余额	企业存款	储蓄存款	本外币贷款余额	短期贷款	中长期贷款
农发行禹城市支行	1.46	1.46	--	10.79	7.78	3.01
工行禹城支行	20.28	15.67	4.61	22.87	8.46	14.41
农行禹城市支行	13.1	6.68	6.42	15.04	11.86	3.18
中行禹城支行	9.26	5.13	4.07	5.66	3.96	1.70
建行禹城支行	10.20	6.66	3.54	13.14	3.69	9.45
德州银行禹城支行	4.17	2.99	1.18	3.91	3.55	0.26
禹城市农信联社	35.34	4.31	30.74	28.50	25.50	3.00
邮储银行禹城市支行	12.21	1.33	10.88	1.90	1.34	0.56
小额贷款公司	--	--	--	0.16	0.16	0

金的运筹力度，用足用好各类金融政策，继续保持了信贷资金的持续增长。一是加快金融创新，开辟融资新渠道，年内两家企业实现上市，工行开发区支行、大禹小额担保公司开业，绿箭公司 3000 万集合票据获得发行审批，为企业融资提供了更为广阔的途径；二是积极推动金融生态环境优化工作，开展了以“清理不良贷款、化解潜在信贷风险，处置各类金融积案”为主要内容的金融环境百日集中整治活动，先后出台了禹城市《中小企业贷款风险补偿办法（试行）》、《对恶意逃废债务行为的随时处置办法（试行）》等行政规定。

【金融服务与监管】　2011 年，人行禹城市支行金融服务与监管工作取得了新进展。一是建立了金融机构贷款发放周报监测制度，加强对贷款还后不能再贷企业和银行的双项调度，使市主要领导及时了解信贷情况；二是认真做好工行开发区支行的开业管理，对农行三农事业部改革效果进行达标评估；三是按照上级行部署，开展了金融统计、支付结算、反洗钱、外汇管理、国库业务、人民币管理等业务执法检查，促进了金融业务的规范安全运行。

（段立华　范雪芹）

陵　县

【经济金融概况】　2011 年，陵县加快实施“全面融入德州市区、发展同城经济”主体战略，全县呈现出经济又好又快发展、社会和谐稳定的局面。

【金融发展与改革】　2011 年，人行陵县支行建立了政府主导型企业风险防范机制，对企业经营风险、财务风险进行提前

陵县主要经济指标

经济指标	2010	2011	2011年同比增幅（%）	经济指标	2010	2011	2011年同比增幅（%）
土地面积（平方公里）	1213	1213	--	地方财政支出（亿元）	9.74	13.17	35.22
人口（万人）	58.57	59.3	1.25	全社会固定资产投资（亿元）	88.86	98.77	11.15
城镇人口（万人）	13.3	13.6	2.26	进出口总值（万美元）	9695	17923	84.87
乡村人口（万人）	45.27	45.7	0.95	出口总值（万美元）	8195	12033	46.83
地区生产总值（亿元）	158.49	176.73	11.51	实际利用外资（万美元）	1305	489.5	-62.49
第一产业（亿元）	23.6	25.87	9.62	社会消费品零售总额（亿元）	47.93	55.4	15.59
第二产业（亿元）	81.96	91.23	11.31	居民消费价格指数（%）	106.3	107.4	1.03
第三产业（亿元）	52.93	59.63	12.66	人均地区生产总值（元）	27057	29985	10.82
财政总收入（亿元）	6.7	8.99	34.27	城镇居民可支配收入（元）	23486	29868	27.17
地方财政收入（亿元）	3.7	5.18	40.05	农民人均现金收入（元）	7055	8274	17.28
财政总支出（亿元）	10.5	14.24	35.68				

陵县主要金融指标

金融指标（亿元）	2010	2011	2011年同比增幅（%）	金融指标（亿元）	2010	2011	2011年同比增幅（%）
本外币存款余额	73.36	85.92	17.12	财险收入	0.38	1.08	184.21
人民币存款余额	73.18	85.92	17.41	寿险收入	0.46	1.31	184.78
单位存款	9.37	19.93	112.70	财险赔款	0.13	0.37	184.62
储蓄存款	51	62.76	23.06	寿险给付	0.17	0.49	188.24
本外币贷款余额	65.74	71.19	8.29	当年结益	0.15	0.35	133.33
人民币贷款余额	65.69	71.19	8.37	证券市场交易总额	--	--	--
短期贷款	45.95	49.61	7.97	投资者保证金余额	--	--	--
中长期贷款	19.73	21.59	9.43	证券账户开户数	--	--	--
票据融资	0	0	0	证券交易佣金收入	--	--	--
当年结益	1.87	1.98	5.88	净利润	--	--	--
不良贷款余额	5.29	6.46	22.12				

陵县主要金融机构负责人

单位名称	行长（或其他称谓的第一负责人）	副行长（或其他称谓的同级领导）
人行陵县支行	邢庆圣	张志远　王胜先　黄巨龙
农发行陵县支行	王世国	王树清　张成双
工行陵县支行	李德忠	许万磊　宋拥军
农行陵县支行	李耀民	王　勇　马　青　常建民
中行陵县支行	米丰虎	董永军　贾　麟
建行陵县支行	李胜国	吴健蕾　杜厚森
陵县农信联社	王立国（理事长） 王爱国（主任）	扬卫红　赵　鹏　谈洪泉
邮储银行陵县支行	李玉花	高洪彦　庄　建
德州银行陵县支行	周晓兰	朱建国

陵县主要金融机构业务概况

单位：亿元

单位名称	本外币存款余额	单位存款	储蓄存款	本外币贷款余额	短期贷款	中长期贷款
农发行陵县支行	2.19	2.04	--	9.20	7.65	1.55
工行陵县支行	11.65	6.47	5.18	16.13	7.32	8.81
农行陵县支行	6.78	2.11	4.67	8.40	6.76	1.65
中行陵县支行	4.08	1.42	2.57	4.42	1.52	2.90
建行陵县支行	7.19	2.25	4.94	6.97	3.55	3.42
德州银行陵县支行	2.84	2.36	0.48	2.41	2.41	--
陵县农信联社	31.33	1.50	29.83	23.29	20.20	3.09
邮储银行陵县支行	17.00	1.77	15.23	0.37	0.20	0.16

预警，并为当地政府提供具有针对性、可操作性的风险化解方案，构筑了维护区域金融稳定和保持经济健康发展的防火墙。通过资产置换整体化解不良贷款，将原属于国有划拨性质的156亩土地，经过变更土地用途，全部过户给农信社，化解置换了9960万元的不良贷款。

【金融服务与监管】 2011年，陵县各金融机构通过完善网点设施，优化柜面资源，加大员工业务技能培训，为社会公众提供了高效、便捷的服务。

在金融监管方面，人行陵县支行一是完善了各项规章制度，加强了账户管理及反洗钱、人民币现金管理、外汇管理等工作；二是切实履行再贴现、再贷款、金融统计及银行信贷登记咨询系统等各项职能，取得了明显成效。

（董志刚）

宁津县

【经济金融概况】 2011年，宁津县以转方式调结构为主线，坚持一产调优提效、二产调大提质、三产调活提速；现代农业加速发展、工业经济不断壮大、服务业繁荣活跃。

【金融发展与改革】 2011年，人行宁津县支行加强与各职能部门的联系与合作，充分发挥金融稳定职能，取得了良好的

宁津县主要经济指标

经济指标	2010	2011	2011年同比增幅（%）	经济指标	2010	2011	2011年同比增幅（%）
土地面积（平方公里）	833	833	--	地方财政支出（亿元）	10	11.21	12.1
人口（万人）	46.67	47.18	1.09	全社会固定资产投资（亿元）	114.8	121	5.4
城镇人口（万人）	5.9	6.07	2.88	进出口总值（万美元）	5744	7556	31.55
乡村人口（万人）	40.77	41.11	0.83	出口总值（万美元）	5063	6887	36.03
地区生产总值（亿元）	132.34	145.36	9.84	实际利用外资（万美元）	1292	1298	0.46
第一产业（亿元）	18.01	19.88	10.38	社会消费品零售总额（亿元）	49.76	59.69	19.96
第二产业（亿元）	76.68	83.53	8.93	居民消费价格指数（%）	103.1	105.2	3.1
第三产业（亿元）	37.74	41.95	11.15	人均地区生产总值（元）	28363	30809	8.62
财政总收入（亿元）	4.35	5.73	31.72	城镇居民可支配收入（元）	12797	18695	46.08
地方财政收入（亿元）	2.51	3.4	35.46	农民人均现金收入（元）	7120	8441	18.53

宁津县主要金融指标

金融指标（亿元）	2010	2011	2011年同比增幅（%）	金融指标（亿元）	2010	2011	2011年同比增幅（%）
本外币存款余额	91.59	104.54	14.14	财险收入	0.38	0.50	31.59
人民币存款余额	91.53	104.51	14.18	寿险收入	0.84	0.27	-67.85

续表

金融指标（亿元）	2010	2011	2011年同比增幅（%）	金融指标（亿元）	2010	2011	2011年同比增幅（%）
单位存款	8.67	17.79	105.19	财险赔款	0.25	0.28	12.00
储蓄存款	74.51	84.93	13.98	寿险给付	0.11	0.05	-54.54
本外币贷款余额	51.12	54.50	6.61	当年结益	0.71	0.18	-74.65
人民币贷款余额	51.12	54.50	6.61	证券市场交易总额	--	--	--
短期贷款	40.00	39.8	-0.5	投资者保证金余额	--	--	--
中长期贷款	11.03	14.63	32.64	证券账户开户数	--	--	--
票据融资	--	--	--	证券交易佣金收入	--	--	--
当年结益	0.59	1.92	225.42	净利润	--	--	--
不良贷款余额	16.11	10.42	-35.32				

宁津县主要金融机构负责人

单位名称	行长（或其他称谓的第一负责人）	副行长（或其他称谓的同级领导）
人行宁津县支行	曹国江	郭德生　王长德　张晶华　陈志红
农发行宁津县支行	张其英	王克智
工行宁津支行	杜雪亭	蔡建国　朱志刚　梁金林
农行宁津县支行	郭德祥	李　珺　曲复明　刘桂玲
建行宁津支行	王向东	尚国珍　吕秀峰　张广忠
德州银行宁津支行	王福刚	王晓琴
宁津县农信联社	赵德久（理事长） 张　波（主　任）	武建军　秦家军　赵　鹏　王淑华
邮储银行宁津县支行	从立刚	王伟峰
宁津县融德小额贷款公司	柴来云	苏　宁　邢春贵

宁津县主要金融机构业务概况

单位：亿元

单位名称	本外币存款余额	单位存款	储蓄存款	本外币贷款余额	短期贷款	中长期贷款
农发行宁津县支行	0.48	0.48	--	3.65	2.25	1.4
工行宁津支行	10.04	2.9	7.13	5.87	2.80	3.07
农行宁津县支行	20.16	4.66	15.47	6.08	4.57	1.44
建行宁津支行	13.07	4.18	8.89	4.50	1.41	3.09
德州银行宁津支行	5.63	3.39	2.24	5.03	4.18	0.85
宁津县农信联社	35.95	1.24	34.57	28.09	23.50	4.59
邮储银行宁津县支行	17.56	0.95	16.61	1.28	1.10	0.18
小额贷款公司	--	--	--	0.49	0.49	0

效果。一是货币政策传导效应得到提升，引导金融机构实现信贷投放总量适度、节奏平稳，结构优化；二是推动了全市金融环境百日集中整治启动活动的开展。

【金融服务与监管】 2011年，人行宁津县支行以“内抓管理、外树形象”为总体思路，监管与服务并重，扎实推进“两管理、两综合”工作，金融管理、服务水平进一步提高。一是努力打造农村支付环境建设“一把手”工程；二是创新农村反假新机制；三是深入推进金融知识宣传普及工作；四是全力做好外汇管理工作。

(李红梅　张文勇)

庆云县

【经济金融概况】 2011年，庆云县围绕“打造改革创新示范区、建设经济文化强县”的目标定位，坚持“一个突破、四项提升”，即突破工业、提升商贸物流、提升文化旅游、提升城乡建设、提升三农工作，经济社会实现较快发展。

【金融发展与改革】 2011年，庆云县成立了金融工作办公

庆云县主要经济指标

经济指标	2010	2011	2011年同比增幅（%）	经济指标	2010	2011	2011年同比增幅（%）
土地面积（平方公里）	502	502	--	地方财政支出（亿元）	6.91	9.75	41.00
人口（万人）	31.14	31.42	0.89	全社会固定资产投资（亿元）	75	88	17.33
城镇人口（万人）	6.01	6.08	1.16	进出口总值（万美元）	2576	5161	100.3
乡村人口（万人）	25.	25.33	1.07	出口总值（万美元）	2544	4987	96.03
地区生产总值（亿元）	92.13	104.3	19.39	实际利用外资（万美元）	340	236.5	-69.55
第一产业（亿元）	8.22	9.3	13.1	社会消费品零售总额（亿元）	37.1	43.42	17.03
第二产业（亿元）	46.95	51.29	9.2	居民消费价格指数（%）	103.1	105.2	2.1
第三产业（亿元）	36.96	43.79	18.5	人均地区生产总值（元）	29586	43426	46.77
财政总收入（亿元）	3.68	4.84	31.52	城镇居民可支配收入（元）	9100	11000	20.87
地方财政收入（亿元）	2.03	2.85	39.7	农民人均现金收入（元）	6528	8000	22.54
财政总支出（亿元）	6.91	9.75	41.00				

庆云县主要金融指标

金融指标（亿元）	2010	2011	2011年同比增幅（%）	金融指标（亿元）	2010	2011	2011年同比增幅（%）
本外币存款余额	43.01	53.16	23.59	财险收入	0.49	0.71	44.89
人民币存款余额	43.01	53.16	23.59	寿险收入	1.33	1.57	1.18
单位存款	8.64	16.62	92.36	财险赔款	0.29	0.51	75.86
储蓄存款	29.61	35.14	18.67	寿险给付	0.21	0.44	109.5
本外币贷款余额	34.09	37.38	9.65	当年结益	--	--	--
人民币贷款余额	34.09	37.38	9.65	证券市场交易总额	--	--	--
短期贷款	23.24	24.94	7.31	投资者保证金余额	--	--	--
中长期贷款	10.84	12.43	14.67	证券账户开户数	--	--	--
票据融资	0	0	0	证券交易佣金收入	--	--	--
当年结益	0.99	1.21	22.22	净利润	--	--	--
不良贷款余额	1.33	0.28	-78.9				

庆云县主要金融机构负责人

单位名称	行长（或其他称谓的第一负责人）	副行长（或其他称谓的同级领导）
人行庆云县支行	杨金昌	胡成军　魏殿峰　赵关岭
农发行庆云县支行	许欣忠	潘德章
工行庆云支行	蒋爱芹	张国伟　赵金强
农行庆云县支行	郭延超	孟德胜　杨　新
建行庆云支行	邵立民	郭宝辉　张新成
德州银行庆云支行	王金峰	张海霞
庆云县农信联社	方化臣	刘　兰　邵　范　董合泉　张　霖
邮储银行庆云县支行	王保国	张思明

庆云县主要金融机构业务概况

单位：亿元

单位名称	本外币存款余额	单位存款	储蓄存款	本外币贷款余额	短期贷款	中长期贷款
农发行庆云县支行	1.28	1.28	--	4.7	3.6	1.1
工行庆云支行	8.86	4.45	4.41	8.45	2.72	5.72
农行庆云县支行	5.93	1.86	4.04	7.71	5.37	2.33
建行庆云支行	7.59	3.39	4.19	4.68	1.85	2.82
德州银行庆云支行	1.88	1.53	0.34	0.65	0.65	0
庆云县农信联社	13.15	2.83	10.31	10.15	9.90	0.24
邮储银行庆云县支行	13.07	1.26	11.81	1.01	0.81	0.19

室，及时研究解决构建现代产业体系中遇到的重大金融问题，各金融机构以此为契机，积极开拓市场。9月，鲁丰科技在天交所挂牌，实现了县域上市企业“零”的突破；筹资1.65亿元成立的金海投资担保公司成为德州市最大的担保公司，并开始获得德州银行等机构授信，开创了银担合作的新局面。

【金融服务与监管】 2011年，人行庆云县支行继续坚持管理和服务两手抓，主动对辖内法人机构、三农金融事业部进行考核并实施差别存款准备金率，对辖内全部金融机构的涉农信贷政策执行效果进行评估，引导和鼓励全县金融机构正确处理增加投入与防范风险的关系，适时把握调控的方向、力度和节奏，积极支持地方经济。对重点建设项目、中小企业、“三农”、妇女创业等进行了积极的贷款扶持。

（胡洪玺）

临邑县

【经济金融概况】 2011年，临邑县围绕“德州市争第一、山东省进位次”的目标，通过产业结构调整优化加快发展，经济综合实力持续增强。年内实施了总投资330亿元的50个重点项目；索能发展被评为第2届低碳山东贡献单位，并列入为省创新型试点企业，泓淋电子、信立泰药业分别成为省市级高新技术企业；石油机械及生物医药成为蓝色经济区重点建设示范

临邑县主要经济指标

经济指标	2010	2011	2011年同比增幅（%）	经济指标	2010	2011	2011年同比增幅（%）
土地面积（平方公里）	1016	1016	--	地方财政支出（亿元）	12.86	15.02	16.80
人口（万人）	53.84	54.19	0.65	全社会固定资产投资（亿元）	112.82	103.47	-8.29
城镇人口（万人）	19.95	19.98	0.15	进出口总值（万美元）	23504	30838	31.20
乡村人口（万人）	33.89	34.23	0.94	出口总值（万美元）	21733	28971	33.30
地区生产总值（亿元）	162.98	177.77	9.07	实际利用外资（万美元）	2120	1728.1	-18.49
第一产业（亿元）	22.77	24.88	9.27	社会消费品零售总额（亿元）	56.66	67.80	19.66
第二产业（亿元）	89.09	94.34	5.89	居民消费价格指数（%）	103.1	105.20	2.04
第三产业（亿元）	51.12	58.55	14.53	人均地区生产总值（元）	30280	32806	8.34
财政总收入（亿元）	11.69	12.55	7.36	城镇居民可支配收入（元）	17150	19160	11.72
地方财政收入（亿元）	6.83	7.04	3.07	农民人均现金收入（元）	7011	8434	20.30
财政总支出（亿元）	13.11	17.52	33.64				

临邑县主要金融指标

金融指标（亿元）	2010	2011	2011年同比增幅（%）	金融指标（亿元）	2010	2011	2011年同比增幅（%）
本外币存款余额	82.37	97.39	18.23	财险收入	0.27	0.34	25.93
人民币存款余额	82.06	97.20	18.45	寿险收入	1.06	1.41	33.02

续表

金融指标（亿元）	2010	2011	2011 年同比增幅（%）	金融指标（亿元）	2010	2011	2011 年同比增幅（%）
单位存款	10.31	23.48	127.74	财险赔款	0.09	0.12	33.33
储蓄存款	61.42	72.99	18.84	寿险给付	0.74	0.91	22.97
本外币贷款余额	51.62	60.99	18.15	当年结益	0.04	0.05	25.00
人民币贷款余额	51.62	59.44	15.15	证券市场交易总额	—	—	—
短期贷款	35.52	42.15	18.67	投资者保证金余额	—	—	—
中长期贷款	16.06	18.80	17.06	证券账户开户数	—	—	—
票据融资	0	0	0	证券交易佣金收入	—	—	—
当年结益	1.54	2.28	48.05	净利润	—	—	—
不良贷款余额	4.06	3.66	-9.85				

临邑县主要金融机构负责人

单位名称	行长（或其他称谓的第一负责人）	副行长（或其他称谓的同级领导）
人行临邑县支行	杨如冰	许树海　邢增彩　张兆河
农发行临邑县支行	赵学东	崔藏月　肖　铮
工行临邑支行	郝建波	夏春秋　韩起强（纪检员）
农行临邑县支行	孙林华	纪慧玲　张继强　李广超（行长助理）
中行临邑支行	姬　刚	王成武　唐　宇
建行临邑支行	王　坤	蔡德勇　孙吉贵　仝建民（纪检特派员）赵　伟（会计主管）
德州银行临邑支行	韩　磊	肖金利
临邑县农信联社	杨晓亮（理事长）	陈艳峰（副主任主持工作）邵　范（监事长）赵云延　邓秀荣
邮储银行临邑县支行	许晓龙	乔　峰（副行长）　王　强（行长助理）
临邑中银富登村镇银行	张　伟	刘永军　李尚东

临邑县主要金融机构业务概况

单位：亿元

单位名称	本外币存款余额	单位存款	储蓄存款	本外币贷款余额	短期贷款	中长期贷款
农发行临邑县支行	1.24	1.24	—	3.47	2.47	1.00
工行临邑支行	22.59	7.39	15.18	15.50	8.03	7.47
农行临邑县支行	9.50	2.62	6.88	6.91	4.47	2.40
中行临邑支行	6.65	2.62	4.03	4.52	1.82	2.71
建行临邑支行	13.15	2.83	10.31	6.66	2.90	3.76
德州银行临邑支行	4.22	3.22	1.00	2.39	2.39	—
临邑县农信联社	22.68	2.39	20.09	19.58	18.90	0.68
邮储银行临邑县支行	16.11	0.99	15.12	1.59	0.88	0.71
临邑中银富登村镇银行	0.58	0.19	0.38	0.35	0.27	0.08

基地，并蝉联全国新能源产业百强县。

【金融发展与改革】　2011 年 6 月，德州市首家村镇银行——临邑中银富登村镇银行成立，银行机构体系更加健全。县农信联社立足支持"三农"经济，完善法人治理结构，规范股本金管理，强化对贷款安全性检查，实行公司类贷款完全集中管理，同时，依托全县“金融环境百日集中整治活动”，清收、盘活不良贷款，资产质量改善，资本充足率提高，信贷支农功能不断强化，年内新增涉农贷款3.25亿元，列同业第一位。

【金融服务与监管】 2011年，临邑县各银行业机构依托现代支付结算体系为平台，加大网点改造，强化岗位培训，优化柜面资源配置，提高金融服务水平。ATM、POS保有量分别达89台、836台（部），居全市第一位，金融服务向基层、农村延伸。

（邢有武）

齐河县

【经济金融概况】 2011年，齐河县努力实现“转方式，调结构”，做优一产、做强二产、做活三产，产业结构更加优化，经济保持强劲发展势头。工业经济快速发展，规模以上工业企业达到411家，其中上缴税金过千万元企业20家，过亿元的4家。科技创新能力不断增强，有12个项目列为2011年度省级技术创新项目。农业农村工作成效显著，粮食生产实现“九连增”，被确定为全国整建制粮食高产创建示范县，2011年被国务院表彰为全国粮食生产先进单位。

【金融发展与改革】 2011年，人行齐河县支行将“金融生态建设”纳入政府科学发展观考核体系，积极协助地方政府搭建融资平台，通过召开政银企洽谈会、中小企业融资超市等活动，有效解决企业融资需求，实现政银企共赢。齐河农村合作银行进一步完善法人治理结构，农业银行“三农金融事业部”改革稳步推进，支农定位更加明确，农村金融服务效率提高。

【金融服务与监管】 2011年，齐河县金融机构强化内部控

齐河县主要经济指标

经济指标	2010	2011	2011年同比增幅（%）	经济指标	2010	2011	2011年同比增幅（%）
土地面积（平方公里）	1411.00	1411.00	--	地方财政支出（亿元）	16.15	20.03	24.02
人口（万人）	62.12	62.77	1.05	全社会固定资产投资（亿元）	118.59	180.00	44.00
城镇人口（万人）	11.26	16.28	44.58	进出口总值（万美元）	43500	61500	44.30
乡村人口（万人）	50.86	46.49	-8.59	出口总值（万美元）	8001	14000	74.98
地区生产总值（亿元）	205.26	252.87	23.19	实际利用外资（万美元）	766	2504	226.89
第一产业（亿元）	21.55	24.02	11.46	社会消费品零售总额（亿元）	57.05	72.00	26.21
第二产业（亿元）	110.88	136.55	23.18	居民消费价格指数（%）	103.10	105.2	2.10
第三产业（亿元）	72.86	92.30	26.68	人均地区生产总值（元）	32400	40285	24.34
财政总收入（亿元）	16.61	21.82	31.37	城镇居民可支配收入（元）	16000	19520	22
地方财政收入（亿元）	8.28	11.02	33.09	农民人均现金收入（元）	7123	8443	19.10
财政总支出（亿元）	16.15	20.03	24.02				

齐河县主要金融指标

金融指标（亿元）	2010	2011	2011年同比增幅（%）	金融指标（亿元）	2010	2011	2011年同比增幅（%）
本外币存款余额	97.89	115.23	19.00	财险收入	0.29	0.76	162.07
人民币存款余额	97.74	114.99	18.73	寿险收入	1.30	1.75	34.62
单位存款	33.58	38.50	14.50	财险赔款	0.12	0.24	100
储蓄存款	62.55	73.35	17.28	寿险给付	0.42	0.28	-33.33
本外币贷款余额	70.35	84.69	21.30	当年结益	--	--	--
人民币贷款余额	70.35	81.47	16.72	证券市场交易总额	--	--	--
短期贷款	43.73	54.92	27.08	投资者保证金余额	--	--	--
中长期贷款	25.36	26.55	4.66	证券账户开户数	--	--	--
票据融资	1.26	0	-100	证券交易佣金收入	--	--	--
当年结益	1.71	2.28	31.91	净利润	--	--	--
不良贷款余额	1.50	1.13	-24.67				

齐河县主要金融机构负责人

单位名称	行长（或其他称谓的第一负责人）	副行长（或其他称谓的同级领导）
人行齐河县支行	张若丰	刘万清　范士俊　司英民
农发行齐河县支行	张建国	马传松　黄　齐
工行齐河支行	董建强	张荣珍　刘学鹏　张　伟
农行齐河县支行	孟志强	王景祥　孙　博　范　斌
中行齐河支行	邵秀玲	王爱武　孙　辉
建行齐河支行	张　栋	朱建升　孙培军
德州银行齐河支行	张春玲	
山东齐河农合行	刘洪丽（董事长） 房士荣（行　长）	黄家信（监事长）　孙秀斌　王东新
邮储银行齐河县支行	丁建华	

齐河县主要金融机构业务概况

单位：亿元

单位名称	本外币存款余额	单位存款	储蓄存款	本外币贷款余额	短期贷款	中长期贷款
农发行齐河县支行	1.13	1.13	--	2.41	1.91	0.5
工行齐河支行	17.00	10.25	6.68	21.30	13.10	8.20
农行齐河县支行	14.32	7.22	7.07	11.47	5.00	6.46
中行齐河支行	9.21	4.60	4.59	6.53	3.10	3.43
建行齐河支行	7.25	3.16	4.09	6.28	4.91	1.38
德州银行齐河支行	7.19	6.13	1.06	5.03	4.76	0.27
山东齐河农合行	38.19	3.72	34.46	29.35	23.83	5.51
邮储银行齐河县支行	17.94	2.49	15.46	2.32	1.53	0.79

制，不断提高金融风险防范能力，增强服务意识，并依托现代金融网络信息平台，提高金融服务水平，网上银行、电子银行业务快速发展，企业网银、个人网银开户数分别增长 1.7 和 1.1 倍，金融基础设施布放行政村覆盖率达到 80%以上，农村支付服务环境进一步优化。

（张全胜　焦玉英）

平原县

【经济金融概况】　2011 年，平原县以建设区域经济文化强县为目标，以转方式、调结构为主线，全县经济实现了平稳较快发展。金融市场保持平稳健康运行，为全县经济发展创造了良好的条件。

【金融发展与改革】　2011 年，平原县各金融机构紧紧围绕经济工作重点，加强对重点产业和小微型企业的资金支持。“金融生态环境百日集中整治”活动的开展，降低了银行业金融机构的不良贷款。6 月，平原县恒信小额贷款有限公司成立，

平原县主要经济指标

经济指标	2010	2011	2011 年同比增幅（%）	经济指标	2010	2011	2011 年同比增幅（%）
土地面积（平方公里）	1047	1047	--	地方财政支出（亿元）	10.01	11.68	16.7
人口（万人）	46.17	46.56	0.8	全社会固定资产投资（亿元）	86.02	99.18	15.3
城镇人口（万人）	11.07	12.32	11.23	进出口总值（万美元）	4518	6806	50.6
乡村人口	35.11	34.24	-2.4	出口总值（万美元）	2793	5312	90.2

续表

经济指标	2010	2011	2011年同比增幅（%）	经济指标	2010	2011	2011年同比增幅（%）
地区生产总值（亿元）	132.39	146.51	10.9	实际利用外资（万美元）	836	1690	102.0
第一产业（亿元）	20.11	22.08	2.3	社会消费品零售总额（亿元）	45.66	54.59	17.2
第二产业（亿元）	71.60	78.23	12.2	居民消费价格指数（%）	103.70	105.2	1.5
第三产业（亿元）	40.69	46.2	13	人均地区生产总值（元）	28728	31596	9.4
财政总收入（亿元）	8.80	11.17	26.9	城镇居民可支配收入（元）	14668	16868	15.0
地方财政收入（亿元）	3.01	3.92	30.2	农民人均现金收入（元）	7029	8352	18.6
财政总支出（亿元）	10.01	11.68	16.7				

平原县主要金融指标

金融指标（亿元）	2010	2011	2011年同比增幅（%）	金融指标（亿元）	2010	2011	2011年同比增幅（%）
本外币存款余额	75.06	87.38	16.41	财险收入	0.24	0.24	0
人民币存款余额	74.98	87.30	16.43	寿险收入	0.94	1.03	9.57
单位存款	13.28	18.01	35.62	财险赔款	0.13	0.16	23.08
储蓄存款	60.34	68.82	14.05	寿险给付	0.21	0.24	14.29
本外币贷款余额	51.42	50.71	-1.38	当年结益	0.65	0.56	-13.85
人民币贷款余额	51.42	50.71	-1.38	证券市场交易总额	—	—	—
短期贷款	37.42	34.85	-6.87	投资者保证金余额	—	—	—
中长期贷款	13.59	15.14	11.41	证券账户开户数	—	—	—
票据融资	0.01	0.31	3000	证券交易佣金收入	—	—	—
当年结益	-2.53	0.52	120.55	净利润	—	—	—
不良贷款余额	13.30	16.97	27.59				

平原县主要金融机构负责人

单位名称	行长（或其他称谓的第一负责人）	副行长（或其他称谓的同级领导）
人行平原县支行	倪　峰	唐吉贵　吕洪昌　粟宝海
农发行平原县支行	胡志和	张吉杰　金传谱
工行平原支行	董勇强	王树志　赵德胜
农行平原县支行	王洪涛	吕　峰　胡寿勇　刘海燕
中行平原支行	张若信	王　东　张　军
建行平原支行	倪福田	袁会峰　纪学新　霍瑞军　郝金刚
德州银行平原支行	赵永辉	张秀霞
平原县农信联社	陈　海	苑化芳　李国勇　刘希顺　李方泉
邮储银行平原县支行	程　德	张志明
平原县恒信小额贷款公司	张墩江	刘学军

平原县主要金融机构业务概况

单位：亿元

单位名称	本外币存款余额	单位存款	储蓄存款	本外币贷款余额	短期贷款	中长期贷款
农发行平原县支行	1.09	1.09	—	5.49	5.49	0

续表

单位名称	本外币存款余额	单位存款	储蓄存款	本外币贷款余额	短期贷款	中长期贷款
工行平原支行	9.89	4.93	4.93	8.75	4.81	3.91
农行平原县支行	11.50	2.64	8.85	8.55	5.37	3.18
中行平原支行	8.37	3.76	4.58	4.58	1.17	3.06
建行平原支行	4.86	1.69	3.17	3.27	0.68	2.59
德州银行平原支行	1.08	0.58	0.50	0.37	0.37	--
平原县农信联社	33.38	1.41	31.97	18.40	16.00	2.06
邮储银行平原县支行	16.78	1.93	14.85	1.31	0.97	0.34
小额贷款公司	--	--	--	0.92	0.92	0

9月，德州银行股份有限公司平原支行成立，金融机构体系更加健全。

【金融服务与监管】 2011年，人行平原县支行引导辖内金融机构认真落实稳健的货币政策，加强对新开业金融机构的管理和业务指导。为有效防范辖区金融风险，避免企业资金链断裂导致高救助成本问题的发生，制定了《重点企业经营风险监测实施方案》，完成了辖内工行、农行、中行和农村信用联社的检查评估工作。

（张洪来　梁桂华）

夏津县

【经济金融概况】 2011年，夏津县国民经济和各项社会事业保持了平稳较快的发展势头。工业生产扎实推进，县规模以上工业企业达到335家；农业生产稳步发展，产业化水平不断提高，全年农作物总播种面积118.01万亩，同比增长1.38%；第三产业维持了较快的发展势头。全县金融机构坚决贯彻落实稳

夏津县主要经济指标

经济指标	2010	2011	2011年同比增幅（%）	经济指标	2010	2011	2011年同比增幅（%）
土地面积（平方公里）	872.0	872.0	--	地方财政支出（亿元）	9.42	12.19	29.46
人口（万人）	51.45	52.46	1.96	规模以上固定资产投资（亿元）	53.04	66.14	24.7
城镇人口（万人）	6.36	6.49	1.96	进出口总值（万美元）	3168.9	4847.6	52.97
乡村人口（万人）	45.09	45.97	1.95	出口总值（万美元）	993.7	1554.2	56.41
地区生产总值（亿元）	120.77	135.74	12.4	实际利用外资（万美元）	1008.5	1287.4	27.65
第一产业（亿元）	17.85	18.37	2.9	社会消费品零售总额（亿元）	42.65	51.26	20.19
第二产业（亿元）	69.35	80.1	15.5	居民消费价格指数（%）	103.1	105.2	2.04
第三产业（亿元）	33.28	37.27	12	人均地区生产总值（元）	22200	25874	16.55
财政总收入（亿元）	5.56	6.84	22.93	城镇居民可支配收入（元）	17410	19771	13.6
地方财政收入（亿元）	3.00	4.02	33.83	农民人均现金收入（元）	6203	7009	12.99
财政总支出（亿元）	9.42	12.19	29.46				

夏津县主要金融指标

金融指标（亿元）	2010	2011	2011年同比增幅（%）	金融指标（亿元）	2010	2011	2011年同比增幅（%）
本外币存款余额	63.66	78.04	22.59	财险收入	0.37	0.36	-2.70
人民币存款余额	63.58	77.99	22.66	寿险收入	0.69	0.85	23.19
单位存款	6.82	17.34	154.25	财险赔款	0.21	0.19	-9.52
储蓄存款	47.37	57.98	22.40	寿险给付	0.21	0.41	95.24

续表

金融指标（亿元）	2010	2011	2011年同比增幅（%）	金融指标（亿元）	2010	2011	2011年同比增幅（%）
本外币贷款余额	52.44	55.89	6.58	当年结益（财险）	0.02	0.05	15
人民币贷款余额	52.38	88.87	69.66	证券市场交易总额	--	--	--
短期贷款	37.5	36.97	-1.41	投资者保证金余额	--	--	--
中长期贷款	14.69	18.87	28.45	证券账户开户数	--	--	--
票据融资	--	--	--	证券交易佣金收入	--	--	--
当年结益	0.52	1.74	234.62	净利润	--	--	--
不良贷款余额	8.24	7.53	-8.62				

夏津县主要金融机构负责人

单位名称	行长（或其他称谓的第一负责人）	副行长（或其他称谓的同级领导）
人行夏津县支行	宋明军	张国德　刘美青　艾庆国
农发行夏津县支行	李保华	冯树华　赵维安
工行夏津支行	秦成强	刘忠波　高继勇　冉桂英
农行夏津县支行	魏文召	孙连耕　刘文山
中行夏津支行	任松岭	汤　军　秦玉刚　孙全峰
建行夏津支行	张桂芹	程洪斌　陈　勇　潘家灵
德州银行夏津支行	杨立富	潘　东　赵　新
夏津县农信联社	王加静	李培刚　王连军　张建中
邮储银行夏津县支行	孙　涛	史　辉
夏津县城镇小额贷款公司	邹爱民	

夏津县主要金融机构业务概况

单位：亿元

单位名称	本外币存款余额	单位存款	储蓄存款	本外币贷款余额	短期贷款	中长期贷款
农发行夏津县支行	0.85	0.85	--	5.74	3.74	2.00
工行夏津支行	5.72	2.98	2.74	10.97	3.73	7.24
农行夏津县支行	10.21	1.01	9.2	5.47	3.57	1.90
中行夏津支行	7.75	3.84	3.88	4.07	2.46	1.61
建行夏津支行	6.93	3.97	2.96	2.56	0.75	1.80
德州银行夏津支行	2.77	2.05	0.72	4.47	4.44	0
夏津县农信联社	27.14	2.08	25.06	21.58	17.41	4.17
邮储银行夏津县支行	13.99	0.57	13.42	1.01	0.85	0.16
小额贷款公司	--	--	--	1.08	1.08	0

健的货币政策，着力提高货币政策的有效性、针对性和灵活性，保持社会融资规模合理增长。

【金融发展与改革】　2011年，人行夏津县支行协调组织临清市支行与河北省馆陶县支行、临西县支行共同签署了《冀鲁四县（市）金融稳定暨金融生态环境建设协作机制》备忘录，加强区域金融合作，促进区域金融稳定。中行夏津支行全面加大对小微企业的信贷支持力度，小微企业信贷实现了“零”的突破，并呈现出良好的发展势头。县农信联社以服务“三农”为宗旨，创新信贷业务品种，促进“小企业大联保体贷款”业务的健康发展，积极探索支持服务小微企业融资的新途径、新方式，把小微企业“联保体贷款”与农户“贷款证贷款”相结合，创办了"便捷通"企业贷款证业务，全年共为47家小微企业发放"便捷通"贷款证，授信金额2.2亿元，有效缓解了小微企业贷款难的问题。

【金融服务与监管】 2011年，夏津县金融机构继续强化内部管理，不断夯实基础，提高金融服务水平，依托现代化的金融网络信息平台，为居民提供全方位金融服务。全县各金融机构为229个行政村布放ATM机60台，普通POS机334部，电话POS机1878部，在19个行政村安装了自助服务终端，支付工具覆盖率达到73%。

（冉祥武）

武城县

【经济金融概况】 2011年，武城县紧紧围绕"工业立县、产业富民、城乡统筹、和谐发展"的思路，解放思想、创新实干，国民经济持续快速发展，人民生活水平持续提高。截至年末，规模以上工业企业达372家，企业经济效益不断提高，销售收入、利税分别增长36.7%和35.4%，增幅均居全市前列。

【金融发展与改革】 2011年，人行武城县支行认真贯彻稳健货币政策，强化"窗口指导"，引导信贷投放，助推中小微企业发展，优化信贷结构。一是为农联社发放支农再贷款0.3亿元，解决了农户对生产资金的需求；二是组织召开了4次政银企合作恳谈会，助推小微企业发展；三是协调县工商管理局、经信局联合建立了《注册商标专用权质权融资部门联席会议制

武城县主要经济指标

经济指标	2010	2011	2011年同比增幅（%）	经济指标	2010	2011	2011年同比增幅（%）
土地面积（平方公里）	751	751	--	地方财政支出（亿元）	8.14	11.04	35.6
人口（万人）	38.77	39.04	0.7	全社会固定资产投资（亿元）	74.64	83.73	26.3
城镇人口（万人）	7.88	7.98	1.3	进出口总值（万美元）	2843	3244	14.1
乡村人口（万人）	30.90	31.06	0.5	出口总值（万美元）	2424	2892	19.3
地区生产总值（亿元）	115.77	129.58	14.1	实际利用外资（万美元）	15	746.5	4876.7
第一产业（亿元）	15.19	16.77	2.4	社会消费品零售总额（亿元）	38.71	46.48	17.7
第二产业（亿元）	69.25	75.75	17.6	居民消费价格指数（%）	103.4	105.1	5.1
第三产业（亿元）	31.33	37.06	12.7	人均地区生产总值（元）	29892	33192	11.0
财政总收入（亿元）	5.24	6.51	24.9	城镇居民可支配收入（元）	13659	16293	19.3
地方财政收入（亿元）	2.56	3.59	40.1	农民人均现金收入（元）	6962	8335	19.7
财政总支出（亿元）	8.84	11.44	29.3				

武城县主要金融指标

金融指标（亿元）	2010	2011	2011年同比增幅（%）	金融指标（亿元）	2010	2011	2011年同比增幅（%）
本外币存款余额	68.61	77.43	12.9	财险收入	0.33	0.53	60.6
人民币存款余额	68.55	77.38	12.9	寿险收入	1.06	1.61	51.9
单位存款	4.80	14.34	198.8	财险赔款	0.15	0.26	73.3
储蓄存款	53.15	61.60	15.9	寿险给付	0.34	0.17	-50.0
本外币贷款余额	43.33	51.26	18.3	当年结益	0.84	0.72	-14.3
人民币贷款余额	43.33	51.26	18.3	证券市场交易总额	--	--	--
短期贷款	34.66	38.47	11.0	投资者保证金余额	--	--	--
中长期贷款	8.64	12.79	48.0	证券账户开户数	--	--	--
票据融资	0.03	0	-100.0	证券交易佣金收入	--	--	--
当年结益	0.82	1.29	57.3	净利润	--	--	--
不良贷款余额	5.09	4.72	-7.3				

武城县主要金融机构负责人

单位名称	行长（或其他称谓的第一负责人）	副行长（或其他称谓的同级领导）
人行武城县支行	张如宝	林红霞　徐芳庭
农发行武城县支行	张　军	周庆华　张智慧
工行武城支行	李春生	代圣华　杨树盛　刁其海
农行武城县支行	王华伟	李书军　卞建强　孙晓军
中行武城支行	赵立章	李　宁　李瑞亭
建行武城支行	刘义波	梁　军　赵春利
德州银行武城支行	张传超	刘友智　张宝辉
武城县农信联社	李友山（理事长） 苑先一（主任）	霍　强　刘　勇　郭经胜
邮储银行武城县支行	纪金国	陈光峰
武城县古贝春小额贷款公司	谢玉苹	

武城县主要金融机构业务概况

单位：亿元

单位名称	本外币存款余额	单位存款	储蓄存款	本外币贷款余额	短期贷款	中长期贷款
农发行武城县支行	1.22	1.22	--	5.41	4.01	1.40
工行武城支行	10.02	4.52	5.50	10.99	6.35	4.64
农行武城县支行	10.23	1.90	8.33	4.47	2.54	1.93
中行武城支行	4.95	2.27	2.62	4.42	2.07	2.34
建行武城支行	8.09	2.29	5.81	2.77	1.65	1.12
武城县农信联社	25.56	1.14	24.41	21.88	20.70	1.18
邮储银行武城县支行	15.93	1.00	14.93	1.32	1.14	0.18
小额贷款公司	--	--	--	1.25	1.25	--

度》，督促办理商标权质押贷款4笔、金额0.14亿元；四是扎实开展金融环境百日集中整治活动，处置不良贷款117笔，2440.4万元。

【金融服务与监管】　2011年，人行武城县支行开展了对农联社专项中央银行票据兑付后续监测考核、对县农行三农事业部贷款投放监测和检查、对县建行国库业务及对工行的支付结算业务检查工作，进一步规范了金融机构业务经营行为。

（隋春明　田瑞超）

聊城市

【经济金融概况】　2011年，聊城市全市经济实现平稳较快增长。一是工业生产平稳增长，高新技术产业稳步发展，经济效益增长较快；二是农业生产条件继续改善，农林牧渔业总量平稳增长；三是固定资产投资规模迅速扩张，投资结构进一步优化，房地产市场运行良好；四是金融市场平稳运行，消费市场持续繁荣，消费热点增势强劲，对外贸易增长较快；五是交通运输业稳步增长，邮电通信业和旅游业实现较快发展；六是财政收支稳定增长，社会保障体系建设取得新成效，城乡居民生活质量显著提高。

【货币政策实施】　2011年，人行聊城中支按照"总体稳健、调节有度、结构优化"的要求，优化信贷结构，加强监测分析，贯彻落实稳健的货币政策，推动了辖区经济平稳健康发展。一是制定了《关于认真落实稳健货币政策 进一步推进全市经济平稳较快发展的意见》，开展了信贷政策执行效果季度综合评价，合理调控地方法人金融机构信贷投放；二是承办了以"优

聊城市经济主要统计指标

指标＼年度	2007	2008	2009	2010	2011	2011 年同比增幅（%）
土地面积（平方公里）	8715	8715	8715	8715	8715	0
总人口（万人）	580.75	584.91	590.89	597.53	604.22	1.12
非农业人口（万人）	--	--	--	--	--	--
地区生产总值（亿元）	1025.42	1252.67	1375.92	1606.51	1905.13	12.3
第一产业（亿元）	154.50	187.03	198.63	221.64	243.37	4.3
第二产业（亿元）	605.63	738.98	808.46	935.70	1085.99	14.2
工业（亿元）	565.32	692.05	752.22	854.03	997.97	13.8
建筑业（亿元）	40.31	46.93	68.08	70.06	88.02	25.64
第三产业（亿元）	265.29	326.66	368.84	449.17	575.83	12.2
人均地区生产总值（元）	18576	22556	24613	26886	32724	21.71
地区生产总值构成（%）	100	100	100	100	100	--
第一产业（%）	15.1	14.9	14.4	13.8	12.8	-1.0
第二产业（%）	59.0	59.0	58.8	58.2	57.0	-1.2
第三产业（%）	25.9	26.1	26.8	28.0	30.2	2.2
财政总收入（亿元）	99.98	119.89	132.78	143.22	--	--
地方财政收入（亿元）	42.40	48.48	55.38	70.50	96.56	37.0
财政总支出（亿元）	--	--	--	--	--	--
地方财政支出（亿元）	75.03	91.20	107.26	144.6	173.47	20.0
全社会固定资产投资（亿元）	420.26	530.34	700.04	887.68	--	--
规模以上固定资产投资（亿元）	414.20	525.22	700.04	887.68	1041.11	23.4
房地产开发（亿元）	25.67	33.13	32.44	56.45	90.89	61.0
进出口总值（亿美元）	17.20	29.06	22.21	36.32	56.54	52.7
出口总值（亿美元）	9.99	15.15	8.37	12.89	18.75	45.3
实际利用外资（亿美元）	1.03	1.19	0.91	1.01	0.80	-20.8
社会消费品零售总额（亿元）	322.27	396.73	472.35	536.77	630.00	17.4
居民消费价格指数（%）	104.10	105.20	100.20	103.1	104.8	4.8
城市居民人均可支配收入（元）	12401	14559	15957	17889	20649	15.4
农民人均现金收入（元）	4501	5108	5539	6377	7735	21.3

聊城市工农业主要统计指标

农业主要统计指标（万吨）				规模以上工业企业主要统计指标（亿元）			
项目＼年度	2010 年	2011 年	增幅（%）	项目＼年度	2010 年	2011 年	增幅（%）
粮食	519.94	537.74	3.4	工业增加值	1072.22	1398.98	16.2
夏粮	266.1	275.67	3.6	国有工业	36.97	50.56	11.9
秋粮	253.84	262.07	--	集体工业	8.45	7.03	16.8
棉花	8.25	7.00	-15.1	股份制工业	725.18	1055.54	15.0
油料	14.19	13.73	-3.2	股份合作制工业	3.93	3.44	-0.4
水果	52.83	54.83	3.8	外商及港澳台投资工业	31.04	42.79	12.0
蔬菜	853.15	979.71	14.83	轻工业	397.72	440.96	12.2
肉类	48.96	51.22	4.6	重工业	674.50	958.02	42.03
禽蛋	31.91	32.45	1.7	销售收入	4190.32	5297.08	33.1
奶类	8.88	8.50	-4.2	利税	402.25	503.71	33.6

续表

农业主要统计指标（万吨）				规模以上工业企业主要统计指标（亿元）			
项目 \ 年度	2010年	2011年	增幅（%）	项目 \ 年度	2010年	2011年	增幅（%）
水产品	6.62	6.97	5.4	利润	274.66	347.69	34.8
森林覆盖率（%）	31.26	32.00	0.8	经济效益综合指数（%）	310.58	363.61	17.1

聊城市主要金融机构负责人

单位名称	行长（或其他称谓的第一负责人）	副行长（或其他称谓的同级领导）
人行聊城中支	吴金忠	姚　冬　王武声　崔长夫　李振林　郭　强
银监会聊城监管分局	郭虎英	唐玉明　杨　磊　郝志华　邱玉祥
农发行聊城市分行	徐敬喜	郭　莹　王士韬
工行聊城分行	刘　磊	皮桂亭　贾光祥　狄建明　叶晓升　谢林明　李建印　王天伟
农行聊城市分行	段义金	王文平　刘连军　王建文　罗秉环
中行聊城分行	张　军	郭兴盛　汪文泰　周东芳　邵新宇
建行聊城分行	王广升	王力强　郭　胜　魏相军　王秀芬　朱　青
交行聊城分行	鲍　峰	张新丽　韩　勇
邮储银行聊城市分行	石敬民	胡建民　王建华　秦　君
华夏聊城支行	薛炳珠	郭佳隽　岳帮鲁　颜　文　杨玉民
农信社聊城市办事处	张明星	丁建民　耿秉正
齐鲁银行聊城分行	张克非	潘清亮
恒丰银行聊城支行	王永伟	王德强　陶东升　李志春
浦发聊城分行	房志波	房居超　苑广新
茌平县嘉丰小额贷款有限公司	杨立峰	张庆林
聊城市东昌府区天元小额贷款公司	齐元臣	吴春光
聊城经济开发区昌润小额贷款公司	李继锋	庞茂河　范同华
东阿县中夏小额贷款公司	司家勇	黄元芝
聊城市东昌府区鲁西小额贷款公司	张金城	杜凤莲
齐鲁证券聊城柳园南路营业部	张晓娟	
齐鲁证券聊城卫育路营业部	房广斌	
齐鲁证券临清红星路营业部	丁　丽	
齐鲁证券阳谷运河东路营业部	邓庆举	
中信万通证券聊城东昌东路营业部	宋继伟	
人保财险聊城市分公司	孙传鲲	石　岗　王　伟　刘立中　马加平
人寿保险聊城分公司	岳文成	常向东
太平洋财险聊城中心支公司	牛建军	刘永考　张　霞
太平洋人寿聊城中心支公司	武书存	朱保卫　郑玉亭
泰康人寿聊城中心支公司	赵育科	魏恩山
新华人寿聊城中心支公司	李　涛	张耀东　李德勇
平安财险聊城中心支公司	高瑞华	巩选伟　刁兆杰
平安人寿聊城中心支公司	赵志冰	李　明　丁应祈
天安保险聊城中心支公司	杜际平	刘　勇
永安财险聊城中心支公司	布占峰	高学智　彭振国

续表

单位名称	行长（或其他称谓的第一负责人）	副行长（或其他称谓的同级领导）
中华联合财险聊城中心支公司	侯朝红	郑中霞　孙广彦
大地财险聊城中心支公司	宋一兵	杜之广　窦　斌
阳光财险聊城中心支公司	周生锋	任建海　任建国
安邦财险聊城中心支公司	孙　祥	
合众人寿聊城中心支公司	蔡守高	
永诚财险聊城中心支公司	张建新	
民安保险（中国）聊城中心支公司	李广森	张秀梅
太平人寿聊城中心支公司	齐建军	杨　泊
渤海财险聊城中心支公司	刘俊武	
人民人寿聊城中心支公司	齐雪林	张连滨
民生人寿聊城中心支公司	卜庆炜	
长安责任保险聊城中心支公司	石福海	石保兵
信泰人寿聊城中心支公司	臧明霞	王运文
生命人寿聊城中心支公司	刘立海	
长城人寿聊城中心支公司	王忠林	
人民健康保险聊城中心支公司	薛红军	
人寿财险聊城市中心支公司	管瑞岩	徐　磊
阳光人寿聊城中心支公司	黄敬山	韩　庆
华泰人寿聊城营销服务部	吕国库	
天平汽车保险聊城中心支公司	王　峰	
华夏人寿聊城中心支公司	王　峰	
信诚人寿山东省分公司聊城营销服务部	张福明	
国华人寿聊城中心支公司	孙来奎	

聊城市金融业务统计指标

	指标（亿元）＼年度	2007	2008	2009	2010	2011	2011 年同比	
							增加额	增幅（%）
银行类	本外币存款余额	672.53	839	1076.68	1236.85	1366.62	128.79	10.41
	人民币存款余额	672.53	836.64	1074.29	1232.43	1358.10	124.69	10.12
	企业存款	95.89	113.74	201.32	216.71	464.99	28.89	13.33
	储蓄存款	451.50	571.48	668.83	753.37	844.14	90.77	12.05
	定期储蓄存款	334.84	430.17	487.25	530.24	578.18	47.94	9.04
	活期储蓄存款	116.67	141.31	181.58	223.13	244.07	20.94	9.38
	本外币贷款余额	572.67	619.4	796.36	963.92	1110.66	148.93	15.45
	人民币贷款余额	572.67	607.22	771.04	919.65	1047.11	129.65	14.10
	短期贷款	410.97	434.35	543.78	632.08	720.60	96.60	15.28
	中长期贷款	136.87	151.59	212.51	284.54	309.29	26.97	9.48
	票据融资	13.62	21.30	14.75	11.11	17.19	6.08	54.73
	当年结益	11.10	17.10	19.70	46.73	--	--	--
	不良贷款余额	104.73	72.40	56.10	34.50	21.73	-12.76	-36.99
	不良贷款占比%	18.29	11.69	7.05	3.6	1.96	--	-1.64

续表

指标（亿元）＼年度		2007	2008	2009	2010	2011	2011年同比增加额	2011年同比增幅（%）
保险类	保险公司保费收入	15.10	22.30	29.9	37.94	41.1	3.16	8.30
	财险收入	4.50	5.77	8.00	12.16	13.8	1.64	13.49
	寿险收入	10.59	16.53	21.90	25.78	27.3	1.52	5.90
	保险公司赔款和给付支出	4.76	5.09	7.65	7.45	8.72	1.27	17.05
	财险赔款	2.00	2.88	3.54	4.58	6.11	1.53	33.40
	寿险给付	2.76	2.21	4.11	2.87	2.61	-0.26	-9.06
	当年结益	—	—	—	—	—	—	—
证券类	证券市场成交总额	411.00	229.00	849.78	694.43	691.27	-3.16	-0.46
	投资者保证金余额	3.06	3.40	5.24	7.24	4.07	-3.17	-43.79
	证券账户开户数	19856	16050	145800	154722	158517	3795	2.45
	佣金收入	1.00	0.70	1.47	0.93	0.94	0.01	1.08
	净利润	0.60	0.40	0.84	0.57	0.54	-0.03	-5.26
	期货市场成交总额	—	—	—	—	—	—	—
	期货客户保证金余额	—	—	—	—	—	—	—
	期货账户开户数	—	—	—	—	—	—	—
	期货手续费收入	—	—	—	—	—	—	—
	利润总额	—	—	0.84	0.57	—	—	—

注：表格中现金收入、支出、投放和回笼空缺的地方是因为缺乏相关统计数据所至，特此说明。

聊城市金融机构统计指标

指标（个）＼年度		2007	2008	2009	2010	2011	2011年同比增幅（%）
银行类	法人机构	8	8	8	8	8	0
	省级分行	—	—	—	—	—	—
	二级分行	8	9	9	9	11	22.22
	县区支行	68	75	75	78	83	6.41
	分理处、营业所	523	408	325	390	403	3.33
	储蓄所	19	19	19	19	15	-21.05
	从业人员总数	8596	8475	8790	7490	8010	6.94
保险类	保险机构	14	24	25	28	33	17.86
	财险机构	9	13	13	14	15	7.14
	省级分公司	—	—	—	—	—	—
	地市分公司	11	13	13	14	15	7.14
	县区支公司	45	57	57	65	70	7.69
	寿险机构	5	11	12	14	18	28.57
	省级分公司	—	—	—	—	—	—
	地市分公司	7	11	12	14	18	28.57
	县区支公司	35	40	40	58	66	13.79
	从业人员总数	11468	16472	16639	15958	16124	1.04
	财险人员	2551	2547	2846	3073	2803	-8.79
	寿险人员	8917	13925	13793	12885	13332	3.47

续表

指标（个） \ 年度		2007	2008	2009	2010	2011	2011年同比增幅（%）
证券类	证券机构	2	2	2	2	2	0
	证券公司	2	2	2	2	2	0
	证券营业部	2	2	3	3	5	66.67
	证券服务部	—	—	—	—	—	—
	从业人员总数	26	26	60	72	153	112.50
	投资者开户	19856	16050	145800	154722	158517	2.45
	境内上市股票支数	3	3	3	4	4	0
	境外上市股票支数	0	0	0	0	4	0
	辖区上市公司总数	3	3	3	4	4	0

聊城市主要金融机构业务概况

单位：亿元

单位名称	本外币存款余额	人民币企业存款	人民币储蓄存款	本外币贷款余额	人民币短期贷款	人民币中长期贷款
农发行聊城市分行	11.22	11.15	0	51.71	45.27	6.44
工行聊城分行	172.63	81.54	87.91	266.04	125.25	121.56
农行聊城分行	163.95	68.91	94.38	141.17	83.38	49.53
中行聊城分行	141.52	82.26	54.31	141.75	61.62	44.84
建行聊城分行	156.15	78.50	76.71	118.05	49.51	60.41
邮储银行聊城市分行	170.54	22.11	148.44	26.98	21.65	2.84
省农信社聊城办事处	383.39	31.77	351.59	284.97	267.80	10.43
华夏聊城支行	68.77	44.73	23.41	52.78	45.61	7.18
恒丰银行聊城分行	17.96	15.54	1.38	3.25	2.61	0
齐鲁银行聊城分行	35.10	28.48	6.13	23.97	17.89	6.08
茌平县嘉丰小额贷款有限公司	—	—	—	0.54	0.54	0
聊城市东昌府区天元小额贷款公司	—	—	—	2.53	2.53	0
聊城经济开发区昌润小额贷款公司	—	—	—	1.56	1.56	0
东阿县中夏小额贷款公司	—	—	—	0.74	0.74	0
聊城市东昌府区鲁西小额贷款公司	—	—	—	1.12	1.12	0

聊城市各县级区域经济金融主要统计指标

名称	人口（万人）	面积（平方公里）	地区生产总值（亿元）	地区生产总值增速（%）	本外币存款余额（亿元）	储蓄存款（亿元）	本外币贷款余额（亿元）
东昌府区	101	1324	181.60	12.50	503.29	263.76	377.22
临清市	76.71	960	261.37	16.73	153.59	116.86	129.38
冠　县	81	1161.29	180.57	12.50	109.37	74.03	81.38
莘　县	103.34	1416	205.86	14.06	114.20	95.53	61.72
阳谷县	81.12	1065	198.92	16.00	184.13	108.78	149.39
东阿县	40.00	729	134	9.83	90.73	57.74	57.11
茌平县	54.36	1003	293.66	15.63	118.41	71.20	155.37
高唐县	49.37	949	254.35	13.30	92.88	57.84	99.08

化信贷结构、助推产业提升”为主题的“聊城市‘十二五’重点项目发布暨银企联谊会”，签约信用总量274亿元；三是联合市金融工作办公室召开中小企业集合票据推进会、中小企业融资政策报告会；四是印发了《关于进一步优化金融服务 促进科技创新和战略性新兴产业发展的意见》和《关于进一步加大金融对全市水利建设支持力度的意见》，引导银行业金融机构加大对重点领域的信贷支持；五是组织召开了“聊城市金融支持中小企业发展座谈会”，为全市中小企业发展提供政策、资金支持；六是与市金融工作办公室、商务局联合建立了全市融资性担保公司、小额贷款公司和典当行业务信息共享机制，完善了中小企业信用信息体系；七是组织开展了2010年度涉农信贷政策导向效果专项评估，引导农信社开展农村青年信用示范户和农村信用户评定工作，进一步加大对“三农”的支持力度。

【金融稳定】　2011年，人行聊城中支进一步完善金融稳定协调机制，会同市政府金融工作办公室等部门定期召开联席会议，防范非法集资风险向正规金融传导。一是充分利用信息共享平台，不断完善银证保运行分析联席会议和重大事项报告制度，全年共收到银行机构上报的重大事项36件；二是建立了有色金属和纺织行业监测制度，选取临清三和纺织、奥博特，阳谷祥光铜业，冠县冠星集团按季进行监测；三是组织人行7个县（市）支行对农行聊城分行7家“三农事业部”进行了现场检查评估；四是对莘县农信联社、华夏聊城支行经营稳健性状况进行了现场评估；五是组织举办了晋冀鲁豫4省5市毗邻地区金融稳定协调机制第3次联席会议，牵头开展了“2011年晋冀鲁豫四省五市金融机构突发事件联合应急演练”，提高了区域间联合应对金融风险的能力和水平。

【金融服务】　2011年，人行聊城中支制定了《农村支付服务环境建设工作考核办法》，行政村金融基础设施覆盖率达74.2%。一是推出贷款卡预约年审和网上预审方式，为企业提供了便利；二是积极在全市推广发行基金物流系统，提升了发行库工作效率；三是在全省率先实现征地和拆迁补偿金国库直接支付项目创新，涉及拆迁受偿户141户，直接支付金额123.3万元，增强了国库对城市建设的服务力度；四是开展了国库、征信、反洗钱、人民币反假等金融知识专题宣传活动，有效提升了社会公众的金融素养；五是与司法机关建立了信息通报、调查合作和案件通报机制，创办了《反洗钱信息交流与风险提示》刊物，全年共接收、审核和分析金融机构上报可疑交易线索8条，实施反洗钱调查2次，协助案件侦查1次，反洗钱防控机制初见成效。

各金融机构也不断加大产品创新力度，新增金融创新产品10余项，创新产品贷款余额15.96亿元，受益农户达到1.95万户，金融服务功能进一步增强。工行聊城分行制定了《关于修订〈创新基金管理暂行办法〉的通知》，通过调整金融创新工作评选频率及奖励标准，提高了创新基金的推动作用。建行聊城分行推出了“助保金业务”，由政府及企业按比例共同出资组建“助保金池”，充分运用政府增信功能，由政、银、企三方共同建立小企业贷款风险补偿机制，为涉农小企业发展提供全方位的金融服务，截至年末，共有6个县支行与地方政府部门签订了合作协议，其中临清支行首批2200万信贷资金已投放到位。莘县农信社出台了《关于2011年金融自助服务发展整体规划的报告》，明确了金融服务方式创新的发展方向，下发了《林权抵押贷款实施细则》，。阳谷县农信社出台《第三方监管动产质押贷款管理暂行办法》等。

【金融监管】　2011年，人行聊城中支和银监会聊城监管分局依法加强金融监管，切实维护金融稳定，促进了银行机构规范经营和稳健发展。一是修订了金融机构综合评价办法，对辖区40家金融机构开展综合评价，对辖区农信社、农村商业银行进行综合执法检查，开展了金融统计、支付结算、反洗钱及人民币收付等专项检查；二是印发了新设银行业金融机构管理操作规程，对2家新设银行业金融机构进行了开业验收；三是组织对9家银行业金融机构经营稳健性状况进行了现场评估；四是举办了“两管理、两综合”工作培训班，进一步强化基层央行金融管理职能；五是印发《金融消费者申诉处理实施细则》，启动了金融消费者权益保护工作。

银监会聊城银监分局着力强化“依法监管、科学监管、从严监管、精细监管”，深入开展“创先争优”活动，实现了监管方式的科学有效转变，促进了辖区银行业金融机构的稳健发展。一是通过制定信贷新规落实指导意见，把“三个办法一个指引”执行情况纳入日常监管；二是推进中长期贷款合同修订补正，通过调查摸底、约见谈话、召开推进会等措施督促辖区银行业积极推进中长期贷款合同修订补正工作；三是加强对辖内平台贷款风险管控，通过对平台贷款实施紧盯式监管，严格新增平台贷款核查，推动辖区政府融资平台贷款清理规范顺利进行；四是认真做好案件防控工作，通过不断强化责任分解、制度落实、风险排查和监管合力，持续保持案件防控高压态势；五是加强对安全保卫、案件防控漏洞检查和存款风险滚动式排查等工作力度，与市公安局建立了“银行业安全保卫工作联席会议制度”，定期召开联席会议，形成了案防合力和严密防线。

【外汇管理】　2011年，外管局聊城市中心支局制定了《关于进一步改进外汇管理 支持全市涉外经济平稳较快发展的指导意见》，开展了外汇收入存放境外、进口付汇及货物贸易外汇管理方式改革，进一步促进了贸易投资便利化。一是坚持“一企一策”式外汇服务，积极为祥光铜业有限公司、盛科环保设备有限公司等中资企业申请短期外债；二是围绕“控热钱、减顺差”的思路，加大国际收支核查力度；三是提前完成了外商投资企业年检，被外管局山东省分局评为“全省年检先进单位”；四是组织对辖区9家外商投资企业开展资本金结汇业务检查，并对辖区外汇指定银行34个分支机构进行回访检查；五是组织了外汇市场“诚信兴商”宣传月暨个人外汇政策宣传周系列活动，向企业和社会公众普及外汇知识；六是通过召开政策宣讲会、座谈会、印制宣传手册等多种方式，进一步促进了跨境人民币结算业务发展。

【金融改革】 2011 年，人行聊城中支积极创新机制，及时发现改革进程中存在的困难和问题，认真研究和妥善应对潜在的金融风险，切实维护区域金融稳定。一是密切监测已改制上市的工、中、建 3 家大型国有商业银行分支机构，高度关注其信贷风险与资产质量状况，摸清业务操作流程、风险防控体系建设情况，及时反映新问题及其处置情况；二是开展了农发行改革前期调研工作，详细研究其市场定位、业务范围、风险控制、政策支持等问题；三是对农行内部治理变化和“三农金融事业部制”改革的市场定位、管理制度、支农成效等开展了重点调查；四是对邮储银行激励约束机制建设情况进行了专项调查，并上报了调查报告；五是按月对 8 家地方法人金融机构风险状况进行监测，关注其经营和风险动态，切实做好风险研判与风险提示。

【保险市场】 2011 年，聊城市保险业保持平稳较快发展的良好态势。全市保险业金融机构通过建设业务发展监测、教育培训考核、安全经营防范、行业宣传舆论和优化环境市场等 5 个体系的建设，搭建了行业数据、人才培养、信访化解、氛围营造和协调交流 5 个平台，保险业服务水平进一步提高，市场秩序不断规范，发展环境更加优化。

【证券市场】 2011 年，聊城市新成立 2 家证券机构，分别是齐鲁证券临清红星路营业部和阳谷运河东路营业部。

【精神文明建设】 2011 年，人行聊城中支围绕庆祝建党 90 周年，开展了党员公开承诺、创先争优征文评选和党史知识竞赛、“学准则、守制度、强作风、争一流”主题教育和党风廉政建设知识测试等活动，被山东省纪委评为“省级廉政文化建设六进示范点”。全市金融机构也积极加强精神文明建设，多家机构获得了不同层次和形式的荣誉称号。建行聊城分行先后被评中国银行业“文明规范服务千佳示范单位”、总行级文明单位、“企业文化建设示范点”、2010-2011 年度聊城“百姓口碑最具社会责任感企业”；齐鲁聊城分行荣获“金融部门支持东昌府区经济建设一等奖”荣誉称号；邮储聊城市分行被市总工会授予富民兴聊劳动奖状。

【大事记】 2 月 18 日 人行聊城中支被授予“2010 全面提升年综合考核优秀单位”荣誉称号（聊委[2011]29 号）。

2 月 21 日 工行山东省分行任命刘磊为聊城分行党委书记、行长（工银鲁任免[2011]2 号）。

3 月 31 日 华夏银行总行成燕红监事长到聊城支行进行调研，详细了解了行员队伍建设情况和经营发展中遇到的问题和困难，并提出了意见和要求。

4 月 21 日 中国人保财险股份有限公司免去李秋涛聊城市分公司委员会书记（鲁人保财险党干〔2011〕5 号）、总经理职务（鲁人保财险干〔2011〕16 号）；任命孙传鲲为聊城市分公司委员会副书记（主持工作）（鲁人保财险党干〔2011〕15 号）、副总经理（主持工作）（鲁人保财险干〔2011〕30 号），聘期两年。

5 月 6 日 华夏银行中小企业信贷部聊城分部成立。

6 月 10 日 银监会山东监管局下发《关于同意恒丰银行股份有限公司聊城分行开业的批复》（银监鲁准〔2011〕183 号），并颁发金融许可证。

6 月 14 日 齐鲁银行党委书记胡晓蒙、副书记王洪业莅临聊城分行视察指导工作，并到聊城开发区支行进行了参观考察和座谈交流。

8 月 24 日 山东省农联社理事长、党委书记宋文瑄到聊城农信社调研银行化改革、业务发展、内部管理等情况。

8 月 26 日 人行聊城中支被山东省委省政府授予“2006-2010 年全省普法依法治理先进集体”荣誉称号（鲁委〔2011〕384 号）。

10 月份 建行聊城分行在建行总行开展的对全国小企业“信贷工厂”等级评定中，被总行评为“一类（标杆型）信贷工厂。

11 月 18 日 人行聊城中支牵头组织召开市金融支持中小企业发展座谈会，市政府金融办、发改委、民营局、财政局等 15 个政府部门以及市级银行业金融机构主要负责人参加会议，市委常委、副市长侯军出席会议。

11 月 21 日 工行聊城分行被工行总行授予“文明单位”荣誉称号（工银党[2011]96 号）。

11 月 23 日 人行总行条法司周学东司长率检查组对聊城中支执行总行《执法检查程序规定》和依法行政宣传工作情况组织开展专项检查和指导。

12 月 8 日 齐鲁银行总行王晓春董事长莅临聊城分行视察指导工作。

12 月 26 日 邮储聊城市分行、茌平支行行长郭宗强被市总工会授予“富民兴聊”劳动奖状（章），茌平支行综合管理部被授予“工人先锋号”荣誉称号（聊城市总工会[2011]51 号）。

（王银光 董良泉）

临清市

【经济金融概况】 2011 年，临清市经济继续保持平稳健康发展态势。各金融机构积极进行金融产品创新，金融生态环境不断优化，辖外金融资源辐射继续加大，资金“洼地”效应进一步凸显。

【金融发展与改革】 2011 年，人行临清市支行认真落实稳

临清市主要经济指标

经济指标	2010	2011	2011年同比增幅（%）	经济指标	2010	2011	2011年同比增幅（%）
土地面积（平方公里）	960	960	0	地方财政支出（亿元）	13.24	16.02	21.00
人口（万人）	76.08	76.71	0.83	全社会固定资产投资（亿元）	140.02	146.87	4.89
非农业人口（万人）	30.91	30.86	-0.17	进出口总值（万美元）	38280	53182	38.93
地区生产总值（亿元）	223.87	261.37	16.75	出口总值（万美元）	28362	33170	16.95
第一产业（亿元）	17.38	18.89	8.69	实际利用外资（万美元）	520	950	82.69
第二产业（亿元）	143.18	167.99	17.33	社会消费品零售总额（亿元）	151.44	91.72	-39.43
第三产业（亿元）	63.31	74.49	17.66	居民消费价格指数（%）	102.4	103.6	1.17
财政总收入（亿元）	14.77	17.56	18.89	人均地区生产总值（元）	29426	34072	15.79
地方财政收入（亿元）	7.04	8.87	25.99	城镇居民可支配收入（元）	14879	17561	18.03
财政总支出（亿元）	13.24	16.02	21.00	农民人均现金收入（元）	6273	7651	21.97

临清市主要金融指标

金融指标（亿元）	2010	2011	2011年同比增幅（%）	金融指标（亿元）	2010	2011	2011年同比增幅（%）
本外币存款余额	136.92	153.59	12.17	财险收入	0.34	0.35	2.94
人民币存款余额	136.5	152.85	11.98	寿险收入	0.86	0.72	-16.27
企业存款	14.36	36.74	155.85	财险赔款	0.15	0.18	20
储蓄存款	103.56	116.86	12.84	寿险给付	0.01	0.03	200
本外币贷款余额	114.93	129.38	12.57	当年结益	—	—	—
人民币贷款余额	114.86	126.83	10.42	证券市场交易总额	—	0.62	—
短期贷款	78.5	93.78	19.46	投资者保证金余额	—	0.04	—
中长期贷款	36.23	34.64	1.13	证券账户开户数	—	—	—
票据融资	0.13	14.93	11384.62	证券交易佣金收入	—	—	—
当年结益	2.82	3.35	18.37	净利润	—	—	—
不良贷款余额	3.11	2.28	-26.69				

注：齐鲁证券有限公司临清红星路营业部成立于2011年8月。表格中空缺的地方是因为缺乏相关统计数据，特此说明。

临清市主要金融机构负责人

单位名称	行长（或其他称谓的第一负责人）	副行长（或其他称谓的同级领导）
人行临清市支行	苏子顺	李琰玲　张　超
银监会临清市办事处	张利民	刘广忠
农发行临清市支行	赵　明	杜生华
工行临清支行	韩庆光	夏志平　高振荣
农行临清市支行	杜朝宏	许广利　甄兰峰
中行临清支行	纪利兵	蔡　丽
建行临清支行	董经庆	李克良　王国红　彭艳春
邮储银行临清市支行	刘庆秀	郑　磊
临清市农信联社	王怀瑞	刘合刚　孙志强　季文岗
齐鲁银行临清支行	燕东勇	孙广新
齐鲁证券公司临清红星路营业部	丁　丽	

临清市主要金融机构业务概况

单位：亿元

单位名称	本外币存款余额	人民币企业存款	人民币储蓄存款	本外币贷款余额	人民币短期贷款	人民币中长期贷款
农发行临清市支行	2.69	2.69	--	9.00	9.00	0
工行临清支行	19.30	5.73	13.56	26.72	16.68	10.04
农行临清支行	17.47	3.47	14.00	15.52	8.33	7.10
中行临清支行	13.92	6.77	7.15	14.95	7.49	7.13
建行临清支行	17.06	5.48	11.59	20.45	12.67	7.78
邮储银行临清市支行	21.07	1.98	19.09	1.93	1.59	0.35
临清市农信联社	53.11	2.89	50.22	37.93	35.54	1.85
齐鲁银行临清支行	5.31	4.07	1.24	2.87	2.48	0.39

健货币政策，按照“总体稳健、调节有度、结构优化”的要求，引导信贷资金投向实体经济，特别是“三农”和中小企业。一是搭建政银企沟通平台，定期召开金融形势分析会，及时通报金融政策和形势；二是积极组织银企对接会，联合中行召开了“政银企”合作推进暨金融服务产品推介会，签约资金 2600 万元；三是积极推进中小企业集合票据发行和企业股权托管业务工作，先后举办 4 次业务座谈会和培训班。年末，辖内 2 家企业在齐鲁股权托管交易中心成功挂牌，实现直接融资 2750 万元；四是上海农村商业银行在该市设立村镇银行，各项筹备工作正在紧张进行中。

【金融服务与监管】 2011 年，人行临清市支行进一步提升服务水平。一是参与了对聊城润昌农村商行的执法检查，受理了工行临清支行在烟店镇设立二级支行的申请，开展了对临清农信社改革后续监测和农行三农事业部改革试点现场检查评估工作；二是做好农村支付环境建设“强力推进年”活动，督导农信社 18 个网点加入大小额支付系统，行政村金融基础设施覆盖率达到 80%；三是梳理和制订了一系列外汇业务内控制度，对重点进出口企业的经营走势、订单等情况进行了非现场监测；四是组织开展了“金融安全知识”、“反假币知识培训班”、“反假宣传月”等一系列宣传活动。

（李丽琴）

阳谷县

【经济金融概况】 2011 年，阳谷县金融机构努力增加信贷投放，着力优化信贷结构，促进县域经济健康快速发展。一是工业经济企稳回升，发展基础进一步夯实；二是农业和农村经济持续发展，农业基础地位进一步巩固；三是固定资产投资适度增长，发展后劲不断增强；四是财政收入不断提高，人民生活水平日益改善。

【金融发展与改革】 2011 年，人行阳谷县支行认真贯彻执

阳谷县主要经济指标

经济指标	2010	2011	2011 年同比增幅（%）	经济指标	2010	2011	2011 年同比增幅（%）
土地面积（平方公里）	1065	1065	0	地方财政支出（亿元）	13.70	16.62	21.31
人口（万人）	80.43	81.12	0.86	全社会固定资产投资（亿元）	89.57	108.38	21.00
非农业人口（万人）	18.25	18.49	1.32	进出口总值（万美元）	159281	268900	68.82
地区生产总值（亿元）	171.48	198.92	16.00	出口总值（万美元）	12964	20100	55.04
第一产业（亿元）	31.09	32.62	4.92	实际利用外资（万美元）	5992	186	-96.90
第二产业（亿元）	98.70	119.05	20.62	社会消费品零售总额（亿元）	67.65	85.85	26.90
第三产业（亿元）	41.70	47.25	13.31	居民消费价格指数（%）	103.1	103.3	0.19
财政总收入（亿元）	15.75	18.71	18.79	人均地区生产总值（元）	21320	24522	15.02
地方财政收入（亿元）	3.3	5.14	55.76	城镇居民可支配收入（元）	14861	16975	14.23
财政总支出（亿元）	13.73	18.71	36.27	农民人均现金收入（元）	6273	7605	21.23

阳谷县主要金融指标

金融指标（亿元）	2010	2011	2011年同比增幅（%）	金融指标（亿元）	2010	2011	2011年同比增幅（%）
本外币存款余额	167.15	184.13	10.16	财险收入	0.22	0.33	50.00
人民币存款余额	166.97	183.39	9.83	寿险收入	0.63	0.71	12.70
企业存款	27.77	70.59	154.20	财险赔款	0.11	0.20	81.82
储蓄存款	95.10	108.78	14.38	寿险给付	0.03	0.03	0.00
本外币贷款余额	125.81	149.39	18.74	当年结益	—	—	—
人民币贷款余额	104.64	119.62	14.32	证券市场交易总额	—	0	—
短期贷款	90.01	97.99	8.87	投资者保证金余额	—	0	—
中长期贷款	14.62	16.92	15.73	证券账户开户数	—	12	—
票据融资	0	4.71	--	证券交易佣金收入	—	0	—
当年结益	3.30	4.42	33.94	净利润	—	—	—
不良贷款余额	7.11	2.46	-65.40				

注：齐鲁证券有限公司阳谷运河东路营业部成立于2011年12月。表格中空缺的地方是因为缺乏相关统计数据，特此说明。

阳谷县主要金融机构负责人

单位名称	行长（或其他称谓的第一负责人）	副行长（或其他称谓的同级领导）
人行阳谷县支行	张华生	刘潮洋　孟庆祝
银监会阳谷县办事处	陈　勇	
农发行阳谷县支行	张建利	肖　民
工行阳谷支行	辛同福	张东洲　唐永刚　于　勇　王　强
农行阳谷支行	牛玉栋	常　勇　林丽珍　李明华
中行阳谷支行	丛　凯	徐长宏　薛瑞强
建行阳谷支行	任　建	王长勤　刘学辉
齐鲁银行阳谷县支行	金　萍	刘洪顺
阳谷县农信联社	吴士合	杨茂合　徐长林　梁庆河　姜　军
邮储银行阳谷县支行	李院华	杨　涛　张华春
齐鲁证券公司阳谷运河东路营业部	邓庆举	

阳谷县主要金融机构业务概况

单位：亿元

单位名称	本外币存款余额	企业存款	储蓄存款	本外币贷款余额	短期贷款	中长期贷款
农发行阳谷县支行	1.49	1.49	0	6.34	6.09	0.25
工行阳谷支行	17.36	13.24	4.12	34.61	29.69	4.91
农行阳谷支行	24.45	14.68	9.76	22.83	20.95	1.88
中行阳谷支行	23.20	17.10	6.09	18.36	16.33	2.03
建行阳谷支行	23.90	15.54	8.32	16.80	8.02	8.78
齐鲁银行阳谷支行	4.41	3.86	0.54	1.96	1.76	0.21
阳谷县农信联社	60.57	3.33	57.24	45.12	40.05	0.37
邮储银行阳谷县支行	24.79	2.02	22.78	3.36	3.09	0.28

行稳健的货币政策，推动金融机构深化改革，促使全县金融业稳健运行。一是坚持“区别对待、有扶有控”原则，突出抓好信贷结构优化，引导金融机构进一步加大对“三农”、小微企业、大学生“村官”创业等实体经济重点领域和薄弱环节的信贷支持；二是充分运用差别准备金、再贷款、再贴现等政策工具，引导金融机构把握好贷款投放的节奏和力度；三是继续深化金融改革创新，有效维护金融安全与稳定；四是进一步加大对金融机构的监督管理力度，建立健全“两管理、两综合”工作体系。

【金融服务与监管】 2011 年，人行阳谷县支行全面履行职能，促进辖区经济结构战略性调整和发展方式转变。一是引导金融机构不断加强和改进金融服务，加大对符合条件的中小企业特别是小微企业的支持力度；二是全面贯彻落实分行农村支付服务环境建设“强力推进年”工作部署，进一步提升农村支付服务水平；三是完善金融稳定协调机制和风险处置机制，积极防范系统性金融风险；四是切实加强监测分析和调研，增强对宏观形势变化的敏感性；五是强力推进金融服务创新，在围绕服务经济社会发展方面加大创新力度。

（王光法）

莘　县

【经济金融概况】 2011 年，莘县各金融机构积极开展金融产品和服务创新，各项存款和贷款大幅提升，推进了全县项目、工业和“三农”发展，城乡面貌明显改观，财税金融平稳运行，人民生活日益改善。

【金融发展与改革】 2011 年，人行莘县支行以优化信贷结

莘县主要经济指标

经济指标	2010	2011	2011 年同比增幅（%）	经济指标	2010	2011	2011 年同比增幅（%）
土地面积（平方公里）	1416	1416	0	地方财政支出（亿元）	15.94	19.20	20.45
人口（万人）	102.06	103.34	1.25	全社会固定资产投资（亿元）	80.64	105.02	30.23
非农业人口（万人）	14.06	13.44	-4.41	进出口总值（万美元）	12008	9013	-24.94
地区生产总值（亿元）	180.48	205.86	14.06	出口总值（万美元）	6292	5447	-13.43
第一产业（亿元）	38.83	39.85	2.63	实际利用外资（万美元）	800	850	6.25
第二产业（亿元）	88.64	104.76	18.19	社会消费品零售总额（亿元）	59.43	68.31	14.94
第三产业（亿元）	53.02	61.25	15.52	居民消费价格指数（%）	104.12	104.8	0.65
财政总收入（亿元）	16.86	22.96	36.18	人均地区生产总值（元）	17694	20044	13.28
地方财政收入（亿元）	3.42	4.20	22.81	城镇居民可支配收入（元）	13985	16353	16.9
财政总支出（亿元）	16.86	22.96	36.18	农民人均现金收入（元）	6345	7697	21.3

莘县主要金融指标

金融指标（亿元）	2010	2011	2011 年同比增幅（%）	金融指标（亿元）	2010	2011	2011 年同比增幅（%）
本外币存款余额	95.05	114.2	20.15	财险收入	0.55	0.85	54.55
人民币存款余额	95.05	114.19	20.14	寿险收入	0.71	2.52	254.93
企业存款	6.17	17.24	179.42	财险赔款	0.34	—	—
储蓄存款	80.58	95.53	18.55	寿险给付	0.28	—	—
本外币贷款余额	53.11	61.72	16.21	当年结益	0.01	—	—
人民币贷款余额	53.08	61.47	15.81	证券市场交易总额	—	—	—
短期贷款	46.84	54.05	15.39	投资者保证金余额	—	—	—
中长期贷款	6.25	7.42	18.72	证券账户开户数	—	—	—
票据融资	0	0	0	证券交易佣金收入	—	—	—
当年结益	1.14	1.81	58.77	净利润	1.05	1.66	58.10
不良贷款余额	4. 54	3.80	-16.30				

注：表格中空缺的地方是因为缺乏相关统计数据所至，特此说明。

莘县主要金融机构负责人

单位名称	行长（或其他称谓的第一负责人）	副行长（或其他称谓的同级领导）
人行莘县支行	宋金超	郑大新　王文胜
银监会莘县办事处	赵宪福	
农发行莘县支行	臧朝华	李卫东　杨林朝
工行莘县支行	张道静	史　勇
农行莘县支行	段海臣	张忠磊
建行莘县支行	徐明华	杨　杰　徐志华
莘县农信联社	安新民	燕东杰　张恩彩
邮储银行莘县支行	赵朝华	袁文强　娄现国

莘县主要金融机构业务概况

单位：亿元

单位名称	本外币存款余额	企业存款	储蓄存款	本外币贷款余额	短期贷款	中长期贷款
农发行莘县支行	0.73	0.73	0	3.93	3.93	0
工行莘县支行	9.25	3.63	5.59	6.71	4.53	2.18
农行莘县支行	12.06	3.04	8.97	3.73	3.27	0.46
建行莘县支行	8.91	3.95	4.96	3.63	1.98	1.64
莘县农信联社	56.86	3.16	53.7	41.45	38.36	3.09
邮储银行莘县支行	25.05	2.73	22.32	2.26	2.22	0.04

构为着力点，不断推动金融机构深化改革。一是印发了《金融支持莘县经济平稳较快发展的意见》；二是按月召开金融工作调度会，按季召开全县经济金融联席会，督促县政府制定出台了《金融业综合考核奖励暂行办法》，引导和鼓励金融机构增加贷款投放，促成了莘县首家融资性担保公司——民鑫担保有限公司的筹建开业；三是协助农信社深化经营管理体制改革，继续对其改革试点进行后续监测，落实国有商业银行和政策性银行改革报告制度。

【金融服务与监管】　2011年，人行莘县支行充分发挥窗口指导作用，金融服务功能不断增强。一是推进农村青年信用示范户评定，印发了《关于在全县开展农村青年信用示范户评定的通知》，搭建了该项评定试点工作联动机制，全县已培植青年信用示范户212户，其中201户取得了银行机构贷款，金额3242万元；二是制定了农村支付服务环境建设实施方案和考核办法，推动建立农村支付服务体系；三是强化对涉农金融机构的监督检查，对农行三农金融事业部改革试点工作进行现场检查评估。

（张晓慧）

茌平县

【经济金融概况】　2011年，茌平县经济保持了较快健康的发展势头。一是经济总量进一步增长，综合实力大幅提升；二是调整优化经济结构，新型工业化进程加速推进，铝、聚氯乙烯、密度板及深加工、味精、纺织、制药等战略支柱产业不断培植壮大，木业加工、汽车配件等民营特色产业群体加快集聚，战略新

茌平县主要经济指标

经济指标	2010	2011	2011年同比增幅（%）	经济指标	2010	2011	2011年同比增幅（%）
土地面积（平方公里）	1003	1003	0	地方财政支出（亿元）	24.2	29.76	22.98
人口（万人）	54.19	54.36	0.31	全社会固定资产投资（亿元）	143.1	153.86	7.52
非农业人口（万人）	20.07	20.13	0.3	进出口总值（万美元）	50311	85000	68.95

续表

经济指标	2010	2011	2011 年同比增幅（%）	经济指标	2010	2011	2011 年同比增幅（%）
地区生产总值（亿元）	253.96	293.66	15.63	出口总值（万美元）	12380	40000	223.1
第一产业（亿元）	34.52	35.24	2.09	实际利用外资（万美元）	1023	1217	18.96
第二产业（亿元）	174.54	202.63	16.09	社会消费品零售总额（亿元）	66.75	69.06	3.46
第三产业（亿元）	44.9	55.79	24.25	居民消费价格指数（%）	5.1	5.6	9.8
财政总收入（亿元）	27.2	34.89	28.27	人均地区生产总值（元）	46865	54021	15.27
地方财政收入（亿元）	12.13	14.68	21.02	城镇居民可支配收入（元）	17882	20400	14.08
财政总支出（亿元）	31.64	34.63	9.45	农民人均现金收入（元）	6657	7656	15.01

茌平县主要金融指标

金融指标（亿元）	2010	2011	2011 年同比增幅（%）	金融指标（亿元）	2010	2011	2011 年同比增幅（%）
本外币存款余额	108.1	118.41	9.54	财险收入	0.36	0.51	41.67
人民币存款余额	107.98	118.26	9.52	寿险收入	1.13	1.37	21.24
企业存款	14.95	46.47	210.84	财险赔款	0.29	0.37	27.59
储蓄存款	67.20	71.20	5.95	寿险给付	0.36	0.4	11.11
本外币贷款余额	141.85	155.37	9.53	当年结益	0.77	0.96	24.68
人民币贷款余额	141.40	154.07	8.96	证券市场交易总额	—	—	—
短期贷款	102.90	106.75	3.74	投资者保证金余额	—	—	—
中长期贷款	36.83	46.92	27.4	证券账户开户数	—	—	—
票据融资	41.70	34.24	-17.89	证券交易佣金收入	—	—	—
当年结益	4.78	5.08	6.28	净利润	—	—	—
不良贷款余额	5.02	2.89	-42.43				

茌平县主要金融机构负责人

单位名称	行长（或其他称谓的第一负责人）	副行长（或其他称谓的同级领导）
人行茌平县支行	金庆友	曹连方　张　勤　刘元兴
银监会茌平县办事处	王　霞	
农发行茌平县支行	马春青	苏红波　薄　冰
工行茌平支行	桑　博	王士贵　盛　勇
农行茌平支行	张国旗	孙庆峰　高　华
中行茌平支行	司胜利	藩高峰　李　丽
建行茌平支行	范晓英	姚福刚　李长城
齐鲁银行聊城茌平支行	赵　昕	
茌平县农信联社	郝　彬	冯俊湖　贺怀龙　陶兆红
邮储银行茌平县支行	郭宗强	张　慧
茌平县嘉丰小额贷款公司	杨立峰	张庆林

茌平县主要金融机构业务概况

单位：亿元

单位名称	本外币存款余额	企业存款	储蓄存款	本外币贷款余额	短期贷款	中长期贷款
农发行茌平县支行	1.35	1.34	0	7.18	3.42	3.76
工行茌平支行	19.36	11.03	8.34	47.35	30.07	17.28
农行茌平支行	20.91	11.20	9.67	34.52	17.22	17.31
中行茌平支行	15.72	11.28	4.42	21.11	18.68	2.02
建行茌平支行	4.40	2.57	1.83	10.83	5.73	5.1
齐鲁银行聊城茌平支行	5.29	4.32	0.96	3.00	2.24	0.76
茌平县农信联社	36.68	2.92	33.76	28.65	28.26	0.39
邮储银行茌平县支行	14.19	1.91	12.27	2.73	2.44	0.29
茌平县嘉丰小额贷款公司	--	--	--	0.54	0.54	0

兴产业开始起步，铝电千亿产业规划启动实施；三是坚持把加快转变经济发展方式作为重大战略任务，进一步加大了科技创新、节能减排工作力度，受从紧货币政策大环境影响，存款余额增长放缓，贷款余额平稳增长，增速减缓。

【金融发展与改革】 2011 年，人行茌平县支行密切关注宏观经济形势的发展变化，引导金融机构在总量扩展的同时，加快金融新产品应用，服务手段不断提高，风险防范能力继续加强，营运质量明显上升。为满足群众的服务需求，工行、建行增设了新的营业网点，上海银行新设的村镇银行正在筹备之中。

【金融服务与监管】 2011 年，人行茌平县支行积极开展金融监管工作，确保了金融业的安全稳健运行。一是加强对农行的三农金融事业部改革检查评估，促进了农行对“三农”的金融支持；二是完成了对农信社执法检查工作，促进了农信社改革顺利推进；三是大力推进农村支付环境建设，金融服务社会基层的能力进一步增强。

（迟曙涛）

东阿县

【经济金融概况】 2011 年，东阿县国民经济保持快速发展，产业结构进一步优化。各金融机构认真贯彻执行国家宏观调控政策，经济效益明显提高。固定资产投资较快增长，房地产开发投资大幅增加，消费品市场繁荣活跃，对外贸易快速发展，财政收入稳定增长，城乡居民收入持续提高。

【金融发展与改革】 2011 年，人行东阿县支行认真贯彻落实稳健货币政策，引导金融机构保持信贷适度增长，信贷结构持续优化。一是开展了金融安全知识宣传活动，有效维护金融稳定；二是开展了对农信联社的重点调查，重点关注法人治理

东阿县主要经济指标

经济指标	2010	2011	2011 年同比增幅（%）	经济指标	2010	2011	2011 年同比增幅（%）
土地面积（平方公里）	799	729	-8.76	地方财政支出（亿元）	5.72	8.46	47.90
人口（万人）	43	40	-6.97	全社会固定资产投资（亿元）	52	61	17.31
非农业人口（万人）	12	12	0	进出口总值（万美元）	12000	6500	-45.83
地区生产总值（亿元）	122	134	9. 83	出口总值（万美元）	7619	4126	-45.86
第一产业（亿元）	12.28	14.97	21.91	实际利用外资（万美元）	553	893	61.48
第二产业（亿元）	71.76	77.03	7.34	社会消费品零售总额（亿元）	37	43	16.21
第三产业（亿元）	35.96	42.08	17.02	居民消费价格指数（%）	129	134	38.75
财政总收入（亿元）	8.95	14.47	61.67	人均地区生产总值（元）	27906	33520	20.12
地方财政收入（亿元）	3.52	4.23	20.17	城镇居民可支配收入（元）	14055	14400	2.45
财政总支出（亿元）	7.21	14.11	95.7	农民人均现金收入（元）	6280	7706	21.62

东阿县主要金融指标

金融指标（亿元）	2010	2011	2011年同比增幅（%）	金融指标（亿元）	2010	2011	2011年同比增幅（%）
本外币存款余额	78.09	90.73	16.19	财险收入	0.29	0.54	86.21
人民币存款余额	78.06	90.70	16.19	寿险收入	0.67	0.68	1.49
企业存款	14.26	31.67	122.08	财险赔款	0.15	0.16	6.66
储蓄存款	50.67	57.74	13.95	寿险给付	0.30	0.29	-3.33
本外币贷款余额	50.89	57.11	12.22	当年结益	--	--	--
人民币贷款余额	50.89	57.11	12.22	证券市场交易总额	--	--	--
短期贷款	36.11	42.36	17.31	投资者保证金余额	--	--	--
中长期贷款	14.78	14.74	-0.27	证券账户开户数	--	--	--
票据融资	0	0	0	证券交易佣金收入	--	--	--
当年结益	1.04	1.41	35.58	净利润	--	--	--
不良贷款余额	0.78	0.56	-28.21				

注：表格中空缺的地方是因为缺乏相关统计数据所至，特此说明。

东阿县主要金融机构负责人

单位名称	行长（或其他称谓的第一负责人）	副行长（或其他称谓的同级领导）
人行东阿县支行	刘树华	张树峰　李庆军　姜立新
银监会东阿县办事处	冯学成	
农发行东阿县支行	张　兰	刘桂婷　杜　亮
工行东阿支行	李炳春	陶淑兰　张焕军　魏其根
农行东阿支行	任保江	门建伟　司国强　张　戈
中行东阿支行	翟凤军	安吉虎
建行东阿支行	刘良勇	武敬民　张合庆
东阿县农信联社	魏凤阳	张兆起　王金伦　王　囡
邮储银行东阿县支行	刘　升	郭华芝
东阿县中夏小额贷款公司	司家勇	黄元芝

东阿县主要金融机构业务概况

单位：亿元

单位名称	本外币存款余额	企业存款	储蓄存款	本外币贷款余额	短期贷款	中长期贷款
农发行东阿县支行	0.34	0.34	0	1.58	1.58	0
工行东阿支行	10.36	6.69	3.67	7.04	4.63	2.41
农行东阿支行	13.98	8.13	5.85	3.53	2.60	0.93
中行东阿支行	6.81	4.33	2.43	11.52	5.52	5.99
建行东阿支行	9.52	4.42	5.10	6.38	1.61	4.77
东阿县农信联社	34.40	5.21	29.19	25.61	25.16	0.44
邮储银行东阿县支行	14.05	2.54	11.51	1.44	1.24	0.18
东阿县中夏小额贷款公司	---	---	---	0.74	0.74	0

结构建设情况、内控制度完善情况和信贷资产质量等问题；三是进一步加大对金融机构的监督管理力度，建立健全“两管理、两综合”工作体系，通过开展对金融机构综合评价和执法检查，不断增强基层人行的威信和公信力；四是对中夏、永丰两个小额贷款公司相关业务进行定期监测，对农行东阿县支行“三农事业部”改革试点进展情况进行了现场检查评估。

【金融服务与监管】 2011 年，银监会东阿县办事处狠抓不良贷款双降和案件防控，认真搞好非现场监管工作，提高风险管理水平，减少和消除风险隐患，维护了辖区金融稳定、健康发展。

（黄 鹏）

冠 县

【经济金融概况】 2011 年，冠县经济实现了快速平稳发展。一是综合实力显著增强，固定资产投资、地方总财力等各项经济指标稳步提升；二是发展后劲显著提高，冠洲集团 220 万吨“三板”一期规划、冠星集团 60 万锭精梳纱目标圆满实现，冠洲集团倍增提升工程、亿佳涂镀板等 14 个项目相继投产；三是产业结构显著优化，工业经济快速发展，规模以上工业企业达 218 家，销售收入、利税、利润稳步增长，民营经济各项指标年均增长 35%以上，精品钢板、纺织服装、机械机电成为百亿产业，农副产品加工产业快速发展，新能源新材料产业初具规模，农业综合生产能力稳步提高，粮食总产达 63.5 万吨，服务业日益繁荣，中华第一梨园、天沐温泉度假村等旅游产业竞争力不断增强；四是招商引资成效显著，累计引进项目 323 个，实际利用县外资金 159 亿元，成功引进大唐电力、中建材集团等大批知名企业；五是城乡面貌显著改观，实施了绿化亮化、道路建

冠县主要经济指标

经济指标	2010	2011	2011 年同比增幅（%）	经济指标	2010	2011	2011 年同比增幅（%）
土地面积（平方公里）	1161.29	1161.29	0	地方财政支出（亿元）	12.00	15.03	25.25
人口（万人）	80.06	81.00	1.17	全社会固定资产投资（亿元）	82.62	104.58	25.3
非农业人口（万人）	9.47	10.70	12.99	进出口总值（万美元）	17242	21737	26.07
地区生产总值（亿元）	158.20	180.57	12.5	出口总值（万美元）	16112	20287	25.91
第一产业（亿元）	32.63	34.00	4.5	实际利用外资（万美元）	--	--	--
第二产业（亿元）	84.03	98.22	16.1	社会消费品零售总额（亿元）	52.73	59.77	17.8
第三产业（亿元）	41.53	48.35	11.3	居民消费价格指数（%）	--	--	--
财政总收入（亿元）	12.59	17.17	36.38	人均地区生产总值（元）	19652	22292	13.43
地方财政收入（亿元）	3.35	4.42	31.94	城镇居民可支配收入（元）	15084	17649	17.0
财政总支出（亿元）	12.4	15.36	23.87	农民人均现金收入（元）	6293	7653	21.62

冠县主要金融指标

金融指标（亿元）	2010	2011	2011 年同比增幅（%）	金融指标（亿元）	2010	2011	2011 年同比增幅（%）
本外币存款余额	95.40	109.37	14.64	财险收入	0.78	0.97	24.36
人民币存款余额	95.29	109.35	14.75	寿险收入	1.27	1.89	48.82
企业存款	13.91	32.93	136.74	财险赔款	--	--	--
储蓄存款	65.23	74.03	13.49	寿险给付	--	--	--
本外币贷款余额	69.73	81.38	16.71	当年结益	--	--	--
人民币贷款余额	69.73	81.38	16.71	证券市场交易总额	--	--	--
短期贷款	58.95	69.46	17.83	投资者保证金余额	--	--	--
中长期贷款	10.77	11.92	10.68	证券账户开户数	--	--	--
票据融资	0	6.88	--	证券交易佣金收入	--	--	--
当年结益	--	--	--	净利润	--	--	--
不良贷款余额	0.80	0.69	-0.14				

注：表格中空缺的地方是因为缺乏相关统计数据所至，特此说明。

冠县主要金融机构负责人

单位名称	行长（或其他称谓的第一负责人）	副行长（或其他称谓的同级领导）
人行冠县支行	孙　峰	李金良　温宗文　李朝杰
银监会冠县办事处	班晓晨	
农发行冠县支行	张　健	李洪利
工行冠县支行	王建宁	刘为新　王志勇　于书龙
农行冠县支行	孟宪林	赵新国　付以银
中行冠县支行	王文峰	刘书元　张立军
建行冠县支行	李朝信	高建新　董卫东　苏本法
邮储银行冠县支行	王庆雁	张红光
润昌农商行	张念才	陶绪国　冯贺钦　魏保胜　吕　强

冠县主要金融机构业务概况

单位：亿元

单位名称	本外币存款余额	企业存款	储蓄存款	本外币贷款余额	短期贷款	中长期贷款
农发行冠县支行	1.30	1.30	0	4.65	4.65	0
工行冠县支行	13.79	8.56	5.17	18.04	11.59	6.45
农行冠县支行	13.93	7.11	6.79	11.93	9.39	2.54
中行冠县支行	6.44	4.23	2.14	3.74	3.07	0.67
建行冠县支行	6.05	3.90	2.15	7.30	6.12	1.18
邮储银行冠县支行	22.33	4.44	17.89	2.91	2.67	0.24
润昌农商行	43.26	3.40	39.86	32.81	31.97	0.84

设、管网建设等工程，全面提升城市品位。

【金融发展与改革】　2011年，人行冠县支行不断加强对金融机构的政策引导力度，制定了《货币信贷管理工作指导意见》，规划金融机构信贷资金投量投向，促进辖区金融稳健运行。申请发行区域集优（中小企业集合）票据，拓宽中小企业融资渠道，县政府已筹集1.2亿元发展基金，华夏银行已对5家中小企业进行评级授信、资格审查，发债进入实质性操作阶段。同时，扎实推进农村金融生态环境建设，打造良好的农村信用工程体系。

【金融服务与监管】　2011年，人行冠县支行全面落实国家适度稳健的货币政策，推动县域经济平稳健康发展。一是科学制定信贷工作规划，引导宏观政策落实；二是现金管理服务中心稳步运行，调剂银行间现金余缺4586万元，解决重点单位零辅币11万元；三是提高央行服务水平与监督职能，行政审批中心成效显著，提高了对外窗口服务水平；四是扎实推进农村支付环境建设，拓宽农村地区资金结算渠道；五是切实加强外汇管理工作；六是对农行冠县支行“三农金融事业部”改革试点进展情况进行了现场检查评估；七是根据中心支行统一工作部署，对农信联社进行了综合执法检查，并提出了相应处罚建议。

（冯晓彩）

高唐县

【经济金融概况】　2011年，高唐县经济保持又好又快发展势头，农业生产稳步推进，城乡居民收入持续增加，商贸流通市场日趋活跃，呈现出社会各项事业和谐进步的良好局面。

【金融发展与改革】　2011年，人行高唐县支行出台了《关于支持农信联社银行化改革的意见》和《关于金融业支持小型

高唐县主要经济指标

经济指标	2010	2011	2011年同比增幅（%）	经济指标	2010	2011	2011年同比增幅（%）
土地面积（平方公里）	949	949	--	地方财政支出（亿元）	9.68	15.9	64.26
人口（万人）	49.13	49.37	0.45	全社会固定资产投资（亿元）	131.48	150.51	14.47
非农业人口（万人）	17.08	17.36	1.64	进出口总值（万美元）	16723	39440	135.84
地区生产总值（亿元）	224.5	254.35	13.30	出口总值（万美元）	15021	20674	37.63
第一产业（亿元）	25.19	28.27	12.23	实际利用外资（万美元）	814	31	-96.19
第二产业（亿元）	156.32	176.41	12.85	社会消费品零售总额（亿元）	57.49	65.84	14.52
第三产业（亿元）	42.99	49.67	15.54	居民消费价格指数（%）	100.3	104.8	4.49
财政总收入（亿元）	13.22	18.47	39.71	人均地区生产总值（元）	45821	51644	12.71
地方财政收入（亿元）	8.11	9.05	11.59	城镇居民可支配收入（元）	15958	18280	14.55
财政总支出（亿元）	10.92	18.47	69.14	农民人均现金收入（元）	6549	7929	21.07

高唐县主要金融指标

金融指标（亿元）	2010	2011	2011年同比增幅（%）	金融指标（亿元）	2010	2011	2011年同比增幅（%）
本外币存款余额	90.22	92.88	2.95	财险收入	0.21	0.25	19.05
人民币存款余额	90.04	92.63	2.88	寿险收入	0.51	0.5	-1.96
企业存款	21.30	34.26	60.85	财险赔款	0.05	0.08	60
储蓄存款	52.47	57.84	10.23	寿险给付	0.24	0.27	12.5
本外币贷款余额	89.42	99.08	10.8	当年结益	0.27	0.23	-14.81
人民币贷款余额	89.42	98.66	10.33	证券市场交易总额	--	--	--
短期贷款	58.00	73.19	26.19	投资者保证金余额	--	--	--
中长期贷款	31.40	25.87	-17.61	证券账户开户数	--	--	--
票据融资	22.89	16.87	-26.3	证券交易佣金收入	--	--	--
当年结益	3.2	3.50	9.38	净利润	--	--	--
不良贷款余额	2.42	1.52	-37.19				

高唐县主要金融机构负责人

单位名称	行长（或其他称谓的第一负责人）	副行长（或其他称谓的同级领导）
人行高唐县支行	李庆广	闫玉真　乔索明　王柱银
银监会高唐县办事处	李永忠	
农发行高唐县支行	臧景闻	徐保锐　储爱梅
工行高唐支行	冯保勇	李　平　刘鸣久　池德东　张玉华　文中国　孟庆阳
农行高唐支行	李金昌	董风录　薛云峰　杨文利
中行高唐支行	孔繁磊	刘新路　杨　红　陈　东
建行高唐支行	荆桂红	李如诗　贾　兵　于　涛　崔玉荣
高唐县农信联社	高月河	牛为勇　陈先民
邮储银行高唐县支行	王泽民	刘春芬　许　鹏
齐鲁银行高唐支行	张晓艳	李学强

高唐县主要金融机构业务概况

单位：亿元

单位名称	本外币存款余额	企业存款	储蓄存款	本外币贷款余额	短期贷款	中长期贷款
农发行高唐县支行	1.78	1.78	0	5.81	5.38	0.43
工行高唐支行	11.11	5.47	5.64	28.51	14.24	14.26
农行高唐支行	13.44	6.08	7.34	19.91	16.39	3.52
中行高唐支行	10.31	6.59	3.71	6.69	5.38	1.31
建行高唐支行	12.82	7.42	5.24	11.86	8.19	3.67
高唐县农信联社	28.37	2.09	26.28	21.93	20.06	1.87
邮储银行高唐县支行	11.02	2.41	8.61	1.89	1.29	0.60
齐鲁银行高唐支行	3.45	2.42	1.03	2.46	2.25	0.21

微型企业发展的意见》，为县域经济稳健运行提供了有力的政策支持。各金融机构认真落实稳健货币政策，准确把握贯彻国家宏观调控政策与支持经济发展的结合点，7 家商业性金融机构先后 6 次举办中小企业银企项目座谈会，签约项目近 100 个，资金 20 多亿元，实现了银企合作的“双赢”。

【金融服务与监管】 2011 年，人行高唐县支行进一步强化金融监管与服务，防范金融风险，维护了金融稳定。一是建立健全了金融稳定工作协调机制，定期召开金融稳定工作会议，较好地防范了金融风险；二是对农行高唐县支行“三农事业部”改革试点进展情况进行了现场评估，对农信社进行了专项票据业务开展情况大检查；三是联合高唐县农信社开展了“支持中小企业发展推进会”，现场对接企业 70 家，签约信用总量 1.7 亿；同时，开展了“进百家企业、解融资难题”银企信贷需求推介暨银企对接合作签约活动，有效促进了全县经济平稳较快发展；四是制定下发了《金融机构综合评价办法》，对辖区 12 家金融机构 2010 年执行金融法律法规和人行政策规定等情况进行了综合评价；五是出台了农村支付环境建设《实施方案》和《考评办法》。

（张文瑞）

第十二部分

区域性金融运行报告
——鲁南地区

济宁市

【经济金融概况】 2011年，济宁市扎实做好保增长、惠民生、促和谐各项工作，国民经济和各项社会事业保持平稳健康发展，第一、二、三产业对GDP的贡献率分别为3.7%、64.1%和32.2%，产业结构进一步优化。

面对复杂多变的经济金融形势，济宁市金融业积极贯彻落实稳健货币政策和“区别对待、有扶有控”的信贷政策，金融运行呈现“融资规模大幅增加、信贷结构调整优化、融资渠道逐步拓宽”的良好态势。

【货币政策实施】 2011年，人行济宁中支继续把调整优化信贷结构作为货币信贷工作着力点，结合实际，科学组织实施国家稳健货币政策。

一、加强窗口指导，多层面传递货币政策信息与宏观调控意图。一是制定指导意见，引导辖内银行业金融机构前瞻性地应对经济周期和产业变化，支持扩大内需和经济结构调整；二是积极搭建信息交流平台，在省内率先制订并实施社会融资总量监测分析制度，坚持金融运行季度分析例会、货币信贷工作信息交流例会等制度；三是强化评估考核，完成了对农行济宁分行三农金融事业部改革试点的监测检查，实施《地方法人金融机构信贷调控管理办法》，为涉农和中小企业办理票据再贴现业务15亿元，业务量居全省第一。

二、推动金融创新，不断提升辖区信贷服务水平。一是建立健全金融创新激励机制，推动市政府出台《济宁市金融创新奖评选办法》，积极推行“信贷工厂”、“小企业金融服务中心”、“一站式”信贷中心、小微信贷专业支行等金融服务新模式，及时推出“三大（中小企业、商户和农户）信用联盟”、“商圈融资”、“发票融资”和“助保金贷款”等信贷创新产品和担保方式；二是联合市中小企业局、财政局等部门制定《济宁市金融助推千家中小企业发展规划》，择优选取1000家符合转型发展要求的中小企业作为重点扶持对象；三是创新开展小微企业金融服务升级工作，制定了济宁市小微企业《金融服务升级计划》、《融资增信三年规划》、《金融服务升级重点联系行制度》等制度办法。

【金融稳定】 2011年，人行济宁中支加强机制建设、完善评估手段，切实维护辖区金融稳定。

一、以推进制度建设为载体，构建金融稳定长效机制。一是先后制定了金融稳定重大事项《报告管理办法》和《现场检查操作规程》，并在全辖推广；二是实施了银行业金融机构风险控制部门负责人联席会议制度，提高了辖区金融业风险防范能力。

二、以现场评估为着力点，提高金融风险预警能力。一是尝试对地方法人金融机构开展全面评估，制定了济宁市银行业金融机构金融稳定《现场评估操作规程》和《专项评估方案》；二是在全辖率先开展贷款集中度专项评估，制订了《济宁市银行业金融机构贷款集中度风险专项评估方案》。

【金融服务】 2011年，人行济宁中支着力民生，强调特色，全面提升央行服务水平。

一、加快推进农村支付环境建设。一是推动市政府出台《关于加快推广农民电子支付结算自助服务终端的实施意见》，召开了“农村支付环境建设总结表彰暨强力推进年动员会”；二是制订下发《农村地区支付服务环境改善工作实施方案》，指导涉农银行业机构设立形式各异的“农村支付结算服务站”，推广蒜都卡、航运卡等非现金支付结算方式。

二、全面推进现代化支付系统建设。一是引导金融机构推广新版银行票据、电子商业汇票和支票授信业务，加大银行卡受理市场整治力度，联合公安、金融机构打击银行卡犯罪；二是作为省内唯一试点圆满完成了金融IC卡联网通用专项检查工作；三是变更同城票据传递模式，将市区实物票据交换、清分和传递统一外包金融专业服务公司。

三、虚拟发行库建设“济宁模式”取得重大进展。在完善管理制度的基础上，大力推动虚拟发行库建设，利用虚拟发行库平台加强对发行基金计划执行、调拨、券别调剂、优化等工作的监督控制，提高了货币发行管理效率，该经验做法得到总、分行的充分肯定，并在山东省全面推广。

四、积极推进政务公开和行风标准化建设工作。一是印发《关于进一步加强政风行风建设的意见》；二是出台《综合服务大厅管理办法》，在服务大厅设置意见箱，公布举报电话，主动接受监督；三是积极参加省、市“阳光政务热线”等节目，围绕事关群众切身利益的事项，主动加强政策宣传和解读工作。

【金融监管】 2011年，银监会济宁监管分局以重点领域的风险防控为重点，以监管创新和强化内部管理为抓手，扎实有效开展监管工作，银行业运行质量大幅提升。

一、主要风险得到有效防控。一是督导银行业机构持续加大不良资产的清收化解力度，现金清收不良贷款9.25亿元、核销不良贷款8.53亿元，化解集团客户风险5.4亿元；二是督促法人机构按月监测日均存贷款流动性水平，定期开展流动性压力测试；三是开展理财业务、代理保险及吸储揽存业务专项检查；四是建立《信息科技风险管理联席会议制度》，编写《信息科技风险管理手册》，有效防范信息科技风险。

二、实现“零”发案目标。一是针对银行业发案重点环节，督导银行业机构进行全面风险排查，同时开展专项检查；二是制定了济宁市银行业内控合规与案件防控工作、纪检监察工作等两个《联席会议制度》和《案防工作承诺制度》；三是建立了“济宁市农信社案件防控管理档案”，梳理登记案防隐患，逐项跟进落实整改。

济宁市经济主要统计指标

指标＼年度	2007	2008	2009	2010	2011	2011年同比增幅（%）
土地面积（平方公里）	10685	10685	10685	10685	10685	0
人口（万人）	818.27	822.75	831.31	843.03	846.98	0.47
城镇人口（万人）	--	--	--	266.14	268.29	0.81
乡村人口（万人）	--	--	--	576.89	578.69	0.31
地区生产总值（亿元）	1736.01	2122.16	2279.19	2542.81	2896.69	10.8
第一产业（亿元）	213.53	256.81	270.41	320.41	351.14	3.2
第二产业（亿元）	960.13	1183.49	1264.81	1356.47	1535.93	12.9
工业（亿元）	890.12	1100.88	1167.12	1237.23	1395.57	13.5
建筑业（亿元）	70.01	82.61	97.69	119.24	140.36	7.0
第三产业（亿元）	562.35	681.86	743.97	865.93	1009.62	10.2
人均地区生产总值（元）	21992	26721	28492	31500	35729	10.1
地区生产总值构成（%）	100	100	100	100	100	--
第一产业（%）	12.3	12.1	11.9	12.6	12.1	-3.97
第二产业（%）	55.3	55.8	55.5	53.3	53.0	-0.56
第三产业（%）	32.4	32.1	32.6	34.1	34.9	2.35
财政总收入（亿元）	207.3	416.30	482.17	526.11	605.11	15.02
地方财政收入（亿元）	101.21	119.45	134.66	169.25	207.10	22.4
财政总支出（亿元）	207.55	284.04	332.35	515.98	593.93	15.11
地方财政支出（亿元）	143.07	174.67	198.42	251.87	300.47	19.1
全社会固定资产投资（亿元）	645	816	1100.6	1436.2	1526	18.5
规模以上固定资产投资（亿元）	636.3	796.8	1085.6	1410.2	1391.7	20.0
房地产开发（亿元）	57.31	69.1	82.4	134.6	182.2	31.7
进出口总值（亿美元）	28.15	32.68	28.86	44.66	57.45	28.7
出口总值（亿美元）	18.13	18.65	16.03	21.66	30.70	33.5
实际利用外资（亿美元）	3.16	3.88	4.16	4.58	7.33	60.1
社会消费品零售总额（亿元）	591.28	728.34	867.4	963.49	1130.03	17.3
居民消费价格指数（%）	103.5	105.3	100.4	102.9	104.9	1.94
城市居民人均可支配收入（元）	13894	15617	16978	16992	19215	13.1
农民人均现金收入（元）	5271.5	5965	6470	7450	8712	16.9

济宁市工农业主要统计指标

农业主要统计指标（万吨）				规模以上工业企业主要统计指标（亿元）			
项目＼年度	2010年	2011年	增幅（%）	项目＼年度	2010年	2011年	增幅（%）
粮食	464.80	487.22	4.8	工业增加值	1195.2	--	13.8
夏粮	232.47	236.2	1.6	国有工业	143.3	--	24.2
秋粮	232.34	251.02	8.0	集体工业	5.8	--	-27.4
棉花	13.75	12.75	-7.3	股份制工业	816.8	--	14.5

续表

农业主要统计指标（万吨）				规模以上工业企业主要统计指标（亿元）			
项目 \ 年度	2010 年	2011 年	增幅（%）	项目 \ 年度	2010 年	2011 年	增幅（%）
油料	22.93	21.65	-5.6	股份合作制工业	9.2	--	1.9
水果	28.34	28.04	-1.1	外商及港澳台投资工业	159.3	--	4.1
蔬菜	805.26	768.43	-4.6	轻工业	326.1	--	11.5
肉类	76.70	79.46	3.6	重工业	869.1	--	14.6
禽蛋	56.30	58.24	3.5	销售收入	4449.0	4276.1	20.5
奶类	13.90	13.89	0.1	利税	564.3	516.8	10.1
水产品	34.59	37.25	7.7	利润	365.0	328.8	9.9
森林覆盖率（%）	27	28.3	4.81	经济效益综合指数（%）	232.3	274.1	17.99

注：规模以上工业企业划分标准调整，济宁市统计局未公布 2011 相关的工业增加值，仅公布增幅；销售收入、利税、利润等指标 2010 年和 2011 年没有可比性。

济宁市主要金融机构负责人

单位名称	行长（或其他称谓的第一负责人）	副行长（或其他称谓的同级领导）
人行济宁市中心支行	岳隆杰	罗亮森　杨家杰　孙义昌 孙秋生　魏汝浩　邢宝星
银监会济宁监管分局	韩咏军	朱　杰　盛作安　曾庆红
农发行济宁市分行	龙志强	董　旭　崔玉堂　王学义
工行济宁分行	朱岩峰	许在敏　黄继丰　庄　敏 张　弛　任军英　许新立
农行济宁分行	刘玉琳	王东升　张洪程　王　华　何祥芝　王晓鹏
中行济宁分行	陈　涛	周　源　陈宗权　孔令国　刘玉娟
建行济宁分行	姜永东	马仁明　李清华　李　炜　李　波 邵泽忠　刘　锋　邵振辉　闫循举
交行济宁分行	祝　威	周　青　郭玉华　朱广雷
中信济宁分行	王中兴	王建刚　钟银成
招行济宁分行	郭　骁	张秀霞　刘　澎
浦发济宁分行	夏晓晖	孔令孜　吴　健　何庆雪
兴业济宁分行	曾　勇	刘雪峰　邵　军
恒丰济宁分行	房　毅	王保宪　谢永利
济宁银行	李　敏（董事长） 李维水（监事长） 李印喜（行　长）	陈振勇　梁汝亮　张衍珍
农信社济宁市办事处	王广明	徐广礼　程　斌　蒲祖华
邮储银行济宁市分行	张　文	赵　林　王向文
兖矿集团财务公司	张胜东	孟宪强　李　东　王以春　李井良　南官鸣祝
济宁市任城区融通小额贷款公司	王潇夏	徐国柱

续表

单位名称	行长（或其他称谓的第一负责人）	副行长（或其他称谓的同级领导）
济宁市任城区德利小额贷款公司	楚孔清	
济宁市市中区新德兰小额贷款公司	陈忠卫	
人保财险济宁市分公司	李洪武	卞长华　王　伟　任玉宏　孙　建
中国人寿济宁分公司	田亚平	田　凤　苏慧超　曹雪臣
太平洋财险济宁中心支公司	胡勤海	赵新祥　孙成海
太平洋人寿济宁中心支公司	张联军	刘金梅
平安财险济宁中心支公司	桑　强	于玉娟　邢　新
平安人寿济宁中心支公司	李　菲	
泰康人寿济宁中心支公司	闫　燕	
新华人寿济宁中心支公司	岳艳芳	夏兆宽
天安保险济宁中心支公司	孔祥军	
大地财险济宁中心支公司	亓　军	朱宁峰
太平财险济宁中心支公司	率　坤	
太平人寿济宁中心支公司	李晓军	李　鹤
华安财险济宁中心支公司	别庆红	
永安财险济宁中心支公司	张丽闽	
中华联合财险济宁中心支公司	杨光军	谭　文
阳光财险济宁中心支公司	马士柱	陈美华
合众人寿济宁中心支公司	韩建国	
渤海财险济宁中心支公司	赵　国	
民生人寿济宁市中心支公司	陈冬梅	
安邦财险济宁中心支公司	孙恒华	
民安财险济宁中心支公司	徐　涛	
嘉禾人寿济宁中心支公司	李广正	
都邦财险济宁中心支公司	王　谦	
永诚财险济宁中心支公司	张天庚	于　杰
中银保险济宁中心支公司	杨　峰	
安华农业保险济宁中心支公司	高现磊	张庆军
恒安标准人寿济宁中心支公司	杨振莹	
人民人寿济宁中心支公司	秦景瑜	胡庆海
人保健康保险济宁中心支公司	张　凯	
长城人寿济宁中心支公司	安　梁	周　健
华夏人寿济宁中心支公司	田玉龙	
国华人寿济宁中心支公司	刘新瑜	
中英人寿济宁中心支公司	崔　焱	
阳光人寿济宁中心支公司	杜延柱	
国寿财险济宁中心支公司	王　鹏	

续表

单位名称	行长（或其他称谓的第一负责人）	副行长（或其他称谓的同级领导）
浙商财险济宁中心支公司	赵　峰	
生命人寿济宁中心支公司	邱启灿	
英大泰和人寿济宁中心支公司	孙宜东	
信泰人寿济宁中心支公司	邱成金	
幸福人寿济宁中心支公司	李繁荣	
华泰人寿济宁中心支公司	杨恭朴	

济宁市金融业务统计指标

指标（亿元）＼年度		2007	2008	2009	2010	2011	2011年同比	
							增加额	增幅（%）
银行类	本外币存款余额	1183.46	1473.61	1913.80	2278.05	2634.90	356.85	15.66
	人民币存款余额	1169.48	1460.29	1895.60	2256.31	2612.46	356.15	15.78
	单位存款	—	—	—	944.49	1099.29	154.80	16.39
	储蓄存款	704.57	888.17	1073.00	1275.10	1456.77	181.67	14.25
	定期储蓄存款	490.53	627.96	726.00	845.36	1021.51	176.15	20.84
	活期储蓄存款	214.03	260.21	347.00	429.74	435.26	5.52	1.28
	本外币贷款余额	769.94	877.00	1157.53	1385.83	1646.49	260.66	18.81
	人民币贷款余额	757.03	864.60	1128.71	1366.43	1613.59	247.16	18.09
	短期贷款	474.75	499.00	586.63	710.24	899.94	189.7	26.71
	中长期贷款	241.47	289.20	461.99	584.75	629.82	45.07	7.71
	票据融资	40.00	76.01	79.83	71.33	83.72	12.39	17.37
	当年结益	19.88	26.80	28.49	40.93	52.38	11.45	27.97
	不良贷款余额	78.11	73.47	85.70	62.37	60.16	-2.21	-3.54
	不良贷款占比%	10.14	8.38	7.40	4.50	3.65	-0.85	18.89
保险类	保险公司保费收入	28.74	40.61	53.72	73.02	77.55	4.53	6.20
	财险收入	8.88	10.61	12.63	19.86	21.84	1.98	9.97
	寿险收入	19.86	30.01	41.09	53.16	55.70	2.54	4.78
	保险公司赔款和给付支出	9.26	13.77	14.04	15.40	17.74	2.34	15.19
	财险赔款	4.87	6.47	6.87	8.10	9.42	1.32	16.30
	寿险给付	4.39	7.30	7.17	7.30	8.32	1.02	13.97
	当年结益	—	—	—	—	—	—	—
证券类	证券市场成交总额	1099.86	862.40	1802.57	1380.69	966.19	-414.5	-30.02
	投资者保证金余额	18.66	12.07	17.57	15.45	8.64	-6.81	-44.08
	证券账户开户数（万户）	37.36	48.02	54.37	31.44	49.19	17.75	56.46
	佣金收入	2.82	1.95	3.53	2.59	1.80	-0.79	-30.50
	净利润	1.79	1.21	1.80	1.76	0.72	-1.04	-59.09
	期货市场成交总额	—	136.98	476.64	1098.25	1135.22	36.97	3.37

续表

指标（亿元）＼年度		2007	2008	2009	2010	2011	2011 年同比 增加额	2011 年同比 增幅（%）
证券类	期货客户保证金余额	--	0.04	0.26	0.41	0.37	-0.04	-9.34
	期货账户开户数（个）	--	629	1385	2421	3230	809	33.41
	期货手续费收入	--	0.01	0.04	0.08	0.06	-0.02	-24.69
	利润总额	--	0	0.01	0.03	0.02	-0.01	-36.09

济宁市金融机构统计指标

指标（个）＼年度		2007	2008	2009	2010	2011	2011 年同比 增幅（%）
银行类	法人机构	13	13	13	13	14	7.69
	省级分行	--	--	--	--	--	--
	二级分行	7	8	8	12	12	0
	县区支行	109	127	156	180	165	-8.33
	分理处、营业所	599	586	751	520	552	6.15
	储蓄所	260	241	235	234	207	-11.54
	从业人员总数	12925	12620	13295	14127	13920	-1.47
保险类	保险机构	24	34	38	38	43	13.16
	财险机构	14	17	18	18	20	11.11
	省级分公司	--	--	--	--	--	--
	地市分公司	14	17	18	18	20	11.11
	县区支公司	84	97	107	115	113	-1.74
	寿险机构	10	17	20	20	23	15
	省级分公司	--	--	--	--	--	--
	地市分公司	10	17	20	20	23	15
	县区支公司	62	77	107	104	118	13.46
	从业人员总数	14833	20197	30214	30579	34074	11.43
	财险人员	2204	3020	7250	5042	5706	13.17
	寿险人员	12629	17177	22964	25555	28368	11.01
证券类	证券机构	7	7	7	7	8	14.29
	证券公司	--	--	--	--	--	--
	证券营业部	6	7	7	7	8	14.29
	证券服务部	1	--	--	--	--	--
	从业人员总数	126	129	139	295	188	-36.27
	投资者开户（万户）	18.68	24.01	27.18	27.80	26.27	-5.50
	境内上市股票支数	5	5	5	5	5	0
	境外上市股票支数	--	--	--	--	--	--
	辖区上市公司总数	5	5	5	5	5	0

济宁市主要金融机构业务概况

单位：亿元

单位名称	本外币存款余额	人民币单位存款	人民币储蓄存款	本外币贷款余额	人民币短期贷款	人民币中长期贷款
农发行济宁市分行	18.49	18.49	--	65.23	27.93	36.02
工行济宁分行	424.28	170.09	247.03	316.18	140.17	168.36
农行济宁分行	430.32	160.47	265.05	211.13	129.35	78.51
中行济宁分行	261.90	137.07	115.32	203.87	83.46	94.00
建行济宁分行	319.72	151.20	163.45	201.87	62.35	122.66
交行济宁分行	71.19	45.91	23.81	64.05	33.82	28.63
中信济宁分行	50.75	37.06	10.21	36.46	24.50	11.69
招行济宁分行	15.40	13.30	1.89	13.84	9.62	0.86
浦发济宁分行	33.74	31.88	1.70	29.15	21.20	5.70
兴业济宁分行	47.54	41.41	5.75	30.21	17.37	12.83
恒丰济宁分行	31.05	29.06	1.77	19.67	12.27	6.85
济宁银行	147.87	102.23	45.22	102.79	78.78	14.28
农信社济宁市办事处	478.81	58.84	417.85	325.38	246.12	40.79
邮储银行济宁市分行	196.11	38.41	157.70	21.67	13.01	8.66
兖矿集团财务公司	63.88	63.88	--	5.00	--	--
济宁市任城区融通小额贷款公司	--	--	--	0.56	0.56	--
济宁市任城区德利小额贷款公司	--	--	--	0.41	0.41	--
济宁市市中区新德兰小额贷款公司	--	--	--	0.50	0.50	--

济宁市各县级区域经济金融主要统计指标

名称	人口（万人）	面积（平方公里）	地区生产总值（亿元）	地区生产总值增速（%）	本外币存款余额（亿元）	储蓄存款（亿元）	本外币贷款余额（亿元）
市中区	59.48	35.0	189.54	11.4	--	--	--
任城区	53.92	869.5	231.89	11.0	--	--	--
兖州市	63.68	690.0	455.56	13.0	239.36	157.35	167.94
曲阜市	63.83	889.4	265.76	10.3	168.15	101.87	71.34
邹城市	115.74	1387.3	558.84	9.5	458.08	218.20	305.30
泗水县	62.36	1070.0	106.96	11.3	77.73	59.08	44.48
微山县	72.29	1591.3	275.95	10.8	139.52	77.11	71.20
鱼台县	47.08	628.0	107.04	10.1	63.80	47.86	28.30
金乡县	64.12	790.0	121.21	12.0	122.48	94.08	62.32
嘉祥县	87.19	1008.2	179.23	11.0	131.70	103.17	62.03
汶上县	77.96	762.3	175.15	11.6	115.49	87.33	56.79
梁山县	79.32	963.9	175.23	11.4	130.16	99.69	49.85

三、监管工作的有效性进一步提升。一是强化制度创新，先后建立了《季度监管分析例会制度》、《农村中小金融机构内审工作后评价制度》和《监管工作效能监察制度》等；二是制定《现场检查项目质效评价办法》，强化现场检查质量的跟进指导和调度。全年共组织各类现场检查29项，查出重大违规问题54个，整改率达100%。

【外汇管理】 2011年，外管局济宁市中心支局进一步强化外汇管理政策传导，优化外汇管理特色服务，深化外汇主体监管试点，增强了工作效能及影响力。

一、完善综合风险评估机制，深入推进企业分类管理模式。一是制定实施《主体监管企业综合风险考核评价办法》，实行指标考核与事件考核相结合的评估分类体系，向监管能力较强的6家县级支局适度授权；二是进一步完善"群体分类"管理，实现了服务涉外经济发展和提升监管效率的有机统一，经验做法被《金融时报》报道。

二、深入推进重点领域外汇管理改革。一是实施进口企业分类管理，有序推进出口核销制度改革；二是引导重点企业开展出口收入存放境外业务，成功办理出口收入5000万美元存放境外的资格登记，实现了辖区出口收入存放境外的新突破。

三、拓宽政策宣讲渠道，提高外汇政策社会认知度。一是组织开展涉外企业政策通报及需求座谈会、窗口指导专题会议等系列宣讲活动，全年组织开展巡回宣讲活动12次，宣讲企业600余家；二是以分管局长重点企业监测服务为平台，深入太阳纸业、山推机械等32家重点企业，开展"面对面"政策宣讲，有的放矢地开展对重点企业的政策咨询等特色服务。

【金融改革】 2011年，济宁市银行业金融机构以深化改革为动力，以业务创新为抓手，努力提升可持续发展能力。

一、进一步完善农村金融服务体系。济宁市农信社在全省农信系统率先开展了以农户信用联盟、商户信用联盟、中小企业信用联盟为主要内容的"三大信用联盟"建设。截至年末，农户信用联盟、商户信用联盟、中小企业信用联盟分别达到411个、69个和19个，授信32.77亿元，用信19.21亿元，充分发挥了支持城乡经济发展金融主力军的作用。

二、多措并举进一步破解中小企业贷款担保难问题。济宁市各金融机构先后推出了出口代付、金蒜贷、融信达、速贷通、成长之路、仓单抵押、钢结构抵押、信托贷款、贸易融资、助保金贷款等多项中小企业信贷创新产品。

三、金融业务创新取得新进展。招商济宁分行多项创新业务在省内率先开展。一是开办了系统内全省第一笔黄金租赁业务；二是办理了第一笔恒康计划保险业务；三是率先开办了委托开证业务1290万美元；四是率先实现了非税收入系统以及土地保证金网上征缴系统的上线。

【保险业务】 2011年，济宁市保险业务在连续3年的高速增长后，增速有所放缓，保险业务市场开始进入平稳发展阶段。保险深度和保险密度分别达到了2.68%和915.61元，呈现出稳步攀升态势。

【证券市场】 2011年，受国内A股指数不断走低影响，济宁市股票市场呈现出成交低迷、保证金减少的典型"熊市"特征，证券公司佣金收入和净利润也出现大幅下滑，个别证券公司营业部甚至出现亏损。与股票市场相反，期货市场则日趋活跃，开户数增加明显，市场份额进一步扩大。

【精神文明建设】 2011年，济宁市金融系统不断深入开展丰富多彩的精神文明建设活动，效果显著。人行济宁中支被评为总行级文明单位，被人行济南分行评为2009-2011年度思想政治工作先进单位；农行济宁分行被命名为"省级文明单位"，荣获山东省"富民兴鲁"劳动奖状；建行济宁分行被评为全国企业文化建设优秀单位和总行级文明单位。

一、不断加强领导班子建设工作。人行济宁中支认真落实领导班子党风廉政建设责任制，深入细致做好思想政治工作；工行济宁分行结合党委中心组学习和基层调研活动，切实做好执行力和经营管理的结合工作；农发行济宁市分行建立了"一岗双责"制度，领导一手抓业务工作，一手抓精神文明建设，形成了覆盖全员的精神文明创建工作网络。

二、开展形式多样的文体活动。交行济宁分行以企业文化活动为载体，举办了迎新春卡拉OK比赛、春季趣味运动会和智能运动会等活动；中信济宁分行先后举办了新春音乐会、"有机让生活更美好"公益健康讲座和建党90周年歌咏比赛等；济宁银行通过举办职工运动会，开展全行篮球队、乒乓球队、文艺表演队选拔，丰富了员工业余生活；恒丰济宁分行通过组织员工春游、红歌演出和红色旅游等活动，增加了员工团队意识和归属感。

三、不断推进干部职工作风建设。人行济宁中支先后开展了"强素质·树形象·创佳绩"、"以人为本、执政为民"等主题教育活动；交行济宁分行组织开展"看一部红色爱国电影"、"读一本红色经典书籍"、"访一次红色历史足迹"的"三个一"红色主题教育活动；农发行济宁市分行设立了群众意见箱，建立行长接待日制度，定期到各支行检查考核，及时通报情况。

四、开展多形式爱心帮扶活动。农行济宁分行组织开展送温暖活动，为员工解难事、办实事、做好事；建行济宁分行每逢重大节日，走访慰问困难员工家庭、长期病号、离退休老干部；中信济宁分行努力解决帮扶村的困难和问题，受到当地干部群众的一致好评；济宁银行坚持参与日常扶困济贫、捐资助学、爱心救助等公益活动，并与政府有关部门合作，共同举办了济宁市青年创业大赛，向国际青年创业计划捐赠青年创业扶持资金50万元；邮储济宁分行开展节日期间困难职工的走访慰问，积极组织"慈心一日捐"及社会公益活动。

【大事记】 4月1日 人行济宁中支召开济宁市农村支付服务环境建设总结表彰暨强力推进年动员会，岳隆杰行长出席会议并讲话。

5月5日　工行总行党委委员王希全到工行济宁分行进行工作调研，在曲阜召开了工行山东分行县支行机构管理工作座谈会。

5月11日　建行济宁分行与济宁海关全面合作协议书签字仪式隆重举行。

5月13日　山东圣泰农村合作银行领导班子调整，蒋伟任山东圣泰农村合作银行董事长。（银监济准字[2011]84号）

5月19日　人行济宁中支岳隆杰行长参加人行总行党务公开电视电话会议并在会上作经验交流。

6月18日　人行济宁中支举行发行库及营业办公用房启用仪式，工会主任邢宝星主持，机关全体干部职工、各县市支行党组班子成员参加。

6月23日　王建刚被任命为中信银行济宁分行党委副书记。（信银济党字[2011]10号）

6月27日~7月8日　审计署驻哈尔滨特派办正式进驻中信银行济宁分行进行现场审计。

7月21日　人行济南分行央行文化建设报告会在济宁举办，人行总行党委宣传部部长刘慧兰，团委书记傅国文，人行济南分行党委副书记、副行长于华民等出席报告会。

9月15日　交行济宁分行领导班子调整，祝威任交行济宁分行党委书记。（交银鲁任[2011]33号和交银鲁任[2011]47号）

9月20日~21日　人行总行国库局《国库会计核算监督办法》定稿讨论会在人行济宁中支召开，人行总行国库局副局长董化杰、人行济南分行副行长刘克俭等领导出席，人行济宁中支岳隆杰行长参加讨论。

10月20日　王建刚被任命为中信银行济宁分行副行长。（信银济字[2011]858号）

（廉　龙　高　雷　郭晓娟）

兖州市

【经济金融概况】　2011年，兖州市经济保持了平稳健康发展态势，综合实力再攀新高，结构升级步伐加快，城乡面貌日新月异，民生事业全面进步。

该市金融机构紧紧围绕区域经济发展重点，努力调整优化信贷结构，开拓信贷投放领域，实现了产业政策与信贷政策的有机结合与良性互动。一是通过开办理财类信托融资、委托贷款等表外业务，促进了全市社会融资规模的稳定增长；二是加大对中小企业的信贷支持力度，有效保障民营经济的迅速发展；三是坚持项目带动战略，支持梯队企业做大做强；四是加大对农村基础设施建设的政策性金融扶持，进一步增强了城乡发展的协调性。

兖州市主要经济指标

经济指标	2010	2011	2011年同比增幅（%）	经济指标	2010	2011	2011年同比增幅（%）
土地面积（平方公里）	690.0	690.0	0	地方财政支出（亿元）	23.45	27.36	16.7
人口（万人）	63.28	63.68	0.63	全社会固定资产投资（亿元）	172.03	136.42	20.2
城镇人口（万人）	28.60	31.05	8.57	进出口总值（万美元）	117282	194239	65.6
乡村人口（万人）	34.68	32.63	-5.91	出口总值（万美元）	37909	66657	75.8
地区生产总值（亿元）	392.76	455.56	13.0	实际利用外资（万美元）	9515	12818	34.7
第一产业（亿元）	34.23	37.94	3.2	社会消费品零售总额（亿元）	102.80	126.80	23.3
第二产业（亿元）	232.70	269.13	13.2	居民消费价格指数（%）	102.9	104.9	1.94
第三产业（亿元）	125.83	148.49	15.3	人均地区生产总值（元）	74036	84945	14.73
财政总收入（亿元）	51.84	61.08	17.82	城镇居民可支配收入（元）	18936	20836	10.0
地方财政收入（亿元）	20.16	24.53	21.6	农民人均现金收入（元）	8678	9859	13.6
财政总支出（亿元）	50.75	61.83	21.83				

兖州市主要金融指标

金融指标（亿元）	2010	2011	2011年同比增幅（%）	金融指标（亿元）	2010	2011	2011年同比增幅（%）
本外币存款余额	217.20	239.36	10.20	财险收入	1.28	1.40	9.38
人民币存款余额	214.30	231.98	8.25	寿险收入	4.50	4.52	0.44
单位存款	72.05	70.58	-2.04	财险赔款	0.42	0.50	19.05

续表

金融指标（亿元）	2010	2011	2011年同比增幅（%）	金融指标（亿元）	2010	2011	2011年同比增幅（%）
储蓄存款	139.22	157.35	13.02	寿险给付	0.96	0.80	-16.67
本外币贷款余额	156.29	167.94	7.45	当年结益	--	--	--
人民币贷款余额	154.23	161.68	4.83	证券市场交易总额	59.86	43.48	-27.36
短期贷款	84.97	88.60	4.27	投资者保证金余额	0.52	0.38	-26.92
中长期贷款	62.40	69.50	11.38	证券账户开户数	7494	9435	25.90
票据融资	6.85	3.57	-47.88	证券交易佣金收入	0.09	0.07	-22.22
当年结益	4.29	5.50	28.21	净利润	0.02	0.02	0
不良贷款余额	7.30	5.59	-23.42				

兖州市主要金融机构负责人

单位名称	行长（或其他称谓的第一负责人）	副行长（或其他称谓的同级领导）
人行兖州市支行	谭海燕	侯圣民　陈玉玲　杨晓霞
银监会兖州市办事处	郑　涛	
农发行兖州市支行	万鲁峰	赵自力　胡　冰
工行兖州支行	陈志刚	刘　萍　吴　萧　颜　婷　毕可利　李树伟
农行兖州支行	董　涛	陈　国　李大春　杨则杰
中行兖州支行	蒋　涛	蔡庆润　王　洁
建行兖州支行	赵振强	袁　涛　周志广　张　峰　王剑秋
济宁银行兖州支行	何瑞东	郭　建
兖州市农信联社	井长峰	李　力　孟　静　刘　广　徐崇飞　付亚平
邮储银行兖州市支行	乔常勇	沙　磊　马申平
兖州圣德小额贷款公司	李洪信	陈亚超

兖州市主要金融机构业务概况

单位：亿元

单位名称	本外币存款余额	单位存款	储蓄存款	本外币贷款余额	短期贷款	中长期贷款
农发行兖州市支行	4.67	4.67	--	15.32	4.71	10.15
工行兖州支行	48.24	18.05	30.17	42.27	22.93	19.34
农行兖州支行	34.46	11.58	22.79	29.67	20.26	8.79
中行兖州支行	40.60	12.67	26.79	27.28	15.08	12.18
建行兖州支行	34.55	13.05	21.46	17.14	3.49	13.65
济宁银行兖州支行	12.39	8.91	3.48	6.60	5.84	0.15
兖州市农信联社	41.06	4.76	36.23	28.56	22.05	4.63
邮储银行兖州市支行	20.69	4.00	16.68	1.11	0.50	0.61
兖州圣德小额贷款公司	--	--	--	0.74	0.74	--

【金融发展与改革】 2011年，兖州市金融机构认真落实国家各项政策，积极稳妥推进金融改革。一是通过完善电话银行、网上银行等业务，有效增强金融服务功能；二是金融机构结合各自业务特点推出了商品融资贷款、小企业简式快速贷款、速贷通和成长之路等适合中小企业融资的业务产品，为解决中小企业的信贷需求闯出了一条新路；三是农行兖州支行积极建设三农金融服务站，大力推广金穗支付通，让农民享受到足不出户就可以办理业务的便利，感受到“支付结算到农行”的优质服务。

【金融服务与监管】 2011年，人行兖州市支行充分发挥“窗口指导”作用，多层面传递货币政策信息，加大金融创新和金融生态环境建设力度。一是印发了《兖州市金融支持现代服务业发展的指导意见》及《关于贯彻落实稳健货币政策进一步加大金融支持地方经济发展的指导意见》；二是引导金融机构采取多种措施提高表外业务的授信额度，积极发展银行承兑汇票、信用证、保函、保理等表外融资业务；三是继续推动农村信用工程创建活动，共创建信用镇4个、信用村232个、信用户49940户；四是以农村支付环境建设“强力推进年”活动为契机，加大农村支付环境建设，全市金融机构发放信用卡71.26万张，为农民布放自助终端50台；五是继续推动农村“三大信用联盟”建设，组建完成村级信用联盟23个、商户信用联盟1个、中小企业信用联盟2个。

曲阜市

【经济金融概况】 2011年，曲阜市实施项目带动战略，努力做强工业经济和做大文化旅游产业，经济保持平稳较快增长，第三产业占比继续提高。

该市金融机构按照“有保有压、区别对待”的原则，积极创新信贷产品，优化信贷结构，有效满足了中小企业的信贷需求。

【金融发展与改革】 2011年，人行曲阜市支行认真执行国家货币政策，加大“窗口指导”力度。一是搭建政银企对接

曲阜市主要经济指标

经济指标	2010	2011	2011年同比增幅（%）	经济指标	2010	2011	2011年同比增幅（%）
土地面积（平方公里）	889.4	889.4	0	地方财政支出（亿元）	16.91	21.62	27.9
人口（万人）	63.80	63.83	0.05	全社会固定资产投资（亿元）	107.24	96.36	21.7
城镇人口（万人）	29.99	30.64	2.17	进出口总值（万美元）	9508	11897	25.1
乡村人口（万人）	33.81	33.19	-1.83	出口总值（万美元）	7664	8494	10.8
地区生产总值（亿元）	235.29	265.76	10.3	实际利用外资（万美元）	3153	2307	-26.8
第一产业（亿元）	24.12	26.39	2.8	社会消费品零售总额（亿元）	92.23	106.30	15.3
第二产业（亿元）	95.39	106.20	7.3	居民消费价格指数（%）	102.9	104.9	1.94
第三产业（亿元）	115.78	133.17	14.3	人均地区生产总值（元）	36865	41409	12.33
财政总收入（亿元）	47.63	40.89	-14.15	城镇居民可支配收入（元）	14011	15375	9.7
地方财政收入（亿元）	10.77	12.78	18.6	农民人均现金收入（元）	7402	8270	13.3
财政总支出（亿元）	47.08	41.15	-12.60				

曲阜市主要金融指标

金融指标（亿元）	2010	2011	2011年同比增幅（%）	金融指标（亿元）	2010	2011	2011年同比增幅（%）
本外币存款余额	144.70	168.15	16.21	财险收入	0.73	0.82	12.33
人民币存款余额	143.67	166.93	16.19	寿险收入	3.55	3.40	-4.23
单位存款	54.32	64.34	18.45	财险赔款	0.27	0.31	14.81
储蓄存款	87.68	101.87	16.18	寿险给付	0.60	0.70	16.67
本外币贷款余额	62.98	71.34	13.27	当年结益	--	--	--
人民币贷款余额	62.98	71.34	13.27	证券市场交易总额	74.5	47.27	-36.55
短期贷款	29.07	32.11	10.46	投资者保证金余额	0.46	0.31	-32.61
中长期贷款	28.60	32.55	13.81	证券账户开户数	1988	23951	1104.78

续表

金融指标（亿元）	2010	2011	2011年同比增幅（%）	金融指标（亿元）	2010	2011	2011年同比增幅（%）
票据融资	5.31	6.67	25.61	证券交易佣金收入	0.14	0.09	-35.71
当年结益	1.80	1.95	8.33	净利润	0.07	0.04	-42.86
不良贷款余额	2.75	2.86	4				

曲阜市主要金融机构负责人

单位名称	行长（或其他称谓的第一负责人）	副行长（或其他称谓的同级领导）
人行曲阜市支行	王兖宁	王德玉 潘教贞 辛建彬
银监会曲阜市办事处	孔 丽	吴夏红
农发行曲阜市支行	胡 冰	孙 莹 贾 宇
工行曲阜支行	孟 彬	胡聚华 卢德仁 尤 杰
农行曲阜支行	王庆武	胡彦亮 何 磊 张允伟
中行曲阜支行	司 杰	张艳梅 于洪生
建行曲阜支行	王 强	王 伟 周忠诚
济宁银行曲阜支行	曾凡成	王培岩
曲阜市农信联社	赵 鲁	亓志勇 孔凡娣 胡 峰 孟 彬
邮储银行曲阜市支行	任国庆	来 波 王良云
曲阜金鲁城小额贷款公司	孙建国	孔海明

曲阜市主要金融机构业务概况

单位：亿元

单位名称	本外币存款余额	单位存款	储蓄存款	本外币贷款余额	短期贷款	中长期贷款
农发行曲阜市支行	0.23	0.23	—	3.10	1.85	1.25
工行曲阜支行	32.40	19.30	13.10	12.22	3.12	9.10
农行曲阜支行	32.02	10.88	21.03	11.22	5.58	5.56
中行曲阜支行	23.61	12.49	10.96	8.39	1.53	6.41
建行曲阜支行	24.14	11.81	12.33	7.43	1.16	6.26
济宁银行曲阜支行	7.38	5.50	1.88	6.21	4.10	0.57
曲阜市农信联社	36.50	3.11	33.38	21.94	14.56	2.76
邮储银行曲阜市支行	11.44	2.02	9.42	0.83	0.20	0.63
曲阜金鲁城小额贷款公司	—	—	—	0.44	0.44	—

平台，积极与市政府联合，承办银企对接会6次；二是多次召开金融机构与地方政府部门座谈会，及时传导国家各项宏观调控政策；三是积极推进农村信用体系建设，农信社组建完成信用联盟23个，其中农户信用联盟17个，商户信用联盟5个，中小企业信用联盟1个。

【金融服务与监管】 2011年，人行曲阜市支行进一步提升金融服务水平和质量。一是依托窗口服务部门不断深化“为民服务、创先争优”主题实践活动，为金融机构、地方政府和企业提供优质、快捷的金融服务；二是对农信社存款准备金执行状况、不良贷款清收和专项票据兑付后的情况进行了全面检查；三是对农行曲阜支行“三农金融事业部改革试点工作”开展了现场检查评估，并提出相应的整改意见和建议；四是制定了《曲阜市“农村支付服务环境建设强力推进年”活动实施方案》；五是加强外汇服务，促进贸易投资便利化；六是加强人民币管理，建立了反假宣传长效机制。

邹城市

【经济金融概况】 2011年，邹城市加快转变经济发展方式，经济运行总体平稳，社会事业全面发展，人民生活水平持续改善。

该市金融机构在保持存款持续增长的基础上，深度挖掘区域特色优势产业和符合政策要求的信贷增长点，实现了产业和信贷政策的良性互动。

【金融发展与改革】 2011年，邹城市金融业发展步伐明

邹城市主要经济指标

经济指标	2010	2011	2011年同比增幅（%）	经济指标	2010	2011	2011年同比增幅（%）
土地面积（平方公里）	1387.3	1387.3	0	地方财政支出（亿元）	35.47	40.84	15.2
人口（万人）	115.70	115.74	0.03	全社会固定资产投资（亿元）	248.48	195.87	20.2
城镇人口（万人）	25.58	25.64	0.23	进出口总值（万美元）	16213	27106	67.2
乡村人口（万人）	90.12	90.10	-0.02	出口总值（万美元）	5323	6171	15.9
地区生产总值（亿元）	548.29	558.84	9.5	实际利用外资（万美元）	7953	8061	1.4
第一产业（亿元）	36.91	41.37	3.9	社会消费品零售总额（亿元）	139.81	157.49	12.6
第二产业（亿元）	336.04	323.92	9.3	居民消费价格指数（%）	--	--	--
第三产业（亿元）	175.34	193.55	11.0	人均地区生产总值（元）	48657	49861	2.47
财政总收入（亿元）	54.31	53.39	-1.69	城镇居民可支配收入（元）	19136	21066	10.1
地方财政收入（亿元）	30.70	35.67	16.2	农民人均现金收入（元）	8126	9409	15.8
财政总支出（亿元）	54.57	53.31	-2.31				

邹城市主要金融指标

金融指标（亿元）	2010	2011	2011年同比增幅（%）	金融指标（亿元）	2010	2011	2011年同比增幅（%）
本外币存款余额	404.33	458.08	13.29	财险收入	1.94	2.24	15.46
人民币存款余额	395.41	456.85	15.54	寿险收入	5.62	5.50	-2.14
单位存款	196.44	235.58	19.92	财险赔款	0.61	0.80	31.15
储蓄存款	196.41	218.20	11.09	寿险给付	0.90	0.90	0
本外币贷款余额	219.10	305.30	39.34	当年结益	--	--	--
人民币贷款余额	208.48	293.35	40.71	证券市场交易总额	217.67	539.55	147.88
短期贷款	93.81	148.37	58.16	投资者保证金余额	2.48	2.00	-19.35
中长期贷款	101.17	124.54	23.10	证券账户开户数	2780	41869	1406.08
票据融资	13.50	20.44	51.41	证券交易佣金收入	0.53	0.30	-43.40
当年结益	6.77	10.46	54.51	净利润	0.37	0.09	-75.68
不良贷款余额	5.12	4.83	-5.66				

邹城市主要金融机构负责人

单位名称	行长（或其他称谓的第一负责人）	副行长（或其他称谓的同级领导）
人行邹城市支行	韩厚晶	孙广宾　韩西瑾　张采强

续表

单位名称	行长（或其他称谓的第一负责人）	副行长（或其他称谓的同级领导）
银监会邹城市办事处	崔孝国	
农发行邹城市支行	李立学	孟令贵　尹建民
工行邹城支行	段仲建	赵道峰　吕毅波　尉　星　杨传忠
农行邹城支行	饶爱宝	仲　波　陈　磊　李龙海　万　民
中行邹城支行	王延昶	张德军　张　忠　党繁桐
建行邹城支行	李庆国	刘文荣　付尚军
建行兖州矿区支行	李广志	徐敬东　董　晶　楚爱民
建行邹城电力支行	杨建军	赵电波
济宁银行邹城支行	李壮志	陈　晨　孙宪峰
邹城市农信联社	翟广友	宋甲新　亚玉君　刘永清　袁守波　杨　莉
邮储银行邹城市支行	范建国	来　波
兖矿集团财务公司	张胜东	孟宪强　李　东　王以春　李井良　南宫鸣祝
中信银行邹城支行	刘云忠	陈福玉
交通银行邹城支行	翟西如	杜镇梅　文振彬
兴业银行邹城支行	许家兴	樊　珏

邹城市主要金融机构业务概况

单位：亿元

单位名称	本外币存款余额	单位存款	储蓄存款	本外币贷款余额	短期贷款	中长期贷款
农发行邹城市支行	0.27	0.27	--	2.46	0.93	1.53
工行邹城支行	106.61	43.19	63.40	89.89	41.50	48.32
农行邹城支行	40.42	15.76	24.63	38.63	18.89	19.55
中行邹城支行	58.23	42.01	16.15	62.89	30.21	32.38
建行邹城支行	32.39	18.09	14.31	13.43	0.04	13.39
建行兖州矿区支行	38.86	18.45	20.41	26.94	24.42	2.51
建行邹城电力支行	3.91	1.31	2.59	8.50	3.71	4.79
济宁银行邹城支行	11.67	8.43	3.23	5.75	4.95	0.58
邹城市农信联社	66.43	10.29	55.77	46.94	26.87	5.42
邮储银行邹城市支行	20.57	5.37	15.20	1.15	0.58	0.57
兖矿集团财务公司	63.88	63.88	0	5.00	0	0
中信银行邹城支行	1.24	0.59	0.61	2.66	2.60	0.06
交通银行邹城支行	3.18	1.94	1.22	0.86	0.86	0
兴业银行邹城支行	7.91	6.78	1.13	0.2	0.2	0

显加快，中信银行、交通银行、兴业银行邹城支行先后挂牌营业；辖区金融机构由2010年的11家发展到14家，营业网点达到92家。

【金融服务与监管】　2011年，人行邹城市支行进一步增强货币政策宣传力度，引导金融机构创新金融产品，提升金融服务水平。一是搭建银政沟通平台，定期组织召开季度经济金融形势分析例会，及时向金融机构和政府部门传导各项宏观调控政策；二是组织制定邹城市《林权抵押贷款管理暂行办法》、《金融支持绿色农业发展指导意见》、《中小企业非银行信息采集办法》等意见办法；三是引导金融机构建立小微信贷工厂、开办发票融资贷款、信用联盟贷款、巾帼创业贷款等新型融资形式；四是继续深入推进A级信用企业培植，中小企业信用体系试验区建设取得明显成效；五是研究制定《金融服务投诉处理办法》，建立实施《机关效能曝光制度》；六是创新金融宣传渠道，与市电视台联合开办《金融之窗》和《关注民生》等电视专栏，宣传金融知识；七是以实现金融基础设施行政村全覆盖为目标，全力推进农村支付环境建设“强力推进年”工作的开展；八是积极创新“零币调剂俱乐部”工作机制，有效缓解了零币短缺局面。

同时，人行邹城市支行依法履行监管职能。一是做好新开业银行机构的管理工作；二是开展了反洗钱、金融统计、人民币管理、外汇管理及农信社票据兑付后续检查等执法检查工作，有效维护了辖区金融稳定。

泗水县

【经济金融概况】 2011年，泗水县转方式、调结构取得新的成效，民生进一步改善，全县经济保持了平稳健康发展态势。

该县金融机构在保持各项存款稳定增长的基础上，以解决中小企业的信贷需求为重点，加大信贷投入，信贷结构进一

泗水县主要经济指标

经济指标	2010	2011	2011年同比增幅（%）	经济指标	2010	2011	2011年同比增幅（%）
土地面积（平方公里）	1070.0	1070.0	0	地方财政支出（亿元）	10.05	12.97	29.1
人口（万人）	62.03	62.36	0.53	全社会固定资产投资（亿元）	60.85	55.14	24.1
城镇人口（万人）	16.84	16.95	0.65	进出口总值（万美元）	17053	14410	-15.5
乡村人口（万人）	45.19	45.41	0.49	出口总值（万美元）	8987	7682	-14.5
地区生产总值（亿元）	93.83	106.96	11.3	实际利用外资（万美元）	1484	933	-37.1
第一产业（亿元）	26.05	28.82	4.6	社会消费品零售总额（亿元）	43.75	50.82	16.1
第二产业（亿元）	41.34	47.21	15.7	居民消费价格指数（%）	102.9	104.9	1.94
第三产业（亿元）	26.44	30.93	11.0	人均地区生产总值（元）	17294	19911	15.13
财政总收入（亿元）	19.19	23.48	22.36	城镇居民可支配收入（元）	11916	13747	15.4
地方财政收入（亿元）	2.71	4.00	47.5	农民人均现金收入（元）	5653	6357	14.5
财政总支出（亿元）	19.08	23.58	23.58				

泗水县主要金融指标

金融指标（亿元）	2010	2011	2011年同比增幅（%）	金融指标（亿元）	2010	2011	2011年同比增幅（%）
本外币存款余额	64.64	77.73	20.25	财险收入	0.43	0.51	18.60
人民币存款余额	64.14	77.08	20.17	寿险收入	1.45	1.87	28.97
单位存款	15.78	17.41	10.33	财险赔款	0.21	0.20	-4.76
储蓄存款	48.12	59.08	22.78	寿险给付	0.25	0.30	20
本外币贷款余额	37.74	44.48	17.86	当年结益	--	--	--
人民币贷款余额	37.58	44.06	17.24	证券市场交易总额	--	--	--
短期贷款	25.81	26.94	4.38	投资者保证金余额	--	--	--
中长期贷款	11.45	16.05	40.17	证券账户开户数	--	--	--
票据融资	0.32	1.07	234.38	证券交易佣金收入	--	--	--
当年结益	1.24	1.14	-8.06	净利润	--	--	--
不良贷款余额	1.04	1.15	10.58				

泗水县主要金融机构负责人

单位名称	行长（或其他称谓的第一负责人）	副行长（或其他称谓的同级领导）
人行泗水县支行	宋　辉	王金生　王　敏　步俊青

续表

单位名称	行长（或其他称谓的第一负责人）	副行长（或其他称谓的同级领导）
银监会泗水县办事处	朱道工	
农发行泗水县支行	孔令河	何　峰　董义利
工行泗水支行	张　超	廉嘉丰　胡明澈
农行泗水支行	刘　炜	王元宏　周　斌　张友平
中行泗水支行	许让波	杜少信　冯宜军
建行泗水支行	刘晓东	石礼佩
济宁银行泗水支行	张现彬	杜艳立
泗水县农信联社	范德勇	李巧云　魏　涛　李本志　王　豹
邮储银行泗水县支行	邹学珍	李　东
泗水利丰小额贷款公司	孔宪奎	吴培秋

泗水县主要金融机构业务概况

单位：亿元

单位名称	本外币存款余额	单位存款	储蓄存款	本外币贷款余额	短期贷款	中长期贷款
农发行泗水县支行	0.30	0.30	—	1.87	0.84	1.03
工行泗水支行	9.75	4.24	5.50	10.10	3.64	6.46
农行泗水支行	19.59	5.38	14.18	7.40	3.95	3.45
中行泗水支行	8.06	2.78	5.08	3.80	1.81	1.49
建行泗水支行	4.66	1.74	2.76	4.04	1.56	2.48
济宁银行泗水支行	0.13	0.02	0.11	0.01	--	--
泗水县农信联社	23.04	0.68	22.29	16.21	14.57	1.07
邮储银行泗水县支行	12.07	2.34	9.73	1.05	0.99	0.06
泗水利丰小额贷款公司	--	--	—	0.54	0.54	--

步优化。

【金融发展与改革】　2011年，人行泗水县支行进一步加大“窗口指导”力度，引导金融机构不断创新金融产品，推进银企合作。一是制定了《关于改善金融服务促进全县经济发展方式转变的指导意见》和《货币政策指引》；二是为引导信贷资金支持中小企业发展，出台了《金融机构业绩考核暂行办法》；三是定期组织召开有部分中小企业参加的金融工作联席会议、金融运行分析会和银企调度会等，构建政银企合作长效机制；四是多次组织召开“银企资金供求对接会”、“重点技改项目现场推进会”等活动，促成7家金融机构与216家中小企业达成贷款意向10.25亿元，到位资金9.85亿元；五是引导金融机构开展信贷方式和服务方式创新，较好解决了中小企业融资难问题；六是积极推动开展“三大信用联盟”建设，提升了中小企业和农户的信用意识；济宁银行泗水支行成立并开业运行。

【金融服务与监管】　2011年，人行泗水县支行认真履行央行服务职能，为地方经济发展提供了良好的金融运行环境。一是制定《泗水县农村支付服务环境建设全面推进年工作方案》，多次深入企业、乡村、集贸市场进行支付结算知识宣传；二是切实发挥国库监管和服务职能，开展了国库经收业务和国债业务检查；三是采取集中培训与上门指导相结合的方式，向涉外企业做好外汇政策法规宣传和业务培训；四是采取现场与非现场检查相结合的方式，加强对外汇指定银行日常业务的监督管理；五是开展对农信社的风险监测、农行泗水支行三农事业部改革试点的检查评估，有效防范了金融风险。

微山县

【经济金融概况】 2011年，微山县紧抓经济转型战略主线，全力以赴保增长、惠民生，主要经济指标位居济宁市前列，经济总量跨入全省30强。

该县各金融机构认真贯彻落实稳健的货币政策，货币信贷总量平稳增长，信贷结构不断优化，金融运行平稳有序。

微山县主要经济指标

经济指标	2010	2011	2011年同比增幅（%）	经济指标	2010	2011	2011年同比增幅（%）
土地面积（平方公里）	1591.3	1591.3	0	地方财政支出（亿元）	18.06	22.39	24.0
人口（万人）	71.9	72.29	0.54	全社会固定资产投资（亿元）	121.77	109.26	20.6
城镇人口（万人）	34.35	34.96	1.78	进出口总值（万美元）	5783	4333	-25.1
乡村人口（万人）	37.55	37.33	-0.59	出口总值（万美元）	4351	4022	-7.6
地区生产总值（亿元）	243.7	275.95	10.8	实际利用外资（万美元）	1270	1128	-11.2
第一产业（亿元）	27.87	31.10	2.4	社会消费品零售总额（亿元）	61.69	71.85	16.5
第二产业（亿元）	122.95	138.74	11.6	居民消费价格指数（%）	105.2	106.5	1.24
第三产业（亿元）	92.88	106.11	12.1	人均地区生产总值（元）	37672	43443	15.32
财政总收入（亿元）	22.08	29.68	34.42	城镇居民可支配收入（元）	18656	21021	12.7
地方财政收入（亿元）	14.00	16.95	21.0	农民人均现金收入（元）	7530	8650	14.9
财政总支出（亿元）	21.90	28.67	30.91				

微山县主要金融指标

金融指标（亿元）	2010	2011	2011年同比增幅（%）	金融指标（亿元）	2010	2011	2011年同比增幅（%）
本外币存款余额	128.16	139.52	8.86	财险收入	0.73	0.78	6.85
人民币存款余额	128.10	139.29	8.74	寿险收入	2.82	2.99	6.03
单位存款	57.65	59.37	2.98	财险赔款	0.26	0.25	-3.85
储蓄存款	69.71	77.11	10.62	寿险给付	0.26	0.27	3.85
本外币贷款余额	66.26	71.20	7.46	当年结益	—	—	—
人民币贷款余额	66.26	71.20	7.46	证券市场交易总额	—	—	—
短期贷款	51.12	55.18	7.94	投资者保证金余额	—	—	—
中长期贷款	11.47	13.01	13.43	证券账户开户数	—	—	—
票据融资	3.66	3.01	-17.76	证券交易佣金收入	—	—	—
当年结益	2.04	2.19	7.35	净利润	—	—	—
不良贷款余额	2.20	3.70	68.18				

微山县主要金融机构负责人

单位名称	行长（或其他称谓的第一负责人）	副行长（或其他称谓的同级领导）
人行微山县支行	卢　飚	蔡　靖　孙海波　刘同征
银监会微山县办事处	李体提	
农发行微山县支行	李成德	冯露斌
工行微山支行	侯代立	张海生　史孝全　王吉魁　张　震
农行微山支行	高中军	郭　政　高新德　吴　炜

续表

单位名称	行长（或其他称谓的第一负责人）	副行长（或其他称谓的同级领导）
中行微山支行	张广莲	马厚永
建行微山支行	王昭华	刘菁儒　刘　彪　李　杰　于宪华
济宁银行微山支行	官　振	卢　宾　冯　刚　石义军
微山县农信联社	王嗣水	褚衍成　亓志勇　苏　强　崔伦旺
邮储银行微山县支行	杨冠东	王先明　刘何勤

微山县主要金融机构业务概况

单位：亿元

单位名称	本外币存款余额	单位存款	储蓄存款	本外币贷款余额	短期贷款	中长期贷款
农发行微山县支行	0.53	0.53	--	2.63	1.13	1.50
工行微山支行	21.54	13.47	8.04	9.40	7.82	1.58
农行微山支行	30.64	13.02	17.61	10.13	8.44	1.18
中行微山支行	15.55	9.47	5.66	7.19	4.06	2.33
建行微山支行	10.18	4.18	5.99	4.95	1.25	3.69
济宁银行微山支行	7.08	5.55	1.53	6.08	3.31	1.07
微山县农信联社	38.66	9.87	27.93	29.76	28.68	1.08
邮储银行微山县支行	13.86	3.48	10.38	1.05	0.48	0.57

【金融发展与改革】 2011 年，微山县各金融机构准确把握国家宏观调控政策，全面推进各项改革，努力改进金融服务，各项业务保持稳定健康发展。一是农信社进一步健全内控管理机制和法人治理长效发展机制，经营实力稳步提高；二是农行微山支行三农事业部改革进展顺利，公司治理架构和风险控制体系不断完善；三是金融机构在各乡镇配备的 ATM 机、POS 机等现代化支付设施分别增加至 59 台和 800 台；四是金融机构不断创新金融产品和服务方式，成功运作了山东省第一笔股权收益权类理财产品。

【金融服务与监管】 2011 年，人行微山县支行不断强化金融服务与指导，努力推动地区经济发展。一是按季召开金融联席会议，及时通报金融运行情况；二是深化银企合作，通过举办银企对接会、项目推介会等，有效缓解企业融资难问题；三是推动政府以官方网站为载体，开辟了银企网上对接平台，建立了银企对接长效机制；四是结合县域经济特点，引导农信社在辖内积极探索开展了村级、商户和中小企业“三大信用联盟”体系建设。

微山县银监部门在深入贯彻稳健货币政策的同时，不断加强对银行业机构的监督管理，有效降低了金融风险发生的可能性。一是对各金融机构进行有针对性的督导检查，结合现场检查存在的问题要求被查机构做好整改；二是及时督促各银行业机构严格控制新增贷款风险，遏制不良贷款的前清后增，加大对新发放贷款形成不良贷款的核查力度；三是指导部分银行业机构认真做好顶冒名贷款的清理工作，全面提升信贷业务管理水平。

鱼台县

【经济金融概况】 2011 年，鱼台县加快经济发展，在巩固经济回升向好势头的同时，努力提高发展的质量和效益，经济保持了持续、健康发展的良好势头。

该县金融机构认真贯彻落实稳健的货币政策，积极优化信贷结构，努力拓宽融资渠道，为经济较快发展创造了良好的金融环境。

【金融发展与改革】 2011 年，人行鱼台县支行认真履行基层央行职能，强化“窗口指导”。一是制定《鱼台县金融信

鱼台县主要经济指标

经济指标	2010	2011	2011 年同比增幅（%）	经济指标	2010	2011	2011 年同比增幅（%）
土地面积（平方公里）	628.0	628.0	0	地方财政支出（亿元）	9.55	10.50	10.0
人口（万人）	47.09	47.08	-0.02	全社会固定资产投资（亿元）	96.84	50.73	20.0
城镇人口（万人）	8.23	8.18	-0.61	进出口总值（万美元）	2930	2464	-15.9
乡村人口（万人）	38.86	38.90	0.10	出口总值（万美元）	2860	2335	-18.4
地区生产总值（亿元）	93.97	107.04	10.1	实际利用外资（万美元）	1600	1046	-34.6
第一产业（亿元）	24.69	26.89	3.4	社会消费品零售总额（亿元）	46.48	51.69	11.2
第二产业（亿元）	40.23	46.91	12.6	居民消费价格指数（%）	102.9	104.9	1.94
第三产业（亿元）	29.05	33.24	12.4	人均地区生产总值（元）	21705	24410	12.46
财政总收入（亿元）	9.41	13.83	46.97	城镇居民可支配收入（元）	13995	15420	10.2
地方财政收入（亿元）	4.21	5.10	21.1	农民人均现金收入（元）	7427	8021	8.0
财政总支出（亿元）	9.41	13.78	46.44				

鱼台县主要金融指标

金融指标（亿元）	2010	2011	2011 年同比增幅（%）	金融指标（亿元）	2010	2011	2011 年同比增幅（%）
本外币存款余额	55.48	63.80	15.00	财险收入	0.78	0.76	-2.56
人民币存款余额	54.66	63.78	16.68	寿险收入	2.18	2.98	36.70
单位存款	12.66	15.00	18.48	财险赔款	0.33	0.31	-6.06
储蓄存款	41.33	47.86	15.80	寿险给付	0.31	0.49	58.06
本外币贷款余额	24.27	28.30	16.60	当年结益	--	--	--
人民币贷款余额	23.61	28.30	19.86	证券市场交易总额	--	--	--
短期贷款	16.11	19.96	23.90	投资者保证金余额	--	--	--
中长期贷款	6.95	7.94	14.24	证券账户开户数	--	--	--
票据融资	0.55	0.40	-27.27	证券交易佣金收入	--	--	--
当年结益	0.52	0.56	7.69	净利润	--	--	--
不良贷款余额	1.11	2.09	88.29				

鱼台县主要金融机构负责人

单位名称	行长（或其他称谓的第一负责人）	副行长（或其他称谓的同级领导）
人行鱼台县支行	崔　健	高奎昌　穆怀玲　胡培根　静圣民
农发行鱼台县支行	宋传蔼	岳修忠　周强胜
工行鱼台支行	王　斌	于向阳
农行鱼台支行	姚荣国	王洪波　焦　峰　王翠花
中行鱼台支行	王　强	王兆旭　聂成旺
建行鱼台支行	徐卫东	翟庆华　陈顺利　张会旭
鱼台县农信联社	张　棣	刘广众　张明路　杨新庆　胡　峰　卜　芳
邮储银行鱼台县支行	孔祥前	张冬梅

鱼台县主要金融机构业务概况

单位：亿元

单位名称	本外币存款余额	单位存款	储蓄存款	本外币贷款余额	短期贷款	中长期贷款
农发行鱼台县支行	0.81	0.81	--	1.38	1.14	0.24

续表

单位名称	本外币存款余额	单位存款	储蓄存款	本外币贷款余额	短期贷款	中长期贷款
工行鱼台支行	4.19	1.79	2.40	1.99	1.43	0.56
农行鱼台支行	11.95	3.43	8.40	3.23	3.03	0.19
中行鱼台支行	6.17	2.48	3.68	4.54	1.20	3.03
建行鱼台支行	5.71	3.22	2.49	1.16	0.29	0.87
鱼台县农信联社	20.08	1.09	18.82	14.37	11.86	2.43
邮储银行鱼台县支行	14.27	2.18	12.09	1.64	1.02	0.62

息平台管理办法》,搭建信息平台,畅通客户与金融机构沟通渠道;二是引导农信社开展村级、商户和中小企业“三大联盟体系”建设,全县组建三大信用联盟45个,发放贷款1.29亿元;三是联合县经信局、财政局、金融办,在财政出资1000万元的基础上,引导建行开展助保金贷款。截至年末,全县共有企业36家,签订贷款意向1亿元,发放贷款420万元。

【金融服务与监管】 2011年,人行鱼台县支行以提高金融管理和金融服务水平为重点。一是扎实推进农村支付环境建设,使农民不出村就能享受安全、方便、高效的金融服务;二是开展货币信贷政策执行、金融统计制度执行等现场检查,保障了金融机构的稳健运行;三是对农信社改革试点情况进行监测审查;四是对农行鱼台支行三农事业部改革试点成效进行了现场检查评估;五是举办银企项目推动会4次,7家金融机构与87家企业达成贷款意向41亿元,实际到位12亿元;六是联合县金融办、财政局、经信局、发改局对7家金融机构执行货币信贷政策情况进行考核,对评出的先进单位颁发了政府奖金。

金乡县

【经济金融概况】 2011年,金乡县呈现出综合实力明显增强、民生事业全面进步、人民生活持续改善、社会大局和谐稳定的大好局面。地方财政收入首次突破5亿元;民生焦化、鲁特电工、泉达光伏、宏大食品等15个过亿元项目建成投产;金兴商贸城、金宇家居、羊山景区一期等服务业重点项目投入运营。

该县金融机构在保持各项存款增长的基础上,增加有效

金乡县主要经济指标

经济指标	2010	2011	2011年同比增幅(%)	经济指标	2010	2011	2011年同比增幅(%)
土地面积(平方公里)	790.0	790.0	0	地方财政支出(亿元)	11.84	15.79	33.2
人口(万人)	64.14	64.12	-0.03	全社会固定资产投资(亿元)	50.23	109.26	20.6
城镇人口(万人)	12.14	10.84	-10.71	进出口总值(万美元)	43419	44180	1.8
乡村人口(万人)	52.00	53.28	2.46	出口总值(万美元)	43413	44164	1.7
地区生产总值(亿元)	103.09	121.21	12.0	实际利用外资(万美元)	1180	923	-21.7
第一产业(亿元)	35.44	37.11	0.2	社会消费品零售总额(亿元)	45.90	56.04	22.1
第二产业(亿元)	29.85	38.79	22.0	居民消费价格指数(%)	115.2	117.3	1.82
第三产业(亿元)	37.80	45.31	15.1	人均地区生产总值(元)	16397	19316	17.80
财政总收入(亿元)	23.63	28.26	19.59	城镇居民可支配收入(元)	14026	16149	15.1
地方财政收入(亿元)	3.26	5.12	57.1	农民人均现金收入(元)	8030	9011	12.2
财政总支出(亿元)	23.67	27.69	16.98				

金乡县主要金融指标

金融指标(亿元)	2010	2011	2011年同比增幅(%)	金融指标(亿元)	2010	2011	2011年同比增幅(%)
本外币存款余额	102.08	122.48	19.98	财险收入	0.81	0.98	20.99

续表

金融指标（亿元）	2010	2011	2011年同比增幅（%）	金融指标（亿元）	2010	2011	2011年同比增幅（%）
人民币存款余额	101.92	122.19	19.79	寿险收入	3.53	4.68	32.58
单位存款	21.44	27.47	28.13	财险赔款	0.25	0.33	32
储蓄存款	80.43	94.08	16.97	寿险给付	0.37	0.42	13.51
本外币贷款余额	52.71	62.32	18.23	当年结益	--	--	--
人民币贷款余额	52.71	62.32	18.23	证券市场交易总额	--	--	--
短期贷款	22.76	29.53	29.75	投资者保证金余额	--	--	--
中长期贷款	27.95	29.95	7.16	证券账户开户数	--	--	--
票据融资	2.00	2.83	41.5	证券交易佣金收入	--	--	--
当年结益	1.53	2.07	35.29	净利润	--	--	--
不良贷款余额	2.51	2.85	13.55				

金乡县主要金融机构负责人

单位名称	行长（或其他称谓的第一负责人）	副行长（或其他称谓的同级领导）
人行金乡县支行	邢殿法	孙　伟　陈　磊　周超文
银监会金乡县办事处	杨清源	
农发行金乡县支行	胡爱国	李伟秀　陆　峰
工行金乡支行	孟昭贤	苑修广　胡新雷　周崇会
农行金乡支行	崔云田	王思峰　李卫东　孔凡群
中行金乡支行	张雨东	杨　宇　陶　然
建行金乡支行	王大伟	聂　磊　王　艳　王兴峰　李安霞
济宁银行金乡支行	权志辉	商敬国
金乡县农信联社	谢国林	程　光　刘修福　刘国前　胡爱东　宋淑东
邮储银行金乡县支行	刘显峰	梁延峰　石金鼎

金乡县主要金融机构业务概况

单位：亿元

单位名称	本外币存款余额	单位存款	储蓄存款	本外币贷款余额	短期贷款	中长期贷款
农发行金乡县支行	0.42	0.42	--	2.16	1.62	0.54
工行金乡支行	17.89	7.89	10.00	7.63	1.98	5.65
农行金乡支行	21.94	6.80	15.13	6.88	3.85	2.53
中行金乡支行	6.09	2.85	3.24	10.36	2.00	8.35
建行金乡支行	11.25	4.55	6.70	9.03	1.75	7.28
济宁银行金乡支行	3.06	1.82	1.24	2.55	2.51	0
金乡县农信联社	38.64	0.70	37.94	22.04	14.97	4.78
邮储银行金乡县支行	22.55	2.69	19.86	1.66	0.84	0.82

信贷投入，重点项目和民营经济的信贷增量明显提升，金融对地方经济的支持作用进一步增强。

【金融发展与改革】　2011年，金乡县金融改革进一步深化。一是辖区金融机构全部建立了中小企业信贷专营部门，精细化管理水平和风险控制能力明显提升；二是围绕破解中小企业贷款担保难问题，金融机构先后开展了中小企业信用联盟创建、出口代付、金蒜贷、融信达、速贷通、成长之路、仓单抵押、钢结构抵押、信托贷款、贸易融资等 10 项信贷产品创新，累计发放金融创新贷款 3.35 亿元。

【金融服务与监管】 2011 年，人行金乡县支行进一步强化政策引导作用。一是组织金融机构开展优化城乡支付结算环境活动，通过增设服务窗口、延长营业时间、提供预约服务、推行非现金结算支付工具等方式，全力满足城乡居民结算需求；二是积极会同政府金融办组织银企对接活动两次，银企双方签订贷款意向 16.09 亿元，实际到位贷款 15.01 亿元；三是优化“窗口服务”，为企业提供优质、快捷的金融服务；四是对金融机构的金融统计业务、信贷登记业务进行了全面检查。

嘉祥县

【经济金融概况】 2011 年，嘉祥县实施“工业强县、生态建县、科教兴县“战略，加快转变经济发展方式，经济社会保持平稳健康发展势头。

该县金融系统以优化信贷结构为着力点，坚持”区别对待、有扶有控”的原则，实施差别存款准备金动态调整措施，充分发挥了金融对地方经济发展的支持作用。

嘉祥县主要经济指标

经济指标	2010	2011	2011 年同比增幅（%）	经济指标	2010	2011	2011 年同比增幅（%）
土地面积（平方公里）	1008.2	1008.2	0	地方财政支出（亿元）	13.46	16.42	22.0
人口（万人）	86.95	87.19	0.28	全社会固定资产投资（亿元）	90.63	91.15	23.6
城镇人口（万人）	13.11	13.45	2.59	进出口总值（万美元）	8999	11744	30.5
乡村人口（万人）	73.84	73.74	-0.14	出口总值（万美元）	6742	9178	36.1
地区生产总值（亿元）	154.98	179.23	11.0	实际利用外资（万美元）	1287	1918	49.0
第一产业（亿元）	23.59	25.73	3.3	社会消费品零售总额（亿元）	51.86	60.35	16.4
第二产业（亿元）	82.48	96.68	12.9	居民消费价格指数（%）	--	--	--
第三产业（亿元）	48.91	56.82	11.6	人均地区生产总值（元）	19073	21871	14.67
财政总收入（亿元）	21.22	24.26	14.33	城镇居民可支配收入（元）	13856	15972	15.2
地方财政收入（亿元）	6.29	7.68	22.0	农民人均现金收入（元）	7014	8066	15.0
财政总支出（亿元）	21.29	23.12	8.60				

嘉祥县主要金融指标

金融指标（亿元）	2010	2011	2011 年同比增幅（%）	金融指标（亿元）	2010	2011	2011 年同比增幅（%）
本外币存款余额	106.75	131.70	23.37	财险收入	0.73	0.92	26.03
人民币存款余额	106.62	131.24	23.09	寿险收入	3.55	4.10	15.49
单位存款	19.79	26.58	34.31	财险赔款	0.30	0.35	16.67
储蓄存款	86.33	103.17	19.51	寿险给付	0.54	0.64	18.52
本外币贷款余额	48.19	62.03	28.72	当年结益	--	--	--
人民币贷款余额	48.19	62.03	28.72	证券市场交易总额	--	--	--
短期贷款	25.04	33.13	32.31	投资者保证金余额	--	--	--
中长期贷款	17.75	20.77	17.01	证券账户开户数	--	--	--
票据融资	5.40	8.14	50.74	证券交易佣金收入	--	--	--
当年结益	1.00	1.20	20	净利润	--	--	--
不良贷款余额	5.19	7.62	46.82				

嘉祥县主要金融机构负责人

单位名称	行长（或其他称谓的第一负责人）	副行长（或其他称谓的同级领导）
人行嘉祥县支行	张　俊	唐　军　马生勇　蔡文建
银监会嘉祥县办事处	陈新成	李继环
农发行嘉祥县支行	李春生	杨柄运　王立祥
工行嘉祥支行	孙　强	常九坤　李海滨
农行嘉祥支行	王乃玺	李爱国　张红光　高贤军
中行嘉祥支行	王志慧	孔卫东　孙建国
建行嘉祥支行	袁中立	闫兴东
济宁银行嘉祥支行	陈　亮	张德庆
嘉祥县农信联社	路　伟	胡爱东　党万辉　任国强　马劲驰　秦绍亮
邮储银行嘉祥县支行	张良民	贾秋光　周　强
嘉祥辰祥小额贷款公司	官　振	谢运才

嘉祥县主要金融机构业务概况

单位：亿元

单位名称	本外币存款余额	单位存款	储蓄存款	本外币贷款余额	短期贷款	中长期贷款
农发行嘉祥县支行	0.34	0.34	--	2.61	2.33	0.28
工行嘉祥支行	6.90	1.81	5.09	1.22	0.69	0.53
农行嘉祥支行	26.47	5.63	20.82	9.55	3.90	5.65
中行嘉祥支行	9.38	4.96	4.24	5.33	0.83	3.54
建行嘉祥支行	19.68	7.05	12.63	9.60	1.88	7.71
济宁银行嘉祥支行	4.11	2.82	1.28	3.34	2.00	0.51
嘉祥县农信联社	43.84	1.07	42.77	29.44	20.77	2.33
邮储银行嘉祥县支行	19.71	3.31	16.40	0.94	0.73	0.21
嘉祥辰祥小额贷款公司	--	--	--	0.75	0.75	--

【金融发展与改革】 2011年，人行嘉祥县支行以解决中小企业、三农贷款难担保难问题为重点，积极推动金融机构加大金融创新力度。一是配合县经信局、中小企业局，探索建立企业联保融资体的融资模式，成立了嘉祥县祥力民营经济促进会；二是积极协调农信社与林业局合作，较好地解决了造林、育林资金短缺问题；三是推动农信社开展“三大信用联盟”建设，全县创建信用联盟24个，授信2.47亿元，用信1.38亿元；四是制定出台了《关于金融支持农村土地托管专业合作社工作的指导意见》，引导涉农银行业机构开展了对合作社社员和申请入社农户的评级授信活动，创新推出“农行+农民专业合作社+农户贷款”、“合作社成员+保证基金+信用社贷款”、农户村级信用联盟等贷款新模式。

【金融服务与监管】 2011年，人行嘉祥县支行秉承“金融服务经济发展”的理念，进一步完善金融稳定工作机制，切实强化金融服务功能，有效促进了县域经济金融的平稳发展。一是继续对法人金融机构进行非现场监测及风险评估，健全了县域金融稳定工作联席会议制度和业绩考核评估制度；二是完善了金融业重大事项报告制度；三是通过编发《货币政策信息》、召开金融运行形势分析会等，主动加强与地方政府及相关部门的信息沟通；四是搭建政银企合作交流平台，引导金融机构服务地方经济发展。

汶上县

【经济金融概况】 2011年，汶上县突出壮大“工业经济”核心，全力加强招商引资和大项目建设，经济社会发展呈现出速度继续加快、效益持续提高、后劲不断增强的良好发展势头。

该县金融机构在保持各项存款快速增长的同时，着力优化信贷结构，加大信贷投放力度，新增贷款明显倾向于“三农”和新农村建设。

汶上县主要经济指标

经济指标	2010	2011	2011年同比增幅（%）	经济指标	2010	2011	2011年同比增幅（%）
土地面积（平方公里）	762.3	762.3	0	地方财政支出（亿元）	12.19	15.27	25.2
人口（万人）	77.57	77.96	0.50	全社会固定资产投资（亿元）	97.59	95.07	23.0
城镇人口（万人）	23.37	24.80	6.12	进出口总值（万美元）	5524	7975	44.4
乡村人口（万人）	54.20	53.16	-1.92	出口总值（万美元）	4656	6554	40.8
地区生产总值（亿元）	149.02	175.15	11.6	实际利用外资（万美元）	1576	1467	-6.9
第一产业（亿元）	28.50	31.30	3.5	社会消费品零售总额（亿元）	53.07	63.03	18.8
第二产业（亿元）	78.52	92.93	13.2	居民消费价格指数（%）	102.9	104.9	1.94
第三产业（亿元）	42.00	50.92	14.0	人均地区生产总值（元）	21172	25499	20.44
财政总收入（亿元）	21.13	33.14	56.84	城镇居民可支配收入（元）	15017	16323	8.7
地方财政收入（亿元）	5.35	7.10	32.6	农民人均现金收入（元）	6973	8577	18.2
财政总支出（亿元）	20.93	32.75	56.47				

汶上县主要金融指标

金融指标（亿元）	2010	2011	2011年同比增幅（%）	金融指标（亿元）	2010	2011	2011年同比增幅（%）
本外币存款余额	95.93	115.49	20.39	财险收入	0.71	0.88	23.94
人民币存款余额	95.85	115.42	20.42	寿险收入	2.60	3.56	36.92
单位存款	21.86	26.62	21.77	财险赔款	0.40	0.42	20
储蓄存款	73.17	87.33	19.35	寿险给付	0.45	0.60	33.33
本外币贷款余额	49.40	56.79	14.96	当年结益	—	—	—
人民币贷款余额	49.37	56.76	14.97	证券市场交易总额	—	—	—
短期贷款	27.95	31.49	12.67	投资者保证金余额	—	—	—
中长期贷款	18.20	20.24	11.21	证券账户开户数	—	—	—
票据融资	3.21	5.03	56.70	证券交易佣金收入	—	—	—
当年结益	1.13	1.50	32.74	净利润	—	—	—
不良贷款余额	3.53	3.51	-0.57				

汶上县主要金融机构负责人

单位名称	行长（或其他称谓的第一负责人）	副行长（或其他称谓的同级领导）
人行汶上县支行	孔令柱	马广成　刘素萍　徐宝祥
农发行汶上县支行	程义君	胡兆海　颜　军

续表

单位名称	行长（或其他称谓的第一负责人）	副行长（或其他称谓的同级领导）
工行汶上支行	王则志	李继顺　孙新建
农行汶上支行	吴　松	开瑞彬　赵恩华　孙建国
中行汶上支行	宗　实	吴　镝　赵长伟
建行汶上支行	满　枫	高恩锋　孙德全　杜万胜
济宁银行汶上支行	刘志刚	李继民
汶上县农信联社	王玉峰	王成峰　薛　兵　刘　华　郑海军
邮储银行汶上县支行	迟新辉	张洪龙
汶上进丰小额贷款公司	赵书文	崔海南

汶上县主要金融机构业务概况

单位：亿元

单位名称	本外币存款余额	单位存款	储蓄存款	本外币贷款余额	短期贷款	中长期贷款
农发行汶上县支行	0.13	0.13	--	1.08	0.92	0.16
工行汶上支行	9.79	4.64	5.07	8.68	1.16	7.52
农行汶上支行	24.74	5.63	19.08	7.41	3.76	3.64
中行汶上支行	8.32	4.60	3.53	5.50	0.59	4.70
建行汶上支行	5.63	2.78	2.85	1.76	0.43	1.33
济宁银行汶上支行	4.86	3.57	1.29	3.32	3.02	0
汶上县农信联社	44.97	1.81	42.96	27.96	20.85	2.61
邮储银行汶上县支行	16.10	3.50	12.59	1.07	0.77	0.30
汶上进丰小额贷款公司	--	--	--	0.53	0.53	--

【金融发展与改革】　2011年，人行汶上县支行加强“窗口指导”，引导金融机构创新金融产品，加大对地方经济的支持力度。一是组织召开了全县金融和融资工作会议；二是在全县开展了“三信”评定工作；三是针对农村经济发展实际，引导金融机构开办农房抵押、土地托管、中小企业信用联盟、商户信用联盟、农户信用联盟贷款等新业务；四是通过召开银企项目对接会议，强力推介项目贷款，共筛选出项目69个，项目总投资123.6亿元。

【金融服务与监管】　2011年，人行汶上县支行在引导金融机构不断提升金融服务水平的同时，进一步加大监管工作力度，维护了金融业的稳健运行。一是进一步健全农村金融服务宣传格局，开展了征信知识、人民币反假等宣传周活动；二是督促金融机构进一步提高工作效率，加大对重点项目、中小企业和“三农”的信贷投放力度；三是督促金融机构加强对理财产品业务的风险管理和控制；四是加大对金融机构存款准备金、金融统计制度执行、结算账户、外汇业务、国库业务的监督管理力度。

梁山县

【经济金融概况】　2011年，梁山县以转变经济发展方式为主线，加快结构调整，着力提质提速，努力提高经济发展的质量和效益，经济保持了平稳增长态势。

该县金融机构在积极拓展存款业务、加大信贷投放的同时，着力优化信贷结构，金融对中小企业、民营企业和“三农”的支持力度显著提高。

【金融发展与改革】　2011年，人行梁山县支行引导金融机构进一步加大对地方经济的支持力度，实现了经济金融运

梁山县主要经济指标

经济指标	2010	2011	2011年同比增幅（%）	经济指标	2010	2011	2011年同比增幅（%）
土地面积（平方公里）	963.9	963.9	0	地方财政支出（亿元）	12.23	14.57	19.1
人口（万人）	78.39	79.32	1.19	全社会固定资产投资（亿元）	82.10	93.56	25.5
城镇人口（万人）	12.17	12.26	0.74	进出口总值（万美元）	2159	2824	30.8
乡村人口（万人）	66.22	67.06	1.27	出口总值（万美元）	1860	2203	18.4
地区生产总值（亿元）	149.14	175.23	11.4	实际利用外资（万美元）	1266	1374	8.5
第一产业（亿元）	32.62	35.98	4.8	社会消费品零售总额（亿元）	47.55	55.09	15.9
第二产业（亿元）	77.90	92.81	13.3	居民消费价格指数（%）	102.9	104.9	1.94
第三产业（亿元）	38.62	46.44	13.1	人均地区生产总值（元）	20919	23903	14.26
财政总收入（亿元）	12.99	20.69	59.28	城镇居民可支配收入（元）	13485	15573	15.5
地方财政收入（亿元）	3.48	5.06	45.4	农民人均现金收入（元）	6798	7873	16.7
财政总支出（亿元）	13.17	20.05	52.24				

梁山县主要金融指标

金融指标（亿元）	2010	2011	2011年同比增幅（%）	金融指标（亿元）	2010	2011	2011年同比增幅（%）
本外币存款余额	111.99	130.16	16.22	财险收入	0.85	1.19	40
人民币存款余额	111.85	130.05	16.27	寿险收入	3.51	3.94	12.25
单位存款	27.17	29.26	7.69	财险赔款	0.31	0.36	16.13
储蓄存款	84.31	99.69	18.24	寿险给付	0.33	0.51	54.55
本外币贷款余额	40.01	49.85	24.59	当年结益	--	--	--
人民币贷款余额	40.01	49.85	24.59	证券市场交易总额	--	--	--
短期贷款	25.83	31.01	20.05	投资者保证金余额	--	--	--
中长期贷款	12.65	17.11	35.26	证券账户开户数	--	--	--
票据融资	1.53	1.73	13.07	证券交易佣金收入	--	--	--
当年结益	1.36	1.65	21.32	净利润	--	--	--
不良贷款余额	4.42	4.30	-2.71				

梁山县主要金融机构负责人

单位名称	行长（或其他称谓的第一负责人）	副行长（或其他称谓的同级领导）
人行梁山县支行	张明进	颜景轩　王建民　黄淑娟
银监会梁山县办事处	魏红霞	苑士民
农发行梁山县支行	马习广	刘宏伟
工行梁山支行	张延文	裴洪涛　刘仰峰　李晓红
农行梁山支行	冯　伟	张志磊　刘性波　王　东
中行梁山支行	展建鲁	赵永银　宋恩璋
建行梁山支行	王宪伟	李同新
济宁银行梁山支行	王文丰	杨凤言
梁山县农信联社	张志同	徐　智　刘国前　刘坤华　王庆良
邮储银行梁山县支行	李鲁强	刘朝辉
梁山东岳小额贷款公司	岳增才	

梁山县主要金融机构业务概况

单位：亿元

单位名称	本外币存款余额	单位存款	储蓄存款	本外币贷款余额	短期贷款	中长期贷款
农发行梁山县支行	0.65	0.64	--	1.74	1.24	0.50
工行梁山支行	30.01	9.58	20.40	10.73	5.66	5.07
农行梁山支行	29.07	5.80	23.23	4.85	4.30	0.55
中行梁山支行	7.23	3.62	3.57	3.29	0.43	2.86
建行梁山支行	7.30	2.55	4.75	4.04	0.52	3.52
济宁银行梁山支行	5.45	3.76	1.69	3.72	2.69	0.83
梁山县农信联社	33.13	0.87	32.25	20.16	15.38	3.26
邮储银行梁山县支行	16.37	2.50	13.87	1.32	0.79	0.53
梁山东岳小额贷款公司	--	--	--	0.27	0.27	--

行的良性互动。一是出台了《梁山县货币信贷促进经济发展方式转变和经济结构调整指导意见》和《关于创新贷款担保方式，支持挂车产业集群发展的指导意见》，一定程度上缓解了贷款担保难问题；二是制定《梁山县金融支持小微企业发展指导意见》，筹备召开了该县2011年金融工作暨政银企项目对接会议，达成贷款意向15亿元；三是积极推动县政府制定《关于加强金融生态环境建设的意见》，为进一步优化金融生态环境，维护金融稳定起到了极大作用。

【金融服务与监管】 2011年，人行梁山县支行为有效保障全县经济金融的稳健运行和快速发展，进一步加大了金融监管力度。一是主动与当地银监部门协调配合，建立了金融监管和信息共享机制；二是建立健全金融监测体系，加大货币信贷、利率、汇率、民间借贷和法人机构流动性等方面的动态监测力度；三是进一步加强对农信社货币政策执行情况的督查指导工作；四是完成了对农行梁山支行三农事业部改革的检查评估工作；五是完成了对建行梁山支行的统计检查工作；六是完成了金融机构对涉农贷款执行情况的评估工作。

（廉 龙 高 雷 郭晓娟）

临沂市

【经济金融概况】 2011年，人行临沂市中支积极引导金融机构认真贯彻稳健货币政策，畅通信贷投放渠道，较好推动了金融各项事业健康发展，为经济平稳较快发展提供了良好的金融环境。

一、存款较快增长。人民币各项存款余额和增量分别居全省第7位和第5位。各金融机构均较上年同期多增，涉农机构增量居首，如农村合作金融机构、农行和邮储银行，分别较年初增加97.4亿元、41.7亿元和45.02亿元，合计占全部新增额的53.3%。

二、信贷投放保持稳步增长态势。人民币各项贷款余额和增量分别居全省第6位和第5位。各金融机构均较上年同期多增，增量较多的是农村合作金融机构、工行和农行，分别较年初增加66.97亿元、26.6亿元和25.4亿元，合计占全部新增额的49%。

三、表外融资持续快速增长。截至年末，全市金融机构累计开办表外融资业务442.1亿元，同比增长32.3%。为临矿、金锣、临工等骨干企业筹措资金16.4亿元。与10家企业签订商业承兑汇票保贴协议6.7亿元，其中8家企业已签发商业承兑汇票2.4亿元，办理商业承兑汇票贴现2.2亿元，办理商业承兑汇票再贴现0.6亿元。

四、票据融资同比少增。截至年末，全市金融机构票据融资余额71亿元，比年初增加5.1亿元，同比少增6亿元。9月份，直贴加权平均利率10.05%，达到2007年监测以来最高值。

五、跨境人民币业务稳定增长。2011年，临沂市有7家银行的27个分支机构为46家涉外企业办理跨境人民币结算业务12.38亿元，境外区域覆盖美国、英国、德国、俄罗斯等19个国家和地区，累计为企业节约财务成本4952万元。

【货币政策实施】 2011年，人行临沂市中支综合运用差别准备金动态调整等多种货币政策工具，突出优化信贷结构，努力保持社会融资规模平稳适度增长。

一、加强窗口指导和政策引导，稳健货币政策传导到位。一

临沂市经济主要统计指标

指标＼年度	2007	2008	2009	2010	2011	2011年同比增幅（%）
土地面积（平方公里）	17184.1	17184.1	17184.1	17184.1	17184.1	0
人口（万人）	1027.5	1034.5	1041.5	1072.6	1080.95	0.78
城镇人口（万人）	493.2	496.56	499.92	514.85	518.86	0.78
乡村人口（万人）	534.3	537.94	541.58	557.75	562.09	0.78
地区生产总值（亿元）	1660.5	1958.2	2110.18	2400	2770.45	12
第一产业（亿元）	206.6	235.9	250.46	264	279.01	3.8
第二产业（亿元）	847.3	1001.37	1063.41	1206.3	1382.05	12.1
工业（亿元）	733.7	880.01	899.3	929.7	1230.7	16.4
建筑业（亿元）	113.57	121.69	164.12	285.3	351.4	23.2
第三产业（亿元）	606.64	720.6	796.31	929.7	1109.39	14.2
人均地区生产总值（元）	16962	19951	21400	24622	27503	11.7
地区生产总值构成（%）	100	100	100	100	100	--
第一产业（%）	12.4	12	11.9	11	10.1	-0.9
第二产业（%）	51	51.2	50.4	50.3	49.9	-0.4
第三产业（%）	36.6	36.8	37.7	38.7	40	1.3
财政总收入（亿元）	--	--	--	--	271.3	22.3
地方财政收入（亿元）	68.75	80.2	91.5	115.5	141.3	22.3
财政总支出（亿元）	--	--	--	--	--	--
地方财政支出（亿元）	128.08	152.4	187.34	236.5	284.9	20.5
全社会固定资产投资（亿元）	--	--	--	--	1608.6	23.9
规模以上固定资产投资（亿元）	697.1	897.5	1150.5	1408.3	1417.9	14.22
房地产开发（亿元）	--	--	--	158.2	190.7	20.5
进出口总值（亿美元）	67.1	119	34.2	47.7	68.39	43.5
出口总值（亿美元）	31.4	39.9	21.9	28.3	36.24	28.2
实际利用外资（亿美元）	22.4	26.3	3.05	3.27	2.69	-17.7
社会消费品零售总额（亿元）	660.8	816.9	974.2	1157.2	1366.1	18.1
居民消费价格指数（%）	103.10	104.40	98.6	102.4	103.8	3.8
城市居民人均可支配收入（元）	14565	14998	18781	18644	21440	15
农民人均现金收入（元）	4722	5383	5882.5	6761	8018	18.6

临沂市工农业主要统计指标

农业主要统计指标（万吨）				规模以上工业企业主要统计指标（亿元）			
项目＼年度	2010年	2011年	增幅（%）	项目＼年度	2010年	2011年	增幅（%）
粮食	468.8	477.4	1.9	工业增加值	1093.5	1230.7	16.4
夏粮	211.3	211.4	4.7	国有工业	74.9	104.8	22.5
秋粮	257.4	266	3.3	集体工业	5.1	4.9	5
棉花	1.3	1.3	0	股份制工业	704.8	827.6	16.4
油料	80.8	82.6	2	股份合作制工业	0.9	3.3	15.9
水果	182.9	198.5	8.5	外商及港澳台投资工业	172.2	155.8	11.5
蔬菜	576.6	600.5	4.1	轻工业	445.9	403.4	10.5
肉类	68.8	72.6	5.5	重工业	647.6	827.3	19.6
禽蛋	28.5	29.2	2.3	销售收入	4919.9	5717.2	32.1
奶类	9.4	10.5	11.4	利税	409.9	491.5	32.7
水产品	12.4	13.2	6.8	利润	280.8	340	34.1
森林覆盖率（%）	--	--	--	经济效益综合指数（%）	--	--	--

临沂市主要金融机构负责人

单位名称	行长（或其他称谓的第一负责人）	副行长（或其他称谓的同级领导）
人行临沂市中心支行	祖洪涛	林　飞　牛庆国　许　波　郭元华　王均涛　惠广城　阚　磊
银监会临沂监管分局	田邦升	陈大章　公冶颂　陈振业　蒋卫红
农发行临沂市分行	陈彦亮	徐振云　鲁守堂　庞肇国
工行临沂分行	孙光辉	蒋洪深　刘树伟　叶清涛　窦东风
农行临沂分行	钱　进	李宗海　孙士乐　潘兆华　高　峰　罗仁富
中行临沂分行	赵　勇	葛庆亮　任伟杰　张　猛　杨　明　吕兰涛
建行临沂分行	肖邦强	邢业久　邢成华　韩文广（纪委书记） 艾胜利（风险主管）　田福兴（工会主席） 秦剑（行长助理）　袁雪峰（高级财务分析师）
临商银行	王傢玉（董事长）	赵　强（行长）　刘　超（监事长 2011.1-2011.4） 庄　依（监事长 2011.4-）　谷照明　孙瑞英 臧文勇　徐　毅　徐　建　韩　伟 刘建军　葛　磊　王庆仔　卢立富
农信社临沂市办事处	孔祥波	庄　涛　马德勤　毛克付
临沂兰山农村合作银行	贾建华	蒋志勇　解忠良　杜爱虎
临沂河东农村合作银行	纪庆坤	刘存玲　周善德　李　敏
临沂罗庄农村信用合作联社	杨建永	朱瑞芹　宋佑忠　王　毅　韩　红
招行临沂分行	吕　戈	黄建坤　宋保华　杨汉文
兴业临沂分行	吴永林	谭　林　王成军
华夏临沂分行	尼云山	程福祥　张华生　栗　华　杨德国
交行临沂分行	桑　剑	刘金柱　王治国　李海源
河东齐商村镇银行	谭　勇（董事长）	唐敬强
临沂市罗庄区江泉小额贷款股份有限公司	于孝燕（总经理）	
临沂市兰山区金升小额贷款股份有限公司	王京连（总经理）	
临沂河东奥蒙小额贷款股份有限公司	公维喜（总经理）	
临沂市兰山区翔宇小额贷款股份有限公司	李洪峰（总经理）	
临沂市兰山区新港小额贷款股份有限公司	何正英（总经理）	
临沂市河东区信生小额贷款股份有限公司	刘庆春（总经理）	
临沂市罗庄区阳光小额贷款股份有限公司	张建峰（总经理）	
临沂市经济区经开小额贷款股份有限公司	于成行（总经理）	
临沂市保险行业协会	付　强（会　长）	孙光毓（秘书长）
人保财险临沂市分公司	李连亮（总经理）	

续表

单位名称	行长（或其他称谓的第一负责人）	副行长（或其他称谓的同级领导）
中国人寿临沂分公司	李瑞华（总经理）	
平安产险临沂中心支公司	朱　焱（总经理）	
平安人寿临沂中心支公司	李邦海（总经理）	
太保产险临沂中心支公司	李稚林（总经理）	
太保寿险临沂中心支公司	朗旭昌（总经理）	
大地保险临沂中心支公司	董　健（总经理）	
中华联合临沂中心支公司	江　山（总经理）	
泰康人寿临沂中心支公司	张振彬（总经理）	
国泰君安沂蒙路营业部	李　建（总经理）	
齐鲁证券通达路证营业部	张学林（总经理）	
中信万通金雀山路营业部	宋春辉（总经理）	
西藏同信临沂双桥街营业部	张　伟（总经理）	
中州期货临沂营业部	刘　明（总经理）	
鲁证期货临沂营业部	于　浩（总经理）	

临沂市金融业务统计指标

	年度 指标（亿元）	2007	2008	2009	2010	2011	2011 年同比	
							增加额	增幅（%）
银行类	本外币存款余额	1159.34	1411.34	1768.12	2123.59	2507.1	383.35	18.05
	人民币存款余额	1156.13	1407.84	1762.34	2115.09	2497.83	382.58	18.09
	单位存款	164.78	184.77	292.48	365.29	804.07	119.32	32.66
	储蓄存款	778.04	997.16	1178.11	1390.16	1628.35	237.5	17.08
	定期储蓄存款	495.83	640.76	740.82	845.81	986.77	140.96	16.67
	活期储蓄存款	282.22	356.40	437.29	544.35	641.58	97.23	17.86
	本外币贷款余额	958.18	1051.58	1303.17	1559.7	1833.63	277.65	17.80
	人民币贷款余额	946.80	1041.50	1287.42	1538.21	1796.60	262.11	17.04
	短期贷款	670.78	704.09	825.82	961.16	1127.11	169.67	17.65
	中长期贷款	249.19	290.29	402.30	510.28	583.29	73.03	14.31
	票据融资	25.15	44.76	57.95	65.87	85.73	19.86	30.15
	当年结益	19.81	16.95	--	--	--	--	--
	不良贷款余额	129.54	89.22	100.89	70.37	62.82	-7.56	-10.74
	不良贷款占比%	13.54	8.48	7.74	4.51	3.43	-0.31	-6.87
保险类	保险公司保费收入	32.95	44.59	55.24	76.3	79.63	3.3	4.3
	财险收入	10.37	12.19	16.74	23.87	27.72	3.8	16.1
	寿险收入	22.58	32.40	38.50	52.43	51.91	-0.5	0.9
	保险公司赔款和给付支出	14.14	14.12	16.89	15.29	18.27	2.99	19.56
	财险赔款	5.06	6.66	8.15	10.12	11.83	1.72	17.01
	寿险给付	9.08	7.46	8.74	5.17	6.44	1.27	24.56
	当年结益	--	--	--	--	--	--	--

续表

	指标（亿元）＼年度	2007	2008	2009	2010	2011	2011年同比增加额	2011年同比增幅（%）
证券类	证券市场成交总额	1048.03	827.50	1628.51	1536.2	1106.37	-429.83	-27.98
	投资者保证金余额	5.37	3.75	13.16	17.84	33.8	15.96	89
	证券账户开户数	60157	76150	92265	70710	229131	158421	224.04
	佣金收入	2.42	1.72	2.80	2.11	1.5	-0.61	-28.91
	净利润	1.3	0.97	1.83	1.49	0.95	-0.54	-36.24
	期货市场成交总额	--	--	--	1910.67	2100.32	189.65	9.93
	期货客户保证金余额	--	--	--	0.33	0.63	0.3	91
	期货账户开户数	--	--	--	2260	4029	1769	78.27
	期货手续费收入	--	--	--	0.12	0.14	0.02	16.67
	利润总额	--	--	--	0.03	0.05	0.02	66.67

临沂市金融机构统计指标

	指标（个）＼年度	2007	2008	2009	2010	2011	2011年同比增幅（%）
银行类	法人机构	13	13	13	14	17	24
	省级分行	--	1	1	1	1	0
	二级分行	7	7	9	9	11	22
	县区支行	185	167	191	171	183	7
	分理处、营业所	419	399	354	816	960	17
	储蓄所	323	624	637	150	26	-82
	从业人员总数	14438	15089	14582	16365	17249	5.4
保险类	保险机构	160	245	270	305	490	87.2
	财险机构	83	114	125	143	214	49.6
	省级分公司	--	--	--	--	--	--
	地市分公司	11	16	17	19	21	10.52
	县区支公司	72	98	108	124	193	55.6
	寿险机构	77	131	145	162	276	70.3
	省级分公司	--	--	--	--	--	--
	地市分公司	9	18	20	23	26	13.4
	县区支公司	68	113	125	139	250	79.8
	从业人员总数	20554	30278	38700	41200	43100	4.6
	财险人员	4120	5659	8560	9100	7100	-2.1
	寿险人员	16434	24620	30140	32100	36000	12.1
证券类	证券机构	3	3	3	4	5	25.00
	证券公司	--	--	--	--	--	--
	证券营业部	3	3	3	6	9	50.00
	证券服务部	3	3	3	0	0	0
	从业人员总数	54	59	70	143	295	106.29

续表

指标（个） \ 年度		2007	2008	2009	2010	2011	2011年同比增幅（%）
证券类	投资者开户	60157	24150	62265	70710	229131	224.04
	境内上市股票支数	4	4	4	5	6	20.00
	境外上市股票支数	14	17	18	19	19	0
	辖区上市公司总数	18	21	22	24	25	4.17

注：根据临沂市金融办提供数据，2007-2010年镜内上市股票支数、境内上市股票支数、辖区上市公司总数较往年有所变动。

临沂市主要金融机构业务概况

单位：亿元

单位名称	本外币存款余额	人民币单位存款	人民币储蓄存款	本外币贷款余额	人民币短期贷款	人民币中长期贷款
农发行临沂市分行	11.93	11.92	0	61.22	23.18	38.04
工行临沂分行	252.33	102.96	145.14	277.80	110.40	156.86
农行临沂分行	412.53	131.45	281.08	248.2	141.3	106.91
中行临沂分行	168.35	92.98	71.58	149.86	60.65	19.96
建行临沂分行	197.58	97.65	99.12	154.75	43.69	97.35
临商银行	327.48	326.16	132.82	227.96	180.09	23.51
农信社临沂市办事处	805.5	78.8	725.3	581.1	495.7	43.6
邮储银行临沂市分行	192.37	31.61	160.76	29.81	19.58	9.03
民生临沂支行	45.6	34.32	9.47	69.78	47.08	22.70
浦发临沂分行	43.05	40.50	2.46	40.87	28.02	6.22
招行临沂分行	22.47	19.88	2.58	21.93	15.32	4.39
兴业临沂分行	25.68	22.76	2.91	22.19	18.28	3.4
华夏临沂分行	2.62	2.02	0.6	1.5	1.5	0
交行临沂分行	22.47	19.88	2.58	21.93	15.32	4.39
临沂兰山农村合作银行	141.98	29.29	111.81	113.21	97.79	11.49
临沂河东农村合作银行	60.01	5.84	54.17	39.39	30.73	4.57
临沂罗庄农村信用合作联社	59.23	14	51.4	49.13	42.78	5.54
河东齐商村镇银行	2.18	2.18	0.86	1.17	0.94	0.23

临沂市各县级区域经济金融主要统计指标

名称	人口（万人）	面积（平方公里）	地区生产总值（亿元）	地区生产总值增速（%）	本外币存款余额（亿元）	储蓄存款（亿元）	本外币贷款余额（亿元）
兰山区	128.2	891.01	578.5	12.3	--	--	--
罗庄区	53.6	568.55	260.4	12.5	--	--	--
河东区	51.7	833.77	127.5	12.9	--	--	--

续表

名称	人口（万人）	面积（平方公里）	地区生产总值（亿元）	地区生产总值增速（%）	本外币存款余额（亿元）	储蓄存款（亿元）	本外币贷款余额（亿元）
开发区	17.7	--	98.1	16.1	--	--	--
高新区	12.8	--	39.1	12.9	--	--	--
临港区	16.2	--	27.5	12	--	--	--
郯城县	93.50	1195	194.13	13.90	114.32	97.35	64.17
苍山县	130	1724	217.58	14.1	144.63	108.22	71.55
莒南县	82.29	1388	184.88	12.40	155.59	123.29	93.82
沂水县	113.70	2434.8	245.68	14.27	205.04	152.23	121.63
蒙阴县	54. 85	1601. 6	132. 13	15.39	86.62	67.02	52.40
平邑县	102.1	1024.97	187.96	13.9	128.8	90.77	77.6
费　县	82.9	1667.72	178.80	12.3	129.28	100.15	95.00
沂南县	91.11	1719	150.7	13.5	132.85	104.82	57.57
临沭县	63.3	1010	149.73	12.4	125.12	76.77	86.16

注：城区存贷款数据以整个市区为单位，不能具体到各个区，特此说明。

是制定实施了《关于认真贯彻落实稳健货币政策进一步推进全市经济平稳健康发展的意见》（临银发〔2011〕38号）；二是先后召开信贷政策通报会、信贷运行形势分析会和房地产金融联席会18次，及时向金融机构通报形势、解读政策；三是通过约见法人金融机构主要负责人谈话等形式，引导和督促金融机构严格执行各项金融宏观调控要求，确保稳健货币政策得到有效落实。

二、优化社会融资结构，保持社会融资规模平稳适度增长。

（一）灵活运用差别存款准备金等政策工具，确保信贷投放总量适度、节奏平稳。一是加强存款准备金管理，确保法人机构流动性支付；二是以落实差别存款准备金动态调整政策为重点，探索实施宏观审慎管理；三是完善信贷政策执行情况评估机制和指标体系，引导金融机构科学把握信贷投放；四是加强金融市场监督管理。

（二）积极推动社会融资渠道多元化，加大对实体经济支持力度。一是督促金融机构在确保安全基础上，通过表外融资方式多渠道满足企业融资需求；二是支持企业在银行间市场直接融资；三是积极推动“区域集优”债务融资工作。

三、加大对县域发展的金融支持。一是以启动县域经济跨越发展战略为契机，推动市政府召开全市首次金融服务县域经济跨越发展大会，并印发金融支持县域经济发展、县域贷款奖励等5个重要文件，县域金融发展环境得到显著优化；二是以“总量提升、结构优化”为目标，积极加大对县域经济的金融支持力度，成效明显。

四、以便利社会民生为目标，切实加大对“三农”、中小企业等薄弱环节和重点领域的信贷支持。一是会同市财政局落实中小企业、涉农贷款增量奖励和风险补贴资金2954万元，引导金融机构加大对中小企业、涉农的信贷支持；二是强化部门联合，采取财政补贴、引入外部评级等方式，加快全市1013家成长型中小企业贷款"绿色通道工程"建设；三是与市水利部门制定《关于进一步加大金融对全市水利建设支持力度的意见》，与市林业部门制定《林权抵押贷款管理办法（试行）》，引导金融机构拓宽农村产权抵押范围，探索开展土地承包经营权抵押贷款试点，推动涉农金融产品创新。

【金融稳定】　2011年，人行临沂市中支金融稳定工作以积极贯彻稳健货币政策为着力点，健全工作机制，夯实基础工作，提升风险管理水平。一是先后组织开展了沂南农信联社、河东农合行的金融稳定现场评估工作，相关经验做法在全国金融稳定现场评估工作座谈会上进行了交流；二是完成总行金融稳定局《银行业金融机构稳健性现场评估指引》的制定、修改和完善，并在全国金融稳定现场评估指引工作会议上进行了交流。

【金融服务】　2011年，人行临沂市中支以行风标准化管理为抓手，大力推进金融服务创新，不断丰富金融服务措施，辖区金融服务水平得到全面提升。一是全力做好支付结算各项工作；二是完善金融统计体系，创新拓展金融统计口径，不断提高金融统计、监测数据质量和调查分析水平；三是规范会计核算管理与操作；四是努力提高国库服务质量和服务水平；五是做好货币发行和钞票处理工作。

【金融监管】　2011年，人行临沂市中支探索构建银行业机构新设管理"事前介入"、营业管理"事中控制"、政策执行情况"事后评价"的全过程管理模式,有效提高服务效率、增强金融监管效能。一是完善金融稳定协调和风险管理机制,在全省率先组织召开金融风险案例点评会;二是加大检查督导和考核力度,积极开展业务调研,树立金融统计权威;三是在全省率先将小额贷款公司作为特定非金融机构纳入反洗钱工作试点,取得新突破。

【外汇管理】 2011年,外管局临沂市中心支局连续5年被市委、市政府授予全市"外经贸工作先进单位"。一是坚持寓管理于服务之中,进一步促进贸易投资便利化,深化外汇管理重点领域改革;二是严厉打击"热钱"流入,积极防范跨境资金流动风险,促进国际收支基本平衡,外汇管理工作取得新成效。

【金融改革】 2011年,人行临沂市中支继续深化银行业改革,支持临商银行增设3家县域支行,推动费县合行组建成农商行,支持大型银行新建7家支行,稳步推进邮储银行二类支行改革,支持股份制银行新设3家支行。

金融组织体系不断健全。一是交行临沂分行试营业;二是兴业、华夏银行临沂分行,沂水中银富登、临沭民丰、苍山村镇银行均正式开业;三是莒南赣榆村镇银行获准筹建;四是费县梁邹村镇银行召开发起人大会;五是小额贷款公司共开业17家。

【保险业务】 2011年,临沂市保险业快速发展,服务能力持续增强。一是各保险公司因各种自然灾害事故支付赔款和给付保险金18.3亿元,为全市经济社会发展提供了保险保障;二是"三农"保险、各类责任保险稳健发展,为16万户农民承保小麦36.48万亩和玉米64.95万亩。

【证券市场】 2011年,临沂市证券市场稳定发展,积极做好企业上市培育工作,在深圳和美国纽约挂牌上市企业各1家,上市融资额共计12.18亿元。

【精神文明建设】 2011年,临沂市各金融机构不断创新工作思路,深入扎实开展富有特色的精神文明建设活动,取得了较好成果。

一、人行临沂市中支坚持一把手负责制,确保文明创建工作稳步提高,荣获"山东省富民兴鲁劳动奖状"。一是健全了《文明科室创建量化考核办法》、《文明单位创建动态监测管理办法》等制度;二是组织开展了2009-2011年度辖区文明单位创建申报评选工作,申报分行级文明单位,并顺利通过验收。

二、临沂银监分局开展银行业公众教育活动后评价与表彰,被省局评为"2010年银行业公众教育服务日活动先进单位"。一是组织开展了首届银行业职工业务技术比赛、全市银行业文明优质服务月等活动;二是联合市文明办评选出10家"文明服务单位"、20家"文明服务窗口"和10名"文明服务明星"。

三、农发行临沂市分行被总行评为"四强信贷管理单位"和"模范职工之家";被省行评为"文明建设先进单位";被市委、市政府评为"百万农户致富工程先进单位"和"市级文明单位"。

四、农行临沂分行把精神文明建设融入业务经营全过程,连续5年被授予"良好银行"和省级"文明单位"荣誉称号,被总行评为"综合改革先进单位"。全部支行实现市级"文明单位"满堂红。党委书记、行长钱进荣获"全国五一劳动奖章"。一是坚持"月活动、季主题",定期开展文体活动,有序推动月明星、季能手、年十佳等先进序列评选;二是以《农行动态》的形式,增进与地方党政的沟通交融,多次受到市政府领导的高度评价。

五、农信社临沂办事处先后被省国资委授予"省管企业文明单位";被省联社授予"先进基层党组织"、"先进单位"、"五好基层党组织";被临沂市委、市政府授予"全市金融工作先进单位"、"行风建设先进单位"、"服务民营经济先进单位"、"振兴沂蒙"劳动奖状、"百万农户致富工程"、"全市千村帮扶工程"、"社会治安综合治理"、"平安临沂建设"等先进单位荣誉称号。

【大事记】 1月4日 临沂市政府召开全市金融工作座谈会,市委副书记、市长张少军出席会议并讲话,常务副市长杜德昌等出席会议,人行临沂市中支行长祖洪涛、市直各金融机构主要负责人参加会议。

1月6日 临商银行成功接入人民币跨境收付信息管理系统。

2月10日 人行临沂市中支发行库春节后单日回笼现金9.12亿元,创历史新高。

工行临沂分行个人消费经营贷款突破30亿元。

3月15日 人行临沂市中支联合市财政局、市科技局召开全市金融机构申报2010年度战略性新兴产业科技项目贷款风险补偿资金会议。

3月21日 兴业银行临沂分行盛大开业。临沂市市长张务锋与兴业银行济南分行行长张霆共同揭牌,并致辞。临沂市人大常委会党组书记、第一副主任朱绍阳,市委常委、秘书长李峰,市政协副主席王秀君等领导,以及临沂社会各界代表320余人出席了仪式。

4月28日 人行临沂市中支联合市发改委、市金融办成功召开金融支持重点建设项目政银企合作推进会,与金融机构达成合作意向131个项目,意向贷款金额147.2亿元。

4月29日 山东省钞票处理业务管理座谈会在人行临沂市中支召开。人行济南分行党委委员、副行长李建文出席会议并讲话,人行临沂市中支行长祖洪涛在会上致辞。

5月11日 工行山东省分行党委书记、行长谷澍到临沂调研,并受到市长张务锋的亲切会见。

5月12日~13日 中行山东省分行国内结算与现金管理部银承新产品推介会在临沂成功举办,全省27家企业参加了推介会。

6月8日 人行临沂市中支与临沂市质量技术监督局成功签署《关于加强企业产品质量诚信体系建设的合作协议》。

6月15日 人行临沂市中支联合苍山县政府成功举办

2011年政银企合作（苍山）推进会，为65家企业落实协议金额21.3亿元。

6月23日~24日　人行临沂中支对临商银行宁波分行开业跨区域经营3年来的基本情况开展现场评估。

7月6日　浦发临沂分行成功办理支票授信业务，标志着该项业务在临沂市的推广工作取得了初步成效。

8月4日　浦发总行副行长穆矢到临沂分行调研指导工作。

10月14日　中债信用增进投资公司董事会秘书任军霞一行莅临临沂指导推进区域集优债务融资工作，常务副市长杜德昌、人行临沂市中支行长祖洪涛参加会议并讲话。

11月25日　人行总行条法司司长周学东率依法履职情况检查组一行9人在人行济南分行党委委员、副行长肖龙沧等陪同下对临沂中支执法检查、依法行政宣传工作情况进行检查指导。

12月20日　交行临沂分行正式营业。

12月27日　招行临沂商城支行开业，成为招行临沂分行设立的第1家分支机构。经招行济南分行批准，聘任姚常春为行长（招银济发[2011]496号），朱大军为副行长（招银临发[2011]103号）。

（谢玉军　陈若琳）

郯城县

【经济金融概况】　2011年，郯城县坚持把跨越转型作为首要任务，不断优化结构、提质增效，经济持续稳步发展，城乡居民收入快速增加。金融业保持快速发展势头，不良贷款占比下降，经营效益大幅提升，货币信贷政策与县域经济发展实现了和谐统一。

郯城县主要经济指标

经济指标	2010	2011	2011年同比增幅（%）	经济指标	2010	2011	2011年同比增幅（%）
土地面积（平方公里）	1306.58	1195	-8.54	地方财政支出（亿元）	15.47	18.31	23.04
人口（万人）	103.2	93.50	-9.40	全社会固定资产投资（亿元）	69.90	91.60	24.00
城镇人口（万人）	39	42	7.69	进出口总值（万美元）	9772	11459	17.60
乡村人口（万人）	53.6	51.5	-3.92	出口总值（万美元）	6280	7609	21.70
地区生产总值（亿元）	170.44	194.13	13.90	实际利用外资（万美元）	502	207	-58.80
第一产业（亿元）	20.76	22.48	12.10	社会消费品零售总额（亿元）	63.60	77.40	18.50
第二产业（亿元）	82.81	92.83	12.10	居民消费价格指数（%）	102.40	103.80	3.80
第三产业（亿元）	66.87	78.82	17.80	人均地区生产总值（元）	18406	20942	14.50
财政总收入（亿元）	15.80	18.82	19.11	城镇居民可支配收入（元）	15855	18082	14.05
地方财政收入（亿元）	5.08	5.39	6.10	农民人均现金收入（元）	6708	7966	18.75
财政总支出（亿元）	15.75	18.74	18.98				

郯城县主要金融指标

金融指标（亿元）	2010	2011	2011年同比增幅（%）	金融指标（亿元）	2010	2011	2011年同比增幅（%）
本外币存款余额	98.04	114.32	16.61	财险收入	1.10	1.14	3.64
人民币存款余额	97.91	114.26	16.70	寿险收入	2.73	2.85	4.40
单位存款	15.20	15.93	4.80	财险赔款	0.55	0.60	9.09
储蓄存款	82.19	97.35	18.45	寿险给付	0.54	0.62	14.82
本外币贷款余额	56.38	64.17	13.81	当年结益	--	--	--
人民币贷款余额	56.38	64.12	13.72	证券市场交易总额	--	--	--
短期贷款	38.85	44.53	14.62	投资者保证金余额	--	--	--
中长期贷款	15.30	17.59	14.97	证券账户开户数	--	--	--
票据融资	2.22	2.00	-9.91	证券交易佣金收入	--	--	--
当年结益	1.49	1.68	12.75	净利润	--	--	--
不良贷款余额	4.18	3.92	-6.22				

郯城县主要金融机构负责人

单位名称	行长（或其他称谓的第一负责人）	副行长（或其他称谓的同级领导）
人行郯城县支行	梅　景	朱文宝　鲁丽华　董风雷
银监会郯城县办事处	董建平	
农发行郯城县支行	王龙河	祝林峰　王欣刚
工行郯城支行	韩建华	吴立臣　尹继亮　尹绪云
农行郯城支行	刘　刚	王　琦　陈建国　王义光　孙　炎
中行郯城支行	曹乾勇	郭　亮　王洪生
建行郯城支行	谢平银	陈山民　高维虎
临商银行郯城支行	孙艳梅	朱庆华　翟慎光
郯城县农信联社	刘　春	孙宝华　王　毅　刘国强　尤三生　管其宝
邮储银行郯城县支行	姚恒祥	王　琨
郯城县奥德小额贷款股份有限公司	林　波	

郯城县主要金融机构业务概况

单位：亿元

单位名称	本外币存款余额	单位存款	储蓄存款	本外币贷款余额	短期贷款	中长期贷款
农发行郯城县支行	0.42	0.42	--	2.38	0.07	2.31
工行郯城支行	10.43	2.17	8.21	10.21	3.28	6.93
农行郯城支行	24.01	4.10	19.90	6.79	3.62	3.17
中行郯城支行	4.47	1.91	2.50	6.80	3.00	1.49
建行郯城支行	6.00	2.30	3.70	3.00	0.93	0.93
临商银行郯城支行	2.20	1.35	0.85	1.20	0.81	0.39
郯城县农信联社	50.27	1.88	48.13	35.77	32.77	1.01
邮储银行郯城县支行	15.89	1.81	14.07	1.83	1.59	0.24

【金融发展与改革】　2011年，人行郯城县支行稳步推进金融发展和改革。一是强化农行“三农金融事业部”改革考核评估、农信社法人治理结构改革试点风险评估和央行票据兑付后续监测考核，确保改革达到预期效果；二是引导金融机构开展金融产品和服务方式创新，提高服务质量；三是设立了郯城县奥德小额贷款股份有限公司。

【金融服务与监管】　2011年，人行郯城县支行积极传导稳健的货币政策，强化履职能力建设。一是制定支持县域经济发展等政策措施，组织举办政银企合作推介会，努力引导信贷结构优化；二是开展银行票据、信用记录关爱日和反洗钱等宣传活动，普及金融知识；三是引导金融机构开展信用中小企业培植和“三信”全覆盖工作，优化农村金融发展环境；四是强化外汇服务，拓宽国库直接支付范围，开展支付结算环境建设强力推进年等活动；五是依法开展国库集中支付代理行年审、“零收缴”假币金融机构、金融统计、支付清算、反洗钱等项检查，促进金融法规政策有效落实；六是完善金融突发事件应急预案，落实金融稳定重大事项报告制度，协调政府部门清收不良资产，保持金融稳健运行。

(张晓超　赵　军)

苍山县

【经济金融概况】　2011年，人行苍山县支行积极引导银行机构持续扩大社会信用规模、优化信贷结构，促进地方经济又好又快发展。

【金融发展与改革】　2011年，人行苍山支行积极贯彻稳健的货币政策，努力支持地方经济发展。一是制订了《关于做好货币信贷工作促进苍山县经济平稳健康发展的意见》，进一步

苍山县主要经济指标

经济指标	2010	2011	2011年同比增幅（%）	经济指标	2010	2011	2011年同比增幅（%）
土地面积（平方公里）	1724	1724	0	地方财政支出（亿元）	11.03	13.72	24.39
人口（万人）	128.96	130	0.81	规模上固定资产投资（亿元）	85.1	91.4	7.4
城镇人口（万人）	32.24	32.5	0.8	进出口总值（万美元）	8149	6453	-20.81
乡村人口（万人）	96.72	97.5	0.8	出口总值（万美元）	7104	5375	-24.34
地区生产总值（亿元）	190.69	217.58	14.10	实际利用外资（万美元）	1550	876	-43.48
第一产业（亿元）	40.5	43.24	6.77	社会消费品零售总额（亿元）	98.9	117.7	19.01
第二产业（亿元）	70.69	80.34	13.65	居民消费价格指数（%）	102.4	103.8	1.37
第三产业（亿元）	79.5	94	18.24	人均地区生产总值（元）	14786	18612	25.88
财政总收入（亿元）	17.37	27.43	57.92	城镇居民可支配收入（元）	18120	20819	14.90
地方财政收入（亿元）	4.46	6.02	34.98	农民人均现金收入（元）	6687	7950	18.89
财政总支出（亿元）	19.03	24.22	27.27				

苍山县主要金融指标

金融指标（亿元）	2010	2011	2011年同比增幅（%）	金融指标（亿元）	2010	2011	2011年同比增幅（%）
本外币存款余额	119.47	144.63	21.06	财险收入	1.81	1.79	-0.81
人民币存款余额	119.07	143.62	20.62	寿险收入	3.42	3.21	-6.21
单位存款	10.18	29.49	189.68	财险赔款	0.74	0.92	24.5
储蓄存款	93.28	108.22	16.02	寿险给付	0.67	0.51	-24.2
本外币贷款余额	61.51	71.55	16.32	当年结益	--	--	--
人民币贷款余额	61.50	71.55	16.34	证券市场交易总额	--	--	--
短期贷款	46.97	51.12	8.84	投资者保证金余额	--	--	--
中长期贷款	11.81	17.18	45.47	证券账户开户数	--	--	--
票据融资	2.72	3.25	19.48	证券交易佣金收入	--	--	--
当年结益	--	--	--	净利润	--	--	--
不良贷款余额	6.40	5.23	-18.28				

苍山县主要金融机构负责人

单位名称	行长（或其他称谓的第一负责人）	副行长（或其他称谓的同级领导）
人行苍山县支行	孙顺远	姜良庆　王秀礼
银监会苍山办事处	李　丽	
农发行苍山县支行	林济民	米发荣　刘伟达
工行苍山支行	李　伟	季从金　赵广胜　袁雪民
农行苍山支行	陈月国	邱　华　揭月浩　靳广华
中行苍山支行	杨金波	吴清剑
建行苍山支行	颜廷坤	王洪伟　法　震　张启龙
苍山县农信联社	侯家明（理事长） 王庆成（主　任）	宋广辉　张振勇　张乃飞
邮储银行苍山县支行	薛金坤	郝成伟　蔡　菊
苍山县村镇银行	侯象林	袁　泉　蔡文伟
苍山县荣庆小额贷款股份有限公司	秦广飞	
苍山县惠方小额贷款股份有限公司	陆桂春	

苍山县主要金融机构业务概况

单位：亿元

单位名称	本外币存款余额	企业存款	储蓄存款	本外币贷款余额	短期贷款	中长期贷款
农发行苍山县支行	1.02	1.02	--	3.69	2.99	0.7
工行苍山支行	9.76	3.84	5.92	5.37	2.95	2.42
农行苍山支行	25.29	6.55	17.77	6.22	4.88	1.35
中行苍山支行	6.12	3.19	2.67	3.60	0.27	3.33
建行苍山支行	9.79	6.1	3.69	5.98	1.55	4.43
苍山县农信联社	60.91	4.97	55.94	44.35	36.67	4.43
邮储银行苍山县支行	26.05	3.82	22.23	2.33	1.81	0.52
苍山县村镇银行	0.17	0.13	0.04	0.08	0.08	--

加强辖区银行业机构的政策引导力度；二是编发呈报件《准确把握当前的货币信贷政策，加大政策引导力度，支持苍山经济持续健康发展》，上报县委、县政府主要领导阅示，得到认可。

一、引导金融机构重点支持主要经济项目，提高政银企合作水平。一是积极引导银行机构支持全县“两蒜”购销工作；二是先后3次对全年银企项目对接情况进行调度，并与县金融办组成联合调查组，深入各银行机构逐一落实相关情况。

二、进一步健全金融组织体系，加大金融对地方经济的支持力度。一是苍山村镇银行顺利开张，临商银行苍山支行各项筹备工作基本完成；二是苍山兰陵小贷公司获上级主管部门审批通过；三是荣庆、惠方两家小贷公司积极筹措资金，通过融资形式，扩大贷款投放总量。

【金融服务与监管】 2011年，人行苍山县支行服务与监管并重，努力促进金融机构健康发展。一是落实重大事项报告制度，完成银行机构流动性压力测试；二是对农行三农金融事业部改革情况进行了现场检查；三是定期参加农联社社员代表大会、监事会和理事会，同时加强对该社准备金管理和央行票据的后续监测；四是组织召开金融稳定工作会议，就重大事项报告制度等重点工作进行了安排；五是推动县政府成立联合执法大队，开展了金融秩序全面检查；六是推动全县大型蔬菜批发市场支付结算由现金交易为主向电子化交易转变，有效提升结算服务水平；七是进一步提升国库集中支付效率，扩大国库直接支付的覆盖面；八是组织开展了账户管理、支付结算、现金管理、反洗钱等项检查，确保了金融运行的有序性。

（马志申）

莒南县

【经济金融概况】 2011年，莒南县经济金融保持平稳较快发展态势，产业结构得到有效调整。一是工农业生产形势平稳，标准化产业进程加快；二是投资保持较快增长，大项目带动作用增强；三是财政收入增长较快，外经外贸发展势头良好；四是金融支持县域经济发展力度不断加大，金融机构新增融资总额同比增加26.64亿元。

莒南县主要经济指标

经济指标	2010	2011	2011年同比增幅（%）	经济指标	2010	2011	2011年同比增幅（%）
土地面积（平方公里）	1388	1388	-1.91	地方财政支出（亿元）	10.72	17.52	63.24
人口（万人）	82.10	82.29	0.23	全社会固定资产投资（亿元）	96.53	119.96	24.25
城镇人口（万人）	8.64	18.27	111.46	进出口总值（万美元）	42276	64615	54.90
乡村人口（万人）	73.46	64.02	-12.85	出口总值（万美元）	34108	39842	16.90
地区生产总值（亿元）	161.75	184.88	12.40	实际利用外资（万美元）	4018	2710	-32.6
第一产业（亿元）	25.02	27.03	4.00	社会消费品零售总额（亿元）	72.71	86.02	18.30
第二产业（亿元）	67.83	76.30	12.08	居民消费价格指数（%）	102.40	103.80	1.37
第三产业（亿元）	68.90	81.55	15.70	人均地区生产总值（元）	22202	254227	14.50
财政总收入（亿元）	9.04	12.09	30.75	城镇居民可支配收入（元）	14908	17293	16.00

续表

经济指标	2010	2011	2011年同比增幅（%）	经济指标	2010	2011	2011年同比增幅（%）
地方财政收入（亿元）	4.31	5.71	32.66	农民人均现金收入（元）	6665	7924	18.90
财政总支出（亿元）	14.45	17.82	19.60				

莒南县主要金融指标

金融指标（亿元）	2010	2011	2011年同比增幅（%）	金融指标（亿元）	2010	2011	2011年同比增幅（%）
本外币存款余额	131.16	155.59	18.63	财险收入	1.32	1.39	5.29
人民币存款余额	130.89	155.27	18.62	寿险收入	3.39	3.09	-8.58
单位存款	12.98	31.02	9.65	财险赔款	0.59	0.77	30.66
储蓄存款	101.85	123.29	21.05	寿险给付	0.67	0.50	-25.90
本外币贷款余额	77.36	93.82	21.27	当年结益	--	--	--
人民币贷款余额	77.36	91.66	18.49	证券市场交易总额	--	--	--
短期贷款	60.24	68.10	13.05	投资者保证金余额	--	--	--
中长期贷款	14.12	19.61	38.88	证券账户开户数	--	--	--
票据融资	3	6.11	103.66	证券交易佣金收入	--	--	--
当年结益	1.53	2.08	35.95	净利润	--	--	--
不良贷款余额	4.59	5.79	26.14				

莒南县主要金融机构负责人

单位名称	行长（或其他称谓的第一负责人）	副行长（或其他称谓的同级领导）
人行莒南县支行	孙　雷	李　健　滕金伦
银监会莒南县办事处	许长端	
农发行莒南县支行	宋　营	王其禄　魏茂树
工行莒南支行	张春常	田　勇　郑永志　吴　伟 王晓红　李庆军　孙晓燕
农行莒南支行	杜志新	王亚平　刘明京　赵进山　魏本东
中行莒南支行	宋希明	魏玉宏　薄福涛
建行莒南支行	王　磊	郭居玮　刘秀信　杨文胜　战玉京
临商银行莒南支行	王家堂	徐学超
莒南县农信联社	毛克付（理事长） 毛晓辉（主　任） 刘洪军（监事长）	卢立忠　李钊堂　李品颂　张效英　杜艳军
邮储银行莒南县支行	王佃莉	刘　涛　邬明丽
莒南县民丰小额贷款股份有限公司	徐淑平	

莒南县主要金融机构业务概况

单位：亿元

单位名称	本外币存款余额	单位存款	储蓄存款	本外币贷款余额	短期贷款	中长期贷款
农发行莒南县支行	0.82	0.82	0	10.04	1.73	8.31
工行莒南支行	8.75	3.76	4.98	6.87	4.46	2.41
农行莒南支行	25.21	7.27	17.93	11.39	8.73	2.66
中行莒南支行	7.23	3.45	3.74	1.46	0.41	1.05
建行莒南支行	8.69	4.05	4.61	4.08	2.71	1.37
临商银行莒南支行	4.06	2.51	1.55	3.71	2.97	0.74
莒南县农信联社	83.63	4.79	78.83	54.81	45.95	2.76
邮储银行莒南县支行	16.00	4.36	11.64	1.45	1.15	0.30

【金融发展与改革】 2011年，莒南县金融机构创新金融服务，抢抓列入蓝色经济区鲁南临港产业带这一发展机遇，找准信贷投放切入点，加大对经济发展的支持力度。一是自7月1日起，人行莒南县支行正式办理临沂临港经济开发区国库税款报解、支出工作；二是农行推出了三农集中连片服务模式；三是农信联社推出"乐佳家"个人住房按揭贷款、"事事达"公职人员消费贷款和"金翅膀"中小企业动产质押贷款等业务；四是1家村镇银行获得银监部门的批复，正在筹建。

【金融服务与监管】 2011年，人行莒南县支行充分发挥窗口指导作用，引导金融机构优化信贷结构。一是制定、完善了2011年度《货币信贷指导意见》和《金融支持经济发展考核办法》；二是先后召开了金融工作座谈会和银政企合作推进会；三是推进中小企业和农村信用体系建设，评定信用乡镇2个、信用村28个和信用户6.3万余户、信用企业200余户；四是不断提高农村地区支付结算服务水平，安装自动取款机30台、农民自助服务终端106台、POS机具771台和转账电话3315部。

寓管理于服务之中，维护金融稳定。一是严格监督地方法人机构执行差别存款准备金制度、利率政策和央行票据后续监测考核制度；二是开展对金融机构信贷政策导向效果、风险运行和三农事业部等评估工作；三是开展了对金融机构支付结算、反洗钱、金融统计、出口收汇核销、征信业务执行法规政策的检查。

（陈常耐）

沂水县

【经济金融概况】 2011年，沂水县着力推进食品、化工、矿产建材等八大产业提升转型，新兴产业培植成效显著，经济快速发展。全县金融机构人民币存贷款余额、新增额等4项指标均居临沂市县域第一。

【金融发展与改革】 2011年，沂水县被确定为全省县域金融创新发展试点县。一是规范提升开展内部资金互助专业合

沂水县主要经济指标

经济指标	2010	2011	2011年同比增幅（%）	经济指标	2010	2011	2011年同比增幅（%）
土地面积（平方公里）	2434.80	2434.80	0	地方财政支出（亿元）	19.40	21.57	11.19
人口（万人）	113.16	113.70	0.48	全社会固定资产投资（亿元）	127.00	114.7	-9.69
城镇人口（万人）	23.54	32.00	35.94	进出口总值（万美元）	29100	42578	46.32
乡村人口（万人）	89.62	81.70	-8.84	出口总值（万美元）	20000	27929	39.65
地区生产总值（亿元）	215.00	245.68	14.27	实际利用外资（万美元）	1000	2543	154.30
第一产业（亿元）	26.00	29.08	11.85	社会消费品零售总额（亿元）	95.00	108.20	13.89
第二产业（亿元）	107.80	121.03	12.27	居民消费价格指数（%）	105.20	103.80	-1.33
第三产业（亿元）	81.20	95.57	17.70	人均地区生产总值（元）	20283	24617	21.37
财政总收入（亿元）	14.92	18.60	24.66	城镇居民可支配收入（元）	16800	19650	16.96
地方财政收入（亿元）	8.50	10.61	24.82	农民人均现金收入（元）	6840	7924	15.85
财政总支出（亿元）	21.76	23.87	9.70				

沂水县主要金融指标

金融指标（亿元）	2010	2011	2011年同比增幅（%）	金融指标（亿元）	2010	2011	2011年同比增幅（%）
本外币存款余额	172.34	205.04	18.97	财险收入	1.32	1.36	3.03
人民币存款余额	171.94	204.80	19.11	寿险收入	4.41	4.11	-6.80
单位存款	42.62	50.24	17.88	财险赔款	0.49	0.53	8.16
储蓄存款	127.72	152.23	19.19	寿险给付	0.98	0.82	-16.33
本外币贷款余额	95.08	121.63	27.92	当年结益	--	--	--
人民币贷款余额	95.08	121.31	27.59	证券市场交易总额	--	--	--
短期贷款	55.96	73.34	31.06	投资者保证金余额	--	--	--
中长期贷款	23.41	29.89	27.68	证券账户开户数	--	--	--
票据融资	15.70	18.07	15.10	证券交易佣金收入	--	--	--
当年结益	1.84	2.25	22.28	净利润	--	--	--
不良贷款余额	3.88	3.26	-15.98				

沂水县主要金融机构负责人

单位名称	行长（或其他称谓的第一负责人）	副行长（或其他称谓的同级领导）
人行沂水县支行	石增谊（主持工作）	顾洪真　岳　嵩　田武飞
银监会沂水县办事处	李少华	
农发行沂水县支行	李加祥	高录峰　张文杰
工行沂水支行	徐东文	陈维福　李清堂　冯　泽 宋金聚　张雁兵　郭阳辉
农行沂水支行	牟　胜	王　梅　唐　明　刘成文　张立军
中行沂水支行	杨在志	王高玉　刘召强
建行沂水支行	韩　伟	孙　鹏　刘　琼　刘吉学　邹庆余
临商银行沂水支行	张文坤	孙胜洋
沂水县农信联社	戚建刚（理事长） 莫沂海（主　任） 刘桂华（监事长）	张家顺　马吉伟　付守顺　王献伟
邮储银行沂水县支行	王永勋	陆　梅
沂水中银富登村镇银行	李世明	刘建毅　王德群
盛荣小额贷款股份有限公司	杨向丽	

沂水县主要金融机构业务概况

单位：亿元

单位名称	本外币存款余额	单位存款	储蓄存款	本外币贷款余额	短期贷款	中长期贷款
农发行沂水县支行	0.91	0.91	0	3.56	1.83	1.73
工行沂水支行	13.95	5.89	8.06	12.12	7.52	4.60
农行沂水支行	43.34	13.77	29.56	16.75	8.14	7.36
中行沂水支行	15.84	7.38	7.63	11.95	1.93	6.70
建行沂水支行	10.42	7.03	3.37	8.08	2.29	5.78
临商银行沂水支行	5.46	4.44	1.02	4.76	3.88	0.89
沂水县农信联社	89.90	6.51	83.39	62.34	46.38	2.44
邮储银行沂水县支行	22.59	3.77	18.82	1.63	1.40	0.23
沂水中银富登村镇银行	1.15	0.64	0.51	0.44	0.28	0.16

作社137家、贫困村村民发展互助资金协会60家和担保组织31家；二是在临沂市率先开办了土地承包经营权抵押贷款；三是积极开展"农村青年信用示范户"创建活动，发放青年创业贷款1552万元。

农村金融改革工作扎实推进。其中，农行三农事业部和农信社改革顺利推进，沂水中银富登村镇银行正式挂牌成立，浦发银行批准设立，富裕达小额贷款公司开业运营，齐鲁证券和渤海商品交易所分别在该县设立了营业部。

【金融服务与监管】 2011年，人行沂水县支行从优化环境、改进服务和加强监管三方面入手，优化信贷结构，为经济社会发展提供了强有力的金融支持。一是强化农村和企业信用体系建设，把评级授信率、金融机构不良贷款防控纳入考核范围，查处一起以招商引资为名涉嫌非法集资的事件，维护了银行贷款安全；二是配合全县产业提升规划，组织开展分层次的融资和项目推荐、金融新产品介绍等活动；三是探索多种有效抵押担保方式，推广农村产权抵押、动产抵押和应收账款质押贷款，组建农民信用协会、企业信用联盟和商户联盟，有效解决中小企业和农户贷款担保难问题；四是大力推广非现金支付工具，农村金融基础设施行政村覆盖率达87.98%；五是完善金融管理和考核机制，对县域法人金融机构实行差别存款准备金率，引导金融机构均衡信贷投放。

（刘建欣）

蒙阴县

【经济金融概况】 2011年，蒙阴县经济实力持续攀升，发展后劲明显增强，绿色产业不断壮大，生态品牌全面打响，城乡居民收入增幅不断提高。

全县金融机构以加快转变经济发展方式为主线，着力加强信贷结构调整，贷款投放量创历史新高，金融对经济发展

蒙阴县主要经济指标

经济指标	2010	2011	2011年同比增幅（%）	经济指标	2010	2011	2011年同比增幅（%）
土地面积（平方公里）	1601.1	1601.6	0	地方财政支出（亿元）	14.54	13.90	-4.40
人口（万人）	54.50	54.85	0.64	全社会固定资产投资（亿元）	64.70	71.98	11.25
城镇人口（万人）	12.32	11.04	-10.39	进出口总值（万美元）	5084	5337	4.98
乡村人口（万人）	42.18	43.81	3.86	出口总值（万美元）	4670	4867	4.22
地区生产总值（亿元）	114.51	132.13	15.39	实际利用外资（万美元）	30	140	366.67
第一产业（亿元）	22.51	24.23	7.64	社会消费品零售总额（亿元）	51.30	60.72	18.36
第二产业（亿元）	46.99	53.80	14.49	居民消费价格指数（%）	103.60	103.80	0.19
第三产业（亿元）	45.01	54.09	20.20	人均地区生产总值（元）	21012	24088	14.64
财政总收入（亿元）	6.67	8.60	28.94	城镇居民可支配收入（元）	14511	16726	15.26
地方财政收入（亿元）	3.30	4.20	27.27	农民人均现金收入（元）	6714	7984	18.92
财政总支出（亿元）	10.40	13.88	33.46				

蒙阴县主要金融指标

金融指标（亿元）	2010	2011	2011年同比增幅（%）	金融指标（亿元）	2010	2011	2011年同比增幅（%）
本外币存款余额	73.54	86.62	17.79	财险收入	1.45	1.56	7.65
人民币存款余额	73.30	86.47	17.97	寿险收入	2.37	2.25	-5.29
单位存款	12.37	15.26	23.36	财险赔款	0.45	0.63	38.30
储蓄存款	57.31	67.02	16.94	寿险给付	0.48	0.40	-16.70
本外币贷款余额	44.07	52.40	18.90	当年结益	--	--	--
人民币贷款余额	44.05	52.40	18.96	证券市场交易总额	--	--	--
短期贷款	35.54	38.52	8.38	投资者保证金余额	--	--	--
中长期贷款	8.51	13.48	58.40	证券账户开户数	--	--	--
票据融资	0	0	0	证券交易佣金收入	--	--	--
当年结益	2.57	0.88	-65.76	净利润	--	--	--
不良贷款余额	3.04	2.86	-5.92				

蒙阴县主要金融机构负责人

单位名称	行长（或其他称谓的第一负责人）	副行长（或其他称谓的同级领导）
人行蒙阴县支行	佟 健	侯长明 公为强
银监会蒙阴县办事处	郭剑南	石运涛
农发行蒙阴县支行	邢 波	沈蒙恬 孙勇力
工行蒙阴支行	赵士玺	王开儒 王再俊 孟凡德
农行蒙阴支行	姜良军	吴清泉 沙功权 王恩殿
中行蒙阴支行	路咏念	丁前锋 王久利
建行蒙阴支行	雷建成	侯进忠 邹庆元
蒙阴县农信联社	徐长青（理事长） 赵德友（主 任）	张 峰 冯 晓 邹善海
邮储银行蒙阴县支行	张 峰	张霄龙 王永庆
翰邦小额贷款股份有限公司	王 玲	

蒙阴县主要金融机构业务概况

单位：亿元

单位名称	本外币存款余额	单位存款	储蓄存款	本外币贷款余额	短期贷款	中长期贷款
农发行蒙阴县支行	0.76	0.76	--	1.63	0.26	1.37
工行蒙阴支行	7.19	4.19	3.00	4.24	1.32	2.92
农行蒙阴支行	10.76	2.31	8.46	6.36	2.91	3.45
中行蒙阴支行	4.18	2.12	2.06	1.29	0.21	1.08
建行蒙阴支行	8.08	3.40	4.68	1.96	0.91	1.05
蒙阴县农信联社	42.55	1.39	41.16	35.71	31.81	3.50
邮储银行蒙阴县支行	8.90	1.14	7.76	1.21	1.11	0.10

的支撑力度进一步加大。

【金融发展与改革】 2011 年，蒙阴县金融发展与改革取得较大进展：一是国有商行分支机构继续深化体制改革，资产质量不断改善，信贷支持经济转型力度明显加大；二是农信社加大改革力度，资产质量、资本实力和金融支农服务水平显著提高；三是随着农行蒙阴支行三农事业部改革的稳步推进，支农力度不断加大；四是山东瀚邦小额贷款公司正式开业，临商银行蒙阴支行筹建工作进展顺利。

【金融服务与监管】 2011 年，人行蒙阴县支行围绕核心职能，不断提高金融管理和服务水平，保障金融业稳健运行。一是配合县政府召开银企座谈会，同时引导金融机构加大对重点企业、“三农”和小微企业的信贷支持；二是加强调研监测与分析，引导金融机构加大对食品酿造、建材和机械制造等支柱行业的信贷支持；三是加大检查监督力度，开展了法人金融机构风险评估和农行三农事业部评估，做好农信社专项中央银行票据兑付后续监测，对部分金融机构金融统计、账户管理和征信管理情况进行了现场检查；四是加强金融生态环境建设，加大中小企业信用示范区建设，稳步推进农村信用体系建设。

（赵红英）

平邑县

【经济金融概况】 2011 年，平邑县综合实力进一步增强，经济发展的外向度进一步提高，累计引进县外投资项目 1007 个。同时，社会信用环境明显改善，吸引中联水泥、汇源果汁、山东黄金、福田雷沃、北新建材等一批上市公司来平邑投资建厂。

【金融发展与改革】 2011 年，人行平邑县支行一是组织

平邑县主要经济指标

经济指标	2010	2011	2011年同比增幅（%）	经济指标	2010	2011	2011年同比增幅（%）
土地面积（平方公里）	1024.79	1024.97	0	地方财政支出（亿元）	15.33	17.6	14.81
人口（万人）	100.7	102.1	1.39	全社会固定资产投资（亿元）	82.6	87.4	5.81
城镇人口（万人）	10.1	10.3	1.98	进出口总值（万美元）	14000	17241	23.15
乡村人口（万人）	90.6	91.8	1.32	出口总值（万美元）	13000	16398	26.14
地区生产总值（亿元）	165.02	187.96	13.9	实际利用外资（万美元）	1116	15	-98.7
第一产业（亿元）	28.1	30	6.76	社会消费品零售总额（亿元）	80.7	96	19
第二产业（亿元）	74.6	83.9	12.47	居民消费价格指数（%）	102.4	102.8	0.39
第三产业（亿元）	62.3	74.06	18.88	人均地区生产总值（元）	18327	18584	1.4
财政总收入（亿元）	15.56	12.67	-18.57	城镇居民可支配收入（元）	14500	16500	14
地方财政收入（亿元）	3.71	5.33	43.67	农民人均现金收入（元）	6695.7	7496.6	18.7
财政总支出（亿元）	15.56	19.7	26.61				

平邑县主要金融指标

金融指标（亿元）	2010	2011	2011年同比增幅（%）	金融指标（亿元）	2010	2011	2011年同比增幅（%）
本外币存款余额	104.96	128.8	22.71	财险收入	1.05	1.15	9.52
人民币存款余额	104.91	128.7	22.68	寿险收入	3.02	2.99	-0.99
单位存款	12.45	34.25	175.1	财险赔款	0.45	0.51	0.13
储蓄存款	76.39	90.77	18.82	寿险给付	0.56	0.52	-7.1
本外币贷款余额	61.93	77.6	25.34	当年结益	—	—	—
人民币贷款余额	61.91	77.6	25.32	证券市场交易总额	—	—	—
短期贷款	47.9	57.26	19.54	投资者保证金余额	—	—	—
中长期贷款	9.34	18.1	93.79	证券账户开户数	—	—	—
票据融资	1	2.2	120	证券交易佣金收入	—	—	—
当年结益	1.17	1.75	49.57	净利润	—	—	—
不良贷款余额	4.9	5.8	18.37				

平邑县主要金融机构负责人

单位名称	行长（或其他称谓的第一负责人）	副行长（或其他称谓的同级领导）
人行平邑县支行	邓　强	徐士亮　季德振　蒋晓华
银监会平邑县办事处	艾立武	
农发行平邑县支行	孙安源	刘开东　刘　华
工行平邑支行	刘　凯	臧　兵
农行平邑支行	杨本营	唐洪飞　金　霞
中行平邑支行	滕一栋	刘西宇　李景山
建行平邑支行	周炳国	赵志瑞　张宪亮
莱商银行平邑支行	刘清华	常　峰
平邑县农信联社	徐启阶	王运斌　蒋志勇
邮储银行平邑县支行	杜明厂	徐　丽　杨春燕
冠鲁小额贷款股份有限公司	刘国松	

平邑县主要金融机构业务概况

单位：亿元

单位名称	本外币存款余额	单位存款	储蓄存款	本外币贷款余额	短期贷款	中长期贷款
农发行平邑县支行	0.59	0.59	--	1.97	1.28	0.69
工行平邑支行	9.08	3.83	5.23	8.64	4.22	4.42
农行平邑支行	23.54	8.86	14.68	9.89	5.52	4.37
中行平邑支行	6.26	3.87	2.37	5.15	0.9	4.25
建行平邑支行	8.86	6.39	2.48	3.72	1.4	2.32
莱商银行平邑支行	2.04	1.79	0.25	2.02	1.28	--
平邑县农信联社	59.25	6.18	53.05	43.64	40.77	1.36
邮储银行平邑县支行	15.54	2.8	12.74	2.57	1.88	0.69

40家中小企业和8家金融机构召开了“应收账款质押业务推介会”，形成银企合作意向融资21项，金额3.5亿元；二是筛选出38家市场效益好的企业推介给金融机构，实现8家金融机构与其中31家中小企业新增信贷对接6.6亿元；三是指导农信社组建手套、石材等5个产业商户信用联盟，向33名联盟会员授信3.3亿元；四是联合县委、县政府开展"农村文明信用工程"创建活动，通过发挥县乡政府、金融机构、村民委员会和村民小组四方合力，建立了“信用宣传、信息采集、信用评价、信贷支持”四位一体的工作机制，全力创建“农村信用体系建设实验区”，做法得到分行肯定并推荐到总行；五是农村金融组织进一步完善，工行在地方镇设立二级支行，临商银行在平邑设立支行，平邑县融信小额贷款有限公司获批。

【金融服务与监管】 2011年，人行平邑县支行一是推进金融基础设施村村通工程，安装转账电话3713部，农民自助服务终端110台，助农取款POS机492台，ATM机25台；二是先后开展了农行、人寿保险反洗钱现场检查，工行支付结算综合检查，建行、农行国库业务检查，农行、中行、冠鲁小额贷款公司金融统计检查；三是与检察院建立反洗钱合作机制，制定了《反贪污贿赂反洗钱合作机制管理办法》；四是与公安部门建立联合执法机制，制定了《关于县公安局与人行建立联合执法机制的工作意见》；五是与税务部门联合出台了《关于建立税银信息共享机制加强联合治税工作的意见》。

（王 楠）

费 县

【经济金融概况】 2011年，费县金融部门紧紧围绕全县经济发展战略，加快业务创新，加大对重点项目、骨干企业以及中小企业和“三农”等实体经济的信贷投放力度，金融运行保持健康平稳发展态势。

【金融发展与改革】 2011年，人行费县支行着力优化信贷结构，积极推进信用体系建设，优化金融生态环境。一是搭建政银企互动平台，围绕县委、县政府“打造一城五地，建设生

费县主要经济指标

经济指标	2010	2011	2011年同比增幅（%）	经济指标	2010	2011	2011年同比增幅（%）
土地面积（平方公里）	1903.75	1667.72	-12.4	地方财政支出（亿元）	14.7	17.19	22.77
人口（万人）	97.99	82.90	-15.80	全社会固定资产投资（亿元）	79.5	87.7	24.2
城镇人口（万人）	10.99	12.55	14.19	进出口总值（万美元）	25728	26697	7.5
乡村人口（万人）	87	70.35	-15.86	出口总值（万美元）	24741	25610	7.4
地区生产总值（亿元）	190.98	178.80	12.3	实际利用外资（万美元）	931	306	-67.1
第一产业（亿元）	27.68	26.90	3.7	社会消费品零售总额（亿元）	62.3	65.61	18.7
第二产业（亿元）	97.3	87.53	11.8	居民消费价格指数（%）	102.7	106.9	4.2
第三产业（亿元）	66	64.37	16.5	人均地区生产总值（元）	20657	23494	13.7
财政总收入（亿元）	14.21	17.08	28.76	城镇居民可支配收入（元）	14200	15153	11.69
地方财政收入（亿元）	5.53	6.28	26	农民人均现金收入（元）	6665	7921.57	18.92
财政总支出（亿元）	18.5	22.5	21.6				

费县主要金融指标

金融指标（亿元）	2010	2011	2011 年同比增幅（%）	金融指标（亿元）	2010	2011	2011 年同比增幅（%）
本外币存款余额	103.76	129.28	24.60	财险收入	0.97	1.11	14.94
人民币存款余额	103.65	129.08	24.53	寿险收入	3.5	3.05	-12.73
单位存款	11.05	23.31	110.95	财险赔款	0.46	0.43	-5.95
储蓄存款	82.37	100.06	21.48	寿险给付	0.67	0.54	-19.05
本外币贷款余额	84.26	95.00	12.75	当年结益	--	--	--
人民币贷款余额	83.75	94.85	13.25	证券市场交易总额	--	--	--
短期贷款	59.33	65.12	9.76	投资者保证金余额	--	--	--
中长期贷款	24.15	29.17	20.79	证券账户开户数	--	--	--
票据融资	0	5550	--	证券交易佣金收入	--	--	--
当年结益	0.93	2.19	135.48	净利润	--	--	--
不良贷款余额	3.0	1.63	-45.67				

费县主要金融机构负责人

单位名称	行长（或其他称谓的第一负责人）	副行长（或其他称谓的同级领导）
人行费县支行	郭增强	邱善银　韩曙光
银监会费县办事处	李涌涛	
农发行费县支行	段遵义	贺可义　季相波
工行费县支行	孙元贵	任继奎　付立果
农行费县支行	盛曙光	潘　浩　唐守光
中行费县支行	张　群	王金生　时建新
建行费县支行	薛广民	韩夫宏
临商银行费县支行	孔凡强	刘长军
费县农村商业银行	孙成文（董事长）　马　刚（行　长）	马宗涛　程洪德
邮储银行费县支行	王富安	苑春田　丁祥利
费县金源小额贷款股份有限公司	郇万杰	
费县坤源小额贷款股份有限公司	许卫敏	

费县主要金融机构业务概况

单位：亿元

单位名称	本外币存款余额	单位存款	储蓄存款	本外币贷款余额	短期贷款	中长期贷款
农发行费县支行	1.09	1.09	--	4.03	1.06	2.97
工行费县支行	7.83	2.97	4.85	11.59	3.83	7.75
农行费县支行	20.80	7.97	12.83	15.44	7.64	7.70
中行费县支行	7.88	2.71	5.11	9.72	6.61	2.67
建行费县支行	5.87	2.36	3.52	9.70	5.24	4.46
临商银行费县支行	4.49	3.38	1.11	2.26	1.08	1.17
费县农村商业银行	59.54	2.32	57.22	41.36	38.98	1.97
邮储银行费县支行	23.64	2.15	21.49	2.39	1.90	0.48

态费县”工作部署，成功组织举办银企对接签约仪式，推介重点项目102个，62家企业签约19.22亿元；二是指导费县农合行构建以“信贷支农营销网络、中小企业信用联盟和专业市场商户信用联盟” 三大信用工程为主体的信贷营销体系，实现了农户信用评定的“无缝隙”和“全覆盖”。

金融改革进程加快，金融体系进一步完善。一是费县金源、坤源两家小额贷款公司相继挂牌开业；二是临沂市首家农村商业银行——山东费县农村商业银行股份有限公司正式挂牌运营。

【金融服务与监管】 2011年，人行费县支行不断加强金融服务和监管工作。一是制定了以人行为主导，以涉农金融机构为主力，政府部门支持的强力推进农村支付环境建设的工作思路，为新农村建设构建良好的“软环境”；二是扎实做好基础性工作，确保国库、支付清算业务系统和征信、人民币银行账户管理系统的正常运行；三是加强对地方法人金融机构的监督管理，实行了农信社票据兑付后续监测考核现场报告制度和现场评估制度。

（娄丽霞）

沂南县

【经济金融概况】 2011年，沂南县金融机构围绕全县经济发展大局，不断改进金融服务，积极增加货币资金供应，促进了经济金融协调健康发展。

全县金融机构各项存款大幅增长，信贷投放平稳，新增贷款主要投向了农业、中小企业和消费信贷等政策重点支持领域，信贷结构进一步优化。

【金融发展与改革】 2011年，人行沂南县支行采取措施，

沂南县主要经济指标

经济指标	2010	2011	2011年同比增幅（%）	经济指标	2010	2011	2011年同比增幅（%）
土地面积（平方公里）	1774	1719	-3.10	地方财政支出（亿元）	13.95	18.49	32.54
人口（万人）	94.73	91.11	-3.82	全社会固定资产投资（亿元）	85.55	91.50	24.10
城镇人口（万人）	9.43	9.87	4.67	进出口总值（万美元）	10072	15719	56.07
乡村人口（万人）	85.30	81.24	-4.76	出口总值（万美元）	9449	13362	41.41
地区生产总值（亿元）	131.50	150.70	13.50	实际利用外资（万美元）	391	850	117.39
第一产业（亿元）	27.31	28.85	3.80	社会消费品零售总额（亿元）	58.70	67.9	18.60
第二产业（亿元）	56.69	65.04	15.10	居民消费价格指数（%）	102.40	103.80	1.37
第三产业（亿元）	47.50	56.81	17.20	人均地区生产总值（元）	15620	19000	19.16
财政总收入（亿元）	14.99	18.68	24.62	城镇居民可支配收入（元）	13777	15596	13.20
地方财政收入（亿元）	4.26	5.75	36.70	农民人均现金收入（元）	6651	7913	19.00
财政总支出（亿元）	13.95	18.49	32.54				

沂南县主要金融指标

金融指标（亿元）	2010	2011	2011年同比增幅（%）	金融指标（亿元）	2010	2011	2011年同比增幅（%）
本外币存款余额	107.78	132.82	23.23	财险收入	0.83	0.89	7.23
人民币存款余额	107.67	132.44	23.01	寿险收入	3.65	3.42	-6.30
单位存款	20.18	25.90	28.34	财险赔款	0.37	0.39	5.41
储蓄存款	86.41	104.76	21.24	寿险给付	0.75	0.73	-2.67
本外币贷款余额	50.28	57.57	14.50	当年结益	--	--	--
人民币贷款余额	50.28	57.57	14.50	证券市场交易总额	--	--	--
短期贷款	35.38	40.22	13.68	投资者保证金余额	--	--	--
中长期贷款	8.79	12.75	45.05	证券账户开户数	--	--	--
票据融资	6.11	4.60	-24.71	证券交易佣金收入	--	--	--
当年结益	0.87	1.39	59.77	净利润	--	--	--
不良贷款余额	3.84	3.99	3.91				

沂南县主要金融机构负责人

单位名称	行长（或其他称谓的第一负责人）	副行长（或其他称谓的同级领导）
人行沂南县支行	高 翔	苏友庆 王德海 谢录云
银监会沂南县办事处	刘本强	刘西权 张振国
农发行沂南县支行	石增军	于祥恩 冯锡朋
工行沂南支行	刘春青	孙兴东 刘敬启 李 高
农行沂南支行	魏玉庆	宋曙光 舒广军 赵华祥
中行沂南支行	赵 健	徐兴劭 董风光
建行沂南支行	徐桂冰	丁 健 董文元
临商银行沂南支行	刘文娟	王秀广
沂南县农信联社	邵 峰	殷学远 刘海涛 曹光伟 王运秀 丁万刚
邮储银行沂南县支行	吴清波	范玉文
沂南县东方小额贷款有限责任公司	梁守庆	

沂南县主要金融机构业务概况

单位：亿元

单位名称	本外币存款余额	单位存款	储蓄存款	本外币贷款余额	短期贷款	中长期贷款
农发行沂南县支行	0.16	0.16	--	1.80	0.21	1.59
工行沂南支行	11.18	5.67	5.50	7.53	2.91	4.62
农行沂南支行	24.41	7.98	16.41	7.08	4.52	2.55
中行沂南支行	7	3.01	3.86	1.41	0.47	0.94
建行沂南支行	6.36	3.17	3.19	0.98	0.81	0.17
临商银行沂南支行	2.62	1.72	0.90	0.87	0.57	0.30
沂南县农信联社	57.95	1.53	56.41	36.05	29.18	2.27
邮储银行沂南县支行	21.55	3.01	18.54	1.85	1.56	0.29

督促金融机构贯彻落实好货币政策和各项金融宏观调控措施，努力提高货币政策的前瞻性和有效性。一是制定出台了《做好 2011 年货币信贷工作促进全县经济平稳较快发展指导意见》，引导金融机构加大信贷投放力度；二是召开“金融支持县域经济跨越发展政银企合作洽谈会”、银企座谈会和经济金融形势分析会，加强银企沟通协作；三是完善金融生态环境建设长效机制，完善大学生“村官”参与农村金融生态环境建设工作机制；四是督促农信社完善法人治理结构，通过现金清收和贷款核销等方式化解不良贷款。

【金融服务与监管】 2011 年，人行沂南县支行寓监管于服务，认真做好结算、国库、外汇、贷款卡等工作，为地方经济发展提供保障。一是加强对金融机构存款准备金、金融统计制度执行、结算账户、国库、反洗钱等业务的监督管理，维护良好的金融秩序；二是完成金融机构综合评价工作，其中银行业“A”级 3 个，保险类“A”级 1 个。

（郭永刚）

临沭县

【经济金融概况】 2011 年，临沭县经济呈现出平稳较快发展的良好态势，投资和消费均衡拉动，社会综合实力和人民生活水平逐步提高。

各金融机构不断改善信贷结构，金融运行质量明显提高。一是本外币存款平稳增长，其中单位存款同比增长相对减缓，主要因素是上市企业集中转出募集资金较多；二是本外币贷款稳定增长，贷款投放由中长期向短期调整，信贷结构明显优化，主要支持企业生产经营和个人中长期信贷消费。

临沭县主要经济指标

经济指标	2010	2011	2011年同比增幅（%）	经济指标	2010	2011	2011年同比增幅（%）
土地面积（平方公里）	1051	1010	-3.9	地方财政支出（亿元）	13.2	14.42	9.2
人口（万人）	65.2	63.3	-4	全社会固定资产投资（亿元）	88.91	95.1	24.1
城镇人口（万人）	19.3	22.5	16.6	进出口总值（万美元）	30030	43209	43.8
乡村人口（万人）	46.7	40.8	-12.6	出口总值（万美元）	18351	21941	19.4
地区生产总值（亿元）	132.39	149.73	12.4	实际利用外资（万美元）	903	551	-39
第一产业（亿元）	15.17	16.23	3.8	社会消费品零售总额（亿元）	54.52	64.6	18.4
第二产业（亿元）	70.82	78.08	11.9	居民消费价格指数（%）	102.4	103.8	1.4
第三产业（亿元）	46.4	55.42	15.6	人均地区生产总值（元）	21353	25266	18.3
财政总收入（亿元）	13.2	14.61	8.9	城镇居民可支配收入（元）	16000	18090	14.1
地方财政收入（亿元）	4.53	5.46	20.4	农民人均现金收入（元）	6668.7	7925	18.8
财政总支出（亿元）	13.2	14.6	10.6				

临沭县主要金融指标

金融指标（亿元）	2010	2011	2011年同比增幅（%）	金融指标（亿元）	2010	2011	2011年同比增幅（%）
本外币存款余额	110.61	125.65	13.60	财险收入	0.88	0.98	10.59
人民币存款余额	110.25	125.12	13.49	寿险收入	2.86	2.48	-13.53
单位存款	42.97	45.55	6.00	财险赔款	0.39	0.48	23.04
储蓄存款	64.24	76.77	19.50	寿险给付	0.56	0.42	-25.7
本外币贷款余额	68.97	86.16	24.92	当年结益	--	--	--
人民币贷款余额	68.74	86.03	25.15	证券市场交易总额	--	--	--
短期贷款	42.18	53.51	26.86	投资者保证金余额	--	--	--
中长期贷款	22.42	31.59	40.90	证券账户开户数	--	--	--
票据融资	4.06	0.85	-79.06	证券交易佣金收入	--	--	--
当年结益	1.76	1.83	3.98	净利润	--	--	--
不良贷款余额	4.52	4.41	-2.43				

临沭县主要金融机构负责人

单位名称	行长（或其他称谓的第一负责人）	副行长（或其他称谓的同级领导）
人行临沭县支行	陈仕庆	侯建刚　王裕山
银监会临沭县办事处	宋　洁	
农发行临沭县支行	王建翔	杨国强　黄　勇
工行临沭支行	刘岩涛	魏茂军　张玉芹　杨大忠
农行临沭支行	朱玉良	吴立国　凌　晨
中行临沭支行	王光和	王广强　张宝玉
建行临沭支行	殷宏峰	徐丽霞　刘　斌
临商银行临沭支行	阚　岷	王通江
临沭县农信联社	赵振响	李永森　衣艳珍　高连红　张敬刚　张信洪
邮储银行临沭县支行	刘洪超	田　雨　史佃林
民丰村镇银行	孙　虎	
常林小额贷款股份有限公司	李　俊	

临沭县主要金融机构业务概况

单位：亿元

单位名称	本外币存款余额	单位存款	储蓄存款	本外币贷款余额	短期贷款	中长期贷款
农发行临沭县支行	1.89	1.89	0	6.29	5.96	0.33
工行临沭支行	11.67	7.67	3.99	17.37	7.60	9.77
农行临沭支行	18.42	10.42	8.00	18.07	11.42	6.58
中行临沭支行	13.45	8.11	5.21	6.70	2.48	4.22
建行临沭支行	10.81	5.94	4.86	8.58	0.45	8.13
临商银行临沭支行	5.40	4.69	0.71	1.75	1.50	0.25
临沭县农信联社	44.30	2.08	42.22	26.11	23.24	2.02
邮储银行临沭县支行	17.06	5.21	11.85	1.27	0.98	0.29

【金融发展与改革】 2011年，临沭县金融机构不断加大对经济发展和信贷结构调整的投入，努力营造良好的区域金融环境，为促进经济平稳较快增长提供了强有力的金融支持。11月，临沭民丰村镇银行有限责任公司批准成立，截至年末，全县共有10金融机构和1家小额贷款公司。

【金融服务与监管】 2011年，人行临沭县支行积极贯彻国家货币信贷政策，认真履行央行职责。一是通过出台货币信贷政策指导意见、召开金融工作会议、贯彻货币政策通报会、信贷工作调度会，进行综合考核等一系列措施，指导金融机构合理信贷投放；二是加强准备金和利率管理，监测金融机构利率定价和执行情况，积极推动利率市场化进程；三是开办临沭县金融网络融资服务平台，为中小企业、小微企业融资开辟出新渠道；四是加大反假宣传与培训，积极开展征信知识宣传月活动，做好个人信用查询管理工作；五是加强监督服务职能，对金融机构开展了统计执法、反洗钱、征信等项专业检查。

（陈丽芳）

枣庄市

【经济金融概况】 2011年，枣庄市认真贯彻落实国家宏观调控政策，以科学发展观为指导，积极推进资源型城市转型，经济和社会实现了平稳较快发展。

【货币政策实施】 2011年，人行枣庄市中支以优化信贷结构为着力点，以监测分析调研为先导，以打造信贷创新品牌为突破口，以搭建政银企合作平台为切入点，认真贯彻落实稳健货币政策，较好完成了全年政策调控目标。

一、强化政策引导，贯彻稳健的货币政策成效显著。年初制定印发了《关于贯彻稳健货币政策，促进全市经济发展方式转变的指导意见》，按照“区别对待、有扶有控”的要求，引导金融机构把握贷款进度和节奏，保民生、保重点，以信贷结构优化促进产业结构调整。

二、探索信贷支持经济发展新模式，努力助推资源型城市转型。一是与市水利局联合，在全省率先组织召开了金融支持水利建设推介会，对接水利建设项目23个，实现现场签约项目8个，发放贷款8.7亿元；二是发放省内首笔大学生村官创业信用联盟贷款30万元；三是以文化产业企业、项目和园区为载体，重点加大对影视产业、文化旅游和新闻传媒等八大产业的信贷投入；四是引导枣庄市恒泰农村合作商业银行成功发放省内首笔实用新型专利权质押贷款180万元；五是进一步规范金融支持农村土地产权改革试点工作，对全市69家农村土地合作社累计发放贷款1.08亿元。

三、加强部门协作，构建政银企合作长效机制。一是协助市政府在济南召开“答谢省级金融机构恳谈会暨签约仪式”，签订合作协议113亿元；二是联合市中小企业局、银监分局组织开展全市中小企业融资状况调查，调查报告得到了市领导的批示。

四、加强央行资金引导，充分发挥货币政策工具灵活性。一是通过灵活运用支农再贷款、再贴现等货币政策工具，对大力支持“三农”、中小企业的金融机构给与政策倾斜，累计发放支农再贷款2.9亿元，办理再贴现1.04亿元；二是建立了差别存款准备金动态监测制度，详细测算辖内法人金融机构贷款增量，准确掌握其贷款需求，信贷结构优化明显；三是开展中小企业和涉农信贷政策导向效果评估工作，充分发挥其引导作用。

【金融稳定】 2011年，人行枣庄市中支深化金融稳定协调机制建设，改进金融风险监测预警方式，实现了全市经济金融持续稳定、健康发展的总体目标。

一、深化金融稳定协调机制建设，构建金融维权信息监测

枣庄市经济主要统计指标

指标＼年度	2007	2008	2009	2010	2011	2011年同比增幅（%）
土地面积（平方公里）	4563.22	4563.22	4563.22	4563.22	4563.22	0
人口（万人）	380.19	383.24	386.79	391.04	394.2	0.81
非农业人口（万人）	121.29	124.33	132.56	135.97	--	--
地区生产总值（亿元）	926.91	1092.83	1201.28	1362.04	1561.68	10.9
第一产业（亿元）	80.59	96.09	103.81	117.56	126.4	2
第二产业（亿元）	595.27	686.16	744.40	818.37	920.32	12.3
工业（亿元）	483.85	594.65	671.95	824.76	--	13.0
建筑业（亿元）	49.63	55.17	61.85	69.03	73.88	20.1
第三产业（亿元）	251.05	310.58	353.07	426.11	514.96	10.5
人均地区生产总值（元）	25482	29978	32842	34831	41746	19.85
地区生产总值构成（%）	100	100	100	100	100	--
第一产业	8.7	8.8	8.6	8.6	8.1	-5.81
第二产业	63.9	62.8	62.0	60.1	58.9	-2
第三产业	27.4	28.4	29.4	31.3	33	5.43
财政总收入（亿元）	84.58	104.3	114.3	137.41	174.2	24.3
地方财政收入（亿元）	45.23	52.7	60.8	76.71	100.12	30.5
财政总支出（亿元）	74.41	95.23	110.70	136.19	--	--
地方财政支出（亿元）	68.10	80.03	101.04	128.91	160.34	24.3
全社会固定资产投资（亿元）	395.24	499.48	629.84	787.31	823.77	24.1
规模以上固定资产投资（亿元）	365.18	462.36	579.80	720.18	--	--
房地产开发（亿元）	34.7	38.90	68.1	78.0	136.8	75.5
进出口总值（亿美元）	6.43	6.69	5.95	9.11	10.68	17.2
出口总值（亿美元）	5.41	5.18	4.89	7.46	8.45	13.2
实际利用外资（亿美元）	1.2	1.77	2.16	2.39	1.2	-49.9
社会消费品零售总额（亿元）	242.1	297.60	353.80	409.89	480.6	17.3
居民消费价格指数（%）	103.9	104.8	100.1	102.8	104.8	1.95
城市居民人均可支配收入（元）	12586	14320	15651	17630	20193	14.5
农民人均现金收入（元）	5161	5723	6255	7103	8397	18.2

枣庄市工农业主要统计指标

农业主要统计指标（万吨）				规模以上工业企业主要统计指标（亿元）			
项目＼年度	2010	2011	增幅（%）	项目＼年度	2010	2011	增幅（%）
粮食	192.99	190.26	-1.4	工业增加值	824.76	--	13
夏粮	98.56	90.95	-7.7	国有工业	30.85	--	8.6
秋粮	94.43	99.31	5.2	集体工业	25.62	--	-5.7
棉花	0.61	0.65	5.5	股份制工业	658.93	--	13.9
油料	10.21	9.77	-4.3	股份合作制工业	0.49	--	19.9
水果	22.45	23.69	5.5	外商及港澳台投资工业	34.94	--	13.8
蔬菜	436.11	438.65	0.6	轻工业	216.94	--	10.5
肉类	24.03	25.28	5.2	重工业	607.81	--	13.7
禽蛋	10.75	10.94	1.8	销售收入	3077.68	3386.13	23.8
奶类	4.19	4.26	1.7	利税	359.36	390.14	19.5
水产品	4.52	8.24	82.3	利润	215.14	234.20	20.1
森林覆盖率（%）	33	--	--	经济效益综合指数（%）	--	--	--

注：经与枣庄市统计局联系，经济效益综合指数（%）这一指标不再统计。

枣庄市主要金融机构负责人

单位名称	行长（经理、主任）	副行长（副经理、副主任）
人行枣庄市中心支行	陈宜民	张善杰 颜道盛 孙 斌 朱传辰 张 涛 吴 静
银监会枣庄监管分局	刘忠民	褚衍民 周保舰 倪 辉
农发行枣庄市分行	王 烽	于成君 李大庆 侯海峰
工行枣庄分行	盖 伟	张义军 张云银 胡吉平 闵祥龙 陈维东
农行枣庄分行	王炳学	侯志华 曹明钊 张炳臣 张 民 吴照军
中行枣庄分行	葛勤生	李亚军 王卫东 杨利民 金 冬
建行枣庄分行	曹元吉	刘昌伦 张夫顺 张全刚 刘向群 王清堂
枣庄市商行	谢旭阳	樊印华 许太景 刘 永 崔 健 张德安 朱玉军
农信社枣庄市办事处	李金安	卜昭路 蒋继宝
邮储银行枣庄市分行	王运访	李 兵 仇洪建
中国人寿枣庄分公司	刘玉萍	刘书宏 黄秀峰 孙华增
人保财险枣庄分公司	翟永兴	刘 勇 单福建 李井辉
齐鲁证券公司枣庄分公司	陈志伟	

枣庄市金融业务统计指标

指标（亿元） \ 年度		2007	2008	2009	2010	2011	2011年同比 增加额	2011年同比 增幅（%）
银行类	本外币存款余额	486.62	620.97	810.75	894.42	974.24	79.82	8.92
	人民币存款余额	484.63	617.94	807.70	892.22	972.06	79.84	8.95
	企业存款	97.5	139.78	210.38	206.39	—	—	—
	储蓄存款	288.17	373.83	442.59	511.39	570.87	59.48	11.63
	定期储蓄存款	170.55	225.25	189.44	279.70	—	—	—
	活期储蓄存款	117.63	148.58	253.15	231.69	—	—	—
	本外币贷款余额	346.26	412.18	586.84	729.69	814.97	85.28	11.69
	人民币贷款余额	344.72	411.56	585.83	727.71	813.41	85.70	11.78
	短期贷款	179.57	196.9	254.09	306.69	346.41	39.72	12.95
	中长期贷款	153.23	200.42	310.26	402.52	440.3	37.78	9.39
	票据融资	11.2	14.24	21.48	18.31	26.69	8.38	45.77
	当年结益	5.55	2.56	14.25	18.41	—	—	—
	不良贷款余额	43.19	28.19	24.62	20.34	16.89	-3.45	-16.96
	不良贷款占比%	12.47	6.84	4.2	2.79	2.07	-0.72	-25.81
保险类	保险公司保费收入	11.26	16.73	21.72	29.24	30.45	1.21	4.14
	财险收入	3.17	3.94	5.37	7.55	8.23	0.68	9.01
	寿险收入	8.09	12.79	16.35	21.69	22.22	0.53	2.44
	保险公司赔款和给付支出	3.87	4.48	4.96	5.26	6.07	0.81	15.4
	财险赔款	1.68	2.35	2.69	3.16	3.65	0.49	15.51
	寿险给付	2.19	2.13	2.26	1.71	1.99	0.28	16.37
	当年结益	—	—	—	—	—	—	—
证券类	证券市场成交总额	625.27	565.3	687.51	639.71	—	—	—
	投资者保证金余额	4.11	3.21	6.79	6.32	—	—	—
	佣金收入	1.36	0.94	0.97	1.3	—	—	—

续表

指标（亿元） \ 年度		2007	2008	2009	2010	2011	2011年同比	
							增加额	增幅（%）
证券类	净利润	0.65	0.5	0.57	0.72	--	--	--
	期货市场成交总额	--	--	--	--	--	--	--
	期货客户保证金余额	--	--	--	--	--	--	--
	期货账户开户数	--	--	--	--	--	--	--
	期货手续费收入	--	--	--	--	--	--	--
	利润总额	--	--	--	--	--	--	--

注：齐鲁证券公司枣庄分公司2007年接管天同证券公司枣庄分公司。

枣庄市金融机构统计指标

指标（个） \ 年度		2007	2008	2009	2010	2011	2011年同比增幅（%）
银行类	法人机构	7	7	7	7	7	0
	省级分行	--	--	--	--	--	0
	二级分行	5	5	6	7	7	--
	县区支行	58	73	71	150	153	2.00
	分理处、营业所	291	288	297	290	294	1.38
	储蓄所	13	9	8	5	5	0
	从业人员总数	6393	6870	5774	6235	6541	4.91
保险类	保险机构	--	--	--	--	--	--
	财险机构	--	--	--	--	--	--
	省级分公司						
	地市分公司	9	10	10	10	11	10.00
	县区支公司	--	--	--	--	--	--
	寿险机构	--	--	--	--	--	--
	省级分公司	--	--	--	--	--	--
	地市分公司	6	8	9	9	13	44.44
	县区支公司	--	--	--	--	--	--
	从业人员总数	7653	12343	11340	12893	13316	3.28
	财险人员	1501	2399	1622	2189	2401	9.68
	寿险人员	6152	9944	9718	10704	10915	1.97
证券类	证券机构	--	--	--	--	--	--
	证券公司	2	1	1	1	1	0
	证券营业部	2	2	4	4	4	0
	证券服务部	2	2	0	0	0	0
	从业人员总数	41	40	38	41	--	--
	投资者开户	68277	83632	91565	108797	--	--
	境内上市股票支数	--	--	--	--	--	--
	境外上市股票支数	--	--	--	--	--	--
	辖区上市公司总数	--	--	--	--	--	--

注：表格中空缺的地方是因为缺乏相关统计数据所至，特此说明。

枣庄市主要金融机构业务概况

单位：亿元

单位名称	本外币存款余额	人民币单位存款	人民币储蓄存款	本外币贷款余额	人民币短期贷款	人民币中长期贷款
农发行枣庄市分行	3.81	3.81	0	30.98	15.82	15.16
工行枣庄分行	171.53	80.86	89.2	188.92	49.61	137.68
农行枣庄分行	158.27	52.64	105.23	143.84	49.39	93.69
中行枣庄分行	101.09	59.12	39.86	86.36	18.93	63.34
建行枣庄分行	176.48	89.67	86.15	139.87	19.35	112.62
枣庄市商行	65.09	45.74	19.3	40.76	33.99	1.53
农信社枣庄市办事处	215.09	42.42	171.29	172.98	151.76	13.25
邮储银行枣庄市分行	65.2	6.24	58.96	6.76	3.76	3

枣庄市各县级区域经济金融主要统计指标

名称	人口（万人）	面积（平方公里）	地区生产总值（亿元）	地区生产总值增速（%）	本外币存款余额（亿元）	储蓄存款（亿元）	本外币贷款余额（亿元）
滕州市	169	1494.24	728.13	11.1	328.13	213.65	372.9
薛城区	42.84	422.71	117.53	11.1	196.8	103.64	94.43
台儿庄区	31.32	533.30	129.74	10	51.06	33.61	27.4
峄城区	39.08	635.01	128.05	10.9	47.75	30.63	45.37
山亭区	50.93	1018.93	100.85	10.9	46.13	33.53	28.19
市中区	52.95	373.92	164.51	10.9	263.93	150.57	234.82
高新区	8.06	85.11	45.62	11.1	24.25	5.22	10.31

机制。探索成立了“枣庄市金融消费者权益保护中心”和“枣庄仲裁委员会金融纠纷调解中心”两个消费者维权处理平台；与市中级法院、金融办、银监部门联合印发《关于建立枣庄市金融司法合作机制、优化金融生态环境的实施意见》，营造了金融业健康发展的法治氛围。

二、创新金融稳健性现场评估新路径，探索金融维稳新机制。一是探索开展了对农行滕州市支行三农事业部改革现场检查评估工作，为三农事业部深化改革提供了依据和建议；二是起草制定了《法人银行机构现场检查评估方案》，探索开展了对枣庄市恒泰农村合作银行的现场检查评估工作。

三、开展重点领域监测，提高分析评估预警能力。一是开展了对中小企业融资情况监测，防止因信贷政策收紧而导致的中小企业资金链条断裂的风险；二是继续加强对房地产信贷资金的风险监测，预防房贷风险的发生；三是联合市中级法院、工商局等相关部门组织召开全市民间借贷情况及风险分析座谈会，进行沟通交流；四是建立《金融稳定重大事项报告联络员制度》，完成对全市33家银证保机构联络员的建档工作，提高了金融稳定重大事项的监测质量。

【金融服务】 2011年，人行枣庄市中支深化金融服务，提高服务水平，赢得社会各界的广泛好评。

一、探索信贷支持新模式，努力助推资源型城市转型。一是创新贷款模式，成功发放了全省首笔实用新型专利权质押贷款；二是探索推出了预售版权质押贷款等金融支持文化产业发展的9种信贷新产品；三是金融支持水利建设的6种信贷模式在全省推广；四是实施金融支持大学生村官创业“春蕾计划”，成立了全国第一个大学生村官创业信用联盟。

二、探索创新金融服务。一是大力推进农村支付环境建设，构建起支农、惠农、便农的“支付绿色通道”；二是在全省率先制定企业和个人征信服务标准化流程，稳步推进借款企业联合信用评级工作；三是扎实推进农村青年信用示范户创建工作，形成了金融支持农村青年创业品牌；四是积极拓宽国库服务领域，新增汽车以旧换新补贴、玉米良种补贴等6项直接支付项目；五是组织开展金融知识巡回宣讲活动。

三、多渠道破解经济薄弱环节融资瓶颈。一是通过召开银企对接会、搭建网上合作平台等方式，重点支持三农、中小企业、棚户区改造等经济薄弱环节；二是对全市69家农村土地合作社累计发放贷款1.08亿元；三是与市中小企业局联合，筛选227家优质中小企业项目在“全民创业融资网”上实施推介，融资需求额22.68亿元。

四、切实维护金融消费者权益。一是在人行济南分行辖区率先试点金融消费者权益保护工作，成立了全省首家金融消费者权益保护中心，并在辖区3家县支行成立分中心；二是与枣庄仲裁委员会联合成立金融纠纷调解中心，把金融维权范围扩展到所有银行、证券、保险业机构，实现金融维权工作的全覆盖。

【金融监管】 2011 年，人行枣庄中支认真履行职责，加强金融监管，规范商业银行经营行为，确保金融稳健运行。

一、探索完善管理模式。一是进一步完善金融机构综合评价和信贷政策执行情况评估制度；二是认真落实银行机构开业、重大事项报告制度，共对 4 个新设机构开业进行了考核验收。

二、加大监督检查力度。一是依法开展反洗钱监督检查和自律考核评价工作，确保反洗钱工作部署落到实处；二是组织开展反洗钱、支付结算、外汇管理、人民币管理、金融统计等专项检查 20 余次，实施罚款 105 万元。

三、完善监督检查机构建设。滕州支行在全国率先增设管理检查部，把管理检查部着力打造成县域执法监督、综合评价、监管信息和金融维权的中心。

四、加强跨境流动资金监管。一是设计开发了“银行结售汇信息管理系统”，在全省推广使用；二是以打击非法外汇交易为重点，加大外汇执法力度，立案处罚 6 起；三是加强跨境人民币管理，稳步推进跨境贸易人民币结算业务。

【外汇管理】 2011 年，外管局枣庄市中心支局寓管理于服务之中，提高政务公开水平，扎实开展外汇管理重点领域改革，积极防范跨境资金流动风险，促进涉外经济健康发展，荣获总局“国际收支统计之星”先进单位称号，被省分局评为“2011 年外商投资企业外汇年检工作先进单位”。该局一是印发《关于进一步改进外汇管理、支持全市涉外经济平稳较快发展的指导意见》，开展了 6 次以“宣传外汇知识，助推外向型经济发展”为主题的巡回宣讲活动；二是支持企业资本运作，指导企业境外投资上市；三是通过加强非现场数据的分析，加大企业异常情况清查力度，为进出口改革创造良好的政策环境。

【金融改革】 2011 年，枣庄市金融机构深化改革，为业务发展、助推地方经济提供了新的动力。滕州市农联社成功组建滕州市农村商业银行，建行发起成立了首家滕州建信村镇银行，济宁商行设立了滕州支行；小额贷款公司发展到 5 家，初步形成了多元竞争、错位发展的金融组织体系。

【精神文明建设】 2011 年，枣庄市金融系统始终坚持把精神文明建设摆在重要位置，积极加强和改进金融服务，受到社会各界广泛好评。

一、人行枣庄市中支及所辖滕州市支行、薛城区支行被评为“省级文明单位”，台儿庄支行被人行济南分行评为“分行级文明单位”；农发行枣庄市分行在建党 90 周年及农业发展银行成立 15 周年之际，组织开展了红歌演唱会、红色革命根据地教育等活动；中行枣庄分行、滕州支行、市中支行职工之家荣获省行级“先进职工之家”；枣庄分行营业部、滕州支行营业部、解放路支行被评为省行级青年文明号。

二、农联社枣庄办事处紧紧围绕“改革创新、团结实干、廉洁高效、争创一流”的农信精神，加强企业文化建设，进一步提升农信品牌形象；邮储银行枣庄分行被省文明委授予省级文明单位称号；峄城区支行、山亭区支行被授予市级文明单位称号。

【大事记】 1 月 4 日 人行枣庄市中支联合市中区政府，举行重点项目建设联席会。

1 月 13 日 中行山东省分行党委书记、行长何兴祥宣布省行党委任免决定，葛勤生任中共中行枣庄分行委员会委员、书记，免去张军的中行枣庄分行委员会书记、委员职务；解聘张军的中行分行行长职务。

2 月 3 日 人行枣庄市中支到武警枣庄支队开展“我们的节日——送金融知识进军营”宣传活动。

2 月 13 日 人行枣庄市中支在济南举办“答谢省级金融机构恳谈会暨签约仪式”，人行济南分行行长杨子强、枣庄市市长陈伟出席了会议。

2 月 16 日 人行枣庄市中支组织召开 2011 年工作会议，会议期间套开了“创新金融服务、支持经济发展”业务竞赛表彰会议暨保密工作会议。

3 月 2 日 人行枣庄市中支组织召开全市金融机构综合评价总结表彰大会。

3 月 9 日 中行山东省分行聘任葛勤生为枣庄分行行长。

3 月 26 日 ~31 日 人行枣庄市中支组织全市各金融机构专业人员开展“枣庄市金融知识巡回宣讲活动”。

4 月 11 日 山东省“银行结售汇信息管理系统”培训班在枣庄召开。

4 月 20 日 邮储银行枣庄分行成功发放两笔小企业贷款，共计 450 万元，标志着该行小企业贷款业务的正式开办。

4 月 28 日 人行枣庄市中支组织召开金融消费者权益保护新闻发布会，人行济南分行副行长肖龙沧，枣庄市副市长陈爱莉参加了会议。

人行枣庄市中支组织召开枣庄市金融支持水利建设推介会，人行济南分行副行长肖龙沧，省水利厅副厅长马承新，枣庄市常务副市长蒋英建、副市长陈兆同参加了会议。

5 月 26 日 人行枣庄市中支召开“枣庄市金融支持大学生村官创业‘春蕾计划’启动仪式暨大学生村官创业信用联盟成立大会”，人行济南分行行长杨子强、枣庄常务副市长蒋英建出席了会议。

6 月 22 日 农发行省分行党委书记、行长杨杰到滕州调研夏粮收购工作。

8 月 23 日 ~24 日 人民日报、中央电视台新闻频道、《经济日报》、《中国证券报》、《新华网》、《中国金融》、《农村金融时报》等 7 家新闻媒体记者深入枣庄市滕州、峄城、台儿庄等地，就农村信用体系建设、大学生村官创业信用联盟贷款进行采访，引起社会反响。

8 月 26 日 人行枣庄市中支组织召开全市银行卡助农取款服务推广动员大会。

8 月 31 日 枣庄市金融运行分析会议在市政大厦召开，枣庄市常务副市长蒋英建出席会议并讲话，人行枣庄市中支行长陈宜民作重点发言。

9 月 28 日 枣庄市银行业第一届职工业务技术比赛在市

工行举行，来自全市 9 家金融机构的 39 名选手参加了比赛。

10 月 12 日　邮储银行枣庄分行在台儿庄联合当地政府组织召开了内河运输船舶抵押个人商务贷款开办新闻发布会，标志该行此项业务的正式开办。

11 月 12 日　中央电视台《新闻联播》以枣庄恒泰合行为例，报道枣庄市农信社创新金融产品、破解融资瓶颈助小企业解困，赢得了好评。

（邢衍栋　杜　东）

滕州市

【经济金融概况】　2011 年，滕州市经济社会保持了又好又快发展的良好势头。山东滕州建信村镇建设银行、济宁银行滕州支行、滕州市农商银行相继开业运营。

【金融发展与改革】　2011 年，人行滕州市支行认真贯彻落实国家货币信贷政策，紧紧围绕"转方式、调结构"的目标任务，引导全市金融机构努力加大信贷投放，着力优化信贷结构，金融发展规模、速度、质量、效益再创历史新高。

滕州市主要经济指标

经济指标	2010	2011	2011 年同比增幅 (%)	经济指标	2010	2011	2011 年同比增幅（%）
土地面积（平方公里）	1496	1496	0	地方财政支出（亿元）	44.78	58.60	30.86
人口（万人）	168.14	169.11	0.58	全社会固定资产投资（亿元）	297.35	365.80	23.02
城镇人口（万人）	52.53	52.80	0.51	进出口总值（万美元）	35600	43400	21.91
地区生产总值（亿元）	633.92	728.13	14.86	出口总值（万美元）	30398	36573	20.31
第一产业（亿元）	57.31	61.93	8.06	实际利用外资（万美元）	8000	4341	-45.74
第二产业（亿元）	342.18	386.21	12.87	社会消费品零售总额（亿元）	191.64	216.35	12.89
第三产业（亿元）	234.43	279.99	19.43	居民消费价格指数（%）	102.8	104.8	1.95
财政总收入（亿元）	71.19	89.58	25.83	人均地区生产总值（元）	37710	45329	20.20
地方财政收入（亿元）	30.12	41.15	36.62	城镇居民可支配收入（元）	17630	20193	14.54
财政总支出	44.78	58.62	30.91	农民人均纯收入（元）	8107	9287	14.56

滕州市主要金融指标

金融指标（亿元）	2010	2011	2011 年同比增幅 (%)	金融指标（亿元）	2010	2011	2011 年同比增幅（%）
本外币存款余额	297.07	328.76	10.67	财险收入	1.18	--	--
人民币存款余额	296.48	328.30	10.73	寿险收入	7.26	--	--
企业存款	59.85	113.83	90.19	财险赔款	0.60	--	--
储蓄存款	193.17	213.88	10.72	寿险给付	0.10		
本外币贷款余额	328.94	373.14	13.44	当年结益	--	--	--
人民币贷款余额	328.72	372.90	13.44	证券市场交易总额	--	--	--
短期贷款	122.81	144.40	17.58	投资者保证金余额	--	--	--
中长期贷款	205.04	225.95	10.20	证券账户开户数	--	--	--
票据融资	0.87	2.80	221.84	证券交易佣金收入	--	--	--
当年结益	9.14	--	--	净利润	--	--	--
不良贷款余额	4.91	--	--				

滕州市主要金融机构负责人

单位名称	行长（经理、主任）	副行长（或其他称谓的同级领导）
人行滕州市支行	刘玉栋	邱绍环　王　勇
银监会滕州市办事处	甄久民	杨润普
农发行滕州市支行	李友训	姜传胜
工行滕州支行	张守贺	于晓静　蒋　志　董业沛　杨烈国　郭长春　陈岩来　赵连红

续表

单位名称	行长（经理、主任）	副行长（或其他称谓的同级领导）
农行滕州支行	肖　波	付洪标　王海峰　张学广　王克键
中行滕州支行	李希宏	潘奉芹
建行滕州支行	邢鸿雁	宗明章　张恒生　渠　云
枣庄市商行滕州支行	张德安	齐德志　兰秀锦　林志辉
滕州市农村商业银行	金　强	张联科　李继堂　姜　洪　刘广峰
邮储银行滕州市支行	杨　佳	刘　政
村镇银行	曹元吉	马　骏　陈洪涛

滕州市主要金融机构业务概况

单位：亿元

单位名称	本外币存款余额	企业存款	储蓄存款	本外币贷款余额	短期贷款	中长期贷款
农发行滕州市支行	1.15	1.15	--	7.20	4.70	2.50
工行滕州支行	50.10	23.69	28.35	94.16	23.86	70.30
农行滕州市支行	78.55	24.52	53.94	85.47	28.59	56.20
中行滕州支行	24.79	14.88	9.65	35.82	5.62	29.59
建行滕州支行	41.81	20.14	21.66	66.02	5.78	60.24
枣庄市商行滕州支行	9.60	7.61	1.98	6.53	5.22	0.50
滕州市农村商业银行	93.56	17.46	75.64	71.87	66.18	5.69
邮储银行滕州市支行	23.38	1.60	21.79	1.56	0.66	0.90
济宁银行滕州支行	3.65	2.77	0.88	4.50	3.79	0.03

各金融机构努力挖掘释放融资潜能，本着早投放、早收益、早支持地方经济发展的理念，不断采取多种举措，加大对重点项目建设、中小企业和“三农”的信贷投入，并大力开展票据融资业务，支持重大基础设施项目、民生工程和中小企业的资金需求。

【金融服务与监管】　2011年，人行滕州市支行积极强化金融服务，深化金融监管。一是推行了由地方政府、经济主管部门、金融机构和部分企业定期参加的金融形势分析调度会、银企座谈例会和项目推介会制度；二是探索发行中小企业集合票据取得阶段性成效；三是在全省率先推出“活体畜禽抵押贷款”新业务，印发了《管理办法》；四是积极寻求金融支持大学生村官创业和妇女就业的切入点，印发了贯彻意见；五是加大信贷产品创新的宣传和推广力度；六是建立维护金融稳定工作长效机制、金融运行情况通报制度、金融维稳工作责任制、银行机构开业前风险评估制度，确保金融稳定；七是组织开展对银行业金融机构金融统计、征信和人民币反假业务的执法检查，对检查发现问题依法予以处理。

（邱绍环　宋春雨）

薛城区

【经济金融概况】　2011年，薛城区金融机构贯彻实施稳健货币政策，积极调整信贷结构，加大了对中小企业、三农的支持力度。其特点：

一、贷款增长速度较快。一是中长期贷款成为国有商业银行信贷投放的重点；二是地方金融机构继续加大中小企业的短期信贷资金需求供给，城商行和恒泰合行等地方金融机构年内新增短期贷款4.01亿元，占全区短期贷款增量的60.39%。

二、存款增量有所放缓。一是企事业单位本外币存款同比多增5.11亿元，说明企业经营状况持续改善，资金的流动性有所增强；二是受物价上涨等因素影响，居民储蓄意愿降

薛城区主要经济指标

经济指标	2010	2011	2011 年同比增幅(%)	经济指标	2010	2011	2011 年同比增幅(%)
土地面积(平方公里)	421.23	421.23	0	地方财政支出(亿元)	9.56	12.69	32.70
人口(万人)	42.65	42.94	0.68	全社会固定资产投资(亿元)	83.56	116.03	29.10
非农业人口(万人)	12.3	13.21	7.40	进出口总值(万美元)	4327	8106	87.30
地区生产总值(亿元)	99.02	117.53	11.10	出口总值(万美元)	2462	3753	52.40
第一产业(亿元)	10.88	11.98	1.90	实际利用外资(万美元)	1344	544	-59.52
第二产业(亿元)	61.26	71.53	11.60	社会消费品零售总额(亿元)	42.46	49.78	17.22
第三产业(亿元)	26.88	34.02	13.60	居民消费价格指数(%)	102.8	104.8	2
财政总收入(亿元)	12.34	19.05	54.38	人均地区生产总值(元)	23217	27371	17.89
地方财政收入(亿元)	4.12	5.36	30.10	城镇居民可支配收入(元)	17630	20193	14.50
财政总支出	12.34	19.05	54.38	农民人均现金收入(元)	7301	8977	8.27

薛城区主要金融指标

金融指标(亿元)	2010	2011	2011 年同比增幅(%)	金融指标(亿元)	2010	2011	2011 年同比增幅(%)
本外币存款余额	189.09	203.07	7.39	财险收入	0.51	--	--
人民币存款余额	188.78	202.95	7.51	寿险收入	3.87	--	--
单位存款	89.01	96.15	8.02	财险赔款	0.31	--	--
储蓄存款	97.24	104.04	6.99	寿险给付	0.29	--	--
本外币贷款余额	81.25	95.07	17.00	当年结益	--	--	--
人民币贷款余额	81.16	95.07	17.14	证券市场交易总额	--	--	--
短期贷款	38.15	44.88	17.64	投资者保证金余额	--	--	--
中长期贷款	35.32	43.84	24.12	证券账户开户数	--	--	--
票据融资	7.67	6.35	-17.21	证券交易佣金收入	--	--	--
当年结益	3.39	4.31	27.14	净利润	--	--	--
不良贷款余额	1.75	2.46	40.57				

薛城区主要金融机构负责人

单位名称	行长(或其他称谓的第一负责人)	副行长(或其他称谓的同级领导)
人行薛城区支行	马亚东	朱运喜　吴敬普　侯贺磊　黄晓天
农发行薛城区支行	李振华	张裕明
工行薛城区支行	杨永智	蒋　志　党相林　杨传坤　孟　文
农行薛城区支行	陈　涛	刘天源　俞学朋　潘绪新　颜振军
中行薛城区支行	岳　辉	黄　辉　赵英杰
建行薛城区支行	刘　磊	赵云辉　赵　静
建行枣滕矿区支行	丛方中	张东昌　闫　华　周　巍　宋兰明
建行高新区分理处	王卫东	
建行枣庄新城支行	李庆伟	刘　飞
枣庄市商行薛城区支行	崔　健	钟　永
枣庄市商行高新区支行	李新亚	宋光彬
枣庄市恒泰农合行	王　伟	王光峰　孙法超　王　震　王　辉
邮储银行薛城区支行	赵海英	殷玉侠　刘　伟

薛城区主要金融机构业务概况

单位：亿元

单位名称	本外币存款余额	单位存款	储蓄存款	本外币贷款余额	短期贷款	中长期贷款
工行薛城区支行	36.36	18.07	18.29	19.83	6.11	13.72
农行薛城区支行	21.73	6.83	14.90	11.38	5.03	6.35
中行薛城区支行	19.02	10.93	8.01	12.10	0.64	9.75
建行薛城区支行	57.63	30.67	26.45	15.32	3.72	11.60
枣庄市商行薛城区支行	23.77	20.52	3.25	8.05	7.13	0.20
枣庄市恒泰农合行	35.39	7.90	26.73	27.29	21.79	1.58
邮储银行薛城区支行	7.77	1.24	6.54	1.09	0.44	0.65

低，储蓄存款增势同比明显放缓。

【金融发展与改革】 2011年，薛城区金融机构深化信贷产品创新，努力增加信贷投入。一是枣庄恒泰合作银行创新了全省首笔“水利建设经营收益权质押贷款”和“实用新型专利权质押贷款”信贷产品；二是在全省率先联合发起成立薛城区农民专业合作社信用联社，积极破解农民专业合作社贷款担保难题。

【金融服务与监管】 2011年，人行薛城区支行一是扎实推进农村青年信用示范户和“信用园区”建设；二是深入开展金融知识宣传活动，有效普及金融知识；三是积极探索国库直接拨付长效机制，拓展国库直接支付范围；四是积极履行人民币管理服务职能，加强区域券别横向调剂工作；五是强力推进农村支付环境建设，切实消除金融设施布放空白村；六是扎实做好金融机构综合评价工作；七是先后对辖内机构反洗钱、金融统计、人民币现金收付、反假货币等业务进行了执法检查，有效提高了依法行政能力和水平。

（连吉法　刘存龙）

台儿庄区

【经济金融概况】 2011年，台儿庄区金融机构顺势而为，认真贯彻适度宽松的货币政策，实现了经济金融良性互动，有力促进了地方经济的平稳较快发展。

【金融发展与改革】 2011年，台儿庄区金融机构科学灵活贯彻国家货币政策，全力支持经济社会事业发展。一是围绕区政府古城重建、工业强区、创业富民“三个关键”的战略目

台儿庄区主要经济指标

经济指标	2010	2011	2011年同比增幅(%)	经济指标	2010	2011	2011年同比增幅(%)
土地面积（平方公里）	538.5	538.5	0	地方财政支出（亿元）	8.11	10.96	35.10
人口（万人）	30.99	31.32	1.66	全社会固定资产投资（亿元）	51.33	63.64	24.10
非农业人口（万人）	8.05	9.4	1.11	进出口总值（万美元）	4423	4450	0.60
地区生产总值（亿元）	112.95	166.12	38.8	出口总值（万美元）	4256	4404	3.50
第一产业（亿元）	13.44	15.94	18.6	实际利用外资（万美元）	2773	3881	39.99
第二产业（亿元）	68.87	71.32	3.5	社会消费品零售总额（亿元）	34.14	39.92	16.96
第三产业（亿元）	30.64	78.86	157.3	居民消费价格指数（%）	102.8	107.3	0.43
财政总收入（亿元）	--	--	--	人均地区生产总值（元）	36555	38672	0.57
地方财政收入（亿元）	3.82	4.78	25.13	城镇居民可支配收入（元）	17630	19480	10.40
财政总支出	--	--	--	农民人均现金收入（元）	6336	7167	13.11

台儿庄区主要金融指标

金融指标（亿元）	2010	2011	2011年同比增幅(%)	金融指标（亿元）	2010	2011	2011年同比增幅(%)
本外币存款余额	45.42	51.62	13.65	财险收入	0.18	0.21	1.66
人民币存款余额	45.41	51.60	13.63	寿险收入	1.16	1.38	18.9

续表

金融指标（亿元）	2010	2011	2011年同比增幅(%)	金融指标（亿元）	2010	2011	2011年同比增幅（%）
企业存款	10.41	17.39	67.05	财险赔款	0.09	0.06	-47.06
储蓄存款	27.58	33.63	21.94	寿险给付	0.09	0.05	-43.30
本外币贷款余额	24.44	27.40	12.11	当年结益	--	--	--
人民币贷款余额	24.44	27.40	12.11	证券市场交易总额	--	--	--
短期贷款	18.39	19.50	6.04	投资者保证金余额	--	--	--
中长期贷款	5.48	6.79	23.91	证券账户开户数	--	--	--
票据融资	0.57	1.10	92.98	证券交易佣金收入	--	--	--
当年结益	0.50	1.01	102	净利润	--	--	--
不良贷款余额	1.28	0.76	-40.63				

台儿庄区主要金融机构负责人

单位名称	行长（或其他称谓的第一责任人）	副行长（或其他称谓的同级领导）
人行台儿庄区支行	张北南	李　建　提文涛　吴长亚　王洪礼　张裕金　李金涛
农发行台儿庄区支行	黄新勇	韩　鹏　王业盛　孙允艳　宋　伟　孙　彦　高文敏
工行台儿庄支行	洪方平	提文海　贾传华　高　杰
农行台儿庄区支行	孔祥玉	孙大放　王景国
中行台儿庄支行	姜立民	王福军
建行台儿庄支行	马传飞	江崇军　孙晋忠　宋　鹏
枣庄市商行台儿庄区支行	吴文东	施晓燕
台儿庄区农信联社	张佰奎	王保军　李维怀　秦　峰　袁成民
邮储银行台儿庄区支行	韩　勇	马加路

台儿庄区主要金融机构业务概况

单位：亿元

单位名称	本外币存款余额	单位存款	储蓄存款	本外币贷款余额	短期贷款	中长期贷款
农发行台儿庄区支行	0.61	0.61	--	2.65	2.35	0.30
工行台儿庄支行	7.72	4.24	3.48	2.94	1.50	1.44
农行台儿庄区支行	4.43	1.41	3.01	1.85	1.33	0.52
中行台儿庄支行	4.08	1.99	2.07	3.07	0.97	2.10
建行台儿庄支行	9.56	5.53	4.02	2.58	0.59	1.99
枣庄市商行台儿庄区支行	0.62	0.30	0.32	1.00	0.91	0
台儿庄区农信联社	16.61	2.29	14.29	12.87	11.57	0.28
邮储银行台儿庄区支行	7.46	1.02	6.44	0.43	0.28	0.15

标，先后印发了金融支持旅游业发展、大学生村官创业、全民创业促就业等指导性文件，引导金融机构实施“抓大促强、扶小解困、支农惠农、服务民生”4项工程；二是协助区政府召开不同层次、不同形式金融联席会、银企对接会、金融运行分析会、座谈会10余次，并通过《呈阅件》、《金融快报》等形式及时向地方党政部门通报货币信贷运行情况，实现整体联动，增强货币政策传导效果。

【金融服务与监管】 2011年，人行台儿庄区支行积极应对社会对金融服务的新要求，不断丰富服务手段，拓宽服务领域。一是财税库银横向联网系统顺利上线运行，先后新增了计划生育专项补助、城乡最低生活保障资金、乡镇教师工资等9项国库直拨业务，实现了专项资金从国库“点对点”直拨到户；二是组织商业银行在工业企业、商业贸易和居民相对集中的地区投放了POS机412台、ATM机67台，实现了企事业单位和个人汇划款项“零在途”；三是深入开展农村青年信用示范户创建试点，通过信用信息征集、信用培育、评级授信，累计对983户农村青年信用示范户授信4800万元、贷款2780万元。

（张北南　李金涛）

菏泽市

【经济金融概况】　2011年，菏泽市金融部门积极贯彻落实稳健的货币政策，正确把握信贷投放节奏、力度和重点，努力促进经济转方式、调结构，经济金融运行质量和效益进一步提高。

一、工业生产增幅保持快速稳定增长。规模以上工业仍呈现高点起步、平稳运行的态势，表现出良好的发展潜力。全市各级狠抓招商引资和大项目建设，固定资产投资增速连续3年高于全省平均水平，并且自2008年以来首次高于全国平均水平。

二、各项贷款稳步增长。制造业贷款新增28.14亿元，占全部新增贷款的39.68%，同比提高5.95个百分点；涉农贷款新增61.74亿元，占全部新增贷款的87.06%，同比提高12.56个百分点；企业贷款累计发放341.37亿元，同比多增20.33亿元。

【货币政策实施】　2011年，人行菏泽市中支深刻领会稳健货币政策内涵，不断疏通货币政策传导渠道，保持信贷投放合理持续增长。

一、制定指导意见，支持菏泽经济调结构。印发金融支持全市经济平稳健康发展、支持重点项目和小城镇建设等方面的意见，引导各银行业金融机构扩大总量的同时，积极优化信贷结构。

二、积极推进农村金融产品和服务方式创新，疏通融资渠道。一是印发《关于建立农村金融产品和服务方式创新专项监测报告制度的通知》，推动农村金融产品和服务方式创新；二是会同林业局、财政局等部门联合印发《林权抵押贷款管理暂行办法》，会同工商局联合印发《钢结构资产抵押授信管理暂行办法》，有效创新抵押担保方式。

三、引导企业转变融资观念，直接债务融资工作取得新进展。制定了《中小企业区域集优直接债务融资方案》，年末，该项融资第1个9亿元的项目包完整资料已准备完毕，待政府发展基金到位后即可上报交易商协会，另外2个近11亿元的项目包准备工作也基本就绪。

【金融稳定】　2011年，人行菏泽市中支继续强化金融监督管理，切实提升风险监测水平，着力构建金融稳定长效机制。

一、规范金融稳定重大事项报告管理，提高制度执行效果。一是开展对辖区18家银行业机构重大事项报告制度执行情况的现场检查；二是举办银行业重大事项报告管理培训班，有效推动了该项工作的开展。

二、加强日常监测分析，做好法人金融机构风险评估工作。加强法人金融机构稳健性和风险状况的定量分析，持续关注其经营风险动态，切实做好风险研判和提示，全面提升银行业识别、防范、管理、化解各类风险的能力。

三、加强金融创新，探索保险业金融稳定现场评估。一是以财险机构为切入点，充分把握现场检查评估的工作目标和定位，采用定量和定性相结合的方法得出评估结论，该做法在总行培训班上进行了经验介绍；二是进一步完善检查评估方法，并开展对寿险类机构现场检查评估工作。

【金融服务】　2011年，人行菏泽市中支坚持以服务民生为目标，不断强化金融服务意识，努力打造金融服务高地，服务质量和效率进一步提升。

一、加强支付环境建设，不断提高支付结算水平。一是加强账户、支票影像业务和同城票据清算系统等结算管理，认真做好结算咨询释疑和纠纷调解工作；二是推动市政府办公室转发《中国人民银行菏泽市中心支行关于强力推进菏泽市农村支付服务环境建设意见的通知》，并将该项工作纳入政府发展规划；三是组织召开全市农村支付服务环境建设推进会、现场会和汇报会，全面督导银行业机构开展农村支付环境建设。

二、实施征信服务标准化，提高服务质效。一是制定《征信管理窗口服务标准化管理工作方案》等多项制度；二是在营业大厅及办公场所设置规范统一的征信窗口业务指示牌和提示牌，制作浅显易懂的流程图，使客户直观地熟悉每项业务的具体流程；三是针对每项业务制定办理时限，做到语言文明、耐心解疑、服务热情。

三、加强人民币管理，做好货币发行工作。一是及时了解现金投放、回笼变化动态，全年发行基金投放回笼计划准确率达100%；二是开展残币回收专项行动，召开3次残币回收动员会，为人行系统完成全省残币回收销毁任务做出了突出贡献；三是实行残币兑换批转制度，对拒绝、推诿兑换残币的银行网点进行重点督促，提高金融服务质量。

四、扎实做好国库服务，提升工作水平。一是做好政策变更调整工作，解决残疾人就业保证金重复分成问题；二是扩大国库收支核算范围，实现8项非税收入直缴入库；三是扩大国库直接支付范围，共计开展直接支付项目12项，新增2项。

【金融监管】　2011年，人行菏泽市中支加强与菏泽银监分局的统筹协调，各司其职，相互配合，不断加大金融监管力度，维护金融稳定。

一、人行菏泽市中支进一步转变履职方式，金融管理得到

菏泽市经济主要统计指标

指标 \ 年度	2007	2008	2009	2010	2011	2011年同比增幅（%）
土地面积（平方公里）	12239	12239	12239	12239	12239	0
人口（万人）	914.2	925.68	939.44	958.8	966.5	0.8
城镇人口（万人）	177.4	180.3	184.06	187.7	205.51	9.49
乡村人口（万人）	736.80	745.38	755.38	771.1	760.99	-1.31
地区生产总值（亿元）	659.91	821.79	953.64	1145.01	1475.68	14.0
第一产业（亿元）	182	195.51	205.19	220.18	228.04	3.0
第二产业（亿元）	315.86	415.15	496.2	591.89	793.09	17.8
工业（亿元）	267.98	355.54	416.18	494.47	683.90	19.5
建筑业（亿元）	60	59.61	80.02	95.41	109.19	7.3
第三产业（亿元）	162.05	211.13	252.24	332.94	454.55	13.9
人均地区生产总值（元）	7218	10051	10151	11942	15268	27.85
地区生产总值构成（%）	100	100	100	100	100	--
第一产业（%）	24.6	23.8	21.5	19.2	15.5	-3.7
第二产业（%）	47.8	50.5	52	51.7	53.7	2
第三产业（%）	27.6	25.7	26.5	29.1	30.8	1.7
财政总收入（亿元）	100	91.22	101.91	144.3	194.56	34.8
地方财政收入（亿元）	42.11	50.48	60.57	84.69	111.59	31.8
财政总支出（亿元）	--	--	--	--	--	--
地方财政支出（亿元）	95.52	115.43	141.03	186.96	231.38	23.8
全社会固定资产投资（亿元）	528.66	380.63	475.41	582.9	552.29	24.8
规模以上固定资产投资（亿元）	528.66	380.63	475.41	582.9	552.29	24.8
房地产开发（亿元）	36.9	44.6	62.09	106.23	148.53	43.1
进出口总值（亿美元）	8.52	9.94	12.58	17.6	27.32	49
出口总值（亿美元）	7.23	8.37	8.71	12	14.41	18.9
实际利用外资（亿美元）	1.68	1.08	0.85	1.1	0.80	-32.2
社会消费品零售总额（亿元）	375.58	484.99	567.7	656.57	775.2	18.1
居民消费价格指数（%）	103.9	104.1	99.5	102.5	104.1	1.6
城市居民人均可支配收入（元）	9715	11581	12737	14419	16658	15.5
农民人均现金收入（元）	4023	4584	5047	5655	7119	22.5

菏泽市工农业主要统计指标

农业主要统计指标（万吨）				规模以上工业企业主要统计指标（亿元）			
项目 \ 年度	2010年	2011年	增幅（%）	项目 \ 年度	2010年	2011年	增幅（%）
粮食	564.94	586.09	3.7	工业增加值	--	--	22.6
夏粮	353.89	363.67	2.8	国有工业	--	--	18.2
秋粮	211.05	222.42	5.4	集体工业	--	--	30
棉花	23.72	23.18	-2.3	股份制工业	--	--	23.9
油料	23.36	23.56	0.9	股份合作制工业	--	--	-25.1
水果	60.5	59.62	-1.4	外商及港澳台投资工业	--	--	25.3
蔬菜	938.2	946.12	0.8	轻工业	--	--	14.2
肉类	57.67	60.03	4	重工业	--	--	29.5
禽蛋	36.75	38.43	4.6	销售收入	2436	3397.36	37.6
奶类	6.28	6.58	4.8	利税	295	457.24	49.3
水产品	13.01	13.21	1.5	利润	184	287.52	50.7
森林覆盖率（%）	33.6	--	--	经济效益综合指数（%）	327.5	357.41	34.92

菏泽市主要金融机构负责人

单位名称	行长（或其他称谓的第一负责人）	副行长（或其他称谓的同级领导）
人行菏泽市中心支行	刘洪来	周登宪 石建民 郑 丽 武富民 孟宪东 王宝运 李忠民
银监会菏泽监管分局	党明娜	朱凤德 张以良 孔凡申 杨爱军 王思钦
农发行菏泽市分行	单民生	刘浩然 杨其斌
工行菏泽分行	王世明	黄腾坤 刘虎臣 冯万杰 王艳丽 王艳峰 石崇林 周林建 王忠轩
农行菏泽分行	白 明	郭永常 陈晓明 郑新生 郑洪生 谭登禄
中行菏泽分行	李 波	闫 健 李 晨 尹卫东
建行菏泽分行	郝子建	王怀阁 朱坤礼 韩卫东 刘明振 王 斌 张爱忠 房秀霞 张益民
莱商银行菏泽分行	任绪翠	邹 剑 段 伟
农信社菏泽市办事处	张效节	杨春河 时 伟
邮储银行菏泽市分行	任之国	刘筱琏 陈海东 桑 辉
人保菏泽分公司	王保清	李 正 陈美华 宋红亚
齐鲁证券公司菏泽营业部	邵德玉	
中信万通证券公司菏泽营业部	周 敏	

菏泽市金融业务统计指标

	指标（亿元）\年度	2007	2008	2009	2010	2011	2011年同比增加额	2011年同比增幅（%）
银行类	本外币存款余额	572.43	705.54	899.98	1092.56	1326.4	233.84	21.40
	人民币存款余额	570	704.17	898.31	1089.77	1323.32	233.55	21.43
	单位存款	71.01	93.09	136.11	133.12	316.67	183.55	137.88
	储蓄存款	427.11	531.18	645.42	804.7	983.71	179.01	22.25
	定期储蓄存款	278.01	350.15	410.8	494.09	598.13	104.04	21.06
	活期储蓄存款	149.1	181.02	234.62	310.92	385.58	74.66	24.01
	本外币贷款余额	445.69	484.67	662.72	803.47	877.13	73.66	9.17
	人民币贷款余额	444.68	483.92	657.5	797.66	872.03	74.37	9.32
	短期贷款	298.01	307.11	429.51	494.42	509.22	14.80	2.99
	中长期贷款	142.02	164.38	215.51	285.99	334.2	48.21	16.86
	票据融资	4.17	12.41	12.46	17.25	28.6	11.35	65.80
	当年结益	4.72	10.46	11.46	14.71	20.69	5.98	40.65
	不良贷款余额	86.37	107.09	108.86	69.38	44.17	-25.21	-36.34
	不良贷款占比%	19.38	22.1	16.43	8.63	5.04	-3.59	-41.60
保险类	保险公司保费收入	13.75	20.66	26.48	37.52	42.41	4.89	13.03
	财险收入	3.5	4.19	5.46	7.9	9.56	1.66	21.01
	寿险收入	10.25	16.47	21.02	29.62	32.85	3.23	10.90
	保险公司赔款和给付支出	4.52	5.74	6.21	7.7	8.67	0.97	12.60
	财险赔款	1.8	2.43	2.63	3.42	4.63	1.21	35.38
	寿险给付	2.72	3.31	3.59	4.28	4.05	-0.23	-5.37
	当年结益	-1.51	-1.53	-0.82	0.54	1.56	1.02	188.89

续表

指标（亿元） \ 年度		2007	2008	2009	2010	2011	2011 年同比 增加额	2011 年同比 增幅（%）
证券类	证券市场成交总额	--	174.74	286.36	271.40	227.8	-43.60	-16.06
	投资者保证金余额	--	1.23	2.57	2.07	1.51	-0.56	-27.05
	证券账户开户数	--	27483	37166	42460	54044	11584	27.28
	佣金收入	--	0.48	0.67	0.47	0.34	-0.13	-27.66
	净利润	--	0.38	0.4	0.25	0.14	-0.11	-44.00
	期货市场成交总额	--	--	--	--	--	--	--
	期货客户保证金余额	--	--	--	--	--	--	--
	期货账户开户数	--	--	--	--	--	--	--
	期货手续费收入	--	--	--	--	--	--	--
	利润总额	--	--	--	--	--	--	--

菏泽市金融机构统计指标

指标（个） \ 年度		2007	2008	2009	2010	2011	2011 年同比增幅（%）
银行类	法人机构	9	9	9	9	11	22.22
	省级分行	0	0	0	0	0	0
	二级分行	6	7	8	8	8	0
	县区支行	46	46	55	62	168	170.97
	分理处、营业所	481	451	368	368	430	16.85
	储蓄所	203	195	101	187	121	-35.29
	从业人员总数	8714	8653	11226	12009	12342	2.77
保险类	保险机构	79	90	115	121	150	23.97
	财险机构	49	52	69	71	84	18.31
	省级分公司	0	0	0	0	0	0
	地市分公司	8	9	10	11	12	9.09
	县区支公司	41	43	59	60	72	20
	寿险机构	30	38	46	50	66	32
	省级分公司	0	0	0	0	0	0
	地市分公司	5	6	9	9	11	22.22
	县区支公司	25	32	37	41	55	34.15
	从业人员总数	10210	12794	14209	15819	19994	26.39
	财险人员	2844	3012	2294	2763	3071	11.15
	寿险人员	7366	9782	11915	13056	16923	29.62
证券类	证券机构	—	1	1	1	3	200
	证券公司	—	--	--	--	--	--
	证券营业部	—	1	1	1	3	200
	证券服务部	—	--	--	--	--	--
	从业人员总数	—	17	19	42	80	90.48
	投资者开户	—	27483	37166	42460	54044	27.28
	境内上市股票支数	—	--	--	--	--	--
	境外上市股票支数	—	2	3	3	3	0
	辖区上市公司总数	—	2	3	3	3	0

菏泽市主要金融机构业务概况

单位：亿元

单位名称	本外币存款余额	人民币单位存款	人民币储蓄存款	本外币贷款余额	人民币短期贷款	人民币中长期贷款
农发行菏泽市分行	6.93	6.93	0	63.86	58.96	4.90
工行菏泽分行	172.93	63.53	108.49	150.85	49.37	100.72
农行菏泽分行	171.64	43.12	128.04	84.51	32.85	51.56
中行菏泽分行	99.71	46.22	51.27	89.59	26.59	56.88
建行菏泽分行	163.90	79.45	83.57	132.14	43.48	84.11
莱商银行菏泽分行	20.61	13.41	7.05	16.03	15.48	0
农信社菏泽市办事处	469.51	42.71	426.46	323.48	271.79	30.07
邮储银行菏泽市分行	198.30	20.02	178.28	15.65	9.79	5.87

菏泽市各县级区域经济金融主要统计指标

名称	人口（万人）	面积（平方公里）	地区生产总值（亿元）	地区生产总值增速（%）	本外币存款余额（亿元）	储蓄存款（亿元）	本外币贷款余额（亿元）
曹　县	158.78	1974	175.60	23.2	135.35	112.21	75.85
单　县	123.4	1702	176.8	15.3	121.54	104.43	78.23
成武县	68.97	988	105.7	12.78	78.55	63.01	49
巨野县	102.15	1303	149.25	24.23	129.02	99.13	100.78
郓城县	123.86	1643	179.44	14.7	169.44	140.15	110.05
鄄城县	87.09	1038	97.92	13.2	96.34	82.56	46.92
定陶县	67.67	846	85.62	21.27	74.24	59.36	41.30
东明县	81.04	1370	147.95	21.19	109.43	73.87	85.43

充分加强。一是制定《金融机构综合评价办法》，将保险、证券机构纳入评价范围，对全市31家金融机构进行了综合评价，此项经验被人行济南分行简报刊发；二是制定新设银行业金融机构管理、重大事项报告制度实施细则，先后完成曹县中银富登村镇银行等6家新设机构的综合考核和指导；三是先后组织开展支付结算、反洗钱、金融统计等现场检查，对外汇指定银行开展国际收支申报现场核查，对21家机构依法进行行政处罚。

二、菏泽银监分局不断加大风险防控力度，切实提高监管执行力。一是督促各联社制定2011-2013年达标升级和股权改造规划，并纳入高管人员履职考核；二是督促省联社菏泽办事处修改考核办法，真实反映资产质量，将表内外不良贷款同考核同清收；三是与公安部门建立案防工作联席会议制度，联手打击外部侵害诈骗活动，全年共立案257起，刑事处理305人，收回不良贷款1.34亿元。

【外汇管理】　2011年，外管局菏泽市中心支局切实转变管理理念，不断推动外汇管理工作再上新台阶，有效支持了地方外向型经济健康发展。一是严厉打击热钱流入，“控热钱、减顺差”效果明显；二是对银行结售汇市场准入操作进行调整，明确操作规程；三是清理保险外汇市场，对取得资格而没有办理外汇业务的保险公司，不予核发新的许可证；四是积极开展手工核查，对3家银行机构进行了行政处罚；五是对新出台外汇管理政策及改革动向进行全面梳理，提出10条工作措施，制定了《关于做好外汇管理工作，支持全市涉外经济平稳较快发展的意见》。

【金融改革】　2011年，省联社菏泽办事处和建行菏泽分行积极推进金融改革，取得了良好效果。

一、省联社菏泽办事处积极实施薪酬分配制度改革。一是对高管人员实行以业绩定报酬，从根本上解决了高管人员吃“大锅饭”的问题；二是县级联社工资总额按利润增长额的一定比例增长，调动了员工的工作积极性和主动性；三是把每一个客户经理都视同一个经营单位，信贷人员由联社直接考核，彻底解决内部考核指标设置不科学、分配制度不合理和绩效考核不到位等问题。

二、建行菏泽分行“助保金”业务有力助推中小企业发展。该行作为全省建行系统“助保金”贷款业务唯一试点行，自2010年9月启动以来，得到当地政府的充分认可及大力支持，效果凸显。截至2011年末，共到位政府风险补偿铺底资金17259万元，企业缴纳助保金3664万元，入池企业380户；授信客户281户，授信额度13.64亿元，投放到位235户，到位资金12.95亿元；新增小企业贷款1.9亿元，居全省建行系统第一位。

【保险业务】 2011年，菏泽保险业积极转变发展方式，不断强化服务意识，在经济形势复杂多变的情况下，各项业务实现平稳较快发展。

一、保险业务实现快速增长。保费收入增幅居全省前3位，对促进社会经济发展、安定人民群众生活发挥了积极的保障作用。

二、积极开展业务创新，不断拓展服务领域。各保险机构将“三农”保险作为业务工作的重点加以推动，农村网点覆盖率不断提高。截至年末，农村个人保险费收入达8亿余元，农村网点覆盖率达到72%。

三、持续推进行业自律，巩固和维护保险市场经营秩序。菏泽市保险行业协会一是组织各财险公司修订车险自律公约、车险电销自律公约，增强了自律公约的执行力；二是加大违约行为处罚力度，维护了保险市场的正常经营秩序。

【证券市场】 2011年，菏泽3家证券营业部坚持以“造福大众、繁荣经济”为目的，各项业务较快发展。

一、加强营销员队伍建设。齐鲁证券菏泽营业部通过人才市场、媒体宣传、大专院校等多种途径招聘营销人员，不断扩大营销队伍，营销业绩稳步提升。

二、做好投资者风险提示工作。菏泽3家证券营业部通过媒体宣传、举办投资报告会、悬挂横幅、现场张贴、网上交易、电话委托、电子邮件、手机短信等方式提醒客户注意投资风险，让客户真正明白“股市有风险、入市须谨慎、买者自负”的道理。

三、普及证券投资基础知识。菏泽3家证券营业部通过多种有效方式，向广大投资者普及证券期货知识，宣传证券市场法律、法规及各项政策，帮助投资者熟悉运行规则，了解投资品种的特点和风险，促进证券市场的和谐发展。

【精神文明建设】 2011年，菏泽市各金融机构深入学习科学发展观，积极推进文明单位创建与精神文明建设，凝聚力进一步增强。

一、人行菏泽市中支深入推进文明单位创建。一是认真落实“一岗双责”，深入开展“创先争优”活动；二是举办菏泽市金融系统“忆传统、倡廉洁、扬正气”红歌专场演唱会，开展“让党旗更加鲜红”有奖征文、“党在我心中、奉献在央行”等宣传教育活动；三是组织开展“做文明有礼央行人”等主题活动，在市直文明单位创建工作经验交流会上作了典型发言。

二、建行菏泽分行积极加强文明共建活动。一是与东明县陆圈镇姚寨行政村签订文明共建协议，购置了科普书籍、桌椅和计算机等设施，为该村建设了一处“农村书屋”；二是与菏泽市政府、市发改委在菏泽大剧院联合举办中原经济区22届市长联席会议《建行之夜——唱响中原》专题文艺晚会，来自4省13个城市的有关领导参加了晚会。

三、省联社菏泽办事处努力打造信合文化。一是邀请中国爱乐乐团举办两场菏泽新年音乐会，邀请中央芭蕾舞团演出两场经典芭蕾舞剧目《红色娘子军》，受广泛好评；二是组织全市信用社进行“慈心一日捐”活动，共4964人捐款、金额达39.16万元。

【大事记】 1月11日 邮储银行菏泽市分行成立贷款责任认定委员会。

1月24日~25日 省联社菏泽办事处邀请中国爱乐乐团在菏泽大剧院隆重举办菏泽新年音乐会。

3月1日 邮储银行菏泽市分行与市民营办、市政府金融办公室联合召开2011年菏泽市中小企业银企对接会议。

3月24日 人行菏泽市中支协助市政府召开2011年全市金融工作会议。

4月2日 莱商银行曹县支行隆重开业。

4月20日 齐鲁证券有限公司董事长、党委书记李玮到菏泽营业部视察工作。

4月30日 建行菏泽分行首台离行式自助发卡机正式对外营业，实现了电子渠道类别的丰富化和多样化。

5月9日 《大众日报》头版头条刊登《郓城巧解中小企业融资难题——企业两个月从建行获贷额为前十年总和》，对建行菏泽分行通过“助保金业务”助推中小企业发展进行报道。

5月20日 菏泽市金融学会组织2011年度重点研究课题招标，31家会员单位的48个课题中标。

6月1日 “菏泽市信贷服务企业行活动”启动仪式举办，人行济南分行副行长肖龙沧，市委常委、常务副市长刘勇出席并讲话。

6月13日 单民生任农发行菏泽市分行副行长（主持工作）（鲁农发银任〔2011〕34号）。

7月26日 工行菏泽分行新办公营业大楼工程建设正式启动。

9月25日~26日 全省农信社业务发展工作会议在菏泽召开。

10月8日 建行菏泽分行成功办理该行首笔境外投标保函。

11月16日 人行菏泽市中支在总行人事司召开的教育培训专项业务培训班上，就全员培训工作有关做法进行经验介绍。

11月30日 莱商银行菏泽分行举办第一届中小企业论坛。

12月13日 邮储银行菏泽市分行开办个人一手住房贷

款业务。

12 月 13 日　建行菏泽分行为东明石化发行的 12 亿元短期融资券通过中国银行间市场交易商协会注册。

12 月 23 日　白彤文任建行菏泽分行行长（建鲁任【2011】66 号）。

（王志华　许加宏）

曹　县

【经济金融概况】　2011 年，曹县坚持走工业化、农业现代化和农村城市化的路子，各项社会事业全面进步，经济建设迈上新台阶。

全县金融机构灵活运用信贷政策，积极开展工作方法和形式创新，有力维护了经济金融稳健运行。

【金融发展与改革】　2011 年，人行曹县支行按照“小而有为”的标准切实履行职责。工、农、中、建行等国有商行实行“一级法人、多级授权”的信贷管理制度，成立审贷委员会，审贷分离，将信贷风险降到最低。

【金融服务与监管】　2011 年，人行曹县支行认真执行各项货币政策，提高金融服务质量，支持了地方经济的稳健发展。一是不断完善各项规章制度，充分发挥“窗口指导”作用，

曹县主要经济指标

经济指标	2010	2011	2011 年同比增幅（%）	经济指标	2010	2011	2011 年同比增幅（%）
土地面积（平方公里）	1974	1974	0	地方财政支出（亿元）	22.55	28.96	28.43
人口（万人）	156.22	158.78	1.64	全社会固定资产投资（亿元）	45.14	44.82	-0.71
城镇人口（万人）	25.4	30.2	18.90	进出口总值（万美元）	31356	38200	21.83
地区生产总值（亿元）	142.53	175.60	23.2	出口总值（万美元）	31056	37664	21.28
第一产业（亿元）	30.27	31.48	3.99	实际利用外资（万美元）	1965	267	-86.41
第二产业（亿元）	76.22	96.72	26.90	社会消费品零售总额（亿元）	99.73	121.5	21.83
第三产业（亿元）	36.04	47.39	31.49	居民消费价格指数（%）	102.5	104.1	1.6
财政总收入（亿元）	12	15.96	33	人均地区生产总值（元）	10671	12832	20.25
地方财政收入（亿元）	8.09	11.33	40.05	城镇居民可支配收入（元）	14419	16658	15.53
财政总支出（亿元）	27.34	42.10	53.99	农民人均现金收入（元）	5700	6991	22.65

曹县主要金融指标

金融指标（亿元）	2010	2011	2011 年同比增幅（%）	金融指标（亿元）	2010	2011	2011 年同比增幅（%）
本外币存款余额	104.38	135.35	29.67	财险收入	0.24	0.23	-4.17
人民币存款余额	104.26	135.15	29.63	寿险收入	2	2.08	4
单位存款	8.20	21.76	165.37	财险赔款	0.15	0.14	-6.67
储蓄存款	86.90	112.21	29.13	寿险给付	0.33	0.57	72.73
本外币贷款余额	80.05	75.85	-5.3	当年结益	1.22	1.05	-13.93
人民币贷款余额	80.05	75.85	-5.3	证券市场交易总额	--	--	--
短期贷款	70.17	59.06	-15.83	投资者保证金余额	--	--	--
中长期贷款	9.88	14.63	48.08	证券账户开户数	--	--	--
票据融资	0	2.17	—	证券交易佣金收入	--	--	--
当年结益	1.86	2.13	14.52	净利润	--	--	--
不良贷款余额	10.74	4.17	-61.17				

曹县主要金融机构负责人

单位名称	行长（或其他称谓的第一负责人）	副行长（或其他称谓的同级领导）
人行曹县支行	田本昌	李　岳　陈　雷　刘尊民　刘桂生　王呈科
银监会曹县办事处	黄启友	
农发行曹县支行	刘源炎	谢　军　李　坦
工行曹县支行	朱　宏	栗　明　吕传序　赵振宇
农行曹县支行	李瑞振	商全法　邓　魁　郭守灿
中行曹县支行	朱国政	朱　军　李　燕
建行曹县支行	姚　峰	杜文忠　王冰清　袁　健　陈良凯
莱商银行曹县支行	邹　涛	黄　涛
曹县农信联社	吴龙祥	翟忠庆　秦绍群　姜建伦 姜晓红　李传良　陈　磊
邮储银行曹县支行	冯银聚	张宗凯
曹县中银富登村镇银行	马进兵	丁海平　吕晓霞

曹县主要金融机构业务概况

单位：亿元

单位名称	本外币存款余额	单位存款	储蓄存款	本外币贷款余额	短期贷款	中长期贷款
农发行曹县支行	0.51	0.51	0	17.35	16.85	0.50
工行曹县支行	14.26	3.47	10.72	4.23	1.64	2.59
农行曹县支行	24.27	5.07	19.14	4.56	2.56	2.00
中行曹县支行	8.56	1.63	6.76	1.23	0.93	0.30
建行曹县支行	8.28	3.00	5.23	10.12	3.12	6.99
莱商银行曹县支行	1.51	1.06	0.45	1.13	1.13	0
曹县农信联社	46.86	3.78	42.95	35.11	31.29	1.66
邮储银行曹县支行	29.18	2.59	26.59	1.57	1.06	0.51
曹县中银富登村镇银行	1.03	0.66	0.36	0.54	0.46	0.08

加大责任追究；二是加强账户、反洗钱、人民币、国库业务集中支付、外汇等工作管理；三是切实履行再贴现、再贷款、金融统计及银行信贷登记咨询系统等各项监管职能，取得明显成效。

单　县

【经济金融概况】　2011年，单县积极调整农业种植结构，不断加大招商引资力度，经济得到持续稳定增长。银行业金融机构紧紧围绕县域中小企业、“三农” 等重点领域和薄弱环节，加大信贷投放力度。

一、不断加大对“三农”的支持力度。在人行单县支行的积极引导下，农行单县支行继续开办“惠农卡”小额支农贷款业务，农信联社开办了“大联保体”、“农用机械”、“农民住房”等项贷款。

二、支持新能源企业发展。2011年，单县金融机构共发放新能源贷款4.33亿元，同比增加2.35亿元；加快推进生物质能发电、太阳能光伏发电、太阳能热利用、风力发电设备制造和煤炭清洁高效转化等新能源新兴产业集群发展，绿色可再生能源在农村生活消费能源中所占的比重逐年提高。

【金融发展与改革】　2011年，人行单县支行密切关注金

单县主要经济指标

经济指标	2010	2011	2011年同比增幅（%）	经济指标	2010	2011	2011年同比增幅（%）
土地面积（平方公里）	1702	1702	0	地方财政支出（亿元）	13.1	16.35	24.81
人口（万人）	122.4	123.4	0.8	全社会固定资产投资（亿元）	73.6	75.7	27.9
城镇人口（万人）	24.13	24.17	0.2	进出口总值（万美元）	9319	12161	30.5
地区生产总值（亿元）	144.8	176.8	15.3	出口总值（万美元）	6804	8927	31.2
第一产业（亿元）	31.2	32.4	3.0	实际利用外资（万美元）	75	15	-80
第二产业（亿元）	72.5	90.9	18.5	社会消费品零售总额（亿元）	82.5	96.3	18.1
第三产业（亿元）	41.1	53.5	19.0	居民消费价格指数（%）	102.5	104.1	1.6
财政总收入（亿元）	24.04	28.67	19.26	人均地区生产总值（元）	14127	17164	21.5
地方财政收入（亿元）	10.1	12.5	24.0	城镇居民可支配收入（元）	12810	14709	14.8
财政总支出（亿元）	13.1	16.35	24.81	农民人均现金收入（元）	5798	7114	22.7

单县主要金融指标

金融指标（亿元）	2010	2011	2011年同比增幅（%）	金融指标（亿元）	2010	2011	2011年同比增幅（%）
本外币存款余额	105.92	121.54	14.75	财险收入	0.19	0.21	10.53
人民币存款余额	105.75	121.15	14.56	寿险收入	1.30	1.15	-11.54
单位存款	10.50	16.27	54.95	财险赔款	0.14	0.11	-21.43
储蓄存款	85.65	104.43	21.93	寿险给付	0.34	0.40	17.65
本外币贷款余额	83.93	78.23	-6.79	当年结益	0.01	0.48	4700
人民币贷款余额	83.93	78.23	-6.79	证券市场交易总额	--	--	--
短期贷款	61.89	53.17	-14.09	投资者保证金余额	--	--	--
中长期贷款	20.93	24.08	15.05	证券账户开户数	--	--	--
票据融资	1.1	0.98	-10.91	证券交易佣金收入	--	--	--
当年结益	1.68	2.11	25.60	净利润	--	--	--
不良贷款余额	3.1	2.18	-29.68		--	--	--

单县主要金融机构负责人

单位名称	行长（或其他称谓的第一负责人）	副行长（或其他称谓的同级领导）
人行单县支行	李节平	杨月启　石永强　解庆涛
银监会单县办事处	陈中建	
农发行单县支行	王　云	王向华
工行单县支行	冷　冰	陈玉亮　王洪锋　孔祥明
农行单县支行	吕宗春	韩　鹏　贺高进
建行单县支行	孟祥涛	袁朝晖　张延波　史孝俭　贾　峰
莱商银行单县支行	陈剑锋	孟献奎
单县农信联社	闫茂举	时培行　时启亭　刘克民
邮储银行单县支行	王建西	谢启亚

续表

单位名称	行长（或其他称谓的第一负责人）	副行长（或其他称谓的同级领导）
单县四君子小额贷款有限公司	邵明安	

单县主要金融机构业务概况

单位：亿元

单位名称	本外币存款余额	单位存款	储蓄存款	本外币贷款余额	短期贷款	中长期贷款
农发行单县支行	0.44	0.44	0	11.70	10.64	1.06
工行单县支行	17.6	4.55	13.05	14.03	0.53	13.50
农行单县支行	19.51	3.68	15.83	8.58	3.18	5.40
建行单县支行	8.58	2.59	5.99	6.57	2.70	3.87
莱商银行单县支行	1.3	0.92	0.38	0.89	0.89	--
单县农信联社	48.61	1.38	47.23	35.85	31.79	3.08
邮储银行单县支行	24.96	2.08	22.88	1.66	1.12	0.54
单县四君子小额贷款有限公司	0	0	0	0.50	0.50	0

融机构改革情况，加强对农信社和农行改革情况的动态监测。一是努力发挥正向激励效应，做好农信社专项票据兑付后监测工作；二是推动农行“三农”事业部改革试点工作，取得了明显成效。

【金融服务与监管】 2011年，人行单县支行积极提供支付清算、统计、征信等方面的金融服务，同时密切关注金融机构经营情况，对账户、反洗钱、现金、国库和外汇管理等进行严格监管，寓监管于服务之中，以服务促进管理水平的提高，营造了良好的金融生态环境。

成武县

【经济金融概况】 2011年，成武县不断加大招商引资力度，经济金融等各方面持续健康发展。全县各金融机构科学安排贷款总量和投入节奏，不断加大对重点企业、重点项目及“三农”的信贷支持力度，存贷款增量均创历史最高水平。

【金融发展与改革】 2011年，成武县金融机构加大改革力度，经营效益明显提高。一是农行“三农”事业部改革取得

成武县主要经济指标

经济指标	2010	2011	2011年同比增幅（%）	经济指标	2010	2011	2011年同比增幅（%）
土地面积（平方公里）	988	988	0	地方财政支出（亿元）	12.2	9.95	-18.44
人口（万人）	67.4	68.97	2.33	全社会固定资产投资（亿元）	46	42.77	-7.02
城镇人口（万人）	10.94	12.1	10.60	进出口总值（万美元）	4300	6156	43.16
地区生产总值（亿元）	93.72	105.7	12.78	出口总值（万美元）	3578	5698	59.25
第一产业（亿元）	19.46	20.2	3.8	实际利用外资（万美元）	650	422	-35.08
第二产业（亿元）	51.4	58.4	13.62	社会消费品零售总额（亿元）	46	54.6	18.7
第三产业（亿元）	22.86	27.1	18.55	居民消费价格指数（%）	--	--	--
财政总收入（亿元）	7.53	17.97	138.65	人均地区生产总值（元）	15585	15326	-1.66
地方财政收入（亿元）	4.83	5.89	21.95	城镇居民可支配收入（元）	--	--	--
财政总支出（亿元）	13	16.82	29.38	农民人均现金收入（元）	5945	7212	21.31

成武县主要金融指标

金融指标（亿元）	2010	2011	2011年同比增幅（%）	金融指标（亿元）	2010	2011	2011年同比增幅（%）
本外币存款余额	66.70	78.55	17.77	财险收入	0.16	0.31	93.75
人民币存款余额	66.66	78.53	17.81	寿险收入	1.03	2.01	95.15
单位存款	7.72	14.44	87.05	财险赔款	0.10	0.15	50
储蓄存款	52.36	63.01	20.34	寿险给付	0.02	0.05	150
本外币贷款余额	41.73	49	17.42	当年结益	--	--	--
人民币贷款余额	41.73	49	17.42	证券市场交易总额	--	--	--
短期贷款	32.93	37.78	14.73	投资者保证金余额	--	--	--
中长期贷款	8.80	11.22	27.50	证券账户开户数	--	--	--
票据融资	0	0	—	证券交易佣金收入	--	--	--
当年结益	0.7	1.28	82.86	净利润	--	--	--
不良贷款余额	3.58	2.69	-24.86				

成武县主要金融机构负责人

单位名称	行长（或其他称谓的第一负责人）	副行长（或其他称谓的同级领导）
人行成武县支行	李守谦	祝令超　朱瑞密　张明芳　庄作玉
银监会成武县办事处	张　春	
农发行成武县支行	王东方	李自强　宋聚印　刘子玉　徐　辉
工行成武支行	谢　磊	邵金岭　谢建新　李以学
农行成武支行	孙　强	柴　彪　崔东庆
中行成武支行	杨金刚	李静敏　鲍教忠
建行成武支行	王　璇	崔忠银　吴　方　刘继成
成武县农信联社	韩东华	朱世芳　刘　艳　马　寅 赵圣锋　梁　涛　蔡效彬　单　熙
邮储银行成武县支行	田中国	李东军　邵素花

成武县主要金融机构业务概况

单位：亿元

单位名称	本外币存款余额	单位存款	储蓄存款	本外币贷款余额	短期贷款	中长期贷款
农发行成武县支行	1.20	1.20	0	3.22	3.22	0
工行成武支行	9.78	3.8	5.98	8.48	4.79	3.68
农行成武支行	6.52	1.45	5.07	3.88	3.04	0.84
中行成武支行	5.87	1.98	3.89	1.73	1.24	0.49
建行成武支行	6.78	2.62	4.16	6.87	1.99	4.88
成武县农信联社	32.90	1.61	31.29	23.42	22.44	0.98
邮储银行成武县支行	14.41	1.76	12.65	1.39	1.05	0.34

重大进展；二是农信社法人治理结构进一步完善，盈利水平明显提高。

【金融服务与监管】　2011 年，人行成武县支行积极开展金融服务与监管工作，确保了金融业的安全稳健运行。一是构建银企合作平台，协助县政府举办“银企项目对接会议”，签约总金额 17 亿元；二是积极开展“信贷服务企业行活动”，帮助 10 家企业解决实际困难和问题 20 个，有 8 家企业获得了贷款支持，贷款金额 3.59 亿元；三是加强外汇管理，发放核销单 600 份，为 13 家企业办理了进出口企业外汇执法系统备案和电子口岸卡延期审批；四是严格金融管理，重点对人民币及现金管理、支农再贷款管理、金融统计及征信系统等方面进行了现场检查，确保金融秩序稳健运行。

巨野县

【经济金融概况】　2011 年，巨野县宏观经济景气保持较好状态，市场价格涨幅逐渐回稳，工业生产保持较快增长，固定资产投资结构渐趋优化，金融生态环境进一步改善。

全县金融总体运行平稳，存贷款总量快速增长，战略新兴产业及消费贷款业务快速发展，政策限制领域贷款增长得到控制。

【金融发展与改革】　2011 年，巨野县金融改革进一步深化，金融事业迅速发展。一是出台《关于做好货币信贷工作促

巨野县主要经济指标

经济指标	2010	2011	2011 年同比增幅（%）	经济指标	2010	2011	2011 年同比增幅（%）
土地面积（平方公里）	1303	1303	0	地方财政支出（亿元）	19.82	26.02	31.28
人口（万人）	101.36	102.15	0.78	全社会固定资产投资（亿元）	74.28	75.56	1.72
城镇人口（万人）	23.89	25.30	5.90	进出口总值（万美元）	32571	34161	4.88
地区生产总值（亿元）	120.14	149.25	24.23	出口总值（万美元）	32571	31472	-3.37
第一产业（亿元）	23.30	24.09	3.39	实际利用外资（万美元）	1010	900	-10.89
第二产业（亿元）	65.41	83.25	27.27	社会消费品零售总额（亿元）	63.75	77.19	21.08
第三产业（亿元）	31.43	41.91	33.34	居民消费价格指数（%）	103.70	105.40	1.7
财政总收入（亿元）	27.61	38.84	40.67	人均地区生产总值（元）	14134	15162	7.27
地方财政收入（亿元）	10.08	12.87	27.68	城镇居民可支配收入（元）	12794	14710	14.98
财政总支出（亿元）	22.98	33.04	43.78	农民人均现金收入（元）	5890	7220	22.58

巨野县主要金融指标

金融指标（亿元）	2010	2011	2011 年同比增幅（%）	金融指标（亿元）	2010	2011	2011 年同比增幅（%）
本外币存款余额	107.80	129.02	19.68	财险收入	0.25	0.69	176
人民币存款余额	107.45	128.90	19.96	寿险收入	1.32	3.69	179.55
单位存款	24.85	27.72	11.55	财险赔款	0.19	0.34	78.95
储蓄存款	81.32	99.13	21.90	寿险给付	0.32	0.36	12.50
本外币贷款余额	98.64	100.78	2.17	当年结益	--	--	--
人民币贷款余额	98.64	100.78	2.17	证券市场交易总额	--	--	--
短期贷款	63.18	60.41	-4.38	投资者保证金余额	--	--	--
中长期贷款	35.47	39.25	10.66	证券账户开户数	--	--	--
票据融资	0	1.12	—	证券交易佣金收入	--	--	--
当年结益	2.47	2.64	6.88	净利润	--	--	--
不良贷款余额	5.30	2.96	-44.15				

巨野县主要金融机构负责人

单位名称	行长（或其他称谓的第一负责人）	副行长（或其他称谓的同级领导）
人行巨野县支行	边　磊	潘　伟　田朝霞　丁世友　于　涛
银监会巨野县办事处	朱　艳	冯晓东
农发行巨野县支行	张洪军	沈建民　吕爱华
工行巨野支行	田建军	丛涛滋　王兆勇　李　强
农行巨野支行	段中锋	徐宪强　刘宏斌　耿宗云
建行巨野支行	刘祥海	陶可飞　闫和强　桑圣峰　段兴峰
巨野县农信联社	尹庆民	徐建民　樊庆涛　田洪流　吴正云　刘　博　刘　勇　陈　超
邮储银行巨野县支行	魏洪瑞	付　强

巨野县主要金融机构业务概况

单位：亿元

单位名称	本外币存款余额	单位存款	储蓄存款	本外币贷款余额	短期贷款	中长期贷款
农发行巨野县支行	0.77	0.77	0	10.70	10.26	0.44
工行巨野支行	13.01	4.40	8.61	15.11	4.05	11.05
农行巨野支行	15.44	4.49	10.85	7.15	1.80	5.35
建行巨野支行	17.19	7.59	9.59	23.08	4.67	18.42
巨野县农信联社	59.82	7.95	51.87	42.73	38.54	3.06
邮储银行巨野县支行	20.71	2.51	18.20	2.01	1.08	0.93

进全县经济发展方式转变和经济结构调整的指导意见》；二是通过组织召开金融机构联席会议、创办《金融简报》等方式，分析金融运行中存在的问题，提出措施建议；三是组织开展“银行信贷服务企业行活动”，帮助企业提升财务管理水平、信用等级和融资能力；四是与县委组织部联合制定《金融支持大学生村官创业工作指导意见》；五是与县团委联合下发农村青年信用示范户《创建工作实施方案》，为其创业提供培训。截至年末，巨野县建立农村青年信用档案 1.8 万户，首批评定青年信用示范户 100 户。

【金融服务与监管】　2011 年，人行巨野县支行按照“一行一策、分类指导”的原则，鼓励金融机构不断推陈创新，设计开发适合各类群体需要的信贷产品。一是开展对农行“三农”事业部、支农再贷款和存款准备金管理情况、人民币流通等业务的现场检查，对涉农信贷政策导向效果进行评估；二是制定对金融机构综合评价办法，金融监督管理职能得到有效发挥，确保金融秩序稳定。

郓城县

【经济金融概况】　2011 年，郓城县农业产业结构进一步优化，工业经济整体态势发展良好，服务业发展呈现整体推进的局面。

全县金融机构积极贯彻落实稳健的货币政策，开发金融新产品，维护金融平稳运行，促进县域经济健康发展。

【金融发展与改革】　2011 年，人行郓城县支行不断提高工作水平和履职能力，整体工作继续保持良好发展态势，有力地促进了全县经济金融协调发展。一是加强对农信联社差别存款准备金的动态调控；二是推进县域担保体系建设，促使银行、企业和担保公司有效合作，实现多方共赢。

【金融服务与监管】　2011 年，人行郓城县支行寓监管于服务之中，认真履行央行服务职能。一是组织各金融机构开展

郓城县主要经济指标

经济指标	2010	2011	2011年同比增幅（%）	经济指标	2010	2011	2011年同比增幅（%）
土地面积（平方公里）	1643	1643	0	地方财政支出（亿元）	21.40	25.85	20.7
人口（万人）	122.17	123.86	1.38	全社会固定资产投资（亿元）	45.42	56.74	24.92
城镇人口（万人）	13.48	16.7	23.89	进出口总值（万美元）	8471	10800	27.48
地区生产总值（亿元）	147.63	179.44	14.7	出口总值（万美元）	7288	9342	28.8
第一产业（亿元）	30.09	31.17	2.90	实际利用外资（万美元）	203	600	195.28
第二产业（亿元）	80.17	99.31	18.80	社会消费品零售总额（亿元）	79.56	93.80	17.9
第三产业（亿元）	37.36	48.96	15.60	居民消费价格指数（%）	102.50	104.10	1.6
财政总收入（亿元）	17.60	22.3	26.70	人均地区生产总值（元）	14261	17250	20.96
地方财政收入（亿元）	10.30	13.39	30.00	城镇居民可支配收入（元）	13061	15263	16.86
财政总支出（亿元）	21.40	32.85	53.50	农民人均现金收入（元）	5894	7228	22.63

郓城县主要金融指标

金融指标（亿元）	2010	2011	2011年同比增幅（%）	金融指标（亿元）	2010	2011	2011年同比增幅（%）
本外币存款余额	142.54	169.44	18.87	财险收入	0.42	0.69	64.29
人民币存款余额	142.36	169.14	18.81	寿险收入	1.72	2.56	48.84
单位存款	16.96	27.55	62.44	财险赔款	0.18	0.24	33.33
储蓄存款	114.14	140.15	22.79	寿险给付	0.36	0.51	41.67
本外币贷款余额	92.84	110.05	18.54	当年结益	0.05	0.07	40
人民币贷款余额	92.84	110.05	18.54	证券市场交易总额	--	--	--
短期贷款	59.03	71.39	20.94	投资者保证金余额	--	--	--
中长期贷款	33.16	38.61	16.44	证券账户开户数	--	--	--
票据融资	0.65	0.05	-92.31	证券交易佣金收入	--	--	--
当年结益	1.93	3.05	58.03	净利润	--	--	--
不良贷款余额	5.47	3.32	-39.31				

郓城县主要金融机构负责人

单位名称	行长（或其他称谓的第一负责人）	副行长（或其他称谓的同级领导）
人行郓城县支行	陈桂莲	巨保银　王秀美　李永生
银监会郓城县办事处	李继臣	初爱民
农发行郓城县支行	郭留宪	刁慕轩　达仲旭
工行郓城支行	周林建	庞元华　朱文坛　刘志涛　路玉忠　胡晓舟　赵启正
农行郓城支行	张耀华	王胜依　周晓红　陈　斌
中行郓城支行	李先华	史霄汉　李文霞
建行郓城支行	王明臣	申光伟　郑　国
莱商银行郓城县支行	陈福山	刘启华　许　芹

续表

单位名称	行长（或其他称谓的第一负责人）	副行长（或其他称谓的同级领导）
郓城县农信联社	崔荣国	黄福斌　郭玉安　李　山 刁　辉　李传良　韩修良　尹利广
邮储银行郓城县支行	魏洪瑞	赵　军　董淑芬
郓城县水浒小贷公司	郑从军	

郓城县主要金融机构业务概况

单位：亿元

单位名称	本外币存款余额	单位存款	储蓄存款	本外币贷款余额	短期贷款	中长期贷款
农发行郓城县支行	0.89	0.89	0	2.46	2.46	0
工行郓城支行	20.42	6.70	13.71	11.60	4.48	7.12
农行郓城支行	33.95	6.60	27.32	16.48	5.92	10.52
中行郓城支行	5.13	1.83	3.28	7.67	0.96	6.71
建行郓城支行	10.07	3.62	6.45	18.45	6.97	11.47
莱商银行郓城县支行	5.42	3.43	1.99	4.87	4.87	0
郓城县农信联社	70.45	2.66	67.64	46.17	44.08	2.09
邮储银行郓城县支行	21.57	1.82	19.74	2.35	1.65	0.70
郓城县水浒小贷公司	0	0	0	0.54	0.54	0

“信贷服务企业行”活动，取得初步成效；二是把农村支付服务环境建设作为“一把手工程”，深入开展宣传活动；三是开展“信用记录关爱日”征信知识宣传活动，全年办理个人信用信息查询178户；四是引导金融机构积极创新，不断提升服务水平和创新能力。

鄄城县

【经济金融概况】　2011年，鄄城县围绕“工业立县、商贸兴县、旅游强县、生态靓县”的发展战略，经济社会保持快速健康发展。金融机构存贷款快速增长，贷款净增额居全市第2位，净增额和增速双双创下历史新高。

【金融发展与改革】　2011年，人行鄄城县支行引导监督金融机构积极贯彻稳建的货币政策，围绕区域经济健康发展不断完善金融服务，推动全县经济金融和谐发展。一是制定了

鄄城县主要经济指标

经济指标	2010	2011	2011年同比增幅（%）	经济指标	2010	2011	2011年同比增幅（%）
土地面积（平方公里）	1038	1038	0	地方财政支出（亿元）	13.77	17.02	23.6
人口（万人）	86.39	87.09	0.81	全社会固定资产投资（亿元）	39.73	38.99	-1.86
城镇人口（万人）	10.5	10.61	1.05	进出口总值（万美元）	12558	17650	40.55
地区生产总值（亿元）	78.09	97.92	13.2	出口总值（万美元）	11867	13695	15.40
第一产业（亿元）	20.5	21.14	2.7	实际利用外资（万美元）	500	0	-100
第二产业（亿元）	36.81	45.53	18.2	社会消费品零售总额（亿元）	55	64.18	16.69
第三产业（亿元）	25.16	31.25	14.4	居民消费价格指数（%）	102.3	103.6	1.3
财政总收入（亿元）	4.0	4.8	20.1	人均地区生产总值（元）	9039	11243	24.38
地方财政收入（亿元）	4.0	4.8	20.1	城镇居民可支配收入（元）	10526	13360	26.92
财政总支出（亿元）	13.77	17.02	23.6	农民人均现金收入（元）	5639	6912	22.57

鄄城县主要金融指标

金融指标（亿元）	2010	2011	2011年同比增幅（%）	金融指标（亿元）	2010	2011	2011年同比增幅（%）
本外币存款余额	76.74	96.34	25.54	财险收入	0.15	0.28	86.67
人民币存款余额	76.66	96.28	25.59	寿险收入	1.15	1.33	15.65
单位存款	5.63	12.00	113.14	财险赔款	0.11	0.18.	63.64
储蓄存款	66.24	82.56	24.64	寿险给付	0.02	0.03	50
本外币贷款余额	39.30	46.92	19.39	当年结益	-0.01	-0.01	0
人民币贷款余额	39.30	46.92	19.39	证券市场交易总额	--	--	--
短期贷款	28.07	28.30	0.82	投资者保证金余额	--	--	--
中长期贷款	10.73	14.46	34.76	证券账户开户数	--	--	--
票据融资	0.50	4.16	732	证券交易佣金收入	--	--	--
当年结益	2.27	2.49	9.69	净利润	--	--	--
不良贷款余额	5.01	3.17	-36.73				

鄄城县主要金融机构负责人

单位名称	行长（或其他称谓的第一负责人）	副行长（或其他称谓的同级领导）
人行鄄城县支行	仇高皓	李敬斌　王汉桥　孙良才
银监会鄄城县办事处	王　娟	
农发行鄄城县支行	郭世玉	张克颖　李艳民
工行鄄城支行	郝素芳	杨　军　杨士萍　王敬福
农行鄄城支行	彭　辉	程　林　吴向前
中行鄄城支行	张卫红	魏羲萌
建行鄄城支行	周　丰	李海山
鄄城县农信联社	杜万国	居春林　范红英　王赐广　孙景雷
邮储银行鄄城县支行	申剑飞	姜广田　郝立群
鄄城包商村镇银行	高旭东	贾相同　王利军

鄄城县主要金融机构业务概况

单位：亿元

单位名称	本外币存款余额	单位存款	储蓄存款	本外币贷款余额	短期贷款	中长期贷款
农发行鄄城县支行	0.09	0.09	0	2.17	2.17	0
工行鄄城支行	7.10	1.19	5.91	5.19	0.84	4.35
农行鄄城支行	7.80	1.31	6.49	4.36	0.56	3.75
中行鄄城支行	6.84	1.84	4.83	0.53	0.36	0.17
建行鄄城支行	5.11	1.52	3.59	1.80	0.41	1.39
鄄城县农信联社	48.63	3.59	45.04	30.98	22.42	4.46
邮储银行鄄城县支行	18.28	1.83	16.45	1.42	1.09	0.33
鄄城包商村镇银行	0.82	0.62	0.20	0.46	0.45	0.01

《关于加大金融支持力度、积极推动县域企业发展的实施细则》,得到县政府主要领导批示;二是成立鄄城县银行家与企业家俱乐部,强化银行信贷服务力度;三是定期或不定期召开经济金融运行分析会、行长联席会和银企交流会,引导金融机构更好地提供信贷支持;四是引导各金融机构加大信贷产品创新,增强对中小企业的融资服务;五是鄄城包商村镇银行成立,为地方经济发展注入了新的活力。

【金融服务与监管】 2011年,人行鄄城县支行进一步强化服务与监管职能,被县委、县政府评为“支持地方经济发展先进单位”。一是积极搭建银企沟通平台,引导金融机构优化信贷结构,加大对中小企业的信贷支持力度;二是强化统计、征信、反假货币、外汇、支付结算等业务监管,维护金融稳健运行。

定陶县

【经济金融概况】 2011年,定陶县着力推进招商引资、项目建设、城镇化建设和改善民生等各项工作,实现了经济社会科学发展、跨越发展。

全县金融机构进一步加大对县域骨干企业和“三农”的信贷投入,信贷资产质量逐步提高,经济效益明显好转。一是农业贷款增长强劲,有效支持了“三农”经济发展;二是随着招商引资特别是大项目建设的不断深化,企业及大项目贷款持续增长;三是积极开展票据融资业务,满足企业资金需求。

定陶县主要经济指标

经济指标	2010	2011	2011年同比增幅(%)	经济指标	2010	2011	2011年同比增幅(%)
土地面积(平方公里)	846	846	0	地方财政支出(亿元)	6.59	13.00	97.27
人口(万人)	67.27	67.67	0.6	全社会固定资产投资(亿元)	46.00	55.20	20.00
城镇人口(万人)	12.27	12.32	0.4	进出口总值(万美元)	3060	3473	13.50
地区生产总值(亿元)	70.60	85.62	21.27	出口总值(万美元)	2940	3327	13.16
第一产业(亿元)	19.06	20.03	5.09	实际利用外资(万美元)	650	116	-82.15
第二产业(亿元)	33.75	41.83	23.94	社会消费品零售总额(亿元)	42.4	50	17.92
第三产业(亿元)	17.79	23.76	33.56	居民消费价格指数(%)	105.9	106.8	0.9
财政总收入(亿元)	4.93	9.18	86.21	人均地区生产总值(元)	10495	12589	19.95
地方财政收入(亿元)	3.63	4.37	20.39	城镇居民可支配收入(元)	10336	12780	23.65
财政总支出(亿元)	10.60	17.14	61.70	农民人均现金收入(元)	5780	6500	12.46

定陶县主要金融指标

金融指标(亿元)	2010	2011	2011年同比增幅(%)	金融指标(亿元)	2010	2011	2011年同比增幅(%)
本外币存款余额	58.15	74.24	27.67	财险收入	0.18	0.25	38.89
人民币存款余额	58.13	74.22	27.68	寿险收入	1.29	2.01	55.81
单位存款	9.33	12.83	37.51	财险赔款	0.12	0.13	8.33
储蓄存款	47.79	59.36	24.21	寿险给付	0.08	0.09	12.50
本外币贷款余额	32.26	41.30	28.02	当年结益	1.23	2.04	65.85
人民币贷款余额	32.26	41.30	28.02	证券市场交易总额	--	--	--
短期贷款	26.62	28.30	6.31	投资者保证金余额	--	--	--
中长期贷款	5.65	9.00	59.29	证券账户开户数	--	--	--
票据融资	0	4.00	—	证券交易佣金收入	--	--	--
当年结益	0.46	0.75	63.04	净利润	--	--	--
不良贷款余额	7.26	2.55	-69.29				

定陶县主要金融机构负责人

单位名称	行长（或其他称谓的第一负责人）	副行长（或其他称谓的同级领导）
人行定陶县支行	李国庆	孙京昌　孟海鹏　李成华
银监会定陶县办事处	张　春	
农发行定陶县支行	孙洁民	李怀军　张传周
工行定陶支行	商　勇	牛殿军　崔开展　张相春
农行定陶支行	王晓红	赵民安　孔　涛
中行定陶支行	吕智勇	车　军
建行定陶支行	刘相印	邵贤宾
定陶县农信联社	徐龙光	梁衍波　陈惠敏　吴清稳　王　彬
邮储银行定陶县支行	丛可印	张永胜
定陶县融源小额贷款公司	张宗泽	

定陶县主要金融机构业务概况

单位：亿元

单位名称	本外币存款余额	单位存款	储蓄存款	本外币贷款余额	短期贷款	中长期贷款
农发行定陶县支行	1.20	1.20	0	5.20	5.20	0
工行定陶支行	4.51	1.18	3.40	3.20	1.49	1.71
农行定陶支行	9.96	2.10	7.86	6.26	4.35	1.91
中行定陶支行	4.85	1.68	3.14	1.27	0.65	0.62
建行定陶支行	4.21	1.86	2.35	3.95	1.96	1.99
定陶县农信联社	29.72	3.31	26.38	20.40	14.12	2.28
邮储银行定陶县支行	17.74	1.51	16.23	1.02	0.53	0.49
定陶县融源小额贷款公司	0	0	0	0.36	0.36	0

【金融发展与改革】　2011年，定陶县金融机构认真贯彻执行稳健的货币政策，不断优化信贷结构，改善金融服务，加大对地方经济的支持力度，实现了经济金融良性发展。一是国有商行改革继续深入，农行“三农”事业部和农信社改革取得明显成效；二是新型农村金融组织逐步成立，定陶县融源小额贷款公司挂牌成立。

【金融服务与监管】　2011年，人行定陶县支行进一步加大金融监管与服务力度，积极防范和化解系统性金融风险。一是制定下发了《稳健货币政策下信贷工作指导意见》，得到县政府主要领导批示；二是坚持召开银企对接会、金融联席会，加强银政企沟通协调；三是对金融机构开展金融稳定重大事项报告、人民币管理、支农再贷款和民品贷款等专项检查，确保稳健经营。

东明县

【经济金融概况】　2011年，东明县狠抓大项目建设、工业运行、城市建设、“三农”和改善民生等重点工作，经济社会平稳较快健康发展。

全县金融机构加大对实体经济支持力度，信贷资金向县域重点企业和优势行业集中。一是单位短期贷款持续大幅增长，主要支持石油加工和化工等行业；二是农业贷款稳步增长，较好地支持了农村经济发展。

【金融发展与改革】　2011年，东明县各金融机构结合经济发展目标和产业结构调整要求，认真贯彻落实国家各项宏观调控政策，金融支持经济发展的核心作用日益突出。一是人行东明县支行推动县委、县政府出台《关于进一步加强金融

东明县主要经济指标

经济指标	2010	2011	2011年同比增幅（%）	经济指标	2010	2011	2011年同比增幅（%）
土地面积（平方公里）	1370	1370	0	地方财政支出（亿元）	11.83	14.57	23.16
人口（万人）	81.22	81.04	-0.22	全社会固定资产投资（亿元）	60.99	58.87	-3.48
城镇人口（万人）	12.06	11.3	-6.30	进出口总值（万美元）	43398	105450	142.98
地区生产总值（亿元）	122.08	147.95	21.19	出口总值（万美元）	5567	9745	75.05
第一产业（亿元）	19.74	20.35	3.09	实际利用外资（万美元）	3000	1200	-60
第二产业（亿元）	79.11	97.81	23.64	社会消费品零售总额（亿元）	54.14	63.05	16.46
第三产业（亿元）	23.24	29.79	28.18	居民消费价格指数（%）	101.30	103.20	1.9
财政总收入（亿元）	17.95	20.17	12.37	人均地区生产总值（元）	16878	18943	12.23
地方财政收入（亿元）	8.11	8.42	3.82	城镇居民可支配收入（元）	13476	14904	10.60
财政总支出（亿元）	16.34	20.23	23.81	农民人均现金收入（元）	5774	7077	22.57

东明县主要金融指标

金融指标（亿元）	2010	2011	2011年同比增幅（%）	金融指标（亿元）	2010	2011	2011年同比增幅（%）
本外币存款余额	88.93	109.43	23.05	财险收入	0.35	0.42	20
人民币存款余额	88.83	109.35	23.10	寿险收入	1.09	0.92	-15.60
单位存款	14.93	34.38	130.27	财险赔款	0.10	0.16	60
储蓄存款	60.32	73.87	22.46	寿险给付	0.30	0.34	13.33
本外币贷款余额	81.85	85.43	4.37	当年结益	0.03	0.04	33.33
人民币贷款余额	81.85	85.43	4.37	证券市场交易总额	--	--	--
短期贷款	56.96	63.66	11.76	投资者保证金余额	--	--	--
中长期贷款	24.69	21.77	-11.83	证券账户开户数	--	--	--
票据融资	0.2	0	-100	证券交易佣金收入	--	--	--
当年结益	2.34	3.30	41.03	净利润	--	--	--
不良贷款余额	4.98	3	-39.76				

东明县主要金融机构负责人

单位名称	行长（或其他称谓的第一负责人）	副行长（或其他称谓的同级领导）
人行东明县支行	赵　敏	冯志强　尘永魁
银监会东明县办事处	王　娟	
农发行东明县支行	方　杰	周　军　周勇军
工行东明支行	宋红毅	王耀峰　赵升民
农行东明支行	王　军	栗　华　许常荣　刘俊彦
中行东明支行	曹国民	李培明　李　静
建行东明支行	周在军	陈秋娥
东明县农信联社	赵　欣	杨慧生　谢　彬　薛源江　刘　灿　刘翠敏　李聚信
邮储银行东明县支行	翟　瑞	郑　杰

东明县主要金融机构业务概况

单位：亿元

单位名称	本外币存款余额	单位存款	储蓄存款	本外币贷款余额	短期贷款	中长期贷款
农发行东明县支行	0.91	0.91	0	5.11	3.09	2.02
工行东明支行	17.55	7.86	9.68	22.88	17.72	5.16
农行东明支行	12.73	6.18	6.54	7.83	5.61	2.23
中行东明支行	8.70	5.36	3.28	13.60	10.07	3.53
建行东明支行	15.63	8.56	7.05	12.89	7.42	5.48
东明县农信联社	30.79	2.58	28.21	21.80	19.13	2.66
邮储银行东明县支行	22.04	2.92	19.11	1.32	0.63	0.69

生态环境建设的意见》;二是国有商行股份制改革进展顺利;三是农信社法人治理结构进一步完善。

【金融服务与监管】　2011 年,人行东明县支行按照“监测、分析、引导”的思路,加强监管、改善服务,促进金融业稳定发展。一是加强与地方政府、银监办等相关部门的沟通协调，建立金融稳定联席会议制度和金融机构突发事件应急预案;二是不断提高大额和可疑资金交易监测分析能力,提高反洗钱工作质量;三是加强账户、支付清算管理和监督,维护支付结算秩序;四是加强国库业务管理,保证库款支拨和收入退库的合理合法。

（王志华　许加宏）

第十三部分

金融统计资料

一、综合信贷业务情况

山东省金融机构（含外资）人民币信贷收支表

单位：亿元

项目名称 \ 栏目	2011 年	比年初增减数	项目名称 \ 栏目	2011 年	比年初增减数
各项存款	46345.41	5266.50	各项贷款	35179.00	4499.70
1. 单位存款	22162.89	2464.31	1. 短期贷款	17331.13	3008.01
(1) 活期存款	9839.49	689.28	（1）个人贷款及透支	3559.38	448.93
(2) 定期存款	5669.31	973.13	（2）单位普通贷款及透支	12386.32	2131.02
(3) 保证金存款	4198.91	648.14	2. 中长期贷款	16291.94	1290.43
2. 个人存款	22290.76	2629.35	(1) 个人贷款	5069.04	858.61
储蓄存款	22173.27	2545.53	(2) 单位普通贷款	10161.65	163.31
3. 财政性存款	1109.49	70.52	3. 票据融资	1385.36	147.10
各项准备	825.10	253.04			
资金来源总计	48517.22	6794.89	资金运用总计	48517.22	6794.89

注：1、本表机构包括中国人民银行、国家开发银行及政策性银行、国有商业银行、其他商业银行、城市商业银行、农村商业银行、城市信用社、农村合作银行、农村信用社、财务公司、信托投资公司、租赁公司、邮政储蓄银行、外资金融机构、村镇银行和汽车金融公司。

2、表中“金融债券”项目反映中国人民银行和政策性银行发行的被非并表金融机构（证券公司、保险公司、基金管理公司、资产管理公司）持有的金融债券总额。

3、表中“同业往来”项目反映并表机构与非并表金融机构（证券公司、保险公司、基金管理公司、资产管理公司）之间的资金往来。

山东省金融机构（不含外资）人民币信贷收支表

单位：亿元

项目名称 \ 栏目	2011 年	比年初增减数	项目名称 \ 栏目	2011 年	比年初增减数
各项存款	46228.13	5254.37	各项贷款	35036.72	4479.62
1. 单位存款	22074.11	2459.58	1. 短期贷款	17265.12	3004.25
(1) 活期存款	9811.88	690.94	（1）个人贷款及透支	3559.17	448.75
(2) 定期存款	5608.15	966.74	（2）单位普通贷款及透支	12320.53	2127.44
(3) 保证金存款	4198.91	648.14	2. 中长期贷款	16240.85	1286.95
2. 个人存款	22262.25	2621.95	(1) 个人贷款	5065.52	857.98
储蓄存款	22144.77	2538.13	(2) 单位普通贷款	10114.07	160.47
3. 财政性存款	1109.49	70.52	3. 票据融资	1360.26	134.23
各项准备	824.27	252.86			
资金来源总计	48371.34	6770.00	资金运用总计	48371.34	6770.00

注：1、本表机构包括中国人民银行、国家开发银行及政策性银行、国有商业银行、其他商业银行、城市商业银行、农村商业银行、城市信用社、农村合作银行、农村信用社、财务公司、信托投资公司、租赁公司、邮政储蓄银行、外资金融机构、村镇银行和汽车金融公司。

2、表中“金融债券”项目反映中国人民银行和政策性银行发行的被非并表金融机构（证券公司、保险公司、基金管理公司、资产管理公司）持有的金融债券总额。

3、表中“同业往来”项目反映并表机构与非并表金融机构（证券公司、保险公司、基金管理公司、资产管理公司）之间的资金往来。

山东省政策性银行人民币信贷收支表

单位：亿元

项目名称 \ 栏目	2011年	比年初增减数	项目名称 \ 栏目	2011年	比年初增减数
各项存款	370.27	75.94	各项贷款	3165.20	516.78
1.单位存款	335.18	75.88	1.短期贷款	746.03	33.27
(1) 活期存款	204.29	62.61	(1)个人贷款及透支		
(2) 定期存款	31.23	17.48	(2)单位普通贷款及透支	721.77	33.79
(3)保证金存款	49.99	13.95	2.中长期贷款	2247.42	416.28
2.个人存款			(1)个人贷款	18.77	8.44
储蓄存款			(2)单位普通贷款	1763.14	265.90
3.财政性存款					
各项准备	73.01	73.01	3.票据融资	16.30	11.85
资金来源总计	3200.79	533.36	资金运用总计	3200.79	533.36

山东省股份制商业银行人民币信贷收支表

单位：亿元

项目名称 \ 栏目	2011年	比年初增减数	项目名称 \ 栏目	2011年	比年初增减数
各项存款	8465.04	1173.75	各项贷款	6324.65	840.54
1.单位存款	6324.71	919.41	1.短期贷款	3551.70	814.47
(1) 活期存款	2068.57	245.63	(1)个人贷款及透支	279.51	143.92
(2) 定期存款	1381.34	95.34	(2)单位普通贷款及透支	3102.85	644.52
(3)保证金存款	2060.87	575.61	2.中长期贷款	2556.89	11.70
2.个人存款	1786.54	256.17	(1)个人贷款	669.59	103.28
储蓄存款	1703.72	202.45	(2)单位普通贷款	1747.33	-141.04
3.财政性存款			3.票据融资	213.08	14.25
各项准备	99.68	13.75			
资金来源总计	8134.72	512.44	资金运用总计	8134.72	512.44

山东省城市商业银行人民币信贷收支表

单位：亿元

项目名称 \ 栏目	2011年	比年初增减数	项目名称 \ 栏目	2011年	比年初增减数
各项存款	4228.04	429.13	各项贷款	2823.65	422.00
1.单位存款	2770.76	233.02	1.短期贷款	1884.36	321.72
(1) 活期存款	1277.26	97.32	(1)个人贷款及透支	158.62	21.00
(2) 定期存款	584.00	97.32	(2)单位普通贷款及透支	1709.39	300.72
(3)保证金存款	748.12	45.91	2.中长期贷款	610.43	35.82
2.个人存款	1332.70	202.39	(1)个人贷款	192.20	28.77
储蓄存款	1332.12	201.89	(2)单位普通贷款	409.34	3.15
3.财政性存款			3.票据融资		
各项准备	88.98	12.47			
资金来源总计	5542.78	773.83	资金运用总计	5542.78	773.83

山东省农村合作机构人民币信贷收支表

单位：亿元

栏目 项目名称	2011年	比年初增减数	栏目 项目名称	2011年	比年初增减数
各项存款	8010.26	1155.31	各项贷款	5827.56	706.74
1.单位存款	1476.38	245.84	1.短期贷款	4545.86	446.42
(1) 活期存款	1088.35	184.38	(1)个人贷款及透支	2443.48	166.99
(2) 定期存款	201.32	50.51	(2)单位普通贷款及透支	2035.64	264.95
(3)保证金存款	164.43	4.16	2.中长期贷款	923.84	238.06
2.个人存款	6523.79	912.33	(1)个人贷款	350.05	116.59
储蓄存款	6517.67	910.40	(2)单位普通贷款	413.51	94.86
3.财政性存款			3.票据融资	356.71	22.41
各项准备	276.80	60.36			
资金来源总计	8951.55	1473.46	资金运用总计	8951.55	1473.46

山东省农村合作银行人民币信贷收支表

单位：亿元

栏目 项目名称	2011年	比年初增减数	栏目 项目名称	2011年	比年初增减数
各项存款	1372.96	-10.38	各项贷款	1000.90	-13.41
1.单位存款	413.68	27.51	1.短期贷款	685.22	-46.94
(1) 活期存款	292.24	24.43	(1)个人贷款及透支	310.01	-3.89
(2) 定期存款	78.56	5.42	(2)单位普通贷款及透支	356.11	-45.17
(3)保证金存款	36.87	-3.83	2.中长期贷款	274.08	50.34
2.个人存款	953.33	-35.84	(1)个人贷款	71.05	17.13
储蓄存款	952.35	-36.30	(2)单位普通贷款	164.28	25.28
各项准备	62.37	10.12	3.票据融资	41.43	-16.63
资金来源总计	1458.16	6.84	资金运用总计	1458.16	6.84

山东省农村信用社人民币信贷收支表

单位：亿元

栏目 项目名称	2011年	比年初增减数	栏目 项目名称	2011年	比年初增减数
各项存款	5245.49	239.13	各项贷款	3816.82	34.79
1.单位存款	759.37	14.17	1.短期贷款	3074.52	-8.02
(1) 活期存款	590.59	24.37	(1)个人贷款及透支	1808.20	-22.46
(2) 定期存款	81.46	6.29	(2)单位普通贷款及透支	1229.32	7.91
(3)保证金存款	78.46	-17.19	2.中长期贷款	460.52	24.12
2.个人存款	4483.04	226.08	(1)个人贷款	197.91	26.31
储蓄存款	4479.06	225.77	(2)单位普通贷款	165.60	-0.30
各项准备	170.21	19.43	3.票据融资	280.82	18.68
资金来源总计	5900.37	403.75	资金运用总计	5900.37	403.75

山东省村镇银行人民币信贷收支表

单位：亿元

项目名称 ＼ 栏目	2011年	比年初增减数	项目名称 ＼ 栏目	2011年	比年初增减数
各项存款	82.45	58.86	各项贷款	59.65	41.40
1.单位存款	60.91	43.11	1.短期贷款	53.00	36.09
(1) 活期存款	43.58	30.30	(1)个人贷款及透支	14.62	11.03
(2) 定期存款	7.48	4.51	(2)单位普通贷款及透支	38.38	25.06
(3)保证金存款	7.41	5.86	2.中长期贷款	2.41	1.44
2.个人存款	21.37	15.59	(1)个人贷款	1.99	1.20
储蓄存款	21.20	15.42	(2)单位普通贷款	0.41	0.24
各项准备	0.91	0.70	3.票据融资	4.22	3.87
资金来源总计	117.03	81.40	资金运用总计	117.03	81.40

山东省信托投资公司人民币信贷收支表

单位：亿元

项目名称 ＼ 栏目	2011年	比年初增减数	项目名称 ＼ 栏目	2011年	比年初增减数
各项存款			各项贷款		-2.31
1.单位存款			1.短期贷款		-2.31
(1) 活期存款			(1)个人贷款及透支		
(2) 定期存款			(2)单位普通贷款及透支		-2.31
(3)保证金存款			2.中长期贷款		
2.个人存款			(1)个人贷款		
储蓄存款			(2)单位普通贷款		
各项准备	2.05	-1.81	3.票据融资		
资金来源总计	33.02	2.61	资金运用总计	33.02	2.61

山东省财务公司人民币信贷收支表

单位：亿元

项目名称 ＼ 栏目	2011年	比年初增减数	项目名称 ＼ 栏目	2011年	比年初增减数
各项存款	508.93	111.19	各项贷款	359.43	99.73
1.单位存款	508.93	111.19	1.短期贷款	143.43	47.89
(1) 活期存款	334.75	97.20	(1)个人贷款及透支	0.11	-0.15
(2) 定期存款	56.68	-33.11	(2)单位普通贷款及透支	143.32	48.04
(3)保证金存款	95.21	26.30	2.中长期贷款	136.28	56.24
2.个人存款			(1)个人贷款	16.95	-0.08
储蓄存款			(2)单位普通贷款	119.33	56.32
各项准备	6.38	3.38	3.票据融资	79.70	-4.41
资金来源总计	681.25	160.59	资金运用总计	681.25	160.59

山东省1993-2011年人民币人均储蓄存款

单位：万元

年度 \ 项目名称	城乡储蓄		人均储蓄余额（元）
	年末余额	比年初增加额	
1993年	8841510	1625326	1030.48
1994年	11182415	2340696	1297.26
1995年	16003992	4820864	1849.52
1996年	21971982	5953088	2525.22
1997年	28177108	6127582	3221.35
1998年	32657331	4106722	3706.85
1999年	37353766	4705196	4210.30
2000年	41098425	3695061	4606.41
2001年	44667153	3568728	4964.67
2002年	50637936	5977509	5600.90
2003年	58057165	7464182	6392.55
2004年	67683453	9601347	7417.37
2005年	77214610	9510874	8411.18
2006年	90351351	13136739	9769.64
2007年	103580272	13236721	11127.00
2008年	114381079	10800146	12211.11
2009年	143821895	29440935	15272.21
2010年	196482092	25654535	20747.84
2011年	221732725	25455312	23147.79

山东省各县（市）2011年储蓄存款余额排序

单位：亿元

序号	地区	储蓄存款余额	序号	地区	储蓄存款余额
1	龙口市	286.78	12	章丘市	209.35
2	莱州市	285.82	13	诸城市	209.16
3	寿光市	280.66	14	新泰市	202.91
4	即墨市	266.05	15	招远市	187.65
5	荣成市	262.81	16	胶南市	173.53
6	青州市	258.12	17	昌邑市	170.83
7	平度市	229.61	18	肥城市	166.08
8	邹城市	218.20	19	莱阳市	163.54
9	滕州市	213.65	20	蓬莱市	159.01
10	文登市	211.58	21	乳山市	157.63
11	胶州市	211.57	22	兖州市	157.35

续表

序　号	地　区	储蓄存款余额	序　号	地　区	储蓄存款余额
23	沂水县	152.23	58	五莲县	83.54
24	安丘市	146.94	59	鄄城县	82.51
25	高密市	145.00	60	微山县	77.11
26	郓城县	140.15	61	临沭县	76.77
27	海阳市	139.70	62	冠县	73.97
28	莱西市	137.97	63	东明县	73.87
29	临朐县	136.57	64	齐河县	73.35
30	莒县	130.60	65	临邑县	72.93
31	邹平县	129.85	66	沂源县	72.92
32	莒南县	123.24	67	乐陵市	72.03
33	桓台县	117.26	68	茌平县	71.20
34	临清市	116.78	69	平原县	68.82
35	栖霞市	116.12	70	蒙阴县	67.02
36	广饶县	115.82	71	成武县	63.01
37	曹县	112.21	72	陵县	62.76
38	阳谷县	108.68	73	武城县	61.55
39	苍山县	108.22	74	禹城市	61.38
40	沂南县	104.76	75	定陶县	59.36
41	单县	104.43	76	泗水县	59.08
42	嘉祥县	103.17	77	夏津县	57.93
43	曲阜市	101.87	78	高唐县	57.81
44	博兴县	100.47	79	东阿县	57.74
45	费县	100.06	80	平阴县	57.51
46	梁山县	99.69	81	惠民县	57.23
47	巨野县	99.10	82	无棣县	56.78
48	昌乐县	97.53	83	济阳县	55.22
49	郯城县	97.35	84	鱼台县	47.86
50	莘县	95.53	85	商河县	47.73
51	金乡县	94.08	86	高青县	45.47
52	平邑县	90.77	87	利津县	38.24
53	垦利县	89.91	88	阳信县	37.00
54	汶上县	87.33	89	庆云县	35.14
55	宁津县	84.93	90	沾化县	33.41
56	宁阳县	84.80	91	长岛县	19.54
57	东平县	84.75			

山东省金融机构（含外资）外汇信贷收支表

单位：亿美元

项目名称	2011年	比年初增减数	项目名称	2011年	比年初增减数
各项存款	101.75	17.44	各项贷款	371.84	97.99
1.单位存款	77.16	15.10	（一）境内贷款	209.38	29.29
(1) 活期存款	60.11	13.30	1.短期贷款	156.89	19.71
(2) 定期存款	9.34	1.31	（1）个人贷款及透支	0.02	0.01
（3）保证金存款	7.26	3.94	（2）单位普通贷款及透支	47.32	-0.77
2.个人存款	21.91	2.76	2.中长期贷款	52.30	9.66
储蓄存款	21.02	2.56	（1）个人贷款		
	-0.24	-0.11	（2）单位普通贷款	29.56	3.39
各项准备	2.77	0.98	（二）境外贷款	162.46	68.69
资金来源总计	788.94	123.48	资金运用总计	788.94	123.48

山东省金融机构（不含外资）外汇信贷收支表

单位：亿美元

项目名称	2011年	比年初增减数	项目名称	2011年	比年初增减数
各项存款	94.80	16.94	各项贷款	359.48	98.38
1.单位存款	70.76	14.50	（一）境内贷款	197.12	29.62
(1) 活期存款	55.28	12.16	1.短期贷款	148.47	20.38
(2) 定期存款	7.78	1.85	（1）个人贷款及透支	0.02	0.01
（3）保证金存款	7.26	3.94	（2）单位普通贷款及透支	39.20	-0.06
2.个人存款	21.36	2.87	2.中长期贷款	48.47	9.32
储蓄存款	20.47	2.67	（1）个人贷款		
	-0.24	-0.11	（2）单位普通贷款	25.73	3.05
各项准备	2.68	0.97	（二）境外贷款	162.35	68.76
资金来源总计	775.66	123.51	资金运用总计	775.66	123.51

山东省政策性银行外汇信贷收支表

单位：亿美元

项目名称	2011年	比年初增减数	项目名称	2011年	比年初增减数
各项存款	5.42	1.70	各项贷款	185.00	78.16
1.单位存款	5.41	1.70	（一）境内贷款	27.37	9.34
(1) 活期存款	5.41	1.70	1.短期贷款	10.27	4.56
(2) 定期存款			（1）个人贷款及透支		
（3）保证金存款	0.00	0.00	（2）单位普通贷款及透支	7.02	3.46
2.个人存款			2.中长期贷款	17.10	4.77
储蓄存款			（1）个人贷款		
			（2）单位普通贷款	8.81	2.03
各项准备	0.08	0.08	（二）境外贷款	157.63	68.82
资金来源总计	186.15	78.67	资金运用总计	186.15	78.67

山东省股份制商业银行外汇信贷收支表

单位：亿美元

项目名称	2011年	比年初增减数	项目名称	2011年	比年初增减数
各项存款	21.16	4.69	各项贷款	25.84	3.06
1.单位存款	16.56	4.41	（一）境内贷款	25.84	3.06
(1) 活期存款	10.30	2.50	1.短期贷款	21.14	2.63
(2) 定期存款	3.02	0.49	（1）个人贷款及透支	0.00	
（3）保证金存款	3.00	1.55	（2）单位普通贷款及透支	7.90	-1.11
2.个人存款	3.53	0.03	2.中长期贷款	4.70	0.43
储蓄存款	2.68	-0.14	（1）个人贷款		
			（2）单位普通贷款	3.59	0.17
各项准备	0.31	0.15	（二）境外贷款		
资金来源总计	57.39	-111.90	资金运用总计	57.39	-111.90

山东省城市商业银行外汇信贷收支表

单位：亿美元

项目名称	2011年	比年初增减数	项目名称	2011年	比年初增减数
各项存款	2.32	-0.10	各项贷款	3.83	1.74
1.单位存款	2.17	-0.08	（一）境内贷款	3.83	1.74
(1) 活期存款	1.99	-0.44	1.短期贷款	3.82	1.74
(2) 定期存款		-0.02	（1）个人贷款及透支		
（3）保证金存款	0.19	-0.02	（2）单位普通贷款及透支		
2.个人存款	0.10	-0.02	2.中长期贷款		0.00
储蓄存款	0.10	-0.02	（1）个人贷款		
			（2）单位普通贷款	1.11	0.71
各项准备	0.09	0.05	（二）境外贷款		
资金来源总计	48.48	9.91	资金运用总计	48.48	9.91

山东省农村合作银行外汇信贷收支表

单位：亿美元

项目名称	2011年	比年初增减数	项目名称	2011年	比年初增减数
各项存款	0.23	-0.12	各项贷款	0.31	0.10
1.单位存款	0.19	-0.11	（一）境内贷款	0.31	0.10
(1) 活期存款	0.15	-0.08	1.短期贷款	0.31	0.10
(2) 定期存款	0.02	-0.04	（1）个人贷款及透支		
（3）保证金存款	0.03	0.00	（2）单位普通贷款及透支	0.04	-0.03
2.个人存款	0.03	-0.01	2.中长期贷款		
储蓄存款	0.03	-0.01	（1）个人贷款		
			（2）单位普通贷款		
各项准备	0.00		（二）境外贷款		
资金来源总计	0.71	-0.16	资金运用总计	0.71	-0.16

山东省农村信用社外汇信贷收支表

单位：亿美元

栏目 项目名称	2011年	比年初增减数	栏目 项目名称	2011年	比年初增减数
各项存款	0.07	0.04	各项贷款	0.01	-0.06
1.单位存款	0.07	0.03	（一）境内贷款	0.01	-0.06
(1) 活期存款	0.07	0.04	1.短期贷款	0.01	-0.06
(2) 定期存款			（1）个人贷款及透支		
（3）保证金存款	0.00	0.00	（2）单位普通贷款及透支	0.01	
2.个人存款	0.00	0.00	2.中长期贷款		
储蓄存款	0.00	0.00	（1）个人贷款		
			（2）单位普通贷款		
各项准备			（二）境外贷款		
资金来源总计	0.20	0.10	资金运用总计	0.20	0.10

山东省中资财务公司外汇信贷收支表

单位：亿美元

栏目 项目名称	2011年	比年初增减数	栏目 项目名称	2011年	比年初增减数
各项存款	5.36	0.92	各项贷款	7.78	0.05
1.单位存款	5.36	0.92	（一）境内贷款	3.06	-1.06
(1) 活期存款	5.36	0.92	1.短期贷款	3.06	-1.06
(2) 定期存款			（1）个人贷款及透支		
（3）保证金存款			（2）单位普通贷款及透支	3.06	-1.06
2.个人存款			2.中长期贷款		
储蓄存款			（1）个人贷款		
			（2）单位普通贷款		
各项准备	0.08	0.03	（二）境外贷款	4.72	1.11
资金来源总计	9.10	0.28	资金运用总计	9.10	0.28

山东省外资银行外汇信贷收支表

单位：亿美元

栏目 项目名称	2011年	比年初增减数	栏目 项目名称	2011年	比年初增减数
各项存款	6.94	0.50	各项贷款	12.36	-0.40
1.单位存款	6.39	0.60	（一）境内贷款	12.25	-0.33
(1) 活期存款	4.84	1.14	1.短期贷款	8.42	-0.67
(2) 定期存款	1.56	-0.53	（1）个人贷款及透支		
（3）保证金存款			（2）单位普通贷款及透支	8.12	-0.71
2.个人存款	0.55	-0.10	2.中长期贷款	3.83	0.34
储蓄存款	0.55	-0.10	（1）个人贷款		
			（2）单位普通贷款	3.83	0.34
各项准备	0.09	0.01	（二）境外贷款	0.00	0.00
资金来源总计	13.95	-0.37	资金运用总计	13.95	-0.37

二、分机构本、外币存贷款情况

山东省人民银行人民币信贷收支表

单位：亿元

项目名称 \ 栏目	2011年	比年初增减数	项目名称 \ 栏目	2011年	比年初增减数
一、财政存款	954.74	73.81	一、金融机构贷款	165.09	4.67
其中：中央财政存款			1.中资大型银行贷款	1.21	-9.89
地方财政存款	954.74	73.81	2.中资中小型银行贷款	59.64	16.87
二、金融机构存款	3185.17	691.25	3.城市信用社贷款		
1.中资大型银行存款	79.48	-28.05	4.农村信用社贷款	63.53	26.24
2.中资中小型银行存款	2036.53	510.48	5.财务公司贷款	5.57	1.24
3.城市信用社存款			6.外资金融机构贷款		
4.农村信用社存款	992.35	180.85	7.其他金融机构贷款	35.14	-29.79
5.财务公司存款	72.08	26.98	其中：资产管理公司贷款		
6.外资金融机构存款	4.66	1.00	二、专项贷款		
7.其他金融机构存款	0.07	0	三、金银占款		
三、金融机构特种存款			四、外汇占款		
四、邮政储蓄转存款			五、有价证券及投资		
五、商业银行划来财政性存款	120.00	29.15	六、买入返售证券		
六、卖出回购证券			七、存放金融机构		
七、中央银行债券					
八、国家资本					
九、其他	-4094.81	-789.55			
资金来源总计	165.09	4.67	资金运用总计	165.09	4.67

山东省国家开发银行人民币信贷收支表

单位：亿元

项目名称 \ 栏目	2011年	比年初增减数	项目名称 \ 栏目	2011年	比年初增减数
各项存款	162.88	7.46	各项贷款	1898.05	342.07
1.单位存款	127.88	7.46	1.短期贷款	145.97	77.24
(1) 活期存款	69.53	22.06	(1) 个人贷款及透支		
(2) 定期存款	8.98	3.11	(2) 单位普通贷款及透支	145.77	82.24
(3)保证金存款	0.10	-0.32	2.中长期贷款	1594.49	210.98
2.个人存款			(1) 个人贷款	18.77	8.44
储蓄存款			(2) 单位普通贷款	1254.72	84.45
3.财政性存款			3.票据融资	2.14	-1.61
各项准备	69.75	69.75			
资金来源总计			资金运用总计	1909.93	344.89

1910 345

山东省农业发展银行人民币信贷收支表

单位：亿元

栏目 项目名称	2011年	比年初增减数	栏目 项目名称	2011年	比年初增减数
各项存款	201.29	68.31	各项贷款	1024.40	132.97
1.单位存款	201.20	68.24	1.短期贷款	562.50	-54.88
(1) 活期存款	133.69	43.32	(1) 个人贷款及透支		
(2) 定期存款	22.25	14.36	(2) 单位普通贷款及透支	562.30	-54.39
(3)保证金存款	44.86	11.33	2.中长期贷款	447.75	174.48
2.个人存款			(1) 个人贷款		
储蓄存款			(2) 单位普通贷款	444.75	174.48
3.财政性存款			3.票据融资	14.15	13.45
各项准备					
资金来源总计	1045.64	147.02	资金运用总计	1045.64	147.02

山东省进出口银行人民币信贷收支表

单位：亿元

栏目 项目名称	2011年	比年初增减数	栏目 项目名称	2011年	比年初增减数
各项存款	6.10	0.17	各项贷款	242.75	41.74
1.单位存款	6.10	0.17	1.短期贷款	37.56	10.92
(1) 活期存款	1.06	-2.77	(1) 个人贷款及透支		
(2) 定期存款	0.01		(2) 单位普通贷款及透支	13.70	5.93
(3)保证金存款	5.03	2.95	2.中长期贷款	205.19	30.82
2.个人存款			(1) 个人贷款		
储蓄存款			(2) 单位普通贷款	63.68	6.98
3.财政性存款			3.票据融资		
各项准备	3.26	3.26			
资金来源总计	245.22	41.45	资金运用总计	245.22	41.45

山东省工商银行人民币信贷收支表

单位：亿元

栏目 项目名称	2011年	比年初增减数	栏目 项目名称	2011年	比年初增减数
各项存款	5866.52	591.54	各项贷款	5330.23	562.02
1.单位存款	2947.50	301.44	1.短期贷款	1791.34	448.94
(1) 活期存款	1379.79	1.08	(1) 个人贷款及透支	115.20	29.92
(2) 定期存款	1000.84	248.04	(2) 单位普通贷款及透支	1005.10	178.93
(3)保证金存款	283.97	51.01	2.中长期贷款	3447.93	83.52
2.个人存款	2894.12	298.06	(1) 个人贷款	1237.40	138.10
储蓄存款	2879.01	283.15	(2) 单位普通贷款	2086.13	-57.66
3.财政性存款			3.票据融资	88.30	30.08
各项准备	114.09	69.10			
资金来源总计	8494.47	2274.40	资金运用总计	8494.47	2274.40

山东省农业银行人民币信贷收支表

单位：亿元

项目名称 \ 栏目	2011 年	比年初增减数	项目名称 \ 栏目	2011 年	比年初增减数
各项存款	6141.04	554.68	各项贷款	4289.97	534.74
1. 单位存款	2547.39	203.40	1. 短期贷款	2234.10	408.83
(1) 活期存款	1172.65	-83.70	(1) 个人贷款及透支	343.77	70.86
(2) 定期存款	780.82	173.49	(2) 单位普通贷款及透支	1833.86	305.83
(3) 保证金存款	152.29	-50.20	2. 中长期贷款	2005.96	177.89
2. 个人存款	3554.50	316.08	(1) 个人贷款	697.67	162.57
储蓄存款	3542.78	304.36	(2) 单位普通贷款	1235.20	-10.90
3. 财政性存款			3. 票据融资	49.34	-51.88
各项准备	85.85	4.01			
资金来源总计	4444.62	457.82	资金运用总计	4444.62	457.82

山东省中国银行人民币信贷收支表

单位：亿元

项目名称 \ 栏目	2011 年	比年初增减数	项目名称 \ 栏目	2011 年	比年初增减数
各项存款	4146.70	410.45	各项贷款	2950.45	295.25
1. 单位存款	2304.40	209.74	1. 短期贷款	1104.29	227.72
(1) 活期存款	863.30	58.71	(1) 个人贷款及透支	44.11	4.49
(2) 定期存款	830.86	182.45	(2) 单位普通贷款及透支	875.85	146.04
(3) 保证金存款	402.59	17.53	2. 中长期贷款	1797.52	57.70
2. 个人存款	1631.33	124.09	(1) 个人贷款	781.60	91.69
储蓄存款	1631.25	124.03	(2) 单位普通贷款	927.78	-50.53
3. 财政性存款			3. 票据融资	45.08	10.74
各项准备	65.57	12.40			
资金来源总计	3247.80	208.60	资金运用总计	3247.80	208.60

山东省建设银行人民币信贷收支表

单位：亿元

项目名称 \ 栏目	2011 年	比年初增减数	项目名称 \ 栏目	2011 年	比年初增减数
各项存款	4746.68	177.94	各项贷款	3546.63	362.71
1. 单位存款	2451.31	40.51	1. 短期贷款	1029.52	179.83
(1) 活期存款	1098.03	-53.93	(1) 个人贷款及透支	9.63	-9.32
(2) 定期存款	671.01	103.45	(2) 单位普通贷款及透支	822.99	150.50
(3) 保证金存款	233.48	-42.45	2. 中长期贷款	2366.95	167.91
2. 个人存款	2249.02	132.83	(1) 个人贷款	954.19	167.12
储蓄存款	2248.12	132.01	(2) 单位普通贷款	1411.79	0.03
3. 财政性存款			3. 票据融资	148.13	15.26
各项准备	1.80	-1.22			
资金来源总计	3688.39	400.42	资金运用总计	3688.39	400.42

山东省交通银行人民币信贷收支表

单位：亿元

项目名称 \ 栏目	2011年	比年初增减数	项目名称 \ 栏目	2011年	比年初增减数
各项存款	1684.80	324.44	各项贷款	1104.65	139.47
1.单位存款	1171.67	237.24	1.短期贷款	524.88	68.95
(1) 活期存款	366.28	89.12	(1) 个人贷款及透支	9.35	3.92
(2) 定期存款	321.57	83.34	(2) 单位普通贷款及透支	479.35	63.80
(3)保证金存款	190.03	56.54	2.中长期贷款	553.30	82.70
2.个人存款	452.35	84.21	(1) 个人贷款	92.14	21.57
储蓄存款	434.13	68.31	(2) 单位普通贷款	412.20	32.04
3.财政性存款			3.票据融资	26.10	-12.22
各项准备	10.65	3.74			
资金来源总计	1217.45	118.86	资金运用总计	1217.45	118.86

山东省邮政储蓄银行人民币信贷收支表

单位：亿元

项目名称 \ 栏目	2011年	比年初增减数	项目名称 \ 栏目	2011年	比年初增减数
各项存款	2616.02	440.95	各项贷款	359.29	100.03
1.单位存款	346.65	76.04	1.短期贷款	181.49	41.38
(1) 活期存款	281.33	51.33	(1) 个人贷款及透支	150.12	10.01
(2) 定期存款	62.58	27.27	(2) 单位普通贷款及透支	31.37	31.37
(3)保证金存款	0.55	0.46	2.中长期贷款	145.22	40.41
2.个人存款	2268.88	364.41	(1) 个人贷款	145.11	40.30
储蓄存款	2268.88	364.41	(2) 单位普通贷款	0.11	0.11
3.财政性存款			3.票据融资	32.58	18.24
各项准备	9.13	6.70			
资金来源总计	528.74	204.74	资金运用总计	528.74	204.74

山东省恒丰银行人民币信贷收支表

单位：亿元

项目名称 \ 栏目	2011年	比年初增减数	项目名称 \ 栏目	2011年	比年初增减数
各项存款	878.51	71.13	各项贷款	567.79	63.34
1.单位存款	528.90	44.24	1.短期贷款	285.52	55.11
(1) 活期存款	200.20	10.88	(1) 个人贷款及透支	5.75	1.69
(2) 定期存款	214.15	-33.77	(2) 单位普通贷款及透支	272.12	52.69
(3)保证金存款	103.35	69.06	2.中长期贷款	189.65	-23.93
2.个人存款	287.67	17.19	(1) 个人贷款	11.31	3.14
储蓄存款	287.67	17.19	(2) 单位普通贷款	174.99	-29.23
3.财政性存款			3.票据融资	92.62	32.15
各项准备	7.78	0.37			
资金来源总计	1009.01	324.27	资金运用总计	1009.01	324.27

山东省光大银行人民币信贷收支表

单位：亿元

项目名称	2011年	比年初增减数	项目名称	2011年	比年初增减数
各项存款	530.25	85.80	各项贷款	435.93	87.17
1.单位存款	423.26	57.25	1.短期贷款	224.54	58.68
(1) 活期存款	110.03	17.38	(1) 个人贷款及透支	1.17	-0.05
(2) 定期存款	68.75	-23.31	(2) 单位普通贷款及透支	161.25	49.86
(3)保证金存款	190.56	67.57	2.中长期贷款	202.97	23.51
2.个人存款	106.33	28.33	(1) 个人贷款	105.24	10.50
储蓄存款	88.46	22.02	(2) 单位普通贷款	90.66	7.40
3.财政性存款			3.票据融资	8.27	4.94
各项准备	11.35	1.53			
资金来源总计	607.56	63.88	资金运用总计	607.56	63.88

山东省中信银行人民币信贷收支表

单位：亿元

项目名称	2011年	比年初增减数	项目名称	2011年	比年初增减数
各项存款	995.00	130.31	各项贷款	719.45	126.49
1.单位存款	753.50	110.92	1.短期贷款	478.00	86.30
(1) 活期存款	230.06	19.19	(1) 个人贷款及透支	4.51	-2.63
(2) 定期存款	118.70	45.01	(2) 单位普通贷款及透支	453.88	93.36
(3)保证金存款	311.47	35.46	2.中长期贷款	224.49	32.97
2.个人存款	188.08	9.57	(1) 个人贷款	60.99	20.44
储蓄存款	172.54	-2.28	(2) 单位普通贷款	146.44	9.02
3.财政性存款			3.票据融资	16.77	7.21
各项准备	11.83	-0.77			
资金来源总计	878.73	-632.64	资金运用总计	878.73	-632.64

山东省华夏银行人民币信贷收支表

单位：亿元

项目名称	2011年	比年初增减数	项目名称	2011年	比年初增减数
各项存款	622.15	-6.21	各项贷款	551.03	45.93
1.单位存款	484.52	-7.52	1.短期贷款	367.44	79.92
(1) 活期存款	161.01	14.23	(1) 个人贷款及透支	12.25	-6.91
(2) 定期存款	72.21	-28.34	(2) 单位普通贷款及透支	349.83	82.80
(3)保证金存款	187.10	13.57	2.中长期贷款	179.51	-36.61
2.个人存款	136.10	2.56	(1) 个人贷款	31.40	10.91
储蓄存款	136.09	2.63	(2) 单位普通贷款	144.43	-47.75
3.财政性存款			3.票据融资	3.66	2.88
各项准备	13.62	0.73			
资金来源总计	845.21	199.28	资金运用总计	845.21	199.28

山东省深圳发展银行人民币信贷收支表

单位：亿元

项目名称 \ 栏目	2011年	比年初增减数	项目名称 \ 栏目	2011年	比年初增减数
各项存款	352.15	50.55	各项贷款	269.21	35.53
1.单位存款	297.69	44.29	1.短期贷款	207.04	65.08
(1) 活期存款	24.89	0.81	(1) 个人贷款及透支	8.48	3.72
(2) 定期存款	124.65	70.15	(2) 单位普通贷款及透支	195.27	58.93
(3)保证金存款	130.00	-32.52	2.中长期贷款	56.09	-18.12
2.个人存款	39.48	3.75	(1) 个人贷款	40.79	0.20
储蓄存款	38.91	4.49	(2) 单位普通贷款	14.58	-19.04
3.财政性存款			3.票据融资	5.88	-11.45
各项准备	3.66	3.31			
资金来源总计	409.20	55.39	资金运用总计	409.20	55.39

山东省招商银行人民币信贷收支表

单位：亿元

项目名称 \ 栏目	2011年	比年初增减数	项目名称 \ 栏目	2011年	比年初增减数
各项存款	871.12	43.88	各项贷款	858.34	75.14
1.单位存款	603.68	21.58	1.短期贷款	857.96	75.06
(1) 活期存款	289.60	9.82	(1)个人贷款及透支	32.86	4.46
(2) 定期存款	93.24	-1.55	(2)单位普通贷款及透支	366.84	73.28
(3)保证金存款	202.73	29.34	2.中长期贷款	405.97	0.01
2.个人存款	263.69	26.19	(1)个人贷款	209.81	23.61
储蓄存款	263.69	26.19	(2)单位普通贷款	187.69	-27.00
各项准备	16.83	0.80	3.票据融资	47.43	-4.50
资金来源总计	904.86	21.01	资金运用总计	904.86	21.01

山东省上海浦东发展银行人民币信贷收支表

单位：亿元

项目名称 \ 栏目	2011年	比年初增减数	项目名称 \ 栏目	2011年	比年初增减数
各项存款	736.20	106.17	各项贷款	587.07	103.01
1.单位存款	608.25	106.68	1.短期贷款	382.94	77.42
(1) 活期存款	153.75	7.81	(1)个人贷款及透支	8.73	3.36
(2) 定期存款	126.01	-28.29	(2)单位普通贷款及透支	350.29	68.91
(3)保证金存款	249.52	130.99	2.中长期贷款	195.74	23.61
2.个人存款	92.65	11.75	(1)个人贷款	47.06	16.79
储蓄存款	80.56	7.72	(2)单位普通贷款	134.53	4.81
各项准备	8.88	1.65	3.票据融资	7.94	1.91
资金来源总计	687.24	89.41	资金运用总计	687.24	89.41

山东省兴业银行人民币信贷收支表

单位：亿元

项目名称	2011年	比年初增减数	项目名称	2011年	比年初增减数
各项存款	815.26	149.62	各项贷款	512.50	58.92
1.单位存款	665.21	122.24	1.短期贷款	512.50	58.92
(1) 活期存款	251.71	53.47	(1) 个人贷款及透支	24.05	11.58
(2) 定期存款	121.50	-0.47	(2) 单位普通贷款及透支	190.50	72.27
(3) 保证金存款	187.43	87.99	2.中长期贷款	291.05	-23.72
2.个人存款	88.96	27.76	(1) 个人贷款	43.25	-1.64
储蓄存款	88.80	27.75	(2) 单位普通贷款	246.57	-22.24
各项准备	6.49	1.15	3.票据融资	0.55	-7.48
资金来源总计	695.00	157.69	资金运用总计	695.00	157.69

山东省民生银行人民币信贷收支表

单位：亿元

项目名称	2011年	比年初增减数	项目名称	2011年	比年初增减数
各项存款	804.01	191.85	各项贷款	583.94	87.14
1.单位存款	621.19	153.13	1.短期贷款	362.64	131.19
(1) 活期存款	231.93	26.42	(1) 个人贷款及透支	170.54	123.72
(2) 定期存款	96.47	14.24	(2) 单位普通贷款及透支	192.10	7.47
(3) 保证金存款	238.63	93.24	2.中长期贷款	221.03	-42.42
2.个人存款	122.66	42.91	(1) 个人贷款	25.31	-2.21
储蓄存款	104.59	26.74	(2) 单位普通贷款	165.45	-42.83
各项准备	8.60	1.26	3.票据融资	0.05	-1.76
资金来源总计	655.58	107.53	资金运用总计	655.58	107.53

山东省渤海银行人民币信贷收支表

单位：亿元

项目名称	2011年	比年初增减数	项目名称	2011年	比年初增减数
各项存款	96.45	5.46	各项贷款	88.64	5.71
1.单位存款	88.98	8.55	1.短期贷款	54.32	16.03
(1) 活期存款	26.78	0.94	(1) 个人贷款及透支	1.39	0.65
(2) 定期存款	17.56	-2.45	(2) 单位普通贷款及透支	52.93	15.38
(3) 保证金存款	31.33	3.25	2.中长期贷款	30.51	-12.89
2.个人存款	7.41	2.05	(1) 个人贷款	2.22	-0.12
储蓄存款	7.12	1.79	(2) 单位普通贷款	23.29	-12.71
各项准备			3.票据融资	3.81	2.57
资金来源总计	130.46	-43.82	资金运用总计	130.46	-43.82

山东省天津银行人民币信贷收支表

单位：亿元

栏目 项目名称	2011 年	比年初 增减数	栏目 项目名称	2011 年	比年初 增减数
各项存款	83.58	30.09	各项贷款	32.81	20.91
1. 单位存款	81.03	29.34	1. 短期贷款	29.68	19.48
(1) 活期存款	17.12	4.79	(1) 个人贷款及透支	0.01	0.01
(2) 定期存款	19.81	4.21	(2) 单位普通贷款及透支	29.68	19.47
(3) 保证金存款	43.36	19.70	2. 中长期贷款	3.13	1.43
2. 个人存款	2.39	0.60	(1) 个人贷款	1.82	1.56
储蓄存款	2.39	0.60	(2) 单位普通贷款	1.31	-0.13
各项准备			3. 票据融资		
资金来源总计	61.03	42.84	资金运用总计	61.03	42.84

山东省浙商银行人民币信贷收支表

单位：亿元

栏目 项目名称	2011 年	比年初 增减数	栏目 项目名称	2011 年	比年初 增减数
各项存款	79.12	20.73	各项贷款	46.10	12.68
1. 单位存款	77.86	20.82	1. 短期贷款	39.52	6.10
(1) 活期存款	22.31	-4.43	(1) 个人贷款及透支	0.42	0.42
(2) 定期存款	6.52	0.78	(2) 单位普通贷款及透支	38.50	5.78
(3) 保证金存款	38.72	21.12	2. 中长期贷款	6.58	6.58
2. 个人存款	1.15	-0.10	(1) 个人贷款	0.08	0.08
储蓄存款	1.15	-0.10	(2) 单位普通贷款	6.50	6.50
各项准备			3. 票据融资		
资金来源总计	94.41	51.59	资金运用总计	94.41	51.59

山东省北京银行人民币信贷收支表

单位：亿元

栏目 项目名称	2011 年	比年初 增减数	栏目 项目名称	2011 年	比年初 增减数
各项存款	42.82	23.61	各项贷款	67.40	53.29
1. 单位存款	39.63	21.50	1. 短期贷款	50.99	42.18
(1) 活期存款	10.15	1.65	(1) 个人贷款及透支	0.86	0.85
(2) 定期存款	5.07	2.26	(2) 单位普通贷款及透支	50.03	41.23
(3) 保证金存款	20.56	14.94	2. 中长期贷款	15.51	10.22
2. 个人存款	2.96	1.89	(1) 个人贷款	10.09	9.80
储蓄存款	2.38	1.39	(2) 单位普通贷款	5.42	0.42
各项准备	0.94	0.76	3. 票据融资	0.89	0.89
资金来源总计	117.31	102.95	资金运用总计	117.31	102.95

山东省国家开发银行外汇信贷收支表

单位：亿美元

栏目 项目名称	2011年	比年初增减数	栏目 项目名称	2011年	比年初增减数
各项存款	5.27	1.96	各项贷款	174.26	76.74
1.单位存款	5.27	1.96	（一）境内贷款	16.63	7.92
(1) 活期存款	5.27	1.96	1.短期贷款	6.14	4.76
(2) 定期存款			（1）个人贷款及透支		
（3）保证金存款			（2）单位普通贷款及透支	6.14	4.76
2.个人存款			2.中长期贷款	10.49	3.16
储蓄存款			（1）个人贷款		
			（2）单位普通贷款	4.59	1.28
各项准备			（二）境外贷款	157.63	68.82
资金来源总计	175.18	77.11	资金运用总计	175.18	77.11

山东省农业发展银行外汇信贷收支表

单位：亿美元

栏目 项目名称	2011年	比年初增减数	栏目 项目名称	2011年	比年初增减数
各项存款	0.10	-0.14	各项贷款	0.02	-0.01
1.单位存款	0.09	-0.15	（一）境内贷款	0.02	-0.01
(1) 活期存款	0.09	-0.14	1.短期贷款	0.02	-0.01
(2) 定期存款			（1）个人贷款及透支		
（3）保证金存款	0.00	0.00	（2）单位普通贷款及透支		
2.个人存款			2.中长期贷款		
储蓄存款			（1）个人贷款		
			（2）单位普通贷款		
各项准备			（二）境外贷款		
资金来源总计	0.02	-0.01	资金运用总计	0.02	-0.01

山东省进出口银行外汇信贷收支表

单位：亿美元

栏目 项目名称	2011年	比年初增减数	栏目 项目名称	2011年	比年初增减数
各项存款	0.06	-0.12	各项贷款	10.71	1.43
1.单位存款	0.06	-0.12	（一）境内贷款	10.71	1.43
(1) 活期存款	0.06	-0.12	1.短期贷款	4.11	-0.19
(2) 定期存款			（1）个人贷款及透支		
（3）保证金存款	0.00	0.00	（2）单位普通贷款及透支	0.89	-1.30
2.个人存款			2.中长期贷款	6.60	1.61
储蓄存款			（1）个人贷款		
			（2）单位普通贷款	4.22	0.75
各项准备	0.08	0.08	（二）境外贷款		
资金来源总计	10.94	1.57	资金运用总计	10.94	1.57

山东省工商银行外汇信贷收支表

单位：亿美元

栏目 项目名称	2011年	比年初增减数	栏目 项目名称	2011年	比年初增减数
各项存款	14.85	6.79	各项贷款	36.29	17.20
1.单位存款	9.65	3.77	（一）境内贷款	36.29	17.20
(1) 活期存款	6.56	2.26	1.短期贷款	31.32	15.68
(2) 定期存款	2.39	1.51	（1）个人贷款及透支		
（3）保证金存款	0.70	0.47	（2）单位普通贷款及透支	2.82	0.53
2.个人存款	5.14	2.96	2.中长期贷款	4.97	1.52
储蓄存款	5.11	2.94	（1）个人贷款		
			（2）单位普通贷款	2.28	1.00
各项准备	0.67	0.53	（二）境外贷款		
资金来源总计	375.40	147.00	资金运用总计	375.40	147.00

山东省农业银行外汇信贷收支表

单位：亿美元

栏目 项目名称	2011年	比年初增减数	栏目 项目名称	2011年	比年初增减数
各项存款	8.44	0.81	各项贷款	16.17	2.49
1.单位存款	7.73	1.22	（一）境内贷款	16.17	2.49
(1) 活期存款	6.15	0.59	1.短期贷款	13.99	2.97
(2) 定期存款	1.00	0.33	（1）个人贷款及透支	0.02	0.01
（3）保证金存款	0.50	0.23	（2）单位普通贷款及透支	4.35	1.31
2.个人存款	0.69	-0.08	2.中长期贷款	2.04	-0.47
储蓄存款	0.69	-0.08	（1）个人贷款		
			（2）单位普通贷款	0.10	-0.77
各项准备	0.06	0.00	（二）境外贷款		
资金来源总计	17.00	2.93	资金运用总计	17.00	2.93

山东省中国银行外汇信贷收支表

单位：亿美元

栏目 项目名称	2011年	比年初增减数	栏目 项目名称	2011年	比年初增减数
各项存款	28.81	3.11	各项贷款	70.55	-0.53
1.单位存款	16.49	3.09	（一）境内贷款	70.55	0.64
(1) 活期存款	14.48	5.64	1.短期贷款	54.79	-3.11
(2) 定期存款	1.08	0.40	（1）个人贷款及透支		
（3）保证金存款	0.80	-0.06	（2）单位普通贷款及透支	10.73	-4.10
2.个人存款	10.93	0.07	2.中长期贷款	15.72	3.78
储蓄存款	10.93	0.07	（1）个人贷款		
			（2）单位普通贷款	9.31	1.06
各项准备	1.40	0.14	（二）境外贷款		-1.17
资金来源总计	74.99	2.62	资金运用总计	74.99	2.62

山东省建设银行外汇信贷收支表

单位：亿美元

栏目 / 项目名称	2011年	比年初增减数	栏目 / 项目名称	2011年	比年初增减数
各项存款	8.14	-0.74	各项贷款	13.49	-3.99
1.单位存款	7.04	-0.48	（一）境内贷款	13.49	-3.99
(1) 活期存款	4.75	-1.39	1.短期贷款	9.55	-3.23
(2) 定期存款	0.27	-0.83	（1）个人贷款及透支		
（3）保证金存款	2.02	1.77	（2）单位普通贷款及透支	2.06	0.17
2.个人存款	0.92	-0.08	2.中长期贷款	3.94	-0.71
储蓄存款	0.91	-0.08	（1）个人贷款		
			（2）单位普通贷款	1.64	-0.45
各项准备	0.00		（二）境外贷款		
资金来源总计	15.65	-3.79	资金运用总计	15.65	-3.79

山东省交通银行外汇信贷收支表

单位：亿美元

栏目 / 项目名称	2011年	比年初增减数	栏目 / 项目名称	2011年	比年初增减数
各项存款	5.11	1.31	各项贷款	4.08	1.39
1.单位存款	4.00	1.35	（一）境内贷款	4.08	1.39
(1) 活期存款	2.07	0.26	1.短期贷款	3.85	1.39
(2) 定期存款	0.88	0.69	（1）个人贷款及透支	0.00	
（3）保证金存款	1.05	0.46	（2）单位普通贷款及透支	1.02	-0.06
2.个人存款	1.07	-0.04	2.中长期贷款	0.23	0.00
储蓄存款	0.68	-0.02	（1）个人贷款		
			（2）单位普通贷款	0.16	0.02
各项准备	0.03	0.15	（二）境外贷款		
资金来源总计	12.39	2.37	资金运用总计	12.39	2.37

山东省邮政储蓄银行外汇信贷收支表

单位：亿美元

栏目 / 项目名称	2011年	比年初增减数	栏目 / 项目名称	2011年	比年初增减数
各项存款	0.03	0.00	各项贷款		
1.单位存款	0.00	0.00	（一）境内贷款		
(1) 活期存款	0.00	0.00	1.短期贷款		
(2) 定期存款			（1）个人贷款及透支		
（3）保证金存款			（2）单位普通贷款及透支		
2.个人存款	0.02	0.00	2.中长期贷款		
储蓄存款	0.02	0.00	（1）个人贷款		
			（2）单位普通贷款		
各项准备			（二）境外贷款		
资金来源总计	0.01	0.00	资金运用总计	0.01	0.00

山东省恒丰银行外汇信贷收支表

单位：亿美元

项目名称	2011 年	比年初增减数	项目名称	2011 年	比年初增减数
各项存款	0.88	0.25	各项贷款	0.49	-0.31
1. 单位存款	0.74	0.28	（一）境内贷款	0.49	-0.31
(1) 活期存款	0.48	0.13	1. 短期贷款	0.46	-0.34
(2) 定期存款	0.10	0.10	（1）个人贷款及透支		
（3）保证金存款	0.15	0.06	（2）单位普通贷款及透支	0.07	-0.38
2. 个人存款	0.12	-0.02	2. 中长期贷款	0.03	0.03
储蓄存款	0.12	-0.02	（1）个人贷款		
			（2）单位普通贷款	0.03	0.03
各项准备	0.01	0.00	（二）境外贷款		
资金来源总计	0.75	-0.35	资金运用总计	0.75	-0.35

山东省光大银行外汇信贷收支表

单位：亿美元

项目名称	2011 年	比年初增减数	项目名称	2011 年	比年初增减数
各项存款	1.72	0.78	各项贷款	4.01	-1.28
1. 单位存款	1.15	0.67	（一）境内贷款	4.01	-1.28
(1) 活期存款	0.21	-0.10	1. 短期贷款	0.55	-1.39
(2) 定期存款	0.69	0.57	（1）个人贷款及透支		
（3）保证金存款	0.24	0.20	（2）单位普通贷款及透支	0.07	-0.75
2. 个人存款	0.57	0.12	2. 中长期贷款	3.45	0.11
储蓄存款	0.18	-0.06	（1）个人贷款		
			（2）单位普通贷款	2.77	0.11
各项准备	0.08	-0.02	（二）境外贷款		
资金来源总计	4.29	-1.14	资金运用总计	4.29	-1.14

山东省中信银行外汇信贷收支表

单位：亿美元

项目名称	2011 年	比年初增减数	项目名称	2011 年	比年初增减数
各项存款	2.55	-1.45	各项贷款	2.57	0.42
1. 单位存款	2.03	-1.32	（一）境内贷款	2.57	0.42
(1) 活期存款	1.74	0.15	1. 短期贷款	2.57	0.44
(2) 定期存款	0.00	-0.17	（1）个人贷款及透支		
（3）保证金存款	0.16	-0.24	（2）单位普通贷款及透支	0.60	-0.09
2. 个人存款	0.33	-0.02	2. 中长期贷款		-0.02
储蓄存款	0.26	-0.03	（1）个人贷款		
			（2）单位普通贷款		-0.02
各项准备	0.03	-0.01	（二）境外贷款		
资金来源总计	2.76	-134.71	资金运用总计	2.76	-134.71

山东省华夏银行外汇信贷收支表

单位：亿美元

项目名称	2011年	比年初增减数	项目名称	2011年	比年初增减数
各项存款	1.55	0.53	各项贷款	1.79	0.57
1.单位存款	1.24	0.44	（一）境内贷款	1.79	0.57
(1) 活期存款	0.96	0.35	1.短期贷款	1.67	0.46
(2) 定期存款	0.10	0.02	(1)个人贷款及透支		
(3)保证金存款	0.14	0.02	(2)单位普通贷款及透支	1.01	0.19
2.个人存款	0.08	-0.03	2.中长期贷款	0.12	0.11
储蓄存款	0.08	-0.03	(1)个人贷款		
			(2)单位普通贷款	0.01	
各项准备	0.02	0.01	（二）境外贷款		
资金来源总计	22.46	19.53	资金运用总计	22.46	19.53

山东省深圳发展银行外汇信贷收支表

单位：亿美元

项目名称	2011年	比年初增减数	项目名称	2011年	比年初增减数
各项存款	0.25	0.04	各项贷款	0.11	-0.28
1.单位存款	0.12	0.03	（一）境内贷款	0.11	-0.28
(1) 活期存款	0.08	0.00	1.短期贷款	0.11	-0.28
(2) 定期存款	0.01	0.01	(1)个人贷款及透支		
(3)保证金存款	0.03	0.02	(2)单位普通贷款及透支	0.11	-0.28
2.个人存款	0.07	0.00	2.中长期贷款		
储蓄存款	0.07	0.00	(1)个人贷款		
			(2)单位普通贷款		
各项准备	0.03	0.00	（二）境外贷款		
资金来源总计	0.87	-0.38	资金运用总计	0.87	-0.38

山东省招商银行外汇信贷收支表

单位：亿美元

项目名称	2011年	比年初增减数	项目名称	2011年	比年初增减数
各项存款	4.41	0.98	各项贷款	4.84	0.87
1.单位存款	2.95	0.74	（一）境内贷款	4.84	0.87
(1) 活期存款	2.63	1.33	1.短期贷款	4.75	0.86
(2) 定期存款	0.23	-0.58	(1)个人贷款及透支		
(3)保证金存款	0.08	-0.02	(2)单位普通贷款及透支	0.33	-0.06
2.个人存款	1.09	0.02	2.中长期贷款	0.09	0.02
储蓄存款	1.09	0.02	(1)个人贷款		
			(2)单位普通贷款	0.03	0.02
各项准备	0.10	0.01	（二）境外贷款		
资金来源总计	5.35	1.04	资金运用总计	5.35	1.04

山东省上海浦东发展银行外汇信贷收支表

单位：亿美元

栏目 项目名称	2011 年	比年初增减数	栏目 项目名称	2011 年	比年初增减数
各项存款	1.56	0.82	各项贷款	5.76	0.00
1.单位存款	1.44	0.81	（一）境内贷款	5.76	0.00
(1) 活期存款	0.64	0.20	1.短期贷款	5.17	-0.01
(2) 定期存款	0.47	0.32	（1）个人贷款及透支		
（3）保证金存款	0.33	0.30	（2）单位普通贷款及透支	3.94	-0.32
2.个人存款	0.11	0.00	2.中长期贷款	0.58	
储蓄存款	0.10	0.01	（1）个人贷款		
			（2）单位普通贷款	0.58	
各项准备			（二）境外贷款		
资金来源总计	5.92	0.10	资金运用总计	5.92	0.10

山东省兴业银行外汇信贷收支表

单位：亿美元

栏目 项目名称	2011 年	比年初增减数	栏目 项目名称	2011 年	比年初增减数
各项存款	1.72	0.60	各项贷款	1.86	1.34
1.单位存款	1.68	0.60	（一）境内贷款	1.86	1.34
(1) 活期存款	1.00	0.09	1.短期贷款	1.66	1.16
(2) 定期存款	0.53	0.53	（1）个人贷款及透支		
（3）保证金存款	0.07	0.04	（2）单位普通贷款及透支	0.44	0.31
2.个人存款	0.04	-0.01	2.中长期贷款	0.20	0.18
储蓄存款	0.04	-0.01	（1）个人贷款		
			（2）单位普通贷款		
各项准备	0.03	0.02	（二）境外贷款		
资金来源总计	1.94	1.30	资金运用总计	1.94	1.30

山东省民生银行外汇信贷收支表

单位：亿美元

栏目 项目名称	2011 年	比年初增减数	栏目 项目名称	2011 年	比年初增减数
各项存款	0.62	0.03	各项贷款		
1.单位存款	0.42	0.02	（一）境内贷款		
(1) 活期存款	0.37	-0.01	1.短期贷款		
(2) 定期存款			（1）个人贷款及透支		
（3）保证金存款	0.04	0.03	（2）单位普通贷款及透支		
2.个人存款	0.07	-0.01	2.中长期贷款		
储蓄存款	0.07	-0.01	（1）个人贷款		
			（2）单位普通贷款		
各项准备			（二）境外贷款		
资金来源总计	0.31	-0.02	资金运用总计	0.31	-0.02

山东省渤海银行外汇信贷收支表

单位：亿美元

项目名称 \ 栏目	2011年	比年初增减数	项目名称 \ 栏目	2011年	比年初增减数
各项存款	0.71	0.70	各项贷款	0.33	0.33
1.单位存款	0.71	0.70	（一）境内贷款	0.33	0.33
(1) 活期存款	0.00	0.00	1.短期贷款	0.33	0.33
(2) 定期存款			（1）个人贷款及透支		
（3）保证金存款	0.70	0.70	（2）单位普通贷款及透支	0.33	0.33
2.个人存款	0.00	0.00	2.中长期贷款		
储蓄存款	0.00	0.00	（1）个人贷款		
			（2）单位普通贷款		
各项准备			（二）境外贷款		
资金来源总计	0.35	0.34	资金运用总计	0.35	0.34

山东省天津银行外汇信贷收支表

单位：亿美元

项目名称 \ 栏目	2011年	比年初增减数	项目名称 \ 栏目	2011年	比年初增减数
各项存款	0.02	0.02	各项贷款	0.44	0.44
1.单位存款	0.02	0.02	（一）境内贷款	0.44	0.44
(1) 活期存款	0.02	0.02	1.短期贷款	0.44	0.44
(2) 定期存款			（1）个人贷款及透支		
（3）保证金存款			（2）单位普通贷款及透支	0.07	0.07
2.个人存款			2.中长期贷款		
储蓄存款			（1）个人贷款		
			（2）单位普通贷款		
各项准备			（二）境外贷款		
资金来源总计	0.44	0.44	资金运用总计	0.44	0.44

山东省浙商银行外汇信贷收支表

单位：亿美元

项目名称 \ 栏目	2011年	比年初增减数	项目名称 \ 栏目	2011年	比年初增减数
各项存款	0.10	0.10	各项贷款	0.01	0.01
1.单位存款	0.10	0.10	（一）境内贷款	0.01	0.01
(1) 活期存款	0.10	0.10	1.短期贷款	0.01	0.01
(2) 定期存款			（1）个人贷款及透支		
（3）保证金存款			（2）单位普通贷款及透支		
2.个人存款			2.中长期贷款		
储蓄存款			（1）个人贷款		
			（2）单位普通贷款		
各项准备			（二）境外贷款		
资金来源总计	0.01	0.01	资金运用总计	0.01	0.01

山东省北京银行外汇信贷收支表

单位：亿美元

项目名称	2011年	比年初增减数	项目名称	2011年	比年初增减数
各项存款	0.00	0.00	各项贷款	0.26	0.26
1.单位存款			（一）境内贷款	0.26	0.26
(1) 活期存款			1.短期贷款	0.26	0.26
(2) 定期存款			（1）个人贷款及透支		
（3）保证金存款			（2）单位普通贷款及透支	0.26	0.26
2.个人存款	0.00	0.00	2.中长期贷款		
储蓄存款	0.00	0.00	（1）个人贷款		
			（2）单位普通贷款		
各项准备	0.01	0.01	（二）境外贷款		
资金来源总计	0.27	0.27	资金运用总计	0.27	0.27

三、分机构经营成果情况

山东省全金融机构（含外资）本外币损益表

单位：亿元

行列名称	本年	比上年同期增减	比上年同期增减%	行列名称	本年	比上年同期增减	比上年同期增减%
一、营业收入	2028.31	477.30	30.77	1.业务及管理费	649.50	146.90	29.23
1.利息净收入	1743.19	381.68	28.03	2.营业税金及附加	137.19	39.25	40.08
利息收入	4675.27	1206.72	34.79	3.资产减值损失	258.05	78.14	43.43
利息支出	2932.07	825.03	39.16	三、营业利润	969.35	207.56	27.25
2.手续费及佣金净收入	246.49	87.22	54.76	四、利润总额	961.08	202.59	26.71
二、营业支出	1058.96	269.73	34.18	五、净利润	819.85	164.95	25.19

山东省政策性银行本外币损益表

单位：亿元

行列名称	本年	比上年同期增减	比上年同期增减%	行列名称	本年	比上年同期增减	比上年同期增减%
一、营业收入	107.94	31.33	40.90	1.业务及管理费	8.16	0.82	11.18
1.利息净收入	101.74	29.12	40.11	2.营业税金及附加	12.67	4.15	48.76
利息收入	240.22	72.07	42.86	3.资产减值损失	31.77	31.77	
利息支出	138.48	42.94	44.95	三、营业利润	54.87	-5.43	-9.01
2.手续费及佣金净收入	7.06	2.99	73.53	四、利润总额	54.78	-5.41	-8.99
二、营业支出	53.07	36.77	225.47	五、净利润	54.78	-5.41	-8.99

山东省国家开发银行本外币损益表

单位：亿元

行列名称	本年	比上年同期增减	比上年同期增减%	行列名称	本年	比上年同期增减	比上年同期增减%
一、营业收入	67.66	20.42	43.23	1.业务及管理费	2.01	0.18	9.98
1.利息净收入	62.78	18.94	43.22	2.营业税金及附加	8.51	3.02	54.91
利息收入	156.81	56.18	55.82	3.资产减值损失	31.21	31.21	
利息支出	94.03	37.23	65.55	三、营业利润	25.93	-13.99	-35.04
2.手续费及佣金净收入	5.90	2.25	61.56	四、利润总额	25.93	-13.99	-35.05
二、营业支出	41.73	34.41	470.19	五、净利润	25.93	-13.99	-35.05

山东省农业发展银行本外币损益表

单位：亿元

行列名称	本年	比上年同期增减	比上年同期增减%	行列名称	本年	比上年同期增减	比上年同期增减%
一、营业收入	33.65	9.08	36.96	1.业务及管理费	5.90	0.62	11.77
1.利息净收入	33.29	8.93	36.67	2.营业税金及附加	3.33	0.87	35.41
利息收入	68.44	11.04	19.22	3.资产减值损失			
利息支出	35.15	2.10	6.36	三、营业利润	23.96	7.57	46.19
2.手续费及佣金净收入	0.22	0.17	342.76	四、利润总额	23.87	7.59	46.66
二、营业支出	9.70	1.51	18.47	五、净利润	23.87	7.59	46.66

山东省进出口银行本外币损益表

单位：亿元

行列名称	本年	比上年同期增减	比上年同期增减%	行列名称	本年	比上年同期增减	比上年同期增减%
一、营业收入	6.63	1.83	38.10	1.业务及管理费	0.26	0.02	7.45
1.利息净收入	5.68	1.25	28.21	2.营业税金及附加	0.83	0.26	47.05
利息收入	14.97	4.85	48.00	3.资产减值损失	0.56	0.56	
利息支出	9.29	3.61	63.40	三、营业利润	4.98	0.99	24.65
2.手续费及佣金净收入	0.95	0.58	155.49	四、利润总额	4.98	0.98	24.66
二、营业支出	1.65	0.84	105.07	五、净利润	4.98	0.98	24.66

山东省国有商业银行本外币损益表

单位：亿元

行列名称	本年	比上年同期增减	比上年同期增减%	行列名称	本年	比上年同期增减	比上年同期增减%
一、营业收入	872.77	138.69	18.89	1.业务及管理费	263.83	40.33	18.04
1.利息净收入	674.29	90.42	15.49	2.营业税金及附加	64.20	15.73	32.47
利息收入	2476.77	522.30	26.72	3.资产减值损失	40.94	11.15	37.45
利息支出	1802.48	431.88	31.51	三、营业利润	492.77	66.80	15.68
2.手续费及佣金净收入	190.07	47.25	33.08	四、利润总额	492.25	66.71	15.68
二、营业支出	380.01	71.89	23.33	五、净利润	427.67	60.26	16.40

山东省工商银行本外币损益表

单位：亿元

行列名称	本年	比上年同期增减	比上年同期增减%	行列名称	本年	比上年同期增减	比上年同期增减%
一、营业收入	280.63	49.39	21.36	1.业务及管理费	67.97	9.40	16.04
1.利息净收入	211.59	27.74	15.09	2.营业税金及附加	21.79	5.61	34.67
利息收入	1355.88	405.70	42.70	3.资产减值损失	7.91	-2.00	-20.17
利息支出	1144.29	377.96	49.32	三、营业利润	182.94	36.37	24.81
2.手续费及佣金净收入	67.98	21.69	46.85	四、利润总额	181.88	36.65	25.23
二、营业支出	97.68	13.02	15.37	五、净利润	136.13	27.53	25.35

山东省农业银行本外币损益表

单位：亿元

行列名称	本年	比上年同期增减	比上年同期增减%	行列名称	本年	比上年同期增减	比上年同期增减%
一、营业收入	260.24	56.26	27.58	1.业务及管理费	83.23	17.06	25.78
1.利息净收入	212.09	39.05	22.57	2.营业税金及附加	16.31	4.50	38.15
利息收入	695.70	61.57	9.71	3.资产减值损失	4.16	-0.59	-12.50
利息支出	483.61	22.52	4.88	三、营业利润	156.44	35.21	29.05
2.手续费及佣金净收入	46.24	17.68	61.90	四、利润总额	156.42	34.98	28.80
二、营业支出	103.81	21.05	25.44	五、净利润	156.42	35.05	28.88

山东省中国银行本外币损益表

单位：亿元

行列名称	本年	比上年同期增减	比上年同期增减%	行列名称	本年	比上年同期增减	比上年同期增减%
一、营业收入	144.12	1.43	1.01	1.业务及管理费	53.11	5.28	11.04
1.利息净收入	112.24	3.87	3.57	2.营业税金及附加	11.89	2.43	25.74
利息收入	196.16	7.16	3.79	3.资产减值损失	13.52	10.39	331.51
利息支出	83.93	3.29	4.08	三、营业利润	58.90	-20.59	-25.90
2.手续费及佣金净收入	28.50	-3.92	-12.08	四、利润总额	58.57	-21.11	-26.49
二、营业支出	85.21	22.02	34.85	五、净利润	39.75	-18.56	-31.82

山东省建设银行本外币损益表

单位：亿元

行列名称	本年	比上年同期增减	比上年同期增减%	行列名称	本年	比上年同期增减	比上年同期增减%
一、营业收入	187.78	31.60	20.24	1.业务及管理费	59.52	8.59	16.86
1.利息净收入	138.37	19.75	16.65	2.营业税金及附加	14.20	3.18	28.91
利息收入	229.03	47.87	26.42	3.资产减值损失	15.36	3.36	27.99
利息支出	90.66	28.12	44.96	三、营业利润	94.48	15.81	20.09
2.手续费及佣金净收入	47.37	11.80	33.18	四、利润总额	95.37	16.18	20.44
二、营业支出	93.30	15.80	20.38	五、净利润	95.36	16.23	20.51

山东省股份制商业银行本外币损益表

单位：亿元

行列名称	本年	比上年同期增减	比上年同期增减%	行列名称	本年	比上年同期增减	比上年同期增减%
一、营业收入	330.57	99.18	42.86	1.业务及管理费	98.33	20.43	26.23
1.利息净收入	289.17	79.96	38.22	2.营业税金及附加	26.51	9.56	56.43
利息收入	741.98	252.39	51.55	3.资产减值损失	10.99	-6.99	-38.90
利息支出	452.81	172.43	61.50	三、营业利润	193.27	75.71	64.40
2.手续费及佣金净收入	30.14	13.58	81.95	四、利润总额	193.93	75.73	64.07
二、营业支出	137.29	23.46	20.61	五、净利润	177.97	69.67	64.32

山东省交通银行本外币损益表

单位：亿元

行列名称	本年	比上年同期增减	比上年同期增减%	行列名称	本年	比上年同期增减	比上年同期增减%
一、营业收入	50.20	12.25	32.29	1.业务及管理费	15.82	3.07	24.06
1.利息净收入	43.28	9.34	27.53	2.营业税金及附加	4.08	1.28	45.63
利息收入	75.63	20.49	37.16	3.资产减值损失			
利息支出	32.35	11.15	52.56	三、营业利润	29.94	7.64	34.25
2.手续费及佣金净收入	6.15	2.81	83.85	四、利润总额	29.71	7.85	35.92
二、营业支出	20.26	4.61	29.49	五、净利润	29.71	7.85	35.92

山东省邮政储蓄银行本外币损益表

单位：亿元

行列名称	本年	比上年同期增减	比上年同期增减%	行列名称	本年	比上年同期增减	比上年同期增减%
一、营业收入	58.23	31.08	114.46	1.业务及管理费	42.62	26.26	160.54
1.利息净收入	55.58	12.95	30.38	2.营业税金及附加	1.58	0.40	34.23
利息收入	192.44	58.99	44.20	3.资产减值损失	6.67	5.06	314.12
利息支出	136.86	46.03	50.68	三、营业利润	7.37	-0.64	-8.00
2.手续费及佣金净收入	2.56	18.10	-116.50	四、利润总额	7.56	-0.52	-6.42
二、营业支出	50.86	31.72	165.69	五、净利润	4.97	-2.31	-31.77

山东省恒丰银行本外币损益表

单位：亿元

行列名称	本年	比上年同期增减	比上年同期增减%	行列名称	本年	比上年同期增减	比上年同期增减%
一、营业收入	36.21	10.96	43.42	1.业务及管理费	9.26	1.61	21.14
1.利息净收入	29.76	6.73	29.23	2.营业税金及附加	2.60	1.02	64.63
利息收入	70.12	19.09	37.42	3.资产减值损失	0.33	-5.08	-93.85
利息支出	40.37	12.36	44.15	三、营业利润	23.27	13.36	134.79
2.手续费及佣金净收入	1.84	1.60	663.94	四、利润总额	23.52	13.51	134.89
二、营业支出	12.93	-2.40	-15.65	五、净利润	23.52	13.51	134.89

山东省光大银行本外币损益表

单位：亿元

行列名称	本年	比上年同期增减	比上年同期增减%	行列名称	本年	比上年同期增减	比上年同期增减%
一、营业收入	19.25	4.75	32.78	1.业务及管理费	5.62	0.90	19.03
1.利息净收入	17.00	4.08	31.54	2.营业税金及附加	1.53	0.57	59.78
利息收入	40.27	9.55	31.09	3.资产减值损失	1.46	-0.22	-13.07
利息支出	23.27	5.48	30.77	三、营业利润	10.63	3.50	49.17
2.手续费及佣金净收入	2.06	0.69	50.44	四、利润总额	10.55	3.38	47.11
二、营业支出	8.62	1.25	16.94	五、净利润	9.28	3.05	49.06

山东省中信银行本外币损益表

单位：亿元

行列名称	本年	比上年同期增减	比上年同期增减%	行列名称	本年	比上年同期增减	比上年同期增减%
一、营业收入	39.53	12.23	44.80	1.业务及管理费	11.59	2.29	24.67
1.利息净收入	34.07	10.49	44.48	2.营业税金及附加	3.56	1.54	75.92
利息收入	141.97	56.79	66.67	3.资产减值损失	0.14	-0.04	-21.49
利息支出	107.90	46.30	75.16	三、营业利润	24.24	8.44	53.37
2.手续费及佣金净收入	4.55	1.57	52.56	四、利润总额	24.75	8.33	50.72
二、营业支出	15.29	3.79	33.00	五、净利润	18.49	6.16	49.95

山东省华夏银行本外币损益表

单位：亿元

行列名称	本年	比上年同期增减	比上年同期增减%	行列名称	本年	比上年同期增减	比上年同期增减%
一、营业收入	29.39	6.01	25.71	1.业务及管理费	10.09	1.48	17.22
1.利息净收入	27.27	5.33	24.28	2.营业税金及附加	2.25	0.64	39.72
利息收入	44.50	9.36	26.64	3.资产减值损失	1.97	-1.33	-40.24
利息支出	17.23	4.03	30.56	三、营业利润	15.07	5.24	53.26
2.手续费及佣金净收入	1.69	0.64	60.44	四、利润总额	15.06	5.15	52.05
二、营业支出	14.32	0.78	5.72	五、净利润	14.17	4.84	51.83

山东省深圳发展银行本外币损益表

单位：亿元

行列名称	本年	比上年同期增减	比上年同期增减%	行列名称	本年	比上年同期增减	比上年同期增减%
一、营业收入	10.82	2.54	30.64	1.业务及管理费	4.11	1.00	32.00
1.利息净收入	9.58	1.94	25.32	2.营业税金及附加	1.28	0.54	71.75
利息收入	24.13	10.41	75.90	3.资产减值损失	0.48	0.23	89.26
利息支出	14.55	8.48	139.55	三、营业利润	4.93	0.76	18.24
2.手续费及佣金净收入	1.24	0.70	130.54	四、利润总额	4.93	0.76	18.24
二、营业支出	5.89	1.78	43.20	五、净利润	4.93	0.76	18.24

山东省招商银行本外币损益表

单位：亿元

行列名称	本年	比上年同期增减	比上年同期增减%	行列名称	本年	比上年同期增减	比上年同期增减%
一、营业收入	47.83	14.92	45.32	1.业务及管理费	13.93	2.23	19.11
1.利息净收入	42.27	12.48	41.88	2.营业税金及附加	3.39	1.08	46.74
利息收入	108.29	38.45	55.05	3.资产减值损失	1.78	-0.81	-31.36
利息支出	66.02	25.97	64.84	三、营业利润	28.73	12.42	76.09
2.手续费及佣金净收入	2.93	1.06	56.81	四、利润总额	28.80	12.48	76.44
二、营业支出	19.10	2.50	15.07	五、净利润	21.56	9.45	77.89

山东省上海浦东发展银行本外币损益表

单位：亿元

行列名称	本年	比上年同期增减	比上年同期增减%	行列名称	本年	比上年同期增减	比上年同期增减%
一、营业收入	27.44	9.67	54.45	1.业务及管理费	6.47	1.07	19.87
1.利息净收入	23.78	7.77	48.56	2.营业税金及附加	2.35	0.83	54.22
利息收入	76.99	28.89	60.05	3.资产减值损失	1.87	0.29	18.38
利息支出	53.21	21.11	65.79	三、营业利润	16.73	7.49	80.95
2.手续费及佣金净收入	3.36	1.78	112.08	四、利润总额	16.78	7.41	79.06
二、营业支出	10.71	2.19	25.69	五、净利润	16.78	7.41	79.06

山东省兴业银行本外币损益表

单位：亿元

行列名称	本年	比上年同期增减	比上年同期增减%	行列名称	本年	比上年同期增减	比上年同期增减%
一、营业收入	32.13	12.41	62.96	1.业务及管理费	10.14	4.00	65.07
1.利息净收入	28.57	10.80	60.77	2.营业税金及附加	2.04	0.59	40.63
利息收入	68.59	22.84	49.94	3.资产减值损失	1.23	0.30	32.69
利息支出	40.01	12.04	43.06	三、营业利润	18.48	7.45	67.46
2.手续费及佣金净收入	3.42	1.56	83.78	四、利润总额	18.55	7.45	67.08
二、营业支出	13.64	4.97	57.24	五、净利润	18.55	7.45	67.08

山东省民生银行本外币损益表

单位：亿元

行列名称	本年	比上年同期增减	比上年同期增减%	行列名称	本年	比上年同期增减	比上年同期增减%
一、营业收入	31.59	10.63	50.68	1.业务及管理费	9.26	2.04	28.25
1.利息净收入	27.85	8.50	43.92	2.营业税金及附加	2.94	1.30	79.70
利息收入	72.60	27.18	59.82	3.资产减值损失	1.60	-0.12	-7.15
利息支出	44.76	18.68	71.62	三、营业利润	17.74	7.35	70.67
2.手续费及佣金净收入	2.42	0.84	53.38	四、利润总额	17.76	7.34	70.42
二、营业支出	13.85	3.28	31.02	五、净利润	17.76	7.34	70.42

山东省渤海银行本外币损益表

单位：亿元

行列名称	本年	比上年同期增减	比上年同期增减%	行列名称	本年	比上年同期增减	比上年同期增减%
一、营业收入	3.47	0.73	26.80	1.业务及管理费	1.28	0.44	51.69
1.利息净收入	3.18	0.56	21.42	2.营业税金及附加	0.32	0.05	19.03
利息收入	13.72	5.21	61.26	3.资产减值损失			
利息支出	10.55	4.65	78.97	三、营业利润	1.86	0.23	14.50
2.手续费及佣金净收入	0.34	0.23	198.22	四、利润总额	1.86	0.24	14.52
二、营业支出	1.61	0.50	44.65	五、净利润	1.60	0.05	3.46

山东省天津银行本外币损益表

单位：亿元

行列名称	本年	比上年同期增减	比上年同期增减%	行列名称	本年	比上年同期增减	比上年同期增减%
一、营业收入	2.04	1.56	324.61	1.业务及管理费	0.39	0.24	153.04
1.利息净收入	1.77	1.33	302.60	2.营业税金及附加	0.11	0.10	691.61
利息收入	4.64	3.82	466.69	3.资产减值损失			
利息支出	2.87	2.49	656.71	三、营业利润	1.54	1.23	392.80
2.手续费及佣金净收入	0.26	0.22	529.76	四、利润总额	1.55	1.22	378.93
二、营业支出	0.50	0.34	198.58	五、净利润	1.55	1.22	378.93

山东省浙商银行本外币损益表

单位：亿元

行列名称	本年	比上年同期增减	比上年同期增减%	行列名称	本年	比上年同期增减	比上年同期增减%
一、营业收入	2.71	2.07	323.62	1.业务及管理费	0.77	0.30	63.27
1.利息净收入	2.56	1.95	317.62	2.营业税金及附加	0.16	0.13	375.16
利息收入	5.15	4.12	401.73	3.资产减值损失	0.13	-0.21	-62.27
利息支出	2.59	2.18	526.73	三、营业利润	1.65	1.85	-919.15
2.手续费及佣金净收入	0.12	0.10	392.16	四、利润总额	1.66	1.84	-1039.13
二、营业支出	1.06	0.22	26.45	五、净利润	1.63	1.81	-1021.08

山东省北京银行本外币损益表

单位：亿元

行列名称	本年	比上年同期增减	比上年同期增减%	行列名称	本年	比上年同期增减	比上年同期增减%
一、营业收入	1.67	1.58	1667.76	1.业务及管理费	0.63	0.36	114.88
1.利息净收入	1.42	1.33	1509.09	2.营业税金及附加	0.19	0.18	2492.64
利息收入	4.74	4.59	3016.66	3.资产减值损失	0.83	0.65	367.82
利息支出	3.32	3.26	5097.54	三、营业利润	-0.02	0.38	-94.05
2.手续费及佣金净收入	0.20	0.20	3278.13	四、利润总额	-0.02	0.37	-94.36
二、营业支出	1.69	1.20	239.93	五、净利润	-0.02	0.37	-94.36

山东省城市商业银行本外币损益表

单位：亿元

行列名称	本年	比上年同期增减	比上年同期增减%	行列名称	本年	比上年同期增减	比上年同期增减%
一、营业收入	77.65	12.80	19.73	1.业务及管理费	28.69	5.34	22.87
1.利息净收入	66.38	10.97	19.12	2.营业税金及附加	5.76	1.74	43.35
利息收入	162.15	36.10	28.64	3.资产减值损失	16.94	5.45	47.38
利息支出	93.77	25.13	36.61	三、营业利润	26.13	0.24	0.92
2.手续费及佣金净收入	3.34	1.10	49.03	四、利润总额	25.87	0.15	0.59
二、营业支出	51.52	12.56	32.24	五、净利润	19.97	2.62	2.25

山东省农村合作银行本外币损益表

单位：亿元

行列名称	本年	比上年同期增减	比上年同期增减%	行列名称	本年	比上年同期增减	比上年同期增减%
一、营业收入	74.68	13.12	21.31	1.业务及管理费	26.96	4.07	17.80
1.利息净收入	73.71	13.57	22.57	2.营业税金及附加	3.26	0.64	24.32
利息收入	98.60	17.66	21.81	3.资产减值损失	27.73	6.46	30.39
利息支出	24.89	4.08	19.62	三、营业利润	16.72	1.94	13.13
2.手续费及佣金净收入	0.92	-0.19	-16.98	四、利润总额	16.32	1.57	10.64
二、营业支出	57.96	11.18	23.89	五、净利润	10.41	-1.33	-11.35

山东省农村信用合作社本外币损益表

单位：亿元

行列名称	本年	比上年同期增减	比上年同期增减%	行列名称	本年	比上年同期增减	比上年同期增减%
一、营业收入	274.61	44.24	19.20	1.业务及管理费	113.89	19.01	20.04
1.利息净收入	273.38	45.83	20.14	2.营业税金及附加	10.11	1.36	15.52
利息收入	406.67	78.43	23.90	3.资产减值损失	88.73	6.96	8.51
利息支出	133.29	32.60	32.38	三、营业利润	61.84	16.90	37.61
2.手续费及佣金净收入	0.17	-1.06	-86.18	四、利润总额	54.75	12.83	30.62
二、营业支出	212.77	27.34	14.74	五、净利润	36.40	5.33	17.15

山东省信托投资公司本外币损益表

单位：亿元

行列名称	本年	比上年同期增减	比上年同期增减%	行列名称	本年	比上年同期增减	比上年同期增减%
一、营业收入	4.33	1.17	37.07	1.业务及管理费	0.94	0.37	65.13
1.利息净收入	0.20	0.15	373.19	2.营业税金及附加	0.25	0.15	142.46
利息收入	0.20	0.15	373.19	3.资产减值损失	-1.81	-1.36	303.46
利息支出				三、营业利润	4.73	1.90	67.44
2.手续费及佣金净收入	3.82	2.32	154.00	四、利润总额	4.73	1.92	68.32
二、营业支出	-0.40	-0.73	-220.92	五、净利润	4.20	1.70	67.95

山东省中资财务公司本外币损益表

单位：亿元

行列名称	本年	比上年同期增减	比上年同期增减%	行列名称	本年	比上年同期增减	比上年同期增减%
一、营业收入	26.29	12.49	90.52	1.业务及管理费	0.95	0.36	60.84
1.利息净收入	22.57	11.09	96.63	2.营业税金及附加	1.52	0.59	63.11
利息收入	30.33	13.06	75.63	3.资产减值损失	3.54	2.61	280.90
利息支出	7.75	1.97	33.99	三、营业利润	20.28	8.93	78.73
2.手续费及佣金净收入	1.44	0.17	13.50	四、利润总额	20.36	9.02	79.44
二、营业支出	6.00	3.56	145.14	五、净利润	15.27	6.77	79.60

四、其他金融统计资料

山东省全金融机构（含外资）中间业务收入表

单位：万元

项目名称 \ 栏目	本外币 当年累计	人民币 当年累计	外币 当年累计
中间业务收入合计	2779833	2633058	146776
（一）结算性中间业务收入	856218	785396	70822
1.国际结算收入	253000	183763	69236
单位	251007	182389	68618
个人	1992	1374	618
2.国内结算收入	603218	601633	1586
单位	252238	250930	1308
个人	350980	350703	277
（二）担保性中间业务收入	382564	368895	13670
1.银行承兑汇票收入	73337	73337	0
2.保函业务收入	38809	37171	1637
融资性保函	27458	26158	1299
非融资性保函	11351	11013	338
3.承诺费收入	72397	69129	3268
4.保理费收入	114038	106361	7677
5.其他担保性中间业务收入	83983	82896	1088
（三）管理性中间业务收入	690888	650114	40775
1.代收代付收入	32106	31601	505
2.资产托管及企业年金业务收入	88708	88708	0
3.理财业务收入	167357	167017	339
4.代客资金业务收入	91187	87188	3999
代客外汇买卖	77484	74895	2589
代客衍生工具交易	-2520	-3315	795
其他代客资金业务	16223	15608	615
5.银团贷款收入	18093	15097	2996
6.委托贷款收入	27019	25591	1428
7.其他管理性中间业务收入	266419	234911	31508
代销基金	28514	28510	4
代理保险	137114	137114	
代销债券	3095	3095	0
代理贵金属	10971	10971	
其他	86725	55221	31504
（四）投资银行业务收入	498954	498458	496
1.财务顾问收入	423675	423179	496
2.债券承销收入	21598	21598	
3.其他投资银行业务收入	53681	53681	
（五）其他中间业务收入	351209	330195	21014
其中：保管箱业务收入	911	911	
附：银行卡业务收入	318808	318325	483
电子银行业务收入	144183	143846	337

山东省全金融机构（不含外资）中间业务收入表

单位：万元

项目名称 \ 栏目	本外币 当年累计	人民币 当年累计	外币 当年累计
中间业务收入合计	2765740	2630767	134973
（一）结算性中间业务收入	849372	784872	64501
1、国际结算收入	246784	183524	63260
单位	244912	182159	62752
个人	1872	1365	508
2、国内结算收入	602588	601348	1241
单位	251694	250714	980
个人	350895	350633	261
（二）担保性中间业务收入	381033	367805	13228
1、银行承兑汇票收入	72654	72654	0
2、保函业务收入	38279	36823	1455
融资性保函	27212	26022	1190
非融资性保函	11067	10801	266
3、承诺费收入	72373	69114	3259
4、保理费收入	113941	106361	7579
5、其他担保性中间业务收入	83786	82852	934
（三）管理性中间业务收入	686919	649659	37261
1、代收代付收入	32043	31601	442
2、资产托管及企业年金业务收入	88708	88708	0
3、理财业务收入	166978	166969	9
4、代客资金业务收入	88233	87188	1045
代客外汇买卖	75006	74895	111
代客衍生工具交易	-2996	-3315	319
其他代客资金业务	16223	15608	615
5、银团贷款收入	18082	15093	2989
6、委托贷款收入	26987	25561	1426
7、其他管理性中间业务收入	265889	234538	31350
代销基金	28514	28510	4
代理保险	136815	136815	
代销债券	3095	3095	0
代理贵金属	10971	10971	
其他	86494	55147	31347
（四）投资银行业务收入	498891	498401	490
1、财务顾问收入	423611	423122	490
2、债券承销收入	21598	21598	
3、其他投资银行业务收入	53681	53681	
（五）其他中间业务收入	349525	330031	19494
其中：保管箱业务收入	911	911	
附：银行卡业务收入	318710	318232	478
电子银行业务收入	143836	143827	9

山东省金融机构人员、机构情况表

（2011年末）　　单位：家、人

行别		法人机构数	省级机构数	二级分行机构数	支行机构数	支行以下分支机构数	机构数合计	正式人员数合计
		1	2	3	4	5	6	7
国有商业银行	工商银行		2	16	493	508	1019	23867
	农业银行		2	16	198	1388	1604	26381
	中国银行		1	16	562	15	594	17023
	建设银行		2	16	417	444	879	24110
	交通银行		2	11	177		190	4496
	合计（全省）		9	75	1847	2355	4286	95877
股份制商业银行	中信银行青岛分行		1	3	29		33	1060
	中信银行济南分行		1	3	22		26	880
	光大银行青岛分行		1		16		17	587
	光大银行济南分行		1	1	13		15	468
	光大银行烟台分行		1		8		9	300
	华夏银行济南分行		1	3	26		30	999
	华夏银行青岛分行		1		14		15	848
	招商银行济南分行		1	4	28		33	1322
	招商银行青岛分行		1	4	19		24	1160
	浦东发展银行济南分行		1	5	14		20	821
	浦东发展银行青岛分行		1	1	11		13	429
	深圳发展银行济南分行		1		8		9	333
	深圳发展银行青岛分行		1		8		9	417
	兴业银行济南分行		1	5	13	3	22	1004
	兴业银行青岛分行		1		8		9	361
	民生银行济南分行		1	2	14		17	826
	民生银行青岛分行		1		13		14	599
	恒丰银行	1	3	4	51	29	87	1590
	渤海银行济南分行		1	1	2		4	204
	浙商银行济南分行		1				1	156
	合计（全省）	1	22	36	317	32	407	14364
政策性银行	农业发展银行		1	17	107		125	3440
	进出口银行青岛分行		1				1	57
	国家开发银行		2				2	276
	合计（全省）		4	17	107		128	3773

续表 1

行别		法人机构数	省级机构数	二级分行机构数	支行机构数	支行以下分支机构数	机构数合计	正式人员数合计
		1	2	3	4	5	6	7
城市商业银行	齐鲁银行	1		3	73		76	2059
	青岛商行	1		3	44		47	1624
	齐商银行	1		2	73		75	1662
	烟台银行	1		1	72		73	1369
	潍坊银行	1		2	48		50	1308
	临商银行	1		1	63		64	1641
	威海商行	1		3	36		39	1197
	日照银行	1		3	26		29	851
	莱商银行	1		2	29		31	820
	东营商行	1		3	24		27	316
	德州商行	1		1	33		34	727
	济宁商行	1		1	26		27	821
	泰安商行	1		1	26		27	813
	枣庄商行	1		1	14		15	342
	天津银行济南分行			1			1	117
	北京银行济南分行			1	1		2	116
	河北银行青岛分行			1			1	61
	合计（全省）	14		30	588		618	15844
农村金融机构	山东省农村信用社	106	1	3	102	3546	3652	48520
	山东省农村商业银行	13			14	801	815	9359
	山东省农村合作银行	17			17	705	722	9372
	山东省村镇银行	29				34	34	849
	山东省资金互助社	2				2	2	7
	合计（全省）	167	1	3	133	5088	5225	68107
其他金融机构	山东省国际信托投资公司	1	1				1	104
	海协信托	1	1				1	50
	重汽财务	1	1				1	81
	南山财务	1	1				1	30
	兖矿财务	1	1				1	35
	海尔财务	1	1				1	98
	海信财务	1	1				1	25

续表 2

行别		法人机构数	省级机构数	二级分行机构数	支行机构数	支行以下分支机构数	机构数合计	正式人员数合计
		1	2	3	4	5	6	7
其他金融机构	中石化财务公司山东分公司		1				1	32
	青啤财务	1	1				1	24
	华融资产管理公司		1				1	50
	长城资产管理公司		1				1	87
	东方资产管理公司		1				1	48
	信达资产管理公司		1				1	40
	中国邮政储蓄银行		2	16	1428	1419	2865	6845
	合计（全省）	8	15	16	1428	1419	2878	7549
外资银行	汇丰银行济南分行		1				1	34
	汇丰银行青岛分行		1		4		5	149
	南洋商业银行青岛分行		1				1	63
	日本山口银行青岛分行		1		1		2	26
	韩亚银行青岛分行		1		2		3	67
	韩亚银行烟台分行		1		1		2	31
	企业银行青岛分行		1		1		2	39
	企业银行烟台分行		1				1	20
	新韩银行青岛分行		1		1		2	43
	渣打银行青岛分行		1		3		4	125
	东亚银行青岛分行		1		2		3	127
	瑞穗实业银行青岛分行		1				1	59
	华侨银行青岛代表处		1				1	16
	釜山银行青岛代表处		1				1	55
	合计（全省）		14		15		29	854
山东省合计		190	65	177	4435	8894	13571	206368

山东省（含青岛）上市公司情况表

项　　目		本期
上市公司数		145（家）
其中：A 股		142（家）
B 股		6（家）
A、B 股均发行		4（家）
境内、外均上市		7（家）
ST 公司数		10（家）
其中：*ST 公司数		1（家）
暂停上市公司数		
退市公司数		0（家）
总股本		859.49（亿股）
流通股本	A 股	571.7（亿股）
	B 股	15.68（亿股）
境内上市公司境外股		
总市值（境内）		8880.68（亿元）
流通市值（境内）		5937.15（亿元）

山东省（含青岛）上市公司融资情况表

项　目	本期		本年累计	
	家数	筹集资金（亿元）	家数	筹集资金（亿元）
A 股				
首发	1	8.62		154.22
配股	0	0		
增发	2	19.5		96.1
合计	3	28.12		250.32
B 股				
首发				
配股				
增发				
合计				
可转债				
境外股				
首发				
再融资				
合计				

山东省（含青岛）上市公司注册地地区分布表

单位：家

地　区	家数
济南	22
青岛	19
淄博	19
枣庄	0
东营	3
烟台	24
潍坊	17
济宁	6
泰安	5
威海	7
日照	1
滨州	7
德州	5
聊城	4
临沂	5
菏泽	0
莱芜	1
合计	145

山东省（含青岛）证券、期货中介机构情况统计表

单位：亿元

项　　目	证券公司	证券营业部	期货经纪公司
公司数（家）	2		3
所属营业部（家）	197	252	59
注册资本	60.12		7.2
总资产	386.3	299.98	36.19
净资产	136.13	121.47	8.99
净资本	100.98		7.88
净利润（本年）	6.18	16.28	0.75
承销金额	39.24		
交易金额（本年）	30257.9	25758.91	6.68
投资者资金户开户数（万户）	352.31	599.59	
投资者股东户开户数（万户）	640.58	942.28	
资产管理受托金额			
客户交易结算资金余额			

人寿保险公司主要业务指标月报表（含青岛）

单位：亿元

项　目	本年累计	上年同期	同比增长%
一、保费收入	696.83		
1.寿险小计	627.56		
2.意外伤害险小计	17.84		
3.健康险小计	51.42		
二、赔付支出	109.82		
1、赔款支出合计	15.18		
（1）意外伤害险	4.53		
（2）短期健康险	10.65		
2、死伤医疗给付合计	13.65		
（1）寿险	8.93		
（2）长期健康险	4.73		
3、满期给付合计	62.16		
（1）寿险	55.03		
（2）长期健康险	7.13		
4、年金给付合计	18.83		

注：由于保监部门统计口径调整，无2010年同期数。

财产保险公司主要业务指标月报表（含青岛）

单位：万件、亿元

项　目	本年累计	上年同期	同比增长%
一、签单数量	1772.91	1500.56	18.15
二、签单保费合计	338.98	297.10	14.09
三、保费收入合计	339.21	297.44	14.04
四、已决赔款合计	161.09	129.64	24.26
五、赔款支出合计	161.41	136.66	18.11

注：1.签单数量为签单件数减注销保单件数后的净保单件数，按保单起保日开始统计。

2.签单保费为保单保费加批增保费减批减保费后的净额，业务上按保单起保日开始计算。

3.已决赔款按照业务上已核赔结案的赔款金额，包括业务已决财务未付和业务已决财务已付赔款金额。

第十四部分

辖内金融机构概览

中国人民银行济南分行

行领导

分行党委书记、行长：杨子强
分行党委副书记、副行长（正厅局级）：于华民
分行党委委员，郑州中支党委书记、行长：计承江
分行巡视员：李亚新
分行党委委员、副行长：李建文　刘克俭　肖龙沧
分行党委委员、纪委书记：辛树人
分行党委委员，营管部党委书记、主任：陈好孟
分行助理巡视员：赵晓红　张胜林　王德业
地　址：济南市经七路382号
邮　编：250021
电　话：（0531）86167788

办公室（党委办公室）

主　任：刘　健
副主任：温　跃　李云山　何继军
助理调研员：张金柱　杨德政

法律事务处

处　长：王宝刚
助理调研员：张立先

货币信贷管理处

处　长：孙华荣
副处长：向　珂　李九旭
助理调研员：王俊豪

金融稳定处

处　长：谢　伟
副处长：刘云昭

调查统计处

处　长：葛志强
副处长：霍成义　张立光
助理调研员：宋文胜　郭忠军

会计财务处

处　长：卜又春
副处长：储稀梁
助理调研员：王智洁

支付结算处

处　长：韩媛媛
助理调研员：高阳宗

科技处

处　长：张树强
副处长：马　征　魏汝浩

货币金银处

处　长：吕　峰
副处长：贺传芬（正处级）　姜雪涛
调研员：张建超　李廷德
副处级监销员：刘祥银　张学东　李少杰
助理调研员：刘　冰

国库处

处　长：钟　玮
助理调研员：崔　波　王向东

内审处

处　长：宋　伟
副处长：刘少顺　陈震宇

人事处

处　长：王均坦
副处长：杜树星　郭艳玲　李国栋

金融研究处

处　长：彭江波
助理调研员：代金奎　李　菡

征信管理处

处　长：王富全
副处长：赵向东
助理调研员：崔健伊

反洗钱处

处　长：张　军
副处长：郑宇明　王宝运
助理调研员：景　智

跨境办

副主任：刁云涛

副处长:赵洪波
助理调研员:杜晓伟

外汇综合处

处　长:刘　明
副处长:杨远军

国际收支处

处　长:毕德富
副处长:刘大勇
助理调研员:李　伟

经常项目管理处

处　长:于正红
副处长:高兆新　郭　强
助理调研员:崔秋华

资本项目管理处

处　长:苑治亭
副处长:邢庆伟
助理调研员:杜敏勇

外汇检查处

处　长:李建力
副处长:康介生
助理调研员:宋立全　李尚义

事后监督中心

主　任:路德国
调研员:胡延河
助理调研员:李勇奇

保卫处

处　长:李新华
副处长:田恒柱
调研员:包鲁波
助理调研员:李鲁建

离退休干部处

处　长:黄　鲁
副处长:刘建平
助理调研员:李焕春

党委宣传部

部　长:王　萍
副部长:战庆欣
调研员:易迎春

团委

书　记:华志远

纪委(监察室)

副书记:周少明(主任)

纪检监察一处

处　长:崔金平
副处长:赵　涛
正处级纪检监察员:王晓莉
副处级纪检监察员:瞿秉钧　王秀杰

纪检监察二处

处　长:聂建恒
正处级纪检监察员:张　萍

巡视办公室

副主任:邢继军

巡视一组

组　长:王文涛

巡视二组

组　长:李　瑛

机关党委办公室

主　任:李　科
调研员:李全禄　闫瑞霞

工会

副主任:王珏琰

工会办公室

主　任:丁延生
副主任:岳宝生
调研员:席荣健
助理调研员:唐　森

清算中心

主　任:成彩虹
副主任:檀吉波

后勤服务中心

主　任：孙柏长

副主任：李效雨

调研员：杨　军　吴宝明

助理调研员：查玉兰　傅少平

日照培训中心

主　任：禹元章

副主任：王世来

中国银行业监督管理委员会山东监管局

领导干部及职能部门一览表

局长			副局长（或其他称谓的同级领导）		
廖平之			解晓非（正局级）　王朝弟　刘悦芹　王忠坦 张孟军（纪委书记）　郭宝珍（巡视员）　葛　彬（监管副巡视员）		
地　址	济南市经二路146号			邮　编	250001
职能部门	正职（主要负责人）	副职	职能部门	正职（主要负责人）	副职
办公室（党委办公室）	孙世重	朱　贺　贺创业　耿冬冬　张　红	非银行金融机构监管处	吴　源	王　升　刘　新　王兆民　焦新利
银行业金融机构安全保卫工作办公室	张　懿		统计信息处	赵　滨	刘兰设　吕苏越　鲍宁宁
政策法规处	王洪玉	赵培显　王林东　王立春	信息科技监管处	曲效利	孙　颖　房世晖
国有银行监管一处	秦立生	王广新　吴　晨　刘长霞	财务会计处	冯子福	柴大秋　刘群伟
国有银行监管二处	于　雷	徐志国　张清林　王军阳　王　霞	人事处（党委组织部）	邢安锋	于兆林　孙钦波
股份制银行监管处	刘兆胜	刘　青　杜经涛　李春节　赵　恺　成　文	监察室（纪委办公室）	王　威	张立庆　尚玉琨　魏吉锋
恒丰银行监管处	郭俊杰	贾守乔	党委巡视工作办公室	王　薇	许存民　单洪芬　类淑志　常　青
农村中小金融机构监管一处	柳　林	隋治河　朱　锋　阎向阳	党委宣传部（机关党委）	康晓冬	刘　洁　郑　浩　唐　晓
农村中小金融机构监管二处	王安水	王素玲　赵　峰　吴国胜	工会工作委员会	田　钢	
城市商业银行监管处	陈向东	秦鸿鸣　王　静　王会锋　陶文军　李　慧	后勤服务中心	孙茂林	王泰辉　李铁柱　田太岩
政策性银行和邮政储蓄银行监管处	张　强	吕　彦　王　涛			

机构概况一览表

年度	内设职能部门数量	下设分支机构			员工总人数	备注
		总数	地市分局数	县区监管办事处数		
2007年	17	107	15	92	1102	
2008年	17	107	15	92	1092	
2009年	17	107	15	92	1101	
2010年	17	107	15	92	1106	
2011年	21	107	15	92	1095	

中国银行业监督管理委员会青岛监管局

领导干部及职能部门一览表

局长			副局级领导		
陈育林			罗　中　徐　强　韩　冰　刘志勇　顾志晨		
地　址	青岛市市南区香港西路69号			邮　编	266071
职能部门	正职	副职	职能部门	正职	副职
办公室	李继明	曹玉华　杨惠敏　杨　芳	现场检查三处	徐建业	刘卫东　宋　崑
政策法规处	崔建伟	李书海	统计信息处	刘淑芳	阎洪岗
非现场监管一处	管　杰	徐英杰	财务会计处	李　雁	孙　辉
现场检查一处	沙爱红	郭　庆　王日秋	人事处	杨长德	
非现场监管二处	丰朝晖	郭维蓬	宣传部	孙仕荃	张学峰
现场检查二处	熊　薪	李锦霞　张大卫	监察室	任　静	戴恩峰
非现场监管三处	宋学明	王立中　管　颖	后勤服务中心	傅朝晖	王新娟　亓建青

机构概况一览表

年度	内设职能部门数量	下设分支机构			员工总人数	正式职工人数	备注
		总数	地市分局数	县区监管办事处数			
2007年	14				121	108	
2008年	14				129	115	
2009年	14				133	119	
2010年	14				145	129	
2011年	14				160	132	

中国证券监督管理委员会山东监管局

领导干部及职能部门一览表

局长			副局长（局长助理）		
徐　铁			陈家琰（副局长、纪委书记）　陈　飞（副局长） 赵洪军（局长助理）		
地　址	济南市经七路 86 号证券大厦 13 楼			邮　编	250001
职能部门	正职	副职	职能部门	正职	副职
办公室	张兆兵	刘爱民　殷　茵	上市公司监管一处	舒　萍	姚旭东　杨冬芳
上市公司监管二处	刘振平		机构监管处	孙永文	宋彦辉　贾　蕊
期货监管处	田建功	季秋红	稽查一处	亓　兵	胡文利　杨志华
稽查二处	邵珠东	郑新胜	信息调研处	王殿祥	王德强
党务办公室	霍　丹				

山东辖区证券期货公司概况一览表

年　度	机构名称								
	齐鲁证券有限公司			鲁证期货有限公司		招金期货有限公司		中州期货有限公司	
	下设分支机构		员工总人数	下设分支机构	员工总人数	下设分支机构	员工总人数	下设分支机构	员工总人数
	分公司	营业部							
2007 年	0	87	2240	8	147	5	41	4	72
2008 年	0	94	2534	14	202	5	46	4	80
2009 年	0	123	5541	15	262	5	46	4	91
2010 年	1	140	6480	18	366	5	81	4	103
2011 年	6	155	6471	20	408	5	108	5	118

中国保险监督管理委员会山东监管局

领导干部及职能部门一览表

局长		副局长		局长助理	
任建国		巩庆军　鲁　青		姚　飞	
地　址	山东省济南市经十路 13777 号五栋			邮　编	250014
职能部门	正职	副职	职能部门	正职	副职
办公室	赵文和	袁春艳	法制处	冯秋勇	董　静
财产保险监管处	毕　磊	蒋　河	人身保险监管处	滕焕钦	张咏梅
保险中介监管处	陈丽萍	董　蓉	统计研究处	张强春（副处长）	李连桂（副调研员）
稽查处	付国才	刘　胜	人事教育处	张友道	魏　健（处长助理）
烟台保监分局	许彦峰	李大平　田世波			

机构概况一览表

年度	内设职能部门数量	下设分支机构	地市机构数	县区机构数	员工总人数	正式职工人数
2007 年	6				62	55
2008 年	6				66	59
2009 年	7				72	64
2010 年	7				92	78
2011 年	8				101	86

中国保险监督管理委员会青岛监管局

领导干部及职能部门一览表

局长			副局长		
宋志华			曹光中　吉立群		
地　址	青岛市东海西路 28 号龙翔广场 1 号楼 1、3-5 层			邮　编	266071
职能部门	正职	副职	职能部门	正职	副职
办公室	刘福山	王　芹	统研处	于　晖	
财产保险监管处	林　洁	丛　旭	人教处		徐永青
人身保险监管处	郭子兴	张华虎	法制处	姜　旭	
保险中介监管处		徐文刚			

机构概况一览表

年度	内设职能部门数量	下设分支机构	地市机构数	县区机构数	员工总人数	正式职工人数	备注
2007 年	6				33	29	
2008 年	7				34	30	
2009 年	7				39	34	
2010 年	7				49	42	
2011 年	7				49	42	

国家开发银行山东省分行

领导干部及职能部门一览表

行长（或其他称谓的第一负责人）			副行长（或其他称谓的同级领导）		
于泽水			于丕涛　朱慧珏　朱雪松　谭　杰　邹建伟		
地　址	济南市马鞍山路 2-1 号山东大厦 9-11 层		邮　编	250002	
职能部门	正职	副职	职能部门	正职	副职
办公室（党委办公室、保卫处）	韩锡本	宫中华　于鸿飞 初　毅（政工后勤经理，副处级）	客户一处	刘万新	郭振南　徐文强 张思忠
规划发展处	郝德勇	蒙乐艳　王延南 牛美瑜（风险管理经理、副处级）	客户二处	李国颂	尹言波　黄　娜 李建国
市场与投资处	麻建生	王金田	客户三处（富民业务处）	王庆顺	耿　峻　周乐平 阚忠胜
经营管理处	于　晶	张永昌　李　卉（风险管理经理、副处级）	客户四处	吕晓东	刘爱卿　左照芳 潘群峰
法律事务办公室	姜征宇		财会处（营运处）	王肖军	张耀华　蒋益南 林艳萍（运营经理，副处级）
国际合作业务处	翟启斌	王洪军　沈　涛 许静怡	人事处（党委组织部）	王宏伟	丁丽丽（高级人力资源管理经理助理、正处级） 张新海（高级人力资源管理经理助理、正处级） 张　岱（团委书记、副处级）
风险管理处	赵世伟	谷　海　于福余	信息科技处	麻建生（兼）	傅志勇
评审处	杨立申	李长江　米　岩　崔　艳 （贷委会办公室副主任） 马银凤（客户经理、正处级） 卢美莉（评审经理、副处级） 钟　杰（评审经理、副处级）	纪检监察办公室（审计举报办公室）	刘　冬	吕新奇（高级政工后勤经理助理、正处级）

机构概况一览表

年度	内设职能部门数量	下设分支机构					员工总人数		备注
		总数	地市分行数	县区分行数	分理处、营业所数	储蓄所数		正式职工人数	
2007 年	15	0	0	0	0	0	130	130	
2008 年	16	0	0	0	0	0	146	146	
2009 年	16	0	0	0	0	0	161	161	
2010 年	16	0	0	0	0	0	163	163	
2011 年	16	0	0	0	0	0	177	177	

中国农业发展银行山东省分行

领导干部及职能部门一览表

行长（或其他称谓的第一负责人）			副行长（或其他称谓的同级领导）		
杨　杰			柳翠茹　尤志军　刘文平　石寿江		
地　址	济南市经十路20908号			邮　编	250002
职能部门	正职	副职	职能部门	正职	副职
办公室	吴德轩	常宏建　段玉华	财务会计处	江胜世	张波海
资金计划处	刘贞建	张朝霞　邵玉娟	内部审计处	王志敏	吴　东
客户一处	苏　静	李本勇　亓向军	信息科技处	宋　毅	刁海涛　孟奎章
客户二处	张泮利	赵　辉　高冬青	人力资源处	司明辉	董　瑛
客户三处	杨林虎	李　琛	监察处	祝曙光	董希友
国际业务处		李　波	机关党委、工会团委工作处	常卫东	蔡向正
信贷管理部	王传韬	张成凤　黄德友			
风险管理处	王　华	孙建波	总务处		高建刚　丁黎明

注：2011年5月30日，总行印发《关于石寿江同志职务任免的通知》（农发银党〔2011〕53号），任命石寿江同志为山东省分行副行长、党委委员；免去其山东省分行营业部总经理、党委书记职务。

机构概况一览表

年度	内设职能部门数量	下设分支机构					员工		备注
		总数	地市分行数	县区支行数	分理处、营业所数	储蓄所数	总人数	正式职工人数	
2007年	14	141	17	124				3311	
2008年	14	124	17	107				3296	
2009年	14	124	17	107				3320	
2010年	15	124	17	107				3409	
2011年	15	124	17	107				3440	

中国进出口银行青岛分行

领导干部及职能部门一览表

行长		副行长		行长助理	
王伟明		王学超　李　明		陈在维	
地　址	山东省青岛市市南区汇泉路17号东海国际大厦501室			邮　编	266071
职能部门	正职	副职	职能部门	正职	副职
办公室	王宇辉	邹志伟	风险处	王启臣	刘秀春
公司业务一处	费安刚	彭　雷	评审处	贾　葳	盖　鑫
公司业务二处	王建新		营业部	尹兆丽	
中间业务处	纪尚斌				

机构概况一览表

年度	内设职能部门数量	下设分支机构					员工总人数		备注
		总数	地市分行数	县区支行数	分理处、营业所数	储蓄所数		正式职工人数	
2006 年	4	0	0	0	0	0	35	26	
2007 年	4	0	0	0	0	0	41	32	
2008 年	5	0	0	0	0	0	51	40	
2009 年	7	0	0	0	0	0	58	46	
2010 年	7	0	0	0	0	0	56	45	
2011 年	7	0	0	0	0	0	57	45	

中国工商银行股份有限公司山东省分行

领导干部及职能部门一览表

行长	副行长（或其他称谓的同级领导）
谷　澍	夏侯静波　李　明　崔方春（纪委书记）　王跃民　崔中玉　徐光林　刘志刚　姚伟新（巡视员）　邱春（高级财会资金专家）

地　址	济南市经四路 310 号		邮　编	250001	
职能部门	正职	副职	职能部门	正职	副职
办公室（党委办公室）	张　杰	刘瑞林　马庆东	人力资源部（党委组织部）	赵树厂	杨夕华
机构业务部	国建苏	蔡　芳	法律事务部	冯建军	张友涛
企业年金部	陈　刚	梁永刚　杨　健	资产负债管理部	李立民	史观明　李　炬
公司业务部	刘光海	王晓刚　吴建勇　葛效瑾	财务会计部	邱　春（兼）	侯传和　马旺明
个人金融业务部	常德生	王晓东	管理信息部	张嘉宏	石旗翔　胥茂森　李新贞
教育部（党委宣传部）	张冠军	范少青	监察室（纪委）	周民志	吕建军
小企业金融业务部	姚伟新（兼）	滕海波	信息科技部	王　建	单锦勇
住房金融业务部	刘　巍	郑梅生　亓立刚	运行管理部	姜文瑞	杨旭明　王冬梅　翁志华
结算业务部	房立法	王战力　尉　维	工会	郭明三	史建春　于洪春　张　刚（派驻银行业协会）
银行卡业务部	吕爱琴	康金忠　范家骏	离退人员管理部	王建明	
电子银行部	王立刚	韩春霞	投资银行部	王培力	
授信审批部	邵理瑞	赵葆华　卞宝江　孔德宽	保卫部	宋传军	杨志伟
信贷管理部	范炜东	王学俭　祝广成　赵忠江	金融培训学校	周　栋	刘梅生　杨恩国
风险管理部	傅　欣	刘　明	创新管理部	陈雁心	于惠贞
内控合规部	韩继勇		私人银行分部	张卫民	孙运宽　梁永礼

机构情况一览表

年度	内设职能部门数量	下设分支机构					员工总人数		备注
		总数	地市分行数	县区支行数	分理处、营业所数	储蓄所数		正式职工人数	
2007年	26	878	16	145	503	213	19744	16166	
2008年	26	872	16	299	356	200	19743	16150	
2009年	28	872	16	369	320	166	19783	16168	
2010年	28	871	16	389	305	160	20250	16331	
2011年	28	899	16	428	301	153	20480	16549	

中国工商银行股份有限公司青岛市分行

领导干部及职能部门一览表

行长（或其他称谓的第一负责人）			副行长（或其他称谓的同级领导）		
孙建勇			李　波　吴　刚　程　青　时　辉　薛德贵　乔　霞　毛　波		
地　址	山东省青岛市山东路25号			邮　编	266071
职能部门	正职	副职	职能部门	正职	副职
个人金融业务部	李　霞	王　青　许建霞	人力资源部	赵晓滨	陈卫刚　王晓丹
公司业务部	孙风雷	王小嫣　史　晨　夏春秋	创新管理办公室	赵宏伟	史　晨
机构业务部	于瑞国	陈文艳	风险管理部	洪忆民	魏　敏
结算与现金管理部	李　岩	王叙红　冉庆峰	信息科技部	葛振爱	单若牛
国际业务部	牟钟益	宋建军　刘　洁	法律事务部	王迎春	
电子银行部	万珍红	王晓舟	内控合规部	宫　波	朱美珍　张　鹏
银行卡业务部	姜子轶	冯宇伟　卢永霞	小企业金融业务部	李维国	刘作涛
授信审批部	苏　强	李喜泉　郭　斌　杨　羊　杨笑平	住房金融业务部	李　欣	李振华
信贷管理部	周庆堂	姚　鸿　王　毅	企业文化部	王春光	李志林
监察室	傅　炬	张建青	营业部	马云波	
办公室	张　玮	常风华　张少文　张卫华　刘　彤	金融学校	潘书芳	
管理信息部	刘　坚	曾庆刚	运行风险监控中心	郑　红	
财务会计部	张　磊	尚　琨　哈　彦	现金营运中心	王　伟	
运行管理部	解　芳	游　焱　陈　馨　解维实	业务处理中心	朱振美	逄文良
工会办公室	王金忠	张　爽	远程授权中心	顾永高	迟焕卫
保卫部	韩　强		离退休人员管理服务中心	王洪顺	

机构概况一览表

年度	内设职能部门数量	下设分支机构					员工总人数		备注
		总数	地市分行数	县区支行数	分理处、营业所数	储蓄所数		正式职工人数	
2007 年	23	112	1	31	36	44	3097	2702	
2008 年	23	112	1	44	27	40	3147	2697	
2009 年	24	112	1	50	26	35	3210	2735	
2010 年	25	111	1	52	25	33	3289	2742	
2011 年	25	115	1	59	24	31	3387	2811	

中国农业银行股份有限公司山东省分行

领导干部及职能部门一览表

行长（或其他称谓的第一负责人）			副行长（或其他称谓的同级领导）		
陈　军			胡晓毅　杨国月　王增辉　娄　群　郑祖刚　马　林		
地　址	山东济南市经七路 168 号			邮　编	250001
职能部门	正职	副职	职能部门	正职	副职
农村产业金融部	于贻胜	孔令军　周宇宏	内控合规部	周传悦	崔传宝　高海霞
农户金融部	郑家圣	艾明斌	法律事务部	张永庆	史　涛
三农信贷管理部	王新华	李联盟	资产负债管理部	刘洪顺	
公司业务部	马景明	王殿臣　王海笑	财务会计部	马　林	许永增
机构业务部	宋红光	唐爱东　季光辉　潘　勐	运营管理部	孙建军	田　芳
房地产信贷部	王延东	水保泽	信息技术管理部	宋传杰	刘文浩　陈　鹏
国际业务部	荆沂萍	张常晟　张兆杰	结算与现金管理部	邵静河	田树江
大客户部	马志军	李　杰	办公室	郑祖刚	赵崇民　梁　健
个人金融部	肖士杰	王绪祥　王凤久　王有强　赵洪亮	人力资源部	李新民	李锋刚　郝新民　董洪秋
信用卡中心	李佃福	王冬梅	监察部	刘纯泉	刘　军
电子银行部	王彦林	马年喜	安全保卫部		郑进波
风险管理部	刘华照	宋秀峰	工会委员会办公室	齐呈云	梁素萍
信贷管理部	陈贵江	方高鸣	总务部	王　刚	李宏伟
资产处置部	刘东升	刘　健　崔艾红	培训学校	戚传志	陈忠斌

机构概况一览表

年度	内设职能部门数量	下设分支机构					员工总人数		备注
		总数	地市分行数	县区支行数	分理处、营业所数	储蓄所数		正式职工人数	
2007 年	21	1547	16	301	1073	157	26775	23326	

续表

年度	内设职能部门数量	下设分支机构					员工总人数	正式职工人数	备注
		总数	地市分行数	县区支行数	分理处、营业所数	储蓄所数			
2008 年	23	1507	16	305	1057	129	26671	23202	
2009 年	26	1438	16	310	1029	83	27076	23069	
2010 年	27	1422	16	314	1019	73	27140	22830	
2011 年	27	1413	16	350	982	65	26918	22561	

中国农业银行股份有限公司青岛市分行

领导干部及职能部门一览表

行长（或其他称谓的第一负责人）			副行长（或其他称谓的同级领导）		
王志胜			王延磊　于　东　兰卫东　毕吉宝		
地　址	青岛市市南区山东路 19 号			邮　编	266071
职能部门	正职	副职	职能部门	正职	副职
综合管理部	周江平	江华东　杨文丽　丁建华	信贷管理部	张占勇	孙智华　顾文杰
财务会计部	钱　宾	鞠石红　毛　晖	资产处置部	崔云鹤	王洪波
风险管理部	赵　明		信用卡中心	刘晓国	韩　旭
内控合规部	陈　玉	王杰	国际业务部	陈贵希	陆立波
结算与现金管理部	秦作强		信息技术管理部	李　莉	程谋广　张　琳
运营管理部	王　军	林君祥	电子银行部	唐明志	孙文艳　刘元才
公司业务部	邹　莉	朱庆良	人力资源部	孙文秀	吴　凯
机构业务部	姜瑞梅	刘春雷	工会办公室	邵　淳	
个人金融部	刘中华	肖珍凤　李　春	监察部	张爱国	邵世利
住房金融与个人信贷部	于洪庆	李　怡	安全保卫部	王　岳	
三农金融部	左书波	孙祝平	培训学校	徐　慧	
房地产信贷部	杨一宁	杜相国			

机构概况一览表

年度	内设职能部门数量	下设分支机构				员工总人数	正式员工人数	备注
		总数	县区支行数	分理处营业所数	储蓄所数			
2007 年	23	201	21	139	41	4355	3659	4
2008 年	24	195	25	134	36	4182	3438	8
2009 年	23	190	26	134	30	4172	3411	9
2010 年	23	190	36	125	29	4114	3409	19

续表

年度	内设职能部门数量	下设分支机构				员工总人数	正式员工人数	备注
		总数	县区支行数	分理处营业所数	储蓄所数			
2011 年	23	190	38	125	27	4156	3420	21

注：1. 备注栏数字为二级支行数量，包含在县区支行数中；机构总数中不包括分行。
2. 员工人数含内退员工。

中国银行股份有限公司山东省分行

领导干部及职能部门一览表

行长（或其他称谓的第一负责人）			副行长（或其他称谓的同级领导）		
何兴祥			张维克　孟和平（兼济南分行行长）　漆德京（纪委书记）　陈　斌（兼风险总监）　王锡峰（兼财务总监）　王仁堂（行长助理）　葛春尧（行长助理）　郝连才（行长助理兼济南分行副行长）　隋春玲（总稽核）		
地　址	青岛市香港中路 59 号			邮　编	266071
职能部门	正职	副职	职能部门	正职	副职
办公室	陈　杰	刘学海　曹淑清	人力资源部	陈　杰	刘爱梅　魏友太
财务管理部	王建光	左文莉　景席见　丁明忠　孙　巍	风险管理部	李元作	张　剑　冯传亮
公司业务部	孙　政	孙少军　邹　伟　陈大来	个人金融部	张晓明	毛　春　尹云岳　徐国华
金融机构部		吴　琳	银行卡部	窦鲁生	邱国辉　隋亚莉
授信执行部	窦德尹	于开强　孙　筠	国际结算部	李海英	张　颖　盛　开　孙志伟
资金业务部	周　宏	许建国	中小企业部	霍小雁	潘洪峰
运营控制部	王云河	孙庆洲　范延明　张心泓	收付清算部	刘耕新	郑悦超　黄桂梅
国内结算与现金管理	赵宏春	杨朝霞	青岛地区管理部	杨海琴	于高华　王　勃　孙　军　陈　凯
电子银行部	张　麟	张剑华	营业部	张利刚	逄　静　赵　芃　于芳华
私人银行部（青岛）	陈　健	关　丽	信息科技部	杨　斌	张　明　王奎兴
稽核部	裴晓莉	翟玉林　王洪军　邓德旭	监察部	肖建华	李良勇
法律与合规部	宋志枫	朱　兵　刘海斌	保卫部	路忠义	张文华
党务工作部	王启贵		工会	刘　晓	王　艳
总务部	张绍国	王文琼　李　华			

机构概况一览表

年度	内设职能部门数量	下设分支机构					员工总人数	正式员工人数	备注
		总数	地市分行数	县区支行数	分理处、营业所数	储蓄所数			
2007 年	23	600	16	226	358	0	15555	12832	机构数量不含省行本部

续表

年度	内设职能部门数量	下设分支机构					员工总人数	正式职工人数	备注
		总数	地市分行数	县区支行数	分理处、营业所数	储蓄所数			
2008年	23	592	16	262	314	0	15749	12852	机构数量不含省行本部
2009年	26	592	16	388	188	0	16780	13493	
2010年	27	592	16	508	68	0	17909	14130	
2011年	27	593	16	562	15	0	18969	15233	

中国建设银行股份有限公司山东省分行

领导干部及职能部门一览表

行长（或其他称谓的第一负责人）			副行长（或其他称谓的同级领导）		
薛　峰			李文达　王晓永　张维国　刘振奇　路　民　李建平　司朝伟　葛王杰　朱治昌（行长助理）		
地　址	山东省济南市泺源大街178号		邮　编	250012	
职能部门	正职	副职	职能部门	正职	副职
办公室	滕赶远	修志栋　窦永密　徐秀华	人力资源部	范传东	车文静　李　东
计划财务部	冯汝臣	管春阳	资金结算部	赵寿凤	魏　民　孙清波
风险管理部	尹承业	闫天兵　马　静　傅　薇	信贷审批部	王玉成	李　庆　陆爱民
公司业务部	刘春龙	孙建东　赵　亮	集团客户部	吴洪臣	刘佳友　刘　双　李云磊
机构业务部	赵月年	孙永荣　隋岳峰　张　丽	投资银行部	周荣江	王广福　姜之东　李骁军
国际业务部	焦守铭	刘　莹	个人金融部	孙　娜	刘　庆　李长车
私人银行部	林　静	石尚哲	住房金融与个人信贷部	郭　华	李海文　李　明
小企业业务部	马天军		信用卡中心	孙　飙	于　谦
资产保全部	冯元照	李海建　刘海军	信息技术管理部	王宪明	谭　明　张军明　石　磊
信息中心	段作民	王连军　王超军	营运管理部	刘教运	宇　刚　田福涛　姜作文　郑立华
电子银行部	李薇华	栾英伟　刘军政　杨文革	法律合规部	孙宁杰	于同会　赵锡功　姬红艳　王永兰
纪检监察部	朱继震	闫新华　秦绪芬	安全保卫部	张学岗	任　军
企业文化部	靳晓海	康跃栋	离退休人员管理部	颜廷安	戴智忠　崔政文
造价咨询中心	范玉庆	王　平　朱春生　王肇广	培训中心	马卫东	马振军

机构概况一览表

年度	内设职能部门数量	下设分支机构					员工总人数		备注
		总数	地市分行数	县区支行数	分理处、营业所数	储蓄所数		正式职工人数	
2007 年	29	790	15	294	437	42	20659	16801	
2008 年	29	773	15	308	410	38	20656	16730	
2009 年	29	772	15	341	378	36	20652	16585	
2010 年	29	771	15	370	352	32	20650	16482	
2011 年	32	771	15	373	349	32	20770	16316	

中国建设银行股份有限公司青岛市分行

领导干部及职能部门一览表

行长（或其他称谓的第一负责人）			副行长（或其他称谓的同级领导）		
郭英辉			王士清 郭中华 刘从正 杨洲德 刘津南 陈庆辉 崔凤芹 孙剑波（行长助理）		
地 址	青岛市市南区贵州路 71 号			邮 编	260001
职能部门	正职	副职	职能部门	正职	副职
办公室	郭少林	孙 岩 郭 扬 李成东	个人委办公室	孙海燕	刘承义
人力资源部	孙剑波（兼）	赵 霞	个人金融部	管恩新	杨彩翎 赵 骞 王 勇 吴 静
计划财务部	周兆华	陈玉芳 王中浩	住房金融与个人信贷部	许乐余	李 兵 李艳琴
会计部	邓丰庆	夏岩红	信用卡中心	肖钢元	王伟娜 张伟毅
风险管理部	杨宝晨	曲振刚	信息技术管理部	许 宏	李万军
信贷审批部	刘素菁	许 涛	营运管理部	隋士叁	初顺起 郭显平 纪淑芹 于乃仁
总审计室		赵 峥 袁 刚	电子银行部	马文涛	郝丽红
公司委办公室	吴文忠	刘民强	网点管理一中心	左 军	刘永斌 李 斌
集团客户部	张红雨		网点管理二中心	李洪涛	杨海红 朱 慧
房地产建筑业客户部	张 静		渠道管理部	肖 蘅	胡建波
产品中心	单正鑫		法律合规部	李少光	郭玉祥
政府机构客户部	衣华为	李 鹏	纪检监察部	徐 宁	宋相勇 毛元菊
投资银行部	张清江		安全保障部	高 新	杨书荣 万升昌
小企业经营中心	刘建青	尹 颖	企业文化部	潘明伟（兼）	黄 娉 李 航 梁 兵
票据贴现中心	陈守琦	王可伟	离退休人员管理部	丛树平	丁元荣 梁 红 曹延明

续表

职能部门	正职	副职	职能部门	正职	副职
国际业务部	缪如林	徐文娟　和文婷	工会工作委员会	潘明伟	秦纪山　韩蓉蓉　于兵兵
资产保全部	纪玉进	杨清阁	营业部	高　昱	王兴华　于淑慧
造价咨询中心	李日江	孙先国　陈　静			

机构概况一览表

年度	内设职能部门数量	下设分支机构					员工总人数	正式职工人数	备注
		总数	地市分行数	县区支行数	分理处、营业所数	储蓄所数			
2007年	26	107	1	35	33	39	2879	2220	
2008年	26	107	1	38	30	39	3175	2651	
2009年	26	107	1	43	26	38	3175	2666	
2010年	27	107	1	44	25	38	3255	2912	
2011年	33	108	1	44	25	38	3340	3123	

交通银行股份有限公司山东省分行

领导干部及职能部门一览表

行长（或其他称谓的第一负责人）			副行长（或其他称谓的同级领导）		
王　锋			董　莹　叶　宁　胡　翔　王　磊		
地　址	济南市共青团路98号			邮　编	250012
职能部门	正职	副职	职能部门	正职	副职
办公室		王赤梅　丛　林	授信管理部		张　炜　赵晓军
人力资源部	曹　真		风险管理部	刘　宏	孙泽京　陈维福
资产负债部		王红晓	审计部	任传勇	
预算财务部		王红晓	法律合规部	赵纪庆	李锡军
公司机构业务部	李耕深	刘　赟　马　波	信息技术管理部	张庆文	王卓如
国际业务部	夏向军	张立华　张守红	电子银行部	梁发强	张贻陆　李保军
资产保全部	祝传芳		监察室		楚增明
个人金融业务部	刘　卫	刘欣红　姜鲁荣　田　晖　商敬文	保卫部	魏海毅	
零售信贷管理部	倪　扬	吴连柏	工会办	郭　挺	

续表

职能部门	正职	副职	职能部门	正职	副职
投资银行部	王卫刚		行政部	夏学军	
会计结算部	梁发强	朱　君	培训中心	孙卓臣	

机构概况一览表

年度	内设职能部门数量	下设分支机构					员工总人数		备注
		总数	地市分行数	县区支行数	分理处、营业所数	储蓄所数		正式职工人数	
2007 年	20	152	7	127	13	5	3224	2815	
2008 年	20	152	7	139	3	3	3295	2901	
2009 年	21	151	7	141	3	0	3220	3003	
2010 年	22	138	8	130	0	0	3239	3027	
2011 年	22	132	12	120	0	0	3394	3192	

交通银行股份有限公司青岛分行

领导干部及职能部门一览表

行长（或其他称谓的第一负责人）			副行长（或其他称谓的同级领导）		
李智斌			徐建民　杨　勇　刘鹏涛　王纪铭　常　青		
地　址	青岛市市南区中山路 6 号			邮　编	266001
职能部门	正职	副职	职能部门	正职	副职
办公室	于海龙		授信管理部	孙文喜	姜文凯
人力资源部	崔海平		风险监控部	赵振杰	王向华　毕德宝
资产负债部	邱法义		审计部	于茂兴	
预算财务部	孙爱梅	盖红军	法律合规部	刘爱民	
公司业务部	徐春田	赵　民　孙响波	信息技术部	许楷峰	彭振勇
国际业务部	王君秀		电子银行部	张晓华	
资产保全部	黄　健		监察室	高国斌	
个金业务部	刘剑平	高　军	工会办公室	张伟伟	牟　宏
零售信贷部	盛　亮		保卫部	贺茂印	
会计结算部	史　宏	鞠向海	总务部	封锡荣	

机构概况一览表

年度	内设职能部门数量	下设分支机构					员工总人数		备注
		总数	地市分行数	县区支行数	分理处、营业所数	储蓄所数		正式职工人数	
2007 年	20	59	1	25	15	18	1188	936	

续表

年度	内设职能部门数量	下设分支机构					员工总人数		备注
		总数	地市分行数	县区支行数	分理处、营业所数	储蓄所数		正式职工人数	
2008 年	20	59	1	27	13	18	1223	972	
2009 年	20	59	1	58	0	0	1236	980	
2010 年	20	59	1	58	0	0	1254	1089	
2011 年	20	59	1	58	0	0	1304	1178	

中国邮政储蓄银行山东省分行

领导干部及职能部门一览表

行长		党委书记		副行长	
韩广岳		李　毅		孙江涛　常　江　赵　峰　韩　勇	
地　址	济南市黑虎泉西路 181 号			邮　编	250011
职能部门	正　职	副　职	职能部门	正　职	副　职
个人业务部	陈高峰	吴　斌	审计部	路　滔	范　滨　张书欣
公司业务部	陈　玫	刘　欣	会计结算部	阎　玮	丁秋珍
信贷业务部	郭　莹	孙　浩	风险合规部	陶　杰	
办公室	李　强	赵玉兰　王　戈	人力资源部	吕　昆	谢印利
计划财务部	顾春旺	高　鹭　杨永强	科技发展部	刘　杰	唐在勇　李　娟
渠道管理部	宋鲁光	苗常青	安全保卫部	周爱国	
监察部	李　强（兼）		国际部	陈　玫（兼）	

机构概况一览表

年度	内设职能部门数量	下设分支机构					员工总人数		备注
		总数	地市分行数	一级支行数	二级支行数	邮政代理网点数		正式职工人数	
2008 年	12	2594	16	107	1207	1264	7473	4395	—
2009 年	12	2561	16	107	1207	1231	9809	4670	—
2010 年	12	2544	16	108	1205	1215	9985	5122	—
2011 年	14	2626	16	108	1190	1312	10620	5920	—

注：邮储山东省分行于 2007 年 12 月成立，目前成立四年多时间，故机构概览一览表仅统计 2008、2009、2010、2011 年度情况，特此说明。

中国邮政储蓄银行青岛分行

领导干部及职能部门一览表

行长			副行长		
谈　宏			王平顺　江守湖　王　平　孙　皓		
地　址	青岛市延安三路 222 号		邮　编	266071	
职能部门	正职	副职	职能部门	正职	副职
办公室	王晓明	王远友　邸建庭　李东华	风险合规部	赵廷华	
人力资源部	陈文鹏		会计结算部	石振华	王　震
计划财务部	于　彬		审计部	吕江波	扈文洁
个人业务部		刘智玉	科技发展部	曹渝玲	
公司业务部	刘　强		渠道管理部	焉永君	
信贷业务部	房铁群	许东昕	小企业信贷中心		纪　岩

机构概况一览表

年度	内设职能部门数量	下设分支机构					员工总人数	
		总数	地市分行数	县区支行数	分理处、营业所数	储蓄所数		正式职工数
2008 年	11	248		8	108	132	854	531
2009 年	11	248		8	108	132	893	552
2010 年	11	248		8	108	132	901	563
2011 年	11	250		8	108	134	1010	625

恒丰银行股份有限公司

领导干部及职能部门一览表

第一负责人			其他高管		
姜喜运（董事长、党委书记）			矫　毅（监事长、党委副书记）　王　波（党委副书记）　栾永泰（董事、副行长、党委委员）　宋恒继（董事、副行长、党委委员）　潘力军（董事、纪委书记、党委委员）　周美乐（副监事长、工会主席、党委委员）　于海松（董事会秘书、党委委员）		
地　址	山东省烟台市芝罘区南大街 248 号			邮　编	264001
电　话	（0535）2118015	传　真	（0535）6207878	网　址	www.egbank.com.cn

机构概况一览表

年度	内设职能部门数量	下设分支机构				员工总数	备注
		总数	省级分行数	县区支行数	分理处数		
2007年	33	81	5	46	29	2006	
2008年	35	87	5	52	29	2006	
2009年	33	99	7	61	29	2372	
2010年	35	108	10	63	29	2834	机构总数含二级分行5家
2011年	35	118	10	68	29	3181	机构总数含二级分行10家

中国光大银行股份有限公司济南分行

领导干部及职能部门一览表

行长			副行长		
王　欣			陈贵明　林　燕　王衍行　张建华		
地　址	济南市经七路85号			邮　编	250001
职能部门	正职	副职	职能部门	正职	副职
办公室	刘庆一	焦　健	人力资源部	王　楠	
计划财务部	林　雁		运营管理部	任广涛	蒋丽芹
信息科技部	陈文锋		法律合规部	朱广峰	
风险管理部	王金凤		公司业务管理部	杨林辉	李晓麓
贸易金融部	房　磊	郑　璇	零售业务部	尤　嘉	董茂荣
资产保全部	王吉祥	鞠保河	同业票据部	黄晓飞	阚全军

机构概况一览表

年度	内设职能部门数量	下设机构					员工总人数	正式职工人数	备注
		总数	地市分行数	县区分行数	分理处、营业所数	储蓄所数			
2007年	11	11		11			348	348	
2008年	12	11		11			366	366	
2009年	16	12		12			391	391	
2010年	13	13		13			394	394	
2011年	13	14	1	13			468	468	

中国光大银行股份有限公司青岛分行

领导干部及职能部门一览表

行长			副行长（或其他称谓的同级领导）		
范建华			郭志雄（风险总监）范华廷（副行长）颜庆迪（副行长）孙昌勇（行长助理） 叶长春（行长助理）		
地 址	青岛市香港西路 67 号			邮 编	266071
职能部门	正职	副职	职能部门	正职	副职
办公室	许竹林	王 璧	风险管理部	吕 杰	高 巍
人力资源部	李淑娟		运营管理部	王彩云	焦建国 陈立刚 杨 伟
计划财务部	王 军		贸易金融部	杨绍刚	战少篷 赵 峻
监察保卫部	董 强		信息科技部	徐江平	
法律合规部	祁晓东	吴青慧 许方深	同业票据部	傅伟堂	张建立
零售业务部	傅伟堂	董 燕 陈相美	资产保全部	傅相锋	
公司业务管理部	杨绍刚	乔方亮	中小企业部	王绪宝	由 军
电子银行部	郭焕华				

机构概况一览表

年度	内设职能部门数量	下设机构					员工总人数		备注
		总数	地市分行数	县区分行数	分理处、营业所数	储蓄所数		正式职工人数	
2007 年	12	12	0	12	0	0	384	341	
2008 年	13	13	0	13	0	0	403	403	
2009 年	13	15	0	15	0	0	448	448	
2010 年	14	16	0	16	0	0	444	444	
2011 年	15	17	0	17	0	0	593	557	

中国光大银行股份有限公司烟台分行

领导干部及职能部门一览表

行长（或其他称谓的第一负责人）			副行长（或其他称谓的同级领导）		
徐克顺			杨丽霞 张 伟		
地 址	山东省烟台市南大街 111 号		邮 编		264000
职能部门	正职	副职	职能部门	正职	副职
办公室	丁维平	宋龙毅	风险管理部	高忠军	王晓平
计划财务部		马 纪（主持工作）	运营管理部	李 昕	曲俊竹 姜建宏 于 莉

续表

职能部门	正职	副职	职能部门	正职	副职
公司业务管理部	夏　伟	陈　瑛	法律合规部（监察保卫部）	丁海彬	史本周
零售业务部	王晓萍	谢　东　汪震东	资产保全部	于恒龙	
贸易金融部（中小企业部）	王海涛	苑永香	信息科技部	王武东	刘建钊

机构概况一览表

年度	内设职能部门数量	下设机构					员工总人数		备注
		总数	地市分行数	县区分行数	分理处、营业所数	储蓄所数		正式职工人数	
2007年	9	5	5	0	0	0	169	134	
2008年	9	5	5	0	0	0	199	199	
2009年	10	7	6	1	0	0	236	236	
2010年	10	8	6	2	0	0	269	269	
2011年	10	8	6	2	0	0	299	299	

中信银行股份有限公司济南分行

领导干部及职能部门一览表

行长（或其他称谓的第一负责人）			副行长（或其他称谓的同级领导）		
侯训义			刘国栋（副　行　长）　柳永生（行长助理） 张少华（行长助理）　寇延伟（行长助理）		
地　址	济南市泺源大街150号			邮　编	250011
职能部门	正职	副职	职能部门	正职	副职
公司银行部	王　通	王　煜	零售银行部		陈春兴
国际业务部	王丽丽	邢　哲	机构业务部	董国红	顾　菲
风险管理部	郑　宓	赵　忻	信贷管理部	廖鲁军	李士羿
计划财务部	丛建华	王　朔	会计管理部	孙式香	于立刚　刘为民
法律保全部	张海鹰		人力资源部	刘同礼	张　岷
信息技术部	江　涛	杨　峰	办公室		郝文刚　李玉辉
审计部	王　叶	张乐海	市场营销部	杨鸿斌	
营业部	石　嘉	郭　青	小企业	陈景波	

机构概况一览表

年度	内设职能部门数量	下设分支机构					员工总人数		备注
		总数	地市分行数	县区支行数	分理处、营业所数	储蓄所数		正式职工人数	
2006 年	11	20	3	17			537	537	
2007 年	12	20	3	17			621	621	
2008 年	12	21	3	18			680	680	
2009 年	14	23	3	20			658	658	
2010 年	15	24	4	20			719	719	
2011 年	16	26	4	22			880	880	

中信银行股份有限公司青岛分行

领导干部及职能部门一览表

行长（或其他称谓的第一负责人）			副行长（或其他称谓的同级领导）		
吴小平			迟存国（副行长） 陈文德（副行长） 邢丽青（副行长） 李耀东（副行长） 张强军（行长助理） 黄树彬（行长助理）		
地　址	青岛市香港中路 22 号			邮　编	266071
职能部门	正职	副职	职能部门	正职	副职
公司银行部	董　振	刘曦东	风险管理部	刘洪波	
票据同业部	朱　峰		信贷管理部	姜海青	郑　军
零售银行部	李志涛	王秀川　王天章 王德强	合规部	滕　瑾	徐　翔
国际业务部	张佑晶	张　剑	审计部	王　笑	
法律保全部		赵　钧(主持工作)	信息技术部	王美平	杜文娟
资金资本市场部		肖　肃(主持工作)	人力资源部	臧绍奎	
小企业金融中心	刘　斌		办公室	余胜利	陈相忠　周　骏
会计部		徐水红(主持工作) 刘慧玲	党群监察部	张国成	
计划财务部	张强军（行长助理兼任）		行政保卫部	季　军	侯卫宁

机构概况一览表

年度	内设职能部门数量	下设分支机构					员工总人数		备注
		总数	地市分行数	县区支行数	分理处、营业所数	储蓄所属		正式职工人数	
2007 年	14	31	3				1103	893	正式职工含内退人员
2008 年	15	29	3				1123	907	
2009 年	16	29	3				1151	926	
2010 年	18	32	3				1239	980	
2011 年	18	33	4				1342	1103	

华夏银行股份有限公司济南分行

领导干部及职能部门一览表

行长			副行长		
孙彤军			李　燕　王秀荣　李金龙 于国庆　陈立京　张沛儒		
地　址	济南市纬二路 138 号			邮　编	250001
职能部门	正职	副职	职能部门	正职	副职
办公室	张　军	路　燕	个人业务部	杨晓丽	于　静　韩春燕
计划财务部	姜显璞	徐鲁东	合规部	王　新	
公司业务部	乔立海	陈建军　范庆运 张　勇	人力资源部 （党委办公室）	李延伟	张春艳
国际业务部	王　毅	冯启涛	中小企业信贷分部	李　新	徐　磊　李　洁
授信审批中心	秦　颖		授信管理中心	李　磊	张　静
资产保全中心	韩世东		会计部	孟繁胜	文爱民　张廷生
信息技术部	孙思亮		监察室	贾永生	

机构概况一览表

年度	内设职能部门数量	下设分支机构					员工总人数	正式职工人数
		总数	地市分行数	县区支行数	分理处、营业所数	储蓄所数		
2007 年	17	13					955	654
2008 年	17	13					867	727
2009 年	17	15					864	736
2010 年	18	16					1465	968
2011 年	14	17					1516	999

华夏银行股份有限公司青岛分行

领导干部及职能部门一览表

行长			副行长		
刘　辉			吕　东　赵　劼　于丰星　崔　巍		
地　址	青岛市市南区东海西路 5 号甲			邮　编	266071
职能部门	正职	副职	职能部门	正职	副职
办公室	赵　霖	曲文豪	合规部	张衍真	
人力资源部	颜庆武		监察室	林永岩	
计划财务部	牟润玲	石玉进	信息技术部	李延刚	
公司业务部	张卫华	杨建明	授信管理中心	袁　新	
个人业务部	韩　波		授信审查中心	栾卫东	
国际业务部	顾新静	曹福鹏	资产保全中心	周忠凯	
供应链金融中心	李跃武		重点客户部	王立莉	
党委办公室	解令科		中小企业信贷部青岛分部	侯华南	雷洪林
会计部	许　丽	闫金斌	工　会	张明晓	

机构概况一览表

年度	内设职能部门数量	下设分支机构					员工总人数	正式员工人数	备注
		总数	地市分行数	县域支行数	分理处、营业所数	储蓄所数			
2007 年	14	11	0	0	0	0	360	273	
2008 年	15	12	0	1	0	0	418	308	
2009 年	15	13	0	2	0	0	437	413	
2010 年	18	14	0	3	0	0	469	469	
2011 年	18	15	0	4	0	0	525	525	

深圳发展银行济南分行

领导干部及职能部门一览表

行长（或其他称谓的第一负责人）			副行长（或其他称谓的同级领导）		
刘　峰			张汉忠　刘利华　李　娜　肖　俊 陈振华　王方政　范广文		
地　址	济南市经十路 13777 号			邮　编	250014
职能部门	正职	副职	职能部门	正职	副职
办公室	吴盼盼		保卫部		纪　东
人力资源部	吴盼盼		法律合规部	任　波	
稽核部	任　波		信贷审批中心	毕韵玲	徐　杰　林永梅
信贷管理部		张　静	贸易融资部	蔡　勇	
公司银行部	刘彦龙		金融同业部		陈文盛
零售银行部		周　文	零售信贷风险部		尹德农
计划财务部		冯建勋	中小企业金融事业部	蔡　勇	
运营部	李　鑫	周楠楠	科技运营部		

机构概况一览表

年度	内设职能部门数量	下设分支机构					员工总人数	正式职工人数	备注
		总数	地市分行数	县区支行数	分理处、营业所数	储蓄所数			
2007 年	9	6	0	0	0	0	228	205	
2008 年	8	7	0	0	0	0	268	250	
2009 年	12	8	0	0	0	0	346	304	
2010 年	15	8	0	0	0	0	353	308	
2011 年	16	9	0	0	0	0	403	333	

深圳发展银行青岛分行

领导干部及职能部门一览表

行长（或其他称谓的第一负责人）			副行长（或其他称谓的同级领导）		
李　军			谷　辉（副行长）　王国富（副行长） 刘家亮（行长助理）　陈昊序（财务执行官） 刘文华（信贷执行官）　纪小倩（运营执行官）		
地　址	青岛市香港中路6号世贸中心A座裙楼		邮　编	266071	
职能部门	正职	副职	职能部门	正职	副职
办公室	逄　雷	程晓华	人力资源部	卢玉君	
法律合规部		杨少华（主持工作）	科技运营部	杨兆进	张　鹏
运营部	纪小倩（兼）	褚慧萍	计划财务部		王宗良（主持工作）
金融同业部	高　静		贸易融资部	王业方	李骁力
信贷审批部	吴天磊	朱远波　胡绪雷	信贷管理部		舒　立（主持工作） 丁兆荣　王乐飞
国际结算部	刘乃爱		货押监管部		王　鑫（主持工作）
同业票据部	盛光杰		零售银行部		马　燕（主持工作）
零售信贷风险部	乔秀龙		零售贷款部	翟小平	

机构概况一览表

年度	内设职能部门数量	下设分支机构		员工		备注
		总数	县区支行数	总人数	正式职工人数	
2007年	12	5	5	263	233	
2008年	12	7	7	324	274	
2009年	17	8	8	362	324	
2010年	19	8	8	404	355	
2011年	19	9	9	416	368	

上海浦东发展银行青岛分行

领导干部及职能部门一览表

行长（或其他称谓的第一负责人）			副行长（或其他称谓的同级领导）		
常　征			王京杰　朱相宇　朱敏红		
地　址	青岛市市南区香港西路53号		邮　编	266071	
职能部门	正职	副职	职能部门	正职	副职
办公室	徐伟林		风险管理部	刘彦辉	
人力资源部	蒋梦婴		授信审查部	孙保进	
资金财务部	许爱霞		合规部	吴俊怡	
财务会计核算中心	李双健		运营管理部	陈丽娟	
公司银行业务管理部	李　军		信用运营中心	姜　双	
公司银行产品部	徐　强		信息科技部	吴秀娟	
中小企业业务经营中心	杨　斌		分行作业中心	李永见	

续表

职能部门	正职	副职	职能部门	正职	副职
个人银行发展管理部	孙 梅		个人信贷部	隋家宁	
银行卡及电子渠道部	刘 静		审计特派办	战雪丽	

机构概况一览表

年度	内设职能部门数量	下设分支机构					员工总人数		备注
		总数	地市分行数	县区支行数	分理处、营业所数	储蓄所数		正式职工人数	
2007 年	19	6	1	5			193	193	
2008 年	18	8	1	7			263	263	
2009 年	16	11		11			304	304	
2010 年	18	12	1	11			380	380	
2011 年	18	13	1	12			429	429	

兴业银行股份有限公司济南分行

领导干部及职能部门一览表

行长（或其他称谓的第一负责人）			副行长（或其他称谓的同级领导）		
张 霆			林家炎 魏 军 郝 超（行长助理）		
地 址	济南市经七路 86 号			邮 编	250001
职能部门	正职	副职	职能部门	正职	副职
综合部	毕勇奇	张学甫	业务管理部	刁苏曼	
人力资源部	孙立宁		营销管理部	李红兵	
计划财务部	苏 虎		贸易金融部	李红兵	
风险管理部	袁 静		机构业务部	穆晓达	
信用审查部	胡 斌		投资银行部	于 清	
法律与合规部	李 萍		小企业部	徐恒超	
会计结算部	李新惠		零售金融事业部	何兆路	
信息科技部	王存峰		同业业务部	王光辉	

机构概况一览表

年度	内设职能部门数量	下设分支机构					员工总人数		备注
		总数	地市分行数	县区支行数	分理处、营业所数	储蓄所数		正式职工人数	
2007 年	15	7					510	317	
2008 年	9	9	1				698	404	
2009 年	9	12	3				950	560	
2010 年	9	15	5				1199	698	
2011 年	16	20	6				1532	1004	

兴业银行股份有限公司青岛分行

领导干部及职能部门一览表

行长（或其他称谓的第一负责人）			副行长（或其他称谓的同级领导）		
张晓莉			郑少鸣　步延进		
地　址	青岛市市南区山东路 7 号甲			邮　编	266071
职能部门	正职	副职	职能部门	正职	副职
综合部	张蓉蓉		计划财会部		李艳玲
风险管理部	马　浩		信用审查部		张照凌
企业金融部		张启宁	零售业务部		孙　勇
信息科技部	李财官		贸易金融部		李　猛

注：副职人员均为副总经理主持工作

机构概况一览表

年度	内设职能部门数量	下设分支机构					员工总人数		备注
		总数	地市分行数	县区支行数	分理处、营业所数	储蓄所数		正式职工人数	
2007 年	7	2	1	1	0	0	137	97	
2008 年	7	3	1	2	0	0	271	147	
2009 年	8	4	1	3	0	0	298	170	
2010 年	8	7	1	5	0	0	388	253	
2011 年	13	8	1	6	0	0	500	328	

中国民生银行济南分行

领导干部及职能部门一览表

行长（或其他称谓的第一负责人）			副行长（或其他称谓的同级领导）		
马　琳（党委书记、行长）			陈焕德（副行长、纪委书记）　李　伟（行长高级助理） 孙　兴（行长高级助理）　彭曙光　（行长高级助理）		
地　址	济南市泺源大街229号		邮　编	250012	
职能部门	正职	副职	职能部门	正职	副职
办公室	鲍　健		人力资源部	蔡丹平	
保卫处	纪　斌	席晋平	计划财务部	史　昱	
科技开发部	郭志阳		运营管理部	王月玮	
授信评审部	李加岭		财富管理部	孙　兴	杨梦莎
资产监控部	李加岭		运营保障部	王宁宁	
法律合规部	王明静		售后服务部	金　虹	
票据业务部	安丰福		金融同业部	李光金	
公司银行部	梁发新		小微金融部	吕　堂	
中小企业管理部	杨国亮		电子银行部	陈航德	

续表

职能部门	正职	副职	职能部门	正职	副职
机构管理部	孙　霖	盛　林	私人银行部	郑　敏	
零售银行授信评审部	朱　郁				

机构概况一览表

年度	内设职能部门数量	下设分支机构					员工总人数		备注
		总数	地市分行数	县区支行数	分理处、营业所数	储蓄所数		正式职工人数	
2007年	15	9	1	9	0	0	392	392	
2008年	15	10	1	10	0	0	428	428	
2009年	19	11	1	10	0	0	593	593	
2010年	20	13	2	11	0	0	733	733	
2011年	22	16	3	13	0	0	853	853	

中国民生银行青岛分行

领导干部及职能部门一览表

行长（或其他称谓的第一负责人）		副行长（或其他称谓的同级领导）	
赵志敏		李　贤　张俊涛　崔俊峰	
地　址	青岛市市南区福州南路18号	邮　编	266071

机构概况一览表

年度	内设职能部门数量	下设分支机构					员工总人数		备注
		总数	地市分行数	县区支行数	分理处、营业所数	储蓄所数		正式职工人数	
2007年			1						
2008年			1						
2009年			1				358		
2010年			1				489		
2011年	21		1				686		

渤海银行股份有限公司济南分行

领导干部及职能部门一览表

行长（或其他称谓的第一负责人）	副行长（或其他称谓的同级领导）
王仁宝	宋　奇　孙开贤　陈光伟（风险总监）　王铁华（党委委员）

续表

地 址	济南市青年东路18号			邮 编	250011
职能部门	正职	副职	职能部门	正职	副职
综合管理部		史 毅	中小企业部		石 静
安全保卫部		孙青江	公司业务一部	孙晓旭	吴 迪
人力资源与机构管理部	于 洁		公司业务二部	徐庆吉	李建青
资讯科技部		韩纪宏	公司业务三部		路 昌
业务营运部	任永学	裴 娜	公司业务四部	闫江涛	张 健
财务部	廖朝阳		财富管理部	王 冬	
风险管理部		季惠芳	个人贷款部		吴洪军
信贷监控部	张福玉		个人金融部		晋江伟
个人贷款审批中心		于立宏	分行营业部	孙国华	
内控合规部		吴一江			
市场开发部	李同德	傅长青 郝 娴			
贸易金融部	邓 玲				

机构概况一览表

年度	内设职能部门数量	下设分支机构					员工总人数		备注
		总数	地市分行数	县区支行数	分理处、营业所数	储蓄所数		正式职工人数	
2008年	12						82	67	
2009年	18	1					137	111	
2010年	22	1					171	141	
2011年	21	3	1	2			254	202	

天津银行股份有限公司济南分行

领导干部及职能部门一览表

行长			副行长（或其他称谓的同级领导）		
姚志坚			潘 玲 李明舫（风险总监） 栾德志		
地 址	济南市市中区泺源大街229号			邮 编	250012
职能部门	正职	副职	职能部门	正职	副职
综合管理部	王全普		营业部	张维东	

续表

职能部门	正职	副职	职能部门	正职	副职
风险管理部	高华明		大客户部	张万良	
运营管理部	宋剑峰		市场营销一部	刘亚军	
计划财务部	张慧侠		市场营销三部	靖树军	
公司业务部	王　芳		市场营销四部	郝　楠	
个人业务部	孟　宁		市场营销五部	孙志强	
内审合规部	魏楠楠		市场营销六部	和西涛	

机构概况一览表

年度	内设职能部门数量	下设分支机构					员工总人数		备注
		总数	地市分行数	县区支行数	分理处、营业所数	储蓄所数		正式职工人数	
2010	12	1			1		96	88	
2011	14	1			1		120	108	

浙商银行股份有限公司济南分行

领导干部及职能部门一览表

行长			副行长		
李玉波			陆为民　吴宝国　姜　兵		
地　址	历下区黑虎泉西路 185 号			邮　编	250011
职能部门	正职	副职	职能部门	正职	副职
办公室		武建锐	信贷业务一部	李庆才	
计划财务部	刘　浩		信贷业务二部	马惠岷	
风险管理部	陆为民	王振华	信贷业务三部	陈　慧	
业务管理部	韩伟杰		市场拓展一部	鹿悦军	
投资银行部		李　辉	市场拓展二部	王晓东	
会计科技部	于建平		企业金融一部	袁　丽	
业务发展一部	李相安		企业金融二部	吕昌军	
业务发展二部	李　炘		机构金融部	韩伟杰	
业务发展三部	邵力军		营业部		吕晓宁

机构概况一览表

年度	内设职能部门数量	下设分支机构					员工总人数		备注
		总数	地市分行数	县区支行数	分理处、营业所数	储蓄所数		正式职工人数	
2010 年	15						115	96	
2011 年	18						156	128	

北京银行济南分行

领导干部及职能部门一览表

行长			副行长（或其他称谓的同级领导）		
王淑梅			曹亦男　李国庆　孔海涛（行长助理）		
地　址	济南市市中区经十路21356号		邮　编	250002	
职能部门	正职	副职	职能部门	正职	副职
办公室	魏　震	张胜利	公司银行部	王树民	
零售银行部	田　宏	郭建军　李大同	国际业务部		林　华
			风险管理部	孔海涛	张乐泉
运营部	徐朝霞		营业部	房　旭	张曙光

山东省农村信用社联合社

领导干部及职能部门一览表

理事长（党委书记）		主任（副理事长、党委副书记）	副主任（或其他称谓的同级领导）		
宋文瑄		张建民	丁浩升　展西亮（党委副书记，纪委书记） 王继东　郇　涛　王宝城		
地　址	济南市经七路6号			邮　编	264100
职能部门	正职	副职	职能部门	正职	副职
办公室	孙清华	朱连庆　王高义	财务管理部		傅宝汉
机关党办	宫淑玫		人力资源部	袁德亭	张　珺
机关工会	宫淑玫		审计部	田杰友	王少军
信访办	王高义		监察保卫部	赵雪根	颜廷军
基建办	赵凤彬　吕鸿献		巡视办公室	赵雪根	朱立芳
政策法规部	陈卫东	赵书阳　刘廷伟	科技信息部	康　东	杜海松　徐　亮
业务发展部		徐富春　王永升	济南科技中心	姚念馥	
信贷管理部	黄孝杰	蒋继伟	黄岛科技中心	王仁福	
资产管理部	王季刚	焦大光	电子银行部		于振福　张　焰
			资金中心	刘传武	刘永法

机构概况一览表

年度	内设职能部门数量	下设分支机构					员工总人数	正式职工人数	备注
		总数	市级联社、办事处	县级联社、合行、商行数	分理处、营业所数	储蓄所数			
2007年	11	5619	17	132	5297	172	70378	56646	

续表

年度	内设职能部门数量	下设分支机构					员工总人数		备注
		总数	市级联社、办事处	县级联社、合行、商行数	分理处、营业所数	储蓄所数		正式职工人数	
2008 年	11	5508	17	132	5195	163	71557	56114	
2009 年	11	5332	17	132	5044	139	73282	56458	
2010 年	11	5280	17	132	5030	101	76673	58650	
2011 年	12	5229	17	132	4970	110	77441	67906	

南洋商业银行（中国）有限公司青岛分行

机构概况一览表

年度	内设职能部门数量	下设分支机构					员工总人数		备注
		总数	地市分行数	县区支行数	分理处、营业所数	储蓄所数		正式职工人数	
2006 年	5						24	24	
2007 年	5						30	30	
2008 年	5						33	33	
2009 年	6						37	37	
2010 年	7						41	41	
2011 年	7	1		1			63	63	

新韩银行（中国）有限公司青岛分行

领导干部及职能部门一览表

行长（或其他称谓的第一负责人）			副行长（或其他称谓的同级领导）		
郑浩喆			李垣硕		
地　址	青岛市东海西路28号中信万通证券大厦四楼			邮　编	266071
职能部门	正职	副职	职能部门	正职	副职
营业部	李载荣	吕笑冉	合规经理	梁云植	
授信部	李垣硕	朱　鹤	风险管理部	李哲洙	
国际业务部	李载荣	宋　柏　路克明			
财务会计部	李载荣	王　瑜			

机构概况一览表

年度	内设职能部门数量	下设分支机构					员工总人数	正式职工人数
		总数	地市分行数	县区支行数	分理处、营业所数	储蓄所数		
2007年	2	0	0	0	0	0	17	13
2008年	3	1	0	1	0	0	36	30
2009年	7	1	0	1	0	0	50	44
2010年	7	1	0	1	0	0	48	46
2011年	7	1	0	1	0	0	43	41

汇丰银行（中国）有限公司济南分行

领导干部及职能部门一览表

行长			副行长		
张　芳			黄黎明		
地　址	济南市市中区经七路房产大厦1-107室		邮　编	250001	
职能部门	正职	副职	职能部门	正职	副职
工商金融服务部	薛　洁		个人银行服务	董璐	
环球银行服务部	胡　然		贸易服务部	延翠华	
人事部	杨彩梅		合规部	魏　巍	
营运部	纪　元		财务部	王晓明	
行政部	赵寅东				

机构概况一览表

年度	内设职能部门数量	下设分支机构					员工总人数	正式职工人数	备注
		总数	地市分行数	区县支行数	分理处、营业所处	储蓄所处			
2009	9	1	1	0	0	0	34	34	
2010	9	1	1	0	0	0	34	34	
2011	9	1	1	0	0	0	34	34	

汇丰银行（中国）有限公司青岛分行

领导干部及职能部门一览表

行长（或其他称谓的第一负责人）			副行长（或其他称谓的同级领导）		
高　慧			孙翠霞　仇吉媛		
地　址	青岛市香港中路76号颐中皇冠假日酒店八楼			邮　编	266071
职能部门	正职	副职	职能部门	正职	副职
工商业务部	仇吉媛		信贷营运部	董　波	
环球银行部	宋　红		合规部	丁维鑫	
环球资金管理部	于起为		行政部	徐丽丽	
贸易及供应链业务部	贾月萱		财务部	姚振宇	
零售银行及财富管理业务部	周　舟		人力资源部	程　虹	
营运部	傅明霞		资讯科技部	邱　东	

机构概况一览表

年度	内设职能部门数量	下设分支机构					员工总人数		备注
		总数	地市分行数	县区支行数	分理处、营业所数	储蓄所数		正式职工人数	
2007年	12	3		3			182	182	
2008年	12	3		3			197	197	
2009年	12	4		4			169	169	
2010年	12	4		4			152	152	
2011年	12	4		4			147	147	

东亚银行（中国）有限公司青岛分行

领导干部及职能部门一览表

行长（或其他称谓的第一负责人）			副行长及行长助理、支行行长（或其他称谓的同级领导）		
李颖新			孙善功　李作伦　隋　青　冯　蕾　陈　文　秦立山		
地　址	山东省青岛市香港西路67号甲			邮　编	266071
职能部门	正职	副职	职能部门	正职	副职
企业银行一部	李子辉		财务管理部	刘妮妮	
企业银行二部	吴相敏		信贷风险管理部	张雅萍	
企业银行三部	宋旭兵		人力资源部	徐文斌（兼）	

续表

职能部门	正职	副职	职能部门	正职	副职
零售银行拓展部	秦立山		行政及资讯科技部	汤智惟	
分行营运部	张　洁		资金部	刘妮妮（兼）	
贷款管理部	王丽莉		法律事务部	徐文斌	
贸易服务部	陈佳奇		清算部	冯　蕾（兼）	

机构概况一览表

年度	内设职能部门数量	下设分支机构					员工总人数	正式职工人数	备注
		总数	地市分行数	县区支行数	分理处、营业所数	储蓄所数			
2006年	12	0	0	0	0	0	48	48	
2007年	14	0	0	0	0	0	85	85	
2008年	16	1	0	1	0	0	124	124	
2009年	13	1	0	1	0	0	106	106	
2010年	14	2	0	2	0	0	123	119	
2011年	14	2	0	2	0	0	127	117	

渣打银行（中国）有限公司青岛分行

领导干部及职能部门一览表

<table>
<tr><td colspan="3">行长</td><td colspan="3">副行长</td></tr>
<tr><td colspan="3">陈国华</td><td colspan="3">蔡洪亮　潘晓东</td></tr>
<tr><td>地　址</td><td colspan="2">青岛市市南区香港中路40号数码港旗舰大厦35层</td><td>邮　编</td><td colspan="2">266071</td></tr>
<tr><td>职能部门</td><td>正职</td><td>副职</td><td>职能部门</td><td>正职</td><td>副职</td></tr>
<tr><td>合规部</td><td>高　祥</td><td></td><td>香港中路支行</td><td>王原生</td><td></td></tr>
<tr><td>本地企业部</td><td>蔡洪亮</td><td></td><td>跨国企业部</td><td>郑得虎</td><td></td></tr>
<tr><td>对公操作部</td><td>潘晓东</td><td></td><td>中小企业部</td><td>丛　峰</td><td></td></tr>
<tr><td>贸易融资与现金管理部</td><td>何文彦</td><td></td><td>香港中路第二支行</td><td>韩丽娜</td><td></td></tr>
<tr><td>环球金融部</td><td>程智惠</td><td></td><td>大宗商品贸易部</td><td>朱云帆</td><td></td></tr>
<tr><td>海尔路支行</td><td>杨颂军</td><td></td><td></td><td></td><td></td></tr>
</table>

企业银行(中国)有限公司青岛分行

领导干部及职能部门一览表

行长(或其他称谓的第一负责人)			副行长(或其他称谓的同级领导)		
徐廷焕			金基云		
地　址	青岛市市南区东海西路17号海信大厦1层			邮　编	266071
职能部门	正职	副职	职能部门	正职	副职
存款部	丛广莹		外汇部	朴杨玉	
信贷部	朴永镇		合规部	李昕怡	

日本山口银行股份有限公司青岛分行

领导干部及职能部门一览表

行长(或其他称谓的第一负责人)			副行长(或其他称谓的同级领导)		
兼重清史			渡边正彦　夏　铮		
地　址	青岛市香港中路 76 号颐中假日皇冠酒店 2 层			邮　编	266071
职能部门	正职	副职	职能部门	正职	副职
营业部	渡边丈晴	田中一嘉	事务部	中川喜代志	吴惠兰
财务部	中川喜代志	张小筱	人民币业务部	中川喜代志	金奉爱
总务部	川田正博	陈悦霞			

机构概况一览表

年度	内设职能部门数量	下设分支机构					员工总人数		备注
		总数	地市分行数	县区支行数	分理处、营业所数	储蓄所数		正式职工人数	
2007 年	5						24	24	
2008 年	5						25	25	
2009 年	5						25	25	
2010 年	5						25	25	
2011 年	5						26	26	

韩亚银行（中国）有限公司烟台分行

领导干部以及职能部门一览表

行长（或其他称谓的第一负责人）			副行长（或其他称谓的同级领导）		
文昶元			韩尚宪		
地　址	烟台市芝罘区南大街237号招银大厦6楼			邮　编	264001
职能部门	正职	副职	职能部门	正职	副职
信贷部	具美艳		营业部	刘真龙	
国际部	李　贞		市场部	徐志阔	
综合部	刘真龙		合规部	段　霄	

机构概况一览表

年度	内设职能部门数量	下设分支机构					员工总人数		备注
		总数	地市分行数	县区支行数	分理处、营业所数	储蓄所数		正式职工人数	
2007年	3	1	1	0	0	0	11	11	
2008年	5	2	1	1	0	0	29	29	
2009年	5	2	1	1	0	0	34	34	
2010年	6	2	1	1	0	0	35	35	
2011年	6	2	1	1	0	0	31	31	

瑞穗实业银行（中国）有限公司青岛分行

领导干部及职能部门一览表

行长（或其他称谓的第一负责人）			副行长（或其他称谓的同级领导）		
藤武秀三			宇都宫健彦		
地　址	青岛市香港中路59号青岛国际金融中心44楼			邮　编	266071
职能部门	正职	副职	职能部门	正职	副职
营业一课	山村康之	石井宏忠	主计风险课	孙锡友	李　霞
营业二课	张兰吉		业务课	李香淑	郑文颖
资金总务课	俞秀羽	国　颖	合规课	车振峰	

机构概况一览表

年度	内设职能部门数量	下设分支机构					员工总人数		备注
		总数	地市分行数	县区支行数	分理处、营业所数	储蓄所属		正式职工人数	
2008 年	5						43	43	
2009 年	5						47	47	
2010 年	6						56	49	
2011 年	6						59	51	

中国人民财产保险股份有限公司山东省分公司

机构概况一览表

年度	内设职能部门数量	下设分支机构				员工总数		备注
		总数	市分公司	县区支公司	营业部		正式职工人数	
2007 年	18	244	16	136	92	6317	4176	
2008 年	20	244	16	136	92	5934	4123	
2009 年	20	245	16	138	91	7225	4119	
2010 年	19	244	16	139	89	7166	3889	
2011 年	20	246	16	139	91	9202	3962	

中国人寿保险股份有限公司山东省分公司

领导干部及职能部门一览表

总经理		副总经理		总经理助理	
白 彬		张 明 徐明光 李恩林		周曙光 吴 锋	
地 址	济南市泺源大街 88 号			邮 编	250011
职能部门	正职	副职	职能部门	正职	副职
办公室	张继旋	于登跃	信息技术部		孙相建
人力资源部	张志强		个险销售部		王晓晨
工会工作部	邢厚佺	崔庆金	团体业务部		刘 宁
监察部销售督察部	张 波	黄 芳	银行保险部	陈 雁	袁任远
财务管理中心	朱淑琴	董成志	内控合规部		汤 明 赵 哂
业务管理中心	付桂霞		教育培训部	孙华增	
客户服务管理中心	林健吾	陈丽梅			

机构概况一览表

年度	内设职能部门数量	下设分支机构				员工总人数		备注
		总数	地市分公司数	县区支公司数	农村营销服务部数		正式职工人数	
2005 年	12	147	16	131		3734	3734	
2006 年	12	147	16	131	744	3677	3677	
2007 年	12	147	16	131	893	5565	5565	
2008 年	12	147	16	131	998	5679	5679	
2009 年	13	147	16	131	1130	5706	5706	
2010 年	14	147	16	131	1142	5565	5565	
2011 年	14	147	16	131	1130	5442	5442	

泰山财产保险股份有限公司

领导干部及职能部门一览表

董事长党委书记	总经理	副总经理	党委副书记、纪委书记、工会主席		董事会秘书	总经理助理
宋文平	张云翔	王启祥 马鲁明 赵 辉	牟文军		张宗旺	安中涛 周恩龙
地　址	山东省济南市高新技术开发区舜华路 1173 号			邮　编	250101	
职能部门	正职	副职	职能部门	正职	副职	
董事会办公室		宋健君（兼）	意健险部		贾悦华	
办公室		宋健君	重点项目部		郑素梅	
人力资源部	姜秀昶		营销管理部		马伟新	
计划财务部		周开蕴	再保险部		冯玉芹（兼）	
战略研发部		汪　洋	客户服务部		王　勃	
资产管理部		崔正宇	信息技术部		时　杰	
农业险部			风控合规部		马国东	
车险部		杨　鹏	稽核监察部	姜秀昶（兼）		
财产险部		冯玉芹				

机构概况一览表

年度	内设职能部门数量	下设分支机构					员工总人数		备注
		总数	省级分公司数	城市分公司数	地市中心支公司数	县区支公司数		正式职工人数	
2011 年	17	4	3	1			254	254	

中国平安财产保险股份有限公司青岛分公司

领导干部及职能部门一览表

总经理		副总经理	
李小安		张小玲　王连涛　洪锦平	
地　址	青岛市市南区香港西路 67 号光大国际金融中心 15 层	邮　编	266071
职能部门	负责人	职能部门	负责人
个车部	高　峰	团车部	孙培忠
个人渠道管理部		团体渠道营销部	于涛利
代理业务部	姜丰栋	房贷清欠项目组	朱考铭
车行业务部	石　伟	客户服务部	张洪海
综拓业务部	张德龙	车险意健险理赔部	胡善杰
新渠道业务部	原　娜	财产险理赔部	蒋焕猷
新渠道业务部本部	徐贵军	财务部	李卫东
经纪业务部	张立军	培训部	付海琪
重客业务部	齐俊国	办公室	李晨晨
银行保险部	江正林	人力资源部	王少峰
意外险和健康险部	刘笑西	市场企划部	崔红玫
团财部	陈　鑫		

机构概况一览表

年度	内设职能部门数量	下设分支机构			员工总人数		备注
		总数	地市分公司数	县区支公司数		正式职工数	
2006 年	13	60	8	52	911	831	
2007 年	13	65	8	57	1302	1106	
2008 年	15	68	8	60	1403	1076	
2009 年	15	69	8	61	1354	1012	
2010 年	15	72	8	64	1663	1236	
2011 年	15	58	8	50	1704	1377	

中国平安人寿保险股份有限公司青岛分公司

领导干部及职能部门一览表

总经理			副总经理		
韩 光			刘天东 徐 前 徐 淼 宋本荣 舒明豪 薛 军 刘景观		
地 址	青岛市市南区香港中路 61 号阳光大厦 B 座			邮 编	266071
职能部门	正职	副职	职能部门	正职	副职
行政部	李殿敏		人力资源部	史 平	
财务部	吴大为		企划部	石五洲	
稽核监察部	范希玲		营销企划部	马 健	
营销管理部	杜有光		培训部	戚 斌	
保费部	郝保江		两核管理部	任伟忠	
运营支持部	万正锋		客户服务部	成 凯	
区域拓展部	徐 淼		银保销售支持部	李 奕	
综合开拓部	杨 泓		银行保险部	逄锦逢	
二元项目组	林在泉				

机构概况一览表

年度	内设职能部门数量	下设分支机构			员工		备注
		总数	地市分公司数	县区支公司数	总人数	正式职工人数	
2006 年	13	11	11	68	1222	992	
2007 年	15	8	8	55	1038	904	2007 年总公司将济宁、泰安、枣庄三机构划归济南分公司管理。
2008 年	18	8	8	55	1698	1138	
2009 年	18	8	8	55	1608	1223	
2010 年	18	7	7	55	1408	1117	2010 年总公司将烟台中心支公司升级为省级分公司进行管理。
2011 年	17	7	7	61	1345	1088	

华泰人寿保险股份有限公司山东分公司

机构概况一览表

年度	内设职能部门数量	下设分支 机构					员工		备注
		总数	地市分行数	县区支行数	分理处营业所数	储蓄所数	总人数	正式职工人数	
2008年	7	6	4	2				224	
2009年	7	20	4	16				239	
2010年	8	24	4	20				326	
2011年	9	41	10	31				448	

山东省国际信托有限公司

领导干部及职能部门一览表

董事长	总经理	副总经理	
孟凡利	相开进	王映黎　孙绍杰　万　众　李高峰　周建蕖	
地　址	济南市解放路 166 号	邮　编	250013
职能部门	负责人	职能部门	负责人
综合管理部	于　晖	计划财务部	岳增光
风险管理部	金同水	信托业务托管部	崔佳茵
信息化中心	陈全捷	自营业务部	葛　航
研发中心	王　萍	财富中心	李　燕
基建基金管理部	李晓鹏	基建基金财务部	岳增光（兼）
投资银行部	李高峰（兼）	资产管理部	苏文强
信托业务一部	李高峰（兼）	信托业务二部	万　众（兼）
信托业务三部	万　众（兼）	信托业务四部	付吉广
信托业务五部	周建蕖（兼）	信托业务六部	杨学兵
信托业务七部	宋　磊	青岛业务部	刘　川
北京业务部	陶宇波	上海业务部	薛继伟
深圳业务部	宋　冲		

机构概况一览表

年度	内设职能部门数量	下设分支机构			员工总人数	正式职工人数	备注
		总数	地市分公司数	县区支公司数			
2007 年	14				83	83	
2008 年	16				87	87	
2009 年	19				91	83	
2010 年	21				118	95	
2011 年	23				130	106	

中国华融资产管理公司济南办事处

领导干部及职能部门一览表

副总经理（主持工作）			副总经理		
童　玲			王　宾　姜同伟　王丙亮　尚海涛　赵　军		
地　址	济南市经三路 89 号			邮　编	250001
职能部门	正职	副职	职能部门	正职	副职
综合管理部	薛　萍		业务管理部	尚海涛（兼）	张　惠
资产经营一部	张克勤	孙　岳	资产经营二部	侯训和	

续表

职能部门	正职	副职	职能部门	正职	副职
金融服务一部	颜慧卿	王志孔	金融服务二部	张国伟	
创新业务部	马旭亮		青岛业务部	李　泉	
风险管理部	孙福柱	王　芸			

中国长城资产管理公司济南办事处

领导干部及职能部门一览表

总经理（党委书记）			副总经理（党委委员）		
刘学堂（党委副书记、主持工作）			崔福成（党委委员、副总经理）　郭小霞（党委委员）		
地　址	济南市经七路168号			邮　编	250001
职能部门	正职	副职	职能部门	正职	副职
综合管理部	李西方	李　伟	资产经营部		王朝山
业务拓展部		于立杰	项目审核部		袁　新
法律事务部		王　斌	资金财务部		张凤霞
监察审计部	李西方	李　伟			

机构概况一览表

年度	内设职能部门数量	下设分支机构					员工总人数	正式职工人数	备注
		总数	地市分行数	县区支行数	分理处、营业所数	储蓄所数			
2007年	7						175	79	
2008年	7						152	64	
2009年	7						152	60	
2010年	7						132	98	
2011年	7						116	87	

中国信达资产管理股份有限公司山东省分公司

领导干部及职能部门一览表

总经理			副总经理（或其他称谓的同级领导）		
彭　新			张德印		
地　址	济南市经三路293号			邮　编	250021
职能部门	正职	副职	职能部门	正职	副职
综合管理部	吴新明		业务一部	苏爱珍	
业务审核部	胡蔚萱		业务二部	赵永辉	

续表

职能部门	正职	副职	职能部门	正职	副职
法律事务部	张　卿		业务三部	周宇承	
计划财务部	张　卿				

机构概况一览表

年度	内设职能部门数量	下设分支机构			员工总人数		备注
		总数	地市分公司数	县区支公司数		正式职工人数	
2007 年	7				92	56	
2008 年	7				76	57	
2009 年	7				67	54	
2010 年	7				56	44	
2011 年	7				49	40	

中国东方资产管理公司青岛办事处

领导干部及职能部门一览表

总经理（或其他称谓的第一负责人）			副总经理（或其他称谓的同级领导）		
吴少杰			闫玉林　赵锡义　崔　磊　李明波		
地　址	青岛市香港中路6号世贸中心B座三层		邮　编	266071	
职能部门	正职	副职	职能部门	正职	副职
办公室	王琳瑛	王凤新　窦桂斌	资产经营一部	董昌青	邱岩斌　姜　宏　马　群　丁乐忠
财会部	刘　丽		资产经营二部	宋健君	
风险部	王建英		济南业务部	刘　照	田国奎

机构概况一览表

年度	内设职能部门数量	下设分支机构					员工总人数		备注
		总数	地市分行数	县区支行数	分理处、营业所数	储蓄所数		正式职工人数	
2007年	6	0	0	0	0	0	42	34	
2008年	6	0	0	0	0	0	42	34	
2009年	6	0	0	0	0	0	42	34	
2010年	6	0	0	0	0	0	43	35	
2011年	6	0	0	0	0	0	48	40	

中国银联股份有限公司山东分公司

领导干部及职能部门一览表

总经理（或其他称谓的第一负责人）			副总经理（或其他称谓的同级领导）		
李金良			张春玲		
地　址	济南市高新区舜风路1006银山大厦			邮　编	250101
职能部门	正职	副职	职能部门	正职	副职
办公室	黄平生	段好勇	市场部	赵葆军	
业务部	孟光勇	张子晶	二级地市部	李宝成	
技术部	郝义泉	董保军			

中国银联股份有限公司青岛分公司

领导干部及职能部门一览表

总经理			助理总经理		
赵玉东			吴　坚		
地　址	青岛市香港中路6号世贸中心B座5楼			邮　编	266071
职能部门	正职	副职	职能部门	正职	副职
办公室	金　莲		市场部	宋伟真	王腾峰
技术部	杨洪江		业务部	田　兰	

机构概况一览表

年度	内设职能部门数量	下设分支机构					员工总人数		备注
		总数	省级分公司数	城市分公司数	地市中心支公司数	县区支公司数		正式职工人数	
2007年	4						25	25	
2008年	4						24	24	
2009年	4						25	25	
2010年	4						27	25	劳务用工人员2名
2011年	4						28	26	劳务用工人员2名

注：该分公司无分支机构

中国重汽财务有限公司

领导干部及职能部门一览表

董事长	总经理	常务副总经理		副总经理		党总支副书记
宋其东	韩文杰	田玉伟		李飞月　孙俊丽		刘其贵
地　址	济南市无影山东路39号			邮　编		250031
职能部门	正　职	副　职	职能部门		正　职	副　职
综合办公室	刘其贵（兼）		汽车金融中心		李玉智	夏　彤 张异香
信贷业务部	刘德英		结算中心		张　霞	
会计部	黄文娟		稽核审计部			梁　勇
风险管理部		魏　伟	信息科技室			石仁国

机构概况一览表

年度	内设职能部门数量	下设分支机构					员工总人数	正式职工人数	备注
		总数	省级分公司数	城市分公司数	地市中心支公司数	县区支公司数			
2007年	6						35	35	
2008年	6						32	32	
2009年	6						39	39	
2010年	6						58	58	
2011年	8						80	80	

海尔集团财务有限责任公司

领导干部及职能部门一览表

总经理					
李占国					
地　址	青岛市海尔路 1 号海尔工业园 K 座			邮　编	266100
职能部门	总经理	副总经理	职能部门	总经理	副总经理
风险管控部	官华丽		战略部	赵晓燕	
计划财务部	温淑惠		公司业务部	赵晓燕	徐卫红　任　涛
结算部		王　磊	消费金融部	张　莉	
投资银行部	温淑惠		国际业务部	赵丽丽	

机构概况一览表

年度	内设职能部门数量	下设分支机构					员工总人数		备注
		总数	地市分行数	县区支行数	分理处、营业所数	储蓄所数		正式职工人数	
2007年	10	1					58	58	
2008年	10	1					63	63	
2009年	10	1					82	82	
2010年	10	1					82	82	
2011年	10	1					92	92	

南山集团财务有限公司

领导干部及职能部门一览表

总经理		副总经理		总经理助理	
隋　政		曲丽华　鞠维军		郭　芸	
地　址	山东省龙口市南山工业园南山南路4号			邮　编	265706
职能部门	正职	副职	职能部门	正职	副职
综合管理部	冯玉民		信贷业务部	宋秉涛	
审计稽核部	隋家宁		计划财务部	刘　军	
风险合规部	隋家宁（兼）		投资银行部	宋秉涛（兼）	
资金结算部	战永磊				

机构概况一览表

年度	内设职能部门数量	下设分支机构					员工总人数		备注
		总数	省级分公司数	城市分公司数	地市中心支公司数	县区支公司数		正式职工人数	
2008年	7						19	19	
2009年	7						24	23	
2010年	7						31	30	
2011年	7						31	30	

中国石化财务有限责任公司山东分公司

领导干部及职能部门一览表

经　理			副经理		
张建江			吕固江　赵　博		
地　址	青岛市市南区山东路2号甲华仁国际大厦26层			邮　编	266071
职能部门	正职	副职	职能部门	正职	副职
综合部	张　妤	许钦珍	信贷部	陈旭玲	韦仁华
结算部	张明华	刘　莹	财会部	李金海	肖培培
内控稽核部	刘荣义	吴　华			

第十五部分

国内经济金融主要统计指标

一、国内金融主要统计指标

金融机构（含外资）本外币信贷收支分地区表

（2011 年）

单位：亿元

项目 地区	各项存款		单位存款					
					活期存款		定期存款	
	余额	比年初	余额	比年初	余额	比年初	余额	比年初
全　国	826702.14	98727.19	423087.60	45845.34	199223.04	11836.60	107104.58	15662.54
总　行	24853.39	3599.26	13712.36	1939.97	4905.41	8.76	4814.56	83.42
北　京	75001.91	8621.30	47015.76	3942.81	17932.24	988.61	17041.78	1491.65
天　津	17586.91	1094.37	10458.46	361.15	5020.08	-2.83	1551.32	241.51
河　北	29749.53	3502.23	10968.34	1192.69	6490.29	136.68	1984.10	607.95
山　西	21003.24	2408.53	9378.75	1096.50	6180.24	513.10	1766.36	328.78
内蒙古	12132.48	1789.35	5845.79	790.09	3885.01	283.40	627.92	124.50
辽　宁	30832.44	2842.86	13861.76	973.32	7114.91	157.34	3068.70	268.29
吉　林	10961.95	1259.53	4560.04	454.10	2900.76	288.95	908.96	165.71
黑龙江	14416.36	1443.44	5752.44	481.40	3720.57	151.48	1143.12	107.84
上　海	58186.48	6369.61	34941.43	3772.09	12490.28	160.13	10109.99	1764.58
江　苏	67638.75	7034.35	38982.01	3601.35	13680.09	-12.91	9646.37	1510.71
浙　江	60893.14	6507.11	33542.82	2976.75	11322.13	239.83	11431.40	1153.82
安　徽	19547.33	3034.43	9409.21	1390.59	5289.76	516.94	1894.60	480.43
福　建	21571.60	2824.43	10805.06	1492.70	5235.22	287.32	2109.47	439.55
江　西	14322.05	2412.68	6469.35	1223.86	3671.92	545.84	1296.16	369.59
山　东	46986.51	5349.24	22649.04	2539.51	10218.25	758.03	5728.14	978.82
河　南	26774.76	3622.60	10971.82	1582.91	6266.00	892.06	1862.98	385.11
湖　北	24148.26	3079.53	10966.49	1019.69	6029.71	410.90	1989.15	335.19
湖　南	19444.10	2843.21	7996.45	1222.76	5124.09	677.81	1509.29	382.64
广　东	91589.51	9729.12	44915.61	4673.35	17979.66	1318.62	13792.53	1321.44
广　西	13527.97	1724.46	6468.40	729.46	3936.09	312.86	1120.23	131.74
海　南	4504.54	287.37	2370.65	16.08	1434.05	-28.09	425.93	31.99
重　庆	16128.87	2512.16	8522.82	1224.60	4406.43	168.44	1525.59	448.67
四　川	34971.21	4605.93	16832.61	1821.48	9638.35	109.73	3491.73	844.53
贵　州	8771.34	1400.59	4325.37	637.48	3304.21	399.88	518.16	139.15
云　南	15429.41	1953.04	8038.83	899.01	5366.30	307.79	1355.87	400.16
西　藏	1662.50	365.66	1151.98	266.16	848.00	112.79	272.08	146.45
陕　西	19348.66	2779.10	9611.02	1553.29	6119.64	995.64	1825.72	490.90
甘　肃	8460.94	1299.94	3941.93	616.00	2647.11	362.57	818.70	150.48
青　海	2834.81	507.93	1583.60	267.55	1181.14	195.24	295.11	107.55
宁　夏	2978.40	391.28	1420.89	216.62	796.42	76.07	318.26	53.24
新　疆	10442.81	1532.53	5616.52	870.00	4088.64	503.61	860.28	176.13

续表 1

（2011 年） 单位：亿元

地区＼项目	个人存款				所有着权益		资金来源总计	
			储蓄存款					
	余额	比年初	余额	比年初	余额	比年初	余额	比年初
全　国	357902.02	49433.61	347401.23	41667.74	71634.34	13739.26	990528.14	129773.63
总　行	6368.09	3507.87	1358.78	97.87	41729.46	6886.31	152578.44	16300.45
北　京	21391.81	3693.96	19690.58	2265.26	1601.61	220.01	44946.44	5541.61
天　津	6333.47	688.34	6194.71	590.89	878.77	234.08	17554.93	2776.29
河　北	17923.07	2197.21	17878.19	2163.62	860.94	162.77	19670.78	2540.53
山　西	10547.26	1282.94	10494.53	1261.11	535.96	102.15	12122.17	1619.28
内蒙古	5450.75	829.19	5442.58	823.28	620.87	252.00	10533.63	2056.31
辽　宁	15676.20	1788.57	15529.59	1706.75	1169.98	288.91	24408.95	3602.71
吉　林	5908.78	704.98	5884.33	687.20	329.73	55.68	8974.27	1290.30
黑龙江	8242.68	936.26	8197.86	909.60	450.98	159.18	9613.40	1850.86
上　海	18920.43	2283.91	17958.22	1521.36	2378.03	335.49	272123.81	31008.24
江　苏	26446.99	2872.02	26111.82	2622.25	2643.74	624.22	54168.45	7176.75
浙　江	24496.65	3259.32	23945.23	2762.53	2711.42	547.82	56649.69	7374.38
安　徽	9370.48	1555.72	9261.29	1453.83	752.09	171.71	15034.76	2593.28
福　建	9287.69	1002.00	9215.79	955.85	1662.31	359.78	21422.89	3225.68
江　西	7177.43	1034.63	7153.14	1015.99	589.59	160.79	10367.44	1882.79
山　东	22428.83	2640.60	22305.74	2555.74	1732.60	360.24	39258.92	5390.25
河　南	14782.69	1846.18	14702.21	1789.65	934.20	279.60	18858.61	2158.88
湖　北	11416.58	1563.51	11343.44	1509.33	748.84	168.86	17506.42	2568.33
湖　南	10652.70	1589.87	10623.38	1572.98	525.09	119.39	14507.66	2409.20
广　东	41795.46	4521.28	41061.56	3902.21	3906.52	887.46	64563.87	8442.25
广　西	6707.71	978.28	6682.21	974.30	510.57	122.72	11458.47	1776.20
海　南	1898.72	217.90	1888.48	217.00	118.05	37.10	3333.10	717.81
重　庆	7068.34	1202.21	7011.74	1152.87	811.17	152.08	14630.48	2595.73
四　川	16244.15	2535.06	16200.74	2503.80	1178.02	407.15	24089.17	3772.38
贵　州	3952.60	699.03	3944.06	695.09	327.86	97.63	7208.45	1183.17
云　南	6711.20	965.74	6684.87	957.78	475.38	110.06	12746.99	1742.59
西　藏	319.26	51.66	319.26	51.66	10.55	1.59	442.07	113.03
陕　西	9264.69	1253.48	9220.86	1230.60	446.40	104.70	12729.01	2106.41
甘　肃	4258.79	647.04	4250.03	641.26	279.89	65.72	6103.39	1227.76
青　海	1049.20	178.20	1048.84	177.85	104.49	70.35	2340.36	450.10
宁　夏	1358.96	184.31	1356.27	182.31	168.90	44.02	3087.30	526.10
新　疆	4450.36	722.35	4440.92	715.93	440.33	149.66	7494.76	1754.37

续表 2

（2011 年）

单位：亿元

项目 \ 地区	各项贷款		境内贷款		短期贷款		个人贷款及透支		单位普通贷款及透支	
	余额	比年初	余额	比年初	余额	比年初	余额	比年初	余额	比年初
全　国	581890.75	79747.43	570874.37	78613.21	217493.88	40492.69	43807.09	9537.73	152322.20	25495.34
总　行	21446.98	4833.43	18243.00	4172.26	10276.05	3971.45	6354.23	2840.52	3696.04	1145.46
北　京	39660.51	3369.18	36955.77	4227.18	11199.05	2082.97	544.89	253.99	9287.88	1623.74
天　津	15924.71	2162.97	15863.81	2211.24	4177.34	979.99	171.54	46.95	3414.91	794.82
河　北	18460.60	2546.26	18435.38	2527.29	7347.33	1421.14	1248.98	126.53	5333.88	1108.57
山　西	11265.56	1595.12	11265.44	1595.12	4292.65	516.04	893.05	97.41	3121.72	369.51
内蒙古	9813.98	1879.35	9813.81	1879.30	3616.14	924.66	941.49	174.27	2512.84	689.27
辽　宁	22831.70	3358.73	22683.36	3286.25	8122.41	1594.59	1052.81	177.81	6023.00	1042.14
吉　林	8240.92	1129.32	8226.12	1114.95	2977.53	293.56	618.63	42.27	2122.37	173.61
黑龙江	8761.12	1483.30	8713.66	1472.25	3548.85	668.04	893.01	118.18	2417.26	473.58
上　海	37196.79	3654.34	36548.04	3661.64	11265.81	1434.68	636.20	240.24	9313.86	923.81
江　苏	50283.52	6147.64	50130.17	6110.61	23257.14	3950.57	2968.87	662.34	17499.66	2559.23
浙　江	53239.34	6481.50	53152.17	6466.25	32289.92	5334.68	7993.54	1398.97	21758.40	3165.21
安　徽	14146.39	2456.07	14130.48	2458.88	5279.61	1109.17	1057.84	149.96	3821.29	792.02
福　建	18982.82	2895.09	18854.75	2874.79	8314.79	1303.54	2307.28	351.01	5022.39	770.43
江　西	9301.95	1491.98	9293.41	1484.90	3665.43	801.30	1105.65	264.49	2276.45	434.17
山　东	37521.93	5028.97	36336.98	4571.35	18319.66	3088.06	3559.48	448.98	12684.49	2110.69
河　南	17648.91	1812.47	17632.39	1810.69	8359.17	1356.69	2202.04	326.21	5732.60	942.35
湖　北	16323.49	2472.76	16099.32	2354.73	5285.10	1096.59	891.23	206.89	3864.44	691.09
湖　南	13462.50	2080.84	13458.91	2081.29	4134.57	576.57	1161.95	129.36	2600.06	326.15
广　东	58611.22	6923.34	56966.01	6673.42	16673.16	2782.63	2167.23	523.55	11589.92	1730.15
广　西	10646.43	1663.06	10551.81	1587.11	2520.05	754.05	434.76	127.10	1892.34	582.80
海　南	3194.59	680.51	3085.01	621.11	453.59	48.64	26.90	-0.84	346.40	51.71
重　庆	13195.16	2195.29	13186.44	2198.81	2669.83	921.54	374.25	112.95	2031.11	677.33
四　川	22514.23	3188.74	22452.75	3155.94	6067.66	1120.28	1155.46	236.18	4603.76	779.92
贵　州	6875.65	1123.60	6870.43	1121.84	1319.27	283.11	255.98	27.81	944.74	215.50
云　南	12347.54	1643.46	12252.18	1574.97	3172.41	415.35	737.91	98.93	2191.36	252.52
西　藏	409.05	107.23	409.05	107.24	74.31	15.57	14.47	1.60	56.79	10.97
陕　西	12097.34	1898.23	12079.12	1887.06	3118.10	648.22	786.47	177.25	2130.09	399.67
甘　肃	5736.20	1158.77	5718.31	1154.14	1970.54	245.77	432.91	7.61	1430.54	213.71
青　海	2238.99	406.23	2238.98	406.23	496.72	97.20	58.59	-5.00	410.40	90.47
宁　夏	2907.24	487.66	2877.52	457.96	951.05	239.35	339.16	71.67	538.73	132.24
新　疆	6603.40	1392.01	6349.79	1306.43	2278.62	416.70	420.29	102.54	1652.46	222.52

续表 3

（2011 年）

单位：亿元

项目 / 地区	贸易融资		中长期贷款		个人贷款		单位普通贷款		境外贷款	
	余额	比年初	余额	比年初	余额	比年初	余额	比年初	余额	比年初
全　国	20543.47	5590.39	333748.57	36503.62	92267.63	14646.16	209589.96	16246.79	11016.38	1134.21
总　行	189.06	78.32	6407.00	114.62	45.31	21.24	3351.46	501.41	3203.98	661.17
北　京	1301.31	231.07	24883.98	2208.69	4825.68	592.04	17324.31	1549.14	2704.73	-858.00
天　津	566.03	137.58	9906.46	732.87	1556.92	234.95	7263.01	234.56	60.90	-48.28
河　北	715.87	173.02	10559.07	1154.52	2653.02	526.79	7071.30	509.87	25.22	18.97
山　西	273.64	96.12	6422.69	953.26	601.10	170.63	4916.78	597.17	0.12	0.00
内蒙古	148.81	58.39	6106.86	938.40	1418.21	383.07	4491.26	502.99	0.18	0.05
辽　宁	974.73	363.23	13757.00	1879.56	3216.03	647.84	9603.06	1058.35	148.34	72.48
吉　林	209.01	76.51	5060.98	741.52	1229.72	247.92	3393.74	370.39	14.81	14.37
黑龙江	235.89	82.16	4872.93	799.09	1649.89	389.73	2861.66	295.15	47.45	11.05
上　海	1279.46	276.36	22803.21	1813.63	6026.56	629.68	13495.96	445.94	648.75	-7.30
江　苏	2734.20	722.62	25459.51	2026.19	8244.59	1000.97	14563.91	601.25	153.35	37.03
浙　江	2506.11	746.95	19761.19	973.91	7252.52	463.83	11473.94	151.64	87.17	15.25
安　徽	383.44	158.78	8388.88	1209.68	2913.53	541.98	4896.74	440.95	15.91	-2.81
福　建	973.00	205.15	10173.24	1469.84	3795.83	638.27	5829.44	701.04	128.08	20.30
江　西	269.18	95.37	5474.82	720.99	2029.07	356.96	2857.09	214.41	8.54	7.08
山　东	2000.19	531.21	16621.45	1337.55	5069.04	858.61	10347.90	176.23	1184.95	457.62
河　南	415.10	85.03	8731.21	880.31	2268.52	432.65	5961.20	292.96	16.52	1.79
湖　北	511.11	199.12	10390.93	1291.09	2557.91	463.72	7018.13	706.77	224.16	118.03
湖　南	371.02	121.65	9120.69	1503.72	2600.14	649.16	6082.36	685.46	3.59	-0.45
广　东	2804.27	527.63	38333.99	3693.83	13158.15	1615.21	20368.31	1290.80	1645.21	249.92
广　西	190.86	48.58	7912.64	863.97	2681.75	390.01	4690.20	282.95	94.61	75.95
海　南	77.56	33.24	2567.32	547.54	373.52	37.66	2020.14	450.42	109.58	59.40
重　庆	262.17	128.97	10017.40	1274.60	2924.03	613.37	6589.13	463.66	8.72	-3.52
四　川	297.80	112.66	16113.02	2051.72	4812.09	866.61	10110.80	880.27	61.48	32.79
贵　州	114.29	39.59	5442.43	860.21	1560.24	352.44	3346.87	391.05	5.22	1.75
云　南	241.94	67.56	8917.22	1163.86	2188.93	383.96	6473.24	672.95	95.36	68.48
西　藏	1.05	1.00	276.13	62.24	96.84	6.32	168.59	49.82	0.00	-0.01
陕　西	196.23	74.21	8477.34	1120.71	2357.43	525.48	5227.69	479.77	18.21	11.17
甘　肃	102.51	33.44	3511.37	788.09	799.54	269.06	2622.49	500.47	17.89	4.63
青　海	27.03	11.59	1656.03	304.00	97.14	23.20	1417.41	221.06	0.01	0.00
宁　夏	69.22	31.69	1811.90	191.72	404.00	69.72	1321.10	115.78	29.73	29.70
新　疆	101.38	41.62	3809.70	831.70	860.39	243.07	2430.71	412.11	253.60	85.59

金融机构（含外资）人民币信贷收支分地区表

（2011 年）

单位：亿元

地区＼项目	各项存款		单位存款		活期存款		定期存款	
	余额	比年初	余额	比年初	余额	比年初	余额	比年初
全　国	809369.13	96341.28	410913.50	43840.39	191969.65	11228.78	104169.11	15237.24
总　行	22643.43	3227.81	11971.32	1769.69	3855.92	-90.62	4234.64	46.81
北　京	72655.43	8427.03	45715.73	3840.71	17395.11	938.65	16426.41	1472.17
天　津	17197.51	1065.05	10155.74	328.09	4817.43	-13.11	1498.47	221.80
河　北	29563.77	3488.87	10841.38	1187.06	6384.19	134.71	1978.08	607.66
山　西	20920.43	2391.20	9339.51	1083.42	6155.13	505.97	1760.12	323.24
内蒙古	12063.72	1768.81	5797.88	774.14	3849.84	265.19	627.61	131.53
辽　宁	30216.40	2915.32	13433.56	1026.80	6794.09	220.08	2984.84	242.63
吉　林	10874.19	1270.51	4524.72	457.09	2869.76	290.13	907.62	166.24
黑龙江	14328.44	1444.64	5718.94	483.35	3693.73	154.76	1142.70	108.46
上　海	55273.16	5807.89	32863.25	3255.67	11415.60	108.86	9521.86	1569.12
江　苏	65723.56	6730.77	37299.96	3304.96	12780.91	-64.81	9326.89	1476.42
浙　江	59727.91	6390.16	32890.75	2867.93	10834.22	194.11	11355.06	1129.60
安　徽	19404.30	3003.95	9295.74	1365.02	5214.71	505.69	1865.64	471.77
福　建	21055.49	2754.41	10447.07	1408.71	5039.54	266.08	1996.07	403.55
江　西	14240.29	2392.98	6418.56	1207.48	3634.84	538.56	1287.54	362.18
山　东	46345.41	5266.50	22162.89	2464.31	9839.49	689.28	5669.31	973.13
河　南	26646.15	3593.16	10901.49	1558.27	6212.40	873.19	1854.54	379.53
湖　北	23949.15	3067.15	10826.69	1006.21	5912.81	402.01	1979.60	331.92
湖　南	19334.70	2824.37	7929.24	1206.77	5072.20	666.38	1498.95	378.58
广　东	89168.96	9388.17	43250.61	4334.19	16984.15	1248.49	13513.65	1348.38
广　西	13453.20	1717.72	6423.12	725.35	3901.45	314.99	1117.73	130.61
海　南	4446.87	274.75	2327.13	4.20	1393.81	-41.63	422.97	32.27
重　庆	15832.81	2376.25	8254.56	1088.34	4227.74	95.20	1492.73	432.64
四　川	34734.69	4574.80	16658.43	1794.18	9523.71	114.69	3459.94	828.18
贵　州	8742.79	1396.65	4306.78	635.12	3289.39	395.26	515.35	141.64
云　南	15364.30	1952.92	8004.99	904.80	5342.83	317.91	1346.43	393.23
西　藏	1661.24	365.70	1151.23	266.13	847.26	112.46	272.08	146.75
陕　西	19227.09	2793.89	9542.04	1566.52	6073.63	996.86	1820.52	499.78
甘　肃	8394.04	1264.42	3892.71	587.08	2599.59	334.44	818.56	150.50
青　海	2825.83	506.32	1579.49	268.59	1177.06	194.76	295.11	107.69
宁　夏	2966.86	393.02	1414.65	219.49	790.27	75.00	318.17	53.24
新　疆	10386.99	1506.10	5573.35	850.72	4046.83	485.22	859.92	176.00

续表1

（2011年）　　单位：亿元

项目 / 地区	个人存款		储蓄存款		所有着权益		资金来源总计	
	余额	比年初	余额	比年初	余额	比年初	余额	比年初
全　国	353536.41	49164.82	343635.88	41656.55	67841.68	13655.96	957603.22	128847.09
总　行	5946.01	3311.33	1336.84	95.86	39069.07	6822.79	151792.53	19303.70
北　京	20779.76	3687.25	19126.14	2273.98	1477.28	232.37	38344.43	6118.78
天　津	6256.45	689.05	6123.08	593.47	849.98	236.49	16841.48	2743.79
河　北	17867.75	2189.23	17824.33	2155.83	857.22	162.70	19326.70	2413.45
山　西	10505.48	1277.65	10455.46	1256.55	534.65	103.28	12022.23	1616.38
内蒙古	5431.10	825.39	5423.06	819.54	619.17	251.37	10448.40	2045.67
辽　宁	15500.57	1803.37	15365.66	1723.41	1139.82	283.69	23122.70	3307.57
吉　林	5858.15	710.56	5835.32	693.15	326.00	56.45	8843.32	1239.87
黑龙江	8189.80	934.73	8147.41	908.58	444.77	159.21	9390.74	1793.66
上　海	18180.21	2236.84	17288.45	1504.19	2005.25	315.27	267536.48	30607.41
江　苏	26239.72	2865.17	25914.74	2617.14	2564.18	607.82	51541.42	6781.05
浙　江	24013.70	3260.34	23470.25	2766.13	2661.07	537.05	54407.15	6994.96
安　徽	9341.93	1552.53	9233.57	1450.98	747.26	169.95	14583.92	2469.63
福　建	9137.03	1014.30	9068.62	968.59	1616.70	371.81	20735.36	3217.02
江　西	7147.53	1031.13	7123.53	1012.55	587.50	160.46	10233.88	1843.09
山　东	22290.76	2629.35	22173.27	2545.53	1673.34	343.49	36827.27	4840.61
河　南	14726.41	1841.64	14648.43	1785.30	929.98	279.27	18701.08	2136.80
湖　北	11361.76	1562.13	11291.57	1508.47	736.51	166.44	16747.17	2283.67
湖　南	10612.76	1587.45	10584.81	1570.70	518.64	118.14	14190.85	2312.44
广　东	41125.46	4547.75	40405.07	3932.53	3674.36	849.74	58975.64	7841.21
广　西	6678.25	975.26	6653.96	971.52	506.93	122.00	11190.10	1629.23
海　南	1884.95	216.99	1875.07	216.19	111.57	35.15	2930.69	560.61
重　庆	7045.99	1203.49	6990.25	1154.44	798.64	235.56	14419.85	2509.71
四　川	16189.15	2533.40	16147.35	2502.53	1163.61	402.40	23598.09	3643.68
贵　州	3942.88	696.79	3934.48	692.81	324.30	95.68	7172.38	1172.59
云　南	6680.81	960.05	6656.03	952.13	471.38	108.02	12521.66	1650.68
西　藏	318.83	51.70	318.83	51.70	10.54	1.61	441.77	112.98
陕　西	9214.27	1253.77	9172.09	1231.06	443.60	106.63	12489.90	2063.77
甘　肃	4239.95	641.66	4231.41	635.87	274.40	61.02	5829.71	1099.06
青　海	1043.89	175.67	1043.54	175.33	104.04	70.36	2332.92	453.11
宁　夏	1353.95	183.07	1351.30	181.09	168.28	43.91	3040.87	500.64
新　疆	4431.21	715.80	4421.96	709.41	431.64	145.82	7023.47	1540.60

续表 2

（2011 年）

单位：亿元

项目 地区	各项贷款		境内贷款		短期贷款		个人贷款及透支		单位普通贷款及透支	
	余额	比年初	余额	比年初	余额	比年初	余额	比年初	余额	比年初
全　国	547944.94	75637.72	546396.50	75486.88	203134.93	38265.96	43754.72	9519.34	146369.68	24507.23
总　行	17233.18	4185.62	16710.40	4062.34	10010.68	3906.97	6308.09	2824.55	3582.61	1138.67
北　京	33367.05	3991.71	33330.34	3992.91	9722.31	1840.91	544.70	253.87	8415.67	1384.41
天　津	15242.17	2142.96	15235.75	2142.30	3841.49	969.34	171.48	46.91	3254.89	779.05
河　北	18143.99	2423.05	18143.38	2423.11	7109.50	1344.82	1248.92	126.50	5241.57	1043.26
山　西	11169.35	1593.28	11169.24	1593.28	4231.41	503.04	893.04	97.40	3108.99	358.59
内蒙古	9730.00	1868.48	9729.86	1868.47	3569.60	918.68	941.46	174.26	2492.47	680.30
辽　宁	21620.96	3080.26	21616.67	3081.30	7457.08	1388.66	1052.72	177.75	5732.83	919.94
吉　林	8126.17	1088.23	8125.63	1088.13	2913.34	264.79	618.62	42.27	2111.19	168.35
黑龙江	8548.72	1431.05	8548.52	1431.05	3439.02	643.24	892.99	118.17	2380.29	462.20
上　海	33360.10	3349.68	33162.32	3358.57	9180.96	1196.32	635.46	239.96	7877.64	758.41
江　苏	47868.30	5791.59	47817.11	5789.06	21338.26	3708.94	2968.62	662.22	16976.63	2582.08
浙　江	51276.64	6169.42	51257.05	6167.86	30818.25	5121.06	7993.02	1398.73	21425.58	3187.13
安　徽	13729.83	2323.74	13729.13	2323.72	4996.21	1012.56	1057.82	149.95	3666.94	742.84
福　建	18165.19	2813.24	18107.56	2807.65	7836.03	1239.03	2306.38	350.66	4912.89	776.37
江　西	9175.16	1451.35	9173.42	1450.26	3585.97	771.85	1105.62	264.47	2270.39	435.06
山　东	35179.00	4499.70	35017.70	4444.74	17331.13	3008.01	3559.38	448.93	12386.32	2131.02
河　南	17506.24	1805.01	17505.65	1804.92	8273.66	1347.12	2202.03	326.20	5705.26	929.71
湖　北	15590.64	2197.69	15587.06	2197.02	5010.50	961.30	891.19	206.86	3670.23	592.80
湖　南	13186.68	2022.92	13183.09	2023.05	3973.91	546.06	1161.92	129.35	2505.48	297.22
广　东	53407.78	6327.57	52971.23	6379.16	14296.85	2673.49	2164.42	522.62	10921.47	1741.30
广　西	10408.54	1537.51	10406.04	1537.40	2439.72	736.24	434.72	127.09	1856.85	560.49
海　南	2797.74	527.95	2795.65	527.96	414.40	36.88	26.90	-0.84	321.89	44.37
重　庆	13001.39	2113.24	12997.16	2113.03	2529.81	843.69	374.19	112.90	2001.23	652.80
四　川	22033.21	3062.33	22028.72	3062.15	5878.97	1068.53	1155.40	236.16	4494.10	755.36
贵　州	6841.92	1114.07	6841.36	1114.05	1293.00	277.71	255.94	27.81	933.73	207.21
云　南	12129.88	1560.43	12102.83	1538.56	3060.33	388.72	737.89	98.93	2132.52	225.51
西　藏	408.75	107.26	408.75	107.27	74.31	15.57	14.47	1.60	56.79	10.97
陕　西	11865.26	1855.23	11864.82	1855.20	3057.02	640.06	786.45	177.26	2109.55	407.98
甘　肃	5468.81	1035.01	5468.79	1035.02	1761.74	145.22	432.90	7.61	1240.22	96.94
青　海	2231.52	408.91	2231.51	408.91	494.04	100.21	58.59	-5.01	409.70	94.41
宁　夏	2860.58	462.17	2859.80	461.43	944.83	242.15	339.15	71.66	538.10	132.94
新　疆	6270.21	1297.05	6269.94	1297.02	2250.61	404.80	420.28	102.53	1635.67	209.56

续表 3

（2011 年） 单位：亿元

项目 / 地区	贸易融资		中长期贷款		个人贷款		单位普通贷款		境外贷款	
	余额	比年初	余额	比年初	余额	比年初	余额	比年初	余额	比年初
全　国	12192.60	4362.89	323806.51	35639.74	92258.98	14646.49	202456.13	15514.55	1548.44	150.84
总　行	83.37	36.60	5164.29	72.29	45.27	21.23	2783.83	539.77	522.78	123.29
北　京	697.95	227.65	22737.98	2215.61	4825.30	592.07	15549.21	1323.86	36.71	-1.20
天　津	390.26	142.73	9649.42	679.13	1556.91	235.01	7035.56	183.59	6.42	0.66
河　北	570.42	162.03	10505.32	1126.64	2653.02	526.79	7024.83	484.80	0.61	-0.06
山　西	225.14	94.04	6387.74	964.41	601.10	170.64	4895.60	609.05	0.12	0.00
内蒙古	122.67	61.38	6070.41	933.49	1418.21	383.07	4468.17	499.25	0.14	0.01
辽　宁	599.66	279.56	13357.38	1880.56	3216.01	647.87	9323.41	1073.54	4.29	-1.05
吉　林	156.01	53.01	5024.79	743.47	1229.72	247.92	3368.89	372.75	0.54	0.10
黑龙江	163.04	68.75	4818.29	782.40	1649.89	389.73	2818.14	277.28	0.20	0.00
上　海	633.08	205.04	21511.47	1751.58	6022.54	628.35	12382.76	374.30	197.77	-8.89
江　苏	1339.19	458.20	25067.34	1944.14	8244.38	1000.76	14318.05	508.29	51.18	2.53
浙　江	1367.78	511.59	19354.38	896.17	7252.52	463.83	11154.38	104.67	19.58	1.56
安　徽	254.41	111.36	8270.93	1171.13	2913.53	541.98	4855.01	423.01	0.70	0.02
福　建	604.64	127.42	9906.51	1468.46	3795.01	638.55	5617.29	686.22	57.63	5.58
江　西	195.81	65.05	5434.31	715.80	2029.07	356.96	2817.95	209.04	1.74	1.09
山　东	1309.92	430.89	16291.94	1290.43	5069.04	858.61	10161.65	163.31	161.29	54.96
河　南	356.95	88.11	8690.17	884.28	2268.52	432.65	5943.43	291.23	0.59	0.09
湖　北	430.76	162.14	10154.21	1269.27	2557.91	463.72	6830.30	673.53	3.58	0.67
湖　南	304.99	120.08	9005.65	1475.98	2600.14	649.16	6023.82	654.02	3.59	-0.13
广　东	1099.24	408.20	36789.05	3526.02	13155.06	1616.71	19288.58	1254.51	436.55	-51.59
广　西	146.06	53.10	7847.68	832.01	2681.75	390.01	4671.22	283.24	2.49	0.12
海　南	62.88	28.82	2317.16	466.16	373.52	37.66	1836.42	421.23	2.09	-0.01
重　庆	152.09	75.68	9968.14	1266.66	2924.03	613.37	6557.71	455.81	4.24	0.21
四　川	218.83	85.50	15878.69	2009.49	4812.08	866.61	9934.51	841.79	4.49	0.18
贵　州	99.06	42.49	5439.64	857.81	1560.24	352.44	3344.35	388.59	0.56	0.03
云　南	188.71	67.96	8879.95	1154.07	2188.93	383.96	6448.07	666.95	27.05	21.87
西　藏	1.05	1.00	275.83	62.26	96.84	6.32	168.59	49.82	0.00	-0.01
陕　西	155.72	57.72	8327.56	1100.46	2357.40	525.47	5116.60	468.41	0.43	0.03
甘　肃	84.03	49.66	3470.68	769.52	799.54	269.06	2588.68	481.18	0.02	0.00
青　海	25.05	10.65	1651.24	303.68	97.14	23.20	1413.92	221.14	0.01	0.00
宁　夏	63.64	33.80	1800.47	192.39	404.00	69.72	1317.69	116.21	0.78	0.75
新　疆	90.18	42.69	3757.93	833.95	860.37	243.05	2397.50	414.13	0.27	0.02

金融机构（含外资）外汇信贷收支分地区表

（2011 年）

单位：亿元

项目 地区	各项存款		单位存款					
					活期存款		定期存款	
	余额	比年初	余额	比年初	余额	比年初	余额	比年初
全　国	2750.88	493.93	1932.12	396.62	1151.17	147.71	465.88	86.86
总　行	350.74	73.13	276.32	39.14	166.56	23.10	92.04	10.00
北　京	372.40	47.43	206.32	25.44	85.25	11.69	97.66	7.69
天　津	61.80	7.43	48.04	7.33	32.16	3.11	8.39	3.38
河　北	29.48	3.45	20.15	1.83	16.84	1.12	0.95	0.09
山　西	13.14	3.26	6.23	2.28	3.99	1.27	0.99	0.88
内蒙古	10.91	3.63	7.60	2.78	5.58	3.02	0.05	-1.06
辽　宁	97.77	-6.19	67.96	-4.77	50.92	-7.00	13.31	4.52
吉　林	13.93	-0.98	5.60	-0.18	4.92	0.06	0.21	-0.07
黑龙江	13.95	0.50	5.32	-0.04	4.26	-0.29	0.07	-0.09
上　海	462.37	107.28	329.82	94.00	170.56	16.03	93.34	34.05
江　苏	303.95	60.61	266.95	57.73	142.71	14.77	50.70	7.64
浙　江	184.93	26.64	103.49	21.46	77.44	10.67	12.12	4.25
安　徽	22.70	5.70	18.01	4.74	11.91	2.28	4.60	1.53
福　建	81.91	14.55	56.82	15.44	31.06	4.72	18.00	6.31
江　西	12.98	3.61	8.06	2.87	5.88	1.39	1.37	1.19
山　东	101.75	17.44	77.16	15.10	60.11	13.30	9.34	1.31
河　南	20.41	5.44	11.16	4.26	8.51	3.26	1.34	0.91
湖　北	31.60	3.40	22.19	3.11	18.55	2.24	1.52	0.57
湖　南	17.36	3.69	10.67	2.93	8.24	2.13	1.64	0.69
广　东	384.16	70.15	264.25	64.05	158.00	18.27	44.26	-1.92
广　西	11.87	1.59	7.19	0.97	5.50	-0.05	0.40	0.19
海　南	9.15	2.35	6.91	2.13	6.39	2.36	0.47	-0.02
重　庆	46.99	22.81	42.58	22.64	28.36	12.44	5.21	2.68
四　川	37.54	6.52	27.64	5.46	18.19	0.13	5.05	2.71
贵　州	4.53	0.82	2.95	0.50	2.35	0.81	0.45	-0.35
云　南	10.33	0.52	5.37	-0.61	3.72	-1.35	1.50	1.12
西　藏	0.20	0.01	0.12	0.01	0.12	0.06		-0.05
陕　西	19.29	-1.30	10.95	-1.47	7.30	0.17	0.83	-1.30
甘　肃	10.62	5.88	7.81	4.75	7.54	4.61	0.02	0.00
青　海	1.43	0.31	0.65	-0.13	0.65	0.10		-0.02
宁　夏	1.83	-0.17	0.99	-0.38	0.98	0.21	0.01	0.00
新　疆	8.86	4.42	6.85	3.25	6.64	3.10	0.06	0.02

续表1

(2011年)

单位：亿元

项目 地区	个人存款				外汇买卖（来源方）		结售汇		所有者权益	
			储蓄存款							
	余额	比年初	余额	比年初	余额	比年初	余额	比年初	余额	比年初
全　国	692.85	74.25	597.59	30.73	3199.14	335.30	1468.63	424.41	601.92	41.83
总　行	66.99	32.93	3.48	0.47	3183.72	326.37	1458.68	452.08	422.23	30.11
北　京	97.14	5.73	89.58	3.04	0.12	-9.05	0.15	-9.24	19.73	-0.91
天　津	12.22	0.49	11.37	0.16	0.93	-0.01	0.92	0.00	4.57	-0.14
河　北	8.78	1.63	8.55	1.59	0.24	-0.02	0.23	-0.02	0.59	0.04
山　西	6.63	1.12	6.20	0.99	0.03	0.03	0.01	0.01	0.21	-0.16
内蒙古	3.12	0.72	3.10	0.72	0.00	0.00			0.27	0.11
辽　宁	27.87	-0.88	26.02	-1.25	0.44	0.00	0.34	0.01	4.79	1.02
吉　林	8.04	-0.45	7.78	-0.52	0.19	0.08	0.02	0.02	0.59	-0.09
黑龙江	8.39	0.64	8.01	0.54	0.01	-0.10	0.04	0.04	0.99	0.04
上　海	117.48	12.82	106.30	7.76	1.74	1.74	1.68	0.76	59.16	5.93
江　苏	32.90	2.63	31.28	2.29	0.53	-1.15	0.19	-28.09	12.63	3.09
浙　江	76.65	3.57	75.38	3.12					7.99	2.01
安　徽	4.53	0.70	4.40	0.64	0.09	-0.16	0.09	-0.10	0.77	0.30
福　建	23.91	-0.69	23.36	-0.79	31.00	12.40	27.43	11.57	7.24	-1.47
江　西	4.75	0.76	4.70	0.75	0.12	0.12	0.13	0.13	0.33	0.07
山　东	21.91	2.76	21.02	2.56	1.34	-0.44	1.22	1.22	9.41	2.99
河　南	8.93	1.12	8.54	1.07	0.16	-0.12	0.16	-0.08	0.67	0.08
湖　北	8.70	0.63	8.23	0.53	0.11	-0.19	0.02	-0.21	1.96	0.46
湖　南	6.34	0.67	6.12	0.64		-0.18		-0.22	1.02	0.24
广　东	106.33	1.17	104.19	0.48	4.42	4.42			36.85	7.49
广　西	4.68	0.68	4.48	0.64	0.11	-0.03	0.05	-0.07	0.58	0.14
海　南	2.19	0.24	2.13	0.22	0.07	0.00			1.03	0.35
重　庆	3.55	-0.02	3.41	-0.07			0.02	0.02	1.99	-12.51
四　川	8.73	0.67	8.47	0.60	0.26	0.14	2.34	0.52	2.29	0.83
贵　州	1.54	0.41	1.52	0.42	0.06	-0.53	0.03	-0.54	0.57	0.32
云　南	4.82	1.09	4.58	1.08	0.04	-0.44	0.06	-0.40	0.63	0.34
西　藏	0.07	0.00	0.07	0.00	0.00	-0.01	0.00	-0.01	0.00	0.00
陕　西	8.00	0.34	7.74	0.31	0.05	-0.12	0.05	-0.11	0.44	-0.27
甘　肃	2.99	0.96	2.95	0.96	0.11	0.11	0.06	0.06	0.87	0.75
青　海	0.84	0.42	0.84	0.42	0.02	0.02	0.02	0.02	0.07	0.00
宁　夏	0.79	0.23	0.79	0.22	0.09	0.02	0.07	0.01	0.10	0.02
新　疆	3.04	1.14	3.01	1.13	0.04	0.04	0.04	0.04	1.38	0.65

续表 2

（2011 年）

单位：亿元

地区	各项贷款		境内贷款		短期贷款		个人贷款及透支		单位普通贷款及透支	
	余额	比年初	余额	比年初	余额	比年初	余额	比年初	余额	比年初
全　国	5387.45	882.33	3884.82	660.83	2278.87	446.96	8.31	3.18	944.71	195.10
总　行	668.76	130.31	243.24	28.42	42.12	11.78	7.32	2.77	18.00	1.90
北　京	998.82	-45.47	575.38	63.33	234.37	47.94	0.03	0.02	138.43	42.86
天　津	108.33	8.28	99.68	15.25	53.30	4.20	0.01	0.01	25.40	3.61
河　北	50.25	21.05	46.34	17.98	37.75	13.36	0.01	0.00	14.65	10.57
山　西	15.27	1.02	15.27	1.02	9.72	2.44	0.00	0.00	2.02	1.75
内蒙古	13.33	2.29	13.32	2.28	7.39	1.26	0.01	0.00	3.23	1.51
辽　宁	192.15	51.38	169.29	39.17	105.59	36.23	0.01	0.01	46.05	20.69
吉　林	18.21	7.09	15.95	4.82	10.19	4.84	0.00	0.00	1.77	0.88
黑龙江	33.71	9.53	26.21	7.50	17.43	4.59	0.00	0.00	5.87	2.00
上　海	608.91	75.59	537.34	71.87	330.88	52.07	0.12	0.05	227.94	36.05
江　苏	383.31	72.39	367.10	66.39	304.54	51.28	0.04	0.02	83.01	0.58
浙　江	311.50	62.26	300.77	59.67	233.57	43.60	0.08	0.04	52.82	-0.74
安　徽	66.11	23.19	63.70	23.50	44.98	16.77	0.00	0.00	24.50	8.62
福　建	129.76	18.66	118.58	15.90	75.98	13.43	0.14	0.06	17.38	-0.05
江　西	20.12	7.11	19.04	6.16	12.61	5.06	0.01	0.00	0.96	-0.09
山　东	371.84	97.99	209.38	29.29	156.89	19.71	0.02	0.01	47.32	-0.77
河　南	22.64	2.23	20.11	1.85	13.57	2.10	0.00	0.00	4.34	2.12
湖　北	116.31	47.19	81.30	27.76	43.58	22.55	0.01	0.00	30.82	16.34
湖　南	43.78	10.87	43.78	10.92	25.50	5.85	0.01	0.00	15.01	5.10
广　东	825.82	130.09	634.00	75.24	377.14	34.81	0.45	0.16	106.09	3.47
广　西	37.75	20.79	23.13	8.63	12.75	3.31	0.01	0.00	5.63	3.64
海　南	62.98	26.10	45.92	16.30	6.22	2.08	0.00	0.00	3.89	1.30
重　庆	30.75	13.88	30.04	14.41	22.22	12.84	0.01	0.01	4.74	3.93
四　川	76.34	22.80	67.30	17.43	29.95	9.27	0.01	0.00	17.40	4.56
贵　州	5.35	1.70	4.61	1.40	4.17	1.02	0.01	0.00	1.75	1.34
云　南	34.54	14.22	23.70	6.65	17.79	4.88	0.00	0.00	9.34	4.53
西　藏	0.05	0.00	0.05	0.00	0.00	0.00	0.00	0.00		
陕　西	36.83	8.28	34.01	6.46	9.69	1.70	0.00	0.00	3.26	-1.10
甘　肃	42.44	20.75	39.60	19.91	33.14	16.79	0.00	0.00	30.20	19.10
青　海	1.19	-0.35	1.19	-0.35	0.43	-0.43	0.00	0.00	0.11	-0.59
宁　夏	7.41	4.21	2.81	-0.39	0.99	-0.37	0.00	0.00	0.10	-0.10
新　疆	52.88	16.91	12.67	2.04	4.44	2.01	0.00	0.00	2.66	2.09

续表 3

（2011年） 单位：亿元

项目/地区	贸易融资		中长期贷款		个人贷款		单位普通贷款		境外贷款	
	余额	比年初	余额	比年初	余额	比年初	余额	比年初	余额	比年初
全　国	1325.35	249.75	1577.88	207.11	1.37	0.02	1132.19	165.58	1502.63	221.50
总　行	16.77	7.11	197.23	15.98	0.01	0.00	90.09	-1.42	425.53	101.89
北　京	95.76	5.17	340.59	15.50	0.06	0.00	281.72	47.70	423.44	-108.80
天　津	27.90	0.58	40.79	10.10	0.00	-0.01	36.10	9.45	8.65	-6.97
河　北	23.08	2.78	8.53	4.62			7.37	4.14	3.91	3.06
山　西	7.70	0.69	5.55	-1.41	0.00	0.00	3.36	-1.63		
内蒙古	4.15	-0.25	5.78	1.02			3.66	0.74	0.01	0.01
辽　宁	59.53	15.53	63.42	2.93	0.00	0.00	44.38	-0.14	22.86	12.21
吉　林	8.41	3.96	5.74	-0.02			3.94	-0.17	2.27	2.27
黑龙江	11.56	2.59	8.67	2.94			6.91	3.03	7.50	2.03
上　海	102.59	15.75	205.01	19.33	0.64	0.23	176.67	19.40	71.57	3.72
江　苏	221.40	50.68	62.24	15.41	0.03	0.03	39.02	15.93	16.21	6.00
浙　江	180.66	44.32	64.56	14.87	0.00	0.00	50.72	9.56	10.73	2.59
安　徽	20.48	8.16	18.72	6.73			6.62	3.03	2.41	-0.31
福　建	58.46	14.58	42.33	2.26	0.13	-0.04	33.67	3.87	11.18	2.77
江　西	11.64	5.14	6.43	1.10			6.21	1.11	1.08	0.96
山　东	109.55	20.47	52.30	9.66			29.56	3.39	162.46	68.69
河　南	9.23	-0.02	6.51	-0.28			2.82	0.40	2.53	0.38
湖　北	12.75	6.20	37.57	5.12			29.81	6.47	35.01	19.42
湖　南	10.48	0.75	18.26	5.08			9.29	5.20		-0.05
广　东	270.60	31.18	245.19	37.25	0.49	-0.20	171.36	13.81	191.82	54.85
广　西	7.11	-0.34	10.31	5.33			3.01	0.10	14.62	12.16
海　南	2.33	0.78	39.70	14.22	0.00	0.00	29.16	5.82	17.06	9.80
重　庆	17.47	8.89	7.82	1.58			4.99	1.43	0.71	-0.53
四　川	12.53	4.71	37.19	8.18	0.00	0.00	27.98	7.17	9.04	5.36
贵　州	2.42	-0.32	0.44	0.38			0.40	0.39	0.74	0.30
云　南	8.45	0.35	5.92	1.77			3.99	1.10	10.84	7.57
西　藏			0.05	0.00						
陕　西	6.43	2.80	23.77	4.21	0.00	0.00	17.63	2.57	2.82	1.82
甘　肃	2.93	-2.31	6.46	3.12			5.37	3.17	2.84	0.84
青　海	0.32	0.16	0.76	0.09			0.55	0.01		
宁　夏	0.89	-0.28	1.81	-0.01			0.54	-0.04	4.59	4.59
新　疆	1.78	-0.07	8.22	0.06	0.00	0.00	5.27	-0.05	40.21	14.87

二、国内经济主要统计指标

地区生产总值

单位：亿元

地　区	2005 年	2006 年	2007 年	2008 年	2009 年	2010 年	2011 年
北　京	6969.5	8117.8.0	9846.8	11115.0	12153.0	14113.6	16011.4
天　津	3905.6	4462.7	5252.8	6719.0	7521.9	9224.5	11191.0
河　北	10012.1	11467.6	13607.3	16012.0	17235.5	20394.3	24228.2
山　西	4230.5	4878.6	6024.5	7315.4	7358.3	9200.9	11100.2
内蒙古	3905.0	4944.2	6423.2	8496.2	9740.3	11672.0	14246.1
辽　宁	8047.3	9304.5	11164.3	13668.6	15212.5	18457.3	22025.9
吉　林	3620.3	4275.1	5284.7	6426.1	7278.8	8667.6	10530.7
黑龙江	5513.7	6211.8	7104.0	8314.4	8587.0	10368.6	12503.8
上　海	9247.7	10572.2	12494.0	14069.9	15046.5	17166.0	19195.7
江　苏	18598.7	21742.1	26018.5	30982.0	34457.3	41425.5	48604.3
浙　江	13417.7	15718.5	18753.7	21462.7	22990.4	27722.3	32000.1
安　徽	5375.1	6112.5	7360.9	8851.7	10062.8	12359.3	15110.3
福　建	6554.7	7583.8	9248.5	10823.0	12236.5	14737.1	17410.2
江　西	4056.8	4820.5	5800.3	6971.1	7655.2	9451.3	11583.8
山　东	18366.9	21900.2	25776.9	30933.3	33896.7	39169.9	45361.9
河　南	10587.4	12362.8	15012.5	18018.5	19480.5	23092.4	27232.0
湖　北	6590.2	7617.5	9333.4	11328.9	12961.1	15967.6	19594.2
湖　南	6596.1	7688.7	9439.6	11555.0	13059.7	16038.0	19635.2
广　东	22557.4	26587.8	31777.0	36796.7	39482.6	46013.1	52673.6
广　西	3984.1	4746.2	5823.4	7021.0	7759.2	9569.9	11714.4
海　南	898.0	1044.9	1254.2	1503.1	1654.2	2064.5	2515.3
重　庆	3467.7	3907.2	4676.1	5793.7	6530.0	7925.6	10011.1
四　川	7385.1	8690.2	10562.4	12601.2	14151.3	17185.5	21026.7
贵　州	2005.4	2339.0	2884.1	3561.6	3912.7	4602.2	5701.8
云　南	3461.7	3988.1	4772.5	5692.1	6169.8	7224.2	8751.0
西　藏	248.8	290.8	341.4	394.9	441.4	507.5	605.8
陕　西	3933.7	4743.6	5757.3	7314.6	8169.8	10123.5	12391.3
甘　肃	1934.0	2276.7	2702.4	3166.8	3387.6	4120.8	5000.5
青　海	543.3	648.5	797.4	1018.6	1081.3	1350.4	1634.7
宁　夏	612.6	725.9	919.1	1203.9	1353.3	1689.7	2060.8
新　疆	2604.2	3045.3	3523.2	4183.2	4277.0	5437.5	6474.5

注：本表按当年价格计算。

地区生产总值、增长速度

（2011年）

地区	地区生产总值（亿元）	第一产业	第二产业	工业	建筑业	第三产业	#交通运输、仓储和邮政业	地区生产总值比上年增长(%)
北京	16011.4	136.2	3744.4	3039.0	705.4	12130.9	845.3	8.1
天津	11191.0	159.1	5878.0	5380.5	497.5	5153.9	699.0	16.4
河北	24228.2	2905.7	13098.1	11741.9	1356.2	8224.3	2046.2	11.3
山西	11100.2	641.4	6577.8	5903.9	674.0	3880.9	736.3	13.0
内蒙古	14246.1	1304.9	8092.1	7158.9	933.1	4849.1	981.6	14.3
辽宁	22025.9	1915.6	12150.7	10696.5	1454.2	7959.6	1086.0	12.1
吉林	10530.7	1277.4	5601.2	4907.7	693.5	3652.1	419.4	13.7
黑龙江	12503.8	1705.6	6317.3	5583.2	734.1	4481.0	501.8	12.2
上海	19195.7	124.9	7959.7	7230.6	729.1	11111.1	913.6	8.2
江苏	48604.3	3064.8	25023.8	22072.3	2951.5	20515.7	2051.7	11.0
浙江	32000.1	1580.6	16404.2	14535.5	1868.7	14015.4	1197.9	9.0
安徽	15110.3	2020.3	8226.4	6979.6	1246.8	4863.6	587.5	13.5
福建	17410.2	1610.6	9167.5	7775.1	1392.4	6632.1	976.4	12.2
江西	11583.8	1391.1	6592.2	5611.9	980.4	3600.5	482.4	12.5
山东	45361.9	3973.9	24017.1	21275.9	2741.2	17370.9	2328.4	10.9
河南	27232.0	3512.1	15887.4	14401.7	1485.7	7832.6	995.8	11.6
湖北	19594.2	2569.3	9818.8	8538.0	1280.7	7206.1	869.5	13.8
湖南	19635.2	2733.7	9324.7	8083.2	1241.6	7576.8	933.8	12.8
广东	52673.6	2659.8	26205.3	24408.1	1797.2	23808.5	2035.2	10.0
广西	11714.4	2047.3	5736.8	4914.4	822.4	3930.3	577.6	12.3
海南	2515.3	659.2	714.5	475.0	239.5	1141.6	122.1	12.0
重庆	10011.1	844.5	5542.8	4690.5	852.3	3623.8	456.3	16.4
四川	21026.7	2983.5	11027.9	9491.0	1536.9	7015.3	638.8	15.0
贵州	5701.8	726.2	2334.0	1969.7	364.3	2641.6	569.1	15.0
云南	8751.0	1407.8	3991.0	3205.9	785.1	3352.2	217.2	13.7
西藏	605.8	74.4	209.5	48.9	160.6	321.9	22.8	12.7
陕西	12391.3	1220.9	6836.3	5727.8	1108.5	4334.1	553.2	13.9
甘肃	5000.5	678.2	2524.3	2071.3	452.9	1798.0	259.3	12.5
青海	1634.7	155.4	939.1	775.7	163.5	540.2	67.5	13.5
宁夏	2060.8	184.1	1076.0	836.9	239.1	800.7	171.8	12.0
新疆	6474.5	1139.0	3289.8	2764.1	525.7	2045.7	256.7	12.0

注：本表绝对数按当年价格计算，增长速度按不变价格计算。

地区生产总值构成

（2011年，地区生产总值=100）

地区	地区生产总值	第一产业	第二产业	工业	建筑业	第三产业	#交通运输、仓储和邮政业	#批发和零售业
北京	100.0	0.9	23.4	19.0	4.4	75.8	5.3	13.3
天津	100.0	1.4	52.5	48.1	4.4	46.1	6.2	12.3
河北	100.0	12.0	54.1	48.5	5.6	33.9	8.4	7.3
山西	100.0	5.8	59.3	53.2	6.1	35.0	6.6	7.6
内蒙古	100.0	9.2	56.8	50.3	6.6	34.0	6.9	8.5
辽宁	100.0	8.7	55.2	48.6	6.6	36.1	4.9	8.8
吉林	100.0	12.1	53.2	46.6	6.6	34.7	4.0	8.2
黑龙江	100.0	13.6	50.5	44.7	5.9	35.8	4.0	8.5
上海	100.0	0.7	41.5	37.7	3.8	57.9	4.8	15.8
江苏	100.0	6.3	51.5	45.4	6.1	42.2	4.2	11.2
浙江	100.0	4.9	51.3	45.4	5.8	43.8	3.7	10.0
安徽	100.0	13.4	54.4	46.2	8.3	32.2	3.9	6.9
福建	100.0	9.3	52.7	44.7	8.0	38.1	5.6	8.7
江西	100.0	12.0	56.9	48.4	8.5	31.1	4.2	6.7
山东	100.0	8.8	52.9	46.9	6.0	38.3	4.9	12.1
河南	100.0	12.9	58.3	52.9	5.5	28.8	3.7	5.8
湖北	100.0	13.1	50.1	43.6	6.5	36.8	4.4	7.7
湖南	100.0	13.9	47.5	41.2	6.3	38.6	4.8	8.5
广东	100.0	5.0	49.8	46.3	3.4	45.2	3.9	10.3
广西	100.0	17.5	49.0	42.0	7.0	33.6	4.9	6.6
海南	100.0	26.2	28.4	18.9	9.5	45.4	4.9	10.1
重庆	100.0	8.4	55.4	46.9	8.5	36.2	4.6	7.5
四川	100.0	14.2	52.4	45.1	7.3	33.4	3.0	5.6
贵州	100.0	12.7	40.9	34.5	6.4	46.3	10.0	7.8
云南	100.0	16.1	45.6	36.6	9.0	38.3	2.5	9.3
西藏	100.0	12.3	34.6	8.1	26.5	53.1	3.8	5.7
陕西	100.0	9.9	55.2	46.2	8.9	35.0	4.5	8.3
甘肃	100.0	13.6	50.5	41.4	9.1	36.0	5.2	6.5
青海	100.0	9.5	57.4	47.4	10.0	33.0	4.1	5.7
宁夏	100.0	8.9	52.2	40.6	11.6	38.9	8.3	5.0
新疆	100.0	17.6	50.8	42.7	8.1	31.6	4.0	4.9

注：本表按当年价格计算。

各地区年末总人口

单位：万人

地区	2005年	2006年	2007年	2008年	2009年	2010年	2011年
全国总计	130756	131448	132129	132802	133450	134091	134735
北京	1538	1581	1633	1695	1755	1962	2019
天津	1043	1075	1115	1176	1228	1299	1355
河北	6851	6898	6943	6989	7034	7194	7241
山西	3355	3375	3393	3411	3427	3574	3593
内蒙古	2403	2415	2429	2444	2458	2472	2482
辽宁	4221	4271	4298	4315	4341	4375	4383
吉林	2716	2723	2730	2734	2740	2747	2749
黑龙江	3820	3823	3824	3825	3826	3833	3834
上海	1890	1964	2064	2141	2210	2303	2347
江苏	7588	7656	7723	7762	7810	7869	7899
浙江	4991	5072	5155	5212	5276	5447	5463
安徽	6120	6110	6118	6135	6131	5957	5968
福建	3557	3585	3612	3639	3666	3693	3720
江西	4311	4339	4368	4400	4432	4462	4488
山东	9248	9309	9367	9417	9470	9588	9637
河南	9380	9392	9360	9429	9487	9405	9388
湖北	5710	5693	5699	5711	5720	5728	5758
湖南	6326	6342	6355	6380	6406	6570	6596
广东	9194	9442	9660	9893	10130	10441	10505
广西	4660	4719	4768	4816	4856	4610	4645
海南	828	836	845	854	864	869	877
重庆	2798	2808	2816	2839	2859	2885	2919
四川	8212	8169	8127	8138	8185	8045	8050
贵州	3730	3690	3632	3596	3537	3479	3469
云南	4450	4483	4514	4543	4571	4602	4631
西藏	277	281	287	292	297	301	303
陕西	3690	3699	3708	3718	3727	3735	3743
甘肃	2545	2547	2548	2551	2555	2560	2564
青海	543	548	552	554	557	563	568
宁夏	596	604	610	618	625	633	639
新疆	2010	2050	2095	2131	2159	2185	2209

注：1. 全国数据包括中国人民解放军现役军人数，但不包括香港、澳门特别行政区和台湾省数据；分省数据中未包括中国人民解放军现役军人数。

2. 2010年数据为当年人口普查数据推算数；其余年份数据在年度人口抽样调查基础上，根据人口普查数据有所修订。

各地区全社会固定资产投资

单位：亿元

地　区	2005年	2006年	2007年	2008年	2009年	2010年	2011年
全国总计	88773.6	109998.2	137323.9	172828.4	224598.8	278121.9	311021.9
北　京	2827.2	3296.4	3907.2	3814.7	4616.9	5403.0	5578.9
天　津	1495.1	1820.5	2353.1	3389.8	4738.2	6278.1	7067.5
河　北	4139.7	5470.2	6884.7	8866.6	12269.8	15083.4	16404.3
山　西	1826.6	2255.7	2861.5	3531.2	4943.2	6063.2	7072.8
内蒙古	2643.6	3363.2	4372.9	5475.4	7336.8	8926.5	10403.9
辽　宁	4200.4	5689.6	7435.2	10019.1	12292.5	16043.0	17726.3
吉　林	1741.1	2594.3	3651.4	5038.9	6411.6	7870.4	7436.7
黑龙江	1737.3	2236.0	2833.5	3656.0	5028.8	6812.6	7523.8
上　海	3509.7	3900.0	4420.4	4823.1	5043.8	5108.9	4879.2
江　苏	8165.4	10069.2	12268.1	15300.6	18949.9	23184.3	26678.6
浙　江	6520.1	7590.2	8420.4	9323.0	10742.3	12376.0	14185.1
安　徽	2525.1	3533.6	5087.5	6747.0	8990.7	11542.9	12433.8
福　建	2316.7	2981.8	4287.8	5207.7	6231.2	8199.1	9926.4
江　西	2176.6	2683.6	3301.9	4745.4	6643.1	8772.3	9089.8
山　东	9307.3	11111.4	12537.7	15435.9	19034.5	23280.5	26770.7
河　南	4311.6	5904.7	8010.1	10490.6	13704.5	16585.9	17766.8
湖　北	2676.6	3343.5	4330.4	5647.0	7866.9	10262.7	12585.7
湖　南	2629.1	3175.5	4154.8	5534.0	7703.4	9663.6	11833.7
广　东	6977.9	7973.4	9294.3	10868.7	12933.1	15623.7	17158.5
广　西	1661.2	2198.7	2939.7	3756.4	5237.2	7057.6	7973.6
海　南	367.2	423.9	502.4	705.4	988.3	1317.0	1669.5
重　庆	1933.2	2407.4	3127.7	3979.6	5214.3	6688.9	7472.6
四　川	3585.2	4412.9	5639.8	7127.8	11371.9	13116.7	14239.8
贵　州	998.3	1197.4	1488.8	1864.5	2412.0	3104.9	3943.5
云　南	1777.6	2208.6	2759.0	3435.9	4526.4	5528.7	6185.3
西　藏	181.4	231.1	270.3	309.9	378.3	462.7	516.3
陕　西	1882.2	2480.7	3415.0	4614.4	6246.9	7963.7	9445.8
甘　肃	870.4	1022.6	1304.2	1712.8	2363.0	3158.3	3961.7
青　海	329.8	408.5	482.8	583.2	798.2	1016.9	1435.7
宁　夏	443.3	498.7	599.8	828.9	1075.9	1444.2	1639.1
新　疆	1339.1	1567.1	1850.8	2260.0	2725.5	3423.2	4632.1
不分地区	1677.9	1947.6	2530.8	3734.9	5779.7	6759.1	5384.6

各地区城镇居民家庭人均可支配收入

单位：元

地　区	2005年	2006年	2007年	2008年	2009年	2010年	2011年
全国总计	10493.0	11759.5	13785.8	15780.8	17174.7	19109.4	21809.8
北　京	17653.0	19977.5	21988.7	24724.9	26738.5	29072.9	32903.0
天　津	12638.6	14283.1	16357.4	19422.5	21402.0	24292.6	26920.9
河　北	9107.1	10304.6	11690.5	13441.1	14718.3	16263.4	18292.2
山　西	8913.9	10027.7	11565.0	13119.1	13996.6	15647.7	18123.9
内蒙古	9136.8	10358.0	12377.8	14432.6	15849.2	17698.2	20407.6
辽　宁	9107.6	10369.6	12300.4	14392.7	15761.4	17712.6	20446.8
吉　林	8690.6	9775.1	11285.5	12829.5	14006.3	15411.5	17796.6
黑龙江	8272.5	9182.3	10245.3	11581.3	12566.0	13856.5	15696.2
上　海	18645.0	20667.9	23622.7	26674.9	28837.8	31838.1	36230.5
江　苏	12318.6	14084.3	16378.0	18679.5	20551.7	22944.3	26340.7
浙　江	16293.8	18265.1	20573.8	22726.7	24610.8	27359.0	30970.7
安　徽	8470.7	9771.1	11473.6	12990.4	14085.7	15788.2	18606.1
福　建	12321.3	13753.3	15506.1	17961.5	19576.8	21781.3	24907.4
江　西	8619.7	9551.1	11451.7	12866.4	14021.5	15481.1	17494.9
山　东	10744.8	12192.2	14264.7	16305.4	17811.0	19945.8	22791.8
河　南	8668.0	9810.3	11477.1	13231.1	14371.6	15930.3	18194.8
湖　北	8785.9	9802.7	11485.8	13152.9	14367.5	16058.4	18373.9
湖　南	9524.0	10504.7	12293.5	13821.2	15084.3	16565.7	18844.1
广　东	14770.0	16015.6	17699.3	19732.9	21574.7	23897.8	26897.5
广　西	9286.7	9898.8	12200.4	14146.0	15451.5	17063.9	18854.1
海　南	8123.9	9395.1	10996.9	12607.8	13750.9	15581.1	18369.0
重　庆	10243.5	11569.7	12590.8	14367.6	15748.7	17532.4	20249.7
四　川	8386.0	9350.1	11098.3	12633.4	13839.4	15461.2	17899.1
贵　州	8151.1	9116.6	10678.4	11758.8	12862.5	14142.7	16495.0
云　南	9265.9	10069.9	11496.1	13250.2	14423.9	16064.5	18575.6
西　藏	9431.2	8941.1	11130.9	12481.5	13544.4	14980.5	16195.6
陕　西	8272.0	9267.7	10763.3	12857.9	14128.8	15695.2	18245.2
甘　肃	8086.8	8920.6	10012.3	10969.4	11929.8	13188.6	14988.7
青　海	8057.9	9000.4	10276.1	11640.4	12691.9	13855.0	15603.3
宁　夏	8093.6	9177.3	10859.3	12931.5	14024.7	15344.5	17578.9
新　疆	7990.2	8871.3	10313.4	11432.1	12257.5	13643.8	15513.6

注：本表绝对数按当年价格计算。

各地区农村居民家庭人均纯收入

单位：元

地区	2005年	2006年	2007年	2008年	2009年	2010年	2011年
全国总计	3254.9	3587.0	4140.4	4760.6	5153.2	5919.0	6977.3
北京	7346.3	8275.5	9439.6	10661.9	11668.6	13262.3	14735.7
天津	5579.9	6227.9	7010.1	7910.8	8687.6	10074.9	12321.2
河北	3481.6	3801.8	4293.4	4795.5	5149.7	5958.0	7119.7
山西	2890.7	3180.9	3665.7	4097.2	4244.1	4736.3	5601.4
内蒙古	2988.9	3341.9	3953.1	4656.2	4937.8	5529.6	6641.6
辽宁	3690.2	4090.4	4773.4	5576.5	5958.0	6907.9	8296.5
吉林	3264.0	3641.1	4191.3	4932.7	5265.9	6237.4	7510.0
黑龙江	3221.3	3552.4	4132.3	4855.6	5206.8	6210.7	7590.7
上海	8247.8	9138.7	10144.6	11440.3	12482.9	13978.0	16053.8
江苏	5276.3	5813.2	6561.0	7356.5	8003.5	9118.2	10805.0
浙江	6660.0	7334.8	8265.2	9257.9	10007.3	11302.6	13070.7
安徽	2641.0	2969.1	3556.3	4202.5	4504.3	5285.2	6232.2
福建	4450.4	4834.8	5467.1	6196.1	6680.2	7426.9	8778.6
江西	3128.9	3459.5	4044.7	4697.2	5075.0	5788.6	6891.6
山东	3930.5	4368.3	4985.3	5641.4	6118.8	6990.3	8342.1
河南	2870.6	3261.0	3851.6	4454.2	4807.0	5523.7	6604.0
湖北	3099.2	3419.4	3997.5	4656.4	5035.3	5832.3	6897.9
湖南	3117.7	3389.6	3904.2	4512.5	4909.0	5622.0	6567.1
广东	4690.5	5079.8	5624.0	6399.8	6906.9	7890.3	9371.7
广西	2494.7	2770.5	3224.1	3690.3	3980.4	4543.4	5231.3
海南	3004.0	3255.5	3791.4	4390.0	4744.4	5275.4	6446.0
重庆	2809.3	2873.8	3509.3	4126.2	4478.4	5276.7	6480.4
四川	2802.8	3002.4	3546.7	4121.2	4462.1	5086.9	6128.6
贵州	1877.0	1984.6	2374.0	2796.9	3005.4	3471.9	4145.4
云南	2041.8	2250.5	2634.1	3102.6	3369.3	3952.0	4722.0
西藏	2077.9	2435.0	2788.2	3175.8	3531.7	4138.7	4904.3
陕西	2052.6	2260.2	2644.7	3136.5	3437.6	4105.0	5027.9
甘肃	1979.9	2134.1	2328.9	2723.8	2980.1	3424.7	3909.4
青海	2151.5	2358.4	2683.8	3061.2	3346.2	3862.7	4608.5
宁夏	2508.9	2760.1	3180.8	3681.4	4048.3	4674.9	5410.0
新疆	2482.2	2737.3	3183.0	3502.9	3883.1	4642.7	5442.2

注：本表绝对数按当年价格计算。

各地区主要农产品产量

（2011年）

单位：万吨

地区	粮食	油料	棉花	糖料	蔬菜	水果	肉类	#猪肉	#牛肉	#羊肉	奶类
全国总计	57120.8	3306.8	658.9	12516.5	67929.7	22768.2	7957.8	5053.1	647.5	393.1	3810.7
北京	121.8	1.4	0.05		296.9	120.9	44.4	24.2	2.1	1.3	64.0
天津	161.8	0.7	7.2		431.3	62.6	42.9	27.6	3.1	1.5	69.4
河北	3172.6	141.8	65.3	46.5	7384.3	1719.2	418.2	246.6	54.5	28.4	466.9
山西	1193.0	18.7	6.3	32.4	981.9	617.9	71.3	52.2	4.5	5.6	75.9
内蒙古	2387.5	133.9	0.2	157.7	1440.2	301.4	237.4	71.3	49.7	87.2	931.4
辽宁	2035.5	119.8	0.1	7.8	2832.5	810.7	408.2	225.9	42.0	7.9	132.0
吉林	3171.0	69.6	1.2	16.3	971.4	225.7	243.9	122.0	43.4	3.9	46.0
黑龙江	5570.6	23.3		275.0	789.9	279.9	201.2	116.9	39.3	11.8	550.4
上海	122.0	1.9	0.5	1.1	408.2	88.0	27.6	19.1		0.6	29.1
江苏	3307.8	144.1	24.7	9.6	4586.9	757.1	375.9	215.9	3.6	7.3	59.2
浙江	781.6	39.9	3.2	71.1	1815.6	712.4	176.0	135.8	1.2	1.8	19.9
安徽	3135.5	213.8	37.8	21.6	2214.0	846.6	375.5	233.1	17.8	14.2	22.5
福建	672.8	27.5	0.01	56.0	1623.4	687.9	183.0	146.6	2.4	1.9	15.8
江西	2052.8	113.6	14.3	62.8	1165.7	580.6	295.6	224.1	11.7	1.1	12.3
山东	4426.3	341.0	78.5	0.02	9180.9	2850.8	711.1	346.9	66.2	32.5	279.0
河南	5542.5	532.4	38.2	26.7	6709.7	2414.1	641.7	406.4	82.0	24.8	321.1
湖北	2388.5	304.7	52.6	32.5	3358.6	855.2	381.9	290.5	18.2	8.0	34.8
湖南	2939.4	215.3	22.7	72.2	3337.4	868.8	489.5	406.1	16.2	10.2	8.1
广东	1361.0	91.9		1390.0	2851.0	1314.3	434.7	271.0	6.6	0.9	14.5
广西	1429.9	50.1	0.2	7270.0	2246.4	1223.0	391.1	239.8	14.3	3.2	8.9
海南	188.0	9.9		387.8	469.1	403.7	71.6	42.2	2.4	1.1	0.2
重庆	1126.9	46.5	0.01	11.8	1408.0	261.1	196.3	148.6	6.7	2.6	8.0
四川	3291.6	278.4	1.5	88.0	3573.6	776.6	651.2	484.8	28.9	23.9	71.7
贵州	876.9	78.9	0.1	43.6	1250.1	128.0	180.0	148.3	12.0	3.4	4.9
云南	1673.6	60.7	0.04	1898.8	1340.0	476.4	324.4	243.9	30.7	13.0	56.6
西藏	93.7	6.4			60.1	1.4	26.1	1.4	14.8	8.6	29.8
陕西	1194.7	59.0	6.7	0.2	1432.5	1587.1	99.6	77.3	7.4	6.7	182.4
甘肃	1014.6	63.5	7.6	18.1	1320.6	519.1	83.8	45.8	16.1	15.4	37.7
青海	103.4	33.3		0.01	144.6	4.4	28.8	9.2	8.7	9.9	28.4
宁夏	359.0	18.4		0.01	438.7	237.3	25.2	7.3	7.5	7.9	96.0
新疆	1224.7	66.8	289.8	519.0	1866.2	1036.0	120.0	22.5	33.8	46.4	133.9

注：水果产量含果用瓜。

各地区主要工业产品产量

（2011年）

地　　区	原　油（万吨）	天然气（亿立方米）	发电量（亿千瓦小时）	生　铁（万吨）	粗　钢（万吨）	钢　材（万吨）	水　泥（万吨）
全国总计	20287.6	1030.6	47000.7	62969.3	68388.3	88258.2	208500.0
北　　京			263.0		2.9	289.6	911.5
天　　津	3187.8	18.4	619.1	2097.0	2295.7	5163.8	765.5
河　　北	586.1	12.2	2310.2	15442.4	16450.7	19256.4	13972.4
山　　西			2344.0	3768.6	3490.4	3371.2	3935.6
内 蒙 古			2972.8	1431.1	1669.7	1417.3	6396.5
辽　　宁	1000.0	7.2	1368.1	5417.9	5389.2	5754.1	5690.1
吉　　林	739.4	15.0	709.9	941.4	925.2	1069.0	4221.3
黑 龙 江	4006.0	31.0	828.7	588.9	667.5	598.0	4213.9
							805.6
上　　海	8.1	3.0	947.0	1947.5	2225.5	2483.6	14899.7
江　　苏	189.0	0.5	3755.8	5303.5	6838.8	10011.6	12122.3
浙　　江			2744.2	1002.2	1329.9	3141.0	9204.7
安　　徽			1632.8	1829.8	1968.6	2746.3	6570.9
福　　建			1578.9	441.2	1166.9	1561.0	6782.2
江　　西			729.9	1917.1	2067.8	2250.3	15035.6
山　　东	2713.5	5.2	3162.3	5608.5	5655.2	7033.7	
河　　南	485.5	5.0	2583.2	2151.0	2370.8	3553.6	13666.0
湖　　北	79.0	2.3	2077.2	2520.7	2753.3	3573.4	9342.9
湖　　南			1343.5	1876.4	1819.8	1947.8	9238.6
广　　东	1152.8	83.3	3735.5	861.6	1324.3	3189.9	12607.0
广　　西	2.3		1039.0	955.6	1212.2	1766.4	8640.1
海　　南	19.7	2.0	172.9			23.2	1508.5
重　　庆		1.7	582.2	559.4	630.6	950.0	4935.2
四　　川	16.2	268.0	1980.7	1715.0	1729.2	2237.7	14501.1
贵　　州			1379.3	482.4	434.0	462.9	5000.2
云　　南		0.1	1555.7	1344.2	1323.2	1351.9	6457.4
西　　藏			27.2				232.8
陕　　西	3225.4	272.2	1222.5	732.0	766.0	1038.2	6430.6
甘　　肃	62.6	0.2	1027.9	769.3	819.8	812.8	2746.8
青　　海	195.0	65.0	463.1	114.6	139.5	142.0	1043.0
宁　　夏	3.6	3.0	939.3	91.9	28.8	76.5	1455.5
新　　疆	2615.6	235.3	875.2	1058.1	893.0	985.1	2993.6

续表 （2011年）

地　　区	布（亿米）	家用电冰箱（万台）	农用化肥（万吨）	汽车（万辆）	程控交换机（万线）	移动通信手持机（万部）	微型电子计算机（万部）
全国总计	837.0	8699.2	6217.2	1841.6	3034.0	113257.6	32036.7
北　京		73.5		150.5	86.4	25962.3	1083.7
天　津	2.8	49.4	6.3	75.7	4.9	9061.7	0.6
河　北	60.8		176.4	72.1	26.0		
山　西	0.8		363.8	0.6			
内蒙古	1.0		126.1	3.7			
辽　宁	5.6	95.9	64.2	75.5	72.5	310.4	0.3
吉　林	0.5		27.7	155.7		146.1	
黑龙江	0.2		68.4	18.2			3.5
上　海	1.7	185.2	2.6	191.6	164.0	1005.9	10162.5
江　苏	67.7	1194.8	269.9	80.4	6.4	2720.9	9408.2
浙　江	146.1	626.8	30.2	30.6	251.6	1175.7	154.9
安　徽	11.8	3114.0	259.7	117.0			124.0
福　建	36.1		53.5	18.6		1658.8	898.6
江　西	8.1	116.5	30.4	34.4	1.4	3239.6	17.8
山　东	124.5	718.5	616.5	76.3	197.0	4351.1	22.4
河　南	32.4	406.4	492.2	36.6		2449.8	
湖　北	62.3	219.8	1033.4	131.9	0.1	334.6	825.2
湖　南	4.2	26.0	216.6	16.2		19.1	11.3
广　东	24.5	1409.2	55.3	150.3	2223.8	59284.1	4417.8
广　西	0.3		98.0	142.4			1.1
海　南			67.1	15.2			
重　庆	5.1	194.4	175.9	166.6		592.5	2547.8
四　川	16.7	67.0	507.1	12.9		744.2	2357.2
贵　州	0.1	169.5	367.5	1.3		200.5	
云　南			326.9	9.7			
西　藏							
陕　西	6.1	32.3	92.8	55.7		0.4	
甘　肃	0.1		74.1	2.1			
青　海			288.2				
宁　夏			92.8				
新　疆	0.4		233.6	0.1			

各地区规模以上工业企业主要经济指标

(2011 年)

单位：亿元

地　区	主营业务收　入	主营业务成　本	主营业务税金及附加	营业费用	税金总额	利润总额
全国总计	843315.4	714396.9	13211.6	19353.5	36817.1	54544.4
北　京	15504.1	13191.1	230.6	631.4	639.2	1119.9
天　津	20711.9	17753.7	505.7	424.1	1108.3	1669.3
河　北	40726.3	35921.1	362.8	579.7	1340.9	2255.5
山　西	16893.4	13697.7	178.2	449.8	1067.7	1200.6
内蒙古	17632.8	13968.1	240.1	399.1	914.9	1835.2
辽　宁	44065.9	38066.2	746.4	785.6	1634.8	1862.0
吉　林	16485.8	13697.2	364.8	414.0	776.5	1121.3
黑龙江	11492.7	8581.5	715.3	230.7	1294.0	1270.5
上　海	34466.3	29082.0	730.1	1159.0	1508.9	2176.1
江　苏	106816.1	92615.3	855.6	2174.0	3772.0	6850.4
浙　江	53071.0	45603.4	595.4	1234.9	1941.0	3080.1
安　徽	23895.5	20712.1	308.3	583.9	947.9	1306.9
福　建	26305.7	22611.7	289.7	641.4	816.3	1578.9
江　西	18466.8	15930.0	193.3	273.8	700.8	1113.9
山　东	102470.2	86977.8	1267.3	1928.8	4137.9	6998.3
河　南	47759.8	40484.3	605.4	930.5	1960.2	4066.1
湖　北	26934.8	22870.3	533.6	703.8	1152.9	1497.2
湖　南	25395.6	20153.3	645.0	586.7	1504.4	1252.2
广　东	95614.1	82690.1	961.6	2825.8	2952.1	4609.3
广　西	11973.5	10200.1	231.0	257.2	558.8	717.3
海　南	1580.9	1256.1	104.2	41.2	179.5	133.7
重　庆	11566.1	9978.6	135.4	280.9	399.4	558.4
四　川	30138.7	25031.9	478.5	806.9	1599.4	1961.3
贵　州	4799.2	3761.9	210.6	155.1	440.3	330.8
云　南	7505.8	5728.7	619.9	194.6	1001.5	523.6
西　藏	74.5	57.8	1.3	3.2	7.4	13.0
陕　西	13666.7	9934.4	456.6	325.4	1191.6	1946.2
甘　肃	6515.4	5541.1	242.0	97.0	406.8	241.2
青　海	1690.6	1254.6	41.9	48.8	125.6	202.9
宁　夏	2408.5	2077.0	24.4	47.9	97.1	142.0
新　疆	6686.7	4968.0	336.7	138.6	639.2	910.4

注：本表为 2011 年快报数据（下表同）

续表 （2011年） 单位：亿元

地　区	亏损企业 亏损总额	应收账款	产成品	资产总计	负债合计	全部从业人员平均人数（万人）
全国总计	4064.4	69874.0	27818.4	657988.4	382020.8	8983.9
北　京	102.5	2388.5	586.1	24899.2	12410.5	110.8
天　津	114.4	2393.5	692.9	16562.0	10529.1	145.2
河　北	229.5	2109.3	1117.1	28696.0	17620.5	355.4
山　西	184.1	1497.3	700.6	21893.8	14682.2	220.0
内蒙古	45.6	1020.6	495.0	17506.0	10285.6	129.6
辽　宁	380.5	2671.0	1125.3	30525.2	17564.3	369.0
吉　林	131.5	813.4	401.5	12182.3	6566.8	135.2
黑龙江	130.6	880.7	426.1	11771.3	6710.9	136.9
上　海	170.8	4579.7	1334.7	29194.8	15353.0	255.3
江　苏	294.1	11636.6	3558.6	74683.2	43490.2	1063.0
浙　江	160.6	6891.5	2624.6	48718.3	29539.9	704.0
安　徽	83.2	1826.1	752.6	17859.6	10625.0	251.5
福　建	74.7	2366.1	950.5	17581.8	9293.3	361.9
江　西	80.6	732.4	442.5	9964.1	5551.2	192.3
山　东	210.6	4411.5	2658.4	60032.7	33204.9	898.8
河　南	180.8	2141.4	937.1	28458.7	15270.4	545.7
湖　北	117.6	1809.3	983.0	22446.4	13350.3	266.3
湖　南	76.7	1304.4	612.3	14657.5	8437.7	280.6
广　东	369.9	10943.0	3310.7	65370.4	38050.1	1423.0
广　西	118.9	751.7	556.8	9956.6	6144.5	136.2
海　南	4.7	103.8	46.3	1732.7	910.9	11.4
重　庆	52.4	1031.3	376.7	9247.2	5679.9	143.9
四　川	128.9	2260.7	925.7	25694.6	15830.8	365.7
贵　州	79.5	393.8	207.1	6811.4	4485.4	78.4
云　南	71.6	594.6	398.7	10603.5	6484.3	85.2
西　藏	4.2	11.1	3.7	346.4	98.1	1.6
陕　西	158.7	1166.3	640.2	16724.7	9554.6	150.9
甘　肃	108.3	372.4	363.9	7603.8	4799.8	63.0
青　海	16.2	125.6	75.6	3308.1	2112.6	18.8
宁　夏	32.1	229.2	202.1	3992.6	2620.3	28.2
新　疆	150.9	417.4	312.0	8963.7	4763.7	56.4

各地区规模以上工业企业主要经济效益指标

(2011年)

地　区	总资产贡献率(%)	资本保值增值率(%)	资产负债率(%)	流动资产周转次数(次)	成本费用利润率(%)	产品销售率(%)
全国总计	16.4	119.5	58.1	2.9	7.1	98.0
北　京	8.0	113.1	49.8	1.7	7.7	99.0
天　津	18.9	126.7	63.6	2.6	8.8	98.8
河　北	15.1	121.7	61.4	3.5	5.9	97.9
山　西	12.9	118.9	67.1	1.9	7.7	96.6
内蒙古	18.5	126.1	58.8	3.0	12.1	97.9
辽　宁	13.6	118.6	57.5	3.4	4.6	98.2
吉　林	18.8	111.1	53.9	3.6	7.5	98.4
黑龙江	24.4	115.6	57.0	2.5	13.5	97.5
上　海	13.7	110.5	52.6	2.1	6.8	99.0
江　苏	16.7	119.2	58.2	2.8	6.9	98.6
浙　江	12.8	115.7	60.6	1.9	6.2	97.7
安　徽	15.3	127.0	59.5	3.2	5.9	97.8
福　建	16.3	119.5	52.9	3.1	6.5	97.6
江　西	21.5	123.2	55.7	4.5	6.7	98.9
山　东	21.8	118.5	55.3	4.0	7.6	98.9
河　南	25.5	133.1	53.7	4.3	9.4	98.4
湖　北	14.1	115.3	59.5	2.9	6.0	97.4
湖　南	22.4	122.8	57.6	4.6	5.8	98.7
广　东	13.3	118.9	58.2	2.7	5.2	97.2
广　西	15.7	127.4	61.7	2.9	6.5	95.1
海　南	19.8	112.9	52.6	2.5	9.8	97.6
重　庆	12.6	120.5	61.4	2.8	5.2	97.6
四　川	16.9	126.0	61.6	3.0	7.2	97.7
贵　州	14.1	121.5	65.9	2.0	7.7	94.5
云　南	17.0	114.8	61.2	1.8	8.2	96.7
西　藏	6.9	120.5	28.3	0.8	19.3	97.9
陕　西	21.3	118.4	57.1	2.0	17.5	95.7
甘　肃	10.5	126.1	63.1	2.3	4.0	95.2
青　海	13.7	132.6	63.9	1.9	14.2	95.3
宁　夏	8.6	123.3	65.6	1.9	6.2	95.6
新　疆	20.1	120.3	53.1	2.5	16.7	97.6

各地区居民消费价格分类指数

（2011年，上年=100）

地区	居民消费价格指数	食品	烟酒及用品	衣着	家庭设备用品及服务	医疗保健和个人用品	交通和通信	娱乐教育文化	居住
全国	105.4	111.8	102.8	102.1	102.4	103.4	100.5	100.4	105.3
北京	105.6	110.6	102.5	102.7	104.2	103.7	101.5	99.7	108.5
天津	104.9	111.4	104.8	102.1	106.1	101.8	99.9	99.5	104.7
河北	105.7	112.2	103.3	101.2	101.8	103.0	100.2	100.5	106.9
山西	105.2	112.0	102.9	102.1	102.3	103.4	100.5	101.3	103.8
内蒙古	105.6	113.7	102.9	102.3	100.1	102.3	100.6	100.8	104.7
辽宁	105.2	110.0	101.8	101.9	103.0	103.4	100.1	100.0	105.9
吉林	105.2	110.9	102.2	103.0	101.7	103.5	100.7	100.1	105.5
黑龙江	105.8	112.4	103.6	102.1	102.0	104.5	99.8	99.8	106.1
上海	105.2	110.8	101.3	104.3	107.1	104.1	100.2	99.2	105.4
江苏	105.3	111.8	104.0	103.4	104.4	103.1	100.8	100.6	104.1
浙江	105.4	112.1	101.7	102.9	103.7	103.7	100.7	100.1	105.3
安徽	105.6	112.2	103.6	104.2	101.3	103.5	100.3	99.9	104.6
福建	105.3	111.2	102.8	101.7	101.7	103.8	100.9	99.6	105.6
江西	105.2	111.2	101.0	102.9	102.0	103.0	100.4	100.7	104.6
山东	105.0	111.3	103.9	101.5	101.0	102.5	100.6	100.4	105.8
河南	105.6	111.9	103.9	101.9	102.1	103.0	101.0	100.9	106.6
湖北	105.8	111.6	104.1	103.6	102.7	103.8	101.1	100.5	105.8
湖南	105.5	111.2	101.6	101.0	101.0	103.3	101.1	101.5	106.6
广东	105.3	111.4	102.6	101.9	102.8	103.9	99.8	101.0	104.5
广西	105.9	114.4	103.7	101.9	101.7	103.5	101.9	100.1	102.2
海南	106.1	113.3	100.8	100.9	101.4	101.6	101.7	100.5	104.9
重庆	105.3	114.1	103.7	101.3	102.2	102.0	99.1	98.9	103.7
四川	105.3	112.0	103.2	100.0	101.1	102.5	101.0	100.3	106.0
贵州	105.1	113.5	102.4	100.3	100.2	102.6	100.1	99.9	102.8
云南	104.9	111.5	100.8	100.5	101.4	103.3	100.0	99.7	104.4
西藏	105.0	109.1	102.7	102.8	101.9	102.8	102.2	100.7	106.3
陕西	105.7	111.9	102.3	103.2	102.1	104.6	100.0	100.5	105.5
甘肃	105.9	111.4	101.8	101.3	101.6	105.8	101.1	102.9	105.7
青海	106.1	111.1	103.3	103.4	101.2	103.0	99.9	101.3	110.3
宁夏	106.3	113.5	101.7	104.5	102.0	103.8	101.6	100.8	104.3
新疆	105.9	112.6	103.3	101.1	102.4	104.3	100.5	101.1	105.4

各地区货运量和货物周转量

(2011年)

地区	货运量（万吨）	#铁路	#公路	#水运	货物周转量（亿吨公里）	#铁路	#公路	#水运
全国总计	3696961	393263	2820100	425968	159323.6	29465.8	51374.7	75423.8
北京	24663	1387	23276		999.6	867.3	132.3	
天津	43601	7346	23505	12750	10337.3	520.0	266.7	9550.6
河北	189799	20447	166680	2672	9630.4	3916.1	5219.3	495.0
山西	134436	69194	65201	41	3062.5	2015.4	1047.1	
内蒙古	168320	64669	103651		5422.3	2684.7	2737.6	
辽宁	184982	21577	151773	11632	10404.6	1546.7	2328.5	6529.4
吉林	47451	7875	39308	268	1452.6	635.4	816.0	1.2
黑龙江	63216	17678	44420	1118	1968.2	1117.4	843.5	7.4
上海	92962	888	42685	49389	20309.6	20.6	283.8	20005.2
江苏	202528	7713	140803	54012	6958.0	405.8	1315.3	5236.9
浙江	186376	4850	108654	72872	8634.9	312.3	1434.8	6887.7
安徽	268413	12507	219467	36439	8446.4	1013.4	6123.2	1309.8
福建	75191	3762	52558	18871	3396.8	182.9	659.5	2554.3
江西	111851	6046	98358	7447	2985.1	715.0	2066.8	203.3
山东	318407	23156	279380	15871	12684.3	1626.7	6624.4	4433.2
河南	241017	14368	220122	6527	8530.8	2180.4	5949.0	401.3
湖北	106913	6431	82741	17741	3798.8	941.6	1277.7	1579.5
湖南	168516	6321	144241	17954	3370.0	1071.1	1878.6	420.3
广东	224394	8971	166567	48856	6905.0	327.3	2150.0	4427.6
广西	136132	6770	113549	15813	3478.2	895.4	1494.0	1088.8
海南	25115	694	15095	9326	1368.5	8.8	97.1	1262.5
重庆	96771	2191	82818	11762	2528.7	191.3	779.8	1557.7
四川	155310	9172	139771	6367	2016.2	786.9	1139.1	90.2
贵州	44890	7219	36684	987	1060.7	696.4	350.1	14.2
云南	60170	5545	54186	439	1024.4	398.9	617.3	8.2
西藏	1028	49	979		40.0	12.9	27.1	
陕西	120908	30299	90419	190	2824.7	1354.2	1469.7	0.7
甘肃	35269	6446	28790	33	2037.2	1389.8	647.4	
青海	12586	3634	8952		486.4	228.3	258.0	
宁夏	36864	7848	29016		933.0	324.9	608.1	
新疆	53252	6801	46451		1475.2	742.3	732.9	
不分地区	65632	1411		6591	10753.4	335.5		7358.6

注：不分地区合计中包括铁路行包运输、管道运输企业、民航运输企业及中远集团海外公司完成数。

各地区客运量和旅客周转量

(2011年)

地区	客运量（万人）	#铁路	#公路	#水运	旅客周转量（亿人公里）	#铁路	#公路	#水运
全国总计	3526319	186226	3286220	24556	30984.0	9612.3	16760.2	74.5
北京	139718	9800	129918		412.3	108.7	303.7	
天津	24934	2829	22054	51	285.1	150.9	133.9	0.3
河北	99458	7601	91857		1306.6	784.5	522.1	
山西	35208	6219	32866	123	415.8	195.8	219.9	0.1
内蒙古	26014	4207	21807		410.4	169.3	241.2	
辽宁	98606	12044	86013	549	955.8	549.1	399.7	7.0
吉林	68190	6141	61830	219	515.8	228.9	286.5	0.3
黑龙江	50481	10745	39424	312	541.6	267.3	273.9	0.4
上海	10033	6198	3477	358	170.9	63.1	106.7	1.0
江苏	246855	10603	235673	579	1709.7	400.8	1307.3	1.5
浙江	230769	8888	218415	3466	1296.3	381.7	908.2	6.4
安徽	185575	5980	179440	155	1627.2	475.2	1151.6	0.3
福建	79549	4695	73259	1595	534.9	172.3	360.2	2.4
江西	78930	6152	72527	251	941.4	600.2	340.9	0.3
山东	251187	7327	241457	2403	1740.4	471.6	1256.9	11.9
河南	193285	8804	184213	268	1989.1	777.1	1211.3	0.6
湖北	112422	7083	104971	368	1236.2	533.5	700.1	2.6
湖南	171371	8064	161980	1327	1565.4	784.6	778.0	2.7
广东	510653	14441	493618	2594	2600.2	507.9	2082.7	9.6
广西	83100	3383	79300	417	973.0	194.5	776.5	2.0
海南	46224	1074	43677	1473	170.9	21.5	146.3	3.1
重庆	140398	2934	136142	1322	536.0	116.0	408.9	11.1
四川	258845	13147	242615	3083	1198.4	295.0	900.7	2.6
贵州	72428	3939	66303	2186	552.9	204.6	343.2	5.2
云南	44963	2727	41394	842	522.0	95.5	424.6	2.0
西藏	3769	110	3659		32.9	10.4	22.5	
陕西	107032	5614	101062	356	868.8	405.4	462.9	0.5
甘肃	60902	2451	58355	96	629.5	364.2	265.1	0.2
青海	11870	520	11308	42	105.4	49.7	55.6	0.1
宁夏	15104	543	14440	121	113.9	41.4	72.4	0.1
新疆	35130	1964	33166		488.5	191.6	296.9	
不分地区	29317				4537.0			

注：不分地区合计为民航完成数。

各地区社会消费品零售总额

单位：亿元

地　区	2007年	2008年	2009年	2010年	2011年	2011年比上年增长(%)
全国总计	93571.6	114830.1	132678.4	156998.4	183918.6	17.1
北　京	3835.2	4645.5	5309.9	6229.3	6900.3	10.8
天　津	1650.6	2078.7	2430.8	2860.2	3395.1	18.7
河　北	4053.8	4991.1	5764.9	6821.8	8035.5	17.8
山　西	1953.3	2421.1	2809.0	3318.2	3903.4	17.6
内蒙古	1964.0	2463.0	2855.0	3384.0	3991.7	18.0
辽　宁	4097.8	5032.4	5812.6	6887.6	8095.3	17.5
吉　林	2038.3	2549.2	2957.3	3504.9	4119.8	17.5
黑龙江	2386.2	2928.3	3401.8	4039.2	4750.1	17.6
上　海	3873.3	4577.2	5173.2	6070.5	6814.8	12.3
江　苏	7985.9	9905.1	11484.1	13606.8	15988.4	17.5
浙　江	6271.3	7533.3	8622.3	10245.4	12028.0	17.4
安　徽	2451.9	3045.2	3527.8	4197.7	4955.1	18.0
福　建	3213.3	3866.7	4481.0	5310.0	6276.2	18.2
江　西	1718.9	2142.0	2484.4	2956.2	3485.1	17.9
山　东	8607.5	10658.8	12363.0	14620.3	17155.5	17.3
河　南	4690.3	5815.4	6746.4	8004.2	9453.6	18.1
湖　北	4115.8	5109.7	5928.4	7013.9	8275.2	18.0
湖　南	3419.2	4222.6	4913.7	5839.5	6884.7	17.9
广　东	10731.3	12986.6	14891.8	17458.4	20297.5	16.3
广　西	1932.7	2395.8	2790.7	3312.0	3908.2	18.0
海　南	370.9	463.2	537.5	639.3	759.3	18.8
重　庆	1711.1	2147.1	2479.0	2938.6	3487.8	18.7
四　川	4105.6	4944.8	5758.7	6810.1	8044.6	18.1
贵　州	858.2	1075.2	1247.3	1482.7	1751.6	18.1
云　南	1422.5	1764.7	2051.1	2542.4	3000.1	18.0
西　藏	112.6	130.0	156.6	185.3	219.0	18.2
陕　西	1837.3	2317.1	2699.7	3195.7	3790.0	18.6
甘　肃	854.4	1023.6	1183.0	1394.5	1648.0	18.2
青　海	212.6	259.7	300.5	350.8	410.5	17.0
宁　夏	239.5	295.4	339.9	403.6	477.6	18.3
新　疆	857.5	1041.5	1177.5	1375.1	1616.3	17.5

各地区货物出口额和进口额

(2011年)

单位：亿美元

地区	按经营单位所在地分		按境内目的地、货源地分	
	出口额	进口额	出口额	进口额
全国总计	18986.0	17434.6	18986.0	17434.6
北京	590.3	3304.7	316.5	975.8
天津	445.0	588.9	450.8	666.4
河北	285.8	250.2	358.6	482.7
山西	54.3	93.3	76.9	85.5
内蒙古	46.9	72.6	60.4	88.1
辽宁	510.4	449.2	511.4	617.3
吉林	50.0	170.5	54.3	176.0
黑龙江	176.7	208.4	92.5	169.1
上海	2096.9	2276.2	1985.5	2343.8
江苏	3126.2	2271.4	3244.8	2569.0
浙江	2163.6	930.4	2390.3	1124.0
安徽	170.8	142.5	157.3	146.2
福建	928.4	507.2	807.2	539.0
江西	218.8	96.7	166.5	114.4
山东	1257.9	1102.0	1345.7	1501.0
河南	192.4	134.0	216.7	139.4
湖北	195.3	139.8	190.8	146.0
湖南	99.0	91.0	109.6	92.0
广东	5319.4	3815.3	5632.4	4435.8
广西	124.6	108.9	85.9	237.1
海南	25.4	102.2	22.3	112.2
重庆	198.4	93.8	149.6	95.3
四川	290.5	187.4	216.5	185.3
贵州	29.9	19.0	26.4	22.8
云南	94.7	65.8	62.1	60.6
西藏	11.8	1.8	9.5	1.6
陕西	70.1	76.1	67.4	73.2
甘肃	21.6	65.8	15.7	62.7
青海	6.6	2.6	3.4	4.2
宁夏	16.0	6.9	20.1	8.0
新疆	168.3	59.9	138.9	160.2

各地区外商投资企业货物进出口总额

单位：万美元

地区	2010年			2011年		
	进出口总额	出口额	进口额	进出口总额	出口额	进口额
全国总计	160061524	86222882	73838642	186015484	99532961	86482523
北京	6982928	2215220	4767708	7674091	2167403	5506688
天津	5880898	2643785	3237114	7114854	3086829	4028025
河北	1750914	921579	829336	2022832	1017357	1005475
山西	220570	87993	132577	264613	90781	173832
内蒙古	161063	95974	65089	246198	143589	102609
辽宁	3899198	2063953	1835245	4598772	2321964	2276808
吉林	760502	127753	632749	918777	144680	774097
黑龙江	111252	69866	41386	113510	69932	43578
上海	24991842	12593270	12398571	29234838	14239177	14995661
江苏	34720361	19231357	15489004	38537289	21521089	17016200
浙江	9239699	5813714	3425985	10791606	6529144	4262462
安徽	811938	325294	486645	1028202	435124	593078
福建	5833659	3495247	2338411	6868537	3912774	2955763
江西	1193074	499473	693601	1360499	597314	763185
山东	9632505	5656323	3976182	10755288	6373305	4381983
河南	451982	255577	196405	1498121	836783	661338
湖北	1105434	569511	535923	1410876	760098	650778
湖南	310208	129164	181044	455318	190511	264807
广东	48449160	28184708	20264452	54990127	32480037	22510089
广西	492309	203314	288994	694315	264684	429631
海南	623702	127682	496020	1006309	117261	889048
重庆	475706	165096	310610	1343141	685599	657542
四川	1278437	444301	834136	2337986	1209136	1128850
贵州	17449	10528	6920	22404	13799	8605
云南	64499	33003	31497	74904	36048	38857
西藏	549	3	546	40	2	38
陕西	506126	215667	290458	560862	234391	326471
甘肃	14426	9750	4676	13870	10782	3088
青海	13467	984	12483	3928	1727	2201
宁夏	32158	14930	17228	40090	22412	17678
新疆	35510	17864	17645	33290	19230	14061

各地区国际旅游接待情况

地区	2010年			2011年		
	旅游人数（万人次）	#外国人	旅游外汇收入（亿美元）	旅游人数（万人次）	#外国人	旅游外汇收入（亿美元）
北京	490.1	421.6	50.45	520.4	447.4	54.16
天津	166.1	153.0	14.20	73.1	63.6	17.56
河北	97.7	85.3	3.51	114.1	98.3	4.48
山西	130.3	82.1	4.65	155.3	98.3	5.67
内蒙古	142.8	140.0	6.02	151.5	147.6	6.71
辽宁	361.8	307.0	22.59	405.3	339.4	27.13
吉林	82.0	72.2	3.05	99.3	85.5	3.85
黑龙江	172.4	164.8	7.63	206.5	197.8	9.18
上海	733.7	593.1	63.41	668.6	555.0	57.51
江苏	653.5	473.5	47.83	737.3	537.9	56.53
浙江	684.7	447.4	39.30	773.7	515.0	45.42
安徽	198.4	117.4	7.09	262.9	151.7	11.79
福建	368.1	115.3	29.78	427.4	140.0	36.34
江西	114.0	39.9	3.46	135.8	44.0	4.15
山东	366.8	277.9	21.55	424.2	312.3	25.51
河南	146.8	96.1	4.99	168.3	104.3	5.49
湖北	181.7	138.5	7.51	213.5	160.1	9.40
湖南	189.9	103.3	9.06	227.6	119.8	10.14
广东	3140.9	733.3	123.83	3331.6	749.3	139.06
广西	250.2	141.4	8.06	302.8	171.5	10.52
海南	66.3	47.4	3.22	81.4	56.2	3.76
重庆	137.0	104.0	7.03	186.4	132.6	9.68
四川	104.9	75.0	3.54	164.0	113.7	5.94
贵州	50.0	18.6	1.30	58.5	23.6	1.35
云南	329.2	231.2	13.24	395.4	281.0	16.09
西藏	22.8	21.4	1.04	27.1	24.9	1.30
陕西	212.2	155.2	10.16	270.4	189.9	12.95
甘肃	7.0	5.0	0.15	9.1	5.5	0.17
青海	4.7	3.4	0.20	5.2	4.1	0.27
宁夏	1.8	1.3	0.06	1.9	1.4	0.06
新疆	50.9	45.4	1.85	56.4	48.8	4.65

沿海规模以上主要港口货物吞吐量

单位：万吨

港　口	2007年	2008年	2009年	2010年	2011年
宁波-舟山	47336	52048	57684	63300	69393
上　海	49227	50808	49467	56320	62432
天　津	30946	35593	38111	41325	45338
广　州	34325	34700	36395	41095	43149
青　岛	26502	30029	31546	35012	37230
大　连	22286	24588	27203	31399	33691
秦皇岛	24893	25231	24942	26297	28770
深　圳	19994	21125	19365	22098	22325
日　照	13063	15102	18131	22597	25260
营　口	12207	15085	17603	22579	26085
烟　台	10129	11189	12351	15033	18029
湛　江	6075	6682	11838	13638	15539
厦　门	8117	9702	11096	12728	15654
连云港	8507	10060	10843	12739	15627

注：1.从2007年起，烟台港统计范围包括原烟台港和龙口港。
2.2009年，湛江港和海口港港区范围有调整。

世界主要国家和地区国内生产总值和人均国民总收入

排　序	国家和地区	国内生产总值（亿美元）		人均国民总收入（美元）	
		2009年	2010年	2009年	2010年
1	美　国	140481	145867	45820	47390
2	中　国①	49913	59266	3630	4270
3	日　本	50330	54588	37520	41850
4	德　国	32986	32805	42400	43110
5	法　国②	26245	25600	42530	42390
6	英　国	21732	22488	41080	38370
7	巴　西	15945	20879	8090	9390
8	意大利	21112	20514	35130	35150
9	印　度	13773	17271	1220	1330
10	加拿大	13376	15770	41880	43270
11	俄罗斯	12220	14798	9290	9900
12	西班牙	14641	14074	32060	31750
13	墨西哥	8797	10348	8650	8890
14	韩　国	8341	10145	19830	19890

注：①世界银行统计数据。
②包括法属圭亚那、瓜德罗普、马提尼克和留尼汪。
资料来源：世界银行数据库。